Python 3

Michael Weigend

Python 3

Lernen und professionell anwenden

Das umfassende Praxisbuch

8. Auflage

mitp

Bibliografische Information der Deutschen Nationalbibliothek
Die Deutsche Nationalbibliothek verzeichnet diese Publikation in der Deutschen Nationalbibliografie; detaillierte bibliografische Daten sind im Internet über <http://dnb.d-nb.de> abrufbar.

Bei der Herstellung des Werkes haben wir uns zukunftsbewusst für umweltverträgliche und wiederverwertbare Materialien entschieden.
Der Inhalt ist auf elementar chlorfreiem Papier gedruckt.

ISBN 978-3-7475-0051-4
8. Auflage 2019

www.mitp.de
E-Mail: mitp-verlag@sigloch.de
Telefon: +49 7953 / 7189 - 079
Telefax: +49 7953 / 7189 - 082

Lektorat: Sabine Schulz, Lisa Kresse, Johanna Schlösser
Sprachkorrektorat: Petra Heubach-Erdmann
Covergestaltung: Christian Kalkert
Coverbild: © Marc AZEMA / stock.adobe.com
Satz: III-satz, Husby, www.drei-satz.de
Druck: Westermann Druck Zwickau GmbH

Inhaltsverzeichnis

Einleitung

Warum Python?

Es gibt triftige Argumente für die Verwendung der Programmiersprache Python.

- Python ist einfach. Man könnte auch sagen minimalistisch. Auf Sprachelemente, die nicht unbedingt notwendig sind, wurde verzichtet. Mit Python kann man kurze Programme schreiben, die viel leisten.
- Python besitzt einen interaktiven Modus. Sie können einzelne Befehle direkt eingeben und ihre Wirkung beobachten. Python unterstützt das Experimentieren und Ausprobieren. Das erleichtert das Erlernen neuer Programmierkonzepte und hilft vor allem Anfängern bei den ersten »Gehversuchen«.
- Dennoch ist Python ist kein Spielzeug. Zusammen mit vielen Zusatzkomponenten, so genannten Modulen, ist es eine sehr mächtige Programmiersprache.
- Python ist nichtkommerziell. Alle Software, die Sie benötigen, ist kostenlos und für jede Plattform verfügbar.
- Hinter Python steht eine wachsende internationale Community aus Wissenschaftlern und Praktikern, die die Sprache pflegen und weiterentwickeln.

Python 3

Im Jahre 2008 fand in der Python-Welt eine kleine Revolution statt. Python 3 wurde veröffentlicht. Eine neue Version, die mit den Vorgängerversionen 2.X nicht mehr kompatibel ist. Ein Programm, das z.B. in Python 2.5 geschrieben worden ist, läuft (in der Regel) nicht mehr mit einem Python-3-Interpreter. Das ist natürlich schade, war aber notwendig, weil es einige sehr tief gehende Änderungen gab. Doch das neue Python 3 ist noch konsistenter und führt zu schönerem Programmtext als die früheren Versionen.

An wen wendet sich dieses Buch?

Dieses Buch ist für jeden, der die Programmierung mit Python lernen möchte. Besondere Vorkenntnisse werden nicht erwartet. Für die hinteren Kapitel ist es allerdings hilfreich, wenn man sich mit HTML auskennt. Das Buch wendet sich sowohl an Anfänger als auch an Leserinnen und Leser, die bereits mit einer höheren Programmiersprache vertraut sind, und ihr Wissen erweitern und vertiefen wollen. Für Neulinge gibt es zahlreiche Passagen, in denen grundlegende Konzepte anschaulich erklärt werden. Insbesondere das erste Kapitel ist zum überwiegenden Teil eine allgemeine Einführung für diejenigen, die sich bisher noch nie ausführlicher mit der Computertechnik beschäftigt haben. Wenn Sie sich eher zu den Fortgeschrittenen zählen, dürfen Sie getrost diese Textabschnitte überspringen und sich dem zuwenden, das Sie interessiert.

Auf der anderen Seite enthält das Buch auch Stellen, die eine Herausforderung darstellen. Einige Abschnitte tragen Überschriften, die mit *Hintergrund:* oder *Vertiefung:* beginnen. Sie enthalten Ausblicke und Hintergrundinformationen oder gehen vertiefend auf speziellere Aspekte der jeweiligen Thematik ein, die nicht jeden interessieren.

Generell ist der Theorieanteil dieses Buches gering. Die praktische Arbeit steht im Vordergrund. In der Regel ist es möglich, theoretische Passagen (wie die über formale Grammatiken) zu überspringen, wenn man nun gar nicht damit zurechtkommt. Alle wichtigen Dinge werden zusätzlich auch auf anschauliche Weise erklärt. Und Sie werden erleben, dass beim Nachvollziehen und praktischen Ausprobieren der Programmbeispiele auch zunächst schwierig erscheinende Konzepte verständlich werden. Lassen Sie sich also nicht abschrecken.

Inhalt und Aufbau

Im Zentrum steht die Kunst der Programmentwicklung nach dem objektorientierten Paradigma. Dabei machen wir einen Rundgang durch verschiedene Gebiete der Informatik. Wir werfen einen Blick hinter die Kulissen von Software-Systemen, die Sie als Anwender aus dem Alltag kennen. Wie gestaltet man eine grafische Benutzungsoberfläche? Wie funktioniert E-Mail? Wie programmiert man einen Chatroom? Darüber hinaus werden eine Reihe fundamentaler Ideen der Informatik angesprochen. Das Buch orientiert sich an den üblichen Curricula von Universitätskursen zur Einführung in die Programmierung. In vielen Fällen dürfte es deshalb eine sinnvolle Ergänzung zu einem Vorlesungsskript sein.

Dieses Buch ist so angelegt, dass man es von vorne nach hinten lesen kann. Wir fangen mit einfachen Dingen an und nachfolgende Kapitel knüpfen an den vorhergehenden Inhalt an. Idealerweise sollte jeder Begriff bei seiner ersten Verwendung erklärt werden. Doch lässt sich dieses Prinzip nur schwer in Perfektion umsetzen. Manchmal gehen wir von einem intuitiven Vorverständnis aus und erläutern die Begrifflichkeit erst kurz darauf ausführlich.

Im vorderen Teil des Buches finden Sie an verschiedenen Stellen Hinweise zum Programmierstil und zu typischen Fehlern. Am Ende jedes Kapitels gibt es Übungsaufgaben, die in der Regel nach Schwierigkeitsgrad sortiert sind. Einige Programmieraufgaben sind so komplex, dass man sie (insbesondere als Anfänger) eigentlich gar nicht eigenständig lösen kann. Sie sind dann eher als Erweiterung gedacht und es wurde ins Kalkül gezogen, dass Sie »mogeln« und während der Bearbeitung in die Lösung gucken.

Unterkapitel, deren Überschriften mit dem Wort »Vertiefung« beginnen, wenden sich an besonders interessierte Leser und können in der Regel übersprungen werden.

Der vordere Teil des Buches befasst sich mit den grundlegenden Konzepten der Programmierung mit Python. Herausgestellt werden die syntaktischen Besonderheiten gegenüber anderen Programmiersprachen. Sie finden an verschiedenen Stellen Hinweise zum Programmierstil und zu typischen Fehlern. Angesprochen werden unter anderem folgende Punkte:

- Aufbau von Anweisungen in einem Python Programm
- Umgang mit der Standard-Entwicklungsumgebung IDLE

- Standard-Datentypen
- Modellieren mit Datenstrukturen: Tupel, Listen, Dictionaries, Mengen
- Kontrollstrukturen: Wiederholungen, Verzweigungen, Abfangen von Ausnahmen (try ... except)
- Funktionen: Arten von Parametern, Voreinstellungen, Lambda-Ausdrücke, Rekursion, Docstrings
- Ein- und Ausgabe: Dateien, pickle
- Konzepte der Objektorientierung: Klassen, Objekte, Vererbung, statische Methoden, Polymorphie, Properties
- Techniken der objektorientierten Modellierung: Analyse (OOA) und Design (OOD), UML, Objekt- und Klassendiagramme, Assoziationen
- Modularisieren
- Verarbeitung von Zeichenketten: String-Methoden, Codierung und Decodierung, Formatierung, reguläre Ausdrücke, Sprachsynthese, Chat-Bots
- Systemfunktionen: Schnittstelle zum Betriebssystem, Datum und Zeit
- Grundprinzipien der Gestaltung von grafischen Benutzungsoberflächen mit tkinter: Widgets, Event-Verarbeitung, Layout, Threads
- Debugging-Techniken

Im hinteren Teil des Buches werden die Kapitel immer spezieller. Hier kommen dann gelegentlich auch Module von Drittanbietern ins Spiel, die nicht zur Standardinstallation von Python gehören (z.B. PIL, PyQt, NumPy). Sie müssen erst heruntergeladen und installiert werden. Zu diesen spezielleren Themen gehören:

- Internet-Programmierung: CGI-Skripte, WSGI, Webserver, E-Mail-Clients
- Datenbanken und XML
- Testen und Performance-Analyse: doctest, unittest
- Benutzungsoberflächen für Multimedia-Anwendungen mit PyQt: Video-Player, Webbrowser, Kalender
- Wissenschaftliches Rechnen mit NumPy und SciPy: Arrays, Vektoren und Matrizen, digitale Bildbearbeitung, Datenvisualisierung, lineare Gleichungssysteme, Integralrechnung
- Parallele Datenverarbeitung: Prozesse und Synchronisation, Queues, Pipes, Pools
- Messdaten eines externen digitalen Multimeters erfassen und verarbeiten
- Webentwicklung mit Django.

Hinweise zur Typographie

Achten Sie beim Lesen auf den Schrifttyp. Formale Texte, wie Python-Programmtext, Funktions- und Variablennamen, Operatoren, Grammatik. Regeln, Zahlen und mathematische Ausdrücke, werden in einem Zeichenformat mit fester Breite gesetzt. Beispiele:

```
x = y + 1
print()
```

In solchen formalen Texten tauchen gelegentlich Wörter auf, die kursiv gesetzt sind. Hierbei handelt es sich um Platzhalter, die man nicht Buchstabe für Buchstabe aufschreibt, sondern z.B. durch Zahlen oder andere Zeichenfolgen ersetzt. Beispiel:

```
range(zahl)
```

Hier bezeichnet *zahl* eine (ganze) Zahl. Ein korrekter Aufruf der Funktion `range()` lautet z.B. `range(10)`, während `range (zahl)` zu Problemen führen kann.

In Programmtexten sind wichtige Passagen fett gedruckt, damit man sie schneller finden kann.

Programmbeispiele

Das Buch enthält zahlreiche Programmbeispiele, die zum Ausprobieren, Nachmachen und Weiterentwickeln ermuntern sollen. Sie können alle Skripte und einige zusätzliche Dateien als ZIP-Archiv von der Website des mitp-Verlages herunterladen. Der URL ist:

`http://www.mitp.de/0051`

Klicken Sie im Kasten DOWNLOADS auf den Link PROGRAMMBEISPIELE.

Beim Design der Beispiele wurde darauf geachtet, dass sie möglichst kurz und übersichtlich sind. Häufig sind die Skripte Spielzeugversionen richtiger Software, die man im Alltag zu sinnvollen Dingen nutzen kann. Sie sind Modelle – etwa so wie Häuser aus Legosteinen Modelle richtiger Häuser sind. Sie sind auf das Wesentliche reduziert und sollen nur bestimmte Aspekte verdeutlichen. Sie genügen deshalb nicht den Qualitätsanforderungen, die man üblicherweise an professionelle Software stellt, aber sie dienen vielleicht als Anregung und Inspiration für eigene Projekte.

Kapitel 1

Grundlagen

Bitte noch etwas Geduld! Im ersten Kapitel bleibt der Computer noch ausgeschaltet. Hier wird zunächst eine anschauliche Vorstellung von einigen Grundideen der Programmierung vermittelt. Sie helfen, den Rest des Buches besser zu verstehen. Im Mittelpunkt stehen folgende Fragen:

- Was sind Programme und Algorithmen?
- Worin unterscheiden sich Programmierparadigmen?
- Was ist die Philosophie der objektorientierten Programmierung?

1.1 Was ist Programmieren?

Es ist eigentlich ganz einfach: Programmieren ist das Schreiben eines Programms. Nun gibt es den Begriff »Programm« auch in unserer Alltagssprache – fernab von jeder Computertechnik. Sie kennen Fernseh- und Kinoprogramme, planen ein Programm für Ihre Geburtstagsparty, genießen im Urlaub vielleicht Animationsprogramme (sofern Sie nichts Besseres zu tun haben) und lesen als gewissenhafter Staatsbürger vor den Bundestagswahlen Parteiprogramme. In diesen Zusammenhängen versteht man unter einem Programm eigentlich recht unterschiedliche Dinge: Ein Parteiprogramm ist so etwas wie ein strukturiertes Konzept politischer Ziele, ein Kinoprogramm ein Zeitplan für Filmvorstellungen und ein Animationsprogramm ein Ablauf von Unterhaltungsveranstaltungen.

In der Informatik – der Wissenschaft, die hinter der Programmiertechnik steht – ist der Begriff Programm natürlich enger und präziser gefasst. Allerdings gibt es auch hier unterschiedliche Sichtweisen.

Die älteste und bekannteste Definition basiert auf dem Begriff *Algorithmus*. Grob gesprochen ist ein Algorithmus eine Folge von Anweisungen (oder militärisch formuliert: Befehlen), die man ausführen muss, um ein Problem zu lösen. Unter einem Programm versteht man in dieser Sichtweise einen Algorithmus,

- der in einer Sprache geschrieben ist, die auch Maschinen verstehen können (Programmiersprache), und
- der das Verhalten von Maschinen steuert.

Daraus folgt: Wer ein Computerprogramm schreibt, muss zumindest zwei Dinge tun:

- Er oder sie muss einen Algorithmus erfinden, der in irgendeiner Weise nützlich ist und zum Beispiel bei der Lösung eines Problems helfen kann.
- Der Algorithmus muss fehlerfrei in einer Programmiersprache formuliert werden. Man spricht dann von einem Programmtext.

Ziel einer Programmentwicklung ist korrekter Programmtext.

1.2 Hardware und Software

Ein Computer ist eine universelle Maschine, deren Verhalten durch ein Programm bestimmt wird. Ein Computersystem besteht aus Hardware und Software. Ersteres ist das englische Wort für »Eisenwaren« und meint alle Komponenten des Computers, die man anfassen kann – Arbeitsspeicherbausteine, Prozessor, Peripheriespeicher (Festplatte, Diskette, CD), Monitor, Tastatur usw. Software dagegen ist ein Kunstwort, das als Pendant zu Hardware gebildet wurde. Mit Software bezeichnet man die Summe aller Programme, die die Hardware steuern.

Man kann die gesamte Software eines Computers grob in zwei Gruppen aufteilen:

Das *Betriebssystem* regelt den Zugriff auf die Hardware des Computers und verwaltet Daten, die im Rechner gespeichert sind. Es stellt eine Umgebung bereit, in der Benutzer Programme ausführen können. Bekannte Betriebssysteme sind Unix, MS Windows oder Mac OS. Python-Programme laufen unter allen drei genannten Betriebssystemen. Man nennt sie deshalb portabel.

Anwendungs- und Systemsoftware dient dazu, spezifische Probleme zu lösen. Ein Textverarbeitungsprogramm z.B. unterstützt das Erstellen, Verändern und Speichern von Textdokumenten. Anwendungssoftware ist also auf Bedürfnisse des Benutzers ausgerichtet, während das Betriebssystem nur für ein möglichst störungsfreies und effizientes Zusammenspiel der verschiedenen Komponenten des Computersystems sorgt.

Ein Computersystem wird häufig durch ein Schichtenmodell wie in Abbildung 1.1 beschrieben. Die unterste Schicht ist die Computer-Hardware, darüber liegt das Betriebssystem und zuoberst befinden sich schließlich die Anwendungs- und Systemprogramme, die eine Benutzungsschnittstelle enthalten. Nur über diese oberste Software-Schicht kommunizieren Menschen mit einem Computersystem.

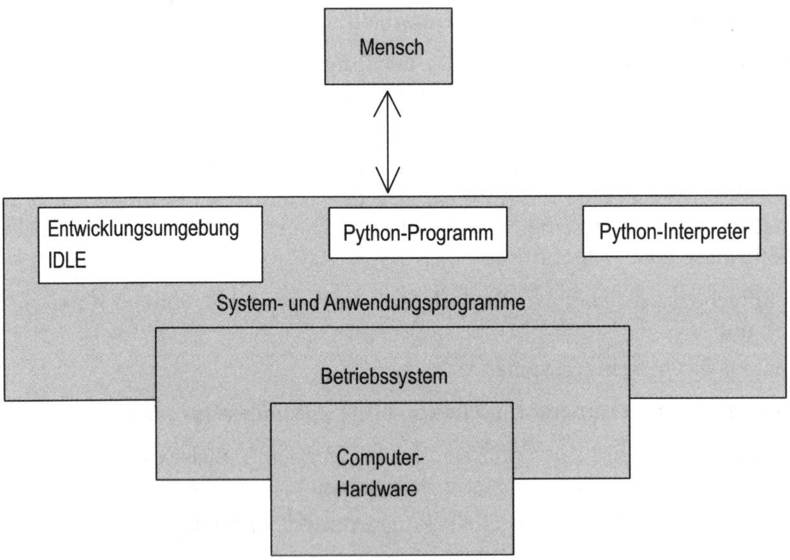

Abb. 1.1: Komponenten eines Computer-Systems

Wenn Sie ein Python-Programm schreiben, entwickeln Sie vor allem Anwendungssoftware. Dabei verwenden Sie eine Systemsoftware, zum Beispiel die integrierte Entwicklungsumgebung IDLE. Ausgeführt wird das Programm mithilfe einer weiteren Systemsoftware, nämlich dem Python-Interpreter. Dieser »liest« den Python-Programmtext Zeile für Zeile und beauftragt das Betriebssystem (eine Schicht tiefer), bestimmte Dinge zu tun – etwa eine Zahl auf den Bildschirm zu schreiben.

1.3 Programm als Algorithmus

Ein Algorithmus ist eine Anleitung zur Lösung einer Aufgabe. Es besteht aus einer Folge von Anweisungen, die so präzise formuliert sind, dass sie auch von einem völlig Unkundigen rein mechanisch ausgeführt werden können. Sie kennen Algorithmen aus dem Alltag:

- Kochrezept
- Anleitung zur Mund-zu-Mund-Beatmung in einer Erste-Hilfe-Fibel
- Gebrauchsanweisung für die Benutzung einer Bohrmaschine

> Algorithmus Brathähnchen
> nach Martha Pötsch (1901 -1994)
>
> Schalten Sie Ihren Backofen ein und stellen Sie den Temperaturregler auf 200 °C (bei einem Umluftherd nur 180 °C).
> Schälen Sie eine Zwiebel und zerschneiden Sie sie in Viertel.
> Schneiden Sie eine Tomate ebenfalls in Viertel.
> Reiben Sie ein frisches ausgenommenes Hähnchen innen und außen mit insgesamt zwei gestrichenen Teelöffeln Salz ein.
> Legen Sie das gesalzene Hähnchen, Zwiebel und Tomate in eine Casserole oder ofenfeste Porzellanschale. Geben Sie eine Tassenfüllung Wasser hinzu.
> Schieben Sie das Gefäß mit den Zutaten in den Backofen auf eine mittlere Schiene.
> Nach vierzig Minuten wenden Sie das Hähnchen und ergänzen das verdampfte Wasser. Nach weiteren zwanzig Minuten prüfen Sie, ob das Hähnchen goldbraun ist. Ist das nicht der Fall, erhöhen Sie die Temperatur um 20 °C.
> Nach weiteren zehn Minuten schalten Sie den Backofen ab und nehmen das Gefäß mit dem köstlich duftenden Hähnchen heraus.
> Fertig.

Abb. 1.2: Natürlichsprachlich formulierter Algorithmus zur Zubereitung eines Brathähnchens, entwickelt von Martha Pötsch aus Essen

Abbildung 1.2 zeigt einen äußerst effizienten Algorithmus zur Zubereitung eines Brathähnchens (Vorbereitungszeit: eine Minute). Wenn auch das Rezept wirklich sehr gut ist (es stammt von meiner Großmutter), so erkennt man dennoch an diesem Beispiel zwei Schwächen umgangssprachlich formulierter Alltags-Algorithmen:

- Sie beschreiben die Problemlösung meist nicht wirklich vollständig, sondern setzen voraus, dass der Leser, d.h. die den Algorithmus ausführende Instanz, über ein gewisses Allgemeinwissen verfügt und in der Lage ist, »Beschreibungslücken« selbstständig zu füllen. So steht in dem Kochrezept nichts davon, dass man die Backofentür öffnen und schließen muss. Das versteht sich von selbst und wird deshalb weggelassen.
- Sie enthalten ungenaue Formulierungen, die man unterschiedlich interpretieren kann. Was heißt z.B. »goldbraun«?

Auch ein Computerprogramm kann man als Algorithmus auffassen. Denn es »sagt« dem Computer, was er zu tun hat. Damit ein Algorithmus von einem Computer ausgeführt werden kann, muss er in einer Sprache formuliert sein, die der Computer »versteht« – einer Programmiersprache. Im Unterschied zu »natürlichen« Sprachen, wie Deutsch oder Englisch, die sich in einer Art evolutionärem Prozess im Laufe von Jahrhunderten entwickelt haben, sind Programmiersprachen »künstliche« Sprachen. Sie wurden von Fachleuten entwickelt und sind speziell auf die Formulierung von Algorithmen zugeschnitten.

1.4 Syntax und Semantik

Eine Programmiersprache ist – wie jede Sprache – durch Syntax und Semantik definiert. Die *Syntax* legt fest, welche Folgen von Zeichen ein Programmtext in der jeweiligen Sprache ist. Zum Beispiel ist

```
a = 1 ! 2
```

kein gültiger Python-Programmtext, weil die Python-Syntax vorschreibt, dass in einem arithmetischen Ausdruck zwischen zwei Zahlen ein Operator (z.B. +, -, *, /) stehen muss. Das Ausrufungszeichen `!` ist aber nach der Python-Syntax kein Operator.

Dagegen ist die Zeichenfolge

```
print("Schweinebraten mit Klößen")
```

ein syntaktisch korrektes Python-Programm. Die Syntax sagt aber nichts darüber aus, welche Wirkung dieses Mini-Programm hat. Die Bedeutung eines Python-Programmtextes wird in der *Semantik* definiert. Bei diesem Beispiel besagt die Semantik, dass auf dem Bildschirm die Zeichenkette `Schweinebraten mit Klößen` ausgegeben wird.

1.5 Interpreter und Compiler

Python ist eine höhere Programmiersprache. Es ist eine künstliche Sprache für Menschen, die Algorithmen formulieren wollen. Mit einer höheren Programmiersprache lässt sich auf bequeme Weise Programmtext notieren, der leicht durchschaubar und gut verständlich ist. Syntax und Semantik einer höheren Programmiersprache sind auf die Bedürfnisse von Menschen zugeschnitten und nicht auf die technischen Spezifika der Maschine, die das Programm ausführen soll.

Damit ein Programmtext – man spricht auch von Quelltext (*source code*) – vom Computer »verstanden« wird und abgearbeitet werden kann, muss er in ein ausführbares Programm übersetzt werden.

Dazu gibt es zwei unterschiedliche Methoden.

Ein *Compiler* übersetzt einen kompletten Programmtext und erzeugt ein direkt ausführbares (*executable*) Programm, das vom Betriebssystem geladen und gestartet werden kann. Bei der Übersetzung müssen natürlich die Besonderheiten des Rechners, auf dem das Programm laufen soll, berücksichtigt werden. Es gibt dann z.B. unterschiedliche Fassungen für MS-Windows- und Unix-Systeme. Programmiersprachen, bei denen kompiliert wird, sind z.B. Pascal, C, C++.

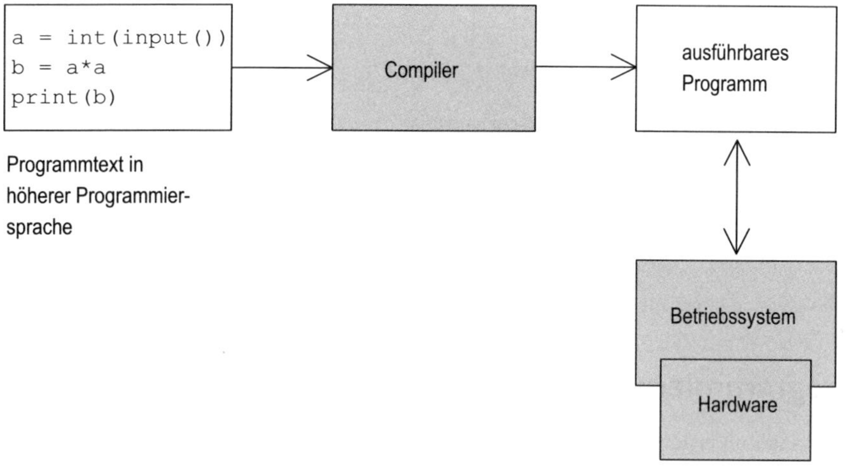

Abb. 1.3: Arbeitsweise eines Compilers

Ein *Interpreter* liest einen Programmtext Zeile für Zeile und führt (über das Betriebssystem) jede Anweisung direkt aus. Wenn ein Programm gestartet werden soll, muss zuerst der Interpreter aufgerufen werden. Für jedes Betriebssystem gibt es zu der Programmiersprache einen eigenen Interpreter. Wer ein Programm in einer interpretativen Sprache verwenden möchte, benötigt also zusätzlich zu dem Anwendungsprogramm noch einen Interpreter.

Python ist eine interpretative Programmiersprache. Dies hat den Vorteil, dass ein und dasselbe Programm auf allen Rechnerplattformen läuft. Als nachteilig könnte man aus Entwicklersicht empfinden, dass der Quelltext einer Software, die man verkaufen möchte, immer offen gelegt ist (*open source*). Damit besteht das Risiko, dass jemand illegalerweise den Programmtext leicht verändert und ihn unter seinem Namen weiterverkauft. Das geistige Eigentum des Programmentwicklers ist also schlecht geschützt. Auf der anderen Seite gibt es einen gewissen Trend, nur solche Software einzusetzen, deren Quelltext bekannt ist. Denn nur dann ist es möglich, etwaige Fehler, die erst im Lauf des Betriebes sichtbar werden, zu finden und zu beseitigen. Wer Software verwendet, deren Quelltext geheim gehalten ist, macht sich vom Software-Hersteller abhängig, und ist im Störungsfall »auf Gedeih und Verderb« auf ihn angewiesen.

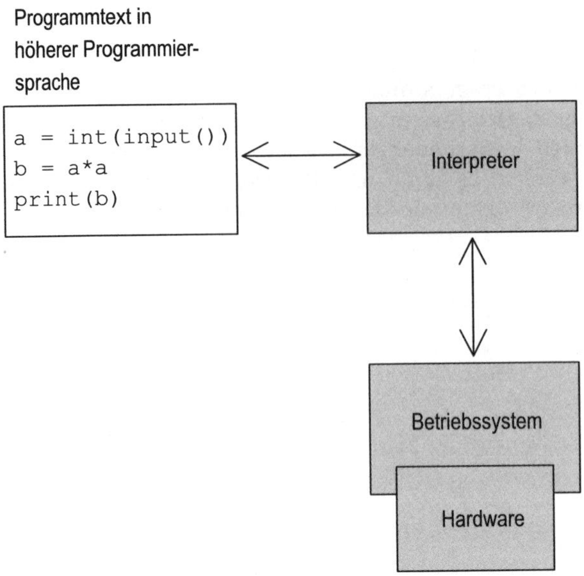

Abb. 1.4: Arbeitsweise eines Interpreters

1.6 Programmierparadigmen

Ein Paradigma ist allgemein ein Denk- oder Handlungsmuster, an dem man sich z.B. bei der Formulierung einer Problemlösung orientiert. Wenn man ein Programm als Algorithmus betrachtet, also als System von Befehlen, folgt man dem *imperativen* Programmierparadigma (*imperare*: lat. befehlen).

Zur Abgrenzung sei kurz darauf hingewiesen, dass es auch andere Programmierparadigmen gibt. *Prolog* z.B. ist eine *deklarative* Programmiersprache. Ein deklaratives Programm beschreibt Eigenschaften der Lösung des Problems. Der Programmierer legt sein Augenmerk auf die Frage, *was* berechnet werden soll, und nicht, *wie* man es berechnet. Dagegen stellt ein imperatives Programm eine Anleitung dar. Sie beschreibt, *wie* – Schritt für Schritt – die Aufgabe gelöst werden soll.

Das folgende kleine Experiment veranschaulicht den Unterschied. Wenn Sie es selbst durchspielen wollen, benötigen Sie sieben Streichhölzer. Die beiden folgenden Texte beschreiben auf deklarative und auf imperative Weise, wie die Streichhölzer angeordnet werden sollen. Probieren Sie aus, mit welchem Paradigma Sie besser zurechtkommen.

Deklaratives Paradigma:

- Insgesamt gibt es sieben Streichhölzer.
- Genau ein Streichholz berührt an beiden Enden jeweils zwei weitere Streichhölzer.
- Wenigstens ein Streichholz bildet mit zwei benachbarten Streichhölzern jeweils einen rechten Winkel.

- Drei Streichhölzer liegen zueinander parallel, berühren sich aber nicht.
- Es gibt kein Streichholz, das nicht an jedem Ende wenigstens ein anderes Streichholz berührt.

Imperatives Paradigma:

- Legen Sie zwei Streichhölzer (A und B) in einer geraden Linie nebeneinander auf den Tisch, so dass sie sich an einer Stelle berühren.
- Legen Sie ein Streichholz C mit einem Ende an der Stelle an, wo sich A und B berühren. Das Streichholz soll einen rechten Winkel zu A und B bilden.
- Legen Sie an die äußeren Enden von A und B jeweils ein weiteres Streichholz mit einem Ende an (D und E), so dass diese neuen Streichhölzer jeweils einen rechten Winkel zu A und B bilden und in die gleiche Richtung gehen wie das mittlere Streichholz.
- Verbinden Sie die noch freien Enden von C, D und E mit den verbleibenden zwei Streichhölzern.

Eine Abbildung der korrekten Anordnung finden Sie am Ende des Kapitels. Vermutlich haben Sie die zweite Aufgabe schneller lösen können. Tatsächlich benötigen auch in der Computertechnik imperative Programme weniger Rechenzeit als deklarative.

Zum Schluss sei noch das Paradigma der *funktionalen* Programmierung erwähnt. Mit funktionalen Programmiersprachen wie z.B. *Haskell* oder *Scheme* kann man ein Programm als (mathematische) Funktion definieren. Einfache vorgegebene Funktionen werden zu einer komplexen Funktion verknüpft, die das Gewünschte leistet. Mathematisch geschulten Menschen fällt diese Art der Programmentwicklung bei bestimmten Problemen leichter.

Man kann mit Fug und Recht sagen, dass unter diesen drei Paradigmen der imperative Ansatz am verbreitetesten ist. Funktionale und deklarative Sprachen spielen heute in der Praxis der Software-Entwicklung eher eine untergeordnete Rolle. Auch die *objektorientierte Programmierung* (OOP) wird als eigenes Programmierparadigma beschrieben. Das hört sich so an, als wäre die objektorientierte Programmierung etwas ganz anderes als das imperative oder funktionale Paradigma. Aber ganz so ist es eigentlich nicht. Vielmehr betrifft das Paradigma der Objektorientierung einen Aspekt der Programmentwicklung, den ich bisher noch nicht erwähnt habe. Es geht um die Beherrschung von Komplexität.

1.7 Objektorientierte Programmierung

1.7.1 Strukturelle Zerlegung

Die ersten Computerprogramme waren einfach und dienten der Lösung eines relativ kleinen, gut umgrenzten Problems. Die Situation wird ganz anders, wenn man umfangreiche Software erstellen möchte, etwa ein Textverarbeitungsprogramm oder ein Verwaltungsprogramm für eine Bibliothek. Solche großen Systeme lassen sich nur beherrschen, wenn man sie zunächst in kleinere überschaubare Teile aufbricht. Abbildung 1.5 soll diesen Gedanken veranschaulichen.

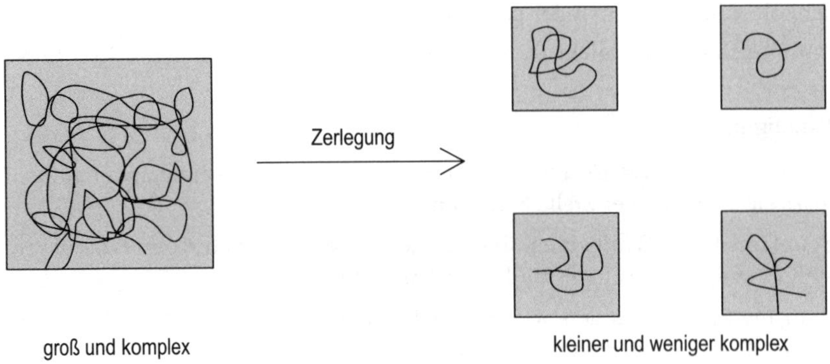

Abb. 1.5: Zerlegung eines komplexen Systems

Die Vorteile liegen auf der Hand:

Die kleineren Teile des Ganzen lassen sich einfacher programmieren. Die Wahrscheinlichkeit, dass sie Fehler enthalten, ist geringer. Mehrere Personen können zeitgleich und unabhängig voneinander die Einzelteile erstellen. Das spart Zeit. Und es kann sein, dass man später einen Baustein, den man früher einmal programmiert hat, wieder verwenden kann. Das spart Kosten.

Das objektorientierte Paradigma bietet ein Verfahren, nach dem große Systeme in kleinere Teile zerlegt werden können.

1.7.2 Die Welt als System von Objekten

In der objektorientierten Sichtweise stellt man sich die Welt als System von Objekten vor, die untereinander Botschaften austauschen. Zur Veranschaulichung betrachten wir ein Beispiel aus dem Alltag, das in Abbildung 1.6 illustriert wird.

Leonie in Bonn möchte ihrer Freundin Elena in Berlin einen Blumenstrauß schicken. Sie geht deshalb zu Mark, einem Blumenhändler, und erteilt ihm einen entsprechenden Auftrag. Betrachten wir Mark als Objekt. In der Sprache der objektorientierten Programmierung sagt man: Leonie sendet an das Objekt Mark eine Botschaft, nämlich: »Sende sieben gelbe Rosen an Elena, Markgrafenstr. 10 in Berlin.«. Damit hat sie getan, was sie tun konnte. Es liegt nun in Marks Verantwortung, den Auftrag zu bearbeiten. Mark versteht die Botschaft und weiß, was zu tun ist. Das heißt, er kennt einen Algorithmus für das Verschicken von Blumen. Der erste Schritt ist, einen Blumenhändler in Berlin zu finden, der die Rosen an Elena liefern kann. In seinem Adressverzeichnis findet er den Floristen Sascha. Ihm sendet er eine leicht veränderte Botschaft, die nun zusätzlich noch den Absender enthält. Damit ist Mark fertig und hat die Verantwortung für den Prozess weitergegeben. Auch Sascha hat einen zur Botschaft passenden Algorithmus parat. Er stellt den gewünschten Blumenstrauß zusammen und beauftragt seinen Boten Daniel, die Rosen auszuliefern. Daniel muss nun den Weg zur Zieladresse finden und befragt seine Straßenkarte. Sie antwortet ihm mit einer Wegbeschreibung. Nachdem Daniel den Weg zu Elenas Wohnung gefunden hat, überreicht er die Blumen und teilt ihr in einer Botschaft mit, von wem sie stammen. Damit ist der gesamte Vorgang, den Leonie angestoßen hat und an dem mehrere Objekte beteiligt waren, beendet.

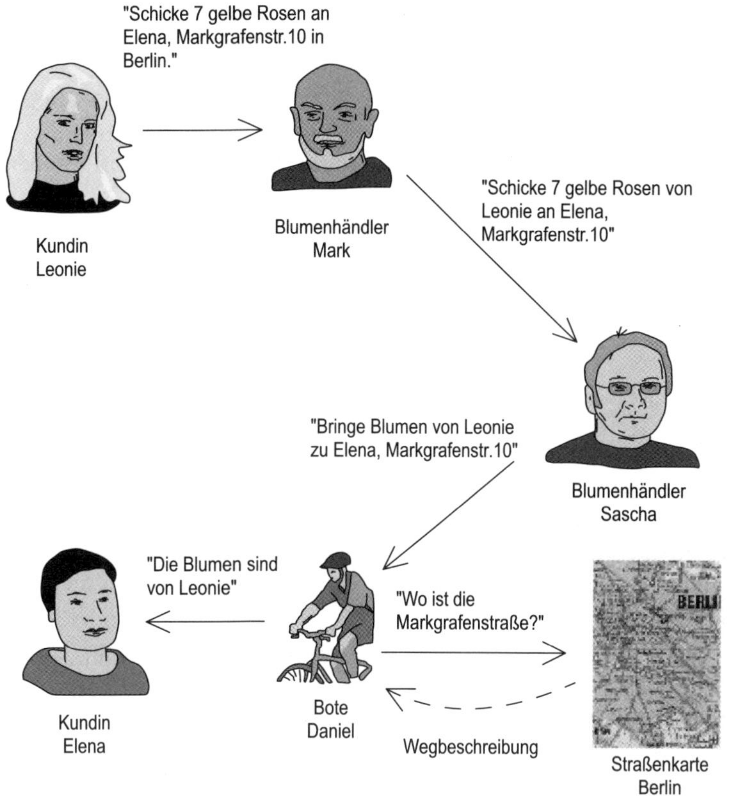

Abb. 1.6: Objektorientiertes Modell eines Blumenversandsystems

1.7.3 Objekte besitzen Attribute und beherrschen Methoden

Jedes Objekt besitzt Eigenschaften oder *Attribute*. Ein Attribut eines Blumenhändlers ist z.B. die Stadt, in der er sein Geschäft hat. Dieses Attribut ist auch für die Umwelt wichtig. So musste Mark einen Blumenhändler mit dem Attribut »wohnhaft in Berlin« suchen. Weitere typische Attribute von Blumenhändlern sind Name, Telefonnummer, Warenbestand oder Öffnungszeiten.

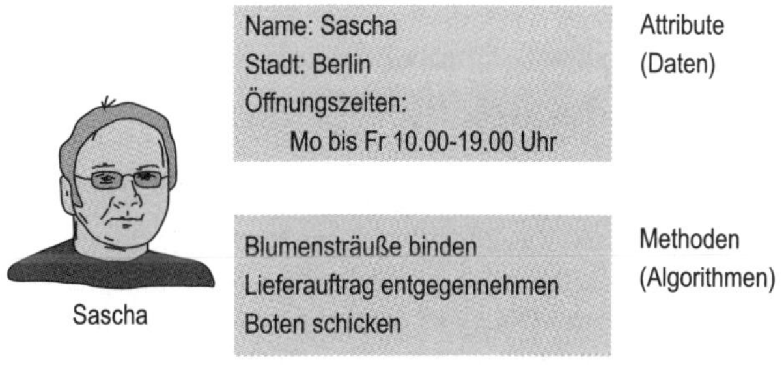

Abb. 1.7: Objekte besitzen Attribute und beherrschen Methoden.

Objekte sind in der Lage, bestimmte Operationen auszuführen, die man *Methoden* nennt. Ein Blumenhändler z.B. kann einen Lieferauftrag für Blumen entgegennehmen, Sträuße binden, einen Boten schicken, beim Großhandel neue Blumen einkaufen usw. Wenn ein Objekt eine geeignete Botschaft empfängt, wird eine zur Botschaft passende Operation gestartet. Man sagt: Die Methode wird aufgerufen. Der Umwelt, das heißt den anderen Objekten, ist bekannt, welche Methoden ein Objekt beherrscht. Die Umwelt weiß von den Methoden nur,

- was sie bewirken
- welche Daten sie als Eingabe benötigen

Die Umwelt weiß aber nicht, *wie* das Objekt funktioniert, das heißt, nach welchen Algorithmen die Botschaften verarbeitet werden. Dieses bleibt ein privates Geheimnis des Objektes.

Leonie hat keine Ahnung, wie Mark den Blumentransport bewerkstelligt. Es interessiert sie auch gar nicht. Ihre Aufgabe bestand allein darin, für ihr Problem ein geeignetes Objekt zu finden und ihm eine geeignete Botschaft zu senden. Ein ungeeignetes Objekt wäre zum Beispiel Tom, der Zahnarzt, oder Katrin, die Leiterin des Wasserwerks gewesen. Diese Objekte hätten Leonis Nachricht gar nicht verstanden und zurückgewiesen. Außerdem ist für Leonie wichtig, wie sie die Botschaft an Mark formuliert. Sie muss ihm ihren Namen mitteilen (damit der Empfänger weiß, von wem die Blumen sind), die Adresse des Empfängers sowie Anzahl und Sorte der Blumen, die gesendet werden sollen.

Eine Methode ist die Implementierung (technische Realisierung) eines Algorithmus. Bei der Programmierung einer Methode mit Python (oder einer anderen objektorientierten Sprache) wird also wieder das imperative Paradigma wichtig.

1.7.4 Objekte sind Instanzen von Klassen

Die Objekte des Beispiels kann man in Gruppen einteilen. Sascha und Mark sind beide Blumenhändler. Sie beherrschen beide dieselben Methoden und besitzen dieselben Attribute (z.B. die Stadt), allerdings mit unterschiedlichen Werten. Man sagt: Sascha und Mark sind *Instanzen* der Klasse »Blumenhändler«. In der objektorientierten Programmierung ist eine Klasse die Definition eines bestimmten Typs von Objekten. Sie ist so etwas wie ein Bauplan, in dem die Methoden und Attribute beschrieben werden. Nach diesem Schema können Objekte (Instanzen) einer Klasse erzeugt werden. Ein Objekt ist eine Konkretisierung, eine Inkarnation einer Klasse. Alle Instanzen einer Klasse sind von der Struktur her gleich. Sie unterscheiden sich allein in der Belegung ihrer Attribute mit Werten. Die Objekte Sascha und Mark besitzen dasselbe Attribut »Stadt«, aber bei Sascha trägt es den Wert »Berlin« und bei Mark »Bonn«.

1.8 Hintergrund: Geschichte der objektorientierten Programmierung

Die Grundideen der Objektorientierung (wie z.B. die Begriffe Klasse und Objekt) tauchen zum ersten Mal in der Simulationssprache SIMULA auf. Sie wurde von Ole-Johan Dahl and Kristen Nygaard am Norwegian Computing Centre (NCC) in Oslo zwischen 1962 und 1967 entwickelt und diente zur Simulation komplexer Systeme der realen Welt. Die erste universell verwendbare objektorientierte Programmiersprache wurde in den Jahren 1970 bis 1980 am Palo Alto Research Center der Firma Xerox von Alan Key und seinem Team entwickelt und unter dem Namen SmallTalk-80 in die Öffentlichkeit gebracht. Wenig später entstand in den Bell Laboratories (AT&T, USA) unter der Leitung von Bjarne Stroustrup die Sprache C++ als objektorientierte Erweiterung von C. Sie wurde zu Beginn der Neunzigerjahre zur dominierenden objektorientierten Sprache. Mitte der Neunzigerjahre etablierte sich Java (Sun Microsystems Inc.) auf dem Markt. Die Entwicklung von Python wurde 1989 von Guido van Rossum am Centrum voor Wiskunde en Informatica (CWI) in Amsterdam begonnen und wird nun durch die nichtkommerzielle Organisation Python Software Foundation (PSF) koordiniert. Gegenwärtig gibt es eine rasch wachsende Communitiy von Python-Programmierern.

Etwa parallel zur Entwicklung von objektorientierten Programmiersprachen wurden Konzepte der objektorientierten Analyse (OOA) und des objektorientierten Entwurfs (OOD) veröffentlicht. Im Prozess einer objektorientierten Software-Entwicklung sind OOA und OOD der Implementierung in einer Programmiersprache vorgelagert. Im Gegensatz zur rein textuellen Notation der Programmiersprachen verwenden objektorientierte Analyse- und Entwurfsmethoden auch visuelle Darstellungen. Besonders zu erwähnen ist die Unified Modeling Language (UML), die in der Version 1.1 im September 1997 publiziert wurde und heute so etwas wie einen Industriestandard zur grafischen Beschreibung objektorientierter Software-Systeme darstellt.

1.9 Aufgaben

Aufgabe 1

Welche der folgenden Texte sind Algorithmen?

1. Liebesbrief
2. Formular zur Beantragung eines Personalausweises
3. Märchen
4. Musterlösung einer Mathematikaufgabe
5. Die christlichen Zehn Gebote

Aufgabe 2

Ordnen Sie den folgenden Beschreibungen einer Problemlösung passende Programmierparadigmen zu (imperativ, objektorientiert, deklarativ).

1. Um ein Zündholz zu entzünden, reiben Sie den Kopf des Zündholzes über die Reibfläche.
2. Um eine Menge von Blumenvasen der Größe nach zu sortieren, sorgen Sie davor, dass jede Blumenvase entweder am Anfang der Reihe steht oder größer als ihr linker Nachbar ist.
3. Der Betrieb in einem Restaurant funktioniert so: Es gibt einen Koch und einen Kellner. Der Kellner kümmert sich um die Gäste, säubert die Tische, bringt das Essen und kassiert. Der Koch bereitet das Essen zu, wenn er vom Kellner einen Auftragzettel mit den Nummern der bestellten Gerichte erhält.

1.10 Lösungen

Lösung 1

1. Liebesbriefe können natürlich sehr unterschiedlich aussehen, manche sind leidenschaftlich, andere poetisch und sensibel. Wenn auch nach Auffassung des Kommunikationstheoretikers Schulz von Thun jede sprachliche Botschaft (unter anderem) auch eine appellative Dimension hat, dürfte ein Liebesbrief insgesamt wohl kaum als Anweisung zur Lösung eines Problems zu sehen sein und ist damit kein Algorithmus.
2. Ein solches Formular besitzt die entscheidenden Merkmale eines Algorithmus. Es beschreibt (einigermaßen unmissverständlich) alle Aktionen, die ausgeführt werden müssen, um das Problem »Wie komme ich an einen Personalausweis?« zu lösen.
3. Märchen erzählen, was vor langer Zeit passiert ist. Sie sind keine Algorithmen.
4. Eine gut formulierte Musterlösung beschreibt in der Regel einen Lösungsweg, führt also die mathematischen Operationen (in der richtigen Reihenfolge) auf, die man ausführen muss, um die Aufgabe zu lösen. Sie kann somit als Algorithmus (mit Kommentaren zum besseren Verständnis) betrachtet werden.
5. Die Zehn Gebote sind zwar allgemeine Verhaltensvorschriften (soziale Normen), definieren aber kein konkretes Verhalten, das zu einer Problemlösung führt.

Lösung 2

1. Imperativ. Es handelt sich um eine Folge von Anweisungen.
2. Deklarativ. Es wird beschrieben, welche Eigenschaften die Lösung (nach Größe sortierte Blumenvasen) haben muss, aber nicht, *wie* man dieses Ziel erreicht.
3. Objektorientiert. Das Restaurant wird als System interagierender Objekte beschrieben.

Lösung des Experimentes »Programmierparadigmen« (Abschnitt 1.6)

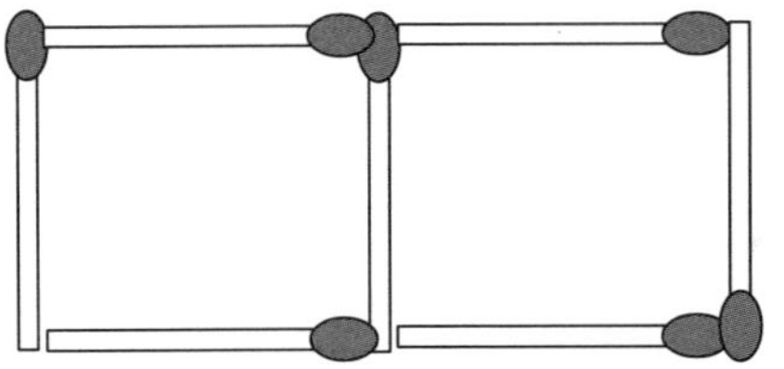

Abb. 1.8: Eine mögliche Lösung des Streichholz-Experiments

Kapitel 2

Der Einstieg – Python im interaktiven Modus

In diesem Kapitel beginnt die praktische Arbeit mit Python. Zunächst installieren Sie die benötigte Software. Im interaktiven Modus führen Sie einzelne Anweisungen aus, die sofort ein Ergebnis liefern. Gewinnen Sie einen Eindruck, wie man mit Python programmieren kann.

2.1 Python installieren

Bevor Sie mit der praktischen Programmierung beginnen, müssen Sie Python auf Ihrem Rechner installieren. Sie können sämtliche Software, die Sie für die Arbeit mit Python benötigen, von der Python-Homepage `http://www.python.org/download` herunterladen. Wählen Sie die Version, die dort empfohlen wird. Das ist nicht unbedingt die aktuellste Version. Dieses Buch bezieht sich hauptsächlich auf Version 3.7. In einigen Kapiteln verwenden wir die ältere Linie 3.6, weil manche speziellere Erweiterungen damit besser funktionieren. Falls Sie eine neuere Version installieren, müssten aber dennoch alle Programme, die in diesem Buch beschrieben werden, funktionieren, da bei der Weiterentwicklung von Python 3 auf Abwärtskompatibilität Wert gelegt wird. Es ist kein Problem (und sogar durchaus üblich), wenn auf einem Computer nebeneinander mehrere Python-Versionen installiert sind. Übrigens werden auch die älteren Python-Linien weiter gepflegt. Python ist völlig kostenlos und kompatibel mit der GNU General Public License (GPL).

Python ist für Microsoft Windows, Unix und macOS verfügbar. Die offizielle Distribution der Python Software Foundation umfasst vier Komponenten:

- Den Python-Interpreter
- Die Entwicklungsumgebung IDLE
- Module, die vom Python-Interpreter eingebunden werden können
- Eine umfangreiche Dokumentation

Unix

Auf Unix-Systemen ist Python in der Regel bereits installiert. Prüfen Sie, welche Version vorliegt, indem Sie in einem Konsolenfenster auf der Kommandozeile den Befehl `python -V` eingeben. (Das klappt auch bei Windows-Rechnern.) Sofern Python installiert ist, meldet Ihnen das System die Version. Beispiel:

```
$ python -V
Python 3.7.3
```

Wenn Sie keine Version von Python 3 vorfinden, müssen Sie nachinstallieren.

Auf einem Linux-Rechner installieren Sie Python am besten mit dem Advanced Packaging Tool (APT):

```
$ sudo apt-get install python3.7
```

Windows

Unter Windows 10 geht die Installation so: Auf der Download-Seite `http://www.python.org/download` werden Installationsdateien angeboten, die zu Ihrem System passen.

Abb. 2.1: Python-Downloadseite für Windows

Klicken Sie auf die Schaltfläche oben links mit der aktuellsten Version von Python 3. Laden Sie das Installationsprogramm herunter und starten Sie es.

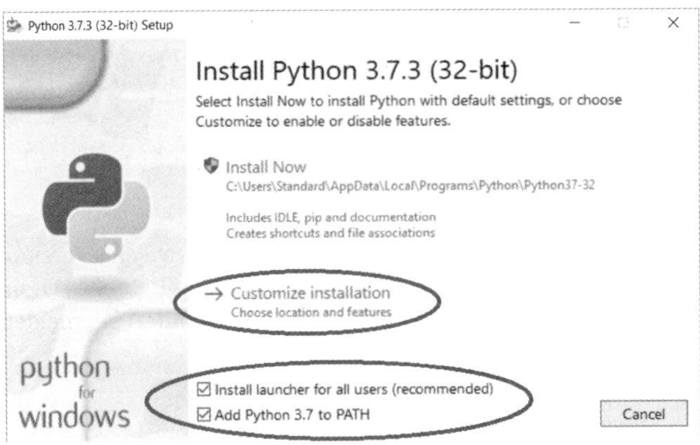

Abb. 2.2: Installation von Python 3 auf einem Windows-System

Achten Sie darauf, dass im Rahmen der Installation Python dem Systempfad hinzugefügt wird. Sie können Python unter dem voreingestellten Pfad abspeichern oder selbst einen Speicherort bestimmen. Eine Alternative ist z.B. der Pfad `c:\Python37`. Um diesen Speicherort einzurichten, klicken Sie auf CUSTOMIZE INSTALLATION (Abbildung 2.2). In einer anschließenden Dialogbox können Sie dann Ihren Wunsch-Pfad eingeben (Abbildung 2.3)

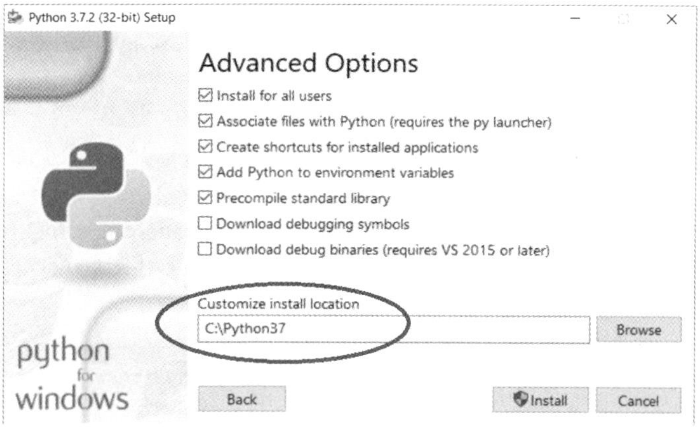

Abb. 2.3: Eingabe eines Speicherortes für Python

Wenn alles gut gegangen ist, sollte bei der Installation bereits der Systempfad erweitert worden sein. Wenn Sie bei Windows »per Hand« den Pfad erweitern wollen, öffnen Sie ein Konsolenfenster (Eingabeaufforderung) und geben z.B. folgendes Kommando ein:

```
set PATH=C:\Python37;%PATH%
```

Hier wurde davon ausgegangen, dass Python im Verzeichnis `C:\Python37` gespeichert ist. Ist das nicht der Fall, müssen Sie das Kommando an Ihr System anpassen.

Für Windows wird noch ein Zusatzpaket von Mark Hammond mit Windows-spezifischen Erweiterungen empfohlen. Es enthält die Programmentwicklungsumgebung PythonWin.

Am einfachsten installieren Sie PythonWin, indem Sie die aktuellste Binärdatei von GitHub herunterladen. Besuchen Sie mit Ihrem Browser die Projektseite

```
https://github.com/mhammond/pywin32/releases
```

und laden Sie eine Version herunter, die zu der auf Ihrem Computer installierten Python-Version passen muss. Wenn Sie einen 64-Bit-Computer, aber eine 32-Bit-Version von Python haben, müssen Sie eine 32-Bit-Version von PythonWin installieren.

Noch ein **Hinweis:** Verwechseln Sie PythonWin nicht mit WinPython. Das ist eine portable Python-Distribution für wissenschaftliches Rechnen und sicherlich auch sehr interessant. Aber es hat mit der Erweiterung PythonWin von Mark Hammond nichts zu tun.

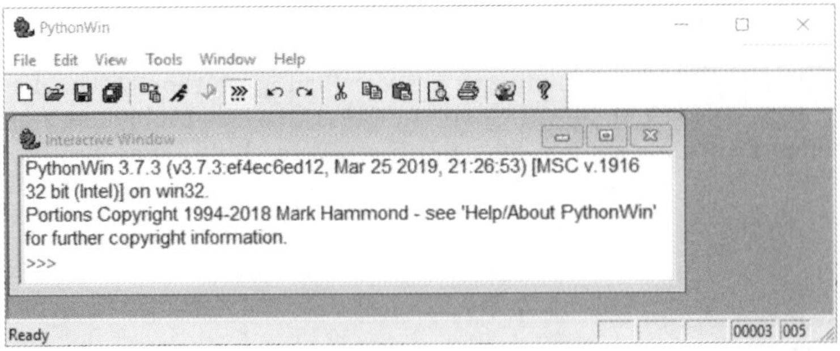

Abb. 2.4: Die kostenlose Entwicklungsumgebung PythonWin von Mark Hammond

macOS

Auf Apple-Computern ist Python 2 standardmäßig installiert, Python 3 allerdings nicht. Um das nachzuprüfen, öffnen Sie auf Ihrem Mac ein Terminal-Fenster (PROGRAMME|DIENSTPROGRAMME|TERMINAL) und geben folgenden Befehl ein

```
python --version
```

Um Python 3 zu installieren, besuchen Sie die Python-Website, laden eine zu Ihrem System passende Installer-Datei herunter und führen sie aus.

2.2 Python im interaktiven Modus

Der Python-Interpreter kann in einem interaktiven Modus aufgerufen werden, in dem man einzelne Zeilen Programmtext eingeben und die Wirkung sofort beobachten kann. Im interaktiven Modus kann man mit Python experimentieren, etwa um sich in neue Programmiertechniken einzuarbeiten oder logische Fehler in einem Programm, das man gerade bearbeitet, aufzuspüren.

Der interaktive Python-Interpreter – die Python-Shell – kann auf verschiedene Weise gestartet werden.

2.2.1 Start des Python-Interpreters in einem Konsolenfenster

Geben Sie in einem Konsolenfenster (z.B. EINGABEAUFFORDERUNG bei Windows-Systemen oder TERMINAL bei macOS) das Kommando `python` ein. Bei Windows kann man auch einfach das Icon des Python-Interpreters anklicken. Man findet es z.B. im Start-Menü unter: START|PYTHON 3.7|PYTHON 3.7. Abbildung 2.5 zeigt, wie sich der Interpreter in einem Eingabeaufforderung-Fenster melden könnte.

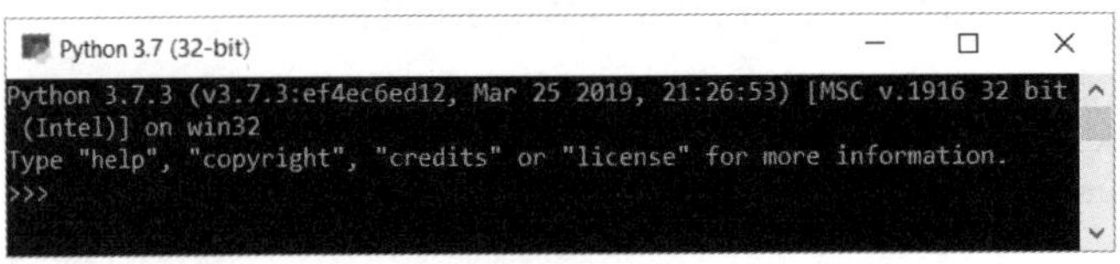

Abb. 2.5: Python nach dem Start in einem Konsolenfenster (Windows)

2.2.2 Die Python-Shell von IDLE

Zur Standarddistribution von Python gehört die integrierte Entwicklungsumgebung IDLE. Der Name erinnert an Eric Idle, einem Mitglied der Monty-Python-Gruppe. Wenn Sie IDLE starten, öffnet sich das Shell-Fenster, in dem Sie einen Dialog mit dem interaktiven Interpreter führen können.

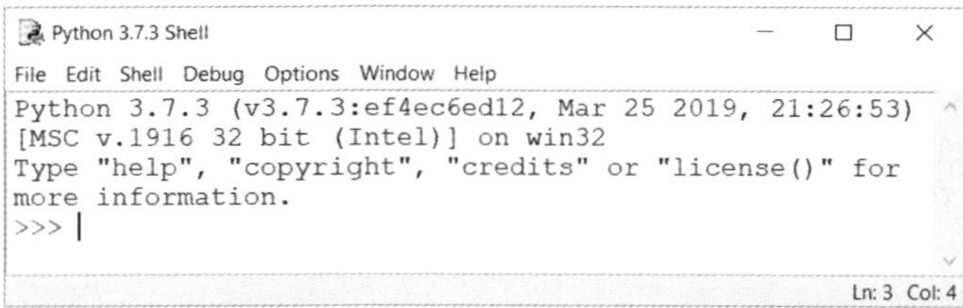

Abb. 2.6: Die Python-Shell der integrierten Entwicklungsumgebung IDLE (Windows)

Auf einem Mac fehlt die Menüleiste im Applikationsfenster. Stattdessen haben Sie die Menüleiste am oberen Bildschirmrand.

2.2.3 Die ersten Python-Befehle ausprobieren

Die Python-Shell meldet sich immer mit einer kurzen Information über die Version und einigen weiteren Hinweisen. Dann folgen drei spitze Klammern >>>. Diese Zeichenfolge nennt man Promptstring oder einfach Prompt. Sie stellt eine Aufforderung zur Eingabe dar. Hinter dem Prompt kann man eine *Anweisung* eingeben und durch `Enter` beenden. Der Python-Interpreter bearbeitet die Anweisung sofort. In den nächsten Zeilen kommt entweder eine Fehlermeldung, ein Berechnungsergebnis oder (z.B. bei Zuweisungen) *keine* Systemantwort. Python-Anweisungen können arithmetische Ausdrücke (Terme) sein:

```
>>> 2+2
4
>>> (2+3)*4
20
```

Hier wird jeweils der mathematische Term ausgewertet und das Rechenergebnis ausgegeben. Sie benutzen hier den Python-Interpreter wie einen Taschenrechner. Sie dürfen aber zwischen Operatoren, Klammern und Zahlen beliebig viele Leerzeichen einfügen:

```
>>> (2 + 3) * 4
20
```

Nun geben Sie einen ungültigen Term ein, bei dem eine Klammer fehlt:

```
>>> (2 + 3 * 4
SyntaxError: invalid syntax
```

In diesem Fall reagiert das System mit einer Fehlermeldung. Es handelt sich hier um einen Syntaxfehler, d.h. einen Verstoß gegen die Regeln, die den Aufbau einer Anweisung aus Zeichen definieren.

Bei manchen Anweisungen gibt das System überhaupt keine Rückmeldung. Beispiel:

```
>>> zahl = 1
>>>
```

In diesem Beispiel wird dem Namen `zahl` das Objekt mit dem Wert `1` zugewiesen. Man kann es sich auch so vorstellen, dass der Wert `1` unter dem Namen `zahl` gespeichert wird. Er kann wieder abgerufen werden, indem man den Namen der Variablen eingibt:

```
>>> zahl
1
```

2.2.4 Hotkeys

Es gibt einige nützliche Tastenkombinationen (Hotkeys, Shortcuts), die die Arbeit mit der IDLE-Shell im interaktiven Modus erheblich beschleunigen:

Mit [Alt]+[p] und [Alt]+[n] können sie in der Folge der zuletzt eingegebenen Kommandos (History) vor- und zurückgehen. Geben Sie zunächst zwei beliebige Befehle ein:

```
>>> 1 + 2*3 + 4
11
>>> 1234 * 56789
70077626
>>>
```

Wenn Sie *einmal* die Tastenkombination [Alt]+[p] betätigen, erscheint hinter dem letzten Prompt das vorige Kommando (*previous*):

```
>>> 1234 * 56789
```

Bei nochmaliger Eingabe dieses Hotkeys erscheint die vorvorige Zeile:

```
>>> 1 + 2*3 + 4
```

Mit der Tastenkombination [Strg]+[c] brechen Sie die Ausführung eines gerade laufenden Programms ab. Man macht dies, wenn die Ausführung zu lange dauert oder ein Programm auf Grund eines Programmierfehlers überhaupt nicht zu einem Ende kommt. Zum Ausprobieren können Sie einfach einen Term eingeben, für dessen Auswertung der Python-Interpreter viel Zeit braucht. Die Potenz `12345` hoch `12345` ist eine Zahl mit etwa fünfzigtausend Ziffern und ist entsprechend mühevoll zu berechnen.

```
>>> 12345**12345
```

Wenn Sie nun die Tastenkombination [Strg]+[c] zum Abbruch eingeben, erhalten Sie nach einigen Sekunden (bitte Geduld!) folgende Meldung:

```
Traceback (most recent call last):
  File "<pyshell#6>", line 1, in <module>
    123456**123456
KeyboardInterrupt
```

2.3 Objekte

Python ist in einem sehr umfassenden Sinne eine objektorientierte Programmiersprache. Daten, Funktionen und andere Sprachelemente werden durch Objekte repräsentiert. Wenn man in der Mathematik von der Zahl 123 spricht, denkt man zunächst an einen numerischen Wert. *Werte* von Objekten werden durch *Literale* repräsentiert. Das sind Zeichenfolgen, die nach bestimmten Regeln aufgebaut sind. Der Wert der natürlichen Zahl 123 kann durch die Zeichenfolgen 123 (Dezimalzahl) oder 0173 (Oktalzahl) repräsentiert werden – zwei verschiedene Literale für den gleichen numerischen Wert.

Der Wert ist nur *ein* Aspekt eines Objektes. Für das Objekt mit dem Wert 123 ist auch von Bedeutung, dass es sich um eine ganze Zahl handelt. Das Objekt gehört zu einem bestimmten *Typ*, nämlich dem Typ »ganze Zahl« (engl. integer). Steht die Ziffernfolge in Hochkommata oder Anführungsstrichen, handelt es sich um eine Zeichenkette (engl. *string*). Die Zeichenkette '123' ist etwas anderes als die ganze Zahl 123. Der Typ eines Objektes wird dann wichtig, wenn es in einem Programm verarbeitet werden soll. Mit Zahlen kann man arithmetische Operationen durchführen, mit Zeichenketten nicht. Probieren Sie aus:

```
>>> 123-1
122
>>> '123'-'1'
Traceback (most recent call last):
  File "<pyshell#27>", line 1, in ?
    '123'-'1'
TypeError: unsupported operand type(s) for -: 'str' and 'str'
```

Offenbar ist die Subtraktion für Objekte vom Typ Zeichenkette nicht erlaubt.

Der Typ eines Objektes kann mit der Standardfunktion type() ermittelt werden. Beispiel:

```
>>> type (123)
<class 'int'>
>>> type('123')
<class 'str'>
```

Ein drittes Merkmal aller Objekte ist, dass sie eine *Identität* besitzen. Bei Python wird die Identität eines Objektes durch eine (einmalige) ganze Zahl repräsentiert, die mit der Standardfunktion id() abgefragt werden kann.

```
>>> id(123)
8004856
>>> id('123')
19427280
```

Die Identität dient der Identifizierung eines Objektes. Es ist mehr als nur eine verschlüsselte Form des Wertes. Es kann sein, dass zwei Objekte den gleichen Wert, aber unterschiedliche Identität besitzen. Diese Objekte sind dann *gleich*, aber nicht *identisch*. In der realen Welt können z.B. auch Atome völlig gleich sein, ohne identisch zu sein.

Halten wir also fest: Alle Objekte besitzen einen Wert, einen Typ und eine Identität (siehe Abbildung 2.7).

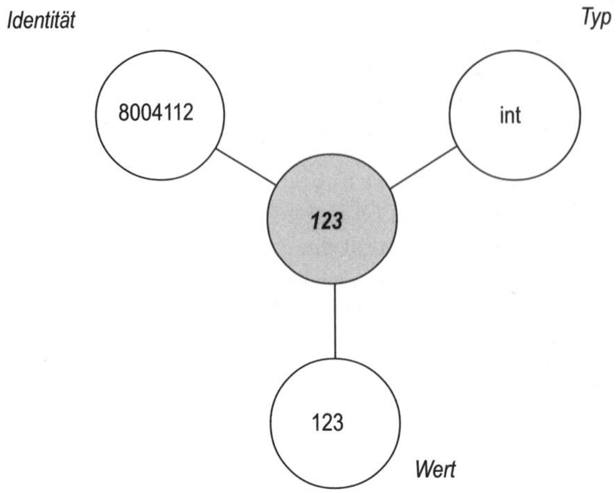

Abb. 2.7: Repräsentation der Zahl 123 durch ein Objekt mit Identität, Wert und Typ

Zeichenketten und ganze Zahlen sind Beispiele für Standard-Typen von Python, die in der Programmiersprache vorgegeben sind (*built in types*). Es ist auch möglich, eigene Datentypen zu definieren.

2.4 Namen

Objekte können anonym sein oder einen Namen besitzen, über den sie angesprochen werden können. Wenn Sie in der Python-Shell den Ausdruck

```
>>> 2 + 3
```

eingeben, werden anonyme Objekte mit den Werten 2 und 3 verarbeitet und in der nächsten Zeile die Summe der beiden Werte ausgegeben. Die Objekte 2 und 3 besitzen zwar einen Wert, einen Typ und eine Identität, aber keinen Namen. Mit folgenden Anweisungen werden den Zahlen 2 und 3 die Namen `zahl1` und `zahl2` zugeordnet:

```
>>> zahl1 = 2
>>> zahl2 = 3
```

Man sagt auch: `zahl1` und `zahl2` sind die *Namen* von zwei *Variablen*, denen die *Werte* 2 bzw. 3 zugewiesen werden. Oft sagt man statt *Name* auch *Bezeichner* (identifier). Solche Namen kann man für arithmetische Operationen verwenden. Anstelle von Zahlen setzt man in den Term die die Namen ein:

```
>>> zahl1 + zahl2
5
```

Beachten Sie, dass Namen *nicht* von Anführungszeichen umschlossen werden. Probieren Sie aus:

```
>>> zahl = 2
>>> zahl
2
>>> 'zahl'
'zahl'
```

Namen können nicht aus beliebigen Zeichen gebildet werden. Es gilt folgende Regel:

> Ein Bezeichner (Name) beginnt mit einem Buchstaben oder Unterstrich. Danach folgen beliebig viele Buchstaben, Unterstriche oder Dezimalziffern.

Zulässige Bezeichner sind `__init__`, `wort_liste`, `zahl1`, `farbNummer`, `lärm`.

Nicht erlaubt sind `1_Klasse` (Ziffer am Anfang) oder `zahl-1` (ungültiges Zeichen -).

2.5 Hintergrund: Syntax-Regeln für Bezeichner

Bezeichner (*identifiers*) sind Zeichenketten, die für Namen verwendet werden dürfen. Im letzten Abschnitt haben wir die Bezeichner `zahl1` und `zahl2` verwendet. Probieren Sie folgende Anweisung aus:

```
>>> zahl$1 = 100
SyntaxError: invalid syntax
```

Das System meldet einen Syntaxfehler. Die Zeichenkette `zahl$1` ist in der Python-Syntax kein gültiger Bezeichner. Deshalb kann die obige Anweisung nicht ausgeführt werden. Die Syntax einer Programmiersprache wird ganz zweifelsfrei und eindeutig durch eine *Grammatik* definiert. Grammatiken kennt man auch aus dem Sprachunterricht. Die Grammatik einer Programmiersprache unterscheidet sich von einer solchen Grammatik eigentlich nur darin, dass sie mathematisch exakt formuliert ist. Sie enthält *Regeln*, die genau festlegen, wie gültiger Programmtext auszusehen hat. Die Grammatik ist also ein sehr wichtiges Dokument. In diesem Buch werden an einigen Stellen Grammatik-Regeln verwendet, die dann aber zusätzlich noch anschaulich erklärt werden. Im Anhang finden Sie noch weitere Informationen zum Thema Grammatik.

Der Aufbau eines Bezeichners wird durch folgende (etwas vereinfachten) Regeln beschrieben:

```
identifier  ::=  id_start id_continue*
id_start    ::=  <Buchstaben, Unterstrich und einige
                  andere Zeichen>
id_continue ::= <alle Zeichen in id_start plus Ziffern
                 und einige andere Zeichen>
```

Die erste Regel besagt Folgendes: Ein Bezeichner (identifier) muss mit genau einem aus Zeichen aus `id_start` beginnen. Danach können beliebig viele Zeichen aus `id_continue` folgen. Das »beliebig viele« wird mit dem Stern-Operator `*`, der hinter `id_continue` steht, zum Ausdruck gebracht. »Beliebig viele« bedeutet übrigens auch, dass unter Umständen gar kein Zeichen aus `id_continue` folgt. Dann besteht der Bezeichner nur aus einem einzigen Buchstaben.

Nun müsste man bloß noch wissen, welche Zeichen zu `id_start` und `id_continue` gehören. Das wird in den letzten beiden Regeln festgelegt. Sie sind hier vereinfacht formuliert. Die Originalregeln sind etwas komplizierter und listen alle Unicode-Kategorien auf, die für Bezeichner erlaubt sind. Sie können Sie hier nachlesen:
`http://www.dcl.hpi.uni-potsdam.de/home/loewis/table-3131.html`.

2.6 Schlüsselwörter

Es gibt einige reservierte Wörter, die zwar den Syntaxregeln für Bezeichner entsprechen, aber dennoch nicht als Namen verwendet werden dürfen. Man nennt sie auch Schlüsselwörter (*keywords*) und sie sind bereits mit einer bestimmten Bedeutung belegt:

```
False     class     finally   is        return
None      continue  for       lambda    try
True      def       from      nonlocal  while
and       del       global    not       with
as        elif      if        or        yield
assert    else      import    pass
break     except    in        raise
```

2.7 Anweisungen

Anweisungen (engl. *statements*) sind die Grundbausteine eines Python-Programms. Abbildung 2.8 gibt einen Überblick über die wichtigsten Typen von Python-Anweisungen. Man kann sie grob in einfache und zusammengesetzte Anweisungen einteilen. Eine zusammengesetzte Anweisung enthält als Bestandteile weitere Anweisungen und kann sehr kompliziert aufgebaut sein.

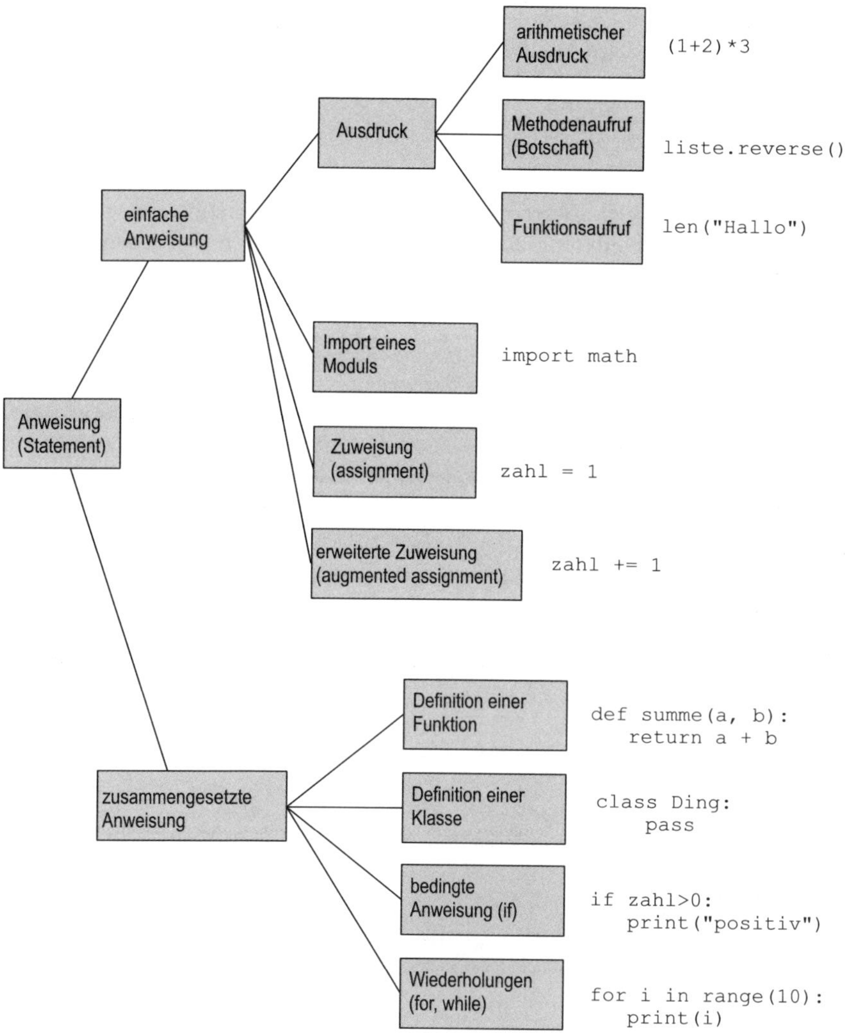

Abb. 2.8: Wichtige Python-Anweisungen im Überblick

An dieser Stelle gehen wir zunächst nur auf einige grundlegende einfache Anweisungen ein. Alle anderen werden später in verschiedenen Kapiteln eingeführt.

2.7.1 Ausdruckanweisungen

Arithmetische und logische Ausdrücke

Die einfachste Form einer Anweisung besteht aus einem Ausdruck. Bereits eine einzelne Zahl oder eine Zeichenkette ist ein Ausdruck und ergibt eine Anweisung, die freilich nichts bewirkt. Der eingegebene Wert wird vom interaktiven Interpreter so, wie er ist, wieder ausgegeben:

```
>>> 12
12
>>> 'Hallo'
'Hallo'
```

Mit Hilfe von Operatoren und runden Klammern können wie in der Mathematik komplexe arithmetische Ausdrücke aufgebaut werden. Gibt man sie als Anweisung ein, werden sie vom Python-Interpreter ausgewertet und das Ergebnis in der nächsten Zeile ausgegeben:

```
>>> 1000*1000
1000000
>>> (1+2)*(3-4)
-3
```

Vergleiche gehören ebenfalls zu den Ausdrücken. Ist ein Vergleich WAHR, liefert der Interpreter den Wert `True` und sonst `False`.

```
>>> 'Tag' == 'Nacht'
False
>>> 2 > 1
True
```

Vergleiche kann man mit logischen Operatoren zu komplexen logischen Ausdrücken verknüpfen:

```
>>> (2 > 0) and (2 > -1)
True
>>> not(1 < 0) or (1 < 0)
True
```

Funktionsaufruf

Funktionen sind aufrufbare Objekte (*callable objects*), die eine bestimmte Aufgabe lösen können. Wenn eine Funktion aufgerufen wird, übernimmt sie gewisse Objekte als Eingabe, verarbeitet diese und liefert ein Objekt als Ausgabe zurück. Bei dieser Redeweise stellt man sich die Funktion als einen Spezialisten vor, der bestimmte Tätigkeit beherrscht. Beim Aufruf übergibt man ihm Material, das bearbeitet er und gibt schließlich ein Produkt dem Auftraggeber zurück (siehe Abbildung 2.9 links).

Viele Leute stellen sich eine Funktion auch als Fabrik vor. Auf der einen Seite gibt es einen Eingang für die Rohmaterialien und auf der anderen Seite einen Ausgang, aus dem das Verarbeitungsergebnis herauskommt (siehe Abbildung 2.9 rechts).

Abb. 2.9: Zwei anschauliche Vorstellungen für den Aufruf einer Funktion

Die Objekte, die man einer Funktion übergibt, nennt man *Argumente* oder *aktuelle Parameter*. Im interaktiven Modus kann man Funktionen aufrufen und erhält dann in der nächsten Zeile das zurückgegebene Objekt. Beispiele:

```
>>> len("Wort")
4
```

Hier ist `len` der Name der Funktion und die Zeichenkette `"Wort"` das Argument. Zurückgegeben wird die Länge der Zeichenkette, d.h. die Anzahl der Zeichen.

Die Funktion `min()` akzeptiert eine unterschiedliche Anzahl von Argumenten und gibt das kleinste zurück:

```
>>> min(1, 2)
1
>>> min(10, 2, 45, 5)
2
```

Abbildung 2.9 veranschaulicht den Funktionsaufruf.

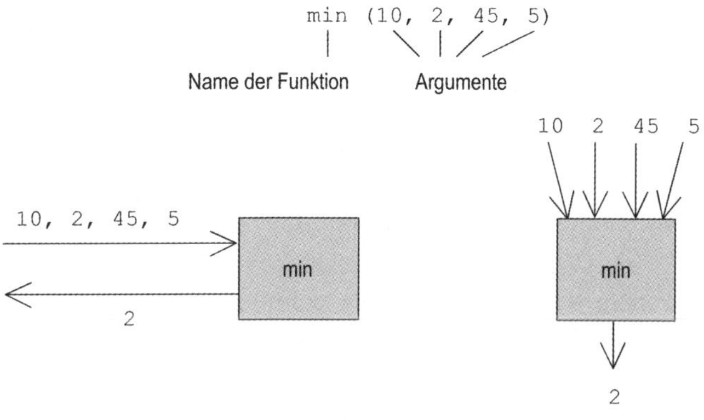

Abb. 2.10: Zwei Veranschaulichungen für den Aufruf der Funktion `min()`

Funktionen, die nichts zurückgeben – auch das gibt es –, nennt man Prozeduren. Beispiel:

```
>>> help()
Welcome to Python 3.6's help utility!
...
help>
```

Die `help()`-Prozedur sorgt dafür, dass der Interpreter in den Hilfemodus geschaltet wird. Sie erkennen den Hilfemodus an dem Prompt `help>`.

Mit der Tastenkombination [Strg]+[c] brechen Sie die Hilfe-Prozedur ab. Sie sehen dann wieder das normale Prompt.

```
You are now leaving help and returning to the Python interpreter. ...
>>>
```

Die Argumente eines Funktionsaufrufs müssen nicht unbedingt explizite Werte sein, es können auch Ausdrücke als Argumente verwendet werden. Sie werden dann vom Python-Interpreter zunächst ausgewertet und der resultierende Wert der Funktion übergeben.

```
>>> min(4+2, 4-2, 4*2)
2
```

In den Ausdrücken, die bei einem Funktionsaufruf als Argument eingesetzt werden, können auch wieder Funktionsaufrufe vorkommen. Derart verschachtelte Funktionsaufrufe werden von innen nach außen ausgewertet. Im folgenden Beispiel wird zuerst die Funktion `len()` aufgerufen. Sie liefert die Länge einer Zeichenkette. Die zurückgegebenen Werte (9 und 12) werden an die Funktion `min()` als Argumente übergeben:

```
>>> min(len("Wochenend"), len("Sonnenschein"))
9
```

Übrigens gibt es (im Unterschied zu Java oder C) bei Python *nicht* die Unterscheidung zwischen »call by value« und »call by reference«. Mehr dazu in Abschnitt 6.1.

Methodenaufrufe – Botschaften an Objekte

Objektorientierte Programme enthalten Botschaften an Objekte, in denen diese »aufgefordert« werden, »etwas zu tun«. Eine solche Botschaft ist auch eine Anweisung. Eine Botschaft ist der Aufruf einer Methode eines Objektes. Methoden sind Funktionen, die an ein Objekt gekoppelt sind.

Ein Methodenaufruf beginnt mit dem Namen des Objektes, dahinter kommt ein Punkt, dann der Name der Methode und schließlich in Klammern die Argumente. Beispiel:

```
>>> liste = [4, 9, 3, 1, 5]
>>> liste.reverse()
```

```
>>> liste
[5, 1, 3, 9, 4]
```

In der ersten Anweisung wird ein Objekt mit dem Namen `liste` erzeugt. Es enthält als Wert eine Folge von fünf Zahlen. An dieses Objekt wird in der zweiten Anweisung eine Botschaft geschickt. Die Methode `reverse()` wird aufgerufen. Sie bewirkt, dass die Reihenfolge der Zahlen in der Liste umgekehrt wird. Doch sie gibt keinen Wert zurück. Das Objekt `liste` hat sich einfach nur verändert. Um den geänderten Wert von `liste` sichtbar zu machen, wurde in der vorletzten Zeile der Name des Objektes eingegeben.

In der Denkweise der objektorientierten Programmierung stellt man sich vor, dass das Objekt `liste` selbst aktiv wird und die Reihenfolge seine Elemente ändert (siehe Abbildung 2.11).

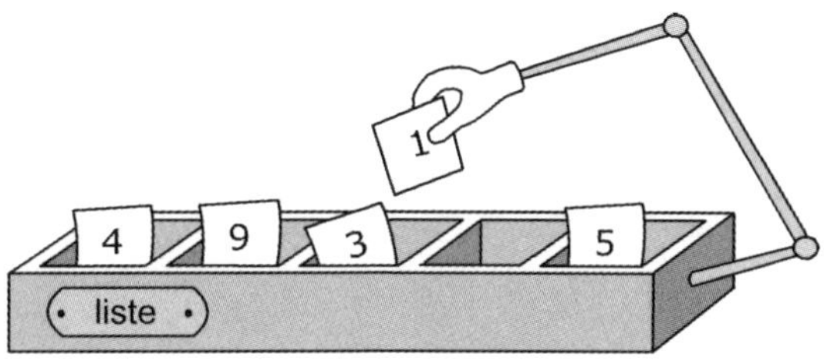

Abb. 2.11: Ein Objekt empfängt eine Botschaft und verändert sich selbst.

Ausgabe auf den Bildschirm – die print()-Funktion

Mit der `print()`-Funktion können Werte von Objekten auf dem Bildschirm ausgegeben werden. Früher (bei Python 2) gab es für die Bildschirmausgabe einen eigenen Anweisungstyp, jetzt (bei Python 3) ist es einfach nur ein Funktionsaufruf. Beispiel:

```
>>> print("Hallo!")
Hallo!
```

Nun können Sie im interaktiven Modus von Python auch einfach nur die Zeichenkette `"Hallo!"` eingeben und erhalten dann ebenfalls eine Rückmeldung:

```
>>> "Hallo!"
'Hallo!'
```

Der Unterschied ist, dass in der zweiten Zeile jetzt die Zeichenkette `Hallo` in Hochkommata steht. Die Hochkommata gehören bei Python zur Repräsentation von Zeichenketten dazu. Eine Besonderheit der `print()`-Funktion ist also, dass sie nicht die interne Repräsentation eines Wertes, sondern eine für Menschen möglichst gut lesbare Darstellung ausgibt.

In die Klammern hinter dem Funktionsnamen `print` kann auch ein komplexer Ausdruck (z.B. ein mathematischer Term) geschrieben werden. Der Ausdruck wird dann zunächst ausgewertet und das Ergebnis ausgegeben. Beispiele:

```
>>> print(2 + 3)
5
>>> print((2 + 3) * (10 - 8))
10
>>> print(min(2, 4, 1) + 1)
2

>>> a = 2
>>> b = 3
>>> print(a + b)
5
```

Es können auch mehrere Werte in einem einzigen Aufruf der `print()`-Funktion ausgegeben werden. Dazu werden in den Klammern hinter `print` mehrere Ausdrücke, durch Kommata getrennt, aufgeführt. Vor jedes ausgegebene Objekt schreibt das System ein Leerzeichen, es sei denn, es handelt sich um das erste Wort in einer Zeile.

```
>>> print(1, 2, 3, 4)
1 2 3 4
>>> print("2 mal 2 ist", 2*2)
2 mal 2 ist 4
```

2.7.2 Import-Anweisungen

Python enthält eine Reihe von Standardfunktionen, die fester Bestandteil der Programmiersprache sind (*built in functions*). Sie sind immer verfügbar. Wir haben im vorigen Abschnitt die Standardfunktionen `min()` und `len()` verwendet.

Speziellere Funktionen befinden sich in Modulen, die erst importiert werden müssen. Beispielsweise enthält das Modul `time` Funktionen, die mit der Ermittlung und Verarbeitung von Uhrzeit oder Kalenderdaten zu tun haben. Die Funktion `asctime()` liefert eine Zeichenkette, die das aktuelle Datum und die Uhrzeit beschreibt. Bevor man diese Funktion nutzen kann, muss jedoch das Modul `time` importiert werden. Das kann durch verschiedene Varianten einer `import`-Anweisung bewerkstelligt werden:

Mit einer Anweisung des Formats

```
from modulname import funktionsname
```

wird gezielt der Name der benötigten Funktion in den lokalen Namensraum importiert. Die Funktion kann dann genauso wie eine Standardfunktion aufgerufen werden:

```
>>> from time import asctime
>>> asctime()
'Sat Jun  1 14:45:59 2019'
```

Alternativ können Sie bei der `from...import`-Anweisung anstelle des Funktionsnamens auch einen Stern * einsetzen. Dann werden *alle* Objekte des Moduls in den Namensraum importiert. Beispiel:

```
>>> from time import *
>>> asctime()
'Sat Jun  1 14:45:59 2019'
>>> localtime()
time.struct_time(tm_year=2019, tm_mon=6,
tm_mday=1, tm_hour=14, tm_min=48, tm_sec=6,
tm_wday=5, tm_yday=152, tm_isdst=1)
```

Mit der Anweisung

```
import modulname
```

importieren Sie das ganze Modul. Um eine Funktion des importierten Moduls aufzurufen, müssen Sie dem Funktionsnamen den Namen des Moduls und einen Punkt voranstellen. Der Aufruf hat dann das folgende Format:

```
modulname.funktionsname(argumentliste)
```

Beispiel:

```
>>> import time
>>> time.asctime()
'Sat Jun  1 14:45:59 2019'
```

Modulbezeichnungen können lang sein. Dann hilft es, ein Modul unter einem neuen, kürzeren Namen zu importieren.

```
import modulname as kurzform
```

Für einen Aufruf einer Funktion aus dem importierten Modul verwendet man dann die selbst gewählte Kurzform. Beispiel:

```
>>> import time as t
>>> t.asctime()
'Sat Jun  1 14:45:59 2019'
```

2.7.3 Zuweisungen

Wir kommen nun zu einem ganz zentralen Konzept der imperativen Programmierung, nämlich der Zuweisung (*assignment*). Zuweisungen sind wahrscheinlich die häufigsten Anweisungen in Programmtexten.

Zuweisung eines Wertes

Die einfachste Form der Zuweisung besteht aus einem Namen, gefolgt von einem Gleichheitszeichen und einem Wert, sie hat also die Form:

```
name = wert
```

Der Zuweisungsoperator ist das Gleichheitszeichen. (Beachten Sie, dass man für den Vergleich zweier Objekte das doppelte Gleichheitszeichen == verwendet.) Beispiel:

```
>>> x = 1
```

In diesem Beispiel ist x ein Name und 1 ein Wert. Man bezeichnet x auch als Variable, der man einen Wert zugewiesen hat. Anschaulich kann man sich Variablen als Behälter für Daten vorstellen. Der Variablenname ist sozusagen die Aufschrift des Behälters.

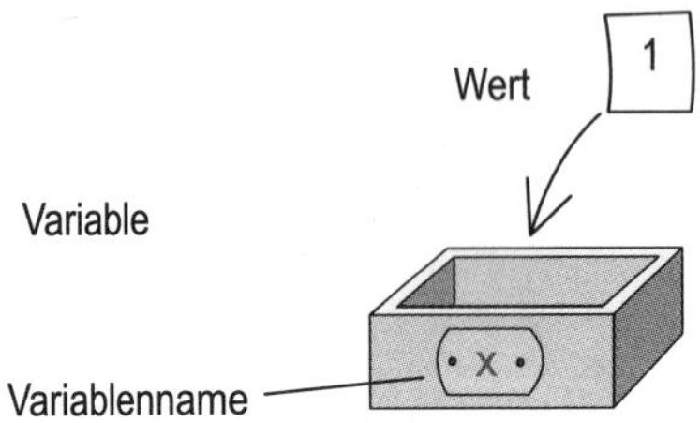

Abb. 2.12: Veranschaulichung einer Zuweisung – Variable als Behälter für Daten

Über den Namen der Variablen kann man auf ihren Inhalt zugreifen. Gibt man im interaktiven Modus den Namen ein, so liefert der Interpreter den Inhalt zurück:

```
>>> x
1
```

Bei einer weiteren Zuweisung wird der alte Wert der Variablen durch einen neuen Wert überschrieben:

```
>>> x = 100
>>> x
100
```

Übertragen von Variableninhalten

Werte können von einer Variablen auf eine andere übertragen werden. Das allgemeine Format einer solchen Art der Zuweisung ist

```
name1 = name2
```

Beispiel: Nach den folgenden Zuweisungen haben die Variablen x und y den gleichen Wert:

```
>>> x = 'Wort'
>>> y = x
>>> x
'Wort'
>>> y
'Wort'
```

Zuweisungen für mehrere Variablen

In einer einzigen Zuweisung kann man bei Python mehreren Variablen gleichzeitig einen (gemeinsamen) Wert zuordnen:

```
>>> x = y = 1
>>> x
1
>>> y
1
```

Statt eines einzelnen Namens kann links vom Zuweisungsoperator (Gleichheitszeichen) auch eine Folge von Namen stehen (durch Kommata voneinander getrennt). In diesem Fall muss auf der rechten Seite eine ebenso lange Folge von Werten bzw. Ausdrücken stehen. Das heißt, man kann in einer einzigen Zuweisung mehreren Variablen Werte zuordnen:

```
>>> x, y = 1, 2
>>> x
1
>>> y
2
```

Es ist möglich, in einer einzigen Zuweisung die Werte zweier Variablen zu vertauschen.

```
>>> x, y = 1, 2
>>> x, y = y, x
>>> x, y
(2, 1)
```

Die objektorientierte Sichtweise: Einem Objekt einen Namen geben

Die Vorstellung von Variablen als Behälter für Werte ist sehr anschaulich. Sie ist aber nur dann anwendbar, wenn es um einfache Daten-Objekte wie Zahlen oder Zeichenketten geht. Die Behältermetapher widerspricht dem objektorientierten Paradigma. Hier werden alle

Daten durch Objekte repräsentiert. Aus Sicht der OOP wird bei einer Zuweisung einem Objekt ein Name gegeben. Zum Beispiel in der Zuweisung

```
>>> a = 1
```

erhält das Objekt mit dem Wert 1 den Namen a. In einer anschließenden Zuweisung

```
>>> b = 1
```

wird demselben Objekt 1 ein weiterer, zusätzlicher Name zugeordnet. Das Objekt 1 hat jetzt zwei Namen, nämlich a und b. Abbildung 2.13 illustriert diesen Gedanken mit zwei unterschiedlichen Metaphern.

Abb. 2.13: Zwei Namen für das Objekt 1

Diese Art der Darstellung ist zwar korrekter, aber auch viel abstrakter. Bei arithmetischen Operationen z.B. denkt man meist im Variablenkonzept. Testen Sie in folgendem Experiment, welche Beschreibung Ihnen verständlicher erscheint.

Experiment

Geben Sie zu folgenden Darstellungen die zugehörige Python-Anweisung an. Die Lösung finden Sie am Ende des Kapitels.

1 Variablen mit Inhalt

»Der Inhalt der Variablen mit dem Namen a wird mit dem Wert 3 multipliziert und das Ergebnis in der Variablen mit dem Namen b abgespeichert.«

2 Objekte mit Namen

»Zum Wert des Objektes mit dem Namen x wird der Wert 10 addiert. Dem Objekt, das die Summe der beiden Werte repräsentiert, wird als neuer Name y zugeordnet.«

In manchen Fällen ist eine Zuweisung wirklich nur als Namensvergabe zu verstehen. Zum Beispiel kann man auch einer Funktion einen neuen (zusätzlichen) Namen geben:

```
>>> länge = len
>>> länge ('Hallo')
5
```

Hier erhält die Funktion mit dem Namen len den neuen Namen länge. Nach dieser Zuweisung kommt es einem so vor, als gäbe es eine neue Funktion namens länge(), die das Gleiche leistet wie len(). In Wirklichkeit hat man dem Funktions-Objekt len nur einen neuen (zusätzlichen) Namen gegeben.

2.7.4 Erweiterte Zuweisungen

Eine erweiterte Zuweisung (*augmented assignment*) ist eine Kombination aus einer Zuweisung und einer binären Operation. Beispiele:

```
>>> a, b = 1, 2                    # Initialisierung
>>> a += 1
>>> b *= a + 2
```

Die beiden letzten Anweisungen haben die gleiche Wirkung wie:

```
>>> a = a + 1
>>> b = b * (a + 2)
```

Sie sehen an diesem Beispiel, dass die Verwendung erweiterter Zuweisungen Schreibarbeit erspart und zu kürzeren Programmtexten führt. Bei einer erweiterten Zuweisung wird der aktuelle Wert der Variablen als erster Operand gewählt. Der zweite Operand ist der Wert des Ausdrucks, der hinter dem Gleichheitszeichen steht. Auf beide Werte wird der Operator (erster Teil des Zuweisungsoperators) angewendet und das Ergebnis dem Ziel zugewiesen.

2.7.5 Hintergrund: Dynamische Typisierung

Eine Besonderheit von Python gegenüber Java ist die dynamische Typisierung. Bei einer Zuweisung wie z.B.

```
a = 1
```

wird ein Name (a) an ein Objekt (die Zahl 1) gebunden. Fertig. Das Objekt gehört zwar zu einem Typ (hier: `int`). Aber der Typ wird niemals direkt an einen Namen gekoppelt. Er gehört allein zum Objekt. Diese Technik nennt man auch *Duck-Typing*. Jedem Objekt »sieht man an«, zu welchem Typ es gehört. Zum Beispiel bei Zahlen ergibt sich der Typ aus dem lexikalischen Aufbau des Literals. Eine Ziffernfolge ohne Punkt wird immer als Objekt vom Typ `int` (ganze Zahl) interpretiert. Der Begriff Duck-Typing wurde einem Gedicht des amerikanischen Schriftstellers James Whitcomb Riley (1849–1916) entlehnt:

»When I see a bird that walks like a duck and swims like a duck and quacks like a duck, I call that bird a duck.«

Abb. 2.14: Beim Duck-Typing sieht man dem Objekt an, zu welchem Typ es gehört.

Bei Programmiersprachen mit einer statischen Typisierung ist das anders. Bei Java muss jede Variable deklariert werden. Dabei wird dem Namen (dauerhaft) ein Typ zugeordnet. In der Java-Anweisung

```
var a = 1;
```

wird der Name a dem Objekt `1` und gleichzeitig auch dem Typ `int` (ganze Zahlen) zugeordnet.

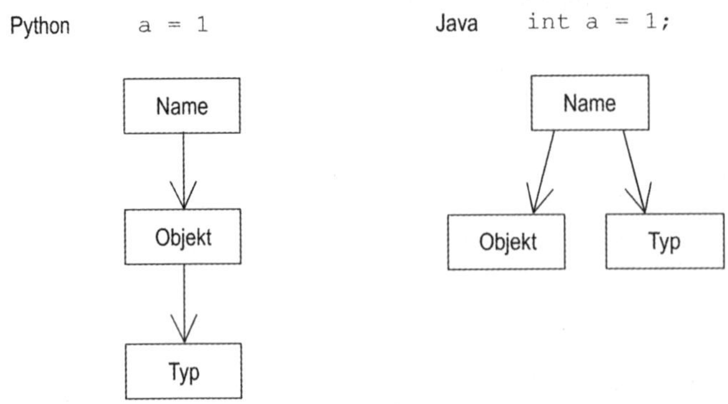

Abb. 2.15: Dynamisches Typisieren (Python) und statisches Typisieren (Java)

Die dynamische Typisierung von Python hat viele Vorteile. Insbesondere werden Programmtexte kürzer und einfacher. Ein Nachteil ist, dass bestimmte logische Fehler im Programmtext nicht automatisch erkannt werden. Wenn es wichtig ist, dass ein Objekt einen bestimmten Typ hat, muss man als Python-Programmierer selbst dafür sorgen, dass der Typ kontrolliert wird.

2.8 Aufgaben

Aufgabe 1

Welche Ergebnisse liefern folgende – zum Teil etwas ungewöhnlichen – Ausdrücke?

```
type(id('a'))
type(3/2)
type(2.0/2)
min("Abend", "Aal", "Ball")
-2 ** -3
not(2.0 > 2)
type(len('123'))
(1 <2 ) + (1 == 1)
type (1+2 < 2)
```

Aufgabe 2

Tragen Sie in jeder Zeile der folgenden Tabelle die Werte der Variablen ein, die sie nach Ausführung der Anweisung in der ersten Spalte tragen.

Anweisung	x	y	z
`x = y = 1`	1	1	-
`x = 2`	2	1	-
`z = x`			
`z *= 3`			
`x, y = y, 3`			
`y = y/2`			
`x, y, z = x, x, x`			
`x = 'y'`			
`y = 2 > z`			
`y = min(2, z, 5)`			

Tabelle 2.1: Wirkung von Anweisungen auf Variablen

Aufgabe 3

Schreiben Sie zu den folgenden umgangssprachlichen Beschreibungen passende Python-Anweisungen auf.

Beschreibung	Anweisung
Das Objekt `"Elena"` erhält den Namen `person`.	`person = "Elena"`
Der Variablen `zahl` wird der Wert 10 zugewiesen.	
Der Inhalt der Variablen `zahl` wird um 5 erhöht.	
Der Inhalt der Variablen `zahl` wird auf dem Bildschirm ausgegeben.	
Der Inhalt der Variablen `x` wird mit dem Inhalt der Variablen `y` multipliziert und das Ergebnis der Variablen mit dem Namen `produkt` zugewiesen.	
Dem Objekt mit dem Wert `['rot', 'gelb', 'grün']` wird der Name `s` zugeordnet. An das Objekt `s` wird die Botschaft geschickt, es möge die Reihenfolge seiner Listenelemente umkehren. Anschließend soll der geänderte Wert ausgegeben werden.	

Tabelle 2.2: Formulierung von Anweisungen

2.9 Lösungen

Lösung 1

Ausdruck	Ergebnis	Erklärung
type(id('a'))	<class 'int'>	Die Identität eines Objektes ist immer eine Nummer, d.h. eine positive ganze Zahl.
type(3/2)	<class 'float'>	Obwohl 3 und 2 ganze Zahlen sind, wird eine exakte Division durchgeführt. Das Ergebnis ist eine Gleitkommazahl (float).
type(2.0/2)	<class 'float'>	Da 2.0 eine Gleitkommazahl ist, ist das Ergebnis auch eine Gleitkommazahl (float).
min("Abend", "Aal", "Ball")	'Aal'	Zeichenketten werden nach der lexikografischen Ordnung sortiert. Die Zeichenkette 'Aal' kommt in der Reihenfolge zuerst und ist somit das Minimum.
-2**-3	-0.125	Berechnet wird (-2) hoch (-3).
not (2.0 > 2)	True	2.0 > 2 hat den Wahrheitswert FALSCH, also ist not (2.0 > 2) WAHR.
type(len('123'))	<class 'int'>	Die Funktion len() liefert die Länge eines Strings als ganze Zahl (Typ int).
(1 < 2) + (1 == 1)	2	Zwei boolesche Werte können auch addiert werden. True wird dann als 1 interpretiert.
type (1 + 2 < 2)	<class 'bool'>	Der Vergleich 1 + 2 < 2 liefert den Wahrheitswert False.

Tabelle 2.3: Ungewöhnliche Ausdrücke

Lösung 2

Anweisung	x	y	z	Erläuterung
x = y = 1	1	1	-	x und y erhalten den Wert 1.
x = 2	2	1	-	x wird der Wert 2 zugewiesen.
z = x	2	1	**2**	z erhält den gleichen Wert wie x.
z *= 3	2	1	**6**	Der Inhalt von z wird mit 3 multipliziert und das Ergebnis wieder z zugewiesen.

Tabelle 2.4: Die Wirkung von Anweisungen auf Variablen

Anweisung	x	y	z	Erläuterung
`x, y = y, 3`	**1**	**3**	6	x erhält den Wert von y und y erhält den Wert 3.
`y = y/2`	1	**1.5**	6	y erhält das Ergebnis einer exakten Division, eine Gleitkommazahl, zugewiesen.
`x, y, z = x, x, x`	**1**	**1**	**1**	x, y und z wird als Wert der Inhalt von x zugewiesen.
`x = 'y'`	**'y'**	1	1	Der Variablen x wird als Wert die Zeichenkette 'y' zugewiesen.
`y = 2 > z`	'y'	**True**	1	Der Vergleich 2 > z ist wahr, deshalb wird y der Wert True zugewiesen.
`y = min (2, z, 5)`	'y'	**1**	1	Die Funktion liefert das Minimum der Zahlen 2, 1 (Inhalt von z) und 5, also 1. Dieser Wert wird y zugewiesen.

Tabelle 2.4: Die Wirkung von Anweisungen auf Variablen (Forts.)

Lösung 3

Beschreibung	Anweisung
Das Objekt "Elena" erhält den Namen person.	`person = "Elena"`
Der Variablen zahl wird der Wert 10 zugewiesen.	`zahl = 10`
Der Inhalt der Variablen zahl wird um 5 erhöht.	`zahl += 5` oder `zahl = zahl + 5`
Der Inhalt der Variablen zahl wird auf dem Bildschirm ausgegeben.	`print(zahl)`
Der Inhalt der Variablen x wird mit dem Inhalt der Variablen y multipliziert und das Ergebnis der Variablen mit dem Namen produkt zugewiesen.	`produkt = x * y`

Dem Objekt mit dem Wert ['rot', 'gelb', 'grün'] wird der Name s zugeordnet. An das Objekt s wird die Botschaft geschickt, es möge die Reihenfolge seiner Listenelemente umkehren. Anschließend soll der geänderte Wert ausgegeben werden.	`s = ['rot', 'gelb', 'grün']`
	`s.reverse()`
	`print(s)`

Tabelle 2.5: Formulierung von Anweisungen

Lösung zum Experiment »Zuweisung« (Abschnitt 2.7.3)

1 Variablen mit Inhalt

```
>>> b = a * 3
```

2 Objekte mit Namen

```
>>> y = x + 10
```

## Kapitel 3

Python-Skripte

Bis jetzt haben wir einzelne Anweisungen in der Python-Shell getestet. Ein richtiges Python-Programm – man nennt es meist Skript – ist eine Text-Datei, die unter einem Namen mit der Extension `.py` oder unter Windows auch `.pyw` abgespeichert wird, z.B. `hello.py`. Ein Python-Skript wird von einem Python-Interpreter ausgeführt (interpretiert), der letztlich den Programmtext in maschinenbezogene Befehle überführt. Das heißt: Das Skript ist plattformunabhängig, aber für jedes Betriebssystem gibt es einen eigenen Interpreter. Der komfortabelste Weg, ein Python-Skript zu schreiben und zu testen, ist die Verwendung einer integrierten Entwicklungsumgebung, z.B. IDLE oder PYTHONWIN. Grundsätzlich kann aber ein Skript auch mit einem beliebigen Texteditor erstellt werden.

3.1 Ausprobieren, nachmachen, besser machen!

Ab diesem Kapitel entwickeln Sie selbst Programme. Kurze Programmtexte werden Sie wahrscheinlich einfach aus dem Buch abschreiben. Bei längeren Programmen können Sie auf das Programmarchiv zurückgreifen, das Sie auf der Webseite des mitp-Verlags finden und herunterladen können (`www.mitp.de/0051`). Eine detaillierte Anleitung zum Download finden Sie im Anhang C.

Der erste Schritt einer praktischen Übung ist meist, das fertige Programm einfach einmal auszuprobieren. In vielen Fällen reicht es, das Programm-Icon anzuklicken. Alternativ öffnen Sie das Programm mit IDLE (FILE|OPEN) und starten es mit RUN|MODULE.

Nun kommt es gelegentlich vor, dass das Programm nicht sofort funktioniert. Das kann verschiedene Gründe haben. Manchmal muss der gegebene Programmtext zuerst an die Umgebung auf Ihrem Computer angepasst werden. Vielleicht enthält der Programmtext im Buch auch einen kleinen Fehler, der sich z.B. beim Satz eingeschlichen hat und noch nicht entdeckt worden ist. Fehler finden ist ein großer Teil der Entwicklungsarbeit.

Sobald Ihr Programm läuft, sollten Sie damit experimentieren, bis Sie alles verstanden haben. Ändern Sie Namen oder fügen Sie Erweiterungen ein. Streichen Sie Elemente, die Ihnen überflüssig erscheinen, und testen Sie, ob es noch funktioniert. Vielleicht möchten Sie sogar das Beispielprogramm als Ausgangspunkt für ein eigenes Projekt verwenden, in dem Sie ganz neue Ideen umsetzen.

3.2 Skripte editieren und ausführen mit IDLE

IDLE ist eine integrierte Entwicklungsumgebung. Bisher haben wir nur das Shell-Fenster von IDLE zur Eingabe von Python-Befehlen verwendet. Aber IDLE kann noch mehr. Wenn Sie ein neues Programm schreiben wollen, wählen Sie im Menü FILE das Auswahlfeld NEW

Window. Es öffnet sich ein Editor-Fenster. In folgenden Schritten können Sie mit dem Editor ein Programm erstellen und ausführen:

- Noch bevor Sie die erste Programmzeile schreiben, sollten Sie die (noch leere) Datei unter einem Namen des Formats `dateiname.py` abspeichern. Dazu klicken Sie auf das Menü File und dann auf das Feld Save as. Der Dateiname sollte einen Hinweis auf den Inhalt des Programms geben, so dass man es später leichter wiederfindet. Der Dateiname darf auch deutsche Umlaute enthalten. Als erstes Beispiel werden wir ein Skript schreiben, das die aktuelle Uhrzeit ausgibt. Deshalb nennen wir die Datei `zeit.py`.
- In das Editorfenster schreiben Sie den Programmtext. Er besteht in unserem Beispiel aus folgenden Zeilen:

```
import time
print("Die aktuelle Uhrzeit")
print(time.asctime())
```

  Sie bemerken, dass das Wort `import` rot geschrieben ist. Es handelt sich um ein Python-Schlüsselwort. Der Funktionsname `print` ist violett und die Zeichenkette ist grün. Durch die Farbgebung können Syntaxfehler leichter erkannt (und somit vermieden) werden. Man nennt diese Technik *Syntax-Highlighting*.
- Das fertige Skript wird wieder abgespeichert. Da im ersten Schritt bereits ein Dateiname festgelegt worden ist, klicken Sie jetzt auf File-Save (statt File-Save as) und speichern es unter dem bestehenden Namen ab.
- Klicken Sie auf das Feld Run module im Menü Run, um das Programm zu starten. Es öffnet sich das Shell-Fenster (sofern es nicht schon geöffnet war). Darin sehen Sie die Ausgabe Ihres Programms oder eine Fehlermeldung, falls Sie sich vertippt haben (siehe Abbildung 3.1.

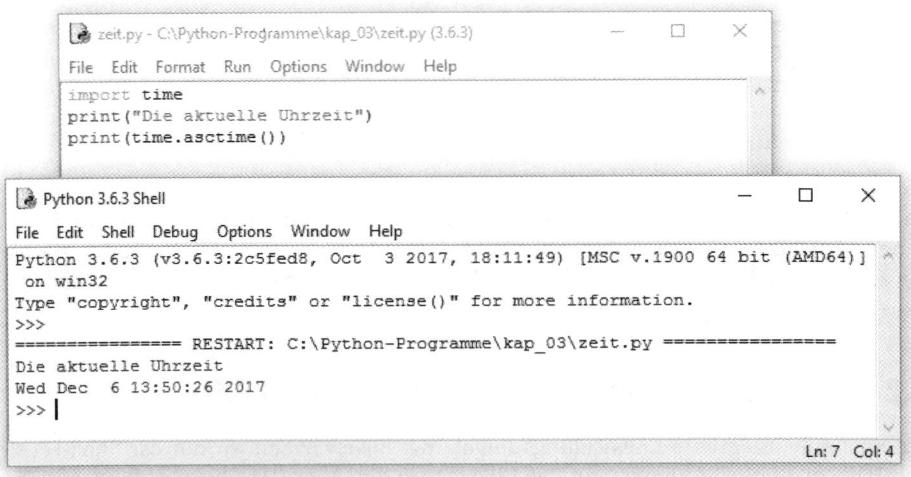

Abb. 3.1: Testen eines Skripts mit IDLE

Noch ein Wort zum Namen IDLE. Das englische Akronym für integrierte Entwicklungsumgebung ist IDE (*Integrated Development Environment*). Nun ist aber Guido van Rossum, der Autor von Python, ein Fan der englischen Comedy-Gruppe Monty Python. So fügte er noch den Buchstaben L ein und nannte sein Werkzeug nach Eric Idle, einem Mitglied von Monty Python. Die Buchstaben werden aber auch als Abkürzung für *Integrated Development and Learning Environment* gesehen.

3.3 Ausführen eines Python-Skripts

Man kann ein Skript direkt von der Programmentwicklungsumgebung IDLE aus starten, wie Sie gerade gesehen haben. Wenn man im Menü Run des IDLE-Editors das Auswahlfeld Run Module anklickt, wird der Python-Interpreter aufgerufen, der das Skript ausführt. Das ist sehr praktisch, wenn man ein Programm testen will, das gerade in der Entwicklung ist. (Bei macOS ist die Menüleiste nicht Teil des Applikationsfensters, sondern befindet sich außerhalb am oberen Bildschirmrand.)

Es gibt aber auch andere Wege, ein Python-Skript auszuführen. Im Prinzip kann man zwei Methoden unterscheiden:

1. Aufruf auf der Kommandozeile in einem Konsolenfenster.
2. Anklicken des Programm-Icons in der grafischen Benutzungsoberfläche eines Dateimanagers.

Windows

Unter Windows können Sie ein Python-Skript folgendermaßen starten.

1. Öffnen Sie ein Konsolenfenster (Eingabeaufforderung oder Windows PowerShell), wechseln Sie mit `cd` in das Verzeichnis, in dem sich das Skript befindet, und geben Sie das Kommando `python` gefolgt vom Dateinamen des Python-Skripts ein. Beispiel:

```
C:\python\projekt> python zeit.py
```

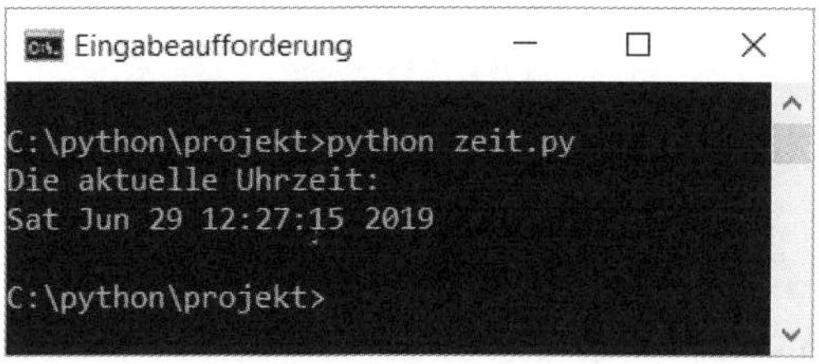

Abb. 3.2: Ausführen eines Python-Skripts in einem Konsolenfenster

Voraussetzung ist natürlich, dass der Systempfad richtig gesetzt ist. Falls die Programmdatei des Interpreters nicht gefunden wird (Fehlermeldung des Betriebssystems), muss die Umgebungsvariable `Path` verändert werden (siehe Abschnitt 2.1).

Wenn Sie Ihr Skript mit einer bestimmten Python-Version ausführen wollen, können Sie den genauen Pfad des Python-Interpreters angeben, z.B.:

```
C:\python\projekt> /python3/python zeit.py
```

Oder aber Sie verwenden den Python-Launcher `py`, der mit zur Standardinstallation gehört:

```
C:\python\projekt> py -3.7 zeit.py
```

2. Im Fenster des Dateimanagers (Explorer) wird ein Python-Skript durch ein Icon mit zwei stilisierten Schlangen dargestellt.

Abb. 3.3: Icon des Python-Skripts `zeit.py` (Windows 10)

Nach dem Anklicken des Programm-Icons öffnet das Betriebssystem ein Konsolenfenster, in dem Ein- und Ausgaben erfolgen. Nach Beendigung des Programms wird das Fenster sofort wieder geschlossen. Bei dem Beispielprogramm `zeit.py` würde das Fenster unmittelbar nach dem Anklicken des Programm-Icons wieder geschlossen werden, so dass die Ausgabe (Datum und Zeit) gar nicht gelesen werden könnte. Abhilfe bietet hier eine `input()`-Anweisung am Ende des Programms:

```
import time
print("Die aktuelle Uhrzeit")
print(time.asctime())
input()
```

In der letzten Zeile wartet das Programm auf eine Eingabe. Damit wird erzwungen, dass das Konsolenfenster geöffnet bleibt, bis die [Return]-Taste gedrückt ist.

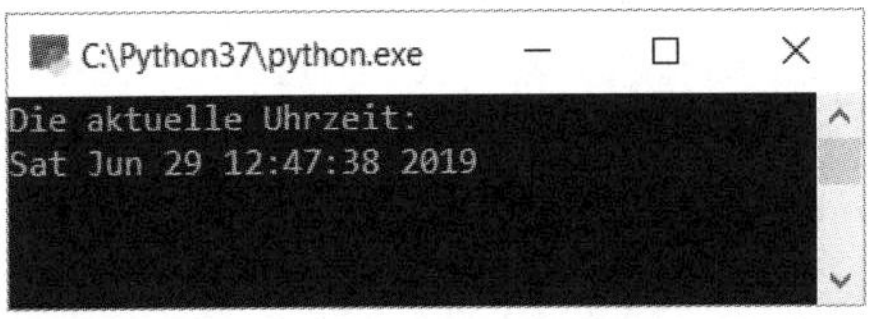

Abb. 3.4: Ausführen eines Python-Skripts durch Anklicken des Icons

Unix

Unter Unix kann man in einem Konsolenfenster ein Python-Skript durch ein Kommando der folgenden Form starten:

```
$ python meinSkript.py
```

Es wird also der Python-Interpreter gestartet, der dann das Skript *meinSkript*.py ausführt. Außerdem gibt es bei Unix den Mechanismus der so genannten *Shebang-Zeile*, manchmal auch als *magic line* bezeichnet. In der ersten Zeile des Skripts kann spezifiziert werden, mit welchem Interpreter das Skript ausgeführt werden soll. Die Shebang-Zeile beginnt mit der Zeichenfolge #!, die Shebang genannt wird. Dahinter folgt entweder direkt der Pfad zum Python-Interpreter oder der Pfad zum Unix-Kommando env. Im Prinzip ist env eine Art Wörterbuch, das den Pfad zum Python-Interpreter liefert. Wenn das Unix-System standardmäßig eingerichtet ist, müsste zumindest eine der folgenden Shebang-Zeilen für Python 3 funktionieren:

```
#!/usr/bin/python3
#!/usr/bin/env python3
```

Empfohlen wird die zweite Variante mit env.

Inzwischen wird die Shebang-Zeile auch auf Windows-Rechnern verstanden. Beim Doppelklick auf das Programm-Icon im Explorer-Fenster wertet der Python-Launcher die Shebang-Zeile aus und wählt für die Ausführung den gewünschten Python-Interpreter.

Das Python-Skript mit einer Shebang-Zeile ist direkt ausführbar. Zum Start reicht z.B. die Eingabe des Dateinamens in der Konsole. Voraussetzung ist allerdings, dass die Zugriffsrechte so gesetzt sind, dass das Skript ausführbar ist. Das geht z.B. mit einem der folgenden Unix-Kommandos:

```
$ chmod +x meinSkript.py
$ chmod 711 meinSkript.py
```

Das letzte Kommando bewirkt, dass der Besitzer alle Rechte hat, während die anderen die Datei nur ausführen, nicht aber lesen oder ändern können. Auf diese Weise halten Sie auch den Programmtext Ihres Skripts geheim. Das kann bei Programmen, die Sie als CGI-Skripte über das Internet anbieten, wichtig sein (siehe Kapitel 23).

macOS

Wie bei Unix und Windows können Sie auch beim Mac ein Python-Programm in einem Konsolenfenster (TERMINAL) starten.

Beim Start durch Anklicken im FINDER ist Folgendes zu beachten: Auf dem Mac bewirkt ein Doppelklick auf das Programm-Icon eines Python-Skripts normalerweise, dass die Datei mit dem IDLE-Editor geöffnet wird. Um das Programm auszuführen, klicken Sie mit der rechten Maustaste auf das Programm-Icon und wählen im Kontextmenü den Befehl ÖFFNEN MIT| PYTHON LAUNCHER.

3.4 Kommentare

Ein Programmtext ist auch ein Text für Menschen. Er muss verständlich geschrieben sein, damit man logische Fehler vermeidet oder später leichter finden kann. Ein gut lesbarer Programmtext ist leichter zu ändern. Häufig werden Projekte im Team entwickelt. Dann ist es wichtig, dass auch andere Personen das Programm verstehen. Ein probates Mittel, die Lesbarkeit von Programmtext zu verbessern, ist die Verwendung von Kommentaren. Ein Kommentar beginnt mit einem Doppelkreuz #. Alles, was in der betreffenden Zeile dahinter steht, gehört nicht zum Programmtext und wird vom Interpreter ignoriert. Kommentare sind allein für menschliche Leser eines Programmtextes gedacht. Beispiel:

```
# Ausgabe von Datum und Zeit
import time
print("Die aktuelle Uhrzeit")
print(time.asctime())
input() # Mit "Enter" wird das Programm beendet
```

Das Beispiel illustriert zwei typische Kommentierungstechniken:

- Zu Beginn wird kurz die Funktion des Skripts beschrieben.
- Hinter einer nicht unmittelbar verständlichen Anweisung wird ihr Sinn erklärt.

Ein Programm zu kommentieren ist eine Kunst, auf die wir an verschiedenen Stellen dieses Buches immer wieder eingehen.

3.5 Die Zeilenstruktur von Python-Programmen

Ein Python-Skript ist eine Folge von Anweisungen. Üblicherweise schreibt man in jede Zeile des Programmtextes eine Anweisung. Im Unterschied zu anderen Programmiersprachen muss bei Python eine Anweisung nicht durch ein besonderes Zeichen (wie das Semikolon bei Java) abgeschlossen werden. Das Ende einer Anweisung wird durch das Zeilenende markiert. Somit darf sich eine Anweisung nicht über mehrere Zeilen erstrecken.

Erlaubt ist:

```
summe = 1 + 2
```

Nicht erlaubt ist:

```
summe = 1 +
2
```

Es ist auch möglich, in eine Zeile mehrere Anweisungen zu schreiben. Dann muss zwischen den Anweisungen ein Semikolon stehen:

```
summe = 1+2; print(summe)
```

Dies gilt jedoch als schlechter Programmierstil, weil die Lesbarkeit des Programmtextes beeinträchtigt wird. Nur in Ausnahmefällen sollte man mehrere Anweisungen in eine Zeile schreiben.

Was kann man tun, wenn eine Anweisung sehr lang ist und nicht in eine Zeile passt? Nun unterscheidet Python zwischen »logischen Zeilen« und »physischen Zeilen«. Eine physische

Zeile endet mit einem (unsichtbaren) betriebssystemabhängigen Steuerungssymbol für den Zeilenwechsel. Es ist die Zeile im üblichen Sinne, die man auf dem Bildschirm sieht.

Eine Anweisung muss sich vollständig innerhalb einer *logischen* Zeile befinden. Sie kann sich über mehrere Bildschirmzeilen (physische Zeilen) erstrecken, wenn man bestimmte Vorkehrungen trifft.

Explizites Verbinden von Zeilen

Mit Hilfe eines Backslashs \ werden mehrere physische Zeilen zu einer logischen Zeile verbunden. Damit ist folgender Programmtext eine gültige Anweisung:

```
summe = 1 + \
2
```

Hinter dem Backslash darf aber in derselben Zeile nichts mehr stehen – auch . Nicht erlaubt ist also:

```
summe = 1 + \     # Summenberechnung
2
```

Implizites Verbinden von Zeilen

Geklammerte Ausdrücke (mit normalen, eckigen oder geschweiften Klammern) sind häufig sehr lang. Sie dürfen bei Python auf mehrere physische Zeilen verteilt werden und werden *implizit* zu einer einzigen logischen Zeile verbunden. Beispiele:

```
summe = (1 + 2 + 3 +
         4 + 5 + 6)

wochentage = ["Sonntag", "Montag", "Dienstag",
              "Mittwoch", "Donnerstag", "Freitag", "Samstag"]
```

Im zweiten Beispiel wurde eine Liste, die aus mehreren Zeichenketten besteht, erzeugt.

Im Unterschied zu Zeilen, die mit einem Backslash \ explizit verbunden sind, dürfen implizit verbundene Zeilen Kommentare enthalten. Das ist auch sehr sinnvoll. Denn manchmal möchte man z.B. Teile eines arithmetischen Ausdrucks kommentieren. Beispiel:

```
# Berechnung der Oberfläche eines Quaders
länge = 6
breite = 2
höhe = 3
oberfläche = 2*(
         breite*höhe         # Vorder- und Rückseite
       + länge*breite        # Ober- und Unterseite
```

```
        + länge*höhe)          # rechte und linke Seite
print(oberfläche)
```

Einrückungen – Anweisungsblöcke

Ein *Anweisungsblock* (oder kurz *Block*) ist eine Folge von zusammengehörigen Anweisungen. Jedes einfache Python-Skript ist ein Anweisungsblock. Ein Block kann weitere Blöcke als Unterblöcke enthalten. Ein Beispiel ist eine Wiederholungsanweisung (`for`-Anweisung), die ausführlich in Abschnitt 5.5 erklärt wird. Beispiel:

```
# Summe der Zahlen von 1 bis 5
summe = 0
for i in [1, 2, 3, 4, 5]:
        summe = summe + i                     # Beginn eines Blocks
        print("Summe von 1 bis",i, ":", a)  # Ende des Blocks
print("Ende der Rechnung")
```

Programmlauf:

```
Summe von 1 bis 1 : 1
Summe von 1 bis 2 : 3
Summe von 1 bis 3 : 6
Summe von 1 bis 4 : 10
Summe von 1 bis 5 : 15
Ende der Rechnung
```

Nach dem Doppelpunkt in der dritten Zeile beginnt ein neuer Block. Er besteht aus den beiden folgenden Zeilen, die um die gleiche Anzahl von Stellen eingerückt sind. Dieser Anweisungsblock wird nun insgesamt fünf Mal ausgeführt. Dabei nimmt die Variable `i` nacheinander die Werte an, die in der Liste `[1, 2, 3, 4, 5]` enthalten sind. Das Beispielskript berechnet die Summe der ganzen Zahlen 1 bis 5 und gibt alle Zwischenwerte der Rechnung aus.

Die Anzahl der Leerzeichen vor dem ersten Nichtleerzeichen (Einrückungsgrad) ist beliebig. Wichtig ist allein, dass alle zusammengehörigen Anweisungen eines Blocks um exakt die gleiche Anzahl von Stellen eingerückt sind. Am Ende eines Skripts werden alle begonnenen Blöcke vom Interpreter wieder beendet.

Halten wir also fest: Das Layout eines Python-Skripts dient nicht allein der besseren Lesbarkeit, sondern hat eine *Bedeutung*. Beginn und Ende eines Blocks werden in einem Python-Skript nicht durch lesbare Symbole (wie die geschweiften Klammern `{...}` bei C oder Java), sondern durch eine Einrückung (*indent*) festgelegt.

Wenn Sie ein Skript mit IDLE erstellen, wird nach einem Doppelpunkt automatisch eingerückt. Voreingestellt ist ein Einrückungsgrad von acht Stellen. Mit dem Kommando `new indent width` im Menü FORMAT können Sie diesen Wert ändern.

Falsche Einrückungen sind eine häufige Fehlerquelle. Die folgende Skripte zeigen drei typische Fehler.

Skript 1:

```
 zahl = 1
print(zahl)
```

Die erste Zeile enthält einen Syntaxfehler, denn sie beginnt mit einem Leerzeichen. Anweisungen des Hauptblocks dürfen nicht eingerückt sein.

Skript 2:

```
summe = 0
for i in [1, 2, 3, 4, 5]:
      summe = summe + i
      print("Summe von 1 bis",i, ":", summe)
      print("Ende der Rechnung")
```

Programmlauf:

```
Summe von 1 bis 1 : 1
Ende der Rechnung
Summe von 1 bis 2 : 3
Ende der Rechnung
Summe von 1 bis 3 : 6
Ende der Rechnung
Summe von 1 bis 4 : 10
Ende der Rechnung
Summe von 1 bis 5 : 15
Ende der Rechnung
```

Hier handelt es sich um einen semantischen Fehler. Die letzte Zeile darf nicht eingerückt sein, sonst gehört sie zu dem Anweisungsblock, der wiederholt wird.

Skript 3:

```
summe = 0
for i in [1, 2, 3, 4, 5]:
summe = summe + i
print("Summe von 1 bis",i, ":", summe)
print("Ende der Rechnung")
```

Dies ist wieder ein Syntaxfehler. Nach dem Doppelpunkt in der zweiten Zeile hätten die folgenden Zeilen gerückt werden müssen.

3.6 Das EVA-Prinzip

Ein einfaches Modell für die Arbeitsweise eines Computers ist das EVA-Prinzip. Es wird durch Abbildung 3.5 veranschaulicht.

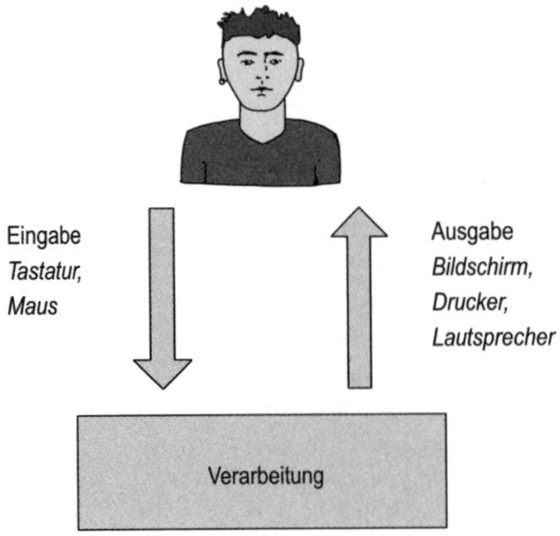

Abb. 3.5: Das EVA-Prinzip

Ein Computer kann über verschiedene Eingabegeräte (z.B. Tastatur) Daten empfangen (Eingabe). Prozessoren führen nach einem Programm Berechnungen durch (Verarbeitung) und produzieren neue Daten, die über Ausgabegeräte der Umgebung mitgeteilt oder auf Peripheriespeichern dauerhaft abgespeichert werden (Ausgabe).

Unter dem Blickwinkel der Datenverarbeitung kann auch ein Mensch durch das EVA-Prinzip beschrieben werden. Menschen können über ihre Sinne (Augen, Ohren, Geschmack, Geruch und Tastsinn) ihre Umgebung wahrnehmen, das heißt Daten empfangen (Eingabe). Diese werden im Gehirn verarbeitet (ordnen, prüfen, vergleichen, merken). Durch Sprechen (Mund, Stimmlippen), schreiben (Hand) oder Körpersprache (Kopfnicken, Gesten, Gesichtsmimik) können Menschen ihrer Umwelt etwas mitteilen (Ausgabe).

Einfache Computerprogramme sind häufig nach dem EVA-Prinzip gestaltet.

Beispiel:

```
name = input("Name: ")           # Eingabe
gruß = "Hallo " + name + "!"     # Verarbeitung
print(gruß)                      # Ausgabe
```

Programmlauf:

```
Name: Michael
Hallo Michael!
```

Die Funktion `input()` sorgt dafür, dass der Promptstring, in diesem Fall `"Name: "`, auf dem Bildschirm erscheint. Dahinter blinkt der Cursor und das Programm wartet, bis der Benutzer etwas über die Tastatur eingibt und auf `Enter` drückt. Die Eingabe wird *als Zeichenkette* der Variablen `name` zugewiesen. Gleichgültig, was der Benutzer eintippt, ob Zahlen oder Buchstaben, die Funktion `input()` liefert immer eine Zeichenkette. Wenn nur die `Enter`-Taste betätigt wird (leere Eingabe), wird der Variablen ein leerer String `""` zugewiesen.

In der zweiten Zeile des obigen Beispiels werden drei Zeichenketten aneinandergehängt und das Ergebnis der Variablen `gruss` zugewiesen. Der Mittelteil ist der Inhalt der Variablen `name`. Dies ist eine einfache Form einer Verarbeitung von Daten. Die `print()`-Anweisung schließlich ist eine Ausgabeoperation.

Beachten Sie: Die Funktion `input()` liefert immer nur Zeichenketten – auch wenn der Benutzer eine Zahl eingibt. Um aus der Eingabe eine Zahl zu gewinnen, muss man die Funktion `int()` oder `float()` verwenden. Beispiel:

```
eingabe = input("Zahl: ")
a = float(eingabe)
print("Das Quadrat von", eingabe, "ist", a * a)
```

Programmlauf:

```
Zahl: 2
Das Quadrat von 2 ist 4.0
```

3.7 Phasen der Programmentwicklung

Die Entwicklung eines Programms umfasst mehrere Schritte. Ein einfaches Modell für diesen Prozess gibt Abbildung 3.6 wieder.

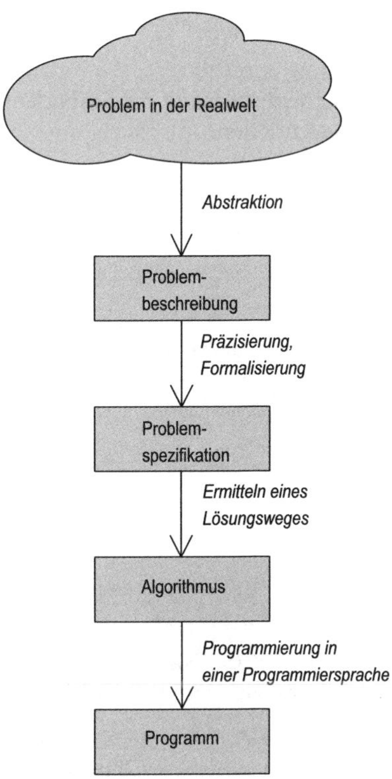

Abb. 3.6: Vom Problem zum Programm

Ausgangspunkt ist ein Problem in der realen Welt, zu dessen Lösung ein Programm entwickelt werden soll. Dieses Problem muss in irgendeiner Weise dem Programmierer oder Programmierteam mitgeteilt werden. In der Regel wird eine informale verbale Beschreibung erstellt, die die wesentlichen Aspekte des Problems darstellt. Auf unwichtige Details wird verzichtet. Insofern ist die Beschreibung des Problems bereits eine Abstraktion. Im nächsten Schritt wird die Aufgabenstellung präzisiert. Zum Beispiel wird festgelegt, welche Daten dem Programm eingegeben werden sollen und was es ausgegeben soll. Das Ergebnis dieser Präzisierung nennt man Problemspezifikation. Sie beschreibt, *was* das Programm leisten soll (aber nicht *wie*). Viele Übungsaufgaben in diesem Buch sind Problemspezifikationen. Die entscheidende, kreative Phase ist die Entwicklung des Algorithmus. Er enthält die Lösungsidee für das Problem. Die nachfolgende Formalisierung in einer Programmiersprache ist eher eine technische Routineangelegenheit, wenn der Algorithmus klar ist.

3.8 Guter Programmierstil

Programmtexte sollten wie Gebrauchsanleitungen, Zeitungsartikel und wissenschaftliche Abhandlungen möglichst verständlich geschrieben werden. Wenn wir über Programmierstil reden, betrachten wir einen Programmtext als Dokument, das von Menschen für Menschen verfasst worden ist. Programme werden häufig gelesen, verändert und weiterentwickelt. Guter Programmierstil scheint zunächst mit größerem Aufwand verbunden zu sein, zahlt sich aber rasch aus, wenn man sich in einen Programmtext wieder »hineindenken« muss, den man vor längerer Zeit geschrieben hat. Bei großen Projekten ist es ohnehin so, dass man im Team zusammenarbeitet und Programmtexte liest und nachvollzieht, die von anderen Personen geschrieben worden sind.

An verschiedenen Stellen dieses Buches sind Anregungen zur Verbesserung der Lesbarkeit von Programmen eingestreut. Wir beginnen mit den wichtigsten Regeln.

Bezeichnerwahl

Idealerweise ist ein Programm selbstdokumentierend. Das heißt, der Programmtext ist ohne weitere Erläuterungen und Kommentare verständlich. Dies kann man durch geschickte Wahl von Bezeichnern erreichen.

Namen sollten zum Ausdruck bringen, was das betreffende Objekt darstellt (»sprechende Namen«). Beispiel:

```
länge = float(input("Länge des Quaders in cm: "))
breite = float(input("Breite des Quaders in cm: "))
höhe = float(input("Höhe des Quaders in cm: "))
volumen = länge*breite*höhe
print("Das Volumen ist", volumen, "Kubikzentimeter")
```

Eine Konvention bei Python-Skripten ist, dass Variablennamen und die Namen von Funktionen und Methoden mit einem kleinen Buchstaben beginnen. Die Namen von Klassen dagegen beginnen mit großen Buchstaben.

Wird ein Bezeichner aus mehreren Wörtern zusammengesetzt, so beginnt jedes Teilwort (außer dem ersten) mit einem Großbuchstaben. Beispiele: `anzahlPersonen`, `volumenQuader`.

Bei langen Namen sollte man Abkürzungen verwenden, da sonst die Programmzeilen zu lang und unübersichtlich werden und der Schreibaufwand zu groß wird. Außerdem bergen lange Namen die Gefahr von Schreibfehlern. Vor allem aber – so sagt die Kognitionspsychologie – kann man lange Namen schlecht im Arbeitsgedächtnis behalten. Des halb ist ein Programmtext mit kurzen Namen oft besser verständlich.

Zur Formulierung prägnanter Bezeichner können folgende Tipps hilfreich sein:

- Wenn es passende Abkürzungen des allgemeinen Sprachgebrauchs gibt, sollte man diese verwenden (z.B. `std` für Stunde, `pers` für Person).
- Häufig gebrauchte Namen sollten kürzer als selten gebrauchte sein.
- Abkürzungen sollten nach Möglichkeit aussprechbar sein.
- Vermeiden Sie sehr ähnliche Bezeichner, sonst kann es zu Verwechslungen kommen.

Layout

Jede Anweisung sollte in einer neuen Zeile stehen. Das folgende Programm ist zwar syntaktisch korrekt, ist aber auf Grund des Layouts schlecht lesbar:

```
a = float(input("a: "));q = a*a; print("Quadrat:",q)
```

Lange Skripte (mehr als zehn Zeilen) sollten durch Leerzeilen in sinnvolle Abschnitte unterteilt werden.

Kommentare werden so in den Programmtext eingefügt, dass die Programmstruktur gut erkennbar bleibt (siehe nächster Abschnitt).

Zum Layout gehören auch Einrückungen. Wie Sie bereits wissen, sind bei Python Einrückungen durch die Syntax zwingend vorgeschrieben. Sie markieren Blöcke, das heißt zusammengehörige Anweisungsfolgen.

Kommentare

Bei einem größeren Projekt sollte am Anfang eines Programmtextes ein Kommentar stehen, der die Historie, den aktuellen Stand (Version) und die Funktion des Programms beschreibt. Bei kleinen Skripten, die nur der Übung dienen oder zu Testzwecken geschrieben werden (wie viele Beispielskripte in diesem Lehrbuch) lässt man diesen einleitenden Kommentar weg oder beschränkt ihn auf eine kurze Funktionsbeschreibung. Beispiel:

```
#----------------------------------------------
# Dateiname: quader.py
# Version: 1.0
# Funktion: Berechnung des Volumens eines Quaders
# Autor: Michael Weigend
# Datum der letzten Änderung: 26.09.16
#----------------------------------------------
```

Um verschachtelte Blockstrukturen noch transparenter zu machen, kann man das Ende einer zusammengesetzten Anweisung – wie etwa eine `for`-Anweisung – durch einen Kommentar markieren. Das folgende Beispielskript schreibt alle vierstelligen Binärzahlen auf den Bildschirm. Hier wurde absichtlich mit den Kommentaren etwas übertrieben. In der Praxis wird man nur das Ende eines *längeren Anweisungsblocks* durch einen Kommentar deutlich machen.

```
for i3 in [0, 1]:
    for i2 in [0, 1]:
        for i1 in [0, 1]:
            for i0 in [0, 1]:
                print(i3,i2, i1, i0, end="    ")
                # ende for i0 ...
            # ende for i1 ...
        print()
        # ende for i2 ...
    # ende for i3 ...
```

Programmlauf:

```
0 0 0 0    0 0 0 1    0 0 1 0    0 0 1 1
0 1 0 0    0 1 0 1    0 1 1 0    0 1 1 1
1 0 0 0    1 0 0 1    1 0 1 0    1 0 1 1
1 1 0 0    1 1 0 1    1 1 1 0    1 1 1 1
```

Kommentare sollte man während der Programmierung schreiben und nicht erst nachträglich einfügen. Wenn Programmtext geändert wird, darf man natürlich nicht vergessen, die betroffenen Kommentare zu aktualisieren. Falsche Kommentare sind schlimmer als gar keine Kommentare.

Man sollte nicht *zu viel* kommentieren. Hilfreich sind kurze prägnante Erläuterungen (Stichworte) zu schwer durchschaubaren Anweisungen. Keinesfalls sollte nur der Programmtext mit anderen Worten wiederholt werden. Schlechter Stil ist ein Kommentar wie der folgende:

```
i = i + 1  # erhöhe i um 1
```

3.9 Hintergrund: Die Kunst des Fehlerfindens

Programme werden von Menschen geschrieben und enthalten deshalb Fehler. Das ist fast so etwas wie ein Naturgesetz. Sobald der Programmtext länger als einige Zeilen ist, wird der erste Probelauf scheitern und Fehler ans Tageslicht bringen. Im Jargon der Programmierer werden Programmfehler *Bugs* genannt und das Aufspüren und Entfernen von Fehlern bezeichnet man als *Debugging*. Der Begriff *Bug* (engl. für *Käfer*) stammt aus der Frühzeit der Computertechnik, als die Rechner noch mit Röhren bestückt waren und ganze Räume füllten. Damals krabbelten – der Legende nach – manchmal (echte) Käfer zwischen den Kabeln und Lötstellen herum und verursachten Kurzschlüsse und damit Funktionsstörungen, die die Techniker beseitigen mussten.

Man kann Fehler in drei Gruppen unterteilen:

- *Syntaxfehler* sind Verstöße gegen die Grammatik-Regeln. Sie werden vom Python-Interpreter erkannt und gemeldet, *bevor* er das Skript ausführt. Beispiel:

```
>>> (3+2))
SyntaxError: invalid syntax
```

- *Laufzeitfehler* treten in einem syntaktisch korrekten Programm erst auf, wenn das Programm läuft. Sie führen dann zu einem Abbruch des Programmlaufs, (sofern nicht bestimmte Vorkehrungen getroffen worden sind). In diesem Fall meldet das System eine Ausnahme (*exception*), in der die Fehlersituation beschrieben wird. Das klassische Beispiel ist der Versuch, durch null zu dividieren:

```
>>> 1/0
Traceback (most recent call last):
  File "<pyshell#19>", line 1, in ?
    1/0
ZeroDivisionError: integer division or modulo by zero
```

  Heimtückisch ist, dass Laufzeitfehler manchmal lange unentdeckt bleiben und erst auftreten, wenn während des Betriebs eine bestimmte Konstellation von Bedingungen auftritt.

- *Semantische Fehler* liegen vor, wenn das Programm nicht das leistet, was es leisten soll. Häufig spricht man auch von *logischen Fehlern*. Wenn Ihr Programm einen semantischen Fehler enthält, läuft es zwar erfolgreich in dem Sinne, dass der Python-Interpreter keine Fehlermeldung liefert. Es macht etwas – aber nicht das, was Sie sich vorgestellt haben. Die Semantik, das heißt, die Bedeutung des Programmtextes entspricht nicht dem, was Sie geplant haben. Semantische Fehler sind manchmal offensichtlich, manchmal aber auch sehr schwer zu finden, weil das System keinerlei Hilfe – etwa in Form von Fehlermeldungen – bietet.

Auch wenn es manchmal frustrierend ist, einen Fehler nicht sofort aufzuspüren: Debugging ist eine der spannendsten und intellektuell anspruchsvollsten Herausforderungen während einer Programmentwicklung. Das gilt insbesondere für Anfänger, die naturgemäß besonders viele Fehler machen. An keiner Stelle lernt man so viel über das Programmieren wie bei der Fehlersuche. Denn häufig zeigt sich bei einem Fehler, dass man irgendein Konzept der Programmiersprache nicht richtig verstanden hat. Hat man nach langem Suchen endlich die Ursache einer Fehlfunktion durchschaut, so ist das nicht selten mit einem »Aha-Erlebnis« verbunden.

Fehlersuche ähnelt manchmal wissenschaftlicher Forschung. Man beobachtet das (unerwartete und fehlerhafte) Verhalten des Programms, stellt eine Hypothese bezüglich der Ursache auf, verändert etwas und prüft, ob es jetzt besser läuft. Ist das nicht der Fall, muss man nach einer neuen Hypothese suchen. So schließt man nach und nach denkbare Fehlerursachen aus, bis man den Bug gefunden hat. Sherlock Holmes drückt das so aus:

> *When you have eliminated the impossible, whatever remains, however improbable, must be the truth.*
>
> *(A. Conan Doyle: The Sign of the Four)*

Manche Leute meinen sogar, dass Debugging und Programmieren ein und dasselbe ist. Im Extremfall heißt das: Man schreibt ein Programm, das *irgendetwas* tut, Hauptsache es läuft überhaupt. Dann modifiziert man es etwas, testet erneut, beseitigt Syntaxfehler und beobachtet, was hinsichtlich der Arbeitsweise des Programms jetzt anders ist. Auf diese Weise nähert man sich schrittweise dem gewünschten Verhalten an. Derartiges Experimentieren und Spielen ist eine wirkungsvolle Methode, ein Gefühl für die Semantik der Programmiersprache zu entwickeln.

Dem Thema Fehlersuche ist ein eigenes Kapitel gewidmet (Kapitel 21), in dem elaborierte Techniken vorgestellt werden. An dieser Stelle sollen vorerst nur einige Tipps gegeben werden, die am Anfang nützlich sein könnten.

- Guter Programmierstil hilft, Fehler zu vermeiden.
- Seien Sie misstrauisch gegenüber Ihrem eigenen Programmtext. Häufig sind es winzige Kleinigkeiten, die eine Fehlfunktion verursachen.
- Während Sie ein umfangreiches Skript entwickeln, sollten Sie Zwischenlösungen testen. Im Prinzip heißt das: Einige Programmzeilen schreiben, dann einen Testlauf starten, dann die Fehler beseitigen. Die nächsten Zeilen schreiben, erneut testen und so weiter, bis das gesamte Skript so läuft, wie Sie es sich vorgestellt haben.

Wenn Sie nicht wissen, an welcher Stelle die Ursache für ein fehlerhaftes Verhalten eines Skripts liegt, können Sie den Fehler einkreisen, indem Sie Passagen Ihres Skripts »auskommentieren«. IDLE unterstützt diese Technik. Markieren Sie mit der Maus auf die übliche Weise eine Passage Ihres Programmtextes. Setzen Sie den Cursor an den Anfang der Textpassage, klicken Sie links, gehen Sie mit gedrückter linker Maustaste an das Ende des Textabschnitts und lassen Sie die Maustaste wieder los. Wählen Sie im Menü FORMAT das Feld COMMENT OUT REGION. Danach sind jeder Zeile der markierten Passage zwei Doppelkreuze ## vorangestellt. Damit sind diese Zeilen in Kommentare umgewandelt. Sie werden also vom Python-Interpreter nicht berücksichtigt, man sagt, sie sind »auskommentiert«. Wenn Sie jetzt das Skript ausführen, wird nur der *nicht* auskommentierte Teil getestet, und Sie haben es leichter, einen etwaigen Fehler zu finden.

3.10 Weitere Entwicklungsumgebungen für Python

Im Prinzip brauchen Sie ja nur einen Texteditor, um ein Python-Programm zu schreiben. Komfortabler ist jedoch eine integrierte Entwicklungsumgebung (*integrated development environment, IDE*). Eine IDE bietet neben dem Editor mit Syntaxhighlighting noch die Möglichkeit, Programme zu testen, und unterstützt die Fehlersuche (Debugging). Dieses Buch bezieht sich allein auf die Entwicklungsumgebung IDLE, die Teil der Standardinstallation von Python ist. Für die ersten Projekte reicht das allemal. Es gibt aber noch andere – komplexere – IDEs, die von professionellen Entwicklern genutzt werden. Bei diesen Produkten gibt es meist eine kostenlose Version oder eine zeitlich befristete Probelizenz zum Ausprobieren. Beachten Sie, dass der zusätzliche Komfort professioneller IDEs ein tiefes Verständnis der Programmierung erfordert; denn sonst laufen Sie Gefahr, nicht mehr zu verstehen, was Sie tun. Außerdem benötigen Sie natürlich eine gewisse Einarbeitungszeit in die komplexe Benutzungsoberfläche.

- ECLIPSE der Eclipse Foundation (`https://www.eclipse.org/`) ist eine freie Entwicklungsumgebung, die ursprünglich für Java geschaffen worden ist, inzwischen aber auch andere Programmiersprachen wie Python unterstützt. Eclipse gibt es für jede Plattform.

- VISUAL STUDIO von Microsoft (`https://www.visualstudio.com/de/vs/`) ist eine IDE, die für alle gebräuchlichen Programmiersprachen – darunter auch Python – genutzt werden kann. Visual Studio gibt es für Windows und macOS.
- PYCHARM der Firma JetBeans (`https://www.jetbrains.com/pycharm/`) ist eine professionelle IDE, die auf Python spezialisiert ist. Sie unterstützt auch das Webframework Django (siehe Kapitel 33) und hilft durch einige Features, die technische Qualität Ihres Programmtextes zu verbessern. PyCharm gibt es für Windows, macOS und Linux.
- KOMODO IDE (`www.komodoide.com`) ist eine kommerzielle Entwicklungsumgebung von ActiveState für dynamische Programmiersprachen (nicht nur Python, sondern auch für Perl, PHP, Ruby und andere Sprachen). Es gibt eine freie Open-Source-Version namens KOMODO EDIT (`https://www.activestate.com/products/komodo-edit/`). Komodo gibt es für Windows, macOS und Linux.

3.11 Aufgaben

Aufgabe 1

Schreiben Sie ein Python-Skript nach dem EVA-Prinzip, das zunächst eine Person interviewt und dann mit Hilfe der gesammelten Daten eine Kurzgeschichte schreibt, in der die Person vorkommt. Zur Vereinfachung können Sie davon ausgehen, dass die Person entweder männlich oder weiblich ist. Suchen Sie sich eine Variante aus oder schreiben Sie für jedes Geschlecht eine eigene Version. Ein Programmlauf könnte z.B. so aussehen:

```
Dieses Programm schreibt eine Kurzgeschichte, in der Sie vorkommen.
Wie lautet Ihr Vorname? Stefan
In welchem Monat ist Ihr Geburtstag? April
Ihre Haarfarbe: blond
Ihr Wohnort: Dortmund

Die Verabredung mit dem Kommissar

Es war ein grauer Morgen im April. Die Sonne war gerade erst
aufgegangen und es war noch wenig Betrieb im
Stadtzentrum von Dortmund.
Hauptkommissar Hartmann stand vor dem Bistro und schaute auf die Uhr.
Wo bleibt Stefan nur?, dachte er. Ist etwas schief gelaufen?
Vielleicht hatte Stefans Freundin Wind von der Sache bekommen und seine
Pläne durchkreuzt.
Eine Person mit struwweligen blonden Haaren näherte sich mit raschen
Schritten.
Der Kommissar atmete auf, als er den Menschen erkannte. Es war Stefan.
Jetzt konnte eigentlich nichts mehr passieren ...
```

Tipp: Verwenden Sie die Funktion `input()` für Benutzereingaben.

Aufgabe 2

Schreiben Sie ein interaktives Python-Skript, das die Kosten für eine Urlaubsreise für eine Reisegruppe mit einem Bus berechnet. Vom Benutzer werden folgende Angaben erfragt: Anzahl der Personen, Hotelkosten pro Person, Gesamtkosten für den Reisebus, Gesamtkosten für touristische Events am Zielort, sonstige Kosten pro Person. Ausgegeben werden die Gesamtkosten der Fahrt und der Betrag, den jeder Teilnehmer zahlen muss.

Möglicher Programmlauf:

```
Kostenplan für eine Reise
---------------------------
Kosten für den Reisebus: 1000
Hotelkosten pro Person: 300
Gesamtkosten für touristische Events: 500
Anzahl der Teilnehmer: 30

Die Gesamtkosten betragen 10500 EUR.
Die Kosten pro Person sind 350 EUR.
```

Hinweise: Achten Sie auf guten Programmierstil. Verwenden Sie »sprechende« Variablennamen und Kommentare. Setzen Sie die Funktion `input()` für die Eingabe der Zahlenwerte ein.

3.12 Lösungen

Lösung 1

Mit Hilfe des Plusoperators kann man an eine Zeichenkette eine andere Zeichenkette anhängen. Davon wird im folgenden Skript an einigen Stellen Gebrauch gemacht. Zum Beispiel ergibt `"Stefan"+"s"` den String `"Stefans"`.

```
# kurzgeschichte.py
print("Dieses Programm schreibt eine Kurzgeschichte,",
      "in der Sie vorkommen.")
name = input("Wie lautet Ihr Vorname? ")
monat = input("In welchem Monat ist Ihr Geburtstag? ")
haarfarbe = input("Ihre Haarfarbe: ")
ort = input("Ihr Wohnort: ")
print()
print("Die Verabredung mit dem Kommissar")
print()
print("Es war ein grauer Morgen im", monat + ".")
print("Die Sonne war gerade erst aufgegangen",
```

```
      "und es war noch wenig Betrieb im Stadtzentrum von",
      ort+".")
print("Hauptkommissar Hartmann stand vor dem Bistro",
      "und schaute auf die Uhr.")
print("Wo bleibt", name, "nur? dachte er. Ist etwas schief gelaufen?")
print("Vielleicht hatte", name+"s",
      "Freundin Wind von der Sache bekommen",
      "und seine Pläne durchkreuzt.")
print("Eine Person mit struwweligen ", haarfarbe+"en",
      "Haaren näherte sich mit raschen Schritten.")
print("Der Kommissar atmete auf, als er den Menschen erkannte.")
print("Es war", name+".")
print("Jetzt konnte eigentlich nichts mehr schief gehen ...")
print()
input("Beenden mit <ENTER>")
```

Lösung 2

```
# -------------------------------------------------------
# Dateiname: reise.py
# Aufgabe: Berechnung des Kostenplans für eine Reise
# Autor: Michael Weigend
# Datum der letzten Änderung: 28.09.2009
#--------------------------------------------------------
print("Kostenplan für eine Reise")
print("-------------------------")

# Eingabe
bus = float(input("Kosten für den Reisebus: "))
hotel = float(input("Hotelkosten pro Person: "))
events = float(input("Gesamtkosten für touristische Events: "))
personen = int(input("Anzahl der Teilnehmer: "))

# Verarbeitung
gesamtkosten = bus + events + personen*hotel
kostenProPerson = gesamtkosten/personen

# Ausgabe
print()
print("Die Gesamtkosten betragen", gesamtkosten, "EUR.")
print("Die Kosten pro Person sind", kostenProPerson, "EUR.")
```

Kapitel 4

Standard-Datentypen

Dieses Kapitel liefert einen Überblick über fundamentale Datentypen, die bei Python vorgegeben sind (*built-in types*). Insbesondere gehen wir folgenden Fragen nach:

- Wie sind Literale verschiedener Datentypen syntaktisch aufgebaut?
- Welche Operationen kann man auf Objekte unterschiedlicher Datentypen anwenden?
- Was sind Datentypen aus Sicht der objektorientierten Programmierung?

4.1 Daten als Objekte

Computer verarbeiten Daten. In der objektorientierten Programmierung werden Daten durch Objekte repräsentiert. Jedes Objekt besitzt eine Identität, einen Wert und einen Typ. *Werte* von Objekten werden durch *Literale* dargestellt. Das sind Zeichenfolgen, die nach bestimmten Regeln aufgebaut sind. Die Unterscheidung zwischen Literal und Wert ist sehr feinsinnig und nicht immer wichtig. Häufig verwendet man die Begriffe synonym. Ein nicht unerheblicher Teil dieses Kapitels widmet sich der Frage, wie Literale von Objekten unterschiedlicher Datentypen aufgebaut sind.

Die Literale `123` und `'Wort'` gehören zu verschiedenen Datentypen, nämlich ganzen Zahlen (`int`) und Zeichenketten (`str`). Literale für ganze Zahlen werden vom Interpreter daran erkannt, dass sie nur aus Ziffern bestehen, während Zeichenketten mit Anführungszeichen oder Hochkommata versehen sind.

Der Typ eines Objektes bestimmt die Art und Weise, wie es in einem Python-Skript verarbeitet wird. Betrachten Sie folgendes Beispiel:

```
>>> 1 + 2                        # Addition
3
>>> 'Abend' + 'rot'              # Konkatenation
'Abendrot'
```

Eingegeben wird hier jeweils ein Ausdruck, der aus einem Operator und zwei Daten-Objekten besteht. Die Wirkung des Operators + hängt offenbar vom Typ der Operanden ab. Im ersten Fall bewirkt der Plusoperator eine arithmetische Addition, im zweiten Fall bewirkt er, dass die beiden Zeichenketten aneinandergehängt werden (Konkatenation). Es kann auch sein, dass ein Ausdruck nicht ausgewertet werden kann, weil die Operanden ungeeignete Datentypen besitzen:

```
>>> '1' + 2
Traceback (most recent call last):
```

```
  File "<pyshell#26>", line 1, in ?
    '1' + 2
TypeError: cannot concatenate 'str' and 'int' objects
```

Warum kommt es hier zu einer Fehlermeldung? Weil der erste Operand eine Zeichenkette ist (erkennbar an den Anführungszeichen), wird die Operation + als Konkatenation interpretiert. Eine Konkatenation kann man aber nur mit Zeichenketten, nicht aber mit ganzen Zahlen ausführen.

Damit der Python-Interpreter einen Ausdruck auswerten kann, muss er also den Datentyp der enthaltenen Objekte kennen.

Die Formulierung von Ausdrücken ist ein sehr gebräuchliches Verfahren zur Verarbeitung numerischer Daten. Den Umgang mit Operatoren und Operanden ist man von Kindesbeinen an aus der Schulmathematik gewohnt. Doch widerspricht diese Vorgehensweise streng genommen einer Grundidee des objektorientierten Programmierens, wonach an Objekte Botschaften gesendet werden. Es ist jedoch bei Python auch möglich, eine Operation – beispielsweise eine Addition – als Methodenaufruf zu formulieren. Objekte, auf die der Plus-Operator angewendet werden kann, besitzen nämlich eine Methode `__add__()`, die die Addition realisiert. Beispiele:

```
>>> i = 1
>>> i.__add__(2)                                    #1
3
>>> (1).__add__(2)
3
>>> 1.0.__add__(2.0)                                #2
3.0
>>> 2.0.__mul__(1.0.__add__(1.0))                   #3
4.0
```

In Zeile **#1** wird an das Objekt mit Namen `i` eine Botschaft geschickt. Der Auftrag lautet: »Addiere zum eigenen Wert den Wert 2 und liefere das Ergebnis zurück«. Man kann auch sagen, die Methode `__add__()` des Objektes 1 wird aufgerufen.

Die Methodenaufrufe in den Zeilen **#2** und **#3** haben die gleiche Wirkung wie die folgenden arithmetischen Ausdrücke:

```
1.2 + 2.0
2.0 * (1.0 + 1.0)
```

Für die meisten Menschen unserer Kultur sind jedoch mathematische Ausdrücke mit Operatoren wie + und * vertrauter und verständlicher. Sie werden deshalb in Programmtexten an Stelle von Methodenaufrufen verwendet. Aber man sollte wissen, dass der Python-Interpreter, wenn er einen Ausdruck auswertet, diesen zunächst in Methodenaufrufe umwandelt und Botschaften an die enthaltenen Objekte sendet.

4.2 Fundamentale Datentypen im Überblick

Wie jede Programmiersprache enthält Python eine Reihe vorgegebener fundamentaler Datentypen. Abbildung 4.1 zeigt die wichtigsten Datentypen im Zusammenhang. Die grauen Kästen enthalten die Python-spezifischen Bezeichnungen, die von der Standardfunktion `type()` geliefert werden.

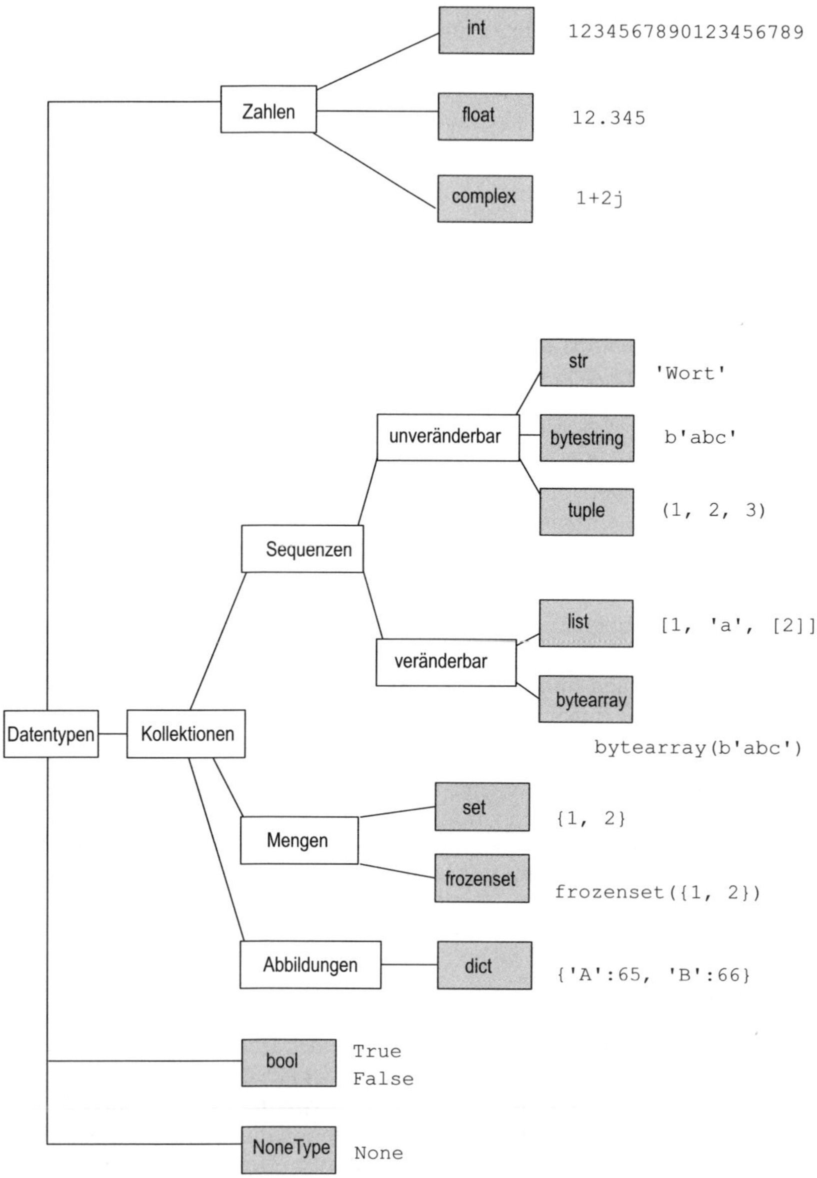

Abb. 4.1: Die wichtigsten Python-Datentypen

Datentypen für numerische Objekte (Zahlen) sind

- ganze Zahlen (`int`)
- Gleitkommazahlen (`float`)
- komplexe Zahlen (`complex`)

Für Wahrheitswerte (`True` oder `False`) gibt es den Datentyp `bool`.

Die bisher genannten Datentypen nennt man einfache Datentypen, denn ihre Objekte tragen elementare Werte. Darüber hinaus gibt es auch Objekte, die aus mehreren Einzelobjekten zusammengesetzt sind. Man nennt sie Kollektionen oder Container-Objekte. Sie werden unterteilt in Sequenzen, Mengen und Abbildungen. Kollektionen bezeichnet man auch als iterierbare Objekte. Das heißt, es ist möglich, alle Elemente der Kollektion nacheinander zu durchlaufen.

Eine Sequenz ist eine *geordnete* Kollektion von Objekten. Ihre Elemente befinden sich in einer bestimmten Reihenfolge und sind durchnummeriert. Wenn eine Sequenz die Länge `n` hat, so werden die Elemente mit den Indizes `0, 1, ..., (n-1)` gekennzeichnet. Das `i`-te Element der Sequenz a wird mit `a[i]` selektiert. Zu den Sequenzen gehören Zeichenketten (`str`), Tupel (`tuple`) und Listen (`list`). Während Tupel beliebige Elemente enthalten können, bestehen Zeichenketten nur aus Zeichen.

Eine Menge ist eine ungeordnete Kollektion von Objekten, wobei jedes Objekt nur einmal vorkommen darf.

Abbildungen (*Mappings*) sind endliche Mengen von Objekten, die durch (beinahe) willkürliche Werte indiziert werden. Der (momentan) einzige Abbildungstyp ist das Dictionary (`dict`). Ein merkwürdiger Typ ist `NoneTyp`. Zu ihm gehört nur ein einziges Objekt, das durch das Literal `None` repräsentiert wird. `None` ist ein Objekt ohne Wert (siehe Abschnitt 4.4, »NoneType« auf Seite 87).

Objekte, die bei ihrer Erschaffung einen festen Wert erhalten, den sie bis zu ihrer Zerstörung behalten, bezeichnet man als unveränderbar (*immutable*). Zu den unveränderbaren Typen gehören z.B. alle einfachen numerischen Datentypen (ganze Zahlen, Gleitkommazahlen etc.), Zeichenketten und Tupel. Eine Liste dagegen ist änderbar (*mutable*), das heißt, ihr Wert kann modifiziert werden.

In Abbildung 4.1 ist rechts zu jedem Datentyp ein Literal als Beispiel angegeben. Beachten Sie: An der äußeren Form eines Literals kann man seinen Datentyp erkennen. So stehen Zeichenketten immer in Anführungszeichen, Listen haben eckige und Tupel runde Klammern und eine Ziffernfolge mit einem Punkt in der Mitte repräsentiert eine Gleitkommazahl.

4.3 Typen und Klassen

Die Begriffe Typ und Klasse werden häufig synonym verwendet. Dennoch gibt es einen Unterschied, der hier herausgestellt werden soll. Eine Klasse ist ein Bauplan für gleichartige Objekte. In der Klassendefinition wird festgelegt, welche Attribute und Methoden die Objekte der Klasse besitzen, aber auch, nach welchen Algorithmen die Methoden der Objekte arbeiten. Der Typ eines Objektes hingegen beschreibt nur, wie das Objekt verarbeitet werden kann, das heißt, welche Operationen verfügbar sind. Der Typ ist die Schnittstelle zur Klasse, in ihm ist das »Was«, aber nicht das »Wie« festgelegt. Eine Klasse wiederum kann man als Implementierung eines Typs sehen. Wenn Sie selber eine Klasse definieren, von der Instanzen gebildet werden können, haben Sie damit auch einen neuen Typ definiert.

4.4 NoneType

Zum Datentyp `NoneType` gibt es nur ein einziges Literal, nämlich `None`. Besitzt ein Objekt den »Wert« `None`, so wird damit zum Ausdruck gebracht, dass es keinerlei Wert besitzt. Genauer: `None` ist das einzige Literal, das keinen Wert repräsentiert. `None` ist nicht etwa eine leere Menge oder die Zahl `0` oder ein leerer String ohne ein einziges Zeichen. `None` ist wirklich nichts. Wird einer Variablen das Literal `None` zugewiesen und anschließend der Name der Variablen im interaktiven Modus eingegeben, so erhält man keine Ausgabe.

```
>>> b = None
>>> b
>>>
```

Mit dem `None`-Objekt können keine arithmetischen Operationen ausgeführt werden. Beim Versuch, zu `None` etwas hinzuzuaddieren, gibt es eine Fehlermeldung.

```
>>> b = None
>>> b = b + 1
Traceback (most recent call last):
  File "<pyshell#125>", line 1, in ?
    b = b + 1
TypeError: unsupported operand types for +: 'NoneType' and 'int'
```

Einige wenige Dinge können aber doch mit `None`-Objekten gemacht werden. Sie können den Typ und die Identität ermitteln und mittels einer `print()`-Anweisung die Repräsentation des Objektes ausgeben:

```
>>> type (None)
<type 'NoneType'>
>>> id(None)
505189428
>>> print(None)
None
```

Sie werden später feststellen, dass die Verwendung des leeren Objektes große Vorteile hat und letztlich zu kürzeren Programmtexten führt.

4.5 Wahrheitswerte – der Datentyp bool

Eine Aussage wie »es regnet gerade« kann wahr oder falsch sein. Die beiden Wahrheitswerte WAHR und FALSCH werden durch die Literale `True` und `False` dargestellt. Beachten Sie die Schreibweise! `True` und `False` beginnen jeweils mit Großbuchstaben. Objekte, die wahr oder falsch sein können, gehören zum Datentyp `bool`. Das ist neu seit der Python-Version 2.3. Früher gab es bei Python keinen eigenen Datentyp für Wahrheitswerte. Denn alle Objekte können (auch jetzt noch) gewissermaßen als Begleiterscheinung immer wahr oder falsch sein, je nachdem welchen Wert sie haben.

- Leere Sequenzen oder Dictionaries ohne ein einziges Element, das leere Objekt `None`, Zahlen mit dem Wert null und unwahre logische Aussagen besitzen den Wahrheitswert `False`.
- Nicht leere Sequenzen oder Dictionaries, alle Zahlen ungleich null und wahre logische Aussagen besitzen den Wahrheitswert `True`.

Die Bezeichnung `bool` erinnert an den englischen Mathematiker George Boole, der im Jahre 1854 erstmals eine mathematische Theorie logischer Formeln veröffentlichte, die heute als boolesche Algebra bekannt ist.

```
>>> 12 > 11                    # Ein Vergleich kann wahr oder falsch
sein
True
>>> 2*3 == 6
True
>>> type(2*3 == 6)
 <class 'bool'>
```

Den Wahrheitswerten `True` und `False` sind bei Python gleichzeitig die numerischen Werte 1 und 0 zugeordnet. Das heißt, man kann z.B. logische Ausdrücke addieren:

```
>>> True + True
2
>>> (2 > 1) + (200 > 100)
2
```

Wahrheitswerte spielen bei bedingten Anweisungen eine Rolle. Dazu kommen wir in Kapitel 5.

4.6 Ganze Zahlen

Für die Darstellung beliebig langer ganzer Zahlen gibt es bei Python den Typ `int`. Die Syntax für Literale, die ganze Zahlen darstellen, lautet:

```
(1) integer         ::=  decimalinteger | octinteger |
                         hexinteger | bininteger
(2) decimalinteger ::=  nonzerodigit digit* | "0"+
(3) nonzerodigit    ::=  "1"..."9"
(4) digit           ::=  "0"..."9"
(5) octinteger      ::=  "0" ("o" | "O") octdigit+
(6) hexinteger      ::=  "0" ("x" | "X") hexdigit+
(7) bininteger      ::=  "0" ("b" | "B") bindigit+
```

```
(8) octdigit         ::=  "0"..."7"
(9) hexdigit         ::=  digit | "a"..."f" | "A"..."F"
(10) bindigit        ::=  "0" | "1"
```

Diese Regeln beschreiben vollständig, wie Literale für ganze Zahlen aufgebaut sein müssen. Andere Darstellungen für ganze Zahlen gibt es nicht.

Ganze Zahlen können unter Verwendung verschiedener Zahlensysteme dargestellt werden, nämlich als Dezimalzahlen, Oktalzahlen, Hexadezimalzahlen oder Binärzahlen. Das ergibt sich aus Regel 1 des obigen Grammatik-Ausschnitts. Am Aussehen des Literals erkennt der Python-Interpreter, welches Zahlensystem zu Grunde liegt.

Eine *Dezimalzahl* ungleich null darf nicht mit einer führenden Null beginnen (Regel 2). Die Ziffernfolge 09 liefert eine Fehlermeldung, 0 und 000 dagegen sind erlaubt.

```
>>> 09
SyntaxError: invalid token
>>> 0
0
>>> a = 000
>>> a
0
```

Literale für *Oktalzahlen* bestehen aus den Ziffern 0 bis 7 und müssen mit der Ziffer 0 (nicht zu verwechseln mit dem großen Buchstaben O!) beginnen, gefolgt von einem kleinen o oder großen O und mindestens einer Oktalziffer 0...7 (Regeln 5 und 8). Beispiele für Oktalzahlen sind 0o123 und 0o071, *nicht* aber 0071 (zwei führende Nullen) oder 0o8 (8 ist keine Oktalziffer).

Das *Hexadezimalsystem* verwendet 16 Ziffern, die durch die üblichen Dezimalziffern 0 bis 9 und die sechs ersten Buchstaben des Alphabets dargestellt werden (Regel 9). Dabei repräsentiert A den numerischen Wert 10, B den Wert 11 usw. und schließlich F den Wert 15. Bei Python beginnen Hexadezimal-Literale mit dem Präfix 0x oder 0X, wobei das erste Zeichen wiederum die Ziffer null (und nicht der Buchstabe O) ist (Regel 6). Beispiele für Hexadezimalzahlen sind 0x10e3 oder 0XD423f2 oder 0x02345, nicht aber ox3F (Buchstabe o am Anfang).

Binärzahlen bestehen nur aus den Ziffern 0 und 1. Sie beginnen mit 0b oder 0B (Regel 7). Danach muss mindestens eine Binärziffer folgen. Gültige Binärzahlen sind zum Beispiel 0b01 und 0B111.

Im interaktiven Modus einer Python-Shell kann man sich die Dezimalwerte von Oktal- und Hexadezimalzahlen ausgeben lassen:

```
>>> 0o10
8
>>> 0x10
16
>>> 0b10
2
```

Vielleicht ist Ihnen aufgefallen, dass die Grammatik-Regeln für ganzzahlige Literale kein Vorzeichen enthalten. Numerische Literale (auch die für Gleitkommazahlen und imaginäre Zahlen) sind bei Python generell vorzeichenlos. Negative Zahlen wie `-123` werden formal durch einen Ausdruck dargestellt, der aus dem unären Operator »-« gefolgt von einem vorzeichenlosen Literal gebildet wird. *Unär* (im Unterschied zu *binär*) bedeutet, dass der Operator nur auf *einen* Operanden angewandt wird.

4.7 Gleitkommazahlen

Gleitkommazahlen sind Dezimalbrüche. Meist fasst man sie als Näherungen für rationale Zahlen (Brüche) auf. Man verwendet Gleitkommazahlen häufig für physikalische Messwerte (z.B. räumliche Länge, Geschwindigkeit, Stromstärke), die selbst ohnehin nur eine begrenzte Genauigkeit besitzen. Exaktes Rechnen ist mit Gleitkommazahlen im Allgemeinen nicht möglich. Literale für Gleitkommazahlen (`float`) werden gemäß folgender Grammatik gebildet:

```
floatnumber   ::= pointfloat | exponentfloat
pointfloat    ::= [intpart] fraction | intpart "."
exponentfloat ::= (intpart | pointfloat) exponent
intpart       ::= digit+
fraction      ::= "." digit+
exponent      ::= ("e" | "E") ["+" | "-"] digit+
```

Eine Gleitkommazahl kann als Dezimalbruch (`pointfloat`) oder in Exponentialschreibweise durch Angabe von Mantisse und Exponent (`exponentfloat`) dargestellt werden (Regel 1). Literale in Dezimalbruchschreibweise bestehen aus einer Ziffernfolge mit einem Punkt, der dem deutschen Komma entspricht.

Gültige Gleitkommazahlen sind `3.14` oder `.45` oder `0.23` oder `0.00012` oder `2.`, nicht aber `2` (Punkt fehlt).

Für rationale Zahlen, die sehr nahe bei null liegen oder sehr groß sind, wird die Exponentialschreibweise verwendet. Dabei wird die Zahl durch das Produkt einer rationalen Zahl `m` (Mantisse) mit einer Zehnerpotenz mit dem Exponenten `e` dargestellt:

```
z=m*10e
```

Ein Gleitkomma-Literal in Exponentialschreibweise (`exponentfloat`) besteht aus einem Dezimalbruch oder einer ganzen Zahl (ohne Punkt) für die Mantisse, gefolgt von dem Buchstaben `e` oder `E`, einem Vorzeichen (+ oder -), das bei positiven Exponenten auch weggelassen werden kann, und schließlich einer ganzen Zahl als Exponenten.

Gültige Literale sind:

`1.0e-10` entspricht der Zahl 0.0000000001

`2.1E+7` entspricht der Zahl 21000000

`.2e0` entspricht der Zahl 0.2

`001e2` entspricht der Zahl 100

Ungültig sind:

`0.1-E7` Minuszeichen vor dem `E`

`1.2e0.3` keine ganze Zahl als Exponent

`1E` keine Zahl als Exponent

Man beachte, dass mehrere führende Nullen erlaubt sind. Die Genauigkeit der internen Darstellung von Gleitkommazahlen ist auf eine feste Anzahl von Stellen begrenzt. Gibt man längere Ziffernfolgen ein, so werden die letzten Stellen einfach abgetrennt.

```
>>> 1.2345678901234567890
1.2345678901234567
```

4.8 Komplexe Zahlen

Komplexe Zahlen werden in der Mathematik als Summe aus einem Real- und einem Imaginärteil beschrieben:

```
c = a + b*i .
```

Dabei bezeichnet der Buchstabe `i` die Wurzel aus -1. Bei Python gibt es kein eigenes Literal für komplexe Zahlen, sondern nur für den Imaginärteil komplexer Zahlen. Für ihre Syntax gibt es die folgende Regel:

```
imagnumber ::= (floatnumber | intpart) ("j" | "J")
```

Das heißt, ein imaginäres Literal besteht aus einer ganzen Zahl oder Gleitkommazahl, der der Buchstabe `j` (oder `J`) angehängt ist.

Komplexe Zahlen werden als Summe einer ganzen oder Gleitkommazahl (Realteil) und einer imaginären Zahl geschrieben. Beispiele für korrekt geschriebene komplexe Zahlen sind:

```
10 + 0.3j
2.34 + 1.2e-3J
20j
```

Werfen wir noch einen Blick auf die interne Repräsentation komplexer Zahlen bei Python und geben im interaktiven Modus einige Ausdrücke ein, die komplexe Zahlen darstellen:

```
>>> 0 + 2j
2j
>>> 23 + 2j
(23+2j)
```

Man erkennt Folgendes:

- Wenn der Realteil gleich null ist, wird er weggelassen.
- Ansonsten werden komplexe Zahlen durch runde Klammern eingefasst.

4.9 Arithmetische Operatoren für Zahlen

Auf Zahlen können bei Python die üblichen arithmetischen Operationen angewendet werden, die man aus der Schulmathematik kennt. Lediglich die Schreibweise der Operatoren ist gelegentlich etwas anders als in der Mathematik. Tabelle 4.1 gibt einen Überblick.

Operator	Erläuterung	Beispielterm	Ergebnis
`**`	Potenz	`2 ** 3`	`8`
`-`	Negatives Vorzeichen (unär)	`-1`	`-1`
`+`	Positives Vorzeichen (unär)	`+1`	`1`
`*`	Multiplikation	`2.0 * 2`	`4.0`
`/`	Division	`3 / 2`	`1.5`
`//`	Ganzzahlige Division	`3 // 2`	`1`
`%`	Rest der ganzzahligen Division (modulo) – für komplexe Zahlen veraltet	`5 % 3`	`2`
`+`	Addition	`(2+2j) + (3+4.0j)`	`(5+6j)`
`-`	Subtraktion	`6.0 - (2+1j)`	`(4-1j)`

Tabelle 4.1: Arithmetische Operatoren

Sämtliche arithmetischen Operatoren können auf alle Zahlen-Typen angewendet werden. Allerdings ist die Modulo-Rechnung bei komplexen Zahlen veraltet und sollte nicht mehr verwendet werden.

Potenzen

Der Potenz-Operator `**` bildet die Potenz aus einer Basis (linker Operand) und dem Exponenten (rechter Operand).

```
>>> 2**3
8
```

Die Bindungen sind wie in der Mathematik: Der Potenz-Operator bindet nach links stärker als das Vorzeichen, aber nach rechts schwächer als das Vorzeichen des Exponenten. Das heißt, in dem Term `-2**-2` wird zuerst der Exponent berechnet (stärkere Bindung des Exponentenvorzeichens), dann die Potenz von 2 gebildet (stärkere Bindung des Potenz-Operators gegenüber dem linken Vorzeichen) und dann erst das linke Vorzeichen auf das Ergebnis angewendet. Will man negative Zahlen potenzieren, muss man Klammern verwenden. Beispiele:

```
>>> -2**-2
-0.25
>>> (-2)**-2
0.25
```

Basis und Exponent können beliebige numerische Objekte sein. Auch Gleitkommazahlen und komplexe Zahlen sind erlaubt. Allerdings kann von einer negativen ganzen Zahl oder Gleitkommazahl keine Potenz mit gebrochenem Exponenten gebildet werden.

```
>>> 2**0.5                    # Quadratwurzel aus 2
1.4142135623730951
>>> 2**(1+1j)
(1.5384778027279442+1.2779225526272695j)
```

Vorzeichenoperatoren

Ihnen wird aufgefallen sein, dass die Operatoren + und – zwei Mal in der Tabelle 4.1 auftauchen, nämlich als unäre und binäre Operatoren. Unäre Operationen besitzen nur einen einzigen Operanden, binäre dagegen zwei. Der unäre Minus-Operator kehrt das Vorzeichen des Operanden um, während der binäre Minus-Operator eine Subtraktion des rechten Operanden vom linken bewirkt.

Der unäre Plus-Operator + hat keine Wirkung, er belässt das Vorzeichen, wie es ist.

Die unären Vorzeichenoperatoren haben eine niedrigere Priorität als der Potenzoperator **, aber eine höhere Priorität als alle anderen arithmetischen Operatoren. So sind auch Termformulierungen erlaubt, in denen mehrere Plus- und Minuszeichen aufeinanderfolgen. Beispiele:

```
>>> -1+-3
-4
>>> 2++3
5
>>> ---1
-1
>>> -1**4 # entspricht -(1**4)
-1
```

Multiplikation

Im Unterschied zur Schreibweise in der Mathematik ist das Multiplikationssymbol ein Stern. Während man in mathematischen Termen den Multiplikationsoperator häufig weglässt, muss er in Python-Programmtext immer geschrieben werden:

```
>>> x = 1
>>> 2x
```

```
SyntaxError: invalid syntax
>>> 2*x
2
```

Division

Der Divisionsoperator / liefert den Quotienten zweier Zahlen. Das Ergebnis der Division ganzer Zahlen oder Gleitkommazahlen ist immer ein Objekt des Typs `float`. Das gilt auch, wenn (mathematisch gesehen) eine ganze Zahl herauskommt.

```
>>> 3 / 2
1.5
>>> 2 / 2
1.0
>>> 2.0 / 2
1.0
```

Ist unter den Operanden wenigstens eine komplexe Zahl, ist das Ergebnis auch ein Objekt vom Typ `complex`. Das gilt auch dann, wenn das mathematische Ergebnis eine reelle oder sogar eine ganze Zahl ist.

```
>>> 1j / 1j
(1+0j)
>>> (1+1j)/2
(0.5+0.5j)
```

Der Versuch einer Division durch null löst einen `ZeroDivisionError` aus.

Ganzzahlige Division

Die ganzzahlige Division mit dem Operator // (*floor division*) liefert den nach unten gerundeten ganzzahligen Quotienten zweier Zahlen.

```
>>> 3 // 2
1
>>> -1 // 2
-1
>>> 3.0 // 2
1.0
```

Das Ergebnis ist also immer eine ganze Zahl, aber der Typ kann unterschiedlich sein. Wenn beide Operanden vom Typ `int` sind, ist auch das Ergebnis vom Typ `int` (die ersten beiden Beispiele). Wenn einer der beiden Operanden vom Typ `float` ist, ist auch das Ergebnis vom Typ `float` (unteres Beispiel).

Modulo

In der Praxis wird die Modulo-Operation meistens bei ganzen Zahlen angewendet. In diesem Fall liefert der Modulo-Operator % den Rest der ganzzahligen Division des ersten Operanden durch den zweiten. Oder etwas mathematischer: a % b == c, wenn es eine Zahl d gibt mit a/b == d und a == d*b + c. Beispiele:

```
>>> 123 % 10                    # 123/10 == 12 Rest 3
3
>>> 5 % 2                       # 5 == 2*2 + 1
1
```

Eine typische Anwendung der Modulo-Operation ist die Zerlegung eines Geldbetrages in Münzen und Scheine. Dies muss z.B. ein Automat leisten können, der Wechselgeld herausgibt.

```
# Zerlegung eines Geldbetrages in Scheine und Münzen
geld = input("Geldbetrag in Euro: ")
geld = int(geld)
zwanziger = geld // 20
geld = geld % 20
zehner  =geld // 10
geld = geld % 10
fuenfer = geld // 5
geld = geld % 5
zweier = geld // 2
einer = geld % 2
print("Der Betrag setzt sich wie folgt zusammen:")
print(zwanziger, "mal 20 Euro")
print(zehner, "mal 10 Euro")
print(fuenfer, "mal 5 Euro")
print(zweier, "mal 2 Euro")
print(einer, "mal 1 Euro")
```

Protokoll eines Programmlaufs:

```
Geldbetrag in Euro: 98
Der Betrag setzt sich wie folgt zusammen:
4 mal 20 Euro
1 mal 10 Euro
1 mal 5 Euro
1 mal 2 Euro
1 mal 1 Euro
```

Python lässt auch Modulo-Rechnungen mit Gleitkommazahlen zu. Zum Beispiel ergibt `5.1%0.5` den Wert `0.1`, denn `5.1==10*0.5+0.1` (die Abweichung im unten stehenden Listing ergibt sich aus der Ungenauigkeit der internen Darstellung von Gleitkommazahlen). Das Ergebnis der Modulo-Operation ist immer kleiner als der zweite Operand.

```
>>> 5.1 % 0.5                    # 5.1 == 10*0.5 + 0.1
0.09999999999999645
```

Unterschiedliche Datentypen in einem arithmetischen Ausdruck

In einem arithmetischen Ausdruck können die Operanden ganze Zahlen, Gleitkommazahlen oder komplexe Zahlen sein. Dabei kann man unterschiedliche Datentypen kombinieren. Bei der Auswertung des Terms ermittelt der Python-Interpreter zunächst einen geeigneten Datentyp für das Ergebnis. Wenn ganze Zahlen und Gleitkommazahlen kombiniert werden, ist der Ergebnistyp `float`, auch wenn das Ergebnis – numerisch betrachtet – eine ganze Zahl ist. Das kann in manchen Fällen zu erheblichem Genauigkeitsverlust führen, wie das folgende Beispiel zeigt:

```
>>> 3**100                       # beide Operanden vom Typ int
515377520732011331036461129765621272702107522001
>>> 3.0**100                     # ein Operand vom Typ float
55.153775207320113e+47
```

Wenn ein Term nur ganze Zahlen (`int`) als Operanden und einen positiven Exponenten enthält, ist das Ergebnis auch eine ganze Zahl. Anders dagegen bei Potenzen mit negativem Exponenten:

```
>>> 2**-1                        # entspricht 1/2
0.5
```

Enthält ein Term ein Objekt vom Typ `complex` als Operanden, so ist das Ergebnis auch ein Objekt vom Typ `complex`, selbst dann, wenn der Imaginärteil gleich null ist:

```
>>> (1+1j)-1j
(1+0j)
>>> 2*(1+0j)
(2+0j)
```

Auch von einer negativen Zahl kann eine Potenz mit gebrochenem Exponenten berechnet werden. Das Ergebnis ist eine komplexe Zahl. Beispiel:

```
>>> (-1)**0.5
(6.123233995736766e-17+1j)
```

Priorität der Operatoren bei der Auswertung eines Ausdrucks

Bei komplexeren arithmetischen Ausdrücken ist es wichtig zu wissen, in welcher Reihenfolge die Operationen ausgeführt werden. In Tabelle 4.2 sind die arithmetischen Operatoren gemäß ihrer Priorität bei der Auswertung von Termen aufgelistet. Die Operatoren der ersten Zeile binden am stärksten. Das heißt, sie werden bei der Auswertung eines Terms durch den Python-Interpreter als erste verarbeitet.

Operator	Erläuterung
`**`	Potenz
`-x, +x`	Negatives und positives Vorzeichen (unär)
`*, /, //, %`	Multiplikation, Division, Rest (modulo)
`+, -`	Addition, Subtraktion

Tabelle 4.2: Arithmetische Operatoren in der Reihenfolge ihrer Priorität

Gleichrangige Operatoren in einem Term werden von links nach rechts angewendet. Wie in der Mathematik üblich werden Ausdrücke in Klammern `(...)` vorrangig ausgewertet. Abbildung 4.2 illustriert die Auswertung eines arithmetischen Ausdrucks durch den Python-Interpreter.

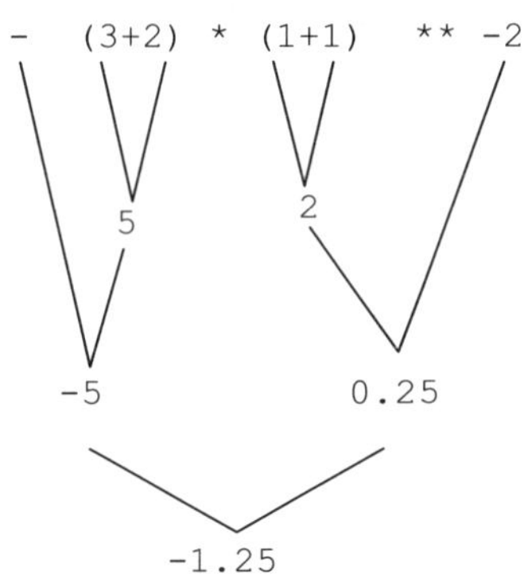

Abb. 4.2: Auswertung eines komplexen arithmetischen Ausdrucks

4.10 Sequenzen

Eine Sequenz ist eine Kollektion, in der eine Folge von Objekten zusammengefasst ist. Die Elemente einer Sequenz (man sagt auch Items) sind von 0 beginnend durchnummeriert. Die Nummer eines Sequenz-Items nennt man Index. Das erste Element der Sequenz hat also den Index 0, das zweite den Index 1 usw. Über den Index kann man auf ein einzelnes Element einer Sequenz zugreifen. Hat die Sequenz den Namen `s`, so ist `s[i]` der Name des `i`-ten Elements. Das letzte Element einer Sequenz hat zusätzlich den Namen `s[-1]`, das vorletzte `s[-2]` usw. (siehe Abbildung 4.3).

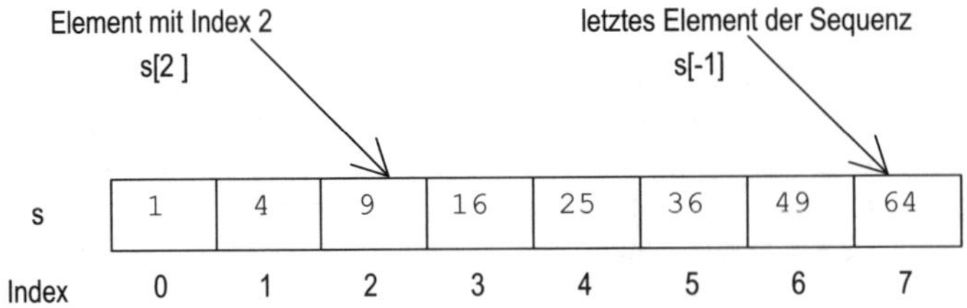

Abb. 4.3: Eine Sequenz

Sequenzen kennt man auch aus dem Alltag:

- Ein Haus kann man als Sequenz von Stockwerken betrachten.
- Im Periodensystem der Elemente (PSE) sind chemische Elemente nach ihrer Ordnungszahl aufgeführt. Das erste Element im PSE ist Wasserstoff mit der Ordnungszahl 1. Weiß man die Ordnungszahl, kann man im PSE eine Beschreibung des zugehörigen Elements finden.
- Das Gebiss eines Erwachsenen wird von Zahnärzten durch vier Sequenzen mit jeweils acht Elementen beschrieben.
- Die DNA (Träger der Erbinformation) wird als Sequenz von Basenpaaren modelliert.

Python unterscheidet mehrere Arten von Sequenzen: Strings, Bytestrings, Tupel und Listen.

4.10.1 Zeichenketten (Strings)

Zeichenketten sind Folgen von Zeichen aus einem Alphabet. Man bezeichnet sie auch als Strings. Beispiele für Zeichenketten-Literale sind

```
"Python" 'flying circus' "12345"
```

Bei Python sind die Zeichen Unicode-Zeichen, das heißt, insbesondere Sonderzeichen des deutschen Alphabets wie ä, ö, ü, ß sind erlaubt. Im Unicode-Standard (`http://www.unicode.org/`) sind (in Version 5.1) inzwischen mehr als 100.000 verschiedene Zeichen erfasst. Jedem Zeichen ist eine Nummer als vier- oder achtstellige Hexadezimalzahl (16 Bit bzw. 32 Bit) und ein Name eindeutig zugeordnet. Um für ein spezielles Zeichen die Unicode-Nummer zu finden, kann man im WWW in den offiziellen Code-Charts des Unicode-Konsortiums nachsehen (`http://www.unicode.org/charts/`). Teil des Unicode-Standards ist eine Datenbank mit allen Zeichen, die man über das Internet beziehen kann (`http://www.unicode.org/ucd/`).

Zeichenketten sind nicht änderbar. Das heißt, man kann aus einem String-Objekt keine Buchstaben einfügen, entfernen oder ändern.

Es gibt kurze und lange Zeichenketten.

Kurze Zeichenketten

Kurze Zeichenketten sind durch Hochkommata ' oder Anführungszeichen " eingerahmt. Sie müssen sich in *einer* (logischen) Programmzeile befinden. Eine kurze Zeichenkette enthält beliebig vielen Zeichen des ASCII-Zeichensatzes (Nummern bis 127) mit Ausnahme des Backslashs (\), des Newline-Zeichens und desjenigen Zeichens (Anführungszeichen oder Hochkomma), das wir zur Bildung des Strings verwendet haben. Das heißt: Wenn ein String in Hochkommata eingeschlossen ist, darf in ihm selbst kein Hochkomma, wohl aber ein Anführungszeichen vorkommen, und umgekehrt. Gültig sind folgende Literale für kurze Zeichenketten:

```
'Ein Typ beschreibt das "Was" - eine Klasse das "Wie"'
"Gut Ding' will Weile haben."
```

Ungültig dagegen ist:

```
'Gut Ding' will Weile haben.'
```

Lange Zeichenketten

Lange Zeichenketten können über mehrere Zeilen gehen. Sie werden durch drei hintereinandergestellte Anführungszeichen """ oder Hochkommata ''' eingeschlossen. Beispiel:

```
>>> """Die Ewigkeit dauert lange,
besonders gegen Ende. (Woody Allen)"""
'Die Ewigkeit dauert lange,\nbesonders gegen Ende. (Woody Allen)'
```

Das Beispiel zeigt, dass lange Zeichenketten von Python intern durch kurze Zeichenketten repräsentiert werden. Die Zeilenumbrüche werden durch die Zeichenkette \n codiert. Dabei handelt es sich um eine so genannte Escape-Sequenz. Escape-Sequenzen ermöglichen die Darstellung von Sonderzeichen und von Buchstaben, die man nicht auf der Tastatur findet. Escape-Sequenzen beginnen immer mit einem Backslash (\). Häufig braucht man die Unicode-Nummern für die Codierung spezieller Zeichen.

Escape-Sequenz	Erklärung	Beispiel
\\	Backslash in einem String	"Backslash\\" Backslash\
\'	Hochkomma in einem String	"\'Hochkomma\'" 'Hochkomma'
\"	Anführungszeichen in einem String	"\"Zitat\"" "Zitat"
\n	Zeilenumbruch (line feed)	"eins\nzwei" eins zwei
\N{Name}	Zeichen mit einem Namen aus der Unicode-Datenbank	"\N{CYRILLIC CAPITAL LETTER ZHE}"

Tabelle 4.3: Wichtige Escape-Sequenzen

Escape-Sequenz	Erklärung	Beispiel
`\t`	Horizontaler Tabulator	`"eins \t zwei"` `eins  zwei`
`\uxxxx`	Zeichen, dessen 16-Bit-Unicode-Nummer durch eine vierstellige Hexadezimalzahl *xxxx* angegeben wird	`"\u0416"`

Tabelle 4.3: Wichtige Escape-Sequenzen (Forts.)

In einem String-Literal sind spezielle Unicode-Zeichen durch Escape-Sequenzen codiert. Mithilfe von `print()` können Sie sich ihre Ansicht auf dem Bildschirm ausgeben lassen:

```
>>> print("\N{CYRILLIC CAPITAL LETTER ZHE}")
```

Ж

4.10.2 Bytestrings

Bytestrings sind Folgen von Zahlen zwischen 0 und 255. Diese Zahlen werden im Bytestring-Literal jedoch (möglichst) als ASCII-Zeichen dargestellt. Literale für Bytestrings sehen aus wie Strings, denen ein `b` oder `B` vorangestellt ist. Beispiele: `b'hallo'`, `B'a 123'`.

Mithilfe der Standardfunktion `bytes()` kann man aus einer Liste von Zahlen zwischen 0 und 255 einen Bytestring erzeugen. Beispiel:

```
>>> b = bytes([100, 101, 128, 129])
>>> b
b'de\x80\x81'
```

ASCII (American Standard Code for Information Interchange) codiert Buchstaben, Ziffern und Satzzeichen (insgesamt 95 druckbare Zeichen) durch Nummern zwischen 0 und 127. Wenn für eine Zahl kein ASCII-Zeichen existiert (z.B. 128, 129), erscheint an dieser Stelle im Bytestring eine Escape-Sequenz, die die Zahl als Hexadezimalzahl wiedergibt (80, 81 im obigen Beispiel)

Wie bei allen Sequenzen kann man auf einzelne Items eines Bytestrings zugreifen. Allerdings erhält man kein Zeichen, sondern eine ganze Zahl (Typ `int`):

```
>>> b = b'abcde'
>>> b[0]                    # erstes Item 'a'
97
```

Wie Strings sind auch Bytestrings unveränderbar.

4.10.3 Tupel

In einem Tupel sind mehrere Objekte eventuell unterschiedlicher Typen zu einem komplexen Objekt zusammengefasst. Von der Idee her wird bei einem Tupel die Modellierung der Struktur *eines* komplexen Einzelobjektes betont, während man bei einer Liste (zu der wir anschließend kommen) eher an die Aufzählung *vieler* Einzelobjekte denkt. Typische Tupel aus dem Alltag sind:

- Name und Geburtsdatum einer Person
- Beschreibung eines Punktes in einem dreidimensionalen Koordinatensystem als Tripel aus x-, y- und z-Komponente
- Adresse als Tupel mit fünf Elementen (Name, Straße, Hausnummer, Postleitzahl, Stadt)
- Beschreibung einer Farbe durch Angabe von Rot-, Grün- und Blaukomponente

Formal besteht ein Tupel bei Python aus einer Folge von Objekten eventuell unterschiedlicher Typen, die durch Komma getrennt sind. Sie können (aber müssen nicht) in runden Klammern stehen. Beispiele sind:

```
1, 2, 3
(1, 2, 3)
("Ampel", 3, ('rot', 'gelb', 'grün'))
(1,)
()
```

Das letzte Tupel ist ein leeres Tupel ohne ein einziges Element. Ein Tupel mit einem einzigen Element muss ein Komma enthalten, um von einem geklammerten Ausdruck unterschieden werden zu können.

```
>>> (1)                          # die Zahl 1 in Klammern
1
>>> (1,)                         # Tupel mit dem Element 1
(1,)
```

Wenn man ein Tupel erzeugt, kann man die Klammern auch weglassen.

```
>>> t = 1, 2, 3
>>> t
(1, 2, 3)
```

Anstatt die Elemente eines Tupels explizit zu nennen, kann man auch Variablen verwenden:

```
>>> anrede = 'Liebe Monika,'
>>> text = '\nalles Gute zum Geburtstag!'
>>> gruss = anrede, text
>>> print(gruss)
```

```
('Liebe Monika,', '\nalles Gute zum Geburtstag!')
>>> print(gruss[0], gruss[1])
Liebe Monika,
alles Gute zum Geburtstag!
```

4.10.4 Liste

Die Liste ist ein Datentyp, den man sehr gut aus dem Alltag kennt:

- Bestsellerliste des Buchhandels
- Die Hörercharts bei EinsLive, Hitparade, Top Twenty
- Abonnentenliste eines Zeitschriftenverlages

In einer Liste sind mehrere Objekte zusammengefasst. In der Praxis sind diese Objekte meistens vom gleichen Typ, sie müssen es aber nicht sein. Die Abonnentenliste eines Zeitschriftenverlages kann z.B. Privatpersonen oder Firmen enthalten. Typisches Merkmal einer Liste ist, dass sie sich ständig ändert. Ein Musiktitel kommt in die Hitparade, hält sich dort eine Weile und fliegt dann wieder heraus.

Kommen wir nun wieder zur Informatik. Eine Python-Liste entsteht, wenn man mehrere Literale durch Kommata getrennt in eckige Klammern schreibt.

```
>>> [1, 2, 3, 4, 5,]
[1, 2, 3, 4, 5]
>>> tageszeiten = ["Morgen", "Mittag", "Abend"]
>>> tageszeiten
['Morgen', 'Mittag', 'Abend']
>>> []
[]
```

Die letzte Liste enthält kein einziges Element, sie ist leer. Wie Tupel können auch Listen Objekte völlig unterschiedlicher Typen und Variablen enthalten:

```
>>> liste = ["Abend", 2, (1,2)]
>>> liste
['Abend', 2, (1, 2)]
```

Eine Liste kann andere Listen als Elemente enthalten. Man spricht dann von einer Multilisten-Struktur oder von verschachtelten Listen:

```
>>> s = [[1,2,3],[4,5,6],[7,8,9]]
>>> s
[[1, 2, 3], [4, 5, 6], [7, 8, 9]]
```

Das erste Element der Liste `s`, das den Namen `s[0]` besitzt, ist nicht etwa die Zahl `1`, sondern die Liste `[1, 2, 3]`.

```
>>> s[0]
[1, 2, 3]
```

Was ist der Unterschied zwischen Listen und Tupeln? Listen kann man verändern, Tupel aber nicht. Zum Beispiel können Sie an eine Liste ein neues Element anhängen.

```
>>> s = [1, 2, 3]
>>> s.append(4)
>>> s
[1, 2, 3, 4]
```

Das geht bei einem Tupel nicht, denn es ist unveränderbar.

4.10.5 Bytearray

Ein Bytearray ist eine Liste aus Zahlen zwischen 0 und 255. Sie erzeugen ein Bytearray mit der Standardfunktion `bytearray()`. Als Argument können Sie eine Liste mit Zahlen übergeben:

```
>>> b = bytearray([100, 101, 102, 104])
>>> b
bytearray(b'defh')
```

Das Literal für ein Bytearray beginnt mit `bytearray`. Dahinter steht in Klammern das Literal eines Bytestrings. Die Elemente des Bytearrays werden (wie beim Bytestring) nach Möglichkeit als ASCII-Zeichen dargestellt.

Ein Bytearray ist änderbar. Das ist der Unterschied zum Bytestring. Sie können z.B. ein Bytearray verlängern und einzelne Elemente überschreiben.

```
>>> b = bytearray([100, 101, 102, 104])
>>> b.append(105)
>>> b
bytearray(b'defhi')
>>> b[0] = 106
>>> b
bytearray(b'jefhi')
```

4.10.6 Einige Grundoperationen für Sequenzen

Zugriff auf Elemente

Man kann auf ein einzelnes Element zugreifen, indem man hinter dem Namen der Sequenz in eckigen Klammern den Index angibt. Beispiele:

```
>>> a = ('rot', 'gelb', 'grün')
>>> a[1]
```

```
'gelb'
>>> "Morgenrot"[0]
'M'
>>> primzahlen = [2, 3, 5, 7, 11, 13, 17]
>>> primzahlen[2]
5
```

Verwendet man negative Indexe, so wird von hinten gezählt. Ist `s` der Name einer Sequenz, so bezeichnet `s[-1]` das letzte Element, `s[-2]` das vorletzte usw.

```
>>> "Morgenrot"[-1]
't'
```

Konkatenation

Sequenzen gleichen Datentyps können konkateniert, das heißt aneinandergehängt werden. Als Konkatenationsoperator wird das Pluszeichen + verwendet. Beispiele:

```
>>> [1, 2, 3] + [4]
[1, 2, 3, 4]
>>> rot = ('Karo', 'Herz')
>>> schwarz = ('Pik', 'Kreuz')
>>> farben = schwarz + rot
>>> farben
('Pik', 'Kreuz', 'Karo', 'Herz')
```

Sequenzen unterschiedlicher Datentypen können nicht konkateniert werden. So kann ein String nicht an eine Liste angehängt werden.

```
>>> ['König', 'Dame'] + 'Bauer'
Traceback (most recent call last):
  File "<pyshell#11>", line 1, in ?
    ['König', 'Dame'] + 'Bauer'
TypeError: can only concatenate list (not "str") to list
```

Wenn man die Liste `['König', 'Dame']` um das Element `'Bauer'` erweitern will, kann man sie mit einer zweiten Liste konkatenieren, die den String `'Bauer'` als Element enthält:

```
>>> ['König', 'Dame'] + ['Bauer']
['König', 'Dame', 'Bauer']
```

Vervielfältigung

Mit Hilfe des Multiplikationsoperators * werden Sequenzen vervielfältigt. Seien `s` eine Sequenz beliebigen Typs und `i` eine nichtnegative ganze Zahl (Typ `int`). Dann liefern die Ausdrücke s * n und n * s eine neue Sequenz des gleichen Typs wie s, die durch n-maliges Aneinanderhängen der Sequenz s gebildet wird. Beispiele:

```
>>> 0*'Hallo'
''
>>> 3*'Hoch! '
'Hoch! Hoch! Hoch! '
>>> ('an', 'aus')*5
('an', 'aus', 'an', 'aus', 'an', 'aus', 'an', 'aus', 'an', 'aus')
>>> 3*[1]
[1, 1, 1]
```

Bestimmung der Länge einer Sequenz

Im Unterschied zu Zahlen besitzen Sequenzen eine Länge. Die Länge ist die Anzahl der Elemente einer Sequenz. Sie kann mit der Standardfunktion len() ermittelt werden.

```
>>> spruch = '''Das, wobei unsere Berechnungen versagen,
nennen wir Zufall. (Einstein) '''
>>> len(spruch)
70
>>> liste = [[1,2,3,4,5,6]] # Das einzige Element ist eine Liste
>>> len(liste)
1
>>> len('') # Eine leere Sequenz hat die Länge 0
0
>>> len ((1, 2, 3)) # Länge eines Tupels
3
>>> len(123)  # Zahlen haben keine Länge
Traceback (most recent call last):
  File "<pyshell#55>", line 1, in ?
    len(123)
TypeError: len() of unsized object
```

4.10.7 Veränderbare und unveränderbare Sequenzen

Tupel und Strings sind unveränderbare Sequenzen (immutable). Sie können zwar insgesamt gelöscht oder ersetzt werden, aber einzelne Elemente können nicht verändert werden.

```
>>> b = (1, 2)
>>> b[0] = 2     # Objekt kann nicht geändert werden
Traceback (most recent call last):
  File "<pyshell#38>", line 1, in ?
    b[0] = 2
TypeError: object doesn't support item assignment
```

Listen dagegen sind veränderbar (mutable). Beispiel:

```
>>> a = [1, 2]
>>> a[0] = 2      # Änderung des ersten Elementes der Liste
>>> a
[2, 2]
```

4.11 Mengen

Mengen sind ungeordnete Kollektionen ohne Duplikate. Im Alltag verwenden wir häufig das Mengenkonzept, um Objekte zu gruppieren. Wenn ich an *meine Freunde* denke, fasse ich in Gedanken eine Gruppe von Personen zu einer Menge zusammen. Eine Besonderheit gegenüber einer Sequenz ist, dass in einer Menge ein Objekt (Element) nur einmal vorkommen kann. Eine Person kann z.B. nicht zwei Mal mein Freund sein. Zweitens sind die Elemente einer Menge in keiner besonderen Reihenfolge. Sie besitzen keine Indizes, über die ich auf sie zugreifen kann. Ich habe z.B. keinen Freund Nummer 15. Gleichwohl kann man alle Elemente einer Menge aufzählen. Man sagt: Mengen sind iterierbar. Allerdings ist nicht vorherzusehen, in welcher Reihenfolge ein Iterator die Elemente einer Menge liefert. Wenn ich mehrmals hintereinander in Gedanken alle meine Freunde aufzähle, werde ich vermutlich jedes Mal eine etwas andere Reihenfolge wählen.

Python bietet zur Repräsentation von Mengen zwei Datentypen an: `set` und `frozenset`. Der Unterschied liegt darin, dass `frozenset`-Objekte nicht verändert werden können. Sie sind – wie der Name schon sagt – »eingefroren«. Eine Menge vom Typ `set` erzeugen Sie, indem Sie – wie in der Mathematik – die Elemente in geschweiften Klammern aufzählen:

```
>>> {1, 2, 3}
{1, 2, 3}
```

Oder Sie schreiben hinter das Wirt `set` in Klammern eine beliebige Kollektion (z.B. eine Liste). Analog definieren Sie `frozenset`-Objekte.

```
>>> set([1, 2, 1, 1])
{1, 2}
>>> set("abaac")
{'a', 'c', 'b'}
>>> frozenset([1, 2, 1, 1])
frozenset({1, 2})
```

Mit Mengen-Objekten kann man die aus der Mathematik üblichen Operationen ausführen, wie z.B. Vereinigung, Durchschnitt und Differenz. Hier einige Beispiele. Weitere Einzelheiten finden Sie in Kapitel 7.

```
>>> m1 = set('Einstein')
>>> m2 = set('Relativität')
```

```
>>> m1 & m2                            # Durchschnitt
{'i', 'e', 't'}
>>> m1 | m2                            # Vereinigung
{'a', 'e', 'i', 'l', 'n', 's', 'R', 't', 'v', 'E'}
>>> m1 - m2                            # Differenz
{'s', 'E', 'n'}
```

4.12 Dictionaries

In gewissem Sinne funktioniert ein Dictionary wie das menschliche Gedächtnis. Dictionary heißt auf Deutsch »Wörterbuch« und in der Tat ist die Art und Weise, wie Menschen Vokabeln aus dem Gedächtnis abrufen, eine gute Veranschaulichung dieses Datentyps. Wenn ich mich frage, was das englische Wort »moon« auf Deutsch heißt, gehe ich nicht in Gedanken meinen gesamten englischen Wortschatz durch, um irgendwann auf das Wort und seine Übersetzung zu stoßen. Vielmehr ist der Begriff »moon« in meinem Gedächtnis direkt mit dem Wort »Mond« assoziiert. Sofern ich die Vokabel beherrsche, weiß ich augenblicklich die Übersetzung.

Nach diesem Prinzip arbeitet ein Dictionary. Es besteht aus Paaren der Form `schlüssel:wert`, die – durch Kommata getrennt – zwischen zwei geschweiften Klammern stehen. Das folgende Beispiel zeigt ein Mini-Wörterbuch als Python-Dictionary:

```
>>> wörterbuch = {'sun':'Sonne', 'moon': 'Mond', 'star':'Stern'}
```

Zwischen den zwei Komponenten eines Paares steht ein Doppelpunkt. Der Ausdruck vor dem Doppelpunkt wird als Schlüssel (key) bezeichnet, der dahinter als Wert (value). Der Schlüssel ist gewissermaßen die Adresse des Wertes. Mit Hilfe des Schlüssels hat man direkten Zugriff auf das zugeordnete Datum. Man schreibt den Schlüssel in eckigen Klammern hinter den Namen des Dictionarys. Beispiel:

```
>>> wörterbuch['moon']
'Mond'
```

Dictionaries sind für die Programmierung mit Python so wichtig, dass diesem Datentyp ein eigenes Kapitel gewidmet ist (Kapitel 8).

4.13 Typumwandlungen

Probieren Sie das folgende interaktive Python-Skript aus:

```
x = input('x: ')
y = input('y: ')
summe = x + y
print('Summe: ', summe)
```

Ein Programmlauf könnte z.B. so aussehen:

```
x: 2
y: 3
Summe: 23
```

Es fällt auf, dass das Programm nicht die Summe der beiden eingegebenen Zahlen ausgibt, sondern die Konkatenation. Warum?

Die Funktion `input()` liefert eine Zeichenkette aus Zeichen, die der Benutzer über die Tastatur eingegeben hat. Den Variablen `x` und `y` werden also keine Zahlen, sondern Zeichenketten zugewiesen. In der dritten Zeile des Skripts wird folglich der Plusoperator auf Zeichenketten angewendet und bewirkt deshalb eine Konkatenation.

Wenn die Variable `summe` die (arithmetische) Summe zweier Zahlenwerte erhalten soll, müssen die Werte von `x` und `y` zunächst in Zahlen, z.B. Gleitkommazahlen, umgewandelt werden. Das folgende leicht abgewandelte Skript berechnet tatsächlich die Summe der eingegebenen Zahlen:

```
x = input('x: ')
y = input('y: ')
summe = float(x) + float(y)
print('Summe: ', summe)
```

Programmlauf:

```
x: 2
y: 3
Summe:  5.0
```

Hier wurde ein Aufruf von `float()` verwendet. Dieser Aufruf macht aus einer Zeichenkette, die von `input()` geliefert wird, eine Gleitkommazahl (Typ `float`).

Manchmal ist es notwendig, ein Objekt in ein Objekt anderen Typs, aber mit »sinngemäß« gleichem Wert zu überführen. Man spricht dann von einer Typumwandlung, obwohl dieser Begriff eigentlich irreführend ist. Denn der Typ eines Objektes kann nicht geändert werden. Tatsächlich wird immer ein neues Objekt mit neuem Typ generiert.

Sie können jeden Datentyp wie eine Funktion aufrufen und damit ein Objekt dieses Datentyps erzeugen. Als Argument kann in der Regel ein Objekt eines beliebigen Datentyps verwendet werden, sofern man es sinnvoll konvertieren kann.

4.13.1 int()

Der Aufruf `int(x)` erzeugt zu dem Argument `x` eine ganze Zahl (Typ `int`), sofern man `x` als ganze Zahl interpretieren kann. Gehen wir verschiedene Fälle durch:

Wenn das Argument `x` eine Gleitkommazahl ist, so wird die nächstkleinere ganze Zahl zurückgegeben:

```
>>> int(1.2)
1
>>> int(1.6)
1
```

Ist das Argument eine Zeichenkette, die eine ganze Zahl darstellt, so wird ein Objekt vom Typ `int` mit dem entsprechenden Wert zurückgegeben:

```
>>> int('1234567890')
1234567890
```

Bei Zeichenketten gibt es noch eine Besonderheit. Man kann als zweites Argument eine Zahlenbasis angeben. Der String wird dann als Zahl mit dieser Zahlenbasis interpretiert. Beispiel:

```
>>> int('1000100111', 2)
551
```

Hier wird die Zeichenkette aus Nullen und Einsen als Dualzahl interpretiert. Die Funktion `int()` gibt eine ganze Zahl (als Dezimalzahl) zurück.

Die Konvertierung in eine ganze Zahl funktioniert nur, wenn das übergebene Objekt tatsächlich eine ganze Zahl vom Typ `int` repräsentiert. Ein String, der nicht nur aus Ziffern besteht, führt zu einer Fehlermeldung. Nicht erlaubt sind z.B. folgende Aufrufe:

```
int('Maus')
int('1.23')
int('1 2 3')
```

4.13.2 float()

Mit `float()` konvertiert man einen String oder eine Zahl in eine Gleitkommazahl. Das Argument kann ein beliebiger Ausdruck sein, dessen Auswertung einen (nicht komplexen) numerischen Wert ergibt. Falls ein String als Argument verwendet wird, muss er eine geeignete Darstellung eines numerischen Literals enthalten. Beispiele:

```
>>> float('12000')
12000.0
>>> float ('1.0E-12')
1e-12
>>> float (1+2)
3.0
```

4.13.3 complex()

Komplexe Zahlen können nicht in einen anderen numerischen Typ (`int`, `long` oder `float`) konvertiert werden. Folgende Aufrufe führen zu Fehlermeldungen:

```
int(1+2j)
float(1+0j)
```

Umgekehrt kann aber jede Zahl in eine komplexe Zahl überführt werden:

```
>>> complex(1)
(1+0j)
>>> complex(1e10)
(10000000000+0j)
```

4.13.4 bool()

Der Aufruf `bool()` liefert zu einem beliebigen Objekt dessen Wahrheitswert in Form eines der Literale `True` oder `False`.

```
>>> bool()          # Wahrheitswert von None
False
>>> bool(123)       # Wahrheitswert einer Zahl ungleich 0
True
>>> bool(0)         # Wahrheitswert von null
False
>>> bool([])        # Wahrheitswert einer leeren Liste
False
>>> bool(2>1)       # Wahrheitswert eines Vergleichs
True
```

4.13.5 str()

Ein häufig vorkommender Anwendungsfall ist die Umwandlung einer Zahl in eine Zeichenkette (Typ `str`), die dann z.B. durch Konkatenation in einen größeren Text eingebaut wird.

```
zahl = input('Geben Sie eine Zahl ein: ')
quadrat = float(zahl) * float(zahl)
antwort = 'Das Quadrat von ' + zahl + ' ist ' + str(quadrat) + '.'
print(antwort)
```

Programmlauf:

```
Geben Sie eine Zahl ein: 2332.34
Das Quadrat von 2332.34 ist 5439809.8756.
```

Im Prinzip wird die Repräsentation des übergebenen Objektes nur in Hochkommata gesetzt. Somit kann wirklich jedes Objekt eines Standardtyps, auch eine Liste, ein Tupel oder `None` in eine Zeichenkette konvertiert werden.

```
>>> str([1,2,3])
'[1, 2, 3]'
>>> str (None)
'None'
```

4.13.6 dict(), list() und tuple()

Mit `dict()` kann eine Liste von Paaren in ein Dictionary konvertiert werden:

```
>>> dict ([(1, 'a'), (2, 'b')])
{1: 'a', 2: 'b'}
```

Der Aufruf `list()` kann jede Sequenz in eine Liste überführen:

```
>>> list('Buchstaben')
['B', 'u', 'c', 'h', 's', 't', 'a', 'b', 'e', 'n']
>>> list (((1, 2), ('a', 'b')))
[(1, 2), ('a', 'b')]
```

Ist das Argument ein Dictionary, wird eine Liste der Schlüssel geliefert:

```
>>> list({1: 'a', 2: 'b'})
[1, 2]
```

Der Typ `tuple()` arbeitet analog zu `list()`, nur wird jeweils ein Tupel zurückgegeben.

```
>>> tuple('***')
('*', '*', '*')
```

4.14 Aufgaben

Aufgabe 1

In einem Computer-Programm müssen konkrete oder gedankliche Objekte der Wirklichkeit durch »datentechnische« Objekte geeigneter Datentypen abgebildet werden. Geben Sie in der folgenden Tabelle zu jedem Objekt der Wirklichkeit einen passenden Python-Datentyp an. Manchmal sind mehrere Datentypen geeignet.

Wirklichkeit	Datentyp	Beispielliteral
Durchmesser von Atomen	Gleitkommazahl (`float`)	`0.00000000000123`
Pflanzenname		
Namen der Teilnehmer eines Wettlaufs		
Name, Vorname und Alter einer Person		
Name, Vorname und Alter der Teilnehmer eines Wettlaufs		
Spielstand in einem Fußballspiel (z.B. 1:0)		
Tabelle, in der zu Elementsymbolen (z.B. H) die englischen und deutschen Namen der chemischen Elemente vermerkt sind (z.B. hydrogen, Wasserstoff)		

Aufgabe 2

Welche der folgenden Zeichenfolgen sind keine gültigen Python-Literale?

```
2e+1j
1.000e-0.2
0o237
0o238
0x123
00x123
''zwei''
"Körpergröße"
b"Körpergröße"
00023e001
(1; 2; 3)
```

Aufgabe 3

Welche Ergebnisse liefert die Auswertung folgender Ausdrücke? Welche Ausdrücke sind ungültig?

```
10%7
1 + 1.0
5//2.0
3 * (1.0/2)
int('10')*0o2
int('10', 2)*2
0x10+0x20
```

```
(1, 2) + (3, 4)
[1, 2] + (3, 4)
[1, 2] + [(3, 4)]
'2' + '3'
(1, 2) + (3)
float(1//2)
str (2 + 3.0)
str(complex(1))
complex(2//3)
int(complex(1))
list(str(12345))
```

Aufgabe 4

Eine ISBN (International Standard Book Number) besteht aus zehn Ziffern

$$z_1z_2z_3z_4z_5z_6z_7z_8z_9z_{10}$$

Die letzte Ziffer z10 ist eine Prüfziffer. Sie berechnet sich wie folgt: Zuerst wird eine Art Quersumme nach folgender Formel gebildet:

$$s = 1*z_1 + 2*z_2 + 3*z_3 + 4*z_4 + 5*z_5 + 6*z_6 + 7*z_7 + 8*z_8 + 9*z_9$$

Die Prüfziffer z10 ist der Rest der ganzzahligen Division von s durch 11. Für den Rest 10 wird x oder X geschrieben.

Beispiel: Für die ISBN 3826604237 lautet die Prüfziffer 7.

Rechnung: 1*3+2*8+3*2+4*6+5*6+6*0+7*4+8*2+9*3=150
Der Rest der Division von 150 durch 11 ist 7.

Schreiben Sie ein Programm, das die Prüfziffer einer ISBN berechnet. Eingegeben wird eine neunstellige natürliche Zahl; ausgegeben wird die Prüfziffer als Zahl zwischen 0 und 10. Die Umwandlung der 10 in das Zeichen x braucht das Programm nicht vorzunehmen.

Aufgabe 5

Schreiben Sie ein Programm, das zunächst drei Musiktitel einliest und dann als »Charts« ausgibt.

Beispiel:

```
Bitte geben Sie die ersten Titel der Charts ein!
Titel: Ich brauch dich
Titel: Ohne dich bin ich verloren
Titel: Nur mit dir

Hier sind die ersten drei Titel der Charts:
```

```
Platz 1: Ich brauch dich
Platz 2: Ohne dich bin ich verloren
Platz 3: Nur mit dir
```

Hinweis: Bilden Sie aus den Titeln eine Liste. Gehen Sie von einer leeren Liste `[]` aus, die Sie bei jeder Eingabe verlängern.

4.15 Lösungen

Lösung 1

Wirklichkeit	Datentyp	Beispielliteral
Durchmesser von Atomen	Gleitkommazahl (`float`)	`0.00000000000123`
Pflanzennamen	Zeichenkette (`str`)	`'Tulpe'`
Namen der Teilnehmer eines Wettlaufs	Liste aus Zeichenketten (`list`) oder Menge (`set`)	`['Leonie', 'Stephanie', 'Alexandra']`
Name, Vorname und Alter einer Person	Tupel mit drei Objekten (`tuple`)	`('Heck','Mark', 23)`
Name, Vorname und Alter der Teilnehmer eines Wettlaufs	Liste von Tupeln (`list`)	`[('Heck','Mark', 23), ('Kurz', 'Elli', 21), ('Le', 'Tim', 19)]`
Spielstand in einem Fußballspiel (z.B. 1:0)	Tupel aus zwei ganzen Zahlen (`tuple`)	`(1,0)`
Tabelle, in der zu Elementsymbolen (z.B. H) die englischen und deutschen Namen der chemischen Elemente vermerkt sind (z.B. hydrogen, Wasserstoff)	Dictionary mit Symbolen als Schlüssel und Liste mit englischen und deutschen Namen als Wert	`{'H':['hydrogen', 'Wasserstoff'], 'O':['oxygen', 'Sauerstoff']}`

Lösung 2

Literal	Ergebnis
`2e+1j`	`20j` (imaginäres Literal)
`1.000e+0.2`	Ungültig, da Exponent keine ganze Zahl ist.
`0o237`	159 (Oktalzahl)
`0o238`	Ungültig, da 8 keine Oktalziffer ist.
`0x123`	291 (Hexadezimalzahl)
`00x123`	Ungültig, denn Literale für Hexadezimalzahlen dürfen nur eine führende Null besitzen.
`''zwei''`	Ungültig, denn vor und hinter zwei stehen jeweils zwei Hochkommata `''` (an Stelle eines doppelten Anführungszeichens ").

Literal	Ergebnis
`"Körpergröße"`	Gültig
`b"Körpergröße"`	Ungültig, weil ö und ß keine ASCII-Zeichen sind.
`00023e001`	`230.0` (Gültiges Literal vom Typ `float`. Mantisse und Exponent dürfen führende Nullen enthalten und werden als Dezimalzahlen interpretiert.)
`(1; 2; 3)`	Ungültig, weil in einem Tupel (runde Klammern) die Items durch Kommas getrennt werden müssen.

Lösung 3

Ausdruck	Ergebnis der Auswertung
`10%7`	3
`1 + 1.0`	`2.0` (Das Ergebnis ist vom Typ `float`.)
`5 // 2.0`	`2.0` (ganzzahlige Division, Ergebnistyp `float`)
`3 * (1.0/2)`	`1.5`
`int("10")*0o2`	20
`int("10", 2) * 2`	4 (die Zahl 10 wird als Binärzahl interpretiert)
`0x10 + 0x20`	48 (Hexadezimalzahl `0x30`)
`(1, 2) + (3, 4)`	`(1, 2, 3, 4)`
`[1, 2] + (3, 4)`	Ungültig, denn Sequenzen unterschiedlichen Typs können nicht konkateniert werden.
`[1, 2] + [(3, 4)]`	`[1, 2, (3, 4)]`
`'2' + '3'`	`'23'` (Konkatenation zweier Strings)
`(1, 2) + (3)`	Ungültig, weil `(3)` kein Tupel, sondern eine Zahl in Klammern ist; gültig ist der Ausdruck `(1, 2) + (3,)`.
`float(1//2)`	`0.0` (Ergebnis der ganzzahligen Division ist null.)
`str (2+3.0)`	`'5.0'`
`str(complex(1))`	`'(1+0j)'`
`complex(2//3)`	`0j`
`int(complex(1))`	Ungültig, da die komplexe Zahl, die von `complex(1)` zurückgegeben wird, nicht in eine ganze Zahl konvertiert werden kann.
`list(str(12345))`	`['1', '2', '3', '4', '5']`

Lösung 4

```
# isbn.py
# Berechnung der ISBN-Prüfziffer
eingabe = input("Geben Sie eine neunstellige ganze Zahl ein: ")
nummer = int(eingabe)
```

```
z9 = nummer%10
nummer = nummer//10
z8 = nummer%10
nummer = nummer//10
z7 = nummer%10
nummer = nummer//10
z6 = nummer%10
nummer = nummer//10
z5 = nummer%10
nummer = nummer//10
z4 = nummer%10
nummer = nummer//10
z3 = nummer%10
nummer = nummer//10
z2 = nummer%10
nummer = nummer//10
z1 = nummer
summe = z1+2*z2+3*z3+4*z4+5*z5+6*z6+7*z7+8*z8+9*z9
prüfziffer = summe%11
print("Prüfziffer:", prüfziffer)
```

Protokoll eines Programmlaufs:

```
Geben Sie eine neunstellige ganze Zahl ein: 382660423
Prüfziffer:  7
```

Lösung 5

```
# charts.py
print("Bitte geben Sie die ersten Titel der Charts ein!")
charts = []
titel = input("Titel: ")
charts += [titel]
titel = input("Titel: ")
charts += [titel]
titel = input("Titel: ")
charts += [titel]
print
print("Hier sind die ersten drei Titel der Charts:")
print("Platz 1:", charts[0])
print("Platz 2:", charts[1])
print("Platz 3:", charts[2])
print()  # leere Zeile
input("Ende mit <ENTER>")
```

Kapitel 5

Kontrollstrukturen

Durch Kontrollstrukturen wird festgelegt, in welcher Reihenfolge die Anweisungen eines Programms ausgeführt werden. Die einfachste Kontrollstruktur ist die Sequenz. Anweisungen, die hintereinander – oder sagen wir besser untereinander – aufgeschrieben sind, werden auch in dieser Reihenfolge abgearbeitet. Ein Programm, das nur aus einer einfachen Sequenz von Befehlen besteht, nennt man linear. Bisher sind Sie in den Programmbeispielen nur linearen Programmen begegnet. In diesem Kapitel werden weitere Kontrollstrukturen eingeführt, nämlich

- Programmverzweigungen (`if`, `if-else`, `if-elif`)
- Aufruf von Funktionen und Methoden
- Schleifen (`while`, `for`)
- Sprünge (`break`, `continue`)
- Abfangen von Ausnahmen (`try-except`)

Viele Kontrollstrukturen haben mit Bedingungen zu tun. Bedingungen sind logische Ausdrücke, die wahr oder falsch sein können. Eine bedingte Anweisung z.B. wird nur dann ausgeführt, wenn eine Bedingung erfüllt ist. In `while`-Schleifen bestimmen Bedingungen, wie oft eine Anweisung wiederholt werden soll. Deshalb beschäftigen wir uns zunächst mit der Formulierung von Bedingungen.

5.1 Einfache Bedingungen

Der Ausdruck `alter < 18` ist ein Beispiel für eine einfache Bedingung. Hier wird der Inhalt der Variablen `alter` mit dem Wert `18` verglichen. Ist der Wert von `alter` beispielsweise die Zahl `17`, ist die Bedingung erfüllt. Denn die Aussage `17 < 18` ist wahr.

5.1.1 Vergleiche

Typische Beispiele für einfache Bedingungen sind Vergleiche. Ein Vergleich ist im einfachsten Fall ein Ausdruck, der aus zwei Operanden (z.B. Zahlen) und einem Vergleichsoperator in der Mitte besteht.

Bei Python können auch Objekte unterschiedlicher Datentypen miteinander verglichen werden. Dies macht aber nur Sinn, wenn die Datentypen zueinanderpassen. Zum Beispiel kann man ganze Zahlen und Gleitkommazahlen miteinander vergleichen. Dagegen lässt sich eine Zahl nicht sinnvoll mit einer Zeichenkette vergleichen. Gehören zwei Objekte zu unvereinbaren Datentypen, so sind sie auf jeden Fall ungleich. Es kann allerdings nicht auf sinnvolle Weise entschieden werden, welches von beiden größer oder kleiner ist.

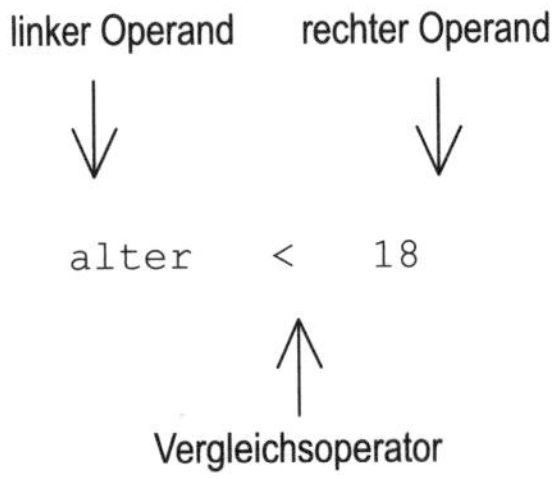

Operator	Erklärung	Beispiel	Wahrheitswert
<	kleiner	`10 < 20`	`True`
		`10 < 10`	`False`
<=	kleiner oder gleich	`10 <= 20`	`True`
		`10 <= 10`	`True`
>	größer	`5.0 > 5.0`	`False`
>=	größer oder gleich	`"alle" >= "alt"`	`False`
==	gleich	`"gleich" == "gleich"`	`True`
!=	ungleich	`2 != 3`	`True`
`is`	identisch	`2 is 2`	`True`
		`[1] is [1]`	`False`
`is not`	nicht identisch	`1 is not 2`	`True`

Tabelle 5.1: Vergleichsoperatoren bei Python

Will man mit Python testen, ob eine Bedingung erfüllt ist, gibt man sie im interaktiven Modus ein. Das System liefert den Wert `True`, falls die Aussage wahr ist, und `False`, falls sie falsch ist.

Beispiele:

```
>>> "Haus" == 2                 # Objekte unterschiedlichen Typs
False
>>> 2 < 3                       # Objekte gleichen Typs
True
>>> 0 == 0.0                    # gleiche Zahlen unterschiedlichen Typs
True
```

Wie in der Mathematik üblich können bei Python Vergleiche beliebig verkettet werden. Der Term `a<b<c` ist wohl geformt. Das unterscheidet Python von den meisten Programmiersprachen wie C, Java oder Pascal.

```
>>> 2 < 45 < 78
True
```

```
>>> 2 < 23 <= 10
False
```

Jeder Vergleichsoperator vergleicht die Werte zweier Objekte. Die Semantik des Vergleichs hängt vom Datentyp ab. Wir gehen im Folgenden davon aus, dass Objekte gleichen Typs miteinander verglichen werden.

Zahlen werden arithmetisch verglichen, wie man es aus der Mathematik gewohnt ist. Auf komplexe Zahlen können die Operatoren >, >=, < und <= nicht angewendet werden. Der Test auf Gleichheit ist aber möglich. Beispiel:

```
>>> 2 * (1+1j) == 2+2j
True
```

Zeichenketten werden gemäß der lexikografischen Ordnung verglichen. Das bedeutet Folgendes: Zuerst betrachtet man die ersten Buchstaben der beiden Strings. Wenn der erste String mit einem Zeichen beginnt, das im Alphabet vor dem ersten Zeichen des zweiten Strings kommt, ist der erste String kleiner.

```
>>> "abends" < "morgens"
True
```

Wenn die ersten Zeichen der beiden Strings gleich sind, vergleicht man die zweiten Zeichen. Liegt das zweite Zeichen des ersten Strings im Alphabet vor dem zweiten Zeichen des zweiten Strings, ist der erste String kleiner usw. Beispiel:

```
>>> "Aal" < "Achtung"
True
```

`"Aal"` ist kleiner als `"Achtung"`. Die beiden Worte beginnen mit `A`, aber der zweite Buchstabe von `"Aal"` ist `a` und liegt im Alphabet vor `c`.

Probieren Sie folgende Anweisung aus:

```
>>> "a" > "B"
True
```

Das heißt, `"a"` ist größer als `"B"`, obwohl doch `a` im Alphabet vor `B` kommt. Warum? Grundlage für die Ordnung der Buchstaben in einfachen Zeichenketten ist die Unicode-Nummerierung (siehe Anhang A). Unicode ordnet jedem Zeichen eine Nummer zu. Das Zeichen mit der kleineren Unicode-Nummer gilt als kleiner. Nun ist 66 die Unicode-Nummer von `B` und 97 die Nummer von `a`. Folglich liegt `a` hinter `B`.

Mit dem Operator `is` wird die Identität zweier Objekte verglichen. Identität ist nicht dasselbe wie Gleichheit. Zwei gleiche Objekte müssen nicht unbedingt identisch sein. Python ist in einem grundlegenden Sinne eine objektorientierte Sprache. Auch Literale, die Werte (Zahlen oder Strings) darstellen, sind Objekte, die eine Identität besitzen. Die Identität wird mit einer Nummer bezeichnet, die man mit der Funktion `id()` abfragen kann:

```
>>> id("Hallo")
45756512
>>> id(1)
505389048
```

Zwei gleiche Literale besitzen immer dieselbe Identität.

```
>>> 1 is 1
True
>>> "Hallo" is "Hallo"
True
```

Was bewirkt der `is`-Operator, wenn man als Operanden Namen (z.B. Variablennamen) verwendet? Namen bezeichnen Objekte. Mit dem `is`-Operator werden Namen dahingehend geprüft, ob sie ein und dasselbe Objekt bezeichnen.

```
>>> a = 1
>>> b = a                          # zweiter Name für dasselbe Objekt
>>> id(a)
7692256
>>> id(b)
7692256
>>> a is b
True
```

Das Beispiel zeigt, dass in den beiden ersten Zuweisungen die Namen `a` und `b` ein und demselben Objekt, nämlich der Zahl 1, zugeordnet werden (vgl. Abbildung 5.1 links).

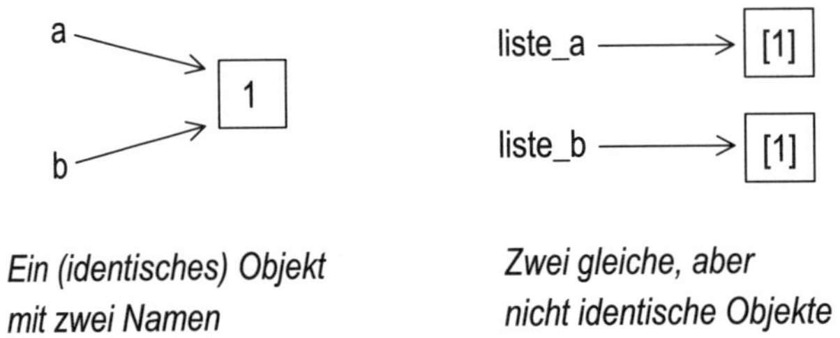

Abb. 5.1: Identität und Gleichheit

Gleiche Objekte müssen nicht identisch sein. Beispiel: Immer wenn eine Liste erzeugt wird, entsteht ein neues Objekt mit eigener individueller Identität, selbst wenn schon eine gleiche Liste existiert (vgl. Abbildung 5.1 rechts). Probieren Sie die nachfolgenden Anweisungen aus:

```
>>> liste_a = [1]
>>> liste_b = [1]
```

Die beiden Listen sind gleich, aber nicht identisch.

```
>>> id(liste_a)
11086816
>>> id(liste_b)
11092448
>>> liste_a == liste_b
True
>>> liste_a is liste_b
False
```

5.1.2 Zugehörigkeit zu einer Menge (in, not in)

Die Operatoren `in` und `not in` testen die Zugehörigkeit des ersten Operanden zu einer Menge (zweiter Operand). Eine Menge kann z.B. durch eine Liste repräsentiert werden. Die Elemente der Menge werden in eckigen Klammern, durch Kommata getrennt, aufgeführt. Beispiele:

```
>>> "Birne" in ["Apfel", "Birne", "Orange"]
True
>>> "Orange" not in ["Apfel", "Birne", "Orange"]
False
```

5.1.3 Beliebige Ausdrücke als Bedingungen

Bei Python besitzen Objekte und Ausdrücke immer einen Wahrheitswert. Numerische Objekte mit dem Wert null haben den Wahrheitswert FALSCH. Zahlen ungleich null sind WAHR. Alle Sequenzen (z.B. Zeichenketten oder Listen) besitzen den Wahrheitswert FALSCH, wenn sie leer sind, und WAHR, wenn sie nicht leer sind. Beispiele:

Ausdruck	Wahrheitswert	Erklärung
`127`	`True`	Zahl ungleich null
`0.0`	`False`	Zahl gleich null
`(1-2)*2`	`True`	Ausdruck ergibt einen Wert ungleich null.
`2-2`	`False`	Ausdruck ergibt null.
`"Nichts"`	`True`	Nichtleere Zeichenkette
`""`	`False`	Leere Zeichenkette
`[1, 2, 3]`	`True`	Nichtleere Liste
`[]`	`False`	Leere Liste
`[[]]`	`True`	Die Liste ist nicht leer. Sie enthält eine leere Liste als Element.

Tabelle 5.2: Wahrheitswerte verschiedener Ausdrücke

Weil jeder Ausdruck einen Wahrheitswert besitzt, kann man in einer bedingten Anweisung einen beliebigen Ausdruck als Bedingung verwenden. Insbesondere sind auch Variablennamen oder mathematische Terme gültige Bedingungen. Das entspricht zwar nicht dem üblichen mathematischen Verständnis, ist aber außerordentlich praktisch und ermöglicht kurze Programmtexte. Beispiele:

```
>>> a = 2
>>> if a:                           # wenn a ungleich null ist, ...
      print("Ungleich null")

Ungleich null

>>> wort = "Hallo"
>>> if wort:                        # wenn wort nicht leer ist, ...
      print("Er hat etwas gesagt")

Er hat etwas gesagt

>>> a = 9
>>> while a+1:                      # solange a+1 ungleich null ist, ...
print(a, end=" ")
a -= 1

9 8 7 6 5 4 3 2 1 0
```

5.2 Zusammengesetzte Bedingungen – logische Operatoren

Einfache Bedingungen können mithilfe folgender logischer Operatoren zu komplexen Bedingungen verknüpft werden.

`not`	Logisches NICHT, Negation
`and`	Logisches UND, Konjunktion
`or`	Logisches ODER, Disjunktion

Tabelle 5.3: Logische Operatoren

5.2.1 Negation (not)

Der Operator `not` kehrt den Wahrheitswert einer Aussage um. Aus TRUE wird FALSE und umgekehrt. Die Wirkung von `not` wird durch folgende Wahrheitstafel definiert:

a	not a
False	True
True	False

Tabelle 5.4: Wahrheitstafel für eine Negation

```
>>> not True
False
>>> not False
True >>>
not 1
False
>>> not 1 < 2
False
>>> not 1 is 1
False
```

Die letzten Beispiele zeigen, dass der `not`-Operator weniger stark bindet als Vergleichsoperatoren. Bei der Auswertung des Ausdrucks `not 1 < 2` wird zunächst der Vergleich `1 < 2` ausgewertet (Ergebnis: `True`) und dann der resultierende Wahrheitswert negiert (Ergebnis: `False`).

Die Negation kann bei Python auf beliebige Ausdrücke angewendet werden, weil jeder Ausdruck einen Wahrheitswert besitzt.

```
>>> not "Hallo"     # Zeichenkette mit Wahrheitswert wahr
False
>>> not ""          # leere Zeichenkette mit Wahrheitswert falsch
True
```

5.2.2 Konjunktion (and)

Die Verknüpfung zweier Aussagen durch den Operator `and` nennt man *Konjunktion*. Der Operator `and` liefert genau dann den Wahrheitswert WAHR, wenn beide Operanden WAHR sind. Dies wird in folgender Wahrheitstafel zum Ausdruck gebracht:

a	b	a and b
False	False	False
False	True	False
True	False	False
True	True	True

Tabelle 5.5: Wahrheitstafel für eine Konjunktion

Beispiele:

```
>>> False and True
False
>>> a = 2
>>> a > 0 and a < 3
True
```

Die Operanden können beliebige Ausdrücke sein, auch solche, die einen numerischen Wert oder eine Zeichenkette darstellen. Dies ist eine Besonderheit von Python gegenüber anderen Programmiersprachen.

Beim Ausdruck `a and b` wird zuerst `a` ausgewertet und der Wahrheitswert ermittelt. Ist `a` FALSCH (leerer String oder null), wird der Wert von `a` zurückgegeben, sonst wird `b` ausgewertet und der Wert von `b` zurückgegeben. Beispiele:

1. Der linke Operand ist FALSCH, also wird sein Wert zurückgegeben:

```
>>> "" and "Nichts"
''
>>> 0 and 100
0
```

2. Der linke Operand ist WAHR, also wird der Wert des rechten Operanden zurückgegeben:

```
>>> "Wochenend" and "Sonnenschein"
'Sonnenschein'
>>> 1 and 100
100
```

5.2.3 Disjunktion (or)

Eine Disjunktion ist die Verknüpfung zweier Aussagen durch ein logisches ODER (`or`). Der Operator `or` liefert dann den Wahrheitswert WAHR, wenn wenigstens einer der beiden Operanden den Wahrheitswert WAHR trägt.

a	b	a or b
False	False	False
False	True	True
True	False	True
True	True	True

Tabelle 5.6: Wahrheitstafel für eine Disjunktion

Beispiele:

```
>>> 1 == 1 or 1 != 1 # linker Operand wahr, rechter Operand falsch
True
>>> 2 == 3 or 2 == 4
False
```

Disjunktionen können bei Python mit beliebigen Ausdrücken gebildet werden. Beim Ausdruck a or b wird zuerst a ausgewertet und der Wahrheitswert ermittelt. Ist a WAHR, wird der Wert von a zurückgegeben, sonst wird b ausgewertet und der Wert von b zurückgegeben. Beispiele:

1. Der linke Operand ist WAHR, also wird sein Wert zurückgegeben:

```
>>> "Sekt" or "Selters"
'Sekt'
>>> 1 or 2
1
```

2. Der linke Operand ist FALSCH, also wird der Wert des rechten Operanden zurückgegeben:

```
>>> 0 or 100
100
```

Eine derartige Disjunktion kann z.B. verwendet werden, um eine Variable mit einem Default-Wert zu belegen, falls bei einer Input-Anweisung der Benutzer nichts eingibt.

```
>>> name = input("Name: ") or "unbekannt"
Name:
>>> print(name)
unbekannt
>>> name = input("Name: ") or "unbekannt"
Name: Sabine
>>> print(name)
Sabine
```

5.2.4 Formalisierung von Bedingungen

Bei einer Programmentwicklung müssen häufig umgangssprachlich formulierte Bedingungen durch einen logischen Ausdruck wiedergegeben werden. In der Regel kann man mehrere äquivalente logische Ausdrücke finden, die geeignet sind. Die folgende Tabelle enthält einige Beispiele:

Umgangssprachlich formulierte Bedingung	Logischer Ausdruck
Bedingung für ermäßigten Eintritt in den Zoo: Die Person ist höchstens 12 oder mindestens 65 Jahre alt.	`(alter <= 12) or (alter >= 65)`
	`not (12 < alter < 65)`
Der Stoff ist nicht brennbar und geht im Wasser unter.	`not brennbar and (dichte > 1)`

Tabelle 5.7: Formalisierung umgangssprachlich formulierter Bedingungen

5.2.5 Hinweis zum Programmierstil

Logische Operatoren haben bei Python eine schwächere Bindung als Vergleichsoperatoren. Damit kann man häufig auf Klammern verzichten. Dennoch: Klammern verbessern die Lesbarkeit komplexer logischer Ausdrücke. Die Operanden eines logischen Operators werden deutlicher herausgestellt und etwaige logische Fehler leichter erkennbar.

Wichtig

Statt `a < b or c > d` schreibt man besser `(a < b) or (c > d)`.

Statt `not a > b` schreibt man besser `not (a > b)`.

5.3 Programmverzweigungen (bedingte Anweisungen)

Bei einer Programmverzweigung wird eine einzelne Anweisung oder eine zusammenhängende Folge von Anweisungen in Abhängigkeit von einer Bedingung ausgeführt.

Verzweigungen werden durch `if`-Anweisungen realisiert. Eine `if`-Anweisung ist eine zusammengesetzte Anweisung, die normalerweise über mehrere Zeilen geht. Ihre Syntax wird durch folgende (leicht vereinfachte) Grammatik-Regel definiert:

```
if_anweisung ::= "if" bedingung ":" anweisungsblock
            ( "elif" bedingung ":" anweisungsblock )*
            ["else" ":" anweisungsblock]
```

Die Regel besagt Folgendes:

- Eine `if`-Anweisung beginnt immer mit dem Schlüsselwort `if`, gefolgt von einer Bedingung, einem Doppelpunkt und einem Anweisungsblock (`if`-Klausel). Das ergibt sich aus der ersten Zeile der rechten Seite der Regel.
- Danach folgen beliebig viele (eventuell auch gar keine) `elif`-Klauseln, die mit dem Schlüsselwort `elif` beginnen.
- Zum Schluss kann optional höchstens eine `else`-Klausel enthalten sein.

Die verschiedenen Formen von Programmverzweigungen, die man mit `if`-Anweisungen konstruieren kann, werden nun der Reihe nach beschrieben.

5.3.1 Einseitige Verzweigung (if)

Der einfachste Fall einer `if`-Anweisung ist eine einseitige Verzweigung. Es wird eine Folge von Anweisungen ausgeführt, falls eine bestimmte Bedingung erfüllt ist. Ist die Bedingung nicht erfüllt, so wird nichts getan. Typische Beispiele aus der »Algorithmik des Alltags« sind:

- Wenn die Windschutzscheiben vereist sind, kratze sie frei.
- Wenn es regnet, nimm den Schirm mit.

Abb. 5.2: Veranschaulichung einer einseitigen Verzweigung

Das Format für eine einfache `if`-Anweisung ist folgendes:

```
if bedingung:
    anweisungsblock
```

Nach dem Schlüsselwort `if` folgt eine Bedingung und ein Doppelpunkt. In der nächsten Zeile beginnt der Anweisungsblock, der ausgeführt wird, falls die Bedingung erfüllt ist. Alle Anweisungen des Blocks müssen um die gleiche Anzahl von Stellen eingerückt sein. Das folgende Beispielskript berechnet den Betrag einer eingegebenen Zahl `x`. Falls `x` negativ ist, wird das Vorzeichen umgekehrt.

```
x = float(input("Zahl: "))
if x < 0:
   x = -x
print("Betrag:", x)
```

5.3.2 Zweiseitige Verzweigung (if-else)

Eine zweiseitige Programmverzweigung wird durch eine `if`-Anweisung mit `else`-Klausel realisiert. Sie hat das folgende Format:

```
if bedingung:
    anweisungsblock 1
else:
    anweisungsblock 2
```

Falls die Bedingung erfüllt ist, wird der erste Anweisungsblock ausgeführt, anderenfalls (`else`) der zweite. Die Schlüsselwörter `if` und `else` sind um die gleiche Anzahl von Stellen eingerückt, das heißt, sie stehen genau untereinander, sonst gibt es einen Einrückungsfehler.

Abb. 5.3: Zweiseitige Verzweigung

Das folgende Python-Skript berechnet den Eintrittspreis für einen Zoobesuch. Beachten Sie, dass die `print()`-Anweisung in der letzten Zeile nicht mehr zum Anweisungsblock des `else`-Zweiges gehört. Sie ist nicht eingerückt und gehört deshalb zum gleichen Block wie die `if`-Anweisung. Das bedeutet, dass der Aufruf der `print()`-Funktion *nach* der `if`-Anweisung kommt und in jedem Fall ausgeführt wird.

```
alter = int(input("Alter: "))
if (alter <= 12) or (alter >= 65):
    eintritt = 3
else:
    eintritt = 5
print("Der Eintrittspreis beträgt für Sie", eintritt, "Euro.")
```

5.3.3 Mehrfache Fallunterscheidung (elif)

Häufig müssen mehr als zwei Fälle unterschieden werden. Nehmen wir als Beispiel die Berechnung des Preises für eine Theaterkarte. Der Preis richtet sich nach der Kategorie des Sitzplatzes. Nehmen wir an, es gäbe nur Loge, Parkett, Vorparkett und Rang. Dann sind vier Fälle zu unterscheiden. Ein Python-Skript zur Berechnung des Preises mit `if-else`-Anweisungen könnte so aussehen:

```
kategorie = input("Welche Platzkategorie (Loge, Parkett, Vorparkett,
Rang): ")
if kategorie == "Loge":
    preis = 50
else:
    if kategorie == "Parkett":
        preis = 37
```

```
    else:
        if kategorie == "Vorparkett":
            preis = 29
        else:
            preis = 20
print("Die Eintrittskarte kostet", preis, "Euro")
```

Das Skript enthält drei verschachtelte `if-else`-Anweisungen. Da immer wieder neue Anweisungsblöcke hinzukommen, wird der Programmtext immer stärker eingerückt. Bei komplexen Fallunterscheidungen (die keine Seltenheit sind) bekommt man bei diesem Verfahren irgendwann Platzprobleme.

Übersichtlicher wird es, wenn man `elif`-Klauseln verwendet. `elif` ist die Abkürzung für `else: if`. Das allgemeine Format einer `if`-Anweisung mit `elif`-Klauseln ist:

```
if bedingung1:
    anweisungsblock
elif bedingung2:
    anweisungsblock
elif bedingung3:
    anweisungsblock
...
[else:
    anweisungsblock]
```

Die `else`-Klausel am Ende ist optional. Der entscheidende Vorteil ist: Das Schlüsselwort `elif` hat den gleichen Einrückungsgrad wie das zugehörige `if`. Mit `elif` sieht das Skript zur Berechnung des Preises von Theaterkarten so aus:

```
kategorie = input("Welche Platzkategorie (Loge, Parkett, Vorparkett,
Rang): ")
if kategorie == "Loge":
    preis = 50
elif kategorie  =="Parkett":
    preis = 37
elif kategorie == "Vorparkett":
    preis = 29
else:
    preis = 20
print("Die Eintrittskarte kostet", preis, "Euro")
```

Eine spezielle Anweisung für mehrfache Fallunterscheidungen, wie etwa `switch` oder `case` bei Java, C oder Pascal, gibt es bei Python nicht.

5.3.4 Bedingte Ausdrücke

Manchmal hat man eine ganz einfache Fallunterscheidung. Stellen Sie sich folgende Situation vor: Eine Variable soll einen von zwei möglichen Werten erhalten, je nachdem ob eine bestimmte Bedingung erfüllt ist oder nicht. In einem solchen Fall können Sie anstelle einer `if-else`-Anweisung einen bedingten Ausdruck verwenden. Format:

```
wert_1 if bedingung else wert_2
```

Wenn die Bedingung erfüllt ist, liefert der Ausdruck den Wert *wert_1*, ansonsten *wert_2*. Hier ein Beispiel:

```
>>> import time
>>> stunde = time.localtime().tm_hour # Zahl zwischen 0 und 23
>>> stunde
11
>>> gruss = "Guten Morgen" if stunde < 12 else "Guten Tag"
>>> print(gruss)
Guten Morgen.
```

Der Variablen `gruss` wird – je nach Tageszeit – entweder der String `Guten Morgen` oder der String `Guten Tag` zugewiesen. Eine solche Konstruktion ist kürzer als eine `if-else`-Anweisung.

5.4 Bedingte Wiederholung (while)

Bei einer bedingten Wiederholung wird eine Anweisung oder Anweisungsfolge so lange wiederholt, wie eine Bedingung erfüllt ist. Typische Beispiele aus dem Alltag sind:

- Solange du durstig bist, trink.
- Solange das Auto langsamer als 50 km/h ist, gib Gas.
- Solange noch Geschirr schmutzig ist, spüle.

Eine bedingte Wiederholung kann man sich als Schleife vorstellen, die mehrmals (eventuell auch gar nicht) durchlaufen wird (siehe Abbildung 5.4). Die Anweisungen, die wiederholt werden, nennt man auch das *Innere der Schleife* oder das *Schleifeninnere*.

Abb. 5.4: Wiederholung (Schleife)

Bedingte Schleifen werden in Python durch `while`-Anweisungen implementiert. Eine `while`-Anweisung hat meist folgendes Format:

```
while Bedingung:
    anweisungsblock
```

Hinter dem Schlüsselwort `while` steht ein Ausdruck, der die Bedingung darstellt, gefolgt von einem Doppelpunkt. In den folgenden Zeilen stehen die Anweisungen, die wiederholt werden sollen – das Schleifeninnere. Sie müssen um die gleiche Anzahl von Stellen eingerückt sein, damit sie der Interpreter als zusammengehörigen Block erkennt.

Im folgenden Python-Programm kann der Benutzer bestimmen, wie viele Quaderberechnungen er durchführen will. Erst wenn er auf die Frage »Noch einmal?« mit etwas anderem als `"j"` antwortet, wird die Schleife verlassen.:

```
# quaderberechnung.py
print("Berechnung des Volumens eines Quaders")
antwort = 'j'
while antwort == 'j':
    l = input("Länge in cm: "))
    b = input("Breite in cm: ")
    h = input("Höhe in cm:")
    volumen = float(l) * float(b) * float(h)
    print("Das Volumen ist", volumen, "ccm.")
    antwort = input("Noch einmal? (j, n) ")
print("Vielen Dank für die Benutzung dieses Programms.")
```

5.4.1 Endlosschleifen

Vielleicht war es Homer, der zum ersten Mal von einer Endlosschleife berichtete: Die Götter hatten Sisyphos dazu verurteilt, unablässig einen Felsbrocken einen Berg hinaufzuwälzen, von dessen Gipfel er jedes Mal wieder herunterrollte. Eine solche niemals endende Wiederholung ist offenbar schon seit Jahrtausenden ein Albtraum der Menschheit. Bei der Programmierung einer `while`-Schleife tritt sie dann auf, wenn die Schleifenbedingung *immer* erfüllt ist.

```
>>> while True: print("endlos",end="")
```

In diesem Beispiel ist die Bedingung der konstante Wert `True`, der den Wahrheitswert WAHR repräsentiert. Da die Bedingung niemals falsch wird, läuft das Skript ewig. Das Programm kann in der IDLE-Shell auf zwei Weisen abgebrochen werden:

- Sie versuchen, das Shell-Fenster durch Klick auf das Kreuz oben rechts in der Ecke zu schließen. Das System teilt Ihnen mit, dass das Programm noch läuft, und fragt, ob Sie den Prozess töten wollen, worauf Sie mit »ja« antworten.
- Sie lösen durch die Tastenkombination [Strg]+[C] einen `KeyboardInterrupt` aus, der das Programm abbricht.

Endlosschleifen entstehen manchmal versehentlich auf Grund eines Programmierfehlers. Fatal ist es, wenn Variablen, die in der Bedingung vorkommen, im Innern der Schleife gar nicht verändert werden. In diesem Fall kann sich die Bedingung nicht ändern, insbesondere kann sie nicht falsch werden. Meist ist ein Schreibfehler die Ursache. Wenn Sie in Ihrem Programm eine Endlosschleife haben, sollten Sie zunächst überprüfen, ob die Variablen, die in der Bedingung enthalten sind, im Schleifeninneren tatsächlich auch vorkommen und verändert werden.

Eine »Falle«, die zu Endlosschleifen führen kann, ist der Test auf Gleichheit bei Gleitkommazahlen. Im folgenden Beispiel bricht die Wiederholung erst ab, wenn der Wert der Variablen `zahl` gleich null ist. Das ist aber niemals der Fall. Das Problem ist, dass Gleitkommazahlen meist nicht exakt sind. Die Gleitkomma-Null ist eben nicht genau gleich null.

```
zahl = 1.0
while zahl != 0:
    print(zahl, end=" ")
    zahl = zahl - 0.2
```

Programmlauf:

```
1.0 0.8 0.6 0.4 0.2 5.55111512313e-017 -0.2
```

usw.

Endlosschleifen können – zum Beispiel in Kombination mit `break`-Anweisungen – bewusst als »algorithmischer Kniff« eingesetzt werden. Im folgenden Beispiel wird so lange eine Benutzereingabe eingefordert, bis eine Zahl zwischen 1 und 10 eingegeben worden ist:

```
print("Bitte geben Sie eine Zahl zwischen 1 und 10 ein.")
while True:
    zahl = int(input("Zahl: "))
    if 1 <= zahl <= 10:
        break                   # Zahl ist in Ordnung
    else:
        print("Die Zahl muss zwischen 1 und 10 liegen.")
print("Danke für die Zahl.")
```

Programmlauf:

```
Bitte geben Sie eine Zahl zwischen 1 und 10 ein.
Zahl: 12
Die Zahl muss zwischen 1 und 10 liegen.
Zahl: 4
Danke für die Zahl.
```

5.5 Iteration über eine Kollektion (for)

Bei einer `while`-Schleife wird vor jedem Durchlauf eine Bedingung geprüft und dann ad hoc entschieden, ob die Schleife abgebrochen oder fortgesetzt wird.

Manchmal möchte man eine Anweisungsfolge auf alle Elemente einer Kollektion (z.B. Liste oder Menge) anwenden. Man spricht dann von einer *Iteration über eine Kollektion.*

Solche Iterationen kennt man aus dem Alltag:

Iteration	(wiederholte) Anweisung	Kollektion
Iss alle Kekse in der Keksdose.	Iss Keks	Kekse in der Keksdose
Gib jedem Gast der Party einen Begrüßungsdrink.	Gib Begrüßungsdrink	Gäste der Party
Zähle laut von eins bis zehn.	Nenne aktuelle Zahl	[1, 2, 3, 4, 5, 6, 7, 8, 9, 10]
Rufe drei Mal »Hurra!«	Rufe »Hurra!«	[1, 2, 3]

Tabelle 5.8: Iterationen über Kollektionen in der Alltagsalgorithmik

Iteration leitet sich von dem lateinischen Wort *iteratio* (Wiederholung) ab. Darin steckt das Wort *iter,* was so viel wie Gang oder Marsch bedeutet. Man kann sich bildlich vorstellen, dass man von vorne nach hinten durch eine Sequenz »marschiert« und bei jedem Element denselben Anweisungsblock ausführt.

Eine Iteration über die Elemente einer Sequenz wird in Python durch eine `for`-Anweisung bewerkstelligt. Sie hat in einfachen Fällen folgendes Format:

```
for element in kollektion:
    anweisungsblock
```

Dabei ist *`element`* ein Name für das aktuelle Element der Iterationskollektion, also das Objekt, bei dem man sich auf dem »Marsch« durch die Kollektion gerade befindet. Der Anweisungsblock, der dem Doppelpunkt folgt und der wiederholt ausgeführt werden soll, muss eingerückt sein. Als Kollektion können unterschiedliche Objekte verwendet werden, insbesondere:

- eine Liste, z.B. `[1, 2, 3, 4, 5]`
- ein Tupel, z.B. `("rot", "gelb", "grün")`
- eine Zeichenkette, z.B. `"Raum"`
- eine Menge, z.B. `set([1, 2, 3])`

Es folgen einige Beispiele für `for`-Anweisungen mit unterschiedlichen Iterationskollektionen. Sie können im interaktiven Modus eingegeben werden. Unter der Anweisung erscheint dann direkt die Ausgabe des Python-Laufzeitsystems.

```
>>> for i in [1, 2, 3, 4, 5]:
        print(i*i, end=" ")
1 4 9 16 25

>>> for farbe in ("rot", "gelb", "grün"):
        print(farbe, end=" ")
rot gelb grün

>>> for c in "Raum":
        print(c, end="      ")
R      a      u      m
```

5.5.1 Zählschleifen – Verwendung von range()

Hilfreich für die Formulierung vieler Iterationen ist die `range()`-Funktion. Der Aufruf `range(n)` erzeugt ein spezielles `range`-Objekt, das eine Folge ganzer Zahlen von 0 bis `n-1` repräsentiert. Mittels `range(n)` können `n` Wiederholungen einer Anweisung definiert werden:

```
>>> for i in range(3):
        print("Hurra!")
Hurra!
Hurra!
Hurra!
```

Bei einer Iteration der Form

```
for i in range(n):
    anweisungsblock
```

verhält sich die Variable `i` wie ein Zähler. Sie erhält zuerst den Wert 0 und nach jedem Schleifendurchlauf wird ihr Inhalt um 1 erhöht, bis schließlich die Zahl `n-1` erreicht ist. Eine solche Konstruktion nennt man auch Zählschleife oder Laufanweisung. In der folgenden Zählschleife werden die Quadrate der Zahlen 0 bis 5 aufgezählt:

```
>>> for i in range(6):
        print(i*i, end=" ")

0 1 4 9 16 25
```

Die Funktion `range()` kann auch mit zwei Argumenten verwendet werden. Durch den Aufruf `range(`*`start`*`, `*`stop`*`)` wird eine Zahlenfolge (`range`-Objekt) mit allen ganzen Zahlen zwischen *`start`* und *`stop-1`* erzeugt. Die folgende Iteration schreibt alle Unicode-Zeichen mit Nummern zwischen 32 und 127 auf den Bildschirm:

```
>>> for i in range(32, 128):
    print(chr(i), end=" ")

  ! " # $ % & ' ( ) * + , - . / 0 1 2 3 4 5 6 7 8 9 : ; <= > ? @ A B C
D E F G H I J K L M N O P Q R S T U V W X Y Z [ \ ] ^ _ ` a b c d e f g
h i j k l m n o p q r s t u v w x y z { | } ~ -
```

Beachten Sie, dass das erste Zeichen mit Nummer 32 ein Leerzeichen ist.

Ruft man die Funktion `range(`*`start, stop, step`*`)` mit drei Argumenten auf, so gibt das letzte Argument die Differenz zwischen einer Zahl und der folgenden Zahl der erzeugten Liste an (Schrittweite). Die folgende Zählschleife gibt gerade Zahlen aus:

```
>>> for i in range(-6,6,2): print(i, end=" ")
-6 -4 -2 0 2 4
```

Bei negativer Schrittweite fallen die Werte in der Liste. Beispiel:

```
>>> for i in range(10, 0, -1): print(i, end=" ")
10 9 8 7 6 5 4 3 2 1
```

5.5.2 Verschachtelte Iterationen

Im Anweisungsblock einer Iteration kann wiederum eine Iteration vorkommen. Man spricht dann von verschachtelten Iterationen. Auf diese Weise können sehr komplexe (und manchmal schwer durchschaubare) Strukturen aufgebaut werden. Ein Anwendungsbeispiel ist das Testen eines logischen Schaltnetzes. Abbildung 5.5 zeigt ein Beispiel eines Schaltnetzes, das aus einem AND-Gatter und einem OR-Gatter besteht.

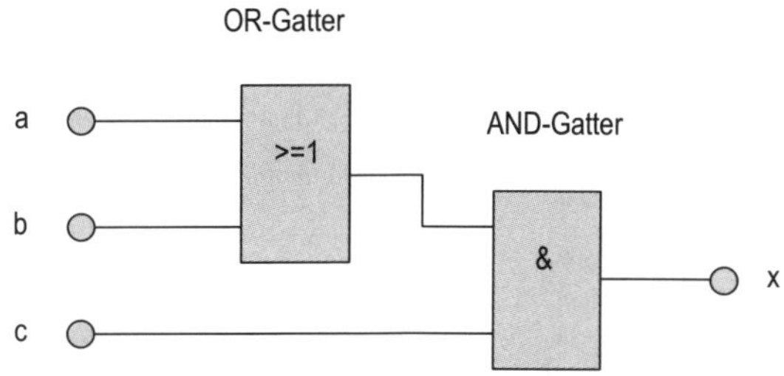

Abb. 5.5: Schaltnetz

Jedes der Eingangssignale `a`, `b`, `c` und das Ausgangssignal `x` kann die Werte `0` oder `1` entsprechend den Wahrheitswerten FALSCH und WAHR annehmen. Die Eingänge und der Ausgang können durch Variablen repräsentiert werden. Der Wert des Ausgangssignals berechnet sich nach folgender aussagenlogischer Formel:

```
x = (a or b) and c
```

Das folgende Skript gibt nun für jede denkbare Belegung der Eingangsvariablen a, b, c den logischen Wert der Ausgangsvariablen x an.

```
# Belegungen einer aussagenlogischen Formel
print("a b c  (a or b) and c")    # Überschrift
print("---------------------")
for a in [0, 1]:
    for b in [0, 1]:
        for c in [0, 1]:
            x = (a or b) and c
            print(a, b, c, "   ", int(x))
```

Ausgabe:

```
a b c  (a or b) and c
---------------------
0 0 0     0
0 0 1     0
0 1 0     0
0 1 1     1
1 0 0     0
1 0 1     1
1 1 0     0
1 1 1     1
```

Mit zwei verschachtelten Zählschleifen können Sie systematisch alle Paare aus den Zahlen 0 bis 3 aufzählen lassen. Die allein stehende `print()`-Anweisung am Ende der äußeren Schleife (**#1**) bewirkt, dass beim nächsten Durchlauf eine neue Zeile begonnen wird.

```
for i in range(4):
    for j in range(4):
        print((i,j), end=" ")
    print()                                          #1
```

Ausgabe:

```
(0, 0) (0, 1) (0, 2) (0, 3)
(1, 0) (1, 1) (1, 2) (1, 3)
(2, 0) (2, 1) (2, 2) (2, 3)
(3, 0) (3, 1) (3, 2) (3, 3)
```

5.5.3 Vertiefung: Iterative Berechnung rekursiver Folgen

Iterationen werden häufig verwendet, um Zahlenfolgen zu berechnen, z.B. die Folge aller Quadratzahlen oder Fibonacci-Zahlen. Bei einer rekursiven Folge wird ein Folgenglied mithilfe vorhergehender Folgenglieder berechnet. Ein berühmtes Beispiel ist die Fibonacci-Folge. Sie wurde von Leonardo Fibonacci aus Pisa entdeckt und in seinem Buch »Liber Abaci« im Jahre 1202 veröffentlicht. Die Folge wird folgendermaßen definiert:

$$a_1 = 1$$
$$a_2 = 1$$
$$a_n = a_{n-2} + a_{n-1} \quad \text{für } n >= 2$$

Diese Folge beschreibt übrigens die Vermehrung von Kaninchen unter idealisierten Bedingungen.

Mit einer `for`-Schleife kann die Fibonacci-Folge berechnet werden. Die Hauptidee ist folgende: In zwei Variablen `a2` und `a1` werden die vorhergehenden Folgenglieder a_{n-2} und a_{n-1} gespeichert, die zur Berechnung von a_n benötigt werden.

```
# Fibonacci-Folge
a1 = 1
a2 = 1
print("Die ersten 20 Zahlen der Fibonacci-Folge:")
print(a1, a2, end=" ")
for i in range (18):
    a = a1 + a2
    print(a, end=" ")
    a1, a2 = a2, a                                          #1
```

Protokoll eines Programmlaufs:

```
Die ersten 20 Zahlen der Fibonacci-Folge:
1 1 2 3 5 8 13 21 34 55 89 144 233 377 610 987 1597 2584 4181 6765
```

In Zeile **#1** werden die Variablen `a2` und `a1` aktualisiert, das heißt, sie erhalten die Werte, die für den nächsten Schleifendurchlauf benötigt werden. Hier zeigt sich eine Stärke von Python gegenüber anderen Programmiersprachen. Denn die Aktualisierung beider Variablen kann in einer einzigen Zuweisung geschehen.

5.6 Abbruch einer Schleife mit break

Die Anweisung `break` beendet die Ausführung einer Schleife komplett. Betrachten wir ein Beispielskript, das prüft, ob eine Zahl `n` eine Primzahl ist.

```
n = int(input("Zahl: "))
for i in range(2, n):
    if n%i == 0:              # n ist durch i teilbar
        print(n, "==", i, "*", n//i)
        break
if i == n-1:                                                    #1
    print(n, "ist eine Primzahl")
```

Protokoll zweier Programmläufe:

```
Zahl: 17
17 ist eine Primzahl
Zahl: 25
25 == 5 * 5
```

Sobald ein Teiler `i` für die Zahl `n` gefunden worden ist (dann ist `n%i == 0`), wird die Ausführung der Schleife abgebrochen. Anschließend wird die nächste Anweisung **#1** ausgeführt.

In der `if`-Anweisung **#1** wird getestet, ob die Schleife vollständig, d.h. bis zum letzten Element `n-1` der Iterationssequenz `[2,3, ..., n-1]` durchlaufen worden ist. Ist das der Fall, wurde kein Teiler für `n` gefunden, es handelte sich also um eine Primzahl.

Eleganter formuliert man das Skript mit einer `else`-Klausel. Schleifen (`for`- und `while`-Anweisungen) können optional eine `else`-Klausel enthalten, die nur dann ausgeführt wird, wenn die Schleife nicht mit `break` abgebrochen worden ist. Das Skript für den Primzahltest lautet dann:

```
n = int(input("Zahl:"))
for i in range(2, n):
    if n%i == 0:
        print(n, "==", i, "*", n//i)
        break
else:
    print(n, "ist eine Primzahl")
```

5.6.1 Abbruch eines Schleifendurchlaufs mit continue

Die Anweisung `continue` bewirkt den vorzeitigen Abbruch des aktuellen Schleifendurchlaufs. Es wird ein neuer Durchlauf begonnen, sofern nicht

- (bei `for`-Anweisungen) die Iterationssequenz bereits erschöpft ist
- (bei `while`-Anweisungen) die Schleifenbedingung nicht mehr erfüllt ist

Das folgende Beispielskript berechnet die Anzahl der Konsonanten in einem Wort:

```
wort = input("Wort: ")
anzahl = 0
```

```
for c in wort:
    if c in 'aeiouAEIOU':
        continue
    anzahl = anzahl + 1
print("Das Wort enthält", anzahl, "Konsonanten.")
```

Protokoll eines Programmlaufs:

```
Wort: Mensch
Das Wort enthält 5 Konsonanten.
```

5.7 Abfangen von Ausnahmen mit try

Bei folgender Anweisung gibt es ein Problem:

```
zahl = int(input ("Bitte geben Sie eine ganze Zahl ein: "))
```

Während des Programmlaufs kann es nämlich zu einer Fehlersituation kommen:

```
Bitte geben Sie eine ganze Zahl ein: eins
Traceback (most recent call last):
  File "<pyshell#0>", line 1, in <module>
    zahl = int(input ("Bitte geben Sie eine ganze Zahl ein: "))
ValueError: invalid literal for int() with base 10: 'eins'
```

Die Anweisung funktioniert nur dann richtig, wenn über die Tastatur eine Zahl eingegeben wird. In diesem Fall hat der Benutzer das Wort `eins` eingegeben. Das ist ein Wort, das zwar eine Zahl *meint*, aber keine Zahl *ist*. Die Funktion `int()` akzeptiert aber nur Zeichenketten, die ganze Zahlen darstellen (z.B. `"1"`). Deshalb brach der Programmlauf mit einem Laufzeitfehler ab. In der letzten Zeile der Fehlermeldung steht die Erklärung: »Ungültiges Literal für die Funktion int()«.

Manche Anweisungen in einem Programm können offenbar nur gelingen, wenn bestimmte Rahmenbedingungen erfüllt sind. Weitere Beispiele sind:

- Der Ausdruck `x/y` kann nur ausgewertet werden, wenn `y` ungleich null ist. Anderenfalls liefert das System eine Fehlermeldung (`ZeroDivisionError`).
- Eine Datei kann nur geöffnet werden, wenn sie tatsächlich existiert und die Rechte so gesetzt sind, dass das Programm zugreifen darf, sonst gibt es einen `IOError`.

Programmabbrüche sind Katastrophen, die sogar zerstörerische Folgen haben können. Wenn Ihr Textverarbeitungsprogramm abstürzt, bevor Sie Ihren Text abgespeichert haben, ist das Dokument verloren. Wenn ein Programm, das die Festplatte defragmentiert, mitten im Betrieb unterbrochen wird, sind unter Umständen sämtliche gespeicherte

Daten ruiniert. Und was kann alles passieren, wenn ein Programm abbricht, das ein Atomkraftwerk steuert ...

Deshalb möchte man natürlich Programmabbrüche, die durch Fehlersituationen verursacht werden, nach Möglichkeit vermeiden. Und wenn sich ein Abbruch nicht verhindern lässt, sollen zumindest Vorkehrungen zur Schadensbegrenzung getroffen werden. Python bietet dazu eine spezielle Kontrollstruktur an, die `try`-Anweisung. Es gibt zwei Varianten von `try`-Anweisungen.

- Eine `try...except`-Anweisung verhindert einen Programmabbruch durch das System. Eine kritische Operation, die von Rahmenbedingungen abhängig ist, wird nur versuchsweise durchgeführt. Scheitert der Versuch – das heißt, es gibt einen Fehler –, dann bricht das Programm nicht ab, sondern es wird das getan, was in `except`-Klauseln festgelegt ist.
- Bei einer `try...finally`-Anweisung wird ein Programmabbruch nicht unterdrückt. In der `finally`-Klausel wird eine Anweisungsfolge definiert, die *vor* dem Abbruch ausgeführt wird, z.B. um »Aufräumarbeiten« zu erledigen, die auf jeden Fall durchgeführt werden müssen. Bei einem Textverarbeitungsprogramm würde man in einer `finally`-Klausel dafür sorgen, dass der in Arbeit befindliche Text abgespeichert wird. Ein Beispiel für den Einsatz der `try...finally`-Anweisung finden Sie in Abschnitt 9.2.

5.7.1 try...except

Die `try...except`-Anweisung hat (etwas vereinfacht) folgendes Format:

```
try:
    anweisungsblock 1
except [ausnahmetyp]:
    anweisungsblock 2
```

Hinter dem Schlüsselwort `try` steht ein Doppelpunkt, in der darauf folgenden Zeile beginnt (eingerückt) der Anweisungsblock, der versuchsweise ausgeführt werden soll. Hinter dem Schlüsselwort `except` kann optional ein Fehlertyp stehen (z.B. `NameError` oder `SyntaxError`). Nach dem Doppelpunkt folgt der Anweisungsblock, der im Fehlerfall ausgeführt wird.

Das folgende Skript fängt Laufzeitfehler bei einer `input`-Anweisung ab:

```
try:
    zahl = int(input ("Bitte geben Sie eine Zahl ein: "))
    print("Danke für die Zahl.")
except:
    print("Eingabe nicht in Ordnung.")
```

Die `try`-Anweisung wird folgendermaßen abgearbeitet:

- Zuerst wird die `try`-Klausel, genauer gesagt der Anweisungsblock zwischen den Schlüsselwörtern `try` und `except`, ausgeführt.

- Wenn kein Laufzeitfehler auftritt, wird die except-Klausel übersprungen und die Ausführung der try-Anweisung ist beendet.
- Falls ein Fehler auftritt, wird die Ausführung des try-Anweisungsblocks sofort abgebrochen (das heißt, nachfolgende Befehle dieses Blocks werden übersprungen). Stattdessen wird der Anweisungsblock der except-Klausel ausgeführt.

Eine try-Anweisung muss immer eine except-Klausel besitzen. Wenn im Fehlerfall nichts zu tun ist, schreiben Sie hinter except: einfach die leere Anweisung pass.

Eine try-Anweisung kann mehrere except-Klauseln besitzen, um auf unterschiedliche Fehler-Arten angemessen zu reagieren. Es wird höchstens *eine* Klausel ausgeführt. In diesem Fall wird hinter dem Schlüsselwort except ein Fehlertyp angegeben. Tritt ein Laufzeitfehler dieses Typs auf, so wird die entsprechende Anweisungsfolge ausgeführt. Das folgende Skript ist eine Luxusversion des obigen Beispiels. Hier wird so lange eine Eingabe gefordert, bis der Benutzer eine ganze Zahl eingegeben hat. In den verschiedenen except-Klauseln werden passende Fehlermeldungen auf den Bildschirm geschrieben. Außerdem verwenden wir hier eine »unendliche« while-Schleife, die bei erfolgreichem Absolvieren der try-Klausel mit break unterbrochen wird.

```
while True:
    try:
        zahl = int(input ("Bitte geben Sie eine ganze Zahl ein: "))
        print("Danke für die Zahl.")
        break
    except ValueError:
        print("Ihre Eingabe kann man nicht in eine",
              "ganze Zahl umwandeln.")
    except:                                                     #1
        print("Eingabe nicht in Ordnung.")
```

Programmlauf:

```
Bitte geben Sie eine ganze Zahl ein: eins
Ihre Eingabe kann man nicht in eine ganze Zahl umwandeln.
Bitte geben Sie eine ganze Zahl ein: 1.0
Ihre Eingabe kann man nicht in eine ganze Zahl umwandeln.
Bitte geben Sie eine ganze Zahl ein: 1
Danke für die Zahl.
```

Falls in der try-Klausel ein Laufzeitfehler auftritt, dessen Typ nicht in einer except-Klausel berücksichtigt wird, so kommt es zum Abbruch des Programms und einer entsprechenden Fehlermeldung. Im obigen Beispielskript kann dies nicht passieren, weil am Ende eine except-Klausel ohne Angabe eines Fehlertyps steht (**#1**).

Fehlt die Angabe eines Fehlertyps in einer except-Klausel, so wird der zugehörige Anweisungsblock bei jedem beliebigen Laufzeitfehler ausgeführt – es sei denn, es gibt weiter oben in derselben try-Anweisung eine except-Klausel, die auf diesen Fehlertyp spezialisiert ist.

5.8 Aufgaben

Aufgabe 1

Überlegen Sie sich zunächst, welchen Wahrheitswert die folgenden Ausdrücke haben. Testen Sie anschließend die »kritischen Fälle«, bei denen Sie sich nicht sicher sind, mit Python im interaktiven Modus.

```
"a" == "A"
"a " > "a"
"Baum" == 1
123 > 2
"123" > "2"
"Sonne" != "Sonne"
12.2 > 12
12 + 3 > 4
12 //4  <= 3
"Kuh" not in ["Katze", "Hund", "Pferd", "Kuh"]
3 in [2, 3, 5, 7, 11, 13]
```

Aufgabe 2

Jugendliche sind nach deutschem Recht Menschen im Alter zwischen 14 und 18 Jahren. Schreiben Sie ein Programm, das den Benutzer nach dem Alter fragt und dann entscheidet, ob er oder sie ein Jugendlicher ist oder nicht. Beispieldialog:

```
Bitte geben Sie Ihr Alter an.
Alter: 17
Sie sind nach deutschem Recht ein Jugendlicher.
```

Aufgabe 3

Alkalimetalle sind die Stoffe Lithium (Li), Natrium (Na), Kalium (K), Rubidium (Rb), Caesium (Cs). Schreiben Sie ein Programm, das Folgendes leistet: Der Benutzer gibt die Formel eines chemischen Elementes an. Anschließend wird gemeldet, ob es sich um ein Alkalimetall handelt oder nicht. Beispieldialog:

```
Bitte geben Sie die Formel eines chemischen Elementes an.
Element: Na
Es handelt sich um ein Alkalimetall.
```

Aufgabe 4

Im Jahre 1582 wurde von Papst Gregor XII. eine Kalenderreform angeordnet, die auch heute noch gültig ist. Darin wurde festgelegt, welche Kalenderjahre 366 statt 365 Tage haben sollen. Diese Jahre nennt man seitdem Schaltjahre. Die Regel lautet folgendermaßen:

Ein Jahr ist ein Schaltjahr, wenn die Jahreszahl ohne Rest durch 400 teilbar ist oder wenn die Jahreszahl ohne Rest durch 4 und nicht durch 100 teilbar ist.

Zum Beispiel sind 2000 und 2004 Schaltjahre, nicht aber 2003 oder 1900.

Schreiben Sie ein Python-Programm, das nach Eingabe einer Jahreszahl feststellt, ob es sich um ein Schaltjahr handelt, und das Ergebnis ausgibt.

Aufgabe 5

Beim Spiel Zahlenraten versucht der Benutzer, durch geschicktes Fragen möglichst rasch eine unbekannte Zufallszahl zu erraten. Beispieldialog:

```
Bitte geben Sie eine Zahl zwischen 0 und 100 ein.
Zahl: 23
Zu groß!
Zahl: 15
Zu klein!
Zahl: 19
Herzlichen Glückwunsch! Sie haben die Zahl gefunden!
```

Implementieren Sie den Algorithmus, der in Abbildung 5.6 veranschaulicht wird. **Hinweis:** Durch folgende Python-Anweisungen wird eine ganze Zufallszahl zwischen 0 und 100 erzeugt und der Variablen z zugewiesen:

```
import random                  # Import des Moduls random
z = random.randint (0,100)     # Erzeuge Zufallszahl
```

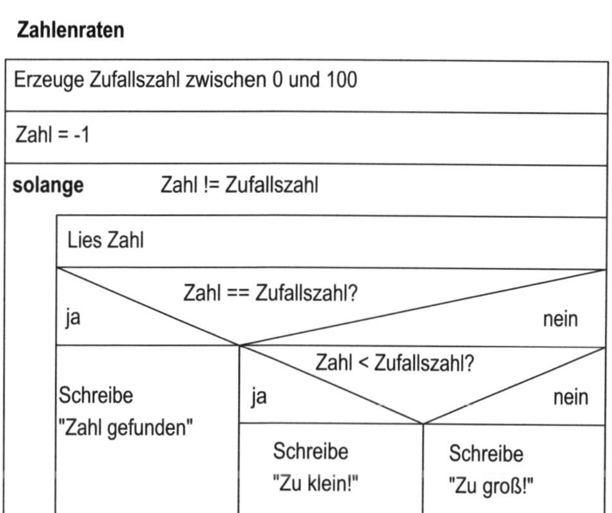

Abb. 5.6: Algorithmus Zahlenraten

Aufgabe 6

Schreiben Sie ein Skript, das die Rückzahlung eines Kredits berechnet. Eingegeben werden:

- der Kreditbetrag in Euro
- der Zinssatz in Prozent
- der Betrag, der jedes Jahr an das Kreditinstitut zurückgezahlt werden soll und von dem Zinsen und Tilgung bezahlt werden

Das Programm berechnet für jedes Jahr die Zinsen, die Tilgung und die Restschulden. Beispieldialog:

```
Kreditberechnung
Kreditsumme in Euro: 1000
Zinssatz (Prozent pro Jahr): 6
Jährliche Rückzahlung in Euro: 200

2018  Zinsen: 60 EUR  Tilgung: 140 EUR  Restschulden: 860 EUR
2019  Zinsen: 52 EUR  Tilgung: 148 EUR  Restschulden: 712 EUR
2020  Zinsen: 43 EUR  Tilgung: 157 EUR  Restschulden: 554 EUR
2021  Zinsen: 33 EUR  Tilgung: 167 EUR  Restschulden: 388 EUR
2022  Zinsen: 23 EUR  Tilgung: 177 EUR  Restschulden: 211 EUR
2023  Zinsen: 13 EUR  Tilgung: 187 EUR  Restschulden: 23 EUR
Restforderung: 23 Euro
```

Aufgabe 7

Schreiben Sie ein Python-Programm, das die Vermehrung von Bakterien unter idealen Lebensbedingungen simuliert. Zu Beginn umfasst die Bakterienkolonie 100 Exemplare. Jede Bakterie teilt sich alle 30 Minuten. Ausgegeben werden soll die Anzahl der Bakterien in Zeitabständen von einer Stunde für die ersten zwei Tage. Die Ausgabe könnte etwa so beginnen:

```
Vermehrung von Bakterien
Stunde 0     100 Bakterien
Stunde 1     400 Bakterien
Stunde 2     1600 Bakterien
Stunde 3     6400 Bakterien
Stunde 4     25600 Bakterien
```

Aufgabe 8

Schreiben Sie Python-Programme, die folgende Sternchen-Muster auf den Bildschirm schreiben:

```
* * * *
* * * *
* * * *
```

```
*
* *
* * *
* * * *
* * * * *
```

```
      *
    * * *
  * * * * *
* * * * * * *
```

Aufgabe 9

Schreiben Sie ein Python-Programm, das sämtliche existierenden Wörter aus zwei großen Buchstaben auf den Bildschirm schreibt. **Hinweis:** Verwenden Sie als Iterationskollektion eine Zeichenkette aus sämtlichen großen Buchstaben des Alphabets.

Aufgabe 10

Die DNA, Träger der Erbinformation, enthält die Basen Adenin (A), Guanin (G), Cytosin (C) und Thymin (T). Das Riesenmolekül hat die Form einer Doppelhelix und besteht im Wesentlichen aus einer Sequenz aus folgenden vier Paaren dieser Basen: AT, TA, GC, CG.

Schreiben Sie ein Python-Programm, das alle denkbaren Sequenzen aus vier Basenpaaren aufschreibt. Beispiel einer Sequenz aus vier Basenpaaren:

AT AT GC TA

Aufgabe 11

Berühmt ist die (3a + 1)-Folge des amerikanischen Mathematikers Ulam. Sie ist durch folgenden Algorithmus definiert:

1. Beginne mit einem Startwert a.
2. Wenn a == 1 ist, stoppe.
3. Ist a gerade, setze a = a/2, sonst setze a = 3*a + 1 und fahre mit 2. fort.

Bis heute weiß man nicht, ob die Ulam-Folge bei jedem Startwert a abbricht. Entwickeln Sie zu dem Algorithmus ein Python-Programm und testen Sie es mit verschiedenen Startwerten für a. **Hinweis:** Die Zahl a ist genau dann gerade, wenn a%2 == 0 ist (siehe Abschnitt 4.9).

Aufgabe 12

Entwickeln Sie einen Rechentrainer mit Python. Er soll folgendermaßen funktionieren: Dem Benutzer werden fünf Rechenaufgaben gestellt, sagen wir z.B. Multiplikationsaufgaben. Nach jeder Aufgabe wartet das Programm auf die Eingabe des Ergebnisses. Wenn das Ergebnis falsch ist, gibt es eine entsprechende Rückmeldung und es wird eine neue Antwort erwartet. Die nächste Aufgabe wird erst dann gestellt, wenn zuvor das richtige Ergebnis eingegeben worden ist. Nach erfolgreichem Absolvieren der Aufgaben wird dem Benutzer mitgeteilt, wie viel Zeit er oder sie benötigt hat. Beispieldialog:

```
Multiplikationstrainer
----------------------
14*2 = 28
Richtig!
13*2 = 26
Richtig!
2*8 = 15
Falsch! Versuchen Sie es noch einmal!
2*8 = 16
Richtig!
13*10 = 130
Richtig!
16*3 = 48
Richtig!
Fuer die Aufgaben haben Sie 31 Sekunden benoetigt.
```

Tipp: Für diese Aufgabe müssen Sie zu Beginn und am Ende des Trainingsganges die Systemzeit ermitteln. Der Zeitbedarf für die Rechenaufgaben ist die Differenz der beiden Zeiten. Verwenden Sie die Funktion `time()` im Modul `time`. Nach den Anweisungen

```
import time
start = time.time()
```

enthält die Variable `start` die Systemzeit als Gleitkommazahl, die die Anzahl der Sekunden seit Beginn der Epoche (bei Unix- und Windows-Systemen ist das der 1.1.1970) angibt.

5.9 Lösungen

Lösung 1

Ausdruck	Wahrheitswert
`"a" == "A"`	FALSCH
`"a " > "a"`	WAHR (Denn der erste String enthält hinter dem a noch ein Leerzeichen und ist also länger.)
`"Baum" == 1`	FALSCH
`123 > 2`	WAHR (arithmetischer Vergleich zweier Zahlen)
`"123" > "2"`	FALSCH (lexikografischer Vergleich zweier Strings)

Ausdruck	Wahrheitswert
`"Sonne" != "Sonne"`	FALSCH (Die Strings sind gleich, also nicht ungleich.)
`12.2 > 12`	WAHR (arithmetischer Vergleich)
`12 + 3 > 4`	WAHR (Denn 12 + 3 ergibt 15 und das ist größer als 4.)
`13 // 4 <= 3`	WAHR (Denn die ganzzahlige Division 13/4 ergibt 3 und das ist <= 3.)
`"Kuh" not in ["Katze", "Hund", "Pferd", "Kuh"]`	FALSCH
`3 in [2, 3, 5, 7, 11, 13]`	WAHR

Lösung 2

```
#alter.py
print("Bitte geben Sie Ihr Alter an.")
alter = input("Alter: ")
if 14 <= int(alter) < 18:
    print("Sie sind nach deutschem Recht ein Jugendlicher.")
else:
    print("Sie sind nach deutschem Recht kein Jugendlicher.")
```

Lösung 3

```
# alkalimetalle.py
print("Bitte geben Sie das Symbol eines Elementes an.")
element = input("Element: ")
if element in ["Li", "Na", "K", "Rb", "Cs"]:
    print("Es handelt sich um ein Alkalimetall.")
else:
    print("Es handelt sich nicht um ein Alkalimetall.")
input("Beenden mit <Enter>")
```

Lösung 4

```
# schaltjahre.py
jahr = int(input("Geben Sie ein Jahr an: "))
if (jahr%400 == 0) or ((jahr%4 == 0) and not (jahr%100 == 0)):
    print("Es ist ein Schaltjahr.")
else:
    print("Es ist kein Schaltjahr.")
input("Beenden mit <Enter>")
```

Lösung 5

```
# zahlenraten.py
import random
zufallszahl = random.randint(0,100)
print("Raten Sie eine Zahl!")
zahl = -1
while zahl != zufallszahl:
    zahl = int(input("Zahl: "))
    if zahl == zufallszahl:
        print("Sie haben die Zahl gefunden!")
    elif zahl < zufallszahl:
        print("Zu klein!")
    else:
        print("Zu groß!")
```

Lösung 6

```
# tilgungsplan.py
import time
print("Berechnung des Tilgungsplans für einen Kredit")
print()
schulden = float(input("Kreditsumme in Euro: "))
zinssatz = float(input("Zinssatz (Prozent pro Jahr): "))
rueckzahlung  = float(input ("Jährliche Rückzahlung in Euro: "))
jahr = time.localtime()[0]  # aktuelles Jahr
while schulden > rueckzahlung:
    zinsen = schulden * zinssatz/100
    tilgung = rueckzahlung - zinsen
    schulden = schulden - tilgung
    jahr += 1
    print(jahr,  " Zinsen:", round(zinsen), "EUR",
          " Tilgung:", round(tilgung), "EUR",
          " Restschulden:", round(schulden), "EUR")
print("Restforderung:", round(schulden), "Euro")
```

Lösung 7

```
# vermehrung.py
print("Vermehrung von Bakterien")
bakterien = 100
for zeit in range(49):
    print("Stunde",zeit, "  ", bakterien, "Bakterien")
    bakterien *= 4
```

Lösung 8

```
# sternenmuster.py

# drei Zeilen mit je 4 Sternen
for i in range(3):
    print("* * * *")

# Sternendreieck 1
for i in range(5):
    print ((i+1)*"* ")

# Sternendreieck 2
for i in range(4):
    print ((3-i)*"  ",(2*i + 1)*"* ")
```

Lösung 9

```
# grossbuchstaben.py
# Drucke alle Wörter aus zwei großen Buchstaben
alphabet = "ABCDEFGHIJKLMNOPQRSTUVWXYZ"
for a in alphabet:
    for b in alphabet:
        print(a+b, end=" ")
print()
```

Lösung 10

```
# dna.py
# Drucke alle DNA-Sequenzen mit vier Basenpaaren
basen = ["AT", "TA", "GC", "CG"]
for a in basen:
    for b in basen:
        for c in basen:
            for d in basen:
                print(a, b, c, d)
```

Lösung 11

```
# ulam.py
# Berechnung der (3a + 1)-Folge von Ulam
print("Berechnung der (3a + 1)-Folge von Ulam")
a = int(input("Startwert: "))
```

```
while a != 1:
    print(a)
    if a%2 == 0:
        a = a//2
    else:
        a = 3*a + 1
print(a)                          # Ausgabe des letzten Elementes der Folge
```

Lösung 12

```
# trainer.py
import random                                                           #1
import time
print("Multiplikationstrainer")
print("----------------------")
startzeit = time.time()
for i in range(5):
    a = random.randint(1,20)                                            #2
    b  = random.randint(1,10)
    ergebnis =- 1                                                       #3
    while ergebnis != a * b:
        ergebnis = int(input(str(a) + "*" + str(b) + "="))              #4
        if ergebnis == a * b:
            print("Richtig!")
        else:
            print("Falsch! Versuchen Sie es noch einmal!")
zeit = int(time.time() - startzeit)
print("Für die Aufgaben haben Sie", zeit, "Sekunden benötigt.")
```

Erläuterung:

#1: Die beiden Module `random` und `time` werden importiert.

#2: Erzeugen von zufälligen ganzen Zahlen zwischen 1 und 20 bzw. 1 und 10.

#3: Die Variable `ergebnis` erhält einen Anfangswert, der mit Sicherheit nicht das korrekte Ergebnis der Rechenaufgabe ist. Damit ist garantiert, dass die folgende `while`-Schleife wenigstens einmal durchlaufen wird.

#4: Als Prompt-String für die Benutzereingabe (Parameter der `input()`-Funktion) wird die Rechenaufgabe ausgegeben.

Kapitel 6

Funktionen

Eine Funktion ist ein Objekt, das eine bestimmte Teilaufgabe eines Programms lösen kann. Wenn eine Funktion aufgerufen wird, übernimmt sie gewisse Objekte als Eingabe, verarbeitet diese und liefert ein Objekt als Ausgabe zurück. Python bietet eine Reihe von Standardfunktionen (*built-in functions*), die immer verfügbar sind und für häufig vorkommende Aufgaben verwendet werden können. Im Abschnitt A.3, »Standardfunktionen und Standardklassen« auf Seite 1004 finden Sie eine Übersicht über die wichtigsten Standardfunktionen. Außerdem gibt es Module, die weitere spezielle Funktionen enthalten. Bevor man eine solche spezielle Funktion nutzen kann, muss zuerst das Modul importiert werden. In diesem Kapitel geht es hauptsächlich darum, wie man selbst eigene Funktionen definiert. Mithilfe von Funktionen können Sie Python-Skripte übersichtlicher und kürzer formulieren. Dabei sind zwei fundamentale Ideen von Bedeutung:

- das Prinzip der schrittweisen Verfeinerung und
- Rekursion.

6.1 Aufruf von Funktionen

Der Aufruf einer Funktion hat folgendes Format:

```
funktion (parameterliste)
```

Eine Funktion wird aufgerufen, indem der Name der Funktion angegeben wird, gefolgt von einer Liste aktueller Parameter in runden Klammern. Die aktuellen Parameter nennt man auch Argumente. Aktuelle Parameter sind entweder konkrete Werte (Literale) oder Variablennamen oder Ausdrücke, deren Auswertung Werte ergeben. Hinsichtlich der Argumente sind zwei Dinge wichtig:

- Funktionen akzeptieren in der Regel nur eine bestimmte Anzahl von Argumenten.
- Die übergebenen Argumente müssen von einem bestimmten Typ sein.

Die Standardfunktion `len()`, die die Länge (d.h. die Anzahl der Elemente) von Kollektionen berechnet, akzeptiert als Argument nur genau *ein* Objekt, das ein Dictionary, ein String, eine Liste, ein Tupel oder eine Menge sein muss. Wenn bei einem Aufruf dieser Funktion z.B. eine Zahl – die keine Länge besitzt – als Argument übergeben wird, gibt es eine Fehlermeldung.

Korrekte Aufrufe von `len()`:

Aufruf	Zurückgegebenes Objekt	Erläuterung zum Argument
`len("Wort")`	4	String
`len ([1,2,3,4])`	4	Liste
`len ("sha"+4*"la")`	11	Ausdruck, dessen Auswertung einen String ergibt
`t=(1,2,(3,4))` `len(t)`	3	Name eines Tupel-Objektes mit drei Elementen

Fehlerhafte Aufrufe von `len()`:

Aufruf	Fehlermeldung	Erläuterung
`len (1)`	`TypeError`	Das Objekt 1 ist eine Zahl und besitzt keine Länge.
`len ("eins", "zwei")`	`TypeError`	Die Funktion `len()` akzeptiert nur ein Argument.

Es gibt auch Funktionen, die kein Argument benötigen. So gibt die Funktion `globals()` ein Dictionary zurück, das den globalen Namensraum beschreibt (siehe Abschnitt 6.4).

Manche Funktionen akzeptieren eine variable Zahl von Argumenten. So können der Funktion `min()` zwei oder beliebig mehr Parameter unterschiedlicher Datentypen übergeben werden. Zurückgegeben wird das kleinste Objekt der Parameterliste:

```
>>> min(123, 345, 111, 34)
34
>>> min(1, 2, 0.2)
0.2
```

Wichtig

Ist Ihnen beim Aufruf einer Funktion in der IDLE-Shell etwas aufgefallen? Sobald Sie die öffnende Klammer hinter dem Funktionsnamen eingegeben haben, erscheint eine kleine Infobox, in der die Parameter und das zurückgegebene Objekt erklärt werden (siehe Abbildung 6.1).

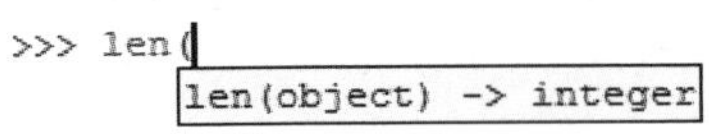

Abb. 6.1: Infobox zu einer Funktion in der IDLE-Shell

Dann gibt es Funktionen mit optionalen Argumenten. Bei der Beschreibung des Formats eines Funktionsaufrufs werden optionale Argumente in eckige Klammern gesetzt. Ein optionales Argument kann man verwenden oder auch weglassen. Zum Beispiel hat die Funktion `input()` folgendes Aufrufformat:

```
input([prompt])
```

Die Funktion liefert einen String, der über die Tastatur eingegeben worden ist. Das Argument ist optional. Es enthält den Prompt, einen String der angezeigt wird, bevor der Computer auf die Eingabe wartet:

```
>>> eingabe = input("Zahl: ")
Zahl:
```

Fehlt bei einem Aufruf ein optionales Argument, dann verwendet die Funktion einen voreingestellten Wert, den man auch Default nennt. Bei der Funktion `input()` ist der voreingestellte Wert für den Prompt der leere String `""`.

Da auch Funktionen Objekte sind (siehe Abschnitt 2.3), können bei manchen Funktionen auch (andere) Funktionen als Argumente übergeben werden. Ein Beispiel hierfür ist die Standardfunktion `map()`. Sie hat (in einfachen Fällen) folgendes Aufrufformat:

```
map(function, sequence]
```

Dabei ist *`function`* der Name einer Funktion und *`sequence`* eine Sequenz. Die Funktion `map()` sorgt dafür, dass die Funktion *`function`* auf alle Objekte der Liste *`sequence`* angewendet wird, und erzeugt ein so genanntes map-Objekt. Das repräsentiert eine Folge mit den Ergebnissen und kann mit der Funktion `list()` leicht in eine Liste umgewandelt werden. Beispiel:

```
>>> a = map(len, ["Merkur", "Venus", "Erde", "Mars"])
>>> a
>>> <map object at 0x02C44910>
>>> list(a)
[6, 5, 4, 4]
```

Hintergrund: Call by Object

Bei Programmiersprachen wie Java oder C gibt es bei Funktionsaufrufen die Unterscheidung zwischen *call by value* und *call by reference*. Beim *call by value* wird der Funktion ein Wert übergeben, der von der Funktion verarbeitet wird, ohne dass dies Auswirkungen auf das Originalobjekt hätte. Im Fall eines *call by reference* erhält die Funktion eine Referenz – einen Zeiger – auf ein Objekt. Damit kann sie auf eine Variable »außerhalb der Funktion« zugreifen und Veränderungen vornehmen. Diese Unterscheidung gibt es bei Python nicht. Bei Python werden immer Objekte (oder Namen von Objekten) übergeben. Man spricht deshalb auch von *call by object*. Ob ein Objekt von einer Funktion verändert werden kann, hängt allein von seinem Typ ab. Es gibt veränderbare Objekte (z.B. Listen) und unveränderbare Objekte (z.B. Zahlen).

Hintergrund: Funktionen und Typen

Ein Aufruf von `int()` liefert eine ganze Zahl. Beispiel:

```
>>> int (2.1)
2
```

Dennoch ist `int` keine Funktion, sondern ein Typ. Nicht nur Funktionen, sondern auch Typen sind aufrufbare Objekte. Standardtypen wie `int`, `float` oder `str` können wie Funktionen verwendet werden. Ein Aufruf liefert immer ein Objekt des jeweiligen Typs. Aber – streng genommen – sind es keine Funktionen. Prüfen Sie nach:

```
>>> type(int)
<class 'type'>
>>> type(round)
<class 'builtin_function_or_method'>
```

6.2 Definition von Funktionen

Eine Funktion wird durch eine besondere Anweisung definiert. Sie hat folgendes Format:

```
def funktionsname(parameterliste):
       anweisungsblock
```

Die Definition besteht aus zwei Teilen, einem Kopf und einem Körper.

- Der Funktionskopf beginnt mit dem Schlüsselwort `def`, gefolgt vom Funktionsnamen und einer eventuell leeren Liste so genannter formaler Parameter (Parameterliste) in runden Klammern. Am Ende des Kopfes steht ein Doppelpunkt.
- Der Funktionskörper ist ein Anweisungsblock, also eine Folge von Anweisungen, die gegenüber der Kopfzeile eingerückt ist. Die erste Zeile des Funktionskörpers kann einen so genannten Docstring enthalten. Das ist ein Text zur Dokumentation der Funktion, der in dreifachen Anführungszeichen steht. Wenn die Funktion einen Wert zurückgeben soll, muss der Funktionskörper eine `return`-Anweisung enthalten.

Im folgenden Beispiel hat die Funktion den Namen `primzahl` und der einzige formale Parameter heißt `zahl`. Die Funktion prüft, ob die als Argument übergebene natürliche Zahl eine Primzahl ist. Ist das der Fall, gibt sie den Wert `True` zurück und sonst `False`. Primzahlen sind natürliche Zahlen, die nur durch 1 und durch sich selbst teilbar sind. Die Zahl 1 sieht man nicht als Primzahl an.

```
def primzahl(zahl):
    if zahl <= 1:
        prim = False              # 1 ist keine Primzahl
    elif zahl == 2:
        prim = True               # 2 ist Primzahl
    else:
```

```
        for i in range(2, zahl//2 + 1):
            if zahl % i == 0:     # Teiler gefunden
                prim = False
                break
        else:
            prim = True           # kein Teiler gefunden
    return prim
```

Der formale Parameter `zahl` wird im Funktionskörper wie eine Variable verwendet. Falls `zahl` <= 2 ist, handelt es sich um eine Primzahl. Ansonsten wird in der `for`-Schleife ein Teiler gesucht. Falls `zahl % i` gleich null ist, ist `i` ein Teiler für `zahl` und es handelt sich nicht um eine Primzahl. Die Variable `prim` erhält den Wert. Anschließend wird mit `break` die Schleife abgebrochen. Die `else`-Klausel der `for`-Schleife wird nur dann erreicht, falls kein Teiler gefunden worden ist; dort erhält dann `prim` den Wert True. Zum Schluss wird in der (einzigen) `return`-Anweisung der Inhalt von `prim` zurückgegeben.

Wenn Sie mit IDLE arbeiten, geben Sie die Funktionsdefinition am besten in einem IDLE-Editorfenster ein. Speichern Sie den Programmtext und starten Sie ihn mit RUN|RUN MODULE. Im Shell-Fenster erscheint eine Restart-Meldung. Danach ist die Funktionsdefinition dem Laufzeitsystem bekannt und Sie können die Funktion im Shell-Fenster aufrufen (Abbildung 6.2). Beispielaufrufe:

```
>>> primzahl(131071)
True
>>> primzahl(4)
False
```

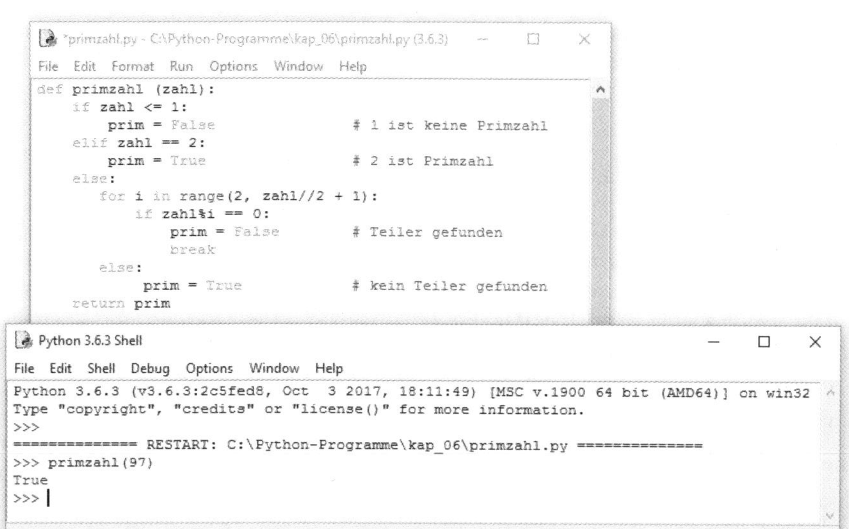

Abb. 6.2: Eine Funktion können Sie in einem Editor-Fenster editieren und im Shell-Fenster testen.

Die relativ lange Primzahl 131071 = 2^{17}-1 wurde übrigens bereits im Jahre 1588 von dem italienischen Mathematiker Pietro Cataldi entdeckt – völlig ohne Computer.

Wichtig

Wenn der Interpreter eine `return`-Anweisung ausgeführt hat, bricht er anschließend die Ausführung der Funktion ab, selbst wenn nach der `return`-Anweisung im Körper der Funktionsdefinition noch weitere Programmzeilen folgen oder eine Iteration noch nicht beendet ist.

Eine Funktionsdefinition kann also ruhig mehrere `return`-Anweisungen enthalten. Es wird nur eine davon ausgeführt. Bei Fallunterscheidungen ist es oft praktisch, mehrere `return`-Anweisungen zu verwenden. Der Programmtext wird dann kürzer und übersichtlicher.

```
def primzahl(zahl):
    if zahl <= 1:
        return False
    elif zahl == 2:
        return True
    else:
        for i in range(2,zahl//2 + 1):
            if zahl % i == 0:    # Teiler gefunden
                return False
        return True              # kein Teiler gefunden
```

6.3 Schrittweise Verfeinerung

Das Prinzip der schrittweisen Verfeinerung wendet man im Alltag an, wenn man einen komplexeren Ablauf plant. Nehmen wir als Beispiel die Vorbereitung einer Party. Im ersten Schritt überlegt man sich in groben Zügen, was alles zu erledigen ist:

- Wohnung säubern
- Freunde einladen
- Getränke und Lebensmittel einkaufen
- Wohnung dekorieren
- Essen kochen

Jeder dieser Punkte steht für eine Teilaufgabe, die etwas einfacher ist als das gesamte Vorhaben und ihrerseits wieder in noch einfachere Teilaufgaben zerlegt werden kann. Betrachten wir als Beispiel das Unangenehmste von allem, das Säubern der Wohnung. Dazu gehört etwa:

- Leere Flaschen zum Container bringen
- Geschirr spülen
- Staubsaugen
- Bad putzen
- Möbel abstauben

Der erste Punkt (»leere Flaschen zum Container bringen«) lässt sich wie folgt weiter zergliedern:

- Flaschen im Pappkarton einsammeln
- zum Container laufen
- Flaschen in den Glascontainer werfen
- leeren Pappkarton in den Papiercontainer werfen
- zurückkehren

An dieser Stelle brechen wir das Beispiel ab. Man kann sich vorstellen, dass alle Tätigkeiten immer weiter zerlegt werden können, bis man zu elementaren Aktionen wie den »rechten Arm anheben« oder die »rechte Hand schließen« kommt. Diese Vorgehensweise wird häufig als »schrittweise Verfeinerung« bezeichnet. Das Beispiel lässt erkennen, dass diese Idee bei vielen ganz alltäglichen Problemlösungen eine fundamentale Rolle spielt.

Bei einem Programmierprojekt kann die schrittweise Verfeinerung durch Funktionen bewerkstelligt werden. Für jede Teilaufgabe wird eine Funktion definiert. Der Name der Funktion sollte erkennen lassen, was die Funktion leistet. Da Funktionen Daten verarbeiten, muss außerdem für jede Funktion festgelegt werden, welche Parameter ihr übergeben werden sollen.

Als Beispiel entwickeln wir nun ein interaktives Programm zur Berechnung von Primzahlen. Die Aufgabe lautet:

Vom Benutzer werden zunächst zwei Zahlen `a` und `b` erfragt. Anschließend wird eine Liste mit Primzahlen, die im Intervall zwischen `a` und `b` liegen, berechnet und ausgegeben.

Die Zerlegung einer Aufgabe in Teilaufgaben, die von Funktionen erledigt werden, ist eine Kunst, die man durch viel Erfahrung erwirbt. Es gibt eigentlich keine Patentrezepte für diesen Schritt einer Programmentwicklung. Aber bei relativ einfachen Programmen ist es oft ein guter Ansatz, von dem EVA-Prinzip auszugehen und für die drei Teilaufgaben

- Eingabe
- Verarbeitung
- Ausgabe

jeweils eine Funktion zu definieren.

Wir entwickeln ein Skript, das aus zwei Teilen besteht:

- Im ersten Teil werden die benötigten Funktionen definiert.
- Der zweite Teil besteht aus Anweisungen, in denen die zuvor definierten Funktionen aufgerufen werden. Diesen Teil des Skriptes bezeichnet man als *Hauptprogramm*. Bei gut strukturierten Skripten ist das Hauptprogramm im Vergleich zu den Funktionsdefinitionen sehr kurz.

Wir schreiben zunächst nur die Funktionsköpfe auf, in denen wir jeweils den Namen der Funktion und die Parameter festlegen. Außerdem muss entschieden werden, was die Funktion berechnet und welche Art von Objekt sie zurückgibt.

```
def eingabe ():
```

Diese Funktion benötigt keine Parameter. Zurückgegeben wird ein Tupel mit zwei ganzen Zahlen, die der Benutzer eingegeben hat.

```
def verarbeitung(intervall):
```

Der Parameter `intervall` ist ein Tupel aus zwei ganzen Zahlen. Zurückgegeben wird eine Liste mit allen Primzahlen in diesem Intervall.

```
def ausgabe(primzahlen):
```

Der Parameter `primzahlen` ist eine Liste mit Zahlen. Die Funktion sorgt dafür, dass diese Zahlen auf dem Bildschirm ausgegeben werden. Die Funktion gibt aber kein Objekt (bzw. nur das leere Objekt `None`) zurück, sie wird also keine `return`-Anweisung enthalten. Eine solche Funktion, die nichts zurückgibt, nennt man auch *Prozedur*.

Bis jetzt wissen wir nur, *was* diese Funktionen leisten sollen, aber noch nicht, *wie* sie arbeiten. Die Funktionskörper fehlen noch. Aber wir können bereits das Hauptprogramm schreiben, in dem unsere Funktionen aufgerufen werden. Es besteht aus drei Anweisungen:

```
intervall=eingabe()
primzahlListe=verarbeitung (intervall)
ausgabe (primzahlListe)
```

Alternativ kann man übrigens auch einen einzigen verschachtelten Funktionsaufruf verwenden:

```
ausgabe (verarbeitung (eingabe()))
```

Damit ist die grobe Struktur des Skripts klar. Die Verfeinerung besteht nun darin, die Funktionskörper (bisher hatten wir nur die Köpfe) zu definieren. Das komplette Skript sieht folgendermaßen aus:

Skript:

```
# primzahl_liste.py
# Funktionsdefinitionen
def primzahl(zahl):
    if zahl <= 2:
        return True
    else:
        for i in range(2, zahl//2):
            if zahl % i == 0:    # Teiler gefunden
                return False
        return True
```

```
def eingabe():
    print("Ich ermittle alle Primzahlen in einem Intervall")
    a = int(input("Untere Intervallgrenze: "))
    b = int(input("Obere Intervallgrenze: "))
    return (a, b)

def verarbeitung(intervall):
    prim = []                                                  #1
    for i in range(intervall[0], intervall[1]+1):
        if primzahl(i):
            prim += [i]                                        #2
    return prim

def ausgabe(primzahlen):
    print("Primzahlen:")
    for zahl in primzahlen:
        print(zahl, end=" ")                                   #3

# Hauptprogramm
intervall = eingabe()
primzahlListe = verarbeitung(intervall)
ausgabe(primzahlListe)
```

Erläuterung:

#1: Gefundene Primzahlen werden in der Liste `prim` gesammelt. Sie ist anfangs leer.

#2: Hier wird die Liste `prim` um das Element `i` (Primzahl) verlängert. Genauer gesagt wird an die vorhandene Liste eine neue Liste mit dem alleinigen Element `i` gehängt.

#3: Das Komma hinter `zahl` bewirkt, dass alle Elemente der Liste hintereinander geschrieben werden und nicht untereinander.

Programmlauf:

```
Ich ermittle alle Primzahlen in einem Intervall
Untere Intervallgrenze: 100
Obere Intervallgrenze: 200
Primzahlen:
101 103 107 109 113 127 131 137 139 149 151 157 163 167 173 179 181 191
193 197 199
```

6.4 Ausführung von Funktionen

6.4.1 Globale und lokale Namen

Testen Sie das folgende kleine Skript:

```
def f():
    x = 2                                    #1
    print("x:", x)

# Hauptprogramm
x = 1                                        #2
f()
print("x:", x)                               #3
```

Programmlauf:

```
x: 2
x: 1
```

Das Skript enthält zwei völlig identische `print()`-Aufrufe. Jedes Mal wird der Wert der Variablen `x` ausgegeben. Allerdings handelt es sich um zwei unterschiedliche Werte, obwohl dazwischen keine Veränderung der Variableninhalte vorgenommen wurde.

Wie ist das zu erklären? Nun, offenbar gibt es im Hauptprogramm und im Funktionskörper zwei verschiedene Variablen mit unterschiedlichen Inhalten, die beide den Namen `x` tragen, aber ansonsten nichts miteinander zu tun haben. Man sagt, die Variablen sind lokal.

- In der Zeile **#1** wird die lokale Variable `x` der *Funktion* `f()` erzeugt und mit dem Wert `2` belegt. Diese Zuweisung hat keinen Einfluss auf die lokale Variable `x` des Hauptprogramms. Bei der folgenden `print()`-Anweisung wird der Inhalt dieser lokalen Variablen `x` ausgegeben.
- In der Zeile **#2** wird die lokale Variable `x` des *Hauptprogramms* erzeugt und mit dem Wert `1` belegt. Beim nächsten `print()`-Aufruf (**#3**) wird auf diese lokale Variable zugegriffen und ihr Wert ausgegeben.

Lokale Variablen im Anweisungsblock einer Funktion sind nur dort sichtbar. Vom Hauptprogramm aus oder im Anweisungsblock einer anderen Funktion kann man nicht auf sie zugreifen. Sie sind sozusagen von der Außenwelt abgeschirmt.

Beim Aufruf einer Funktion erzeugt der Python-Interpreter für die Funktion eine Umgebung (*environment*) aus einem globalen und einem lokalen Namensraum. Darin ist zu jedem verwendeten Namen das zugehörige Objekt aufgeführt.

Die Funktionen `globals()` und `locals()` liefern die Namensräume in der Form eines Dictionarys. Im folgenden Skript werden die globalen und lokalen Namensräume des Hauptprogramms und der Funktion `f()` ausgegeben.

Skript:

```
# Funktionsdefinition
def f():
    x = 2
    print("Globaler Namensraum von f:", globals())
    print("Lokaler Namensraum von f: ",locals())

# Hauptprogramm
x = 1
f()
print("Globaler Namensraum des Hauptprogramms:", globals())
print("Lokaler Namensraum des Hauptprogramms:",locals())
```

Programmlauf:

```
Globaler Namensraum von f: {'f': <function f at 0x02C1A6F0>, '__
builtins__': <module 'builtins' (built-in)>, '__package__': None, 'x':
1, '__name__': '__main__', '__doc__': None}
Lokaler Namensraum von f:  {'x': 2}
Globaler Namensraum des Hauptprogramms: {'f': <function f at 0x02C1A6F0>,
'__builtins__': <module 'builtins' (built-in)>, '__package__': None, 'x':
1, '__name__': '__main__', '__doc__': None}
Lokaler Namensraum des Hauptprogramms: {'f': <function f at 0x02C1A6F0>,
'__builtins__': <module 'builtins' (built-in)>, '__package__': None, 'x':
1, '__name__': '__main__', '__doc__': None}
```

Die Ausgabe des Skripts ist leider etwas unübersichtlich. Sie können aber Folgendes erkennen:

- Beim Hauptprogramm sind lokaler und globaler Namensraum völlig gleich. Das ist bei Hauptprogrammen immer so.
- Der lokale (und globale) Namensraum des Hauptprogramms enthält folgende Namenzuordnungen:

Name	Objekt
`__builtins__`	Das Modul `__builtin__`. Es enthält zum Beispiel die Standardfunktionen, die immer verfügbar sind.
`__name__`	Name des aktuellen Moduls, in diesem Fall lautet der Name `__main__`, da es sich um ein ausführbares Skript handelt.
`f`	Unsere selbst definierte Funktion `f()`
`__doc__`	Docstring (siehe Abschnitt 6.15.4). Er kann eine Beschreibung des Moduls enthalten. Da wir keinen Docstring definiert haben, ist es hier das Objekt `None`.
`x`	Die Zahl 1

- Der lokale Namensraum der Funktion `f()` enthält allein die Belegung der (einzigen) lokalen Variablen `x`. Sie hat den Wert `2`.
- Der globale Namensraum der Funktion `f()` ist gleich dem Namensraum des Hauptprogramms. Alle Funktionen, die innerhalb der gleichen Datei definiert sind, haben den gleichen globalen Namensraum.

Abbildung 6.3 zeigt die (auf das Wesentliche reduzierten) Umgebungen des Hauptprogramms und der Funktion `f()`. Es handelt sich gewissermaßen um einen Schnappschuss, der den Zustand der Programmausführung zu einem bestimmten Zeitpunkt wiedergibt. Denn die Belegungen der Variablen `x` können sich ja während des Programmlaufs ändern.

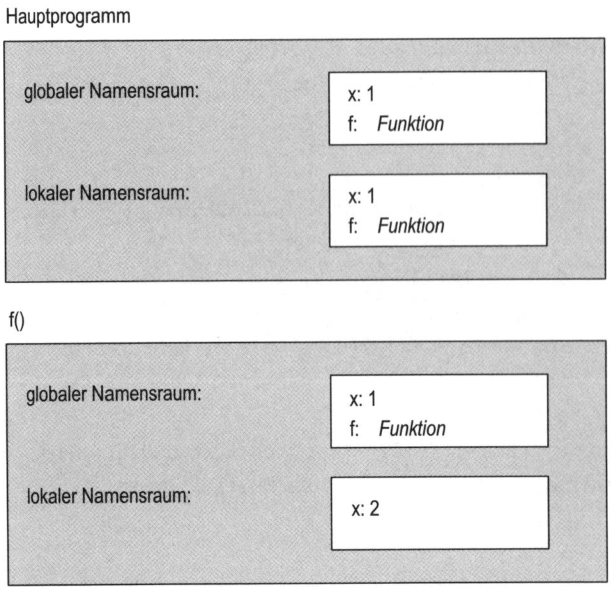

Abb. 6.3: Namensräume des Hauptprogramms und der Funktion `f()`

Das folgende Skript verhält sich etwas anders:

```
def g():
    print(x)    # x ist nicht im Funktionskörper definiert

x = 1
g()
```

Programmlauf:

```
1
```

Hier wird in der Funktion `g()` keine lokale Variable definiert; denn es gibt keine Zuweisung mit dem Namen `x` auf der linken Seite. Der lokale Namensraum (siehe Abbildung 6.4) enthält nicht den Namen x. Bei der print()-Anweisung wird deshalb der Name x des globalen Namensraumes verwendet.

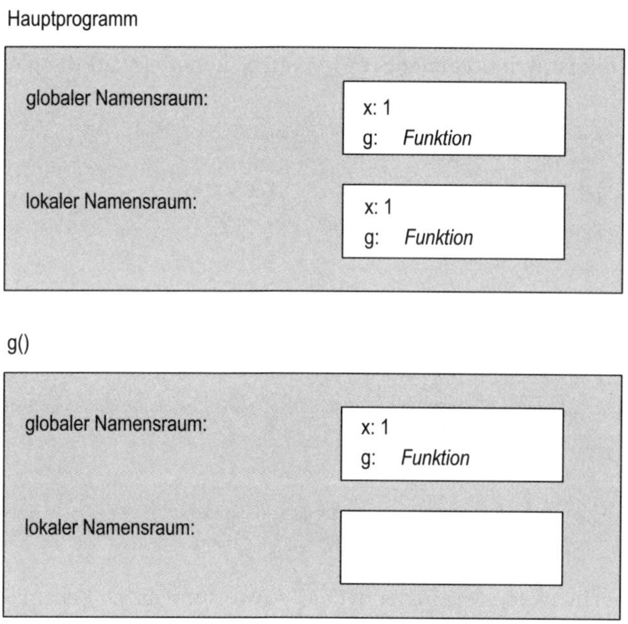

Abb. 6.4: Namensräume des Hauptprogramms und der Funktion g()

6.4.2 Seiteneffekte – die global-Anweisung

Innerhalb einer Funktion können Variablen des Hauptprogramms zwar gelesen werden (sofern es keine lokale Variable gleichen Namens gibt), aber man kann sie nicht so ohne Weiteres verändern. Probieren Sie es aus!

```
>>> def verdopple():
     x = x*2                                                      #1
>>> x = 2
>>> verdopple()
Traceback (most recent call last):
  File "<pyshell#39>", line 1, in <module>
    verdopple()
  File "<pyshell#37>", line 2, in verdopple
    x = x*2
UnboundLocalError: local variable 'x' referenced before assignment
```

Der Aufruf der Funktion verdopple() führte zu einem Laufzeitfehler. Die Anweisung **#1** kann nicht ausgeführt werden, weil der Name x im lokalen Namensraum der Funktion nicht bekannt ist.

Will man auf eine Variable des Hauptprogramms Einfluss nehmen, muss man sie mit einer `global`-Anweisung global machen. Hinter dem Schlüsselwort `global` wird der Name der Variablen aufgeführt. Dieser Name wird dann (bei der ersten Zuweisung) nicht in den lokalen Namensraum eingetragen. Eine Zuweisung innerhalb des Funktionskörpers wirkt sich dann auf die betreffende Variable des Hauptprogramms aus. Dieses nennt man Seiteneffekt. Im folgenden Skript übt die Funktion `verdopple()` einen Seiteneffekt auf die globale Variable x aus.

```
def verdopple():
    global x            # x wird globale Variable
    x = x * 2           # Seiteneffekt


# Hauptprogramm
x = 10
verdopple()
print("x:", x)
```

Programmlauf:

```
X: 20
```

Sollen mehrere Variablen global sein, werden sie in der `global`-Anweisung durch Kommas getrennt hintereinander aufgeführt. Beispiel:

```
global x, y, z
```

6.4.3 Parameterübergabe

Formale Parameter – das sind die Namen, die in der Parameterliste des Funktionskopfes stehen – werden wie lokale Variablen behandelt. Im folgenden Beispiel hat der formale Parameter der Funktion `halbiere()` den Namen `zahl`:

```
>>> def halbiere (zahl):
      zahl = float(zahl)
      zahl = zahl/2
      return zahl
```

Wenn die Funktion aufgerufen wird, schreibt man hinter den Funktionsnamen in Klammern einen *aktuellen* Parameter (Argument). Das kann ein Literal (z.B. die Zahl 10) oder der Name eines Objektes sein (im folgenden Beispiel der Name `n`). Man sagt: Das Argument bzw. der Parameter wird der Funktion übergeben.

Innerhalb der Funktion wird aber ein anderer Name verwendet – nämlich der Name des formalen Parameters (hier: `zahl`). Wenn das als Parameter übergebene Objekt *unveränderbar* ist (z.B. eine Zahl, String oder Tupel), dann haben – wie bei einer lokalen Variablen –

alle Operationen mit dem Namen des formalen Parameters *keine Auswirkungen* auf den aktuellen Parameter des Funktionsaufrufs. Beispiel:

```
>>> n = 5
>>> halbiere (n)
2.5
>>> n                  # n bleibt unverändert
5
```

Selbst wenn formaler und aktueller Parameter gleich lauten, wird dennoch zwischen ihnen unterschieden. Betrachten Sie das folgende Beispiel. Der *formale* Parameter `zahl` gehört zum lokalen Namensraum der Funktion `halbiere()`, während der *aktuelle* Parameter `zahl` im Funktionsaufruf zum globalen Namensraum der Funktion gehört.

```
>>> zahl = 200
>>> halbiere (zahl)          # aktueller Parameter zahl
100.0
>>> zahl                     # zahl bleibt unverändert
200
```

Eine andere Situation tritt auf, wenn das Argument eines Funktionsaufrufs eine Liste ist. Denn Listen sind *veränderbare* Objekte. Wenn innerhalb der Funktion eine Liste (oder ein anderes änderbares Objekt) modifiziert wird, die als Parameter übergeben worden ist, so ist diese Änderung auch außerhalb der Funktion sichtbar. Im folgenden Beispielskript ersetzt die Prozedur `quadriere()` alle Zahlen der übergebenen Liste durch ihr Quadrat.

```
# quadrieren einer Liste
def quadriere(l):
    for i in range (len(l)):
        l[i] = l[i] * l[i]                                   #1

# Hauptprogramm
liste = [0, 1, 2, 3, 4, 5, 6, 7, 8, 9]
quadriere(liste)
print("Quadrate:", liste)
```

Programmlauf:

```
Quadrate: [0, 1, 4, 9, 16, 25, 36, 49, 64, 81]
```

Um das richtig zu verstehen, muss man sich in Erinnerung rufen, dass Variablen Namen für Objekte sind. Beachten Sie: Der lokale Namensraum einer Funktion ordnet lokale Namen irgendwelchen Objekten zu. Die Objekte selbst sind aber nicht lokal, sondern existieren außerhalb der Umgebung der Funktion.

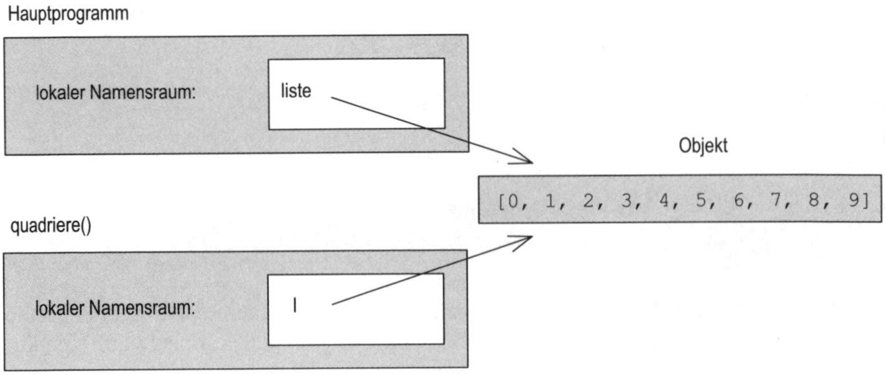

Abb. 6.5: Lokale Namensräume zu Beginn der Ausführung von `quadriere()`

In Zeile **#1** des Beispielskripts wird das Listen-Objekt mit dem lokalen Namen `l` verändert. Die Bindung des Namens `liste` an dieses Objekt bleibt aber erhalten.

6.5 Voreingestellte Parameterwerte

Manche Funktionen haben optionale Argumente, die bei einem Aufruf auch weggelassen werden können. Optionale Argumente werden bei der Definition der Funktion so gehandhabt, dass für sie bestimmte Default-Werte voreingestellt sind. Wenn beim Aufruf der Funktion das betreffende Argument fehlt, wird für die internen Berechnungen der voreingestellte Wert verwendet.

Default-Werte werden den formalen Parametern innerhalb der Parameterliste im Funktionskopf zugewiesen. Format:

```
def funktion (arg1=wert1, arg2=wert2, ...):
```

Die folgende Funktion erstellt eine Wertetabelle für die Funktion `f()`=x^2. Voreingestellt ist, dass für 10 Werte mit einem Abstand von `0.5` die Funktionswerte ausgegeben werden.

```
def wertetabelle (anzahl=10,  # Anzahl der Funktionswerte
                  schritt=0.5 # Abstand zwischen zwei Zahlen
                  ):
    x = 0.0
    print('Wertetabelle')
    for i in range(anzahl):
        print(x, '    ', x*x)
        x += schritt
```

Geben Sie die Funktion mit IDLE in einem Editorfenster ein und führen Sie sie aus (RUN|MODULE RUN). Die Funktion kann nun (im Shell-Fenster) auf verschiedene Weise aufgerufen werden. Wenn kein Argument übergeben wird, verwendet die Funktion beide

Default-Werte, das heißt, die Wertetabelle besteht aus 10 Zeilen und der Abstand der x-Werte ist `0.5`:

```
>>> wertetabelle()
Wertetabelle
0.0         0.0
0.5         0.25
1.0         1.0
1.5         2.25
2.0         4.0
2.5         6.25
3.0         9.0
3.5         12.25
4.0         16.0
4.5         20.25
```

Wenn beim Aufruf nur *ein* Argument übergeben wird, so wird dieses dem *ersten* formalen Parameter zugeordnet, in diesem Fall also dem Parameter `anzahl`. Für den zweiten Parameter wird der voreingestellte Wert (hier `0.5`) eingesetzt.

```
>>> wertetabelle(5)
Wertetabelle
0.0         0.0
0.5         0.25
1.0         1.0
1.5         2.25
2.0         4.0
```

Wenn Sie zwei Argumente übergeben, dann werden sie den beiden Parametern `anzahl` und `schritt` übergeben.

```
>>> wertetabelle(5, 1)
Wertetabelle
0.0         0.0
1.0         1.0
2.0         4.0
3.0         9.0
4.0         16.0
```

Die Default-Werte werden nur *ein einziges Mal* – nämlich bei der Definition der Funktion – eingesetzt und nicht etwa bei jedem Aufruf. Das spielt dann eine Rolle, wenn wir es mit änderbaren Objekten z.B. Listen zu tun haben. Betrachten Sie folgende Funktionsdefinition:

```
>>> def haengeAn (a, liste=[]):
        liste += [a]
        return liste
```

Mit der Zuweisung `liste=[]` in der Liste der formalen Parameter wird ein (zunächst) leeres Listen-Objekt mit dem Namen `liste` geschaffen, das auch dann existiert, wenn die Funktion nicht aufgerufen worden ist. Bei jedem Aufruf der Funktion mit nur einem Argument x wird die existierende Liste um dieses Element x verlängert.

```
>>> haengeAn(1)
[1]
>>> haengeAn (2)
[1, 2]
>>> haengeAn (3)
[1, 2, 3]
```

Zweites Beispiel: Die folgende Funktion realisiert einen Automaten, der »Wartenummern« erzeugt, die z.B. den wartenden Patienten in einer Arztpraxis oder den Besuchern des Straßenverkehrsamtes gegeben werden.

```
>>> def nummer(nr=[0]):
      print("Sie sind an der Reihe, wenn Nummer", nr[0], "angezeigt 
wird.")
      nr[0] += 1
>>> nummer()
Sie sind an der Reihe, wenn Nummer 0 angezeigt wird.
>>> nummer()
Sie sind an der Reihe, wenn Nummer 1 angezeigt wird.
```

6.5.1 Schlüsselwort-Argumente

Funktionen haben häufig mehrere Parameter. Betrachten wir als Beispiel eine Funktion, die einen ärztlichen Untersuchungsbericht schreibt:

```
def bericht( name, vorname, diagnose):
    print('Untersuchungsbericht')
    print('--------------------')
    print('Patient:', vorname, name)
    print('Diagnose:', diagnose)
```

Aufruf der Funktion:

```
>>> bericht('Konrad', 'Maren', 'Schnupfen')
Untersuchungsbericht
```

```
--------------------
Patient: Maren Konrad
Diagnose: Schnupfen
```

Bei dem Aufruf der Funktion wird dem formalen Parameter `name` das erste Argument `'Konrad'`, dem formalen Parameter `vorname` das zweite Argument `'Maren'`, dem formalen Parameter `diagnose` das dritte Argument `'Schnupfen'` zugeordnet.

Das heißt: Bei dem Aufruf müssen die aktuellen Parameter (Argumente) in der gleichen Reihenfolge aufgeführt werden wie die zugehörigen formalen Parameter innerhalb des Kopfes der Funktionsdefinition. Man spricht dann von *Positionsargumenten*, weil sich die Zuordnung eines Arguments zu einem formalen Parameter aus der Position in der Argumentliste ergibt.

Positionsargumente sind eine potenzielle Quelle für semantische Fehler. Denn es kann bei einem komplexen Programm passieren, dass man die Argumente in ihrer Reihenfolge vertauscht, ohne dass dies zu einer Fehlermeldung des Systems führt. Bei unserem Beispiel gibt auch der Aufruf

```
>>> bericht('Maren', 'Konrad', 'Schnupfen')
```

Sinn. Aber hier wurden Vor- und Nachname vertauscht. (Man überlege sich, welche Folgen das im medizinischen Bereich haben kann!)

Alternativ zu Positionsargumenten können bei Funktionsaufrufen so genannte Schlüsselwort-Argumente (*keyword arguments*) in der Form

```
Schlüsselwort=Wert
```

verwendet werden. Beispiel:

```
>>> bericht(vorname='Maren',
        name='Konrad',
        diagnose='Schnupfen')
```

Dieser Aufruf liefert das gleiche (korrekte) Ergebnis wie die Variante mit Positionsargumenten, obwohl hier die Argumente eine andere Reihenfolge als die formalen Parameter haben.

Offensichtlicher Vorteil ist eine bessere Lesbarkeit des Funktionsaufrufs. Versehentliche Vertauschungen von Argumenten sind praktisch kaum noch möglich. Denn Schlüsselwortargumente können in beliebiger Reihenfolge in der Parameterliste aufgeführt werden. Positionsargumente und Schlüsselwortargumente können übrigens gemischt werden, wobei allerdings einem Schlüsselwortargument kein Positionsargument folgen darf. Bezogen auf das obige Beispiel sind folgende Funktionsaufrufe erlaubt:

```
>>> bericht(diagnose='Schnupfen', name='Konrad', vorname='Maren')
>>> bericht('Konrad', 'Maren', diagnose='Schnupfen')
```

Ungültig sind dagegen folgende Funktionsaufrufe:

```
bericht(name='Konrad', name='Schmidt',
        vorname='Maren', diagnose='Schnupfen')
```

Doppeltes Schlüsselwort-Argument.

```
>>> bericht(name='Konrad', 'Maren', 'Schnupfen')
```

Nicht erlaubte Positionsargumente hinter einem Schlüsselwort-Argument.

Noch ein Hinweis zum Programmierstil: Bei Schlüsselwort-Argumenten schreibt man rechts und links vom Gleichheitszeichen keine Leerzeichen.

6.6 Funktionen mit beliebiger Anzahl von Parametern

Wie bereits erwähnt, können einige Standardfunktionen mit einer unterschiedlichen Anzahl von Argumenten aufgerufen werden. Zum Beispiel liefert die Standardfunktion `min()` das kleinste der übergebenen (mindestens zwei) Argumente als Wert zurück.

```
>>> min(1,2)
1
>>> min(6, 5, 4, 123, 88987)
4
```

Eine Funktion, die eine beliebige Anzahl von Argumenten akzeptiert, wird folgendermaßen definiert. In der Parameterliste des Funktionskopfes wird vor einen formalen Parameter ein Stern geschrieben, z.B. `*args`. Dann repräsentiert der dem Stern folgende formale Parameter ein (eventuell leeres) Tupel von Argumenten. Innerhalb des Funktionskörpers kann dann auf die übliche Weise mit `args[i]` auf das `i`-te Element des Tupels zugegriffen werden. Die Funktion `quersumme()` des folgenden Beispiels berechnet die Summe der Quersummen einer beliebigen Anzahl von Zahlen.

```
def quer (zahl):
    # Quersumme einer Zahl
     zahlstring = str(zahl)
     summe = 0
     for c in zahlstring:
         summe += int(c)
     return summe

def quersumme (*zahl):
    # Summe von Quersummen
     summe = 0
     for x in zahl:                                          #1
```

```
        summe += quer(x)
    return summe
```

In der for-Schleife **#1** werden die einzelnen Quersummen der Zahlen im Argumenttupel zahl aufsummiert. Um das Testen zu erleichtern, wurden die beiden Funktionsdefinitionen von quer() und quersumme() im interaktiven Modus eingegeben. Man kann nun unterschiedliche Aufrufe ausprobieren:

```
>>> quersumme()
0
>>> quersumme(1, 100, 123)
8
```

Wie man sieht, berücksichtigt die Funktion auch den Fall, dass gar kein Argument übergeben wird.

6.7 Lokale Funktionen

Eine lokale Funktion wird innerhalb des Körpers einer Funktion definiert und kann nur innerhalb dieser Funktion aufgerufen werden. Von außen ist sie nicht erreichbar.

Als Beispiel beschreiben wir eine Funktion, die eine Zeichenkette analysiert und herausfindet, ob sie einen deutschen Text enthält oder nicht. Die Idee ist folgende:

- Man zählt die Vorkommen bestimmter Buchstaben und ermittelt ihren prozentualen Anteil am Gesamttext (relative Häufigkeit).
- Dann vergleicht man die relativen Häufigkeiten mit statistischen Angaben zur deutschen Sprache. Als Grundlage kann Tabelle 6.1 verwendet werden.

A	6,51 %	J	0,27 %	S	7,27 %
B	1,89 %	K	1,21 %	T	6,15 %
C	3,06 %	L	3,44 %	U	4,35 %
D	5,08 %	M	2,53 %	V	0,67 %
E	17,40 %	N	9,78 %	W	1,89 %
F	1,66 %	O	2,51 %	X	0,03 %
G	3,01 %	P	0,79 %	Y	0,04 %
H	4,76 %	Q	0,02 %	Z	1,13 %
I	7,50 %	R	7,00 %		

Tabelle 6.1: Relative Vorkommenshäufigkeiten von Buchstaben in deutschen Texten. Die Umlaute ä, ö, ü wurden wie ae, oe, ue gezählt. Quelle: Wikipedia.

Im folgenden Skript enthält die Funktion deutsch() die lokale Funktion h(). Diese übernimmt Teilaufgabe 1 und berechnet die relative Häufigkeit des Vorkommens eines Zeichens im String.

```
# deutsch.py
def deutsch (s):
    def h(text, buchstabe):
        text.upper()                                          #1
        anzahl = text.count(buchstabe)                        #2
        relativeHaeufigkeit = float(anzahl)*100/len(text)
        return relativeHaeufigkeit
        # Ende def h

    if (4<h(s,"a")<9) and (14<h(s,"e")<20) and (h(s,"y")<1):  #3
        return True
    else:
        return False
    # Ende def deutsch

text = input("Text: ")
if deutsch(text):
    print("vermutlich deutsch")
else:
    print("vermutlich nicht deutsch")
```

In Zeile **#1** werden durch Aufruf der Methode `upper()` die Zeichen des Strings `text` in lauter Großbuchstaben umgewandelt. Die Methode `count()` liefert eine Zahl, die angibt, wie häufig das Zeichen `buchstabe` im String `text` vorkommt (**#2**). Mithilfe der Länge von Text wird daraus die relative Häufigkeit berechnet und zurückgegeben.

In der `if`-Anweisung der Funktion `deutsch()` in Zeile **#3** wird geprüft ob die relativen Häufigkeiten der Zeichen `a`, `e` und `y` in gewissen Grenzen liegen. Wenn das der Fall ist, wird `True` zurückgegeben, sonst `False`.

Beispiel für einen Programmlauf:

```
Text: Damit ein Text einigermassen sicher als deutsch oder nicht
deutsch erkannt wird, muss er bei diesem einfachen Programm ziemlich
lang sein. Man kann sich leicht ausrechnen, dass der Text auf Grund der
Streuung der Vorkommenshaeufigkeiten ueber mehrere Seiten gehen muss.
Einzelne Zeilen reichen nicht aus.

vermutlich deutsch
```

6.8 Rekursive Funktionen

»Recursion is an order of magnitude more complicated than repetition.«

Dijkstra

Eine rekursive Funktion ist eine Funktion, die sich selbst aufruft. Der Begriff Rekursion leitet sich vom lateinischen Wort *recurrere* ab, was unter anderem *wiederkehren* bedeutet. Die Idee der Rekursion kann man sich an folgender Alltagssituation klar machen.

Sie befinden sich in einer fremden Stadt und fragen Leute auf der Straße nach dem Weg zum Bahnhof. Je nach Ihrem Standort können Sie z.B. folgenden Antworten bekommen:

- Antwort 1: »Drehen Sie sich doch mal um! Sie stehen bereits davor!«
- Antwort 2: »Gehen Sie diese Straße entlang, an der nächsten Ampel rechts und dann fragen Sie noch mal jemanden.«

Durch Antwort 1 wurde Ihr Problem »Wie komme ich zum Bahnhof?« direkt gelöst. Antwort 2 ist noch keine Lösung, aber es bringt Sie der Lösung etwas näher. Wenn Sie den beschriebenen Weg gelaufen sind, müssen Sie noch einmal Ihren Problemlösungsalgorithmus anwenden – nämlich jemanden fragen –, aber jetzt ist das Problem *kleiner*. Denn Sie sind näher am Bahnhof, der Weg dorthin ist nicht mehr so kompliziert und der Befragte muss vermutlich nicht mehr so lange nachdenken, um Ihnen weiterhelfen zu können. Nach mehreren Anfragen wird dann irgendwann die Situation eintreten, dass man Ihnen den Bahnhof direkt zeigen kann (Antwort vom Typ 1). Die Rekursion endet.

Zu einer rekursiven Problemlösung gehören also zwei Teile:

- Falls das Problem einfach genug ist, löse es direkt (Elementarfall).
- Anderenfalls tue so, als hättest du bereits einen Lösungsalgorithmus für eine einfachere Version des Problems. Konstruiere damit eine Lösung für das komplexere Problem.

Wenn der Elementarfall fehlt, haben wir es mit einer Endlosrekursion zu tun. Der Prozess der Problemlösung endet niemals und läuft bis in alle Ewigkeit. Auch hierfür gibt es im Alltagsdenken Beispiele:

- Denken Sie einen Moment über folgenden Satz nach:

  »Meine Vorfahren sind meine Eltern und die Vorfahren meiner Eltern.«

  Offensichtlich hat man durch diesen kurzen Satz eine unendlich große Personengruppe beschrieben. Die Definition ist rekursiv, weil der Begriff »Vorfahre« verwendet wurde, um sich selbst zu definieren.
- Wenn Sie sich zwischen zwei parallele, einander gegenüberstehende Spiegel stellen, erleben Sie eine Endlosrekursion: Sie sehen das Spiegelbild des Spiegelbildes des Spiegelbildes ...
- Zu einer Endlosrekursion kann es auch im Bereich zwischenmenschlicher Interaktion kommen. Zwei Personen stehen sich einander gegenüber und fragen sich: Was denkt der andere wohl, was ich denke, dass er denkt, was ich denke ...

Rekursion ermöglicht kurze und elegante Formulierungen für Problemlösungen. Hier zeigt sich eine Stärke der Programmiersprache Python. Mit Python können Sie eine rekursive Funktion so formulieren, dass die algorithmische Idee besonders deutlich wird. Sie werden im weiteren Verlauf des Buches immer wieder auf rekursive Funktionen stoßen. Allerdings ist die Arbeitsweise einer rekursiven Funktion anfangs nur schwer zu verstehen. Wenn Sie mit der rekursiven Denkweise nicht vertraut sind, sollten Sie mit der Turtle-Grafik experimentieren. Mehr dazu im folgenden Abschnitt.

6.9 Experimente zur Rekursion mit der Turtle-Grafik

Dieser Abschnitt ist eine praktische Einführung in die Rekursion mit dem Python-Modul `turtle`.

Im Jahre 1967, zu einer Zeit, als Computer noch ganze Räume füllten, veröffentlichten die beiden amerikanischen Informatiker Wally Feurzeig und Seymour Papert die Programmiersprache Logo. Logo war als »pädagogische« Programmiersprache gedacht, die leicht zu lernen ist und Anfängern hilft, die Grundideen der Informatik zu verstehen. Insbesondere sollte Logo das rekursive Denken fördern. Deshalb gibt es bei Logo keine `while`- und keine `for`-Anweisungen. Wiederholungen *müssen* durch rekursive Funktionen realisiert werden.

Ein geradezu sensationelles Feature von Logo ist die Turtle-Grafik. Die Idee: Auf einem großen Blatt Papier sitzt eine Schildkröte (engl. *turtle*), die einen Stift hinter sich herzieht und auf diese Weise zeichnen kann. Durch Kommandos kann die Schildkröte ferngesteuert werden.

6.9.1 Turtle-Befehle im interaktiven Modus

Zur Standardausstattung von Python gehört ein Modul namens `turtle`, das die Turtle-Grafik realisiert. Sie können die Turtle-Befehle im interaktiven Modus ausprobieren:

```
>>> from turtle import *
>>> clear()
```

Nachdem Sie das zweite Kommando eingegeben haben (ein Funktionsaufruf), öffnet sich ein neues Fenster und Sie sehen in der Mitte eine kleine Pfeilspitze, die nach rechts zeigt. Das ist die Turtle.

```
>>> forward(100)
```

Die Turtle geht 100 Schritte geradeaus und erzeugt auf diese Weise eine gerade Linie.

```
>>> right (90)
```

Die Turtle dreht sich (um ihre Spitze) um 90° nach rechts.

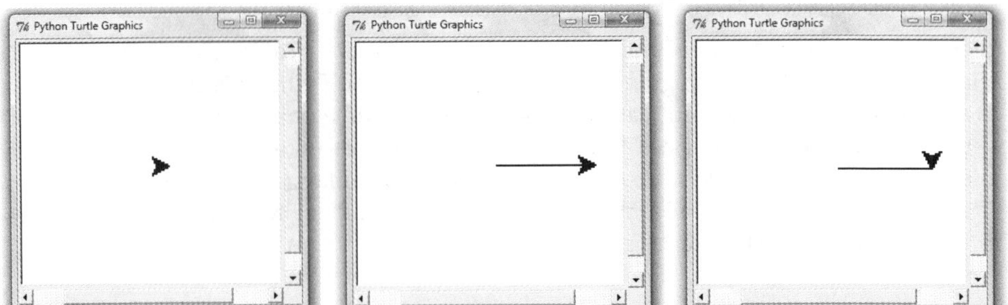

Abb. 6.6: Das Grafikfenster der Python-Turtle

Tabelle 6.2 zeigt die wichtigsten Turtle-Kommandos. Beachten Sie, dass es zu vielen Funktionen auch eine Kurzform gibt.

Befehl	Bedeutung
`backward (n)`, `bk(n)` , `back(n)`	Gehe n Schritte zurück.
`circle(r)`	Zeichne einen Kreis mit Radius *r*.
`clear()`	Lösche die Zeichenfläche, gehe in die Mitte.
`forward(n)`, `fd(n)`	Gehe n Schritte geradeaus.
`left(n)`, `lt(n)`	Drehe dich um *n* Grad nach links.
`hideturtle()`, `ht()`	Turtle wird unsichtbar.
`pendown()` , `pd()` , `down()`	Stift nach unten!
`penup()` , `pu()` , `up()`	Stift nach oben!
`right(n)`, `rt(n)`	Drehe dich um *n* Grad nach rechts.
`showturtle()`, `st()`	Turtle wird sichtbar.
`speed(n)`	Einstellung der Geschwindigkeit; *n* ist eine ganze Zahl zwischen 0 und 10.

Tabelle 6.2: Einige Funktionen der Turtle-Grafik und ihre Kurzformen

Vielleicht ist Ihnen bei diesen ersten Experimenten schon aufgefallen, dass die Turtle sich relativ langsam bewegt. Man kann die Bewegung mit dem Auge verfolgen. Das ist Absicht. Denn auf diese Weise kann man die Ausführung rekursiver Funktionen nachvollziehen.

6.9.2 Eine rekursive Spirale

Das folgende Skript zeigt ein Beispiel für eine rekursive Funktion. Probieren Sie sie aus.

```
# spirale_0.py
from turtle import *

def spirale(x):
    forward(x)
    right(90)
    spirale(0.9*x)          # rekursiver Aufruf
    return

spirale(200)
```

Das Skript enthält eine rekursive Funktion namens `spirale()`. Im Grafik-Fenster entsteht ein Bild wie in Abbildung 6.7. Die Turtle zeichnet eine rechteckige Spirale. Sie beginnt außen und bewegt sich mit immer kleineren Geradeausfahrten nach innen. Aber es gibt ein Problem! Die Turtle dreht sich in der Mitte des Fensters immer weiter. Sie hält niemals an. Schließen Sie das Fenster *Python Turtle Graphics* und brechen Sie damit das Programm ab, ehe das Laufzeitsystem Probleme bekommt.

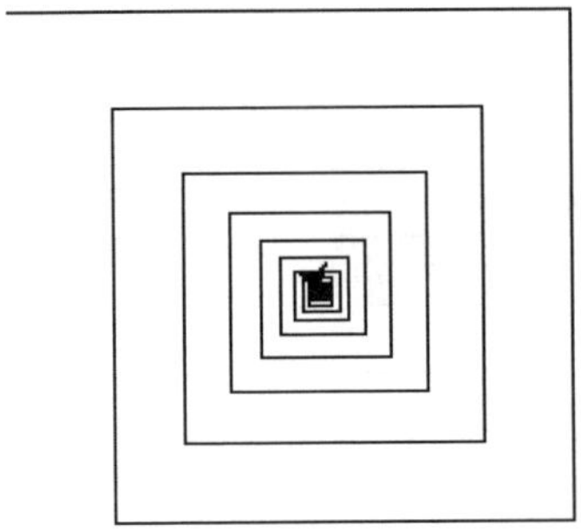

Abb. 6.7: Eine Spirale mit der Turtle-Grafik

Werfen wir einen Blick auf den Programmtext. Das Skript enthält die rekursive Funktion `spirale()`. In der letzten Zeile wird diese Funktion mit dem Argument 200 aufgerufen. Die Turtle geht also 200 Schritte geradeaus, dann dreht sie sich nach rechts und dann wird wieder (rekursiv) die Funktion `spirale()` aufgerufen, diesmal aber mit dem Argument 180 (`0.9*200`). Bei diesem zweiten Aufruf geht die Turtle nur 180 Schritte und dreht dann wieder um 90 ° nach rechts usw. Den ganzen Prozess kann man sich als unendliche Folge von Aufträgen vorstellen.

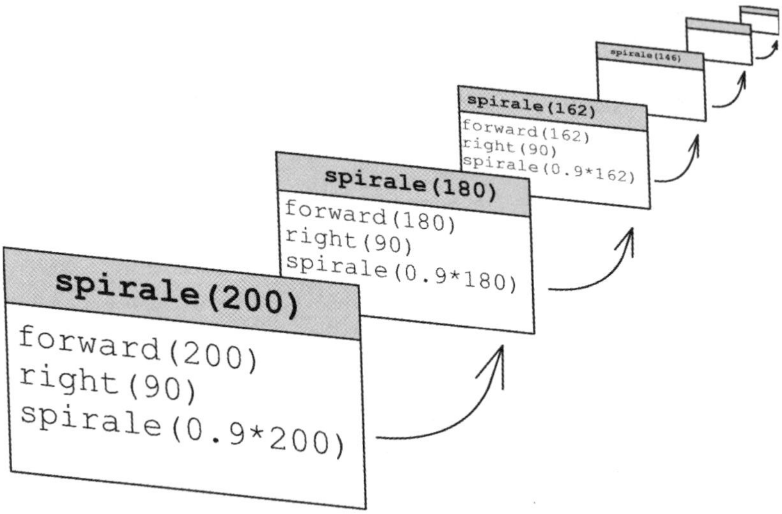

Abb. 6.8: Ausführung einer rekursiven Funktion als Folge von Aufträgen

Aber niemals wird ein Auftrag beendet. Und genau das ist das Problem. Eine rekursive Funktion muss eine bedingte Anweisung enthalten, die den *Abbruch der Rekursion* ermöglicht. Ansonsten haben wir eine Endlosrekursion. Die folgende rekursive Funktion bricht die Ausführung mit `return` ab, wenn der Parameter `x` kleiner als 5 ist.

```
def spirale(x):
    if x < 5:
        return              # Abbruch der Rekursion
    else:
        forward(x)
        right(90)
        spirale(0.9*x)      # rekursiver Aufruf
        return
```

Die Funktion `spirale()` zeigt übrigens die einfachste Form der Rekursion, die so genannte *Endrekursion*. Die Besonderheit: Der rekursive Aufruf ist die letzte Aktion vor dem `return`. Endrekursive Funktionen können sehr leicht auch nicht-rekursiv mithilfe einer `while`-Schleife programmiert werden. Das geht bei Baumstrukturen nicht so einfach. Dazu mehr im folgenden Abschnitt.

6.9.3 Baumstrukturen

Abbildung 6.9 zeigt einen binären Baum. Binär heißt, dass an einer Verzweigung zwei (und nicht etwa drei oder vier) kleinere Äste aus einem größeren Ast hervorgehen.

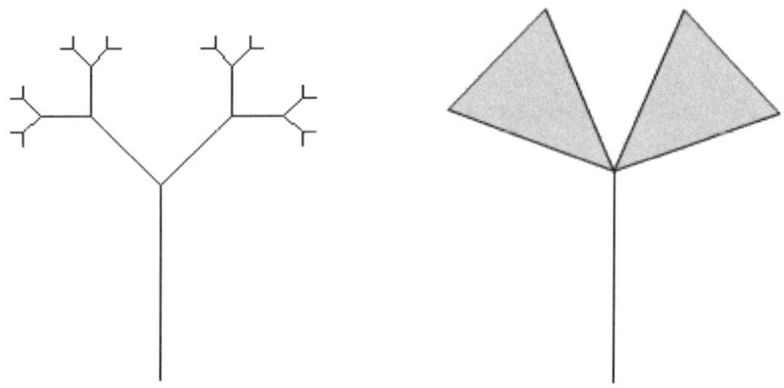

Abb. 6.9: Ein binärer Baum und die rekursive Konstruktionsidee

Im rechten Bild ist die Idee der rekursiven Definition eines Baumes illustriert. Versuchen Sie, diesen Gedanken nachzuvollziehen:

Ein binärer Baum besteht aus einer geraden Linie, einem kleineren Baum, der nach links geht, und einem kleineren Baum, der nach rechts geht.

Der binäre Baum aus Abbildung 6.9 wird durch das folgende Skript mit einer rekursiven Funktion auf den Bildschirm gezeichnet:

```
from turtle import *

def baum(x):
    if x < 5: return                                          #1
    else:
```

```
        forward(x)
        left(45)
        baum(x/2)                                            #2
        right(90)
        baum(x/2)                                            #3
        left(45)                                             #4
        back(x)
    return

left(90)                                                     #5
baum(100)
hideturtle()                                                 #6
```

Erläuterung:

#1: Abbruch der Rekursion.

#2: Rekursiver Aufruf. Links wird ein kleinerer Binärbaum gezeichnet.

#3: Rekursiver Aufruf. Rechts wird ein kleinerer Binärbaum gezeichnet.

#4: Die Turtle wird wieder an ihre Startposition manövriert.

#5: Hier beginnt das Hauptprogramm. Zunächst wird dafür gesorgt, dass die Turtle nach oben zeigt.

#6: Am Ende eines Turtle-Grafik-Programms kann man mit `hideTurtle()` die Turtle verstecken, um ein schöneres Bild zu erhalten.

6.9.4 Künstlicher Blumenkohl – selbstähnliche Bilder

Wenn Sie einen Bildausschnitt von der Oberfläche eines Blumenkohls sehen, können Sie nicht erkennen, mit welcher Vergrößerung das Bild aufgenommen wurde. Denn die typische Struktur des Blumenkohls wiederholt sich immer wieder, wenn man das Bild vergrößert. Solche Bilder nennt man selbstähnlich. In der fraktalen Geometrie werden selbstähnliche Bilder mathematisch beschrieben. Ein bekanntes Beispiel ist das Sierpinski-Dreieck (Waclaw Sierpinski 1915). Die rekursive Konstruktionsidee ist:

- Zeichne ein gleichseitiges Dreieck mit Seitenlänge `x`.
- Zeichne in die drei Ecken kleinere Sierpinski-Dreiecke, jeweils mit der Seitenlänge `x/2`.

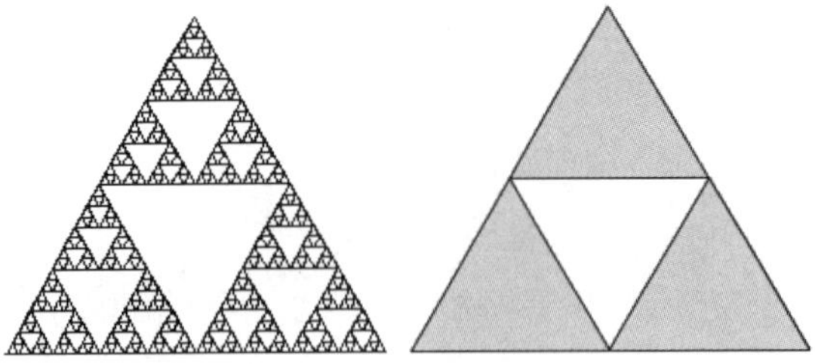

Abb. 6.10: Sierpinski-Dreieck und die rekursive Konstruktionsidee

Das folgende Skript zeichnet ein Sierpinski-Dreieck. Die Rekursion wird abgebrochen, wenn eine Linienlänge von 5 unterschritten ist. Bei einem »echten« Sierpinski-Dreieck muss die Rekursion eigentlich unendlich weiterlaufen.

```
from turtle import *
def sierpinski(x):
    if x < 5: return
    else:
        fd(x)                                           #1
        right(120)
        fd(x)
        right(120)
        fd(x)
        right(120)
        sierpinski(x/2)                                 #2
        fd(x/2)
        sierpinski(x/2)                                 #2
        back(x/2)
        right(60)
        fd(x/2)
        left(60)
        sierpinski(x/2)                                 #2
        right(60)
        back(x/2)
        left(60)
        return

speed(0)                                                #3
left(60)
sierpinski(200)
hideturtle()
```

Erläuterung:

#1: Zuerst wird ein großes Dreieck gezeichnet.

#2: Es gibt drei rekursive Aufrufe der Funktion `sierpinski()`. Jedes Mal wird ein kleineres Sierpinski-Dreieck gezeichnet.

#3: Die Geschwindigkeit der Turtle können Sie mit `speed()` verändern. Am langsamsten wird es mit `speed(1)`. Der Aufruf `speed(0)` bewirkt, dass die Zeichnung, so schnell es geht, erscheint. Dann ist natürlich der lehrreiche Bewegungseffekt (weitgehend) aufgehoben.

6.10 Rekursive Zahlenfunktionen

Ein klassisches Beispiel aus der Mathematik ist die rekursive Definition der Fakultät. Sie lautet folgendermaßen:

```
1! = 1
n! = n*(n - 1)! für alle natürlichen Zahlen n > 1
```

Wenden wir diese Berechnungsvorschrift an und rechnen ein Beispiel:

```
4!
= 4*3!
= 4*3*2!
= 4*3*2*1!
= 4*3*2*1
= 24
```

Mit Python kann man die obige Definition der Fakultät als rekursive Funktion formulieren:

```
>>> def fak(n):
      if n == 1:
         return 1
      else:
         return n*fak(n-1)       # rekursiver Aufruf

>>> print(fak(20))
2432902008176640000
```

Sie sehen, dass die Funktion `fak()` sich selbst aufruft, allerdings mit einem *anderen Argument* als dem, mit dem sie selbst aufgerufen worden ist (nämlich `n-1`).

Eine rekursive Funktion muss eine bedingte Anweisung enthalten, die den *Abbruch der Rekursion* ermöglicht. Ansonsten haben wir eine Endlosrekursion. Das heißt, die Ausführung der Funktion endet niemals. In der Beispielfunktion ist `n == 1` die *Abbruchbedingung*. Wenn sie erfüllt ist, gibt es keine weiteren rekursiven Aufrufe mehr und es wird (in diesem Fall) das Ergebnis 1 zurückgegeben.

Die bloße Existenz einer Abbruchbedingung ist natürlich noch keine Garantie, dass sie bei einer Rechnung auch tatsächlich irgendwann einmal erfüllt ist und die Rekursion endet.

6.11 Hintergrund: Wie werden rekursive Funktionen ausgeführt?

6.11.1 Execution Frames

Um die Arbeitsweise rekursiver Funktionen richtig zu verstehen, sollte man sich klar machen, wie Funktionen ausgeführt werden. Bei Aufruf einer Funktion erzeugt der Interpreter ein Objekt, das den augenblicklichen Zustand der Ausführung der Funktion repräsentiert – einen so genannten *Execution Frame*. Darin finden sich Informationen zu folgenden Punkten:

- Aktuelle Anweisung, die gerade ausgeführt wird
- Ein Verweis auf den übergeordneten Execution Frame, in dem die Funktion aufgerufen worden ist
- Lokaler Namensraum mit aktuellen Werten der lokalen Variablen

Abbildung 6.11 illustriert, wie der Aufruf `fak(3)` ausgeführt wird. Zunächst wird ein erster Execution Frame erzeugt und dann der Anweisungsblock der Funktionsdefinition abgearbeitet. Wenn der Interpreter auf die Anweisung

```
return n*fak(n-1)
```

stößt, wird die Ausführung des aktuellen Funktionsaufrufs unterbrochen und ein neuer (rekursiver) Aufruf der Funktion, nämlich `fak(2)`, gestartet. Das System erzeugt einen neuen Execution Frame.

Da in diesem neuen Aufruf von `fak()` wieder die Anweisung

```
return n*fak(n-1)
```

ausgeführt wird, diesmal mit dem Wert 2 für den Parameter `n`, kommt es zu einem dritten Aufruf, nämlich `fak(1)`. Nun ist in der `if`-Anweisung

```
    if n == 1:
        return 1
```

die Bedingung `n==1` erfüllt. Es wird der Wert 1 zurückgegeben und es gibt keine weiteren rekursiven Aufrufe. Die Rekursion bricht ab. Die Kontrolle geht nun an den zweiten Execution Frame zurück, der zum Aufruf `fak(2)` gehört. Mithilfe des zurückgegebenen Wertes kann die aktuelle Anweisung

```
return n*fak(n-1)
```

zu Ende ausgeführt werden. Der Execution Frame zu `fak(1)` ist nun überflüssig und wird gelöscht. Der Ausdruck `n*fak(n-1)` wird mithilfe des Rückgabewertes 1 ausgewertet und das Ergebnis 2 an den Aufruf `f(3)` eine Ebene höher gemeldet. Schließlich liefert der Aufruf `fak(3)` das Endergebnis an den Interpreter.

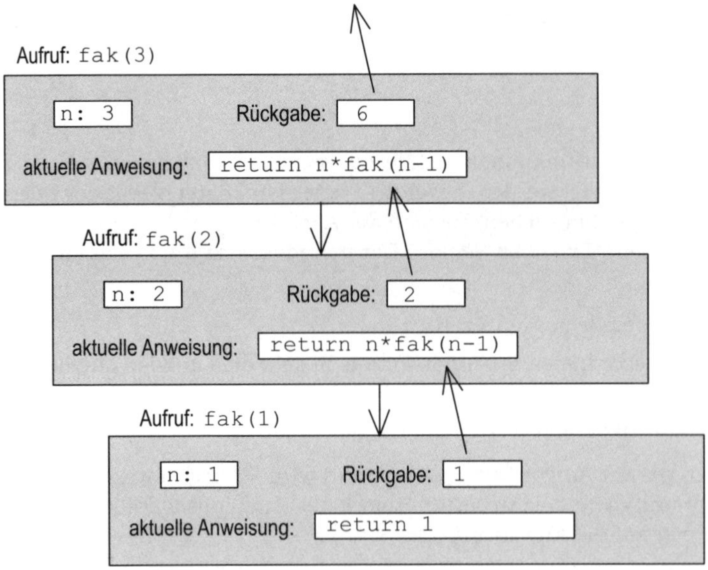

Abb. 6.11: Execution Frames beim Aufruf der rekursiven Funktion `fak()`

6.11.2 Rekursionstiefe

Der Aufruf einer rekursiven Funktion zieht weitere Aufrufe der gleichen Funktion nach sich. Die Anzahl der rekursiven Aufrufe bezeichnet man als Rekursionstiefe. Wenn eine Funktionsdefinition mehrere rekursive Aufrufe beinhaltet, kann die Rekursionstiefe rasch sehr groß werden. Bei großen Argumenten kann das dazu führen, dass der Arbeitsspeicher des Computers nicht mehr ausreicht, die Funktion auszuführen. Denn für jeden erneuten Funktionsaufruf wird ein weiterer Execution Frame erzeugt, der Speicherplatz beansprucht. Um einem Systemabsturz vorzubeugen, beachtet der Python-Interpreter eine voreingestellte Obergrenze für die Rekursionstiefe. Sie können diese »Sicherung« durch folgendes Experiment testen. Setzen Sie im interaktiven Modus eine Variable `i` auf den Wert `0`. Diese Variable dient als Zähler für die Anzahl der Aufrufe einer rekursiven Funktion `f()`. Die Funktion `f()` erhöht bei jedem Aufruf der Zähler `i` um `1` und ruft sich dann wieder selbst auf.

```
>>> i = 0
>>> def f():
        global i
        i += 1
        f()
>>> f()
```

Nach dem Aufruf `f()` erfolgt nach einigen Sekunden folgende Fehlermeldung:

```
RuntimeError: maximum recursion depth exceeded
```

Die Variable `i` enthält nun die Anzahl der Aufrufe von `f()`:

```
>>> i
995
```

In einem weiteren Experiment testen wir die Rekursionstiefe einer Funktion, die Fibonacci-Zahlen berechnet. Die Fibonacci-Zahlen sind rekursiv folgendermaßen definiert:

$a_1=1$
$a_2=1$
$a_n=a_n-2+a_n-1$ für $n>=2$

Die folgende rekursive Python-Funktion basiert auf dieser Definition. Zusätzlich gibt die Funktion die Nummer und Form ihres Aufrufs auf dem Bildschirm aus (**#1**). Dabei verwendet sie eine globale Variable `i`, die wiederum als Zähler dient und bei jedem Funktionsaufruf hochgesetzt wird:

```
>>> i = 0                                  # Zähler wird initialisiert
>>> def fib(n):
      global i
      i += 1                               # Zähler erhöhen
      print("Aufruf Nr.", i, "   fib(", n, ")")                    #1
      if n in [1,2]:
         return 1
      else:                                # Abbruch der Rekursion
         return fib(n-2) + fib(n-1)        # rekursive Aufrufe

>>> fib(5)
Aufruf Nr. 1     fib( 5 )
Aufruf Nr. 2     fib( 3 )
Aufruf Nr. 3     fib( 1 )
Aufruf Nr. 4     fib( 2 )
Aufruf Nr. 5     fib( 4 )
Aufruf Nr. 6     fib( 2 )
Aufruf Nr. 7     fib( 3 )
Aufruf Nr. 8     fib( 1 )
Aufruf Nr. 9     fib( 2 )
5
```

Beim Aufruf `fib(5)` sind also insgesamt neun Aufrufe der Funktion `fib()` notwendig. Der Aufruf `fib(10)` hat bereits eine Rekursionstiefe von `109`, und der Aufruf `fib(15)` kann schon gar nicht mehr ausgeführt werden, weil die standardmäßig eingestellte maximale Rekursionstiefe überschritten ist. Probieren Sie es aus!

Sie erkennen an diesem Beispiel einige Nachteile rekursiver Funktionen:

- Sie benötigen viel Speicherplatz, um Zwischenzustände der rekursiven Funktionsaufrufe zu speichern.

- Sie arbeiten häufig ineffizient, was sich in langen Laufzeiten ausdrückt. Beim obigen Beispiel sehen Sie, dass während der Abarbeitung des Aufrufs `fib(5)` drei Mal der Aufruf `fib(2)` erfolgt. Das heißt: Überflüssigerweise wird dieselbe Rechnung mehrfach durchgeführt.

6.12 Funktionen als Objekte

In der Standard-Typ-Hierarchie von Python werden Funktionen als aufrufbare Objekte (callable objects) bezeichnet. Sie werden mit Daten-Objekten sozusagen »gleich behandelt«. So besitzen Funktionen wie Daten-Objekte eine Identität, einen Typ und einen Wert. Sie können das am Beispiel der Standardfunktion `len()`, die die Länge einer Sequenz berechnet, ausprobieren:

```
>>> id(len)
28661520
>>> type(len)
<class 'builtin_function_or_method'>
>>> len
<built-in function len>
```

Diese Angaben haben freilich für die Programmierung nur eine geringe praktische Bedeutung. Der Wert des Funktionsobjektes `len` ist einfach nur eine verbale Beschreibung der Funktion, aber kein Datum im eigentlichen Sinne. Man kann einer Funktion weitere Namen geben und dann die neuen Namen zum Aufruf der Funktion verwenden:

```
>>> length = len
>>> länge = len
>>> len("Wort")
4
>>> länge("Wort")
4
```

Wie alle Objekte können Funktionen hinsichtlich Gleichheit und Identität verglichen werden:

```
>>> len == länge
True
>>> len is length
True
>>> len is type
False
```

Neue Namen für Funktionen können sehr praktisch sein. Für Funktionen mit langen Namen, die in einem Programm häufig verwendet werden, können Sie Abkürzungen einführen. Falls Sie den Abschnitt über Turtle-Grafik gelesen haben, erinnern Sie sich: Für die Funktion `forward()` gibt es auch den kürzeren Namen `fd()`.

6.12.1 Hintergrund: Typen sind keine Funktionen

Mit einem Aufruf von `bool()` können Sie den Wahrheitswert eines Objektes ermitteln und mit `float()` verwandeln Sie eine ganze Zahl in eine Gleitkommazahl:

```
>>> bool(42)
True
>>> float(42)
42.0
```

Dennoch sind `bool()`, `float()`, `int()` usw. streng genommen keine Funktionen (wie zum Beispiel `len()`), sondern Typen. Probieren Sie aus:

```
>>> type(bool)
<class 'type'>
>>> type(float)
<class 'type'>
>>> type(len)
<class 'builtin_function_or_method'>
```

Python macht diesen feinsinnigen Unterschied. Typen sind wie Funktionen aufrufbare Objekte (*callable objects*).

6.13 Lambda-Formen

Mit Lambda-Formen können auf sehr kompakte Weise Funktionen definiert werden. Ihr syntaktischer Aufbau wird durch folgende Grammatik-Regel bestimmt:

```
lambda_form  ::=  "lambda" [parameter_list]: expression
```

Nach dem Schlüsselwort `lambda` folgt eine Parameter-Liste, dann ein Doppelpunkt und schließlich ein Ausdruck (`expression`), in dem die Parameter vorkommen.

Beispiele:

```
lambda x, y: x + y
```

Die Auswertung des Ausdrucks liefert den von der Funktion zurückgegebenen Wert.

Die auf diese Weise definierte anonyme Funktion kann man direkt aufrufen, indem man die Lambda-Form in Klammern setzt und dahinter in Klammern die Argumente schreibt:

```
>>> (lambda x, y: x + y) (1, 2)
3
```

Man kann in einer Zuweisung der Lambda-Form auch einen Funktionsnamen zuordnen und diesen dann für einen Aufruf nutzen.

```
>>> summe = lambda x, y: x + y
>>> summe (1,2)
3
```

Weitere Beispiele:

```
>>> quadratsumme=lambda n, m: n*n + m*m
>>> quadratsumme(2,3)
13
>>> kinE = lambda m,v: 0.5*m*v*v  # kinetische Energie
>>> kinE(2,50)
2500.0
```

6.14 Funktionsannotationen: Typen zuordnen

Im Unterschied zu anderen Programmiersprachen (wie z.B. Java) brauchen Sie im Kopf einer Funktionsdefinition keine Typen anzugeben. Wenn Sie wollen, können Sie jedoch Typen für Parameter und das mit `return` zurückgegebene Objekt spezifizieren, etwa um die Lesbarkeit Ihres Programmtextes zu verbessern. Die zusätzliche Information nennt man *Funktionsannotationen*. Beispiel:

```
def rechteck(a:float, b:float=1.0) -> float:
    return a * b
```

Diese Funktion berechnet die Fläche eines Rechtecks mit Kantenlängen a und b. Sie übernimmt zwei Gleitpunktzahlen (Typ `float`) als Argumente und gibt eine Gleitpunktzahl als Ergebnis zurück.

Welche Effekte haben die Annotationen?

Wenn Sie die Funktion in der Python-Shell aufrufen wollen, erscheint eine Infobox, in der die Annotationen berücksichtigt sind.

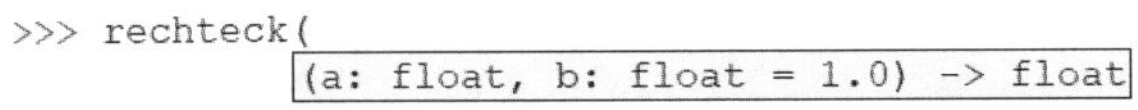

Abb. 6.12: Informationen zu Parametern und zur Rückgabe einer Funktion

Wenn Sie die Funktion mit Zahlen als Argumenten aufrufen, stellen Sie fest, dass sie auf jeden Fall ein `float`-Objekt zurückgibt, auch wenn das Rechenergebnis eine ganze Zahl ist:

```
>>> rechteck(2*10)
20.0
```

Ist Ihnen etwas aufgefallen? Offenbar war es kein Problem, dass beim Funktionsaufruf die Argumente ganze Zahlen waren (Typ `int`) und keine `float`-Objekte.

Das heißt die Typen der Argumente werden trotz der Annotation nicht getestet. Das wirkt sich noch drastischer bei diesem Aufruf aus:

```
>>> rechteck("Hallo", 3)
'HalloHalloHallo'
```

Eigentlich hätte man einen Laufzeitfehler erwartet, aber der Multiplikationsoperator wurde * als Vervielfältigung interpretiert, weil das erste Argument eine Sequenz war.

Trotz der Annotation -> `float` wird kein `float`-Objekt zurückgegeben, weil aus dem Berechnungsergebnis keine Gleitpunktzahl gewonnen werden kann. Annotationen sind also tatsächlich nur Zusatzinformation zur Verbesserung der Lesbarkeit und bewirken keine Typkontrolle.

Wenn Sie tatsächlich sicherstellen wollen, dass die Funktion nur Objekte bestimmter Typen verarbeitet, müssen Sie das im Programmtext der Funktionsdefinition explizit berücksichtigen (z.B. durch `assert`-Anweisungen).

6.15 Hinweise zum Programmierstil

6.15.1 Allgemeines

- Verwenden Sie nur in Ausnahmefällen lokale Funktionsdefinitionen. Sie erhöhen oft unnötig die Komplexität und damit Fehleranfälligkeit Ihres Skripts. Sinnvoll ist die Verwendung von lokalen Funktionen dann, wenn es um sehr spezielle Teilprobleme geht und man das Risiko einer Namenskollision ausschließen möchte.
- Iterative Funktionen (mit Schleifen) sind in der Regel rekursiven Funktionen vorzuziehen, weil sie meist weniger Rechenzeit und Arbeitsspeicher benötigen.

6.15.2 Funktionsnamen

Wie Variablennamen sollten auch Funktionsnamen möglichst aussagekräftig sein und erkennen lassen, was die Funktion leistet. Üblicherweise beginnen die Funktionsbezeichner mit einem kleinen Buchstaben. Häufig verwendet man Verben im Imperativ wie z.B.

```
berechneSumme
getrecursionlimit
apply
```

Oder der Funktionsname ist ein Substantiv, das zum Ausdruck bringt, welches Ergebnis die Funktion zurückgibt:

```
summe
quadratsumme
min
```

```
file
globals
locals
```

6.15.3 Kommentierte Parameter

Zu einer professionellen Dokumentation gehört, dass im Funktionskopf die einzelnen Parameter kommentiert werden. Das ist insbesondere dann sinnvoll, wenn Sie einzelne Buchstaben oder Abkürzungen als Bezeichner verwenden. Sie schreiben die Parameter untereinander in verschiedene physische Zeilen. Der Python-Interpreter sieht sie dann als eine einzige logische Zeile an. In jedem Kommentar erklären Sie kurz die Bedeutung des jeweiligen Parameters und geben – sofern das wichtig ist – den erwarteten Typ an. Beispiel:

```
def druckeEtikett( name,          # chemische Bezeichnung (String)
                   formel         # chemische Formel (String)
                   r_saetze,      # Tupel von Nummern
                   s_saetze,      # Tupel von Nummern
                   gefahrenhinweis, # z.B. "aetzend" (String)
                   fuellmenge     # Füllmenge in g (Integer)
                   )
```

6.15.4 Docstrings

Unterhalb des Funktionskopfes kann ein Kommentar in Form einer Zeichenkette eingefügt werden. Dieser *Docstring* sollte in dreifachen Anführungszeichen stehen. Die erste Zeile besteht aus einer knappen Beschreibung der Aufgabe der Funktion. Der Name der Funktion braucht dabei nicht wiederholt zu werden. Die zweite Zeile bleibt leer. Die weiteren Zeilen können Angaben zu folgenden Punkten enthalten:

- Vorbedingungen. Welche Eigenschaften müssen die übergebenen Parameter besitzen, damit die Funktion richtig arbeitet?
- Nachbedingungen: Welche Objekte gibt die Funktion zurück und welche Eigenschaften besitzen sie?
- Welche globalen Variablen werden verwendet und welche Seiteneffekte werden verursacht?
- Name des Autors und Datum der letzten Änderung

Der Docstring einer Funktion kann im interaktiven Modus mit der `help()`-Funktion zum Vorschein gebracht werden. Beispiel:

```
>>> def tueNichts():
    """ DieseFunktion macht nichts.

    Sie verwendet keine Parameter,
    hat keine Seiteneffekte und
```

```
    gibt nichts zurück.
    M. Weigend 13.1.2013
    """
    pass

>>> help(tueNichts)
Help on function tueNichts in module __main__:

tueNichts()
    Diese Funktion macht nichts.

    Sie verwendet keine Parameter,
    hat keine Seiteneffekte und
    gibt nichts zurück.
    M. Weigend 13.1.2013
```

6.16 Aufgaben

Aufgabe 1

Schreiben Sie eine Funktion konkat(), die beliebig viele String-Objekte als Argumente akzeptiert und die Konkatenation dieser Strings zurückgibt.

Beispielaufrufe:

```
>>> konkat ('a', 'b', 'c')
abc
>>> konkat ('Sonnen', 'schein')
'Sonnenschein'
```

Aufgabe 2

Steganografie ist die Technik, eine geheime Information in einem Dokument so zu verstecken, dass sie nur von einer »eingeweihten« Person gefunden werden kann. Schreiben Sie eine Funktion mit zwei Argumenten s und n, die einen Klartext s auf folgende Weise durch Steganografie unleserlich macht:

- Der String s wird in Großbuchstaben umgewandelt.
- Hinter jedes Zeichen werden n zufällige Großbuchstaben eingefügt.
- Das Argument n ist optional (Default=1).

Beispielaufrufe:

```
>>> verstecke('Um acht an der Uhr')
'UFMF LACCRHXTF GAXNJ VDCEYRA IUGHBRW'
```

```
>>> verstecke ('Um acht an der Uhr',2)
'UALMVD SPAHNCWDHAHTPH PJAMUNSY REDKNEQBRIB PIUBTHZBRWN'
```

Hinweise zur Implementierung: Mit Hilfe einer Zufallszahl kann aus einer Zeichenkette ein zufälliger Buchstabe ausgewählt werden. Verwenden Sie die Funktion `randint()` aus dem Modul `random`. Der Aufruf `random.randint(n,m)` liefert eine ganze Zufallszahl zwischen `n` und `m`. Beispiel:

```
>>> import random
>>> random.randint(0,25)
12
```

Die Methode `upper()` liefert zu einem String einen String mit lauter Großbuchstaben. Beispiel:

```
>>> s = 'klein'
>>> s.upper()
'KLEIN'
```

Aufgabe 3

Die Quadratwurzel einer positiven Zahl `x` lässt sich durch folgendes rekursive Verfahren (Heronsches Verfahren) bestimmen:

- Man wähle einen Näherungswert `z1`, z.B. `z1` = 1.
- Weitere Näherungen berechnet man mit: `zn+1` = `0.5(*zn` + `x/`z_n`)` für `n > 1`.

Schreiben Sie eine rekursive Funktion `wurzel()` mit zwei Argumenten, die die Quadratwurzel nach dem heronschen Verfahren näherungsweise berechnet. Das erste Argument ist die Zahl `x`, deren Quadratwurzel berechnet wird. Das zweite Argument ist optional und enthält die Anzahl `n` der Näherungen, die berechnet werden sollen. Der Defaultwert für `n` soll 10 sein.

Beispielaufrufe:

```
>>> wurzel(2, 5)
1.4142135623746899
>>> wurzel(2)
1.4142135623730949
```

Aufgabe 4

Ein klassisches Beispiel für die Anwendung eines rekursiven Verfahrens ist die Lösung des Spiels »Die Türme von Hanoi«. Dieser Algorithmus darf in keinem Lehrbuch der Informatik fehlen. Es ist wirklich verblüffend, auf welch einfache Weise man ein auf den ersten Blick äußerst schwieriges Problem durch Rekursion lösen kann.

Das Spiel – das man in den meisten Spielwarenläden kaufen kann – besteht aus drei Stäben, die auf einer Platte montiert sind. Auf dem ersten Stab befinden sich einige Lochscheiben, deren Durchmesser nach oben hin abnimmt (siehe Abbildung 6.13). Sie stellen einen Turm dar. Wenn Sie das Spiel nicht kennen und jetzt einmal ausprobieren wollen, malen Sie einfach die Zahlen 1, 2 und 3 auf ein Blatt Papier und legen Sie auf die Eins einige Münzen unterschiedlicher Größe, so dass immer eine kleinere Münze auf einer größeren liegt.

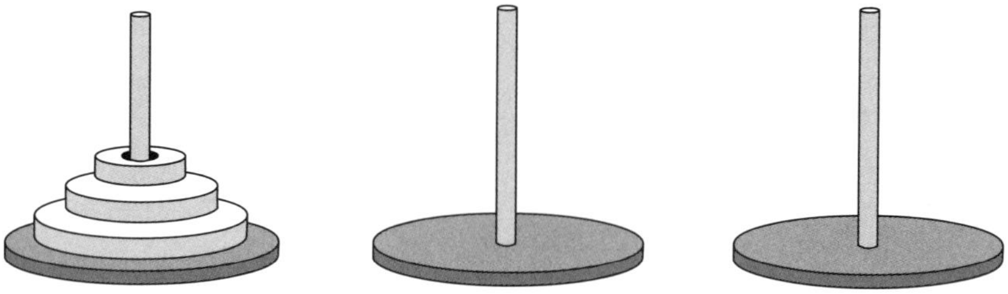

Abb. 6.13: Die Türme von Hanoi – Ausgangslage

Die Aufgabe besteht darin, die Scheiben vom ersten Stab auf den zweiten zu transportieren. Dabei sind folgende zwei Regeln zu beachten:

- Nur die oberste Scheibe eines Turmes darf bewegt werden.
- Es ist verboten, eine größere Scheibe auf eine kleinere zu legen.

Entwickeln Sie eine rekursive Funktion, die auf dem Bildschirm ausgibt, wie die Scheiben zu bewegen sind, damit ein Turm von Position 1 nach Position 2 versetzt wird. Die Funktion habe folgenden Kopf:

```
def bewege (n, von, nach, ueber):
```

Dabei ist

- `n` die Anzahl der Scheiben des Turms, der bewegt werden soll
- `von` die Anfangsposition des Turmes
- `nach` die Zielposition, auf die der Turm gebracht werden soll
- `ueber` die Zwischenposition, auf der während des Transports Teile des Turms abgelegt werden können

Falls der Turm nur aus drei Scheiben besteht, könnte ein Aufruf folgendes Ergebnis liefern:

```
>>> bewege (3, 1, 2, 3)
Lege eine Scheibe von 1 nach 3 .
Lege eine Scheibe von 1 nach 2 .
Lege eine Scheibe von 3 nach 2 .
Lege eine Scheibe von 1 nach 3 .
Lege eine Scheibe von 2 nach 1 .
Lege eine Scheibe von 2 nach 3 .
Lege eine Scheibe von 1 nach 3 .
```

Aufgabe 5

Die Abbildungen zeigen zwei Baumstrukturen. Ändern Sie die Zahlenwerte im Baum-Programm aus Abschnitt 6.9 so ab, dass es Strukturen wie auf dem Bild erzeugt. **Hinweis**: Achten Sie auf die Winkel.

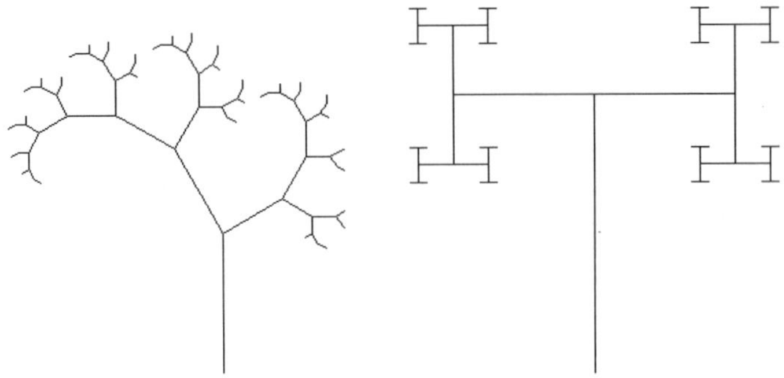

Abb. 6.14: Zwei Bäume

6.17 Lösungen

Lösung 1

```
def konkat(*worte):
    ergebnis = ''
    for wort in worte:
        ergebnis += wort
    return ergebnis
```

Erläuterung: Dem Parameter `worte` in der Parameterliste im Funktionskopf wird ein Stern vorangestellt. Damit ist `worte` als Tupel ungewisser Länge definiert. Die Länge des Tupels hängt davon ab, wie viele Argumente beim Funktionsaufruf übergeben worden sind. In der `for`-Schleife nimmt die Variable `wort` nacheinander die Werte der Elemente des Tupels `worte` an.

Lösung 2

```
def zufallsbuchstabe():
        buchstaben = 'ABCDEFGHIJKLMNOPQRSTUVWXYZ'
        import random
        return buchstaben[random.randint(0, 25)]

def verstecke(s, n=1):
    textGross = s.upper()
    versteckt = ''
```

```
    for c in textGross:
        versteckt += c
        for i in range(n):
            versteckt += zufallsbuchstabe()
    return versteckt
```

Erläuterung: Die Funktion `zufallsbuchstabe()` liefert einen zufälligen Großbuchstaben, der aus dem String `buchstaben` mit Hilfe einer Zufallszahl zwischen `0` und `25` ausgewählt wird. In der Funktion `verstecke()` wird zunächst das Argument in einen String aus Großbuchstaben überführt. In der äußeren `for`-Schleife wird der Ergebnis-String `versteckt` schrittweise aufgebaut. An `versteckt` werden bei jedem Schleifendurchlauf das nächste Zeichen aus `textGross` und dann `n` Zufallszeichen angehängt.

Lösung 3

```
def wurzel(x, n=10):
    if n == 1:
        return 1
    else:
        return 0.5*(wurzel(x, n-1) + x/wurzel(x,n-1))
```

Erläuterung: Der optionale Parameter wird durch den Ausdruck `n=10` in der Parameterliste auf den Wert `10` voreingestellt. Zum Ausprobieren: Diese Implementierung folgt strikt der angegebenen Definition des Heron-Verfahrens. Wenn Sie die Funktion mit einem großen Wert für das zweite Argument testen, z.B. `wurzel(2, 20)`, werden Sie eine sehr lange Laufzeit beobachten. Das liegt an der großen Rekursionstiefe. Diese wird dadurch verursacht, dass im Anweisungsblock der Funktion zwei rekursive Aufrufe enthalten sind. In der folgenden Variante gibt es nur einen rekursiven Aufruf. Das bewirkt eine erheblich geringere Rekursionstiefe und bessere Laufzeit:

```
def wurzel(x, n=20):
    if n == 1:
        return 1
    else:
        vorigeNaeherung = wurzel(x, n-1)
        return 0.5*(vorigeNaeherung + x/vorigeNaeherung)
```

Lösung 4

Um einen rekursiven Algorithmus zu finden, muss man sich zu folgenden zwei Fragen Gedanken machen:

- Wie kann das Problem direkt gelöst werden?
- Wie kann man einen Turm mit `n` Scheiben bewegen, wenn man schon weiß, wie man einen Turm mit `n-1` Scheiben bewegen kann?

Der einfache Fall tritt auf, wenn der Turm nur aus einer Scheibe besteht. Beim Aufruf `bewege (1, 1, 2, 3)` gibt die Funktion die Anweisung aus: »Lege eine Scheibe von 1 nach 2.«

Aber was ist im allgemeinen Fall zu tun, wenn der Turm aus `n` Scheiben besteht und `n` größer als `1` ist? Wir zerlegen in Gedanken den Turm in zwei Teile: Ein Turm mit `n-1` Scheiben steht auf einer großen Scheibe. Die Bewegung des gesamten Turms kann nun in drei Schritten vollzogen werden (vgl. Abbildung 6.15):

- Bewege den oberen Turm mit `n-1` Scheiben auf die freie Zwischenposition `ueber`.
- Lege die einzelne große Scheibe auf die Zielposition `nach`.
- Bewege den Turm mit `n-1` Scheiben von der Position `ueber` zur Position `nach` (auf die große Scheibe) und verwende die Position `von` als Zwischenposition (`ueber`).

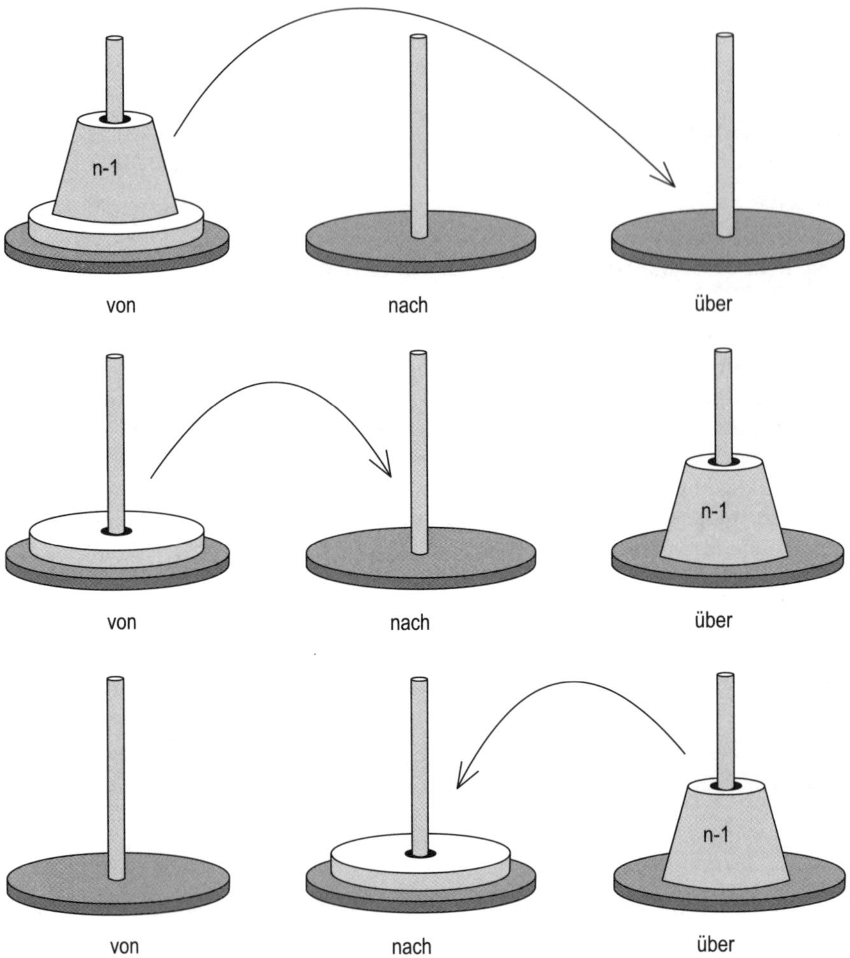

Abb. 6.15: Rekursives Bewegen eines Hanoi-Turms mit n Scheiben

Die folgende kleine Python-Funktion implementiert diese Idee:

```
def bewege(n, von,  nach, ueber):
        if n == 1:
            print('Lege eine Scheibe von',
                   von, 'nach', nach,'.')
        else:
            bewege(n-1, von, ueber, nach)
            bewege(1, von, nach, ueber)
            bewege (n-1, ueber, nach, von)
```

Lösung 5

Bei der Funktion zum ersten Bild wurden die Winkel für die Drehung und der Verkleinerungsfaktor beim rekursiven Aufruf geändert.

```
def baum(x):
    if x < 5: return
    else:
        forward(x)
        left(30)
        baum(x*0.7)
        right(90)
        baum(x/2)
        left(60)
        backward(x)
    return
```

Bei der Funktion zum zweiten Bild wurden allein die Winkel geändert.

```
def baum(x):
    if x < 5: return
    else:
        forward(x)
        left(90)
        baum(x*0.5)
        right(180)
        baum(x*0.5)
        left(90)
        back(x)
    return
```

## Kapitel 7

Sequenzen, Mengen und Generatoren

Sequenzen sind Objekte, die aus einer linearen Anordnung anderer Objekte bestehen, die man Items oder Elemente der Sequenz nennt. Python unterscheidet zwischen drei Sequenz-Typen: Liste (`list`), Tupel (`tuple`) und String (`str`).

Mengen sind ungeordnete Datenkollektionen mit einmalig vorkommenden Elementen. Zur Darstellung von endlichen Mengen gibt es bei Python die Typen `set` und `frozenset`.

Während in Sequenzen und Mengen Daten explizit gespeichert werden, sind Generatoren virtuelle Kollektionen, deren Elemente erst bei Bedarf erzeugt werden.

In diesem Kapitel geht es darum, wie man Sequenzen, Mengen und Generatoren für Problemlösungen verwenden kann. Ein gewisser Schwerpunkt liegt dabei auf Listen. Zur Verarbeitung von Zeichenketten gibt es weiter hinten ein eigenes Kapitel (Kapitel 13).

7.1 Gemeinsame Operationen für Sequenzen

Sequenzen (Strings, Tupeln und Listen) besitzen gemeinsame Merkmale, die sie von anderen Typen (z.B. Zahlen) unterscheidet. Sie haben z.B. eine Länge; die Elemente einer Sequenz sind in einer bestimmten Reihenfolge angeordnet und durchnummeriert. Entsprechend dieser logischen Struktur gibt es eine Reihe von Operationen, die auf allen Sequenz-Typen (Strings, Tupeln und Listen) ausgeführt werden können. Sie werden in Tabelle 7.1 zusammengefasst.

Operation	Ergebnis
`x in s`	1, wenn ein Element mit dem Wert von `x` in der Sequenz `s` enthalten ist, und 0 sonst
`n not in s`	0, wenn ein Element mit dem Wert von `x` in der Sequenz `s` enthalten ist, und 1 sonst
`s + t`	Konkatenation der beiden Sequenzen `s` und `t`
`s * n , n * s`	`n` Kopien der Sequenz `s` werden hintereinandergehängt.
`s[i]`	Das `i`-te Element der Sequenz `s`
`s[i:j]`	Ein Ausschnitt (*slice*) von `s`, der vom `i`-ten bis zum `j`-ten Element (nicht einschließlich) geht

Tabelle 7.1: Gemeinsame Operationen für Sequenzen

Operation	Ergebnis
`len(s)`	Die Länge der Sequenz `s`
`min(s)`	Das kleinste Item der Sequenz `s`
`max(s)`	Das größte Element der Sequenz `s`

Tabelle 7.1: Gemeinsame Operationen für Sequenzen (Forts.)

7.1.1 Zugriff auf Elemente einer Sequenz

Für ein Sequenz-Objekt mit `n` Elementen werden als Indexe die ganzen Zahlen `0`, ..., `n-1` verwendet. Das heißt, das erste Element hat den Index `0`, das letzte den Index `n-1`. Um auf ein Sequenzelement zuzugreifen, verwendet man den Namen der Sequenz gefolgt vom Index in eckigen Klammern. Beispielsweise bezeichnet `a[0]` das erste Element der Sequenz `a`. Der Index kann durch eine ganze Zahl oder einen Ausdruck spezifiziert werden, dessen Auswertung eine ganze Zahl ergibt. Verwendet man beim Zugriff auf ein Sequenzelement einen negativen Index, so wird vom Ende der Sequenz rückwärts gezählt. Mit `-1` wird das letzte Element indiziert, mit `-2` das vorletzte usw. Wichtig ist, dass als Index keine Zahl angegeben wird, die größer ist als die Länge der Sequenz minus eins, sonst gibt es eine Fehlermeldung (»index out of range«).

Beispiele:

```
>>> a = [1,2,3,4,[10,20]]
>>> a[0]
1
>>> a[1+1]
3
>>> a[-1]
[10, 20]
>>> a[-2]
4
>>> "Samstag"[1]
'a'
>>> ("Onkel", "Tante")[-1]
'Tante'
>>> for c in 'Sonne':
        print(c)
S
o
n
n
e
```

7.1.2 Slicing von Sequenzen

Python verfügt über eine spezielle Notation, um von Sequenzen Ausschnitte (*slices*) zu bilden.

```
>>> s = 'Feuer und Flamme'
>>> s[0:5]                    # Elemente der Sequenz von Index 0 bis 4
'Feuer'
>>> liste=[10, 12, 37, 134, 50, 16]
liste[2:4]                    # Elemente der Liste von Index 2 bis 3
[37, 134]
```

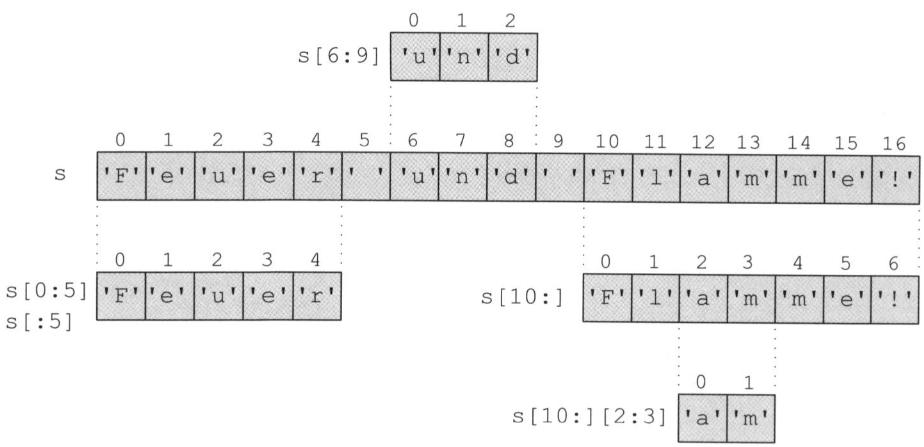

Abb. 7.1: Slices eines Strings

Ein Slice besteht aus dem Namen einer Sequenz, gefolgt von einer so genannten Sliceliste in eckigen Klammern. Sie enthält einen Doppelpunkt sowie davor und dahinter Indexnummern zur Begrenzung des Ausschnitts. Der Index vor dem Doppelpunkt gibt an, bei welchem Element der Ausschnitt beginnen soll, und der Index dahinter, *vor* welchem er aufhört. Der Slice `s[i:j]` ist ein Ausschnitt aus der Sequenz `s` mit den Elementen `s[i]`, `s[i+1]`, ..., `s[j-1]`. Wird einer der beiden Indexe ausgelassen, so beginnt der Slice am Anfang bzw. am Ende der Sequenz. Der Slice `[:]` ist eine komplette Kopie der Sequenz (ein Klon).

Ein Index in der Sliceliste kann auch negativ sein. Dann wird von hinten gezählt.

```
>>> a = [1,2,3,4]
>>> a[:1]
[1]
>>> a[1:]
[2, 3, 4]
>>> a[:]
[1,2,3,4]
```

```
>>> w = "Sonnenzeit, ungetrübt und leicht"
>>> w[-6:]
'leicht'
```

7.1.3 Auspacken (unpacking)

Wenn man die Länge einer Sequenz kennt, kann man sie »auspacken«. Das heißt: In einer einzigen Zuweisung werden den einzelnen Elementen der Sequenz Namen zugeordnet.

```
>>> a, b, c ="Tor"
>>> a
'T'
>>> b
'o'
>>> c
'r'
```

Diese Technik wird vor allem bei Iterationen über Kollektionen von Tupeln angewendet. Beispiel:

```
personen = {('Tina', 21), ('Sarah', 42), ('Kevin', 30)}
>>> for name, alter in personen:
      print(name, alter)
```

Ausgabe:

```
Tina 21
Kevin 30
Sarah 42
```

Es gibt auch ein erweitertes Auspacken, bei dem eine Sequenz mit sehr einfachen Formulierungen in längere Teile zergliedert werden kann. Beispiele:

```
>>> a, *rest = "Bach"
>>> a
'B'
>>> rest            # ohne Stern *
['a', 'c', 'h']
 >>> a, *mitte, b = [1, 2, 3, 4]
>>> a
1
>>> mitte
[2, 3]
```

```
>>> b
4
```

7.2 Vertiefung: Rekursive Funktionen für Sequenzen

Slicing ist für die Verarbeitung von Sequenzen sehr wichtig. Insbesondere gibt es viele elegante und kurze rekursive Algorithmen, die Slicing verwenden.

7.2.1 Rekursives Summieren

Das erste Beispiel ist eine rekursive Funktion, die die Summe der Elemente einer Liste von Zahlen berechnet:

```
>>> def summe(liste):
        if len(liste) == 0:
            return 0
        else:
            return liste[0] + summe(liste[1:])                    #1

>>> summe([2, 4, 6, 8, 10])
30
>>> summe([])
0
```

Die Lösungsidee ist folgende Überlegung.

- Eine leere Zahlenliste hat die Summe null.
- Ansonsten ist die Summe gleich der ersten Zahl plus der Summe der restlichen Zahlen der Liste. Beispiel: `summe ([1, 2, 3])` = `1` + `summe([2, 3])`

In Zeile **#1** befindet sich ein rekursiver Aufruf der Funktion `summe()`. Als Parameter wird der Rest der Liste ohne das erste Element übergeben.

7.2.2 Rekursive Suche

Ein in der Praxis häufig auftretendes Problem ist die Suche nach einem bestimmten Element in einer Sequenz. Für einfache Suchaufgaben kann natürlich der `in`-Operator verwendet werden. Wenn `s` eine Sequenz ist, liefert der Ausdruck `a in s` genau dann den Wert `True` (WAHR), wenn `a` ein Element von `s` ist, und `False` sonst. Beispiel:

```
>>> 2 in (3, 34, 5)
False
>>> 5 in (3, 34, 5)
True
```

Es gibt aber auch komplexere Suchaufgaben, die nicht mit dem `in`-Operator oder anderen vorgegebenen Funktionen gelöst werden können. Sie haben folgende allgemeine Form: »Suche in einer Sequenz `s` alle Elemente, die eine bestimmte Eigenschaft haben.«

Die Grundidee eines rekursiven Suchalgorithmus lautet folgendermaßen:

- Wenn die Sequenz `s` nur aus einem Element `a` besteht, prüfe, ob `a` die geforderte Eigenschaft besitzt. Falls ja, gib die Liste `[a]` zurück, sonst gib eine leere Liste `[]` zurück.
- Wenn die Sequenz `s` aus mehreren Elementen besteht, zerteile `s` in zwei etwa gleich große Teile `s1` und `s2` und wende den Suchalgorithmus auf beide Teile an. Das Suchergebnis für `s` ist die Konkatenation (Aneinanderhängung) der Suchergebnisse für `s1` und `s2`.

In der Informatik nennt man diese algorithmische Idee auch »teile und herrsche« (*divide and conquer*), nach dem berühmten Ausspruch des römischen Feldherrn Julius Caesar.

Als Programmbeispiel diene die folgende Funktion, die aus einer Liste von Telefonnummern alle Telefonnummern mit einer bestimmten Vorwahl heraussucht.

```
>>> def suche(num, vorwahl):
     if len(num) == 1:
          if num[0][:len(vorwahl)]== vorwahl:                    #1
               return num
          else:
               return []
     else:
     return suche(num[:len(num)//2], vorwahl)+\
              suche(num[len(num)//2:], vorwahl)                #2
```

Erläuterung:

#1: Elementarer Fall: Die Liste `num` besteht nur aus einem einzigen Element `num[0]`. Dieses enthält eine Telefonnummer in Form eines Strings. Es wird geprüft, ob der Slice `num[0][:len(vorwahl)]` – also der vordere Teilstring, der in der Länge der vorgegebenen Vorwahl entspricht – gleich der Vorwahl ist.

#2: Im Fall, dass die Nummernliste `num` mehr als ein Element enthält, wird die Liste in der Mitte aufgeteilt. Das heißt, es werden zwei Slices gebildet. Die Grenze ist der Index `len(num)/2`. Die Funktion `suche()` wird rekursiv auf beide Teile angewendet.

Beispielaufruf:

```
>>> nummernliste=['0223 788834',
               '0201 566722',
               '0224 66898',
               '0201 899933',
               '0208 33987']
>>> print(suche(nummernliste, '0201'))
['0201 566722', '0201 899933']
```

7.3 Tupel

Tupel sind unveränderbare Sequenzen. Generell verwendet man Tupel dann, wenn man ein zusammenhängendes Objekt, das aus mehreren Komponenten besteht, repräsentieren möchte.

Wenn eine Funktion mehrere Werte zurückgibt, stellt man sie als Tupel dar (**#1**). Bei einem Tupel darf man auch die Klammern weglassen. So erscheint es bei einem Funktionsaufruf wie in folgendem Beispiel (**#2**), dass mehreren Variablen auf einen Schlag Werte zugewiesen werden.

```
>>> def eingabe():
     name = input("Name: ")
     geburtsjahr = 0
     while not (1900 < geburtsjahr < 2010):
         geburtsjahr = int(input( "Geburtsjahr (vierstellig): "))
     return name, geburtsjahr                                     #1

>>> n, g = eingabe()                                              #2
>>> print(n, g)
```

Zuweisungen, bei denen links vom Gleichheitszeichen mehrere Namen stehen, enthalten im Grunde Tupel, bei denen die Klammern weggelassen sind.

```
>>> a, b = 10, 20
>>> a
10
>>> b
20
```

Natürlich kann man bei solchen Zuweisungen mit mehreren Variablen auch Klammern verwenden, etwa um zu verdeutlichen, dass die Variablen »logisch zusammengehören«.

```
>>> person = (name, vorname) =("Mozart", "Amadeus")
>>> person
('Mozart', 'Amadeus')
>>> name
'Mozart'
>>> vorname
'Amadeus'
```

7.4 Listen

Listen sind veränderbare Sequenzen. Sie können Objekte beliebigen Typs – auch bunt gemischt – enthalten. Mithilfe von Listen kann man komplexe Strukturen datentechnisch modellieren – von einfachen linearen Anordnungen wie z.B. einer Liste von Telefonnummern bis hin zu virtuellen Welten wie etwa einem Gebäude aus Gängen und Räumen, die über Türen und Treppen miteinander verbunden sind.

Neben den Operationen, die auf alle Sequenzen angewendet werden können (siehe Abschnitt 7.1, »Gemeinsame Operationen für Sequenzen« auf Seite 197), gibt es für Listen noch eine Reihe zusätzlicher Operationen, die sich daraus ergeben, dass Listen (im Unterschied zu Tupeln und Strings) veränderbar sind. Das heißt, man kann eine Liste erweitern, einzelnen Elementen neue Werte zuweisen, Elemente entfernen oder die Reihenfolge ändern: Abbildung 7.2 gibt einen Überblick. Beachten Sie, dass die meisten dort aufgeführten Operationen *Methoden* sind. Listen sind Objekte (Instanzen) der Klasse `list`. Ein Methodenaufruf entspricht einer Botschaft an ein Objekt, eine bestimmte Operation auszuführen. Er hat folgendes Format:

```
objekt.methodenname (argumente)
```

Operation	Ergebnis
`s[i] = x`	Das Element mit Index `i` wird durch `x` ersetzt.
`s[i:j] =` $[a_1, ..., a_k]$	Die Elemente mit den Indexen `i` bis `j` werden durch die Elemente der Liste $[a_1, ..., a_k]$ ersetzt.
`s.append(x)`	An die Liste `s` wird als neues Element `x` angehängt.
`s.count(x)`	Zurückgegeben wird die Anzahl der Listenelemente mit dem Wert `x`.
`del s[i]`	Das Element mit Index `i` wird aus der Liste entfernt. Damit wird die Länge der Liste um eins verringert.
`del s[i:j]`	Die Elemente mit den Indexen `i` bis `j` werden gelöscht.
`s.extend(t)`	Die Liste `s` wird um die Elemente der Sequenz `t` verlängert.
`s.index(x)`	Zurückgegeben wird der kleinste Index `i` mit `s[i] == x`.
`s.insert (i,x)`	Falls `i >= 0`, wird das Objekt `x` vor dem Element mit dem Index `i` eingefügt.
`s.pop()`	Das letzte Listenelement wird aus `s` entfernt und der Wert zurückgegeben.
`s.remove(x)`	Das erste Element mit dem Wert `x` wird aus der Liste `s` entfernt.
`s.reverse()`	Die Reihenfolge der Elemente wird umgekehrt.
`s.sort()`	Die Elemente der Liste werden aufsteigend sortiert.

Tabelle 7.2: Wichtige Listenoperationen

7.4.1 Eine Liste erzeugen

Eine Liste kann auf sehr vielfältige Weise geschaffen werden. Das sprachliche Konstrukt zur Generierung von Listen wird in der Python-Dokumentation Listendisplay (*list display*) genannt. Ein großer Teil der Python-Grammatik bezieht sich allein auf die Definition von Listen. Hier die wichtigsten Syntaxregeln:

```
list_display ::=
      "[" [listmaker] "]"
listmaker::=
      expression ( list_for | ( "," expression)* [","] )
list_iter::=
      list_for | list_if
list_for::=
      "for" expression_list "in" testlist [list_iter]
list_if ::=
      "if" test [list_iter]
```

Fangen wir mit dem Einfachsten an. Sie können eine Liste erzeugen, indem Sie ihre Elemente aufzählen und in eckige Klammern setzen. Die Listenelemente werden explizit genannt (erstes Beispiel) oder in einem Ausdruck berechnet (zweites Beispiel):

```
>>> liste1 = [1, 2, 3, 4]
>>> liste2 = ["Abend", 2, (1,2)]
>>> liste3 = [4+2, 4-2, 4*2, 4/2, 4**2]
>>> liste3
[6, 2, 8, 2, 16]
liste4 = []
>>> for i in [1, 2, 3, 4, 5]:
      liste4 = [i, liste4]

>>> liste4
[5, [4, [3, [2, [1, []]]]]]
```

list comprehension

Eine Liste kann man auch auf abstrakte Weise generieren – ähnlich wie in der Mathematik Mengen definiert werden. Man schreibt in die eckigen Klammern eine Konstruktionsvorschrift gemäß den obigen Grammatikregeln. Dabei werden die Elemente der neuen Liste aus den Elementen einer vorhandenen Liste gewonnen. Eine solche kompakte Konstruktionsvorschrift wird auch als *list comprehension* bezeichnet. Sie kann folgendes Format haben:

```
liste = [ausdruck for element in andereliste]
```

Die Elemente der Liste werden im Ausdruck *ausdruck* berechnet. Für jedes Element der Liste *andereliste* wird einmal der Ausdruck *ausdruck* ausgewertet und das resultierende Objekt der neuen Liste hinzugefügt. Im folgenden Beispiel wird eine Liste von Quadratzahlen definiert. Der Ausdruck zur Berechnung der Listenelemente heißt `i**2`. Die Variable `i` nimmt alle Werte der Liste `[0, 1, 2, 3, 4]` an.

```
>>> b = [i**2 for i in [0, 1, 2, 3, 4]]
>>> b
[0, 1, 4, 9, 16]
```

Hilfreich ist häufig die Verwendung der `range()`-Funktion. Der Aufruf `range(n)` liefert eine Folge der ganzen Zahlen von 0 bis `n-1`.

```
>>> b = [i**2 for i in range(5)]
>>> b
[0, 1, 4, 9, 16]
```

Die Listendefinition kann noch durch einen Test erweitert werden. Nur die Objekte, die einer bestimmten Bedingung genügen, werden in die Liste aufgenommen:

```
liste = [ausdruck for element in andereliste if bedingung]
```

Beispiele:

Liste von Zahlen, die durch 7 teilbar sind:

```
>>> c = [i for i in range(50) if i%7 == 0]
>>> c
[0, 7, 14, 21, 28, 35, 42, 49]
```

Gemeinsame Elemente zweier Listen `A` und `B`:

```
>>> A = [1, 2, 3, 4]
>>> B = [2, 3 ,4, 5]
>>> C =[i for i in a if i in b]
>>> C
[2, 3, 4]
```

Eine Liste von Paaren mit Elementen aus zwei Listen:

```
>>> A = ['a', 'b', 'c']
>>> b = [1, 2, 3]
>>> C = [(i,j) for i in A for j in B]
>>> C
[('a', 1), ('a', 2), ('a', 3), ('b', 1), ('b', 2), ('b', 3), ('c', 1),
('c', 2), ('c', 3)]
```

7.4.2 Eine Liste verändern

Elemente entfernen und einfügen

Im Unterschied zu Tupeln und Strings sind Listen veränderbar. In den folgenden Beispielen verwenden wir Listenoperationen aus Tabelle 7.2. Einzelne Elemente oder Slices einer Liste können mit neuen Werten belegt werden:

```
>>> s = [1, 2, 3, 4]
>>> s
[1, 2, 3, 4]
>>> s[2] = 'neu!'
>>> s
[1, 2, 'neu!', 4]
>>> s[0:2] = [0, 0]
>>> s
[0, 0, 'neu!', 4]
```

Listenelemente können entfernt oder eingefügt werden:

```
>>> s = [1, 2, 3, 4]
>>> s
[1, 2, 3, 4]
>>> s.insert(1, 100)
>>> s
[1, 100, 2, 3, 4]
```

Hier wurde vor dem Element mit Index 1 als neues Element die Zahl 100 eingefügt.

```
>>> del s[1:3]
>>> s
[1, 3, 4]
```

Mit der `del`-Anweisung wurden die Elemente `s[1]` und `s[2]`, also die Zahlen 100 und 2, entfernt.

```
>>> s.append(3)
>>> s
[1, 3, 4, 3]
```

An die Liste wurde ein neues Element angehängt.

```
>>> s.remove(3)
>>> s
[1, 4, 3]
```

Die erste 3 wurde aus der Liste s entfernt.

```
>>> s.pop()
3
>>> s
[1, 4]
```

Das letzte Element der Liste wurde entfernt und außerdem zurückgegeben.

Eine Liste verlängern

Listen können auf drei Weisen verlängert werden:

- durch Konkatenation zweier Listen mit dem Plusoperator +
- durch Anwendung der `extend()`-Methode
- durch Anhängen eines Elementes mit der `append()`-Methode

Die Besonderheit bei der `extend()`-Methode ist, dass als Argument beliebige Sequenzen (auch Tupel und Strings) verwendet werden dürfen. Durch Konkatenation dagegen kann eine Liste nur mit einer Liste verbunden werden.

Beispiele:

```
>>> s = [1, 2, 3]
>>> s.extend((1,2))
>>> s
[1, 2, 3, 1, 2]
```

Die Elemente des Tupels `(1,2)` – nicht aber das Tupel selbst – wurden an die Liste angehängt.

```
>>> s.extend('ende')
>>> s
[1, 2, 3, 1, 2, 'e', 'n', 'd', 'e']
```

Der String `'ende'` wird als Sequenz einzelner Buchstaben gesehen. Und diese als lauter Einzelelemente an die Liste angehängt.

Dagegen wird mit `append()` ein String (oder ein anderes Objekt) als neues Element der Liste hinzugefügt:

```
>>> s.append('ende')
>>> s
[1, 2, 3, 1, 2, 'ende']
```

Mithilfe geeigneter list comprehensions können Sie alle Elemente einer Liste »auf einen Schlag« bearbeiten. Im folgenden Beispiel werden alle Elemente einer Liste mit 2 multipliziert:

```
>>> s = [1, 2, 3, 4]
>>> s = [2*i for i in s]
>>> s
[2, 4, 6, 8]
```

7.4.3 Flache und tiefe Kopien

Die Anweisungsfolge

```
>>> liste = [[1, 2], [3, 4]]
>>> liste1 = liste
```

bewirkt, dass das Objekt `[[1,2], [3,4]]` neben dem Namen `liste` noch einen zweiten Namen `liste1` erhält. Die Namen `liste` und `liste1` sind also zwei Namen für dasselbe Objekt. Man kann also *nicht* sagen, dass die Variable `liste1` eine Kopie der Variablen `liste` ist. Eine Zuweisung der Form a = b nennt man auch Aliasierung (*aliasing*), weil ein Alias (anderer Name) für einen bereits existierenden Namen gebildet wird.

Eine Kopie des Listen-Objektes kann mithilfe der Slice-Notation erzeugt werden:

```
>>> liste2 = liste[:]
```

Den Unterschied zwischen Kopie und Alias bemerkt man, wenn man das Original `liste` verändert:

```
>>> liste.append([5, 6])                # [5, 6] anhängen
>>> liste
[[1, 2], [3, 4], [5, 6]]
>>> liste1
[[1, 2], [3, 4], [5, 6]]
>>> liste2
[[1, 2], [3, 4]]
```

Sie bemerken, dass die Änderung auch sichtbar wird, wenn man das Objekt über den Alias-Namen `liste1` anspricht. Die Kopie mit dem Namen `liste2` bleibt jedoch, wie sie ist, denn `liste2` ist der Name eines *neuen* Objektes (mit eigener Identität).

Das Listen-Objekt `[[1, 2], [3, 4]]` ist eine Liste zweier Listen. Jede der beiden Unterlisten ist ein eigenes Objekt. Die Hauptliste enthält Verweise auf die beiden Listen-Objekte. Diese Verweise sind interne Namen für Objekte (vgl. Abbildung 7.3). Durch die Anweisung

```
>>> liste2 = liste[:]
```

wird eine so genannte flache Kopie (*shallow copy*) der Originalliste generiert. Die flache Kopie enthält Verweise auf die Elemente der Originalliste. Die Elemente selbst werden aber nicht kopiert (vgl. Abbildung 7.2). Das hat folgende Konsequenz: Wenn Sie ein Element der

Liste `liste` modifizieren – z.B. die Liste `[1, 2]` –, so ist diese Veränderung auch in der flachen Kopie `liste2` sichtbar:

```
>>> liste[0][0] = 100                # Verändern des ersten Elementes
>>> liste2                           # flache Kopie
[[100, 2], [3, 4]]
```

Mit der Funktion `deepcopy()` im Modul `copy` können Sie *tiefe Kopien* zusammengesetzter Objekte anfertigen. Dabei werden auch Unterobjekte kopiert. Eine tiefe Kopie ist also ein völlig selbstständiges System von Objekten und hat keinerlei Zusammenhang mehr zum Original.

```
>>> liste = [[1,2], [3,4]]
>>> import copy
>>> liste3 = copy.deepcopy(liste)   # tiefe Kopie erzeugen
>>> liste[0][0] = 100
>>> liste
[[100, 2], [3, 4]]
>>> liste3
[[1, 2], [3, 4]]
```

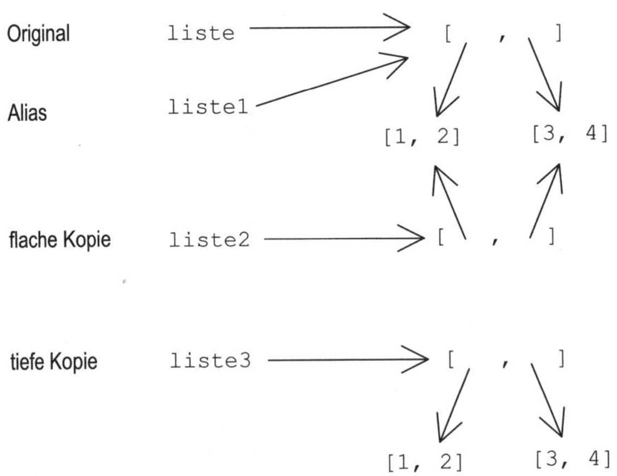

Abb. 7.2: Original, Alias und Kopien einer Liste von Listen

7.4.4 Listen sortieren

Eine Liste `s` heißt aufsteigend sortiert, wenn für alle Indexe `i`, `j` aus der Menge `{0, ..., len(s)-1}` mit `j >= i` gilt: `s[j] >= s[i]`. Das heißt, die Elemente der Liste werden nach hinten immer größer. Sortierte Listen haben gegenüber unsortierten Listen einen entscheidenden Vorteil: Man kann schneller ein bestimmtes Objekt der Liste wiederfinden. Das ist auch der Grund, warum man im Alltag Dinge sortiert:

- Beim Kartenspielen sortiert man die Karten, die man in der Hand hält.
- In einem Telefonbuch sind die Einträge nach den Namen der Anschlussinhaber aufsteigend sortiert.

Wir werden später auf diesen Punkt zurückkommen. Weil das Sortieren so wichtig ist, besitzen Listen-Objekte die Methode `sort()`, durch deren Aufruf eine Liste aufsteigend sortiert wird.

Zahlen werden nach ihrem numerischen Wert sortiert, Zeichenketten nach der lexikalischen Ordnung entsprechend der unterschiedlichen Bedeutung des Vergleichsoperators >= bei verschiedenen Datentypen. Beispiele:

```
>>> liste = [23, 12, 2144]
>>> liste
[23, 12, 2144]
>>> liste.sort()
>>> liste
[12, 23, 2144]
>>> liste = ['c', 'b', 'a']
>>> liste.sort()
>>> liste
['a', 'b', 'c']
```

Wenn eine Liste von *Sequenz*-Objekten sortiert wird, werden zunächst die ersten Komponenten der Sequenzen verglichen. Bei Gleichheit werden die weiteren Komponenten hinzugezogen.

Beispiel:

```
>>> liste = [(1, 4), (0, 9, 9), (10, 1)]
>>> liste.sort()
>>> liste
[(0, 9, 9), (1, 4), (10, 1)]
```

Sie können die Arbeitsweise der Methode `sort()` durch die optionalen Schlüsselwortargumente `key` und `reverse` verändern.

Mit `key=`*`function`* übergeben Sie den Namen einer einstelligen Funktion (eine Funktion mit einem Argument), die auf jedes Element der Liste vor dem Sortieren angewendet wird. Beim Sortieren werden dann die Werte, die diese Funktion liefert, verglichen.

Beispiel: Sie haben eine Liste von Wörtern und möchten sie nach der *Länge* aufsteigend sortieren. Zuerst das kürzeste Wort, dann zweitkürzeste usw. Dann übergeben Sie als Argument die Standardfunktion `len`. Dann werden beim Sortieren nicht die Zeichenketten, sondern ihre Längen verglichen.

```
>>> liste = ['Gegenwart', 'Vergangenheit', 'Zukunft']
>>> liste.sort(key=len)
```

```
>>> liste
['Zukunft', 'Gegenwart', 'Vergangenheit']
```

Mit dem Schlüsselwortargument `reverse=True` sorgen Sie dafür, dass die Liste absteigend statt aufsteigend sortiert wird:

```
>>> liste.sort(reverse=True)
>>> liste
['Zukunft', 'Vergangenheit', 'Gegenwart']
>>> liste.sort(key=len, reverse=True)
>>> liste
['Vergangenheit', 'Gegenwart', 'Zukunft']
```

7.4.5 Binäre Suche in einer sortierten Liste

Wie suchen Sie einen Begriff – sagen wir das Wort »Ordinalzahl« – in einem Wörterbuch?

Man könnte das Wörterbuch vom Anfang an Zeile für Zeile durchlesen und würde sicherlich irgendwann (nach vielen Stunden) das Wort »Ordinalzahl« finden.

Vermutlich gehen Sie aber anders vor: Sie schlagen das Wörterbuch ungefähr in der Mitte auf und landen vielleicht beim Buchstaben »k«. Sie stellen fest, dass Ihr Suchwort im Alphabet weiter hinten liegt, und schlagen nun die zweite Hälfte Ihres Wörterbuches ungefähr in der Mitte auf. Wahrscheinlich sind Sie nun bei den Wörtern, die mit »s« beginnen. Sie wissen, dass Ihr Suchwort im Alphabet weiter vorne liegt, und schlagen nun eine Seite im dritten Viertel des Buches auf. In dieser Weise fahren Sie fort und engen das Suchintervall immer weiter ein, bis Sie auf das gesuchte Wort stoßen. Obwohl ein Wörterbuch der deutschen Sprache ungefähr 200.000 Stichwörter umfasst, haben Sie in wenigen Sekunden den gesuchten Begriff gefunden. Diese Technik nennt man »binäre Suche«. Die Idee ist, dass bei jedem Schritt der Suchbereich halbiert wird.

Die folgende rekursive Funktion prüft, ob das Objekt `x` in einer Liste `s` enthalten ist:

```
def enthalten(s, x):
    print(s)                                               #1
    if len(s) == 1:                                        #2
        if s[0] == x:
            return True
        else:
            return False
    else:
        m = s[len(s)//2]                                   #3
        if x >= m:
            return enthalten(s[len(s)//2:], x)  # suche rechts weiter
        else:
            return enthalten(s[:len(s)//2], x)  # suche links weiter
```

Durch die `print()`-Anweisung in Zeile **#1** dokumentiert die Funktion ihre Arbeitsweise, indem sie die Liste `s` (also den aktuellen Suchbereich) ausgibt. Natürlich könnte man diese Zeile auch weglassen. Wenn der Suchbereich nur noch aus einem einzigen Element besteht (**#2**), vergleicht die Funktion dieses mit dem gesuchten Objekt `x`. Falls `x` und Listenelement gleich sind, wird 1 zurückgegeben (`x` ist in der Liste enthalten), ansonsten `0` (`x` ist *nicht* in der Liste enthalten).

Wenn der Suchbereich mehr als ein Element enthält, wählt die Funktion in Zeile **#3** das mittlere Element `m` aus. Falls das gesuchte Objekt größer oder gleich `m` ist, wird in der rechten Hälfte der Liste `s` weitergesucht (einschließlich des mittleren Elements `m`), ansonsten wird die Suche in der linken Hälfte der Liste fortgesetzt. Das heißt, bei jedem rekursiven Aufruf von `enthalten()` ist die (Teil-)Liste, in der gesucht wird, nur noch halb so lang wie vorher.

Um die Funktion zu testen, erzeugen wir zunächst eine sortierte Liste von Zufallszahlen:

```
>>> import random
>>> s = [random.randint(0, 100) for i in range(16)]
>>> s.sort()
```

Nun prüfen wir, ob die (willkürlich gewählte) Zahl 17 in der Liste enthalten ist.

```
>>> enthalten(s, 17)
[1, 2, 4, 11, 16, 17, 18, 24, 41, 51, 59, 62, 65, 65, 83, 90]
[1, 2, 4, 11, 16, 17, 18, 24]
[16, 17, 18, 24]
[16, 17]
[17]
1
```

7.4.6 Zwei Sortierverfahren im Vergleich

Gewiss – Python-Listen besitzen eine Methode zum Sortieren. Insofern braucht man sich als Python-Programmierer nicht mehr um die Entwicklung von Funktionen zum Listensortieren zu kümmern. Andererseits gehören Sortierverfahren zu den klassischen Themen der praktischen Informatik. An dem Problem des Sortierens lässt sich nämlich gut verdeutlichen, dass Algorithmen sich in ihrer *Effizienz* unterscheiden. Wenn große Datenmengen verarbeitet werden, kommt es entscheidend darauf an, besonders effiziente Algorithmen zu finden, die mit kleinen Laufzeiten und geringem Speicherplatzbedarf auskommen. Wir konzentrieren uns hier auf den Aspekt der Laufzeit. Den Zeitbedarf eines Algorithmus in Abhängigkeit von der Größe der Eingabedaten, die verarbeitet werden, bezeichnet man auch als *Zeitkomplexität*.

Wie kann also eine beliebige Liste sortiert werden? Ein einfaches Verfahren nennt sich Bubblesort. Die Idee ist folgende: Man vergleicht immer zwei benachbarte Elemente der Liste. Ist das erste Element größer als das zweite, werden die beiden Elemente der Liste in ihrer Reihenfolge vertauscht. Das macht man an allen Stellen der Liste, und zwar so lange, bis man sicher ist, dass die Liste sortiert ist. Bubblesort wird durch folgende Funktion implementiert. Sie übernimmt eine beliebige Liste als Eingabe und gibt eine sortierte Liste zurück.

```
def bubblesort(s):
    if len(s) > 1:                                      #1
        for i in range(len(s) - 1):                     #2
            for j in range (len(s) - 1):
                if s[j] > s[j+1]:
                    s[j], s[j+1] = s[j+1], s[j]         #3
            print(s)                                    #4
```

Erläuterung: Wenn die Liste nur ein Element enthält, ist sie bereits sortiert (**#1**) und es wird nichts getan. Eine Liste der Länge `n` wird nun `n-1` Mal von vorne nach hinten bearbeitet (**#2**). Die Liste wird nun von vorne nach hinten »durchwandert« und benachbarte Elemente verglichen. Falls das erste größer als das zweite ist, werden die Elemente vertauscht (Zeile **#3**). Am Ende jedes Durchgangs der Hauptschleife wird in Zeile **#4** der aktuelle Zustand der Liste ausgegeben. Diese Zeile dient nur der Dokumentation der Arbeitsweise und kann natürlich auch weggelassen werden. Die Funktion gibt übrigens keinen Wert zurück – es ist also eine Prozedur. Stattdessen sortiert sie die als Argument übergebene Liste »in place«. Das heißt, nach dem Aufruf `bubblesort(s)` ist die Liste `s` nicht mehr in ihrem Originalzustand, sondern sortiert.

Zum Testen erzeugen wir nun eine Liste `s` und wenden `bubblesort()` auf sie an:

```
>>> s= [45, 4, 87, 12, 34, 51, 29, 14, 67, 22, 68, 11, 51, 48, 99, 2]
>>> bubblesort(s)
[4, 45, 12, 34, 51, 29, 14, 67, 22, 68, 11, 51, 48, 87, 2, 99]
[4, 12, 34, 45, 29, 14, 51, 22, 67, 11, 51, 48, 68, 2, 87, 99]
[4, 12, 34, 29, 14, 45, 22, 51, 11, 51, 48, 67, 2, 68, 87, 99]
[4, 12, 29, 14, 34, 22, 45, 11, 51, 48, 51, 2, 67, 68, 87, 99]
[4, 12, 14, 29, 22, 34, 11, 45, 48, 51, 2, 51, 67, 68, 87, 99]
[4, 12, 14, 22, 29, 11, 34, 45, 48, 2, 51, 51, 67, 68, 87, 99]
[4, 12, 14, 22, 11, 29, 34, 45, 2, 48, 51, 51, 67, 68, 87, 99]
[4, 12, 14, 11, 22, 29, 34, 2, 45, 48, 51, 51, 67, 68, 87, 99]
[4, 12, 11, 14, 22, 29, 2, 34, 45, 48, 51, 51, 67, 68, 87, 99]
[4, 11, 12, 14, 22, 2, 29, 34, 45, 48, 51, 51, 67, 68, 87, 99]
[4, 11, 12, 14, 2, 22, 29, 34, 45, 48, 51, 51, 67, 68, 87, 99]
[4, 11, 12, 2, 14, 22, 29, 34, 45, 48, 51, 51, 67, 68, 87, 99]
[4, 11, 2, 12, 14, 22, 29, 34, 45, 48, 51, 51, 67, 68, 87, 99]
[4, 2, 11, 12, 14, 22, 29, 34, 45, 48, 51, 51, 67, 68, 87, 99]
[2, 4, 11, 12, 14, 22, 29, 34, 45, 48, 51, 51, 67, 68, 87, 99]
```

An der Ausgabe können Sie Folgendes beobachten:

Am Ende der Originalliste befindet sich die Zahl 2 (fett gedruckt). Während des Programmlaufs »wandert« dieses kleinste Element der Liste allmählich nach vorne. Dreht man die Darstellungen der Liste in Gedanken um neunzig Grad nach rechts, so steigen die »leichten« Werte wie Luftblasen (*bubbles*) nach oben – daher der Name Bubblesort. An diesem Beispiel erkennen Sie, dass die Hauptschleife `n-1` Mal durchlaufen werden *muss*, damit man sicher sein kann, dass am Ende eine Liste der Länge `n` sortiert ist. Damit werden bei Bubblesort genau `(n-1)*(n-1)` Vergleiche von Listenelementen durchgeführt. Das ist viel – Bubblesort ist ein relativ langsamer Algorithmus.

Ein Sortierverfahren mit einer günstigeren Zeitkomplexität ist Quicksort (Hoare, 1962). Es arbeitet nach dem »divide and conquer«-Prinzip. Die Idee ist folgende:

- Divide: Aus der Liste `s` wird irgendein Element `m` ausgewählt. Die Liste `s` wird in zwei kürzere Listen `s1` und `s2` aufgeteilt. Dabei sind in `s1` alle Elemente, die kleiner als `m` sind, und in `s2` alle Elemente, die größer als `m` sind.
- Conquer: Die Teillisten `s1` und `s2` werden (durch einen rekursiven Aufruf von Quicksort) sortiert.
- Combine: Die sortierte Liste setzt sich zusammen aus der sortierten Liste `s1`, dem Element `m` und der sortierten Liste `s2`.

```
def quicksort(s):
    if len(s)>0:
        print("Ich sortiere: ", s)                                  #1
    if len(s) <= 1: return s                                        #2
    else:
       return quicksort([x for x in s[1:] if x < s[0]])\
       + [s[0] ]  \
       + quicksort([y for y in s[1:] if y >= s[0]])                 #3
```

Erläuterung: Zur Dokumentation der Arbeitsweise wird in Zeile **#1** die Liste ausgegeben, die vom aktuellen (rekursiven) Aufruf von `quicksort()` bearbeitet wird. Wenn die Liste nur aus einem Element besteht oder leer ist, ist sie bereits sortiert und kann als Ergebnis zurückgegeben werden (**#2**).

Die logische Zeile **#3** wird mithilfe des Verbindungsoperators \ (siehe Abschnitt 3.4) auf drei physische Zeilen verteilt. Das erste Element der Liste `s[0]` wird als Vergleichswert zum Aufteilen der Liste `s` gewählt. Die Teillisten werden mit Listendisplays erzeugt:

- `[x for x in s[1:] if x<s[0]]` ist die Liste aller Elemente aus `s`, die kleiner als `s[0]` sind.
- `[y for y in s[1:] if y >= s[0]]` ist die Liste aller Elemente aus `s`, die größer oder gleich `s[0]` sind.

Zurückgegeben wird die Konkatenation von drei Teillisten:

- Die mit Quicksort sortierte Liste aller Elemente, die kleiner als `s[0]` sind
- Die Liste mit dem Teilungselement `s[0]`
- Die mit Quicksort sortierte Liste aller Elemente, die größer oder gleich `s[0]` sind

Der Aufruf von `quicksort()` mit der gleichen Liste, die wir gerade bei `bubblesort()` verwendet haben, liefert folgendes Ergebnis:

```
Ich sortiere:  [45, 4, 87, 12, 34, 51, 29, 14, 67, 22, 68, 11, 51, 48, 99, 2]
Ich sortiere:  [4, 12, 34, 29, 14, 22, 11, 2]
Ich sortiere:   [2]
Ich sortiere:   [12, 34, 29, 14, 22, 11]
Ich sortiere:   [11]
Ich sortiere:   [34, 29, 14, 22]
Ich sortiere:   [29, 14, 22]
Ich sortiere:   [14, 22]
Ich sortiere:   [22]
Ich sortiere:   [87, 51, 67, 68, 51, 48, 99]
Ich sortiere:   [51, 67, 68, 51, 48]
Ich sortiere:   [48]
Ich sortiere:   [67, 68, 51]
Ich sortiere:   [51]
Ich sortiere:   [68]
Ich sortiere:   [99]
[2, 4, 11, 12, 14, 22, 29, 34, 45, 48, 51, 51, 67, 68, 87, 99]
```

Wenn man das Arbeitsprotokoll betrachtet, das die Funktion ausgibt, fällt sofort auf, dass von den meisten der rekursiven `quicksort()`-Aufrufen sehr kurze Listen bearbeitet werden. Quicksort benötigt für das Sortieren einer Liste der Länge `n` im Mittel nur ungefähr `n*log n` Vergleiche. Abbildung 7.3 veranschaulicht die Verarbeitung unserer Beispielsequenz s.

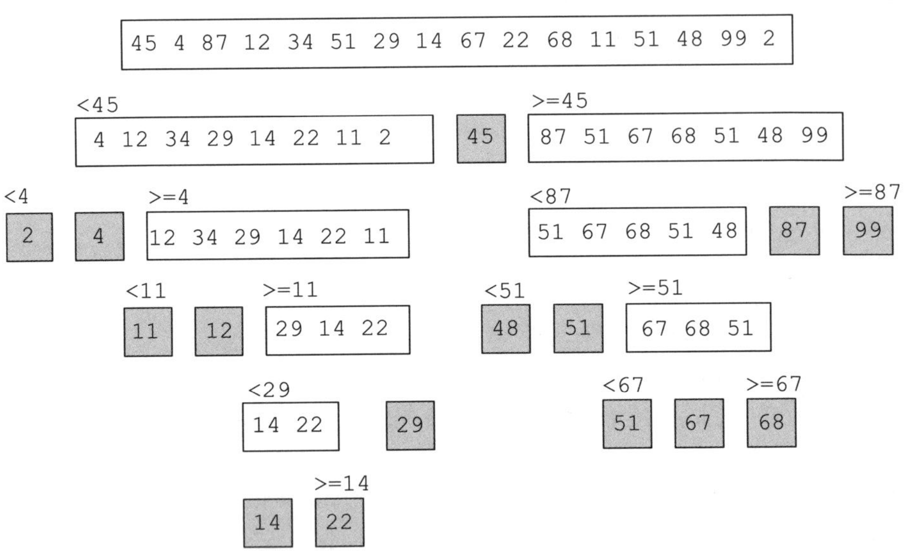

Abb. 7.3: Sortieren einer Liste mit Quicksort. Die grauen Kästen enthalten die Elemente der sortierten Liste (Ergebnis).

7.4.7 Modellieren mit Listen – Beispiel: die Charts

Eine typische Anwendung von Listen ist die Repräsentation von Tabellen.

Als Beispiel programmieren wir ein kleines System, das Musik-Charts verwaltet. (Eine Liste von Musik-Charts im Internet findet Sie z.B. unter folgendem URL: `http://www.glistmusic.com/charts/deutschland.htm`). Wenn Sie sich nicht für Musik interessieren, stellen Sie sich vor, es handele sich um eine Umfrage mit nur einer Frage (wie etwa die berühmte Sonntagsfrage »Welche Partei würden Sie wählen, wenn am nächsten Sonntag Bundestagswahl wäre?«). Die Charts kann man sich als Tabelle folgenden Formats vorstellen:

Index	Stimmen	Titel	Interpret
0	23	`Ohne dich`	`Nicole`
1	12	`Nur mit dir`	`Sascha`
2	6	`Du allein`	`Natascha`
3	0	`Einsam`	`Rudi`

Tabelle 7.3: Beispiel einer Hitliste

Jede einzelne Zeile der Tabelle kann durch eine Liste repräsentiert werden. Die gesamte Tabelle ist dann eine Liste von Listen. Unser Mini-System besteht aus zwei kleinen Skripten:

- Ein Managementprogramm `charts.py`, das erlaubt, eine Hitliste aus mehreren Titeln zusammenzustellen und abzuspeichern
- Ein Voting-Programm `voting.py`, das von stimmberechtigten Personen aufgerufen wird. Ein Titel der Charts kann ausgewählt werden und erhält eine Stimme.

In diesem System wird die Liste mit den Charts in einer Datei auf einem Peripheriespeicher (Festplatte) abgespeichert. Dies ist ein kleiner Vorgriff. Mehr zum Thema Dateien finden Sie in Abschnitt 9.1.

Zur Vorbereitung müssen Sie ein Verzeichnis einrichten, in dem sich die Datei mit der Liste befindet. In dem Beispielskript gehen wir davon aus, dass sich im Wurzelverzeichnis ein Verzeichnis namens `charts` befindet (Pfad unter Windows: `c:\charts\`).

Beschäftigen wir uns zunächst mit dem Management-Programm. Wir entwickeln es nach der Methode der schrittweisen Verfeinerung. Drei Teilaufgaben sind zu lösen, für die jeweils eine Funktion definiert wird:

- Eingabe der Charts (Titel und Interpret)
- Speichern der Charts in einer Datei auf der Festplatte
- Ausgabe der Charts auf dem Bildschirm

Im Hauptprogramm werden diese Funktionen nacheinander aufgerufen.

```
# chartsmanager.py

# Funktionsdefinitionen
```

```
def eingabe(charts):
    print("Eintragungen (mit ENTER beenden)")
    titel = input("Titel: ")
    while titel:                                              #1
        interpret = input("Interpret: ")
        charts += [[0,titel, interpret]]
        titel = input("Titel: ")
    print()
    print("Vielen Dank. Die Liste wird gespeichert")

def speichern (charts):
    import pickle                                             #2
    f = open("c:\\charts\\charts.txt","wb")                   #3
    pickle.dump(charts, f)                                    #4
    f.close()                                                 #5

def ausgabe(charts):
    print("Die Charts")
    print("----------")
    for i in range (len(charts)):                             #6
        eintrag = charts[i]
        print("Platz", i+1, ":", eintrag[1], "\t von",
              eintrag[2], "\t", eintrag[0], "Stimmen")

# Hauptprogramm
print("Erstellen Sie eine Hitliste.")
charts = []
eingabe(charts)
ausgabe(charts)
speichern(charts)
```

Erläuterung:

#1: Wenn der Benutzer nach dem Prompt `Titel:` einfach auf `Return` drückt, wird der Variablen `titel` ein leerer String zugewiesen, dieser besitzt den Wahrheitswert `False` und die `while`-Schleife wird beendet.

#2: Mithilfe der `dump()`-Funktion des Moduls `pickle` kann ein beliebiges Objekt gespeichert werden.

#3: Hier wird ein File-Objekt mit dem Namen `f` erzeugt. Dabei wird eine Datei mit dem Pfad `c:\charts\charts.txt` (Windows) zum Schreiben geöffnet. Falls die Datei nicht existiert, wird eine neue Datei mit dem Namen `charts.txt` im Verzeichnis `c:\charts\` angelegt. Beachten Sie, dass die Escape-Sequenz \\ einen einzelnen Backslash \ darstellt. Das Argument `"wb"` hat folgende Bedeutung: Die Datei wird zum Schreiben geöffnet (`w`) und es wird ein Bytestring (kein normaler String) gespeichert (`b`).

#4: Die Liste `charts` wird im File-Objekt `f` in Form eines Bytestrings abgespeichert.

#5: Die Datei wird geschlossen und damit physisch gespeichert.

#6: Die Tabelle mit den Musiktiteln wird zeilenweise ausgegeben. Die Escape-Sequenz `\t` repräsentiert ein Tabulatorzeichen.

Programmlauf:

```
Erstellen Sie eine Hitliste.
Eintragungen (mit ENTER beenden)
Titel: Ohne dich
Interpret: Nicole
Titel: Nur mit dir
Interpret: Sascha
Titel: Du allein
Interpret: Natascha
Titel: Einsam
Interpret: Rudi
Titel:

Vielen Dank. Die Liste wird gespeichert

Die Charts
----------
Platz 1 : Ohne dich    von Nicole      0 Stimmen
Platz 2 : Nur mit dir  von Sascha      0 Stimmen
Platz 3 : Du allein    von Natascha    0 Stimmen
Platz 4 : Einsam       von Rudi        0 Stimmen
```

Nun das Voting-Programm. Folgende Teilaufgaben sind zu lösen, für die wiederum jeweils eine Funktion definiert wird:

- Laden der Charts aus einer Datei
- Ausgabe der Charts auf dem Bildschirm
- Stimmabgabe (Voting) und Neusortieren der Liste
- Speichern der Liste (mit aktualisierter Stimmenverteilung)

```
# chartsvoting.py
import pickle
# Funktionsdefinitionen
def laden():
    try:
        f = open("c:\\charts\\charts.txt","rb")          #1
        charts = pickle.load(f)                           #2
```

```
        f.close()                                              #3
    except:
        charts = []                                            #4
    return charts

def ausgabe(charts):
    print("Die Charts")
    print("----------")
    for i in range (len(charts)):
        eintrag = charts[i]
        print("Platz", i+1, ":", eintrag[1], "\t von",
               eintrag[2], "\t", eintrag[0], "Stimmen")

def voting(charts):
    if charts == []:
        print("Sorry, keine Wahl möglich.")
    else:
        print("Die Charts")
        print()
        ausgabe(charts)
        print("Bitte wählen Sie Ihren Favoriten!",
              "(1 bis "+str(len(charts))+")")
        wahl = int(input("Nummer: ")) - 1                      #5
        charts[wahl][0] += 1                                   #6
        charts.sort(reverse=True)                              #7
        print("Vielen Dank! Ihr Voting wird gespeichert.")

def speichern (charts):
    f = open("c:\\charts\\charts.txt", "wb")
    pickle.dump(charts, f)
    f.close()

# Hauptprogramm
charts = laden()
voting(charts)
speichern(charts)
print("Hier der neue Stand:")
ausgabe(charts)
```

Erläuterung:

#1: Es wird ein File-Objekt namens `f` erzeugt und dazu die Datei mit dem Pfad `c:\charts\charts.txt` (Windows) zum Lesen geöffnet.

#2: Die Liste `charts` wird aus dem File-Objekt `f` geladen.

#3: Die Datei wird wieder geschlossen.

#4: Falls es beim Versuch, die Datei zu öffnen, einen Laufzeitfehler gab (z.B. weil die Datei nicht existiert), wird dem Namen `charts` eine leere Liste zugewiesen.

#5: Die Variable `wahl` enthält den Index des gewählten Titels. Diese Nummer ist um eins kleiner als die eingegebene Zahl.

#6: Die Anzahl der Stimmen des gewählten Titels wird in den Charts um eins erhöht.

#7: Die Liste mit den Charts wird absteigend sortiert, da das Schlüsselwortargument `reverse` auf den Wert `True` gesetzt ist. Da jedes Element von `charts` (jede Zeile der Tabelle) eine Liste ist, deren erstes Element die Anzahl der erhaltenen Stimmen ist, ist das Vergleichskriterium die Anzahl der erhaltenen Stimmen. Das heißt, `charts[0]` enthält den Spitzenreiter Titel und `charts[-1]` (letzte Zeile) enthält den Titel mit den wenigsten Stimmen.

Programmlauf:

```
Die Charts
----------
Platz 1 : Ohne dich      von Nicole     0 Stimmen
Platz 2 : Nur mit dir    von Sascha     0 Stimmen
Platz 3 : Du allein      von Natascha   0 Stimmen
Platz 4 : Einsam         von Rudi       0 Stimmen

Bitte wählen Sie Ihren Favoriten! (1 bis 4)
Nummer: 4
Vielen Dank! Ihr Voting wird gespeichert.
Hier der neue Stand:

Die Charts
----------
Platz 1 : Einsam         von Rudi       1 Stimmen
Platz 2 : Ohne dich      von Nicole     0 Stimmen
Platz 3 : Nur mit dir    von Sascha     0 Stimmen
Platz 4 : Du allein      von Natascha   0 Stimmen
```

7.5 Generatoren

Betrachten Sie folgende Liste von zehn Zahlen:

```
>>> s = [0, 1, 4, 9, 16, 25, 36, 49, 64, 81]
```

Diese Liste wurde durch Aufzählen konkreter Objekte (Zahlen) definiert. Jedes Element der Liste ist im Arbeitsspeicher abgelegt und kann bei Bedarf gelesen werden. Auch wenn es niemals abgerufen wird, ist es trotzdem da und beansprucht Speicherplatz. Vielleicht ist

Ihnen aufgefallen, dass es sich um Quadratzahlen handelt. Abstrakt könnte man diese Liste auch so definieren:

Die Folge aller ganzen Quadratzahlen, die kleiner als 100 sind.

Damit ist diese Sequenz exakt festgelegt, obwohl kein einziges Element explizit genannt wird. Genau das ist die Idee von Generatoren. Ein Generator ist eine virtuelle Kollektion von Objekten, bei der die Objekte nicht explizit aufgezählt werden. Stattdessen wird eine Konstruktionsvorschrift angegeben, mit der bei Bedarf jedes Element generiert werden kann. Generatoren können auf zweierlei Weise definiert werden: mit Generatorausdrücken oder mit Generatorfunktionen.

7.5.1 Generatorausdrücke

Generatorausdrücke werden so wie *list comprehensions* gebildet (Abschnitt 7.4.1). Man verwendet einfach nur *runde* anstelle von eckigen Klammern. Die oben beschriebene Liste von Quadratzahlen können Sie folgendermaßen mit einem Generatorausdruck definieren:

```
>>> g = (i*i for i in range(10))
```

Die Zeile kann man so lesen: Berechne für alle natürlichen Zahlen von 0 bis 9 das Quadrat und bilde daraus eine (virtuelle) Folge. Im Unterschied zu einer Liste kann man den »Inhalt« des Generators, d.h. die von ihm repräsentierte Kollektion, nicht so einfach ausgeben, sondern muss die Elemente in einer Iteration (`for`-Schleife) einzeln abrufen.

```
>>> print(g)
<generator object <genexpr> at 0x021B6D78>
>>> for n in g:
      print(n, end= " ")
0 1 4 9 16 25 36 49 64 81
```

7.5.2 Generatorfunktionen

Generatorfunktionen sind Funktionen, in denen ein `yield`-Statement vorkommt. Eine Generatorfunktion gibt ein Generator-Objekt zurück. Die folgende Generatorfunktion liefert einen Generator für Quadratzahlen von 0 bis `n -1`.

```
>>> def generiereZahlen(n):
          for i in range(n):
              yield i*i
```

Testen wir zunächst einmal die Generatorfunktion und erzeugen mit ihr ein Generator-Objekt.

```
>>> g = generiereZahlen(10)
>>> print(g)
<generator object generiereZahlen at 0x021BD5A8>
```

```
>>> for i in g:
      print(i, end= " ")
0 1 4 9 16 25 36 49 64 81
```

Nun zurück zur Funktionsdefinition. Welche Bedeutung hat das `yield`? Wenn der Python-Interpreter bei der Ausführung der Generatorfunktion auf eine `yield`-Anweisung stößt, gibt er den Wert des Ausdrucks hinter `yield` zurück, unterbricht dann die Ausführung und merkt sich den aktuellen Zustand des zur Funktion gehörenden Prozesses. Erst wenn das nächste Element des Generator-Objektes verlangt wird, wird die Ausführung der Funktion fortgesetzt. Im Unterschied zu einer Liste kann man die Elemente eines Generators nicht beliebig lesen, sondern nur vorne beginnend in der vorgegebenen Reihenfolge. Die Standardfunktion `next()` liefert das nächste Element der vom Generator erzeugten Folge.

Beispiel:

```
>>> def generiereZahlen(n):
      i = 1
      while i <= n:
            yield i*i
            i += 1

>>> g = generiereZahlen(3)
>>> g
<generator object at 0x00A958C8>
```

Das Objekt `g` ist ein Generator-Objekt, das von der Generatorfunktion `generiereZahlen()` erzeugt worden ist.

```
>>> next(g)
1
```

Das ist das erste Element der Folge. Um in der IDLE-Shell den gleichen Befehl nochmals abzusetzen, drücken Sie die Tastenkombination `Alt`+`p`.

```
>>> next(g)
4
>>> next(g)
9
>>> next(g)

Traceback (most recent call last):
  File "<pyshell#27>", line 1, in <module>
    next(g)
StopIteration
```

Bei jedem Aufruf `next(g)` wird das nächste Item berechnet, bis schließlich eine `StopIteration`-Ausnahme eintritt.

Eine Besonderheit von Generatoren ist, dass man mit ihnen unendliche (virtuelle) Kollektionen erzeugen kann. Die folgende Generatorfunktion definiert eine unendliche Folge von Quadratzahlen.

```
>>> def generiereZahlen():
        i = 1
        while True:                 # Endlosschleife
            yield i*i
            i += 1
>>> g = generiereZahlen()
>>> next(g)
1
>>> next(g)
4
>>> next(g)
9
...
```

7.5.3 Iteratoren

Iteratoren sind spezielle Generatoren, die den Zugriff auf die Elemente einer Kollektion kontrollieren. Ein Iterator zu einer Menge liefert nach und nach alle Elemente der Menge. Sie kennen Iteratoren aus dem Alltag. In einer Arztpraxis hat die Sprechstundenhilfe an der Rezeption die Funktion eines Iterators. Sie entscheidet, wer aus der Menge der wartenden Patienten als Nächster behandelt werden soll.

Bei einem Funktionsaufruf `next(i)` gibt der Iterator `i` einer Kollektion ein Element zurück. Mit jedem Aufruf `next(i)` wird ein neues Element geliefert, bis schließlich die gesamte Kollektion durchlaufen ist. Die Standardfunktion `iter()` liefert zu einer Sequenz oder einem anderen iterierbaren Objekt einen Iterator. Erzeugt man zu einer Sequenz mehrere Iteratoren, so kann man mit ihnen unabhängig voneinander dieselbe Sequenz durchlaufen.

```
>>> s = [1, 2, 3, 4]
>>> i1 = iter(s)
>>> i2 = iter(s)
>>> next(i1)                        # erster Iterator i1
1
>>> next(i1)
2
>>> next(i1)
3
>>> next(i2)                        # der Iterator i2 ist noch am Anfang
1
```

7.5.4 Verwendung von Generatoren

Bei Programmen, die sehr große Datenmengen verarbeiten, kann man mit Generatoren viel Speicherplatz sparen. Denn es werden keine Objekte auf Vorrat geschaffen und im Arbeitsspeicher gelagert (wie z.B. bei Listen), sondern »just in time« generiert, wenn man sie wirklich benötigt. Wie Sie schon in einigen Beispielen gesehen haben, kann man Generatoren so wie Listen bei Iterationen (`for`-Schleifen) verwenden. Auch einige Operationen für Kollektionen (`min()`, `max()`, `in`, `not in`) können Sie auf Generatoren anwenden. Aber nur ein Mal! Das rührt daher, dass man die Elemente der Kollektion, die ein Generator repräsentiert, nur einmal abrufen kann.

Im folgenden Beispiel erzeugen wir einen Generator `zufall` für eine Folge von Zufallszahlen. Diese werden in einer `for`-Schleife auf den Bildschirm gebracht. Wie man sieht, kann man den Generator nur einmal benutzen. Bei der zweiten `for`-Schleife ist er bereits »aufgebraucht« und es wird nichts ausgegeben.

```
>>> import random
>>> zufall = (random.randint(0, 100) for i in range(10))
>>> for i in zufall: print(i, end= " ")     # 1. Verwendung
53 55 0 46 85 88 85 52 20 57
>>> for i in zufall: print(i, end= " ")     # 2. Verwendung

>>>
```

Betrachten Sie folgendes Beispiel. Der Generator `parabel` enthält Funktionswerte einer quadratischen Funktion für ganze Zahlen von –10 bis +9.

```
>>> parabel = (x**2 - 2*x + 3 for x in range (-10, 10))
>>> min (parabel)
2
>>> min(parabel)
Traceback (most recent call last):
  File "<pyshell#42>", line 1, in <module>
    min(parabel)
ValueError: min() arg is an empty sequence
```

Warum gibt es beim zweiten Aufruf der `min()`-Funktion eine Fehlermeldung? Nun, um das Minimum zu finden, muss der gesamte Generatorinhalt abgerufen werden. Danach ist er »leer«.

Generatoren verwendet man gerne, um Mengen zu definieren. Dazu kommen wir im folgenden Abschnitt.

7.6 Mengen

Eine Menge ist eine ungeordnete Sammlung von Objekten, wobei jedes Objekt nur einmal vorkommen darf. In der Mathematik schreibt man Mengen mit geschweiften Klammern auf. So ist `{2, 3, 5}` die Menge mit drei Zahlen 2, 3 und 5. Zur Repräsentation endlicher Mengen bietet Python zwei Datentypen: `frozenset` und `set`. Was ist der Unterschied? Objekte vom Typ `frozenset` sind (wie Tupel oder Strings) nicht veränderbar. Man kann aus ihnen keine Elemente entfernen und ihnen keine hinzufügen.

Eine Menge vom Typ `set` erzeugen Sie durch Aufruf der Standardfunktion `set()`. Als Argument übergeben Sie ein beliebiges iterierbares Objekt (z.B. eine Liste), aus dem dann eine Menge gebildet wird. Insbesondere werden etwaige Duplikate entfernt.

```
>>> m1 = set([1, 7, 3, 1, 1])    # Menge von Zahlen
>>> m1
{1, 3, 7}
>>> m2 = set("Barbara")          # Menge von Zeichen
>>> m2
{'a', 'r', 'B', 'b'}
```

Alternativ können Sie auch einfach die Elemente in geschweiften Klammern aufzählen. Duplikate werden automatisch entfernt:

```
>>> a = {1, 1, 2}
>>> a
{1, 2}
```

Mengen-Objekte vom Typ `frozenset` werden entsprechend mit der Funktion `frozenset()` generiert.

```
>>> m3 = frozenset("Erdbeereis")
>>> m3
frozenset({'b', 'e', 'd', 'i', 's', 'r', 'E'})
```

Die Beispiele zeigen, wie die Literale aufgebaut sind, die Mengen-Objekte darstellen. Literale für `set`-Objekte sehen aus wie Mengen in der Mathematik: Zwischen geschweiften Klammern sind die enthaltenen Elemente aufgeführt. Eine leere Menge wird manchmal vom System mit `set()` statt `{}` angezeigt. Bei `frozenset`-Objekten steht hinter dem Wort `frozenset` in runden Klammern ein Mengen-Literal mit geschweiften Klammern.

Mit Generatorausdrücken kann man Mengen auf abstrakte Weise definieren. Beispiel:

```
>>> q10 = set(i**2 for i in range(10))  # Quadratzahlen
>>> print(q10)
{0, 1, 4, 81, 64, 9, 16, 49, 25, 36}
```

Beachten Sie, dass man nur *ein* Klammerpaar benötigt. (Streng genommen wird ja ein Generatorausdruck in runde Klammern geschrieben, so dass der obige Funktionsraufruf eigentlich zwei Klammerpaare enthalten müsste.)

Python-Mengen dürfen nur *unveränderbare Objekte* enthalten. Dazu gehören Zahlen, Strings, Tupel oder `frozenset`-Objekte. Eine Menge von Listen oder `set`-Objekten ist nicht erlaubt. Das ist eine massive Einschränkung. Sie können mit dem Typ `set` keine beliebig verschachtelten Mengen von Mengen definieren.

7.6.1 Operationen für Mengen

Mit Mengen-Objekten der Typen `set` und `frozenset` können Sie die üblichen Mengenoperationen ausführen, die Sie aus der Mathematik kennen, insbesondere Vereinigung, Durchschnitt und Differenz (siehe Tabelle 7.4). Beispiele:

```
>>> m1 = set("Albert Einstein")
>>> m2 = set("Relativität")
>>> m1 | m2                        # Vereinigung
{'A', ' ', 'b', 'e', 'ä', 'i', 'l', 'n', 's', 'r', 't', 'a', 'v', 'E',
'R'}
>>> m1 & m2                        # Durchschnitt
{'i', 'e', 'l', 't'}
>>> m1 - m2                        # Differenz
{'A', ' ', 'b', 'E', 'n', 's', 'r'}
```

Mengen sind iterierbare Objekte. Das heißt, einer Menge ist ein Iterator zugeordnet, mit dem alle Elemente der Menge aufgezählt werden. Sie können deshalb Mengen in `for`-Schleifen und Generatorausdrücken verarbeiten.

```
>>> for c in set("Einstein"):
        print(c, end="")

einstE

>>> zahlen = {2, 6, 56, 9, 12, 100}
>>> quadrate = (i**2 for i in zahlen)  # Generatorausdruck
```

Operation	Operator	Erklärung
`iter (s)`		Liefert einen Iterator für die Menge *s*
`len (s)`		Liefert die Kardinalität der Menge *s* (Anzahl der enthaltenen Elemente)
`max(s)`		Liefert das größte Element der Menge *s*
`min(s)`		Liefert das kleinste Element der Menge *s*
`x in s`		Liefert `True`, falls *x* Element der Menge *s* ist, und `False` sonst

Tabelle 7.4: Operationen für `set`- und `frozenset`-Objekte

Operation	Operator	Erklärung
`x not in s`		Liefert `True`, falls *x* *nicht* Element der Menge *s* ist, und `False` sonst
`s.copy()`		Liefert eine flache Kopie der Menge *s*
`s.difference(t)`	`s - t`	Liefert die Differenz der Mengen *s* und *t*
`s.intersection(t)`	`s & t`	Liefert den Durchschnitt der Mengen *s* und *t*
`s.issubset(t)`	`s <= t`	Liefert `True`, falls *s* eine Teilmenge von *t* ist, und `False` sonst
`s.issuperset(t)`	`s >= t`	Liefert `True`, falls *s* eine Obermenge von *t* ist, und `False` sonst
`s.union(t)`	`s	t`	Liefert die Vereinigung der Mengen *s* und *t*

Tabelle 7.4: Operationen für `set`- und `frozenset`-Objekte (Forts.)

Für veränderbare Mengen vom Typ `set` sind einige weitere Operationen definiert, mit denen Elemente hinzugefügt oder entfernt werden können.

Operation	Erklärung
`s.add(x)`	Der Menge *s* wird ein neues Element *x* hinzugefügt.
`s.clear()`	Alle Elemente der Menge *s* werden entfernt.
`s.discard(x)`	Aus der Menge *s* wird das Element *x* entfernt, sofern es existiert.
`s.pop()`	Gibt ein willkürlich ausgewähltes Element aus der Menge *s* zurück und entfernt es aus der Menge. Wenn *s* leer ist, gibt es einen `KeyError`.
`s.remove(x)`	Aus der Menge *s* wird das Element *x* entfernt, sofern es existiert. Wenn *x* nicht in der Menge enthalten ist, gibt es einen `KeyError`.

Tabelle 7.5: Zusätzliche Operationen für `set`-Objekte

7.6.2 Modellieren mit Mengen – Beispiel: Graphen

Viele Algorithmen lassen sich mit Mengen sehr knapp und elegant formulieren. Ein typischer Anwendungsbereich ist die Verarbeitung von Graphen. Ein ungerichteter Graph besteht aus einer Menge von Knoten V = `{v1, v2, ..., vn}` und einer Menge von Kanten E = `{e1, e2, ..., em}`. Eine Kante kann man sich als Verbindungslinie zwischen zwei Knoten vorstellen. Die Kante e, die zwei Knoten a und b verbindet, schreibt man als Menge e = `{a, b}` auf.

Abbildung 7.4 zeigt einige Raumpläne, die die Anordnung von Räumen in einer Hausetage wiedergeben. Die ersten beiden Raumpläne sind Ausschnitte aus einem größeren Plan. Sie überlappen etwas, die Räume 4 und 5 gehören zu beiden Plänen.

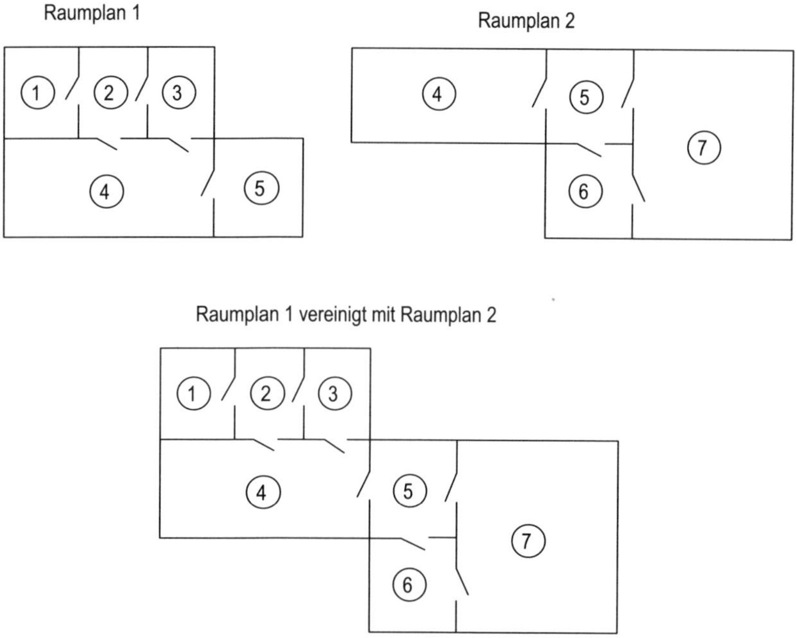

Abb. 7.4: Raumpläne. Oben zwei Fragmente, unten ein Gesamtplan als Vereinigung der Fragmente

Die logische Struktur eines Raumplans kann man durch einen Graphen modellieren (siehe Abbildung 7.5). Die Räume werden durch Knoten repräsentiert, die wir mit natürlichen Zahlen benannt haben. Die Türen stellen wir durch Kanten dar, die zwei Knoten (Räume) miteinander verbinden.

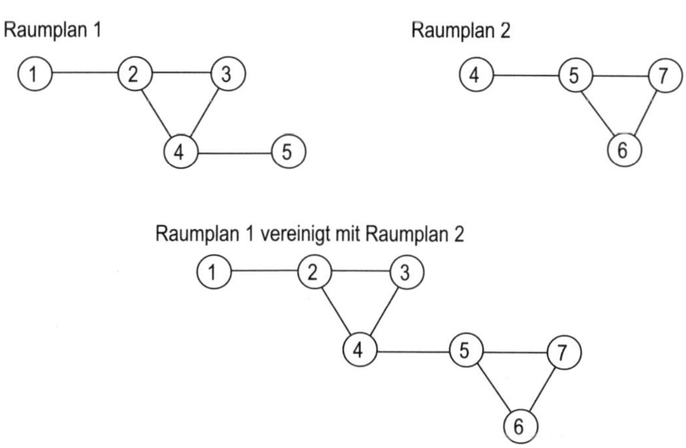

Abb. 7.5: Graphen, die Räume mit Türen modellieren

Wir schreiben nun ein kleines Skript mit zwei Funktionen, die folgende Probleme lösen:

- Finde für einen beliebigen Raum alle Nachbarräume.
- Vereinige zwei Raumpläne (die sich möglicherweise überschneiden) zu einem größeren Gesamtplan.

Die Funktionen werden mithilfe der Beispielgraphen aus Abbildung 7.5 getestet. Vielleicht überrascht es Sie, wie kurz und knapp die Funktionsdefinitionen sind.

Mit den Klassen `set`, `frozenset` und `tuple` können wir einen Graphen praktisch genauso aufschreiben wie in der Mathematik:

- Eine Kante stellen wir als `frozenset`-Objekt dar, das die Nummern der beiden verbundenen Knoten enthält. Die Kantenmenge `E` ist ein `set`-Objekt, das Kanten (`frozenset`-Objekte) enthält.
- Die Knotenmenge `V` ist ein `set`-Objekt, das Zahlen enthält.
- Der Graph `G` ist ein Tupel `(V, E)` aus zwei `set`-Objekten.

Skript:

```
def findeNachbarraeume(plan, raum):
    """ Menge aller Nachbarräume"""
    raeume, tueren = plan
    t_raum = set(t for t in tueren if raum in t)                 #1
    nachbarraeume = set()                                        #2
    for t in t_raum:
        nachbarraeume = nachbarraeume | t                        #3
    return nachbarraeume - set([raum])                           #4

def vereinige (plan1, plan2):
    """ füge zwei Pläne zusammen """
    return (plan1[0] | plan2[0], plan1[1] | plan2[1])            #5

V1 = {1, 2, 3, 4, 5}
E1 = set(frozenset(t)                                            #6
         for t in [(1, 2),(2, 3), (2, 4),(3, 4),(4, 5)])
raumplan1 = (V1, E1)                                             #7

V2 = {4, 5, 6, 7}
E2 = set(frozenset(t)
         for t in [(5, 4), (5, 6),(5 ,7), (6, 7)])
raumplan2 = (V2, E2)

gesamtplan = vereinige(raumplan1, raumplan2)
nachbarraeume = findeNachbarraeume(gesamtplan, 2)
print("Räume des Gesamtplans:")
for r in gesamtplan[0]: print(r, end=" ")
print()
print("Türen des Gesamtplans:")
for t in gesamtplan[1]: print(tuple(t), end=" ")
```

```
print()
print("Nachbarräume von Raum 2:")
for r in nachbarraeume: print(r, end=" ")
```

Ausgabe:

```
Räume des Gesamtplans:
1 2 3 4 5 6 7
Türen des Gesamtplans:
(2, 4) (5, 7) (1, 2) (6, 7) (3, 4) (2, 3) (5, 6) (4, 5)
Nachbarräume von Raum 2:
1 3 4
```

Erläuterung:

#1: Die Menge `t_raum` enthält alle Türen des Raumes `raum`. Formal ist es die Menge der Kanten des Graphen, die den Knoten `raum` enthalten.

#2: Hier wird eine leere Menge erzeugt.

#3: In der `for`-Schleife werden sukzessive alle Kanten aus der Menge `t_raum` (die ja Mengen mit jeweils zwei Knoten sind) vereinigt. Am Ende enthält die Menge `nachbarraeume` alle Räume, die über Türen mit dem Raum `raum` verbunden sind sowie den Raum `raum` selbst. Dieser wird in **#4** entfernt. Übrig bleibt die Menge der Nachbarräume. Sie wird zurückgegeben.

#5: Die Vereinigung zweier Graphen ist einfach nur die Vereinigung der beiden Knotenmengen und der beiden Kantenmengen.

#6: Die Kantenmenge ist ein Mengen-Objekt vom Typ `set`, das lauter (unveränderliche) Mengen-Objekte vom Typ `frozenset` enthält. Sie wird mit einem Generatorausdruck aus einer Liste von Tupeln erzeugt.

#7: Der Raumplan (ein Graph) wird durch ein Tupel mit zwei Mengen `V1` und `E1` repräsentiert.

7.7 Aufgaben

Aufgabe 1

Was schreibt das folgende Skript auf den Bildschirm?

```
liste = ["mond", "stoff", "treib", "raum", "schiff"]
print(liste[0])
print(liste[2] + liste[1])
print(liste[-2] + liste[-1])
for wort in liste:
    if wort[0] == "s":
        print(wort)

for wort in liste:
    print(wort[1])
```

```
liste = liste  +["gestein"]
print(liste[0] + liste[-1])
```

Aufgabe 2

Welchen Wert haben die Listen-Objekte `s1`, `s2`, `s3` jeweils, nachdem die folgenden Anweisungen ausgeführt worden sind?

```
>>> s1 = [1]
>>> s1 = [1,s1]
>>> s1 = [1,s1]

>>> A = ['Haus', 'Garten']
>>> B = ['bau', 'tier', 'pflanze']
>>> s2 = [i+j for i in A for j in B]

>>> A = [1, 2, 3, 4]
>>> B = [2, 3, 4, 5]
>>> s3 = [i for i in A+B if (i not in A) or (i not in B)]
```

Aufgabe 3

Schreiben Sie ein Skript, das das Mischen der 32 Karten eines Skatspiels simuliert. Jede Karte wird durch ein Tupel der Form (*farbe, wert*) dargestellt. Farben sind: Kreuz, Pik, Herz und Karo. Werte sind: Ass, König, Dame, Bube, Zehn, Neun, Acht, Sieben.

In dem Skript wird zunächst mithilfe eines geeigneten Listendisplays eine Liste mit den 32 Karten-Tupeln erstellt. Durch wiederholtes paarweises Vertauschen zweier zufällig ausgewählter Listenelemente wird gemischt.

Aufgabe 4

Gesucht ist die Menge aller rechtwinkligen Dreiecke mit ganzzahligen Seitenlängen unter 20. Jedes Dreieck soll durch ein Tupel mit den drei Seitenlängen dargestellt werden. Beispiel: `(3, 4, 5)`

Beachten Sie: In rechtwinkligen Dreiecken gilt der Satz des Pythagoras:
$a^2 + b^2 = c^2$.

Aufgabe 5

In einem Tanzkurs befinden sich folgende Personengruppen:

Vier Damen, vier Herren und ein Tanzlehrer.

Berechnen Sie mithilfe von Mengen-Objekten und Tupeln die Menge aller denkbaren Tanzpaare. Ein Tanzpaar besteht aus einer Dame und einem Herrn. Tanzlehrer können sowohl die Rolle einer Dame als auch die Rolle eines Herrn übernehmen.

7.8 Lösungen

Lösung 1

```
mond
treibstoff
raumschiff
stoff
schiff
o
t
r
a
c
mondgestein
```

Lösung 2

```
s1: [1, [1, [1]]]
s2: ['Hausbau', 'Haustier', 'Hauspflanze', 'Gartenbau', 'Gartentier',
     'Gartenpflanze']
s3: [1, 5]
```

Lösung 3

```
# skat.py
# Mischen eines Skatspiels
import random
farben = ['Kreuz', 'Pik', 'Herz', 'Karo']
werte = ['Ass', 'Koenig', 'Dame', 'Bube', '10', '9', '8', '7']
spiel = [(f,w) for f in farben for w in werte]                    #1
anzahl = random.randint(20, 40)
for i in range(anzahl):
    karte1 = random.randint(0, 31)                                #2
    karte2 = random.randint(0, 31)                                #3
    spiel[karte1], spiel[karte2] = spiel[karte2], spiel[karte1]
print("Gemischtes Skatspiel:")
print(spiel)
```

Erläuterung:

#1: Hier wird eine Liste von 32 Paaren der Form `(farbe, wert)` erzeugt.

#2: In dieser und der nächsten Zeile werden Zufallszahlen zwischen 0 und 31 erzeugt. Es kann sein, dass beide Zahlen gleich sind. Dies ist bei diesem Skript aber kein Problem, weil dann in Zeile **#3** einfach nichts vertauscht wird.

#3: In der nächsten Zeile werden die Werte der Elemente mit den Indexen `karte1` und `karte2` vertauscht.

Beispielprogrammlauf:

```
Gemischtes Skatspiel:
[('Kreuz', 'Ass'), ('Karo', '9'), ('Karo', 'Dame'), ('Kreuz', 'Bube'),
('Kreuz', '10'), ('Herz', '7'), ('Pik', '8'), ('Kreuz', '7'), ('Karo',
'10'), ('Herz', 'Koenig'), ('Herz', '8'), ('Pik', 'Bube'), ('Herz', '9'),
('Karo', '7'), ('Pik', '7'), ('Karo', 'Koenig'), ('Herz', 'Ass'),
('Kreuz', 'Dame'), ('Pik', '10'), ('Karo', 'Bube'), ('Kreuz', '8'),
('Pik', 'Ass'), ('Pik', '9'), ('Pik', 'Koenig'), ('Herz', 'Dame'),
('Kreuz', 'Koenig'), ('Pik', 'Dame'), ('Kreuz', '9'), ('Herz', 'Bube'),
('Karo', 'Ass'), ('Karo', '8'), ('Herz', '10')]
```

Lösung 4

```
dreiecke = set(frozenset((a, b, c))
                    for a in range(1,20)
                    for b in range(1,20)
                    for c in range(1,20)
                    if a**2 + b**2 == c**2)
for d in dreiecke:
    print(tuple(d), end=" ")
```

Ausgabe:

```
(8, 10, 6) (8, 17, 15) (12, 5, 13) (9, 12, 15) (3, 4, 5)
```

Lösung 5

```
damen = set("ABCD")
herren = set("abcd")
tanzlehrer = set("X")
tanzpaare = set(frozenset((d, h))
            for d in damen|tanzlehrer
            for h in herren|tanzlehrer
         if d != h)
for p in tanzpaare:
      print(tuple(p), end=" ")
```

Ausgabe:

```
('a', 'D') ('B', 'd') ('X', 'c') ('c', 'B') ('A', 'c')
('c', 'D') ('a', 'X') ('D', 'd') ('X', 'C') ('a', 'B')
('B', 'b') ('X', 'b') ('X', 'd') ('A', 'd') ('A', 'X')
('b', 'D') ('C', 'b') ('a', 'C') ('C', 'd') ('X', 'B')
('X', 'D') ('A', 'b') ('A', 'a') ('C', 'c')
```

Kapitel 8

Dictionaries

Ein Dictionary (engl. für Wörterbuch) ist eine Abbildung, die gewissen Schlüsseln (*key*) jeweils einen Wert (*value*) zuordnet. Der Begriff Schlüssel ist bildlich zu verstehen. Der Schlüssel ermöglicht den direkten Zugriff auf Daten. Mit seiner Hilfe kann sozusagen ein verschlossener Behälter mit Information geöffnet werden. Typische Beispiele für die Verwendung von Dictionaries sind:

- In einem Telefonbuch findet man über den Namen (Schlüssel) Telefonnummer und Adresse einer Person (Wert).
- Über das Autokennzeichen (Schlüssel) kann man Name und Adresse des Kraftfahrzeughalters (Wert) herausfinden (wenn man ein berechtigtes Interesse hat).
- In einem deutsch-englischen Wörterbuch findet man zu einem deutschen Wort (Schlüssel) eine Liste von englischen Wörtern mit der gleichen Bedeutung (Wert).

8.1 Operationen für Dictionaries

Mit Python wird ein Dictionary durch eine Folge von Paaren der Form `schlüssel:wert` dargestellt, die durch Kommata getrennt sind und zwischen geschweifte Klammern {} geschrieben werden.

Ein kleines englisch-deutsches Wörterbuch kann durch folgendes Python-Dictionary repräsentiert werden:

```
>>> woerterbuch = {"sun":"Sonne", "moon":"Mond", "star":"Stern"}
```

Als Schlüssel dienen hier englische Wörter, denen jeweils ein deutsches Wort als Wert zugeordnet ist. Mithilfe der Schlüssel kann man auf die zugehörigen Werte direkt zugreifen. Dazu schreibt man den Schlüssel in eckigen Klammern hinter den Namen des Dictionarys. Beispiel:

```
>>> woerterbuch["moon"]
'Mond'
```

So weit zur Grundidee der Dictionaries. In Tabelle 8.1 sind die wichtigsten Operationen für Dictionaries zusammengestellt.

Operation	Ergebnis
`d[k]`	Zurückgegeben wird der Wert mit Schlüssel k. Falls k im Dictionary nicht existiert, gibt es einen keyError.
`d[k] = x`	Dem Schlüssel k wird der Wert x zugeordnet.
`d.clear()`	Alle Items werden aus d entfernt. Zurück bleibt ein leeres Dictionary {}.
`d.copy()`	Zurückgegeben wird eine flache Kopie von d. Das heißt, es wird ein neues Dictionary-Objekt mit eigener Identität erzeugt. Aber die Schlüssel-Wert-Paare enthalten nur Referenzen auf enthaltene Objekte und keine Kopien (siehe Abschnitt 7.4.3).
`del d[k]`	Das Item mit Schlüssel k wird entfernt. Falls k im Dictionary nicht existiert, gibt es einen keyError.
`d.get(k, x)`	Zurückgegeben wird d[k], falls k in d, sonst x.
`k in d`	Liefert True, falls d einen Schlüssel k enthält, und sonst False.
`k not in d`	Liefert False, falls d einen Schlüssel k enthält, und sonst True.
`d.items()`	Liefert eine Darstellung des Dictionarys d als dict_items-Objekt. Dieses repräsentiert eine *Liste von Paaren* der Form (Schlüssel, Wert).
`d.keys()`	Liefert ein dict_keys-Objekt, das eine Liste der Schlüssel von d repräsentiert.
`d.setdefault(k[, x])`	Liefert d[k], falls der Schlüssel k in d existiert, sonst wird der Wert x zurückgegeben und außerdem ein neues Paar (k,x) in d eingefügt.
`d1.update (d2)`	Für alle Schlüssel k im Dictionary d2 wird im Dictionary d1 ein neues Item d2[k] eingefügt.
`d.values()`	Liefert die Werteliste von d in Form eines dict_values-Objektes.

Tabelle 8.1: Wichtige Operationen für Dictionaries

8.2 Wie erstellt man ein Dictionary?

Ein Dictionary kann auf verschiedene Weise erzeugt werden. Man kann es

- vollständig mit einem Dictionary-Display definieren
- schrittweise aus Einzelpaaren aufbauen
- aus vorhandenen Dictionaries zusammensetzen
- aus einer Textdatei einlesen

8.2.1 Definition mit einem Dictionary-Display

Ein Dictionary kann erstellt werden, indem man einfach Paare der Form *`schlüssel:wert`* aufzählt und in geschweifte Klammern schreibt. Diese Repräsentation nennt man Dictionary-Display. Die folgenden Syntax-Regeln beschreiben formal den Aufbau:

```
dict_display ::=
    "{" [key_datum_list] "}"
key_datum_list ::=
    key_datum ("," key_datum)* [","]
key_datum ::=
    expression ":" expression
```

Die Ausdrücke vor dem Doppelpunkt (Schlüssel) dürfen nur *unveränderbare* Objekte darstellen. Als Schlüssel erlaubt sind also Zahlen, Zeichenketten oder Tupel, nicht aber Listen. Der Grund für diese Einschränkung liegt darin, dass Python aus dem Schlüssel eine Adresse berechnet (einen so genannten Hash-Wert), unter der der zugeordnete Wert zu finden ist. Wenn (nachträglich) der Schlüssel geändert würde, wäre die Adresse ungültig.

Beispiel:

```
>>> tel = {'Sabine': '89733',
     'Max': '973440',
     'Feuerwehr': '112'}
>>> tel
{'Max': '973440', 'Sabine': '89733', 'Feuerwehr': '112'}
```

Beachten Sie, dass bei der Ausgabe des Dictionarys `tel` die Schlüssel-Wert-Paare in einer anderen Reihenfolge erscheinen als bei der Definition des Displays.

Der Schlüssel dient der Identifikation eines Datenobjektes. Es muss deshalb einmalig sein. Wenn in einem Dictionary-Display ein Schlüssel mehrfach vorkommt, so gilt nur der zuletzt aufgeführte Wert. Beispiel:

```
>>> tel = {'Sabine':'89733',
     'Max': '973440',
     'Feuerwehr': '112',
     'Sabine': '02303 89733'}
>>> tel
{'Max': '973440', 'Sabine': '02303 89733', 'Feuerwehr': '112'}
```

Wenn Daten durch eine (feste) Kombination von Merkmalen identifiziert werden, verwendet man Tupel als Schlüssel. Beispiele:

- Telefonverzeichnis mit Name und Vorname als Schlüssel:

  ```
  tel = {('Max', 'Masche'): '67644',
         ('Sabine', 'Fischer'): '83722'}
  ```

- Platzreservierung in einem Theatersaal mit Reihe und Sitz als Schlüssel und Namen als Wert:

```
theater ={(1, 2): 'Bethfür',
          (2,15): 'von der Höh'}
```

Die Werte (rechts neben dem Doppelpunkt) können beliebigen Typs sein. Auch Listen und Dictionaries sind als Werte erlaubt. In einem englisch-deutschen Wörterbuch z.B. sind zu einem englischen Begriff mehrere deutsche Wörter als Liste aufgeführt:

```
>>> deutsch = {'key':['Schlüssel', 'Taste'],
    'slice':['Scheibe', 'Schnitte', 'Stück'],
    'value': ['Wert']}
>>> deutsch['key']
['Schlüssel', 'Taste']
```

8.2.2 Schrittweiser Aufbau eines Dictionarys

Ein Dictionary kann Schritt für Schritt aufgebaut werden, indem man zuerst ein leeres Dictionary `{}` erzeugt und dann Schlüssel-Wert-Paare einzeln einfügt. Im folgenden Beispiel wird interaktiv ein englisch-deutsches Wörterbuch erschaffen.

```
def erschaffeWoerterbuch():
# Aufbau eines englisch-deutschen Wörterbuchs
    d = {}
    englisch = input('Englisches Wort: ')
    while englisch:                                              #1
         deutsch = input('Deutsche Übersetzung: ')
         d[englisch] = deutsch
         englisch = input('Englisches Wort: ')
    return d

print(erschaffeWoerterbuch())
```

Erläuterung:

Die `while`-Schleife bricht ab, wenn der Benutzer nach dem Prompt `Englisches Wort:` sofort die [Enter]-Taste drückt. In diesem Fall erhält die Variable `englisch` einen leeren String mit dem Wahrheitswert FALSCH.

Programmlauf:

```
Englisches Wort: dog
Deutsche Übersetzung: Hund
Englisches Wort: cat
Deutsche Übersetzung: Katze
```

```
Englisches Wort:
{'dog': 'Hund', 'cat': 'Katze'}
```

8.2.3 Ein Dictionary aus anderen Dictionaries zusammensetzen – update()

Manchmal möchte man zwei Dictionaries zu einem umfassenden Dictionary zusammenfügen. Im Alltag kommt diese Situation z.B. vor, wenn Sie mehrere Telefonverzeichnisse, die in verschiedenen Notizbüchern aufgeschrieben sind, zusammenlegen müssen.

Ein Aufruf der Methode `d1.update(d2)` erweitert das Dictionary `d1` um Einträge aus dem Dictionary `d2`. Ein Problem tritt dann auf, wenn ein Schlüssel `k` in beiden Dictionaries vorkommt. In diesem Fall wird dem Schlüssel `k` der Wert zugewiesen, der ihm im Dictionary `d2` zugeordnet ist. Man geht also davon aus, dass das Dictionary `d2` aktuellere Werte enthält, die etwaige ältere (und inzwischen ungültige) Werte in `d1` ersetzen sollen. Die Methode `update()` implementiert also eigentlich eine Aktualisierung eines Dictionarys. Beispiel:

```
>>> tel = {'Sabine': '89733',
       'Max': '973440'}
>>> neu = {'Sabine': '600130',
       'Melanie': '974136'}
>>> tel.update(neu)
>>> tel
{'Max': '973440', 'Sabine': '600130', 'Melanie': '974136'}
```

Hier wurde beim Update die Telefonnummer von Melanie hinzugefügt und die Nummer von Sabine durch einen neuen Wert ersetzt.

8.3 Zugriff auf Daten in einem Dictionary

Dictionaries unterstützen den schnellen und gezielten Zugriff auf einzelne Daten in einem großen Datenbestand. Nehmen wir als Beispiel ein Dictionary, das ein englisch-deutsches Mini-Wörterbuch repräsentiert.

```
>>> deutsch ={'key':['Schlüssel', 'Taste'],
          'slice':['Scheibe', 'Schnitte', 'Stück'],
          'value': ['Wert']}
```

8.3.1 Vergebliche Zugriffsversuche

Ein Ausdruck der Form *`dictionary`*`[`*`key`*`]` liefert bekanntlich den Wert, der dem Schlüssel *`key`* zugewiesen ist. Was aber, wenn der Schlüssel *`key`* nicht existiert? In diesem Fall gibt es einen Laufzeitfehler (`KeyError`):

```
>>> deutsch ['search']
Traceback (most recent call last):
```

```
  File "<pyshell#28>", line 1, in <module>
    deutsch ['search']
KeyError: search
```

Um solche Fehler zu vermeiden, gibt es mehrere Möglichkeiten. Vor einem Zugriff über einen Schlüssel *key* kann man mit dem `in`-Operator prüfen, ob das Dictionary überhaupt einen Eintrag mit dem Schlüssel *key* besitzt. Beispiel:

```
>>> def uebersetze (wort, d):
     if wort in d:
         return d[wort]
     else:
         return 'unbekannt'

>>> uebersetze('slice', deutsch)
['Scheibe', 'Schnitte', 'Stück']
>>> uebersetze ('search', deutsch)
'unbekannt'
```

Einen Schutz vor Laufzeitfehlern bietet auch die Methode `get()`. Sie liefert nur dann einen Wert, falls der ihr übergebene Schlüssel existiert (und sonst `None`). Als optionales zweites Argument kann man eine Meldung (z.B. `'unbekannt'`) spezifizieren, die zurückgegeben wird, falls das erste Argument nicht in der Schlüsselmenge des Dictionarys enthalten ist. Beispiel:

```
>>> deutsch.get('search')
>>> deutsch.get('search', 'unbekannt')
'unbekannt'
```

8.4 Praxisbeispiel: Vokabeltrainer

Ein einfaches Skript zum Üben von Vokabeln auf der Basis eines Dictionarys lautet folgendermaßen:

```
# vokabeltrainer.py
import random

#Funktionsdefinitionen
def dict_laden(pfad):                                              #1
    d = {}
    try:
       datei = open(pfad)
       liste = datei.readlines()
       for eintrag in liste:
```

```
            l_eintrag = eintrag.split()
            d[l_eintrag[0]] = l_eintrag[1:]
        datei.close()
    except:
        pass
    return d

def aufgabe(d):
    zufall = random.randint(0, len(d.keys())-1)
    vokabel = list(d.keys())[zufall]                          #2
    print('Wie lautet das deutsche Wort für',
            vokabel+'?')
    antwort = input()                                         #3
    if antwort not in d[vokabel]:                             #4
        print('Leider falsch.')
        print(vokabel, 'bedeutet:', end=' ')
        for wort in d[vokabel]:
            print(wort, end=' ')
        print()
    else:                                                     #5
        print('Richtig!')
        del d[vokabel]

# Hauptprogramm
print('Vokabeltrainer')
print()
woerterbuch = dict_laden('c:\\python\\projekt\\woerterbuch.txt')
while woerterbuch:                                            #6
    aufgabe (woerterbuch)
print('Sie haben alle Vokabeln gelernt.')
eingabe = input()
```

Erläuterung:

#1: In einem Dictionary sind Englisch-Vokabeln und ihre deutschen Übersetzungen verzeichnet. Das Dictionary wird aus einer Textdatei erstellt (siehe Abschnitt 9.1).

#2: Bei einer Aufgabe wird aus der Schlüsselmenge des Dictionarys (englische Vokabeln) nach dem Zufallsprinzip eine Vokabel ausgewählt. Das `dict_keys`-Objekt, das die Methode `keys()` zurückgibt, muss in eine Liste umgewandelt werden, damit auf beliebige Elemente zugegriffen werden kann.

#3: Der Benutzer muss jetzt die Übersetzung eingeben.

#4: Falls die Eingabe nicht mit einem Wort aus der Liste der Übersetzungen übereinstimmt, gibt es eine negative Rückmeldung und die Liste der deutschen Wörter wird ausgegeben. Ansonsten gilt die Vokabel als gelernt. Der Benutzer erhält eine positive Rückmeldung und der betreffende Eintrag wird aus dem Dictionary entfernt (**#5**).

#6: Es werden so lange Aufgaben gestellt, bis das Dictionary leer ist. Dann sind alle Vokabeln gelernt.

Ein Programmlauf könnte so beginnen:

```
Vokabeltrainer

Wie lautet das deutsche Wort für error?
Fehler
Richtig!
Wie lautet das deutsche Wort für key?
Knie
Leider falsch.
key bedeutet: Schlüssel Taste
Wie lautet das deutsche Wort für slice?
Stück
Richtig!

...
```

8.5 Typische Fehler

Bei der Programmierung mit Dictionaries treten erfahrungsgemäß gelegentlich folgende Fehler auf:

Runde und geschweifte Klammern sind in der Bildschirmdarstellung von IDLE kaum zu unterscheiden. Achten Sie darauf, dass ein Dictionary-Display wirklich von geschweiften Klammern umgeben ist. Beispiel:

```
>>> d={'F':'Fluor', 'Cl':'Chlor')
SyntaxError: invalid syntax
```

Zugriffsversuche mit nicht vorhandenen Schlüsseln führen zu Laufzeitfehlern. Man vermeidet sie durch Verwendung der Methode `get()` oder bedingte Anweisungen (`if`), in denen die Existenz des Schlüssels mit dem `in`-Operator geprüft wird.

Mehrfachverwendung eines Schlüssels führt dazu, dass ein alter Eintrag überschrieben wird.

8.6 Aufgaben

Aufgabe 1

Durch die folgende Anweisung wird ein Dictionary mit den E-Nummern von Konservierungsstoffen in Lebensmitteln erzeugt:

```
>>> d = {'E260':'Essigsäure',
    'E200':'Sorbinsäure',
    'E210':'Benzoesäure'}
```

Was geben die folgenden Anweisungen auf dem Bildschirm aus?

```
a) >>> d['E210']
b) >>> print(list(d.keys()))
c) >>> del d['E210']
   >>> print(list(d.values()))

d) >>> for k in d.keys():
         print(k+': '+d[k])

e) >>> d['E239'] = 'Kaliumnitrit'
   >>> for k in d.keys(): print(k)
```

Aufgabe 2

Tragen Sie in die Tabelle passende Python-Anweisungen ein.

Verbale Beschreibung	Python-Anweisung
Erstellen Sie ein leeres Dictionary mit dem Namen d.	
Das Dictionary soll zu einzelnen Buchstaben den Buchstabier-Code im Nato-Alphabet liefern. Fügen Sie drei entsprechende Schlüssel-Wert-Paare in d ein (siehe unten stehende Tabelle).	
Der Nato-Code des Buchstabens a wird auf dem Bildschirm ausgegeben.	
Sämtliche Werte (Buchstabier-Codes) des Dictionarys werden ausgegeben.	
Fall h als Schlüssel im Dictionary enthalten ist, wird der zu h gehörende Wert ausgegeben.	

Buchstabe	Code	Buchstabe	Code
a	alfa	e	echo
b	bravo	f	foxtrott
c	charlie	g	golf
d	delta	h	hotel

Tabelle 8.2: Das Nato-Alphabet (Auszug)

Aufgabe 3

Im Dictionary `vokabeln` sind zu englischen Wörtern Listen mit deutschen Übersetzungen angegeben.

```
>>> vokabeln = {'hat':['Hut'],
        'shirt':['Hemd', 'Bluse'],
        'sock':['Socke', 'Strumpf']}
```

Welche Ausgabe liefern die folgenden Anweisungen:

```
a) >>> print(vokabeln['shirt'])
b) >>> print(vokabeln['shirt'][0])
c) >>> for key in vokabeln.keys():
           print(vokabeln[key])
d) >>> print(list(vokabeln.values()))
e) >>> for key in vokabeln.keys():
           print(key + ': ', end=' ')
           for w in vokabeln[key]:
              print(w, end=' ')
           print()
f) >>> vokabeln['cap'] = ['Mütze']
   >>> print(vokabeln['cap'])
g) >>> vokabeln['cap'] = vokabeln['cap']+['Kappe']
   >>> print(vokabeln['cap'])
```

Aufgabe 4

Was leisten die folgenden Python-Skripte? Welche Ausgabe liefern sie?

a)

```
liste = ['Auto', 'Apfel', 'Cello', 'Banane', 'Berg']
d = {}
for key in 'ABC':
    d[key] = [w for w in liste if w[0] == key]

print(d)
```

b)

```
def menge(s):
    d = {}
    for i in s:
        d[i] = None
```

```
    return list(d.keys())

s = [1, 2, 5, 67, 7, 2, 1, 1, 36, 2]
print(menge(s))
```

Aufgabe 5

Schreiben Sie eine Funktion `haeufigkeiten()`, die zu jedem Zeichen eines übergebenen Strings die Häufigkeit ermittelt, mit der dieses Zeichen im String vorkommt. Zurückgegeben wird ein Dictionary, in dem jedem Zeichen dessen Vorkommenshäufigkeit zugeordnet wird.

Beispiel:

```
>>> haeufigkeiten('Erdbeere')
{'e': 3, 'b': 1, 'r': 2, 'E': 1, 'd': 1}
```

Hinweis: String-Objekte besitzen die Methode `count()`. Der Aufruf `s.count(c)` liefert zum String s die Anzahl der Vorkommen des Zeichens c.

Beispiel:

```
>>> 'Einstein'.count('i')
2
```

8.7 Lösungen

Lösung 1

```
>>> d = {'E260':'Essigsäure',
    'E200':'Sorbinsäure',
    'E210':'Benzoesäure'}
```

a)

```
>>> d['E210']
'Benzoesäure'
```

b)

```
>>> print(list(d.keys()))
['E200', 'E210', 'E260']
```

c)

```
>>> del d['E210']
>>> print(list(d.values()))
['Sorbinsäure', 'Essigsäure']
```

Das Element mit dem Schlüssel `'E210'` wird gelöscht und anschließend die Liste aller Werte des Dictionarys ausgegeben.

d)

```
>>> for k in d.keys():
        print(k+': '+d[k])
E200: Sorbinsäure
E260: Essigsäure
```

e)

```
>>> d['E239'] = 'Kaliumnitrit'
>>> for k in d.keys(): print(k)
E200
E239
E260
```

Ein neues Schlüssel-Wert-Paar wird in das Dictionary eingefügt. Anschließend werden die Elemente der Liste aller Schlüsselwerte zeilenweise ausgegeben.

Lösung 2

Verbale Beschreibung	Python-Anweisung
Leeres Dictionary mit dem Namen `d`.	`d = {}`

Einfügen von drei Schlüssel-Wert-Paaren	`d['a'] = 'alfa'`
	`d['b'] = 'bravo'`
	`d['c'] = 'charlie'`

Der Code des Buchstabens `a` wird auf dem Bildschirm ausgegeben.	`print(d['a'])`
Sämtliche Werte (Buchstabier-Codes) des Dictionarys werden ausgegeben.	`print(list(d.values())`
Falls `h` als Schlüssel im Dictionary enthalten ist, wird der zu `h` gehörende Wert ausgegeben.	`if 'h' in d.keys():` `    print(d['h'])`

Lösung 3

```
>>> vokabeln = {'hat':['Hut'],
  'shirt':['Hemd', 'Bluse'],
  'sock':['Socke', 'Strumpf']}
```

a)

```
>>> vokabeln['shirt']
['Hemd', 'Bluse']
```

Der Wert zum Schlüssel `'shirt'`, eine Liste mit Übersetzungen, wird ausgegeben.

b)

```
>>> print(vokabeln['shirt'][0])
Hemd
```

Das erste Element der Liste, die zum Schlüssel `'shirt'` gehört, wird ausgegeben.

c)

```
>>> for key in vokabeln.keys():
print(vokabeln[key])

['Socke', 'Strumpf']
['Hut']
['Hemd', 'Bluse']
```

Die Liste aller Schlüssel des Dictionarys wird durchlaufen und jeweils der zugehörige Wert – eine Liste mit Übersetzungen – ausgegeben.

d)

```
>>> print(list(vokabeln.values()))
[['Socke', 'Strumpf'], ['Hut'], ['Hemd', 'Bluse']]
```

Die Liste aller Werte des Dictionarys – eine Liste von Listen – wird ausgegeben.

e)

```
>>> for key in vokabeln.keys():                    #1
     print(key + ': ', end=' ')
     for w in vokabeln[key]:                       #2
         print(w, end=' ')                         #3
     print()                                       #4

sock:  Socke Strumpf
hat:  Hut
shirt:  Hemd Bluse
```

Die Liste aller Schlüssel des Dictionarys wird durchlaufen (**#1**). In jedem Durchlauf der äußeren `for`-Schleife wird eine Zeile der Ausgabe produziert. Zu Beginn steht der Schlüssel, dann folgt ein Doppelpunkt, dann die einzelnen Elemente der zum Schlüssel gehörenden Liste. Diese werden in der inneren `for`-Schleife (**#2**) ausgegeben. Weil im Aufruf von `print()`als letztes Argument `end=' '` steht, wird nach einem Listenelement ein Leerzeichen eingefügt aber keine neue Zeile begonnen. Erst nach dem letzten Element der Liste wird eine neue Zeile begonnen (**#4**).

f)

```
>>> vokabeln['cap'] = ['Mütze']
>>> print(vokabeln['cap'])
['Mütze']
```

Ein neues Schlüssel-Wert-Paar wird eingefügt und anschließend der zum neuen Schlüssel gehörende Wert ausgegeben.

g)

```
>>> vokabeln['cap'] = vokabeln['cap']+['Kappe']
>>> print(vokabeln['cap'])
['Mütze', 'Kappe']
```

An die Liste von Übersetzungen, die dem Schlüssel `'cap'` zugeordnet ist, wird eine neue Übersetzung angehängt. Anschließend wird der neue zum Schlüssel `'cap'` gehörende Wert (die erweiterte Liste) ausgegeben.

Lösung 4

a) Das Skript erzeugt ein Dictionary, in dem den Buchstaben A, B und C (Schlüssel) jeweils eine Liste mit Wörtern (Wert) zugeordnet wird.

Bildschirmausgabe:

```
{'A': ['Auto', 'Apfel'], 'C': ['Cello'], 'B': ['Banane', 'Berg']}
```

b) Die Funktion `menge()` entfernt alle Duplikate aus einer Sequenz und liefert somit eine Menge im mathematischen Sinne. Der Trick ist, dass in der Schlüsselliste `d.keys()` jeder Schlüssel nur genau einmal vorkommt.

Bildschirmausgabe des Skripts:

```
[1, 2, 67, 36, 5, 7]
```

Lösung 5

```
>>> def haeufigkeiten(text):
      d = {}
      for key in text:
          d[key] = text.count(key)
      return d
```

Kapitel 9

Ein- und Ausgabe

Im Zentrum dieses Kapitels stehen folgende Fragen:

- Wie kann man Daten – auch komplexe Objekte wie Listen oder Dictionaries – speichern und laden?
- Welche Möglichkeiten gibt es, über die Tastatur Daten einzugeben?
- Wie können Texte und Zahlen formatiert auf dem Bildschirm ausgegeben werden?
- Wie verwendet man Kommandozeilenargumente (Optionen), die beim Start eines Programms über die Konsole (Eingabeaufforderung, Unix-Shell) hinter den Namen des Programms geschrieben werden?

9.1 Files

9.1.1 Die Rolle der Files bei E/A-Operationen

Nach dem EVA-Modell empfängt ein Computer Daten über eine Eingabeeinheit, verarbeitet sie und liefert das Ergebnis über ein Ausgabegerät an seine Umgebung. Typische Ein- und Ausgabeoperationen, die man auch kurz E/A-Operationen nennt, sind:

Eingabe:

- Eingabe von Zeichen über die Tastatur
- Lesen von Dateien, die auf Peripheriespeichern (Festplatte, CD, DVD, Mediacard, Memorystick etc.) gespeichert sind

Ausgabe:

- Wiedergabe von Texten und Zahlen auf dem Bildschirm in einem Konsolenfenster (Shell-Fenster der Entwicklungsumgebung IDLE, Windows-Eigabeaufforderung, Unix-Shell)
- Schreiben in Dateien, die auf Peripheriespeichern gespeichert sind

Beachten Sie, dass das Laden und Speichern von Dateien als Ein- und Ausgabeoperationen zu sehen sind. Schließlich kann man ein Speichermedium wie einen Memorystick nach dem Speichern aus dem Computer entfernen. Beim Speichern werden Daten (bzw. eine Kopie) einem externen Gerät übergeben und befinden sich dann *außerhalb* des Computers.

Alle oben genannten E/A-Operationen verlaufen bei Python über Objekte des Typs `file`. Abbildung 9.1 illustriert dieses Prinzip. Wenn in einem Skript z.B. ein Text auf der Festplatte gespeichert werden soll, wird er zunächst in ein File-Objekt geschrieben. In einem zweiten Schritt wird der Inhalt des File-Objektes – mithilfe des Betriebssystems – physisch gespeichert.

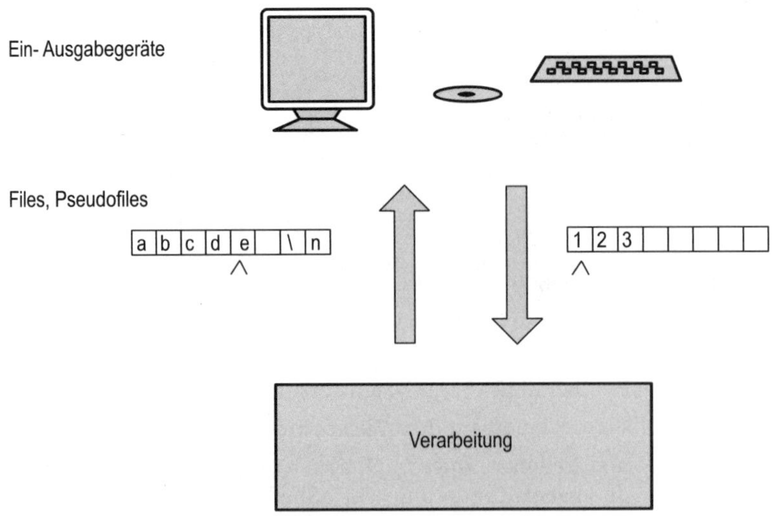

Abb. 9.1: Interaktion mit der Umgebung über File-Objekte

Bei Programmen mit grafischer Benutzungsoberfläche gibt es noch weitere Interaktionsformen wie etwa Bewegungen des Mauszeigers oder Mausklicks. Diese Dinge werden im Zusammenhang mit grafischen Benutzungsoberflächen in Kapitel 15 beschrieben.

9.1.2 Was ist ein File?

Ein Objekt der Klasse `File` ähnelt von der Idee her einem Magnetband, das mit einem Schreib-Lesekopf sequenziell beschrieben und gelesen werden kann. Es ist in Felder der Länge 1 Byte aufgeteilt. Das heißt, jedes Feld kann eine 8-Bit-Einheit (Oktette) aufnehmen. Die aktuelle Schreib-Leseposition wird durch einen Cursor markiert (siehe Abbildung 9.2).

Das File-Objekt kann (im Prinzip) beliebig lang sein, sein Ende wird durch das Sonderzeichen `eof` (*end of file*) gekennzeichnet.

Ein File-Objekt ist immer mit einer externen Datei »verbunden«, die auf einem Datenträger unter einem Dateinamen physisch gespeichert ist. Der Zugriff auf diese Datei wird vom Betriebssystem (z.B. Unix, Mac OS, MS Windows) kontrolliert.

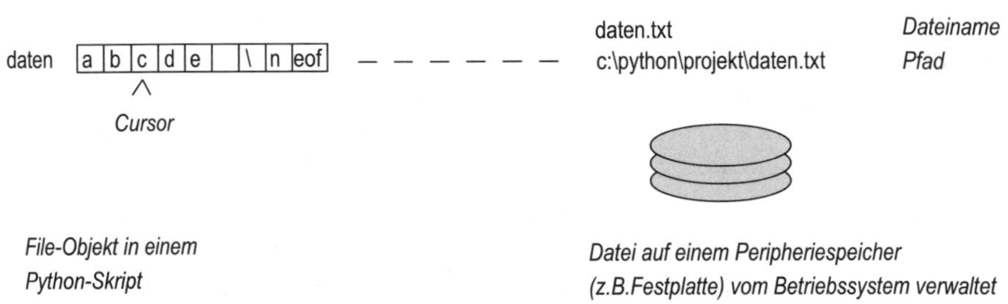

Abb. 9.2: File-Objekt und seine Verbindung zu einer externen Datei

9.1.3 Ein File-Objekt erzeugen

Ein File-Objekt, das heißt eine Instanz der Klasse `File`, wird durch einen Aufruf der Standard-Funktion `open()` erzeugt. Das allgemeine Format eines Aufrufs dieser Funktion lautet (etwas vereinfacht):

```
open(filename[, mode [,encoding]])
```

Die Funktion öffnet eine Datei und liefert ein neues File-Objekt, das mit dieser Datei verknüpft ist. Der Parameter *`filename`* enthält den Pfad zur Datei. Der Pfad besteht aus zwei Teilen:

- Bezeichnung des Verzeichnisses, in dem sich die Datei befindet (z.B. `/projekt/daten/`)
- Dateiname (z.B. `daten.txt`)

Der optionale Parameter *`mode`* beschreibt, in welchem Modus die Datei geöffnet werden soll. Tabelle 9.1 gibt einen Überblick über (einige) mögliche Werte des *`mode`*-Parameters.

mode	Erklärung
`r`	Datei ist ausschließlich zum Lesen bestimmt. Falls die Datei nicht existiert, gibt es beim Versuch, sie zu öffnen, eine Fehlermeldung.
`w`	Falls eine Datei mit dem angegebenen Namen existiert, wird ihre Länge auf null gesetzt und sie wird neu beschrieben. Andernfalls wird eine neue Datei zum Schreiben angelegt.
`a`	Datei ist zum Anhängen neuer Daten bestimmt. Der bisherige Inhalt wird nicht zerstört, sondern es wird am Ende weiter geschrieben.
`rb`	Die Datei wird im Binärmodus zum Lesen geöffnet. Das heißt, beim Lesen werden Bytestrings zurückgegeben.
`wb`	Die Datei wird im Binärmodus zum Schreiben geöffnet. Das heißt, es können nur Bytestrings (und keine normalen Strings) auf das File geschrieben werden.

Tabelle 9.1: Modi einer Datei

Wenn die Angabe des Modus fehlt, wird der Lesemodus (`r`) als Voreinstellung verwendet. Probieren Sie das folgende Beispiel in der Python-Shell (IDLE).

```
>>> daten = open('/Python37/LICENSE.txt')
>>> print(daten.read())
```

Im ersten Kommando wird die Datei mit dem Pfad `/Python37/LICENSE.txt` zum Lesen geöffnet. Das zweite Kommando sorgt dafür, dass der Inhalt der Datei in der Standardausgabe ausgegeben wird. Da der Text aber sehr lang ist, erscheint in der Python-Shell ein kleiner gelber Kasten mit dem *Text Squeezed Text (603 lines)*. Erst wenn Sie auf diesen Kasten doppelklicken, wird der komplette Text ausgegeben. Oder aber Sie klicken den Kasten mit der rechten Maustaste an und wählen im Kontextmenü den Befehl VIEW. Dann öffnet sich ein »Lesefenster«.

9.1.4 Speichern einer Zeichenkette

Das folgende Beispielskript liest über die Tastatur einen String ein und speichert ihn in einer Datei mit dem Pfad `/projekt/daten/daten.txt`. Mit einem Texteditor (oder auch IDLE) können Sie testen, ob die Datei tatsächlich den eingegebenen Text enthält.

Beispiel:

```
# Speichern eines Textes
daten = open('/projekt/daten/daten.txt','w')                #1
text = input('Bitte geben Sie Ihren Namen ein: ')
daten.write(text)                                            #2
daten.close()                                                #3
```

#1: Zunächst wird ein neues File-Objekt mit dem Namen `daten` generiert und mit der externen Datei mit dem Pfad `/projekt/daten/daten.txt` verknüpft. Diese Datei wird zum Schreiben geöffnet (Modus `'w'`). Achten Sie auf die Anführungsstriche bei der Angabe des Modus.

#2: In dieser Zeile wird auf das File (vorne beginnend) der String mit dem Namen `text` geschrieben, der zuvor über die Tastatur eingegeben worden ist. Falls die Datei bereits existierte und andere Daten enthielt, werden diese bei dieser Gelegenheit gelöscht. Nach dem Aufruf der `write()`-Methode steht also allein der neue Text in der Datei und nichts anderes.

#3: Hier wird die Datei geschlossen und dauerhaft gespeichert.

Verzeichnis für Daten einrichten

Wenn Sie Python-Skripte schreiben, in denen Daten abgespeichert werden sollen, müssen Sie ein Verzeichnis für die Datei-Files festlegen. Häufig geht man so vor, dass man zu einem Projekt ein Verzeichnis anlegt, das die Python-Skripte enthält, und darin ein Unterverzeichnis für die Daten. In unserem Beispiel heißt das Projekt-Verzeichnis `projekt/` und das Unterverzeichnis für Datenfiles `daten/`.

Auf einem Windows-Rechner kann man den Windows-Explorer für das Einrichten von Verzeichnissen verwenden.

Unter Unix müssen Sie für das Datenverzeichnis Schreibrechte besitzen.

Pfadbezeichnungen im Windows- und Unix-Stil

Die Schreibweise für Pfade ist je nach Betriebssystem unterschiedlich. Im obigen Beispiel haben wir die Unix-Schreibweise verwendet. Der Pfad beginnt mit einem Slash `/` als Bezeichnung des Wurzelverzeichnisses. Danach kommt eine Folge von untergeordneten Verzeichnissen, wobei jedem Verzeichnisnamen ein Slash / folgt. Nach dem letzten Slash wird der Dateiname (`daten.txt`) aufgeführt:

```
/projekt/daten/daten.txt
```

Der gleiche Pfad lautet im Windows-Stil typischerweise folgendermaßen:

```
c:\projekt\daten\daten.txt
```

Hier beginnt der Pfad mit der Bezeichnung eines Datenträgers. Meist handelt es sich dabei um die Festplatte `c:`. Anstelle des Slash-Symbols wird ein Backslash \ zur Trennung der Verzeichnisnamen verwendet.

In einem Python-Skript sollte man anstelle der Windows-Schreibweise möglichst die Unix-Schreibweise für absolute Pfade verwenden. Sie funktioniert auch auf Windows-Rechnern, sofern sich die Datei auf dem gleichen Datenträger (z.B. Festplatte `c:`) befindet wie der Python-Interpreter.

9.1.5 Laden einer Zeichenkette aus einer Datei

Um einen Text von einer Datei zu laden, muss eine Datei im Lesemodus (`mode`-Argument `'r'`) geöffnet werden. Das Beispielskript liest den Inhalt der LICENSE-Datei des Python-Pakets und gibt ihn auf dem Bildschirm aus.

Skript:

```
# Laden eines Textes
try:
    daten = open('/Python37/LICENSE.txt','r')                    #1
    text = daten.read()                                          #2
    daten.close()                                                #3
     print(text)
except:
    print('Kann Datei nicht öffnen.')
```

Erläuterung:

Bei Zugriffen auf Dateien verwendet man in der Praxis meistens `try`-Anweisungen, um Laufzeitfehler (z.B. wenn Datei nicht existiert) abzufangen. In der `try`-Klausel finden folgende Operationen statt:

#1: Die Datei mit dem Pfad `/Python37/LICENSE.txt` wird zum Lesen geöffnet (Modus `r`). Ein neues File-Objekt mit dem Namen `daten` wird generiert und mit der externen Datei verknüpft. Der Pfad wird hier im Unix-Stil angegeben und entspricht z.B. einer Pfadbezeichnung `c:\Python37\LICENSE.txt` unter Windows.

#2: Durch Aufruf der Methode `read()` wird der komplette Inhalt der Datei gelesen und als Zeichenkette der Variablen `text` zugewiesen.

#3: Die Datei wird mit `close()` geschlossen, aber nicht gespeichert, da sie ja nur zum Lesen geöffnet war.

9.1.6 Absolute und relative Pfade

Dateien sind in einer Hierarchie von Verzeichnissen und Unterverzeichnissen abgespeichert, die man als Verzeichnisbaum bezeichnet. Abbildung 9.3 zeigt einen winzig kleinen Ausschnitt aus einem Verzeichnisbaum eines Windows-Rechners. Bei der Erzeugung eines File-Objektes mit der Standardfunktion `file()` kann ein absoluter oder relativer Pfad angegeben werden. Der absolute Pfad ist ein String, der den Weg im Verzeichnisbaum von der

Wurzel bis zur Datei beschreibt. In den Beispielen zum Speichern und Laden von Texten in den vorigen Abschnitten haben wir absolute Pfade verwendet, z.B.:

`/Python37/LICENSE.txt` (Unix-Stil)

`c:\Python37\LICENSE.txt` (Windows-Stil)

Ein absoluter Pfad beginnt in der Unix-Schreibweise mit einem Slash und in der Windows-Schreibweise mit einer Laufwerk-Bezeichnung.

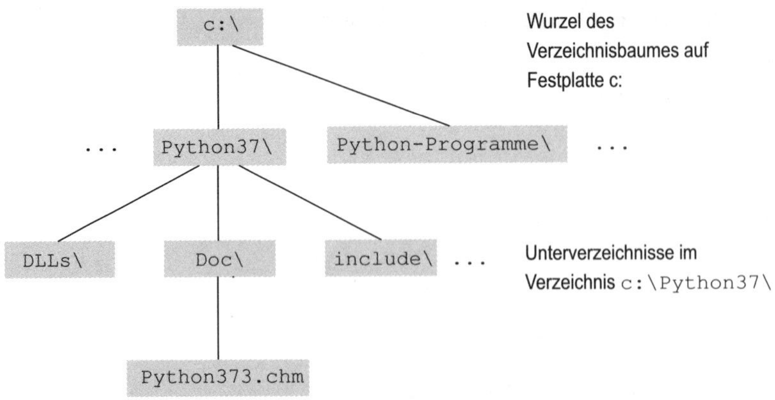

Abb. 9.3: Ausschnitt aus einem Verzeichnisbaum unter Windows 10

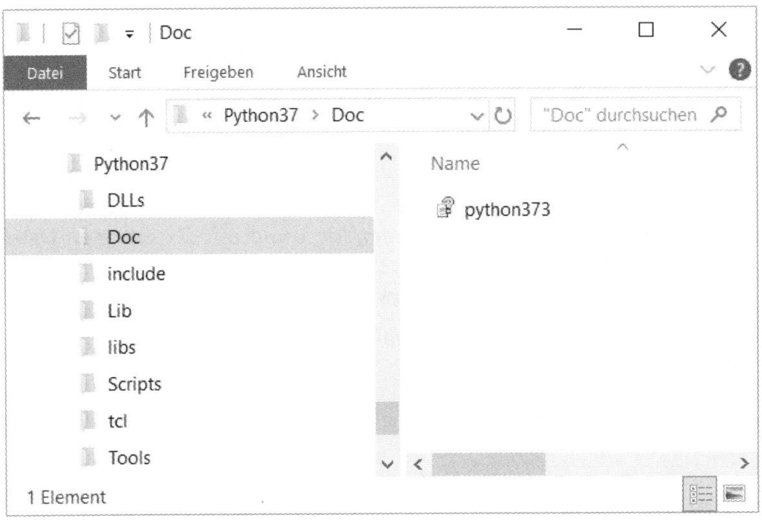

Abb. 9.4: Darstellung des Verzeichnisbaumes (Ausschnitt) im Windows-Explorer

Verwendung relativer Pfade

Ein relativer Pfad beschreibt den »Weg« von dem Verzeichnis mit dem Python-Skript zur Daten-Datei. Ein relativer Pfad besteht entweder allein aus einem Dateinamen oder beginnt mit dem Namen eines Unterverzeichnisses. Gehen wir verschiedene typische Fälle durch:

1. Beispiel: Im folgenden Skript wird eine Datei im gleichen Verzeichnis abgespeichert, in dem sich auch das Skript befindet:

```
daten = open('daten.txt', 'w')
daten.write('Wichtige Daten!')
daten.close()
```

2. Beispiel: In folgender Anweisung wird die Datei in einem Unterverzeichnis des Verzeichnisses abgespeichert, in dem sich das Skript befindet:

```
daten = open('daten/daten.txt', 'w')
```

3. Beispiel: Ein absoluter Pfad, der bei der Wurzel des Verzeichnisbaumes beginnt, kann durch einen relativen Pfad »simuliert« werden. Der relative Pfad

```
../../../../projekt/daten/daten.txt
```

entspricht dem folgenden absoluten Pfad:

```
/projekt/daten/daten.txt
```

Dabei bezeichnet der String `../` in einem relativen Pfad `../dir1/` das Elternverzeichnis des Verzeichnisses `dir1/`. Mit `../` steigt man also in der Verzeichnishierarchie nach oben. Die Konkatenation ausreichend vieler `../` führt dann unweigerlich zur Wurzel des Verzeichnisbaumes. Dabei ist es nicht störend, wenn man zu viele Strings `../` aneinanderhängt.

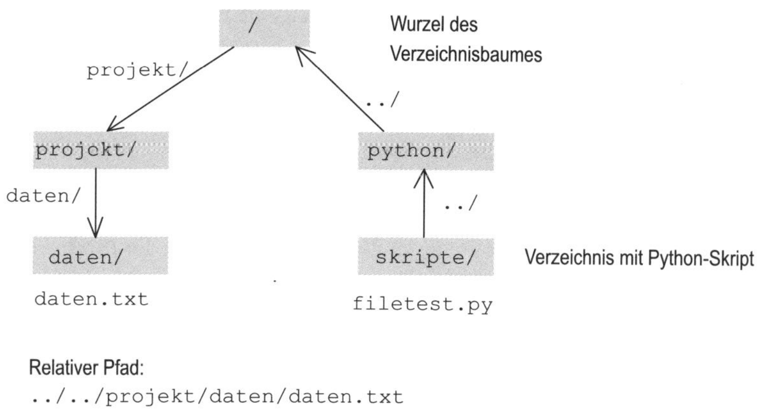

Abb. 9.5: Veranschaulichung eines relativen Pfades durch Pfeile

9.1.7 Zwischenspeichern, ohne zu schließen

Mit der Methode `close()` wird eine Datei, die im Schreibmodus geöffnet worden ist, geschlossen und gespeichert. Eine geschlossene Datei kann weder gelesen noch verändert werden. Das Attribut `closed` gibt darüber Auskunft, ob eine Datei geschlossen ist. Es hat den Wert `True`, wenn die Datei geschlossen ist, und sonst `False`. Durch einen Aufruf der Methode `flush()` wird die Datei zwischengespeichert, ohne sie zu schließen. Beispiel:

```
>>> datei = open('/projekt/daten/daten.txt','w')
>>> datei.write('Tim')
3
>>> datei.flush()
>>> datei.closed
False
>>> datei.write(' 455342\n')
8
>>> datei.close()
>>> datei.closed
True
```

Die Methode `write()` gibt die Anzahl der geschriebenen Zeichen zurück. Im interaktiven Modus erscheint diese Zahl nach einem `write()`-Aufruf in der nächsten Zeile.

9.1.8 Zugriff auf Files (lesen und schreiben)

File-Objekte sind Instanzen der Klasse `File`, die über verschiedene Attribute und Methoden verfügen. Tabelle 9.2 gibt einen Überblick.

Attribute und Methoden	Erklärung
`close()`	Die Datei wird geschlossen und gespeichert.
`closed`	Das Attribut hat den Wert `True`, falls die Datei geschlossen ist, und sonst `False`.
`flush()`	Die Datei wird gespeichert, aber nicht geschlossen.
`mode`	Das Attribut enthält den I/O-Modus. `'r'`: Datei ist zum Lesen geöffnet. `'w'`: Datei ist zum Schreiben geöffnet.
`read([`*`bytes`*`])`	Der Inhalt der Datei wird gelesen und als String zurückgegeben (höchstens ein Stück der Länge *`bytes`*, falls der Parameter *`bytes`* angegeben ist).
`readline()`	Die nächste Zeile wird gelesen und als String zurückgegeben.
`readlines()`	Die Datei wird zeilenweise gelesen. Zurückgegeben wird eine Liste von Strings.
`seek(`*`position`*`)`	Der Cursor wird auf die angegebene Position gesetzt.
`tell()`	Die Methode liefert die aktuelle Cursorposition.
`write(`*`str`*`)`	Die Zeichenkette *`str`* wird in die Datei geschrieben.

Tabelle 9.2: Attribute und Methoden von File-Objekten

Wie bereits in Abschnitt 9.1.2 erläutert wurde, kann man sich ein File als Band vorstellen, auf das geschrieben und von dem gelesen werden kann. Der Cursor gibt die aktuelle Schreib-/Leseposition an. Mit der Methode `tell()` fragt man seine momentane Position ab. Wenn eine Datei gerade geöffnet worden ist, steht der Cursor am Anfang auf Position 0.

```
>>> datei = open('/projekt/daten.txt', 'w')
>>> datei.tell()
0
```

Sie sehen, dass die Position als ganze Zahl zurückgegeben wird.

Bei Schreib- und Leseoperationen (`write()` und `read()`) wird der Cursor um so viele Stellen weitergerückt, wie Zeichen geschrieben oder gelesen worden sind:

```
>>> datei.write('Tim')
>>> datei.tell()
3
>>> datei.close()
```

Speichern wir nun in einer Datei drei Zeilen einer Telefonliste ab. Die Telefonliste wird zunächst als lange Zeichenkette (eingefasst durch dreifache Anführungszeichen) definiert:

```
>>> tel = """Tim 85675
Jenny 233325
Max 89923"""
>>> teldatei = open('/projekt/daten/tel.txt', 'w')
>>> teldatei.write(tel)
32
>>> teldatei.close()
```

Wir öffnen nun wieder die Datei mit den Telefonnummern, diesmal aber zum Lesen (Modus `'r'`).

```
>>> teldatei = open('/projekt/daten/tel.txt', 'r')
```

Der Aufruf von `readline()` liefert die nächste Zeile des Files, das heißt die Zeichenkette von der aktuellen Position des Cursors bis (einschließlich) zum nächsten Zeilenendezeichen `\n`.

```
>>> teldatei.readline()
'Tim 85675\n'
```

Die Methode `read()` liefert den gesamten Inhalt des Files von der aktuellen Position des Cursors bis zum Ende als String.

```
>>> teldatei.read()
'Jenny 233325\nMax 89923'
```

Nun ist das Ende des Files erreicht. Weitere Aufrufe von `read()` oder `readline()` führen *nicht* zu einer Fehlermeldung. Stattdessen werden leere Strings zurückgegeben.

```
>>> teldatei.read()
''
>>> teldatei.readline()
''
```

Mit einem Aufruf der Methode `seek()` kann der Cursor auf ein bestimmtes Feld gesetzt werden. Damit ist es unter anderem möglich, das File gewissermaßen »zurückzuspulen« und den Cursor wieder an den Anfang zu setzen.

```
>>> teldatei.tell()
34
>>> teldatei.seek(0)
0
```

Mit `readlines()` kann der Inhalt des Files zeilenweise in eine Liste eingelesen werden:

```
>>> liste = teldatei.readlines()
>>> print(liste)
['Tim 85675\n', 'Jenny 233325\n', 'Max 89923']
```

Sie erkennen, dass jedes Element der Liste eine Zeile des Files (einschließlich des Zeilenwechselzeichens `\n`) enthält.

9.1.9 Speichern beliebiger Daten auf Files

Auf ein File-Objekt können ausschließlich Strings, also Objekte vom Typ `str` geschrieben werden. Der Versuch, z.B. eine Zahl zu schreiben, führt unweigerlich zu einer Fehlermeldung. Um Objekte anderer Typen auf einem File zu speichern, müssen sie zunächst in Strings umgewandelt werden. Die folgende Prozedur (das ist eine Funktion, die kein Objekt zurückgibt) speichert eine Liste beliebiger Objekte (erstes Argument) als Zeilen in einem File, dessen Pfad als zweites Argument übergeben wird:

```
>>> def speichern(s, dateiname):
    try:
          datei = open(dateiname, 'w')
          for i in s:
               datei.write(str(i)+'\n')                    #1
          datei.close()
```

```
    except:
            print('Speichern nicht möglich')
```

In Zeile **#1** wird das aktuelle Objekt `i` in einen String umgewandelt und ein Zeilenende-Zeichen `\n` angefügt. Im folgenden Dialog testen wir die Prozedur:

```
>>> liste = ['Gold', 123.2, -17]
>>> speichern(liste, '/projekt/daten/gold.txt')
>>> f = open('/projekt/daten/gold.txt', 'r')
>>> daten = f.read()
>>> print(daten)
Gold
123.2
-17
```

Es hat funktioniert. Auf den ersten Blick scheint das ein brauchbares Verfahren zu sein, Daten abzuspeichern. Aber es gibt ein Problem.

```
>>> daten
'Gold\n123.2\n-17\n'
```

Ihre Daten sind als Strings gespeichert worden. Um von einem File geladene Daten weiterverarbeiten zu können, müssen sie wieder in den ursprünglichen Datentyp gebracht werden. Dazu müsste man sich zu jedem als String gespeicherten Objekt auch den ursprünglichen Typ merken. Soll `123.2` eine Gleitkommazahl oder eine Zeichenkette darstellen? Wie man mit Python beliebige Objekte auf elegante Weise speichern und laden kann, erfahren Sie in Abschnitt 9.3. Nun geht es erst einmal um Sicherheitsfragen.

9.2 Mehr Zuverlässigkeit durch try- und with-Anweisungen

Ein Problem bei der Programmierung mit Dateien ist, dass Sie zum Zeitpunkt der Programmentwicklung niemals sicher sein können, ob auf die spezifizierte Datei auf dem Peripheriespeicher zugegriffen werden kann oder nicht. Vielleicht ist der Pfad, der in einem Aufruf der `open()`-Funktion angegeben wird, nicht gültig. Dann gibt es einen Laufzeitfehler. In Abschnitt 5.7 haben Sie gelernt, wie man mit einer `try...except`-Anweisung einen solchen Laufzeitfehler abfangen kann:

```
try:
    f = open("/Python36/LICENSE.txt")
except:
    print("LICENSE-Datei konnte nicht geöffnet werden")
```

Wenn in diesem Skript beim Öffnen der Datei etwas schiefläuft, bricht die Programmausführung nicht ab, sondern es wird die `except`-Klausel ausgeführt. Im Rest dieses Abschnittes lernen Sie noch zwei weitere Techniken kennen, die Zuverlässigkeit von Programmen, die auf Dateien zugreifen, zu verbessern.

9.2.1 try...finally

Durch eine `try...finally`-Anweisung kann eine Anweisungsfolge definiert werden, die *in jedem Fall*, auch wenn zuvor ein Laufzeitfehler aufgetreten ist, ausgeführt wird. Man verwendet diese Kontrollstruktur, um zu garantieren, dass bei Programmabbrüchen wichtige Aufräumarbeiten, wie z.B. das Schließen von Dateien oder das Trennen von Netzwerkverbindungen, doch noch ausgeführt werden. Die Syntax lautet:

```
try:
    anweisungsblock 1
finally:
    anweisungsblock 2
```

- Zuerst wird die `try`-Klausel ausgeführt (Versuch, den gelesenen Text in eine Integer-Zahl umzuwandeln).
- Falls der Versuch scheitert, merkt sich das System die Ausnahme und führt dann zuerst die `finally`-Klausel aus. Die `finally`-Klausel wird auch ausgeführt, wenn es keinen Fehler gibt.
- Im Ausnahmefall folgen dann schließlich der Programmabbruch und die Meldung der Ausnahme.

`try`-Anweisungen werden sehr oft bei Zugriffen auf Dateien angewendet, um einen Ein-/Ausgabefehler (`IOError`) abzufangen.

Das folgende Beispiel illustriert die Verwendung von `try` im Zusammenhang mit Dateien. In der `try`-Klausel (**#1**) wird versucht, eine Datei mit dem Namen `daten.txt` im Ordner `c:\daten` zu öffnen. Diese Anweisung scheitert, wenn das Verzeichnis `c:\daten` nicht existiert. Dann bricht das Programm ab. In der `finally`-Klausel wird jedoch auf jeden Fall (auch bei Programmabbruch) eine Sicherheitskopie im Ordner `c:\temp` abgelegt.

```
daten = input('Daten: ')
pfad = input('Pfad: ')
try:
    f = open(pfad, 'w')                                             #1
    f.write(daten)
    f.close()
    print('Daten gespeichert')
finally:
    f = open('/temp/daten.bak', 'w')
    f.write(daten)
    f.close()
    print('Sicherheitskopie im Verzeichnis "/temp"')
print('Programm beendet')
```

Testen Sie das Programm. Im ersten Programmlauf geben Sie einen Pfad an, der mit einem wirklich existierenden Verzeichnis beginnt.

```
Daten: Wissen ist Macht
Pfad: /daten/daten.txt
Daten gespeichert
Sicherheitskopie im Verzeichnis "/temp"
Programm beendet
```

Sowohl die Anweisungen der `try`-Klausel als auch der `finally`-Klausel werden ausgeführt. Das Programm wird nicht abgebrochen.

Im zweiten Programmlauf geben Sie einen Pfad mit einem Verzeichnis ein, das nicht existiert.

```
Daten: Wissen ist Macht
Pfad: /gibtsnicht/daten.txt
Sicherheitskopie im Verzeichnis " c:\temp"
Traceback (most recent call last):
...
 No such file or directory: '/gibtsnicht/daten.txt'
>>>
```

Das Programm wird nach der `try ... finally ...`-Anweisung mit einer Fehlermeldung (Traceback) *abgebrochen*. Die letzte Zeile des Programmtextes wurde nicht mehr ausgeführt.

Die `finally`-Klausel kann auch dann verwendet werden, wenn die `try`-Anweisung eine `except`-Klausel enthält. Doch dann wird das Programm bei einem Fehler *nicht mehr abgebrochen.*

9.2.2 with-Anweisungen

Bestimmte Dinge, die man angefangen hat, sollte man immer zu einem definierten Ende bringen – auch dann, wenn zwischendurch etwas schiefgeht. Das ist – grob gesagt – die Idee der `with`-Anweisung. Sie ist im einfachsten Fall so aufgebaut:

```
with A as a:
    Anweisungsblock
```

Dabei ist *A* ein Objekt und *a* ein Name, mit dem das Objekt im Anweisungsblock angesprochen werden kann. Objekte können zwei besondere Methoden besitzen: `__enter__()` und `__exit__()`. Das `with`-Statement garantiert, dass *auf jeden Fall* die `__exit__()`-Methode des Objektes *A* aufgerufen wird, wenn zuvor die `__enter__()`-Methode erfolgreich ausgeführt werden konnte.

Bei File-Objekten öffnet die `__enter__()`-Methode eine Datei zum Lesen und die Methode `__exit__()` bewirkt, dass die geöffnete Datei wieder geschlossen wird.

Sie können ein `with`-Statement verwenden, wenn Sie Daten aus einer Datei lesen wollen:

```
>>> with open("/Python37/LICENSE.txt") as f:
        print(f.readline())

A. HISTORY OF THE SOFTWARE
```

Hier ist das Objekt *A* das File-Objekt `f`, das mit der `open()`-Funktion erzeugt worden ist. Nach der Ausführung des `with`-Statements ist dieses File wieder geschlossen. Überprüfen Sie das!

```
>>> f.read()
Traceback (most recent call last):
  File "<pyshell#23>", line 1, in <module>
    f.read()
ValueError: I/O operation on closed file.
```

9.3 Objekte speichern mit pickle

Das Modul `pickle` stellt Klassen und Funktionen bereit, mit denen man (fast) beliebige Objekte auf einem Peripheriespeicher speichern und gespeicherte Objekte wieder laden kann. Auf die Klassen gehen wir hier nicht ein. Das englische Verb »to pickle« bedeutet so viel wie »einlegen« oder »einpökeln«. Sie kennen sicherlich »mixed pickles«, sauer eingelegte kleine Gurken, Maiskolben und andere Gemüse. Mit `pickle` können Sie also Objekte »haltbar machen«.

Unter anderem folgende Objekt-Arten können mit dem `pickle`-Mechanismus gespeichert werden:

- Zahlen
- Strings
- Funktionen
- beliebige (auch verschachtelte) Sequenzen
- Dictionaries
- Instanzen selbst definierter Klassen (siehe Kapitel 10)

9.3.1 Funktionen zum Speichern und Laden

In der Praxis verwendet man die Funktionen `dump()` und `load()` aus dem Modul `pickle` zum Speichern und Laden von Objekten. Die Funktionen werden in folgendem Format aufgerufen:

```
dump(object, file)
```

Dabei ist *object* ein beliebiges Objekt und *file* der Name eines File-Objektes, das im binären Schreibmodus (wb) geöffnet worden ist. Die Funktion überführt das Objekt in eine Darstellung als Bytestring und schreibt diese auf das File.

```
load(file)
```

Das Argument *file* ist der Name eines File-Objektes im Lesemodus (r). Die Funktion liest von dem File die pickle-Repräsentation des Objektes (ein String) und überführt sie in ein Objekt vom Originaltyp.

Speichern

In der folgenden Anweisungsfolge, die man im interaktiven Modus testen kann, speichern wir eine Liste mit Tupeln des Formats (*Name*, *Telefonnummer*) mithilfe von pickle.dump() in der Datei mit dem Pfad /projekt/daten/tel.dmp.

```
>>> telefonbuch = [('Tim', '85675'),
 ('Jenny', '233325'),
 ('Max', '89923')]
>>> datei = open('/projekt/daten/tel.dmp', 'wb')
>>> import pickle
>>> pickle.dump(telefonbuch, datei)
>>> datei.close()
```

Grundsätzlich verfährt man also beim Speichern folgendermaßen:

- Ein File-Objekt mit der Standardfunktion open() im binären Schreib-Modus öffnen (Modus 'wb')
- mit der Funktion dump() das gewünschte Objekt in das File übertragen
- schließlich das File-Objekt mit close() schließen und speichern

Laden

Mit den folgenden Anweisungen wird die gespeicherte Liste wieder geladen und ausgegeben:

```
>>> tel = open('/projekt/daten/tel.dmp', 'rb')
>>> telefonbuch = pickle.load(tel)
>>> tel.close()
>>> for eintrag in telefonbuch:
    print(eintrag[0], eintrag[1])

Tim 85675
Jenny 233325
Max 89923
```

Ganz allgemein geht man beim Laden eines Objektes so vor:

- Die Datei mithilfe der Standardfunktion `file()` im binären Lesemodus öffnen (Modus `'rb'`)
- mit der Methode `load()` das Objekt vom File lesen und rekonstruieren
- Datei wieder schließen

Wie funktioniert pickle?

Die Funktion `pickle.dump()` erzeugt aus dem übergebenen Objekt einen Bytestring. Darin ist die Struktur des Objektes codiert. Insbesondere ist zu jedem elementaren Wert auch der Datentyp gespeichert. Die Erzeugung einer Zeichenkette zur Repräsentation einer Datenstruktur nennt man auch *Serialisierung*. Mit der Funktion `pickle.dumps()` können Sie sich den Bytestring ansehen. Die Funktion speichert das serialisierte Objekt nicht in einem File ab, sondern gibt einen Bytestring zurück.

```
>>> s = pickle.dumps(telefonbuch)
>>> s
b'\x80\x03]q\x00(X\x03\x00\x00\x00Timq\x01X\x05\x00\x00\x0085675q\x02\x
86q\x03X\x05\x00\x00\x00Jennyq\x04X\x06\x00\x00\x00233325q\x05\x86q\x06
X\x03\x00\x00\x00Maxq\x07X\x05\x00\x00\x0089923q\x08\x86q\te.'
```

Mit der Funktion `pickle.loads()` können Sie aus dem Bytestring das Objekt wiedergewinnen.

```
>>> pickle.loads(s)
[('Tim', '85675'), ('Jenny', '233325'), ('Max', '89923')]
```

Dabei müssen Sie allerdings sicher sein, dass der verwendete Bytestring auch eine korrekte Repräsentation eines Objektes (im Sinne des `pickle`-Protokolls) darstellt.

9.4 Die Pseudofiles sys.stdin und sys.stdout

Eingaben über die Tastatur, die mit der Funktion `input()` abgefragt werden, laufen bei Python über ein so genanntes Pseudofile. Dabei handelt es sich im Prinzip um ein File-Objekt mit eingeschränkten Zugriffsmöglichkeiten. Es besitzt keine Schreibmethode, sondern nur die Methode `readline()`. Der Name dieses Pseudofiles für Eingaben befindet sich im Modul `sys` und lautet `sys.stdin`. Im Deutschen spricht man auch von der *Standard-Eingabe*. Wenn Sie im Shell-Fenster über die Tastatur eine Zeichenfolge eingeben und die [Enter]-Taste betätigen, wird diese Zeichenfolge vom Laufzeit-System in das Pseudofile `sys.stdin` geschrieben. Die ersten drei Zeilen des folgenden Skripts simulieren die `input()`-Funktion. In Zeile **#1** wartet das Programm, bis die [Enter]-Taste gedrückt worden ist. Dann wird der eingegebene Text aus der Standard-Eingabe gelesen und der Variablen `eingabe` zugewiesen. Probieren Sie es aus:

```
import sys
print("Eingabe: ", end = " ")
```

```
eingabe = sys.stdin.readline()                                    #1
print("Sie haben Folgendes eingegeben: ", eingabe)
```

Programmlauf:

```
Eingabe: Hallo Welt!
Sie haben Folgendes eingegeben: Hallo Welt!
```

Auch für die *Ausgabe* eines Textes im Shell-Fenster gibt es im Modul `sys` ein Pseudofile. Es hat den Namen `sys.stdout` und wird als *Standard-Ausgabe* bezeichnet. Das Objekt `sys.stdout` verhält sich wie ein File, das nicht gelesen, sondern nur – mittels der Methode `write()` – beschrieben werden kann. Der Inhalt von `sys.stdout` wird nach dem Beschreiben vom Laufzeitsystem automatisch auf den Bildschirm gebracht. Will man in einem Python-Skript einen Text im Shell-Fenster ausgeben, so kann man anstelle einer `print()`-Anweisung auch die Methode `sys.stdout.write()` verwenden:

```
>>> import sys
>>> sys.stdout.write("Hallo Welt!")
Hallo Welt!
```

9.5 Ausgabe von Werten mit der print()-Funktion

Um Daten über den Bildschirm auszugeben, verwenden Sie die `print()`-Funktion. Das haben Sie schon oft gemacht. In diesem Abschnitt lernen Sie noch einige zusätzliche Facetten dieser Funktion kennen. Das allgemeine Format eines `print()`-Aufrufs lautet:

```
print([object, ...], sep=' ', end='\n', file=sys.stdout)
```

Wie Sie bereits wissen, kann man mit der `print()`-Funktion beliebige Objekte ausgeben, die für eine Ausgabe vorgesehen sind: Zahlen, Strings, Listen usw. Solche Objekte besitzen eine Methode namens `__str__()`, die bei der Ausgabe verwendet wird. Diese Methode erzeugt zu dem Objekt eine Zeichenkette. Mehr dazu erfahren Sie in Kapitel 10.

Die Objekte, die ausgedruckt werden sollen (das können beliebig viele sein), werden als Argumente beim Aufruf der Funktion ausgeführt:

```
>>> print("Zähle", 1, 2, 3)
Zähle 1 2 3
```

Nun gibt es noch weitere optionale Schlüsselwort-Argumente, auf die ich jetzt eingehe.

Das Argument `sep` spezifiziert einen Separator-String. Wenn zwei oder mehr Objekte in einem einzigen `print()`-Aufruf ausgegeben werden, steht zwischen den beiden Objekten der Separator-String. Voreingestellt ist ein einzelnes Leerzeichen `' '`. Wenn Sie keinen besonderen Separator spezifizieren (wie im letzten Beispiel), erscheint zwischen den ausgegebenen Werten ein Leerzeichen.

Hier sind einige Beispiele für die Nutzung von Separatoren:

```
>>> print(1, 2, 3, sep="-")
1-2-3
>>> print(1, 2, 3, sep="\t")   # Tabulator
1	2	3
>>> print(1, 2, 3, sep="\n")   # neue Zeile
1
2
3
```

Das zweite Schlüsselwort-Argument `end` legt fest, was am Ende – hinter dem letzten Objekt – ausgegeben werden soll. Voreingestellt ist der String `'\n'`, also eine Escape-Sequenz, die das »Neue Zeile«-Zeichen beschreibt. Deshalb wird bei aufeinanderfolgenden `print()`-Aufrufen immer eine neue Zeile begonnen, wenn nichts anderes spezifiziert ist. Mit dem Schlüsselwort-Argument `end=""` sorgen Sie dafür, dass keine neue Zeile begonnen wird. Hier noch zwei Beispiele:

```
>>> for i in range(5):
     print(i, end="   ")

0  1  2  3  4

s = ["Äpfel", "Birnen", "Pflaumen"]
>>> for obst in s:
       print(obst, end=" oder " if obst!=s[-1] else"\n")

Äpfel oder Birnen oder Pflaumen
```

Das letzte Beispiel ist besonders raffiniert und verwendet einen bedingten Ausdruck für die Belegung des `end`-Arguments (siehe Abschnitt 5.3). Wenn noch nicht das Ende der Liste erreicht ist (Bedingung: `obst!=s[-1]`), wird hinter die Ausgabe der String `" oder "` geschrieben. Nach dem letzten Element `s[-1]` wird eine neue Zeile begonnen.

Das dritte optionale Argument spezifiziert das File, auf das geschrieben werden soll. Eigentlich ist `print()` für eine Bildschirm-Ausgabe gedacht. Deshalb ist der voreingestellte Wert `file=sys.stdout`. Aber Sie können auch ein beliebiges anderes File-Objekt spezifizieren, auf das Daten geschrieben werden sollen.

9.5.1 Anwendung: Ausgabe von Tabellen

Wenn Sie die `print()`-Funktion geschickt verwenden, können Sie Tabellen mit ausgerichteten Spalten ausgeben. Im ersten Beispiel erstellen wir eine Wertetabelle. Die erste Spalte enthält natürliche Zahlen, die zweite Spalte Quadratwurzeln, die auf drei Stellen hinter dem Komma genau ausgegeben werden sollen. Die Feldweite für die zweite Spalte soll zehn Zeichen betragen. Die Funktion `sqrt()`, die die Quadratwurzel berechnet, befindet sich im Modul `math`. Deshalb werden zunächst alle Namen (darunter auch der Funktionsname `sqrt`) aus dem Modul `math` importiert:

```
>>> from math import *
>>> for x in range(6,12):
      print(x, format(sqrt(x),"8.3f"), sep="\t")

6       2.449
7       2.646
8       2.828
9       3.000
10      3.162
11      3.317
```

Beachten Sie, dass die Gleitkommazahlen aus der Wurzelberechnung in einem einheitlichen Format geschrieben sind. Alle Zahlen haben 3 Stellen hinter dem Komma. Anstelle von 3.0 für die Wurzel aus 9 steht in der Tabelle 3.000. Diese Formatierung wurde mit der Standardfunktion `format()` erzielt. Das zweite Argument im `format()`-Aufruf ist ein so genannter Formatierungsstring. In diesem Fall hat er folgende Bedeutung:

- 8: Für die Darstellung der Zahl werden 8 Stellen reserviert.
- `.3`: Es gibt 3 Nachkommastellen.
- `f`: Datentyp `float`.

Mehr zur Formatierung erfahren Sie in Kapitel 13.

9.6 Kommandozeilen-Argumente (Optionen)

Ein einfacher Mechanismus zur Eingabe von Werten ist die Übergabe als Kommandozeilen-Argumente (Optionen). Das heißt, beim Aufruf des Skripts in einem Konsolenfenster des Betriebssystems (z.B. Unix-Shell oder MS-Windows-Eingabeaufforderung) werden Eingabewerte – durch Leerzeichen getrennt – hinter den Namen des Skripts geschrieben (Abbildung 9.6). Das allgemeine Format eines Programmstarts mit Optionen ist:

```
python programmname option1 option2 ...
```

Im Beispiel (Abbildung 9.6) sind `caesar.py` der Name des Skripts, `Bein` das erste Argument und 2 das zweite Argument.

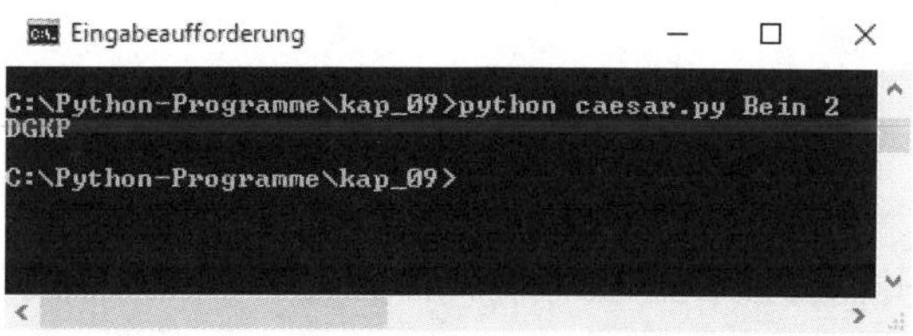

Abb. 9.6: Aufruf eines Skripts mit Kommandozeilen-Argumenten in einem Konsolenfenster

Zugriff auf Optionen

Mithilfe der Variablen `argv` (»Argumentevektor«) des Moduls `sys` kann auf die Kommandozeilen-Argumente zugegriffen werden. Diese Variable enthält eine Liste aller übergebenen Argumente als Liste von Zeichenketten. Dabei ist `sys.argv[0]` der Dateiname des Skripts, `sys.argv[1]` das erste Argument (oder die erste Option) usw.

Beispiel:

Das folgende Skript chiffriert einen String nach Caesars Algorithmus (Verschiebechiffre). Die Funktionsweise dieses klassischen Verschlüsselungsverfahrens illustriert Abbildung 9.7.

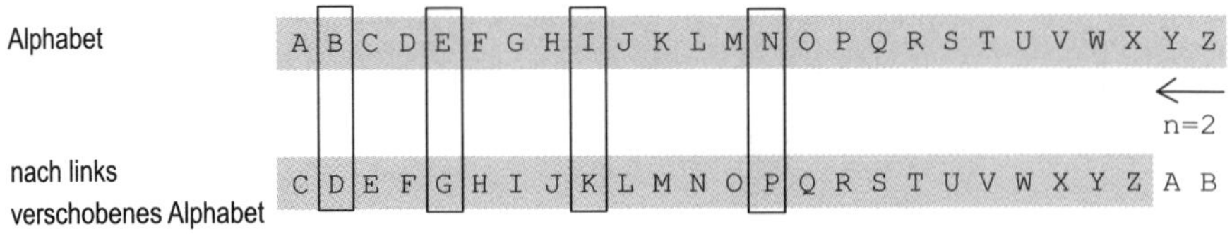

Abb. 9.7: Das Prinzip der Verschiebechiffre

Man schreibt zwei Alphabete untereinander. Dabei ist das untere Alphabet um n Stellen zyklisch nach links verschoben. Die Zahl n – also die Anzahl der Stellen, um die verschoben wird – bezeichnet man in diesem Zusammenhang auch als Schlüssel. Bei der Chiffrierung (Verschlüsselung) wird jeder Buchstabe des Klartextes durch den Buchstaben ersetzt, der im verschobenen Alphabet genau darunter steht. Aus dem Klartext `BEIN` wird auf diese Weise mit `n=2` das verschlüsselte Wort `DGKP` (Abbildung 9.8).

Skript:

```
# caesar.py
import sys
klartext = sys.argv[1]                                    #1
n = int(sys.argv[2])
chiffriert = ""
klartext = klartext.upper()                               #2
for c in klartext:
    nr = ord(c) + n                                       #3
    if nr > ord("Z"):                                     #4
        nr -= 25
    if c != " ":
        chiffriert += chr(nr)
    else:
        chiffriert += " "                                 #5
print(chiffriert)
```

Erläuterung:

#1: Zunächst werden die Argumente aus der Liste `sys.argv` gelesen. Beachten Sie, dass Kommandozeilen-Argumente immer Strings sind. Deshalb muss das zweite Argument mit der Funktion `int()` in eine ganze Zahl umgewandelt werden.

#2: Der Klartext wird in eine Folge von Großbuchstaben umgewandelt. Für jedes Zeichen des Klartextes wird in der `for`-Schleife ein verschlüsseltes Zeichen ermittelt und an den zunächst leeren String chiffriert angehängt. Dazu wird die Unicode-Nummer ermittelt und der Verschiebewert `n` hinzuaddiert (**#3**).

#4: Wenn die neue Nummer größer als die Unicode-Nummer für das `Z` –, wird `25` abgezogen, um die Nummer eines Buchstaben aus dem vorderen Teil des Alphabets zu erhalten (zyklische Verschiebung).

#5: Leerzeichen werden nicht verschlüsselt, sondern bleiben erhalten.

Skripte mit Optionen testen

Abbildung 9.8 illustriert, wie man mit der Entwicklungsumgebung *Pythonwin* (Windows) ein Programm mit Kommandozeilen-Argumenten testet. Das RUN SCRIPT-Fenster erscheint, wenn man im Menü FILE auf RUN klickte. Mit IDLE ist die Übergabe von Argumenten an das zu testende Skript nicht möglich. Alternativ kann das Skript natürlich in einem Konsolenfenster aufgerufen werden.

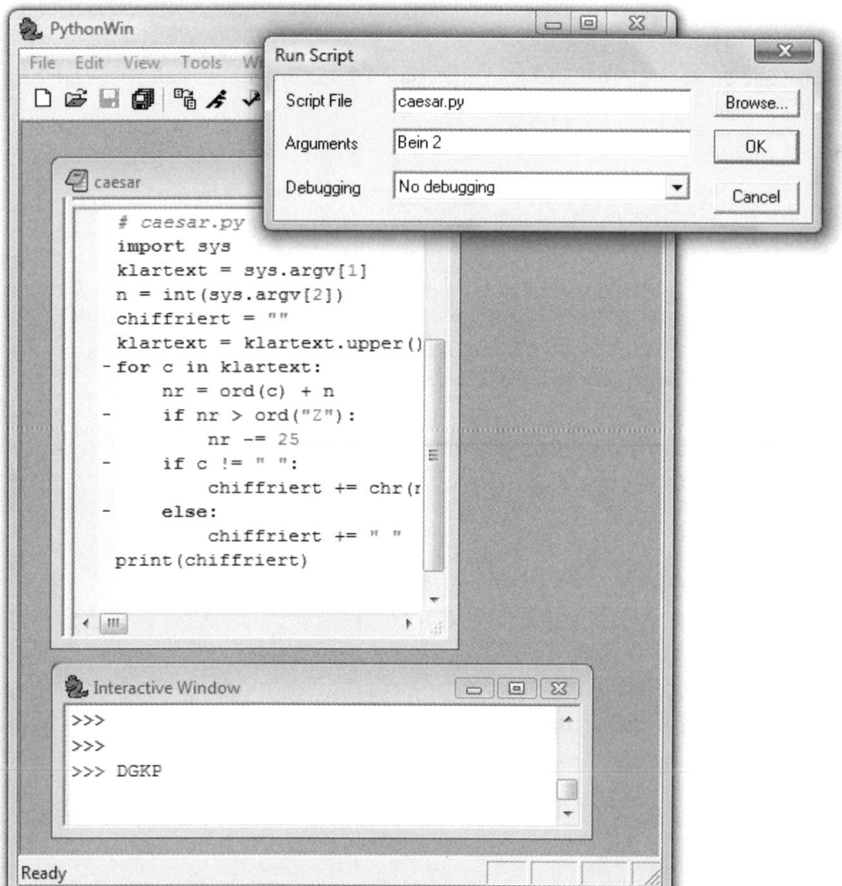

Abb. 9.8: Testen eines Skripts mit Kommandozeilen-Argumenten (Pythonwin)

Für Kommandozeilen-Argumente, die man häufig auch Optionen nennt, gibt es eine ausgeklügelte Syntax, die aus der Unix-Welt stammt, aber auch unter Windows funktioniert. Zum Schluss sei noch darauf hingewiesen, dass es für die Verarbeitung dieser Optionen ein eigenes Python-Modul namens `getopt` gibt. Aus Platzgründen gehen wir nicht mehr darauf ein. Informationen dazu findet man in Python-Referenzwerken wie z.B. *Python GePackt*.

9.7 Aufgaben

Aufgabe 1

Bei einem Marathonlauf müssen am Zielpunkt die Ankunftszeiten der Läufer registriert werden. Schreiben Sie ein interaktives Python-Skript, das Folgendes leistet:

- Immer wenn ein neuer Läufer das Ziel erreicht, wird seine Startnummer eingegeben.
- Nach Eingabe einer Startnummer wird die Ankunftszeit über die Systemuhr ermittelt.
- Startnummer und Ankunftszeit werden in einer Textdatei mit dem Pfad `/marathon/daten.txt` zeilenweise abgespeichert.
- Das Programm wird beendet, indem der Benutzer nichts eingibt, sondern nur [Enter] drückt.
- Damit im Falle eines Systemabsturzes keine Daten verloren gehen, soll nach jeder Eingabe eine Zwischenspeicherung erfolgen.

Beispieldialog:

```
Startnummer: 233
Startnummer: 412
Startnummer: 28
Startnummer:

Die Daten befinden sich in der Datei /marathon/daten.txt
```

Programmierhinweis: Durch die folgende Anweisungsfolge erhält die Variable `zeit` die aktuelle Uhrzeit als String:

```
import time
zeit = time.asctime()
```

Aufgabe 2

Gegeben ist die folgende Liste von Tupeln, die das Ergebnis der Analyse einer Metallprobe darstellen soll. Jedes Tupel enthält den Namen eines Edelmetalls und dessen Gehalt in Prozent.

```
liste = [('Gold', 0.1234), ('Silber', 23.45), ('Platin', 0.0678)]
```

Schreiben Sie ein Skript, das diese Liste auf dem Bildschirm tabellarisch in folgenden Formaten ausgibt:

```
Gold 0.1234 // Silber 23.45 // Platin 0.0678 //

Gold        0.1234
Silber      23.45
Platin      0.0678

Gold:         0.12
Silber:      23.45
Platin:       0.07
```

Welche Darstellungsform halten Sie für die beste?

Aufgabe 3

Entwickeln Sie ein Skript, das Telefonnummern verwaltet. Die Besonderheit soll die Benutzungsschnittstelle sein. Nach jeder Aktion erscheint auf dem Bildschirm ein Menü und der Benutzer kann eine von folgenden Programmfunktionen auswählen:

- Suche nach einer Telefonnummer: Der Benutzer gibt über die Tastatur einen Namen ein und erhält als Antwort die Telefonnummer, falls sie gespeichert ist. Ansonsten gibt es die Meldung »Name unbekannt«.
- Neue Nummer eintragen: Der Benutzer wird nach einem Namen und der zugehörigen Telefonnummer gefragt.
- Alle Nummern ausgeben: Auf dem Bildschirm erscheint eine gut lesbare Tabelle mit allen gespeicherten Namen und Telefonnummern.
- Ende: Das aktualisierte Telefonbuch wird gespeichert und das Programm beendet.

Beispieldialog:

```
(S)uche nach Telefonnummer
(N)eue Nummer eintragen
(A)lle Nummern ausgeben
(E)nde

Ihre Wahl: n
Name: Max
Nummer: 89923
Neuer Eintrag gespeichert

(S)uche nach Telefonnummer
(N)eue Nummer eintragen
(A)lle Nummern ausgeben
```

```
(E)nde

Ihre Wahl: s
Name: Tim
Nummer: 85675

(S)uche nach Telefonnummer
(N)eue Nummer eintragen
(A)lle Nummern ausgeben
(E)nde

Ihre Wahl: a
Name           Nummer
______________________________
Tim            85675
Jenny          233325
Max            89923

(S)uche nach Telefonnummer
(N)eue Nummer eintragen
(A)lle Nummern ausgeben
(E)nde

Ihre Wahl: e
Danke, dass Sie dieses Produkt verwendet haben.
```

Hinweise zur Programmierung:

- Verfahren Sie nach dem Prinzip der schrittweisen Verfeinerung und definieren Sie Funktionen.
- Verwenden Sie ein Dictionary mit den Namen als Schlüssel und den Telefonnummern als Werten.
- Beim Start des Programms wird das Dictionary mithilfe einer `pickle`-Funktion geladen und vor Beendigung wieder gespeichert.

9.8 Lösungen

Lösung 1

```
# marathon.py
import time
print("Marathon")
```

```
print()
nummer = "  "                                                         #1
daten = open("/marathon/daten.txt", "w")
while nummer != "":
    nummer = input("Startnummer (Ende mit <Enter>): ")
    daten.write(nummer + ": " + time.asctime() + "\n")               #2
    daten.flush()                                                     #3
print()
print("Die Daten befinden sich in der Datei /marathon/daten.txt")
daten.close()                                                         #4
```

Erläuterung:

#1: Der Variablen `nummer` wird ein beliebiger Anfangswert zugewiesen, damit die `while`-Schleife funktionieren kann und schon beim ersten Test der Schleifenbedingung der Name `nummer` definiert ist.

#2: In die Datei wird ein String geschrieben, der sich wie folgt zusammensetzt:

- Inhalt der Variablen `nummer`
- der konstante String `": "`
- aktuelles Datum und Zeit
- die Escape-Sequenz `"\n"`, die das Zeilenende markiert.

#3: Mit der Methode `flush()` wird die Datei auf der Festplatte zwischengespeichert. Dabei verändert sich die Position des Cursors nicht. Das heißt, beim nächsten Aufruf der `write()`-Methode wird in der nächsten Zeile weitergeschrieben.

#4: Datei wird geschlossen.

Den Inhalt der Textdatei `/marathon/daten.txt` kann man sich mit einem normalen Texteditor ansehen. Abbildung 9.9 zeigt das Ergebnis nach dem Beispieldialog in der Aufgabenstellung. In der letzten Zeile steht die Zeit bei Beendigung des Programms (keine Startnummer).

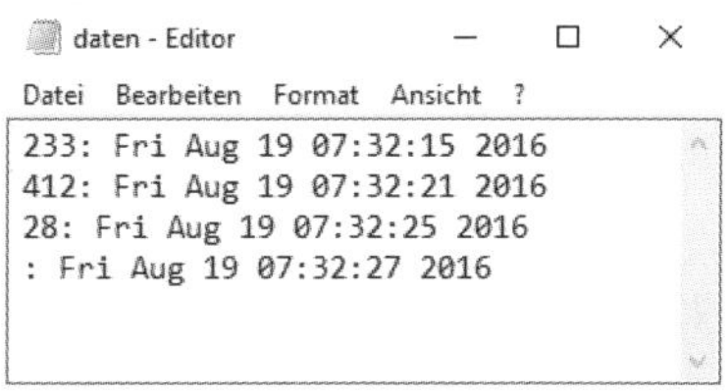

Abb. 9.9: Ankunftszeiten in der Datei `/marathon/daten.txt` (Windows 10)

Lösung 2

```
# metallprobe.py
liste = [('Gold', 0.1234), ('Silber',23.45), ('Platin', 0.0678)]
```

```
for i in liste:
    print(i[0], i[1], end=" // ")                          #1
print()
print()

for i in liste:
    print(i[0], i[1], sep="\t")                            #2
print()

for i in liste:
    print(i[0],format(i[1],"6.2f"), sep="\t")              #3
```

Erläuterung:

#1: Die zwei Items werden durch Leerzeichen getrennt (Voreinstellung `sep=" "`). Danach folgt kein Zeilenwechsel, sondern ein String mit zwei Schrägstrichen (`end=" // "`).

#2: Zwischen die beiden Items, die in einer `print()`-Anweisung geschrieben werden, wird ein Tabulator-Zeichen als Separator eingefügt. Nach den beiden Items folgt ein Zeilenwechsel (Voreinstellung `end = "\n "`).

#3: Hier wird die Formatierungsfunktion zur Darstellung der Gleitkommazahl verwendet. Der Formatierungsstring besagt Folgendes: Feldweite 6 Zeichen, 2 Nachkommastellen.

Die dritte Darstellung hat den Vorteil, dass die Texte (den Lesegewohnheiten entsprechend) linksbündig sind und die Gleitkommazahlen so ausgerichtet sind, dass die Punkte genau übereinander stehen. So kann man sie besser vergleichen.

Lösung 3

```
# telemanager.py
import pickle
def erzeugeTel():
    try:                                                   #1
        f = open("tel.txt", "rb")
        t = pickle.load(f)
        f.close()
    except:
        t = {}                                             #2
    return t

def recherche():                                           #3
    name = input("Name: ")
    if name in tel.keys():
        print("Nummer: ", tel[name])
```

```
    else:
        print("Name unbekannt")

def verabschiedung():                                              #4
    print("Danke, dass Sie dieses Produkt verwendet haben.")
    f = open('tel.txt', 'wb')
    pickle.dump(tel, f)
    f.close()

def menue():
    eingabe = ""                                                   #5
    while eingabe not in[ "e" , "E"]:                              #6
        print()
        print("(S)uche nach Telefonnummer")
        print("(N)eue Nummer eintragen")
        print("(A)lle Nummern ausgeben")
        print("(E)nde")
        print()
        eingabe = input("Ihre Wahl: ")
        if eingabe in["S", "s"]: recherche()                       #7
        elif eingabe in["A", "a"]: ausgeben()
        elif eingabe in["N", "n"]: neu()

def ausgeben():
    print("Name", "Nummer", sep="\t")                              #8
    print(30*"_")
    for k in tel.keys():
        print(k, tel[k], sep="\t")

def neu():
    global tel                                                     #9
    name = input("Name: ")
    nummer = input("Nummer: ")
    tel[name] = nummer
    print("Neuer Eintrag gespeichert")

# Hauptprogramm
tel = erzeugeTel()                                                 #10
menue()
verabschiedung()
```

Erläuterung:

#1: Es wird versucht, aus der Datei mit dem relativen Pfad `tel.txt` ein Dictionary (das zuvor mit `pickle.dump()` in dieser Datei gespeichert worden ist) zu laden. Wichtig ist, dass die Datei im binären Modus geöffnet wird, weil mit dem `pickle`-Mechanismus Bytestrings verarbeitet werden.

#2: Falls es zu einem Fehler kommt – z.B. weil die Datei nicht existiert –, wird ein leeres Dictionary `{}` zurückgegeben.

#3: Hier wird auf das globale Dictionary `tel` zugegriffen. »Global« heißt hier, dass der Name `tel` im Hauptprogramm (**#10**) definiert wird und nicht in dieser Funktionsdefinition.

#4: Diese Funktion speichert das globale Dictionary `tel` in einer Datei mit dem Namen `tel.txt` im gleichen Verzeichnis ab, in dem sich auch das Skript befindet.

#5: Die Variable `eingabe` muss auf einen Anfangswert gesetzt werden, sonst gäbe es beim Testen der Bedingung in der `while`-Schleife einen Fehler.

#6: Die `while`-Schleife wird so lange durchlaufen, bis der Benutzer ein kleines `e` oder ein großes `E` eingibt.

#7: Falls der eingegebene Buchstabe (Inhalt der Variablen `eingabe`) in der Liste `["S", "s"]` enthalten ist, wird die Funktion `recherche()` aufgerufen.

#8: Als Separatorstring wird hier ein Tabulatorzeichen spezifiziert, damit die Namen und Nummern tabellarisch ausgegeben werden.

#9: In dieser Funktion wird das globale Dictionary `tel` verändert – ein neues Paar *`Schlüssel`*`:`*`Wert`* wird eingetragen. Deshalb muss der Name `tel` als global deklariert werden.

#10: An dieser Stelle wird durch einen Aufruf der Funktion `erzeugeTel()` die Variable `tel` definiert, die von mehreren Funktionen als globale Variable verwendet wird.

Kapitel 10

Definition eigener Klassen

Ein objektorientiertes Programm ist ein System von Objekten, die untereinander Botschaften austauschen. Objekte sind Instanzen von Klassen. Bisher haben wir Objekte vorgegebener Klassen *verwendet*. In diesem Kapitel werden wir selbst Klassen *definieren* und Attribute und Methoden festlegen.

10.1 Klassen und Objekte

Eine Klasse ist ein Bauplan für Objekte. In ihr werden der prinzipielle Aufbau und das Verhalten einer Menge von Objekten beschrieben. Ein Objekt wiederum gehört immer zu einer bestimmten Klasse. Man sagt, ein Objekt ist eine Instanz oder Inkarnation einer Klasse. Objekte können Dinge der Realwelt repräsentieren. Nehmen wir als Beispiel eine Klasse, die in unserem Alltag eine große Rolle spielt: Geld. Konkrete Geld-Objekte sind z.B. ein Geldschein, eine Münze, Kosten für einen Mietwagen oder der Wert einer Aktie. All diese Objekte haben gewisse gemeinsame Merkmale, nämlich einen Betrag und eine Währungsangabe. Auf jedem Geldschein, jeder Münze, Rechnung oder Aktie sind diese beiden Attribute vermerkt.

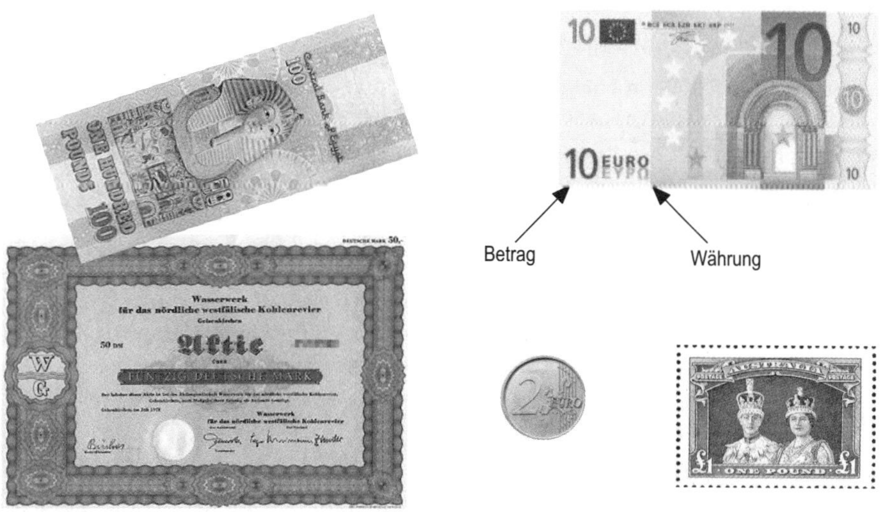

Abb. 10.1: Objekte mit den Attributen `Betrag` und `Währung` im Alltag

In einem objektorientierten Programm, in dem mit Geld unterschiedlicher Währungen operiert wird, macht es Sinn, eine Klasse mit dem Namen `Geld` zu definieren und festzulegen, dass jedes Objekt dieser Klasse die Attribute `Betrag` und `Währung` besitzen soll.

Ein Attribut besteht aus einem *Attributnamen* und einem *Attributwert*. Man sagt auch: Ein Attribut ist mit einem Wert belegt. Alle Objekte einer Klasse besitzen die gleichen Attributnamen, aber möglicherweise unterschiedliche Attributwerte.

Bei einem Geld-Objekt, das einen 10-Euro-Schein repräsentiert, hat das Attribut mit dem Namen `Betrag` den Wert `10.0` und das Attribut mit dem Namen `Währung` den Wert `Euro`. Bei einem Objekt, das die Briefmarke in Abbildung 10.1 darstellen soll, trägt das Attribut mit dem Namen `Betrag` den Wert `1.0` und das Attribut `Währung` den Wert `Britisches Pfund`.

Beide Objekte gehören zur selben Klasse und besitzen deshalb dieselben Attribute, unterscheiden sich aber hinsichtlich deren Belegung mit Werten.

Es gibt auch Attribute, deren Wertbelegung für alle Instanzen einer Klasse gleich ist. Man bezeichnet sie als *Klassenattribute*. Im Falle des Geldes kann man den aktuellen Wechselkurs als Klassenattribut betrachten. Der Wert eines Geldscheins hängt prinzipiell vom Wechselkurs ab. Wenn ich auf der Straße einen ägyptischen 100-Pfund-Schein finde, muss ich den Wechselkurs kennen, um seinen Wert einschätzen zu können. Nur im Kontext des gesamten (globalen) Geldsystems macht der Begriff »Wert« überhaupt einen Sinn. Der Wechselkurs ist also nicht ein Merkmal eines einzelnen Geld-Objektes, sondern eine Eigenschaft der gesamten Klasse `Geld`.

Objekte können Operationen ausführen, die als Methoden bezeichnet werden. In der Klassendefinition werden neben den Attributen auch Methoden definiert, über die die Objekte der Klasse verfügen können. An ein Objekt kann eine Botschaft geschickt werden, die es veranlasst, eine bestimmte Methode auszuführen.

In unserem Beispiel werden wir für die Klasse `Geld` zwei Methoden definieren:

- Die Methode `add()`. Wenn `banknote1` und `banknote2` Objekte der Klasse `Geld` sind, soll die Botschaft `banknote1.add(banknote2)` Folgendes bewirken:

  Das Objekt `banknote1` ermittelt den Wert des Objektes `banknote2`, addiert ihn unter Berücksichtigung der Währung und des Wechselkurses zu seinem eigenen Wert und gibt ein Geld-Objekt zurück, das die Summe der beiden Geldbeträge in der Währung von `banknote1` repräsentiert. Beachten Sie: Im objektorientierten Denken geht man von der Metapher aus, dass ein Objekt – in diesem Fall `banknote1` – sozusagen »lebendig« ist und die Operation selbst durchführt. Es kann sich verhalten und auf Botschaften seiner Umwelt reagieren. Die Methoden in der Klassendefinition beschreiben sein Verhaltensrepertoire. In dieser Hinsicht unterscheiden sich die Objekte eines objektorientierten Computerprogramms in der Regel von den Objekten der Realwelt. Wirkliche Geldscheine können nicht rechnen.
- Die Methode `getEuro()`. Sie gibt den Wert des Geld-Objektes in Euro zurück.

Zur visuellen Beschreibung von objektorientierten Programmen werden häufig die grafischen Symbole von UML (Unified Modeling Language) verwendet. Eine Klasse wird durch einen Kasten dargestellt, der in drei Felder unterteilt ist (Abbildung 10.2). In das oberste Feld wird der Name der Klasse eingetragen, in das Feld darunter die Namen der Attribute. Klassenattribute werden unterstrichen. Im untersten Feld befindet sich eine Auflistung der Methoden der Klasse.

Abb. 10.2: Das UML-Symbol für die Klasse `Geld`

10.2 Definition von Klassen

Der syntaktische Aufbau einer Klassendefinition bei Python wird durch folgende Grammatik-Regeln festgelegt:

```
classdef ::= "class" classname [inheritance] ":"
             anweisungsfolge
inheritance ::=  "(" [expression_list] ")"
classname ::= identifier
```

Eine Klassendefinition besteht aus zwei Teilen, einem *Kopf* und einem *Körper*:

Der *Kopf* beginnt mit dem Schlüselwort `class`, danach kommt der Name der Klasse, optional kann in Klammern eine Liste von Oberklassen folgen, dann ein Doppelpunkt. Oberklassen (oder Basisklassen) sind Klassen, von denen die neue Klasse Attribute und Methoden erbt (mehr dazu in Abschnitt 10.7). Die Standardklasse `object` ist die voreingestellte Basisklasse für alle neuen Klassen. Als Klassenname wählt man üblicherweise ein Substantiv im Singular und schreibt ihn mit großem Anfangsbuchstaben. Beispiele für syntaktisch korrekte Kopfzeilen von Klassendefinitionen sind:

```
class MeineKlasse:
class MeineKlasse(object):
class MeineKlasse(Oberklasse):
class MeineKlasse(Oberklasse1, Oberklasse2):
```

Der *Körper* einer Klassendefinition folgt nach dem Doppelpunkt der Kopfzeile und besteht aus einer Folge von Anweisungen. Im Extremfall enthält er allein die leere Anweisung `pass`, die nichts bewirkt. Eine einfache gültige Klassendefinition ist

```
class C:
    pass
```

Diese Klasse ist zwar syntaktisch korrekt definiert, aber völlig sinnlos. In der Praxis besteht der Körper einer Klassendefinition aus folgenden Komponenten:

- Definition der Klassenattribute (Attribute, die für alle Objekte der Klasse gelten) im folgenden Format:

  ```
  klassenattribut = wert
  ```

- Definition der Initialisierungsmethode `__init__()`. Sie wird aufgerufen, wenn ein Objekt der Klasse instanziiert wird. In der Initialisierungsmethode werden Objektattribute mit einem Anfangswert belegt.
- Definition weiterer Methoden (Operationen).

Einzelheiten erklären wir an dem bereits erwähnten Beispiel Geld. Wir definieren eine Klasse, die Geldbeträge modelliert und deren Struktur im UML-Klassensymbol in Abbildung 10.2 beschrieben ist. Der Name der Klasse ist `Geld`. Instanzen der Klasse repräsentieren konkrete Geldbeträge in verschiedenen Währungen.

```
# geld.py
class Geld:                                                    #1
    wechselkurs ={'USD':0.84998,
                  'GBP':1.39480,
                  'EUR':1.0,
                  'JPY':0.007168}                              #2


    def __init__(self, waehrung, betrag):                      #3
        self.waehrung = waehrung
        self.betrag = float(betrag)
    def getEuro(self):                                         #4
        return self.betrag*self.wechselkurs[self.waehrung]

    def add (self, geld):                                      #5
        summe_in_Euro = self.getEuro()+geld.getEuro()
        summe = Geld(self.waehrung,
                summe_in_Euro/self.wechselkurs[self.waehrung])
        return summe
```

#1: Im Kopf der Klassendefinition steht der Klassenname. Beachten Sie, dass er ein Substantiv im Singular ist und mit einem Großbuchstaben beginnt.

#2: Das Klassenattribut `wechselkurs` ist ein Dictionary. Schlüssel sind die internationalen Abkürzungen für vier Währungen:

USD: US-Dollar, GBP: Britisches Pfund, JPY: Japanischer Yen, EUR: Euro.

Jedem Schlüssel ist als Wert eine Gleitkommazahl zugeordnet, die den Geldwert einer Einheit der jeweiligen Währung in Euro angibt (Stand: 29. Mai 2003).

#3: Die Methode `__init__()` bewirkt, dass ein neues Objekt nach dem Bauplan der Klasse `Geld` generiert wird. Man bezeichnet sie deshalb als Konstruktormethode. Die Parameterliste im Kopf der Methode enthält drei Argumente. Das erste Argument `self` darf bei keiner Methodendefinition fehlen. Es bezeichnet das konkrete Objekt (die Instanz). Die beiden anderen Argumente sind Anfangswerte für die Attribute `waehrung` und `betrag`. Es ist eine Hauptaufgabe der Konstruktormethode, die Objektattribute mit Anfangswerten zu belegen. Dabei verwendet man Zuweisungen des folgenden allgemeinen Formats:

```
self.attribut = attribut
```

Die Methode `__init__()` darf keine `return`-Anweisung enthalten.

#4: Beim Zugriff auf Attribute der Instanz wird zuerst der Instanzname `self`, dann ein Punkt und dann der Name des Attributs aufgeschrieben. Mithilfe des Objektattributs `self.betrag` und des Klassenattributs `self.wechselkurs` wird der Betrag in Euro berechnet und zurückgegeben.

#5: Die Methode `add()` verwendet zwei Argumente: Das erste Argument `self` bezeichnet wiederum die Instanz, `geld` (kleiner Anfangsbuchstabe!) bezeichnet ein Objekt der Klasse `Geld`. Die Methode arbeitet im Prinzip folgendermaßen:

- Zunächst werden die Geldwerte in Euro des eigenen Objektes `self` und des übergebenen Objektes addiert. Die Summe wird der Variablen `summe_in_Euro` zugewiesen.
- In der folgenden Zeile wird ein neues Geld-Objekt namens `summe` instanziiert. Es erhält als Wert für das Attribut `betrag` die Summe in Euro, umgerechnet in die Währung der Instanz `self`. Die Währung ist die gleiche wie bei der Instanz `self`. Dieses neue Objekt wird in der `return`-Anweisung an den Sender der Botschaft zurückgegeben.

In der Definition der Methoden können Sie erkennen, wie man auf Attribute zugreift: Man schreibt zuerst den Namen des Objektes, dann einen Punkt und dann den Namen des Attributs. Format:

```
objektname.attributname
```

Beispiele:

`self.betrag` bezeichnet das Attribut `betrag` der eigenen Instanz.

`geld.waehrung` bezeichnet das Attribut `waehrung` des Objektes `geld`.

10.3 Objekte (Instanzen)

Um ein Objekt zu erzeugen, muss man die *Klasse* aufrufen. Klassen zählen in der Python-Typhierarchie – wie Funktionen – zu den aufrufbaren Objekten. Als Argumente übergibt man die in der Parameterliste der Methode `__init__()` geforderten Parameter, lässt aber das erste Argument weg. Der Aufruf der Klasse wird vom System in einen Aufruf der Konstruktormethode `__init__()` umgewandelt.

Eine Instanz der Klasse `Geld` erzeugt man z.B. durch folgende Anweisung:

```
>>> banknote = Geld('USD', 100)
```

Wenn Sie die Klasse `Geld` auf Ihrem Computer ausprobieren wollen, gehen Sie zunächst folgendermaßen vor. (Im nächsten Kapitel lernen Sie noch bessere Methoden, Klassen zu testen.)

- Erstellen Sie mit Ihrer Entwicklungsumgebung (z.B. IDLE) eine Skriptdatei (IDLE: FILE| NEW WINDOW), geben Sie die Klassendefinition ein und speichern Sie das Skript in Ihrem Projektverzeichnis z.B. unter dem Namen `geld.py` ab.
- Mit IDLE können Sie das Skript mit der Klasse auf Syntaxfehler testen. Klicken Sie dazu im Menü EDIT auf das Feld CHECK MODULE. Bei einem Syntaxfehler liefert das System eine Fehlermeldung und markiert die fehlerhafte Zeile. Leider werden auf diese Weise nicht alle Fehler entdeckt.
- Führen Sie das Skript aus (IDLE: Im Menü RUN das Feld RUN MODULE anklicken). Bei IDLE öffnet sich ein interaktives Shell-Fenster – sofern es nicht schon vorher geöffnet war.
- In diesem Fenster können Sie Objekte der Klasse `Geld` instanziieren und testen. Die Klasse `Geld` ist (dadurch, dass Sie das Skript gestartet hatten) dem Laufzeitsystem bekannt. Falls noch Fehler auftreten (Laufzeitfehler), kann im Editor-Fenster das Skript verbessert werden. Damit die neue Version im interaktiven Fenster zur Geltung kommt, müssen Sie das Skript mit der Klassendefinition erneut starten.

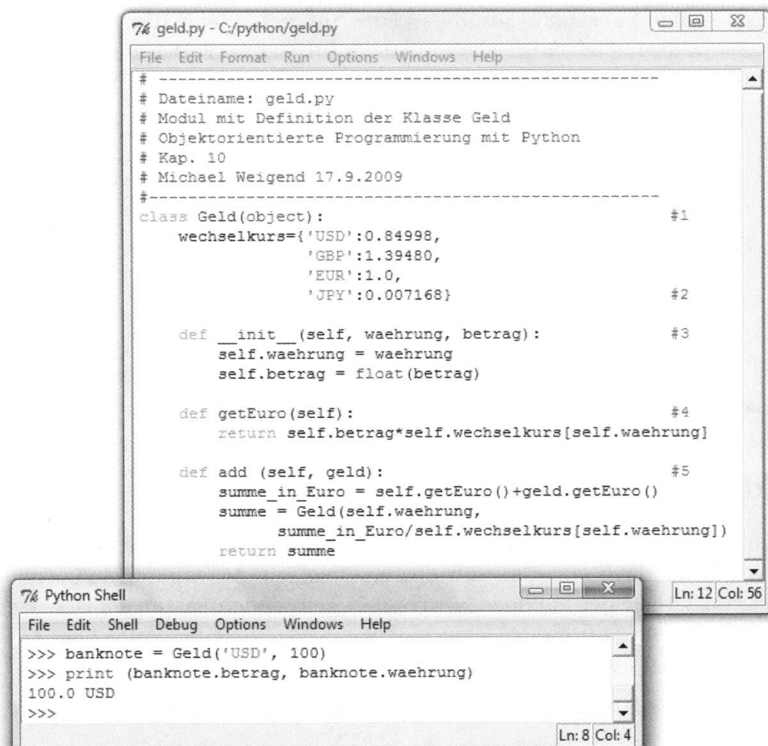

Abb. 10.3: Testen einer Klasse im interaktiven Modus (Windows)

Generieren wir nun einige `Geld`-Objekte und überprüfen die Wirkung der Methode `add()`:

```
>>> hotelrechnung = Geld('USD', 123.45)
>>> mietwagen = Geld('EUR', 527.30)
>>> summe = hotelrechnung.add(mietwagen)
>>> print(summe.waehrung, summe.betrag)
USD 743.817538059719
>>> summe = mietwagen.add(hotelrechnung)
>>> print(summe.waehrung, summe.betrag)
EUR 632.230031
```

Ein Objekt befindet sich zu jedem Zeitpunkt seiner Existenz in einem definierten Zustand. Der Zustand ergibt sich aus den momentanen Werten der Attribute. Wie man in der obigen Beispielsitzung sieht, hängt der Zustand des Objektes `summe` davon ab, an welches Objekt (`hotelrechnung` oder `mietwagen`) die Botschaft `add()` gesendet worden ist.

Mithilfe von UML-Objektsymbolen kann man den aktuellen Zustand von Objekten visualisieren (Abbildung 10.4). Das oberste Feld im Objektsymbol enthält den Namen des Objektes und die Klasse im Format: *`Objekt:Klasse`* und ist unterstrichen. Darunter werden die Namen der Attribute und ihre (momentanen) Werte aufgeführt.

Abb. 10.4: UML-Objektsymbole geben den Zustand von Objekten wieder.

Die Funktion `type()` liefert zu einem Objckt dic Bczcichnung der Klasse:

```
>>> type (hotelrechnung)
<class '__main__.Geld'>
```

Es ist auch möglich, Objekte ohne Namen zu generieren. Man nennt sie anonyme Objekte. Im folgenden Beispiel wird die Methode `add()` des Geld-Objektes `ausgaben` aufgerufen (**#1**) und ein anonymes Geld-Objekt als Argument übergeben:

```
>>> ausgaben = Geld('EUR', 0)
>>> ausgaben = ausgaben.add(Geld('USD', 200))          #1
>>> print(ausgaben.betrag, ausgaben.waehrung)
169.996 EUR
```

Abbildung 10.5 zeigt das UML-Objektsymbol des anonymen Objektes.

Abb. 10.5: Anonymes Objekt

10.4 Zugriff auf Attribute – Sichtbarkeit

Attribute beschreiben die Merkmale eines Objektes. *Objektattribute* beziehen sich auf Eigenschaften individueller Objekte und werden bei Python durch Zuweisungen der Form `self.attribut = wert` innerhalb des Konstruktors `__init__()` erzeugt. *Klassenattribute* – gelegentlich auch Klassenvariablen genannt – sind dagegen Merkmale, die *alle* Objekte einer Klasse besitzen. Sie sind von der Existenz eines Objektes der Klasse unabhängig und werden durch eine Zuweisung der Form `attribut = wert` innerhalb der Klassendeklaration (aber außerhalb einer Methode) definiert. Objektattribute dagegen werden erst bei der Instanziierung eines Objektes mit (individuellen) Werten belegt.

Der Zugriff auf Klassen- und Objektattribute kann eingeschränkt werden. Man spricht hier auch von *Sichtbarkeit* und unterscheidet zwischen öffentlichen und privaten Attributen.

10.4.1 Öffentliche Attribute

Auf öffentliche Objektattribute kann man »von außen« lesend und schreibend zugreifen, indem man hinter den Namen eines Objektes (Instanz) einen Punkt und dann den Namen des Attributs schreibt: `objekt.attribut`. Beispiele:

```
>>> hundertEuro = Geld('EUR', 100)
>>> print(hundertEuro.betrag, hundertEuro.waehrung)
100.0 EUR
```

Analog kann auf ein öffentliches *Klassenattribut* zugegriffen werden. Man schreibt hinter den Namen der *Klasse* einen Punkt und dann den Namen des Attributs: `Klasse.attribut`. Im folgenden Beispiel ändern wir das Attribut `wechselkurs` der Klasse `Geld` ab. Der US-Dollar wird auf 0.5 Euro abgewertet. Wie man sieht, übernimmt ein neu instanziiertes Objekt dieses abgeänderte Klassenattribut.

```
>>> Geld.wechselkurs['USD'] = 0.5
>>> print(Geld.wechselkurs)
{'JPY': 0.00716799, 'USD': 0.5, 'GBP': 1.3948, 'EUR': 1.0}
>>> zehnDollar = Geld('USD',10)
>>> print(zehnDollar.wechselkurs)
{'JPY': 0.00716799, 'USD': 0.5, 'GBP': 1.3948, 'EUR': 1.0}
```

Die Verwendung öffentlicher Attribute wird von vielen Informatikern insbesondere aus dem Software-Engineering abgelehnt, weil damit das Geheimnisprinzip verletzt wird. Ein Objekt sollte so wenig wie möglich über seinen internen Aufbau verraten. Öffentliche Attribute bergen das Risiko, dass Attribute versehentlich so geändert werden, dass das Objekt in einen inkonsistenten Zustand gelangt. Betrachten Sie folgendes Beispiel:

```
>>> preis = Geld('EUR', 1000)
>>> preis.waehrung = 'DM'
>>> preis.betrag = 1000
```

Hier treten zwei Probleme auf:

- Dem Attribut `waehrung` wurde ein ungültiger Wert zugewiesen, der in der Menge der Schlüssel des Dictionarys `wechselkurs` nicht vorkommt.
- Der Wert des Attributs `betrag` ist nun eine ganze Zahl (`int`), obwohl in der Konstruktormethode eigentlich festgelegt ist, dass es sich um eine Gleitkommazahl (`float`) handeln soll. Wie Sie wissen, kann das Folgen für die Arithmetik haben. Zum Beispiel werden vom Python-Interpreter Gleitkommazahlen anders dividiert als ganze Zahlen.

10.4.2 Private Attribute

Um Attribute vor öffentlichem Zugriff zu schützen, kann man ihnen einen Namen geben, der mit ein oder zwei Unterstrichen beginnt. Ein solcherart abgeschirmtes Attribut nennt man in der objektorientierten Programmierung *privat*. Python unterscheidet zwischen schwacher und starker Privatheit.

- Stark private Attribute haben Namen, die mit zwei Unterstrichen beginnen und nicht mit Unterstrichen enden, z.B. `__privat`. Es ist nur möglich, innerhalb der Klassendefinition auf ein solches Attribut zuzugreifen.
- Die Namen schwach privater Attribute beginnen mit einem einfachen Unterstrich, z.B. `_privat`. Diese Namen werden durch `from ... import *` nicht in den Namensraum importiert. Damit wird das Risiko von Namenskollisionen verringert. Man kann aber problemlos auf das Attribut zugreifen, wenn man seinen Namen kennt.

Beispiel:

```
class C:
    def __init__ (self):
        self.__privat = "privat"
        self._privat = "schwach privat"
        self.oeffentlich ="öffentlich"

>>> c = C()
>>> print(c.oeffentlich)
öffentlich
>>> print(c._privat)
schwach privat
>>> print(c.__privat)
Traceback (most recent call last):
  File "<pyshell#52>", line 1, in -toplevel-
```

```
    print(c.__privat)
AttributeError: 'C' object has no attribute '__privat'
```

Allerdings bieten private Namen keinen wirklichen Schutz vor einem Zugriff von außen. Attribute, deren Namen mit doppeltem Unterstrich beginnen, werden eigentlich nur versteckt. Sie können ein streng privates Attribut sichtbar machen, in dem Sie dem Attributnamen einen Unterstrich und den Namen der Klasse voranstellen:

```
>>> print(c. _C__privat)
privat
```

Sie sehen daran, dass Python – im Unterschied zu anderen Programmiersprachen wie Java – nicht sehr restriktiv ist. Generell ist Restriktivität in der Python-Community eher verpönt. Man vertraut darauf, dass die Mitglieder eines Programmierteams sich vernünftig verhalten und nicht absichtlich in fremde Module Fehler einbauen ("We are all consenting adults here").

Als Anwendungsbeispiel ändern wir die Klasse `Geld` so ab, dass alle Attribute privat sind. Dabei ist es mit einer einfachen Umbenennung nicht getan. Denn für die Ausgabe von Werten und für die Implementierung der Methode `add()` müssen wir – bei aller Privatheit – in irgendeiner Form auf die Werte der Attribute `betrag` und `waehrung` zugreifen können, allerdings brauchen wir hier nur lesenden Zugriff, aber keinen schreibenden.

Wir müssen also Vorkehrungen für den kontrollierten Zugriff auf die geschützten Attribute treffen. Dazu definieren wir zwei Methoden, die das Lesen der Attribute ermöglichen. Wir nennen sie `getBetrag()` und `getWaehrung()`.

Außerdem definieren wir zwei Methoden, die eine Änderung der beiden privaten Attribute ermöglichen, ohne dass das Objekt in einen inkonsistenten Zustand gerät. Die Methode `setBetrag()` bewirkt eine Änderung des Attributs `__betrag`, wobei das übergebene Argument in den richtigen Datentyp (`float`) überführt wird. Die Methode `setWaehrung()` ändert das Attribut `__waehrung`. Dabei prüft sie, ob eine gültige Währungseinheit als Argument übergeben worden ist, und rechnet den repräsentierten Geldbetrag in die neue Währung um.

Hier nun die erweiterte Klassendefinition:

```
# geld1.py
class Geld:
    __wechselkurs={'USD':0.84998,
                   'GBP':1.39480,
                   'EUR':1.0,
                   'JPY':0.007168}
    def __init__(self, waehrung, betrag):
        self.__waehrung = waehrung
        self.__betrag = float(betrag)
    def getBetrag(self):
        return self.__betrag
```

```
    def getWaehrung(self):
        return self.__waehrung

    def getEuro(self):
        return self.__betrag *   \
               self.__wechselkurs[self.__waehrung]

    def setBetrag(self, neuerBetrag):
        self.__betrag = float (neuerBetrag)

    def setWaehrung(self, neueWaehrung):
        if neueWaehrung in self.__wechselkurs.keys():
            alt = self.__wechselkurs[self.__waehrung]
            neu = self.__wechselkurs[neueWaehrung]
            self.__betrag = alt/neu * self.__betrag
            self.__waehrung = neueWaehrung

    def add (self, geld):
        summe_in_Euro = self.getEuro() + geld.getEuro()
        summe = Geld1(self.__waehrung,
            summe_in_Euro/self.__wechselkurs[self.__waehrung])
        return summe
```

Wenn Sie dieses Modul mit der Klassendefinition einmal haben laufen lassen, können Sie es in der Python-Shell im interaktiven Modus testen:

```
>>> preis = Geld('USD', 1000)
>>> preis.setWaehrung('EUR')
>>> print(preis.getBetrag(), preis.getWaehrung())
849.98 EUR
```

Hinweis: In den Beispielprogrammen dieses Buches werden in der Regel öffentliche Attribute verwendet, obwohl dies eigentlich kein guter Programmierstil ist. Der Grund liegt darin, dass die Beispiele *so kurz wie möglich* sein sollen, damit man sie besser nachvollziehen kann. Bei privaten Attributen müssten zusätzliche `set`- und `get`-Methoden definiert werden. Das macht den Programmtext zwar besser und sicherer aber auch länger.

10.4.3 Properties

Python bietet eine Möglichkeit, Attribute so zu definieren, dass man auf sie von außen scheinbar direkt zugreifen kann, der Zugriff aber von speziellen, in der Klasse definierten Methoden kontrolliert wird. Dazu definieren Sie am Ende der Klassendefinition mithilfe der Funktion `property()` so genannte *Properties* (Eigenschaften). Jede Property korrespondiert mit einem (privaten) Attribut, das nach außen sichtbar sein soll. Als Argumente werden die Namen der Zugriffsmethoden übergeben, zuerst die Methode zum Abfragen und dann die Methode zum Ändern. Die Namen dieser Methoden sind beliebig aber üblicherweise beginnt – wie im obigen Beispiel – die Lesemethode mit `get` und die Schreibmethode mit `set`.

```
# geld2.py
class Geld:
...
    betrag = property(getBetrag, setBetrag)
    waehrung = property(getWaehrung, setWaehrung)
```

Im interaktiven Modus probieren wir die neue Klasse `Geld` aus. Sie können beobachten, dass man die *Properties* `waehrung` und `betrag` wie Objektattribute anwendet, aber die Änderungen der internen Attribute durch die Zugriffsmethoden kontrolliert werden.

```
>>> preis = Geld('EUR', 1000)
>>> preis.waehrung = 'USD'
>>> print(preis.betrag, preis.waehrung)
1176.49827055 USD
```

Wenn beim Aufruf von `property()` das zweite Argument fehlt, wird keine keine Schreibmethode spezifiziert. Dann gibt es beim Versuch eines schreibenden Zugriffs einen *`AttributError`*, wie das folgende Beispiel zeigt. Objekte der Klasse `Const` sind konstante Objekte, deren Zustand zwar abgefragt aber nicht geändert werden kann.

```
# const.py
class Const:
    def __init__(self, x):
        self.__x = x

    def getX (self):
        return __x

    x = property(getX)

>>> k = Const(100)
>>> print(k.x)
100
>>> k.x = 101
Traceback (most recent call last):
  File "<pyshell#9>", line 1, in -toplevel-
    k.x = 101
AttributeError: can't set attribute
```

10.4.4 Dynamische Erzeugung von Attributen

Python ermöglicht es, dass während des Programmlaufs neue Attribute dynamisch erzeugt werden. Zur Demonstration definieren wir eine triviale Klasse ohne Attribute und Methoden, instanziieren ein Objekt und fügen zwei Attribute hinzu:

```
>>> class Ding:
      pass


>>> kugel = Ding()
>>> kugel.masse = 100
>>> kugel.material = 'Gold'
>>> print(kugel.masse, kugel.material)
100 Gold
```

Dieses Feature ist eine potenzielle Fehlerquelle für Python-Skripte. Wenn nämlich beim schreibenden Zugriff auf ein öffentliches Attribut eines Objektes der Attributname versehentlich falsch geschrieben wird, gibt es keine Fehlermeldung. Stattdessen wird einfach ein neues Attribut hinzugefügt.

10.5 Methoden

Methoden werden im Prinzip wie Funktionen definiert. Ein übliches Format ist:

```
def methode (self, arg1, arg2, ...)
```

Der Unterschied zu Funktionen liegt in folgenden Punkten:

- Methoden sind vom Wesen her keine selbstständigen Objekte, sondern integraler Bestandteil einer Klasse. Sie werden innerhalb einer Klassendeklaration definiert.
- In der Liste der formalen Parameter der Methodendefinition bezeichnet der erste Parameter immer die Instanz, also das aktuelle Objekt. Der Name des ersten Parameters ist beliebig aber üblicherweise verwendet man `self`.
- Eine Methode eines Objektes wird aufgerufen, indem man den Namen des Objektes angibt, gefolgt von einem Punkt, dem Namen der Methode und in Klammern der Parameterliste. Format: *`objekt.methode(arg1`*`, ...)`. Dabei ist die Argumentliste des Aufrufs um eins kürzer als die Argumentliste der Methodendefinition. Das erste Argument `self` wird weggelassen.

Als Namen für Methoden wählt man meist Tätigkeitswörter, die mit einem kleinen Buchstaben beginnen. Beispiele: `drucke_Ergebnis()`, `berechneDurchmesser()`.

Namen für *Zugriffsoperationen* auf (private) Attribute werden nach folgendem Muster gebildet:

`setAttribut()`: Schreiben eines Attributswertes, z.B. `setBetrag()`.

`getAttribut()`: Lesen eines Attributwertes, z.B. `getBetrag()`.

In UML-Klassensymbolen lässt man diese elementaren Verwaltungsmethoden meist weg.

Wie bei den Attributen gibt es auch öffentliche und private Methoden. Die Namen von stark privaten Methoden, die nur innerhalb der Klasse aufgerufen werden können, beginnen mit einem doppelten Unterstrich, z.B. `__machedies()`. Schwach private Methoden können zwar von außen aufgerufen werden, ihre Namen werden aber mit `from ... import *` nicht importiert. Namen schwach privater Methoden beginnen mit *einem* Unterstrich, z.B. `_machedas()`. Alle anderen Namen bezeichnen öffentliche Methoden.

10.5.1 Polymorphismus – Überladen von Operatoren

Ein wichtiges Konzept der objektorientierten Programmierung ist der Polymorphismus (bzw. die Polymorphie). Damit ist die Möglichkeit gemeint, den gleichen Namen für (mehr oder weniger) gleichartige Operationen zu verwenden, die auf Objekte unterschiedlicher Klassen angewendet werden. Man spricht auch vom Überladen (*overloading*) einer Operation.

Sie kennen das bereits vom Plusoperator +. Er kann auf Zahlen und auf Strings angewendet werden. Sind die Operanden Zahlen, bewirkt + eine Addition. Handelt es sich dagegen um Sequenzen, werden die Operanden aneinandergehängt (konkateniert). Der Plusoperator ist also überladen.

Bei Python können Operatoren und Standardfunktionen überladen werden, indem man bei einer neuen Klasse bestimmte Methoden mit vorgegebenen Namen definiert. Diese reservierten Methodennamen beginnen und enden mit doppelten Unterstrichen. In Tabelle 10.1 sind einige dieser speziellen Methoden aufgeführt.

Der Plusoperator wird z.B. durch die Methode `__add__()` repräsentiert. Wenn man in einer Klasse eine Methode mit diesem Namen definiert, kann der Plusoperator auch auf Objekte der neuen Klasse angewendet werden.

Wir werden das nun am Beispiel der Klasse `Geld` ausprobieren. Die Addition zweier Geld-Objekte soll nicht mehr durch Aufruf einer Methode, sondern durch einen mathematischen Term mit Pluszeichen formuliert werden können. Ziel ist also, dass Anweisungen der folgenden Form möglich sind:

```
ausgaben = hotelrechnung + mietwagen
```

Dazu brauchen wir nur die Methode `add()` in `__add__()` umzubenennen. Wenn der Python-Interpreter bei der Ausführung eines Skripts nun auf ein Pluszeichen stößt und das Objekt vor dem Pluszeichen ein Objekt der Klasse `Geld` ist, wandelt er den Term in einen Aufruf der Methode `__add__()` des `Geld`-Objektes um (Abbildung 10.6).

Abb. 10.6: Interpretation des überladenen Plusoperators +

Die Methoden mit den doppelten Unterstrichen greifen also tief in das Verhalten des Laufzeitsystems ein.

Methode	Erläuterung
__abs__(self)	Überladen der Funktion abs()
__add__(self, other)	Überladen des Plusoperators +
__call__(self, ...)	Objekte der Klasse ausführbar machen
__contains__(self, item)	Überladen des in-Operators für eine Container-Klasse. Zurückgegeben wird der Wahrheitswert 1 genau dann, wenn das Objekt self das Element item enthält.
__del__(self)	Die Methode wird aufgerufen, wenn ein Objekt (durch eine Anweisung der Form del x) gelöscht werden soll. Man nennt sie auch einen Destruktor.
__delitem__(self, key)	Löschoperation für Container-Klassen. Entfernt wird das Item mit Schlüssel key. Die Anweisung del d[key] bewirkt einen Aufruf der Methode d.__delitem__[key].
__eq__(self, other)	Gleichheitsoperator ==. Die Auswertung des Vergleichs a == b führt zum Methodenaufruf a.__eq__(b).
__float__(self)	Überladen der Standardfunktion float()
__ge__(self, other)	Überladen des Größer-oder-gleich-Operators >=
__getitem__(self, key)	Implementiert die Anweisung self[key] bei Container-Klassen. Die Methode liefert das Element mit dem Schlüssel key.
__gt__(self, other)	Überladen des Größer-als-Operators >
__iadd__(self, other)	Überladen der erweiterten Operation +=
__idiv__(self, other)	Überladen von /=
__imul__(self, other)	Überladen von *=
__le__(self, other)	Überladen des Kleiner-oder-gleich-Operators <=
__len__(self)	Überladen der Standardfunktion len()
__lt__(self, other)	Überladen des Kleiner-als-Operators <
__mod__(self, other)	Überladen des Modulo-Operators %
__mul__(self, other)	Überladen des Multiplikationsoperators *
__ne__(self, other)	Überladen des Ungleich-Operators !=
__neg__(self)	Überladen des Negationsoperators -
__nonzero__(self)	Implementiert das Testen von Wahrheitswerten. Die Methode sollte den Wert 1 zurückgeben, falls das Objekt als »wahr« gelten soll, und sonst 0.
__setitem__(self, key, value)	Implementiert die Zuweisung self[key]=value bei Container-Klassen (z.B. Dictionaries, Sequenzen).
__str__(self)	Liefert einen String, der das Objekt repräsentiert. Wird das Objekt mit einer print()-Funktion ausgegeben, so wird diese Methode aufgerufen.

Tabelle 10.1: Einige reservierte Methodennamen mit doppelten Unterstrichen

In der folgenden Klassendefinition finden mehrere Überladungen statt:

```
# geld2.py
class Geld:
    __wechselkurs = {'USD':0.84998,
                     'GBP':1.39480,
                     'EUR':1.0,
                     'JPY':0.007168}

    def __init__(self, waehrung, betrag):
        self.waehrung = waehrung
        self.betrag = float(betrag)
    def getEuro(self):
        return self.betrag*self.__wechselkurs[geld.waehrung]

    def __add__ (self, geld):                                        #1
        a = self.getEuro()
        b = geld.getEuro()
        faktor = 1.0/self.__wechselkurs[self.waehrung]
        summe = Geld (self.waehrung, (a+b)*faktor )                  #2
        return summe

    def __lt__(self, other):                                         #3
        a = self.getEuro ()
        b = other.getEuro ()
        return a < b                                                 #4
    def __le__(self, other):
        a = self.getEuro ()
        b = other.getEuro ()
        return a <= b

    def __eq__(self, other):
        a = self.getEuro ()
        b = other.getEuro ()
        return a == b

    def __str__(self):                                               #5
        return self.waehrung + " " + format(self.betrag, ".2f")
```

Erläuterung:

#1: Mit der Methodendefinition für `__add__()` wird der Plusoperator überladen. Zwei Objekte `geld1` und `geld2` der Klasse `Geld` kann man also in einem Term `geld1 + geld2` addieren.

#2: Hier wird ein neues Objekt namens `summe` als Instanz der Klasse `Geld` (mit neuer Identität) generiert. Dieses neue Objekt erhält als Attribut `waehrung` die Währung von `self` und für das Attribut `betrag` die währungsbereinigte Summe der Beträge `self` und `geld`. Das neue Objekt `summe` ist also das Rechenergebnis und wird in der `return`-Anweisung zurückgegeben.

#3: Durch die Definition der Methoden `__lt__()`, `__le__()` und `__eq__()` werden die Vergleichsoperatoren überladen. Die Methoden definieren die Vergleiche »kleiner als« (*lower than*), »kleiner oder gleich« (*lower or equal*) und »gleich« (*equal*). Das heißt, für zwei Objekte `geld1`, `geld2` der Klasse `Geld` werden Vergleiche wie `geld1 == geld2` oder `geld1 <= geld2` sinnvoll ausgewertet.

#4: Alle drei Methoden geben Wahrheitswerte zurück. Zum Beispiel wird in Zeile **#4** der Wert `True` zurückgegeben, wenn `a < b` gilt, und `False` sonst.

#5: Mit der Methode `__str__()` wird eine Repräsentation von Objekten der Klasse `Geld` als String definiert. Damit ist es z.B. möglich, die `print()`-Funktion auf Objekte der Klasse `Geld` anzuwenden. Durch den Formatierungsstring `'.2f'` wird die Darstellung der Gleitkommazahl des Attributs `self.betrag` auf zwei Nachkommastellen formatiert (siehe Abschnitt 13.2).

Anwendung:

```
>>> print(Geld('USD', 100))
USD 100.0

>>> hotelkosten = Geld('USD', 120)
>>> mietwagen = Geld('EUR',100)
>>> print(mietwagen + hotelkosten)  # Addition als Term
EUR 202.00
>>> if mietwagen > hotelkosten:
        print("Der Mietwagen ist teurer")
else:
        print("Der Mietwagen ist nicht teurer")

Der Mietwagen ist nicht teurer
```

Zum Schluss sei noch darauf hingewiesen, dass auch die `__init__()`-Methode im Grunde eine Überladung ist, nämlich eine Überladung des Zuweisungsoperators =, der verwendet wird, um eine Instanz einer Klasse zu generieren.

10.5.2 Vertiefung: Objekte ausführbar machen – die Methode __call__()

Meistens sind Objekte einer Klasse Entitäten, die Daten repräsentieren und Methoden besitzen, die von außen aufgerufen werden können. Sie können aber eine Klasse so definieren, dass die Instanzen dieser Klasse selbst *ausführbare Objekte* werden (*callable objects*). Dazu müssen Sie in der Klassendefinition die »magische« Methode `__call__()` definieren. Diese Technik verwendet man in der Web-Programmierung mit WSGI (siehe Kapitel 22).

Hier ein Beispiel aus dem Themenbereich »Geld«. Die Klasse `Steuer` modelliert Steuerberechnungen. Die Instanzen dieser Klasse sind aufrufbar und führen Steuerberechnungen durch.

```
class Steuer:
    def __init__(self, anteil):
        self.anteil = anteil

    def __call__(self, betrag):
        return self.anteil * betrag
```

Sie können die Klasse im interaktiven Modus (Python-Shell) ausprobieren. Bei der Instanziierung wird als Argument ein Steuersatz angegeben:

```
>>> mehrwertsteuer = Steuer(0.19)
```

Das neue Objekt `mehrwertsteuer` kann wie eine Funktion aufgerufen werden. Als Argument wird eine Zahl angegeben (Geldbetrag). Das Objekt gibt eine Zahl zurück, die Steuern:

```
>>> mehrwertsteuer(1000)
190.0
```

Beachten Sie:

- Im Unterschied zu `__init__()` kann `__call__()` ein Objekt mit `return` zurückgeben.
- Im Unterschied zu einer normalen Funktion besitzt ein aufrufbares Objekt (hier das Objekt `mehrwertsteuer` der Klasse `Steuer`) *Attribute* und kann sich in einem Zustand befinden. Hier wird z.B. im Attribut `self.anteil` ein Steuersatz festgelegt.

10.5.3 Statische Methoden

Statische Methoden einer Klasse können aufgerufen werden, ohne vorher eine Instanz dieser Klasse zu erzeugen. In einer Klassendefinition können durch einen Aufruf der Funktion `staticmethod()` statische Methoden wie im nachfolgenden Beispiel erzeugt werden.

Meist verwendet man statische Methoden, um eine Sammlung thematisch zusammengehöriger Operationen zu programmieren (*Toolbox*). Das folgende Skript definiert eine Toolbox mit Methoden aus dem Bereich der Statistik.

Skript:

```
# statisch.py
class Statistik:
    def mittelwert(s):                                              #1
      if s:
        return float(sum(s)) / len(s)

    def spannweite(s):
      # größte minus kleinste Zahl der Zahlenliste s
      if s:
        return max(s) - min(s)

    def median(s):
      if s:
        s1 = sorted(s)
        if len(s)%2 == 0:        # Länge ist gerade
            return (s1[len(s)//2-1] + s1[len(s)//2])/2.0
        else:
            return s1[(len(s)-1)//2]

    mittelwert = staticmethod(mittelwert)                           #2
    spannweite = staticmethod(spannweite)
    median = staticmethod(median)
```

Die Klassendefinition weist einige Besonderheiten auf:

- Es gibt keine `__init__()`-Methode; denn die Klasse besitzt keinerlei Attribute. Es können zwar Objekte dieser Toolbox-Klasse erzeugt werden, aber sie bleiben immer im gleichen Zustand.
- Bei der Definition der statischen Methoden wird in der Parameterliste kein Argument `self` aufgeführt, das sonst bei normalen Methoden das aktuelle Objekt der Klasse repräsentiert (**#1**).
- Die durch `def`-Anweisungen definierten Methoden werden durch einen Aufruf der Funktion `staticmethod()` zu statischen Methoden der Klasse (**#2**).

Der Aufruf einer statischen Methode erfolgt nach dem Muster `Klasse.methode(arg1, ...)`. An Stelle des Objektnamens wie bei üblichen Methodenaufrufen verwendet man den Klassennamen. Beispiele:

```
>>> s = [1, 4, 9, 11, 5]
>>> Statistik.mittelwert(s)
6.0
>>> Statistik.median(s)
5
>>> Statistik.spannweite(s)
10
```

10.6 Abstraktion, Verkapselung und Geheimnisprinzip

Bei der Entwicklung eines objektorientierten Modells für Geld haben wir drei wichtige Prinzipien der objektorientierten Denkweise verwendet, nämlich Abstraktion, Verkapselung und das Geheimnisprinzip.

Abstraktion

Eine Klasse kann man als Abstraktion einer Menge von Objekten der Wirklichkeit betrachten. Abstrahieren heißt, die wesentlichen Aspekte einer Sache zu ermitteln und das Unwichtige wegzulassen. In der Klasse `Geld` haben wir nur die für die Problemstellung (Rechnen mit Geldbeträgen in unterschiedlichen Währungen) wichtigen Elemente realer Geld-Objekte erfasst. Farben, Material, Masse und andere unwesentlichen Details haben wir weggelassen.

Verkapselung

In den ersten Kapiteln dieses Buches haben wir bei der Entwicklung von Programmen das Prinzip der schrittweisen Verfeinerung angewandt und für Teilaufgaben Funktionen definiert. Unser Augenmerk richteten wir damals allein auf Operationen. Das Besondere der objektorientierten Vorgehensweise ist, dass Operationen und logisch zusammengehörige Daten (Attribute) zu einer Einheit – einer Klasse – verschmolzen werden. Dieses nennt man Verkapselung (*encapsulation*).

Geheimnisprinzip

Das Geheimnisprinzip (*information hiding*) besagt, dass der Zustand eines Objektes (d.h. die Werte der Attribute) und die Implementierung der Methoden nach außen nicht sichtbar sind. Bei konsequenter Einhaltung des Geheimnisprinzips sind alle Attribute streng privat. Änderungen des Zustandes eines Objektes können von außen nur über Methodenaufrufe (Botschaften) angestoßen werden. Abbildung 10.7 versucht, dies zu veranschaulichen. Die Attribute befinden sich – nach außen unsichtbar – gewissermaßen im Kern des Objektes. Allein die (öffentlichen) Methoden ermöglichen Interaktion mit der Umwelt.

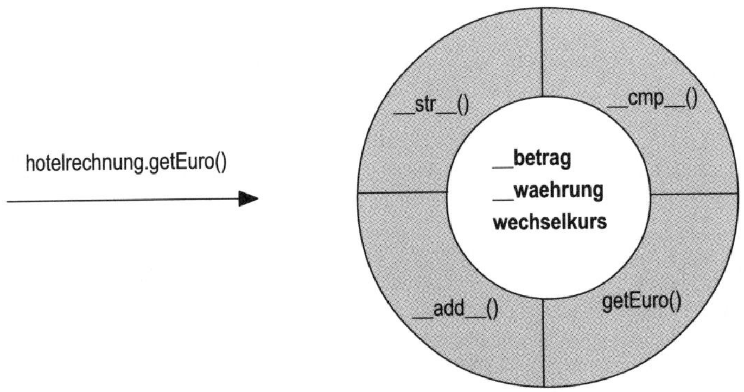

Abb. 10.7: Veranschaulichung des Geheimnisprinzips

10.7 Vererbung

Vererbung beschreibt die Beziehung zwischen einer allgemeinen Klasse (Basisklasse, Oberklasse) und einer spezialisierten Klasse (Unterklasse, Subklasse). Die Unterklasse besitzt sämtliche Attribute und Methoden der Oberklasse. Man sagt, die Basisklasse vererbt ihre Merkmale an ihre Unterklassen. Darüber hinaus hat eine Unterklasse aber in der Regel noch zusätzliche Methoden und Attribute. Sie ist damit spezieller, reichhaltiger und weniger abstrakt, das heißt, sie ist auf eine kleinere Menge von Objekten zugeschnitten als ihre Basisklasse.

10.7.1 Spezialisierungen

Betrachten wir als Beispiel die Klasse `Geld`. Sie fasst alle Objekte zusammen, die als Merkmale eine Währung und einen numerischen Betrag besitzen. Dies ist ein sehr abstraktes Modell, das von vielen Details konkreter Geld-Objekte absieht. Von dieser Basisklasse können speziellere Unterklassen abgeleitet werden, z.B. eine Klasse `Briefmarke`, die Postwertzeichen modelliert. Neben den Attributen `wechselkurs`, `waehrung` und `betrag` könnte eine solche Klasse noch die Attribute `land` und `gestempelt` besitzen. Ersteres enthält eine Beschreibung des Herkunftslandes. Dieses ergibt sich nicht eindeutig aus der Währung, denn es gibt z.B. mehrere Länder, die Briefmarken in Euro herausgeben. Ein wichtiges Merkmal einer Briefmarke ist noch, ob sie gestempelt oder noch ungestempelt ist. Abbildung 10.8 zeigt ein UML-Klassendiagramm mit verschiedenen Spezialisierungen der Klasse `Geld`. Die Vererbungsbeziehung wird in UML durch einen Pfeil mit nicht ausgefüllter Spitze dargestellt, der auf die Basisklasse zeigt.

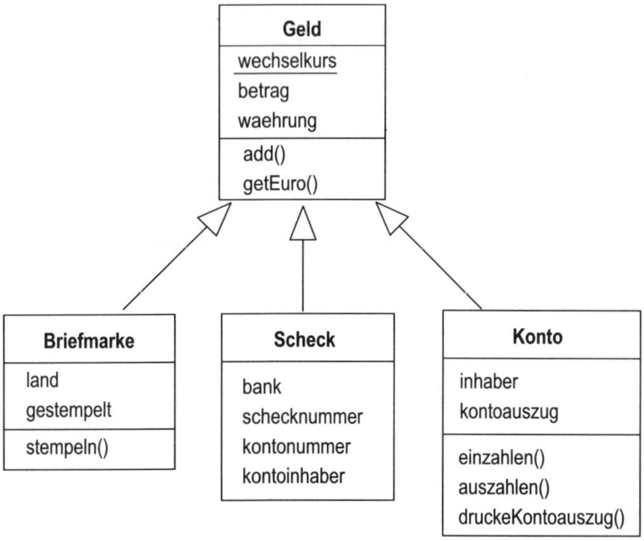

Abb. 10.8: Spezialisierungen der Klasse `Geld`

Bei der Definition einer Unterklasse schreibt man in der Kopfzeile hinter den Klassennamen in Klammern den Namen der Basisklasse:

```
class Unterklasse(Basisklasse)
```

Unterklassen können das Verhalten ihrer Basisklassen durch zusätzliche Methoden verfeinern oder durch Überschreiben (overriding) neu definieren. Enthält die Definition der Unterklasse eine Methode mit dem gleichen Namen wie eine Methode der Basisklasse, so gilt für Instanzen der Unterklasse allein die Methodendefinition der Unterklasse. Man sagt: Die Methodendefinition der Basisklasse wird überschrieben.

Anwendung und Probleme der Vererbung veranschaulichen wir nun an einem Beispiel. Es handelt sich um eine Spezialisierung der Klasse `Geld`, die ein Bankkonto modelliert. Diese Klasse könnte den Kern eines (stark vereinfachten) Programms bilden, das die Konten einer Bank verwaltet.

10.7.2 Beispiel: Die Klasse Konto – eine Spezialisierung der Klasse Geld

Auch ein Bankkonto stellt einen pekuniären Wert dar. Zur objektorientierten Modellierung eines Kontos macht es daher Sinn, die Klasse `Konto` von der Basisklasse `Geld` abzuleiten. Wir verwenden hier die Variante aus Abschnitt 10.2 mit öffentlichen Attributen `betrag` und `waehrung`. Beachten Sie, dass das Skript keine einzige `print`-Anweisung enthält. Die Bildschirmausgabe ist keine Aufgabe dieser Klasse.

Skript:

```
# konto.py
import time
from geld2 import Geld                                                    #1
class Konto(Geld):
    """ Spezialisierung der Klasse Geld zur Verwaltung eines Kontos
        Öffentliche Attribute:
          geerbt: waehrung, betrag, wechselkurs

        Öffentliche Methoden und Überladungen:
          geerbt: __add__(), __lt__(),
                  __le__(), __eq__(), getEuro()
          überschrieben: __str__()
          Erweiterungen:
            einzahlen(), auszahlen(), druckeKontoauszug()
    """
    def __init__(self, waehrung, inhaber):
        Geld.__init__(self,waehrung, 0)                                   #2
        self.__inhaber = inhaber                                          #3
        self.__kontoauszug = [str(self)]                                  #4

    def einzahlen(self,waehrung, betrag):                                 #5
        einzahlung = Geld(waehrung,betrag)
        self.betrag =(self+einzahlung).betrag                             #6
        eintrag = time.asctime()+' ' +str(einzahlung) +\
                ' neuer Kontostand: '+ self.waehrung + \
```

```
        ' ' + format(self.betrag, '.2f')
        self.__kontoauszug += [eintrag]                    #7

    def auszahlen(self, waehrung, betrag):
        self.einzahlen(waehrung, -betrag)

    def druckeKontoauszug(self):                           #8
        for i in self.__kontoauszug:
            print(i)
        self.__kontoauszug = [str(self)]

    def __str__(self):                                     #9
        return 'Konto von ' + self.__inhaber + \
            ':\nKontostand am ' + time.asctime() + \
            ': '+ format(self.betrag, '.2f') + \
            + ' ' + self.waehrung
```

Erläuterung:

#1: Der Name der Basisklasse wird aus dem Modul `geld2` importiert. Die Programm und Datei `geld2.py` muss im gleichen Verzeichnis sein wie die Programmdatei `konto.py` – anderenfalls müsste der Pfad spezifiziert werden.

#2: In der Initialisierungsprozedur wird zunächst die `__init__()`-Methode der Basisklasse aufgerufen. Das Attribut `betrag` (drittes Argument) repräsentiert den Kontostand und der ist bei Eröffnung des Kontos null.

#3: Ein zusätzliches Attribut gegenüber der Basisklasse ist der Inhaber des Kontos.

#4: Der Kontoauszug ist eine Liste von Buchungseinträgen (Strings). Der erste Buchungseintrag ist eine textuelle Beschreibung des Kontos, die von der Methode `__str__()` geliefert wird.

#5: Die Methode `einzahlen()` erhöht den Kontostand (Attribut `self.betrag`) um den eingezahlten Geldwert.

#6: Diese Anweisung sollte man sich »auf der Zunge zergehen lassen«. Sie demonstriert, wie man Überladungen von Operatoren nutzen kann, um kompakten Programmtext zu schreiben. Das Objekt `self` ist eine Instanz der Klasse `Geld` und repräsentiert den eingezahlten Geldbetrag, `self` ist eine Instanz der Klasse `Konto`, die ja von `Geld` abgeleitet ist. Somit wird bei der Auswertung des Terms `(self + einzahlung)` die ererbte Methode `__add__()` aus der Klasse `Geld` aufgerufen. Diese Methode liefert ein Objekt der Klasse `Geld` (nicht etwa `Konto`!) mit der gleichen Währung wie `self`. Das Attribut `betrag` dieses (neuen) Objektes `(self + einzahlung)` enthält also den neuen Kontostand, nämlich die Summe aus altem Kontostand und eingezahltem Betrag.

#7: Der Liste `self.kontoauszug` wird für diese Buchung ein neuer Eintrag hinzugefügt. Er besteht aus einem Zeitstempel (Datum und Uhrzeit), der String-Repräsentation des eingezahlten Betrages und dem neuen Kontostand. Der Aufruf der Funktion `format()` mit dem zweiten Argument `'.2f'` bewirkt, dass der Betrag als Gleitkommazahl mit zwei Nachkommastellen dargestellt wird.

#8: Die Liste mit den Buchungseinträgen (Attribut `kontoauszug`) wird zurückgegeben, anschließend wird sie gelöscht und als einziger Eintrag die String-Repräsentation des Kontos eingefügt.

#9: Diese Methode überlädt die Standardfunktion `str()`. Sie liefert eine textuelle Beschreibung des Kontos bestehend aus:

- Name des Kontoinhabers
- Kontostand
- Zeitstempel (aktuelles Datum und Uhrzeit), der von der Funktion `time.asctime()` mithilfe der Systemuhr geliefert wird. Das Modul `time` wurde in der allerersten Zeile vor Beginn der Klassendefinition importiert.

Anwendung:

Wenn man die Definition der beiden Klassen `Geld` und `Konto` im interaktiven Modus (z.B. im Shell-Fenster von IDLE) eingibt, kann man sie anschließend durch direkte Eingabe einiger Anweisungen testen.

Wir erzeugen ein Objekt der Klasse `Konto` ...

```
>>> konto = Konto('EUR', 'Tim Wegner')
```

... und führen einige Buchungen in unterschiedlichen Währungen durch:

```
>>> konto.einzahlen('EUR', 1200)
>>> konto.auszahlen('USD', 50)
>>> konto.einzahlen('GBP', 30.30)
```

Da die `str()`-Funktion mit der `__str__()`-Methode überladen wurde, kann eine Repräsentation des Objektes mit einer `print`-Anweisung auf den Bildschirm gebracht werden:

```
>>> print(konto)
Konto von Tim Wegner:
Kontostand am Fri Jun 06 20:43:02 2003: EUR 1199.76
```

Wir drucken einen Kontoauszug aus ...

```
>>> konto.druckeKontoauszug()
Konto von Tim Wegner:
Kontostand am Fri Jun 06 20:42:18 2003: EUR 0.00
Fri Jun 06 20:42:30 2003 EUR 1200.00 neuer Kontostand: EUR 1200.00
Fri Jun 06 20:42:40 2003 USD -50.00 neuer Kontostand: EUR 1157.50
Fri Jun 06 20:42:50 2003 GBP 30.30 neuer Kontostand: EUR 1199.76
```

... und noch einen Kontoauszug:

```
>>> konto.druckeKontoauszug()
Konto von Tim Wegner:
Kontostand am Fri Jun 06 20:43:14 2003: EUR 1199.76
```

Man erkennt, dass – wie beabsichtigt – beim ersten Ausdruck der Kontoauszug des Objektes `konto` gelöscht wurde. Da es inzwischen keine neuen Buchungen gab, enthält der zweite Kontoauszug nur die Beschreibung des Kontos.

10.7.3 Vertiefung: Standardklassen als Basisklassen

Von Standardklassen wie `int`, `float`, `str`, `bool`, `dict`, `list` können ebenso neue Klassen abgeleitet werden wie von selbst definierten Klassen. Zum Beispiel können Sie eine Liste mit zusätzlichen Methoden definieren. Im folgenden Skript definieren wir eine Liste mit einem voreingestellten Wert (Default) für nicht existierende Listenelemente. Bei einem Zugriff auf die Liste mit einem zu großen Index soll es keinen Laufzeitfehler geben (IndexError), sondern stattdessen soll ein für diesen Fall vorgesehenes Objekt zurückgegeben werden:

```
class Defaultlist(list):
    def __init__(self, s=[], default=0):                    #1
        self.default = default
        list.__init__(self, s)                               #2

    def __getitem__(self, index):
        try:
            return list.__getitem__(self, index)             #3
        except IndexError:
            return self.default                              #4
```

Erläuterung:

#1: Bei der Instanziierung können optional eine Liste und ein Defaultwert übergeben werden. Wenn beim Aufruf des Konstruktors das zweite Argument fehlt, ist der Defaultwert null. Wenn auch noch das erste Argument fehlt, wird eine leere Liste erzeugt (zu optionalen Argumenten siehe Abschnitt 6.5).

#2: Die Methode `__init__()` der Basisklasse `list` wird aufgerufen. Es handelt sich um einen ungebundenen Methodenaufruf. Ungebundene Methodenaufrufe haben das Format `klasse.methode (objekt, arg1, ...)`. Sie sind nicht an eine Instanz (Objekt) der Klasse gebunden, sondern übergeben ein Objekt im ersten Argument.

#3: Die Methode `__getitem__()` der Basisklasse `list` wird versuchsweise aufgerufen. Diese magische Methode kommt zum Einsatz, wenn man mit einem Ausdruck der Form `liste[index]` auf ein Element der Liste (*item*) zugreifen will.

#4: Wenn der Zugriff auf ein Listenelement misslingt, weil der angegebene Index ungültig ist, wird der Defaultwert zurückgegeben.

Im interaktiven Modus testen wir die neue Klasse:

```
>>> p = ["Merkur", "Venus", "Erde"]
>>> planeten = Defaultlist(p, "unbekannter Planet")
>>> planeten
['Merkur', 'Venus', 'Erde']
>>> planeten[2]
'Erde'
>>> planeten[3]
'unbekannter Planet'
```

Das Objekt `planeten` der Klasse `Defaultlist` zeigt also das erwünschte Verhalten und gibt den Defaultwert `'unbekannter Planet'` zurück, wenn man versucht, auf ein nicht existierendes Listenelement wie `planeten[3]` zuzugreifen. Außerdem funktionieren auch die von der Basisklasse `list` geerbten Methoden. Wir prüfen das am Beispiel der Methode `append()`, die ein neues Element an eine Liste anhängt:

```
>>> planeten.append("Mars")
>>> planeten
['Merkur', 'Venus', 'Erde', 'Mars']
>>> planeten[10]
'unbekannter Planet'
```

Ein Problem tritt auf, wenn wir zwei Objekte der Klasse `Defaultlist` konkatenieren:

```
>>> mehrPlaneten = Defaultlist(["Jupiter", "Saturn"],
                               "unbekannter Planet")
>>> planeten = planeten + mehrPlaneten                          #1
>>> planeten
['Merkur', 'Venus', 'Erde', 'Mars', 'Jupiter', 'Saturn']
>>> planeten[10]

Traceback (most recent call last):
  File "<pyshell#147>", line 1, in -toplevel-
    planeten[10]
IndexError: list index out of range
```

Warum kommt es zu der Fehlermeldung? Bei der Ausführung der +-Operation in Anweisung **#1** wird die geerbte Methode __add__() der Klasse `list` aufgerufen. Diese Methode liefert jedoch ein Objekt der Klasse `list` und kein Objekt der abgeleiteten Klasse `Defaultlist`. Nach der Konkatenation ist `planeten` plötzlich der Name eines normalen `list`-Objektes, das den Defaultwert-Mechanismus nicht kennt. Um dieses Problem zu lösen, muss man die geerbte Methode `__add__()` überschreiben und dafür sorgen, dass ein Objekt der Klasse `Defaultlist` zurückgegeben wird. Man muss also die Klassendefinition aus dem letzten Abschnitt erweitern:

```
class Defaultlist(list):
    ...
    def __add__ (self, other):
        result = list.__add__ (self, other)
        return Defaultlist(result, self.default)
```

10.8 Hinweise zum Programmierstil

10.8.1 Bezeichner

Als Namen für *Klassen* verwendet man Substantive im Singular mit großem Anfangsbuchstaben. Beispiele: `File`, `Exception`, `Pickler`, `Geld`.

Namen für *Attribute* sind Substantive, die (eventuell nach einem oder zwei Unterstrichen) mit einem kleinen Buchstaben beginnen. Beispiele: `__name__`, `betrag`.

Methoden werden – wie Funktionen – meist durch Verb benannt, das (eventuell nach einem oder zwei Unterstrichen) mit einem kleinen Buchstaben beginnt. Beispiele: `load()`, `__add__()`, `_berechneSumme()`.

Methoden zum Lesen oder Verändern von Attributwerten benennt man nach dem Muster get*Attribut* oder set*Attribut*.

Modulnamen bestehen aus Kleinbuchstaben. Der Dateiname für ein Modul setzt sich aus dem Modulnamen und der Extension `.py` zusammen. Beispiele: `geld.py`, `time.py`, `random.py`.

10.8.2 Sichtbarkeit

Generell sollte eine Klasse so wenig wie möglich über ihren internen Aufbau »verraten« (Geheimnisprinzip). Sofern ein direkter Zugriff von außen nicht notwendig ist, sollten Attribute privat sein. Bei öffentlichen Attributen besteht die Gefahr, dass durch einen ungeeigneten schreibenden Zugriff der Form

```
objekt.attribut = neuerWert
```

das Objekt in einen inkonsistenten Zustand gerät. Klassen mit öffentlichen Attributen sind anfälliger für Fehler.

Guter Programmierstil ist, auf öffentliche Attribute ganz zu verzichten und für Zugriffe auf Attribute eigene Methoden zu definieren:

Für den *schreibenden* Zugriff auf ein Attribut `attr` (Änderung des Attributwertes) definiert man eine Methode `setAttr()` und für den *lesenden* Zugriff eine Methode `getAttr()`, die den entsprechenden Attributwert zurückgibt. Besondere Sorgfalt gilt der Kontrolle des schreibenden Zugriffs.

Beim Aufruf

```
objekt.setAttr(neuerWert)
```

wird das Attribut `objekt.attr` auf den als Argument übergebenen Wert gesetzt. In der Methodendefinition von `objekt.setAttr()` sollte man dafür sorgen, dass das übergebene Objekt `neuerWert` von einem geeigneten Typ ist, und gegebenenfalls eine Typkonvertierung vornehmen. Beispiel:

```
>>> class Behaelter:
    def __init__(self, volumen):
        self.__volumen = float(volumen)  # Volumen in Milliliter

    def setVolumen(self, neuesVolumen):
        self.__volumen = float(neuesVolumen)

    def getVolumen(self):
        return self.__volumen

>>> becher = Behaelter(0)
>>> becher.getVolumen()
0.0
>>> becher.setVolumen(100)
>>> becher.getVolumen()
100.0
```

Eine moderne Alternative zu öffentlichen `set`- und `get`-Methoden sind Properties, die in Abschnitt 10.4.3 beschrieben wurden.

In der Praxis ist man häufig nicht so konsequent, sondern verwendet öffentliche Attribute, um den Programmtext kurz und einfach zu halten. Bei kleinen Übungsprojekten mag das durchaus vertretbar sein. Wie bereits erwähnt, enthalten die Beispielskripte dieses Buches in der Regel öffentliche Attribute.

10.8.3 Dokumentation von Klassen

Klassen können und sollten mit einem Dokumentationsstring versehen werden. Er besteht normalerweise aus einer langen Zeichenkette (dreifache Anführungszeichen oder Hochkommata), die über mehrere Zeilen geht, und ist nach folgendem Muster aufgebaut:

- Die erste Zeile enthält eine Kurzbeschreibung der Aufgabe der Klasse.
- Es folgt eine Leerzeile.
- Die öffentlichen Methoden und Attribute werden aufgelistet und kurz beschrieben.

Wenn die Klasse von einer Basisklasse abgeleitet worden ist und ihr Verhalten hauptsächlich von der Basisklasse geerbt ist, sollte dies erwähnt werden. Stellen Sie die Unterschiede zur Basisklasse kurz dar und weisen Sie darauf hin, welche Methoden überschrieben worden sind und welche Methoden Erweiterungen darstellen.

10.9 Typische Fehler

Versehentliches Erzeugen neuer Attribute

Beim schreibenden Zugriff auf ein Attribut führt ein falsch geschriebener Attributname nicht zu einem Laufzeitfehler. Stattdessen wird dynamisch ein neues Attribut erzeugt. Dies ist eine heimtückische Fehlerquelle. Betrachten Sie folgendes Beispiel, das in Zeile **#1** einen kleinen Schreibfehler enthält:

```
class Behaelter:
    def __init__(self, volumen):
        self.volumen = volumen  # Volumen in Milliliter

# Hauptprogramm
tasse = Behaelter(250)
print('In der Tasse sind', tasse.volumen,'mL.')
ex = input('Wie viel wollen Sie ausschütten?')
tasse.Volumen = tasse.volumen - float(ex)                      #1
print('Neuer Inhalt:', tasse.volumen, 'mL')
```

Programmlauf:

```
In der Tasse sind 250 mL
Wie viel wollen Sie ausschütten? 100
Neuer Inhalt: 250 mL
```

Anstatt dass in Zeile **#1** etwas vom Wert des Attributs `volumen` abgezogen wird, erzeugt das Skript ein neues Attribut `Volumen`, dem die Differenz zugewiesen wird.

Verwechseln von Methoden und Attributen

Wenn man beim Aufruf einer Methode die Klammern weglässt, weil man glaubt, es handele sich um ein Attribut, kommt es *nicht* zwangsläufig zu einem Laufzeitfehler. Denn das System liefert in diesem Fall als Antwort einen String, der das Methoden-Objekt beschreibt. So kann es zu nur schwer auffindbaren logischen Fehlern kommen.

Beispiel:

Die folgende Klasse modelliert Rechtecke. Sie besitzt die beiden Attribute `laenge` und `breite`. Die Methode `flaeche()` berechnet die Fläche des Rechtecks. Entgegen den Konventionen zur Namensgebung wurde die Methode durch ein Substantiv benannt und »klingt« wie ein

Attribut. Besser wäre ein Name wie berechneFlaeche() oder getFlaeche() gewesen. Dann besteht keine Verwechslungsgefahr.

```
>>> class Rechteck:
        def __init__(self, laenge, breite):
            self.laenge = laenge
            self.breite = breite

        def flaeche (self):
            return self.laenge*self.breite

>>> a = Rechteck(2, 1)
>>> b = Rechteck(1, 2)
>>> a.flaeche == b.flaeche                                    #1
False
```

Erläuterung:

Alle Anweisungen sind syntaktisch korrekt. Es gibt keinen Laufzeitfehler. Aber der Vergleich (**#1**) liefert ein unerwartetes Ergebnis. Der *logische* Fehler liegt darin, dass Klammern vergessen wurden:

```
>>> a.flaeche() == b.flaeche()
True
```

Die fehlenden Klammern bewirken, dass *nicht* die Methoden zur Flächenberechnung *aufgerufen* werden. Stattdessen werden hier die String-Repräsentationen der Methoden-Objekte verglichen. Und die sind unterschiedlich.

Übrigens: Um herauszufinden, wie die Repräsentation eines Methoden-Objektes aussieht, können Sie die folgende Anweisung ausprobieren:

```
>>> print(a.flaeche)
```

10.10 Aufgaben

Aufgabe 1

Definieren Sie eine Klasse Ding, die Gegenstände aus Metall modelliert, auf der Basis des UML-Klassensymbols aus Abbildung 10.9.

Attribute:

Die Klasse besitzt ein schwach privates Klassenattribut namens _dichte, das ein Dictionary enthält. Schlüssel sind die Elementsymbole einiger Metalle. Werte sind Tupel aus dem

Namen des Elements und der Dichte. Beispielsweise hat `_dichte['Au']` den Wert `('Gold', 19.32)`. Das Dictionary kann gemäß Tabelle 10.2 konstruiert werden.

Symbol	Element	Dichte in g/ccm
Fe	Eisen	7.87
Au	Gold	19.32
Ag	Silber	10.5

Tabelle 10.2: Metalle und ihre Dichte

Das private Objektattribut `__masse` enthält die Masse des Gegenstandes. Das schwach private Objektattribut `_symbol` enthält ein Elementsymbol.

Methoden:

Die öffentlichen Methoden `getMasse()` und `getVolumen()` liefern Masse und Volumen des Gegenstandes in Gramm bzw. Kubikzentimetern.

Die Methode `__str__()` überlädt die Standardfunktion `str()` und liefert eine lesbare textuelle Darstellung des `Ding`-Objektes.

Hinweis: Die Dichte berechnet sich nach folgender Formel:

```
Dichte = Masse/Volumen
```

Daraus folgt:

```
Masse = Volumen*Dichte
```

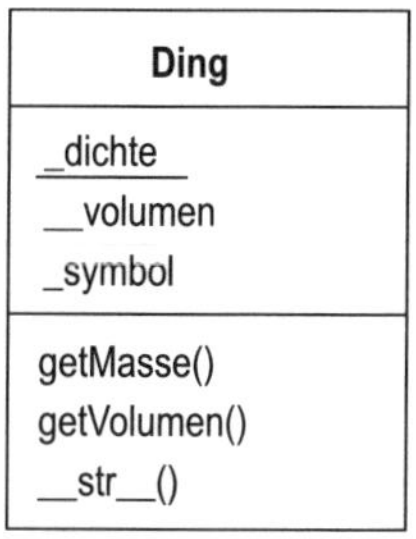

Abb. 10.9: UML-Klassensymbol für die Klasse `Ding`

Aufgabe 2

Definieren Sie eine Klasse `Quader` als Spezialisierung der Klasse `Ding`. Die Klasse soll Quader aus verschiedenen Metallen modellieren. Abbildung 10.10 zeigt ein Klassendiagramm.

Attribute:

Neben den von `Ding` geerbten Attributen besitzt die abgeleitete Klasse `Quader` die privaten Attribute `__laenge`, `__breite`, `__hoehe`, die die Ausmaße eines Quaders in cm beschreiben.

Bei der Instanziierung eines Quader-Objektes sollen der `__init__()`-Prozedur Werte für folgende Attribute übergeben werden: `__symbol`, `__laenge`, `__breite`, `__hoehe`. Ein Aufruf des Konstruktors kann z.B. folgendermaßen aussehen:

```
silberbarren = Quader('Ag', 2, 3, 4)
```

Methoden:

Die Methoden `getVolumen()` und `getMasse()` werden von der Basisklasse `Ding` geerbt.

Die Methode `__str__()` wird überschrieben, so dass sie eine geeignete String-Repräsentation eines Quader-Objektes liefert.

Überladen Sie die Vergleichsoperatoren ==, > und >=. Objekte der Klasse `Quader` sollen hinsichtlich ihrer Masse verglichen werden. Beispielsweise gilt folgende Ungleichung:

```
Quader('Ag', 2, 3, 4) > Quader('Fe', 2, 3, 4)
```

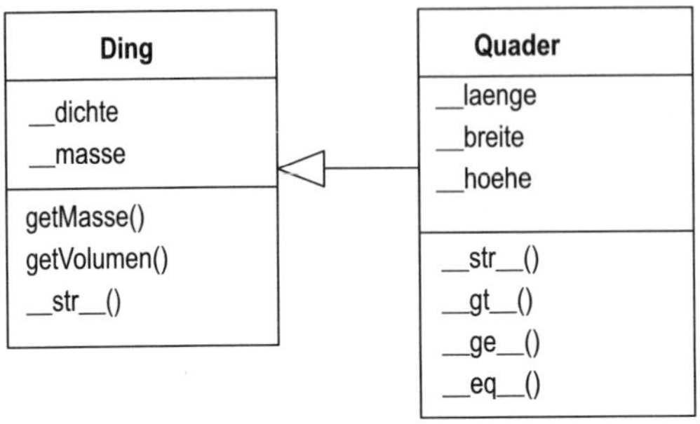

Abb. 10.10: UML-Klassendiagramm für die spezialisierte Klasse `Quader`

Aufgabe 3

Definieren Sie eine Klasse `NewList` als Erweiterung der Standardklasse `list`. Objekte der Klasse `Newlist` besitzen eine zusätzliche Methode `range()`, die die Differenz zwischen dem größten und dem kleinsten Element der Liste liefert (Spannweite), sofern es sich um eine Liste von Zahlen handelt. Beispielaufruf:

```
>>> s = NewList([1, 2, 4, 10])
>>> s.range()
9
```

Aufgabe 4

Definieren Sie eine Klasse `Laenge` zur Repräsentation von Strecken auf der Basis des Klassendiagramms in Abbildung 10.11.

Attribute:

Ein Objekt der Klasse `Laenge` besitzt die zwei öffentlichen Attribute `betrag` und `einheit` mit einem Zahlenwert und einer Längeneinheit (Millimeter, Zentimeter, Meter, Inch, Meile, ...). Sie werden bei der Instanziierung als Argumente übergeben. Beispiel für einen Konstruktoraufruf:

```
erddurchmesser = Laenge (12713.507, 'km')
```

Zur Umrechnung der Einheiten besitzt die Klasse als privates Klassenattribut ein Dictionary namens `__meter`, das einer Längeneinheit die Länge in Meter zuordnet. Beispiel: `__meter ['mil']` hat den Wert 1609. Das Dictionary kann mithilfe von Tabelle 10.3 definiert werden.

Einheit (Kürzel)	Länge in Metern	Einheit (Kürzel)	Länge in Metern
mm	0.001	in	0.0254
cm	0.01	ft	0.3048
m	1	yd	0.9143
km	1000	mil	1609

Tabelle 10.3: Umrechnung von Längeneinheiten

Methoden:

Die Methode `getMeter()` liefert die Länge des Objektes in Meter. Der Additionsoperator wird durch die Methode `__add__()` auf sinnvolle Weise überladen. Bei der Addition zweier Längen-Objekte wird die Einheit mit berücksichtigt, z.B. ist die Summe von 2 m und 10 cm 2.10 m. Die Methode `__str__()` gibt eine lesbare Darstellung des Objektes als Zeichenkette, z.B. `'1.34 mil'` oder `'1.23 cm'`.

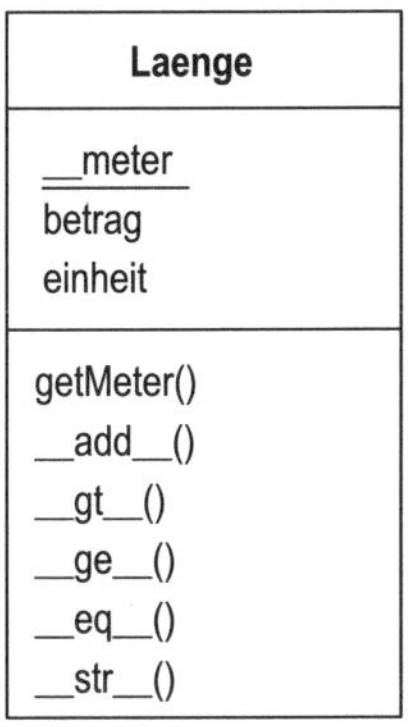

Abb. 10.11: UML-Klassensymbol der Klasse Laenge

10.11 Lösungen

Lösung 1

```
# ding.py
class Ding:
    """ Modell eines Gegenstandes aus einem Metall

    Öffentliche Methoden:
    getVolumen, getMasse, __str__()
    """
    dichte = {'Au':('Gold',19.32),
              'Fe':('Eisen',7.87),
              'Ag':('Silber',10.5)}                          #1

    def __init__(self, symbol, volumen):
        self.__volumen = float(volumen)
        self._symbol = symbol

    def getMasse(self):                                      #2
        return self.__volumen*self._dichte[self._symbol][1]

    def getVolumen(self):
        return self.__volumen

    def __str__(self):                                       #3
        beschreibung = 'Ein Ding aus '+ \
                       self._dichte[self._symbol][0] + \
                       ' mit einer Masse von ' + \
                       format(self.getMasse(), '.2f') + ' g'
        return beschreibung

# Hauptprogramm mit Anweisungen zum Testen der Klasse Ding
krone = Ding('Au', 200)
print('Masse: ', krone.getMasse())
print('Volumen: ', krone.getVolumen())
print(krone)
```

Erläuterung:

#1: Schwach privates Klassenattribut mit Dictionary, das einem Elementsymbol ein Tupel aus Name des Stoffes und Dichte (in g/ccm) zuordnet.

#2: Aus den Attributen `__volumen` und `__dichte` wird die Masse berechnet und zurückgegeben. Dabei ist `self._dichte[self.__symbol][1]` das zweite Element des Tupels, das im Dictionary `self._dichte` dem Elementsymbol `self._symbol` zugeordnet ist.

#3: Überladung der Funktion `str()`. Die Methode liefert eine lesbare String-Repräsentation der Instanz `self`.

Programmlauf:

```
Masse:  3864.0
Volumen:  200.0
Ein Ding aus Gold mit einer Masse von 3864.00 g
```

Lösung 2

Skript:

```
# quader.py
from ding import Ding

class Quader(Ding):
    def __init__(self, symbol,
                 laenge, breite, hoehe):                    #1
        Ding.__init__(self, symbol, laenge*breite*hoehe)
        self.__laenge = float(laenge)
        self.__breite = float(breite)
        self.__hoehe = float(hoehe)

    def __gt__(self, other):                                #2
        return self.getMasse() > other.getMasse()

    def __ge__(self, other):
        return self.getMasse() >= other.getMasse()
    def __eq__(self, other):
        return self.getMasse() == other.getMasse()

    def __str__(self):
        text = 'Ein Quader aus '+ \
               self._dichte[self._symbol][0]+ ', ' + \
               format(self.__laenge, '.2f') + ' cm mal '+ \
               format(self.__breite, '.2f') + ' cm mal'+ \
               format(self.__hoehe ,'.2f') + ' cm'
        return text

# Hauptprogramm mit Anweisungen zum Testen der Klasse Quader
```

```
silberbarren = Quader('Ag', 2, 3, 4)
print('Masse: ',silberbarren.getMasse())
print('Volumen: ',silberbarren.getVolumen())
print(silberbarren)
input('Beenden mit <ENTER>')
```

Erläuterung:

#1: Zunächst wird die Initialisierungsprozedur der Basisklasse aufgerufen. Als Wert für das Attribut `__volumen` wird das Produkt aus Länge, Breite und Höhe des Quaders übergeben.

#2: Überladen der Vergleichsoperatoren >, >= und ==. Die Methode `getMasse()` wurde von der Basisklasse geerbt.

Programmlauf:

```
Masse:  252.0
Volumen:  24.0
Ein Quader aus Silber, 2.00 cm mal 3.00 cm mal 4.00 cm
```

Lösung 3

```
# newlist.py
class NewList(list):
    def __init__(self, s=[]):
        s = list(s)
        list.__init__(self, s)

    def range(self):
        try:
            return max(self) - min(self)
        except: return 0
```

Hinweis: Wegen der `try...except`-Anweisung funktioniert ein Aufruf von `range()` auch dann, wenn für die Items der Liste die Subtraktion gar nicht definiert ist.

```
>>> s = Newlist(["zwo", "drei", "vier"])
>>> s.range()
0
```

Lösung 4

Skript:

```
# laenge.py
class Laenge :
```

```
    """ Modell einer Strecke """
    __meter = {'mm': 0.001, 'cm':0.01, 'm':1, 'km':1000,
                'in':0.0254, 'ft':0.3048,
                'yd':0.9143, 'mil':1609}                          #1

    def __init__(self, betrag, einheit):
        self.__betrag = float(betrag)                             #2
        self.__einheit=einheit

    def getMeter(self):
        return self.__betrag*self.__meter[self.__einheit]

    def __add__(self, other):                                     #3
        s = self.getMeter() + other.getMeter()
        return Laenge(s/self.__meter[self.__einheit],
                      self.__einheit)

    0ef __gt__(self, other):                                      #4
        return self.getMeter() > other.getMeter()

    def __ge__(self, other):                                      #5
        return self.getMeter() >= other.getMeter()

    def __eq__(self, other):                                      #6
        return self.getMeter() == other.getMeter()

    def __str__(self):
        return str(self.__betrag)+' ' + self.__einheit

# Hauptprogramm zum Testen
print(Laenge(12, 'cm') + Laenge (2, 'in'))
erddurchmesser = Laenge (12713.507, 'km')
print(erddurchmesser)
print(Laenge(0, 'mil') + erddurchmesser)                          #7
```

Erläuterung:

#1: Klassenattribut mit Dictionary zum Umrechnen von Längeneinheiten.

#2: Durch explizite Typkonvertierung mit `float()` wird sichergestellt, dass das Attribut `__betrag` einen Wert vom Typ `float` besitzt.

#3: Überladen des Plusoperators +. Zurückgegeben wird ein neues Objekt der Klasse `Laenge`. Es beschreibt die Summe der beiden Längen-Objekte `self` und `other` und hat die Längeneinheit von `self` übernommen.

#4: Überladen des Operators > (»größer als«). Zurückgegeben wird `True`, falls die Länge des aktuellen Objektes (in Meter) größer ist als die Länge des zweiten Objektes. Sonst wird `False` zurückgegeben.

#5: Überladen des Operators >= (»größer oder gleich«).

#6: Überladen des Operators == (»gleich«).

#7: In dieser Anweisung wird erzwungen, dass der Erddurchmesser in Meilen ausgegeben wird.

Programmlauf:

```
17.08 cm
12713.507 km
7901.49596022 mil
```

## Kapitel 11

Klassenbibliotheken in Modulen speichern

Ein großer Vorteil der objektorientierten Programmierung ist die Wiederverwendbarkeit von Klassen. Zum Beispiel die Klasse `Geld` aus dem letzten Kapitel lässt sich entweder als Basisklasse für verschiedene spezialisierte Klassen oder direkt in einem Skript, das Geld-Objekte verarbeitet, einsetzen.

Damit eine Klasse von anderen Skripten verwendet werden kann, muss sie in einer eigenen Datei als Modul abgespeichert und von den Skripten, die sie benutzen, importiert werden. Von den Problemen, die damit verbunden sind, handelt dieses Kapitel.

Eine Klasse taugt nur dann etwas, wenn man sicher ist, dass sie fehlerfrei ist. Deshalb stellen wir in diesem Zusammenhang einige praktische Methoden zum Testen von Klassen vor.

11.1 Testen einer Klasse in einem lauffähigen Stand-alone-Skript

Wir sind bisher davon ausgegangen, dass eine Klasse im interaktiven Modus des Python-Interpreters definiert wird und dann durch irgendwelche direkt eingegebenen Anweisungen getestet wird. Eine Alternative ist das folgende Verfahren zum Testen einer Klassendefinition:

- Schreiben Sie mit dem Editor (IDLE) die Klassendefinition(en) einschließlich eventueller `import`-Anweisungen.
- Fügen Sie als Hauptprogramm an das Ende des Skripts einige Programmzeilen an, in denen Objekte der Klasse instanziiert werden und Methoden der Klasse aufgerufen werden.
- Speichern Sie das Skript ab und starten Sie es.

Als Beispiel nehmen wir die Klasse `Geld` aus dem vorigen Kapitel.

Skript:

```
# geld.py
class Geld:
    wechselkurs = {'USD':0.84998,
                   'GBP':1.39480,
                   'EUR':1.0,
                   'JPY':0.007168}
```

```
    def __init__(self, waehrung, betrag):
        self.waehrung = waehrung
        self.betrag = float(betrag)

    def getEuro(self):
        return self.betrag*self.wechselkurs[self.waehrung]

    def __add__ (self, geld):
        a = self.getEuro()
        b = geld.getEuro()
        faktor = 1.0/self.wechselkurs[self.waehrung]
        summe = Geld (self.waehrung, (a+b)*faktor )
        return summe

    def __lt__(self, other):
        a = self.getEuro ()
        b = other.getEuro ()
        return a < b

    def __le__(self, other):
        a = self.getEuro ()
        b = other.getEuro ()
        return a <= b

    def __eq__(self, other):
        a = self.getEuro ()
        b = other.getEuro ()
        return a == b

    def __str__(self):
        return self.waehrung + ' ' + format(self.betrag, '.2f')

# Hauptprogramm - Testumgebung
if __name__=='__main__':                                          #1
    eur100 = Geld('EUR',100)
    usd100 = Geld('USD',100)
    print('100 Euro: ', eur100)
    print('100 EUR + 100 USD: ',eur100 + usd100)
    print('100 EUR > 100 USD : ', eur100>usd100)
    print('100 USD in Euro: ', usd100.getEuro())
```

Programmlauf:

```
100 Euro:  EUR 100.00
100 EUR + 100 USD:  EUR 185.00
100 EUR > 100 USD :  True
100 USD in Euro:  84.998
```

Erläuterung:

Das Skript ist – so wie es ist – lauffähig. Wenn man es startet (z.B. von IDLE aus mit EDIT – RUN SCRIPT), liefert es die oben angegebene Bildschirmausgabe. Das Hauptprogramm dient allein dem Testen. Man bezeichnet es auch als Testumgebung. In der Testumgebung werden Instanzen der Klasse gebildet und jede Methode einmal aufgerufen. Beim Testen sollte man dafür sorgen, dass jede Programmzeile einmal ausgeführt wird. Bei Skripten, die Kontrollstrukturen (z.B. Programmverzweigungen, Schleifen) enthalten, müssen Methoden unter Umständen mehrmals und mit unterschiedlichen Argumenten aufgerufen werden.

Welchen Sinn hat aber die `if`-Anweisung (`#1`)? Wenn man das Skript als Modul verwendet und innerhalb eines *anderen* Skripts importiert, soll natürlich nichts auf den Bildschirm geschrieben werden. Man möchte dann allein die Klassendefinition verwenden. Mit der `if`-Anweisung erreichen wir, dass die Testanweisungen übersprungen werden, wenn das Modul importiert wird. In Zeile `#1` wird getestet, ob dieses Modul gerade vom Interpreter ausgeführt wird. Die Variable `__name__` enthält nämlich den Namen des Moduls, und der lautet für das Hauptmodul, das vom Interpreter gerade ausgeführt wird, immer `__main__`. Wenn das Modul dagegen importiert wird, enthält die Variable `__name__` den Modulnamen `geld`. Der Modulname ergibt sich aus dem Dateinamen, indem man die Extension `.py` weglässt.

Der Vorteil dieser Testumgebung mit Bedingung ist folgender: Man kann das Modul einschließlich des Hauptprogramms so belassen, wie es ist, und in einem Modulordner für spätere Projekte aufbewahren. Die Testanweisungen stören nicht. Sie können eventuell später, falls man nochmals nach Fehlern suchen muss, wiederverwendet werden.

11.2 Module speichern und importieren

Mit Blick auf die Wiederverwendbarkeit ist es sinnvoll, Klassendefinitionen in eigenen Dateien abzuspeichern. Auf diese Weise sind sie für neue Skripte verfügbar und brauchen nur noch importiert zu werden. Eine solche Datei mit Klassendefinitionen nennt man Modul. Ihr Dateiname endet mit der Extension `.py`. Grundsätzlich kann aber ein Modul nicht nur Klassendefinitionen, sondern auch Funktionsdefinitionen, Konstanten und direkt ausführbare Python-Anweisungen enthalten.

Um in einem Skript ein Modul verwenden zu können, muss es importiert werden. Tabelle 11.1 zeigt die üblichen Formate für `import`-Anweisungen (siehe auch Abschnitt 2.7.2).

Der Name des Moduls, der in der `import`-Anweisung verwendet wird, ist immer der Dateiname ohne die Extension `.py`.

`import`-Anweisung und Instanziieren eines Objektes	Erläuterung
`import` *`modul`* *`objekt=modul.Klasse()`*	Der Name des Moduls wird in den Namensraum importiert. Bei der Instanziierung muss dem Namen der Klasse der Name des Moduls vorangestellt werden.
`from` *`modul`* `import` *`Klasse`* *`objekt=Klasse()`*	Aus dem Modul wird allein der Name der Klasse in den Namensraum importiert. Bei der Instanziierung reicht der Name der Klasse.
`from` *`modul`* `import *` *`objekt=Klasse()`*	Aus dem Modul werden sämtliche Namen importiert. Bei sehr umfangreichen Modulen mit vielen Namen droht die Gefahr einer Namenskollision. Das heißt, wenn ein Name, der in dem Modul vorkommt, bereits im lokalen Namensraum existiert, wird er überschrieben und bezeichnet nun ein Objekt aus dem Modul. Bei der Instanziierung reicht wiederum der Name der Klasse.

Tabelle 11.1: Formate für den Import einer Klasse aus einem Modul

Bei einer solchen Anweisung sucht der Python-Interpreter nach einer Datei namens *`modul`*`.py`. Findet er sie nicht, gibt es einen `ImportError`. Python sucht in den Verzeichnissen, die in der Variablen `sys.path` aufgeführt sind. Diese enthält eine Liste mit Pfaden zu verschiedenen Verzeichnissen für Module. Mit den zwei folgenden Anweisungen können Sie sich diese Liste ansehen.

```
>>> import sys
>>> for p in sys.path:
    print(p)
```

Unter Windows sieht das Ergebnis ungefähr so aus:

```
C:\Python37\Lib\idlelib
C:\Python37\python37.zip
C:\Python37\DLLs
C:\Python37\lib
C:\Python37
...
```

Wenn Sie vorher mit IDLE eine Python-Datei geöffnet haben, erscheint zusätzlich noch der Pfad dieser Datei zu Beginn der Liste. Das bedeutet: Alle Module, die sich im gleichen Verzeichnis befinden, können sich gegenseitig finden. Mehr dazu im nächsten Abschnitt.

11.3 Den Zugang zu einem Modul sicherstellen

Wenn man mit Modulen arbeitet, muss man dafür sorgen, dass das Modul beim Import auch *gefunden* wird. Am einfachsten ist es, wenn alle Moduldateien eines Projektes im selben Verzeichnis sind. Wenn Ihr Skript eine Importanweisung

```
import modul
```

besitzt und die zugehörige Moduldatei `modul.py` im gleichen Verzeichnis ist, haben Sie keine Probleme. Das Modul wird sicher gefunden. Im folgenden Abschnitt beschreibe ich noch eine weitere Technik.

Erweitern der Verzeichnisliste sys.path

Sie können einen eigenen Ordner für Module erstellen, z.B. als Unterverzeichnis Ihres Projektverzeichnisses, Beispiel: `c:\projekt\module`. In diesen Ordner speichern Sie die Moduldatei(en) mit den Klassendefinitionen.

In dem Skript, in dem ein Modul importiert wird, müssen Sie nun dafür sorgen, dass an die Verzeichnisliste `sys.path` ein neuer Pfad zum Modulverzeichnis gehängt wird. Eine mögliche Anweisungsfolge, die das erledigt, ist:

```
import sys
sys.path.append('module')
```

Hier wurde ein relativer Pfad angehängt, also einfach nur der Name des Unterverzeichnisses mit den Modulen. Das reicht völlig aus.

Anwendungsbeispiel: Eine interaktive Testumgebung

Das folgende Programm ermöglicht es Ihnen, die Methoden der Klasse `Geld` interaktiv zu testen. Während das Programm läuft, geben Sie beliebige Anweisungen ein, bei denen Methoden der Klasse aufgerufen werden (siehe Abbildung 11.1).

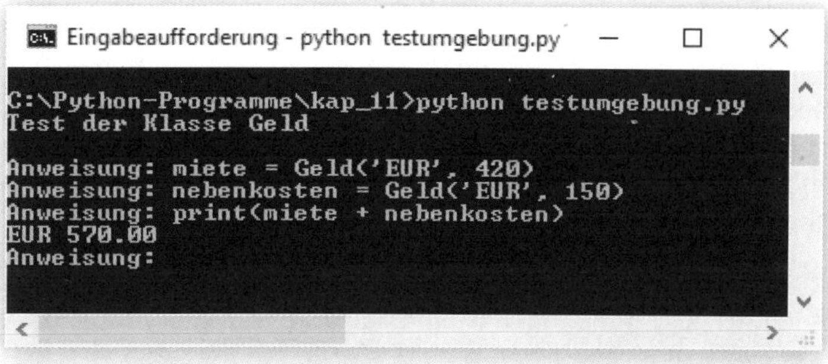

Abb. 11.1: Interaktive Testumgebung

```
# testumgebung.py
import sys
sys.path.append('module')                                    #1
from geld import Geld
print("Test der Klasse Geld")
print()
anweisung = input('Anweisung: ')
while anweisung != '':
    try:
        exec(anweisung)                                      #2
    except:
        print("Fehler: " + str(sys.exc_info()[0]))
    anweisung = input('Anweisung: ')
print("Ende des Tests")
```

Das Skript ist in dem Ordner gespeichert, der den Ordner `module` als Unterverzeichnis enthält. Wenn Sie Zeile **#1** weglassen, funktioniert die anschließende Import-Anweisung nicht mehr und es gibt einen Laufzeitfehler. Probieren Sie es aus!

Zeile **#2** enthält den Aufruf der Funktion `exec()`. Sie erhält als Argument eine Zeichenkette mit einer Python-Anweisung. Die Funktion führt diese Anweisung aus und gibt eine etwaige Ausgabe als Zeichenkette zurück. Auf diese Weise können Sie gewissermaßen in einem Python-Programm ein anderes Python-Programm ausführen.

Kompilieren von Modulen

Nachdem ein Modul, z.B. das Modul `geld`, erstmalig importiert worden ist, entsteht in dem Modulverzeichnis neben der Datei *geld*.py ein neuer Ordner namens `__pycache__` (siehe Abbildung 11.2). Im Falle des Moduls `geld.py` finden Sie in diesem Ordner eine Moduldatei mit kompiliertem Programmtext (Bytecode-Datei).

Den Inhalt einer Bytecode-Datei können Sie nicht mehr lesen. Es ist kein Text (wie bei der Python-Datei `geld.py`), sondern nur eine Folge von Oktetten (Bytes), die nur vom Python-Interpreter verstanden werden können.

Bei einem Import von Modulen verwendet Python vorzugsweise die kompilierten Programmdateien. Dadurch kann das Laden der Module beschleunigt werden. Ein Programm, das fertig übersetzte Module verwendet, startet nach dem Aufruf schneller, weil ein Teil der Übersetzungsarbeit bereits geleistet worden ist. Genau darin liegt ja der Vorteil der Verwendung von Modulen. Abbildung 11.2 zeigt die Ansicht eines Verzeichnisses für das Modul `geld`. Es enthält die unkompilierte Programmdatei (Quelltext) und den Ordner mit der kompilierten Datei.

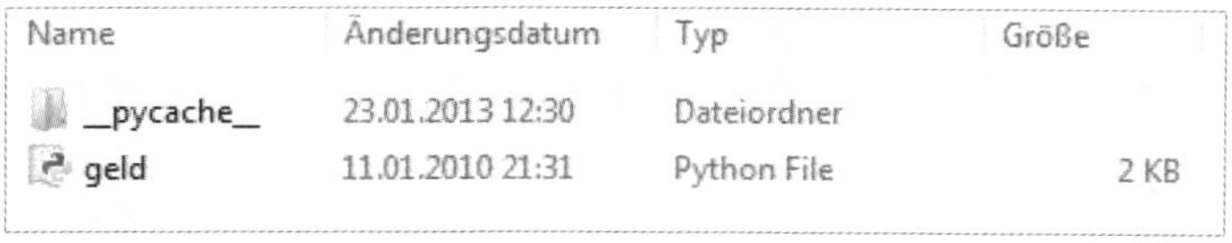

Abb. 11.2: Verzeichnis mit der Quelltextdatei (Python File) des Moduls `geld` und einem Verzeichnis `__pycache__` für kompilierte Module

11.4 Programmierstil: Verwendung und Dokumentation von Modulen

Speichern Sie Klassen in Modulen ab. Die Verwendung von Modulen hat folgende Vorteile:

- Ein komplexes Programm wird auf mehrere Dateien verteilt. Es entstehen kleine überschaubare Einheiten, die individuell getestet werden können.
- Eine Klasse, die in einem Modul definiert ist, kann von unterschiedlichen Skripten verwendet werden.
- Python-Skripte, die Module verwenden, können vom Interpreter schneller geladen werden, weil (nach dem ersten Start) die Module bereits in kompilierter Form vorliegen.

Das Modul beginnt mit einem Dokumentationsstring (langer String mit dreifachen Anführungszeichen) folgenden Aufbaus:

- Die erste Zeile enthält eine Kurzbeschreibung des Aufgabenfeldes des Moduls
- Es folgt eine Leerzeile.
- Die enthaltenen Klassen werden aufgelistet und kurz erläutert.

Beispiel:

```
""" Klassen zur Modellierung von Geld

Geld  -- modelliert Geld-Objekte mit Betrag und Währung
Konto -- modelliert Bankkonten
"""
```

Kapitel 12

Objektorientiertes Modellieren

Objektorientiertes Programmieren hat immer etwas mit Modellieren zu tun. Nicht selten sind objektorientierte Programme vereinfachte Abbildungen eines Wirklichkeitsausschnitts.

Häufig lassen sich Programmierer auch einfach nur von der Realität inspirieren und verwenden Dinge der Welt als Metaphern, um die Struktur ihres Programms möglichst anschaulich und einleuchtend zu gestalten, ohne besondere Realitätsnähe anzustreben.

In diesem Kapitel sprechen wir die Phasen der objektorientierten Software-Entwicklung an und skizzieren an einem Beispiel den Weg von der objektorientierten Analyse einer Problemstellung bis zum fertigen objektorientierten Programm.

Bisher haben wir nur *einzelne* Klassen definiert. Ein vollständiges objektorientiertes Programm besteht (in der Regel) aus einem ganzen *Ensemble* von Klassen, die aufeinander abgestimmt sind und deren Objekte während des Programmlaufs interagieren. Zwischen den Objekten der Klassen gibt es Beziehungen oder Assoziationen. In den Beispielen dieses Kapitels werden die wichtigsten Typen von Assoziationen beschrieben. An dieser Stelle ein **Hinweis:** In der Web-Dokumentation zu diesem Buch finden Sie noch weitere Beispiele für objektorientierte Modellierung wie z.B. die Modellierung von Wegesystemen mit Graphen.

12.1 Phasen einer objektorientierten Software-Entwicklung

Die Entwicklung einer Software kann ein aufwändiger und langwieriger Prozess sein, an dem – bei größeren Projekten – viele Personen beteiligt sind. Um diesen komplexen Vorgang einigermaßen überschaubar und beherrschbar zu machen, gibt es aus dem Software-Engineering Ablaufmodelle, an denen man sich orientieren kann. Ein bekanntes Modell unterscheidet folgende Phasen:

Objektorientierte Analyse (OOA)

Hier geht es um die Analyse eines Wirklichkeitsausschnitts, der durch ein Software-System abgebildet werden soll. Gemeinsam mit den zukünftigen Anwendern und Fachexperten mit Spezialkenntnissen über den zu modellierenden Realitätsbereich wird das erwünschte Verhalten des Systems festgelegt und umgangssprachlich beschrieben. Klassen und Beziehungen zwischen ihnen werden herauskristallisiert und benannt – zunächst noch losgelöst von der Syntax einer konkreten Programmiersprache. Man gelangt zu einem abstrakten Modell, das man als UML-Klassendiagramm formalisieren kann, das aber noch völlig frei ist von Aspekten der technischen Realisierung.

Objektorientierter Entwurf (OOD)

Im Entwurf (*Object Oriented Design*, OOD) wird das abstrakte OOA-Modell konkretisiert und verfeinert. Erstmals werden Gesichtspunkte der technischen Realisierung und der Effizienz in die Modellierung einbezogen. Typische Fragen, die während der Entwurfsphase geklärt werden müssen, sind:

- Wahl der Programmiersprache
- Sichtbarkeit von Attributen und Methoden
- Aufteilung des Gesamtsystems auf Module, die sich in separaten Dateien befinden
- Festlegung von Vor- und Nachbedingungen für Methoden

Objektorientierte Programmierung (OOP)

Unter Verwendung einer objektorientierten Programmiersprache (hier: Python) wird das OOD-Modell implementiert, ein funktionstüchtiges Programm erstellt, dokumentiert und getestet.

12.2 Fallstudie: Modell eines Wörterbuchs

Der Schwerpunkt dieses Buches liegt in der objektorientierten Programmierung. Wir gehen also meistens davon aus, dass die OOA- und OOD-Phase der Modellbildung abgeschlossen ist. Ohnehin sind die Programmbeispiele in diesem Buch so einfach, dass aufwändige Vorplanung verzichtbar ist. Dennoch ist es für das Erlernen von Programmiertechniken hilfreich, wenn man wenigstens in groben Zügen einige Konzepte der objektorientierten Modellentwicklung kennt. Wir werden in diesem Buch an verschiedenen Stellen Darstellungen von OOA- und OOD-Modellen verwenden, um die Struktur von Software-Systemen zu visualisieren.

Wenden wir uns also nun einem Fallbeispiel zu, das die wesentlichen Ideen veranschaulichen soll. Es geht um die objektorientierte Modellierung eines interaktiven Wörterbuchs.

12.2.1 OOA: Entwicklung einer Klassenstruktur

Abbildung 12.1 deutet die Situation an, in der man sich befindet, wenn man nach der Übersetzung einer englischen Vokabel sucht. Man kann zwei Aspekte unterscheiden. Zum einen benötigt man ein Wörterbuch, in dem zu vielen englischen Wörtern jeweils die deutsche Bedeutung aufgeführt ist. Meist besitzt man in seinem Bücherschrank mehrere Wörterbücher für unterschiedliche Sprachen, von denen man eines auswählen muss. Aus objektorientierter Sicht handelt es sich um unterschiedliche Instanzen der Klasse Wörterbuch.

Neben dem Wörterbuch brauchen wir eine Arbeitsumgebung, in der wir das Wörterbuch benutzen. Dazu gehört etwa ein Tisch passender Größe, der ausreichend beleuchtet ist, vielleicht noch ein Bleistift für Notizen usw. An diesen Tisch kann man sich setzen, um mit dem Wörterbuch zu arbeiten. Diese Arbeitsumgebung ermöglicht also die Benutzung des Wörterbuchs. Es ist die Schnittstelle zwischen Benutzer und Wörterbuch, man spricht auch von Benutzungsoberfläche. Beachten Sie, dass die Benutzungsoberfläche auf die Bedürfnisse des Menschen, der sie verwendet, zugeschnitten sein muss.

Dieses Bild vom strukturellen Aufbau einer Bibliothek nehmen wir als Ausgangspunkt für die Entwicklung eines objektorientierten Programms. Wir differenzieren zwischen zwei Klassen: `Woerterbuch` und `Benutzungsoberflaeche`. Damit haben wir als erstes Ergebnis unserer Analyse ein einfaches statisches Modell geschaffen (Abbildung 12.2), das wir später verfeinern werden.

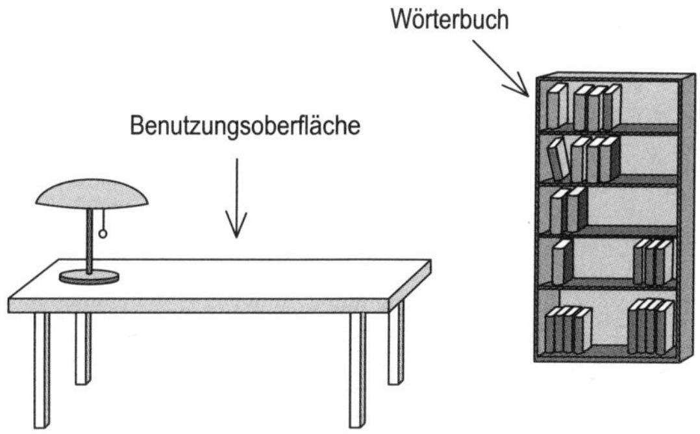

Abb. 12.1: Objekte für die Suche nach Vokabeln

Abb. 12.2: Einfaches UML-Klassendiagramm für das Modell eines Wörterbuchs

Geschäftsprozesse (use cases)

Während der objektorientierten Analyse wird festgelegt, was das Zielprodukt – die Software – alles leisten soll. Eine bewährte Methode ist die Spezifikation von Geschäftsprozessen (*use cases*). Ein Team aus Software-Entwicklern und späteren Nutzern (Kunden, Auftraggeber) überlegt sich typische Anwendungsfälle (*use cases*) für die Software. Diese werden mit Namen belegt und in einem Geschäftsprozessdiagramm zusammengestellt. Abbildung 12.3 zeigt ein sehr einfaches Beispiel für unser Projekt.

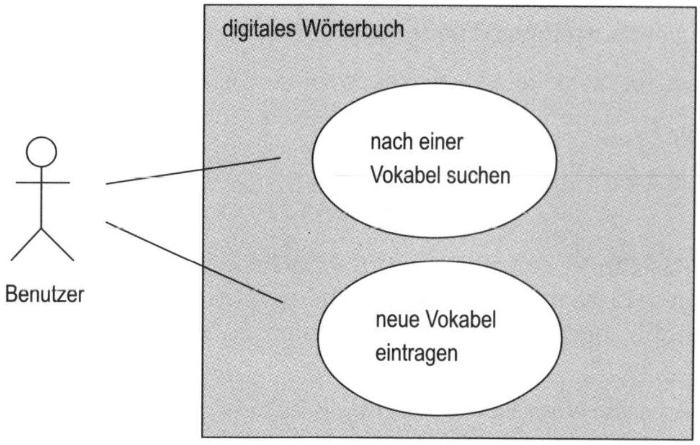

Abb. 12.3: Einfaches Geschäftsprozessdiagramm mit einem Akteur

Wir gehen von einem einzigen Akteur aus, der nach Vokabeln sucht oder neue Vokabeln in das Wörterbuch eintragen will. Bei größeren Systemen unterscheidet man häufig mehrere Benutzer, denen unterschiedliche Geschäftsprozesse zugeordnet werden. Abbildung 12.4 zeigt eine komplexere Variante für das Wörterbuch-Beispiel.

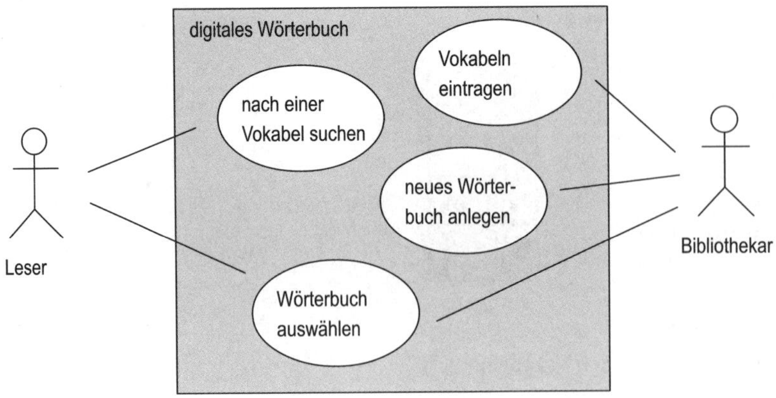

Abb. 12.4: Geschäftsprozessdiagramm mit zwei Akteuren

Jeder einzelne Geschäftsprozess wird umgangssprachlich beschrieben. Dabei orientiert man sich meist an folgendem Schema:

- Name des Geschäftsprozesses
- Ziel
- Vorbedingung: Zustand vor Beginn des Geschäftsprozesses
- Nachbedingung Erfolg: Zustand nach erfolgreicher Durchführung des Geschäftsprozesses
- Nachbedingung Fehlschlag
- Akteure
- Auslösendes Ereignis
- Beschreibung, d.h. Auflistung der einzelnen Aktionen aus Benutzersicht

Formulieren wir nun Beschreibungen der beiden Geschäftsprozesse aus Abbildung 12.2.

Geschäftsprozess: Vokabel suchen

- Ziel: Übersetzung einer Vokabel wird abgefragt.
- Vorbedingung: -
- Nachbedingung Erfolg: Eine Liste mit Übersetzungen (in Sprache 2) der eingegebenen Vokabel (in Sprache 1) wird in gut lesbarer Form auf dem Bildschirm ausgegeben. Das System ist dann wieder bereit für die Verarbeitung eines neuen Ereignisses (Auswahl einer Funktion im Menü).
- Nachbedingung Misserfolg: Ausgabe einer Fehlermeldung (»Vokabel unbekannt«)
- Akteur: Benutzer
- Auslösendes Ereignis: Auswahl der Funktion »Übersetzung« im Menü
- Beschreibung:
  - Eingabe eines Wortes in Sprache 1
  - Ausgabe aller gespeicherten Übersetzungen in Sprache 2

Geschäftsprozess: Neue Vokabel eintragen

- Ziel: Wörterbuch um eine Vokabel und ihre Übersetzung erweitern
- Vorbedingung: -
- Nachbedingung Erfolg: Die eingegebene Vokabel in Sprache 1 und eine Liste von Übersetzungen in Sprache 2 sind im Wörterbuch verzeichnet. Falls es vor dem Geschäftsprozess bereits einen Eintrag für die Vokabel in Sprache 1 gab, wird die Liste der Übersetzungen erweitert. Das System ist bereit für die Verarbeitung eines neuen Ereignisses (Auswahl einer Funktion im Menü).
- Nachbedingung Misserfolg: -
- Akteur: Benutzer
- Auslösendes Ereignis: Auswahl der Funktion »Neues Wort eingeben« im Menü
- Beschreibung:
  - Eingabe eines Wortes in Sprache 1
  - Eingabe einer Übersetzung in Sprache 2
  - Eingabe weiterer Übersetzungen in Sprache 2
  - Beenden des Geschäftsprozesses (durch Betätigen der `Enter`-Taste)

Die Geschäftsprozesse spiegeln das gewünschte Verhalten des Systems aus Benutzersicht wider. Sie enthalten aber keine vollständige Beschreibung der Systemfunktionalität. Denn es gibt auch Operationen, die automatisch ablaufen, ohne dass ein Benutzer sie explizit anstößt. In unserem Beispiel muss der »Wortschatz« des Wörterbuchs beim Start des Programms aus einer Datei geladen werden. Da der Zustand des Wörterbuchs durch Eingabe neuer Wörter erweitert werden kann, muss der neue Zustand vor Beendigung des Programms dauerhaft gespeichert werden.

Auf der Basis der Geschäftsprozesse verfeinern wir die statische Klassenstruktur unseres Systems und geben für die beiden Klassen Attribute und Methoden an:

Klasse Woerterbuch

Objekte dieser Klasse besitzen folgende Attribute:

- Die Attribute `sprache1` und `sprache2` beschreiben die beiden Sprachen, die in dem jeweiligen Wörterbuch miteinander verknüpft sind (z.B. Deutsch und Englisch). Bei einem realen Wörterbuch findet man diese Angaben üblicherweise auf dem Buchumschlag.
- Das Attribut `vokabeln` enthält eine Abbildung von Wörtern in einer Sprache (`sprache1`) auf Wörter einer anderen Sprache (`sprache2`). Diese stellt das alphabetisch sortierte Wörterverzeichnis im Innern eines realen Wörterbuchs aus Papier dar.
- Das Attribut `pfad` enthält eine Beschreibung des Ortes, an dem die Vokabeln auf einem Datenträger gespeichert sind, in Form einer Pfadbezeichnung. In unserem Bild entspricht das der Position im Bücherschrank.

Wir legen fest, dass Objekte der Klasse `Woerterbuch` folgende Methoden beherrschen sollen:

- Die Methode `uebersetze()` liefert zu einem Wort aus der ersten Sprache die Übersetzung in Form einer Liste von Wörtern aus der zweiten Sprache. Das entspricht der

Suche nach einem Wort in einem richtigen Wörterbuch. In unserem Modell jedoch sucht das Wörterbuch selbst und nicht der Leser.

- Mithilfe von Methode `neu()` kann in das Attribut `vokabeln` ein neues Wort nebst Übersetzung in das Wörterbuch eingetragen werden.
- Die Methode `speichere()` sorgt für das Speichern des momentanen Zustands des Vokabulars (Attribut `vokabeln`). Das entspricht in etwa dem Zurückstellen eines realen Wörterbuchs in das Regal.

Klasse Benutzungsoberflaeche

Objekte dieser Klasse benötigen ein Attribut und eine Methode:

- Das Attribut wb enthält den Namen eines Objektes der Klasse `Woerterbuch`. Dies ist ein Objektattribut und kann individuell belegt werden. Das heißt, verschiedene Objekte der Klasse `Benutzungsoberflaeche` können unterschiedliche Wörterbücher verwenden.
- Die Methode `run()` startet die Benutzungsoberfläche und überführt sie in einen Zustand, in dem sie auf Benutzereingaben wartet.

Assoziationen zwischen Klassen

Die Klassen `Benutungsoberflaeche` und `Woerterbuch` sind nicht losgelöst voneinander, sondern zwischen ihnen besteht eine Beziehung, eine Assoziation. Sie kommt dadurch zustande, dass durch das Attribut `wb` *jedem* Benutzungsoberflächenobjekt ein Objekt der Klasse `Woerterbuch` zugeordnet ist. Man kann sagen, jedes Objekt der Klasse `Benutzungsoberflaeche` *benutzt* ein Objekt der Klasse `Woerterbuch`. Das Prädikat `benutzt` kann man als Name für diese Assoziation zwischen den beiden Klassen betrachten. Abbildung 12.5 zeigt ein UML-Klassendiagramm für unser Modell.

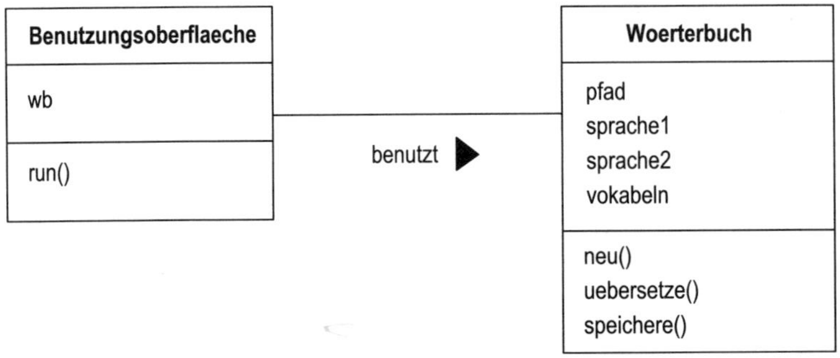

Abb. 12.5: UML-Klassendiagramm zur Modellierung eines interaktiven Wörterbuchs (OOA)

12.2.2 OOD: Entwurf einer Klassenstruktur für eine Implementierung in Python

Das Ergebnis der objektorientierten Analyse ist noch sehr abstrakt. Von Einzelheiten der technischen Realisierung hat man bewusst abgesehen. In der nun folgenden Entwurfsphase (OOD) wird die Implementierung in einer Programmiersprache vorbereitet.

Bei einer industriellen Software-Entwicklung würden nun Fachexperten und Anwender das Team verlassen und das Feld den Informatikern überlassen.

Wir entscheiden uns, das Programm als Stand-alone-Skript (nur eine Skriptdatei), das auf einem Einzelrechner laufen soll, zu implementieren. Die Programmiersprache soll natürlich Python sein.

Beachten Sie: Das OOA-Modell, das durch das Klassendiagramm in Abbildung 12.5 wiedergegeben wird, ist so allgemein, dass es auch auf ganz andere Weise realisiert werden könnte:

- Anstelle von Python könnte man auch eine andere objektorientierte Programmiersprache wie C++ oder Java verwenden.
- Anstelle eines Stand-alone-Programms könnte man auch ein Client-Server-System programmieren. Das Wörterbuch-Objekt würde sich dann auf einem zentralen Server und die Benutzungsoberfläche in einem separaten Client-Skript auf einem anderen Rechner befinden. Beide Systemteile könnten über das Internet kommunizieren.

Wir bleiben bei der einfachen Lösung als Stand-alone-Skript und verfeinern nun das OOA-Modell zu einem OOD-Modell. Das ist unsere Vorgehensweise:

- Wir ergänzen die vorhandenen Klassensymbole um weitere Attribute und Methoden.
- Es wird festgelegt, welche Attribute Klassenattribute sein sollen.
- Die Sichtbarkeit der Methoden und Attribute wird spezifiziert. Für UML-Klassendiagramme gibt es dafür eine spezielle Notation. Den Attribut- bzw. Methodennamen wird ein +,- oder # vorangestellt. Dabei bedeutet

  + öffentlich (*public*): sichtbar für alle anderen Klassen

  # geschützt (*protected*): sichtbar innerhalb der Klasse und aller Unterklassen (das entspricht ungefähr »schwach privat« in der Python-Redeweise)

  - privat (*private*): sichtbar nur innerhalb der eigenen Klasse

  Für Python-Skripte brauchen wir diese Schreibweise nicht. Wir definieren die Sichtbarkeit der Attribute und Methoden durch führende Unterstriche in ihren Namen.
- Für Methoden werden Vor- und Nachbedingungen präzisiert. Diese können später als Kommentare oder Docstrings in den Programmtext übernommen werden.

Abbildung 12.6 zeigt ein Klassendiagramm der OOD-Phase zu unserem Wörterbuch-Projekt.

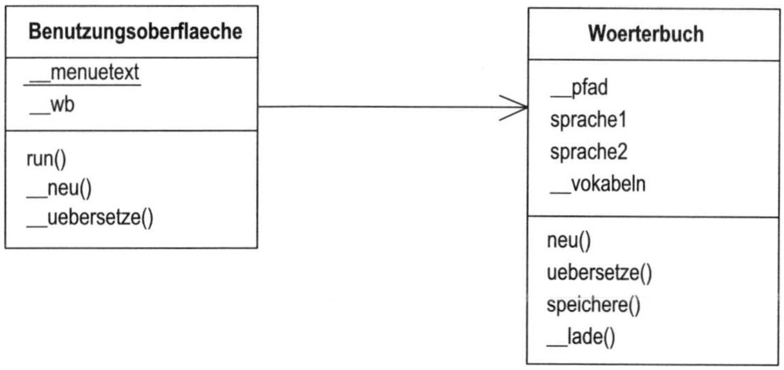

Abb. 12.6: UML-Klassendiagramm zur Modellierung eines interaktiven Wörterbuchs (OOD)

Wir haben folgende Verfeinerungen und Anpassungen an die technischen Rahmenbedingungen vorgenommen:

Klasse Woerterbuch

Die Attribute `__pfad` und `__vokabeln` sind privat. Auf sie darf (von außen) nicht direkt zugegriffen werden. Das Vokabular kann nur über die öffentlichen Methoden `neu()` und `uebersetze()` erreicht werden.

Die Attribute `sprache1` und `sprache2` sind öffentlich. (Wie bereits erwähnt verzichten wir in den Beispielskripten auf private Attribute, um den Programmtext möglichst knapp zu halten.) Für die Benutzungsoberfläche ist es manchmal wichtig, die Sprachen zu kennen, auf die das Wörterbuch zugeschnitten ist. Die Methoden `neu()`, `uebersetze()` und `speichere()` sind öffentlich. Dagegen ist `__lade()` privat. Diese Methode wird nur intern bei der Initialisierung eines `Woerterbuch`-Objektes – also innerhalb der Klasse – aufgerufen.

Klasse Benutzungsoberflaeche

Es wurde ein neues privates Klassenattribut `menuetext` eingefügt. Sein Name ist im UML-Klassendiagramm unterstrichen. Es enthält als Text ein Menü, d.h. eine Beschreibung von Funktionen, von denen der Benutzer durch Eingabe eines Buchstabens eine auswählen kann. Dieses Attribut ist ein Klassenattribut. Das heißt, alle Objekte der Klasse `Benutzeroberflaeche` besitzen den gleichen Menütext. Das ist deshalb sinnvoll, weil die Funktionalität, die in der Methode `run()` definiert wird, auf das Menü abgestimmt ist. Wenn zum Beispiel bei Eingabe des Buchstabens `E` das Programm beendet werden soll, so muss dies auch genau so im Menü dargestellt werden.

Das Attribut `__wb` enthält einen Namen für ein `Woerterbuch`-Objekt und bleibt privat, da ein Zugriff von außen nicht erforderlich ist.

Die Methode `run()` ist natürlich öffentlich, weil die Benutzungsoberfläche von außen gestartet werden muss. Hinzugefügt haben wir zwei private Methoden `__neu()` und `__uebersetze()`, die die Dialoge mit dem Benutzer bei Eingabe einer neuen Vokabel oder der Suche nach einer Übersetzung abwickeln.

Assoziation

In UML-Klassendiagrammen, die einen Entwurf darstellen, symbolisiert man die Assoziationen häufig durch Pfeile, um die Richtung der Beziehung darzustellen. Man spricht auch von Navigation. So ist ein Objekt der Klasse `Woerterbuch` nur über ein Objekt der Klasse `Benutzungsoberflaeche` zu erreichen (über das Attribut `__wb`), aber nicht umgekehrt. Bidirektionale Beziehungen werden durch Doppelpfeile dargestellt.

12.2.3 OOP: Implementierung der Klassenstruktur

Das folgende Python-Skript implementiert das Modell, das wir im letzten Abschnitt entworfen haben. Es besteht aus zwei Klassendefinitionen und einem Hauptprogramm, in dem Objekte der beiden Klassen verwendet werden. Sämtliche Namen für Klassen, Methoden und Attribute, die im OOD-Modell festgelegt worden sind, werden genauso übernommen. Übrigens sieht Python das gesamte Skript ebenfalls als Objekt an – nämlich als eine Instanz der Klasse `__main__`.

```
# woerterbuch.py
import pickle
class Woerterbuch:
    def __init__(self, dateiname, sprache1, sprache2):
        self.__pfad = dateiname                                    #1
        try:
            datei = open(self.__pfad, 'rb')
            self.__vokabeln = pickle.load(datei)
            datei.close()
        except:
            self.__vokabeln = {}
        self.sprache1 = sprache1
        self.sprache2 = sprache2

    def speichere(self):                                           #2
        datei = open(self.__pfad, 'wb')
        pickle.dump(self.__vokabeln, datei)
        datei.close()

    def neu(self, wort1, wort2):                                   #3
        if wort1 not in self.__vokabeln.keys():
            self.__vokabeln[wort1] = [wort2]
        else:
            self.__vokabeln[wort1] += [wort2]

    def uebersetze(self, wort):                                    #4
        if wort in self.__vokabeln.keys():
            return self.__vokabeln[wort]
        else:
            return ['Wort unbekannt']

class Benutzungsoberflaeche:                                       #5
    __menuetext = """Bitte wählen Sie!
    (N)eues Wort eingeben
    (U)ebersetzung
    (E)nde
    """

    def __init__ (self, woerterbuch):                              #6
        self.__wb = woerterbuch

    def run(self):                                                 #7
```

```
        wahl = "-"
        while wahl not in "Ee":
            print(self.__menuetext)
            wahl = input("Ihre Wahl: ")
            if wahl in "nN": self.__neu()
            elif wahl in "uU": self.__uebersetze()
        print("Danke für die Verwendung des Wörterbuchs!")
        self.__wb.speichere()

    def __neu(self):                                              #8
        wort = input(self.__wb.sprache1 + ": ")
        uebersetzung = input(self.__wb.sprache2 + ": ")
        while uebersetzung != '':
            self.__wb.neu(wort, uebersetzung)
            uebersetzung = input(self.__wb.sprache2 + ": ")
        print()

    def __uebersetze(self):                                       #9
        wort1 = input(self.__wb.sprache1 + ': ')
        print(self.__wb.sprache2 + ": ", end="")
        for uebersetzung in self.__wb.uebersetze(wort1):
            print(uebersetzung, end=" ")
        print()
        print()

# Hauptprogramm
pfad = 'englisch.wb'      # relative Adtresse der Wörterbuch-Datei
w = Woerterbuch(pfad, 'Deutsch','Englisch')
menue = Benutzungsoberflaeche(w)
menue.run()
```

Erläuterung:

#1: `__pfad` und `__vokabeln` sind stark private Objektattribute. Vor allem das (unter Umständen sehr umfangreiche) Vokabular des Wörterbuchs, das auf einem Datenträger gespeichert wird, ist besonders schützenswert. Das Attribut `__vokabeln` ist ein Dictionary. Es enthält Einträge der Form *`wort`*`:[`*`wort1`*`, `*`wort2`*`, ...]`. Das heißt, jedem Wort aus Sprache 1 wird eine Liste von Übersetzungen (Wörter aus Sprache 2) zugeordnet. Das Dictionary wird bei der Initialisierung geladen. Falls noch keine Datei unter dem angegebenen Pfad `self.__pfad` existiert, wird ein leeres Dictionary `{}` angelegt. Voraussetzung ist allerdings, dass das Verzeichnis tatsächlich existiert. Sonst gibt es später beim Abspeichern (Methode `speichere()`) einen Laufzeitfehler.

Die Attribute `sprache1` und `sprache2` sind öffentlich. Auf sie kann z.B. ein Objekt der Klasse `Benutzungsoberflaeche` zugreifen. An dieser Stelle wird gegen das Geheimnisprinzip verstoßen, um den Programmtext kurz zu halten. Anderenfalls müssten für diese beiden Attribute Zugriffsroutinen `getSprache1()` und `getSprache2()` geschrieben werden.

#2: Abspeichern des Dictionarys `self.__vokabeln` unter dem Pfad `self.__pfad`.

#3: Wenn das Wörterbuch noch keinen Eintrag zum Wort `wort1` enthält, wird ein neues Paar `wort1: [wort2]` angelegt. Ansonsten wird die Liste von Übersetzungen zum Schlüssel `wort1` um `wort2` verlängert.

#4: Diese öffentliche Methode liefert zum übergebenen Parameter `wort` eine Liste der Übersetzungen. Falls `wort` in der Schlüsselliste des Dictionarys nicht vorkommt, wird eine entsprechende Fehlermeldung zurückgegeben.

#5: Die lange Zeichenkette `menuetext` ist ein Klassenattribut (Klassenvariable).

#6: Das einzige Objektattribut `self.wb` bezeichnet ein Objekt der Klasse `Woerterbuch`.

#7: Die (einzige) öffentliche Methode `run()` verarbeitet in einer Schleife Eingaben des Benutzers. Wenn z.B. der Buchstabe `n` oder `N` eingegeben wird, wird die private Methode `__neu()` aufgerufen. Die Schleife wird erst verlassen, wenn `e` oder `E` eingegeben worden ist. Dann wird der aktuelle Zustand des Dictionarys `self.__vokabeln` gespeichert.

#8: Private Methode zur Eingabe einer neuen Vokabel. Hier wird (unter Verletzung des Geheimnisprinzips) auf die Attribute `wb.sprache1` und `wb.sprache2` zugegriffen. Zuerst wird ein Wort aus der ersten Sprache abgefragt und dann so lange Übersetzungen – also Wörter aus der zweiten Sprache – abgefragt, bis der Benutzer kein weiteres Wort eingibt, sondern nur auf [Enter] drückt. Dabei wird jedes Mal die Methode `wb.neu()` aufgerufen, um die neue Übersetzung in das Vokabular des Wörterbuchs einzutragen.

#9: Diese private Methode fragt zunächst nach einem Wort in der ersten Sprache, holt dann aus dem Wörterbuch eine Liste von Übersetzungen und gibt dann die in der Liste enthaltenen Wörter aus der zweiten Sprache aus.

Beispiel für einen Programmlauf:

```
Bitte wählen Sie!
    (N)eues Wort eingeben
    (U)ebersetzung
    (E)nde

Ihre Wahl: n
Deutsch: Hilfe
Englisch: aid
Englisch: help
Englisch:

Bitte wählen Sie!
    (N)eues Wort eingeben
    (U)ebersetzung
    (E)nde
```

```
Ihre Wahl: u
Deutsch: Hilfe
Englisch:  aid help

Bitte wählen Sie!
    (N)eues Wort eingeben
    (U)ebersetzung
    (E)nde

Ihre Wahl: e
Danke für die Verwendung des Wörterbuchs!
```

12.3 Assoziationen zwischen Klassen

12.3.1 Reflexive Assoziationen

Eine reflexive Assoziation besteht zwischen Objekten derselben Klasse. Ein Beispiel hierfür ist ein Stammbaum. Eine Person modellieren wir durch eine Klasse namens `Stammbaum` mit folgenden Attributen:

- Das Attribut `name` enthält eine Zeichenkette mit dem Namen der Person.
- Die Attribute `vater` und `mutter` enthalten entweder Objekte der Klasse `Stammbaum`, die Vater und Mutter repräsentieren, oder sie enthalten das Objekt `None`, falls z.B. Vater bzw. Mutter nicht bekannt ist oder nicht angegeben werden soll.

Ein Objekt der Klasse `Stammbaum` ist also mit null bis höchstens zwei Objekten derselben Klasse assoziiert. Diese Zahlenangaben bezeichnet man als Kardinalitäten der Beziehung. Abbildung 12.7 zeigt das zugehörige Klassendiagramm. Die Zahlen an der Linie stellen die Kardinalitäten der Beziehung dar.

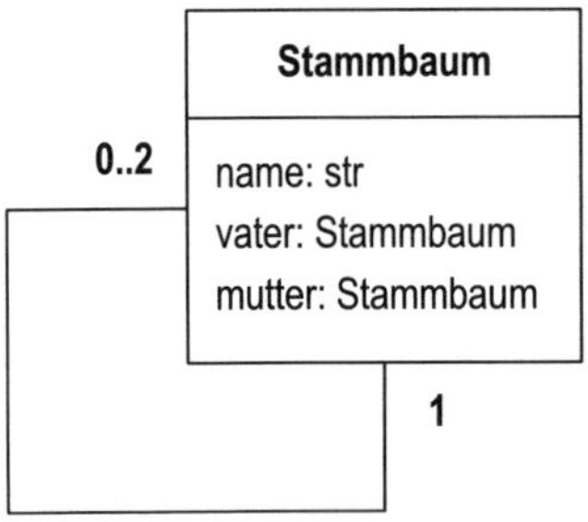

Abb. 12.7: Klassendiagramm mit reflexiver Assoziation

Im folgenden Python-Skript wird zunächst die Klasse `Stammbaum` definiert. Dann erzeugen wir – unten bei den Großeltern beginnend – eine Objektstruktur, die den Stammbaum von Jenny über insgesamt drei Generationen wiedergibt. Jedes Objekt der Klasse `Stammbaum` enthält maximal zwei Namen für Objekte der gleichen Klasse als Attribut.

Skript:

```
class Stammbaum:
    def __init__(self, name, vater, mutter):
        self.name = name                          # String
        self.vater = vater                                    #1
        self.mutter = mutter

    def __str__(self):                                        #2
        s = ""      # String-Repraesentation
        if self.name:
            s += self.name + '\n'
            if self.mutter:                                   #3
                s += 'Mutter von ' + self.name + \
                              ': ' + str(self.mutter)
            if self.vater:
                s += 'Vater von '+ self.name + \
                              ': ' + str(self.vater)
        return s

sarah = Stammbaum('Sarah', None, None)                        #4
willy = Stammbaum('Willy', None, None)
marianne = Stammbaum('Marianne', None, None)
anton = Stammbaum('Anton', None, None)
marlene = Stammbaum('Marlene', willy, sarah)
werner = Stammbaum('Werner', anton, marianne)
jenny = Stammbaum('Jenny', werner, marlene)
print(jenny)                                                  #5
```

Programmlauf:

```
Jenny
Mutter von Jenny: Marlene
Mutter von Marlene: Sarah
Vater von Marlene: Willy
Vater von Jenny: Werner
Mutter von Werner: Marianne
Vater von Werner: Anton
```

Erläuterung:

#1: Die Attribute `self.mutter` und `self.vater` bezeichnen Objekte der Klasse `Stammbaum` oder `None`, während `self.name` einen String enthält.

#2: In dieser Methode wird eine String-Repräsentation des `Stammbaum`-Objektes generiert. Zum Beispiel bei einer `print()`-Anweisung (**#5**) wird diese Methode aufgerufen.

#3: Es wird ein Text aus mehreren Zeilen berechnet, der folgendermaßen aufgebaut ist:

- Name der Person
- String-Repräsentation des Stammbaums der Mutter, sofern die Mutter angegeben ist, d.h. das Attribut `self.mutter` nicht `None` ist. Hier findet also ein rekursiver Aufruf der `__str__()`-Methode statt. Der Stammbaum der Mutter beginnt wieder mit einem Namen, nämlich dem Namen der Mutter.
- String-Repräsentation des Stammbaums des Vaters, sofern der Vater angegeben ist.

#4: Zuerst werden Objekte für die Großeltern von Jenny instanziiert. Deren Eltern sind nicht bekannt, deshalb wird `None` als zweites und drittes Argument übergeben. Die Großeltern-Objekte werden zur Erzeugung der Eltern-Objekte benötigt und diese tauchen zum Schluss bei der Erzeugung des Objektes `jenny` als Argumente auf. Abbildung 12.8 zeigt die resultierende Objektstruktur.

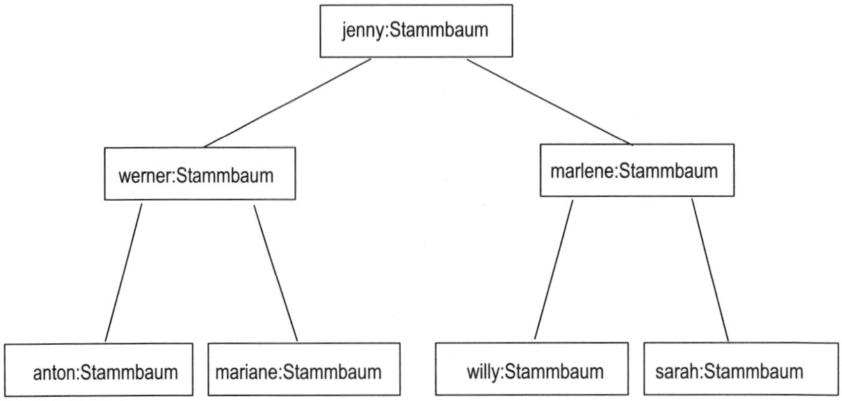

Abb. 12.8: UML-Objektdiagramm von Jennys Stammbaum

12.3.2 Aggregation

Ein spezieller und gleichzeitig häufig vorkommender Typ einer Assoziation zwischen Objekten zweier Klassen ist die *Aggregation*. Es handelt sich dabei um die Beziehung zwischen einem Ganzen (Aggregat) und Teilen, aus denen es zusammengesetzt ist. Manchmal spricht man auch von einer »hat«-Beziehung oder »besteht aus«-Beziehung. Fast alle Objekte des Alltags sind Aggregate. Ein Auto z.B. besteht aus vier Objekten der Klasse Rad, einem Motor, einer Karosserie und anderen Teilen. In UML-Klassendiagrammen stellt man eine Aggregation durch eine Linie mit einer ungefüllten Raute an der Aggregat-Klasse dar (Abbildung 12.9).

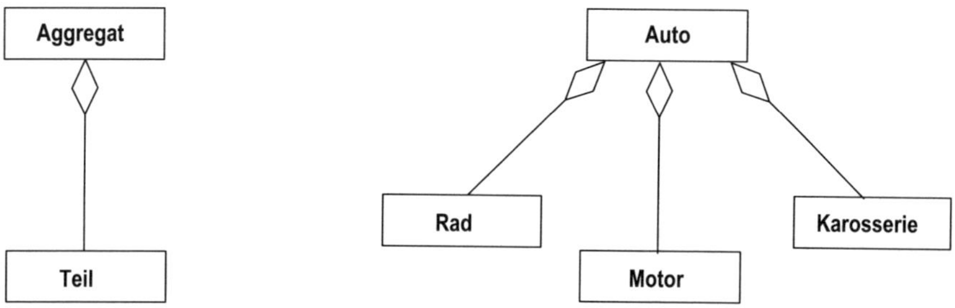

Abb. 12.9: UML-Klassendiagramme mit Aggregationen

12.4 Beispiel: Management eines Musicals

Als komplexes Beispiel einer objektorientierten Modellierung entwickeln wir ein System zur Verwaltung des Kartenverkaufs für ein Musical.

12.4.1 OOA

In der OOA gehen wir von folgenden vereinfachenden Annahmen aus:

- Das Musical wird nur in *einem* Saal gespielt.
- Es gibt einen einheitlichen Eintrittspreis.
- Das System wird von zwei Akteuren benutzt, einem Manager, der neue Vorstellungen einrichten kann, und einem Kartenverkäufer, der Eintrittskarten buchen kann.

Die Aufgaben, die das Programm lösen soll (*use cases*), werden durch das Geschäftsprozessdiagramm in Abbildung 12.10 beschrieben.

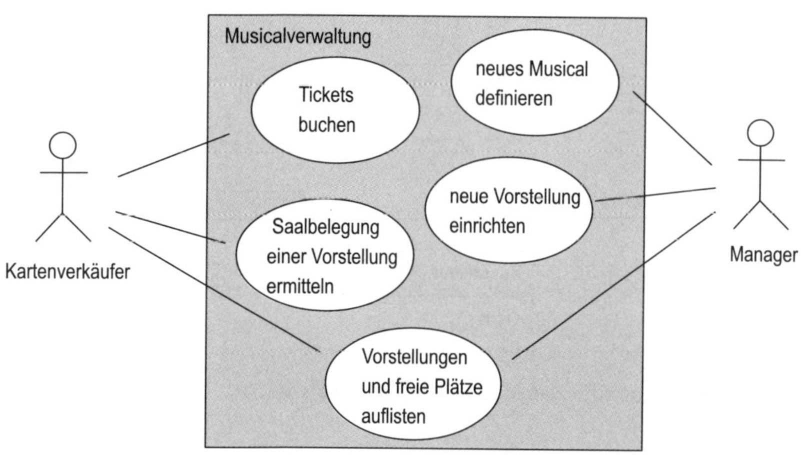

Abb. 12.10: Geschäftsprozessdiagramm für eine Musicalverwaltung

Kern des Systems ist ein Modell eines Musicals. Da sind natürlich viele Varianten denkbar. Abbildung 12.11 gibt eine mögliche Lösung als UML-Klassendiagramm wieder. Das Modell orientiert sich an den use cases. Alles wird so einfach wie möglich gehalten, aber es wird darauf geachtet, dass die geforderten Geschäftsprozesse mit diesem Modell realisiert werden können.

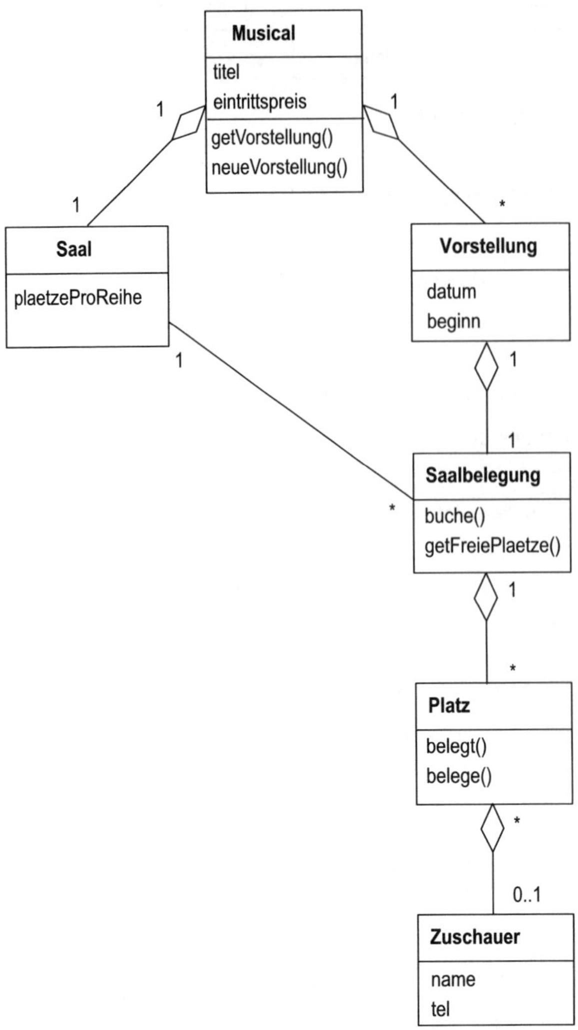

Abb. 12.11: UML-Klassendiagramm für das Modell eines Musicals (OOA)

Einem Objekt der Klasse `Musical` sind genau ein `Saal`-Objekt und beliebig viele Objekte der Klasse `Vorstellung` zugeordnet (Kardinalität = *). Eine Vorstellung wiederum enthält genau eine Saalbelegung (Kardinalität = 1).

In der Saalbelegung sind – angepasst an die Beschaffenheit des Saals – den Sesseln in den verschiedenen Sitzreihen Objekte der Klasse `Platz` zugeordnet. Die Klasse `Saalbelegung` besitzt also eine Assoziation zur Klasse `Saal`. Bei der Initialisierung eines neuen Objektes der Klasse `Saalbelegung` muss der Aufbau des Saales aus Sitzreihen mit jeweils einer bestimmten Anzahl von Plätzen ins Kalkül gezogen werden. Andererseits besteht eine Saalbelegung aus im Prinzip beliebig vielen Platz-Objekten (Aggregation mit den Kardinalitäten 1 und *).

Ein Platz kann von höchstens einem Zuschauer belegt werden (Kardinalität 0..1). Manchmal bleiben Plätze auch leer. Andererseits kommt es häufig vor, dass ein Zuschauer mehrere Plätze gebucht hat. Deshalb trägt die Aggregation an der Seite der Klasse `Platz` die Kardinalität *.

Die Benutzungsoberflächen für die beiden Akteure Manager und Kartenverkäufer werden durch eigene Klassen realisiert, für die wir keine UML-Diagramme angegeben haben.

12.4.2 OOD

Es ist sinnvoll, das System auf drei Skripte zu verteilen:

- Ein Skript mit dem Dateinamen `musical.py` (Modulname `musical`) enthält die Klassen des OO-Modells des Musicals gemäß Abbildung 12.11. Dieses Skript ist kein lauffähiges Programm, sondern ein Modul, das importiert werden kann. Um den Import besonders einfach zu machen, speichern wir alle Programmdateien im selben Verzeichnis ab.
- Ein Skript mit dem Dateinamen `musicalmanager.py` importiert die Klassen aus dem Modul `musical` und enthält eine Klasse `Manager`, in der die Benutzungsoberfläche für den Akteur Manager aus dem Geschäftsprozessdiagramm definiert ist. Das Skript ist ein lauffähiges Programm, das heißt, es wird ein Objekt der Klasse `Manager` instanziiert und »gestartet«.
- Ein ebenfalls lauffähiges Skript mit dem Dateinamen `musicaltickets.py` importiert ebenfalls die Klassen aus dem Modul `musical` und enthält eine Klasse `Kartenverkauf`, mit der Benutzungsoberfläche für den Akteur Kartenverkäufer.

12.4.3 OOP

Skript zum OO-Modell eines Musicals

```
# musical.py  - Modell eines Musicals
import pickle

class Musical:
    def __init__(self, titel, eintrittspreis, saal):
        self.titel = titel
        self.eintrittspreis = eintrittspreis
        self.saal = saal
        self.vorstellungen = [] # Liste von Vorstellungen

    def getVorstellung(self, datum):
        """Rückgabe eines Vorstellungsobjektes mit
```

```
        passendem Datum, falls vorhanden, sonst None"""
        for vorstellung in self.vorstellungen:
          if vorstellung.datum == datum: return vorstellung
        # Nach dem return bricht die Ausführung der Funktion ab

    def neueVorstellung(self, vorstellung):
        '''Objekt vorstellung wird in Liste eingefügt'''
        self.vorstellungen += [vorstellung]

    def __str__(self):                                                  #1
        beschreibung = '\n' + self.titel + '\n' + \
                       len(self.titel)*'=' + '\n'
        for vorstellung in self.vorstellungen:
            beschreibung += str(vorstellung) + '\n'
        return beschreibung

class Vorstellung:
    def __init__(self, datum, beginn, saal ):
        self.datum = datum
        self.beginn = beginn
        self.saalbelegung = Saalbelegung(saal)
        self.saal = saal

    def __str__(self):                                                  #1
        beschreibung = self.datum + '\n' + \
        str(self.saalbelegung.getFreiePlaetze()) + \
        ' freie Plätze\n'
        return beschreibung

class Saalbelegung:
    """pflegt Liste von Listen mit Platz-Objekten"""
    def __init__(self, saal):
        self.belegung = []
        self.saal = saal
        for i in range(len(saal.plaetzeProReihe)):                      #2
            reihe = []
            for j in range(saal.plaetzeProReihe[i]):
                platz = Platz()
                reihe += [platz]
            self.belegung += [reihe]
```

```
    def buche(self, reihe, platz, zuschauer):                          #3
        '''weist dem Platz platz in Reihe reihe einen
        Zuschauer zu'''
        if not self.belegung[reihe][platz].belegt():
           self.belegung[reihe][platz].belege(zuschauer)
           return 'Platz gebucht'
        else: return 'Platz schon belegt'

    def getFreiePlaetze(self):
        '''liefert Anzahl der freien Plätze'''
        frei = 0
        for reihe in self.belegung:
            for platz in reihe:
                if not platz.belegt(): frei += 1
        return frei

    def __str__(self):                                                 #1
        beschreibung = 'Saalbelegung\n'
        beschreibung += '   Platz: 1  2  3  4  5  6  7  8  9  10 '
        beschreibung += '11 12 13 14\n'
        nr = 1                               # Reihennummer
        for reihe in self.belegung:
            beschreibung += 'Reihe ' + format(nr, '2d') + ': '
            for platz in reihe:
                beschreibung += str(platz)
            nr += 1
            beschreibung += '\n'             # neue Zeile
        return beschreibung

class Zuschauer:
    def __init__(self, name, tel):
        self.name, self.tel = name, tel

class Platz:
    def __init__(self):
        self.zuschauer = None

    def belegt(self):
        if self.zuschauer: return True
        else: return False
```

```
    def belege(self, zuschauer):
        self.zuschauer = zuschauer

    def __str__(self):                                              #1
        if self.belegt():
            return self.zuschauer.name[:2] + ' '
            # vom Zuschauernamen nur die ersten beiden Zeichen
        else:
            return '-- '        # freier Platz

class Saal:
    def __init__(self, liste):
        self.plaetzeProReihe = liste
```

Erläuterung:

#1: Für einige Klassen wird die Standardfunktion `str()` überladen. Die Methode `__str__()` gibt eine druckbare Beschreibung des jeweiligen Objektes zurück. So liefert z.B. die Methode `Platz.__str__()` eine Kurzbeschreibung einer Platzbelegung aus drei Zeichen, und zwar entweder den String `'-- '`, falls der Platz noch frei ist, oder die Anfangsbuchstaben des Zuschauers, der diesen Platz gebucht hat. Dieser String kann für die Darstellung einer kompletten Übersicht der Platzbelegung eines Saals verwendet werden.

#2: Das Attribut `belegung` ist eine Liste von Sitzreihen des Saals. Jede Reihe ist wiederum eine Liste von Plätzen. Bei der Initialisierung eines Objektes der Klasse `Saalbelegung` »erkundigt sich« das Objekt beim zugehörigen Saal-Objekt, wie viele Reihen es gibt (`len(saal.plaetzeProReihe)`) und wie viel Plätze jede Reihe enthält. Das Saal-Attribut `plaetzeProReihe` ist eine Liste von Zahlen, wobei `plaetzeProReihe[i]` die Anzahl der Plätze in Reihe `i` ist.

#3: Zu beachten ist hier, dass die Nummerierung realer Reihen und Plätze in einem Vorstellungsraum bei eins beginnt. Intern verwenden wir jedoch Listen, und die Indexe für Listenelemente beginnen bei null. Das heißt, Platz `1` in Reihe `1` wird durch `self.belegung[0][0]` repräsentiert. Deshalb muss von den als Argument übergebenen Reihen- und Platznummern eins abgezogen werden.

Skript für die Benutzungsoberfläche Management

```
# musicalmanager.py  - Verwaltung eines Musicals
import pickle
from musical import *

class Manager:
    __menuetext = '''
    Musical-Manager
    ------------------
```

```
    (n)eue Vorstellung
    (U)eberblick Vorstellungen
    (E)nde
     '''

    def __init__(self, datei):                                  #1
        self.__datei = datei
        self.__lade_musical()
        self.__run()

    def __run(self):                                            #2
        ''' Menü und Verarbeitung von Auswahlen'''
        print(self.__menuetext)
        wahl = '-'
        while wahl not in ['e', 'E']:
          wahl = input('Auswahl: ')
          if wahl in ['n', 'N']:
            self.__neueVorstellung()
          elif wahl in ['U', 'u']:
            print(str(self.__musical))
            print(self.__menuetext)
            wahl = input('Auswahl: ')
        print("Danke für die Benutzung von Musical-Manager")
        self.__speichern()

    def __neueVorstellung(self):
        '''Dialog zum Einrichten einer neuen Vorstellung'''
        datum = input('Termin: ')
        beginn = input('Beginn der Vorstellung: ')
        vorstellung = Vorstellung(datum, beginn, self.__musical.saal)
        self.__musical.neueVorstellung(vorstellung)

    def __neuesMusical(self):                                   #3
        '''Dialog zur Definition eines neuen Musicals'''
        titel = input('Titel: ')
        eintrittspreis = float(input('Eintrittspreis: '))
        anzahl_reihen = int(input("Anzahl Sitzreihen: "))
        liste = []
        for i in range(anzahl_reihen):
          sitze = int(input("Sitze in Reihe " + str(i) + ": "))
          liste.append(sitze)
```

```
        saal = Saal(liste)
        self.__musical = Musical(titel, eintrittspreis, saal)

    def __lade_musical(self):
        '''Musical-Objekt wird geladen, falls Datei vorhanden,
        sonst muss neues Musical definiert werden'''
        try:
            f = open(self.__datei, 'rb')  # lesen im Binärmodus
            self.__musical = pickle.load(f)
            f.close()
            print('\n              W I L L K O M M E N')
            print('beim Management-System für das Musical',
                  self.__musical.titel)
        except:
            print('Kein Musical gespeichert.')
            print('Richten Sie neues Musical ein.')
            self.__neuesMusical()

    def __speichern(self):
        '''Musical-Objekt speichern'''
        f = open(self.__datei, 'wb') # schreiben im Binärmodus
        pickle.dump(self.__musical, f)
        f.close()

m = Manager('daten/hairspray.txt')
```

Erläuterung:

#1: Bei der Initialisierung eines Manager-Objektes wird dem Musical eine (feste) Datei zugeordnet, in der die Daten des Musicals gespeichert werden. Zunächst wird versucht, ein vorhandenes Musical-Objekt aus dieser Datei zu laden. Wenn die Datei nicht existiert, wird durch Aufruf der Methode `__neuesMusical()` ein Dialog zur Einrichtung eines neuen Musicals eingeleitet. Schließlich wird die Methode `__run()` aufgerufen und der Dialog gestartet. **Hinweis:** Wenn nach erstmaliger Benutzung des Programms ein neues Musical eingerichtet werden soll, muss zuvor die Datei mit dem alten Musical-Objekt (im Beispiel `daten/hairspray.txt`) gelöscht werden.

#2: In der Schleife der `__run()`-Methode wird immer wieder das Menü auf den Bildschirm gebracht, eine Auswahl abgewartet und dann die ausgewählte Funktion ausgeführt. Bei Eingabe von `'e'` oder `'E'` wird die Schleife verlassen, das Musical-Objekt in seinem neuen Zustand abgespeichert und das Programm beendet.

#3: Im Dialog zum Einrichten eines neuen Musicals werden zunächst Titel und Eintrittspreis festgelegt. Dann wird Reihe für Reihe die Bestuhlung des Saals eingegeben.

Beispieldialog Management:

```
            W I L L K O M M E N
beim Management-System für das Musical Hairspray

   Musical-Manager
   ---------------
   (n)eue Vorstellung
   (U)eberblick Vorstellungen
   (E)nde

Auswahl: n
Termin: 1.10.2010
Beginn der Vorstellung: 20.00 Uhr

   Musical-Manager
   ---------------
   (n)eue Vorstellung
   (U)eberblick Vorstellungen
   (E)nde

Auswahl: u

Hairspray
=========
1.10.2010
58 freie Plätze

2.10.2010
58 freie Plätze

   Musical-Manager
   ------------------
   (n)eue Vorstellung
   (U)eberblick Vorstellungen
   (E)nde

Auswahl: e
Danke für die Benutzung von Musical-Manager
```

Skript für den Kartenverkauf

```
# musicaltickets.py - Kartenverkauf
import pickle
from musical import *

class Kartenverkauf:
    __menuetext = '''
    Musical-Ticketservice
    ---------------------
    (B)uchung
    (U)eberblick Vorstellungen
    (E)nde
    '''

    def __init__(self, datei):
        self.__datei = datei
        self.__lade_musical()
        self.__run()

    def __lade_musical(self):
        ''' versucht, aus Datei Musical zu laden'''
        try:
            f = open(self.__datei, 'rb')
            self.__musical = pickle.load(f)
            f.close()
            print('\n              W I L L K O M M E N')
            print('beim Buchungssystem für das Musical',
                  self.__musical.titel)
        except:
            print('Kein Musical gespeichert. ')

    def __run(self):
        ''' Menü und Verarbeitung von Auswahlen'''
        print(self.__menuetext)
        wahl = '-'
        while wahl not in 'eE':
            wahl = input('Auswahl: ')
            if wahl in 'bB': self.__buchen()
            elif wahl in 'uU': print(self.__musical)
            print(self.__menuetext)
        print('Danke für die Benutzung von Musical-Ticketservice')
        self.__speichern()
```

```
    def __buchen(self):                                                #1
        '''Dialog zum Buchen mehrerer Plätze '''
        datum = input('Datum der Vorstellung: ')
        vorstellung = self.__musical.getVorstellung(datum)
        if not vorstellung:                                            #2
            print('An diesem Tag gibt es keine Vorstellung')
        else:
          print(vorstellung.saalbelegung)
          name = input('Name: ')
          tel = input('Telefonnummer: ')
          zuschauer = Zuschauer(name, tel)
          reihe = 'x'                                                  #3
          while reihe != '':
            reihe = input('Reihe: ')
            if reihe != '':                                            #4
                platz = input('Platz: ')
                print(vorstellung.saalbelegung.buche(
                  int(reihe)-1, int(platz)-1, zuschauer))

    def __speichern(self):
        f = open(self.__datei, 'wb')
        pickle.dump(self.__musical, f)
        f.close()

kassel = Kartenverkauf('daten/hairspray.txt')
```

Erläuterung:

#1: Der aufwändigste Dialog betrifft das Buchen von Plätzen einer Vorstellung. Nach Eingabe eines Datums wird zunächst ein Objekt der Klasse `Vorstellung` gesucht, dessen Attribut `datum` den gleichen Wert wie das eingegebene Datum (ein String) besitzt.

#2: Falls der Aufruf `self.__musical.getVorstellung(datum)` den Wert `None` zurückgibt, erfolgt eine Fehlermeldung.

#3: Ansonsten werden zunächst Name und Telefonnummer abgefragt und in der `while`-Schleife so lange neue Plätze gebucht, bis der Benutzer bei der Frage nach der gewünschten Reihe nichts mehr eingibt, sondern nur [Enter] drückt. Im Einzelnen funktioniert die Schleife so: Zu Beginn wird die Variable `reihe` mit dem willkürlichen Wert `'x'` belegt, damit die Schleifenbedingung (folgende Zeile) erfüllt ist und die Schleife ausgeführt wird. Im Schleifeninneren bittet das Programm um Eingabe einer Reihennummer. Wenn der eingegebene Wert ein leerer String `''` ist (es wurde nur [Enter] gedrückt), wird die Schleife sofort abgebrochen (**#4**). Ansonsten fragt das System nach einer Platznummer und bucht einen Platz durch Aufruf von

```
vorstellung.saalbelegung.buche(int(reihe)-1, int(platz)-1, zuschauer)
```

Weil diese Methode eine Meldung zurückgibt, die die Buchung entweder bestätigt oder nicht bestätigt, kann der Methodenaufruf in einen `print()`-Aufruf eingebaut werden, damit die Meldung direkt auf dem Bildschirm ausgegeben wird. In der Parameterliste werden die Strings `reihe` und `platz` in ganze Zahlen umgewandelt.

Dialogbeispiel für den Kartenverkauf:

```
               W I L L K O M M E N
beim Buchungssystem für das Musical Hairspray


    Musical-Ticketservice
    ---------------------
    (B)uchung
    (U)eberblick Vorstellungen
    (E)nde

Auswahl: b
Datum der Vorstellung: 1.10.2010
Saalbelegung

    Platz: 1  2  3  4  5  6  7  8  9  10 11 12 13 14
Reihe  1: -- -- -- -- -- -- -- -- -- --
Reihe  2: -- -- -- -- -- -- -- -- -- --
Reihe  3: -- -- -- -- -- -- -- -- -- -- -- --
Reihe  4: -- -- -- -- -- -- -- -- -- -- -- --
Reihe  5: -- -- -- -- -- -- -- -- -- -- -- -- -- --

Name: Meyer
Telefonnummer: 0234 68867
Reihe: 1
Platz: 6
Platz gebucht
Reihe: 1
Platz: 7
Platz gebucht
Reihe:

    Musical-Ticketservice
    ---------------------
    (B)uchung
    (U)eberblick Vorstellungen
    (E)nde

Auswahl: u
```

```
Hairspray
=========
1.10.2010
56 freie Plätze

2.10.2010
58 freie Plätze

    Musical-Ticketservice
    ---------------------
    (B)uchung
    (U)eberblick Vorstellungen
    (E)nde

Auswahl: b
Datum der Vorstellung: 1.1.2010
Saalbelegung

   Platz: 1  2  3  4  5  6  7  8  9  10 11 12 13 14
Reihe  1: -- -- -- -- -- Me Me -- -- --
Reihe  2: -- -- -- -- -- -- -- -- -- --
Reihe  3: -- -- -- -- -- -- -- -- -- -- -- --
Reihe  4: -- -- -- -- -- -- -- -- -- -- -- --
Reihe  5: -- -- -- -- -- -- -- -- -- -- -- -- -- --
```

12.5 Aufgaben

Aufgabe 1

Erweitern Sie die Klasse `Kartenverkauf` um eine private Methode, die eine Eintrittskarte druckt (d.h. auf dem Bildschirm ausgibt).

Auf der Eintrittskarte sollen folgende Angaben vermerkt sein:

Titel des Musicals, Datum und Beginn der Vorstellung, Reihe und Platznummer, Name des Zuschauers, der die Karte bestellt hat, und Eintrittspreis.

Die Methode soll im Rahmen der Buchung eines Platzes aufgerufen werden.

Aufgabe 2

Erweitern Sie die Klasse `Vorstellung` im Modul `musical` um eine Methode namens `getZuschauer()`, die eine Liste aller Zuschauer (Objekte der Klasse `Zuschauer`) der jeweiligen Vorstellung liefert.

Aufgabe 3

Erweitern Sie die Klasse `Musical` (siehe Abschnitt 12.4) um eine Methode, die eine Vorstellung storniert.

Kopfzeile der Methodendefinition:

```
def storniere(self, datum):
```

Vorbedingung: Das Argument `datum` ist eine Zeichenkette.

Nachbedingung: Falls in der Liste `self.vorstellungen` ein Objekt `v` der Klasse `Vorstellung` existiert, dessen Attribut `v.datum` mit dem Argument `datum` übereinstimmt, wird dieses Element `v` aus der Liste `self.vorstellungen` entfernt. Zurückgegeben wird ein String mit einer Auflistung aller Zuschauer dieser gelöschten Vorstellung samt deren Telefonnummern, so dass diese über den Ausfall der Vorstellung informiert werden können.

Hinweis: Verwenden Sie die Methode `getZuschauer()` der Klasse `Vorstellung` aus Aufgabe 2.

Aufgabe 4

Für einen Radiosender soll ein System entwickelt werden, das Musikcharts (»Hitparade«, »EinsLive-Hörercharts« etc.) verwaltet. Die Redaktion des Senders stellt am Ende einer Woche 20 Musiktitel zur Wahl. Dabei handelt es sich um die 15 am häufigsten gewählten Titel der letzten Woche plus fünf Neuvorstellungen, die von der Redaktion ausgewählt werden. Die Hörer haben dann bei einem Voting die Möglichkeit, von diesen Titeln einen auszuwählen, der ihnen am besten gefällt.

Erstellen Sie für das System ein Geschäftsprozessdiagramm.

Entwickeln Sie ein objektorientiertes Modell für die Musikcharts und stellen Sie ein UML-Klassendiagramm auf (nur die Musikcharts ohne Benutzungsoberflächen).

12.6 Lösungen

Die Erweiterungen sind in den folgenden Listings fett gedruckt.

Lösung 1

Skript:

```
class Kartenverkauf:
...
def __druckeKarte(self, vorstellung, reihe, platz, name):
        print('-------------------------------------')
        print('Eintrittskarte')
        print(self.__musical.titel)
        print('Name:', name)
        print('Reihe', reihe, 'Platz', platz)
        print('am', vorstellung.datum, end=' ')
```

```
        print('Beginn', vorstellung.beginn)
        print('--------------------------------------')
```

Beispielausgabe:

```
-----------------------------------------
Eintrittskarte
Hairspray
Name: Steffen, Sascha
Reihe 2 Platz 4
am 1.10.2010 Beginn 20 Uhr
-----------------------------------------
```

Lösung 2

Erweiterung der Klasse `Vorstellung` im Modul `musical`:

```
class Vorstellung:
...
    def getZuschauer(self):
        '''liefert Liste mit Zuschauern der Vorstellung '''
        liste = []
        for reihe in  self.saalbelegung.belegung:
            for platz in reihe:
                if platz.belegt():
                    liste += [platz.zuschauer]
        return liste
```

Lösung 3

Erweiterung der Klasse `Musical` im Modul `musical`:

```
class Musical:
...
def storniere(self, datum):
    vorstellung = self.getVorstellung(datum)
    if not vorstellung:
      return 'Keine Vorstellung an diesem Tag'
    else:
      zuschauerliste = vorstellung.getZuschauer()
      text = 'Liste aller Zuschauer der Vorstellung am '
      text += datum + '\n\n'
      for zuschauer in zuschauerliste:
        text += zuschauer.name+'  '+zuschauer.tel+'\n'
      self.vorstellungen.remove(vorstellung)        #löschen
      return text
...
```

Erweiterung der Klasse Manager im Skript musicalmanager.py:

```
class Manager:
    __menuetext = '''
    Musical-Manager
    ------------------
    (n)eue Vorstellung
    (U)eberblick Vorstellungen
    (s)torniere Vorstellung
    (E)nde
    '''
...

    def __run(self):
...
        elif wahl in ['U', 'u']:
           print(str(self.__musical))
        elif wahl in ['S', 's']: self.__storniere()
...
    def __storniere(self):
        datum = input('Datum: ')
        text = self.__musical.storniere(datum)
        print(text)
...
```

Beispieldialog:

```
    Musical-Manager
    ------------------
    (n)eue Vorstellung
    (U)eberblick Vorstellungen
    (s)torniere Vorstellung
    (E)nde

Auswahl: s
Datum: 1.10.2010
Liste aller Zuschauer der Vorstellung am 1.10.2010

Meyer, Sabine  02331 89664
Steffen, Sascha  0201 344560
```

Lösung 4

a)

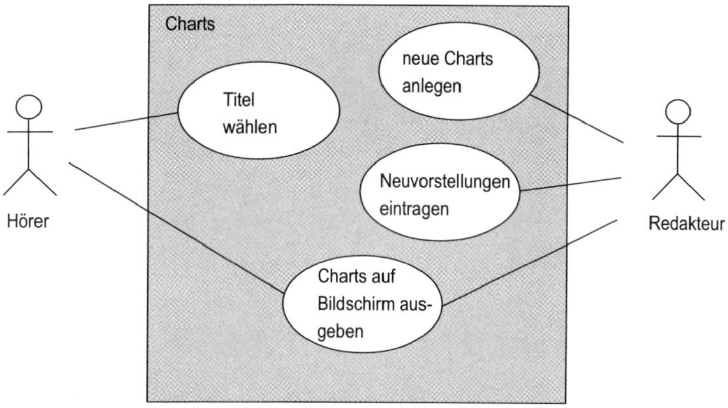

Abb. 12.12: Geschäftsprozessdiagramm zur Verwaltung von Musikcharts

b)

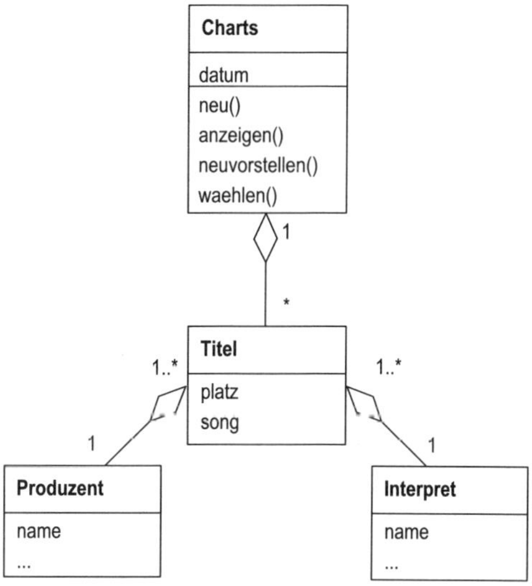

Abb. 12.13: UML-Klassendiagramm für Musikcharts

Die Abbildung zeigt *eine* von vielen möglichen Lösungen. Ein Objekt der Klasse `Charts` besteht aus mehreren Objekten der Klasse `Titel`. Jedes Titel-Objekt enthält als elementares Attribut den Songtitel und als weitere Attribute ein Objekt der Klasse `Produzent` und ein Objekt der Klasse `Interpret`. Die Assoziationen sind jeweils Aggregationen. Weil Interpret und Produzent zu mehreren unterschiedlichen Titeln gehören können, tragen die Assoziationen auf der Seite der Klasse `Titel` die Kardinalität `1..*`.

Kapitel 13

Textverarbeitung

Menschen und Computer kommunizieren häufig über Texte. In ein Konsolenfenster des Betriebssystems Ihres Rechners (z.B. Eingabeaufforderung bei Windows) können Sie Kommandos in der formalen Sprache des jeweiligen Betriebssystems eingeben. Das ist für den Menschen manchmal mühsam, weil er sich strikt an die Syntax der Kommandosprache halten muss. Kleinste Abweichungen führen zu Fehlermeldungen.

Systeme mit natürlichsprachlicher Schnittstelle sind in der Lage, Dialoge in normaler Umgangssprache (z.B. Deutsch) zu führen. Ein solches System analysiert den eingegebenen Text und versucht, anhand bestimmter Merkmale herauszufinden, was der Benutzer will. Dann reagiert es in irgendeiner Weise – führt z.B. eine Operation aus – und liefert eine für Menschen verständliche sprachliche Ausgabe.

Sprachliche Information kann über unterschiedliche Kanäle ausgetauscht werden. Ein Text kann über die Tastatur eingetippt oder über ein Mikrofon eingesprochen werden. Im letzteren Fall übernimmt ein Spracherkennungssystem die Umwandlung in eine Zeichenkette. Die Ausgabe von Texten erfolgt meist als Schrift über den Bildschirm oder Drucker. Text-to-Speech-Systeme wandeln Zeichenketten in gesprochene Sprache um, die als Akustik-Signal von einem Lautsprecher abgestrahlt wird.

Entscheidend ist, dass unabhängig von der Form der Ein- und Ausgabe sprachliche Erzeugnisse durch Zeichenketten (Strings) repräsentiert werden. Damit ein Computerprogramm Dialoge mit seiner Umwelt führen kann, muss es in der Lage sein, Zeichenketten zu verarbeiten. In diesem Kapitel werden wir folgende Fragen ansprechen:

- Wie kann man in einen Text »Bausteine« automatisch einfügen und auf diese Weise neue Texte produzieren?
- Wie kann man Texte analysieren und (innerhalb gewisser Grenzen) die Bedeutung ermitteln?
- Wie kann man aus Texten bestimmte interessierende Teile herauslösen?
- Wie werden natürlichsprachige Benutzungsoberflächen programmiert?

13.1 Standardmethoden zur Verarbeitung von Zeichenketten

Zeichenketten sind Folgen aus lesbaren Zeichen. Es sind Objekte vom Standardtyp `str`. Dagegen sind Bytestrings Folgen aus Oktetten (Zahlen zwischen 0 und 255), die irgendwelche Daten repräsentieren.

Die Klasse `str` bietet eine Reihe von Methoden zur Analyse (Tests auf bestimmte Merkmale, Finden von enthaltenen Substrings etc.) oder zur Produktion neuer Zeichenketten durch Abändern einer Kopie des Originals (kleine Buchstaben in große Buchstaben umwandeln, Leerzeichen einfügen etc.).

Zu beachten ist, dass beim Aufruf einer Methode `s.methode(arg1, ...)` das Objekt `s` selbst niemals verändert wird. Zum Beispiel liefert der Aufruf `s.upper()` eine Kopie des String-Objektes `s`, bei der alle kleinen Buchstaben durch große Buchstaben ersetzt worden sind. Das Objekt `s` bleibt aber, wie es ist.

```
>>> s = 'Hallo'
>>> s.upper()
'HALLO'
>>> s
'Hallo'
```

Ich gebe zunächst einen Überblick über die wichtigsten Methoden. Sie sind das »Handwerkszeug«, mit dem wir dann anschließend komplexere Aufgaben der Zeichenkettenverarbeitung lösen.

13.1.1 Formatieren

Methode	Erklärung
`center(width [,fillchar])`	Zeichenkette wird rechts und links mit Leerzeichen ausgestopft, bis ein String der Länge *width* entsteht. Wenn als optionales zweites Argument ein Füllzeichen angegeben worden ist, wird an Stelle eines Leerzeichens dieses Füllzeichen zum Ausstopfen verwendet.
`ljust(width [,fillchar])`	Zeichenkette wird mit angehängten Leerzeichen (oder anderen Füllzeichen) auf die Länge *width* verlängert.
`rjust(width [,fillchar])`	String wird mit vorangestellten Leerzeichen (oder anderen Füllzeichen) auf die Länge *width* verlängert.

Tabelle 13.1: String-Methoden zum Formatieren

Beispiele:

```
>>> 'rechts'.rjust(40)
'                                  rechts'
>>> 'links'.ljust(40, '-')
'links-----------------------------------'
>>> 'Mitte'.center(40)
'                 Mitte                  '
```

13.1.2 Schreibweise

Methode	Erklärung
`capitalize()`	Zurückgegeben wird eine Kopie des Strings, die mit einem Großbuchstaben beginnt, dem lauter kleine Buchstaben folgen.

Tabelle 13.2: String-Methoden zur Veränderung der Schreibweise

Methode	Erklärung
`lower()`	Liefert eine Kopie des Strings aus lauter kleinen Buchstaben.
`upper()`	Liefert eine Kopie des Strings aus lauter Großbuchstaben.

Tabelle 13.2: String-Methoden zur Veränderung der Schreibweise (Forts.)

Beispiele:

```
>>> 'eine Insel'.lower()
'eine insel'
>>> 'eine Insel'.upper()
'EINE INSEL'
>>> 'eine Insel'.capitalize()
'Eine insel'
```

13.1.3 Tests

Methode	Erklärung
`endswith(`*`suffix`*`)`	Liefert den Wert `True`, falls der String mit der Zeichenkette *`suffix`* endet, und sonst `False`.
`isalnum()`	Liefert den Wert `True`, falls der String nicht leer ist und alle Zeichen im String alphanumerisch sind, und sonst `0`.
`isalpha()`	Liefert den Wert `True`, falls alle Zeichen im String Buchstaben sind und mindestens ein Zeichen existiert, und sonst `False`.
`isdigit()`	Liefert den Wert `True`, falls alle Zeichen im String Ziffern sind, und sonst `False`.
`islower()`	Liefert den Wert `True`, falls alle Buchstaben kleingeschrieben sind, und sonst `False`.
`isupper()`	Liefert den Wert `True`, falls alle Buchstaben großgeschrieben sind, und sonst `False`.

Tabelle 13.3: Test-Methoden für Strings

Beispiele:

```
>>> wort = 'THEMA 1'
>>> wort.isupper()
True
>>> wort.endswith('1')
True
>>> wort.isalnum()
False
```

13.1.4 Entfernen und Aufspalten

Methode	Erklärung
`lstrip([chars])`	Zurückgegeben wird eine Kopie der Zeichenkette mit folgenden Veränderungen: Führende Zeichen werden entfernt, wenn sie den Beginn des Strings *chars* bilden. Bei fehlendem Argument werden Whitespaces (Leerzeichen, Tabulatorzeichen) entfernt.
`rstrip([chars])`	Am Ende des Strings werden Buchstaben aus *chars* oder (bei fehlendem Argument) Whitespaces entfernt (siehe `lstrip()`).
`split([sep])`	Die Zeichenkette wird in eine Liste von Wörtern aufgespalten. Dabei wird das optionale Argument *sep* als Trennsymbol verwendet. Fehlt das Argument, ist das Leerzeichen Trennsymbol.
`splitlines()`	Eine Zeichenkette wird in eine Liste von Zeilen aufgespalten.
`strip([chars])`	Am Anfang und Ende des Strings werden Buchstaben aus *chars* oder (bei fehlendem Argument) Whitespaces entfernt (siehe `lstrip()`).

Tabelle 13.4: String-Methoden zum Entfernen und Aufspalten

Beispiele:

```
>>> leere = '       Leere      '
>>> leere.lstrip()
'Leere      '
>>> leere.rstrip()
'       Leere'
>>> leere.strip()
'Leere'

>>> 'Fortsetzung folgt ...'.strip('. ')
'Fortsetzung folgt'

>>> text = """Sicher ist,
dass nichts sicher ist.
Selbst das nicht.
(Joachim Ringelnatz)"""
>>> liste = text.splitlines()
>>> print(liste)
['Sicher ist,', 'dass nichts sicher ist.',
'Selbst das nicht.', '(Joachim Ringelnatz)']
```

13.1.5 Suchen und Ersetzen

Methode	Erklärung
`count(sub)`	Liefert Anzahl der Vorkommen der Zeichenkette *sub*.
`find(sub)`	Zurückgegeben wird der Index der ersten Position, an der die Zeichenkette *sub* als Teilstring vorkommt, und `-1`, falls *sub* nicht gefunden wird.
`replace(old, new)`	Vorkommen der Zeichenkette *old* werden durch *new* ersetzt.

Tabelle 13.5: String-Methoden zum Suchen und Ersetzen

Beispiele:

```
>>> 'Hallenbad'.count('a')
2
>>> 'Gartenteich'.find('ei')      # String 'ei' beginnt bei Index 7
7
>>> wetter = 'Regenschauer'
>>> wetter.replace('Regen', 'Hagel')
'Hagelschauer'
```

13.2 Codierung und Decodierung

Dieser Abschnitt ist etwas spezieller und beschäftigt sich mit der Codierung von Zeichenketten. Im Prinzip geht es darum, wie die Schriftzeichen eines Strings gespeichert werden. Wenn Sie das nicht interessiert, überspringen Sie den Abschnitt einfach.

13.2.1 Platonische Zeichen und Unicode

Unicode ist ein Standard für sinntragende Schriftzeichen aus der ganzen Welt. Zurzeit sind im Unicode-Reservoir etwa 100.000 Zeichen registriert und jedes Jahr werden es mehr. Nun können ja Buchstaben je nach Schriftart unterschiedlich aussehen. Im Unicode-Standard geht es allein um so genannte *platonische Schriftzeichen*, bei denen von typografischen Aspekten abstrahiert wird. So besteht ein platonisches »kleines i« aus einem kleinen senkrechten Strich mit einem Punkt darüber. Es ist gleichgültig, wie groß der Strich und der Punkt sind und wie sie im Detail geformt sind. Unicode ordnet jedem Schriftzeichen eine Nummer und einen eindeutigen Namen zu. Die Nummern werden von den Standardfunktionen `ord()` und `chr()` verwendet.

Der Aufruf `ord(c)` liefert zu einem einzelnen Schriftzeichen *c* (String der Länge 1) seine Unicode-Nummer. Der Aufruf `chr(n)` liefert zu einer Unicode-Nummer *n* das zugehörige Zeichen. Beispiel:

```
>>> ord("ß")
223
>>> chr(223)
'ß'
```

Die Hexadezimalzahlen 400 bis 4FF sind Unicode-Nummern für kyrillische Buchstaben. Das folgende Programm gibt kyrillische Zeichen und ihre Nummern auf dem Bildschirm aus.

```
>>> for i in range(0x400, 0x4ff):
.....print(format(i, "X"), chr(i), end="  ")
```

Der Aufruf von `format(i, "X")` bewirkt, dass die Zahl `i` in hexadezimaler (und nicht dezimaler) Darstellung ausgegeben wird. Das Ergebnis sehen Sie in Abbildung 13.1.

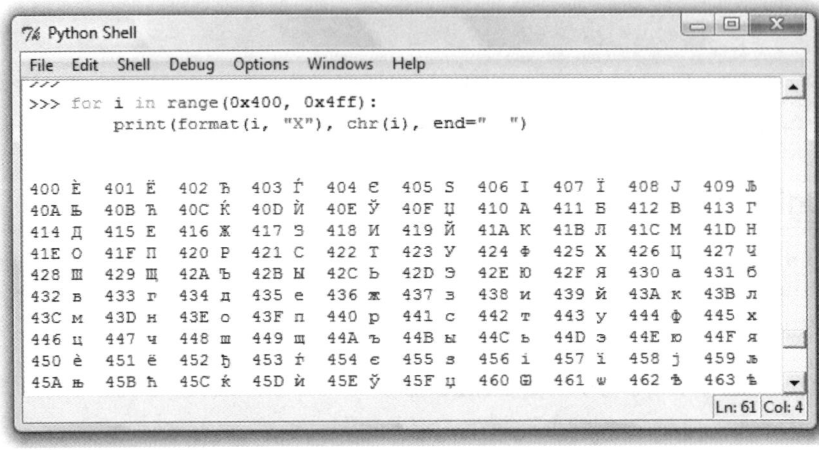

Abb. 13.1: Aufzählung kyrillischer Buchstaben

Tabellen mit Unicode-Nummern finden Sie im Internet: `http://www.unicode.org/charts/`.

Schriftzeichen können in Python-Skripten auch mit ihren Unicode-Namen angesprochen werden. Dazu müssen Sie das Modul `unicodedata` importieren. Der Funktionsaufruf `unicodedata.lookup(`*`name`*`)` liefert zu einem Unicode-Namen das zugehörige Schriftzeichen. Mit `unicodedata.name(`*`ch`*`)` erhalten Sie zu einem Zeichen *ch* den Unicode-Namen. Vielleicht interessiert Sie, wie das deutsche ß genannt wird:

```
>>> import unicodedata
>>> unicodedata.name("ß")
'LATIN SMALL LETTER SHARP S'
>>> unicodedata.lookup('LATIN SMALL LETTER SHARP S')
'ß'
```

Wie lautet der Name des Buchstabens mit der Unicode-Nummer 12345?

```
>>> unicodedata.name(chr(12345))
'HANGZHOU NUMERAL TWENTY'
```

13.2.2 Vertiefung: Zeichenketten durch Bytefolgen darstellen

Wenn Sie eine Zeichenkette in einer Textdatei speichern, wird die Zeichenkette zunächst in einen Bytestring überführt. Das ist eine Folge von Oktetten (Acht-Bit-Einheiten), die jeweils Zahlen zwischen 0 und 255 repräsentieren. Dabei wird eine Codierung verwendet, eine Abbildung, die jedem platonischen Zeichen ein oder mehrere Bytes zuordnet. Tabelle 13.6 gibt einen Überblick über die wichtigsten Standardcodierungen.

Codierung	Erklärung
`ascii`	American Standard Code for Information Interchange, 7-Bit-Zeichencode (Nummern von 0 bis 127) zur Darstellung der Zeichen des englischen Alphabets
`latin-1` `iso-88559-1`	Latin Alphabet No. 1, 8-Bit-Zeichencode für Zeichen aus europäischen Sprachen. Die ersten 128 Zeichen entsprechen dem ASCII-Code.
`utf-8`	Unicode Transformation Format, verbreitetste Codierung für Unicode-Zeichen, verwendet 8 Bit (ein Oktett bzw. ein Byte) für ASCII-Zeichen und zwei bis vier Oktette für die übrigen Unicode-Zeichen.

Tabelle 13.6: Einige Standardcodierungen für Zeichen

Zeichenketten, d.h. Objekte der Python-Klasse `str`, besitzen die Methode `encode()`. Sie liefert zu dem String einen Bytestring (Objekt der Klasse `bytes`). Wenn man die Methode ohne Argument aufruft, wird die voreingestellte Codierung/Decodierung (Codec) verwendet.

```
>>> wort = "Ärger"
>>> wort_bytes = wort.encode()
>>> wort_bytes
b'\xc3\x84rger'
```

Der Bytestring, so wie er auf dem Bildschirm dargestellt wird, beginnt hinter dem Hochkomma mit zwei Escape-Sequenzen. Sie repräsentieren Buchstaben mit den Hexadezimalnummern C3 und 84. Das ist die Bildschirmdarstellung. Eigentlich besteht aber ein Bytestring einfach nur aus Oktetten, d.h. Zahlen zwischen 0 und 255. Probieren Sie es aus:

```
>>> for c in wort_bytes:
        print(c, end="  ")

195  132  114  103  101  114
```

Beachten Sie, dass das Wort Ärger, das aus fünf Buchstaben besteht, als Bytestring aus sechs Zahlen dargestellt wird. Der Buchstabe Ä wurde nämlich durch zwei Oktette (195 und 132) codiert.

Die Codierung, die bei Ihrem Python-Interpreter voreingestellt ist, heißt utf-8 (Unicode Transformation Format, 8 Bit). Sie ist die am meisten verwendete Codierung für Unicode-Zeichen. utf-8 verwendet für die ASCII-Zeichen (Nummer 0 bis 127) jeweils ein Oktett (8 Bit) und für die übrigen Zeichen eine Folge aus zwei bis vier Oktetten. ASCII-Zeichen sind Ziffern, Satzzeichen, einige Sonderzeichen und die Buchstaben, die im englischen Alphabet vorkommen. Das Ä gehört nicht dazu und wird deshalb durch zwei Oktette dargestellt. Weil für die besonders häufig vorkommenden ASCII-Zeichen jeweils nur ein Byte benötigt wird, ist utf-8 besonders platzsparend.

Bytestrings besitzen die Methode `decode()` zum Decodieren. Sie gibt ein String-Objekt zurück, also eine Folge von Schriftzeichen. Wenn Sie keine Codierung/Decodierung (Codec) als Argument angeben, wird wieder utf-8 verwendet:

```
>>> print(wort_bytes.decode())
Ärger
```

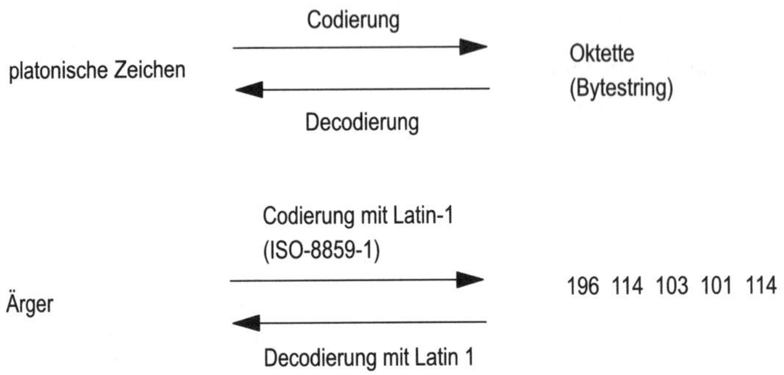

Abb. 13.2: Codierung und Decodierung

Vielleicht möchten Sie kontrollieren, welche Codierung in Ihrem System voreingestellt ist. Das geht so:

```
>>> import sys
>>> sys.getdefaultencoding()
'utf-8'
```

Beim Codieren und Decodieren können Sie auch andere Codecs wählen:

```
>>> wort = "Ärger"
>>> wort_latin = wort.encode("latin-1")
>>> wort_latin
b'\xc4rger'
```

Sie sehen, dass Latin-1 für den deutschen Umlaut Ä nur ein Byte benötigt (die Zahl 196). Wenn Sie den Bytestring wieder decodieren wollen, müssen Sie den gleichen Codec angeben, sonst erhalten Sie eine unsinnige Zeichenkette oder eine Fehlermeldung:

```
>>> wort_latin.decode("latin-1")
'Ärger'
>>> wort_latin.decode("utf-8")
Traceback (most recent call last):
  File "<pyshell#62>", line 1, in <module>
    wort_latin.decode("utf-8")
UnicodeDecodeError: 'utf8' codec can't decode bytes in position 0-1:
invalid data
```

Bei utf-16 wird jedes Zeichen durch zwei Bytes codiert.

```
>>> list("Ärger".encode("utf-16"))
[255, 254, 196, 0, 114, 0, 103, 0, 101, 0, 114, 0]
```

Der Bytestring besteht in diesem Fall aus 12 Zahlen zwischen 0 und 255. (Das erste und das letzte Byte sind zusätzlich und repräsentieren keine Zeichen.)

```
>>> wort.encode("ascii")
UnicodeEncodeError: 'ascii' codec can't encode character '\xc4' in
position 0: ordinal not in range(128)
```

Hoppla, das hat nicht geklappt! Der ASCII-Code ist für das Codieren des Wortes `Ärger` nicht geeignet, weil der deutsche Umlaut Ä nicht zum ASCII-Zeichensatz gehört.

13.3 Automatische Textproduktion

Vielleicht haben Sie von Philip Parker gehört. Der Wirtschaftsprofessor und Inhaber des Verlages Icon Group hat unter seinem Namen mehr als 80.000 Bücher veröffentlicht und ist damit Weltrekordautor. Der Trick: Die Bücher wurden automatisch von einem Computerprogramm verfasst. Nur der Titel eines Werks und wenige Passagen sind von Parker »handgemacht«. Der meiste Text wird vom Computer auf der Basis von Daten vollautomatisch erzeugt.

In diesem Abschnitt geht es um Techniken der automatischen Textproduktion. Insbesondere lernen Sie, wie man Texte mit variablen Teilen (Platzhaltern) definiert.

13.3.1 Texte mit variablen Teilen – Anwendung der String-Methode format()

Eine einfache Form der automatischen Textproduktion lässt sich folgendermaßen beschreiben:

- Man geht von einem Basistext aus, der an einigen Stellen Platzhalter für variable Textbausteine enthält.
- Dem Basistext ordnet man ein Tupel von Daten (Zahlen, Texte etc.) zu.
- Die Platzhalter im Basistext werden durch die Daten ersetzt.

Typische Anwendungen für derartige Textproduktionen sind z.B.

- Serienbriefe
- automatisch erstellte Rechnungen oder Mahnungen
- Bericht einer automatisch durchgeführten chemischen Analyse

Diese Technik der Textproduktion kann bei Python mithilfe von `format()` realisiert werden. Mit seiner Hilfe können Sie in einen String Variableninhalte oder Zahlen einbauen.

Abbildung 13.3 illustriert an einem Beispiel das Prinzip.

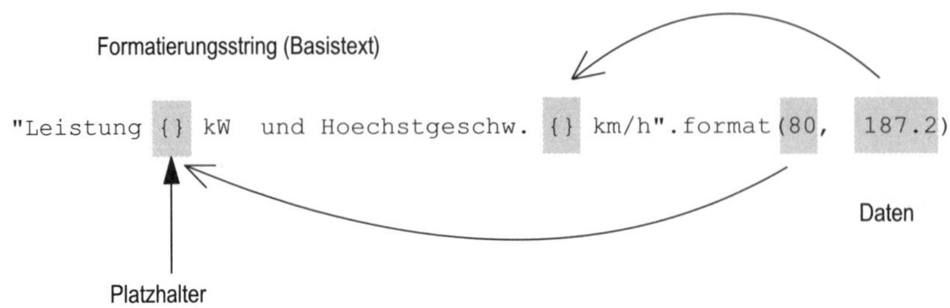

Abb. 13.3: Anwendung des Formatierungsoperators

Der Basistext ist eine Zeichenkette, die Platzhalter enthält. Die Platzhalter beginnen und enden mit einer geschweiften Klammer. Die Parameterliste der `format()`-Methode enthält die Werte, die bei der Formatierung für die Platzhalter eingesetzt werden. Wenn die Platzhalter keine speziellen Angaben enthalten, werden sie von den Argumenten der `format()`-Methode genau in der gegebenen Reihenfolge ersetzt.

```
>>> "Leistung {} kW und Höchstgeschw. {} km/h".format(80, 187.2)
'Leistung 80 kW und Höchstgeschw. 187.2 km/h'
```

Bei der Formatierung verschwinden auch die geschweiften Klammern des Basistextes. Wenn der Basistext eine geschweifte Klammer enthalten soll, schreiben Sie an die Stelle `{{`. Doppelte geschweifte Klammern werden nicht als Teil eines Platzhalters interpretiert und durch eine einfache geschweifte Klammer dargestellt.

```
>>> "Die Menge {} = {{1, 2, 3}}".format("A")
'Die Menge A = {1, 2, 3}'
```

Platzhalter mit Positionsangaben

Bei der Formatierung mit leeren Platzhaltern wie im letzten Abschnitt brauchen Sie für jeden Platzhalter genau ein Objekt. Manchmal möchte man aber ein Objekt für mehrere

Stellen des Textes verwenden. Sie können in die geschweiften Klammern eine Zahl schreiben, die die Position des einzufügenden Objektes in der Parameterliste der `format()`-Methode angibt. Das erste Argument der `format()`-Methode hat die Nummer 0, das zweite Argument die Nummer 1 usw. Beispiel:

```
>>> basistext = """{0} war {1} Jahre alt.
Eines Morgens, als {0} in den Spiegel schaute, ..."""
>>> print(basistext.format("Tanja", 19))
Tanja war 19 Jahre alt.
Eines Morgens, als Tanja in den Spiegel schaute, ...
```

Platzhalter mit Schlüsselwortargumenten

Bei umfangreichen Texten mit vielen variablen Teilen ist es komfortabler, wenn Sie im Aufruf der `format()`-Methode Schlüsselwortargumente verwenden. Sie können dann den Platzhaltern Namen geben, die genau den Schlüsselwörtern entsprechen. Beispiel:

```
>>> basistext = """{name} war {alter} Jahre alt.
Eines Morgens, als {name} in den Spiegel schaute, ..."""
>>> print(basistext.format(name="Tanja", alter=19))
Tanja war 19 Jahre alt.
Eines Morgens, als Tanja in den Spiegel schaute, ...
```

Platzhalter mit Formatspezifikationen

Wenn in den Text Zahlen eingefügt werden oder eine Tabelle aufgebaut werden soll, verwendet man in den Platzhaltern zusätzlich noch Formatspezifikatoren. Hier direkt ein Beispiel:

```
>>> basistext = "Ein Teil kostet {preis:.2f} Euro"
>>> basistext.format(preis=123.4567)
'Ein Teil kostet 123.46 Euro'
```

Hinter dem Namen des Platzhalters steht der Formatspezifikator `:.2f`. Durch ihn ist in diesem Fall festgelegt, dass die Gleitkommazahl mit einer Präzision von zwei Stellen hinter dem Komma dargestellt wird.

Allgemein ist ein Formatspezifikator (etwas vereinfacht) folgendermaßen aufgebaut:

- Er beginnt mit einem Doppelpunkt.
- Danach folgt optional ein Füllzeichen. Das kann ein beliebiges Zeichen außer } sein.
- Danach folgt optional ein Zeichen, das die Ausrichtung beschreibt: < für linksbündig, > für rechtsbündig oder ^ für zentriert.
- Danach kann optional durch eine ganze Zahl die Mindest-Feldweite festgelegt werden, das ist die Anzahl der Stellen, die für die Variable reserviert werden. Diese Angabe ist wichtig, wenn man Tabellen darstellen will. Dann wird für jede Spalte eine gewisse Anzahl von Stellen reserviert.

- Für Gleitkommazahlen kann (optional) die Präzision, das heißt die Anzahl der Stellen hinter dem Komma, angegeben werden. Sie wird durch einen Punkt gefolgt von einer ganzen Zahl spezifiziert. Im Beispiel haben wir die Präzision mit `.2` auf zwei Stellen festgelegt.
- Mit einem Buchstaben wird zum Ausdruck gebracht, von welchem Typ die einzufügende Variable ist. Dabei bedeutet: `f`: Gleitkommazahl, `d`: ganze Dezimalzahl, `x` oder `X`: Hexadezimalzahl.

Wichtig ist, dass diese Elemente genau in dieser Reihenfolge zusammengesetzt werden. Hier einige Beispiele:

Dezimalzahl mit Feldweite 5. Zahlen werden standardmäßig rechtsbündig gesetzt:

```
>>> "{:5d}".format(27)
'   27'
```

Hexadezimalzahl in einem Feld der Weite 5. Das kleine x zeigt an, dass die hohen Hexadezimalziffern (> 9) als kleine Buchstaben dargestellt werden sollen:

```
>>> "{:5x}".format(27)
'   1b'
```

Hexadezimalzahl in einem Feld der Weite 8 mit führenden Nullen:

```
>>> "{:05x}".format(27)
'0000001B'
```

Hexadezimalzahl in einem Feld der Weite 5, linksbündig und mit großen Buchstaben für die Ziffern über 9:

```
>>> "{:<5X}".format(27)
'1B   '
```

Gleitkommazahl mit Feldweite 5 und Präzision 2 (zwei Nachkommastellen):

```
>>> "{:5.2f}".format(2.7)
' 2.70'
```

13.3.2 Vertiefung: Eine Tabelle erstellen

Mit Platzhaltern und Formatierungsspezifikatoren können Sie relativ elegant Tabellen anfertigen. Das folgende kleine Skript erzeugt zeilenweise eine Tabelle mit drei Spalten. Darin werden zu Zahlen von 1 bis 5 die Quadratzahlen und Kubikzahlen angegeben.

```
#tabelle.py
tabelle=""
```

```
for i in range(1, 6):
    tabelle +="{a:>10}{b:>10}{c:>10}\n".format(
        a=i, b=i**2, c=i**3)

print(tabelle)
```

Der Formatspezifikator `:>10` bewirkt, dass für die Zahl ein Feld von 10 Stellen reserviert wird. Darin wird die Zahl rechtsbündig gesetzt.

Programmlauf:

```
         1         1         1
         2         4         8
         3         9        27
         4        16        64
         5        25       125
```

13.3.3 Mahnbriefe

Die folgende Klasse produziert Mahnbriefe. Bei der Instanziierung von Mahnbrief-Objekten wird aus dem Basistext (Klassenattribut `basistext`) und den Eckdaten, die als Argumente übergeben werden, ein individueller Text erzeugt. Für die Einsetzung der variablen Textteile verwenden wir ein Dictionary, das bei der Initialisierung geschaffen wird.

Skript:

```
# mahnung.py
class Mahnung:
    basistext = """{anrede} {name},

dies soll keine Mahnung sein. Ich möchte dich nur daran
erinnern, dass du deine Clubbeiträge für die Monate
{von} bis {bis} noch nicht bezahlt hast.
Bitte überweise sie umgehend auf das unten stehende Konto.

Mit freundlichen Grüßen
Tim (Kassenwart)
"""                                                          #1
    def __init__(self, geschlecht, name, von, bis ):
        if geschlecht == 'm':
            anrede = 'Lieber'
        else:
            anrede = 'Liebe'

        self.text = self.basistext.format(anrede=anrede,
                                          name=name,
```

```
                                    von=von,
                                    bis=bis)                #2

    def __str__(self):
        return self.text                                    #3

# Hauptprogramm
personen = [('m', 'Sven', 'Januar', 'Mai'),
            ('w', 'Jenny', 'Februar', 'Juli')]

for g, n, v, b in personen:
    print(Mahnung(g, n, v, b))
```

Erläuterung:

#1: Ende des Basistextes (Klassenattribut)

#2: Formatierung des Basistextes. Die Platzhalter werden durch Daten ersetzt.

#3: Zurückgegeben wird eine textuelle Repräsentation des Mahnbrief-Objektes.

Programmlauf:

```
Lieber Sven,
dies soll keine Mahnung sein. Ich möchte dich nur daran
erinnern, dass du deine Clubbeiträge für die Monate
Januar bis Mai noch nicht bezahlt hast.
Bitte überweise sie umgehend auf das unten stehende Konto.

Mit freundlichen Grüßen
Tim (Kassenwart)
...
```

13.3.4 Textuelle Repräsentation eines Objektes

Häufig möchte man komplexe Objekte durch einen Text beschreiben. Wenn in einer Klasse eine `__str__()`-Methode definiert ist, wird damit die Standardfunktion `str()` überschrieben, und durch eine einfache `print()`-Anweisung kann ein Objekt der Klasse auf dem Bildschirm ausgegeben werden. Die Kunst besteht darin, in der `__str__()`-Methode eine gut lesbare textuelle Repräsentation für die Objekte der Klasse zu finden. Im folgenden Skript definieren wir eine Klasse `Analyse`, die Ergebnisse chemischer Analysen von Mineralwasser modelliert. Das Attribut `titel` enthält den Titel der Analyse (String), und die Attribute `anionen` und `kationen` bezeichnen zwei Listen aus Tupeln. Jedes Tupel enthält den Namen einer Ionensorte und die gemessene Konzentration. In der Methode `__str__()` wird eine Tabelle mit den Analysewerten erstellt. Hier greifen wir tief in die Trickkiste der Formatierung.

Skript:

```
# analyse.py
from time import *
class Analyse:
  def __init__(self, titel, anionen, kationen):
      self.__titel = titel
      self.__an = anionen
      self.__kat = kationen

  def __str__(self):
      text = self.__titel.center(40)+'\n'                      #1
      text += ('Datum: '+asctime()).center(40)+'\n\n'          #2
      text += 'Kationen (mg/l)'.ljust(20)                      #3
      text += 'Anionen (mg/l)'.ljust(20)+'\n'
      text += 40*'-'+'\n'                                      #4
      i = 0
      while i<max(len(self.__an), len(self.__kat)):            #5
        if i<len(self.__kat):
          text += "{k[0]} {k[1]})".format(
                                  k=self.__kat[i]).ljust(20)
        else: text += 20*' '
        if i<len(self.__an):
          text += "{a[0]} ({a[1]})\n".format(a=self.__an[i])
        else: text+=20*' '+'\n'
        i+=1
      return text

sprudel = Analyse('Analyse von Sprudelwasser',
                [('Chlorid',40), ('Sulfat',38),
                 ('Hydrogencarbonat', 1816)],
                [('Natrium', 118), ('Kalium', 11),
                 ('Magnesium', 108), ('Calcium', 348)])

print(sprudel)
```

Erläuterung:

#1: Der Titel wird innerhalb eines Feldes von 40 Stellen zentriert.

#2: In der Zeile darunter wird – ebenfalls zentriert – ein Zeitstempel eingefügt.

#3: Tabellenüberschriften für eine zweispaltige Tabelle. Die Strings sind nach links ausgerichtet und nehmen insgesamt 20 Stellen ein.

#4: Ein Strich aus 40 Minuszeichen

#5: In der Schleife werden die beiden Spalten der Tabelle mit den Konzentrationsangaben für Anionen und Kationen generiert. Die Schwierigkeit ist, dass beide Spalten unterschiedlich lang sind.

Programmlauf:

```
        Analyse von Sprudelwasser
     Datum: Wed Sep 30 19:09:19 2009

Kationen (mg/l)      Anionen (mg/l)
----------------------------------------
Natrium (118)        Chlorid (40)
Kalium (11)          Sulfat (38)
Magnesium (108)      Hydrogencarbonat (1816)
Calcium (348)
```

13.3.5 F-Strings

Ein neuer Mechanismus zur Erzeugung von Texten mit variablen Teilen sind f-Strings (seit Python 3.6). Ein f-String ist ein normales Stringliteral mit Anführungsstrichen, dem der Buchstabe `f` vorangestellt ist. Ein f-String kann Platzhalter enthalten. Das sind Ausdrücke mit Variablen, die in geschweiften Klammern stehen. Sie werden ausgewertet und durch konkrete Zeichenfolgen ersetzt.

```
>>> name = "Anna"
>>> f"Ihr Name ist {name}"
'Ihr Name ist Anna'
```

Der Platzhalter kann auch ein mathematischer Term sein.

```
>>> länge = 12.5
>>> breite = 20
>>> f"Die Fläche beträgt {länge * breite} Quadratmeter."
'Die Fläche beträgt 250.0 Quadratmeter.'
```

Hinter den mathematischen Term können Sie eine Zeichenkette der Form

```
:Weite.Präzision
```

schreiben, um das Format einer Gleitkommazahl zu spezifizieren. Dabei ist *`Weite`* die Anzahl der fest vorgegebenen Stellen und *`Präzision`* (näherungsweise) die Gesamtzahl der Ziffern.

```
>>> from math import pi
>>> f"Die Kreiszahl hat den Wert {pi:.3}."
'Die Kreiszahl hat den Wert 3.14.'
>>> f"Die Kreiszahl hat den Wert {pi:.6}."
```

```
'Die Kreiszahl hat den Wert 3.14159.'
>>> f"Die Kreiszahl hat den Wert {pi:12.6}."
'Die Kreiszahl hat den Wert      3.14159.'
```

Ein f-String ist kein Literal für ein Datenobjekt, sondern ein Ausdruck, der sofort ausgewertet wird, sobald er vom Python-Interpreter gelesen worden ist. Das impliziert z.B., dass Namen, die in den Platzhaltern in geschweiften Klammern vorkommen, bereits definiert sein müssen. Versuchen Sie einmal, einen f-String mit unbekanntem Namen einzugeben:

```
>>> f"Der unbekannte Wert ist {x}."
Traceback (most recent call last):
  File "<pyshell#31>", line 1, in <module>
    f"Der unbekannte Wert ist {x}."
NameError: name 'x' is not defined
```

Einen f-String mit Platzhaltern kann man nicht speichern. Das ist ein Unterschied zu Textschablonen, die mit dem Formatierungsoperator % nachträglich formatiert werden.

```
>>> name = "Anna"
>>> text = f"Ihr Name ist {name}"
>>> text
'Ihr Name ist Anna'
```

13.4 Analyse von Texten

13.4.1 Chat Bots

In der Informatik versucht man seit mehreren Jahrzehnten, menschliche Intelligenz nachzubilden. Inzwischen gibt es eine Reihe von Software-Produkten, die als »intelligent« bezeichnet werden. Ein Beispiel dafür sind »Chat Bots« (Gesprächsroboter) – Computer-Programme, die vorgeben, eine eigene Identität zu besitzen, und Gespräche führen können. Der Informatiker und Mathematiker Alan Turing formulierte im Jahre 1950 in seinem berühmten Artikel »Can Machines Think?« folgenden Test für intelligentes Verhalten einer Maschine (Turing-Test): Eine Versuchsperson unterhält sich ohne Blickkontakt – z.B. über Tastatur und Bildschirm – mit einem anderen Wesen, von dem sie nicht weiß, ob es ein Mensch oder eine Maschine ist. Die Maschine ist intelligent, wenn die Versuchsperson anhand der Antworten nicht entscheiden kann, ob sie es mit einem Menschen oder einer Maschine zu tun hat. Der Turing-Test wird beim jährlich stattfindenden Loebner-Contest angewendet – einem Wettbewerb, in dem Chat Bots miteinander konkurrieren.

Das prominenteste Beispiel eines Gesprächsroboters ist *Eliza* – ein Programm, das 1966 von Joseph Weizenbaum am MIT entwickelt worden ist. ELIZA verhält sich wie eine Gesprächstherapeutin, die auf Fragen des Klienten eingeht, ihn dazu bringt, über seine Probleme zu reden, und einen verblüffend menschlichen Dialog führt.

ELIZA und ihre »Nachkommen« funktionieren im Prinzip folgendermaßen: Das Programm sucht im Eingabetext nach bestimmten Mustern und produziert nach vorgegebenen Regeln aus Fragmenten der Eingabe neuen Text.

Beispiel: Auf die Eingabe »Alle lachen über mich« reagiert Eliza mit »Erzählen Sie, wer Ihnen in den letzten Tagen gesagt hat, dass er über Sie lacht.« Alle Eingaben, die das Muster `alle <Verb>` enthalten, werden von ELIZA in gleicher Weise erwidert. Dabei wird in der Ausgabe einfach das Tätigkeitswort verwendet, das in der Eingabe hinter dem Wort `alle` steht.

Der Sinn und die Kontinuität des Gesprächs wird überwiegend von dem Menschen hergestellt, der ELIZA benutzt. Es kommt darauf an, dass die Antworten des Chat Bots einigermaßen plausibel sind und einen genügend großen Interpretationsspielraum erlauben (wie die Aussagen einer Wahrsagerin). So wird die Illusion aufrechterhalten, mit einem menschlichen Wesen zu sprechen.

Tabelle 13.7 enthält einige Beispiele für Chat Bots im Internet zum Ausprobieren.

Gesprächsroboter	Bemerkung
Eliza `http://www-ai.ijs.si/eliza/eliza.html`	Der klassische Gesprächsroboter nach J. Weizenbaum
Alice `https://www.chatbots.org/chatbot/a.l.i.c.e/`	Alice wurde in einer speziellen Programmiersprache für Chat Bots entwickelt (AIML oder Artificial Intelligence Mark-up Language). Der Erfinder von Alice, Richard Wallace, wurde für sein Projekt mehrfach mit dem Loebner-Preis ausgezeichnet.
John Lennon `http://triumphpc.com/johnlennon/index.shtml`	Das John Lennon Artificial Intelligence Project (JLAIP) hat einen Chatbot entwickelt, der in der Redeweise des Ex-Beatles Fragen beantwortet.

Tabelle 13.7: Einige Chat Bots im Internet

Chats Bots sind heute mehr als eine Spielerei: Mit einem Sprachgenerator gekoppelt werden sie (kommerziell) als Gesprächspartner zum Englisch-Lernen angeboten. Oder sie dienen als Auskunftsysteme.

13.4.2 Textanalyse mit einfachen Vorkommenstests

Als einfaches Beispiel eines Gesprächsroboters entwickeln wir ein System, das Fragen von Bürgern an ihre Stadtverwaltung beantwortet. Man kann sich vorstellen, dass ein solches Programm – in Form eines CGI-Skripts (siehe Kapitel 22) – über das Internet erreichbar ist.

Herzstück des Systems ist die Klasse `Beratung`. Die »Intelligenz« steckt hauptsächlich in der Methode `beantworte()`, die eine möglichst sinnvolle Antwort auf eine eingegebene Frage finden soll.

Skript:

```
# beratung.py
class Beratung:
  z1 = 'Dafür ist das Einwohnermeldeamt zuständig.'                    #1
  z2 = 'Wenden Sie sich bitte an das Straßenverkehrsamt.'
```

```
  z3 = 'Ihr Ansprechpartner ist Frau Helf vom Standesamt.'
  a1 = 'Am besten, Sie melden sich morgen noch einmal'

  def beantworte(self, frage):
    eingabe = frage.lower()                                          #2
    if eingabe.count('hochzeit') + \
       eingabe.count('heirat') > 0:                                  #3
        return self.z3
    elif eingabe.count('kfz') + eingabe.count('auto') > 0:
        return self.z2
    elif eingabe.count('ausweis') + \
         eingabe.count('pass') + \
         eingabe.count('meld') > 0:
        return self.z1
    else: return self.a1
  def __begruessen(self):
    print('Herzlich willkommen bei der Bürgerberatung!')
    print('Bitte geben Sie Ihren Nachnamen an.')
    nachname = input('Nachname: ')
    print('Wie soll ich Sie anreden,',
          'Herr {0} oder Frau {0}?'.format(nachname))
    eingabe = input(': ')
    if 'frau' in eingabe.lower():
        self.anrede = 'Frau ' + nachname
    else:
        self.anrede = 'Herr ' + nachname

  def chat(self):
    zufrieden = False
    self.__begruessen()
    print('Was kann ich für Sie tun, {}?'.format(
                           self.anrede))                             #4
    while not zufrieden:
        eingabe = input(': ').lower()
        if eingabe.count('nicht') + eingabe.count('danke') > 0:
            zufrieden = True
        else:
            print(self.beantworte(eingabe))
            print('Was kann ich noch für Sie tun, {}?'.format(
                    self.anrede))
    print('Auf Wiedersehen, {}.'.format(self.anrede))

chat = Beratung()
chat.chat()
```

Erläuterung:

#1: Für verschiedene Antwortmöglichkeiten werden Klassenattribute eingerichtet.

#2: Um die Vorkommenstests von der Groß- und Kleinschreibung unabhängig zu machen, wird die Eingabe in einen String aus lauter kleinen Buchstaben umgewandelt.

#3: Wenn im Text `Hochzeit` oder `Heirat` vorkommt, ...

#4: In den ausgegebenen Text wird (durch Formatierung) die Anrede, die im Attribut `self.anrede` gespeichert ist, eingefügt.

Beispieldialog:

```
Herzlich willkommen bei der Bürgerberatung!
Bitte geben Sie Ihren Namen an.
Name: Tanja Platt
Wie soll ich Sie anreden,
Herr Platt oder Frau Platt?
Anrede: Frau Platt
Was kann ich für Sie tun, Frau Platt?
: Ich brauche einen Personalausweis.
Dafür ist das Einwohnermeldeamt zuständig.
Was kann ich noch für Sie tun?
: Danke, das ist schon alles.
Auf Wiedersehen, Frau Platt.
```

13.5 Reguläre Ausdrücke

Reguläre Ausdrücke sind Zeichenketten, die zur Analyse von Texten verwendet werden. Durch einen regulären Ausdruck `re` wird eine Menge von Strings definiert, die zu `re` »passen«. Anschaulich kann man sich einen regulären Ausdruck als Filter vorstellen, der aus einer großen Anzahl von Zeichenketten diejenigen herausfischt, die einem bestimmten Muster entsprechen (siehe Abbildung 13.4).

Im einfachsten Fall besteht ein regulärer Ausdruck aus einer Zeichenfolge, die in jedem passenden String vorkommen muss. Der reguläre Ausdruck `'ab'` passt auf alle Zeichenketten, die `'ab'` als Teilstring enthalten, also z.B. `'aber'` und `'Tabak'`, nicht aber `'Abend'` oder `'Morgen'`.

Regulärer Ausdruck	passende Strings	Beispiele
`'\d+'`	Strings, die eine oder mehrere Dezimalziffern enthalten	`'1001 Nacht'` `'Die Summe ist 10000'`
`'\d+ EUR'`	Strings mit Dezimalziffern, gefolgt von einem Leerzeichen und EUR	`'Sein monatliches Gehalt beträgt 2500 EUR. '`

Tabelle 13.8: Beispiele für einfache reguläre Ausdrücke

Regulärer Ausdruck	passende Strings	Beispiele
'\D\d\d\d\d\d \D	Strings, die eine genau fünfstellige Zahl enthalten (z.B. eine Postleitzahl)	'Wohnort: 58454 Witten'

Tabelle 13.8: Beispiele für einfache reguläre Ausdrücke (Forts.)

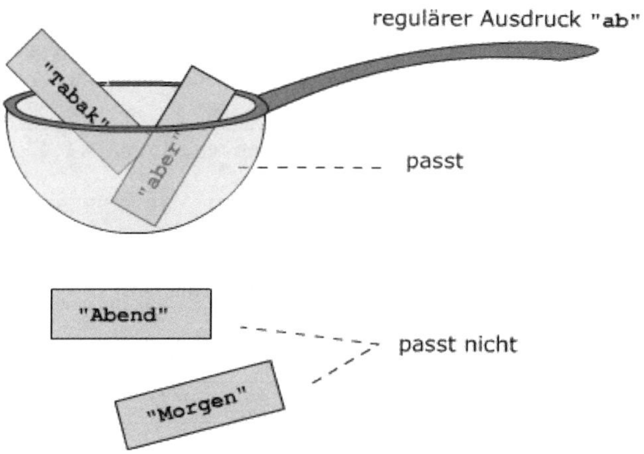

Abb. 13.4: Regulärer Ausdruck als Filter für Strings

13.5.1 Aufbau eines regulären Ausdrucks

Mithilfe von Sonderzeichen und speziellen Zeichensequenzen kann man komplexe Muster definieren. Tabelle 13.9 liefert einen Überblick. Reguläre Ausdrücke sind im Wesentlichen aus folgenden Elementen aufgebaut:

- Einfache Zeichen, die für sich selbst stehen, z.B. a
- Platzhalter für Zeichen aus einer Zeichenmenge, z.B. `\d` für eine Ziffer oder `\D` für ein Zeichen, das keine Ziffer ist
- Operatoren, mit denen aus einem oder mehreren regulären Ausdrücken ein neuer regulärer Ausdruck gebildet wird, z.B. + für ein- oder mehrfache Wiederholung eines regulären Ausdrucks

Sonderzeichen	Bedeutung/Beispiel
.	Jedes Zeichen außer Zeilenwechsel (`\n`). `'G.ld'` passt auf `'Gold'` und `'Geld'`.
^	Beginn eines Strings oder das erste Zeichen nach `\n`. `'^S'` passt auf `'Start'` nicht aber auf `'der Start'`.
[ ]	Definition einer Menge von Zeichen. Zum Beispiel bezeichnet `'[abc]'` ein Zeichen aus der Menge `{a, b, c}`.

Tabelle 13.9: Die wichtigsten Sonderzeichen in regulären Ausdrücken

Sonderzeichen	Bedeutung/Beispiel
`[^ ]`	Komplement einer Zeichenmenge. Zum Beispiel steht `[^aeiouAEIOU]` für ein beliebiges Zeichen, das kein Vokal ist.
`*`	Beliebig häufiges (eventuell keinmaliges) Wiederholen des vorausgehenden regulären Ausdrucks
`+`	Ein- oder mehrmaliges Wiederholen des vorausgehenden regulären Ausdrucks
`*?, +?`	»Nicht gierige« Variante des Stern- bzw. Plusoperators. Die Verwendung bei `findall()` führt zum Finden der kürzesten passenden Textstellen (siehe Abschnitt 13.5.4).
`?`	Null- oder einmaliges Auftreten des vorhergehenden regulären Ausdrucks.
`\`	Maskieren eines Sonderzeichens
`\A`	Beginn einer Zeichenkette. `'\AAuto'` passt auf `'Autobahn'`, nicht aber auf `'Sie fuhr ein rotes Auto'`.
`\d`	Dezimalziffer, entspricht der Menge `[0-9]`
`\D`	Alle Zeichen außer Dezimalziffern
`\s`	Whitespace-Zeichen aus der Menge `[ \t\n\r\f\v]`
`\S`	Alle Zeichen außer Whitespace-Zeichen
`\w`	Irgendein alphanumerisches Zeichen aus `[a-zA-Z0-9_]`
`\W`	Irgendein *nicht*alphanumerisches Zeichen aus `[^a-zA-Z0-9]`
`\Z`	Ende einer Zeichenkette
`|`	oder
`( )`	Zeichengruppe

Tabelle 13.9: Die wichtigsten Sonderzeichen in regulären Ausdrücken (Forts.)

Platzhalter für Zeichen aus einer Zeichenmenge

Ein Punkt `.` steht für *genau ein* beliebiges Zeichen. Der reguläre Ausdruck `'G.ld'` beschreibt die Menge aller Zeichenketten, die einen String enthalten, der folgendermaßen aufgebaut ist: Ein G, gefolgt von einem beliebigen Zeichen und dahinter `ld`. Der reguläre Ausdruck `'G.ld'` passt also auf `'Gold'`, `'Geld'` oder `'Gilde'`.

Mit eckigen Klammern wird ein Zeichen beschrieben, das zu einer Menge von Zeichen gehört. Zwischen den Klammern stehen die Elemente der Menge als String. Die Zeichen können einzeln aufgelistet werden oder man definiert einen Bereich durch zwei Zeichen und einem Minuszeichen `'-'` dazwischen. So ist der String `'a-z'` eine Kurzschreibweise für `'abcdefghijklmnopqrstuvwxyz'`und `'1-5'` eine Kurzform für `'12345'`. Beispiel:

Der reguläre Ausdruck `0[0-7][0-7]` passt auf alle dreistelligen Oktalzahlen, die mit einer Null beginnen, z.B. 025.

Steht hinter der öffnenden Klammer ein Dach ^, so wird das Komplement der durch den folgenden String dargestellten Zeichenmenge gebildet. Mit `[^0-9]` wird beispielsweise ein Zeichen beschrieben, das keine Ziffer ist.

Bestimmte »Zeichentypen« können durch Sequenzen dargestellt werden, die mit einem Backslash beginnen. So bezeichnet `\d` eine Dezimalziffer oder `\w` ein alphanumerisches Zeichen einschließlich Unterstrich (das entspricht `[a-zA-Z0-9_]`). Der reguläre Ausdruck `'\d\d\d'` passt auf alle Strings, die eine dreistellige Dezimalzahl enthalten.

Verknüpfen von regulären Ausdrücken

Wenn man zwei reguläre Ausdrücke *re1* und *re2* hintereinanderschreibt, entsteht wieder ein neuer regulärer Ausdruck. Dieser passt zu allen Strings, in denen die in *re1* und *re2* spezifizierten Zeichenfolgen hintereinander vorkommen.

Der Operator | steht für ein logisches Oder. Mit ihm kann man zwei reguläre Ausdrücke zu einem neuen verknüpfen. Der reguläre Ausdruck *re1|re2* passt auf alle Strings, auf die der reguläre Ausdruck *re1 oder* der reguläre Ausdruck *re2* passt. Beispiele: `'EUR|DM'` passt auf alle Strings, die `'EUR'` oder `'DM'` enthalten. Der reguläre Ausdruck `'geh(en|t)'` passt auf alle Strings, in denen `'gehen'` oder `'geht'` vorkommt. Der reguläre Ausdruck ist so zu lesen: Hinter dem String `'geh'` muss entweder `'en'` oder `'t'` folgen.

Der Stern-Operator * bewirkt, dass der vorhergehende reguläre Ausdruck beliebig häufig – also eventuell auch gar nicht – hintereinander »angewendet« wird. Der reguläre Ausdruck *re** passt auf Strings, auf die der vorhergehende reguläre Ausdruck *re* in beliebiger Wiederholung passt. Beispielsweise beschreibt `'0[0-7]*'` alle Oktalzahlen in der Python-Syntax. Ein String, auf den der reguläre Ausdruck passt, enthält eine 0 gefolgt von beliebig vielen Ziffern zwischen 0 und 7. Auch eine einfache 0 gehört zu den passenden Strings.

Ähnliche Wirkung hat der Plusoperator +. Der reguläre Ausdruck *re+* passt auf Strings, auf die der vorhergehende reguläre Ausdruck *re* in einmaliger oder mehrmaliger Wiederholung passt. Der Unterschied ist also, dass ein zu *re* passender String mindestens einmal vorkommen muss. Beispiel:

`'Mu+h'` erkennt das Muhen einer Kuh und passt auf alle Strings, die mindestens ein `'u'` zwischen einem `'M'` und einem `'h'` enthalten, also `'Muh'`, `'Muuh'`, `'Muuuh'` usw., nicht aber `'Mh'`.

Steht in einem regulären Ausdruck hinter einem Zeichen ein Fragezeichen, so wird damit zum Ausdruck gebracht, dass in einem passenden String das Zeichen vorkommen kann, aber nicht *muss*. Damit können z.B. unterschiedliche Schreibweisen von Begriffen berücksichtigt werden. So kann man Katode oder Kathode schreiben (mit h und ohne h). Der reguläre Ausdruck `'Kath?ode'` passt auf beide Schreibweisen.

Durch runde Klammern werden Zeichen zu einer Gruppe zusammengefasst, auf die man dann z.B. die Operatoren + und * anwenden kann. Beispiel: Der reguläre Ausdruck `'(ha)+!'` passt auf `'haha!'` und `'hahaha!'`, nicht aber auf `'haaa!'`, da die komplette Gruppe `(ha)` wiederholt werden muss.

Maskieren von Sonderzeichen

Unter Umständen will man in einem regulären Ausdruck das Vorkommen eines Sonderzeichens (z.B. `.`, `[`, `]`, *, +, \) testen. In diesem Fall muss man einen Backslash \ voranstellen und so das Sonderzeichen »maskieren«. Beispiele: Der reguläre Ausdruck `'1\.1'` passt auf `'1.1'` und `'4561.1'`. Hier wird das Sonderzeichen Punkt `.` maskiert. Der reguläre Ausdruck `'c:\\d'` passt z.B. auf `'c:\daten'`. Eine zweite Maskierungsmöglichkeit ist die Verwendung von eckigen Klammern. Sonderzeichen verlieren in eckigen Klammern ihre Wirkung und werden wie normale Zeichen verwendet.

Anwendungsbeispiele

Tabelle 13.10 enthält einige komplexere Beispiele, die die Anwendungsmöglichkeiten regulärer Ausdrücke illustrieren. Die aufgeführten regulären Ausdrücke erkennen eine Telefonnummer mit Vorwahl, einen englischen Text und einen Geldbetrag.

Regulärer Ausdruck	passt auf ...	passt nicht auf ...
`(Bankleitzahl|BLZ):?\s*\d+`	`Bankleitzahl 4525004`	`BLZ`
	`Konto BLZ:   476542`	`Konto 8125667`
`0\d+[-/)]?\s*[1-9]\d\d+`	`Tel.: (0201) 56683`	`Tel.: 56683`
	`0201 56683`	`02345 056683`
	`Telefon: 0201-56683`	`00`
`(the\s)|(I\s)`	`Here comes the sun`	`Theater`
	`I love you`	`Im Frühtau zu Berge`
`[1-9]\d+([.,](\d\d|-))?`	`123.45`	`123.4`
	`100,-`	`0123,45`
	`123`	`1, 23`

Tabelle 13.10: Beispiele für reguläre Ausdrücke und passende Strings

13.5.2 Objekte für reguläre Ausdrücke (RE-Objekte)

Zur Verarbeitung regulärer Ausdrücke stellt Python ein eigenes Modul namens `re` bereit. Es enthält die Funktion `compile()`, mit der ein Objekt für einen regulären Ausdruck (*regular expression object*, RE-Objekt) erzeugt wird. Wenn Sie im objektorientierten Programmierstil mit regulären Ausdrücken arbeiten, ist der erste Schritt die Generierung eines RE-Objektes. Das Format eines Aufrufs der Funktion `compile()` ist:

```
compile(pattern[,flags])
```

Das erste Argument enthält als String einen regulären Ausdruck. Im optionalen zweiten Argument `flags` kann durch die Option I oder IGNORECASE festgelegt werden, dass bei der Anwendung des regulären Ausdrucks Groß- und Kleinschreibung ignoriert wird.

RE-Objekte besitzen verschiedene Methoden, mit denen Strings analysiert und bearbeitet werden können, sowie das Attribut `pattern`, das den regulären Ausdruck als String enthält. Tabelle 13.11 gibt einen Überblick.

Methode	Erklärung
`findall(`*`string`*`)`	Liefert eine Liste von nicht überlappenden Teilstrings, auf die der reguläre Ausdruck passt.

Tabelle 13.11: Methoden von RE-Objekten (*regular expression objects*)

Methode	Erklärung
`match(string[, pos[, endpos]])`	Wenn der reguläre Ausdruck auf ein *Anfangsstück* des Strings `string` passt, wird ein Match-Objekt (siehe Abschnitt 13.5.7) zurückgegeben, sonst `None`. Die optionalen Argumente `pos` und `endpos` markieren einen Suchbereich.
`search(string[, pos[, endpos]])`	Liefert ein Match-Objekt, falls der reguläre Ausdruck auf den String passt. Ansonsten wie `match()`.
`split(string[, maxsplit])`	Liefert zu `string` eine Liste von maximal `maxsplit` Teilstrings. Durch den regulären Ausdruck wird der Trennstring definiert.
`sub(replace, string[, count])`	Liefert einen String, der aus `string` wie folgt ermittelt wird: Teilstücke, auf die der reguläre Ausdruck passt, werden durch `replace` ersetzt.

Tabelle 13.11: Methoden von RE-Objekten (*regular expression objects*) (Forts.)

13.5.3 Analyse von Strings mit match() und search()

Eine Standardanwendung für reguläre Ausdrücke ist die Analyse eines Strings. Ein Dialogsystem muss herausfinden, worum es in der Benutzereingabe geht, um angemessen reagieren zu können. Dazu verwendet man `search()` und `match()`.

```
>>> from re import *
>>> re = compile('\d+')
>>> if re.search('Geschichten aus 1001 Nacht'):
    print('Zahl enthalten')
Zahl enthalten
>>> if re.match('1001 Nacht'):
    print('Beginnt mit Zahl')
Beginnt mit Zahl
```

Die beiden Methoden leisten fast dasselbe. Der Unterschied liegt allein darin, dass `search()` den gesamten String untersucht, während `match()` prüft, ob ein *Anfangsstück* des Strings auf den regulären Ausdruck passt.

13.5.4 Textpassagen extrahieren mit findall()

Mit der Methode `findall()` können Sie aus einer (unter Umständen sehr langen) Zeichenkette bestimmte Textstellen herauslösen. Wenn `re` ein RE-Objekt ist und `string` eine Zeichenkette, dann liefert `re.findall(string)` eine Liste aller Substrings aus `string`, die auf den regulären Ausdruck von `re` passen. Im folgenden Beispiel werden aus der LICENSE-Datei der Python-Installation auf Ihrem Rechner sämtliche Links herausgelesen. Dies ist übrigens eine wichtige Aufgabe von Suchrobotern, die im Auftrag von Suchmaschinen das WWW nach neuen Webseiten durchforsten.

Skript:

```
# linkfind.py
from re import *
def linkfind(datei):
    re = compile('https?://.+html?', I)                  #1
    f = open(datei,'r')
    text = f.read()
    f.close()
    return re.findall(text)                              #2

linkliste = linkfind('/Python37/LICENSE.txt')
print('Links in der Python-LICENSE-Datei:')
for link in linkliste:
    print(link)
```

Bildschirmausgabe:

```
Links in der Python-LICENSE-Datei:

http://www.pythonlabs.com/logos.html
```

Erläuterung:

#1: Erzeugen eines RE-Objektes, das nicht zwischen Groß- und Kleinschreibung unterscheidet. Der reguläre Ausdruck passt auf alle Strings, die mit `http://` oder `https://` anfangen und mit `html` oder `htm` enden.

Wenn man auch Links finden will, die mit einem Slash / enden, verwendet man folgenden regulären Ausdruck: `'https?://.+(?:html?|/)'`. Die Sequenz `?:` zu Beginn des Klammerausdrucks ist notwendig, damit `findall()` den gesamten passenden Substring zurückgibt (Unterdrückung der Gruppierungsfunktion).

#2: Die Methode `findall()` sucht alle Textstellen heraus, die auf den regulären Ausdruck passen, und gibt sie in Form einer Liste zurück.

Gieriges und nicht gieriges Finden

Die Operatoren * und + bewirken eine Suche nach einem passenden Teilstring der *maximalen* Länge. Deshalb bezeichnet man sie anschaulich als »gierig« (greedy).

Beispiel:

```
>>> from re import *
>>> re = compile('<.*>')
>>> re.findall('<h1> Python </h1>')
['<h1> Python </h1>']
```

Der gierige reguläre Ausdruck `'<.*>'` verursacht, dass die Funktion `findall()` als passenden Teilstring den *längsten* Teilstring zurückgibt, der mit `'<'` beginnt und mit `'>'` aufhört. Ein kürzerer, ebenfalls passender Teilstring wäre in diesem Beispiel `'<h1>'`, doch der wird ignoriert.

Nun können die Operatoren + und * als »nicht gierig« qualifiziert werden, indem man hinter sie ein Fragezeichen ? schreibt. In diesem Fall werden dann die kürzesten passenden Teilstrings gesucht. Beachten Sie im folgenden Beispiel das Fragezeichen:

```
>>> re = compile('<.*?>')
>>> re.findall('<h1> Python </h1>')
['<h1>', '</h1>']
```

13.5.5 Zeichenketten zerlegen mit split()

Durch den Aufruf `re.split(string)` wird die Zeichenkette *string* in eine Liste mehrerer Teilstrings aufgespalten. Der reguläre Ausdruck des RE-Objektes *re* spezifiziert die Trennstrings. Das sind die Zeichenketten, die im Originalstring zwischen den später getrennten Stücken stehen. Mit dem optionalen zweiten Argument kann die maximale Anzahl von Zerlegungen festgelegt werden.

Im folgenden Beispiel wird die mittlere Länge eines Satzes im Text der LICENSE-Datei ermittelt. Die mittlere Satzlänge ist ein wichtiges Kriterium für die Lesbarkeit eines Textes und ist z.B. Bestandteil der Flesch-Analyse (siehe Aufgabe 4).

Skript:

```
# laengencheck.py
from re import *
def laengencheck(datei):
    re = compile('[.,;:!?]+\s')                              #1
    f = open(datei,'r')
    text = f.read()
    f.close()
    anzahl = len(re.split(text))                             #2
    laenge = float(len(text.split())) / anzahl               #3
    return laenge

print('Mittlere Satzlänge in der LICENSE-Datei:')
print(laengencheck('/Python37/LICENSE.txt'), 'Wörter')
```

Bildschirmausgabe:

```
Mittlere Satzlänge in der LICENSE-Datei:
7.752631578947368 Wörter
```

Erläuterung:

#1: Trennstrings bestehen aus mindestens einem Zeichen aus `[.,;:!?]` gefolgt von einem Whitespace (Leerzeichen, Zeilenwechsel, Tabulator etc.). Durch das Whitespace-Zeichen wird gewährleistet, dass Punkte in Gleitkommazahlen oder URLs nicht als Satztrennungszeichen interpretiert werden.

#2: Der Text wird in eine Liste von Sätzen aufgespalten. Deren Länge ist die Anzahl der Sätze.

#3: `text.split()` liefert eine Liste aller Wörter (Default-Trennsymbol ist das Leerzeichen). Die Länge dieser Liste ist die Anzahl der Wörter.

13.5.6 Teilstrings ersetzen mit sub()

Ein Aufruf `re.sub(`*`replace`*`, `*`string`*`)` liefert eine Zeichenkette, die aus dem String im zweiten Argument nach folgendem Verfahren berechnet wird: Von links beginnend werden nicht überlappende Vorkommen von Teilstrings, auf die der reguläre Ausdruck von *`re`* passt, durch den String *`replace`* ersetzt. Im folgenden Beispiel werden Zahlenangaben durch Unterstriche ersetzt:

```
>>> s = 'Das Auto kostet 1756.90 Euro.'
>>> re = compile('\d')
>>> print(re.sub('_', s))
Das Auto kostet ____.__Euro.
```

Sollen nicht alle passenden Teilstrings ersetzt werden, kann als drittes Argument die Anzahl der Ersetzungen angegeben werden.

13.5.7 Match-Objekte

Die Methoden `search()` und `match()` geben ein so genanntes Match-Objekt zurück, falls der reguläre Ausdruck auf den geprüften String passt. Es kann durch Abfragen von Attributen bzw. Aufruf von Methoden ausgewertet werden.

Attribut /Methode	Erklärung
`end()`	Liefert den Index vom Ende des längsten passenden Teilstrings
`re`	Der reguläre Ausdruck (als RE-Objekt), der beim Aufruf von `search()` oder `match()` verwendet wurde
`start()`	Liefert den Index des Anfangs des passenden Teilstrings
`string`	Der String, der geprüft wurde

Tabelle 13.12: Die wichtigsten Methoden und Attribute von Match-Objekten

In Dialogsystemen verwendet man Match-Objekte, um zu einer Eingabe eine passende Antwort zu generieren, in der Teile des Eingabestrings verwendet werden. Das folgende Skript implementiert einen sehr beschränkten Chat Bot, der sich wie ein Gesprächspsychologe verhält. Er reagiert auf einige wenige Textmuster in der Weise, dass er den Gesprächspartner zum Weitererzählen ermuntert.

Zum Beispiel wird aus dem Satz

»Alle lachen über mich!«

die folgende Antwort generiert:

»Wer lacht über Sie? Denken Sie an bestimmte Personen?«

Die Konstruktion der Antwort funktioniert im Prinzip folgendermaßen:

- Aus der Eingabe wird ein Satz extrahiert, der mit `alle`, gefolgt von einem Verb (Wort mit Endung en) beginnt.
- In diesem Satz werden einige Strings gemäß Abbildung 13.5 durch neue Strings ersetzt. Das ergibt den ersten Satz der Antwort.

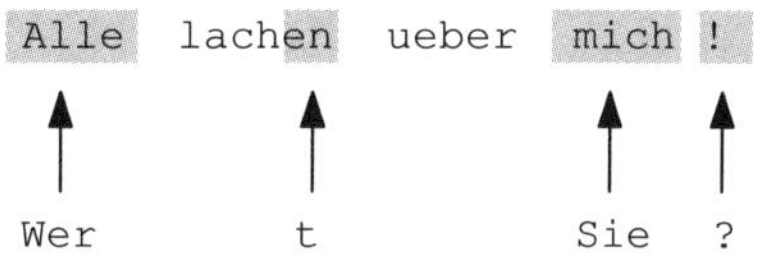

Abb. 13.5: Konstruktion einer Antwort durch Ersetzungen

Das folgende Skript zeigt, wie man für die Ersetzungen Match-Objekte verwendet.

Skript:

```
# chat.py
from re import *
class Chat:
    def __alle(self, e):
        re1 = compile('alle \w\w+en', I)                          #1
        re2 = compile('alle', I)                                  #2
        re3 = compile('[.!,;]+')                                  #3
        m1 = re1.search(e)
        m2 = re2.search(e)
        if m1:
            passendesStueck1 = m1.string[m1.start():m1.end()]     #4
            verb = passendesStueck1.split()[1]                    #5
            stamm = verb[:-2]                                     #6
            passendesStueck2 = m2.string[m2.start():]             #7
            satz = re3.split(passendesStueck2) [0]                #8
            restsatz = passendesStueck2.split(' ',2)[2]           #9
            restsatz = restsatz.replace('mich','Sie')
            restsatz = restsatz.replace('mein', 'Ihr')
            antwort = 'Wer {}t {}?'.format(stamm, restsatz)
```

```
            antwort += ' Denken Sie an bestimmte Personen?'
            return antwort

    def __familie(self, e):
        re = compile('bruder|schwester|mutter|vater', I)
        if re.search(e):
            antwort = 'Erzählen Sie mir mehr über Ihre Familie.'
            return antwort

    def __negativ(self, e):
        re = compile('nein|nicht|kein', I)
        if re.search(e):
            antwort = 'Denken Sie nicht ein bisschen negativ?'
            return antwort

    def chat(self):
      print('Hallo, ich bin Mini-Eliza.')
      e = input('Sie: ')
      while e:
        if self.__alle(e): print(self.__alle(e))
        elif self.__familie(e): print(self.__familie(e))
        elif self.__negativ(e): print(self.__negativ(e))
        else: print('Aha ...')
        e = input('Sie: ')
      print('Auf Wiedersehen!')

chat = Chat()
chat.chat()
```

Erläuterung:

#1: Dieser reguläre Ausdruck spezifiziert Strings, die das Wort `alle` enthalten, gefolgt von einem Leerzeichen und einem Wort mit mindestens vier Buchstaben, das mit `en` endet.

#2: `r2` passt auf Strings, die mit `alle` beginnen.

#3: `r3` spezifiziert eine Folge von Satzzeichen.

#4: `m1` ist ein Match-Objekt, das mithilfemithilfe des RE-Objektes `re1` gewonnen wurde. `m1. start()` und `m1.end()` liefern Anfangs- und Endposition des längsten Teilstrings der Eingabe, der auf den regulären Ausdruck von `r1` passt. Somit erhält die Variable `passendes-Stueck1` (idealerweise) einen String, der aus dem Wort `alle` und einem nachfolgenden Verb besteht.

#5: Dieser String wird in zwei Wörter aufgespalten, das Verb ist das zweite Wort.

#6: Der Wortstamm des Verbs ist das Verb ohne die letzten beiden Buchstaben `en`.

#7: `passendesStueck2` ist ein Teilstring der Eingabe `e`, der mit `alle` beginnt und bis zum Ende der Eingabe geht.

#8: Dieser String kann aus mehreren Sätzen bestehen. Deshalb wird der String in Sätze gespalten. Der Trennstring wird durch `r3` spezifiziert und besteht aus Satzzeichen wie Punkt, Ausrufungszeichen und so weiter. Uns interessiert nur der erste Satz, der mit `alle` beginnt. Er ist das erste Element der Liste.

#9: Dieser Satz wird in Wörter zerlegt. Die Variable `restsatz` erhält den Satz ohne die ersten beiden Wörter.

Programmlauf:

```
Hallo, ich bin Mini-Eliza.
Sie: Alle lachen über mich!!!
Wer lacht über Sie? Denken Sie an bestimmte Personen?
Sie: Zum Beispiel meine Mutter ...
Erzählen Sie mir mehr über Ihre Familie.
Sie: Lieber nicht
Denken Sie nicht ein bisschen negativ?
```

13.6 Den Computer zum Sprechen bringen – Sprachsynthese

Mit dem *Speech SDK* von Microsoft können Sie (auf MS-Windows-Plattformen) Skripte mit Sprachausgabe schreiben. Dazu benötigen Sie die (kostenlose) Entwicklungsumgebung *Pythonwin* von Mark Hammond.

In der Entwicklungsumgebung *Pythonwin* müssen Sie einmal im Menü TOOLS die Funktion COM MAKEPY UTILITY anklicken und dann MICROSOFT SPEECH OBJECT LIBRARY auswählen.

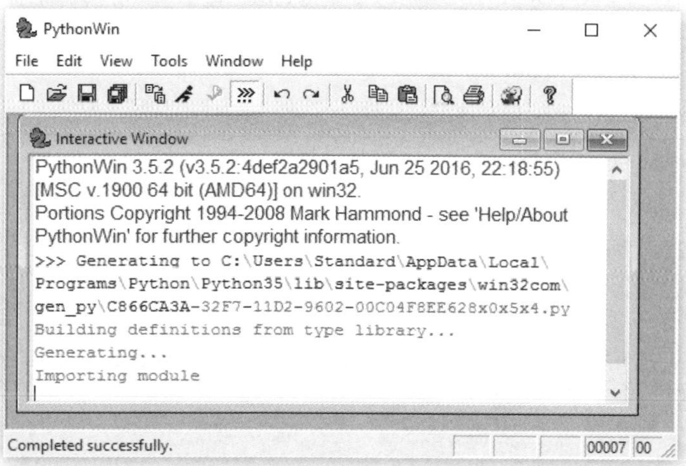

Abb. 13.6: Erfolgsmeldung nach dem Import des Microsoft Speech SDK

Im interaktiven Modus können Sie jetzt den Computer zum Sprechen bringen. Probieren Sie es aus:

```
>>> import win32com.client
>>> speaker = win32com.client.Dispatch("SAPI.SpVoice")
>>> speaker.Speak("There is music in the air")
1
```

Wenn Sie Windows 10 verwenden, klang das vermutlich etwas sonderbar. Der Grund ist, dass der Text von Hedda, der deutschen Stimme von Microsoft, vorgelesen wurde. Das ist so voreingestellt. Sie können aber die Stimme ändern. Mit dem folgenden Skript finden Sie heraus, welche Stimmen auf Ihrem System installiert sind:

Skript:

```
import win32com.client

text = """Hello, my friend.
          Ich muss lachen."""

speaker = win32com.client.Dispatch('Sapi.SpVoice')
voices = speaker.GetVoices()                                    #1
for voice in voices:                                            #2
   print(voice.GetDescription())                                #3
   speaker.Voice = voice                                        #4
   speaker.Speak(text)
```

Erläuterung:

#1: Die Methode `GetVoices()` liefert ein iterierbares Objekt (eine Kollektion), das alle verfügbaren Stimmen enthält.

#2: Die Kollektion der Stimmen wird durchlaufen.

#3: Die Beschreibung einer Stimme wird ausgegeben.

#4: Eine neue Stimme wird zugeordnet.

Ausgabe (Beispiel):

```
Microsoft Hedda Desktop - German
Microsoft Zira Desktop - English (United States)
```

Weitere Stimmen für verschiedene Sprachen können Sie bei Microsoft herunterladen (`https://www.microsoft.com/en-us/download/details.aspx?id=27224`).

13.6.1 Buchstabieren

Das folgende Skript ist ein Buchstabiertrainer. Es werden nacheinander englische Wörter vorgelesen. Nach jedem Wort wartet das Programm auf eine Eingabe über die Tastatur. Wenn das englische Wort in korrekter Schreibweise eingegeben wurde, antwortet das System (hörbar auf Englisch) »Correct«, ansonsten »Sorry, not correct«. Nach fünf Wörtern wird ein (gesprochenes) Trainingsergebnis geliefert.

Skript:

```
# vokabelsprecher.py
from win32com.client import constants
import win32com.client
import random

class Vokabelgenerator:
    """ Aus einer Textdatei wird eine Vokabelliste generiert."""
    def __init__(self, datei):
        f = open(datei,'r')
        text = f.read()
        liste = text.split()                                    #1
        self.__vokabeln = []                                    #2
        for wort in liste:                                      #3
            if wort.isalpha()and  len(wort) > 3:
             self.__vokabeln.append(wort.lower())

    def getVokabel(self):
          """ Liefert zufällige Vokabel"""
          return self.__vokabeln[random.randint(1,
                                   len(self.__vokabeln))]

# Hauptprogramm
speaker = win32com.client.Dispatch("SAPI.SpVoice")
speaker.Voice = speaker.GetVoices().Item(1)                     #4
vokabeln = Vokabelgenerator('/python37/LICENSE.txt')
punkte = 0
fehler = 0
print('Listen to the words and spell them')
speaker.Speak('Listen to the words and spell them')             #5
for i in range(5):
     wort = vokabeln.getVokabel()
     speaker.Speak(wort)
     eingabe = input('Spell the word: ')
     if eingabe.lower() == wort:
```

```
            speaker.Speak('Correct.')
            punkte += 1
        else:
            speaker.Speak('Sorry, not correct')
            print('The correct word is:', wort)
             fehler += 1
text = "You've got {} points".format(punkte)                       #6
text += " and you've made {} mistakes.".format(fehler)
text += "Good bye."
print(text)
speaker.Speak(text)
```

Erläuterung:

Die Grundidee ist folgende: Eine Textdatei (hier die LICENSE-Datei des Python-Systems) wird in eine Liste von Wörtern zerlegt. Allzu kurze Wörter werden ausgefiltert. Nach dem Zufallsprinzip werden Wörter aus der Liste ausgewählt und vorgelesen.

#1: Der Text aus der Datei wird in eine Liste von Wörtern aufgespalten (Trennsymbol ist das Leerzeichen).

#2: Initialisieren der Liste `__vokabeln` (privates Objektattribut).

#3: Die Liste `liste` enthält lauter zusammenhängende Zeichenketten ohne Leerzeichen. Dazu gehören z.B. auch URLs, Zahlen, Folgen von Minuszeichen als Striche und anderes. An dieser Stelle werden nur »echte Wörter« aus mehr als drei Buchstaben in den Wortschatz (`self.__vokabeln`) übernommen.

#4: Dem Sprachobjekt wird die Stimme Nummer 1 zugewiesen. Das ist üblicherweise Zira, die US-amerikanische Stimme.

#5: Der als Argument übergebene Text `word` wird vorgelesen.

#6: Ausgabe des Ergebnisses.

Programmlauf:

```
Listen to the words and spell them
Spell the word: behave
Spell the word: takes
Spell the word: with
Spell the word: change
Spell the word: dial
The correct word is: fail
You've got 4 points, and you've made 1 mistakes. Good bye.
```

13.6.2 Den Klang der Stimme verändern

Nach dem Methodenaufruf `Speak(`*`text`*`)` sorgt das SAPI-Sprachobjekt dafür, dass der String *`text`* vorgelesen wird. Das Argument *`text`* kann einfacher Text sein wie in den bisherigen Beispielen. Der Text kann aber auch Auszeichnungen enthalten, die den Klang der Stimme beeinflussen. Diese Auszeichnungen sind XML-Tags der Form `<tag> ... </tag>`. (Mehr zu XML finden Sie in Kapitel 26.) Die Tabelle gibt einen Überblick.

Tag	Werte für n	Wirkung
`<pitch middle="n"> ... </pitch>`	-10 ... +10	Die Tonlage der Stimme wird verändert. Wenn n positiv ist, wird die Stimme höher.
`<rate speed="n"> ... </rate>`	-10 ... +10	Die Lesegeschwindigkeit wird erhöht oder erniedrigt.
`<volume level="n"> ... </volume>`	0 ... 100	Lautstärke. Die Zahl n gibt den Prozentanteil der maximalen Lautstärke an.

Tabelle 13.13: Tags zur Beeinflussung der Sprachausgabe von SAPI-Sprachobjekten

Probieren Sie es aus:

```
>>> text = """<rate speed="2">Now I am talking quite quickly.</rate>
<rate speed="-8">And now I am talking very slowly</rate>"""
>>> speaker.Speak(text)
```

Geschwindigkeit und Lautstärke (nicht aber die Tonlage) können Sie auch über die Attribute `Rate` und `Volume` des SAPI-Sprachobjektes verändern. Dann benötigen Sie keine XML-Tags.

```
>>> speaker.Rate =- 10
>>> speaker.Speak("Very slowly")
1
>>> speaker.Volume = 20
>>> speaker.Speak("Very quietly")
1
```

Im folgenden Skript werden diese Techniken angewendet. Das Programm ist ein Rechentrainer. Dem Benutzer werden (mündlich) fünf Rechenaufgaben gestellt. Die Lösung gibt er über die Tastatur ein. Ist die Antwort richtig, wird das Schwierigkeitsniveau erhöht (der Zahlbereich wird vergrößert) und ein Punkt vergeben. Ist die Antwort falsch, wird das Schwierigkeitsniveau erniedrigt. Der Clou ist, dass zwei unterschiedliche Stimmen zum Einsatz kommen. Der Benutzer hat den Eindruck, dass zwei Personen zu ihm sprechen.

```
# math_trainer.py
import win32com.client
import random

class Speaker:                                                    #1
```

```
    def __init__ (self, pitch=0, rate=0, volume=100):
        self.pitch = pitch    # Tonhöhe
        self.voice = win32com.client.Dispatch('Sapi.SpVoice')
        self.voice.Rate = rate
        self.voice.Volume = volume

    def say(self, text):                                                    #2
        self.voice.Speak(
         '<pitch middle = "{}"> {} </pitch>'.format(self.pitch, text))

class Math_trainer:
    def __init__ (self, level=5):
        self.level = level                                                  #3
        self.anne = Speaker(pitch=-5, rate=-3, volume=80)
        self.laura = Speaker(pitch=10, rate=1, volume=100)
        self.points = 0

    def ask(self):
        a = random.randint(2, self.level)                                   #4
        b = random.randint(2, self.level)
        question = "Wie viel ist {} + {}? ".format(a, b)
        self.anne.say(question)
        answer = input("{} + {} = ".format(a, b))
        if int(answer) == a + b:
            self.points += 1                                                #5
            self.laura.say("""Richtig! Du hast {} Punkte.
                           """.format(self.points))
            self.level += 1
        else:                                                               #6
            feedback = """Leider falsch. {} + {} ist {}""".format(a, b, a+b)
            self.anne.say(feedback)
            self.level -= 1
            if self.level < 5: self.level = 5                               #7

    def practise(self):                                                     #8
        self.anne.say("Hallo, ich bin Ann. Lasst uns Mathe üben.")
        for i in range(5): self.ask()
        self.anne.say("""Herzlichen Glückwunsch.
                      Du hast {} Punkte. Bis bald!
                      """.format(self.points))

m = Math_trainer(5)                                                         #9
m.practise()
```

Erläuterung:

#1: Die Klasse `Speaker` modelliert SAPI-Sprachobjekte mit bestimmter Tonlage, Lautstärke und Lesegeschwindigkeit. In der Parameterliste der `__init__()`-Methode sind Voreinstellungen festgelegt. Wenn bei der Instanziierung nichts anderes angegeben wird, bleiben Tonlage und Lesegeschwindigkeit auf dem Standardwert (0) und die Lautstärke ist 100%.

#2: Die Methode `say()` liest den übergebenen Text in der spezifischen Tonlage, Lautstärke und Geschwindigkeit des Speaker-Objektes vor. Beachten Sie, das die Tonlage (pitch) nur durch XML-Tags beeinflusst werden kann.

#3: Die Klasse `Math_trainer` modelliert ein Team von zwei Mathematiklehrerinnen, die eine Übung durchführen. Bei der Instanziierung eines `Math_trainer`-Objektes kann der Schwierigkeitsgrad (level) eingestellt werden. Die Attribute `laura` und `anna` sind Speaker-Instanzen mit unterschiedlichen Stimmen.

#4: Die Methode `ask()` sorgt für die Abwicklung einer einzelnen Aufgabe. Zunächst werden zwei ganze Zufallszahlen `a` und `b` zwischen 2 und `self.level` erzeugt und damit eine Additionsaufgabe formuliert.

#5: Wenn die Antwort richtig ist, wird die Punktzahl um eins erhöht. Die Sprecherin Laura gibt ein Feedback und das Spiellevel wird um eins erhöht.

#6: Wenn die Antwort falsch ist, gibt die Sprecherin Anne ein Feedback und das Level wird um eins erniedrigt.

#7: Hier wird sichergestellt, dass `self.level` niemals kleiner als 5 ist.

#8: Die Methode `practise()` realisiert die Durchführung der kompletten Übung. Eine Übung besteht aus drei Teilen: Begrüßung, fünf Fragen, Verabschiedung.

#9: Eine Instanz der Klasse `Math_trainer` mit Schwierigkeitsgrad 5 wird erzeugt.

13.7 Aufgaben

Aufgabe 1

Entwickeln Sie ein objektorientiertes Programm, das Staumeldungen formuliert. Die Staumeldungen kann man sich als Liste von Tupeln vorstellen. Jedes Tupel enthält folgende Informationen: Autobahn (z.B A1), Richtung, Abfahrt oder Autobahnkreuz, vor der bzw. dem der Stau ist, Länge des Staus in km.

Die Formulierungen der Staumeldungen sollen etwas abwechslungsreich sein. Beispiel:

```
Ein Stau von 4 km Länge erwartet Sie auf der A1 Richtung Köln vor dem
Westhofener Kreuz.Westhofener Kreuz.
Auf der A40 Richtung Dortmund vor der Abfahrt Bochum Zentrum 6 km Stau.
```

Aufgabe 2

Entwickeln Sie ein objektorientiertes Programm, das eine intelligente Pinnwand mit Ordnungssinn modelliert. An die Pinnwand können Zettel mit Notizen geheftet werden. Auf Wunsch gibt die Pinnwand die Notizen geordnet nach Priorität wieder aus, die wichtigsten Notizen werden zuerst genannt. Die Priorität einer Notiz wird durch eine Analyse ihres

Textes ermittelt. Texte, in denen viele Ausrufungszeichen oder Bemerkungen wie »wichtig!« oder »dringend!« vorkommen, erhalten eine hohe Priorität.

Tipps zur Implementierung:

Herzstück des Programms ist die Klasse `Pinnwand` (siehe Abbildung 13.7). Sie besitzt drei öffentliche Methoden:

Die Methode `hefteAn(notiz)` implementiert das Anheften eines Notizzettels an die Pinnwand. Das Argument ist ein String-Objekt. Es stellt eine beliebige Notiz dar. Durch eine Analyse des Textes wird eine ganze Zahl als Priorität ermittelt. Ein Paar aus Text und Priorität wird der internen Liste `__zettel` hinzugefügt.

Die Methode `__str__()` überlädt die Standardfunktion `str()`. Sie liefert einen String mit einer kompletten Auflistung der Notizzettel – geordnet nach Priorität.

Die Methode `entferne()` liefert die Notiz mit der höchsten Priorität und entfernt sie aus der internen Liste.

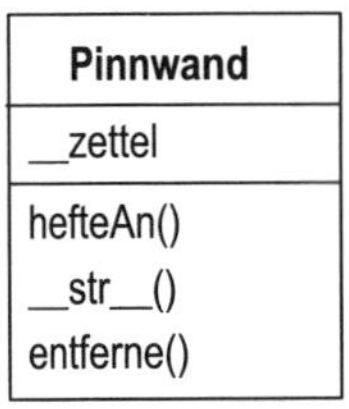

Abb. 13.7: UML-Klassendiagramm für eine sich selbst organisierende Pinnwand

Beispieldialog:

```
Pinnwand

(N)eue Notiz anheften           (A)lle Notizen auflisten
(W)ichtigste Notiz entfernen    (E)nde

Ihre Wahl: n
Notiz: Tel. Andi: 0234 238777
Notiz: Achtung!! Nudeln einkaufen!!
Notiz: Steuererklärung bis Freitag!
Notiz:

(N)eue Notiz anheften           (A)lle Notizen auflisten
(W)ichtigste Notiz entfernen    (E)nde

Ihre Wahl: a
Notizen
Achtung!! Nudeln einkaufen!! (Priorität: 4)
Steuererklärung bis Freitag!(Priorität: 1)
```

```
Tel. Andi: 0234 238777 (Priorität: 0)

(N)eue Notiz anheften            (A)lle Notizen auflisten
(W)ichtigste Notiz entfernen     (E)nde

Ihre Wahl: w
Achtung!! Nudeln einkaufen!!

(N)eue Notiz anheften            (A)lle Notizen auflisten
(W)ichtigste Notiz entfernen     (E)nde

Ihre Wahl: a
Notizen
Steuererklärung bis Freitag!(Priorität: 1)
Andi: 0234 238777 (Priorität: 0)
```

Aufgabe 3

Zu einem Textdokument soll ein Wörterbuch erstellt werden. Es besteht aus einer sortierten Liste von Tupeln der Form `(`*`wort`*`,` *`häufigkeit`*`)`. Dabei ist *`wort`* ein Wort, das im Text vorkommt, und *`häufigkeit`* die Anzahl der Vorkommen dieses Wortes im Text. Solche Listen werden z.B. von Suchmaschinen zu Dokumenten im WWW generiert. Sie werden bei Suchanfragen verwendet, um festzustellen, wie gut ein Dokument zu einem Suchbegriff passt.

Aufgabe 4

Schreiben Sie ein interaktives objektorientiertes Skript, das die Lesbarkeit eines Textes ermittelt. Eingabe ist der Name einer Textdatei, Ausgabe ist ein Zahlenwert (meist zwischen 0 und 100) für die Lesbarkeit des Textes.

Verwenden Sie folgende Formel, die Anfang der Vierzigerjahre von Rudolph Flesch entwickelt worden ist (Flesch-Analyse).

```
Readability = 206.835 - 1.015*ASL  - 84.6*ASW
```

Dabei ist ASL (average sentence length) die mittlere Satzlänge des Textes, d.h. die Anzahl der Wörter geteilt durch die Anzahl der Sätze. Ein Satz endet mit einem Punkt, Semikolon, Doppelpunkt, Fragezeichen oder Ausrufungszeichen. Wörter sind voneinander durch Leerzeichen beliebiger Art (Whitespaces) getrennt.

ASW (average number of syllables per word) ist die mittlere Anzahl von Silben pro Wort, also die Gesamtzahl aller Silben im Text geteilt durch die Anzahl der Wörter. Zur Berechnung der Silbenzahl können Sie (vereinfachend) von folgenden Regeln ausgehen:

- Jede Gruppe zusammenhängender Vokale zählt als eine Silbe.
- Jedes Wort besteht zumindest aus einer Silbe, auch wenn es keinen Vokal enthält.

Aufgabe 5

Entwickeln Sie für ein Online-Warenhaus einen Chat Bot, der wütende Kunden besänftigt, die sich über lange Lieferzeiten und andere Dinge beschweren. Das Programm versucht – durch eine Analyse des Textes – herauszufinden, worum es in der Beschwerde geht, und findet eine angemessene Antwort.

Beispieldialog:

```
Melanie: Hallo, ich bin Melanie, der Beschwerde-Roboter des Magnum
Online-Warenhauses. Was kann ich für Sie tun?
Kunde: Ich will mit einem richtigen Menschen sprechen, nicht mit einer
Maschine!!
Melanie: Ich verstehe Ihr Problem, aber ich kann leider nichts dazu
sagen. Vielleicht kann ich Ihnen auf andere Weise weiterhelfen ...
Kunde: Vor vier Wochen habe ich ein Radio bestellt, aber es ist immer
noch nicht gekommen!
Melanie: Das ist ungewöhnlich. Wir bearbeiten alle Aufträge umgehend.
Aber manchmal gibt es Lieferschwierigkeiten.
Kunde: Na gut ... danke.
Melanie: Auf Wiedersehen. Wenn Sie noch eine Frage haben, melden Sie
sich einfach.
```

13.8 Lösungen

Lösung 1

Skript:

```
# staumelder.py
from random import *

muster1 = """Ein Stau von {laenge} km Länge
erwartet Sie auf der {autobahn} Richtung {richtung}
vor {abfahrt}.\n\n"""                                        #1

muster2 = """Auf der {autobahn} Richtung {richtung}
vor {abfahrt} {laenge} km Stau.\n\n"""
muster = [muster1, muster2]                                   #2

class StauBericht:
    def __init__(self, stauliste, muster):                    #3
        self.stauliste = stauliste
        self.muster = muster
```

```
    def meldeStau(self, stau):
        autobahn, richtung, abfahrt, laenge = stau
        zufall = randint(0, len(self.muster) - 1)                #4
        meldung = self.muster[zufall].format(
                                    autobahn=autobahn,
                                    richtung=richtung,
                                    abfahrt=abfahrt,
                                    laenge=laenge)               #5
        return meldung

    def __str__(self):                                           #6
        bericht = ''
        for stau in self.stauliste:
            bericht += self.meldeStau(stau)
        return bericht

# Hauptprogramm
staus = [('A1','Köln', 'dem Westhofener Kreuz', 4),
       ('A40', 'Dortmund', 'der Abfahrt Bochum Zentrum', 6)]

print(StauBericht(staus, muster))                                #7
```

Erläuterung:

#1: Hier werden zwei globale Konstanten mit Textmustern für Stauberichte definiert. Diese enthalten Strings mit Platzhaltern für die Daten eines Staus (Autobahn, Richtung usw.).

#2: Dies ist eine Liste mit Mustertexten, von denen zur Formulierung einer Staumeldung einer ausgewählt werden kann.

#3: Das zweite Argument der Initialisierungsmethode enthält eine Liste von Tupeln mit Staudaten, die dem Objektattribut `self.stauliste` zugewiesen wird. Das dritte Argument ist die Liste mit Textmustern für Staumeldungen.

#4: Hier wird eine Zufallszahl erzeugt, mit der man ein zufälliges Textmuster aus der Liste `self.muster` auswählen kann.

#5: Ein zufällig ausgewählter Mustertext für die Staumeldung wird mithilfe der Methode `format()` mit Daten verknüpft. Die Platzhalter im Mustertext werden durch Staudaten ersetzt.

#6: Hier wird der gesamte Staubericht aus lauter einzelnen Staumeldungen zusammengesetzt.

#7: Ein anonymes Objekt der Klasse `Staubericht` wird instanziiert und mittels `print()` ausgegeben. Dies funktioniert, weil in der Klasse `Staubericht` mit `__str__()` die Standardfunktion `str()` überladen worden ist.

Lösung 2

Skript:

```
# pinnwand.py
# Modellierung einer intelligenten Pinnwand
class Pinnwand:
    def __init__(self):
        self.__zettel = []

    def __ermittlePrioritaet(self, notiz):                     #1
        return notiz.count('!')+                   \
               notiz.upper().count('WICHTIG') +  \
               notiz.upper().count('DRINGEND') + \
               notiz.upper().count('EILT')

    def hefteAn(self, notiz):                                  #2
        self.__zettel.append(
            (self.__ermittlePrioritaet(notiz), notiz))
        self.__zettel.sort()                                   #3
        self.__zettel.reverse()

    def __str__(self):
        beschreibung = 'Notizen\n'                             #4
        for z in self.__zettel:
            beschreibung += z[1]
            beschreibung += '(Prioritaet: '+str(z[0])+')\n'
        return beschreibung

    def entferne(self):
        notiz = self.__zettel[0][1]
        del self.__zettel[0]
        return notiz

class Benutzungsoberfläche:
    __menütext = """
(N)eue Notiz anheften         (A)lle Notizen auflisten
(W)ichtigste Notiz entfernen   (E)nde
"""

    def __init__ (self, pinnwand):
        self.__pw = pinnwand
```

```
    def run(self):
        wahl = '-'
        print('Pinnwand')
        while wahl not in 'Ee':
            print(self.__menütext)
            wahl = input('Ihre Wahl: ')
            if wahl in 'nN': self.__neu()
            elif wahl in 'aA': print(self.__pw)
            elif wahl in 'wW':
                print(self.__pw.entferne())
        print("Danke für die Verwendung der Pinnwand!")

    def __neu(self):
        notiz = input('Notiz: ')
        while notiz:
            self.__pw.hefteAn(notiz)
            notiz = input('Notiz: ')

# Hauptprogramm                                          #5
pinnwand = Pinnwand()
menü = Benutzungsoberfläche(pinnwand)
menü.run()
```

Erläuterung:

Das Skript besteht aus zwei Klassendefinitionen und einem kleinen Hauptprogramm (**#5**), in dem Objekte der Klassen `Pinnwand` und `Benutzungsoberfläche` instanziiert werden. Durch den Aufruf der Methode `menü.run()` in der letzten Zeile wird die Benutzungsoberfläche sozusagen »aktiviert« und der Dialog mit der Pinnwand beginnt.

#1: Es wird geprüft, wie häufig ein Ausrufungszeichen und die Strings `wichtig`, `dringend` und `eilt` (unabhängig von Groß- und Kleinschreibung) in der Notiz vorkommen. Die Summe dieser Vorkommen ergibt die Priorität der Notiz.

#2: An die Liste `self,__zettel` wird ein neues Tupel, bestehend aus der Priorität und dem Text der Notiz, gehängt. Anschließend wird die Liste aufsteigend sortiert (**#3**) und dann die Reihenfolge umgekehrt. Die Liste ist also anschließend absteigend sortiert, so dass das Tupel mit der höchsten Priorität vorne ist.

#4: Die Methode überlädt die Standardfunktion `str()` und liefert eine textuelle Beschreibung aller Notizen einschließlich ihrer Priorität.

Lösung 3

Skript:

```
# woerterbuch.py
def wörter(text):
```

```
    text = text.lower()
    for p in '.,:-?!;':
        text.replace(p,'')                                          #1
    liste = text.split()                                            #2
    wörterbuch = []
    while liste:                                                    #3
        wort = liste[0]
        anzahl = 0
        while wort in liste:                                        #4
            liste.remove(wort)
            anzahl += 1
        wörterbuch += [(wort,anzahl)]                               #5
        wörterbuch.sort()                                           #6
    return wörterbuch

# Aufruf zum Testen der Funktion
print(wörter('Brautkleid bleibt Brautkleid und Blaukraut bleibt
Blaukraut'))
```

Ausgabe:

```
[('blaukraut', 2), ('bleibt', 2), ('brautkleid', 2), ('und', 1)]
```

Erläuterung:

#1: Satzzeichen werden entfernt.

#2: Der Text wird in eine Liste von Wörtern aufgespalten (als Trennsymbol ist das Leerzeichen voreingestellt).

#3: Solange die Liste noch nicht leer ist, merken wir uns das erste Wort und entfernen alle Vorkommen dieses Wortes aus der Liste (#4). Nach jedem Löschvorgang wird der Zähler `anzahl` um eins erhöht.

#5: Das Paar `(wort, anzahl)` wird dem Wörterbuch hinzugefügt.

#6: Die Liste `woerterbuch` mit den Tupeln wird nach den enthaltenen Wörtern alphabetisch sortiert.

Lösung 4

Skript:

```
# flesch.py
from re import *
class Flesch:
    def __init__(self, datei):
        self.datei = datei
```

```
        f  = open(datei,'r')
        self.text = f.read()
        f.close()

    def anzahlWorte(self):
        return len(self.text.split())                          #1

    def anzahlSätze(self):
        re = compile('[!?.;:]+\s')                             #2
        return len(re.split(self.text))

    def anzahlSilben(self):
        re = compile('[aeiou]+', I)                            #3
        return len (re.split(self.text))

    def readability (self):
        asl = float(self.anzahlWorte())/self.anzahlSätze()
        asw = float(self.anzahlSilben())/self.anzahlWorte()
        return int(206.835 - 1.015*asl - 84.6*asw)

    def __str__(self):
      text = 'Lesbarkeitsindex der Datei {} nach Flesch: {}'
      return text.format(self.datei, self.readability())

if __name__ == '__main__':
    print(Flesch('/python37/LICENSE.txt'))
    input('Beenden mit <ENTER>')
```

Bildschirmausgabe:

```
Lesbarkeitsindex nach Flesch: 38
```

Erläuterung:

#1: Der Text wird in eine Liste von Wörtern aufgespalten (Trennsymbol Leerzeichen) und die Länge dieser Liste zurückgegeben.

#2: Der Text wird in eine Liste von Sätzen aufgespalten und die Länge dieser Liste zurückgegeben. Die Trennstrings werden durch einen regulären Ausdruck bestimmt. Ein Trennstring besteht aus einem oder mehreren Satzzeichen für ein Satzende (Ausrufungszeichen, Fragezeichen etc.), gefolgt von einem Whitespace. Letzteres ist notwendig, weil z.B. Punkte auch in URLs oder E-Mail-Adressen vorkommen – dort aber ohne folgendes Leerzeichen.

#3: Der Text wird in eine Liste von Silben aufgespalten und deren Länge zurückgegeben. Trennstrings sind zusammenhängende Folgen von Vokalen.

Das obige Programm berechnete übrigens einen Lesbarkeitsindex von 38 für die LICENSE-Datei von Python. Das heißt, der Text erfordert eine Sprachkompetenz auf dem Niveau eines Studenten (s. Tabelle 13.14).

Flesch-Index	Bildungsniveau (USA)
91–100	5. Klasse
81–90	6. Klasse
71–80	7. Klasse
61–70	8. und 9. Klasse
51–60	Highschool
31–50	Student (nicht graduiert)
0–30	Graduierter Student

Tabelle 13.14: Lesbarkeitsindex und Lesekompetenz auf verschiedenen Bildungsniveaus

Lösung 5

Skript:

```
# beschwerde.py
from random import randint
from re import *
class Beschwerde:
    # Einleitung                                               #1
    e1 = 'Hallo, ich bin Melanie.\n'+ \
       'Was kann ich für Sie tun?\n'
    # Unverstandene Eingabe
    ue1 = 'Dazu kann ich leider nichts sagen.\n'
    ue2 = 'In diesem Punkt kann ich nicht weiterhelfen.\n'
    unverstanden=[ue1, ue2]
    # Neues Hilfsangebot
    nh1 = 'Kann ich noch irgendwie weiterhelfen?\n'
    nh2 = 'Was kann ich noch für Sie tun?\n'
    hilfe = [nh1,nh2]
    # Lange Lieferzeit
    ll1 = 'Das ist eine lange Zeit. \n'+ \
        'Wir bearbeiten alle Aufträge umgehend.\n'+ \
        'Aber manchmal gibt es Lieferschwierigkeiten.\n'
    ll2 = 'So lange? Ich kümmere mich darum.\n'
    lieferzeit=[ll1, ll2]
    # Defektes Gerät
    dg1 = 'Senden Sie das defekte Gerät zurück.\n'
```

```
    dg2 = 'Defekte Geräte senden Sie einfach an uns zurück.\n'
    defekt = [dg1, dg2]

    def waehle (self, liste):                                      #2
        return liste[randint(0, len(liste)-1)]

    def antworte(self, eingabe):                                   #3
        eingabe = eingabe.lower()
        gehtNicht = compile('geht nicht|funktioniert nicht|kaputt',I)
        antwort=''
        if eingabe.count('woche') + eingabe.count('monat')  >0:
            antwort += self.waehle(self.lieferzeit)
        elif gehtNicht.search(eingabe):                            #4
            antwort += self.waehle(self.defekt)
        else: antwort += self.waehle(self.unverstanden)
        return antwort + self.waehle(self.hilfe)

    def chat(self):
        zufrieden = compile('nichts|danke|nein', I)                #5
        print(self.e1)
        eingabe = input('Kunde: ')
        while not zufrieden.search(eingabe):                       #6
            print(self.antworte(eingabe))
            eingabe = input('Kunde: ')
        print('Auf Wiedersehen.')

beschwerdeannahme = Beschwerde()
beschwerdeannahme.chat()
```

Erläuterung:

#1: Für verschiedene Dialogsituationen werden Listen von Antwortmöglichkeiten angelegt.

#2: Aus einer Antwortliste wird eine Antwort nach dem Zufallsprinzip ausgewählt.

#3: Die Benutzereingabe wird analysiert und eine passende Antwort ausgewählt.

#4: Mit dem RE-Objekt `gehtNicht` wird geprüft, ob die Eingabe einen der Strings `'geht nicht'`, `'funktioniert nicht'` oder `'kaputt'` enthält, und gegebenenfalls eine passende Antwort generiert.

#5: Für den regulären Ausdruck `'nichts|danke|nein'` wird ein RE-Objekt namens `zufrieden` instanziiert, das nicht zwischen Groß- und Kleinschreibung differenziert (zweites Argument I).

#6: Der Dialog wird so lange fortgesetzt, bis der Kunde zufrieden ist.

Beispielprogrammlauf:

```
Hallo, ich bin Melanie.
Was kann ich für Sie tun?

Kunde: Meine Waschmaschine geht nicht
Senden Sie das defekte Gerät zurück.
Kann ich noch irgendwie weiterhelfen?

Kunde: nein
Auf Wiedersehen.
```

Kapitel 14

Systemfunktionen

Wenn ein Python-Skript läuft, dann sind gleichzeitig noch andere Software-Komponenten im Computer aktiv.

Zunächst einmal wird das Skript von einem Python-Interpreter abgearbeitet. Man spricht auch vom Laufzeitsystem. Zum Zweiten läuft auf dem Rechner ein Betriebssystem. Praktisch alle Aktionen, die Ihr Skript ausführen soll, müssen letztlich in Befehle an das Betriebssystem übersetzt werden, das die Kontrolle über die Computer-Hardware hat.

Das Python-Skript ist also eingebettet in ein großes System. In diesem Kapitel behandeln wir Programmiertechniken, bei denen der direkte Zugriff auf die Systemumgebung eine Rolle spielt. Wir beschäftigen uns mit Funktionen, die sehr elementare (»tiefe») und höchst spezielle Teilaufgaben erledigen. Sie stehen vielleicht nicht im Zentrum einer Software-Entwicklung, sondern betreffen die – eher lästigen – technischen Details, die man während der Implementierungsphase einer Software-Entwicklung *auch* beachten muss, wenn das Programm laufen soll. Wir gehen dabei auf einige Routinen und Konstanten ein, die sich in den Modulen `sys`, `os` und `time` befinden.

- Das Modul `sys` enthält die Schnittstelle zum Python-Interpreter. Mit Funktionen aus diesem Modul können Sie z.B. die Version des gerade laufenden Interpreterprogramms herausfinden oder die Ausführung eines Skripts vorzeitig beenden.
- Im Modus `os` befinden sich Funktionen, die direkt Funktionen des jeweiligen Betriebssystems, unter dem Ihr Programm läuft, aufrufen. Ein wichtiger Punkt ist hier z.B. der Eingriff in die Dateiverwaltung, etwa das Löschen und Generieren von Verzeichnissen und Dateien.
- Das Modul `time` ermöglicht das Befragen der Systemuhr. Mit seinen Funktionen können Sie z.B. das aktuelle Datum und die Uhrzeit herausfinden.
- Das Modul `datetime` unterstützt die objektorientierte Verarbeitung von Zeitpunkten.

14.1 Das Modul sys – die Schnittstelle zum Laufzeitsystem

Das Modul `sys` enthält Objekte, über die man die Arbeitsweise des Python-Interpreters, der das Skript gerade ausführt, beeinflussen kann. Tabelle 14.1 zeigt eine kleine Auswahl. Einige Dinge sind bereits an anderer Stelle ausführlich dargestellt worden und werden hier nicht wiederholt. Die Tabelle enthält Verweise auf die entsprechenden Kapitel.

Objekt	Erklärung
`argv`	Liste mit Kommandozeilen-Argumenten. Das erste Element ist der vollständige Pfad der Skriptdatei (siehe Abschnitt 9.6)

Tabelle 14.1: Einige Variablen und Funktionen des Moduls `sys`

Objekt	Erklärung
`copyright`	String mit Hinweisen zum Copyright
`exc_info()`	Liefert ein Tupel mit drei Werten, die Informationen über die Exception enthalten, die gerade behandelt wird.
`exec_prefix`	Eine Zeichenkette, die das Verzeichnis enthält, in dem die Plattform-abhängigen Python-Dateien installiert sind (z.B. `'C:\\Python37'`)
`executable`	Eine Zeichenkette, die den kompletten Pfad der ausführbaren Datei des Python-Interpreters enthält (z.B. `'C:\\Python37\\python.exe'`)
`exit([`*`arg`*`])`	Beendigung der Ausführung des Python-Skripts
`exitfunc`	Name einer Funktion, die ausgeführt wird, bevor das Skript beendet wird
`getrefcount(`*`objekt`*`)`	Das Argument *`object`* ist ein String. Der Aufruf liefert die Anzahl der Referenzen auf *`object`*.
`modules`	Dictionary mit allen Standard-Modulen von Python
`path`	Liste von Strings, die den Suchpfad für Module beschreiben (siehe Abschnitt 11.3)
`platform`	String mit Bezeichnung der aktuellen Plattform (z.B. `Linux1` oder `win32`)

`stdin`
`stdout`
`stderr`
	File-Objekte für die Standard-Eingabe, -Ausgabe und -Fehlerausgabe, sie können durch andere Objekte ersetzt und so die Datenströme umgeleitet werden (siehe auch Abschnitt 9.4).

`version`	String mit Versionsbezeichnung des Python-Interpreters.
`version_info`	Ein Tupel mit fünf Komponenten der Versionsbezeichnung des Python-Interpreters. `sys.version_info(major=3, minor=5, micro=2, releaselevel='final', serial=0)`

Tabelle 14.1: Einige Variablen und Funktionen des Moduls `sys` (Forts.)

14.1.1 Informationen über die aktuelle Systemumgebung

Zum Zeitpunkt der Programmentwicklung wissen Sie nicht, unter welchem Betriebssystem und von welchem Python-Interpreter (Version) Ihr Skript einmal ausgeführt wird. Python-Skripte sind ja portabel, das heißt, sie laufen (idealerweise) auf vielen unterschiedlichen Plattformen. Falls für das Funktionieren Ihres Skripts eine bestimmte Systemumgebung wichtig ist, können alle benötigten Informationen den Variablen `sys.platform`, `sys.version` und `sys.version_info` entnommen werden.

Beispielskript:

```
# plattform.py
import sys
print('Ihre Systemplattform ist',sys.platform)
print('Python-Version:')
print('Python '+ sys.version)
```

```
if sys.version_info.major < 3:                                   #1
    print('Sie benötigen für dieses Skript eine neuere Version')
else:
    print('Die Python-Version ist für dieses Skript ausreichend.')
```

Erläuterung:

#1: Die Komponenten des Tupels `sys.version_info` können auch über ihre Namen angesprochen werden (`major`, `minor`, `micro`, `release_level`, `serial`)

Programmlauf (mit einer aktuellen Python-Version):

```
Ihre Systemplattform ist win32
Python-Version:
Python 3.6.3 (v3.6.3:2c5fed8, Oct  3 2017, 18:11:49) [MSC v.1900 64 bit
(AMD64)]
Die Python-Version ist für dieses Skript ausreichend.
```

14.1.2 Standardeingabe und -ausgabe

Die Variablen `sys.stdin` und `sys.stdout` enthalten File-Objekte (Pseudofiles) für die Standardeingabe und -ausgabe des Interpreters. Eine Eingabe über die Tastatur bei einem `input()`-Funktionsaufruf gelangt bei Betätigung der [Enter]-Taste zunächst in das File `sys.stdin` und wird von dort aus vom Laufzeitsystem weiterverarbeitet. Das Pseudofile `sys.stdout` nimmt die Ausgabe eines `print()`-Aufrufs auf, das Ergebnis einer Ausdruckanweisung sowie den Promptstring bei einem Aufruf von `input()`.

Den beiden Variablen `sys.stdin` und `sys.stdout` können Sie neue Ein- und Ausgabe-Objekte zuweisen und so die Arbeitsweise des Laufzeitsystems manipulieren. Diese neuen Objekte können Files sein oder andere Objekte, die eine `readline()`- bzw. `write()`-Methode besitzen.

Das folgende Skript zeigt, wie man die Ausgabe auf ein selbst geschaffenes Ausgabe-Objekt umleiten kann.

```
>>> import sys
>>> class Sprachausgabe:
      def __init__(self):
        import win32com.client
        self.speaker = win32com.client.Dispatch("SAPI.SpVoice")
        self.stdout = sys.stdout

      def write(self, text):
        self.stdout.write(text)                                  #1
        self.speaker.Speak(text)                                 #2

>>> sys.stdout = Sprachausgabe()
```

Nach diesen Anweisungen im interaktiven Modus wird die Standardausgabe vom Objekt `sprachausgabe` der Klasse `Sprachausgabe` übernommen. Dessen `write()`-Methode sorgt dafür, dass der auszugebende Text wie gewohnt im Shell-Fenster erscheint (**#1**), aber zusätzlich noch vorgelesen wird (**#2**). Bei der Eingabe

```
>>> 12 + 2
```

hören und sehen Sie das Ergebnis 14.

14.1.3 Die Objektverwaltung beobachten mit getrefcount()

Man muss unterscheiden zwischen Namen und Objekten. Ein und dasselbe Objekt kann mehrere Namen besitzen. Mit der Funktion `sys.getrefcount()` können Sie feststellen, wie viele Namen (Referenzen) zu einem Objekt existieren. Die Funktion liefert eine ganze Zahl, die um eins größer ist, als man erwartet. Denn der Funktionsaufruf selbst enthält auch eine Referenz auf das Objekt, die mitgezählt wird. Beispiel:

```
>>> import sys
>>> class Ding:
     pass

>>> a = Ding()    # Objekt der Klasse Ding mit Namen a
>>> sys.getrefcount(a)
2
```

Wenn in Zuweisungen weitere Namen für das Objekt geschaffen werden, erhöht sich die Zahl, die `sysgetrefcount()` zurückgibt:

```
>>> b = c = a    # weitere Namen für das gleiche Objekt
>>> sys.getrefcount(a)
4
>>> sys.getrefcount(b)
4
```

Eine `del`-Anweisung löscht nicht das Objekt, sondern nur einen Namen. Entsprechend sinkt die Zahl der Referenzen des Objekts. Erst wenn auch die letzte Referenz gelöscht ist, beseitigt die garbage collection (Müllabfuhr) des Laufzeitsystems das Objekt selbst.

```
>>> del b
>>> sys.getrefcount(a)
3
```

Vielleicht überrascht Sie das Ergebnis folgender Anweisung:

```
>>> sys.getrefcount(10)
45
```

Auch Zahlen sind Objekte. Offenbar existieren 22 verschiedene Namen für das Objekt 10. Oder anders ausgedrückt: Im IDLE-System existieren zu diesem Zeitpunkt 45 Variablen, die den Wert 10 tragen.

Wenn Sie eine weitere Zuweisung eingeben, in der einem Namen das Objekt 10 zugeordnet wird, erhöht sich die Anzahl der Referenzen wieder um 1:

```
>>> x = 10
>>> sys.getrefcount(10)
46
```

14.1.4 Ausführung eines Skripts beenden

Mit der Funktion `sys.exit()` kann ein Skript an einer beliebigen Stelle beendet werden. Als optionales Argument kann beim Aufruf dieser Funktion eine ganze Zahl als Fehlercode übergeben werden. Üblicherweise bedeutet eine Null, dass kein Fehler aufgetreten ist.

Beispiel:

```
import sys
antwort = input("Programm beenden? (j/n)")
if antwort == 'j': sys.exit(0)
print("Programm läuft weiter")
```

Programmlauf:

```
Programm beenden? (j/n)j
Traceback (most recent call last):
  File "C:/python/beenden.py", line 11, in <module>
    if antwort == 'j': sys.exit(0)
SystemExit: 0
```

14.2 Das Modul os – die Schnittstelle zum Betriebssystem

Das Betriebssystem ist eine Art Verbindungsstück zwischen Computer-Hardware und den Programmen, die auf dem Computer laufen. Es koordiniert und kontrolliert die Nutzung der Systemressourcen (Daten, Arbeitsspeicher, Prozessor). Für die Programmentwicklung sind besonders die Funktionen des Betriebssystems wichtig, die mit der Verwaltung von Dateien und Verzeichnissen zu tun haben. Dazu gehören:

- Anlegen neuer Dateien und Verzeichnisse
- Löschen und Verändern von Dateien und Verzeichnissen
- Abfragen der Merkmale von Dateien wie z.B. der Zeitpunkt des letzten Zugriffs
- Abfragen und Modifizieren von Zugriffsrechten

Nun gibt es unterschiedliche Betriebssysteme wie Unix, Windows oder Mac OS, die jeweils unterschiedliche Funktionen bereitstellen. Idealerweise soll aber ein und dasselbe Skript auf allen Plattformen laufen. Das Python-Modul `os` und das Untermodul `os.path` bieten einen *einheitlichen* Satz von Funktionen und Variablen, über die man Routinen des jeweiligen Betriebssystems nutzen kann, ohne sich Gedanken machen zu müssen, mit welcher Plattform man es gerade zu tun hat.

Beachten Sie, dass der Aufruf von Betriebssystem-Routinen gefährlich sein kann. Experimente sind nur mit Vorsicht durchzuführen. Man sollte immer wissen, was man tut, um nicht versehentlich das System zu zerstören.

Importieren Sie das Modul `os` mit `import os`.

14.2.1 Dateien und Verzeichnisse suchen

Skripte, in denen große Datenmengen verarbeitet werden, müssen in der Lage sein, Verzeichnisse mit Dateien eigenständig zu verwalten. Tabelle 14.2 beschreibt einige wichtige Funktionen des Moduls `os`, die mit dem Suchen nach Dateien in der Verzeichnishierarchie zu tun haben.

Funktion	Erklärung
`chdir` (*path*)	Wechselt das Arbeitsverzeichnis, *path* ist ein String mit einem absoluten oder relativen Pfad.
`getcwd()`	Gibt das aktuelle Arbeitsverzeichnis zurück.
`listdir` (*path*)	Liefert eine Liste von Strings mit Datei- und Verzeichnisnamen im Verzeichnis *path*.
`path.isdir`(*path*)	Liefert den Wert `True`, wenn *path* ein Verzeichnis ist, und sonst `False`.
`path.isfile`(*path*)	Liefert den Wert `True`, wenn *path* eine Datei ist, und sonst `False`.

Tabelle 14.2: Funktionen des Moduls os zum Durchsuchen der Verzeichnisstruktur

Wenn ein File-Objekt mit der Standardfunktion `file()` erzeugt wird, muss im ersten Argument der Pfad einer Datei angegeben werden. Dabei kann ein relativer oder ein absoluter Pfad verwendet werden (siehe Abschnitt 9.1.6). Der relative Pfad beschreibt einen Weg vom aktuellen Arbeitsverzeichnis (*current working directory*) zur Datei. Voreingestellt ist das Verzeichnis, in dem sich die Programmdatei befindet.

Mit der Funktion `os.getcwd()` ermitteln Sie den absoluten Pfad des aktuellen Arbeitsverzeichnisses. Beispiel (Windows):

```
>>> import os
>>> os.getcwd()
'C:\\Python37'
```

Die Funktion `os.listdir()` liefert eine Liste der im angegebenen Verzeichnis enthaltenen Dateien und Unterverzeichnisse. Als Beispiel geben wir den Inhalt des Standard-Arbeitsverzeichnisses (das die Programmdatei des Python-Interpreters enthält) aus:

```
>>> os.listdir('/python37')
['DLLs', 'Doc', 'include', 'Lib', 'libs', 'LICENSE.txt', 'NEWS.txt',
'python.exe', 'python3.dll', 'python37.dll', 'pythonw.exe', 'pywin32-
wininst.log', 'Removepywin32.exe', 'Scripts', 'tcl', 'test.txt', 'Tools',
```

Den aufgelisteten Namen kann man nicht ansehen, ob sie eine Datei oder ein Unterverzeichnis bezeichnen. Dies kann mithilfe der Testfunktionen `os.path.isfile()` und `os.path.isdir()` geklärt werden, die sich im Untermodul `os.path` befinden. Beispiel:

```
>>> os.path.isfile('/python37/LICENSE.txt')
True
>>> os.path.isdir('/python37/LICENSE.txt')
False
```

Das aktuelle Arbeitsverzeichnis kann geändert werden. Wenn ein Skript häufig auf Files zugreift, die sich alle in einem bestimmten Verzeichnis befinden, erspart die gezielte Wahl eines Arbeitsverzeichnisses (AV) lange Pfadangaben beim Aufruf der Funktion `open()`.

```
>>> os.chdir('/python/projekt/')  # neues AV
>>> os.listdir(os.getcwd())       # Inhalt des neuen AV
['daten.txt']
>>> f = open('daten.txt', 'r')    # Dateiname reicht als Pfad
```

14.2.2 Hintergrund: Zugriffsrechte abfragen und ändern (Windows und Unix)

Funktion	Erklärung
`access(`*`path`*`, `*`mode`*`)`	Prüft die Zugriffsrechte oder die Existenz einer Datei (nur Unix und Windows).
`chmod (`*`path`*`, `*`mode`*`)`	Zugriffsrechte ändern

Tabelle 14.3: Funktionen des Moduls os, die mit Zugriffrechten zu tun haben

Unter Unix sind für jede Datei und jedes Verzeichnis Zugriffsrechte definiert. Unix-Systeme unterscheiden zwischen drei Personengruppen:

- Besitzer der Datei bzw. des Verzeichnisses (*owner*); das ist die Person, die die Datei bzw. das Verzeichnis angelegt hat.
- Mitglieder der Gruppe, zu der der Besitzer gehört (*group*)
- Andere Benutzer des Systems (*others*)

Jeder dieser Personengruppen wird eine Kombination folgender Zugriffsrechte zugewiesen:

- Lesen (*read*): Datei oder Verzeichnis zum Lesen öffnen
- Schreiben (*write*): Datei ändern oder löschen, in einem Verzeichnis Dateien abspeichern
- Ausführen (*execute*): Programmdatei ausführen

Die Zugriffsrechte können durch eine dreistellige Oktalzahl codiert werden, die sich durch Addition von neun Zahlen ergibt. Jede Zahl repräsentiert ein Zugriffsrecht für eine bestimmte Personengruppe:

Zahl	Zugriffsrecht	Personengruppe
400	Lesen	Besitzer (*owner*)
200	Schreiben	Besitzer (*owner*)
100	Ausführen	Besitzer (*owner*)
40	Lesen	Gruppe (*group*)
20	Schreiben	Gruppe (*group*)
10	Ausführen	Gruppe (*group*)
4	Lesen	andere (*others*)
2	Schreiben	andere (*others*)
1	Ausführen	andere (*others*)

Tabelle 14.4: Numerische Codierung von Zugriffsrechten bei Unix

Mit der Funktion `chmod()` im Modus `os` können Sie die Zugriffrechte für eine Datei oder ein Verzeichnis ändern. Aufrufformat:

```
chmod (path, mode)
```

Dabei bezeichnet das erste Argument *path* den Pfad und *mode* die numerische Repräsentation der gewünschten Zugriffsrechte als Oktalzahl. Beachten Sie, dass bei Python eine Oktalzahl mit dem Präfix `0o` beginnt (Zahl null und Buchstabe `o`). Beispiele:

```
>>> os.chmod("/projekt/daten", 0o777)
```

Im Verzeichnis `/projekt/daten` gilt Lese-, Schreib- und Ausführungsrecht für alle.

```
>>> os.chmod("/projekt/daten/daten.txt", 0o400)
```

Für die Datei `/projekt/daten/daten.txt` hat allein der Besitzer Leserecht und die anderen keinerlei Zugriffsrechte.

Mit der Funktion `access()` können Zugriffsrechte abgefragt werden. Format:

```
access(path, mode)
```

Dabei bezeichnet das erste Argument einen Pfad. Das zweite Argument *mode* enthält einen logischen Ausdruck (mit den Operatoren `and`, `or` und `not`), der aus Konstanten der Tabelle 14.5 zusammengesetzt ist. Die Funktion gibt `True` zurück, falls für die angegebene Datei (oder das Verzeichnis) der im zweiten Argument spezifizierte Test positiv ausfällt, und sonst `False`. Zu beachten ist, dass die Test-Konstanten Namen des Moduls `os` sind. Falls das Modul mittels `import os` importiert worden ist, muss den Konstantennamen noch der Modulname `os` vorangestellt werden.

```
>>> os.access("/projekt/daten/daten.txt", os.W_OK)
False
>>> os.access("/projekt/daten/", os.W_OK and os.R_OK)
True
```

Modus	Erklärung
`F_OK`	Testen, ob Pfad existiert
`R_OK`	Testen, ob Leserecht (r) gegeben ist
`W_OK`	Testen, ob Schreibrecht (w) gegeben ist
`X_OK`	Testen, ob Recht zum Ausführen (x) gegeben ist

Tabelle 14.5: Mögliche Werte für das zweite Argument der Funktion `access()`

14.2.3 Dateien und Verzeichnisse anlegen und modifizieren

Funktion	Erklärung
`mkdir(`*`path`*`[,`*`mode`*`])`	Neues Verzeichnis erstellen und Zugriffsrechte festlegen
`makedirs(`*`path`*`[,`*`mode`*`])`	Neues Verzeichnis mit allen Zwischenverzeichnissen des Pfades erstellen und Zugriffsrechte festlegen
`remove(`*`path`*`)`	Die Datei mit dem Pfad *`path`* wird gelöscht.
`removedirs(`*`path`*`)`	Leere Verzeichnisse löschen
`rename (`*`old`*`, `*`new`*`)`	*`old`* enthält als String den (existierenden) Pfad einer Datei oder eines Verzeichnisses, diese(s) wird in *`new`* umbenannt.
`renames (`*`old`*`, `*`new`*`)`	Der gesamte Pfad *`old`* mit allen Zwischenverzeichnissen wird in *`new`* umbenannt.
`rmdir(`*`path`*`)`	Leeres Verzeichnis *`path`* löschen

Tabelle 14.6: Funktionen zur Modifikation von Dateien und Verzeichnissen

Wenn ein Skript Dateien erzeugt und abspeichert, sollte es auch ein Verzeichnis für seinen Datenbestand anlegen. Die Funktion `mkdir()` erzeugt ein neues Unterverzeichnis innerhalb eines *bereits vorhandenen* Verzeichnisses. Format:

`mkdir(`*`path`*`[,`*`mode`*`])`

Das erste Argument enthält den Pfad, wobei nur der letzte Teil – der eigentliche Verzeichnisname – neu ist. Optional können im zweiten Argument Zugriffsrechte als numerischer Modus im Unix-Stil vergeben werden (nur unter Windows und Unix). Der Default-Modus ist `0o777` (oktal), erlaubt also alles. Falls das Verzeichnis bereits existiert, wird eine Ausnahme erzeugt (`OSError`). Im folgenden Beispiel wird das Verzeichnis `/daten2016` im bereits vorhandenen Verzeichnis `/projekt/daten` neu erstellt.

```
>>> os.mkdir('/projekt/daten/daten2016', 0o705)
```

Die Funktion `makedirs()` erstellt ebenso wie `mkdir()` ein neues Verzeichnis, mit dem einzigen Unterschied, dass zusätzlich alle Zwischenverzeichnisse des Pfades neu angelegt werden, falls sie noch nicht vorhanden sind.

Zur Pflege eines Datenbestandes gehört in der Regel auch das Entfernen von Dateien und Verzeichnissen. Das Modul `os` stellt dazu einige Funktionen bereit, die Tabelle 14.6 entnommen werden können. Zu beachten ist, dass ein Verzeichnis erst gelöscht werden kann, wenn es leer ist.

14.2.4 Merkmale von Dateien und Verzeichnissen abfragen

Funktion	Erklärung
`path.exists(`*`path`*`)`	Testet, ob Pfad existiert.
`path.getatime(`*`path`*`)`	Zeitpunkt des letzten Zugriffs (Sekunden seit dem 1.1.1970)
`path.getmtime(`*`path`*`)`	Zeitpunkt des letzten modifizierenden Zugriffs (Sekunden seit dem 1.1.1970)
`path.getsize(`*`path`*`)`	Dateigröße in Byte

Tabelle 14.7: Funktionen zum Abfragen von Merkmalen einer Datei oder eines Verzeichnisses

Das Betriebssystem führt Buch über bestimmte Merkmale der Dateien und Verzeichnisse, die von einem Python-Skript aus abgefragt werden können (Tabelle 14.7). Das folgende Skript gibt die Namen und die Größe der Dateien und Verzeichnisse im aktuellen Arbeitsverzeichnis aus. Beachten Sie die Platzhalter in der Zeichenkette in der vierten Zeile. `{datei:>30}` bedeutet: Der Platzhalter hat den Namen `datei`. Für ihn ist ein Feld von 30 Zeichen reserviert und der Inhalt wird rechtsbündig gesetzt (>).

Skript:

```
#verzeichnis
import os
for datei in os.listdir(os.getcwd()):
      zeile = '{datei:>30}{bytes:>10} Byte'.format(
                       datei=datei,
                       bytes=os.path.getsize(datei))
      print(zeile)
```

Bildschirmausgabe:

```
                    beenden.py       350 Byte
                 dateisuche.py      1215 Byte
                    loeschen.py      664 Byte
                  plattform.py       649 Byte
                      robot.py      1530 Byte
                                         ...
```

Durch Vergleich des Zeitpunktes des letzten lesenden Zugriffs mit der aktuellen Zeit kann ermittelt werden, wie lange eine Datei nicht mehr gelesen wurde.

Skript:

```
import time
import os
zugriffszeit = os.path.getatime('/python37/LICENSE.txt')
aktuelleZeit = time.time()    # Sekunden seit dem 1.1.1970
ausgabe = """Die LICENSE-Datei ist seit {} Stunden
nicht mehr gelesen worden.
""".format(int((aktuelleZeit-zugriffszeit)/3600))
print(ausgabe)
```

Bildschirmausgabe:

```
Die license-Datei ist seit 43 Stunden nicht mehr gelesen worden.
```

14.2.5 Pfade verarbeiten

Funktion	Erklärung
`path.abspath(`*`path`*`)`	Liefert zu einem relativen Pfad den absoluten Pfad.
`path.join(`*`path1`*` [,`*`path2`*` ...])`	Verbindet Teile eines Pfades zu einem kompletten Pfad.
`path.normcase(`*`path`*`)`	Passt den Pfad an den Standard der Plattform an (Schrägstriche bei Unix und umgekehrte Schrägstriche bei Windows).
`path.normpath(`*`path`*`)`	Passt den Pfad an den Standard der Plattform an und entfernt überflüssige Pfadteile.
`path.relpath(`*`path`*` [,`*`start`*`])`	Liefert zu einem absoluten Pfad *`path`* den relativen Pfad zum Verzeichnis *`start`*. Wenn das zweite Argument fehlt, ist der Bezugspunkt das aktuelle Arbeitsverzeichnis.

Tabelle 14.8: Funktionen zur Verarbeitung von Pfaden

Windows benutzt in Pfaden andere Trennsymbole als Unix. Ein Unix-Pfad enthält Schrägstriche /, ein Windows-Pfad umgekehrte Schrägstriche (Backslashs) \, die in Python-Strings durch doppelte Backslashs codiert werden. Denn in einem Python-String hat der Backslash eine besondere Bedeutung, weil Escape-Sequenzen damit beginnen. Unter Windows kann man statt der umgekehrten Schrägstriche auch normale Schrägstriche verwenden.

Mit den Funktionen `path.normcase()` und `path.normpath()` werden Pfade an den Standard der jeweiligen Plattform angepasst. Die Funktion `path.normpath()` entfernt zusätzlich auch überflüssige Pfadteile. Beispiel:

```
>>> import os
>>> p1 = "/python/projekt/../projekt/daten"
>>> os.path.normpath(p1)
'\\python\\projekt\\daten'
```

Die Funktion `path.normcase()` verändert die Schreibweise eines Pfades, lässt aber die Länge, wie sie ist. Auf Plattformen, bei denen die Groß- und Kleinschreibung von Pfaden irrelevant ist (z.B. Windows), werden große Buchstaben in kleine umgewandelt. Außerdem werden die Trennsymbole an den Standard der Plattform angepasst. Beispiel (Windows):

```
>>> p2 = "/PYTHON/Projekt/DATEN"
>>> os.path.normcase(p2)
'\\python\\projekt\\daten'
```

Die Funktion `path.abspath()` erzeugt zu einem relativen Pfad den absoluten Pfad. Bezugspunkt ist das augenblickliche Arbeitsverzeichnis.

```
>>> import os
>>> os.path.abspath(".")
'C:\\Python37'
>>> os.path.abspath("..")
'C:\\'
```

Die Funktion `path.relpath()` berechnet zu einem absoluten Pfad den relativen Pfad. Wenn die Funktion nur mit einem Argument aufgerufen wird, gibt sie den relativen Pfad bezogen auf das augenblickliche Arbeitsverzeichnis zurück. Hier einige Beispiele im interaktiven Modus. Die IDLE-Shell wurde unter Windows direkt aus dem Startmenü heraus gestartet. Das heißt, das aktuelle Arbeitsverzeichnis ist `'C:\\Python37'`.

```
>>> os.path.relpath("/")
'..'
>>> os.path.relpath("/python/projekt/daten")
'..\\python\\projekt\\daten'
```

Die Funktion `path.join()` erzeugt zu Bruchstücken eines Pfades einen kompletten Pfad. Dabei werden fehlende Trennsymbole / oder \ eingefügt. Beispiele (Windows):

```
>>> from os.path import join
```

Jetzt habe ich direkt den Namen `join` aus dem Modul `os.path` importiert. Dann brauche ich nicht immer `os.path` vor den Funktionsnamen zu schreiben.

```
>>> join("python", "projekt", "daten")
'python\\projekt\\daten'
```

Weil ich unter Windows arbeite, werden umgekehrte Schrägstriche verwendet (codiert durch doppelte Schrägstriche).

```
>>> from os.path import join
>>> join("/python/projekt", "daten")
'/python/projekt\\daten'
```

Nur da, wo ein Schrägstrich fehlt, wird auch einer eingefügt.

14.2.6 Hintergrund: Umgebungsvariablen

Jedes Betriebssystem verwaltet eine Reihe von Umgebungsvariablen, die von verschiedenen Programmen verwendet werden. Die Namen der Umgebungsvariablen bestehen aus großen ASCII-Buchstaben, der Inhalt ist immer eine Zeichenkette. Für die Namen der Umgebungsvariablen gibt es internationale Konventionen (IEEE Std 1003.1-2001), die man beachten sollte, wenn man neue Umgebungsvariablen definiert.

Objekt	Erklärung
`environ`	Dictionary mit Umgebungsvariablen
`getenv(`*`varname`*`[,`*`value`*`])`	Liefert den Wert der Umgebungsvariablen *`varname`*; falls diese nicht existiert, wird der Wert *`value`* zurückgegeben (sofern er im optionalen zweiten Argument angegeben worden ist).
`putenv(`*`varname, value`*`)`	Setzt die Umgebungsvariable *`varname`* auf einen neuen Wert *`value`* (ein String).

Tabelle 14.9: Objekte im Modul os für die Verarbeitung von Umgebungsvariablen

Die Variable `os.environ` enthält ein Dictionary-artiges Objekt mit der Belegung aller Umgebungsvariablen des Systems. Sein Inhalt ist natürlich bei jedem System anders.

```
>>> for i in os.environ: print(i, os.environ[i])
TMP C:\Users\Weigend\AppData\Local\Temp
COMPUTERNAME WEIGEND-PC
USERDOMAIN Weigend-PC
COMMONPROGRAMFILES C:\Program Files\Common Files
...
```

Durch Zugriff auf dieses Dictionary können die Umgebungsvariablen gelesen und geändert werden. Da sie aber auch von anderen Programmen genutzt werden, kann jede Änderung zu Störungen führen.

```
>>> os.environ['USERNAME']='Sandra Wegener'
>>> os.environ['USERNAME']
'Sandra Wegener'
```

Mit `os.getenv()` kann eine Umgebungsvariable gezielt abgefragt werden.

```
>>> print('Hallo', os.getenv('USERNAME'))
Hallo Sandra Wegener
```

14.2.7 Systematisches Durchlaufen eines Verzeichnisbaumes

Mithilfe der Funktion `os.walk()` kann ein Verzeichnisbaum komplett durchlaufen werden. Ein Verzeichnisbaum ist ein Verzeichnis mit allen Unterverzeichnissen, den Unterverzeichnissen der Unterverzeichnisse usw. Das (vereinfachte) Format des Aufrufs ist

```
os.walk(path)
```

Das Argument ist der Pfad zu einem beliebigen Verzeichnis, der Wurzel des Verzeichnisbaums, den es zu durchlaufen gilt. Der Baum wird von oben nach unten schichtweise durchlaufen und jeder Besuch eines Verzeichnisses dokumentiert.

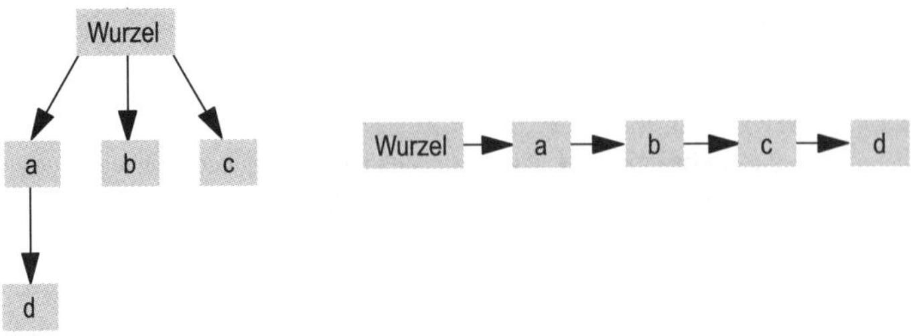

Abb. 14.1: Schichtweises Durchlaufen eines Baumes

Genauer gesagt gibt die Funktion ein Generator-Objekt zurück, das eine Folge von 3-Tupeln repräsentiert. Jedes Tupel besteht aus drei Teilen:

```
(Pfad, Unterverzeichnisse, Dateien)
```

- *`Pfad`* ist ein String mit dem Pfad des besuchten Verzeichnisses.
- *`Unterverzeichnisse`* ist eine Liste der Namen aller Unterverzeichnisse des aktuellen Verzeichnisses.
- *`Dateien`* ist eine Liste der Namen aller Dateien im aktuellen Verzeichnis.

Als Beispiel programmieren wir eine Klasse, die den Bedarf an Speicherplatz aller Verzeichnisse eines Verzeichnisbaums modelliert. Bei der Instanziierung wird eine Liste von Paaren erzeugt. Jedes Paar besteht aus dem Pfad eines Verzeichnisses und dem Speicherplatz (in Byte), den die Dateien dieses Verzeichnisses insgesamt beanspruchen. In der `__str__()`-Methode wird aus dieser Liste ein String mit einem Bericht erzeugt.

Skript:

```
# platzbedarf.py
import os
```

```
from os.path import join, getsize
ABSCHLUSSBERICHT =  """Ich habe {} Verzeichnisse
durchsucht. Der gesamte Speicherbedarf beträgt {}
Bytes."""                                              #1

class Platzbedarf:
  def __init__(self, wurzel):
    self.ergebnis = []                                 #2
    liste = os.walk(wurzel)                            #3
    for verzeichnis, unterverzeichnisse, dateien in liste:
       groesse =  sum([getsize(join(verzeichnis, name))
                for name in dateien])                  #4
       self. ergebnis.append((verzeichnis, groesse))

  def __str__(self):
    bericht = ""
    for verzeichnis, speicherplatz in self.ergebnis:
        bericht +=  ('{} ({} Byte)\n'.format(
              verzeichnis, speicherplatz))
    bericht += ABSCHLUSSBERICHT.format(len(self.ergebnis),
              sum([i[1] for i in self.ergebnis]))      #5
    return bericht

# Hauptprogramm zum Testen
print(Platzbedarf('/Python37/'))
```

Erläuterung:

#1: Die globale Variable enthält einen Mustertext mit Platzhaltern für den Abschlussbericht. Da es ein langer String ist, bei dem nichts eingerückt werden darf, sieht es schöner aus, wenn er am Anfang des Skripts definiert wird und nicht (als lokale Variable) innerhalb einer Klassendefinition.

#2: Die Liste wird eine Liste von Paaren (*Verzeichnisname, Größe*) werden.

#3: Die Variable `liste` ist ein Generator-Objekt, das eine Folge von Tripeln repräsentiert. Jedes Tripel beschreibt ein Verzeichnis des Verzeichnisbaums mit Wurzel `wurzel`.

#4: Der Ausdruck `join(verzeichnis, name)` liefert den kompletten Pfad einer Datei. Er setzt sich zusammen aus dem Namen des Verzeichnisses und dem Namen der Datei. Die `os.path`-Funktion `getsize()` liefert die Größe dieser Datei in Byte. Die Größenwerte aller Dateien des Verzeichnisses werden aufsummiert.

#5: Der Mustertext des Abschlussberichts enthält zwei Platzhalter. Der erste steht für die Anzahl der besuchten Verzeichnisse. Das ist die Länge der Liste `self.ergebnis`. Der zweite Platzhalter steht für den gesamten beanspruchten Speicherplatz. Dieser wird durch Aufsummieren der zweiten Komponenten aller Paare aus der Liste `self.ergebnis` berechnet.

Bildschirmausgabe (gekürzt):

```
/Python37/ (5060605 Byte)
/Python37/DLLs (11634121 Byte)
/Python37/Doc (8020197 Byte)
/Python37/include (583405 Byte)
...

Ich habe 512 Verzeichnisse durchsucht.
Der gesamte Speicherbedarf beträgt 165433581 Bytes.
Beenden mit <ENTER>
```

14.3 Datum und Zeit

»Zeit ist das, was man an der Uhr abliest.« (Albert Einstein)

Seit Beginn des Eisenbahnverkehrs bemüht sich die Menschheit um ein einheitliches Zeitsystem. 1840 entstand erstmalig ein Zeitstandard für den Zugverkehr in England, Schottland und Wales, der verschiedene lokale Zeitsysteme ablöste. 1852 begann das Royal Observatory in Greenwich mit der telegrafischen Übertragung von Zeitangaben. Für mehr als hundert Jahre war die Greenwich Mean Time (GTM) der wichtigste internationale Zeitstandard. Im Jahre 1967 wurde die Sekunde neu definiert und in das internationale Einheitensystem SI (Système International) eingefügt (SI-Sekunde). Grundlage der SI-Sekunde ist nicht mehr die Erdrotation (ein Tag ist die mittlere Zeitdauer einer Umdrehung der Erde), sondern eine atomphysikalische Konstante, nämlich die Resonanzfrequenz des Isotops Caesium-133. Eine Sekunde ist die Zeitdauer von 9 192 631 770 Übergängen der Caesium-133-Atome zwischen zwei ausgewählten Energiezuständen.

Auf der Basis SI-Sekunde wurde seit dem 1. Januar 1972 die Koordinierte Weltzeit (Coordinated Universal Time, UTC) zum internationalen Standard. Sie ist heute zumindest in der Computertechnik das wichtigste Zeitsystem. Die aktuelle UTC-Zeit kann z.B. von Zeit-Servern im Internet abgefragt werden. Die lokale Zeit einer Zeitzone unterscheidet sich um eine ganze Stundenzahl (0, 1, 2, ...) von der Weltzeit UTC. Bekannte Zeitzonen sind

- westeuropäische Zeit: ist gleich der UTC
- mitteleuropäische Zeit [MEZ]: +1 Stunde (im Winter)

Jeder Rechner enthält eine Systemuhr, mit deren Hilfe das Betriebssystem z.B. die Zeit des Zugriffs auf eine Datei protokolliert. Sämtliche Zeitangaben, die vom Betriebssystem verwaltet werden, sind UTC-Zeiten. Auf diese Weise sind alle Rechner der Welt gleichgeschaltet. Wenn man die Systemzeit vom Betriebssystem abfragt, wird die UTC-Zeit – mithilfe der Zeitzone, in der man sich befindet – in lokale Zeit umgerechnet.

14.3.1 Funktionen des Moduls time

Das Python-Modul `time` enthält verschiedene zeitbezogene Funktionen. Tabelle 14.10 gibt einen Überblick. Für Zeitangaben verwendet Python drei Formate:

- Die Anzahl der Sekunden seit Beginn der so genannten »Epoche«, dem Nullpunkt aller Zeitangaben. Bei Unix-Systemen ist das der 1. Januar 1970 um 0 Uhr.
- Ein Zeit-Tupel, das ganze Zahlen für Jahr, Monat, Tag etc. als Komponenten enthält. Beispiel: `(2009, 11, 27, 11, 57, 18, 2, 331, 0)`
- Ein String aus 24 Zeichen. Beispiel: `'Wed Nov 27 11:57:49 2002'`

Funktion	Erklärung
`asctime([`*`tuple`*`])`	Liefert zu einem Zeit-Tupel *`tuple`* einen 24-Zeichen-String mit einer Zeit- und Datumsangabe. Wenn das optionale Argument fehlt, wird die aktuelle Lokalzeit verwendet.
`ctime([`*`secs`*`])`	Liefert zur Zeitangabe in Sekunden seit Beginn der Epoche (*`secs`*) einen 24-Zeichen-String umgerechnet in lokale Zeit. Wenn das optionale Argument `secs` fehlt, wird die aktuelle Lokalzeit verwendet.
`gmtime([`*`secs`*`])`	Berechnet zu einer Zeitangabe in Sekunden seit Beginn der Epoche (*`secs`*) ein Zeit-Tupel in UTC (Weltzeit). Falls das Argument fehlt, wird die aktuelle Zeit genommen.
`localtime([`*`secs`*`])`	Wie `gmtime()`, liefert aber die lokale Zeit.
`mktime(`*`tuple`*`)`	Gibt zu einem Zeit-Tupel die Sekunden seit Beginn der Epoche zurück.
`sleep(`*`secs`*`)`	Die Ausführung des Programms wird für *`secs`* Sekunden unterbrochen.
`time()`	Liefert Anzahl der Sekunden seit Beginn der Epoche in UTC.

Tabelle 14.10: Funktionen des Moduls `time`

14.3.2 Sekundenformat

Für die interne Verarbeitung von Zeitangaben wird ein Zeitpunkt durch eine einzige Zahl zwischen 0 und `2147483647` repräsentiert. Sie ist die Anzahl der Sekunden seit dem 1. Januar 1970 um 0.00 Uhr (Beginn der »Epoche«). Der Vorteil dieser Darstellung ist, dass Rechnungen wie Addition und Subtraktion von Zeit-Werten sehr einfach zu handhaben sind, weil keine Datumsumrechnungen erforderlich sind.

Die Funktion `time()` liefert die aktuelle UTC-Zeit – nicht die Lokalzeit. Zeiten im Sekundenformat – wie die Zugriffszeiten für Dateien, die von `os.path.getatime()` und `os.path.getmtime()` geliefert werden – sind immer UTC-Zeiten und niemals lokale Zeiten. Beispiel:

```
>>> time()
1057760807.375
```

Wie Sie sehen, wird die aktuelle Zeit als Dezimalbruch mit drei Stellen hinter dem Komma ausgegeben. Das täuscht eine Genauigkeit vor, die so nicht gegeben ist. Bei den meisten Systemen liegt die Präzision der Zeitangabe bei `1/50` bis `1/100` Sekunden.

14.3.3 Zeit-Tupel

Um einzelne Komponenten einer Zeitangabe zu verarbeiten – z.B. Monat, Tag oder Uhrzeit –, verwendet man die Darstellung eines Zeitpunktes durch ein Zeit-Tupel. Es handelt sich um ein Tupel-artiges Objekt aus neun ganzen Zahlen, deren Bedeutung in Tabelle 14.11 beschrieben wird.

Index	Bedeutung	Attribut	Mögliche Werte
0	Jahr	`tm_year`	Zumindest 1970 bis 2038
1	Monat	`tm_mon`	1 bis 12
2	Tag	`tm_mday`	1 bis 31
3	Stunde	`tm_hour`	0 bis 23
4	Minute	`tm_min`	0 bis 59
5	Sekunde	`tm_sec`	0 bis 59
6	Wochentag	`tm_wday`	0 bis 6 (0 ist Montag)
7	Tag im Jahr	`tm_yday`	1 bis 366 (Schaltjahr)
8	Sommerzeit	`tm_isdst`	0, 1, -1 (0 = nein, 1 = ja, -1 = unbekannt)

Tabelle 14.11: Komponenten eines Zeit-Tupels

Die Funktionen `gmtime()` und `localtime()` berechnen zu einer Zeitangabe im Sekundenformat das zugehörige Zeit-Tupel. Dabei liefert `gmtime()` die koordinierte Weltzeit (UTC) und `localtime()` die lokale Zeit unter Berücksichtigung der Zeitzone. Fehlt das optionale Argument, wird die aktuelle Zeit zurückgegeben.

Beispiele:

```
>>> import time
>>> time.gmtime(0)          # UTC zu Beginn der Epoche
time.struct_time(tm_year=1970, tm_mon=1, tm_mday=1, tm_hour=0, tm_
min=0, tm_sec=0, tm_wday=3, tm_yday=1, tm_isdst=0)gmtime(0)

>>> time.localtime()        # Aktuelle lokale Zeit
```

Einem Zeit-Tupel können leicht einzelne Komponenten entnommen und z.B. in einen Text eingebaut werden.

```
>>> print('Wir befinden uns im Jahre', time.localtime()[0])
Wir befinden uns im Jahre 2013

>>> stunde, minute = localtime()[3:5]
>>> print('es ist genau {} Uhr und {} Minuten.'.format(stunde, minute))
Es ist genau 17 Uhr und 11 Minuten.
```

In den letzten Beispielen wurden Indexe verwendet, um auf Teile eines Zeit-Tupels zuzugreifen – wie bei einem normalen Zahlentupel. Die Komponenten eines Zeit-Tupels besitzen aber auch *Attribute*, über die sie angesprochen werden können (siehe Tabelle 14.11).

```
>>> t = time.localtime()
>>> print("Heute ist der {}. Tag.".format(t.tm_yday))
Heute ist der 276. Tag.
```

Schließlich können Zeit-Tupel mit der Funktion `tuple()` in ganz normale Zahlentupel umgewandelt werden:

```
>>> t = time.localtime()
>>> tuple(t)
(2013, 10, 3, 13, 25, 16, 5, 276, 1)
```

14.3.4 Zeitstrings

Die Funktion `ctime()` liefert einen String aus 24 Zeichen mit einer englischsprachigen Beschreibung eines Zeitpunktes – bestehend aus Wochentag, Monat, Tag, Uhrzeit (im Format Stunde:Minute:Tag) und vierstelliger Jahreszahl. Als Argument kann eine Zahl übergeben werden. Sie stellt die Anzahl der Sekunden seit dem 1.1.1970 dar. Das Argument ist optional. Wird es weggelassen, wird die aktuelle Lokalzeit geliefert.

Beispiele:

```
>>> time.ctime(0)                    # Beginn der Epoche
'Thu Jan 01 01:00:00 1970'
>>> time.ctime()                     # aktuelle Lokalzeit
'Wed Jul 09 12:34:38 2003'
```

Wichtig ist folgendes Detail: Die Funktion interpretiert das Argument als UTC-Zeit und liefert aber die Lokalzeit in der jeweiligen Zeitzone, in der sich der Computer befindet. Zum Beispiel ermittelt die folgende Anweisung den Zeitpunkt des letzten Zugriffs auf die LICENSE-Datei, rechnet aber die interne UTC-Zeit in Lokalzeit um:

```
>>> print(time.ctime(os.path.getatime('/Python37/LICENSE.txt')))
Tue Aug 16 11:57:28 2016
```

Die Funktion `asctime()` akzeptiert ein *Zeit-Tupel* als Argument und gibt den dazu gehörenden Zeitstring zurück.. Im Unterschied zu `ctime()` findet keine Umrechnung von UTC nach lokaler Zeit statt. Wird allerdings das optionale Argument weggelassen, so liefert `asctime()` wie `ctime()` die Lokalzeit.

Beispiele:

```
>>> time.asctime((2003, 7, 9, 13, 21, 20, 2, 190, 1))
'Wed Jul 09 13:21:20 2003'
```

```
>>> time.asctime(time.localtime())                # Lokalzeit
'Sat Oct 03 14:06:27 2009'
>>> time.asctime(time.gmtime())                   # UTC
'Sat Oct 03 12:07:50 2009'
```

14.3.5 Einen Prozess unterbrechen mit sleep()

Die Funktion `sleep()` unterbricht die Ausführung des Programms für die im Argument angegebene Anzahl von Sekunden. Das Programm wird gewissermaßen »schlafen gelegt« und zu gegebener Zeit wieder »geweckt«. Das folgende Skript realisiert eine kleine Uhr. Im Sekundenabstand wird die aktuelle Lokalzeit auf den Bildschirm gebracht. Dazu wird der 24-Zeichen-String, den `ctime()` liefert, in Wörter zerteilt (Trennsymbol ist das Leerzeichen) und das vierte Wort ausgegeben (**#1**).

```
from time import ctime, sleep
for i in range(5):
    print(ctime().split()[3])                                  #1
    sleep(1)                    # eine Sekunde schlafen
```

Programmlauf:

```
21:27:07
21:27:08
21:27:09
21:27:10
21:27:11
```

14.4 Zeitberechnungen mit dem Modul datetime

Das Modul `datetime` enthält Klassen zur objektorientierten Modellierung von Zeitpunkten und Zeitabschnitten. Die Klassen `timedelta` und `datetime` aus diesem Modul verwenden Sie auch in Django-Projekten (Kapitel 33).

14.4.1 Die Klasse datetime

Ein Objekt der Klasse `datetime` spezifiziert einen Zeitpunkt. Es ist eine Kombination aus Kalenderdatum und Uhrzeit. Ein `datetime`-Objekt kann auf vielfältige Weise erzeugt werden. Die Tabelle beschreibt einige Möglichkeiten.

Konstruktor	Erklärung
`datetime(`*year*`, `*month*`, `*day*`[, `*hour*`[, `*minute*`[, `*second*`[, `*microsecond*`[, `*tzinfo*`]]]]])`	Erzeugt ein `datetime`-Objekt aus den angegebenen Daten. Für die Uhrzeit-Werte ist jeweils 0 voreingestellt. Das letzte Argument ist für Informationen über die Zeitzone (ein `tzinfo`-Objekt) und ist mit `None` voreingestellt.

Tabelle 14.12: Konstruktoren für `datetime`-Objekte

Konstruktor	Erklärung
datetime.today() datetime.now()	Liefert ein datetime-Objekt für die augenblickliche lokale Zeit.
datetime.utcnow()	Liefert ein datetime-Objekt für die augenblickliche UTC-Zeit.

Tabelle 14.12: Konstruktoren für datetime-Objekte (Forts.)

Um ein datetime-Objekt zu erzeugen, müssen Sie zumindest das Jahr, den Monat und den Tag angeben. Alle nicht genannten Zeitangaben werden auf 0 gesetzt.

```
>>> from datetime import *
>>> t1 = datetime(1970, 1, 1)
>>> t1
datetime.datetime(1970, 1, 1, 0, 0)
```

So speichern Sie den gegenwärtigen Augenblick auf die Mikrosekunde genau:

```
>>> t2 = datetime.now()
>>> t2
datetime.datetime(2019, 4, 12, 17, 48, 55, 932736)
```

Die Attribute eines datetime-Objektes enthalten Jahr, Monat, Tag, Stunde, Minute, Sekunde und Mikrosekunde des Zeitpunkts jeweils als ganze Zahlen. Sie können sie einzeln abfragen.

```
>>> t2.year
2019
>>> t2.month
4
>>>
```

Tabelle 14.13 beschreibt einige wichtige Methoden der timedelta-Objekte. An welchem Wochentag ist Weihnachten 2030?

```
>>> weihnachten = datetime(2030, 12, 25)
>>> weihnachten.weekday()
2
```

Es ist ein Mittwoch.

Attribut bzw. Methode	Erklärung
year, month, day, hour, minute, second, microsecond	Objektattribute (*read only*), die ganze Zahlen für das Jahr, den Monat, Tag, die Stunde etc. enthalten.

Tabelle 14.13: Einige Attribute und Methoden der datetime-Objekte

Attribut bzw. Methode	Erklärung
`tzinfo`	Objektattribut, das die Zeitzone angibt (*time zone*). Voreingestellt ist `None`.
`isoformat()`	Zurückgegeben wird ein String mit einer Darstellung des Datums und der Zeit im ISO-Format 8601 mit dem Buchstaben T als Trennsymbol zwischen Datum und Zeit, z.B. `'2019-04-08T00:00:00'`
`isoweekday()`	Liefert den Wochentag als Ganzzahl zwischen 1 und 7, wobei 1 für Montag und 7 für Sonntag steht (ISO-Format).
`weekday()`	Liefert den Wochentag als Zahl zwischen 0 (Montag) bis 6 (Sonntag).

Tabelle 14.13: Einige Attribute und Methoden der `datetime`-Objekte (Forts.)

14.4.2 Die Zeitzone

Das Attribut `tzinfo` ist optional. Wenn Sie bei einer Instanziierung eines `datetime`-Objektes (z.B. mit `datetime.now()`) keine Zeitzone angeben, hat `tzinfo` den Wert `None`. Ein solches `datetime`-Objekt ohne Zeitzoneninformation nennt man »naiv«. Wenn Sie ein `datetime`-Objekt als Zeitstempel verwenden, sollten Sie jedoch besser die Zeitzone hinzufügen. Ein solches Objekt nennt man dann »bewusst« (*aware*).Die Verarbeitung von Zeitzonen wird durch das Paket `dateutil` unterstützt. Am einfachsten installieren Sie es in einem Konsolenfenster mit `pip`:

```
pip install python-dateutil
```

Wie gibt man eine Zeitzone an? Eine Zeitzone kann über ihren Namen in der Zeitzonendatenbank *tzdata* spezifiziert werden. Ein Name für eine Zeitzone besteht aus einem Kontinent (z.B. `Europe`) und einer Region (z.B. `Berlin`). Zwischen beiden Namensteilen steht ein Schrägstrich `/`. Der Name der deutschen Zeitzone ist `Europe/Berlin`.

Eine Liste der Zeitzonen finden Sie z.B. in der Wikipedia:

`https://en.wikipedia.org/wiki/List_of_tz_database_time_zones`

So erzeugen Sie ein `datetime`-Objekt der Gegenwart mit deutscher Zeitzone:

```
>>> jetzt = datetime.now(gettz('Europe/Berlin'))
>>> jetzt
datetime.datetime(2019, 4, 12, 16, 27, 57, 174487,
tzinfo=tzfile('Europe/Berlin'))
>>> jetzt.isoformat()
'2019-04-12T16:27:57.174487+02:00'
```

In der Darstellung des Zeitpunkts im ISO-Format wird die Zeitzone am Ende durch den Unterschied zur Weltzeit UTC in Stunden angegeben. Die deutsche Zeitzone liegt zwei Stunden nach der UTC.

14.4.3 Die Klasse timedelta

Ein Objekt der Klasse `timedelta` repräsentiert einen Zeitabschnitt, also den Unterschied zwischen zwei Zeitpunkten. Ein `timedelta`-Objekt kann durch einen Aufruf folgenden Formats instanziiert werden:

```
timedelta (days[, seconds[, microseconds[, milliseconds
          [, minutes[, hours[, weeks]]]]]])
```

Beispiel:

```
>>> td = timedelta(days=15,
                   hours=17, seconds=1000)
>>> td
datetime.timedelta(15, 62200)
```

Mit einem `timedelta`-Objekt können Sie zu einem Zeitpunkt einen Zeitabschnitt hinzufügen oder abziehen. Welches Datum haben wir in 100 Tagen?

```
>>> jetzt = datetime.now()
>>> jetzt
datetime.datetime(2019, 4, 12, 18, 48, 48, 145533)
>>> jetzt + timedelta(days=100)
datetime.datetime(2019, 7, 21, 18, 48, 48, 145533)
```

14.5 Aufgaben

Aufgabe 1

Schreiben Sie ein Python-Skript, das Name und Vorname einer Person abfragt und dann im Verzeichnis `/python/projekt/user/` für die Person ein Verzeichnis anlegt. Der Verzeichnisname setzt sich aus den ersten sechs Buchstaben des Vornamens und den ersten beiden Buchstaben des Nachnamens zusammen.

Aufgabe 2

Programmieren Sie einen Suchroboter. Der Benutzer wird nach einem Wort und einem Wurzelverzeichnis gefragt. Dann durchsucht das Programm den gesamten Verzeichnisbaum. Zu allen gefundenen Dateien, in denen der Begriff vorkommt, merkt es sich den Pfad und die Anzahl der Vorkommen des Suchbegriffs. Das Programm gibt eine Tabelle aus, in der die Dateien (Pfade) und die Anzahl der Vorkommen des Suchbegriffs aufgeführt sind. Die Tabelle ist in der Weise sortiert, dass zuerst die Dateien genannt werden, in der der Suchbegriff *am häufigsten* vorkommt. Beachten Sie, dass manche Dateien (Binärdateien) Laufzeitfehler verursachen, wenn man versucht, sie wie eine Textdatei zu lesen.

Beispieldialog:

```
Suchwort: robot
Wurzelverzeichnis: /Python37

Suchbericht
-----------
Suchbegriff: robot
Wurzel des Verzeichnisbaums: /Python37


\python37\lib\test\test_robotparser.py (29 Vorkommen )
\python37\lib\site-packages\pkg_resources\_vendor\six.py (19 Vorkommen )
\python37\lib\site-packages\pip\_vendor\six.py (19 Vorkommen )...
Es wurden 10170 Dateien durchsucht.
4691 Dateien waren nicht lesbar.
```

Aufgabe 3

Entwickeln Sie ein interaktives, objektorientiertes Programm, das alle Dateien auflistet,

- die sich in einem bestimmten Verzeichnisbaum befinden und
- die in der letzten Zeit verändert worden sind.

Zunächst wird der Benutzer nach einem Wurzelverzeichnis und einem Zeitintervall gefragt. Ausgegeben wird dann eine Aufstellung der gefundenen Dateien wie im nachfolgenden Beispieldialog. **Hinweis:** Verwenden Sie die Funktion `os.walk()`.

Beispieldialog:

```
Wurzel des Verzeichnisbaums: /projekt
Zeitintervall (Stunden): 2

Datei und Zeitpunkt der letzten Änderung:

\projekt\daten\bank.txt    Mon Oct 05 18:11:36 2009
\projekt\daten\daten.txt    Mon Oct 05 19:16:01 2009
\projekt\daten\gold.txt    Mon Oct 05 19:16:10 2009
\projekt\daten\daten2010\august.txt    Mon Oct 05 19:15:16 2009
```

14.6 Lösungen

Lösung 1

Skript:

```
# verzeichnisanlegen.py
from os import makedirs
```

```
vorname = input('Vorname: ')
nachname = input('Nachname: ')
verzeichnisname = (vorname[:6]+nachname[:2]).lower()                  #1
try:
    makedirs('/python/projekt/user/'+verzeichnisname)                  #2
    print('Verzeichnis angelegt')
except:
    print('Verzeichnis existiert bereits')
```

Beispieldialoge:

```
Vorname: Chris
Nachname: Keller
Verzeichnis angelegt

Vorname: Chris
Nachname: Keller
Verzeichnis existiert bereits
```

Erläuterung:

#1: Aus Vor- und Nachname wird ein Verzeichnisname konstruiert und mit der String-Methode `lower()` in einen String aus lauter Kleinbuchstaben überführt.

#2: Es wird versucht, ein Verzeichnis mit dem angegebenen Pfad anzulegen. Falls noch kein Verzeichnis `/python/projekt/user/` existiert, wird auch dieses angelegt. Der Versuch scheitert, wenn im Verzeichnis `/python/projekt/user/` bereits ein Unterverzeichnis mit dem berechneten Namen vorhanden ist. In diesem Fall wird die `try`-Klausel abgebrochen und die `except`-Klausel ausgeführt.

Lösung 2

Skript:

```
# robot.py
from os  import walk
from os.path import join, normcase
SUCHBERICHT="""
Suchbericht
-----------
{}
Es wurden {} Dateien durchsucht.
{} Dateien waren nicht lesbar.
"""                                                                    #1

class suchRobot:
```

```
  def __init__(self, suchwort, wurzel):
    self.ergebnis = []
    self.suchwort = suchwort
    self.wurzel = wurzel
    self.nicht_lesbar = 0
    self.durchsucht = 0
    liste = walk(wurzel)                                          #2
    for pfad, verzeichnisse, dateien in liste:
      for datei in dateien:
        self.durchsucht += 1                                      #3
        try:
          f = open(join(pfad, datei), 'r')                        #4
          text = f.read()                                         #5
          f.close()
          n = text.count(suchwort)                                #6
          if n > 0:
            p = normcase(join(pfad, datei))                       #7
            self.ergebnis += [(n, p)]                             #8
        except:
          self.nicht_lesbar += 1
    self.ergebnis.sort(reverse=True)                              #9

  def __str__(self):                                             #10
    tabelle = ""
    for (n, pfad) in self.ergebnis:
      tabelle += '{} ({} Vorkommen )\n'.format(
                                   pfad, n, self.suchwort)
    return SUCHBERICHT.format(tabelle,
                              self.durchsucht,
                              self.nicht_lesbar)


# Hauptprogramm
suchwort = input("Suchwort: ")
wurzel = input("Wurzelverzeichnis: ")
bot = suchRobot(suchwort, wurzel)

print(bot)
```

Erläuterung:

#1: Die globale Variable SUCHBERICHT enthält einen langen String mit drei Platzhaltern für variable Teile.

#2: Hier entsteht eine Liste aus Tripeln der Form (*pfad*, *unterverzeichnisse*, *dateien*).

#3: Hier werden die durchsuchten Dateien gezählt.

#4: Die Datei wird zum Lesen (im Textmodus) geöffnet.

#5: Der Inhalt der Datei wird gelesen und als String der Variablen `text` zugeordnet. Dieser Schritt kann misslingen, wenn die Datei eine Binärdatei ist und keinen Text repräsentiert. Dann kann sie nämlich Bytefolgen enthalten, die nicht decodiert werden können. Deshalb steht dieser Abschnitt in einer `try`-Klausel.

#6: Hier wird festgestellt, wie oft das Suchwort im Text der Datei vorkommt.

#7: Der komplette Pfad der Datei wird aus dem Pfad des Verzeichnisses und dem Namen der Datei zusammengesetzt.

#8: An die Ergebnisliste wird ein Paar (*Anzahl Vorkommen, Pfadbezeichnung*) angehängt.

#9: Die Liste wird absteigend sortiert. Da die erste Komponente der Paare die Anzahl der Vorkommen des Suchbegriffs ist, wird nach diesem Kriterium sortiert.

#10: Hier wird der Suchbericht erzeugt. Es ist die textuelle Repräsentation des Objektes.

Lösung 3

Skript:

```
# dateisuche.py
from os import walk
from os.path import normcase, join, getmtime
from time import time, ctime

class Dateisucher:
  def __init__(self, start, zeit):
    self.durchlauf = walk(start)                                   #1
    self.ergebnis = []
    zeitlimit = time() - zeit*3600                                 #2
    for pfad, verzeichnisse, dateien in self.durchlauf:
      for datei in dateien:
        dateipfad = normcase(join(pfad, datei))                    #3
        if getmtime(dateipfad) > zeitlimit:                        #4
          self.ergebnis.append(
              (getmtime(dateipfad), dateipfad))                    #5

  def __str__(self):
    bericht = 'Datei und Zeitpunkt der letzten Änderung:\n\n'
    for zeit, pfad in self.ergebnis:                               #6
      bericht += '{}    {} \n'.format(pfad,
                                      ctime(zeit))
```

```
    return bericht

#Hauptprogramm
start = input("Wurzel des Verzeichnisbaums: ")
zeit = int(input("Zeitraum (Stunden): "))
print(Dateisucher(start, zeit))
```

Erläuterung:

#1: Hier wird eine Folge von Tripeln der Form (*pfad*, *verzeichnisse*, *dateien*) berechnet. Jedes Tripel beschreibt ein Unterverzeichnis des Verzeichnisbaums.

#2: Berechnung der Zeitgrenze in Sekunden seit Beginn der Epoche.

#3: Verzeichnis und Dateiname werden zu einem Pfad verbunden und dieser mit `normcase()` in eine einheitliche Schreibweise gebracht.

#4: Wenn der Zeitpunkt der letzten Änderung der Datei über dem Zeitlimit liegt (also neuer ist), ...

#5: ... dann wird an die Liste `ergebnis` ein neues Paar aus Änderungszeit und Pfad der Datei gehängt.

#6: Aus der Liste `ergebnis` wird Zeile für Zeile ein String mit der gewünschten *Tabelle* aufgebaut.

Kapitel 15

Grafische Benutzungsoberflächen mit tkinter

Ein interaktives Programm ermöglicht die Kommunikation zwischen Mensch und Computer über eine Benutzungsoberfläche. In den Programmen, die bisher in diesem Buch beschrieben wurden, hat die Benutzungsoberfläche zwei Merkmale:

- Die Kommunikation ist textbasiert. Es gibt ein interaktives Konsolenfenster (Shell-Fenster, Eingabeaufforderung), das vom Betriebssystem oder der Entwicklungsumgebung bereitgestellt wird. Darin gibt das Programm Texte aus oder der Benutzer schreibt über die Tastatur eine Eingabe hinein.
- Die Kommunikation ist synchronisiert. Es findet ein geregelter Dialog zwischen Mensch und Maschine statt. Die zeitliche Abfolge von Eingaben und Ausgaben ist genau festgelegt und vorhersehbar. Bei der Ausführung einer `input()`-Anweisung wartet das Programm, bis der Benutzer eine Zeichenfolge eingegeben und die [Enter]-Taste betätigt hat.

Wie Sie wissen, arbeiten die meisten modernen Software-Systeme anders. Textverarbeitungsprogramme, der IDLE-Editor und andere Software, mit der man im Alltag zu tun hat, besitzen eine grafische Benutzungsoberfläche. Im Englischen spricht man von Graphical User Interface oder kurz GUI. Ein solches System hat folgende Merkmale:

- Die Kommunikation ist *multimedial*. Der Benutzer sieht die »Oberfläche« des Programms – die Schnittstelle zwischen Mensch und Maschine – als grafisch gestaltetes Fenster. Es enthält eine Vielzahl unterschiedlicher Komponenten wie Texte mit Zeichen in verschiedenen Farben, Größen und Schrifttypen, Eingabefelder, Schaltflächen und Abbildungen, die zum Teil sogar animiert sind. Eingaben macht man nicht nur über die Tastatur, sondern auch mit der Maus. Sie dient beispielsweise zum Anklicken von Schaltflächen und Bewegen von virtuellen Reglern auf dem Bildschirm.
- Die Kommunikation verläuft *asynchron*. Anstatt einem vorgegebenen Dialog zu folgen, hat der Benutzer die Freiheit, zu beliebigen Zeitpunkten etwas zu tun. Der Verlauf der Kommunikation ist unvorhersehbar. Gerade so, wie es einem in den Sinn kommt, kann man Fenster verschieben, Objekte anklicken oder Text eingeben. Jede Benutzeraktion bezeichnet man als asynchrones Ereignis (Event), auf das das System auf bestimmte Weise reagiert. Der Klick auf einen Button löst immer sofort ein definiertes Systemverhalten aus, ganz gleich, wann er erfolgt.

In diesem Kapitel geht es um die Programmierung von grafischen Benutzungsoberflächen mit dem Python-Modul tkinter (»Tk Interface«). Dieses Paket ist ein objektorientiertes Interface zu TCL/Tk, einem weitverbreiteten Tool-Kit zur Entwicklung von grafischen Benutzungsoberflächen. Tkinter gehört zur Standard-Installation von Python und funktioniert auf Windows, Linux und macOS. Allerdings gibt es bei macOS gelegentlich kleine Probleme oder Besonderheiten, zu denen Sie im Buch an den entsprechenden Stellen Hinweise finden.

Die folgenden Abschnitte orientieren sich an den drei zentralen Aufgaben, die bei einer GUI-Entwicklung zu bewältigen sind:

- Zunächst müssen grafische Elemente wie Abbildungen, Eingabefelder, Schaltflächen etc. definiert werden. Diese »Bausteine«, aus denen eine grafische Benutzungsoberfläche zusammengesetzt ist, heißen Widgets *(window gadgets)*.
- Die zweite Aufgabe ist das Layout. Die Widgets müssen in einem Fenster auf sinnvolle Weise angeordnet werden. Das Problem ist, dass Größe und Form des Fensters sich zur Laufzeit des Programms ändern können. Die Widgets werden deshalb meist nicht statisch und pixelgenau platziert, sondern in ein *logisches* Raster eingepasst. Somit kann das Layout bei einer Änderung des Fensterformats dynamisch angepasst werden. Dafür sind bestimmte Programmkomponenten zuständig, die man Layoutmanager nennt.
- Das dritte Problem ist die Definition der Interaktivität. Ereignisse – wie das Anklicken einer Schaltfläche – müssen mit Funktionalität verknüpft werden.

Der Schwerpunkt dieses Kapitels liegt auf dem Erstellen der Widgets (Punkt 1). Weil die Materie so komplex ist, belassen wir es zunächst bei einfachen Komponenten wie Buttons und Labels.

15.1 Ein einführendes Beispiel

Um eine erste Vorstellung von der Arbeit mit tkinter zu bekommen, probieren Sie folgende kleine Serie von Skripten aus, in der wir Schritt für Schritt eine komplette Benutzungsoberfläche aufbauen.

Skript:

```
from tkinter import *                                    #1
fenster = Tk()                                           #2
fenster.mainloop()                                       #3
```

Erläuterung:

#1: Alle Namen des Moduls `tkinter` werden importiert.

#2: Ein Objekt der Klasse `Tk` wird instanziiert. Objekte der Klasse `Tk` sind Anwendungsfenster – gewissermaßen die äußere Hülle eines Programms.

#3: Das Anwendungsfenster wird aktiviert. Ab jetzt funktionieren die Schaltflächen auf dem Fensterrahmen.

Auf dem Bildschirm ist ein voll funktionstüchtiges Fenster erschienen, dessen Aussehen ein wenig vom Betriebssystem abhängt (Abbildung 15.1). Sie können mit der Maus auf die übliche Weise seine Form ändern, es ikonisieren (auf Symbolgröße verkleinern) und schließen. Das genaue Aussehen des Fensters hängt vom Betriebssystem ab. Aber der logische Aufbau ist immer gleich.

Skript 2:

```
from tkinter import *
fenster = Tk()
label = Label(master=fenster,
              text='Begrüßung')                    #1
label.pack()                                       #2
fenster.mainloop()
```

Abb. 15.1: Ein leeres TK-Anwendungsfenster unter Windows XP, Windows 10 und macOS

Skript 1 wurde um zwei Zeilen erweitert (fett gedruckt).

#1: Durch diese Anweisung wird ein Objekt der Klasse `Label` erzeugt. Ein Label ist ein Beispiel für ein Widget. Das englische Wort *label* bedeutet so viel wie *Etikett* und beschreibt anschaulich, was gemeint ist: ein rechteckiger Bereich, der mit einer Beschriftung oder einer Abbildung versehen werden kann. Beim Aufruf des Konstruktors `Label()` werden zwei Argumente übergeben. Das erste Argument `fenster` ist das Widget, in das das neue Label-Widget eingebaut werden soll (der »Master«). Das zweite Argument enthält die Beschriftung des Labels.

#2: Mit dem Aufruf der Methode `pack()` wird ein bestimmter Layoutmanager – der Packer – einbezogen, der das neue Objekt `label` in die Darstellung des Anwendungsfensters `fenster` einbaut.

Durch den Packer wird die Größe des Anwendungsfensters so verändert, dass das Label gerade eben hineinpasst (Abbildung 15.2 links). Aber die Fenstergröße kann natürlich zur Laufzeit mit der Maus beliebig variiert werden (Abbildung 15.2 rechts). Das Label bleibt dann oben in der Mitte.

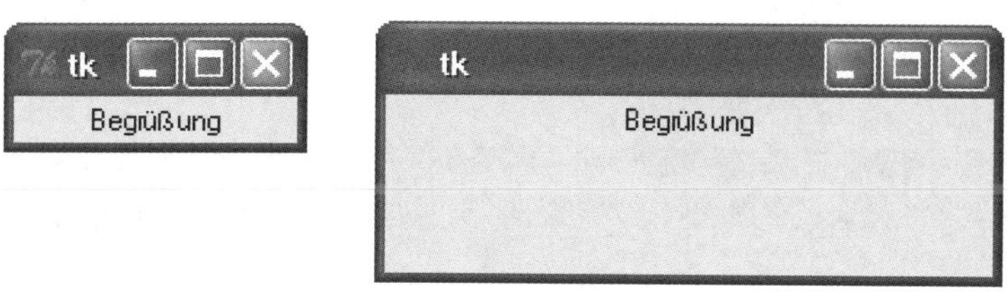

Abb. 15.2: Anwendungsfenster mit Label

Skript 3:

```
from tkinter import *
def gruessen():
    label.config(text='Hallo!')                                    #1
fenster = Tk()
label= Label(fenster,text='Begrüßung')
label.pack()
button = Button(master=fenster,
                text='Sage Hallo',
                command=gruessen)                                  #2
button.pack()                                                      #3
fenster.mainloop()
```

Erläuterung 3:

#1: Wir definieren eine Prozedur (Funktion ohne `return`-Anweisung), die dem Label-Widget einen neuen Beschriftungstext – nämlich `'Hallo!'` – zuweist.

#2: Hier wird ein Objekt der Klasse `Button` instanziiert. Das Button-Widget stellt eine Schaltfläche mit Beschriftung dar. Beim Aufruf des Konstruktors werden drei Argumente übergeben. Wie beim Label ist das erste Argument der Name des Widgets, in das das neue Widget eingefügt werden soll. Das zweite Argument ist die Beschriftung und das dritte Argument ist der Name der Prozedur, die beim Anklicken ausgeführt werden soll. Beachten Sie, dass das zweite und dritte Argument Schlüsselwort-Argumente der Form *`Option=Wert`* sind.

#3: Hier wird der Layoutmanager *Packer* aufgerufen, der dafür sorgt, dass die Schaltfläche im Anwendungsfenster unterhalb des Labels erscheint.

Programmlauf 3:

Auf dem Bildschirm entsteht ein kleines Fenster mit Label und Schaltfläche untereinander. Beim ersten Klick (linke Maustaste) auf die Schaltfläche ändert sich der Text des Labels. Bei weiteren Klicks bleibt er, wie er ist, denn es wird jedes Mal die Prozedur `gruessen()` aufgerufen, die den Text `'Hallo!'` in das Label schreibt.

Abb. 15.3: Anwendungsfenster mit Label und Button vor und nach dem Anklicken

Praxistipp: Speichern und Testen von Programmen mit grafischer Benutzungsoberfläche

Grafische Programme können wie alle Python-Skripte unter einem Dateinamen mit der Extension `.py` abgespeichert werden. Das Programm kann unter Windows durch einfaches Anklicken des Icons z.B. im Explorer-Fenster gestartet werden. Ein Nachteil ist jedoch, dass sich zunächst ein Konsolenfenster (Eingabeaufforderung) öffnet. Das sieht nicht sehr schön aus. Unter Windows sollten Sie Programme mit grafischer Oberfläche mit der Extension `.pyw` speichern. Dann erscheint sofort Ihr Anwendungsfenster auf dem Bildschirm.

15.2 Einfache Widgets

Widgets sind die Komponenten, aus denen eine grafische Benutzungsoberfläche aufgebaut ist. Programmtechnisch gesehen sind Widgets Instanzen von Klassen des Moduls tkinter.

Abbildung 15.4 zeigt eine Benutzungsoberfläche mit einigen besonders häufig verwendeten Widgets. Sie gehört zu einem Programm, das wir später entwickeln werden.

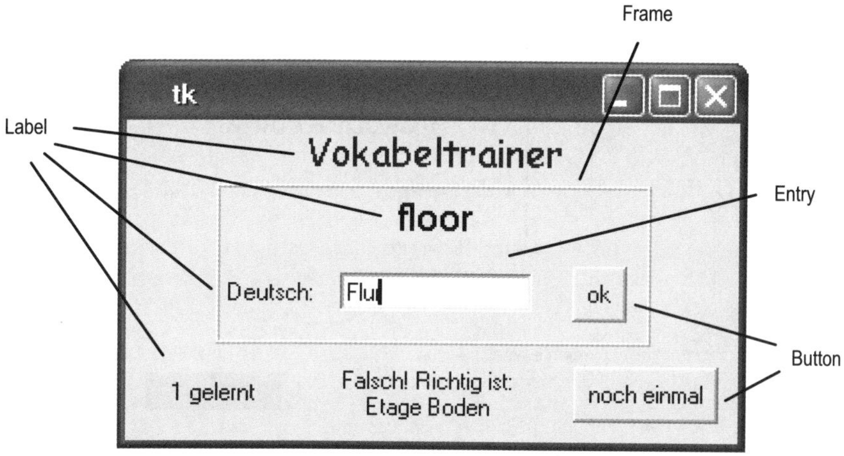

Abb. 15.4: GUI mit verschiedenen Widgets

Sie können Folgendes beobachten:

Im Innern des Anwendungsfensters (ein Objekt der Klasse `Tk`) befinden sich unterschiedliche Typen grafischer Komponenten:

- zwei Schaltflächen mit Beschriftung (Button)
- ein Rahmen (Frame), der andere Widgets umschließt
- ein Eingabefeld (Entry)
- mehrere Schriftfelder (Label)

Der Rahmen (Frame-Widget) umschließt andere Widgets, er ist also ein zusammengesetztes Objekt. Die anderen Widgets stehen für sich und enthalten keine anderen GUI-Komponenten.

Die Label-Widgets unterscheiden sich sehr stark im Aussehen (Schriftart, Hintergrundfarbe etc.).

15.3 Die Master-Slave-Hierarchie

Eine grafische Benutzungsoberfläche besitzt eine Struktur, die man sich am besten als Aggregat von Objekten vorstellt (Abbildung 15.5).

Die Linien mit ungefüllten Rauten stellen die Beziehungen zwischen den Widgets dar. Wir betrachten sie als Aggregationen, also Beziehungen zwischen einem Ganzen und seinen Teilen. Das Fenster-Widget (das Ganze) enthält als Teile ein Frame-Widget, mehrere Label-Widgets und ein Button-Widget.

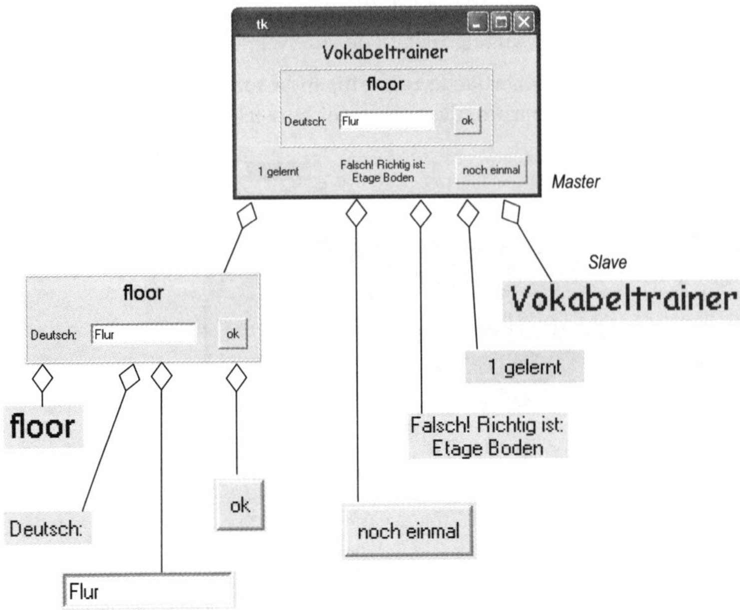

Abb. 15.5: Die Benutzungsoberfläche als Aggregat (Master-Slave-Hierarchie)

Nun besteht der Rahmen in Abbildung 15.4 wiederum aus mehreren Widgets in seinem Innern, so dass sich insgesamt eine mehrstufige Hierarchie von Objekten ergibt.

Man spricht hier von einer *Master-Slave*-Hierarchie. Ein zusammengesetztes Widget besitzt andere Widgets als Slaves.

Immer, wenn ein Widget-Objekt instanziiert wird, muss ihm ein Master-Widget zugeordnet werden. Das erste Argument beim Aufruf des Widget-Konstruktors spezifiziert den Master. Im folgenden Beispiel erhält `titel` das Objekt `fenster` als Master. Das heißt, das Label-Widget `titel` erscheint später im Innern des Anwendungsfensters `fenster`.

```
fenster = Tk()
titel = Label(master=fenster, text='Vokabeltrainer')
```

Beachten Sie bitte folgende Feinheit: Die Master-Slave-Hierachie bezieht sich allein auf die Darstellung von grafischen Objekten auf dem Bildschirm. Sie ist nicht zwingend deckungsgleich mit der Struktur, die sich aus der Beziehung Objekt → Attribut ergibt. Oder anders ausgedrückt: Ein Widget kann Slave eines anderen Widgets sein, es muss deshalb aber nicht dessen Attribut sein.

15.4 Optionen der Widgets

Widgets sind Objekte mit Attributen. So besitzt ein Label eine Höhe und eine Breite, einen Beschriftungstext, eine Hintergrundfarbe usw. Diese (vorgegebenen) Attribute der Widgets, die sich auf ihr Erscheinungsbild beziehen, nennt man *Optionen*. Sie haben beobachtet, dass in Abbildung 15.4 mehrere Label-Widgets vorkommen, die zwar alle zur Klasse `Label` gehören, sich aber äußerlich unterscheiden.

15.4.1 Optionen bei der Instanziierung setzen

Bei der Generierung eines Widgets können Attribute durch Schlüsselwort-Argumente der Form *`option=wert`* gesetzt werden. Die Reihenfolge, in der die Optionen aufgeführt werden, ist beliebig. Das ist der Vorteil von Schlüsselwort-Argumenten. Im folgenden Beispielskript wird ein Label für den Titel des Vokabeltrainerprogramms (Abbildung 15.4) mit verschiedenen Optionen belegt. Sie können das kleine Skript so testen, wie es ist.

Skript:

```
from tkinter import *
fenster = Tk()
titel = Label(master=fenster, text='Vokabeltrainer',
              font=('Comic Sans MS',14),fg='blue')
titel.pack()
fenster.mainloop()
```

Erläuterung:

Das Label-Widget `titel` erhält folgende Optionen zugewiesen: Master ist das Objekt `fenster`, die Beschriftung lautet `'Vokabeltrainer'`, als Schrifttyp wird *Comic Sans MS* in der Schriftgröße 14 Punkt gewählt und die Schriftfarbe ist Blau. Abbildung 15.6 zeigt die Bildschirmausgabe.

Abb. 15.6: Ein konfiguriertes Label-Widget

Es gibt eine kaum überschaubare Vielfalt von Optionen, mit denen praktisch jede Facette des Aussehens und Verhaltens eines Widgets gestaltet werden kann. Viele Optionen sind allen Widgets gemeinsam. Tabelle 15.1 führt die wichtigsten dieser Standard-Optionen auf. Darüber hinaus besitzen einzelne Widgets noch weitere spezielle Attribute. Zum Glück gibt es für fast alles Voreinstellungen (Defaults), so dass man die vorgegebene Standardform nur an einigen Stellen abändern muss. Man sagt: Das Widget wird *konfiguriert*.

Option	Erklärung
`bd, borderwidth`	Ganze Zahl, die die Breite des Rahmens in Pixel angibt
`bg, background`	Hintergrundfarbe
`fg, foreground`	Vordergrundfarbe (Textfarbe)
`font`	Font-Deskriptor für den verwendeten Schrifttyp (Font)
`height`	Höhe des Widgets (senkrecht) in Pixel, z.B. 100
`image`	Name eines Bildes (Image-Objekt), das auf dem Widget (z.B. Button) zu sehen ist
`justify`	Ausrichtung von Textzeilen auf dem Widget: `CENTER`: zentriert `LEFT`, `RIGHT`: links- oder rechtsbündig
`padx`	Leerer Raum in Pixel rechts und links vom Widget oder Text, z.B. 10
`pady`	Leerer Raum in Pixel über und unter dem Widget oder Text, z.B. 10
`relief`	Form des Rahmens: `SUNKEN`, `RAISED`, `GROOVE`, `RIDGE`, `FLAT`
`text`	Beschriftung des Widgets (z.B. Button oder Label)
`textvariable`	Ein Objekt der Klasse `StringVar`, das den (variablen) Text enthält, der auf dem Widget (z.B. Button oder Label) erscheint
`underline`	Default ist -1. Wenn die Zahl nicht negativ ist, gibt sie die Nummer des Zeichens an, das unterstrichen sein soll.
`width`	Breite des Widgets (horizontal) in Pixel, z.B. 100

Tabelle 15.1: Die wichtigsten Standard-Optionen, die fast alle Widgets besitzen

15.4.2 Widget-Optionen nachträglich konfigurieren

Die Benutzungsoberfläche des Vokabeltrainer-Beispiels (Abbildung 15.4) enthält auch Labels, die dynamisch während des Programmlaufs geändert werden. So wird beim Eingeben und Überprüfen einer Vokabel ein neues englisches Wort in das Widget `englLabel:Label` geschrieben.

Mithilfe der Methoden `config()` oder `configure()` (beides sind Synonyme) können eine oder mehrere Optionen eines bereits existierenden Widgets *w* nachträglich geändert werden. Das Format des Methodenaufrufs ist

```
w.config(option1=wert1[, option2=wert2 ...] ).
```

Beispiel:

```
titel.config(fg='red')
```

Hier wird dem Label-Widget `titel` (siehe Beispiel) nachträglich eine neue Schriftfarbe zugewiesen (`fg` ist ein Kürzel für *foreground*, es geht also um die Vordergrundfarbe).

15.4.3 Fonts

Wenn ein Widget einen Text enthält, besitzt es das Attribut `font`, in dem der Schrifttyp festgelegt ist. Die `font`-Option wird durch ein Tupel folgenden Formats definiert (*`familie, größe, [stil]`*):

- Im ersten Element des Tupels wird in einer Zeichenkette die Font-Familie spezifiziert. Gebräuchliche Fonts sind z.B.: Arial, Courier, Comic Sans MS, MS Sans Serif, Symbol, System, Times und Verdana.
- Das zweite Element ist eine ganze Zahl, die die Schriftgröße in Punkt angibt.
- Das optionale dritte Element ist ein String, der eine Kombination aus folgenden Angaben zum Stil enthält:

`bold`	fett
`italic`	kursiv
`underline`	unterstrichen
`overstrike`	durchgestrichen

Beispiel:

```
# fontstest.pyw
from tkinter import*
fenster = Tk()
label1 = Label(fenster, text='Verdana 40',
               font=('Verdana', 40))
label1.pack()
label2 = Label(fenster, text='Times 30 bold',
               font=('Times', 30, 'bold'))
label2.pack()
label3 = Label(fenster, text='Comic Sans MS 20',
               font=('Comic Sans MS', 20))
label3.pack()
label4 = Label(fenster,
                 text='Courier 10 italic overstrike',
                 font=('Courier',10, 'italic overstrike'))
label4.pack()
fenster.mainloop()
```

Abb. 15.7: Schriften mit unterschiedlichem Font, Schriftgröße und Stil

15.4.4 Farben

Für den Hintergrund oder die Beschriftung eines Widgets können Farben verwendet werden. Es gibt zwei Möglichkeiten, Farben zu definieren:

In einem String werden hinter einem Doppelkreuz # die Rot-, Grün- und Blauanteile als Hexadezimalzahlen angegeben. Gebräuchlich sind die folgenden Formate:

Format	Erklärung	Beispiele
`#rgb`	4 Bit pro Farbe	`'#fff'` weiß, `'#800'` dunkelrot
`#rrggbb`	8 Bit pro Farbe	`'#00ff00'` grün

Für einige Grundfarben können vordefinierte Strings verwendet werden: `'white'`, `'black'`, `'red'`, `'green'`, `'blue'`, `'cyan'`, `'yellow'`, `'magenta'`.

Das folgende Beispiel zeigt zwei Label-Widgets mit unterschiedlichen Text- und Hintergrundfarben:

```
# tagnacht.pyw
from tkinter import *
fenster = Tk()
labelnacht = Label(fenster, text='Nacht',
                   font=('Arial',20),
                   fg='white',bg='black', width=10)
labelnacht.pack()
labeltag = Label(fenster, text='Tag',
                 font=('Arial',20),
                 fg='#000000', bg='#ffffff', width=10)
labeltag.pack()
fenster.mainloop()
```

Abb. 15.8: Label-Widgets mit unterschiedlichen Schriftfarben und Hintergrundfarben

15.4.5 Rahmen

Widgets besitzen einen Rahmen, dessen Aussehen durch folgende Attribute definiert wird:

- Das Attribut `bd` (oder `borderwidth`) gibt die Breite des Rahmens an.
- Das Attribut `relief` beschreibt die Form. Es kann folgende Werte annehmen: `SUNKEN`, `RAISED`, `GROOVE`, `RIDGE`, `FLAT`.

Das folgende Beispiel zeigt das Erscheinungsbild verschiedener Rahmentypen:

```
# rahmentest.pyw
from tkinter import *
fenster = Tk()
rahmentypen = [SUNKEN, RAISED, GROOVE, RIDGE, FLAT]
for rahmen in rahmentypen:
    label = Label(fenster, text=str(rahmen),
                  font=('Arial',10),
                  bd=4, relief=rahmen, padx=10)
    label.pack()
fenster.mainloop()
```

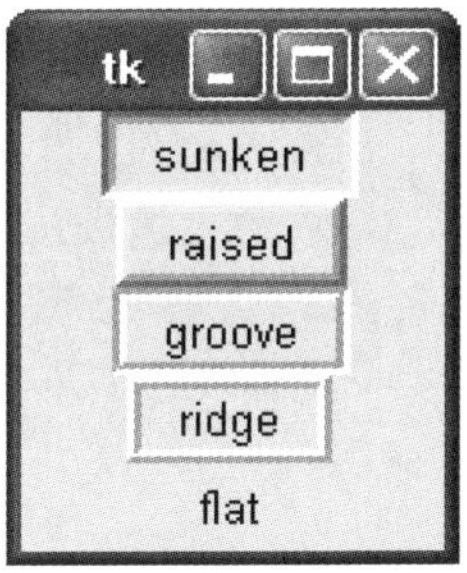

Abb. 15.9: Label-Widgets mit verschiedenen Rahmen

15.4.6 Die Größe eines Widgets

Widgets, die Text enthalten, wie Buttons oder Labels, sind so voreingestellt, dass sie sich in ihrer Größe dem Text anpassen. Sie sind so hoch und so weit, dass sie gerade eben den Text umfassen (siehe Abbildung 15.10 links oben).

```
from tkinter import *
fenster = Tk()
label1 = Label(fenster, text='groß',font=('Arial',40),
            relief='groove', bg='yellow',
            width=6, height=3)
label2 = Label(fenster, text='klein',font=('Arial',10),
            relief='groove', bg='yellow',
            width=6, height=3)
label1.pack()
label2.pack()
fenster.mainloop()
```

Die Größe eines Widgets kann mittels der Optionen `width` (Weite) und `height` (Höhe) konfiguriert werden. Zu beachten ist ein Unterschied zwischen Widgets, die einen Text enthalten (z.B. Label oder Button), und Widgets, die nicht textbezogen sind (z.B. Frames).

- Bei Labels und anderen textbezogenen Widgets werden die Höhe (`height`) als Anzahl der Textzeilen und die Weite (`width`) als Anzahl der Zeichen definiert.
- Bei nicht textbezogenen Widgets (z.B. Frames) können Höhe und Weite auf folgende Weise angegeben werden:
  - Wenn der Wert der Option eine ganze Zahl ist, sind Pixel gemeint. `width=100` bedeutet eine Weite von 100 Pixel.
  - Mit einem String, der aus einer Zahl und dem Buchstaben c besteht, wird eine Länge in Zentimetern definiert. `width='10c'` bedeutet eine Weite von 10 cm.

Die beiden Label-Widgets des folgenden Beispiels haben zwar die gleichen Werte für Höhe und Weite, besitzen aber unterschiedliche Schriftgrößen und haben deshalb auch unterschiedliche Ausmaße (siehe Abbildung 15.10 rechts).

```
label1 = Label(fenster, text='groß',font=('Arial',40),
               relief='groove', bg='yellow',
               width=6, height=3)
label2  =Label(fenster, text='klein',font=('Arial',10),
               relief='groove', bg='yellow',
               width=6, height=3)
```

Label-Widgets mit angepasster Größe (Voreinstellung)

Label-Widgets mit gleicher Weite und gleicher Schriftgröße

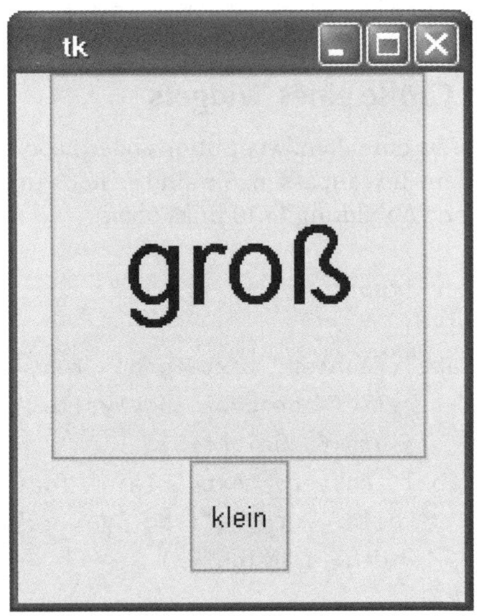

Label-Widgets mit konfigurierter Größe (width=6, height=3)

Abb. 15.10: Label-Widgets unterschiedlicher Größe

Bei Labels und Buttons will man häufig unabhängig vom enthaltenen Text eine einheitliche Breite der Objekte erzielen. Man erreicht dies, indem man für die Optionen `font` und `width` die gleichen Werte wählt (siehe Abbildung 15.10 links unten).

```
label1 = Label(fenster, text='kurz',
                font=('Arial',10), width=(12,'c'),
                relief='groove', bg='yellow')
label2 = Label(fenster, text='langer Text',
                font=('Arial',10), width=12,
                relief='groove', bg='yellow')
```

15.4.7 Leerraum um Text

Mit den Optionen `padx` und `pady` kann man um den Text eines Labels oder Buttons Leerraum einfügen. Das heißt, das Widget wird vergrößert.

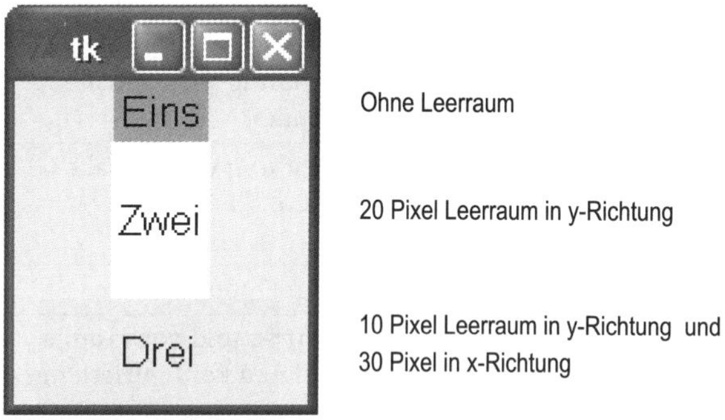

Abb. 15.11: Drei Labels mit unterschiedlichem Padding

```
from tkinter import *
fenster = Tk()
widgets = [
  Label(master=fenster, text='Eins',bg='green',
        font=('Arial', 12)),
  Label(master=fenster, text='Zwei',bg='white',
        font=('Arial', 12), pady=20),
  Label(master=fenster, text='Drei',bg='yellow',
        font=('Arial', 12), padx=30, pady=10)]
for w in widgets: w.pack()
fenster.mainloop()
```

15.5 Gemeinsame Methoden der Widgets

Widgets besitzen eine Reihe gemeinsamer Methoden, die in Tabelle 15.2 zusammengefasst sind und für deren Verwendung an verschiedenen Stellen dieses Kapitels Beispiele einfließen. Grundsätzlich dienen die Methoden folgenden Zwecken:

- Das Widget kann an einen Eventhandler gebunden werden. Dieser reagiert auf ein Ereignis, das im Zusammenhang mit dem Widget steht (z.B. Anklicken). Auf die Event-Verarbeitung gehe ich in Kapitel 17 ein.
- Konfiguration oder Zerstörung des Widgets
- Aufruf einer Funktion (eventuell zeitverzögert)

Methode	Erklärung
`after (ms , func[,arg1[,...]])`	Aufruf einer Funktion oder Methode nach *ms* Millisekunden
`bell()`	Erzeugt Glockenklang.
`bind(sequence=`*`event`*`, func=`*`f`*`[,add="+"])`	Bindet die Funktion *f* (Eventhandler) an einen Event.
`bind_all(sequence=`*`event`*`, func=`*`f`*`[,add="+"])`	Arbeitet wie `bind()`, aber die Bindung wird auf alle Widgets der Applikation angewendet.
`bind_class(`*`className`*`, sequence=`*`event`*`, func=`*`f`*`[,add="+"])`	Arbeitet wie `bind()`, aber die Bindung wird auf alle Widgets der Klasse *`className`* (z.B. `"Button"`) angewendet.
`cget(`*`option`*`)`	Liefert den Wert der angegebenen Option.
`config(`*`option1=wert1`*`, ...)` `configure(`*`option1=wert1`*`, ...)`	Die beiden Methodennamen `config` und `configure` sind Synonyme. Das Widget wird neu konfiguriert, die angegebenen Optionen erhalten neue Werte. Ein Aufruf *`w`*`.config()` ohne Argumente liefert die Konfiguration des Widget *w* als Dictionary.
`destroy()`	Das Widget und alle Nachkommen in der Parent-Child-Hierarchie werden gelöscht.
`option_clear()`	Alle Optionen werden auf die Default-Werte zurückgesetzt.

Tabelle 15.2: Einige gemeinsame Methoden von tkinter-Widgets

15.6 Die Klasse Tk

Programme mit grafischer Benutzungsoberfläche laufen immer in einem Anwendungsfenster. Diese ist ein Objekt der Klasse `Tk` aus dem Modul tkinter. `Tk`-Objekte sind immer das oberste Objekt der Master-Slave-Hierarchie einer grafischen Benutzungsoberfläche. Sie besitzen *nicht* die Option `master`. Der Konstruktor `Tk()` kann ohne Argumente verwendet werden und erzeugt dann ein kleines Fenster mit der Bezeichnung `tk`. Durch einen Aufruf der Methode `title()` kann aber auch eine andere Beschriftung eingesetzt werden:

```
from tkinter import *
fenster = Tk()
fenster.title = 'Demofenster'
fenster.mainloop()
```

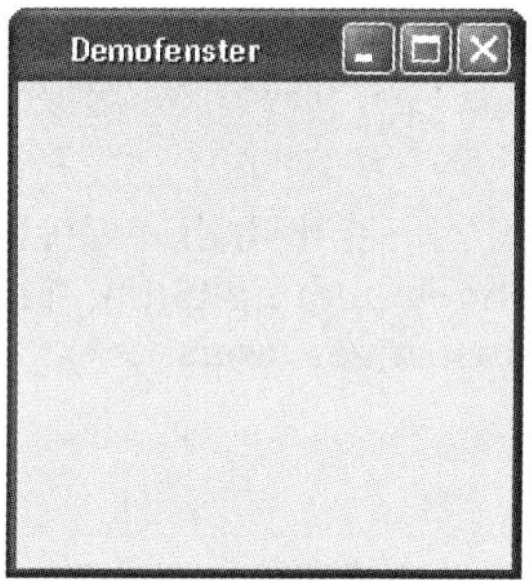

Abb. 15.12: Applikationsfenster mit Rahmentext

15.7 Die Klasse Button

Das Button-Widget stellt eine Schaltfläche dar, die mit der linken Maustaste angeklickt werden kann und dann eine Aktion auslöst. Button-Widgets sind Objekte der Klasse `Button`, die durch einen Aufruf des Konstruktors `Button()` im folgenden Format erzeugt werden.

```
Button (master-widget [,option1=wert1[, ...]])
```

Das erste Argument ist – wie bei allen Konstruktoraufrufen für Widgets – der Name eines Widgets, in das die Schaltfläche als Slave eingesetzt werden soll. Die wichtigste Option, die konfiguriert werden muss, ist die Option `command`. Durch ein Schlüsselwort-Argument der Form

```
command=prozedurname
```

wird der Button an eine Prozedur (Funktion oder Methode ohne `return`-Anweisung) mit dem angegebenen Namen gekoppelt. Beachten Sie, dass nur der *Name* – ohne Klammern () – zugewiesen wird.

15.8 Die Klasse Label

Die logisch einfachsten und gleichzeitig in der Praxis am häufigsten verwendeten Widgets sind Objekte der Klasse `Label`. Ein Label-Widget zeigt in der Regel einen ein- oder mehrzeiligen Text. Label-Widgets sind – von der Idee her – nicht interaktiv, sondern reine Ausgabe-Objekte. Ein Label-Objekt wird durch einen Aufruf des Konstruktors in folgendem Format instanziiert:

```
label = Label (master [,option1=wert1[, ...]])
```

Labels sind häufig statisch und zeigen während der Laufzeit des Programms immer den gleichen Text. Es ist aber durchaus möglich, die Beschriftung eines Labels dynamisch zu ändern. Dafür gibt es zwei Techniken:

- Die dynamische Konfiguration der Option `text` mit der Widget-Methode `config()`
- Die Verwendung der Option `textvariable` in Kombination mit einer Kontrollvariablen

Für beide Methoden stelle ich je ein Beispiel vor.

15.8.1 Dynamische Konfiguration der Beschriftung

Das folgende Skript realisiert einen Sehtest. Die Benutzungsoberfläche enthält drei Label-Widgets mit unterschiedlicher Schriftgröße und einen Button (siehe Abbildung 15.13). Auf Knopfdruck wird den Labels eine zufällige Folge von drei Buchstaben zugewiesen.

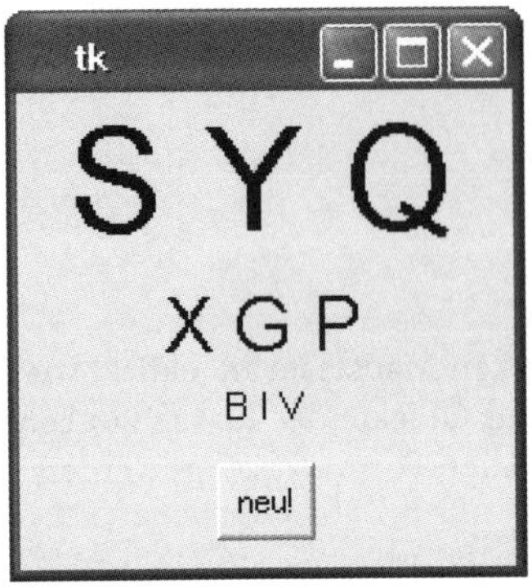

Abb. 15.13: Ein Sehtest mit Label-Widgets unterschiedlicher Schriftgröße

Skript:

```
# sehtest.pyw
from tkinter import *
from random import*

class Sehtest:
  def __init__(self):
    self.fenster = Tk()
    self.button = Button(self.fenster,text='neu!',
                         command=self.neu)                      #1
    self.label = [
      Label(self.fenster, font=('Arial',40), width=6),
      Label(self.fenster, font=('Arial',20), width=6),
      Label(self.fenster, font=('Arial',10), width=6)]           #2
    self.neu()
    for l in self.label: l.pack()                               #3
```

```
        self.button.pack(pady=10)
        self.fenster.mainloop()

    def neu(self):
        a = 'ABCDEFGHIJKLMNOPQRSTUVWXYZ'
        for l in self.label:
            zeichen = choice(a)+' '+choice(a)+' '+choice(a)          #4
            l.config(text=zeichen)                                  #5

sehtest=Sehtest()
```

Erläuterung:

#1: Dem Button-Widget wird als Master das Anwendungsfenster `self.fenster` zugeordnet und es wird an die Methode `self.neu()` gekoppelt. Das heißt, beim Anklicken wird diese Methode aufgerufen.

#2: Hier wird eine Liste von drei Labels generiert, die sich allein in der Schriftgröße unterscheiden.

#3: Alle Labels der Liste werden (untereinander) in das Anwendungsfenster gepackt.

#4: Aus dem String a, der das Alphabet enthält, wird drei Mal ein zufälliges Zeichen ausgewählt und daraus ein String konstruiert.

#5: Alle drei Label-Widgets aus der Liste `label` werden neu konfiguriert und erhalten einen Zufallsstring mit drei Buchstaben als neuen Wert für die Option `text`.

15.8.2 Verwendung von Kontrollvariablen

Über die Option `textvariable` kann ein Label – oder ein anderes Widget, das einen Text darstellt – an eine so genannte Kontrollvariable gekoppelt werden. Dann zeigt das Widget immer den Text, den die Kontrollvariable enthält. Wenn sich der Text des Widgets ändern soll, braucht nur der Inhalt der Kontrollvariablen modifiziert zu werden.

Zu beachten ist, dass Kontrollvariablen – trotz ihres Namens – keine Variablen sind, sondern Objekte. Nur mit ihren Methoden `set()` und `get()` können ihnen Werte zugewiesen und ihre Werte gelesen werden. tkinter bietet drei Typen von Kontrollvariablen für Gleitkommazahlen, ganze Zahlen und Strings. Sie können durch folgende Konstruktoraufrufe erzeugt werden:

- `DoubleVar()` liefert ein Kontrollvariablen-Objekt mit der Gleitkommazahl `0.0`.
- `IntVar()` liefert Kontrollvariable mit der ganzen Zahl 0.
- `StringVar()` liefert Kontrollvariable mit dem leeren String `''`.

Für die Option `textvariable` eines Labels benötigt man eine Kontrollvariable der Klasse `StringVar`. Mehrere Labels können gemeinsam eine Kontrollvariable nutzen. Sie enthalten dann immer den gleichen Text.

Eine besonders wichtige Rolle haben Kontrollvariablen bei Radiobuttons, zu denen wir später kommen.

Im folgenden Beispiel wird ein zufällig ausgewählter Text in drei Schriftarten auf dem Bildschirm dargestellt. Man kann damit die Lesbarkeit verschiedener Schriftstile überprüfen.

Abb. 15.14: Kopplung von Label-Widgets an eine Kontrollvariable

Skript:

```
# lesetest.pyw
from tkinter import *
from random import *

class Lesetest:
  def __init__(self):
    self.fenster = Tk()
    self.text = StringVar()                                        #1
    self.button = Button(self.fenster,text='neu!',
                         command=self.neu)
    self.label=[
        Label(self.fenster, font=('Comic Sans MS',20),
              width=22, textvariable=self.text),
        Label(self.fenster, font=('Script',20),
              width=22, textvariable=self.text ),
        Label(self.fenster, font=('Palatino',20),
              width=22, textvariable=self.text)]                   #2
    self.neu()
    for l in self.label: l.pack()
    self.button.pack(pady=10)
    self.fenster.mainloop()

  def neu(self):
    liste = ['Wahrnehmen mit den Augen',
             'Was ist besser lesbar?',
             'Gut erkennbare Worte']
```

```
    self.text.set(choice(liste))                          #3

lesetest=Lesetest()
```

Erläuterung:

#1: Die Kontrollvariable `self.text` wird instanziiert.

#2: Der Option `textvariable` der Label-Widgets wird der Name der Kontrollvariablen zugewiesen.

#3: Der Wert der Kontrollvariablen wird neu gesetzt.

15.9 Die Klasse Entry

Das Entry-Widget dient der Eingabe einer einzelnen Textzeile. Klickt man während des Programmlaufs in ein Entry-Feld, so blinkt dort ein Cursor und man kann Text eingeben oder verändern. Die Weite (Option `width`) eines Entrys wird wie bei Label-Widgets als Anzahl der Zeichen definiert. Voreingestellt ist eine Weite von 20 Zeichen.

Zugriff auf den Inhalt des Entry-Feldes

Auf den Inhalt eines Entry-Widgets kann innerhalb des Programms auf unterschiedliche Weise zugegriffen werden:

- Die Methode `get()` liefert den Inhalt des Entry-Feldes als String.
- Ein Aufruf der Methode `delete()` im Format `delete(`*`first`*`[,`*`last`*`])` löscht einzelne Zeichen aus dem Entry. Der Parameter *`first`* ist der Index des ersten zu löschenden Zeichens. Fehlt ein zweites Argument, so wird nur dieses Zeichen gelöscht. Ansonsten werden alle Zeichen bis zum Index *`last`* entfernt.

Anwendung der Option show

Die Option `show='`*`x`*`'` bewirkt, dass anstelle des eingegebenen Zeichens das Zeichen *x* im Entry-Feld gezeigt wird. Diese Option kann man z.B. für eine Passworteingabe verwenden, bei der der eingegebene Text geheim bleiben muss. Beispiel:

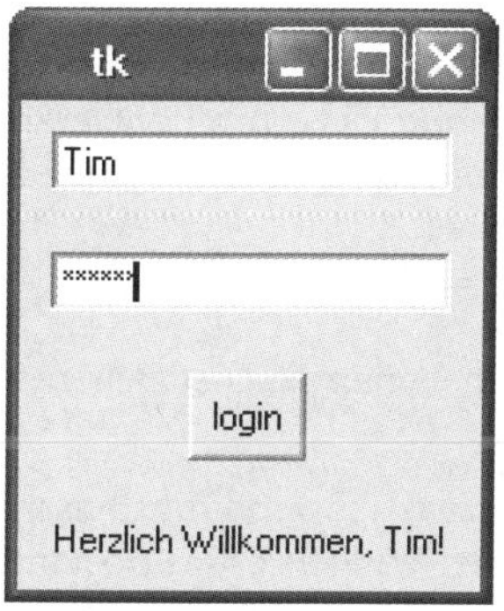

Abb. 15.15: Login-Fenster mit zwei Entry-Widgets für die Eingabe von Name und Passwort

Skript:

```
# login.pyw
from tkinter import *
class Login:
  def __init__(self):
    self.user = {'Tim':'krone2', 'Mick':'selters$',
                 'Laura':'prater00', 'Kai':'pasta$1'}          #1
    self.fenster = Tk()
    self.ausgabe = Label(self.fenster, width=20, height=2)
    self.name = Entry(self.fenster)                             #2
    self.passwort = Entry(self.fenster, show='*')               #3
    self.loginButton = Button(self.fenster,
                       text='login', command=self.login)
    self.name.pack(padx=10, pady=10)                            #4
    self.passwort.pack(pady=10)
    self.loginButton.pack(pady=10)
    self.ausgabe.pack()
    self.fenster.mainloop()

  def login(self):
    name = self.name.get()                                      #5
    if name in self.user.keys():
      if self.passwort.get() == self.user[name]:
        self.ausgabe.config(text='Herzlich Willkommen, '+name+'!')
      else: self.ausgabe.config(text='Passwort falsch!')
    else: self.ausgabe.config(text='User unbekannt!')
    self.name.config(text='')                                   #6
    self.name.config(text='')

l = Login()
```

Erläuterung:

#1: Dictionary mit Name und Passwort. Achtung! Diese Art, geheime Passwörter zu verarbeiten, widerspricht den Regeln des Datenschutzes. Passwörter sollten niemals unverschlüsselt in Programmtexten vorkommen. Mehr dazu in Kapitel 24.

#2: Entry-Widget ohne vorgegebenen Text.

#3: Entry-Widget für das Passwort. Es zeigt anstelle der eingegebenen Buchstaben nur Sternchen.

#4: In dieser und den folgenden Zeilen werden die Widgets in das Anwendungsfenster gepackt. Die Optionen padx und pady bewirken, dass zwischen den Widgets etwas Abstand (Zahlenangaben in Pixel) bleibt.

#5: Lesender Zugriff auf das Entry-Widget `self.name`.

#6: Die Einträge in den Entry-Widgets werden gelöscht.

15.10 Die Klasse Radiobutton

Radiobuttons sind Schaltflächen für eine »Eins-aus-n-Wahl«. Das heißt: Von einer zusammengehörenden Gruppe von Radiobuttons kann immer nur höchstens *einer* ausgewählt sein. Klickt man auf einen Radiobutton, so wird dieser selektiert und die anderen der Gruppe deselektiert (das heißt, eine bestehende Selektion wird aufgehoben). Abbildung 15.16 zeigt eine Anwendung mit Radiobuttons in verschiedenen Zuständen.

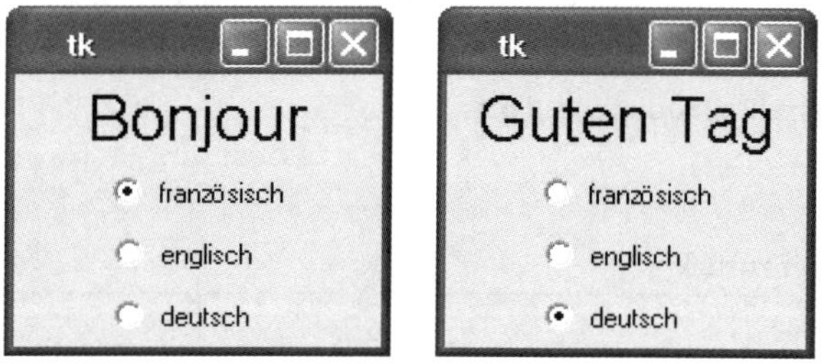

Abb. 15.16: Radiobuttons zur Auswahl einer Sprache

Mit jedem Radiobutton-Widget ist ein Wert assoziiert, der in der Option `value` eingetragen ist. Zusammengehörende Radiobuttons besitzen eine gemeinsame Kontrollvariable, die den Wert (Option `value`) des aktuell ausgewählten Radiobuttons speichert. Die Kontrollvariable ist ein Objekt der Klassen `StringVar`, `DoubleVar` oder `IntVar` (siehe Abschnitt 15.8.2).

Für Radiobuttons gibt es zwei unterschiedliche Erscheinungsformen, die mit der Option `indicatoron` ausgewählt werden können (siehe Abbildung 15.17)

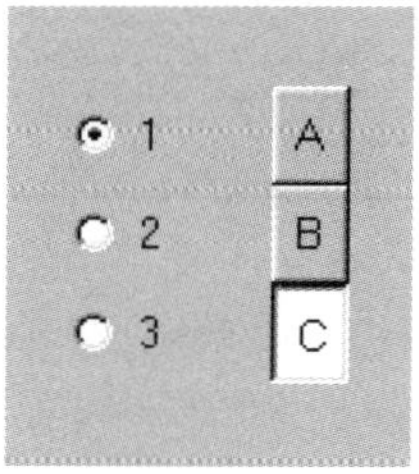

Abb. 15.17: Zwei Erscheinungsformen für Radiobuttons

Attribut	Erklärung
`command`	Bei jedem Anklicken des Radiobuttons wird die angegebene parameterlose Funktion oder Methode aufgerufen.

Tabelle 15.3: Spezielle Optionen der Klasse `Radiobutton`

Attribut	Erklärung
`height`	Anzahl der Textzeilen, Default ist 1.
`indicatoron`	Wahl des Erscheinungsbildes. Hat diese Option den Wert `1` (Default), so zeigt sich der Radiobutton als Indikatorfeld mit einem Label rechts daneben. Im Fall `indicatoron=0` ist es eine Schaltfläche mit dem Label darauf.
`text`	Text des Labels
`value`	Wert des Radiobuttons (String oder Zahl). Der Datentyp hängt vom Typ der Kontrollvariablen ab. Wenn der Radiobutton gesetzt wird, erhält die Kontrollvariable diesen Wert.
`variable`	Name der Kontrollvariablen für die Gruppe, zu der der Radiobutton gehört
`width`	Breite des Radiobuttons als Anzahl der dargestellten Zeichen. Wenn diese Option nicht gesetzt ist, passt sich die Größe dem Label auf dem Button an.

Tabelle 15.3: Spezielle Optionen der Klasse `Radiobutton` (Forts.)

Methode	Erklärung
`deselect()`	Setzt den Radiobutton zurück.
`select()`	Radiobutton wird gesetzt.

Tabelle 15.4: Die wichtigsten Methoden der Klasse `Radiobutton`

Das folgende Skript implementiert eine kleine Anwendung mit Radiobuttons, die einen Text in verschiedenen Sprachen ausgibt (siehe Abbildung 15.16).

Skript:

```
# intergruss.pyw
from tkinter import *
fenster = Tk()
gruss = StringVar()                                              #1
engl = Radiobutton(fenster, text='englisch    ',
                   value='Hello', variable=gruss)                #2
franz = Radiobutton(fenster, text='franz\xf6sisch',
                   value= 'Bonjour', variable=gruss)
deutsch = Radiobutton(fenster, text='deutsch    ',
                   value='Guten Tag', variable=gruss,
                   )
ausgabe = Label(fenster, textvariable=gruss,
              font=('Arial', 20), width=10)
deutsch.select()                                                 #3
ausgabe.pack()
franz.pack()
engl.pack()
deutsch.pack()
fenster.mainloop()
```

Erläuterung:

#1: Gemeinsame Kontrollvariable der Radiobutton-Widgets.

#2: Instanziierung eines `Radiobutton`-Objektes mit dem Namen `engl`. Der assoziierte Wert ist `Hello`. Er wird automatisch der gemeinsamen Kontrollvariablen `gruss` zugewiesen, sobald dieser Knopf gedrückt wird.

#3: Der Radiobutton `deutsch` wird selektiert, weil sonst beim Start des Programms kein Radiobutton ausgewählt wäre und nichts auf dem Label stehen würde.

15.11 Die Klasse Checkbutton

Mit Checkbuttons kann man Mehrfachauswahlen realisieren. Jeder Checkbutton eines Ensembles befindet sich (unabhängig von den anderen) in einem der beiden Zustände *on* und *off*, denen jeweils Werte zugeordnet sind (Optionen `onvalue` und `offvalue`). Abbildung 15.19 zeigt ein Beispiel.

Wie bei Radiobuttons gibt es auch für Checkbuttons zwei unterschiedliche Erscheinungsbilder (siehe Abbildung 15.18), zwischen denen mittels der Option `indicatoron` ausgewählt werden kann.

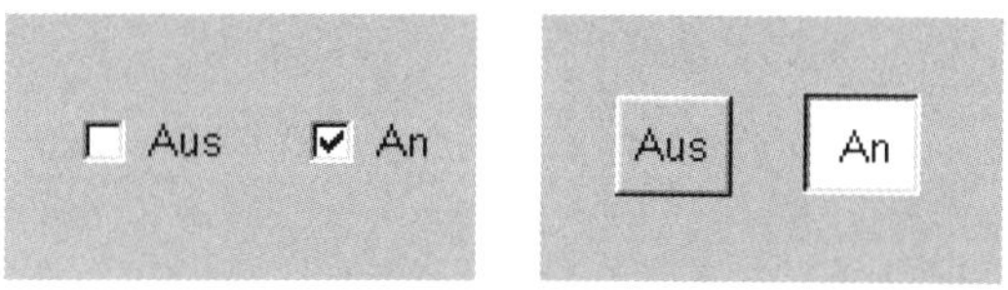

Abb. 15.18: Zwei Erscheinungsformen für Checkbutton-Widgets – links: `indicatoron=1`, rechts: `indicatoron=0`

Checkbuttons verfügen über die gleichen Methoden wie Radiobuttons und besitzen mit wenigen Ausnahmen die gleichen Optionen. Ein Unterschied ist, dass einem Radiobutton ein Wert zugeordnet ist (Option `value`), einem Checkbutton jedoch zwei (Tabelle 15.5).

Attribut	Erklärung
`indicatoron`	Voreingestellt ist der Wert 1. In diesem Fall sieht das Objekt aus wie in Abbildung 15.18 links. Bei `indicatoron=0` hat der Checkbutton das Aussehen einer Schaltfläche, die im Zustand *on* niedergedrückt erscheint und im Zustand *off* hervorsteht.
`offvalue`	Enthält Zahl oder String. Normalerweise hat die assoziierte Kontrollvariable den Wert 0, wenn der Checkbutton *nicht* gesetzt ist. Mit dieser Option kann man dem »Aus«-Zustand einen anderen Wert zuordnen.
`onvalue`	Enthält Zahl oder String. Normalerweise hat die assoziierte Kontrollvariable den Wert 1, wenn der Checkbutton gesetzt ist. Mit dieser Option kann man dem »An«-Zustand einen anderen Wert zuordnen.

Tabelle 15.5: Spezielle Optionen der Checkbutton-Widgets (ansonsten identisch mit Radiobutton)

Die folgende Applikation demonstriert das Prinzip der additiven Farbmischung. Durch Anklicken von Checkbuttons kann eine Farbe aus den Grundfarben Rot, Grün und Blau gemischt werden.

Abb. 15.19: Additive Farbmischung mit Checkbuttons (Gelb)

Skript:

```
# farbmischer.pyw
from tkinter import *

class Farbmischer:
  def __init__(self):
    self.fenster = Tk()
    self.rot, self.gruen, self.blau=IntVar(), IntVar(), IntVar()    #1
    self.check = []                                                 #2
    for (farbe, var) in [('rot',self.rot),
                         ('gr\xfcn',self.gruen),
                         ('blau',self.blau)]:
        self.check.append(Checkbutton(self.fenster,
                          text=farbe,
                          offvalue=0, onvalue=255,
                          variable=var,
                          command=self.mix))
    self.farbfeld = Label(self.fenster,width=20, height=6)
    self.farbfeld.pack(side=LEFT)                                   #3
    for button in self.check:
        button.pack(side=RIGHT)
    self.fenster.mainloop()

  def mix(self):                                                    #4
      summe='#'
      for farbe in (self.rot, self.gruen, self.blau):
          summe += str(hex(farbe.get())).lstrip('0x').zfill(2)
      self.farbfeld.config(bg=summe)                                #5

farbmischer = Farbmischer()
```

Erläuterung:

#1: Wir verwenden drei Kontrollvariable für ganze Zahlen, die Zahlenwerte (zwischen 0 und 255) für die Farbanteile der Mischfarbe (RGB-Komponenten) enthalten sollen.

#2: Eine Liste von Checkbutton-Widgets wird generiert. Die Iterationssequenz ist eine Liste aus drei Tupeln, in denen jeweils der Labeltext und die Kontrollvariablen der Button angegeben sind.

#3: Das Label, dessen Hintergrundfarbe die Mischfarbe darstellt, wird nach links in das Fenster gepackt und die Checkbutton-Widgets nach rechts.

#4: Die Methode `mix()` generiert aus den numerischen Farbwerten der drei Kontrollvariablen einen Farbstring im Format `#rrggbb` und weist ihn dem Label als Hintergrundfarbe zu.

#5: Diese komplexe Anweisung funktioniert folgendermaßen: Der Inhalt einer Kontrollvariablen (Objekt mit dem Namen `farbe`, d.h. eines der Objekte `self.rot`, `self.gruen`, `self.blau`) wird mit `get()` ermittelt, dann in eine Hexadezimalzahl umgewandelt, diese in einen String überführt, dann die ersten beiden Zeichen `0x` der Python-Hexadezimaldarstellung entfernt und schließlich auf zwei Stellen normalisiert. Das Ergebnis ist ein Zweizeichenstring mit einer Hexadezimalzahl zwischen `00` und `FF`. Dieser wird dem String `summe` angehängt.

15.12 Die Klasse Scale

Mit einem Scale-Widget werden waagrechte oder senkrechte Schieberegler dargestellt. Mit ihnen kann man eine – zumindest von der Idee her – *kontinuierliche* Größe (Helligkeit, Lautstärke etc.) durch eine Bewegung des Schiebers mit der Maus einstellen. Intern wird die Größe natürlich digitalisiert und durch eine ganze Zahl oder Gleitkommazahl in einem bestimmten Wertebereich dargestellt. Der Wertebereich wird mit den Optionen `from_` und `to` definiert. Der Unterstrich am Ende von `from_` ist kein Druckfehler. Er ist notwendig, weil `from` ein reserviertes Schlüsselwort ist (`import`-Anweisung).

Jedes Scale-Widget ist mit einem aktuellen Wert verbunden, der neben dem Schieber angezeigt werden kann. Mit den beiden Widget-Methoden `set(wert)` und `get()` kann der aktuelle Wert abgefragt werden. Tabelle 15.6 zeigt einige besondere Optionen der Scale-Widgets.

Attribut	Erklärung
`command`	Bei jeder Bewegung des »Schiebers« wird die angegebene Funktion oder Methode aufgerufen.
`from_`	Untere Grenze des Wertebereichs. Default ist null.
`label`	Text, der in einem Label erscheint. Voreingestellt ist kein Label.
`length`	Länge der Rinne des Schiebereglers. Default ist 100 Pixel.
`orient`	Mögliche Werte: `VERTICAL,HORIZONTAL` Legt fest, ob der Schieberegler vertikal oder horizontal ausgerichtet ist.
`resolution`	Schrittweite für die einstellbaren Werte des Scale-Objektes. Default ist 1. `resolution=0.5` bewirkt, dass zwei Werte einen Mindestabstand von `0.5` aufweisen.

Tabelle 15.6: Die wichtigsten speziellen Optionen der Klasse `Scale`

Attribut	Erklärung
`showvalue`	Mögliche Werte: 0 oder 1. `showvalue=0` bewirkt, dass neben dem Schieber nicht der eingestellte Zahlenwert gezeigt wird. Voreingestellt ist der Wert 1.
`to`	Obere Grenze des Wertebereiches
`variable`	Name der Kontrollvariablen. Diese kann eine Instanz der Klasse `IntVar`, `DoubleVar` (Gleitkommazahl) oder `StringVar` sein.

Tabelle 15.6: Die wichtigsten speziellen Optionen der Klasse `Scale` (Forts.)

In der folgenden Applikation kann die Größe eines Buchstabens mit einem Schieberegler eingestellt werden (z.B. für einen Sehtest).

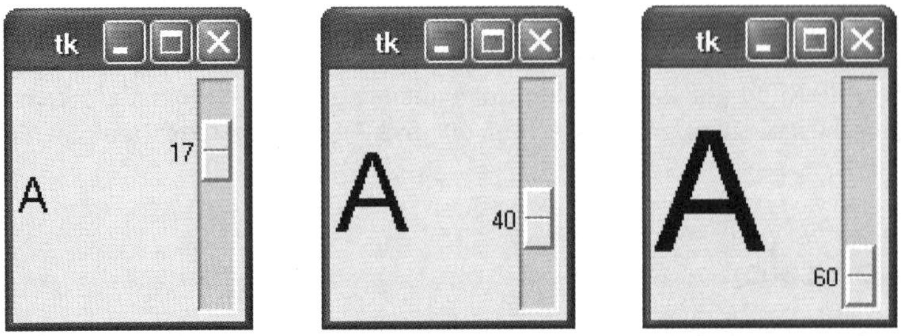

Abb. 15.20: Skalierung eines Buchstabens

Skript:

```
# buchstabenregler.pyw
from tkinter import *
class Buchstabenregler:
    def __init__ (self):
        self.fenster = Tk()
        self.label = Label(self.fenster, text='A',
                           font=('Arial', 4))
        self.scale = Scale(self.fenster, length='3c',
                           from_=4, to=60,
                           command=self.setzeGroesse)
        self.label.pack(side=LEFT)
        self.scale.pack(side=RIGHT)
        self.fenster.mainloop()

    def setzeGroesse(self, event):
        x=int(self.scale.get())
        self.label.config(font=('Arial', x))

b = Buchstabenregler()
```

15.13 Die Klasse Frame

Frames sind Behälter für andere Widgets. Jeder Frame hat sein eigenes Layout – unabhängig von anderen Frames. Im folgenden Kapitel werden Frames verwendet, um komplexe grafische Oberflächen modular aufzubauen. Frames besitzen außer den Standard-Attributen, die alle Widgets haben, keine besonderen Optionen. Die Option `relief`, die die Form des Rahmens festlegt, hat die Voreinstellung `FLAT`, so dass der betreffende Frame mit seiner Umgebung verschmilzt und nicht an einer Umrandung zu erkennen ist.

15.14 Aufgaben

Aufgabe 1

Abb. 15.21: Simulation eines Lichtschalters

Schreiben Sie ein Skript mit GUI, das einen Lichtschalter simuliert. Bei jedem Anklicken der Schaltfläche wechselt das Anwendungsfenster zwischen den beiden Zuständen in Abbildung 15.21 hin und her.

Aufgabe 2

Entwickeln Sie einen Währungsumrechner. In das Eingabefeld trägt man einen Geldbetrag in Euro ein und wählt mithilfe von Radiobuttons eine andere Währung. Nach einem Klick auf den Button erscheint unten das Rechenergebnis (siehe Abbildung 15.22). Die Wechselkurse findet man im Internet.

Abb. 15.22: Währungsumrechner mit GUI

Aufgabe 3

Entwickeln Sie ein Programm, mit dem man Kunststoffe an Hand einfacher Beobachtungen erkennen kann. Es soll eine Benutzungsoberfläche wie in Abbildung 15.23 haben. Beim Anklicken der Schaltfläche AUSWERTUNG erscheint im unteren Label der Name des Kunststoffes. Eigenschaften populärer Verpackungskunststoffe finden Sie in Tabelle 15.7.

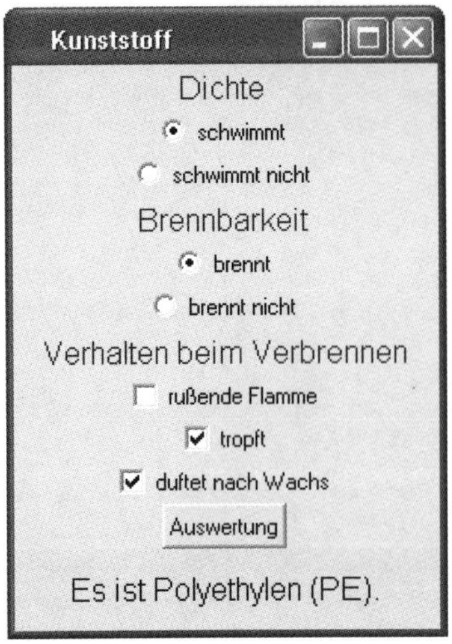

Abb. 15.23: Programm zur Erkennung von Kunststoffen

	Polyethylen (PE)	Polystyrol (PS)	Polyvinylchlorid (PVC)
brennbar	x	x	
schwimmt	x		
Verhalten beim Verbrennen:			
rußende Flamme		x	
duftet nach Wachs	x		
tropft	x		

Tabelle 15.7: Eigenschaften einiger Verpackungskunststoffe

15.15 Lösungen

Lösung 1

Skript:

```
# schalter.pyw
from tkinter import *
class Schalter:
    def __init__(self):
```

```
        self.fenster = Tk()
        self.label = Label(self.fenster,
                           width=20, height=5, bg='black')
        self.button = Button(self.fenster, text='O / I',
                             command=self.schalten)           #1
        self.label.pack()
        self.button.pack(pady=5)
        self.ein = 0
        self.fenster.mainloop()

    def schalten(self):                                        #2
      if self.ein:
        self.label.config(bg='black', fg='white',
                          text='Licht aus')
        self.ein = 0
      else:
        self.label.config(bg='white',fg='black',
                          text='Licht an')
        self.ein = 1

schalter = Schalter()                                          #3
```

Erläuterung:

#1: Ein Button wird erzeugt und an die Methode `self.schalten()` gekoppelt.

#2: Beim Anklicken des Buttons wird diese Methode aufgerufen. Wenn `self.ein` ungleich null ist, wird das Label wie folgt neu konfiguriert. Es erhält einen schwarzen Hintergrund und die Beschriftung `'Licht aus'` in der Schriftfarbe (`fg`) Weiß.

Wenn das Attribut `self.ein` gleich null ist, wird der Hintergrund des Labels weiß und es trägt den Text `'Licht an'` in schwarzer Schrift.

#3: Ein Objekt der Klasse `Schalter` wird instanziiert.

Lösung 2

Skript:

```
# waehrungen.pyw
from tkinter import *
class Waehrungsrechner:
  kurs = {'USD':1.4699,
          'GBP':0.9206}                                        #1

  def __init__(self):
    self.fenster = Tk()
```

```
    self.fenster.title('W\xe4hrungen')
    self.euros = DoubleVar()                                        #2
    self.waehrung = StringVar()                                     #3
    self.ausgabe = StringVar()

    Label(self.fenster,
          text='Geben Sie einen Betrag in Euro ein\n' +\
          'und wählen Sie eine Währung' ,
          width=30, height=3,
          font=('Arial', 12), fg='blue').pack()                     #4
    Entry(self.fenster, textvariable=self.euros).pack()
    usd_button = Radiobutton(self.fenster,
                             text='US-Dollar', value='USD',
                             variable=self.waehrung)
    gbp_button = Radiobutton(self.fenster,
                      text='Britisches Pfund', value='GBP',
                      variable=self.waehrung)
    usd_button.pack()
    gbp_button.pack()
    usd_button.select()                                             #5

    Button(self.fenster, text='Rechnung',
          command=self.rechnung).pack()
    Label(self.fenster,font=('Arial', 12),
        width=30, height=2,
        textvariable=self.ausgabe).pack()

    self.fenster.mainloop()

  def rechnung(self):
    euros = self.euros.get()
    waehrung = self.waehrung.get()
    ergebnis = str(euros * self.kurs[waehrung])
    self.ausgabe.set(ergebnis+' ' + waehrung)                       #6

w = Waehrungsrechner()
```

#1: Das Dictionary enthält die Wechselkurse für US-Dollar und britisches Pfund (Stand: Oktober 2009) und ist ein Klassenattribut.

#2: Kontrollvariable für Gleitkommazahlen. An sie wird das Entry-Widget gekoppelt.

#3: Kontrollvariablen für die mittels Radiobutton gewählte Währung und die Ausgabe des Rechenergebnisses.

#4: Anonymes Überschrift-Label. Es wird erzeugt und sofort in das Anwendungsfenster gepackt. Die beiden Radiobuttons sind nicht anonym, damit über die `select()`-Methode ein Radiobutton selektiert werden kann (Zeile **#5**). Auf ihre Werte wird über Kontrollvariablen zugegriffen.

#6: Die Ausgabe des Ergebnisses auf dem unteren Label erfolgt, indem der Kontrollvariablen `self.ausgabe` ein String zugewiesen wird.

Lösung 3

Skript:

```
# plastik.pyw
from tkinter import *

class Plastik:
  def __init__(self):
    self.fenster = Tk()
    self.fenster.title('Kunststoff')
    self.schwimmt, self.brennt = IntVar(), IntVar()                #1
    self.russt, self.duftet, self.tropft = IntVar(), IntVar(), IntVar()
    self.ausgabe = StringVar()

    Label(self.fenster, text='Dichte',width=24,
          font=('Arial', 12), fg='blue').pack()
    Radiobutton(self.fenster, text='schwimmt', value= 1,
                   variable=self.schwimmt).pack()                  #2
    Radiobutton(self.fenster, text='schwimmt nicht',
                   value= 0, variable=self.schwimmt).pack()
    Label(self.fenster, text='Brennbarkeit',width=24,
          font=('Arial', 12),fg='blue').pack()
    Radiobutton(self.fenster, text='brennt', value= 1,
                   variable=self.brennt).pack()
    Radiobutton(self.fenster, text='brennt nicht',
                   value=0, variable=self.brennt).pack()
    Label(self.fenster,
          text='Verhalten beim Verbrennen',
          width=24, font=('Arial', 12),
          fg='blue').pack()
    Checkbutton(self.fenster, text='ru\xdfende Flamme',
            offvalue=0, onvalue=1,
            variable=self.russt).pack()                            #3
    Checkbutton(self.fenster, text='tropft',
               offvalue=0, onvalue=1,
               variable=self.tropft).pack()
```

```
        Checkbutton(self.fenster, text='duftet nach Wachs',
                    offvalue=0, onvalue=1,
                    variable=self.duftet).pack()
        Button(self.fenster, text='Auswertung',
               command=self.auswertung).pack()
        Label(self.fenster,font=('Arial', 12),
              width=24, height=2,
              bg='yellow',textvariable=self.ausgabe).pack()

        self.fenster.mainloop()

    def auswertung(self):
        s, b = self.schwimmt.get(), self.brennt.get()        #4
        d, t = self.duftet.get(), self.tropft.get()
        r = self.russt.get()
        if s and b and d and t and not r:
            self.ausgabe.set('Es ist Polyethylen (PE).')
        elif not s and b and not d and not t and r:
            self.ausgabe.set('Es ist Polystyrol(PS).')
        elif not (s or b or d or r or t):
            self.ausgabe.set('Es ist Polyvinylchlorid (PVC).')
        else:
            self.ausgabe.set('Kunststoff unbekannt.')

p = Plastik()
```

Erläuterung:

#1: Für die Radiobuttons und Checkbuttons werden Kontrollvariablen für Integer-Werte instanziiert. Die Zahlen werden später als Wahrheitswerte interpretiert (0 = `False` und 1 = `True`). Weil wir Kontrollvariablen verwenden, brauchen wir den Widgets (Radiobuttons) keine Namen zu geben, denn es müssen ihnen ja keine Botschaften gesendet werden.

#2: Die Radiobuttons zur Schwimmfähigkeit werden an *eine* Kontrollvariable (`self.schwimmt`) gekoppelt. Sie enthält entweder den Wert 0 oder 1, je nachdem, welcher Knopf gedrückt ist.

#3: Für jeden Checkbutton gibt es eine eigene Kontrollvariable. Sie kann zwei unterschiedliche Werte enthalten (in diesem Fall 0 oder 1), je nachdem, ob der Checkbutton gedrückt ist oder nicht. Der Checkbutton `self.c_russt` ist z.B. mit der Kontrollvariablen `self.russt` verknüpft. Wenn dieser Checkbutton gedrückt ist, hat die Kontrollvariable automatisch den Wert 1 und sonst 0 (`onvalue` und `offvalue`).

#4: Damit die Bedingungen der nachfolgenden `if`- und `elif`-Anweisungen leichter formuliert werden können, werden lokale Variablen eingeführt.

Kapitel 16

Layout

Wenn in einem Skript Widgets durch entsprechende Konstruktoraufrufe generiert worden sind, ist durch die Konfiguration der `master`-Option bereits die Master-Slave-Hierarchie definiert. Damit hat man im Groben die Struktur einer Benutzungsoberfläche festgelegt. Der nächste Schritt ist das Layout, das heißt die Anordnung der einzelnen Widgets im Anwendungsfenster. Zu diesem Zweck verwendet man bei tkinter so genannte Layoutmanager. Mit ihrer Hilfe wird eine logische Struktur geschaffen, die das System zur Laufzeit versucht, so gut es geht, umzusetzen, auch wenn die Fenstergröße und damit der zur Verfügung stehende Platz sich ändert.

In den bisherigen Beispielen haben wir als Layoutmanager den Packer verwendet. Ein Widget wird ja erst dann sichtbar, wenn es mithilfe eines Layoutmanagers in seinen Master platziert worden ist. In diesem Kapitel werden nun einige Grundtechniken des Layouts mit zwei unterschiedlichen Layoutmanagern (`pack()` und `grid()`) behandelt.

16.1 Der Packer

Mit dem Packer kann man Widgets untereinander und nebeneinander im Master platzieren. Jedes Widget besitzt die Methode `pack()`, mit der man den Packer aufruft. Die Position, an der das nächste Widget an die bereits vorhandenen Widgets desselben Masters angefügt wird, bestimmt man mit den Optionen `side` oder `anchor` (siehe Abbildung 16.1). Beispiel:

```
from tkinter import *
fenster = Tk()
labels=[]
for i in range(4):
    labels.append(Label(master=fenster, text=str(i),
                  bg='white', font=('Arial', 50)))
labels[0].pack(side=TOP)
labels[1].pack(side=RIGHT)
labels[2].pack(side=RIGHT)
labels[3].pack(side=LEFT)
fenster.mainloop()
```

Abbildung 16.1 zeigt das Ergebnis.

Abb. 16.1: Packen von Label-Widgets

Option	Erklärung
`anchor`	Mögliche Werte: `CENTER`, `E`, `N`, `NE`, `NW`, `S`, `SE`, `SW`, `W`. Widget wird in eine Ecke oder mittig an einer Seite der Zelle platziert, entsprechend der angegebenen »Himmelsrichtung« (z.B. `NE` = Nordost = rechts oben).
`expand`	`expand=0`: Die Größe des Widgets ändert sich nicht, wenn das Anwendungsfenster vergrößert wird. `expand=1`: Die Größe des Widgets passt sich an, wenn das Anwendungsfenster vergrößert wird.
`fill`	`fill=X`: Das Widget wird in waagrechter Richtung (»x-Achse«) so weit mit leerem Raum gefüllt, dass sich seine Ausmaße der Größe des Masters anpassen. `fill=Y`: Das Widget wird in senkrechter Richtung (»y-Achse«) an die Größe des Masters angepasst. `fill=BOTH`: Das Widget passt sich in beiden Richtungen dem Master an. `fill=None`: Das Widget behält seine Größe unabhängig von den Ausmaßen des Masters.
`padx`	Die Zelle wird rechts und links vom Widget in der angegebenen Länge mit leerem Raum gefüllt. Die Option `padx=10` bewirkt z.B., dass die Zelle rechts und links um zehn Pixel verbreitert wird.
`pady`	Die Zelle wird oberhalb und unterhalb des Widgets mit leerem Raum gefüllt.
`side`	`LEFT`: Das Widget wird an den linken Rand des Masters gesetzt. `RIGHT`: Das Widget wird an den rechten Rand des Masters gesetzt. `TOP`: Das Widget wird nach oben gesetzt. `BOTTOM`: Das Widget wird nach unten gesetzt.

Tabelle 16.1: Die wichtigsten Optionen für den Packer

Bei komplexeren Benutzungsoberflächen sind an einigen Stellen Widgets nebeneinander und an anderen Stellen untereinander angeordnet. In diesem Fall verwendet man Frames. Für die Planung eines Layouts mit dem Packer kann man den Entwurf durch *gerade Schnitte* so weit zerlegen, bis jede zusammenhängende Gruppe von Widgets einheitlich orientiert ist. Das heißt, die Widgets der Gruppe sind entweder von rechts nach links oder von oben nach unten aufgereiht. Für jede Gruppe, die aus mehr als einem Widget besteht, erzeugen Sie einen Frame, dem die enthaltenen Widgets als Slaves zugewiesen werden (vgl. Abbildung 16.2).

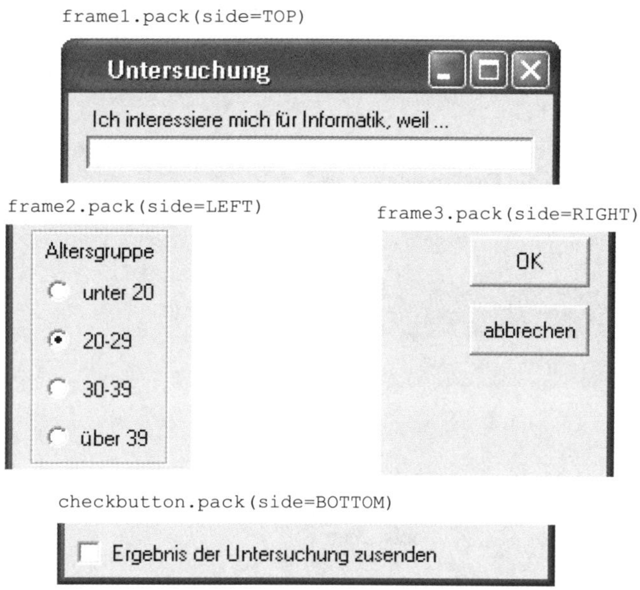

Abb. 16.2: Zerlegung einer komplexen Oberfläche durch gerade Schnitte

16.2 Layout-Fehler

Die Positionierung der Widgets ist nur ein Teil des Layouts. In der Regel muss das Layout durch Konfigurierung weiterer Attribute des Layoutmanagers verfeinert werden. Abbildung 16.3 zeigt eine Benutzungsoberfläche, die einige Designfehler enthält.

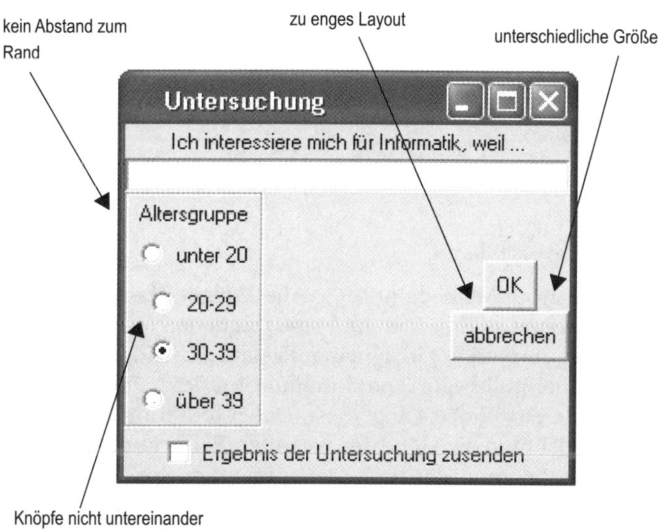

Abb. 16.3: GUI mit Layoutfehlern

1. Ist der Abstand zu Nachbarwidgets zu gering, verwenden Sie die Optionen `padx` und `pady` zum Ausstopfen mit leerem Raum in waagrechter und senkrechter Richtung.
2. Eine Gruppe von Schaltflächen sieht besser aus, wenn sie eine einheitliche Größe haben. Das erreicht man mit der Option `fill`.
3. Radiobuttons oder Checkbuttons sollten linksbündig gesetzt sein. Zur Verankerung an der linken Seite konfigurieren Sie die Option `anchor=W`.

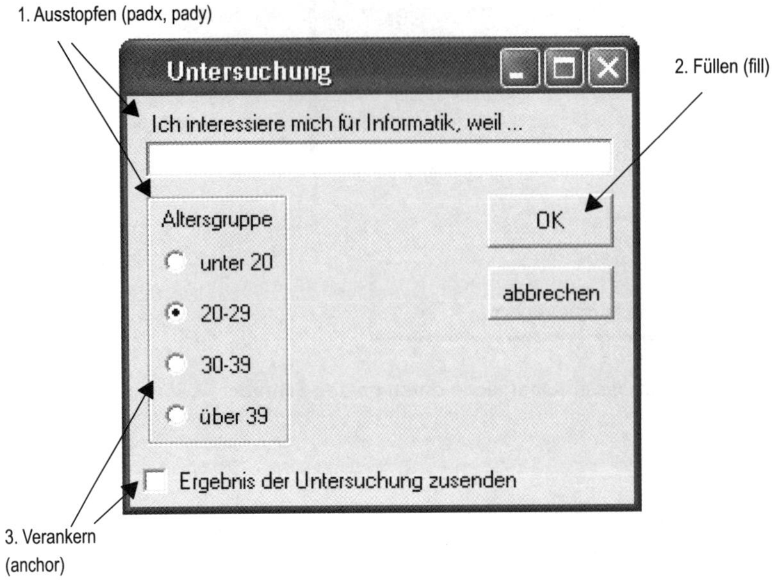

Abb. 16.4: Optionen zur Verbesserung des Layouts

16.3 Raster-Layout

Manche grafischen Benutzungsoberflächen enthalten gleichartige Komponenten, die in einem Raster angeordnet sind. Beispiele sind:

- das Tastenfeld eines virtuellen Taschenrechners
- die Karten eines Memory-Spiels
- die »Seekarte« des Spiels »Schiffeversenken«

Für diese Fälle bietet `tkinter` die Layout-Methode `grid()`. Alle Widget-Klassen besitzen diese Methode. Die wichtigsten Optionen sind `column` und `row`, mit denen festgelegt wird, in welche Zelle (Spalten- und Zeilennummer) des imaginären Rasters das Widget eingefügt wird. Die Zeilen und Spalten sind bei null beginnend durchnummeriert. Die Größe der Zellen wird dynamisch an die Größe der Widgets angepasst. Dabei bestimmt das Widget mit der größten Ausdehnung in y-Richtung die Höhe der gesamten Reihe und das Widget mit der größten Ausdehnung in x-Richtung die Breite der gesamten Spalte. Fehlt die `sticky`-Option (siehe Tabelle 16.2), so wird das Widget immer in das Zentrum der angegebenen Zelle gesetzt.

Option	Erklärung
`column`	Die Nummer der Spalte, in der das Widget eingetragen werden soll. Default ist null.
`columnspan`	Normalerweise befindet sich das Widget in genau einer Zelle. Wenn aber ein Widget sich über *n* benachbarte Zellen in einer Zeile erstrecken soll, wird die Option `columnspan=`*n* gesetzt.
`padx`	Die Zelle wird rechts und links vom Widget in der angegebenen Länge mit leerem Raum gefüllt. Die Option `padx=10` bewirkt z.B., dass die Zelle rechts und links um zehn Pixel verbreitert wird.
`pady`	Die Zelle wird oberhalb und unterhalb des Widgets mit leerem Raum gefüllt.
`row`	Die Nummer der Zeile, in der das Widget eingetragen werden soll. Default ist null.
`rowspan`	Das Widget erstreckt sich über *n* Zellen in der gleichen Spalte.
`sticky`	`NE`, `SE`, `SW`, `NW`: Widget wird in eine Ecke der Zelle platziert, entsprechend der angegebenen »Himmelsrichtung« (z.B. `NE` = Nordost = rechts oben). `N`, `E`, `S`, `W`: Widget wird entsprechend der angegebenen »Himmelsrichtung« an eine Zellenseite platziert (z.B. `E` = Osten = rechte Seite). `N+S`: Das Widget wird in Nord-Süd-Richtung gestreckt, so dass es in dieser Dimension die gesamte Zelle ausfüllt. `E+W`: Widget wird in Ost-West-Richtung gestreckt. `N+E+S+W`: Das Widget wird in alle Richtungen gestreckt, so dass es die gesamte Zelle ausfüllt.

Tabelle 16.2: Optionen des Grid-Layoutmanagers

Das folgende Skript realisiert einen Taschenrechner für Integer-Arithmetik. Das Prozent-Zeichen ist als Modulo-Operator zu verstehen. Abbildung 16.5 zeigt die Benutzungsoberfläche. Das Display zeigt die gesamte Rechnung einschließlich der Operatoren. Das Ergebnis erscheint wie gewohnt nach Betätigung der Gleich-Taste. Wenn danach erneut eine Zahl eingetippt wird, wird der bisherige Inhalt des Displays gelöscht und die neue Rechnung begonnen.

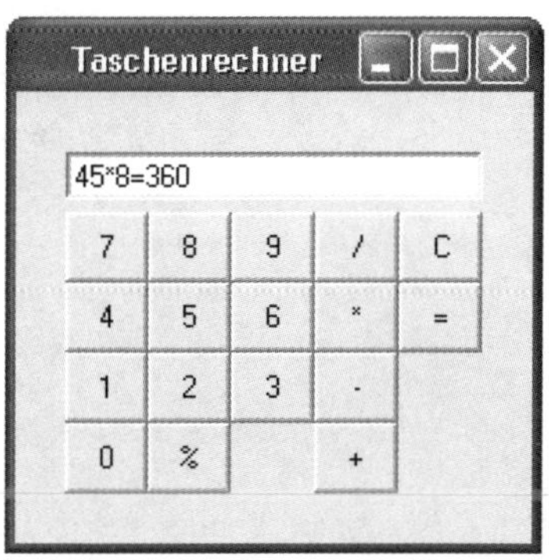

Abb. 16.5: Taschenrechner für Integer-Arithmetik

Skript:

```
# taschenrechner.pyw
from tkinter import *

class Taschenrechner(Tk):                                          #1
  def __init__(self):
    Tk.__init__(self)                                              #2
    self.title('Taschenrechner')
    self.ende = 0                                                  #3
    self.display = Display(self)
    self.display.grid(column=0,row=0,sticky=E+W,
                      columnspan=6, pady=5)                        #4
    tasten=[(0,1,'7'),(1,1,'8'),(2,1,'9'),(3,1,'/'),
            (0,2,'4'),(1,2,'5'),(2,2,'6'),(3,2,'*'),
            (0,3,'1'),(1,3,'2'),(2,3,'3'),(3,3,'-'),
            (0,4,'0'),(1,4,'%'),(3,4,'+')]
    for (i,j,zeichen) in tasten:
      Taste(self,zeichen).grid(column=i,row=j)                     #5
    Clear(self).grid(column=5,row=1)
    Gleich(self).grid(column=5,row=2)
    self.mainloop()

class Taste(Button):
  def __init__(self, fenster,aufschrift):
    Button.__init__(self,fenster,text=aufschrift,
                    command=self.druecken,width=3)
    self.aufschrift = aufschrift
    self.fenster = fenster

  def druecken(self):
    d = self.fenster.display
    if self.fenster.ende:                                          #6
        d.delete(0,len(d.get()))
        self.fenster.ende=0
    d.anhaengen(self.aufschrift)

class Clear(Button):
  def __init__(self, fenster):
    Button.__init__(self,fenster,text='C',
                    command=self.loeschen,width=3)
    self.display=fenster.display
```

```
  def loeschen(self):
    self.display.loeschen()

class Gleich(Button):
  def __init__(self, fenster):
    Button.__init__(self,fenster,text='=',
                    command=self.rechnen,width=3)
    self.fenster = fenster

  def rechnen(self):
    ergebnis = eval(self.fenster.display.get())                #7
    ende = len(self.fenster.display.get())
    self.fenster.display.insert(ende, '='+str(ergebnis))
    self.fenster.ende = 1

class Display(Entry):
  def __init__(self,fenster):
    Entry.__init__(self, fenster,width=20)

  def anhaengen (self,zeichen):
    self.insert(len(self.get()),zeichen)

  def loeschen(self):
    self.delete(len(self.get())-1)                             #8

t = Taschenrechner()
```

Erläuterung:

Obwohl die Applikation (einschließlich des Fensters) 20 grafische Komponenten umfasst, ist der Programmtext relativ kurz. Das liegt daran, dass mit dem `grid`-Layout die Widgets in einer `for`-Schleife (**#5**) unter Verwendung von Variablen in die Zellen des Rasters gebracht werden können.

In diesem Skript wurde konsequent die Vererbungstechnik verwendet. Alle Klassen sind von tkinter-Klassen abgeleitet. In Abbildung 16.6 ist das UML-Diagramm dargestellt.

#1: Die Klasse wird von der tkinter-Klasse `Tk` abgeleitet.

#2: Zur Initialisierung des Fensters wird die Initialisierungsmethode der Klasse `Tk` aufgerufen. Objekte der Klasse `Taschenrechner` erben nun alle Attribute und Methoden der Klasse `Tk`. In den anderen abgeleiteten Klassen dieses Skripts wird genauso verfahren. Achten Sie darauf, dass als erstes Argument immer `self` übergeben werden muss.

#3: Das Attribut `self.ende` hat genau dann den Wert 0, wenn die aktuelle Rechnung noch nicht abgeschlossen ist. Die Rechnung ist beendet, wenn auf die Gleich-Taste gedrückt worden ist. Dann wird `self.ende` auf 1 gesetzt. Bei der nächsten Betätigung einer Taste wird dann das Display gelöscht.

#4: Das Objekt der (weiter unten definierten) Klasse `Display` wird in die oberste Reihe des Rasters (`row=0`) eingebunden und erstreckt sich über alle Spalten. Als Unterklasse von `Entry` hat es die `grid()`-Methode geerbt. Die `sticky`-Option sorgt dafür, dass das Widget (unabhängig von seiner mit `width` vorgegebenen Größe) in Ost-West-Richtung den gesamten Platz der ersten Zeile ausfüllt.

#5: In der `for`-Schleife werden sämtliche Objekte der Klasse `Taste` in das Raster eingefügt. Zeilen- und Spaltennummer sowie die individuelle Beschriftung sind in einer Liste aus Tripeln vorgegeben.

#6: Wenn das Attribut `self.ende` den Wert `1` hat und damit das Ende einer Rechnung anzeigt, wird der Inhalt des `Display`-Entrys komplett gelöscht.

#7: Der Ausdruck im Display wird mittels der Standardfunktion `eval()` ausgewertet und ein Gleichheitszeichen sowie das Rechenergebnis an die Display-Ausgabe angehängt.

#8: Das letzte Zeichen im Display wird gelöscht.

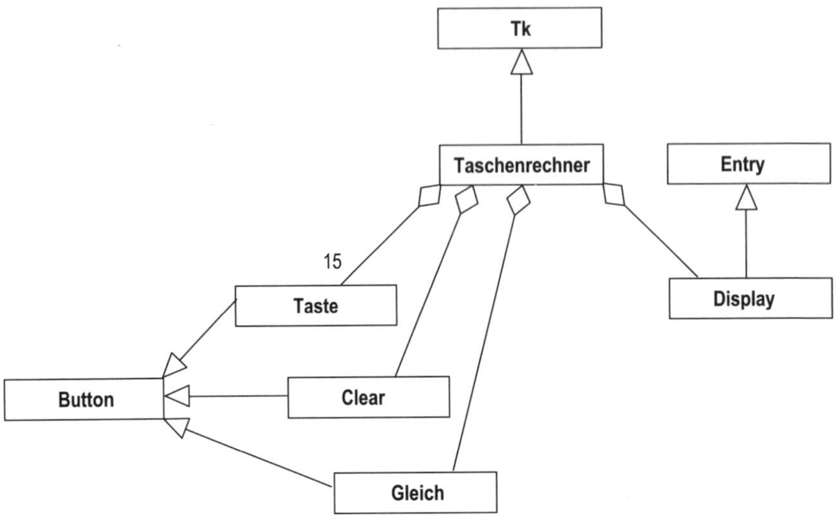

Abb. 16.6: UML-Klassendiagramm

16.4 Vorgehensweise bei der GUI-Entwicklung

Bei der Entwicklung einer kleineren Applikation mit grafischer Benutzungsoberfläche kann man folgendermaßen vorgehen:

- Ausgehend von einem Entwurf, der das Aussehen des GUI beschreibt, entwickeln Sie die Master-Slave-Hierarchie der Widgets.
- Sie beginnen mit dem Schreiben des Programmtextes und instanziieren die Widgets der Benutzungsoberfläche. Funktionen oder Methoden, die über die Option `command` an Buttons gebunden sind, definiert man zunächst nur als *Dummies*, die aus einem Kopf und der leeren Anweisung `pass` bestehen.

- Die Widgets werden mithilfe der Layout-Methoden im Applikationsfenster angeordnet. Das Skript ist nun bereits lauffähig, Sie können das Aussehen der Benutzungsoberfläche auf dem Bildschirm kritisch begutachten.
- Die Optionen der Widgets und Layoutmanager werden so lange umkonfiguriert, bis das Aussehen der Benutzungsoberfläche den Erwartungen entspricht.
- Schließlich werden die Körper (Anweisungsfolgen) der Funktionen, die an die Buttons gekoppelt sind, definiert.

Diese Vorgehensweise sei am Beispiel eines Vokabeltrainers mit grafischer Benutzungsoberfläche erläutert.

Beispiel: Vokabeltrainer

Sprachlehrer empfehlen, Vokabeln mit Karteikarten zu lernen. Auf der Vorderseite einer Karteikarte könne ein englisches Wort stehen und auf der Rückseite eine oder mehrere deutsche Übersetzungen. Am besten verwendet man einen Karteikasten wie in Abbildung 16.7. In der vorderen Abteilung ist ein Packen mit noch nicht gelernten Vokabeln, dahinter sind Karten mit den Wörtern, die man schon beherrscht. Man nimmt eine Karte aus dem vorderen Teil (`getNeueVokabel()`) und prüft, ob man die Übersetzung des Wortes weiß. Ist das der Fall (Vokabel gelernt), steckt man die Karte in die hintere Abteilung zu den anderen bereits gelernten Vokabeln. Wird sie noch nicht beherrscht, kommt sie an das Ende des vorderen Kartenpackens (`legeNachHinten()`). Dann nimmt man die nächste Karte aus der vorderen Abteilung und fährt auf die gleiche Weise fort, bis sich – nach vielen Wiederholungen – alle Karten hinten befinden.

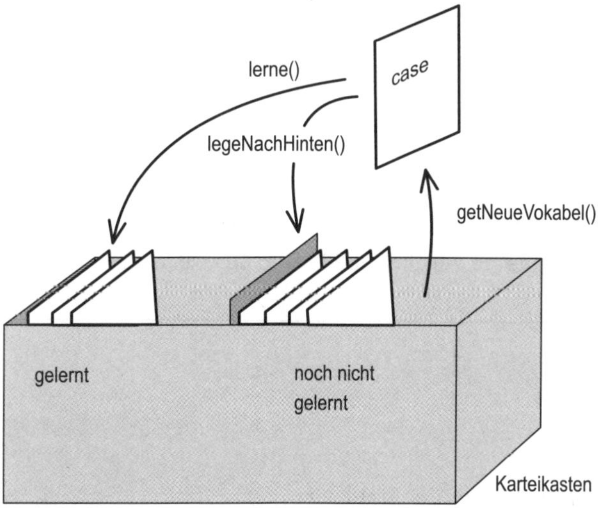

Abb. 16.7: Karteikasten mit zwei Fächern

Wir entwickeln ein Trainingsprogramm mit grafischer Benutzungsoberfläche, das auf dieser Idee basiert. Die folgende Klassendefinition modelliert einen Karteikasten. Dessen vordere Abteilung mit Karteikarten wird durch eine Liste dargestellt. Die Funktionalität der Methoden kann Abbildung 16.7 entnommen werden.

Skript:

```
# vokabeltrainer.pyw
class Karteikasten:
    def __init__(self, datei):
        self.__nochNichtGelernt = []
        f = open(datei, 'r', encoding='utf-8')
        wortschatz = f.readlines()                          #1
        f.close()
        for zeile in wortschatz:
            vokabel = zeile.split()                         #2
            self.__nochNichtGelernt.append(vokabel)         #3

    def getNeueVokabel(self):
        if self.__nochNichtGelernt:                         #4
           return self.__nochNichtGelernt[0]

    def lerne (self):
        del self.__nochNichtGelernt[0]

    def legeNachHinten(self):
        self.__nochNichtGelernt.append(
                 self.__nochNichtGelernt[0])
        del self.__nochNichtGelernt[0]
```

Erläuterung:

Die Vokabeln müssen bei dieser Implementierung zuvor zeilenweise in ein Textdokument geschrieben werden, das man mit einem Texteditor (am einfachsten direkt mit IDLE) erstellt und z.B. in der Datei mit dem Pfad `/python/projekt/vokabeln.txt` abspeichert.

In jeder Zeile ist das erste Wort eine englische Vokabel, gefolgt von einer beliebigen Anzahl deutscher Übersetzungen. Beispiel:

```
house Haus
floor Etage Boden
wall Wand Mauer
```

#1: `wortschatz` ist eine Liste von Textzeilen aus der Textdatei.

#2: Erzeugt wird eine Liste von Einzelwörtern aus einer Textzeile, z.B. `['house', 'Haus']`.

#3: Das Attribut `self.__nochNichtGelernt` wird als Liste von Wortlisten aufgebaut.

#4: Wenn die Liste nicht leer ist, wird das erste Listenelement zurückgegeben, sonst `None`.

16.4.1 Die Benutzungsoberfläche gestalten

Abbildung 16.8 zeigt das Aussehen der geplanten Benutzungsoberfläche. Den Widgets wurden Objektbezeichnungen in UML-Schreibweise nach dem Muster `objekt:Klasse` zugeordnet. Das UML-Objektdiagramm in Abbildung 16.9 veranschaulicht die Master-Slave-Hierarchie der Widgets.

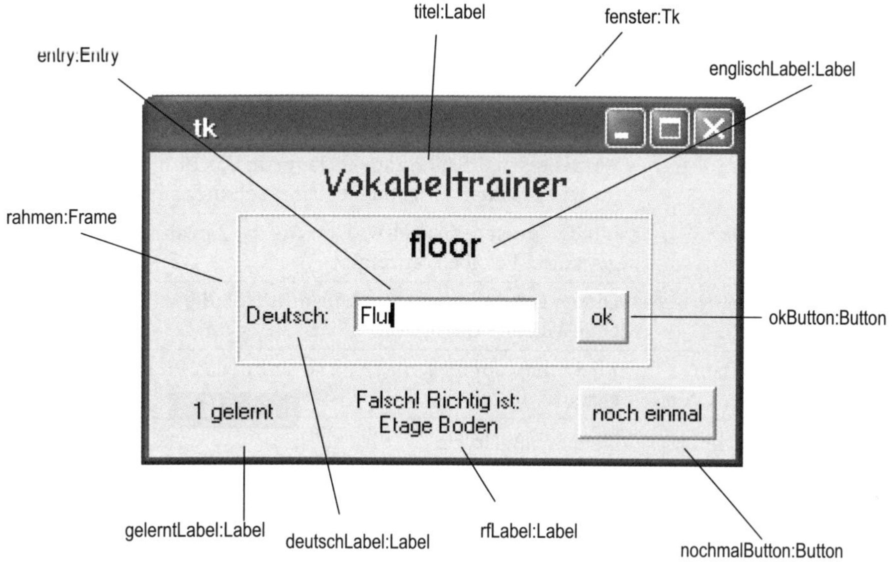

Abb. 16.8: Benutzungsoberfläche eines Vokabeltrainers

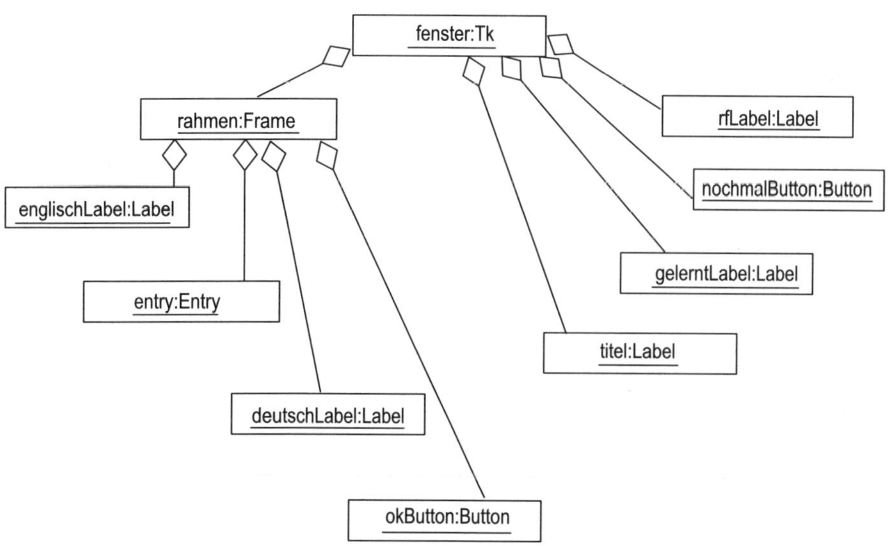

Abb. 16.9: UML-Objektdiagramm eines Fensters mit Label- und Button-Widgets

Tabelle 16.3 erläutert die wichtigsten Objekte ein wenig.

Widget	Erläuterung
`englischLabel:Label`	Dieses Label enthält das aktuelle englische Wort, das soeben aus dem »Karteikasten« gezogen worden ist. Hier ändert sich dynamisch der Text.
`rahmen:Frame`	Ein Frame-Widget, das einen Rahmen darstellt. Innerhalb des Frames befinden sich andere Widgets.
`entry:Entry`	Ein Entry-Widget. Das ist ein einzeiliges Eingabefeld, in das in diesem Fall eine deutsche Übersetzung der darüber angezeigten englischen Vokabel eingetragen werden soll.
`okButton:Button`	Wird die Schaltfläche angeklickt, prüft das Programm, ob die im Entry-Widget eingetragene Übersetzung stimmt.
`gelerntLabel:Label`	Ein dynamisches Label-Widget, das die Anzahl der bisher gelernten Vokabeln anzeigt.
`rfLabel:Label`	Dieses Label gibt eine Rückmeldung, ob die zuletzt eingegebene Vokabel richtig war.
`nochmalButton:Button`	Klickt man auf diesen Knopf, so startet das Programm erneut.

Tabelle 16.3: Erklärung einiger Widgets des Beispiels

In der ersten Phase der Programmierung schreiben wir nur die Anweisungen auf, die zur Definition der Oberfläche notwendig sind. Für die Kommandos der Buttons sind nur Dummies angegeben, also Funktionen, die nichts bewirken. Wir übernehmen die obige Definition der Klasse `Karteikasten`.

Skript:

```
# vokabeltrainer.pyw
from tkinter import *

class Karteikasten:
...

class Vokabeltrainer:
  def __init__(self, datei):
    # neuen Karteikasten anlegen und erste Karte ziehen
    self.gelernt = 0
    self.datei = datei
    self.k = Karteikasten(datei)                              #1
    self.aktVokabel = self.k.getNeueVokabel()
```

```
    # Widgets instanziieren
    self.fenster = Tk()
    self.vokabel = StringVar()                                        #2
    self.vokabel.set(self.aktVokabel[0])
    self.titel = Label(master=self.fenster,
                    text='Vokabeltrainer',
                    font=('Comic Sans MS',14),fg='blue')
    self.rahmen = Frame(master=self.fenster,
                    relief=RIDGE,bd=2)
    self.englischLabel = Label(master=self.rahmen,
                        textvariable=self.vokabel,                    #3
                        font=('Arial',14))
    self.deutschLabel = Label(master=self.rahmen,
                        text='Deutsch:')
    self.entry = Entry(master=self.rahmen, width=15)
    self.okButton = Button(master=self.rahmen,text='ok',
                        command=self.ok)                              #4
    self.gelerntLabel = Label(master=self.fenster,
                    width=10, bg='yellow',
                    text=str(self.gelernt)+' gelernt')
    self.rfLabel = Label(master=self.fenster, width=20)
    self.nochmalButton = Button(master=self.fenster,
                        text='noch einmal',
                        command=self.nochmal)                         #5
    self.layout()
    self.fenster.mainloop()

  def layout(self):
    self.titel.pack()
    self.englischLabel.pack()
    self.deutschLabel.pack(side=LEFT)
    self.entry.pack(side=LEFT, padx=10, pady=10)
    self.okButton.pack(side=RIGHT, padx=10, pady=10)
    self.rahmen.pack()
    self.gelerntLabel.pack(side=LEFT, padx=10, pady=10)
    self.rfLabel.pack(side=LEFT)
    self.nochmalButton.pack(side=RIGHT,
                    padx=10, pady=10)
  # Dummies
  def nochmal(self):
      pass
```

```
  def ok(self):
      pass

v = Vokabeltrainer()
```

Erläuterung:

#1: Ein Karteikasten-Objekt wird instanziiert und dem Attribut `self.k` zugewiesen. In der folgenden Zeile wird dem Karteikasten die erste Vokabel entnommen. Es handelt sich um eine Liste, die mit einem englischen Wort beginnt, gefolgt von deutschen Übersetzungen.

#2: Instanziierung einer Kontrollvariablen, sie erhält das englische Wort der aktuellen Karteikarte.

#3: Das Label wird mithilfe der Option `textvariable` an die Kontrollvariable mit dem aktuellen englischen Wort gekoppelt.

#4, #5: Die beiden Button-Widgets werden an Methoden gekoppelt, die unten zunächst als Dummies definiert werden.

16.4.2 Funktionalität hinzufügen

Wenn die Benutzungsoberfläche sich in Testläufen bewährt hat, werden im nächsten Schritt die Methodendefinitionen ausformuliert.

Erweiterung des Skripts:

```
def nochmal(self):
    self.k = Karteikasten('/projekt/vokabeln.txt')              #1
    self.aktVokabel = self.k.getNeueVokabel()                   #2
    self.vokabel.set(self.aktVokabel[0])                        #3
    self.gelernt = 0
    self.gelerntLabel.config(
        text = str(self.gelernt) + ' gelernt')                  #4
    self.rfLabel.config(text='')                                #5

  def ok(self):
    if self.entry.get() in self.aktVokabel[1:]:                 #6
        self.rfLabel.config(text='Richtig!')
        self.k.lerne()
        self.fenster.after(1000, self.loeschen)
        self.gelernt += 1
        self.gelerntLabel.config(
            text = str(self.gelernt) + ' gelernt')

    else:                                                       #7
        ausgabe = 'Falsch! Richtig ist:\n'
```

```
        ausgabe += ' '.join(self.aktVokabel[1:])
        self.rfLabel.config(text=ausgabe)
        self.k.legeNachHinten()
        self.fenster.after(3000, self.loeschen)

    def loeschen(self):                                              #8
        self.rfLabel.config(text='')
        self.entry.delete(0,15)
        self.aktVokabel = self.k.getNeueVokabel()
        if self.aktVokabel:
            self.vokabel.set(self.aktVokabel[0])
        else:
            self.rfLabel.config(text='Alles gelernt!')
```

Erläuterung:

#1: Der Karteikasten wird neu initialisiert.

#2: Eine neue Vokabel wird dem Karteikasten entnommen.

#3: Die Vokabel ist eine Liste, deren erstes Element ein englisches Wort ist. Dieses wird der Kontrollvariablen `self.vokabel` zugewiesen.

#4: Das Label zeigt den Text `'0 Vokabeln gelernt'`.

#5: Die Aufschrift des Labels mit der Rückmeldung (richtig oder falsch) wird gelöscht.

#6: Falls das eingegebene deutsche Wort in der Liste der Übersetzungen der aktuellen Vokabel vorkommt, wird im Label-Widget `self.rfLabel` eine Sekunde lang der Text `'Richtig!'` ausgegeben und die Anzahl der gelernten Vokabeln um eins erhöht.

#7: Ansonsten wird (für drei Sekunden) eine Rückmeldung ausgegeben, in der die richtigen Übersetzungen des englischen Wortes enthalten sind.

#8: Der Inhalt des Rückmeldungslabels `rfLabel` wird gelöscht und es wird versucht, eine neue Karteikarte zu ziehen. Falls noch eine Karte vorhanden ist, wird deren englisches Wort in die Kontrollvariable `self.vokabel` geschrieben. Ansonsten erscheint im Rückmeldungslabel `self.rfLabel` der Text `'Alles gelernt!'`.

16.5 Aufgaben

Aufgabe 1

Computergestützte Experimente spielen in der Psychologie eine zunehmende Rolle. Denn erstens bieten sie standardisierte Versuchsbedingungen und zweitens sind sie schnell und ohne viel Aufwand durchzuführen.

Entwickeln Sie ein Python-Skript für das folgende wahrnehmungspsychologische Experiment. Der Versuchsperson wird im linken Teil des Fensters eine graue Fläche mit zufälligem Grauton präsentiert (siehe Abbildung 16.10). Rechts daneben befindet sich eine zweite graue Fläche, deren Helligkeit mit einem Schieberegler verändert werden kann. Die Aufgabe ist, die Farbe der rechten Fläche so einzustellen, dass sie mit der Farbe der linken Fläche übereinstimmt. Ist die Versuchsperson mit dem Ergebnis zufrieden, klickt sie auf den CHECK-Button und erhält eine Bewertung (zu dunkel, zu hell, gleiche Helligkeit).

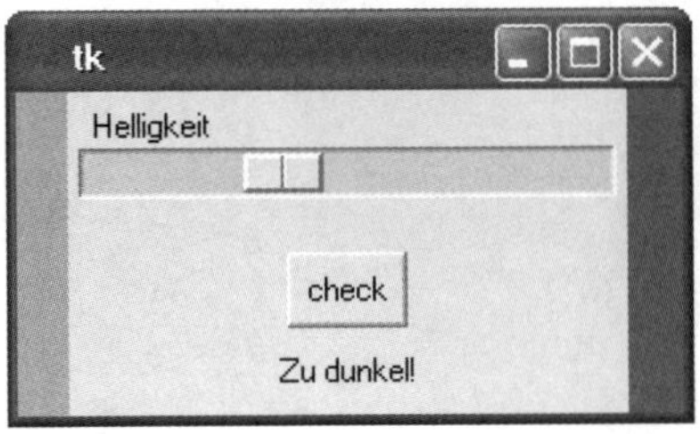

Abb. 16.10: Ein wahrnehmungspsychologisches Experiment mit Scale-Widget

Aufgabe 2

Entwickeln Sie eine Version des bekannten Spiels »Schiffe versenken«. Im Applikationsfenster sieht man ein Raster von 12 mal 12 grauen Buttons. »Dahinter« sind »Schiffe« (mit zufälligen Positionen) versteckt: vier U-Boote, die nur aus einem Kästchen bestehen, drei Schiffe mit zwei Kästchen, zwei mit drei Kästchen und ein »Flugzeugträger« mit vier Kästchen. Die Schiffe dürfen sich nicht berühren.

Beim Anklicken eines Buttons verwandelt sich die graue Hintergrundfarbe

- in Weiß, falls kein Schiff getroffen worden ist
- in Blau, falls an dieser Stelle ein Schiff liegt, das getroffen worden ist

Abb. 16.11: Schiffe versenken – Zustand des Spielfelds, nachdem einige Felder (Buttons) angeklickt worden sind

Hinweis: Bei macOS funktioniert die Änderung der Hintergrundfarbe von Schaltflächen (noch) nicht. Verwenden Sie statt `bg` die Option `highlightbackground`.

Aufgabe 3

Erweitern Sie das Spiel aus Aufgabe 2 um folgende Features:

- Anzeige des Punktestandes. Anfangs erhält der Spieler 0 Punkte. Bei jedem »Schuss ins Wasser« wird ein Punkt abgezogen. Für jeden Treffer gibt es drei Pluspunkte.
- Anzeige der Anzahl der versenkten Schiffe. Wenn alle Schiffe versenkt sind, erscheint die Meldung »Fertig!«.
- Schaltfläche mit der Aufschrift NEUES SPIEL. Wird sie angeklickt, beginnt das Spiel von vorne.

Aufgabe 4

Vermutlich kennen Sie das Spiel »Galgenmännchen« (engl.: *Hangman*), bei dem es darum geht, ein geheimes Wort zu erraten. Entwickeln Sie eine Variante des Spiels mit einer Benutzungsoberfläche wie in Abbildung 16.12 oder so ähnlich.

Abb. 16.12: Grafische Benutzungsoberfläche des Spiels Wörterraten

Zur Arbeitsweise:

- Beim Spielstart (Schaltfläche NEU) ermittelt das Programm nach dem Zufallsprinzip ein Wort, das zunächst durch Striche dargestellt wird. Dabei steht jeder Strich für einen Buchstaben.
- Der Spieler gibt nacheinander Buchstaben ein und klickt auf den OK-Knopf.
- Wenn der Buchstabe in dem Wort enthalten ist, wird jeder Strich, der die Position des Buchstabens markiert, durch den Buchstaben selbst ersetzt. Außerdem wird das Punktekonto (rechts oben) um eins erhöht.
- Wenn der genannte Buchstabe nicht vorkommt, wird ein Punkt abgezogen.
- Sobald das Wort vollständig ist, erhält der Spieler fünf Punkte und ein neues Wort wird generiert.
- Die Zufallswörter haben eine Mindestlänge von fünf Zeichen und entstammen einem englischen oder einem deutschen Text. Texte als Quelle für Wortlisten kann man sich

leicht aus dem Internet herunterladen. Wichtig für die Verarbeitung mit Python ist nur, dass sie im Text-Format (und nicht etwa `.rtf` oder `.doc`) vorliegen. Übliche Texteditoren leisten diese Konvertierung. Achten Sie darauf, dass die Textdatei eine utf-8-Codierung verwendet. Geben Sie diese Codierung auch beim Öffnen der Datei an, z.B.

`f = open(datei, 'r', encoding='utf-8')`.

- Mit zwei Radiobuttons kann man zwischen deutschen und englischen Wörtern wählen. Nach Anklicken von NEU wird eine neue (englische oder deutsche) Wortliste angelegt, der Punktezähler auf 20 gesetzt und das Spiel gestartet.

16.6 Lösungen

Lösung 1

Skript:

```
# grautest.pyw
from tkinter import *
from random import *
class Grautest:
  def __init__(self):
    self.fenster = Tk()
    self.linksGrau = Frame(self.fenster, width=20, height=120)
    self.rechtsGrau = Frame(self.fenster, width=20, height=120)
    self.ausgabe=Label(self.fenster, width=20, height=2)
    self.pruefButton=Button(self.fenster, text='check',
                            command=self.pruefe)
    self.scale=Scale(self.fenster, orient=HORIZONTAL,
                     label='Helligkeit', to=255,
                     showvalue=0, length=200,
                     command=self.aktualisiere)                    #1
    self.layout()
    self.neu()
    self.fenster.mainloop()

  def layout(self):
    self.linksGrau.pack(side=LEFT)
    self.rechtsGrau.pack(side=RIGHT)
    self.scale.pack()
    self.ausgabe.pack(side=BOTTOM)
    self.pruefButton.pack(side=BOTTOM)

  def neu(self):
    ziffern = '0123456789ABCDEF'
```

```
        farbwert = choice(ziffern)+choice(ziffern)                    #2
        grau = '#' + 3*farbwert                                       #3
        self.linksGrau.config(bg=grau)

    def aktualisiere(self, event):
        nr = hex(self.scale.get())                                    #4
        farbwert = str(nr).lstrip('0x').zfill(2)                      #5
        grauton = '#' + 3*farbwert
        self.rechtsGrau.config(bg=grauton)

    def loesche(self):
        self.ausgabe.config(text='')

    def pruefe(self):
        links = self.linksGrau.cget('bg')
        rechts = self.rechtsGrau.cget('bg')
        if rechts == links:
            self.ausgabe.config(text='Gleiche Helligkeit!')
        elif links < rechts:
            self.ausgabe.config(text='Zu hell!')
        else:
            self.ausgabe.config(text='Zu dunkel!')
        self.ausgabe.after(1000, self.loesche)                        #6
        self.linksGrau.after(1000, self.neu)

grautest = Grautest()
```

Erläuterung:

#1: Das Scale-Widget wird wie folgt konfiguriert: Es wird Slave des Tk-Objektes `self.fenster`, liegt waagrecht, die Skalenwerte gehen von 0 (Default) bis 255, der aktuelle Wert wird nicht angezeigt, die Länge ist 200 Pixel und es ist an die Methode `self.aktualisiere` gekoppelt. Das heißt, bei jeder Bewegung des Schiebers wird diese Methode aufgerufen.

#2: Aus dem String `ziffern`, der die 16 Hexadezimalziffern enthält, werden nach dem Zufallsprinzip zwei Zeichen ausgewählt.

#3: Es wird ein String gebildet, der einen 24-Bit-Farbwert mit gleichen Werten für die RGB-Komponenten enthält. Dieses ist ein (zufälliger) Grauton.

#4: Der aktuelle Wert des Scale-Widgets (eine Zahl zwischen 0 und 255) wird ausgelesen und in die Python-Hexadezimaldarstellung (mit 0x beginnend) überführt.

#5: Die Zahl wird in einen String umgewandelt, das Präfix 0x entfernt und der resultierende String auf eine einheitliche Länge von zwei Zeichen (mit etwaigen führenden Nullen) gebracht (z.B. 1A, 00, 09). Daraus wird anschließend ein Grauwert berechnet.

#6: Das Feedback (`'Zu hell!'`, `'Zu dunkel!'` usw.) wird nach einer Sekunde wieder gelöscht und dann wieder ein neuer zufälliger Grauton für das linke Label generiert.

Lösung 2

```
# schiffeversenken.pyw
from tkinter import *
from random import *
class Feld:
  # Modelliert ein einzelnes Feld der Seekarte
  def __init__(self,spiel,x,y):
    self.x = x
    self.y = y
    self.spiel = spiel
    self.button = Button(self.spiel.fenster,
                          text='   ',command=self.press)
    self.button.grid(column=x, row=y)

  def press(self):
    check = self.spiel.spielfeld.checkTreffer                   #1
    if check(self.x, self.y):
      self.button.config(bg='blue') #geht nicht bei macOS
    else: self.button.config(bg='white')

class Spielfeld:
  def __init__(self):
    self.d = {}                                                 #2
    for i in range(12):
      for j in range(12):
        self.d[(i,j)]=0
    for i in range(4): self.setzeBoot(1)
    for i in range(3): self.setzeBoot(2)
    for i in range(2): self.setzeBoot(3)
    self.setzeBoot(4)

  def setzeBoot(self, laenge):
    # setzt an freie Position neues Schiff
    max = 11 - laenge
    ok=0
    while not ok:                                               #3
      if choice([0,1]):                                         #4
        # Schiff ist waagrecht
        y = randint(1,10)    # Spielfeldrand bleibt frei
        x = randint(1,max)
```

```
      if self.check(x, y, x+laenge-1, y):                    #5
        for x in range(x, x+laenge):
          self.d[(x, y)] = 1
        ok=1
    else:                       # Schiff ist senkrecht
      x = randint(1,10)
      y = randint(1,max)
      if self.check(x, y, x, y+laenge-1):
        for y in range(y, y+laenge):
          self.d[(x, y)] = 1
        ok = 1

  def check(self, x1, y1, x2, y2 ):
    # Liefert 1, falls der Bereich frei ist und sonst 0
    ok = 1
    for x in range(x1-1,x2+2):                               #6
      for y in range (y1-1, y2+2):
        if self.d[x,y]: ok= 0
    return ok

  def checkTreffer(self, x, y):
    # Liefert 1, falls Treffer und sonst 0
    return self.d[x,y]

class Schiffeversenken:
  def __init__ (self):
    self.fenster = Tk()
    self.spielfeld = Spielfeld()
    for x in range(12):
      for y in range(12):
        button=Feld(self, x, y)
    self.fenster.mainloop()

spiel = Schiffeversenken()
```

Erläuterung:

#1: Hier wird eine Abkürzung für einen langen Methodennamen definiert.

#2: Das Spielfeld wird durch ein Dictionary modelliert, das als Schlüssel Paare `(x, y)` von Zahlen zwischen 0 und `11` verwendet. `d[x, y]` hat den Wert 1, wenn sich in der Zelle `(x, y)` ein Schiff befindet, und sonst 0.

#3: Das Problem ist, für das neue Schiff auf dem Spielfeld eine Stelle zu finden, an der genügend Platz ist. Die Lösungsidee ist folgende: Es wird ein zufälliges Feld ausgewählt und per Münzwurf entschieden, ob das Schiff senkrecht oder waagrecht orientiert ist.

Dann wird geprüft, ob an dieser Stelle auf dem Spielfeld noch genügend Platz für das Schiff ist. Falls ja, wird das Schiff hier positioniert. Ansonsten wird so lange neu probiert, bis man eine geeignete Stelle gefunden hat.

#4: Münzwurf. Der Aufruf von `choice()` liefert in diesem Fall 0 oder 1.

#5: Die Boote werden so angeordnet, dass ringsherum ein Feld frei bleibt.

#6: Die Argumente der Methode sind das erste und letzte Feld eines neu zu schaffenden Schiffes. In dieser verschachtelten `for`-Schleife wird geprüft, ob alle Felder mit dem neuen Schiff und um das Schiff herum noch frei sind.

Hinweis: Bei macOS gibt es Probleme beim Setzen der Hintergrundfarbe von Buttons. Verwenden Sie auf Ihrem Mac (nach Zeile #1) folgende Anweisung:

```
self.button.config(highlightbackground='blue')
```

Lösung 3

Erweiterung des Skripts aus Lösung 2:

```
# schiffeversenkenerweitert.pyw
...

class Feld:
...

  def press(self):
    if self.spiel.spielfeld.checkTreffer(self.x, self.y):
      self.button.config(bg='blue')
      self.spiel.punkte.aktualisiere(3)
      if self.spiel.spielfeld.alleVersenkt():
      self.spiel.punkte.aktualisiere(0)
    else:
      self.button.config(bg='white')
      self.spiel.punkte.aktualisiere(-1)

class Spielfeld:
...

  def checkTreffer(self, x, y):
    # Liefert 1, falls Treffer und sonst None

    if self.d[x, y]:                                            #1
      self.d[x, y]=0
      return 1
```

```
  def alleVersenkt(self):
     # liefert 1, wenn alle Schiffe versenkt, und sonst 0
     test = 1
     for feld in self.d.keys():
       if self.d[feld]:
         test = 0
         break
     return test

class Punkte:
  def __init__(self, spiel):
     self.l = Label(master=spiel.fenster, text='0',
             font=('Arial', 16))
     self.l.grid(column=0, row=12,
                 columnspan=7)

  def aktualisiere(self,p):
    punkte = int(self.l.cget('text'))
    if p == 0:
      self.l.config(text='Fertig! '+str(punkte)+' Punkte')
    else:
      self.l.config(text=str(punkte+p))

class  NeuButton:
  def __init__(self, spiel):
     self.spiel = spiel
     self.b = Button(spiel.fenster, text='Neues Spiel',
                     font=('Arial', 12),
                     command=self.neu)
     self.b.grid(column=8, row=12,
                 columnspan=4)

  def neu(self):
    self.spiel.spielfeld=Spielfeld()
    for x in range(12):
      for y in range(12):
        button = Feld(spiel, x, y)
    self.spiel.punkte.l.config(text='0')

class Schiffeversenken:
  def __init__ (self):
    self.fenster = Tk()
    self.spielfeld = Spielfeld()
```

```
    for x in range(12):
      for y in range(12):
        button = Feld(self, x, y)
    self.punkte = Punkte(self)
    self.neu = NeuButton(self)

spiel = Schiffeversenken()
```

Erläuterung:

#1: Diese Zeile enthält einen Kniff. Der Dictionary-Eintrag `self.d[x, y]` wird auf null gesetzt, wenn das Feld zu einem Schiff gehört. Somit kann man nur beim ersten Treffer Punkte kassieren. Danach wird so getan, als wäre da gar kein Schiff.

Lösung 4

Skript:

```
# hangman.pyw
import random
from tkinter import *

class Wortgenerator:
    def __init__ (self, datei):                                    #1
        self.wortliste = []
        f = open(datei, 'r', encoding='utf-8')
        liste = f.read().split()
        f.close()
        for wort in liste:
            if wort.isalpha()and  len(wort)>5:                     #2
                self.wortliste.append(wort.upper())

    def getWort(self):
    # liefert aus der internen Wortliste ein Zufallswort
        return random.choice(self.wortliste)

class Sprache:
    def __init__(self, master):
        self.master = master
        self.rahmen = Frame()
        self.datei = StringVar()
        self.deutschRadio = Radiobutton(self.rahmen,
                                  value='clavigo.txt',
                                  text='Deutsch',
                                  variable=self.datei)
```

```
        self.deutschRadio.select()
        self.englRadio = Radiobutton(self.rahmen,
                            value='/Python37/LICENSE.txt',
                            text='Englisch',
                            variable=self.datei)
        self.deutschRadio.pack()
        self.englRadio.pack()
        self.wg = Wortgenerator(self.datei.get())                  #3

    def getDatei(self):
        return self.datei.get()

    def neuerWG (self):
        self.wg = Wortgenerator(self.datei.get())

class NeuButton:
    def __init__(self,master, punkte, sprache, ausgabe):
        self.ausgabe = ausgabe
        self.punkte = punkte
        self.sprache = sprache
        self.button = Button(master, text='Neu',
                            command=self.neuesSpiel)

    def neuesSpiel(self):
        self.sprache.neuerWG()
        self.punkte.setPunkte(20)
        self.ausgabe.neuesWort()

class Punkte:
    def __init__(self, master, p):
        self.punkte = p
        self.label = Label(master,text=str(p),
                     font=('Arial',20), bg='yellow')

    def aktualisiere(self, wert):                                  #4
        self.punkte += wert
        self.label.config(text= str(self.punkte))

    def setPunkte(self, punkte):
        self.punkte = punkte
        self.label.config(text=str(self.punkte))

class Ausgabe:
    def __init__(self, master,sprache):                            #5
```

```
        self.sprache = sprache
        self.wort = self.sprache.wg.getWort()
        self.ausgabe = len(self.wort)*'-'
        self.label = Label(master,text=self.ausgabe,
                           font=('Courier',20),
                           bg='white')

    def neuesWort(self):
        self.wort = self.sprache.wg.getWort()
        self.ausgabe = len(self.wort)*'-'
        self.label.config(text=len(self.wort)*'-')

    def aktualisiere(self, wort):
        self.ausgabe = wort
        self.label.config(text=wort)

class OKButton:
  def __init__(self, master, eingabe, ausgabe,
               punkte, wortgenerator):
    self.eingabe = eingabe
    self.ausgabe = ausgabe
    self.punkte = punkte
    self.wg = wortgenerator
    self.button = Button(master, text='OK',
                         command=self.pruefe)

  def pruefe(self):                                                  #6
    z = self.eingabe.get().upper()
    ausgabeliste = list(self.ausgabe.ausgabe)                        #7
    self.eingabe.delete(0)                                           #8
    if z in self.ausgabe.wort and z not in self.ausgabe.ausgabe:     #9
        # ausgabe aktualisieren und Pluspunkte
        for i in range(len(self.ausgabe.wort)):
            if self.ausgabe.wort[i]==z:
                ausgabeliste[i]=z
        self.ausgabe.aktualisiere(''.join(ausgabeliste))
        self.punkte.aktualisiere(1)                                  #10
        # Wenn Wort vollstaendig, erzeuge neues Wort
        if '-' not in self.ausgabe.ausgabe:                          #11
            self.button.after(2000,
                              self.ausgabe.neuesWort)
            self.punkte.aktualisiere(5)
```

```
    else: self.punkte.aktualisiere(-1)

class Spiel:
    def __init__ (self):
        # Unterobjekte
        self.fenster = Tk()
        self.sprache = Sprache(self.fenster)
        self.titel = Label(self.fenster,
                           text='Wörterraten',
                           font=('Arial',20))
        self.labelEingabe = Label(text='Buchstabe:')
        self.punkte = Punkte(self.fenster,20)
        self.ausgabe = Ausgabe(self.fenster, self.sprache)
        self.neu = NeuButton(self.fenster, self.punkte,
                              self.sprache, self.ausgabe)
        self.eingabe = Entry(self.fenster,
                              width=2,font=('Arial',20))
        self.ok = OKButton(self.fenster, self.eingabe, self.ausgabe,
                           self.punkte, self.sprache.wg)
        self.layout()

    def layout(self):
        self.titel.grid(column=0,row=0,columnspan=2)
        self.punkte.label.grid(column=3,row=0)
        self.ausgabe.label.grid(column=0,row=1, columnspan=3)
        self.sprache.rahmen.grid(column=0,row=2, padx=10)
        self.neu.button.grid(column=1,row=2)
        self.eingabe.grid(column=2,row=2, padx=20)
        self.ok.button.grid(column=3,row=2)
        self.fenster.mainloop()

#Hauptprogramm
spiel = Spiel()
```

Erläuterung:

Das Skript ist gemäß dem UML-Objektdiagramm in Abbildung 16.13 aufgebaut.

#1: Bei der Initialisierung wird die Datei (deren Name als Argument übergeben worden ist) gelesen und in eine Liste von Wörtern aufgespalten (voreingestelltes Trennsymbol der `split()`-Methode ist das Leerzeichen).

#2: Es werden nur die Wörter verwendet, die allein aus Buchstaben bestehen und mindestens fünf Zeichen lang sind. Technische Zeichenketten wie URLs oder Zahlen werden auf diese Weise ausgefiltert.

#3: Hier wird ein Wortgenerator-Objekt instanziiert. Als Datei wird – je nachdem, welche Sprache gewählt worden ist – entweder die schon des Öfteren bemühte `LICENSE.txt`-Datei der Python-Distribution oder eine Textdatei mit dem Goethe-Drama Clavigo verwendet.

#4: Das Label mit dem Punktestand wird aktualisiert.

#5: Der Wortgenerator liefert ein neues Wort, das im Attribut `self.wort` gespeichert wird. Das Attribut `self.ausgabe` enthält nach der Initialisierung eine Folge von Strichen mit der gleichen Länge wie das Wort (für jeden Buchstaben ein Strich).

#6: Nach Betätigen des OK-Buttons wird die `pruefe()`-Methode aufgerufen. Sie stellt fest, ob der eingegebene Buchstabe im gesuchten Wort vorkommt. Im Falle eines Treffers werden alle Striche, die den gefundenen Buchstaben repräsentieren, durch ebendiesen Buchstaben ersetzt und Pluspunkte vergeben.

#7: Der String im Ausgabe-Label – bestehend aus Strichen und Buchstaben – wird in eine Liste überführt, in der später einzelne Zeichen ausgetauscht werden können (das geht in Strings nicht).

#8: Der Inhalt des Entrys, der nur aus einem Buchstaben besteht, wird gelöscht.

#9: Wenn der eingegebene Buchstabe im gesuchten Wort vorkommt und bisher noch nicht genannt war, werden in der Ausgabe die entsprechenden Striche durch die Buchstaben ersetzt.

#10: Der Punktestand wird um eins erhöht.

#11: Wenn das Wort gefunden ist, gibt es fünf Pluspunkte und nach zwei Sekunden wird ein neues Suchwort generiert.

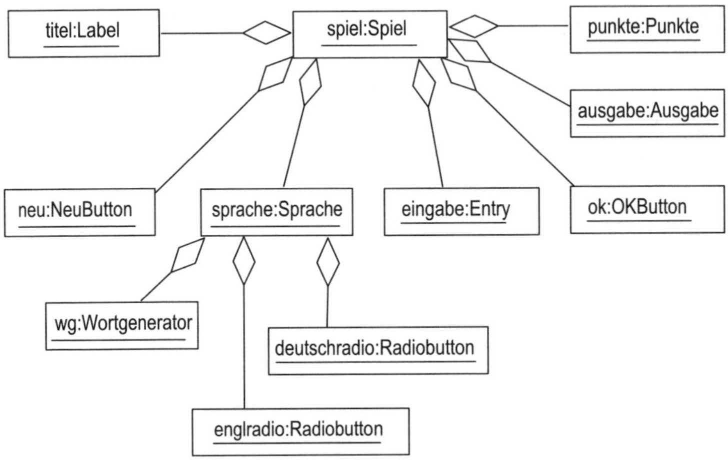

Abb. 16.13: UML-Objektdiagramm zum Spiel »Wörterraten«

Kapitel 17

Grafik

»Ein Bild sagt mehr als tausend Worte«, heißt es. Abbildungen sind ein wichtiger Bestandteil grafischer Benutzungsoberflächen. Richtig eingesetzt machen sie aus einem technischen Produkt ein fantasievolles Kunstwerk und verbessern die Kommunikation zwischen Mensch und Maschine. Aus dem weiten Feld der Grafikverarbeitung greifen wir in diesem Kapitel zwei Punkte auf:

- Einbinden von pixelorientierten Abbildungen, die als Grafikdatei vorliegen
- Dynamische Konstruktion von Grafiken aus Grundformen auf einem Canvas-Widget

17.1 Die tkinter-Klasse Canvas

Die Klasse `Canvas` des Moduls tkinter ist ein mächtiges Werkzeug zur Gestaltung von grafischen Komponenten einer Programmoberfläche. Im Rahmen dieses Buches können nur einige wenige Features vorgestellt werden. Ein Canvas-Objekt wird (analog zu den anderen Widgets) mit einem Aufruf des Konstruktors in folgendem Format erzeugt:

```
canvas = Canvas(master [, option1=wert1, ...])
```

Das erste Argument ist – wie gewohnt – der Name eines Master-Widgets, dann folgen optionale Schlüsselwort-Argumente zur Konfiguration der üblichen Widget-Optionen.

Das englische Wort *canvas* bedeutet so viel wie *Leinwand*. Das beschreibt recht gut die Idee dieses Widgets: eine rechteckige Fläche, auf die ein Bild gemalt wird. Canvas-Objekte besitzen Methoden, mit deren Hilfe grafische Elemente (so genannte *Items*) wie Kreise, Rechtecke, Linien oder Texte generiert, platziert, verschoben oder gelöscht werden können. Tabelle 17.1 gibt einen Überblick.

Methode	Erklärung
`coords (id, x1, y1, x2, y2, ...)`	Auslesen oder Verändern der Koordinaten des Items mit ID-Nummer `id`
`create_arc(x1, y1, x2, y2 [,option1=wert1[,...]])`	Erzeugt einen Ellipsenausschnitt an der Position `(x1, y1, x2, y2)`.
`create_image(x, y [,option1=wert1[,...]])`	Erzeugt ein Bild an der Stelle `(x, y)`.
`create_line(x1, y1, ... [,option1=wert1[,...]])`	Erzeugt eine zusammenhängende Linie, die aus mehreren Teilstücken besteht.

Tabelle 17.1: Einige Methoden des Canvas-Widgets

Methode	Erklärung
`create_oval(x1, y1, x2, y2 [,option1=wert1[,...]])`	Erzeugt eine Ellipse an der Position `(x1, y1, x2, y2)`.
`create_polygon(x1, y1, ... [,option1=wert1[,...]])`	Erzeugt ein Polygon.
`create_rectangle (x1, y1, x2, y2 [,option1=wert1[,...]])`	Erzeugt ein Rechteck mit linker oberer Ecke`(x1, y1)` und rechter unterer Ecke `(x2, y2)`.
`create_text(x, y [,option1=wert1[,...]])`	Erzeugt ein Text-Objekt an der Stelle `(x, y)`.
`create_window(x, y [,option1=wert1[,...]])`	Erzeugt auf dem Canvas ein »Fenster« an der Stelle `(x, y)`, in das ein beliebiges Widget eingesetzt werden kann.
`dchars(id, first, last)`	Löscht Zeichen aus dem spezifizierten Text-Item von Zeichen *`first`* bis Zeichen *`last`*.
`delete(id)`	Löscht das spezifizierte Item.
`find_all()`	Liefert eine Liste der ID-Nummern aller Items auf dem Canvas.
`find_closest(x, y)`	Liefert ein Tupel, das als einziges Element die ID-Nummer des Items enthält, das am nächsten am Punkt `(x, y)` ist.
`find_overlapping(x0, y0, x1, y1)`	Liefert eine Liste mit den ID-Nummern der Items, die mit dem durch die Eckpunkte `(x1, y1)` und `(x2, y2)` spezifizierten Rechteck überlappen.
`itemcget (id, option)`	Liefert den Wert der Option *`option`* des spezifizierten Items.
`itemconfigure(idD [,option1=wert1[,...]])`	Wenn man die optionalen Argumente weglässt, wird ein Dictionary mit Optionen zurückgegeben. Ansonsten werden mit Schlüsselwortargumenten Optionen neu gesetzt.
`move(id, xAmount, yAmount)`	Das Item wird in waagrechter und senkrechter Richtung um die Werte von *`xAmount`* und *`yAmount`* bewegt.
`tag_bind(id, sequence=s, func=f[,add='+'])`	Bindet bei den spezifizierten Objekten eine Funktion an Events. Wenn das optionale Argument *`add`* den String `'+'` enthält, wird die neue Bindung den bestehenden Bindungen hinzugefügt.

Tabelle 17.1: Einige Methoden des Canvas-Widgets (Forts.)

17.1.1 Generierung grafischer Elemente – ID, Positionierung und Display-Liste

Auf einen Canvas wird ein grafisches Objekt – man nennt es auch *Item* – platziert, indem man eine Methode aufruft, deren Name mit `create_` anfängt (z.B. `create_line()`). Die ersten Argumente der Parameterliste definieren immer die Position auf dem Canvas. Für

Texte und Bilder ist nur ein Koordinatenpaar x, y erforderlich. Bei Ellipsen und Rechtecken werden die vier Koordinaten der linken oberen und der rechten unteren Ecke des »Begrenzungskastens« (*bounding box*) angegeben. Polygone und Linien, die aus mehreren Teilstücken bestehen können, werden durch die Koordinaten der (beliebig vielen) Eckpunkte `(x0, y0)`, `(x1, y1)` usw. spezifiziert.

Für die Längenangaben verwendet man ganze Zahlen (Pixel) oder Strings mit einer Zentimeterangabe (z.B. 3.1c für 3,1 cm). Das Koordinatensystem des Canvas hat seinen Ursprung in der linken oberen Ecke. Beispiel:

```
from tkinter import *
fenster = Tk()
c = Canvas(fenster,width='8c', height='4c')
c.pack()
rechteck = c.create_rectangle('1c','1c','4c','3c',
                              fill='blue')
fenster.mainloop()
```

Abb. 17.1: Koordinaten in einem Canvas

Die *Display List* ist eine geordnete Liste der Objekte auf dem Canvas. Wenn sich zwei Objekte überlappen, dann ist das Objekt im Vordergrund weiter hinten in der Display List, es hat also die größere ID-Nummer. Ein neues Item, das mit einer `create_`-Methode erzeugt worden ist, wird am Ende der Liste eingefügt, das heißt, es kommt ganz in den Vordergrund. Beim Aufbau einer Grafik, die aus mehreren Elementen besteht, beginnt man also mit dem Hintergrund und erzeugt die Objekte des Vordergrunds zum Schluss. Beispiel:

```
from tkinter import *
fenster = Tk()
c = Canvas(fenster,width='8c', height='4c')
c.pack()
```

```
r = c.create_rectangle('1c','1c','4c','3c',fill='blue')
o = c.create_oval('1.5c','1.5c','6c','3.5c',fill='yellow')
fenster.mainloop()
```

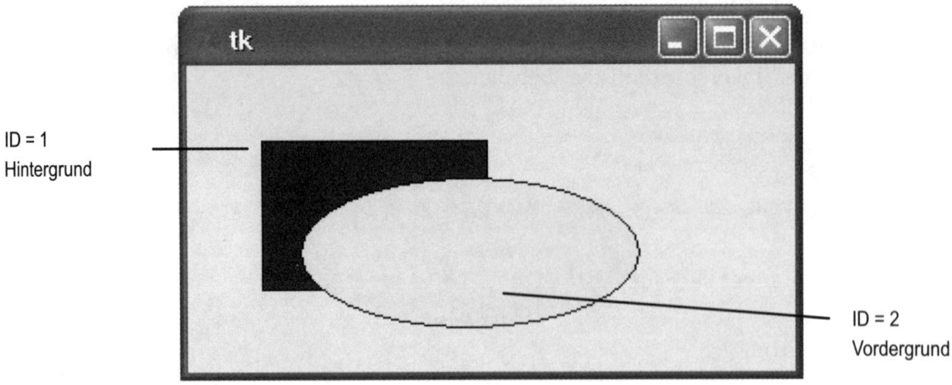

Abb. 17.2: Canvas mit zwei Items

Die *Object ID* eines Objektes auf dem Canvas ist der Wert, den der Konstruktor für dieses Objekt (eine Methode, die mit `create_` anfängt) zurückgibt. Viele Canvas-Methoden (siehe Tabelle 17.1) verwenden *Object IDs* als Parameter.

17.1.2 Grafische Elemente gestalten

Auf einem Canvas können Sie eine Abbildung gestalten, indem Sie mit einer `create_`-Methode verschiedene grafische Elemente wie Linien, Rechtecke, Ellipsen (dazu gehören auch Kreise), Ellipsenausschnitte oder Texte einfügen.

Diese grafischen Objekte besitzen neben ihren Koordinaten noch weitere Merkmale wie Füllfarbe, Linienstärke usw. Diese Attribute (Optionen genannt) können auf zweierlei Weise festgelegt oder verändert werden:

- In Form von Schlüsselwort-Argumenten der Form *`option=wert`* direkt bei der Generierung des Objektes mit einer `create_`-Methode.
- Nachträglich mithilfe der Canvas-Methode `itemconfigure()`. Hierbei ist das erste Argument immer die ID des Objektes, die bei der Generierung von der `create_`-Methode zurückgegeben wurde. Es folgen beliebig viele Schlüsselwort-Argumente der Form *`attribut=wert`*.

Tabelle 17.2 bis Tabelle 17.4 beschreiben die wichtigsten Optionen zur Gestaltung von grafischen Objekten auf einem Canvas. Die Namen der Optionen sind für alle Objekte einheitlich. Allerdings gibt es manche Attribute nur für bestimmte grafische Objekte. So spezifiziert die Option `outline` die Farbe der Außenlinie eines Objektes. Dieses Attribut besitzen aber nur flächenhafte Objekte wie z.B. Ovale oder Rechtecke, nicht aber Linien.

Rechtecke und Ellipsen

Option	Erklärung
`fill`	Farbe des Inneren des Ovals. Voreingestellt ist, dass die Innenfläche transparent ist.
`outline`	Farbe der Außenlinie. Mit `''` (zwei Hochkommata) oder `""` wird sie transparent.
`stipple`	Bewirkt, dass die Linie gepunktet ist. Das Punktierungsmuster ist in einer Bitmap festgelegt (z.B. `'grey25'`), deren Name (ein String) in dieser Option angegeben wird.
`width`	Linienstärke, voreingestellt ist 1 Pixel.

Tabelle 17.2: Die wichtigsten Optionen von Ovalen und Rechtecken auf einem Canvas

Linien

Option	Erklärung
`arrow`	Mögliche Werte: `BOTH` (Pfeilspitze an beiden Enden), `FIRST` (Pfeilspitze am Anfang) oder `LAST` (Pfeilspitze am Ende). Voreingestellt ist, dass die Linie keine Pfeilspitzen besitzt.
`fill`	Linienfarbe, voreingestellt ist Schwarz.
`smooth`	Default ist `false`. Dann besteht die Linie aus geraden Teilstücken. Wenn `smooth` auf `true` gesetzt ist, wird ein parabolischer Spline durch die Punkte gelegt.
`stipple`	Bewirkt, dass die Linie gepunktet ist. Das Punktierungsmuster ist in einer Bitmap festgelegt (z.B. `'grey25'`), deren Name in dieser Option angegeben wird.
`width`	Linienstärke, voreingestellt ist 1 Pixel.

Tabelle 17.3: Die wichtigsten Optionen einer Linie auf einem Canvas

Ellipsenausschnitte (arcs)

Option	Erklärung
`extent`	Winkel des Kreisausschnitts in Grad
`fill`	Normalerweise ist das Innere des Kreisausschnitts transparent. Mit dieser Option kann eine Farbe ausgewählt werden, mit der das Innere gefüllt wird.
`outline`	Farbe der Außenlinie. Default ist Schwarz.
`start`	Winkel gegenüber der x-Achse, an dem der Kreisausschnitt beginnen soll (siehe Beispiel)

Tabelle 17.4: Die wichtigsten Optionen eines Ellipsenausschnitts auf einem Canvas

Option	Erklärung
`style`	Aussehen des `Arc`-Objektes: `ARC` (Kreisbogen), `CHORD` (Kreisbogen mit Sehne), `PIESLICE` (Tortenstück, voreingestellt)
`width`	Breite der Außenlinie, z.B. `'0.1c'` oder 2.

Tabelle 17.4: Die wichtigsten Optionen eines Ellipsenausschnitts auf einem Canvas (Forts.)

17.1.3 Visualisieren mit Kreisdiagrammen

Mit Kreisdiagrammen können Anteile an einem Ganzen dargestellt werden. Das folgende Skript implementiert eine Anwendung, die das Verhältnis zweier Zahlen zueinander durch ein Kreisdiagramm veranschaulicht. Beim Klick auf den OK-Button wird das Kreisdiagramm neu gezeichnet (siehe Abbildung 17.3)

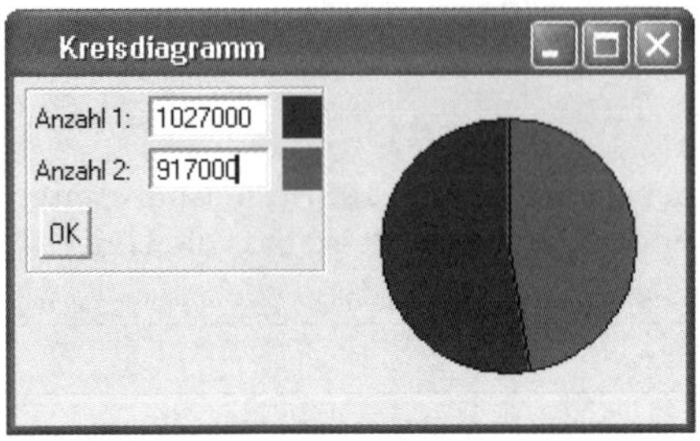

Abb. 17.3: Veranschaulichung durch ein Kreisdiagramm. Die Zahlenwerte sind die Anzahlen männlicher (Anzahl 1) und weiblicher (Anzahl 2) Studenten in Deutschland im Jahr 2002.

```
# kreisdiagramm.pyw
from tkinter import *
class Kreisdiagramm:
  def __init__ (self):
    self.fenster = Tk()
    self.fenster.title('Kreisdiagramm')
    self.anzeige = Anzeige(self.fenster)                      #1
    self.eingabe = Eingabe(self.fenster, self.anzeige)        #2
    self.fenster.mainloop()

class Anzeige:
  def __init__ (self, fenster):
    self.c = Canvas(master=fenster,
                    width='4c',height='4c')                   #3
    self.c.pack(side=RIGHT)
    self.teil1 = self.c.create_arc(
```

```
        '0.5c', '0.5c','3.5c','3.5c', fill='blue',
         style=PIESLICE, start=90,extent=180)                  #4
    self.teil2 = self.c.create_arc(
        '0.5c','0.5c','3.5c','3.5c', fill='red',
         style=PIESLICE, start=90,extent=-180)

  def aktualisiere(self, z1, z2):                              #5
    summe = z1 + z2
    w1 = 360*z1/summe
    w2 = -(360-w1)
    self.c.itemconfigure(self.teil1, extent=w1)                #6
    self.c.itemconfigure(self.teil2, extent=w2)

class Eingabe:
    def __init__ (self, fenster, anzeige):
        self.anzeige = anzeige
        self.f = Frame(fenster, relief=GROOVE, bd=2)           #7
        self.f.pack(padx=5, pady=5)
        self.f1 = Frame(self.f)
        self.f2 = Frame(self.f)
        self.f1.pack()
        self.f2.pack()
        Label(self.f1,text='Anzahl 1:').pack(side=LEFT)
        Label(self.f2,text='Anzahl 2:').pack(side=LEFT)
        self.e1 = Entry(self.f1,width=8)
        self.e1.pack(side=LEFT,padx=5, pady=2)
        self.e2 = Entry(self.f2,width=8)
        self.e2.pack(side=LEFT,padx=5, pady=2)
        Label(self.f1,
             width=2,bg='blue').pack(side=LEFT)
        Label(self.f2, width=2,bg='red').pack(side=LEFT)
        self.ok = Button(self.f,text='OK',
                         command=self.aktualisiere)            #8
        self.ok.pack(side=LEFT, padx=5, pady=5)

    def aktualisiere(self):                                    #9
      if self.e1.get() and self.e2.get():
        z1 = int(self.e1.get())
        z2 = int(self.e2.get())
        self.anzeige.aktualisiere(z1, z2)

k = Kreisdiagramm()
```

Erläuterung:

Das UML-Klassendiagramm in Abbildung 17.4 zeigt die Struktur des Systems. Die Klasse `Eingabe` enthält alle Komponenten zur Eingabe von Zahlen. Diese werden bei der Instanzierung in den linken Teil des Anwendungsfensters gepackt.

In der Klasse `Anzeige` wird ein Canvas definiert, auf den das Kreisdiagramm gezeichnet wird. Er erscheint im rechten Teil des Fensters.

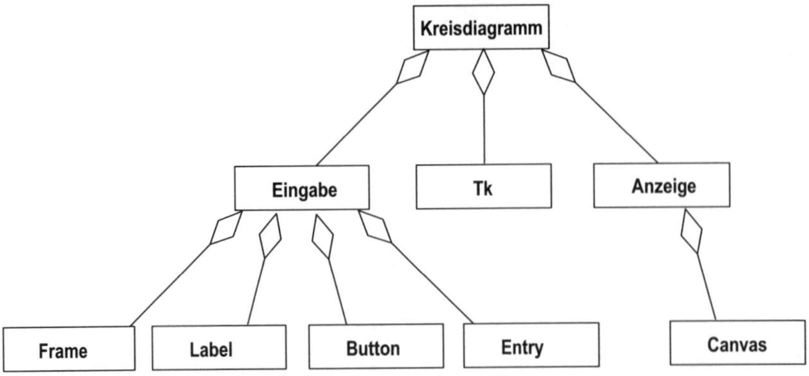

Abb. 17.4: UML-Klassendiagramm des Programms `kreisdiagramm.pyw`

#1: Hier wird ein Objekt der Klasse `Anzeige` instanziiert. Ihm wird als Argument der Name des Applikationsfensters übergeben (`self.fenster`), damit es sein Canvas-Widget selbst in das Fenster-Objekt packen kann.

#2: Das Objekt der Klasse `Eingabe` erfährt die Namen des Anwendungsfensters (`self.fenster`) und des Anzeige-Objektes mit dem Kreisdiagramm (`self.anzeige`).

Denn der Hauptframe benötigt für das Layout den Namen seines Masters. Außerdem muss das Eingabe-Objekt eine Botschaft zur Aktualisierung des Kreisdiagramms an das Anzeige-Objekt schicken können.

#3: Ein quadratischer Canvas mit der Seitenlänge 4 cm wird erzeugt.

#4: Zwei gefüllte Halbkreise – einer blau und einer rot – werden auf den Canvas platziert, so dass sie einen vollständigen Kreis ergeben. Beachten Sie, dass beide Kreisausschnitte denselben Startwinkel besitzen. Aber das eine Segment erstreckt sich um 180 Grad nach rechts (`extent=180`) und das andere nach links (negativer Wert `extent=-180`).

#5: Die Methode berechnet aus den übergebenen Zahlen neue Winkel für die `extent`-Optionen der Kreisausschnitte und konfiguriert die `extent`-Optionen der beiden Canvas-Items neu (**#6**).

#7: Ein Frame `self.f` mit einer Rille als Rahmen wird generiert und links in das Anwendungsfenster gepackt. Dieser Frame erhält (zum besseren Layouten der Widgets) noch zwei Unterframes. In diese werden Labels und Entries platziert.

#8: Der OK-Button wird an die interne Methode `aktualisiere()` gekoppelt.

#9: Sofern die beiden Entries keine leeren Strings enthalten, werden die in ihnen enthaltenen Strings in ganze Zahlen umgewandelt und eine Botschaft zur Aktualisierung des Kreisdiagramms an das Anzeige-Objekt geschickt. Beachten Sie, dass hier auf eine sinnvolle Aufgabenverteilung im Sinne der OOP wert gelegt wurde. Die Ermittlung der Zahlen ist Aufgabe des Eingabe-Objektes. Die Art und Weise der (visuellen) Darstellung fällt allein in die Zuständigkeit des Ausgabe-Objektes.

17.2 Die Klasse PhotoImage

In eine grafische Benutzungsoberfläche können Sie Bilder in Form von Pixelgrafiken (z.B. digitale Fotos) einbinden. Dazu verwenden Sie die `tkinter`-Klasse `PhotoImage`. Mit ihr lassen sich True-Color-Bilder mit 24 Bit pro Pixel darstellen. Ein `PhotoImage`-Objekt kann auf verschiedene Arten erzeugt werden:

Wenn das Bild aus einer Datei geladen werden soll, geben Sie den Pfad als Schlüsselwort-Argument an:

```
bild = PhotoImage(file=pfad)
```

Hier ist *`pfad`* ein String mit einem Pfad zu einer Bilddatei mit einem der folgenden Formate: GIF (Graphical Interchange Format), PPM (Portable Pixmap) oder PGM (Portable Grey Map). Andere Bildformate können nicht verwendet werden.

Wenn Sie in Ihrem Programm selbst ein Bild Pixel für Pixel berechnen wollen, geben Sie keine Bilddatei an, sondern spezifizieren nur Höhe und Breite (Anzahl der Pixel):

```
bild = PhotoImage(width=breite, height=hoehe)
```

Auch wenn Sie das Bild aus einer Datei laden, können Sie eine Höhe und Breite angeben. Dann wird das Original gestreckt oder gestaucht und an diese Maße angepasst.

Tabelle 17.5 gibt einen Überblick über die wichtigsten Methoden von `PhotoImage`-Objekten.

Methode	Erklärung
`copy()`	Erzeugt ein neues `PhotoImage`-Objekt und kopiert den Inhalt des Bildes in das neue Bild
`get(x, y)`	Liefert den Farbwert des Pixels an Position `(x, y)`. Der Farbwert wird als String dargestellt, der die drei RGB-Werte (getrennt durch Leerzeichen) enthält.
`height()`	Liefert die Höhe des Bildes als ganze Zahl (Anzahl der Pixel)
`put(farbe, position)`	Das Argument *`farbe`* ist ein String im Format "#rrggbb", der einen 24-Bit-Farbwert definiert. Das zweite Argument ist ein Tupel aus 2 oder 4 Zahlen. Falls es das Format `(x, y)` hat, wird das Pixel an Position `(x, y)` auf den angegebenen Farbwert gesetzt. Wenn es das Format `(x1, y1, x2, y2)` hat, wird das Rechteck mit der linken oberen Ecke `(x1, y1)` und der rechten unteren Ecke `(x2, y2)` gefärbt.
`width()`	Liefert die Breite des Bildes als ganze Zahl (Anzahl der Pixel).

Tabelle 17.5: Die wichtigsten Methoden der Klasse `PhotoImage`

Methode	Erklärung
`write(pfad, [format])`	Speichert das Bild unter dem Dateinamen *pfad* im Format *format* ab. Erlaubte Formate sind GIF und PGM/PPM. Fehlt das Argument *format*, sucht das System selbst ein geeignetes Format; in der Regel ist das PPM.

Tabelle 17.5: Die wichtigsten Methoden der Klasse PhotoImage (Forts.)

17.2.1 Eine Pixelgrafik erzeugen

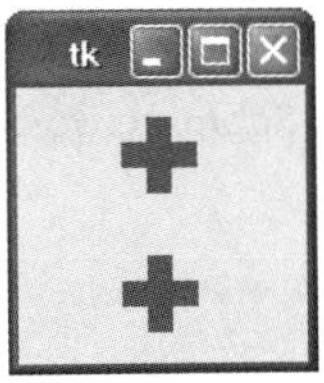

Abb. 17.5: Zwei Labels mit PhotoImage-Objekt

Das folgende Skript demonstriert, wie Sie eine einfache Pixelgrafik erstellen und in einer Applikation darstellen können. Abbildung 17.5 zeigt das Applikationsfenster, das das Skript auf den Bildschirm bringt. In Zeile **#1** wird ein »leeres« PhotoImage-Objekt erzeugt. Anschließend werden zwei anonyme Label-Widgets generiert und in das Fenster gepackt. Über die image-Option wird auf beiden Labels das PhotoImage-Objekt dargestellt. Nun wird ab Zeile **#3** das Bild verändert. Mit der Methode put() werden zwei rote Rechtecke auf das Bild gezeichnet, die zusammen ein rotes Kreuz ergeben. Dabei wird im ersten Argument der RGB-Wert der Farbe Rot übergeben. Die ersten beiden Hexadezimalziffern (ff) tragen den maximalen Wert (dezimal 255) und die anderen vier Hexadezimalziffern jeweils 00. Das zweite Argument ist ein Tupel aus vier Zahlen. Die ersten beiden Zahlen bezeichnen die Koordinaten der linken oberen Ecke eines Rechtecks und die letzten beiden Zahlen die Koordinaten der rechten unteren Ecke. Der Ursprung (0, 0) des Koordinatensystems des PhotoImage-Objektes ist wie üblich links oben.

Beachten Sie, dass in dem Programm die Änderung des PhotoImage-Objektes erst erfolgt, nachdem es bereits an zwei Label-Widgets gekoppelt worden ist. Alle Änderungen eines PhotoImage-Objektes zur Laufzeit des Programms werden automatisch in allen Widgets wiedergegeben, die das Bild verwenden.

```
# kreuze.pyw
from tkinter import *
class Bild:
  def __init__ (self):
    self.fenster = Tk()
    self.bild = PhotoImage(width=50, height=50)                          #1
    Label(master=self.fenster, image=self.bild).pack()                   #2
    Label(master=self.fenster, image=self.bild).pack()
    self.bild.put("#ff0000", (20,10, 30, 40))                            #3
```

```
    self.bild.put("#ff0000", (10,20, 40, 30))    self.fenster.mainloop()

b = Bild()
```

Es gibt viele Anwendungsbereiche, in denen Bilder Pixel für Pixel berechnet werden. Zum Beispiel kann man ortsbezogene Messdaten (Luftdruck, Temperatur, Waldschäden) durch Farben codieren und in einer Karte darstellen. Abbildung 17.6 zeigt eine Anwendung aus der Mathematik, eine Visualisierung der Mandelbrotmenge (benannt nach ihrem Entdecker Benoit Mandelbrot). Sie ist unter der Bezeichnung »Apfelmännchen« populär geworden.

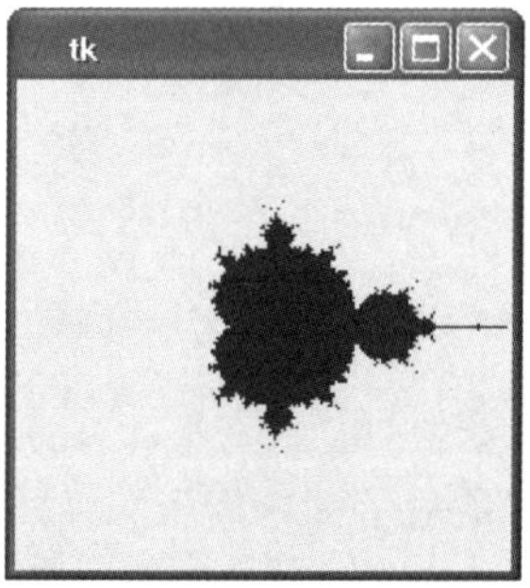

Abb. 17.6: Visualisierung der Mandelbrotmenge

Die Mandelbrotmenge ist definiert als die Menge aller komplexen Konstanten c, für die die folgende komplexe Zahlenfolge beschränkt ist:

$z_0 = 0$

$z_{n+1} = z_n^2 + c$

Die blauen Punkte repräsentieren Elemente der Mandelbrotmenge. Die Koordinaten x, y eines Punktes werden als Real- und Imaginärteil einer komplexen Zahl z=x +j*y interpretiert.

Abbildung 17.6 wird durch das folgende Skript erzeugt.

Skript:

```
# mandelbrot.pyw
from tkinter import *
RADIUS = 2.0
ZOOM = 50.0
class Mandelbrot:
  def __init__(self):
    self.fenster = Tk()
    self.bild = PhotoImage(width=200, height=200)                    #1
    self.bildflaeche = Label(master=self.fenster,
                         image=self.bild)
    self.bildflaeche.pack()
```

```
        self.__zeichnen()
        self.fenster.mainloop()

    def __zeichnen(self):
        intervall = [x/ZOOM for x in range(-100, 100)]                    #2
        mandelbrot = [(x, y) for x in intervall
                             for y in intervall
                             if self.__test(x, y)]                        #3
        for  x, y in mandelbrot:
            self.bild.put("#0000ff", (int(ZOOM*x+100), int(ZOOM*y+100)))  #4

    def __test (self, x, y):                                              #5
        c = x + 1j * y
        z = 0
        for i in range(20):                                               #6
            if abs (z)< RADIUS:
                z = z*z - c
            else: return False # nicht Element der Mandelbrotmenge
        return True # Element der Mandelbrotmenge

m = Mandelbrot()
```

Erläuterung:

#1: Erzeugt leeres Bild-Objekt mit 200 mal 200 Pixeln.

#2: Wir berechnen eine Liste mit insgesamt 200 Zahlen zwischen -2 und +2 im Abstand von `0.01`.

#3: Hier wird eine Liste von Tupeln `(x, y)` erzeugt, die (näherungsweise) zur Mandelbrotmenge gehören. Ob ein Punkt `(x ,y)` zur Mandelbrotmenge gehört, wird durch die private Methode `__test()` ermittelt.

#4: Die Tupel werden nun als blaue Punkte auf das `PhotoImage`-Objekt gezeichnet.

#5: Die Methode `__test()` interpretiert die beiden Argumente `x` und `y` als Real- bzw. Imaginärteil einer komplexen Zahl und liefert den Wert `True`, falls die komplexe Zahl `x +j*y` zur Mandelbrotmenge gehört, und `False` sonst.

#6: Es werden nur die ersten 20 Glieder der Folge berechnet und geprüft, ob der Absolutwert des `i`-ten Folgegliedes noch kleiner als `RADIUS` ist. Die Mandelbrotmenge wird also nicht exakt, sondern nur näherungsweise berechnet.

17.2.2 Fotos analysieren und verändern

Der große Vorteil digitaler Fotos ist bekanntlich, dass man sie nachbearbeiten kann. Zu dunkle Fotos werden aufgehellt, bei rotstichigen Fotos kann der rote Farbanteil zurückgenommen werden, der Kontrast kann verstärkt werden usw. Für derartige Operationen müssen die einzelnen Pixel des Bildes gelesen und verändert werden.

Das folgende Skript demonstriert die Verwendung der `PhotoImage`-Methoden `get()` und `put()` zur Bearbeitung eines Fotos. Der Aufruf `bild.get(x, y)` liefert einen String mit drei Dezimalzahlen zwischen 0 und 255, die durch Leerzeichen getrennt sind. Dieser String stellt den RGB-Wert des Pixels an der Stelle `(x, y)` dar. Beispiel: Wenn ein Bild an der Position `(10, 20)` ein rein blaues Pixel besitzt, liefert `bild.get(10, 20)` den String `"0 0 255"`.

Die Applikation mit GUI ermöglicht es, ein Foto aus einer GIF-Datei zu laden und als Negativ darzustellen.

Abb. 17.7: Positiv und Negativ eines Fotos

Skript:

```
# photoviewer.pyw
from tkinter import filedialog, Label, Tk, Button, \
PhotoImage, LEFT

DEFAULT_PATH = "bilder/strasse.gif"

class FotoViewer:
  def __init__ (self):
    self.__createWidgets()
    self.__layout()
    self.fenster.mainloop()

  def __createWidgets(self):
    self.fenster = Tk()
    self.bild = PhotoImage(file=DEFAULT_PATH)
    self.bildflaeche = Label(master=self.fenster,
                          image=self.bild)
    self.buttonLaden = Button(master=self.fenster,
```

```
                                     text="Laden",
                                     command=self.__laden)
        self.buttonNegativ = Button(master=self.fenster,
                                     text="Negativ",
                                     command=self.__invertieren)

    def __layout(self):
        self.bildflaeche.pack()
        self.buttonLaden.pack(side=LEFT)
        self.buttonNegativ.pack(side=LEFT)

    def __laden (self):
        pfad = filedialog.askopenfilename()                          #1
        if pfad:
            self.bild = PhotoImage(file=pfad)
            self.bildflaeche.config(image=self.bild)

    def __invertieren (self):
        punkte = ((x,y) for x in range(self.bild.width())
                        for y in range(self.bild.height()))          #2
        for x, y in punkte:
            r, g, b = self.bild.get(x, y)                            #3
            r = 255 - r                                              #4
            g = 255 - g
            b = 255 - b
            rgb = "#{:02x}{:02x}{:02x}".format(r, g, b)              #5
            self.bild.put((rgb,), (x,y))

f = FotoViewer()
```

Erläuterung:

#1: Hier wird ein Fenster zur Auswahl einer Datei auf den Bildschirm gebracht. Die aufgerufene Methode gibt einen String zurück, der den vollständigen Pfad der ausgewählten Datei enthält, sofern der Benutzer die Aktion nicht abgebrochen hat. Wenn abgebrochen wurde, wird ein leerer String zurückgegeben.

#2: Wir erzeugen einen Generator für die Folge aller Punkte des Fotos. Ein Generator ist deshalb geeignet, weil wir diese Folge nur einmal benötigen.

#3: Das Tupel `r, g, b` besteht aus drei Zahlen zwischen 0 und 255 für die RGB-Farbanteile des Pixels an der Position `(x, y)`, (zum Beispiel `255, 0, 0` für ein rotes Pixel.

#4: Zu jedem Farbwert bilden wir den komplementären Wert.

#5: Hier wird ein String im Format `"#rrggbb"` erzeugt. Er enthält eine hexadezimale Darstellung der Farbanteile, z.B. `"#ff0000"` für ein rotes Pixel. Die Platzhalter `{:02x}` bewirken, dass die Zahlen als zweistellige Hexadezimalzahlen (eventuell mit führenden Nullen) dargestellt werden.

17.3 Bilder in eine Benutzungsoberfläche einbinden

Auf Widgets der Klassen `Label` und `Button` können Bilder gesetzt werden, indem man der Option `image` ein `PhotoImage`-Objekt zuweist. Auf einen Canvas platziert man mit der Methode `create_image()` ein Bild. Wir zeigen das Einbinden von Bildern an zwei Beispielen.

17.3.1 Icons auf Schaltflächen

Es gibt viele Gründe, Schaltflächen nicht mit textuellen Beschriftungen, sondern mit Bildern zu versehen. Grafische Symbole (Icons)

- nehmen weniger Platz ein
- werden schneller wahrgenommen
- sind international verständlich

Die folgende Spielzeugapplikation enthält zwei Buttons, auf die jeweils ein kleines Foto einer Frucht gesetzt worden ist. Klickt man auf einen Button, so erscheint im rechten Teil des Fensters die Bezeichnung der Frucht.

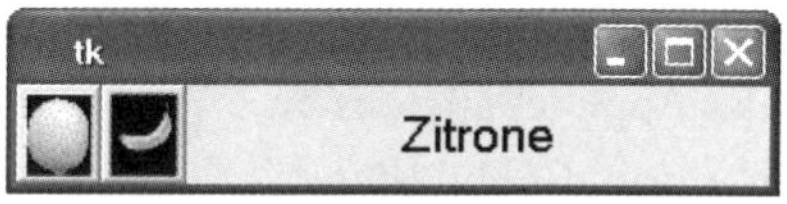

Abb. 17.8: Buttons mit Icons (links)

Skript:

```
# fruechte.pyw
from tkinter import *
class Fruechte:
  def __init__(self):
    self.fenster = Tk()
    self.zitrone = PhotoImage(
              file='/python/fruechte/zitrone1.gif')                #1
    self.banane = PhotoImage(
              file='/python/fruechte/banane1.gif')
    Button(self.fenster, image=self.zitrone,
      command=self.__schreibeZitrone).pack(side=LEFT)             #2
    Button(self.fenster, image=self.banane,
      command=self.__schreibeBanane).pack(side=LEFT)
    self.ausgabe=Label(self.fenster,
                      font=('Arial', 14), width=20)
```

```
        self.ausgabe.pack(side=RIGHT)
        self.fenster.mainloop()

    def __schreibeZitrone (self):
        self.ausgabe.config(text='Zitrone')
    def __schreibeBanane (self):
        self.ausgabe.config(text='Banane')

f = Fruechte()
```

Erläuterung:

#1: Hier werden zwei Bild-Objekte der Klasse `PhotoImage` (aus dem Modul tkinter) erzeugt. Wichtig ist, dass der Pfad der Bild-Datei tatsächlich als *Schlüsselwort-Argument* spezifiziert wird. Ein häufiger Fehler ist, dass `file=` vergessen wird.

#2: Instanziierung von zwei Button-Widgets. Die Option `image` erhält jeweils den Namen eines `PhotoImage`-Objektes.

17.3.2 Hintergrundbilder

Mit den Layoutmanagern `pack()` und `grid()` können grafische Elemente nur nebeneinander, nicht aber überlappend und übereinander angeordnet werden. Möchten Sie eine Abbildung als Hintergrund verwenden, so können Sie sich der folgenden Technik bedienen:

- Erzeugen Sie einen Canvas und packen Sie ihn in das Applikationsfenster.
- Generieren Sie ein `PhotoImage`-Objekt mit der Hintergrund-Abbildung.
- Setzen Sie mit der Methode `create_image()` das Bild auf den Canvas.
- Erzeugen Sie weitere Widgets.
- Platzieren Sie die Widgets mithilfe der Methode `create_window()` auf dem Canvas.

Das folgende Skript illustriert diese Vorgehensweise. In das Eingabefeld (Entry-Widget) kann eine Temperatur in Grad Celsius eingegeben werden. Nach einem Klick auf den Button mit dem Thermometer-Icon wird der Zahlenwert durch das Säulendiagramm rechts visualisiert.

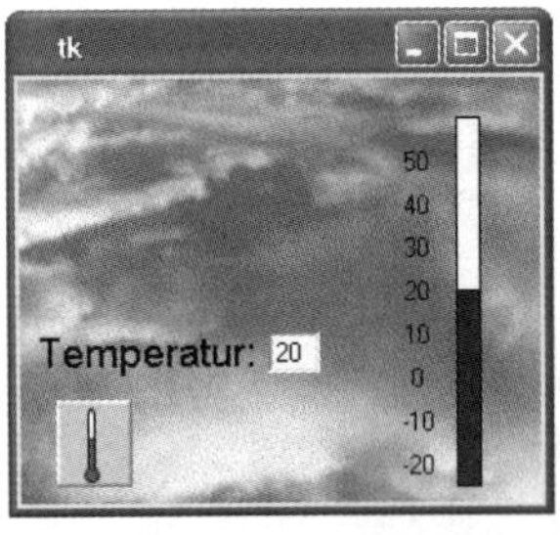

Abb. 17.9: Eine Applikation mit Hintergrundbild

Skript:

```
# thermograf.pyw
from tkinter import *
class Thermometer:
  def __init__(self):
    self.fenster = Tk()
    self.t = StringVar()
    self.c = Canvas(self.fenster,width='6.5c', height='5.2c')
    hintergrund = PhotoImage(
        file='c:\\python\\thermometer\\himmel.gif')                   #1
    self.c.create_image(0,0,image=hintergrund, anchor=NW)
    self.c.pack()
    self.__initButton()                                               #2
    self.__initAnzeige()
    self.__initEingabe()
    self.fenster.mainloop()

  def __initButton(self):
    self.icon = PhotoImage(
        file = 'c:\\python\\thermometer\\thermoicon.gif')
    self.ok=Button(image=self.icon,width='0.8c', height='0.9c',
               command=self.__aktualisiere)
    self.c.create_window('1c', '4.5c',
                         window=self.ok)                              #3

  def __initAnzeige(self):
    for grad in [-20,-10,0,10,20,30,40,50]:                           #4
      self.c.create_text('5c',140-2*grad, text=str(grad))
    self.aussen = self.c.create_rectangle('5.5c',20,'5.8c',190,
                                         fill='white')                #5
    self.innen = self.c.create_rectangle('5.5c',140,'5.8c',190,
                                         fill='blue')

  def __initEingabe(self):
    self.c.create_text('0.3c','3.4c',text='Temperatur: ',
                  font=('Arial', 14), anchor=W)
    self.c.create_window('3.5c','3.4c',
          window=Entry(width=3, textvariable=self.t))

  def __aktualisiere(self):
    t = int(self.t.get())
    if -20 < t < 55:                                                  #6
```

```
        self.c.coords( self.innen, '5.5c', 140-2*t, '5.8c', 190)

t = Thermometer()
```

Erläuterung:

#1: Ein PhotoImage-Objekt für das Hintergrundbild wird generiert und auf den Canvas self.c in die linke obere Ecke gesetzt.

#2: Für die Positionierung weiterer grafischer Komponenten auf den Canvas werden private Methoden aufgerufen.

#3: Auf den Canvas wird ein Window mit dem Button-Widget self.ok gesetzt.

#4: Beschriftung des Säulendiagramms.

#5: Das Säulendiagramm besteht aus einem statischen weißen Rechteck, auf dessen unteren Teil sich ein dynamisches blaues Rechteck befindet.

#6: Nach einem Klick auf den Button wird in dieser Methode die Höhe des dynamischen blauen Rechtecks – genauer gesagt, die y-Komponente des linken oberen Eckpunktes – auf einen Wert gesetzt, der aus dem aktuellen Zahlenwert des Entry-Feldes (Kontrollvariable self.t) berechnet wird (fett).

17.3.3 Hintergrund: Das PPM-Format

Es gibt nur wenige Bildformate, die für PhotoImage-Objekte verwendet werden können. Eines davon ist PPM (Portable Pixmap). Dieses Format für Rastergrafiken gibt es in zwei Versionen: ASCII und binär.

Eine PPM-Datei im ASCII-Format ist lesbarer Text, den Sie mit einem einfachen Texteditor (oder IDLE) bearbeiten können. Ein PPM-Dokument besteht aus einem Kopf, der das Format definiert, und einem Körper mit den Pixel-Informationen. Hier ist ein einfaches Beispiel, das eine winzige Rastergrafik aus 16 Bildpunkten (Pixel) darstellt:

```
P3
4 4
255
# Rastergrafik mit 16 Bildpunkten

0   0   0     100 100  100    100 100 100    0   0   0
255 255 255   100 100  100    0   255 0      255 255 255
0   0   0     100 100  100    0   0   0      255 255 255
0   0   0     100 100  100    0   0   0      0   0   0
```

Der Kopf ist folgendermaßen aufgebaut:

- Kennung P3 für das ASCII-Format
- Bildbreite und Bildhöhe
- Maximaler Wert für eine Farbkomponente eines Pixels

Textzeilen, die mit # beginnen, werden als Kommentare interpretiert und ignoriert (wie bei Python). Nach dem Kopf folgen ganze Dezimalzahlen, die jeweils durch beliebig viele Leerzeichen getrennt werden können. Jeweils drei nebeneinanderstehende ganze Zahlen zwischen 0 und dem Maximalwert stellen die Rot-, Grün- und Blauwerte eines Pixels dar. Abbildung 17.10 zeigt das Bild, das durch den obigen PPM-Text definiert wird (starke Vergrößerung).

Abb. 17.10: Starke Vergrößerung einer Rastergrafik aus 16 Bildpunkten (Pixeln)

Binäre PPM-Dateien beginnen mit der Kennung `P6`. Hier werden die Pixel durch Hexadezimalzahlen dargestellt. Binäre PPM-Dateien können vom Computer schneller verarbeitet werden.Das Format PPM ist zwar für Menschen leicht nachvollziehbar, wird aber in der Technik eher selten verwendet. Andere Bildformate (z.B. JPEG) können Sie aber mit einem Bildbearbeitungsprogramm in das PPM-Format überführen. Ein geeignetes Programm ist z.B. *Irfanview*, das für die nicht-kommerzielle Nutzung kostenlos ist.

17.4 Die Python Imaging Library (PIL)

Wenn Sie Programme entwickeln wollen, die Bilddateien beliebiger Formate (einschließlich JPEG) verarbeiten sollen, kommen Sie mit der Standardinstallation von Python nicht aus. Sie müssen ein zusätzliches Modul (Third-Party-Modul) installieren, am besten die Python Imaging Library (PIL). Ausführliche Informationen zu PIL finden Sie im Online-Handbuch (`http://effbot.org/imagingbook/`). Sie verwenden eine Weiterentwicklung (»friendly fork«) von PIL namens Pillow, die von Alex Clark begründet worden ist. Es ist im Python Packaging Index (PyPI) verfügbar – einem öffentlichen Repository für Python-Module (`https://pypi.python.org/pypi`).

17.4.1 Installation eines Moduls mit pip

Zur Installation des Moduls verwenden Sie das Programm pip, das zur Standardinstallation von Python gehört. Es gibt mehrere Möglichkeiten, pip einzusetzen. In einem Konsolenfenster (unter Windows *Eingabeaufforderung*) geben Sie folgendes Kommando ein (> bezeichnet den Prompt der Kommandozeile):

```
> pip3 install Pillow
```

Wenn Sie mehrere Python-Versionen auf Ihrem Rechner haben und PIL für eine bestimmte Version installieren wollen (sagen wir Python 3.6), verwenden Sie den Python-Interpreter der gewünschten Version in Kombination mit dem Argument `-m`:

```
> /python36/ -m pip install Pillow
```

Für Windows-Systeme gibt es den Python-Launcher py. Damit geht die Installation für eine bestimmte Python-Version (z.B. Python 3.6) so:

```
> py -3.6 -m pip install Pillow
```

Beachten Sie: Auch wenn das Paket Pillow heißt, das Python-Modul heißt PIL und wird unter diesem Namen importiert.

17.4.2 Mit PIL beliebige Bilddateien einbinden

Bei Projekten, bei denen z.B. digitale Fotos in einer tkinter-Anwendung gezeigt werden sollen, gehen Sie so vor:

Importieren Sie aus dem Modul PIL zwei Klassen:

```
from PIL import Image, ImageTk
```

Laden Sie das Bild aus einer Datei und erzeugen Sie ein `Image`-Objekt.

```
img = Image.open(dateiname)
```

Bearbeiten Sie das `Image`-Objekt mit den Image-Methoden (siehe Tabelle 17.6).

Mit `PIL.Image`-Objekten kann tkinter nichts anfangen. Deshalb gewinnen Sie aus dem `Image`-Objekt ein Objekt, das mit `tkinter.PhotoImage` weitgehend kompatibel ist. Das kann dann in Ihrer tkinter-Applikation – zum Beispiel auf einem Label oder auf einem Canvas – dargestellt werden.

```
imgTk = ImageTk.PhotoImage(img)
```

Vorsicht

Die Bildobjekte, die `PIL.ImageTk.PhotoImage()` liefert, sind kompatibel aber nicht völlig typgleich mit `tkinter.PhotoImage`-Objekten. Ihnen fehlen viele Methoden.

Attribut/Methode	Erklärung
`crop((x0,y0,x1,y1))`	Aus einem Bild wird ein kleineres Stück ausgeschnitten. Das Argument ist ein 4-Tupel, das eine Bounding-Box mit den Eckpunkten (*x0*, *y0*) und (*x1*, *y1*) beschreibt. Zurückgegeben wird ein neues Image-Objekt, das nur aus den Pixeln in der Bounding-Box besteht. Nicht enthalten ist der rechte und untere Rand, also die Pixel der Spalte und Reihe, die durch (*x1*, *y1*) gegeben sind.
`getpixel((x, y))`	Liefert den Wert des Pixels an Position `(x, y)`. Der Typ des zurückgegebenen Objektes hängt vom Modus (`mode`) des Image-Objektes ab.

Tabelle 17.6: Einige Methoden der `PIL.Image`-Objekte

Attribut/Methode	Erklärung
`mode`	Eine Zeichenkette, die den Modus des Bildes definiert. Beispiele: `"1"`: Schwarz-Weiß-Bild; jedes Pixel hat den Wert 0 (Schwarz) oder `1` (Weiß); `"L"`: Graustufenbild; jedes Pixel wird durch eine Zahl zwischen 0 und 255 dargestellt; `"RGB"`: Farbbild; jedes Pixel wird durch ein Tripel aus Zahlen zwischen 0 und 255 (Farbanteil für Rot, Grün und Blau) dargestellt.
`putpixel((`*`x, y`*`),` *`value`*`)`	Setzt das Pixel an der Stelle `(x, y)` auf den neuen Farbwert *`value`*. Der Typ von `value` hängt vom Modus (`mode`) des Image-Objektes ab.
`resize(size=`*`width, height`*`))`	Liefert ein neues Image-Objekt mit einer (vergrößerten oder verkleinerten) Kopie mit Breite *`width`* und Höhe *`height`*.
`size`	Größe des Bildes als Tupel der Form *`(breite, höhe)`*

Tabelle 17.6: Einige Methoden der `PIL.Image`-Objekte (Forts.)

Der nächste Abschnitt beschreibt ein Anwendungsbeispiel für die Verwendung von PIL.

17.4.3 Steganografie – Informationen in Bildern verstecken

Um ein digitales Bild vor illegalem Kopieren und Verwenden zu schützen, verstecken manche Grafiker ihren Namen oder ihre Initialen in dem Bild. So können sie später immer beweisen, dass das Bild von ihnen ist. Das Verstecken von geheimer Information nennt man Steganografie. Eine sehr einfache Technik ist folgende: Man öffnet die Bilddatei mit einem Bildbearbeitungsprogramm und stellt die maximale Vergrößerung ein. Man kann nun die einzelnen Pixel des Bildes gut erkennen und einzeln bearbeiten. Mit der Pipette wählt man die Farbe des ersten Pixels links oben in der Ecke. Bei einer PPM-Datei mit 256 verschiedenen Stufen für jede Farbkomponente gibt es etwa 16,8 Millionen verschiedene Farben. Wahrscheinlich wird es also nur sehr wenige Pixel in dem Bild geben, die genau diese Farbe haben. In der gewählten Farbe kann man dann irgendwo auf dem Bild punktweise einige Buchstaben verstecken. Mit einem kleinen Python-Programm kann man den versteckten Text wieder sichtbar machen. Abbildung 17.11 zeigt zwei Screenshots. Links sehen Sie ein Foto der Skulptur von Alan Turing, einem der Wegbereiter der Informatik, in Manchester. Klickt man auf die Schaltfläche, extrahiert das Programm den versteckten Namen.

Abb. 17.11: Applikation, die einen versteckten Text finden kann.

Skript:

```
from tkinter import *
from PIL import Image, TkImage

class App:
    def __init__(self):
        self.filename="manchester_2.png"
        self.window = Tk()
        self.img = Image.open(self.filename)                          #1
        self.pic = ImageTk.PhotoImage(self.img)
        self.c = Canvas(self.window,
                        width=self.pic.width(),
                        height=self.pic.height())
        self.c.pack()
        self.c.create_image(0, 0, anchor=NW,
                            image=self.pic)                           #2
        self.ExtractButton=Button(
                         master=self.window,
                         text="Wörter finden",
                         command=self.extract)
        self.ExtractButton.pack()
        self.window.mainloop()

    def extract(self):
        w, h = self.img.size
        color = self.img.getpixel((0, 0))                             #3
        pixels = [(x, y) for x in range(w)
                         for y in range(h)]                           #4
        for x, y in pixels:
            if self.img.getpixel((x, y)) != color:                    #5
                self.img.putpixel( (x, y), (255, 255, 255))
            else:                                                     #6
                self.img.putpixel (x, y), (0, 0, 0))
        self.pic = ImageTk.PhotoImage(self.img)                       #7
        self.c.create_image(0, 0, anchor=NW, image=self.pic)

App()
```

Erläuterung:

#1: In der `__init__()`-Prozedur wird zunächst aus einer Bilddatei ein `PIL.Image`-Objekt erzeugt und daraus dann ein `tkinter.PhotoImage`-kompatibles Objekt gewonnen.

#2: Hier wird das Bild auf den Canvas gesetzt. Dessen Größe passt sich dem Bild an.

#3: Wir verarbeiten das `PIL.Image`-Objekt; denn dem `tkinter`-kompatiblen Objekt `self.pic` fehlen die nötigen Methoden. Zunächst merken wir uns die Farbe des ersten Pixels links oben in der Variablen `color`.

#4: Hier wird eine Liste sämtlicher Bildkoordinatenpaare aufgebaut. Also `[(0,0), (0,1), ...]`. Über diese Koordinatenpaare läuft nun eine Iteration.

#5: Jedes Pixel, das nicht die Farbe `color` hat, wird durch einen weißen Punkt ersetzt. Man kann auch sagen: Alle Bildpunkte mit der falschen Farbe werden gelöscht.

#6: Ansonsten wird an diese Stelle ein schwarzer Punkt gezeichnet.

#7: Aus dem veränderten `PIL,Image`-Objekt wird ein `tkinter`-kompatibles Objekt gewonnen, das anschließend auf dem Canvas dargestellt wird.

Noch ein **Hinweis:** Das Programm arbeitet nicht besonders schnell. Bei größeren Bildern hat man schon Laufzeiten von mehreren Sekunden. Kein Wunder, denn es müssen ja viele Pixel gelesen und geändert werden. Für effiziente Programme, die sehr große Datenmengen verarbeiten können, sollten Sie das Modul NumPy verwenden. Mehr dazu in Kapitel 30.

17.5 Aufgaben

Aufgabe 1

Eine einfache digitale Bildergalerie könnte so funktionieren: In einer Liste sind Referenzen auf Bilddateien und kurze Kommentartexte gespeichert. Beim Start des Programms erscheinen im Anwendungsfenster das erste Bild und der passende Kommentar (Abbildung 17.12). Klickt man auf einen Button, wird das nächste Bild gezeigt usw. Nach dem letzten Bild der Liste wird wieder vorne begonnen und es folgt das erste Bild der Liste. Schreiben Sie ein objektorientiertes Python-Skript, das eine solche Bildergalerie realisiert.

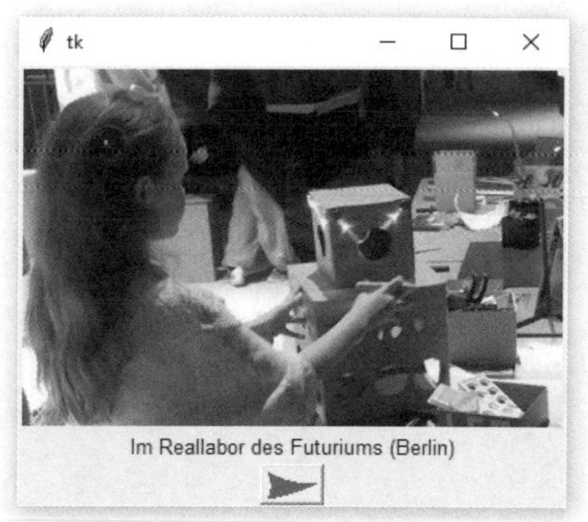

Abb. 17.12: Bildergalerie

Aufgabe 2

Entwickeln Sie einen Funktionsplotter, der folgendermaßen arbeitet: In ein Eingabefenster kann man für eine Funktion `f` eine Berechnungsvorschrift für die Funktionswerte eintragen. Es handelt sich um einen mathematischen Term mit einer Variablen `x`. Nach einem Klick auf die Schaltfläche PLOT wird der Graph der Funktion in ein Koordinatensystem eingetragen. Dabei werden die Punkte `(x, f(x))` für ganzzahlige `x` zwischen `-5` und `5` exakt berechnet und durch gerade Linien verbunden (Abbildung 17.13).

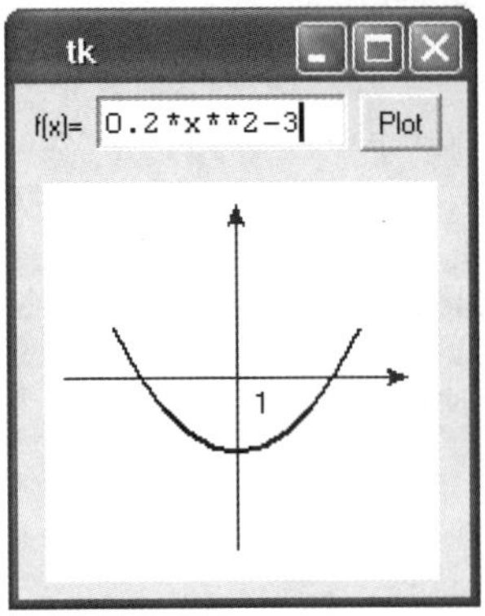

Abb. 17.13: Ein einfacher Funktionsplotter

17.6 Lösungen

Lösung 1

Skript:

```
from tkinter import *
from PIL import Image, ImageTk

DATEN = [('Festung von Bodrum',
          'bilder/bodrum.png'),
         ('Im Reallabor des Futuriums (Berlin)',
          'bilder/futurium.png')]                                    #1

class Galerie:                                                       #2
  def __init__(self):
        self.daten = DATEN
        self.nr = 0

  def nächstes(self):                                                #3
         self.nr = (self.nr +1) % len(self.daten)
         return self.daten[self.nr]
```

```
class Projektor:
  def __init__(self):
    self.fenster = Tk()
    self.galerie =  Galerie()
    self.LabelBild = Label(self.fenster)
    self.LabelBild.pack()
    self.LabelText = Label(self.fenster, width=25,
                           font=('Arial', 10))
    self.LabelText.pack()
    icon=PhotoImage(file='bilder/weiter.gif')
    Button(self.fenster,image=icon,
        command=self.weiter).pack()                        #4
    self.weiter()
    self.fenster.mainloop()

  def weiter(self):
      text, bilddatei = self.galerie.nächstes()            #5
      img = Image.open(bilddatei)                           #6
      self.imgTk = ImageTk.PhotoImage(img)                  #7
      self.LabelBild.config(image=self.imgTk)               #8
      self.LabelText.config(text=text)

p = Projektor()
```

Erläuterung:

#1: Die Pfade der Bilddateien und zugehörige Texte werden in einer Liste aus Tupeln gespeichert.

#2: Die Klasse `Galerie` modelliert die Bildersammlung.

#3: Die Methode liefert das nächste Element der Datenliste (Text und Pfad der Bilddatei). Diese Liste wird zyklisch durchlaufen, das heißt, nach dem letzten Item kommt wieder das erste.

#4: Auf den (anonymen) Button wird ein Icon mit einer Art Dreieck gesetzt. Beachten Sie, dass die Größe des Buttons sich an die Bildgröße anpasst. Wenn man auf den Button klickt, wird die Methode `self.weiter()` aufgerufen.

#5: Text und Pfad der Datei des nächsten Bildes werden aus der Galerie geholt.

#6: Mithilfe des Pfades wird zunächst ein `Image`-Objekt erzeugt. Dieses Objekt ist lokal und kein Attribut des Projektor-Objektes.

#7: Ein PhotoImage-kompatibles Objekt wird erzeugt und mit dem Präfix `self.` zum Attribut des `Projektor`-Objektes gemacht. Das ist wichtig, damit das Bild auf dem Label auch sichtbar ist.

#8: Die beiden Labels werden neu konfiguriert. Sie erhalten ein neues Bild bzw. neuen Text.

Lösung 2

Skript:

```
# plotter.pyw
from tkinter import *
class Plotter:
  def __init__(self):
    fenster = Tk()
    f = Frame(fenster)                                              #1
    f.pack(padx=5, pady=5)
    self.term = StringVar()                                         #2
    self.term.set('0')
    Label(f, text='f(x)= ').pack(side=LEFT)
    self.e = Entry(f, width=12, textvariable=self.term,
                   font=('courier', 10))
    self.e.pack(side=LEFT)
    Button(f, text=' Plot ',
          command=self.plot).pack(side=RIGHT, padx=5)
    self.c = Canvas(fenster, width=160, height=160, bg='white')     #3
    self.c.pack(pady=5)                                             #4
    self.c.create_line(10,80,150,80, arrow=LAST, fill='blue')
    self.c.create_line(80,10,80,150, arrow=FIRST, fill='blue')
    self.c.create_text(90,90,text='1')                              #5
    self.linie = self.c.create_line(30, 80, 130, 80, width=2)
    fenster.mainloop()

  def plot(self):
    f = {}
    try:
      for x in range(-5, 6, 1):                                     #6
        f[x] = 80 - 10 * eval(self.term.get())
      self.c.coords(self.linie,
        30, f[-5], 40, f[-4], 50, f[-3], 60, f[-2],
        70, f[-1], 80, f[0], 90, f[1], 100, f[2],
        110, f[3], 120, f[4], 130, f[5])                            #7
    except: self.term.set('Ung\xfcltig!')                           #8

p = Plotter()
```

Erläuterung:

#1: Frame, der die Widgets für die Eingabe enthält (Label, Entry und Button).

#2: Kontrollvariable für das Entry-Widget. Sie erhält den Anfangswert `'0'`.

#3: Canvas mit weißem Hintergrund für das Diagramm.

#4: Es folgt die Definition der beiden Pfeile des Koordinatenkreuzes.

#5: Unter der x-Achse wird die Einheit des Koordinatensystems angedeutet. In der folgenden Zeile wird für die Anfangssituation (`f(x)=0`) eine gerade Linie auf die x-Achse gelegt. Sie ist schwarz (Default) und zwei Pixel weit.

#6: In einer `for`-Schleife werden die Funktionswerte für ganzzahlige `x`-Werte zwischen -5 und 5 ermittelt und direkt in `y`-Koordinaten für die Darstellung des Graphen auf dem Canvas umgerechnet. Die Ergebnisse werden im Dictionary `f` gespeichert.

#7: Die Koordinaten der Eckpunkte der Linie auf dem Canvas (also der Graph) werden neu konfiguriert. Die übrigen Attribute des Items mit ID-Nummer `self.linie` bleiben unverändert.

#8: Falls beim Versuch, den Term im Entry-Feld auszuwerten, ein Fehler auftrat, wird die Meldung `ungültig` im Entry-Feld ausgegeben.

Kapitel 18

Event-Verarbeitung

Ganz allgemein ist ein Event ein Ereignis, das zu einem unbestimmten Zeitpunkt (asynchron) eintritt. Typische Events sind:

- das Klicken einer Maustaste, wenn der Mauszeiger an einer bestimmten Stelle des Bildschirms ist
- das Betätigen einer Tastenkombination auf der Tastatur

In einem Event-gesteuerten Programm mit grafischer Benutzungsoberfläche löst ein Event ein bestimmtes Systemverhalten aus, das in einer speziellen Prozedur, einem so genannten Eventhandler, definiert ist.

Sie kennen die Event-Verarbeitung bereits im Zusammenhang mit Buttons. Denn auch das Anklicken eines Buttons ist ein Event. In der `command`-Option des Button-Widgets ist eine Funktion oder Methode spezifiziert, die beim Eintritt dieses Events aufgerufen wird.

Das Event-Konzept ähnelt dem Reiz-Reaktionsmodell der Verhaltenspsychologie. Danach lässt sich das Verhalten eines Lebewesens durch Reaktionen auf äußere Reize beschreiben. Der Anblick eines herannahenden Stieres auf einer Wiese (Reiz) löst z.B. bei den meisten Menschen ein Fluchtverhalten aus (Reaktion). Typisch für eine derartige Ereignisverarbeitung ist auch eine Analyse des Events. Wie weit ist der Stier entfernt? Wie schnell ist er?

Zurück zur Programmiertechnik. Wer das Event-Konzept anwendet, muss im Prinzip drei Probleme lösen:

- Der Event muss spezifiziert werden. *Was* genau soll eine bestimmte Reaktion des Systems auslösen? Manchmal besteht der Event aus einer Kombination verschiedener elementarer Ereignisse (z.B. Mausklick, während eine bestimmte Taste gedrückt ist). Bei Python werden Events durch so genannte *Event-Sequenzen* beschrieben.
- Die Reaktion des Systems auf einen Event muss definiert werden. Prozeduren, die durch einen Event (asynchron) aufgerufen werden, nennt man *Eventhandler*. Wenn ein Event eintritt, erzeugt das Laufzeitsystem ein Event-Objekt. Dieses enthält in seinen Attributen verschiedene Informationen wie z.B. Zeitpunkt des Events, Position des Mauszeigers zum Zeitpunkt des Events und so weiter. Der Eventhandler kann auf diese Informationen zugreifen und sie zur Gestaltung der Systemreaktion verwenden.
- Ein Event muss mit einem oder mehreren Eventhandlern verknüpft werden. Diesen Vorgang nennt man *Binden*. Events sind immer an Widgets einer grafischen Benutzungsoberfläche gekoppelt. Zum Beispiel kann ein Label mit der Maus angeklickt werden oder eine Taste der Tastatur gedrückt werden, während ein bestimmtes Anwendungsfenster aktiv ist. Alle Widgets besitzen Methoden, um die sie betreffenden Events an Eventhandler zu binden.

18.1 Einführendes Beispiel

Als einführendes Beispiel betrachten wir ein Editor-Programm, mit dem man durch Klicks mit der rechten und linken Maustaste ein Bild aus insgesamt 100 quadratischen Flächen erstellen kann. Abbildung 18.1 zeigt einen Screenshot.

Abb. 18.1: Editor zur Erstellung eines Rasters aus unterschiedlich gefärbten quadratischen Flächen

Skript:

```
# raster.pyw
from tkinter import *
class Raster:
  def __init__(self):
    liste = [(x,y) for x in range(10) for y in range(10)]
    self.fenster = Tk()
    for (i,j) in liste:
      l=Label(self.fenster, width=2, height=1,
                bg='white')                                    #1
      l.grid(column=i, row=j)                                  #2
      l.bind(sequence='<Button-1>',
               func=self.linksklick)                           #3
      l.bind(sequence='<Button-3>',
               func=self.rechtsklick)
      l.bind(sequence='<Double-Button-1>',
               func=self.doppelklick)
    self.fenster.mainloop()

  def linksklick(self, event):
      event.widget.config(bg='black')                          #4
```

```
    def rechtsklick(self, event):
        event.widget.config(bg='grey')

    def doppelklick(self, event):
        event.widget.config(bg='white')

r = Raster()
```

Erläuterung:

Die Flächenelemente werden durch Label-Widgets mit anfangs weißer Hintergrundfarbe (Option `bg`) erzeugt (**#1**), die mithilfe des `grid()`-Layoutmanagers in ein Raster aus 10 mal 10 Zellen eingefügt werden (**#2**).

In dem Skript werden folgende Events verarbeitet:

- Beim Klick mit der linken Maustaste wird das Feld, das sich unter dem Mauszeiger befindet, schwarz.
- Beim Klick mit der rechten Maustaste wird das ausgewählte Feld grau.
- Bei einem Doppelklick mit der linken Maustaste wird das ausgewählte Feld weiß.

Die Events werden durch Event-Sequenzen (Strings) gemäß Tabelle 18.1 spezifiziert.

Event (informale Beschreibung)	Event-Sequenz
Klick mit der linken Maustaste	`<Button-1>`
Klick mit der rechten Maustaste	`<Button-3>`
Doppelklick mit der linken Maustaste	`<Double-Button-1>`

Tabelle 18.1: Beispiele für Event-Sequenzen

Die Reaktionen des Systems auf diese Events werden in drei Eventhandlern festgelegt. Es handelt sich um die Methoden `self.linksklick()`, `self.rechtsklick()` und `self.doppelklick()`. Jede dieser Methoden erhält als Argument das Event-Objekt `event`, das vom Laufzeitsystem bei einem Mausklick erzeugt worden ist. Einzige Aufgabe der Eventhandler ist in diesem Fall, die Hintergrundfarbe des angeklickten Labels zu ändern. Dazu muss zunächst herausgefunden werden, *welches* der 100 Label-Widgets angeklickt worden ist. Der Name dieses Widgets ist im Attribut `event.widget` enthalten. Somit kann der Eventhandler gezielt an dieses Widget die Botschaft schicken, die Option `bg` neu zu konfigurieren (z.B. **#4**).

In Anweisung **#3** und den beiden folgenden Anweisungen geschieht die Bindung der Events an die Eventhandler. Für jedes der 100 Label-Widgets wird drei Mal die `bind()`-Methode aufgerufen. Zum Beispiel wird in Zeile **#3** für das aktuelle Label der Event »Klick mit der linken Maustaste« an die Methode `self.linksklick()` gebunden. Der Event wird im ersten Argument durch die Event-Sequenz `<Button-1>` spezifiziert.

18.2 Event-Sequenzen

Eine Event-Sequenz ist ein String, der einen einzelnen Event oder eine Kombination von zusammengehörigen Events spezifiziert. Er besteht aus einem oder mehreren *Event-Pattern*, die jeweils einen einzelnen elementaren Event beschreiben. In der Praxis enthalten Event-Sequenzen meist nur ein einziges Event-Pattern. Ein Event-Pattern ist allgemein nach folgendem Format aufgebaut:

```
<[Modifizierer-] Typ [-Qualifizierer]>
```

18.2.1 Event-Typen

Das gesamte Event-Pattern ist in spitzen Klammern eingeschlossen. Es muss auf jeden Fall eine Typbezeichnung enthalten, die die Art des Ereignisses, z.B. Mausklick oder Tastenbetätigung beschreibt (Tabelle 18.2). Eine gültige Event-Sequenz, die nur aus einer Typbezeichnung besteht, ist z.B. `<Enter>`. Dieser Event tritt ein, wenn der Mauszeiger in einen sichtbaren Bereich des Widgets gezogen wird.

Event-Typ	Erklärung
`Activate`	Ein Widget wechselt in den Zustand »aktiv«.
`Button`	Ein Maus-Button ist gedrückt worden.
`ButtonRelease`	Maus-Knopf wurde losgelassen.
`Configure`	Die Größe eines Widgets (z.B. ein Fenster) wurde vom Benutzer geändert.
`Enter`	Der Benutzer bewegt den Maus-Cursor in einen sichtbaren Teil des Widgets.
`Expose`	Ein zuvor vollständig verdecktes Widget wird wenigstens an einer Stelle sichtbar.
`KeyPress`	Eine Taste wurde gedrückt.
`KeyRelease`	Taste wird losgelassen.
`Leave`	Der Maus-Cursor wird aus einem Widget herausgezogen.
`Motion`	Der Maus-Zeiger wurde (vollständig) innerhalb des Widgets bewegt.
`Visibility`	Wenigstens ein Teil des Applikationsfensters wird auf dem Bildschirm sichtbar.

Tabelle 18.2: Die wichtigsten Event-Typen

18.2.2 Qualifizierer für Maus- und Tastatur-Events

Manche Event-Beschreibungen benötigen zusätzlich einen Qualifizierer. Bei *Maus-Events* (Typ: `Button` oder `ButtonRelease`) gibt der Qualifizierer an, welche Maustaste gedrückt oder losgelassen worden ist: Die Zahlen 1, 2 und 3 stehen für die linke, mittlere und rechte Maustaste. Die Event-Sequenz

```
<Button-3>
```

beschreibt demnach einen Event, der eintritt, wenn die rechte Maustaste gedrückt worden ist.

Bei *Tastatur-Events* gibt der Qualifizierer an, welche Taste gedrückt worden ist. Für eine Taste gibt es unterschiedliche Bezeichnungen:

- Das Tastensymbol (`keysym`) ist ein String, der die Taste beschreibt. Bei Tasten, die alphanumerische Zeichen repräsentieren, wird einfach dieses Zeichen genommen (z.B. `a` für die Taste mit dem Buchstaben `a`). Dabei wird zwischen Groß- und Kleinschreibung unterschieden. So tritt der Event `<KeyPress-A>` genau dann ein, wenn die Tastenkombination [Shift]+[a] betätigt worden ist.
- Die Tastensymbol-Nummer (`keysym_num`) ist eine ganze Zahl, die der Taste zugeordnet ist.

Beispiel: Der Event mit der Sequenz `<KeyPress-Delete>` oder `<KeyPress-65535>` tritt ein, wenn [Entf] gedrückt worden ist.

keysym	keysym_num	Taste
BackSpace	65288	[Leertaste]
Control_L	65507	Linke [Strg]-Taste
Delete	65535	[Entf]
Down	65364	[Pfeil ↓]
End	65367	[Ende]
Escape	65307	[Esc]
F1	65470	[F1]
F2	65471	[F2] (usw.)
Home	65360	[Pos1]
Insert	65379	[Einfg]
Left	65361	[Pfeil ←]
Next	65366	[Bild ↓]
Prior	65365	[Bild ↑]
Return	65293	[Enter]
Right	65363	[Pfeil →]
space	32	[Leertaste]
Up	65362	[Pfeil ↑]

Tabelle 18.3: Einige Tastensymbole und ihre Nummern

Bei den häufig vorkommenden Tastatur- und Maus-Events kann die Typbezeichnung weggelassen werden. Beispiele:

- Für `<KeyPress-a>` schreibt man einfach a (ohne spitze Klammern).
- Für `<Button-1>` lautet die Kurzform <1>.

18.2.3 Modifizierer

Mit einem Modifizierer können komplexere Events wie z.B. das gleichzeitige Drücken von `Shift` und einer anderen Taste oder das mehrfache Klicken einer Taste dargestellt werden. Tabelle 18.4 gibt einen Überblick.

Modifizierer	Erklärung
`Alt`	Die `Alt`-Taste wird gedrückt.
`Any`	Der Eventtyp wird generalisiert. Das Muster `<Any-KeyPress>` bedeutet z.B., dass irgendeine Taste betätigt worden ist.
`Control`	Der Benutzer drückt die Taste `Strg`.
`Double`	Zwei Ereignisse passieren zeitlich kurz hintereinander. Zum Beispiel stellt `<Double-Button-3>` einen Doppelklick mit der rechten Maustaste dar.
`Shift`	Der Benutzer drückt die Taste `Shift`.
`Triple`	Drei Ereignisse kurz hintereinander

Tabelle 18.4: Wichtige Modifizierer für Event-Patterns

18.3 Beispiel: Tastaturereignisse verarbeiten

Das folgende Skript simuliert das erste gelungene Rendezvous-Manöver der beiden amerikanischen Raumschiffe Gemini 6 (Schirra und Stafford) und Gemini 7 (Bormann und Loyell) am 15.12.1965. Das linke Raumschiff kann mit den Pfeiltasten gesteuert werden.

Abb. 18.2: Simulation des Rendezvous-Manövers von Gemini 6 und Gemini 7 (1965)

Skript:

```
# gemini.pyw
from tkinter import *
```

```
class Spielflaeche:
  def __init__(self):
    self.fenster = Tk()
    self.canvas = Canvas(self.fenster,
                         width='10c', height='5c')                    #1
    self.canvas.pack()
    h = PhotoImage(file='/python/gemini/erde.gif')
    self.canvas.create_image(0,0,anchor=NW, image=h)                  #2
    g7 = PhotoImage( file='/python/gemini/gemini7d.gif')
    self.gemini7 = self.canvas.create_image(
                                        50,50,image=g7)               #3
    g6 = PhotoImage(file='/python/gemini/gemini6.gif')
    self.canvas.create_image(300,30,image=g6)                         #4
    self.fenster.bind('<KeyPress-Down>',self.runter)                  #5
    self.fenster.bind('<KeyPress-Up>', self.rauf)
    self.fenster.bind('<KeyPress-Left>', self.links)
    self.fenster.bind('<KeyPress-Right>', self.rechts)
    self.fenster.mainloop()

  def rauf(self,event):                                               #6
    self.canvas.move(self.gemini7,0,-3)                               #7

  def runter(self,event):
    self.canvas.move(self.gemini7,0,+3)

  def links(self,event):
    self.canvas.move(self.gemini7,-3,0)

  def rechts(self,event):
    self.canvas.move(self.gemini7,3,0)

s = Spielflaeche()
```

Erläuterung:

#1: In das Anwendungsfenster wird ein Canvas gepackt, auf den das Hintergrundbild (**#2**) und Bilder der beiden Raumschiffe (**#3**, **#4**) gesetzt werden. Die ID-Nummer des beweglichen Raumschiffes `self.gemini7` (**#3**) ist wichtig für die Verschiebeoperationen in den Eventhandlern.

#4: Hier wird das rechte fixierte Raumschiff positioniert. Seine ID-Nummer wird nicht benötigt. Auf dem Mac sind übrigens die Größenverhältnisse auf dem Canvas ein wenig anders. Unter macOS setzen Sie das rechte Raumschiff besser auf die Position 250, 30.

#5: Die Events, die das Laufzeitsystem bei Betätigung der Pfeil-Tasten erzeugt, werden an einzelne Eventhandler (Methoden der Klasse `Spielflaeche`) gebunden. Für jeden der vier Events gibt es eine eigene Methode. Beachten Sie, dass Tastatur-Events an das Anwendungsfenster gebunden werden (Objekt der Klasse `Tk`), weil der Event erzeugt werden soll, wenn das Anwendungsfenster aktiv ist.

#6: Definition der vier Eventhandler als Methoden der Klasse `Spielflaeche`. In der Parameterliste muss ein zweites Argument (`event`) auftauchen, in dem das Event-Objekt übergeben wird. Das ist Vorschrift. Gleichwohl wird dieses Objekt in diesem Fall im Anweisungsblock nicht benötigt.

#7: Die Position des Items mit der ID-Nummer `self.gemini7` wird um drei Pixel nach oben verschoben.

18.4 Programmierung eines Eventhandlers

Ein Eventhandler ist eine Methode oder Funktion, die beim Eintreten eines Events aufgerufen wird. Als Argument übergibt das System ein Event-Objekt, das zum Zeitpunkt des Ereignisses generiert worden ist. Eventhandler sind immer Prozeduren, das heißt, sie besitzen keine `return`-Anweisung.

Die Kopfzeile eines Eventhandlers sieht im Falle einer Funktion folgendermaßen aus:

```
def  handlername (event):
```

Und bei einer Methode:

```
def  handlername (self, event):
```

Das übergebene Event-Objekt besitzt eine Reihe von Attributen, die den Event beschreiben. Sie können vom Eventhandler abgefragt und in irgendeiner Weise verarbeitet werden. Tabelle 18.5 erklärt die wichtigsten Event-Attribute.

Attribut	Erklärung
`char`	Wenn der Event (`KeyPress` oder `KeyRelease`) durch eine Taste ausgelöst wurde, die ein ASCII-Zeichen produziert, enthält das Attribut dieses Zeichen.
`height`	Wenn der Event durch Veränderung einer Widget-Größe ausgelöst wurde (`Configure`), so enthält das Attribut die neue Höhe des Widgets in Pixel.
`keysym`	Wenn der Event (`KeyPress` oder `KeyRelease`) durch eine Taste ausgelöst wurde, enthält das Attribut das Symbol der Taste (`String`).
`keysym_num`	Nummer des Tastensymbols bei Tastatur-Events
`num`	Wenn es sich bei dem Event um einen Mausklick handelt, enthält das Attribut die Nummer der gedrückten Maustaste.

Tabelle 18.5: Die wichtigsten Event-Attribute

Attribut	Erklärung
time	Ganze Zahl, die einen Zeitwert in Millisekunden darstellt. Der absolute Wert selbst hat keine Bedeutung. Jedoch gibt die Differenz der time-Werte zweier Events die Zeit (in Millisekunden) an, die zwischen dem ersten und dem zweiten Event verstrichen ist.
widget	Widget, das den Event ausgelöst hat. Wenn z.B. ein Button angeklickt worden ist, enthält das Attribut eine Referenz auf diesen Button.
width	Wenn der Event durch Veränderung einer Widget-Größe ausgelöst wurde (Configure), so enthält das Attribut die neue Breite des Widgets in Pixel.
x	x-Koordinate des Mauszeigers zum Zeitpunkt des Events bezogen auf die linke obere Ecke des Widgets
y	y-Koordinate des Mauszeigers zum Zeitpunkt des Events bezogen auf die linke obere Ecke des Widgets

Tabelle 18.5: Die wichtigsten Event-Attribute (Forts.)

18.4.1 Beispiel für eine Event-Auswertung

Das folgende Skript ist eine Variante des Gemini-Programms aus dem vorigen Abschnitt. Ersetzen Sie alle bind()-Aufrufe durch den Aufruf in Zeile **#1**. Hier gibt es nur einen einzigen Eventhandler, der für alle Tastenereignisse zuständig ist, das Event-Objekt auswertet und in Abhängigkeit vom Wert des keysym_num-Attributs die richtige Aktion ausführt.

```
# gemini1.pyw
class Spielflaeche:
  def __init__(self):
    ...

    self.fenster.bind(sequence='<Any-KeyPress>',
                      func=self.bewege)                          #1
    self.fenster.mainloop()

  def bewege(self,event):
    if event.keysym_num==65362:                  #Up
       self.canvas.move(self.gemini7,0,-3)
    elif event.keysym_num==65364:                #Down
       self.canvas.move(self.gemini7,0,3)
    elif event.keysym_num==65363:                #Right
       self.canvas.move(self.gemini7,3,0)
    elif event.keysym_num==65361:                #Left
       self.canvas.move(self.gemini7,-3,0)

s = Spielflaeche()
```

18.5 Bindemethoden

Alle Widgets besitzen verschiedene Methoden, um Events zu binden. Sie wurden bereits in der Tabelle gemeinsamer Widget-Methoden in Abschnitt 15.5 erwähnt.

Nun gibt es verschiedene Bindungstypen:

- Mit dem Methodenaufruf `w.bind(sequence=event, func=f [,add= '+'])` wird bei einem einzelnen Widget-Objekt *w* ein Event an einen Eventhandler namens *f* gebunden. (Anstelle der Schlüsselwort-Argumente können auch Positionsargumente verwendet werden.) Wenn das optionale add-Argument einen String enthält, der mit + beginnt, so wird die neue Bindung existierenden Bindungen des Events an Funktionen hinzugefügt, andernfalls ersetzt die neue Bindung die bestehende.
- Man kann einen Event an alle Objekte einer Widget-Klasse binden. Dazu verwendet man einen Methodenaufruf `w.bind_class(className, sequence=event, func=f[,add= '+'])`. Das erste Argument enthält den Namen der Klasse.
- Von jedem Widget aus können alle Events der Applikation an einen Eventhandler gebunden werden, und zwar mit einem Methodenaufruf der Form `w.bind_all(sequence= event, func=f[,add= '+'])`.
- Bei Canvas-Widgets ist es möglich, einzelne Items (grafische Objekte auf dem Canvas) an Prozeduren zu binden. Dies geschieht durch einen Aufruf folgenden Formats: `c.tag_bind(ID, (sequence=event, func=f [,add= '+'])`.

Es sei noch erwähnt, dass Bindungen mit `unbind`-Methoden wieder aufgehoben werden können. Darauf gehen wir hier nicht weiter ein.

18.6 Aufgaben

Aufgabe 1

Geben Sie für folgende Events jeweils eine geeignete Event-Sequenz an:

Event (informale Beschreibung)	Event-Sequenz
Taste [b] wird zwei Mal kurz hintereinander gedrückt.	
Taste [a] und [b] werden gleichzeitig gedrückt.	
[Shift]-Taste und linke Maustaste werden gleichzeitig gedrückt.	
[Strg]- und [F1]-Taste werden gleichzeitig gedrückt.	
Irgendeine Maustaste wird gedrückt.	

Aufgabe 2

Erweitern Sie das Skript aus Abschnitt 18.3 in folgender Weise: Sobald Gemini 6 an Gemini 7 ankoppelt, erscheint eine Erfolgsmeldung wie z.B. »Rendezvous gelungen« (siehe Abbildung 18.3).

Hinweis: Erweitern Sie den Eventhandler. Er muss einen Text auf den Canvas bringen, sobald die Koordinaten von `self.gemini7` einen bestimmten Wert haben.

Abb. 18.3: Erweiterte Gemini-Animation mit Erfolgsmeldung

Aufgabe 3

Entwickeln Sie ein Memory-Spielprogramm, das folgendermaßen funktioniert:

16 Bildkarten – acht Paare mit jeweils gleichem Bild – liegen verdeckt auf dem Spielfeld. Klickt man eine Karte an, wird sie umgedreht, so dass man das Bild sehen kann. Wird nun eine zweite Karte umgedreht, so kann man zwei Fälle unterscheiden:

- Die beiden Karten zeigen unterschiedliche Bilder. In diesem Fall werden beide Karten beim nächsten Klick auf eine Karte wieder umgedreht, bevor die angeklickte Karte aufgedeckt wird.
- Die beiden Karten zeigen das gleiche Bild, sie sind ein Paar. Dann bleiben die Karten bis zum Ende des Spiels mit dem Bild nach oben liegen.

Das Spiel ist beendet, wenn alle Karten aufgedeckt sind.

Abb. 18.4: Memory-Spiel

Hinweise zur Programmierung:

- Definieren Sie eine Klasse `Memory`. Sie enthält u.a. das Anwendungsfenster (`Tk`-Objekt) und eine Liste mit Bildern. Diese kann mit der Funktion `shuffle()` aus dem Modul `random` gemischt werden (siehe Anhang).

- Definieren Sie eine Klasse `Karte`, die von der `tkinter`-Klasse `Label` abgeleitet wird. Objekte der Klasse `Karte` enthalten je ein Bild für die Vorder- und Rückseite. Je nachdem, ob die Karte aufgedeckt oder verdeckt ist, wird eines der beiden Bilder der (geerbten) Option `image` zugewiesen. Binden Sie die Objekte der Klasse `Karte` an einen Eventhandler, der auf Mausklicks reagiert.
- Beim Start des Spiels oder nach Klick auf den NEU-Button wird die Bilderliste neu gemischt und dann 16 Karten-Objekte instanziiert, die mit dem `grid()`-Layoutmanager in das Anwendungsfenster eingefügt werden.

Aufgabe 4

Grafische Editoren verwenden häufig das Prinzip des *Drag&Drop*. Ein grafisches Objekt auf der Arbeitsfläche wird durch Anklicken »aufgehoben« (*drag*), bei gedrückter Maustaste durch Bewegung der Maus verschoben und durch Loslassen der Maustaste an einem anderen Ort »abgesetzt« (*drop*). Entwickeln Sie einen kleinen Editor für chemische Versuchsaufbauten. Es soll möglich sein, Einzelgeräte mit *Drag&Drop* zu einer Destillationsapparatur zusammenzubauen (Abbildung 18.5).

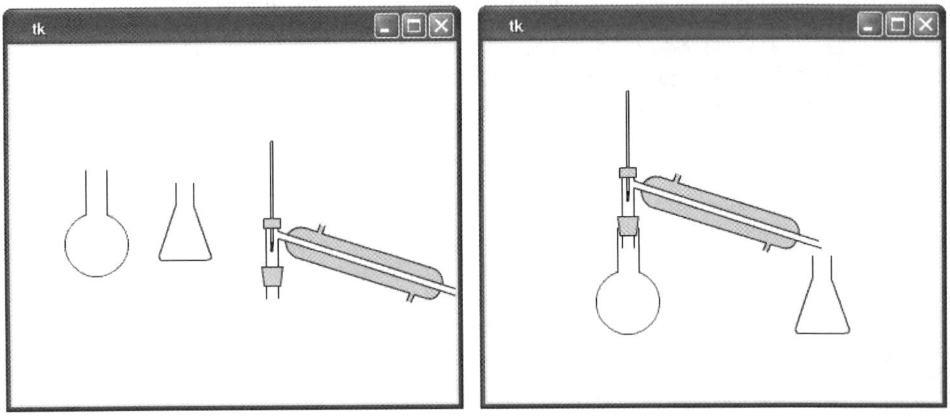

Abb. 18.5: Grafischer Editor mit Drag&Drop – Ausgangssituation und Zielzustand

Hinweise zur Implementierung:

- Erstellen Sie mit einem Grafik-Werkzeug für die drei Einzelgeräte GIF-Dateien mit transparentem Hintergrund.
- Verwenden Sie Eventhandler für die Events <1>, `<ButtonRelease-1>` und `<Motion>`.
- Die Geräte werden als Items auf einen Canvas gesetzt.
- Relevante Canvas-Methoden sind: `move()`, `get_closest()`, `bind()` und `create_image()`.

18.7 Lösungen

Lösung 1

Geben Sie für folgende Events jeweils eine geeignete Event-Sequenz an:

Event (informale Beschreibung)	Event-Sequenz
Taste b wird zwei Mal kurz hintereinander gedrückt.	<Double-KeyPress-b> Kurzform: <Double-b>
Taste a und b werden gleichzeitig gedrückt.	<KeyPress-a><KeyPress-b> Kurzform: ab
Shift-Taste und linke Maustaste werden gleichzeitig gedrückt.	<Button-1><Button-3> Kurzform: <1><3>
Strg- und F1-Taste werden gleichzeitig gedrückt.	<Control-KeyPress-F1>
Irgendeine Maustaste wird gedrückt.	<Any-Button>

Lösung 2

Allein die Methode `bewege()` wird erweitert. Die zusätzlichen Zeilen sind fett gedruckt.

Skript:

```
def bewege(self,event):
    if event.keysym_num==65362:          #Up
       self.canvas.move(self.gemini7,0,-3)
    elif event.keysym_num==65364:        #Down
       self.canvas.move(self.gemini7,0,3)
    elif event.keysym_num==65363:        #Right
       self.canvas.move(self.gemini7,3,0)
    elif event.keysym_num==65361:        #Left
       self.canvas.move(self.gemini7,-3,0)
    x, y = tuple(self.canvas.coords(self.gemini7))
    if 250 < x < 260 and 28 < y < 32:                          #1
      self.canvas.create_text(120,40,
                  text='Rendezvous gelungen!',
                  font=('Arial', 16), fill='white')            #2
```

Erläuterung:

#1: Die Canvas-Methode `coords()` erhält als Argument die ID-Nummer des Bildes `self.gemini7` und liefert ein Tupel der Koordinaten. Wenn diese innerhalb eines bestimmten Intervalls liegen, wird die Erfolgsmeldung ausgegeben.

#2: Auf den Canvas wird ein Text gesetzt. Beachten Sie, dass zur Spezifizierung der Textfarbe die Option `fill` verwendet wird und nicht `fg` wie bei Widgets mit Text (Label etc.).

Lösung 3

```
# memory.pyw
from tkinter import *
from random import *
basis = ''
```

```
class Memory:
  def __init__(self):
    self.bilder=['kreis.gif', 'krone.gif', 'pfeil.gif', 'pilz.gif',
          'quadrat.gif', 'dreieck.gif', 'mond.gif', 'raute.gif']      #1
    self.fenster=Tk()
    self.neu()
    Button(self.fenster, text='Neu',
           command=self.neu).grid(column=3, row=4, pady=5)            #2
    self.fenster.mainloop()

  def neu(self):
    bilderliste=self.bilder[:]+self.bilder[:]                         #3
    shuffle(bilderliste)
    self.offen = []   # Liste aktiver offener Karten
    for x in range(4):
      for y in range(4):
        karte = Karte(basis+bilderliste.pop(), self)                  #4
        karte.grid(column=x, row=y)                                   #5

  def check(self, karte):
      if not self.offen:
          self.offen.append(karte)                                    #6
      elif len(self.offen) == 1:
          if self.offen[0].bilddatei == karte.bilddatei:
              self.offen = []                                         #7
          else: self.offen.append(karte)
      else:
          for k in self.offen: k.verdecken()                          #8
          self.offen=[karte]

class Karte(Label):
  def __init__ (self, bild, spiel):
    self.rueck = PhotoImage(file=basis+'rueck.gif')
    Label.__init__(self, spiel.fenster,
                   image=self.rueck)                                  #9
    self.bild = PhotoImage(file=bild)
    self.bilddatei = bild
    self.verdeckt = True
    self.spiel = spiel
    self.bind(sequence='<1>', func=self.aufdecken)                    #10
```

```
    def aufdecken(self, event):
      self.configure(image=self.bild)
      if self.verdeckt: self.spiel.check(self)                     #11
      self.verdeckt = False

    def verdecken(self):
        self.configure(image=self.rueck)
        self.verdeckt = True

m = Memory()
```

Erläuterung:

#1: Liste mit Dateinamen von acht GIF-Bilddateien.

#2: Schaltfläche für das Neueinrichten des Spielfeldes.

#3: Zwei Kopien der Liste der Bilddateien werden aneinandergehängt. In der neuen Liste kommt also jedes Bild zwei Mal vor. Diese Liste wird anschließend gemischt.

#4: Instanziierung eines Objektes der Klasse `Karte`. Dabei wird als Dateiname des Bildes das oberste Element der Bilderliste übergeben und gleichzeitig dieses Element aus der Liste entfernt. Somit wird die Bilderliste im Verlaufe der Erzeugung neuer Karten vollständig geleert.

#5: Karte wird in das Raster des Anwendungsfensters eingefügt.

#6: Die Methode `check()` wird vom Eventhandler der Karten-Objekte aufgerufen, nachdem eine Karte angeklickt worden ist. Sie unterscheidet mehrere Fälle: Wenn noch keine Karte (die nicht zu einem bereits entdeckten Paar gehört) aufgedeckt ist (Liste `self.offen` ist leer), wird die aktuelle Karte der Liste `self.offen` hinzugefügt.

#7: Wenn genau eine Karte (die nicht zu einem bereits entdeckten Paar gehört) aufgedeckt worden ist (Länge von `self.offen` ist eins), wird geprüft, ob die aktuelle Karte und die bereits aufgedeckte das gleiche Bild besitzen. Ist das der Fall, so wird die `offen`-Liste geleert. Das entdeckte Kartenpaar zählt also nicht mehr zu den aufgedeckten Karten. Wenn die beiden Karten unterschiedliche Bilder haben, wird die neue Karte an die `offen`-Liste gehängt. Beim nächsten Aufdecken einer Karte werden diese Karten wieder umgedreht.

#8: Falls mehrere (zwei) Karten in der `offen`-Liste sind, werden beide wieder umgedreht und dann die neue Karte der `offen`-Liste angehängt.

#9: Die Klasse `Karte` wird von der tkinter-Klasse `Label` abgeleitet. An dieser Stelle wird ein Objekt der Oberklasse instanziiert. Dabei wird dem geerbten `image`-Attribut ein `PhotoImage`-Objekt zugewiesen, das die Kartenrückseite darstellt.

#10: Für den Event »linke Maustaste gedrückt« wird der Eventhandler `self.aufdecken` an das `Karte`-Objekt gebunden. Diese Methode wird also dann aufgerufen, wenn die Karte mit der linken Maustaste angeklickt wird.

#11: Wenn die Karte noch nicht aufgedeckt ist (und nur dann), wird die `check()`-Methode des `Memory`-Objektes aufgerufen.

Lösung 4

Skript:

```
# destillation1.pyw
from tkinter import *
basis = 'bilder/'          # Pfad zum Verzeichnis mit Bildern

class Labor:
  def __init__(self):
    self.fenster = Tk()
    self.c = Canvas(self.fenster, bg='white',
                    width='10c', height='8c')
    self.c.pack()
    self.selektiert = None                                   #1
    g = []                                                   #2
    l = [('2c','4c', PhotoImage(file=basis+'kolben.gif')),
         ('4c','4c', PhotoImage(file=basis+'erlenmeyer.gif')),
         ('8c', '4c', PhotoImage(file=basis+'kuehler.gif'))]
    for (x,y, bild) in l:
      g.append(self.c.create_image(x, y,image=bild))         #3
    self.fenster.bind('<ButtonRelease-1>',self.drop)         #4
    self.c.bind('<1>', self.drag)
    self.c.bind('<Motion>', self.bewege)
    self.fenster.mainloop()

  def drag(self, event):
    self.selektiert=self.c.find_closest(event.x, event.y)[0] #5
    self.x, self.y= event.x, event.y                         #6

  def bewege(self, event):
    if self.selektiert:
      dx, dy=event.x-self.x, event.y-self.y                  #7
      self.x, self.y=event.x, event.y
      self.c.move(self.selektiert, dx, dy)                   #8

  def drop(self, event):
    self.selektiert=None

labor = Labor()
```

Erläuterung:

#1: In diesem Attribut wird die ID-Nummer des mit Drag gewählten Items festgehalten.

#2: Liste der Geräte-ID-Nummern.

#3: Erzeugen der Image-Items mit den Geräte-Bildern. Ihre ID-Nummern werden an die Liste `g` angehängt.

#4: Binden der Events an die Eventhandler.

#5: Die ID-Nummer des angeklickten Items wird im Attribut `self.selektiert` gespeichert.

#6: Aktuelle Position der Maus wird in den Attributen `self.x` und `self.y` gespeichert.

#7: `dx` und `dy` sind die Unterschiede der aktuellen Mauskoordinaten zu den Mauskoordinaten beim letzten Event.

#8: Verschieben des selektierten Items.

Kapitel 19

Komplexe Benutzungsoberflächen

Schritt für Schritt entwickeln Sie in diesem Kapitel einen Texteditor. Dabei lernen Sie einige Techniken kennen, komplexe Benutzungsoberflächen mit kaskadierenden Menüs und Dialogboxen zu gestalten.

19.1 Text-Widgets

Herzstück eines Texteditors ist ein Feld, in das mehrzeiliger Text geschrieben werden kann. Ein solches Textfeld wird durch das tkinter-Widget `Text` dargestellt. Das Format des Konstruktoraufrufs lautet:

```
Text(master, [option1=wert1...])
```

Tabelle 19.1 gibt einen Überblick über einige spezielle Optionen von Text-Widgets. Darüber hinaus besitzen sie natürlich auch die Standardoptionen aller Widgets (siehe Abschnitt 15.4).

Option	Erklärung
`height`	Die Höhe eines Text-Widgets wird in Zeilen (und nicht in Pixel) angegeben.
`justify`	Ausrichtung von Textzeilen auf dem Widget: `CENTER`: zentriert; `LEFT`, `RIGHT`: links- oder rechtsbündig. Default ist `LEFT`.
`tabs`	Die Option erhält eine Sequenz aus Abständen. Damit wird die Einrückung bei Tabulatorzeichen festgelegt. Die Option `tabs=('1c', '3c', '6c')` bewirkt z.B., dass der erste Tabulator 1 cm, der zweite 3 cm und der dritte 6 cm vom linken Rand entfernt liegt.
`width`	Breite eines Text-Widgets als Anzahl der Zeichen, die in eine Zeile passen
`wrap`	Diese Option regelt, wie Zeilen umbrochen werden, die zu lang sind. `CHAR`: Umbruch nach dem letzten Zeichen, das in die Zeile passt (Default); `WORD`: Umbruch nach dem letzten Wort, das in die Zeile passt; `NONE`: kein Umbruch.
`xscrollcommand`	Wenn das Widget scrollbar ist, wird die `set()`-Methode des horizontalen Scrollbar-Objektes angegeben.
`yscrollcommand`	Wenn das Widget scrollbar ist, wird die `set()`-Methode des vertikalen Scrollbar-Objektes angegeben.

Tabelle 19.1: Wichtige spezielle Optionen von Text-Widgets

Das folgende Skript illustriert die Verwendung der `wrap`-Option. In Zeile **#1** wird der Umbruch so eingestellt, wie man es von Texteditoren gewohnt ist, nämlich nach dem letzten Wort, das in die Zeile passt – und nicht etwa mitten im Wort. Abbildung 19.1 zeigt das Aussehen bei unterschiedlichen Fensterformaten.

```
# editor1.pyw
from tkinter import *
class Editor:
  def __init__ (self):
    self.fenster = Tk()
    self.fenster.title("Texteditor Nr. 1")
    self.text = Text(self.fenster,
                     width=40, height=20,
                     wrap=WORD,                              #1
                     font=('Arial', 10))
    self.text.pack()
    self.fenster.mainloop()

editor = Editor()
```

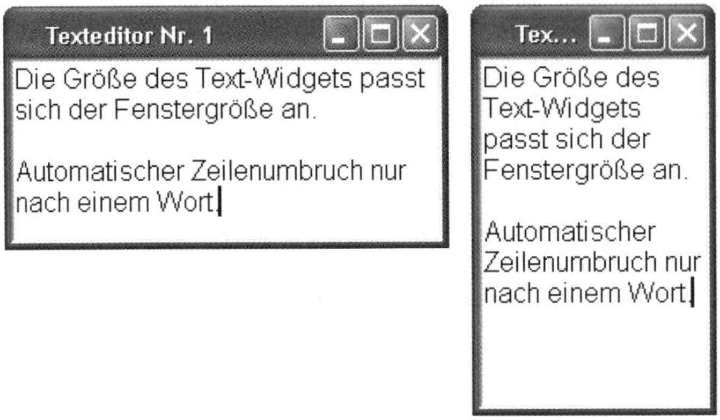

Abb. 19.1: Text-Widget in Fenstern unterschiedlicher Größe

19.1.1 Methoden der Text-Widgets

Die Klasse `Text` ist sehr mächtig. Sie enthält im Grunde bereits alle Methoden eines komplexen Texteditors, mit dem man z.B. auch Textabschnitte markieren und formatieren oder Bilder einbinden kann. Von den vielfältigen Möglichkeiten werde ich aus Platzgründen in diesem Kapitel nur einige wenige ansprechen. Die Methoden, die wir benötigen, sind in Tabelle 19.2 zusammengestellt.

Methode	Erklärung
`delete(index1[, index2])`	Löscht das Zeichen an Position *index1*, falls nur ein Index angegeben wird. Sonst wird der gesamte Bereich von *index1* bis einschließlich *index2* gelöscht.
`get(index1[, index2])`	Gibt den Text des Widgets von Position *index1* bis einschließlich *index2* als String zurück. Falls das zweite Argument weggelassen wird, wird das Zeichen an der Position *index1* zurückgegeben.
`insert(index, text)`	Fügt an der Stelle *index* Text ein.
`see(index)`	Der Text wird so weit gescrollt, bis die Stelle *index* sichtbar ist.

Tabelle 19.2: Einige wichtige Methoden der Klasse Text

Die Text-Methoden verwenden Indexe als Argumente. Ein Index ist ein String, der eine Position in einem Text-Widget spezifiziert. Tabelle 19.3 zeigt einige Formate, die verwendet werden können. Die großgeschriebenen Konstanten bezeichnen spezielle Indexe, die vom System zur Laufzeit ständig aktualisiert werden. Abbildung 19.2 illustriert anhand einiger Beispiele die Verwendung von Text-Methoden.

Abb. 19.2: Aufruf von Text-Methoden mit verschiedenen Indexformaten

Format	Erklärung
`'zeile.spalte'`	Die Zeilennummerierung beginnt bei 1 und die Spaltennummerierung bei 0. Beispiele: `'1.0'` ist der Index des ersten Zeichens im Text, `'3.2'` ist das dritte Zeichen in der dritten Zeile.
`'zeile.end'`	Index des letzten Zeichens in einer Zeile (vor dem Zeilenwechselzeichen `\n`)
`INSERT`	Konstante mit der Position des Einfügecursors
`CURRENT`	Der Index des Zeichens, das sich am nächsten an der aktuellen Position des Mauszeigers befindet
`END`	Der Index des letzten Zeichens im Text-Widget

Tabelle 19.3: Formate für Indexe

19.2 Rollbalken (Scrollbars)

Text-Widgets und Canvas-Widgets können größer sein als der Ausschnitt, den man auf dem Bildschirm sieht. Der sichtbare Ausschnitt kann mithilfe von Rollbalken (*Scrollbars*) verschoben werden (siehe Abbildung 19.3).

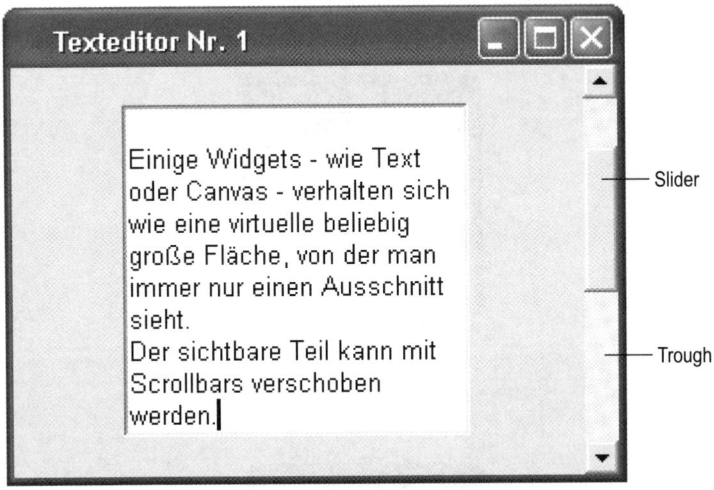

Abb. 19.3: Text-Widget (konstanter Größe) in einem Fenster mit Scrollbar

Ein Rollbalken besteht aus folgenden Komponenten:

- Ein Schieber (*slider*), der mit der Maus bewegt werden kann und dabei den sichtbaren Ausschnitt verschiebt
- Zwei dreieckige Pfeilspitzen. Klickt man darauf, so verschiebt sich der sichtbare Bereich langsam in der angegebenen Richtung.
- Eine Rinne (*trough*), über die sich der Schieber bewegt

Von der Logik her gehört ein Scrollbar zu einem Fenster (Tk-Widget). Er wird deshalb als Sklave eines Tk-Widgets durch einen Aufruf des folgenden Formats eingefügt:

```
Scrollbar(master [,option1=wert1 ...])
```

In Tabelle 19.4 sind die wichtigsten Optionen erklärt.

Option	Erklärung
`command`	Name der Prozedur, die aufgerufen wird, wenn der Scrollbar bewegt wird
`jump`	Mögliche Werte: `0`, `1`. Bei `jump=0` (Default) wird die `command`-Prozedur bei jeder Bewegung des Sliders aufgerufen; sonst erst dann, wenn die Maustaste nach einer Bewegung wieder losgelassen worden ist.
`orient`	Gibt die räumliche Orientierung des Scrollbars an (waagrecht oder senkrecht). Mögliche Werte sind `HORIZONTAL`, `VERTICAL`. Voreingestellt ist `VERTICAL`.

Tabelle 19.4: Einige spezielle Optionen der Klasse `Scrollbar`

Im folgenden Skript wird unser Miniatur-Texteditor um einen senkrechten Rollbalken erweitert. Dabei wird illustriert, wie man ein Text-Widget mit einem Scrollbar verknüpft. Die Verknüpfung geschieht in zwei »Richtungen« – sowohl der Scrollbar als auch das Text-Widget müssen auf bestimmte Weise konfiguriert werden. Die gleiche Vorgehensweise gilt übrigens auch für Canvas-Widgets.

Skript:

```
# editor2.pyw
from tkinter import *
class Editor:
  def __init__ (self):
    self.fenster = Tk()
    self.fenster.title("Texteditor Nr. 1")
    self.scrollbar = Scrollbar(self.fenster)                     #1
    self.scrollbar.pack(side =RIGHT, fill=Y)                     #2
    self.text = Text(self.fenster,
                width=24, height=10,
                wrap=WORD, font=('Arial', 10),
                yscrollcommand=self.scrollbar.set)               #3
    self.text.pack()
    self.scrollbar.config(command=self.text.yview)               #4
    self.fenster.mainloop()

editor = Editor()
```

Erläuterung:

#1: Ein senkrechtes Scrollbar-Widget wird generiert. Master ist das Applikationsfenster.

#2: Der Scrollbar wird an die rechte Seite des Fensters gepackt, und zwar so, dass er sich in y-Richtung über die ganze Höhe des Fensters erstreckt (`fill=Y`).

#3: Da der Scrollbar senkrecht ist, wird der Option `yscrollcommand` des Text-Widgets der Name der `set()`-Methode des Scrollbar-Widgets zugewiesen.

Bei einem waagrechten Scrollbar würde das Attribut `xscrollcommand` des Text-Widgets diesen Wert erhalten.

#4: Text-Widgets (ebenso Canvas-Widgets) besitzen die Methoden `xview()` und `yview()`, die das Verschieben des sichtbaren Ausschnitts in x- und y-Richtung bewerkstelligen. Da in diesem Fall der Text in senkrechter Richtung bewegt werden soll, wird dem `command`-Attribut des Scrollbars der Name der `yview()`-Methode des Text-Widgets zugewiesen.

19.3 Menüs

Unter einem Menü versteht man im Zusammenhang mit Benutzungsoberflächen ein Angebot von Funktionen, von denen der Benutzer eine auswählen kann. Bei komplexeren GUIs sind Pulldown- oder Dropdown-Menüs üblich. Sie bestehen aus einer Menüleiste (Menübalken) am oberen Fensterrand, die ein oder mehrere Schaltflächen mit Menü-Überschriften enthält. Klickt man auf eine Schaltfläche in der Menüleiste, so erscheint darunter das zugehörige Pulldown-Menü mit verschiedenen untereinander angeordneten Auswahlfeldern (Choices). Nach dem Anklicken eines Auswahlfeldes verschwindet das Pulldown-Menü wieder. Die Menüleiste dagegen ist immer sichtbar.

19.3.1 Die Klasse Menu

Strukturen aus Menüleiste und Pulldown-Menüs werden mit dem `tkinter`-Widget `Menu` generiert. Sie erzeugen ein neues `Menu`-Widget durch einen Aufruf des Konstruktors `Menu()`.

Ob ein `Menu`-Widget eine Menüleiste oder ein Pulldown-Menü wird, hängt davon ab, welches Widget Sie im ersten Argument als Master übergeben:

- Ist der Master ein Anwendungsfenster (Tk-Widget), dann wird das `Menu`-Widget eine Menüleiste. In diesem Fall muss noch das Anwendungsfenster nachkonfiguriert werden. Die `Tk`-Option `menu` erhält den Namen des `Menu`-Widgets.
- Wenn als Master ein anderes Menü angegeben wird, dann wird das `Menu`-Widget ein normales Pulldown-Menü, das nach Gebrauch wieder verschwindet.

Ein Menu-Widget kann folgende Typen von Auswahlfeldern (Choices) enthalten:

- Ein einfaches *Kommando*, d.h. ein Feld, das angeklickt werden kann und eine Aktion auslöst
- eine *Kaskade*, das ist ein Feld, das nach dem Anklicken ein weiteres Menü erscheinen lässt
- eine *Checkbox*
- eine Gruppe von *Radiobuttons*

Außerdem kann man in ein Menü waagerechte Linien – so genannte »Separatoren« – einbauen, um Gruppen zusammengehöriger Choices optisch voneinander zu trennen.

Standardmäßig besitzen bei Python Pulldown-Menüs am oberen Rand eine gestrichelte Linie (*Tear-off-Linie*). Klickt man diese an, so »reißt« das Menü »ab« und es entsteht ein neues separates Fenster mit der Überschrift des Menüs (Option `label`) als Titel (*Tear-off-Menü*).

19.3.2 Methoden der Klasse Menu

Besonders wichtig für die Programmierpraxis sind Methoden, mit denen man neue Auswahlfelder (Choices) einem Menu-Widget hinzufügt (siehe Tabelle 19.5). Sie haben folgendes Format:

```
add_choice  ([,coption1=wert1 ...])
```

Dabei ist *choice* eine der folgenden Bezeichnungen: `cascade`, `checkbutton`, `command`, `radiobutton` oder `separator`. In optionalen Schlüsselwort-Argumenten können Optionen der Choices gesetzt werden und so ihre Eigenschaften festgelegt werden. Die Optionen entsprechen im Wesentlichen den Optionen für die Widgets gleichen Typs. Besonders wichtig sind folgende Choice-Optionen:

- Mit `label=`*`string`* wird ein Text festgelegt, der in dem Choice erscheinen soll.
- Die Option `command=`*`funktionsname`* verknüpft ein Auswahlfeld mit einer Funktion, die nach dem Anklicken ausgeführt wird.

Eine Übersicht über weitere Choice-Optionen findet man in Tabelle 19.6.

Methode	Erklärung
`add_cascade ([coption1=wert1 ...])`	Dem Menü wird eine »Kaskade« hinzugefügt. Das heißt, beim Anklicken dieses Choices erscheint ein weiteres Menü. In der `menu`-Option (siehe Tabelle 19.6) wird der Name des zugehörigen Menu-Widgets angegeben.
`add_checkbutton ([coption1=wert1 ...])`	Hinzufügen eines Checkbuttons als neues Auswahlfeld (Choice). Die Optionen werden wie bei der Generierung eines Checkbutton-Widgets gesetzt.
`add_command ([coption1=wert1 ...])`	Hinzufügen eines einfachen Kommandos als neues Auswahlfeld
`add_radiobutton ([coption1=wert1 ...])`	Hinzufügen eines Radiobuttons als neues Auswahlfeld (Choice). Die Optionen werden wie bei der Generierung eines normalen Radiobutton-Widgets gesetzt.
`add_separator()`	Setzt hinter die aktuelle Position des Menus einen Separator, das heißt eine waagerechte Linie. Sie hat nur eine dekorative Funktion und kann nicht angeklickt werden.

Tabelle 19.5: Einige wichtige Methoden der Klasse Menu

Attribut	Erklärung
`columnbreak`	Wenn diese Option den Wert 0 hat (Default), wird das betreffende Auswahlfeld in der Bildschirmdarstellung *unter* das vorige gesetzt. Falls die Option den Wert 1 besitzt, so wird eine neue Spalte mit Choices begonnen.
`command`	Name einer Prozedur, die nach Aktivierung dieses Auswahlfeldes aufgerufen wird
`image`	Name des Bildes (`PhotoImage`-Objekt), das (anstelle von Text) in diesem Auswahlfeld gezeigt werden soll
`label`	Text für dieses Auswahlfeld
`menu`	Die Option gibt es nur bei Kaskaden. Sie enthält den Namen des Untermenüs, das beim Anklicken dieses Auswahlfeldes erscheinen soll.
`offvalue`	Wert eines nicht gesetzten Checkbuttons (Zustand »Aus«)
`onvalue`	Wert eines gesetzten Checkbuttons (Zustand »An«)
`state`	Wird diese Option auf `DISABLED` gesetzt, so erscheint das Auswahlfeld grau und kann nicht angeklickt werden.
`value`	Wert der zugehörigen Kontrollvariablen für einen Radiobutton. Die kann eine ganze Zahl sein, falls die Kontrollvariable eine Instanz der Klasse `IntVar` ist, oder ein String, falls es sich um ein Objekt der Klasse `StringVar` handelt.
`variable`	Bei Checkbuttons oder Radiobuttons der Name der zugehörigen Kontrollvariablen

Tabelle 19.6: Die wichtigsten Optionen der Choices eines Menu-Widgets

19.4 Texteditor mit Menüleiste und Pulldown-Menü

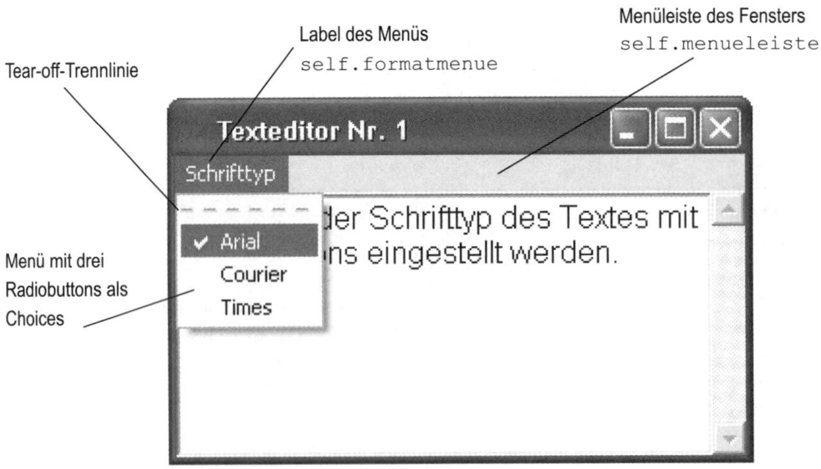

Abb. 19.4: Texteditor mit Menüleiste und einem Pulldown-Menü

Wir erweitern nun den Texteditor aus Abschnitt 19.2 um eine kleine Menüstruktur, die aus einer Menüleiste und einem einzigen Pulldown-Menü besteht. Abbildung 19.4 zeigt das Aussehen der Benutzungsoberfläche. Das Menü enthält drei Radiobuttons, mit deren Hilfe ein Schrifttyp für das Dokument ausgewählt werden kann.

Skript:

```
# editor3.pyw
from tkinter import *
class Editor:
  def __init__ (self):
    self.fenster = Tk()
    self.fenster.title("Texteditor Nr. 1")
    self.scrollbar = Scrollbar(self.fenster)
    self.scrollbar.pack(side =RIGHT,fill =Y)
    self.text= Text(self.fenster,
                    wrap=WORD, font=('Arial', 10),
                    yscrollcommand=self.scrollbar.set)
    self.text.pack(expand=1)
    self.scrollbar.config(command=self.text.yview)

    self.__addMenueleiste()
    self.__addFormatmenue()
    self.fenster.mainloop()

  def __addMenueleiste(self):
    self.menueleiste = Menu(self.fenster)                  #1
    self.fenster.configure (menu=self.menueleiste)         #2

  def __addFormatmenue(self):
    self.formatmenue = Menu(master=self.menueleiste)       #3
    self.schrifttyp = StringVar()
    self.menueleiste.add_cascade(label="Schrifttyp",
                                 menu=self.formatmenue)    #4
    self.formatmenue.add_radiobutton(label='Arial',
             variable=self.schrifttyp, value='Arial',
             command=self.formatieren)                     #5
    self.formatmenue.add_radiobutton(label='Courier',
             variable=self.schrifttyp, value='Courier',
             command=self.formatieren)
    self.formatmenue.add_radiobutton(label='Times',
             variable=self.schrifttyp, value='Times',
             command=self.formatieren)
```

```
    def formatieren(self):
        schrifttyp = self.schrifttyp.get()                      #6
        self.text.config(font=(schrifttyp,10))

editor = Editor()
```

Erläuterung:

Die neuen Zeilen des Skripts sind fett gedruckt. Um eine bessere Übersichtlichkeit zu erzielen, wurden Anweisungen zur Erzeugung der Komponenten der Menüstruktur in die privaten Methoden `self.__addMenueleiste()` und `self.__addFormatmenue()` gepackt.

#1: Eine Instanz der Klasse `Menu` wird generiert. Da als Master ein Objekt der Klasse `Tk` angegeben wird (`self.fenster`), wird dieses Menu-Widget eine Menüleiste werden.

#2: Durch Konfiguration der Option `menu` des Tk-Widgets `self.fenster` wird die Menüleiste dem Anwendungsfenster zugeordnet.

#3: Instanziierung eines Menu-Widgets mit der Menüleiste als Master-Widget.

#4: Der Menüleiste wird als Untermenü (Pulldown-Menü) das Menu-Widget `self.formatmenue` zugefügt.

#5: Dem Menu-Widget `self.formatmenue` wird eine Gruppe von Radiobutton-Auswahlfeldern zugefügt. Gemeinsame Kontrollvariable ist `self.schrifttyp`. Beim Anklicken eines der Radiobuttons wird jeweils die Methode `self.formatieren` aufgerufen.

#6: Aus der Kontrollvariablen `self.schrifttyp` wird der aktuelle Wert herausgelesen und damit der Font des Text-Widgets neu konfiguriert.

19.5 Dialogboxen

Eine Dialogbox ist ein Fenster, das mitten auf dem Bildschirm erscheint, und einen Dialog mit dem Benutzer führt. In der Regel handelt es sich dabei um so genannte *modale Dialoge*, die zuerst beendet werden müssen, bevor die Anwendung eine andere Aufgabe durchführen kann.

Das Untermodul `tkinter.filedialog` enthält Funktionen zur Erzeugung von Dialogboxen zum Laden und Speichern von Dateien (Tabelle 19.7).

Funktion	Erklärung
`askopenfile()`	Erzeugt eine Dialogbox zum Öffnen einer Datei. Zurückgegeben wird ein geöffnetes File-Objekt.
`askopenfilename()`	Erzeugt eine Dialogbox zum Öffnen einer Datei. Zurückgegeben wird (als String) ein Pfad, den man zum Öffnen einer Datei mit dem `file()`-Konstruktor verwenden kann.

Tabelle 19.7: Funktionen des Untermoduls `tkinter.filedialog` zur Erzeugung von Dialogboxen zum Laden und Speichern von Dateien

Funktion	Erklärung
`asksaveasfile()`	Erzeugt eine Dialogbox zum Speichern einer Datei. Zurückgegeben wird ein geöffnetes File-Objekt.
`asksaveasfilename()`	Erzeugt eine Dialogbox zum Speichern einer Datei. Zurückgegeben wird (als String) ein Pfad.

Tabelle 19.7: Funktionen des Untermoduls `tkinter.filedialog` zur Erzeugung von Dialogboxen zum Laden und Speichern von Dateien (Forts.)

Im Modul `tkinter.messagebox` befinden sich Funktionen, mit denen Dialogboxen z.B. für Nachrichten oder Warnungen, die durch Anklicken bestätigt werden müssen, generiert werden können (Tabelle 19.8). Alle Funktionen benötigen zwei Argumente. Das erste Argument ist ein String mit dem Titel der Dialogbox, der im oberen Fensterrand erscheint. Das zweite Argument enthält die Information oder die Frage, die in der Mitte der Dialogbox ausgegeben wird.

Funktion	Verwendungszweck
`showerror(`*`title, message`*`)`	Fehlermeldung
`showinfo(`*`title, message`*`)`	Wichtige Information
`showwarning(`*`title, message`*`)`	Warnung
`askokcancel(`*`title, message`*`)`	Sicherheitsabfrage mit den Wahlmöglichkeiten »OK« oder »Abbrechen«. Falls »OK« gewählt wurde, gibt die Funktion eine Eins zurück, sonst eine Null.
`askyesno(`*`title, message`*`)`	Sicherheitsabfrage mit den Antwortmöglichkeiten »Ja« oder »Nein« (siehe Beispiel)

Tabelle 19.8: Funktionen zur Erzeugung von Messageboxen im Modul `tkinter.messagebox`

Wir erweitern nun den Texteditor um Funktionen zum Laden, Speichern und Beenden des Programms. Für sie wird ein neues Pulldown-Menü mit dem Label `Datei` (als Sklave der Menüleiste) eingerichtet. Bei diesen drei Kommandos werden Dialogboxen verwendet. Abbildung 19.5 und Abbildung 19.6 zeigen zwei Screenshots.

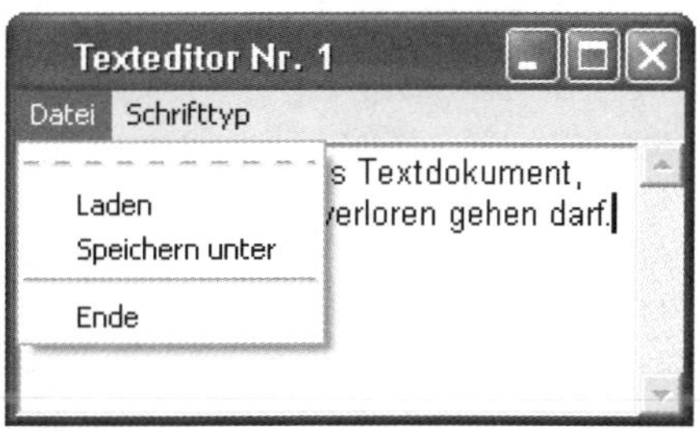

Abb. 19.5: Pulldown-Menü DATEI mit drei Kommando-Choices und Separatorlinie

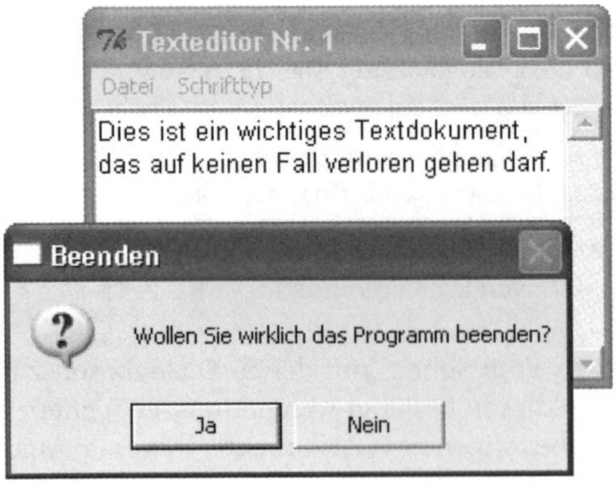

Abb. 19.6: Messagebox mit zwei Antwort-Buttons für modalen Dialog

Skript:

```
# editor4.pyw
from tkinter import (END, filedialog, Menu, messagebox,
     RIGHT, Scrollbar, StringVar, Text, Tk, WORD, Y)

class Editor:
  def __init__(self):
    self.fenster = Tk()
    self.fenster.title("Texteditor")
    self.scrollbar = Scrollbar(self.fenster)
    self.scrollbar.pack(side=RIGHT, fill=Y)
    self.text = Text(self.fenster,
                     wrap=WORD, font=('Arial', 10),
                     yscrollcommand=self.scrollbar.set)
    self.text.pack(expand=1)
    self.scrollbar.config(command=self.text.yview)
    self.__addMenueleiste()
    self.__addDateimenue()                                    #1
    self.__addFormatmenue()
    self.fenster.mainloop()

  def __addMenueleiste(self):
    self.menueleiste = Menu(self.fenster)
    self.fenster.configure (menu=self.menueleiste)

  def __addFormatmenue(self):
    self.formatmenue = Menu(master=self.menueleiste)
    self.schrifttyp = StringVar()
```

```
    self.menueleiste.add_cascade(label="Schrifttyp",
                                 menu=self.formatmenue)
    self.formatmenue.add_radiobutton(label='Arial',
             variable=self.schrifttyp, value='Arial',
             command=self.formatieren)
    self.formatmenue.add_radiobutton(label='Courier',
             variable=self.schrifttyp, value='Courier',
             command=self.formatieren)
    self.formatmenue.add_radiobutton(label='Times',
             variable=self.schrifttyp, value='Times',
             command=self.formatieren)

  def __addDateimenue(self):
    self.dateimenue = Menu(self.menueleiste)                     #2
    self.dateimenue.add_command(label="Laden",
                              command=self.laden)                #3
    self.dateimenue.add_command(label="Speichern unter",
                                  command=self.speichern)
    self.dateimenue.add_separator()                              #4
    self.dateimenue.add_command(label='Ende',
                               command=self.beenden)
    self.menueleiste.add_cascade(label="Datei",
                             menu=self.dateimenue)               #5

  def formatieren(self):
    schrifttyp=self.schrifttyp.get()
    self.text.config(font=(schrifttyp,10))

  def laden (self):
    self.datei = filedialog.askopenfile()                        #6
    self.text.delete(1.0, END)                                   #7
    if self.datei:
          self.text.insert(1.0,
                          self.datei.read())                     #8
          self.datei.close()

  def speichern (self):
    self.datei = filedialog.asksaveasfile()                      #9
    if self.datei:
       self.datei.write(
             self.text.get(1.0, END) )                           #10
```

```
        self.datei.close()
    def beenden (self):                                              #11
      if messagebox.askyesno('Beenden',
          'Wollen Sie wirklich das Programm beenden?'):
          self.fenster.destroy()

editor = Editor()
```

Erläuterung:

Das Listing enthält im Wesentlichen nur die Zeilen, die eingefügt werden müssen (fett). Der bestehende Programmtext braucht nicht geändert zu werden.

#1: Der Aufruf der privaten Methode `self.__addDateimenue()` erfolgt vor dem Aufruf `self.__addFormatmenue()`, damit das Dateimenü – wie üblich – als Erstes (links) in der Menüleiste erscheint.

#2: Der neuen Instanz der Klasse `Menu` wird die Menüleiste als Master zugeordnet.

#3: Einfügen von Kommando-Choices in das Menü.

#4: Eine Separatorlinie wird nach den Kommandos *Laden* und *Speichern* hinzugefügt.

#5: Das Menu-Widget wird als Kaskade (Untermenü) in die Menüleiste eingebaut.

#6: Die Funktion `filedialog.askopenfile()` gibt ein zum Lesen geöffnetes File-Objekt zurück.

#7: Der bisherige Text im Text-Widget wird gelöscht.

#8: Die geöffnete Datei wird gelesen und der String in das Text-Widget eingefügt.

#9: Die Funktion `filedialog.asksaveasfile()` öffnet die ausgewählte Datei zum Schreiben und gibt das File-Objekt zurück.

#10: In die Datei wird der Inhalt des Text-Widgets geschrieben.

#11: Die Funktion `messagebox.askyesno()` gibt dann den Wert `True` zurück, wenn der Button JA angeklickt worden ist. In diesem Fall werden das Anwendungsfenster und alle Unter-Widgets zerstört und damit die Anwendung beendet.

19.6 Applikationen mit mehreren Fenstern

In diesem Abschnitt programmieren wir eine einfache Entwicklungsumgebung für Python. Die Besonderheit: Die Benutzungsoberfläche besteht aus zwei Applikationsfenstern, dem Editor- und dem Ausgabe-Fenster (Abbildung 19.7).

Im Editor-Fenster kann man den Programmtext eingeben. Es gibt eine Menüleiste mit einem einzigen Pulldown-Menü namens BEFEHLE. Es enthält zwei Schaltflächen: PROGRAMM STARTEN und ENDE.

Wenn man auf PROGRAMM STARTEN klickt, wird der Text im Editorfenster als Python-Programm interpretiert und ausgeführt. Das Ergebnis – die Bildschirmausgabe von `print()`-Anweisungen oder eine Fehlermeldung – wird in einem zweiten Fenster dargestellt.

Wählt man den Befehl ENDE, werden beide Fenster geschlossen. (Dagegen bewirkt ein Klick auf das X in der oberen rechten Ecke eines Fensters, dass lediglich das ausgewählte einzelne Fenster geschlossen wird.)

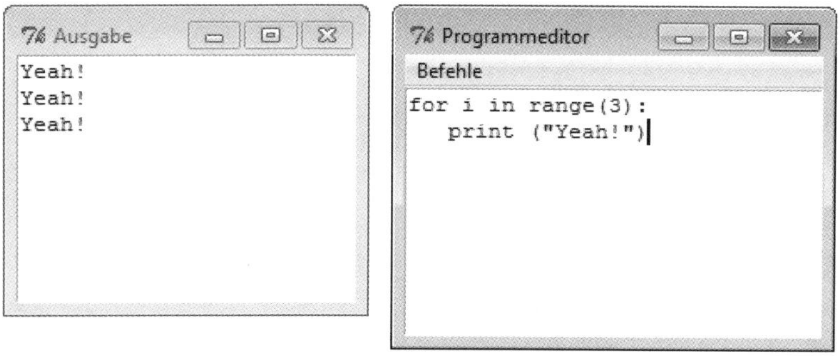

Abb. 19.7: Eine Miniatur-Entwicklungsumgebung mit zwei Fenstern

Übrigens, auch die Entwicklungsumgebung IDLE ist mit `tkinter` programmiert worden.

Wenn mehrere Fenster im Spiel sind, müssen einige Dinge beachtet werden, die bei einem einzigen Fenster keine große Rolle spielen.

Beim Start des Programms sollten sich die Fenster nicht gegenseitig überdecken, sondern in vernünftiger Größe nebeneinander positioniert werden. Wie kann man das bewerkstelligen? Fenster sind Objekte der Klasse `Tk`. Sie besitzen die Methode `geometry()`, mit der Sie durch einen String die Position und Größe des Fensters festlegen können (im Listing Zeilen **#2**, **#3**). Dieser String besteht aus zwei Teilen:

- Der erste Teil hat das Format *n*x*m* (z.B. `"100x100"`) und definiert die Größe des Fensters.
- Der zweite Teil hat das Format +*x*+*y* (z.B. `"+10+10"`). Damit wird die Position der linken oberen Ecke des Fensters bestimmt. Sie übergeben der Methode `geometry()` einen String, der entweder nur die Größe oder nur die Position oder beides bestimmt. Gültige Aufrufe sind z.B. `geometry("100x100")`, `geometry("+10+10")` oder `geometry("100x100+10+10")`.

Bei Programmen mit mehreren Fenstern ist auch zu beachten, dass die Funktion `mainloop()` *nur einmal* aufgerufen wird. Das ist sehr wichtig! Sonst funktioniert das Programm nicht. Zwar ist `mainloop()` eine Methode von Fenstern, d.h. Objekten der Klasse `Tk`. Es gibt aber im Modul `tkinter` auch eine allein stehende *Funktion* namens `mainloop()`.

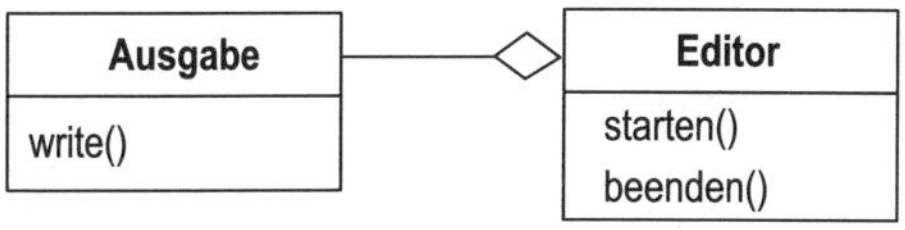

Abb. 19.8: UML-Klassendiagramm des Programmeditors

Das Skript enthält zwei Klassendefinitionen, eine Klasse namens `Editor` für das Editorfenster und eine zweite Klasse namens `Ausgabe` für das Ausgabefenster. Abbildung 19.8 zeigt ein UML-Klassendiagramm. Ein Objekt der Klasse `Ausgabe` ist über das Attribut `ausgabe` (Zeile **#5**) an das Editor-Objekt gekoppelt. Die Klasse `Ausgabe` muss eine Methode `write()` besitzen. Denn die Systemausgabe wird an ein Objekt dieser Klasse umgeleitet (Zeile **#6**).

Skript:

```
#programm_editor.pyw
import sys                                                              #1
from tkinter import END, Menu, messagebox, mainloop, Text, Tk, WORD

class Ausgabe:
  def __init__ (self):
    self.fenster = Tk()
    self.fenster.geometry('200x150+10+10')                              #2
    self.fenster.title('Ausgabe')
    self.text= Text(self.fenster,
                    wrap=WORD, font=('Courier', 10))
    self.text.pack(expand=1)

  def write(self, s):                                                   #3
    self.text.insert(END, s)

class Editor:
  def __init__ (self):
    self.fenster = Tk()
    self.fenster.geometry('250x150+240+10')                             #4
    self.fenster.title('Programmeditor')
    self.text= Text(self.fenster,
                    wrap=WORD, font=('Courier', 10))
    self.text.pack(expand=1)

    self.menueleiste=Menu(self.fenster)
    self.fenster.configure (menu=self.menueleiste)
    self.menue= Menu(master=self.menueleiste)
    self.menueleiste.add_cascade(label='Befehle',
                            menu=self.menue)
    self.menue.add_command(label='Programm starten',
                        command = self.starten)
    self.menue.add_command(label='Ende',
                            command=self.beenden)
    self.ausgabe = Ausgabe()                                            #5
    sys.stdout = sys.stderr = self.ausgabe                              #6
```

```
    def starten(self):
        programmtext =  self.text.get(1.0, END)
        exec(programmtext)

    def beenden (self):
        if messagebox.askyesno('Beenden',
                'Wollen Sie wirklich das Programm beenden?'):
            self.ausgabe.fenster.destroy()                         #7
            self.fenster.destroy()

editor = Editor()
mainloop()                                                         #8
```

Erläuterung:

#1: Wir benutzen Funktionen des Laufzeitsystems. Deshalb muss das Modul `sys` importiert werden.

#2: Das Ausgabe-Fenster erhält die Größe 200 Pixel mal 150 Pixel und wird an die Position `(10, 10)` gesetzt.

#3: Das Ausgabe-Objekt benötigt eine Methode namens `write()`, damit es wie ein File behandelt werden kann. Die Systemausgabe wird später an das Ausgabe-Objekt weitergeleitet. Die Methode `write()` sorgt dafür, dass diese Systemausgabe an das Ende des Textfelds eingefügt wird.

#4: Das Editor-Fenster erhält die Anfangsgröße 250 Pixel mal 150 Pixel und wird an die Position `(240, 10)` gesetzt. (Später wird es durch das Einfügen der Menüleiste etwas höher.)

#5: Eine Instanz der Klasse `Ausgabe` wird mit dem `Editor`-Objekt verbunden.

#6: Die Standardausgabe des Laufzeitsystems und die Ausgabe von Fehlermeldungen werden ab jetzt an das `Ausgabe`-Objekt weitergeleitet.

#7: Wenn das Kommando ENDE angeklickt worden ist, werden beide Fenster geschlossen.

#8: Nur ein einziges Mal in diesem Skript wird die Funktion `mainloop()` aufgerufen.

19.7 Aufgaben

Aufgabe 1

Erweitern Sie den grafischen Editor aus Abschnitt 19.1 um ein Pulldown-Menü, das die Möglichkeit bietet, Grafiken zu laden und abzuspeichern.

Tipp

Merken Sie sich die Hintergrundfarben der Labels in einem Dictionary und verwenden Sie `pickle`. Denken Sie daran, dass Sie für `pickle` die Dateien im Binärmodus öffnen müssen.

Abb. 19.9: Grafischer Editor mit Menü zum Laden und Speichern

Aufgabe 2

Erweitern Sie die Menüleiste um ein Menü für Textbausteine zu einem speziellen Themenbereich (z.B. medizinische Gutachten, Protokoll eines naturwissenschaftlichen Experiments, Kommentar in einem objektorientierten Computerprogramm, Formulierung eines Einspruchs gegen einen Bußgeldbescheid ...). Beim Klick auf ein Kommandofeld des Menüs wird an der aktuellen Stelle des Cursors der gewählte Textbaustein eingefügt.

19.8 Lösungen

Lösung 1

Skript:

```
#rasterspeichern.pyw
from tkinter import *
import pickle
from tkinter import filedialog
class Raster:
  def __init__(self):
    liste = [(x, y) for x in range(10) for y in range(10)]
    self.fenster = Tk()
    self.d = {}                                                   #1
    for (i, j) in liste:
      l = Label(self.fenster, width=2, height=1,
             bg='white')
      l.grid(column=i, row=j)
      l.bind(sequence='<Button-1>',
             func=self.linksklick)
```

```
      l.bind(sequence='<Button-3>',
             func=self.rechtsklick)
      l.bind(sequence='<Double-Button-1>',
                       func=self.doppelklick)
    self.d[(i,j)]=l                                        #2
    self.addMenueleiste()
    self.addDateimenue()
    self.fenster.mainloop()

  def linksklick(self, event):
      event.widget.config(bg='black')

  def rechtsklick(self, event):
      event.widget.config(bg='grey')

  def doppelklick(self, event):
      event.widget.config(bg='white')

  def addMenueleiste(self):
    self.menueleiste = Menu(self.fenster)
    self.fenster.configure (menu=self.menueleiste)

  def addDateimenue(self):
    self.dateimenue = Menu(self.menueleiste)
    self.dateimenue.add_command(label='Laden',
                                command=self.laden)
    self.dateimenue.add_command(label='Speichern unter',
                                command=self.speichern)
    self.menueleiste.add_cascade(label='Datei',
                                menu=self.dateimenue)

  def speichern (self):
    pfad = filedialog.asksaveasfilename()
    if pfad:
      dfarben={}                                           #3
      for x in self.d.keys():
          dfarben[x] = self.d[x].cget('bg')
      f = open(pfad, "wb")            # schreiben im Binärmodus
      pickle.dump(dfarben, f)                              #4
      f.close()
```

```
    def laden (self):
        pfad = filedialog.askopenfilename()
        if pfad:
            f = open(pfad, "rb")              # lesen im Binärmodus
            dfarben = pickle.load(f)                                #5
            f.close()
            for x in self.d.keys():
                self.d[x].config(bg=dfarben[x])                     #6

r = Raster()
```

Erläuterung:

In das Originalskript aus Abschnitt 19.1 müssen nur einige Zeilen eingefügt werden (fett). Die Methoden zum Aufbau der Menüstruktur können im Prinzip aus dem Texteditor (Abschnitt 19.5) übernommen werden.

#1: Ein Dictionary für die Label-Widgets wird initialisiert.

#2: Die Label-Widgets des Rasters werden in das Dictionary aufgenommen. Dabei sind die Tupel aus Spalten- und Zeilennummer die Schlüssel.

#3: Ein zweites (lokales) Dictionary für die Hintergrundfarben wird initialisiert. In der folgenden Schleife werden die Farben der Label-Widgets in das lokale Dictionary aufgenommen.

#4: Dieses Dictionary wird mit dem pickle-Mechanismus serialisiert und in der Datei gespeichert.

#5: Aus der Datei wird ein Dictionary mit den Hintergrundfarben der Label-Widgets geladen.

#6: Die Widgets im Dictionary `self.d` werden mit den geladenen Farben konfiguriert. In diesem Moment erscheint das geladene Raster auf dem Bildschirm.

Lösung 2

In der folgenden Beispiellösung enthalten die Textbausteine Beobachtungen, die z.B. beim Verfassen eines Protokolls zu einem chemischen Versuch verwendet werden könnten (Abbildung 19.10).

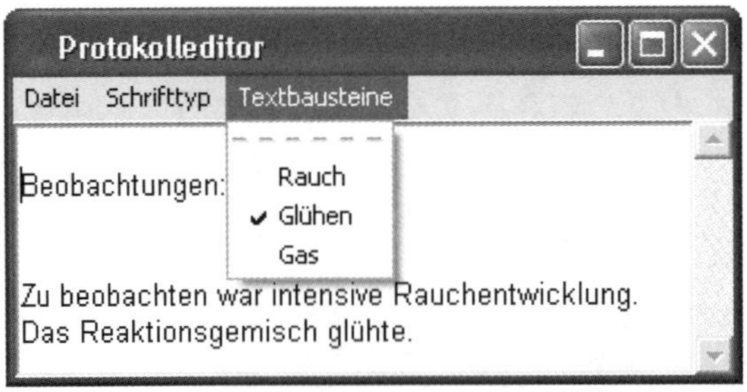

Abb. 19.10: Editor mit Textbausteinen für Versuchsprotokolle

In die Definition der Klasse `Editor` werden folgende Komponenten eingefügt:

1. Definition einer Methode zum Einfügen des neuen Menüs. In ihr wird in Zeile **#1** auch eine Kontrollvariable definiert, die den ausgewählten Textbaustein aufnimmt:

```
def addTbmenue(self):
    self.tb = StringVar()                                          #1
    self.tbmenue = Menu(master=self.menueleiste)
    self.menueleiste.add_cascade(label='Textbausteine',
                                 menu=self.tbmenue)
    self.tbmenue.add_radiobutton(label='Rauch'
            variable=self.tb,
            value='Zu beobachten war intensive Rauchentwicklung.',
            command=self.einfuegen)
    self.tbmenue.add_radiobutton(label='Glühen',
            variable=self.tb,
            value='Das Reaktionsgemisch glühte.',
            command=self.einfuegen)
    self.tbmenue.add_radiobutton(label='Gas',
            variable=self.tb,
            value='Es entstand ein Gas.',
            command=self.einfuegen)
```

2. Definition der folgenden Methode, die beim Betätigen eines der neuen Radiobuttons aufgerufen wird und die über die Option `command` an die neuen Radiobuttons gekoppelt ist. Sie bewirkt das Einfügen des ausgewählten Textbausteines – gespeichert in der Kontrollvariablen `self.tb` – an die aktuelle Cursor-Position im Textfeld.

```
def einfuegen(self):
    self.text.insert(INSERT,self.tb.get())
```

3. Methodenaufruf in der `__init__()`-Methode der Klasse `Editor`:

```
self.addTbmenue()
```

Kapitel 20

Threads

Threads sind Prozesse. Um Threads besser zu verstehen, sollte man sich zunächst den Unterschied zwischen Prozess und Programm klar machen. Ein Programm ist eine formale Beschreibung dessen, was der Computer tun soll. Es ist ein Textdokument, das z.B. in einer Datei gespeichert ist. Ein Programm existiert auch dann, wenn es niemals ausgeführt wird. Es ist unabhängig von der Zeit, bleibt immer, wie es ist, und kann sich nicht in unterschiedlichen Zuständen befinden.

Ein Prozess ist ein Programm in Ausführung. Wenn ein Programm gestartet wird, richtet das Betriebssystem einen Prozess ein. Der Prozess erhält eine Prozessidentifikation und im Arbeitsspeicher des Computers einen nach außen abgeschotteten Bereich, in dem die momentanen Inhalte der Variablen und vieles andere gespeichert ist (Prozessumgebung). Im Unterschied zum Programm ist ein Prozess ein Phänomen, das von der Zeit abhängt. Ein Prozess wird erzeugt, nimmt während seiner Lebenszeit unterschiedliche Zustände ein und stirbt dann (in der Regel) irgendwann.

Prozesse kennt man auch aus dem Alltag. Ein typisches Beispiel sind die verschiedenen Lernprozesse, die man im Rahmen eines Studiums durchläuft. Nehmen wir an, Sie haben einen Kurs »OOP mit Python« belegt. Das Programm eines solchen Kurses besteht aus einer Folge von Lerneinheiten, die in Form von Vorlesungen und praktischen Übungen absolviert werden. Sie beginnen den Prozess damit, dass Sie den Kurs belegen. Im nächsten Schritt besorgen Sie sich vielleicht Literatur und die Python-Software. Sie besuchen Vorlesungen, machen Übungen und schreiben am Ende eine Klausur. Damit ist dieser Prozess – die Ausführung des Kurses »OOP mit Python« – beendet. An dieser Alltagssituation können Sie folgende Merkmale von Prozessen beobachten:

- Prozesse haben eine Lebensdauer, d.h. einen zeitlichen Anfang (z.B. das Belegen eines Kurses) und ein Ende (bestandene Klausur).
- Auf einem Prozesse verarbeitenden System (im Beispiel sind das Sie) laufen mehrere Prozesse parallel. Denn neben dem Programmieren machen Sie während des Semesters noch andere Dinge. Vielleicht befinden Sie sich gerade in einem Entscheidungsprozess, welches Auto Sie sich kaufen wollen, führen einen Prozess gegen den Vermieter, der die Miete zu stark angehoben hat, oder machen eine Diät.
- Ein Prozess kann sich zu verschiedenen Zeitpunkten in verschiedenen Zuständen befinden – insbesondere kann er gerade aktiv sein oder ruhen. Wenn Sie in einer Vorlesung zum Thema »OOP mit Python« sitzen, ist dieser Prozess gerade aktiv, andere Prozesse ruhen. Am Ende der Vorlesung wird dieser Prozess schlafen gelegt und ein anderer Prozess geweckt. Vielleicht schlagen Sie eine Zeitung auf, informieren sich über die Preise von Gebrauchtwagen und bearbeiten somit eine gewisse Zeit lang Ihren Entscheidungsprozess bezüglich eines Autokaufs.

- Zu *einem* Programm kann es *viele* Prozesse geben. Ein und derselbe Kursus kann mit exakt dem gleichen Curriculum an verschiedenen Universitäten laufen und jeder Kursus kann von vielen Studenten besucht werden.

Kommen wir nun zu den Threads. Threads sind Teilprozesse innerhalb eines Hauptprozesses, in dem ein Programm ausgeführt wird. Manchmal spricht man auch von Leichtgewichtprozessen. In einem Hauptprozess, der ein komplettes eigenständiges Programm repräsentiert, können mehrere Threads nebeneinander laufen. Wenn Sie ein modernes Programm mit grafischer Benutzungsoberfläche benutzen – etwa ein Textverarbeitungssystem –, haben Sie mit Threads zu tun. Hinter den Komponenten eines GUI stehen nämlich Threads. So überwacht z.B. ein Thread die Tastatureingaben, ein anderer ist für die Bildschirmwiedergabe und die korrekte Platzierung grafischer Komponenten bei einer Veränderung des Fensters zuständig. Weitere Threads kümmern sich um den aktuellen Zustand von Buttons, Labels und anderen Widgets. All dies passiert scheinbar zeitgleich.

Python bietet zwei Module zur Thread-Programmierung:

- Das Modul `_thread` enthält einige Funktionen zur Generierung und Steuerung von Threads. Von besonderer praktischer Bedeutung ist die Funktion `start_new_thread()`, die eine Funktion in einem eigenen Thread arbeiten lässt.
- Das Modul `threading` setzt auf dem Modul `_thread` auf. Es enthält unter anderem die Klasse `Thread`. Von ihr können (nach dem Prinzip der Vererbung) eigene Klassen abgeleitet werden, deren Objekte in eigenen Threads laufen sollen. Eine häufige Verwendung liegt im Bereich grafischer Animationen, wo sich visuelle Objekte auf dem Bildschirm bewegen.

20.1 Funktionen in einem Thread ausführen

Beginnen wir mit einem Experiment. Das folgende Skript soll einen Sekundenzähler realisieren.

```
# experiment.pyw
from time import *
from tkinter import *
class Zaehler:
    def __init__(self):
        self.f = Tk()
        self.zahl = StringVar()
        Label(self.f, textvariable=self.zahl).pack()                  #1
        Button(self.f,command=self.zaehlen,
                   text=' Los! ').pack()
        self.f.mainloop()
    def zaehlen(self):
        for i in range(11):
            self.zahl.set(str(i))                                     #2
            sleep(1)                                                  #3

z = Zaehler()
```

Abb. 20.1: Experiment: Sekundenzähler

Nach Anklicken des Buttons wird die Methode `zaehlen()` aufgerufen. In deren `for`-Schleife werden der Kontrollvariablen `self.zahl` nacheinander die Werte 0 bis 10 zugewiesen (**#2**) und nach jeder Zuweisung genau eine Sekunde gewartet (**#3**). Nun ist die Kontrollvariable `self.zahl` mit einem Label gekoppelt, das ihren aktuellen Inhalt wiedergibt (**#1**). Man könnte also erwarten, dass nach dem Anklicken der Schaltfläche im Sekundenabstand die Zahlen 0 bis 10 erscheinen.

Wenn Sie dieses Skript ausprobieren, werden Sie feststellen, dass es sich ganz anders verhält. Nach dem Anklicken der Schaltfläche Los! können Sie Folgendes beobachten:

- Der Knopf friert in der herunterdrückten Position ein. Die Label-Beschriftung verändert sich nicht.
- Elf Sekunden lang – nämlich während die Methode `zaehlen()` läuft – kann das Applikationsfenster weder bewegt noch sonstwie verändert werden.
- Erst danach geht der Button in die Ausgangsposition zurück und auf dem Label erscheint die Zahl 10.

Wie ist dieses Verhalten zu erklären? Die Funktion `sleep()` bewirkt, dass der aktuelle Prozess eine gewisse Zeit lang schläft. In diesem Fall ist der aktuelle Prozess der Prozess, in dem das Skript ausgeführt wird. Während der elf Sekunden, in denen die Methode `zaehlen()` läuft, ist der gesamte Prozess des Skripts »lahmgelegt«. Die Teilprozesse (Threads), in denen das Label, der Button und das Anwendungsfenster (Tk) verwaltet werden, kommen nicht zum Zuge und haben keine Gelegenheit, ihren Zustand zu aktualisieren.

Sie können die Probleme beheben, indem Sie die Methdode `zaehlen()` innerhalb eines eigenen Threads ausführen lassen. Dazu verwenden Sie die Funktion `start_new_thread()` aus dem Modul `_thread`. Sie wird in folgendem Format aufgerufen:

```
start_new_thread(function, args)
```

Die Funktion startet einen neuen Thread und gibt den Namen des Threads zurück. Das erste Argument *`function`* ist der Name einer Funktion, die innerhalb des Threads ausgeführt werden soll, *`args`* ist ein Tupel von Werten, die der Funktion *`function`* als aktuelle Parameter übergeben werden.

Wandeln wir nun das obige Skript ab, so dass es das Gewünschte leistet. Es müssen nur wenige Zeilen eingefügt bzw. abgeändert werden. Sie sind im folgenden Listing fett gedruckt.

Skript:

```
# zaehler.pyw
from time import *
from tkinter import *
```

```
import _thread
class Zaehler:
    def __init__(self):
        self.f  = Tk()
        self.zahl = StringVar()
        Label(self.f, textvariable=self.zahl).pack()
        Button(self.f,command=self.zaehlenThread,
               text=' Los! ').pack()
        self.f.mainloop()

    def zaehlenThread(self):
        _thread.start_new_thread(self.zaehlen,())

    def zaehlen(self):
        for i in range(11):
            self.zahl.set(str(i))
            sleep(1)

z = Zaehler()
```

Testen Sie das Programm! Klicken Sie mehrmals hintereinander auf die Schaltfläche LOS!. Sie können beobachten, dass der Zähler sich nun sehr seltsam verhält. Die Zahl über dem Knopf ändert sich häufiger als einmal pro Sekunde und manchmal springt sie auch auf einen kleineren Wert zurück. Warum? Weil Sie mehrmals auf den Knopf gedrückt haben, laufen nun mehrere Threads parallel (Methode `zaehlen()`). Und zu einem bestimmten Zeitpunkt ist jeder Prozess, der die Methode `zaehlen()` ausführt, in einem anderen Zustand. Während bei dem einen die lokale Variable `i` den Wert 3 hat, hat sie bei einem anderen Prozess den Wert 2 und bei noch einem anderen den Wert 1. Aber jeder Prozess setzt die gemeinsame Variable `self.zahl` auf seinen momentanen `i`-Wert.

20.2 Thread-Objekte erzeugen – die Klasse Thread

Soeben haben wir einen Thread generiert und ihm eine Funktion zugeordnet. Es ist aber auch möglich, den Instanzen einer selbst definierten Klasse die Eigenschaften eines Threads zukommen zu lassen. Dazu muss die Klasse als Ableitung (Unterklasse) der Klasse `Thread` definiert werden. Die Klasse `Thread` befindet sich im Modul `threading`. Thread-Objekte besitzen unter anderem die Methoden `start()` und `run()`, die an die Unterklasse vererbt werden. Die Methode `run()` definiert die Aktivität des Threads und wird in der Unterklasse überschrieben. Die Methode `start()` wird aufgerufen, um den Thread zu starten. Sie selbst ruft während ihrer Ausführung die interne Methode `self.run()` auf.

Um Thread-Objekte zu erzeugen, gehen Sie am besten folgendermaßen vor:

- Definieren Sie eine Unterklasse von `Thread` beginnend mit der Zeile `class` *`MeinThread`* `(Thread):`.

- In der Definition der `__init__()`-Methode muss zunächst ein Thread-Objekt instanziiert werden. Das geschieht z.B. durch die Anweisung `Thread.__init__(self)`.
- Überschreiben Sie die geerbte Methode `run()` und legen Sie dort die gewünschte Aktivität des Threads fest.
- Erzeugen Sie ein oder mehrere Objekte Ihrer Thread-Unterklasse jeweils durch Aufruf des Konstruktors, etwa in der Art *`thread1`* = *`MeinThread`*`()`.
- Starten Sie die Thread-Objekte mithilfe der (von `Thread` vererbten) `start()`-Methode, z.B. *`thread1`*`.start()`. Dies kann von außen (von einem anderen Objekt aus) zu einem bestimmten erwünschten Zeitpunkt erfolgen. Wenn der Thread schon beim Start des Programms laufen soll, kann `run()` auch in der `__init__()`-Methode der Klasse gestartet werden.

Das folgende Skript illustriert diese Technik. Es zeigt eine typische Anwendung von Threads, nämlich eine Animation, in der sich mehrere visuelle Objekte nebeneinander – quasi zeitgleich – bewegen. Dargestellt wird ein »Meteoritenhagel« im Weltraum. Man sieht ständig Meteoriten mit unterschiedlichen Geschwindigkeiten von oben nach unten fliegen (Abbildung 20.2).

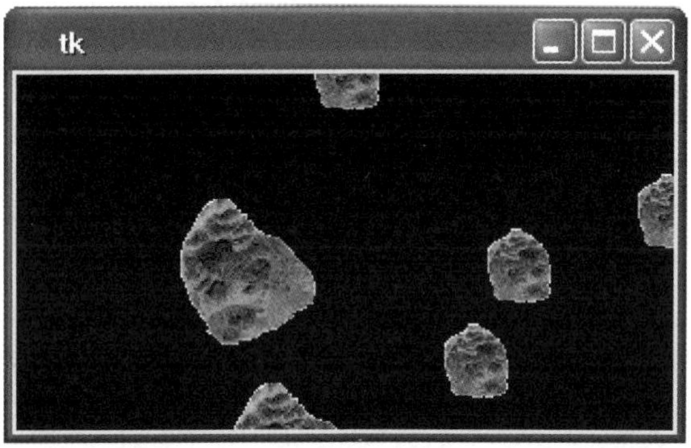

Abb. 20.2: Eine Animation mit mehreren unabhängig voneinander sich bewegenden Objekten

Skript:

```
# meteore1.pyw
from tkinter import Tk, Canvas, PhotoImage
from threading import Thread
from time import sleep
from random import randint

class Weltraum:
  def __init__(self):
    self.fenster = Tk()
    self.canvas = Canvas(self.fenster, width='10c',
                         height='7c', bg='black')            #1
```

```
    self.canvas.pack()
    m1 = PhotoImage(file='metgross.gif')                          #2
    m2 = PhotoImage(file='metklein.gif')
    for bild in [m1, m2, m2, m1, m2, m1, m2]:
        id_nr = self.canvas.create_image(50, -50, image=bild)
        Meteor(canvas=self.canvas, id_nr=id_nr)                   #3
    self.fenster.mainloop()

class Meteor(Thread):                                             #4
  def __init__(self, canvas=None, bild=None, id_nr=0):
    Thread.__init__(self)                                         #5
    self.c = canvas
    self.id = id_nr
    self.__neustart()
    self.start()                                                  #6

  def __neustart(self):                                           #7
     self.x = randint(0, 250)
     self.y = - randint(30, 100)
     self.vx = randint(-2, +2)
     self.vy = randint (1, 3)

  def run(self):
    while True:                                                   #8
        sleep(0.05)                                               #9
        self.x += self.vx                                         #10
        self.y += self.vy
        self.c.coords(self.id, self.x, self.y)                    #11
        if self.y > 300:
               self.__neustart()                                  #12

Weltraum()
```

Erläuterung:

#1: Alle grafischen Objekte (die Meteore) werden auf einen Canvas gesetzt.

#2: Bilder von Meteoren (transparenter Hintergrund).

#3: Meteor-Objekte mit verschiedenen Bildern werden generiert. Das zweite Argument `id_nr` ist die id des zugehörigen Bildes eines Gesteinsbrockens auf dem Canvas (siehe vorige Programmzeile).

#4: Die Klasse `Meteor` wird als Unterklasse von `Thread` definiert.

#5: Die Initialisierungsmethode der Oberklasse `Thread` wird aufgerufen.

#6: Der eigene Thread wird gestartet, indem die (von `Thread` geerbte) `start()`-Methode aufgerufen wird.

#7: In dieser privaten Methode wird ein Meteor-Objekt, das unten aus dem Canvas herausgeflogen ist, wieder an eine zufällige Stelle oberhalb des Canvas gebracht und mit einer zufälligen Fluggeschwindigkeit (Attribute `vx` und `vy`) versehen.

#8: Endlosschleife.

#9: Der Thread schläft für 0,05 Sekunden.

#10: Der Meteor wird um `vx` Pixel in waagrechter und `vy` Pixel in senkrechter Richtung bewegt.

#11: Auf dem Canvas wird das Bild, das zu diesem Thread gehört, an eine neue Position gesetzt.

#12: Wenn die y-Koordinate des Meteor-Objektes mehr als 300 Pixel beträgt (das heißt, der Meteor ist unterhalb des sichtbaren Bereichs), wird es wieder oberhalb des Canvas neu platziert.

20.3 Aufgaben

Aufgabe 1

Schreiben Sie ein Skript, das in einem Fenster eine Digitaluhr darstellt (Abbildung 20.3).

Abb. 20.3: Digitaluhr

Aufgabe 2

Schreiben Sie ein Computerspiel, das folgendermaßen funktioniert (siehe Abbildung 20.4):

- Beim Start des Spiels schwebt ein Raumschiff bewegungslos am linken Rand des Anwendungsfensters.
- Über Pfeiltasten kann das Raumschiff in senkrechter und waagrechter Richtung beschleunigt werden.
- Das Raumschiff soll auf dem Asteroiden am rechten Rand des Fensters landen. Das Spiel ist siegreich beendet, wenn sich das Raumschiff mitten auf dem Asteroiden befindet und seine Geschwindigkeit in x- und y-Richtung nahezu null ist.
- Im Weltraum schweben (bewegungslos) Gesteinsbrocken. Wenn das Raumschiff mit einem Gesteinsbrocken kollidiert, hat der Spieler verloren.

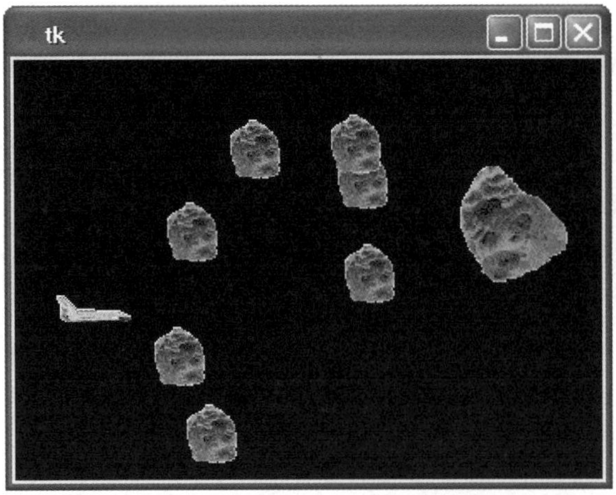

Abb. 20.4: Computerspiel mit steuerbarem Raumschiff

20.4 Lösungen

Lösung 1

Skript:

```
# digitaluhr.pyw
from tkinter import *
from time import *
import _thread
class Uhr:
  def __init__(self):
    self.fenster = Tk()
    self.zeit = StringVar()                                        #1
    self.anzeige = Label(self.fenster,
                         textvariable=self.zeit,
                         font=("Arial","20"))                      #2
    self.anzeige.pack()
    _thread.start_new_thread(self.aktualisieren, ())               #3
    self.fenster.mainloop()

  def aktualisieren (self):
    while True:
      self.zeit.set(strftime("%X"))                                #4
      sleep(1)                                                     #5

uhr = Uhr()
```

Erläuterung:

#1: Kontrollvariable für einen String mit der aktuellen Uhrzeit.

#2: Das Label-Widget `anzeige` ist an diese Kontrollvariable gekoppelt und zeigt ihren Inhalt.

#3: Die Funktion `aktualisieren()` wird in einem eigenen Thread gestartet.

#4: In die Kontrollvariable wird ein String im Format *`stunde`*`:`*`minute`*`:`*`sekunde`* geschrieben.

#5: Der Thread schläft für eine Sekunde.

Lösung 2

Skript:

```
# meteore2.pyw
from tkinter import *
from threading import *
from time import *
from random import *

class Weltraum:
  def __init__(self):
    self.fenster = Tk()
    self.canvas = Canvas(self.fenster, width=350,
                         height=250, bg='black')        #1
    self.canvas.pack()
    self.addSteine()                                    #2
    self.addAsteroid()
    self.schiff = Schiff('/python/meteore/schiff.gif',
                         self, 50, 150)                 #3
    self.fenster.bind(sequence='<Any-KeyPress>',
                          func=self.schiff.steuere)     #4
    self.schiff.start()                                 #5
    self.fenster.mainloop()

  def addAsteroid(self):
    self.astx, self.asty = 300,100                      #6
    self.astbild = PhotoImage(
                file='/python/meteore/metgross.gif')
    self.asteroid = self.canvas.create_image(
          self.astx, self.asty, image=self.astbild)     #7

  def addSteine(self):
    self.steinbild=PhotoImage(
                file='/python/meteore/metklein.gif')
```

```
    self.steine = []                                                    #8
    for i in range(7):
      id=self.canvas.create_image(
                   randint(100,220), randint(-10,270),
                   image=self.steinbild)                                #9
      self.steine.append(id)

  def kollision (self, schiff):
    x, y = schiff.x, schiff.y
    for id in self.steine:                                              #10
      if id in self.canvas.find_overlapping(x-20, y-5, x+0, y+5):
          return True
    return False

  def gelandet(self):                                                   #11
    return (self.astx-10 < self.schiff.x < self.astx+10) and \
           (self.asty-10 < self.schiff.y < self.asty+10) and \
           (-2 <= self.schiff.vx < 2) and \
           (-2 <= self.schiff.vy < 2)

class Schiff (Thread):
  def __init__(self, bilddatei, weltraum, x, y):
    Thread.__init__(self)
    self.c = weltraum.canvas
    self.w = weltraum
    self.x, self.y = x, y                                               #12
    self.vx = self.vy = 0                                               #13
    self.bild = PhotoImage(file=bilddatei)
    self.id=self.c.create_image(x,y,image=self.bild)                    #14

  def run(self):                                                        #15
    while not self.w.kollision(self):
        sleep(0.1)
        self.x += self.vx                                               #16
        self.y += self.vy
        self.c.move(self.id, self.vx, self.vy)                          #17
        if self.w.gelandet():                                           #18
            self.c.create_text(100, 50,
                      text = 'Gewonnen!',
                      font =('Arial', 20), fill='white')
            break
    else:
```

```
        self.c.create_text(100, 50, text='Verloren!',
                           font=('Arial', 20), fill='white')

    def steuere(self, event):                                    #19
      if   event.keysym_num == 65362: self.vy-=0.5      # Up
      elif event.keysym_num == 65364: self.vy+=0.5      # Down
      elif event.keysym_num == 65363: self.vx+=0.5      # Right
      elif event.keysym_num == 65361: self.vx-=0.5      # Left

w=Weltraum()
```

Erläuterung:

#1: Canvas, auf dem alle grafischen Objekte dargestellt werden.

#2: Prozeduren, die die statischen Objekte (Asteroid und Gesteinsbrocken) auf den Canvas platzieren.

#3: Eine Instanz der benutzerdefinierten Klasse `Schiff` (Unterklasse von `threading.Thread`) wird erzeugt. Bei deren Initialisierung wird ein `image`-Item, das ein Miniaturfoto eines Space-Shuttles enthält, auf den Canvas gebracht. Da dieses Objekt als letztes gesetzt wird, ist es im Vordergrund.

#4: Binden eines Events: Wenn irgendeine Taste gedrückt wird, wird die Methode `steuere()` des `Schiff`-Objektes aufgerufen.

#5: Der Thread wird gestartet.

#6: Koordinaten des Asteroiden auf dem Canvas.

#7: Das Bild des Asteroiden wird auf dem Canvas platziert.

#8: Eine Liste für die ID-Nummern der Gesteinsbrocken wird initialisiert.

#9: Image-Items mit der gleichen Abbildung eines Gesteinsbrockens (Foto eines Meteors) werden auf Zufallspositionen des Canvas gesetzt. Ihre ID-Nummern werden anschließend der Liste `self.steine` hinzugefügt.

#10: Für alle Steine wird geprüft, ob sie ein Rechteck, das ungefähr die Ausmaße des Schiffes hat, berühren.

#11: Die Methode gibt genau dann den Wert `True` zurück, wenn das Schiff am Ziel ist.

#12: Die Attribute `x` und `y` sind die Koordinaten der augenblicklichen Position des Schiffes auf dem Canvas. Sie erhalten einen Anfangswert.

#13: Die Attribute `vx` und `vy` beschreiben die Geschwindigkeit des Schiffes in x- und y-Richtung. Sie erhalten den Anfangswert 0.

#14: Das Bild des Schiffes wird auf den Canvas gesetzt.

#15: Die geerbte Methode `run()` der Oberklasse `Thread` wird überschrieben. In ihr wird die Aktivität des Threads definiert. Die Schleife wird so lange durchlaufen, bis das Schiff mit einem Gesteinsbrocken kollidiert oder das Ziel erreicht.

#16: Die momentane Position des Schiffes wird aktualisiert.

#17: Das `image`-Item des Schiffes auf dem Canvas wird verschoben.

#18: Wenn das Schiff das Ziel erreicht hat, wird ein weißer Schriftzug »Gewonnen!« auf den Canvas gesetzt und die Schleife abgebrochen (`else`-Klausel wird übersprungen).

#19: Die Methode wird aufgerufen, wenn eine Taste gedrückt worden ist. Sie wertet den Event aus und ermittelt die gedrückte Taste. In Abhängigkeit von der Taste wird der Geschwindigkeitsvektor des Schiffes geändert. Das heißt, das Schiff wird in eine Richtung beschleunigt.

Kapitel 21

Fehler finden und vermeiden

Bereits in Abschnitt 3.8 wurde die Kunst des Fehlerfindens angesprochen. In diesem Kapitel werden einige elaborierte Techniken vorgestellt, wie man bei der Entwicklung eines Python-Programms *semantische Fehler* vermeiden und aufspüren kann.

Semantische Fehler liegen vor, wenn das Programm zwar läuft, aber nicht das leistet, was es leisten soll. Manchmal sind es nur Kleinigkeiten. Vielleicht eine falsche Einrückung oder ein falsch geschriebener Bezeichner. In schlimmen Fällen ist der Algorithmus, der dem Programm zu Grunde liegt, im Kern nicht in Ordnung. Man spricht dann auch von logischen Fehlern.

Im Unterschied zu Syntax- und Laufzeitfehlern kann das System Semantik-Fehler natürlich nicht erkennen und liefert keine Fehlermeldungen. Semantische Fehler werden erst beim Testen des Programms offensichtlich. Dabei lässt man das Programm ein Problem bearbeiten, von dem man bereits die Lösung kennt, und vergleicht das gelieferte Ergebnis mit dem erwarteten.

Sie können Fehlern folgendermaßen begegnen:

Erstens können Sie bereits bei der Formulierung des Programmtextes die Möglichkeit logischer Fehler berücksichtigen:

- Das Programm testet an kritischen Stellen, ob bestimmte Bedingungen erfüllt sind. Sind sie nicht erfüllt, wird ein Programmabbruch (durch eine Exception) ausgelöst.
- Man gestaltet das Programm so, dass es in Testläufen in einem speziellen Modus (Debugging-Modus) seine Arbeitsweise dokumentiert, die dann analysiert und auf Korrektheit geprüft werden kann (Tracing).
- Eine gute Dokumentation des Programmtextes durch Kommentare erleichtert später das Aufspüren logischer Fehler.

Zweitens können Sie einen fertigen Programmtext mithilfe eines speziellen Analysewerkzeuges (Debugger) testen. Sie führen z.B. das Programm Schritt für Schritt aus und überprüfen an kritischen Stellen die Variableninhalte.

21.1 Testen von Bedingungen

21.1.1 Ausnahmen (Exceptions)

Eine Ausnahme (Exception) ist ein Objekt, das vom Laufzeitsystem erzeugt wird, wenn ein Programm aus irgendeinem Grund nicht weiter ausgeführt werden kann. Für verschiedene Fehlersituationen gibt es unterschiedliche Typen von Ausnahmen, Tabelle 21.1 nennt einige Beispiele.

Exception	Erläuterung
`AssertionError`	Entsteht, wenn eine Zusicherung (*assert*) nicht zutrifft >>> `assert 1 == 2`
`AttributError`	Entsteht, wenn man auf ein Attribut eines Objektes zugreifen will, das es nicht gibt.
`IndexError`	Tritt auf, wenn beim Zugriff auf ein Sequenz-Item der angegebene Index in der Sequenz nicht existiert.
`IOError`	Entsteht, wenn eine Ein-/Ausgabe-Operation misslingt (Zugriff auf eine nicht existierende Datei etc.).
`KeyError`	Tritt auf, wenn ein Schlüssel eines Dictionarys nicht gefunden wird.
`NameError`	Wird erzeugt, wenn ein Name in den lokalen und globalen Symboltabellen nicht existiert. Der assoziierte Wert ist der unbenannte Name.
`TypeError`	Entsteht, wenn ein Operator oder eine Funktion auf ein Objekt eines ungeeigneten Typs angewendet wird.
`ValueError`	Entsteht, wenn ein ungeeigneter Wert verwendet wurde.
`ZeroDivisionError`	Tritt auf, wenn versucht wurde, durch null zu dividieren.

Tabelle 21.1: Einige Ausnahme-Typen

Tritt eine Ausnahme auf, erscheint im Shell-Fenster eine Fehlermeldung mit folgenden Informationen:

- Eine Beschreibung des Ortes im Programmtext, wo der Fehler auftrat (aufgerufene Funktion, Zeilennummer)
- Name der Exception, d.h. der Ausnahmetyp (z.B. `TypeError`)
- ein »assoziierter Wert« – in der Regel eine kurze Erläuterung des Fehlers

Beispiel:

```
>>> f = open('gibtsnicht.txt', 'r')
Traceback (most recent call last):
  File "<pyshell#1>", line 1, in <module>
    f = open('gibtsnicht.txt', 'r')
IOError: [Errno 2] No such file or directory: 'gibtsnicht.txt'
```

In diesem Fall ist der Name der Exception `IOError` und der zugeordnete Wert die Zeichenkette `No such file or directory: 'gibtsnicht.txt'`.

Sie erkennen, dass das Exception-Objekt wertvolle Information enthält, die die Lokalisierung der Fehlerquelle erleichtert. Im obigen Beispiel wurde versucht, eine Datei zum Lesen zu öffnen, die nicht existierte.

21.1.2 Testen von Vor- und Nachbedingungen mit assert

Ein Programm nennt man logisch korrekt, wenn es das leistet, was es leisten soll. Nun ist es bei einem großen Programm leider ziemlich schwierig zu beweisen, dass es logisch korrekt ist. Und in der Praxis sind umfangreiche Programme niemals ganz fehlerfrei. Sie wissen, dass auch teure kommerzielle Software manchmal abstürzt – eine Folge logischer Fehler.

Wenn man sorgfältig programmiert, kann man jedoch das Fehlerrisiko einschränken. In diesem Abschnitt geht es um eine Technik, die man das *Testen von Vor- und Nachbedingungen* nennt. Ein strukturiertes Python-Programm enthält viele Funktionsdefinitionen und Klassendefinitionen, die Methodendefinitionen enthalten. Wenn alle diese einzelnen Funktionen und Methoden – jeweils für sich – unter allen Bedingungen korrekt arbeiten, dann sind die Aussichten sehr gut, dass auch das gesamte Programm logisch korrekt ist.

Eine Funktion oder Methode verarbeitet Eingabedaten, die ihr als Argumente übergeben worden sind, und liefert ein Ergebnis. In der Regel arbeitet sie nur dann korrekt, wenn die Eingabedaten bestimmten Bedingungen genügen. Die Konjunktion (*und*-Verknüpfung) dieser Bedingungen nennt man *Vorbedingung*.

Entsprechend gibt es auch *Nachbedingungen*. Sie definieren das, was die Funktion oder Methode leisten soll. Ist immer dann, wenn die Vorbedingung erfüllt ist, auch die Nachbedingung erfüllt, arbeitet die Funktion korrekt.

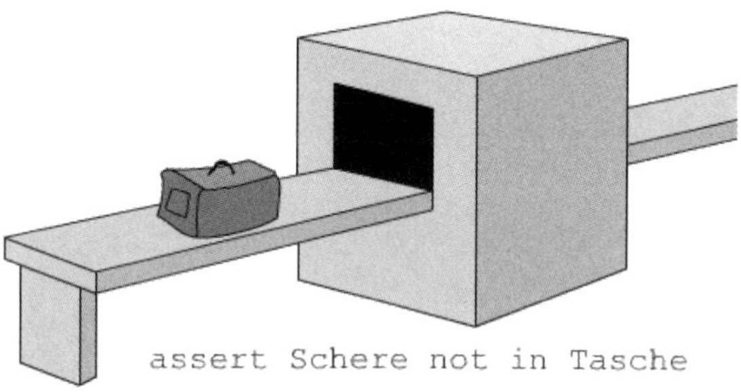

Abb. 21.1: Mit `assert`-Statements schützt man eine Funktion vor ungeeigneten Eingaben.

Das Testen von Vorbedingungen kann man mit dem Sicherheitscheck des Handgepäcks am Flughafen vergleichen. Zugelassen werden nur Gepäckstücke, die bestimmte Bedingungen erfüllen, z.B. (Lufthansa)

- Größe maximal 55 cm x 40 cm x 23 cm
- nicht schwerer als 8 kg
- enthält keine spitzen Gegenstände (Messer, Scheren)
- enthält keine Druckgefäße
- enthält keine Behälter mit mehr als 100 ml Flüssigkeit

Bei Python können Sie Vor- und Nachbedingungen mit der `assert`-Anweisung testen. Das englische Verb *assert* heißt zusichern. Eine `assert`-Anweisung sichert zu, dass eine bestimmte Bedingung erfüllt ist (also wahr ist). Sie hat (im einfachsten Fall) folgendes Format:

```
assert bedingung
```

Dabei ist *bedingung* ein boolescher Ausdruck, der wahr oder falsch sein kann. Wenn die Bedingung nicht erfüllt ist, bricht das Programm mit einer Fehlermeldung ab. Hier einige einfache Beispiele für Funktionen:

Die folgende Funktion entfernt das kleinste Element aus einer Liste. Die `assert`-Anweisungen testen, ob das als Argument übergebene Objekt eine nichtleere Liste ist.

```
def entferneMin(s):
    assert type(s) == list
    assert len(s) > 0
    m = min(s)
    s.remove(m)
```

Die folgende Funktion berechnet die »Diversität« einer Kollektion, damit ist die Anzahl unterschiedlicher Elemente gemeint.

```
def diversität(s):
    assert hasattr(s, "__iter__")                          #1
    menge = set(s)
    return len(menge)
```

Hier einige Beispielaufrufe:

```
>>> diversität("Panama")
4
>>> diversität([1, 2, 3, 4, 5])
5
>>> diversität((1, 1, 1, 1))
1
```

Die Besonderheit der Funktion ist, dass sie für alle Arten von Kollektionen gilt. Das heißt, als Argument kann z.B. eine Liste, ein Tupel, eine Zeichenkette oder eine Menge übergeben werden. In jedem Fall liefert die Funktion ein sinnvolles Ergebnis. Das als Argument übergebene Objekt muss iterierbar sein, das heißt, es muss eine Methode namens `__iter__` besitzen, die einen Iterator liefert. Genau dies wird im `assert`-Statement mit der Standardfunktion `hasattr()` getestet (Zeile **#1**).

Da bei Python Variablennamen nicht fest an Typen gebunden sind, spielen Überprüfungen des Typs eine besondere Rolle. Wenn Sie nicht die genaue Bezeichnung eines Typs kennen, verwenden Sie einfach die Funktion `type()` und ein Exemplar des gesuchten Typs. Dazu einige Beispiele.

Das Objekt x ist eine ganze Zahl:

```
assert type(x) == type(1)
```

Das Objekt x ist eine Zeichenkette

```
>>> assert type(x) == type("Abend")
```

Das Objekt x ist eine (reelle) Zahl:

```
>>> assert type(x) in [type(1), type(1.0)]
```

21.1.3 Vertiefung: Programmabstürze ohne Fehlermeldung

Besonders heimtückisch ist es, wenn ein logischer Programmfehler dazu führt, dass ein Programm in eine Endloswiederholung gerät. Im Unterschied zu einer Exception, die zu einem Programmabbruch führt, läuft das Programm einfach weiter und für den Entwickler gibt es keine Hinweise, was das Problem ist. Mit `assert`-Statements kann man das Risiko solcher Fehler verringern.

Betrachten wir ein Beispiel. Die folgende Funktion soll für ganze Zahlen, die größer als null sind, eine Zerlegung in Primfaktoren berechnen und als Zahlenliste (die mit einer 1 beginnt, auch wenn das eigentlich keine Primzahl ist) zurückgeben:

```
>>> def primfak(zahl):
      x = zahl
      fak = [1]
      faktor = 2
      while x > 1:
          while x%faktor == 0:
              fak.append(faktor)
              x /= faktor
          faktor += 1
      return fak

>>> primfak(13)
[1, 13]
>>> primfak(120)
[1, 2, 2, 2, 3, 5]
```

In den Testläufen leistet die Funktion offenbar das Gewünschte. Aber Vorsicht! Die Funktion arbeitet nur mit *positiven ganzen* Zahlen korrekt. Wenn z.B. durch irgendeinen dummen Zufall als Argument eine Gleitkommazahl mit Nachkommastellen übergeben wird, gerät der Algorithmus in eine Endlosschleife. (Denn es gilt niemals `x%faktor == 0` und somit wird x bei einem Durchlauf der Hauptschleife niemals dividiert. Die Bedingung x>1 bleibt also bis in alle Ewigkeit wahr.) Beachten Sie: Es gibt keinen Laufzeitfehler und somit keinen Hinweis, an welcher Stelle der logische Fehler im Skript steckt.

Die Vorbedingung für diese Funktion ist also: »Das Argument muss vom Typ `int` und größer als null sein.«

Die Nachbedingung in diesem Fall lautet: »Das Produkt der Elemente der berechneten Liste ist gleich der Zahl, die als Argument übergeben wurde.«

Oder formal: Wenn `fak == [p1, p2, ..., pn]` ist, dann muss gelten: `zahl == p1*p2* ...*pn`.

Vor- und Nachbedingung können bei Python mit `assert`-Anweisungen geprüft werden. Sie haben das Format

```
assert bedingung
```

Dabei ist *bedingung* eine logische Aussage, die wahr oder falsch sein kann. In dem Fall, dass die Bedingung nicht erfüllt ist, wird eine Ausnahme (`AssertionError`) generiert und der Programmlauf abgebrochen. Mithilfe der Fehlermeldung kann dann der Fehler lokalisiert werden. Erweitern wir also die obige Funktionsdefinition um `assert`-Anweisungen und speichern das Skript als Modul in einer eigenen Datei ab.

Skript:

```
# primfak.py
def primfak(zahl):
      # Prüfe Vorbedingung
      assert (type(zahl) == int) and (zahl > 0)
      x = zahl
      fak = [1]
      faktor = 2
      while x > 1:
          while x%faktor == 0:
              fak.append(faktor)
              x /= faktor
          faktor += 1
      # Prüfe Nachbedingung
      produkt = 1
      for i in fak: produkt *= i
      assert produkt == zahl
      return fak

if __name__== "__main__":
    primfak(15)
    primfak(-2)
```

Das Modul kann importiert werden. Es kann aber auch direkt aufgerufen werden, dann werden die Testaufrufe der Funktion in den letzten Zeilen ausgeführt. Im Shell-Fenster erscheint dann z.B. folgende Ausgabe:

```
>>>
[1, 3, 5]
```

```
Traceback (most recent call last):
  ...
  File ".../primfak.py", line 4, in primfak
    assert type(zahl) == int and zahl > 0
AssertionError
```

21.2 Debugging-Modus und optimierter Modus

Tests von Bedingungen können algorithmisch aufwändig sein. Das bedeutet, dass sie die Laufzeit des Programms spürbar verschlechtern können. Doch es gibt eine Abhilfe. Sie können ein Programm im optimierten Modus starten. Dann werden `assert`-Statements einfach übersprungen.

Dazu wird das Skript im Kommando-Fenster des Betriebssystems (z.B. Eingabeaufforderung bei Windows) mit der Option -O (großes O) aufgerufen:

```
python -O meinSkript.py
```

Testen Sie das folgende Skript.

```
# debug_test.py
assert 1==2
print("Dieses Programm wurde nicht unterbrochen")
```

Die `assert`-Anweisung löst (im Debugging-Modus) einen Programmabbruch aus. Die anschließende `print()`-Anweisung kommt dann nicht mehr zum Zuge. Ein Start des Programms im (voreingestellten) Debugging-Modus liefert deshalb dieses Ergebnis:

```
Traceback (most recent call last):
  ...
    assert 1==2
AssertionError
```

Nun starten Sie das Programm im optimierten Modus. Dazu müssen Sie ein Kommando-Fenster verwenden. Wechseln Sie mit `cd` in das Verzeichnis mit dem Testprogramm und starten Sie das Programm mit `python -O`:

```
> python -O debug_test.py
Dieses Programm wurde nicht unterbrochen
```

Sie sehen, dass die `assert`-Anweisung einfach übersprungen wurde und direkt die zweite Programmzeile mit dem Druckbefehl ausgeführt wurde.

Nun sind aber manche Tests ziemlich komplex und gehen über eine einfache `assert`-Anweisung hinaus. Erinnern Sie sich an die Überprüfung der Nachbedingung für die Primfaktorzerlegung im letzten Abschnitt? Hier musste zuerst das Produkt aller Zahlen einer Liste berechnet werden und dann kam erst `assert`.

```
# Prüfe Nachbedingung
produkt = 1
for i in fak: produkt *= i
assert produkt == zahl
```

Mit einer einfachen `if`-Anweisung der allgemeinen Form

```
if __debug__:
    teste Bedingung
```

kann man erzwingen, dass der Test nur dann erfolgt, wenn das Programm im Debugging-Modus gestartet worden ist.

Dabei ist `__debug__` eine boolesche Variable, die zwar gelesen, aber innerhalb des Skripts *nicht verändert* werden kann (Read-only-Variable). Als Default trägt `__debug__` den Wert `True`. Das Programm läuft dann im Debugging-Modus.

Zum Ausprobieren: Überprüfen Sie im interaktiven Modus den Wert von `__debug__`:

```
>>> __debug__
True
```

Wenn das Skript im *optimierten Modus* ausgeführt wird, hat `__debug__` den Wert `False`. Testen Sie das folgende Skript:

```
#debug_test1.py
if __debug__:
  print("Ich bin im debug-Modus")
else:
  print("Ich bin im optimierten Modus")
```

Starten Sie das Skript über die Kommandozeile im optimierten Modus:

```
> python -O debug_test1.py
Ich bin im optimierten Modus
```

21.3 Ausnahmen gezielt auslösen

Mit einer `raise`-Anweisung können Sie beim Test einer Vor- oder Nachbedingung Ausnahme-Ereignisse auslösen. Das Format ist:

```
raise Exception-Name (assoziierter Wert)
```

Nach dem Schlüsselwort `raise` wird der Name einer passenden Exception-Klasse aufgeführt und dahinter in Klammern ein »assoziierter Wert«. Das ist ein String, der den Fehler näher erläutert und in der Fehlermeldung hinter dem Namen der Ausnahme auftaucht. Die folgende Funktion `fak(n)` berechnet die Fakultät einer nichtnegativen Zahl `n`. Es gilt `fak(n) == 1*2*...*n`. In den `if`-Anweisungen wird die Vorbedingung getestet, dass die übergebene Zahl `n` eine nichtnegative ganze Zahl ist.

```
>>> def fak(zahl):
      # Prüfe Vorbedingung
      if zahl < 0:
          raise ValueError("zahl muss >= 0 sein")
      if type(zahl) != int:
          raise TypeError("zahl muss vom Typ int sein")
      produkt = 1
      for i in range(1, zahl):
         produkt *= i
      return produkt

>>> fak(10)
362880
>>> fak(-1)
Traceback (most recent call last):
  File "<pyshell#3>", line 1, in <module>
    fak(-1)
  File "<pyshell#1>", line 4, in fak
    raise ValueError("zahl muss >= 0 sein")
ValueError: zahl muss >= 0 sein
>>> fak(10.1)
Traceback (most recent call last):
  File "<pyshell#3>", line 1, in <module>
    fak(10.1)
  File "<pyshell#0>", line 6, in fak
    raise TypeError("zahl muss vom Typ int sein")
TypeError: zahl muss vom Typ int sein
```

21.4 Selbstdokumentation

Um die Funktionsweise eines schwer durchschaubaren Algorithmus transparent zu machen, kann man ein Programm so gestalten, dass es seine Arbeitsweise selbst dokumentiert. Dazu streut man `print()`-Aufrufe ein, in denen die Inhalte wichtiger Variablen ausgegeben und erläutert werden. Anhand der Ausgabe des Programms kann man prüfen, ob es so läuft, wie man es geplant hat, und etwaige logische Fehler finden.

Das folgende Beispiel zeigt eine Variante der Quicksort-Funktion, die eine Liste von Zahlen aufsteigend sortiert (siehe Abschnitt 7.4.6).

Skript:

```
# qsort1.py
import random
def quicksort(s):
  if __name__ == '__main__':                                         #1
    if len(s) > 0:
      print("Ich sortiere: ", s)
      print("Element zum Spalten der Liste: ",s[0])

  if len(s) <= 1: return s
  else:
    return quicksort( [ x for x in s[1:] if x < s[0]])\
        + [s[0] ] \
        + quicksort( [ y for y in s[1:] if y >= s[0]])

if __name__== '__main__':                                            #2
    s = [random.randint(0, 100) for i in range(8)]
    print(quicksort(s))
```

Erläuterung:

Das Skript wird als Modul in einer eigenen Datei namens `qsort1.py` abgespeichert. Nur dann, wenn das Skript (zu Testzwecken) als eigenständiges Programm ausgeführt wird, hat die Variable `__name__` den Wert `__main__`. Nur in diesem Fall wird am Ende (**#2**) eine Liste mit Zufallszahlen erzeugt und die Funktion `quicksort()` aufgerufen. Und auch nur in diesem Fall werden hinter Zeile **#1** die `print`-Anweisungen zur Selbstdokumentation ausgeführt.

Wird das Modul von einem anderen Skript aus importiert, dann ist der Name nicht `__main__`, sondern `qsort1` und es werden die Test-Anweisungen übersprungen.

Programmlauf (Start als eigenständiges Skript):

```
Ich sortiere:  [7, 61, 24, 9, 20, 34, 68, 10]
Element zum Spalten der Liste:  7
Ich sortiere:  [61, 24, 9, 20, 34, 68, 10]
Element zum Spalten der Liste:  61
Ich sortiere:  [24, 9, 20, 34, 10]
Element zum Spalten der Liste:  24
Ich sortiere:  [9, 20, 10]
Element zum Spalten der Liste:  9
Ich sortiere:  [20, 10]
Element zum Spalten der Liste:  20
```

```
Ich sortiere:  [10]
Element zum Spalten der Liste:  10
Ich sortiere:  [34]
Element zum Spalten der Liste:  34
Ich sortiere:  [68]
Element zum Spalten der Liste:  68
[7, 9, 10, 20, 24, 34, 61, 68]
```

21.5 Dokumentation eines Programmlaufs mit Log-Dateien

Bei CGI-Skripten werden Standardausgabe und `print()`-Funktion für das Versenden von HTTP-Paketen an den Client genutzt. Eine Selbstdokumentation (Tracing) des Programmlaufs über `print()` ist dann nicht möglich.

Eine Alternative ist, Mitteilungen über den aktuellen Stand eines Programmlaufs in eine Textdatei zu schreiben. Sie nennt man auch Log-Datei. Wenn ein Fehler aufgetreten ist, kann man in der Log-Datei nachsehen und nach einer Ursache für das Versagen des Programms suchen.

Der Begriff Log gehört inzwischen zur Alltagssprache. Sie kennen Web-Logs – oder kurz Blogs –, in denen literarisch ambitionierte Menschen Kurzberichte über ihren Alltag veröffentlichen. Auf Schiffen gibt es ein Logbuch, in das der Kapitän wichtige Ereignisse einer Reise einträgt. Tatsächlich kommt der Begriff aus der Seefahrt. Log ist das englische Wort für ein Holzscheit, mit dem früher die Geschwindigkeit von Schiffen gemessen wurde. Das Holz wurde an ein Seil gebunden und ins Wasser geworfen. In dem Seil waren in regelmäßigen Abständen Knoten. Da das Schiff in Bewegung war, das Logscheit auf dem Wasser jedoch ruhte, wurde das Seil vom Schiff gezogen. Der Seemann, durch dessen Hände das Seil ins Wasser glitt, zählte die Knoten, die in einer bestimmten Zeitspanne über die Bordkante gingen. Die Anzahl der Knoten war somit ein Maß für die Geschwindigkeit des Schiffes. Und diese wurde ins Logbuch eingetragen. Heute bezeichnet der Begriff Log ganz abstrakt eine chronologische Dokumentation von Ereignissen.

Das Standardmodul `logging` bietet Ihnen ausgefeilte Möglichkeiten, Logs von Programmläufen zu führen.

21.5.1 Grundfunktionen

Die Grundfunktionen des Moduls `logging` können Sie im interaktiven Modus ausprobieren. Eine der Hauptideen des Moduls ist, dass mehrere Logger definiert werden können, die jeweils Einträge in eine Log-Datei vornehmen können. Ein Logger ist jedoch schon von vornherein vorgegeben. Das ist der root-Logger. Mit der Funktion `logging.basicConfig()` legen Sie die Log-Datei des root-Loggers fest und stellen das Logging-Level ein. Zum Logging-Level später mehr.

```
>>> import logging
>>> logging.basicConfig(filename="/tmp/logging.txt",
    level=logging.DEBUG)
```

Mit der Funktion `logging.debug()` wird der root-Logger veranlasst, etwas in seine Log-Datei zu schreiben. Der Typ des Arguments ist beliebig.

```
>>> logging.debug("Erster Eintrag")
>>> a = 5
>>> logging.debug(a)
```

Öffnen Sie mit einem Texteditor die Log-Datei `/tmp/logging.txt` und schauen Sie sich die Einträge an.

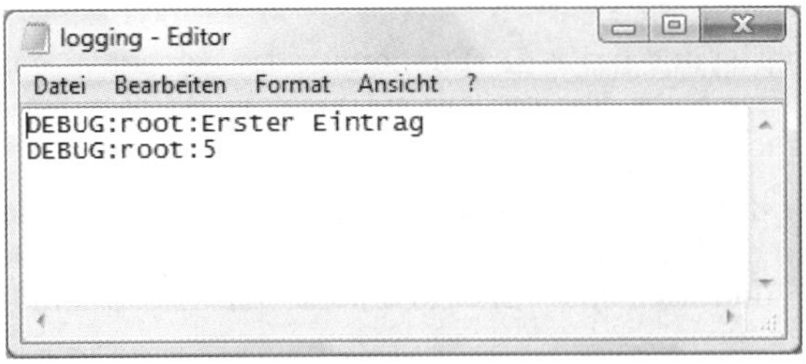

Abb. 21.2: Inhalt der Log-Datei

21.5.2 Beispiel: Logging in der GUI-Programmierung

Logging ist besonders bei der Entwicklung von Programmen mit grafischer Benutzungsoberfläche (GUI) nützlich. Denn es gibt z.B. kein Shell-Fenster, in dem der Dialog mit dem Benutzer dokumentiert ist. Bei dem folgenden Programm kann der Benutzer ein Wort in das Eingabefeld eintragen und durch einen Klick auf die Schaltfläche irgendeine Verarbeitung auslösen.

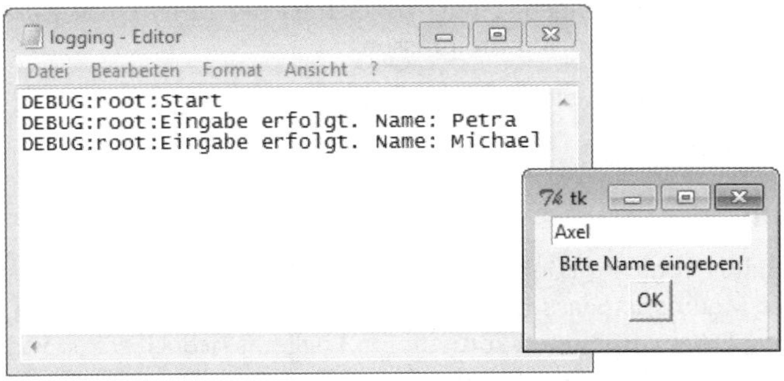

Abb. 21.3: Applikationsfenster (rechts) und Editorfenster (links) mit dem Logfile des Programms

Das Skript enthält an zwei Stellen `debug()`-Anweisungen, die etwas in die Log-Datei eintragen (im Skript fett gesetzt). Damit wird der Dialog mit dem Benutzer dokumentiert (siehe Abbildung 21.3 links). Falls bei Programmläufen Probleme auftreten, kann man in der Log-Datei nachsehen und (hoffentlich) Hinweise auf die Ursache finden.

Skript:

```
# log_gui.py
import logging
from tkinter import Tk, Button, Label, Entry, END


class App:
    def __init__(self):
        self.fenster = Tk()
        self.eingabe = Entry(self.fenster)
        self.label = Label(self.fenster, text="Bitte Name eingeben!")
        self.ok_button = Button(self.fenster, text ="OK",
                                command=self.verarbeiten)
        self.eingabe.pack()
        self.label.pack()
        self.ok_button.pack()
        self.fenster.mainloop()

    def verarbeiten(self):
        name = self.eingabe.get()
        logging.debug("Eingabe erfolgt. Name: " + name)
        self.eingabe.delete(0, END)

logging.basicConfig(filename="tmp/logging.txt", level=logging.DEBUG)
logging.debug("Start")
App()
```

21.6 Vertiefung: Professionelles Arbeiten mit Logging

In diesem Abschnitt werden weiterführende Funktionen des Moduls `logging` eingeführt.

21.6.1 Logging-Levels

Logging-Levels sind so etwas wie Dringlichkeitsstufen von Einträgen. Definiert sind folgende Stufen (mit zunehmender Dringlichkeit): DEBUG, INFO, WARNING, ERROR, CRITICAL. Meldungen auf der Stufe DEBUG haben eine sehr niedrige Bedeutsamkeit. Es sind Routinemeldungen, die man meistens ignorieren kann, wenn man aus irgendwelchen Gründen die Dokumentation eines Programmlaufs studiert. Meldungen der Stufe CRITICAL sind von hoher Bedeutung und sollten bei einer Überprüfung des Logs auf jeden Fall beachtet werden. Zu jeder Stufe gibt es eine Funktion gleichen Namens, die kleingeschrieben wird, also `debug()`, `info()` usw. Mit diesen Funktionen können Sie Meldungen unterschiedlicher Dringlichkeit in die Log-Datei eintragen lassen.

Das folgende Python-Skript enthält eine Implementierung des Mergesort-Algorithmus zum Sortieren einer Liste von Zahlen. Abbildung 21.4 visualisiert die Idee: Die eingegebene

Liste wird in zwei Hälften aufgeteilt. Diese Hälften werden durch einen rekursiven Aufruf sortiert und dann »gemischt«. Das heißt, man bearbeitet beide Listen von vorne, entfernt immer das kleinere Element der beiden Listenköpfe und fügt es der Ergebnisliste an.

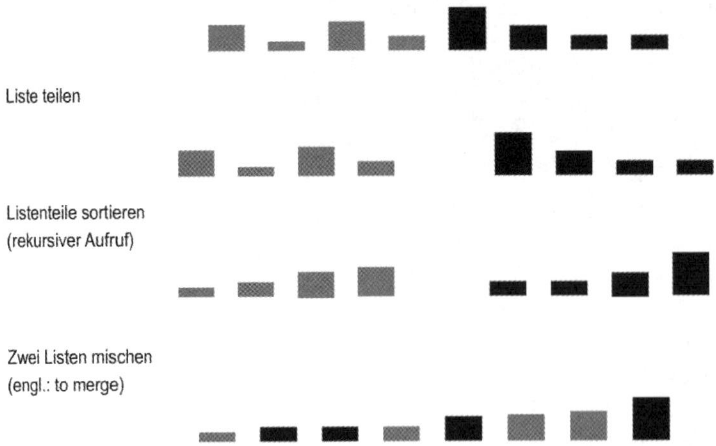

Abb. 21.4: Die Idee von Mergesort

Aber bei dem Programm geht es gar nicht um Mergesort selbst, sondern um die Verwendung von Logging-Funktionen. Das Skript enthält zwei rekursive Funktionen. Sie sind zwar ganz klein und übersichtlich, aber Rekursion ist für uns Menschen nur schwer zu verstehen. Schauen Sie sich den Programmtext an. Sind Sie sicher, dass kein logischer Fehler enthalten ist?

Das Skript enthält deshalb Aufrufe der Funktionen `logging.debug()` und `logging.info()`. Sie schreiben Log-Einträge in die Datei `/tmp/logging.txt`. Für jeden Funktionsaufruf werden Eingabe und Ausgabe festgehalten. So kann man später mithilfe der Log-Datei prüfen, ob die Funktionen korrekt arbeiten.

```
import logging
logging.basicConfig(filename="/tmp/logging.txt",
                    level=logging.DEBUG,
                    filemode="w")                          #1

def merge(s1, s2):                                         #2
  logging.debug("Starte merge({}, {}): ".format(
                    str(s1), str(s2)))
  if s1 == []: ergebnis = s2                               #3
  elif s2 == []: ergebnis = s1
  else:
      a, b = s1[0], s2[0]
      if a <= b: ergebnis = [a] + merge(s1[1:], s2)        #4
      else: ergebnis = [b] + merge(s1, s2[1:])
```

```
    logging.debug("Ergebnis von merge({}, {}): {}".format(
                  str(s1), str(s2), str(ergebnis)))
    return ergebnis

def msort (s):
    logging.info("msort({})".format(str(s)))
    if len(s) <= 1:
        ergebnis = s                                       #5
    else:
        n = len(s)//2                                      #6
        s1 = s[:n]
        s2 = s[n:]
        ergebnis = merge(msort(s1), msort(s2))             #7
     logging.info("Ergebnis von msort({}): {}".format(
                  str(s), str(ergebnis)))
     return ergebnis

if __name__ == "__main__":
    s = [7, 13, 15, 1, 12, 11, 3, 6, 10, 2, 8, 14, 0, 4, 9, 5]
    print(msort(s))
```

Erläuterung:

#1: Das Skript wird im Logging-Level DEBUG ausgeführt. Das heißt, *alle* Meldungen (auf den Stufen DEBUG und INFO) werden in die Log-Datei geschrieben. Das Schlüsselwortargument `filemode="w"` bewirkt, dass bei jedem Programmstart die Log-Datei gelöscht und neu beschrieben wird.

#2: Die Hilfsfunktion `merge()` mischt zwei sortierte Listen so, dass eine einzige längere sortierte Liste entsteht.

#3: Das ist der Elementarfall: Eine der beiden Listen ist leer. Dann ist die andere Liste schon das Ergebnis.

#4: Die Stelle ist schwer verständlich. Hier wird das kleinere erste Element der beiden Listen ausgewählt und an den Anfang der Ergebnisliste gesetzt. So haben wir schon einmal das erste Element. Der Rest der Ergebnisliste wird durch einen rekursiven Aufruf von `merge()` berechnet. Eine der beiden Listen, die an `merge()` übergeben werden, ist ein bisschen kleiner. Deshalb können wir sicher sein, dass es keine Endlosrekursion gibt. Oder?

#5: Der Elementarfall: Wenn die Liste leer ist oder nur ein Element besitzt, ist sie bereits sortiert.

#6: Das ist eine ganzzahlige Division. In den folgenden Zeilen wird die Liste s in zwei Hälften aufgeteilt. Genauer: Es werden zwei Kopien angefertigt, eine Kopie von der ersten Hälfte und eine von der zweiten.

#7: Rekursiver Aufruf: Die beiden Hälften werden sortiert und die beiden sortierten Teillisten zum Gesamtergebnis durch Mischen zusammengefügt.

Nun kann ein Programm auf verschiedenen Logging-Levels laufen. Durch die Einstellung eines Logging-Levels können Sie die unwichtigeren Meldungen unterdrücken. In Zeile **#1** des Programms wurde das Logging-Level auf DEBUG gesetzt. Das ist das niedrigste Level. Das heißt, dass in die Log-Datei alle Meldungen geschrieben werden.

Wird das Logging-Level auf die höhere Stufe INFO gesetzt, werden nur Meldungen ab der Dringlichkeitsstufe INFO abgesetzt. Die DEBUG-Einträge (mit geringerer Wichtigkeit) werden unterdrückt. Sie bleiben unsichtbar und erscheinen nicht in der Log-Datei. Abbildung 21.5 veranschaulicht die Idee der Logging-Levels.

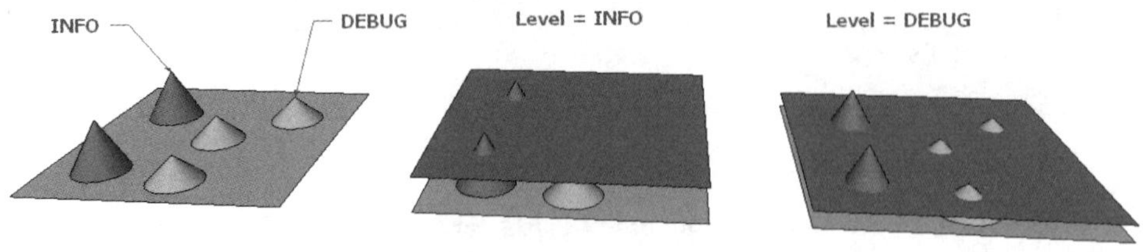

Abb. 21.5: Veranschaulichung der Logging-Levels

Analyse des Logfiles – Level DEBUG

Mit einem Texteditor öffnen Sie nun die Datei `/tmp/logging.txt`. Sie enthält einen Text mit 182 Zeilen, in jeder Zeile ein Log-Eintrag. Auf den ersten Blick ziemlich unübersichtlich. In jeder Funktionsdefinition gibt es eine Logging-Anweisung zu Beginn und eine am Ende mit dem Ergebnis.

Suchen Sie die ersten Einträge, die ein *Ergebnis* dokumentieren. Es sind die Ergebnisse von Funktionsaufrufen, bei denen nur leere oder einelementige Listen übergeben worden sind. Warum? Die Logging-Anweisungen, die ein Ergebnis dokumentieren, stehen immer *am Ende* der Funktionsdefinition, also *hinter* den rekursiven Aufrufen. Die ersten Ergebnisse werden also dann berichtet, wenn ein Elementarfall aufgetreten ist und kein rekursiver Funktionsaufruf notwendig war.

```
...
INFO:root:Ergebnis von msort([7]): [7]
...
INFO:root:Ergebnis von msort([13]): [13]
...
```

Die Funktion `merge()` mischt zwei Listen und gibt eine sortierte Liste zurück, die aus den Elementen beider Listen zusammengesetzt ist. Weiter unten im Logfile können Sie kontrollieren, ob die Funktion richtig arbeitet:

```
DEBUG:root:Ergebnis von merge([], [15]): [15]
DEBUG:root:Ergebnis von merge([13], [15]): [13, 15]
DEBUG:root:Ergebnis von merge([7, 13], [15]): [7, 13, 15]
DEBUG:root:Ergebnis von merge([7, 13], [1, 15]): [1, 7, 13, 15]
```

Die Funktion `merge()` arbeitet korrekt. Aber wenn sie Fehler enthielte, könnten Sie diese an den Log-Einträgen erkennen.

Analyse des Logfiles – Level INFO

Die Arbeitsweise der Funktion `msort()` kann man in der Log-Datei schlecht nachvollziehen. Die Datei ist einfach zu lang, man wird mit Information überschüttet. Lassen wir das Programm in einem höheren Logging-Level laufen. Ersetzen Sie Zeile **#1** des obigen Skriptes durch folgende Zeile:

```
logging.basicConfig(filename="/tmp/logging.txt",
                    level=logging.INFO,
                    filemode="w")
```

Starten Sie das Programm und schauen Sie sich mit einem Texteditor die Log-Datei an. Sie besteht nur noch aus 62 Zeilen und zeigt nur noch die Einträge der Stufe INFO, die innerhalb der Funktion `msort()` ausgelöst wurden.

```
INFO:root:msort([7, 13, 15, 1, 12, 11, 3, 6, 10, 2, 8, 14, 0, 4, 9, 5])
INFO:root:msort([7, 13, 15, 1, 12, 11, 3, 6])
INFO:root:msort([7, 13, 15, 1])
INFO:root:msort([7, 13])
INFO:root:msort([7])
INFO:root:Ergebnis von msort([7]): [7]
INFO:root:msort([13])
INFO:root:Ergebnis von msort([13]): [13]
INFO:root:Ergebnis von msort([7, 13]): [7, 13]
...
```

Was sagt das Logfile über die Arbeitsweise von `msort()`? Sie erkennen, dass `msort()` zuerst auf die komplette Liste angewendet wird, dann auf die erste Hälfte der Liste, dann auf die erste Hälfte der ersten Hälfte usw. Erst nach dem Aufruf von `msort([7])` wird das erste Ergebnis dokumentiert.

Logging unterdrücken

Natürlich kosten die Eintragungen in eine Log-Datei Rechenzeit. Wenn Sie sicher sind, dass Ihr Programm richtig funktioniert, können Sie durch ein hohes Logging-Level alle Logging-Aktivitäten unterdrücken. Sie brauchen also nicht die Logging-Anweisungen zu entfernen. In unserem Beispiel reicht es, wenn Sie Zeile **#1**, in der das Logging-Level eingestellt wird, durch folgende Zeile ersetzen:

```
logging.basicConfig(level=logging.CRITICAL)
```

Da es keine Einträge auf der Stufe CRITICAL gibt, findet kein Logging statt.

21.6.2 Logger-Objekte

Bei großen Projekten mit vielen Modulen ist es sinnvoll, mehrere Logger zu verwenden. Ihnen können unterschiedliche Logging-Levels zugeordnet werden.

Mit der Funktion `getLogger()` erzeugen Sie ein neues Logger-Objekt. Format eines Aufrufs:

```
getLogger(name)
```

Dabei ist *name* eine Zeichenkette mit dem Namen des Loggers. Dieser Name kann ein Modul bezeichnen oder eine Funktionalität, die getestet wird. Der Name kann auch im Log-Eintrag auftauchen. So können die Meldungen unterschiedlicher Logger in der Log-Datei erkannt werden und so auf die Stelle im Programm geschlossen werden, wo eine Meldung abgesetzt worden ist.

Jeden Logger können Sie mit der Logger-Methode `setLevel()` auf ein individuelles Logging-Level setzen. Beispiel:

```
# log_test_1.py
import logging, sys
logging.basicConfig(file=sys.stdout)                                #1
log = logging.getLogger("Modul 1")
log.setLevel(logging.INFO)
log.debug("nicht so wichtig")                                       #2
log.info("wichtig")
```

Erläuterung:

#1: Hier wird festgelegt, dass alle Meldungen über die Standardausgabe ausgegeben werden. Die Meldungen werden also nicht in einer Datei gespeichert, sondern erscheinen im Shell-Fenster.

#2: Diese Meldung wird unterdrückt, da der Logger auf Level INFO gesetzt worden ist.

Das Programm führt zu folgender Ausgabe auf dem Bildschirm:

```
INFO:Modul 1:wichtig
```

21.6.3 Das Format der Logging-Meldungen konfigurieren

Schauen Sie sich noch einmal die Log-Einträge aus dem vorigen Abschnitt an. Sie sind nach folgendem voreingestellten Format aufgebaut:

```
Level:Name des Loggers:Meldung
```

Dieses Format können Sie abändern. Vielleicht möchten Sie, dass ein Log-Eintrag auch eine Zeitangabe enthält. Dann müssen Sie beim Aufruf von `logging.basicConfig()` das Schlüsselwortargument `format=`*`formatstring`* spezifizieren. Dabei ist *`formatstring`* eine

Zeichenkette, die eine Schablone mit Platzhaltern für die Log-Einträge definiert. Die Platzhalter beginnen jeweils mit % und enden mit einem Buchstaben, der den Datentyp des für den Platzhalter einzusetzenden Wertes bestimmt (z.B. s für einen String oder d für eine Dezimalzahl). Tabelle 21.2 beschreibt einige wichtige Platzhalter.

Platzhalter	Bedeutung
%(asctime)s	Zeitpunkt, zu dem die Meldung abgesetzt wurde
%(filename)s	Dateiname des Python-Moduls, in dem die Meldung abgesetzt worden ist
%(funcName)s	Name der Funktion, in der die Meldung abgesetzt worden ist
%(levelname)s	Logging-Level (DEBUG, INFO, WARNING, ERROR, CRITICAL)
%(lineno)d	Nummer der Zeile, in der die Meldung abgesetzt wurde
%(message)s	Text der Meldung
%(module)s	Name des Moduls, in dem die Meldung abgesetzt worden ist
%(name)s	Name des Loggers
%(pathname)s	Vollständiger Pfad des Python-Moduls, in dem die Meldung abgesetzt worden ist

Tabelle 21.2: Platzhalter für den Formatierungsstring der Logging-Konfiguration (Auswahl)

Im folgenden Skript enthält die Meldung den Zeitpunkt ihrer Entstehung – auf die Tausendstelsekunde genau.

Skript:

```
import logging
logging.basicConfig(filename="/tmp/logging.txt",
    format='%(asctime)s -> %(message)s')
logging.critical("Wassereinbruch in Laufwerk E")
```

Meldung:

```
2009-11-07 09:01:55,775 -> Wassereinbruch in Laufwerk E
```

Im zweiten Beispiel enthalten die Log-Einträge eine genaue Angabe, an welcher Stelle des Programmtextes der Eintrag in die Datei geschrieben wurde.

Skript:

```
#log_test_3.py
import logging
logging.basicConfig(filename="/tmp/logging.txt",
     level=logging.DEBUG,
     format='%(module)s, Zeile %(lineno)d: %(message)s')
for i in range(4):
    logging.debug("Meldung {}.".format(i))
```

Meldungen in der Log-Datei:

```
log_test_3, Zeile 7: Meldung 0.
log_test_3, Zeile 7: Meldung 1.
log_test_3, Zeile 7: Meldung 2.
log_test_3, Zeile 7: Meldung 3.
```

21.7 Debugging

Unter einem *Bug* (engl. für *Käfer*) versteht man im Informatik-Jargon einen Fehler. Debugging meint die Beseitigung von Fehlern aus einem Programmtext. Der Begriff stammt angeblich aus der Zeit, als Computer noch mit Röhren arbeiteten und ganze Räume füllten. Damals krabbelten gelegentlich Käfer (bugs) über die Lötstellen und verursachten Kurzschlüsse. Debugging war dann – im wahrsten Sinne des Wortes – die Beseitigung von Käfern aus den Innereien der Rechenanlage.

Beim Debugging (im modernen Sinne) geht es allein um das Aufspüren *semantischer* Fehler. Als Hilfsmittel bietet IDLE einen integrierten Debugger an. Bei einem Klick auf das Feld DEBUGGER im Menü DEBUG des Shell-Fensters öffnet sich ein Kontroll-Fenster (Abbildung 21.6). Startet man nun im Editor-Fenster durch Anklicken von RUN MODULE das Skript, so läuft das Programm unter der Kontrolle des Debuggers. Abbildung 21.6 zeigt eine Momentaufnahme aus einer Analyse der `quicksort()`-Funktion.

Wenn (wie in Abbildung 21.6) alle Checkboxen oben rechts ausgewählt sind, zeigt das Kontrollfenster des Debuggers Folgendes:

- Im oberen Fenster sieht man den Stack der Laufzeitumgebung, d.h. Kurzbeschreibungen der Execution Frames, die während des Programmlaufs bis zum aktuellen Zeitpunkt erzeugt worden sind.
- Besonders wichtig ist der Bereich unter der Überschrift LOCALS, in dem die Inhalte der lokalen Variablen (dazu gehören auch die Parameter) der aktuell aufgerufenen Funktion dargestellt sind. Im Beispiel (Abbildung 21.6) hat die lokale Variable `s` im aktuellen Aufruf von `quicksort()` den `Wert [30, 24]`.
- Unter GLOBALS ist entsprechend der globale Namensraum dargestellt.
- Im Editorfenster mit dem Skript, das gerade analysiert wird, wird die gerade ausgeführte Zeile durch einen Balken markiert.

Bei einer typischen Debugging-Sitzung geht man z.B. folgendermaßen vor:

Durch mehrfaches Klicken auf die Schaltfläche STEP führt man das Programm schrittweise aus, das heißt, der Lauf wird nach jeder Programmzeile unterbrochen. Nach jeder einzelnen Anweisung kontrolliert man anhand der lokalen und globalen Namensräume, ob der aktuelle Zustand des Prozesses so ist, wie man es erwartet hat. Besitzt etwa eine Variable einen überraschenden Wert, so ist dies ein Hinweis auf einen logischen Fehler in der zuvor ausgeführten Programmzeile.

Die `Step`-Funktion bewirkt, dass bei einem Aufruf einer Funktion in die Definition dieser Funktion »hineingesprungen« wird und die Ausführung dieser Funktion Schritt für Schritt verfolgt wird. Wenn die Funktion in einem anderen Modul definiert ist, öffnet sich ein weiteres Editorfenster mit dem Programmtext, der zu dieser Funktion gehört. Wenn Sie die

Funktionsdefinition nicht interessiert, weil Sie sie für korrekt halten, können Sie auf die Schaltfläche OUT klicken. Dann wird die Funktion ohne Unterbrechung zu Ende ausgeführt.

Durch Anklicken von OVER anstelle von STEP wird die schrittweise Ausführung einer aufgerufenen Funktion von vornherein unterdrückt.

Mit GO wird das Skript bis zum Ende ohne weitere Unterbrechung ausgeführt. QUIT schließlich beendet den Debugger.

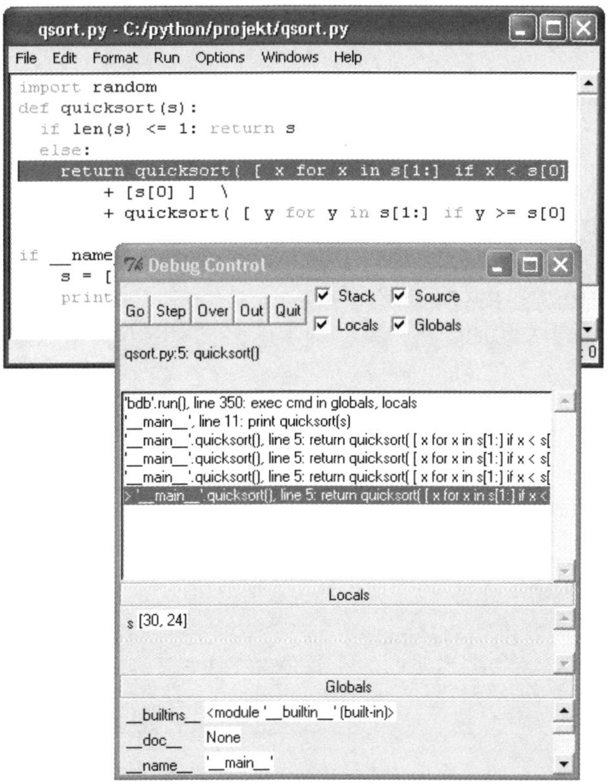

Abb. 21.6: Der Debugger der Entwicklungsumgebung IDLE

21.8 Aufgabe

Schreiben Sie eine Funktion, die für reelle Zahlen quadratische Gleichungen der Form $x^2+px+q=0$ löst, sofern sie lösbar sind. Argumente sind p und q. Zurückgegeben wird die Lösungsmenge als Tupel (x_1, x_2).

Die Funktion soll Vor- und Nachbedingungen testen und bei Nichterfüllung eine Ausnahme erzeugen.

Vorbedingung: $(p/2)^2-q >= 0$

Nachbedingung: Die Gleichung $x^2+px+q=0$ soll für alle Werte aus der Liste $[x_1, x_2]$ gelten.

Hinweis: Die quadratische Gleichung $x^2+px+q=0$ hat die Lösungen:

x_1 = -p/2 + $$$wurzel$$$(p/2)^2-q $$$EndeWurzel$$$ und

x_2 = -p/2 - $$$wurzel$$$(p/2)^2-q $$$EndeWurzel$$$

21.9 Lösung

Skript:

```
# q_gleichung.py
from math import *
def q_gleichung(p, q):
   # Vorbedingung
   assert ((p/2)**2 - q) >= 0
   x1 = -p/2.0 + sqrt((p/2.0)**2 - q)
   x2 = -p/2.0 - sqrt((p/2.0)**2 - q)
   # Nachbedingung
   assert (x1**2 + p*x1 + q == 0) and (x2**2 + p*x2 + q == 0)
   return x1, x2
```

Testaufrufe:

```
>>> q_gleichung(-1, -2)
(2.0, -1.0)
>>> q_gleichung (1, 1)
File "<pyshell#1>", line 1, in <module>
    q_gleichung(1, 1)
... q_gleichung.py", line 14, in q_gleichung
    assert ((p/2)**2 - q) >= 0
AssertionError>>>
```

Kapitel 22

Dynamische Webseiten – CGI und WSGI

Das World Wide Web (WWW) besteht aus vielen Dokumenten (Webseiten), die über einen Browser aufgesucht und angezeigt werden. Häufig sind Webseiten statische Dateien, die einen HTML-Text enthalten (Hypertext Markup Language). HTML ist eine »Auszeichnungssprache«, mit der Webseiten mit formatiertem Text, Links, Bildern etc. definiert werden. Der Browser interpretiert den HTML-Quelltext und stellt das Dokument auf dem Bildschirm dar.

Bei einer dynamischen Webseite ist der HTML-Quelltext nicht statisch in einer Datei gespeichert, sondern wird erst beim Aufruf der Webseite von einem Programm automatisch erzeugt. Typische Anwendungen für dynamische Webseiten sind:

- Verarbeitung von Daten, die über HTML-Formulare eingegeben werden
- Online-Zugriff auf Datenbanken (Suchmaschinen, Wetterdienste, Routenplaner, Online-Telefonbücher etc.)
- Kommunikationsplattformen (Diskussionsforen, Chatrooms)

In diesem Kapitel lernen Sie zwei Techniken kennen, mit Python-Skripten dynamische Webseiten zu erstellen:

- CGI (Common Gateway Interface). Bei dieser traditionellen und sehr verbreiteten Technik wird ein eigenständiges Python-Skript in einem speziellen Verzeichnis gespeichert und bei einer Anfrage von außen vom Webserver aufgerufen. Das Skript gibt die dynamisch erzeugte Webseite in einer `print()`-Anweisung als String über die Standardausgabe aus.
- WSGI (Web Server Gateway Interface). Diese Technik ist schneller und wird bei Websites mit hoher Nutzungsfrequenz eingesetzt. Anstelle eines eigenständigen ausführbaren Skripts wird ein ausführbares Objekt (Funktion oder Klasse) definiert, das vom Webserver aufgerufen wird und die dynamische Webseite in einer `return`-Anweisung als Binärstring an den Webserver zurückgibt.

In diesem und in den folgenden Kapiteln werden ein paar Grundkenntnisse zu HTML vorausgesetzt. Falls Sie sich mit HTML nicht auskennen oder spezielle Fragen haben, finden Sie im Wiki von SELFHTML e.V. Tutorials und Dokumentationen (`https://wiki.selfhtml.org/`).

22.1 Wie funktionieren dynamische Webseiten?

Abbildung 22.1 illustriert, was hinter den Kulissen passiert, wenn Sie durch das World Wide Web surfen.

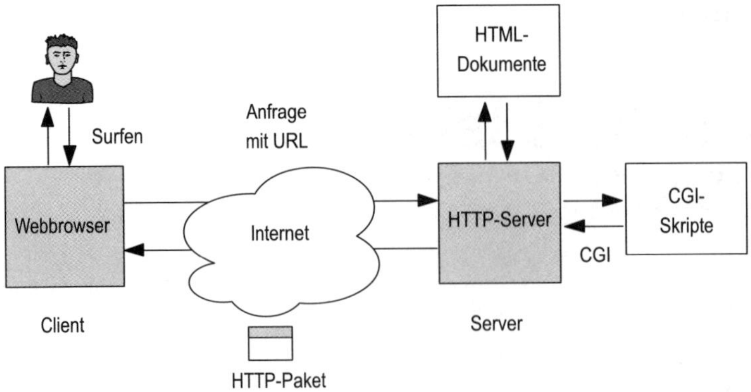

Abb. 22.1: Kommunikation zwischen Webbrowser und HTTP-Server

Sie geben in das Adressfenster Ihres Webbrowsers einen URL ein. Der URL (*uniform ressource locator*) bezeichnet eine Datei, die auf irgendeinem Rechner im Internet gespeichert ist. Er besteht aus drei Teilen (siehe Abbildung 22.2):

- Zu Beginn steht die Bezeichnung des Protokolls. Für das Surfen im WWW wird das Hypertext Transfer Protocol (HTTP) oder das Hypertext Transfer Protocol Secure (HTTPS) verwendet. (Auf den Begriff Protokoll gehe ich in Kapitel 23 näher ein.)
- Es folgt der Domain-Name des Servers, auf den Sie zugreifen wollen.
- Zum Schluss kommt der Pfad einer Datei in Unix-Schreibweise mit dem Slash / als Trennsymbol, an dessen Ende wiederum der Dateiname steht.

Abb. 22.2: Aufbau eines URL

Zurück zu Abbildung 22.1. Sie haben also einen URL angegeben und drücken auf `Enter`. Damit schicken Sie eine Anfrage über das Internet an den entfernten HTTP-Server mit dem Domain-Namen aus dem URL (z.B. `docs.python.org`). Ein Server ist ein ständig laufendes Programm, das Anfragen bearbeitet. Gelegentlich bezeichnet man auch einen Rechner (Hardware) als Server. Aber in der Regel ist mit diesem Begriff eine Software gemeint. Häufig laufen auf einer Maschine mehrere Server gleichzeitig.

Der HTTP-Server bearbeitet nun die Anfrage. Dabei muss man zwei Fälle unterscheiden:

- Der Dateiname im URL bezeichnet eine Datei mit einem statischen HTML-Dokument. Dann schickt der Server den *Inhalt der Datei* in einem HTTP-Paket an den Client zurück. Ein HTTP-Paket ist nichts weiter als eine Zeichenfolge, die nach den Regeln des HTTP-Standards aufgebaut ist. Dazu später mehr.

- Der Dateiname im URL kann aber auch ein Programm – z.B. ein Python-Skript (CGI oder WSGI) – bezeichnen. In diesem Fall sendet der HTTP-Server nicht den Inhalt der Datei zurück, sondern *führt das Programm aus*. Jetzt ist nicht der HTTP-Server, sondern das Python-Skript für die Zusammenstellung des zurückgesendeten HTTP-Pakets zuständig. Das Skript produziert ein solches Paket als String (CGI) oder Binärstring (WSGI). Der HTTP-Server leitet es dann über das Internet an den Client weiter.

Probieren Sie die untere Adresse in Abbildung 22.2 aus. Die Webseite, die Ihr Browser zeigt (Statistiken zum E-Mail-Verkehr von `mail.python.org`), wurde von einem Python-Skript dynamisch erzeugt.

22.2 Wie spät ist es? Aufbau eines CGI-Skripts

In diesem Abschnitt lernen Sie, wie ein CGI-Skript funktioniert, das eine dynamische Webseite mit der aktuellen Uhrzeit produziert. In dem Ordner mit Beispielprogrammen (siehe Anhang C) finden Sie den Ordner `httpserver`. Darin sind alle Webapplikationen dieses Buches zusammengefasst. (Zusätzlich befinden sich die Skripte auch noch in den Kapitelbezogenen Verzeichnissen.)

Werfen Sie einen Blick auf die Verzeichnisstruktur des Ordners `httpserver`. In diesem Verzeichnis befindet sich die Datei `httpd.py`. Das ist der HTTP-Server namens `localhost`, mit dem ein Browser auf Ihrem Rechner Kontakt aufnehmen kann, so als ob es irgendein Webserver im Internet wäre. Neben der Datei `httpd.py` finden Sie einige Unterverzeichnisse, darunter auch `cgi-bin`. Dieses Verzeichnis ist für CGI-Skripte reserviert. Darin (und nur darin) befinden sich alle CGI-Skripte, die über den Server aufgerufen werden können. Die anderen Unterverzeichnisse gehören zu Projekten, die in verschiedenen Kapiteln dieses Buches vorgestellt werden.

Die Ausgabe eines CGI-Skripts

Was macht ein CGI-Skript? Zunächst einmal ist ein CGI-Skript ein Python-Programm, das eine Ausgabe liefert. Starten Sie das Programm `httpserver/cgi-bin/zaehler.py`. Sie erhalten im Shell-Fenster folgende Ausgabe:

```
Content-type: text/html; char-set=utf-8

<html>
  <body>
    <h2>Die aktuelle Uhrzeit </h2>
      Es ist 8 Uhr und 59 Minuten.
  </body>
</html>
```

Dieser Text ist ein HTTP-Paket, das eine Webseite definiert. Er besteht aus zwei Teilen, die *durch eine Leerzeile getrennt* sind. Wichtiges Detail: Diese Leerzeile muss wirklich leer sein.

- Der Kopf (Header) beschreibt, welche Art von Information das Paket enthält (MIME-Typ). Bei unseren Beispielen handelt es sich immer um HTML-Dokumente. Sie werden durch den MIME-Typ `text` und den MIME-Subtyp `html` gekennzeichnet. Man schreibt `text/html`. Browser und Server unterstützen aber auch noch andere MIME-Typen wie z.B. `text/plain` (einfacher ASCII-Text) oder `image/tiff` (Bild im TIFF-Format). Außerdem kann der Header noch so genannte »Cookies« enthalten. Darauf gehe ich in Abschnitt 22.7 ein.

- Der Körper (Body) enthält die eigentlichen Nutzdaten. Hier ist das ein HTML-Quelltext. Neben statischen Textabschnitten, die immer gleich sind, enthält er auch Teile, die erst zum Zeitpunkt des Programmlaufs dynamisch erzeugt und eingebaut worden sind, nämlich die Stunden und Minuten der aktuellen Uhrzeit.

Die Ausgabe des CGI-Skripts, das HTTP-Paket mit dem HTML-Text, ist eigentlich nicht für Menschen, sondern für Webbrowser gedacht. Webbrowser können HTML-Texte interpretieren und als formatierte Dokumente darstellen.

Aufruf mit dem Webbrowser

Wenn Sie auf Ihrem Rechner ein CGI-Skript testen wollen, brauchen Sie einen HTTP-Server, der das CGI-Skript aufruft und dessen Ausgabe an den Webbrowser weiterleitet. Starten Sie im Verzeichnis `httpserver` das Python-Programm `httpd.py` z.B. durch Anklicken des Programm-Icons. Es ist ein einfacher HTTP-Server, der nun im Hintergrund läuft. (Eventuell blockiert zunächst die Firewall Ihres Computers die Ausführung und verlangt die Aufhebung der Blockierung.) Nach dem Start des Programms sieht man (bei Windows) ein leeres Programm-Fenster, in dem dann später gelegentlich eine Systemmeldung erscheint. Der HTTP-Server beobachtet ständig Port 8000 Ihres Systems und wartet darauf, angesprochen zu werden. Er beansprucht nur geringe Systemressourcen. Sie können ihn getrost während Ihrer gesamten Sitzung laufen lassen.

Öffnen Sie nun einen Webbrowser (z.B. Firefox oder Internet Explorer) und tragen Sie in das Adressfeld den URL Ihres Skripts ein. Er lautet:

```
http://localhost:8000/cgi-bin/uhrzeit.py
```

Dabei ist `localhost` der voreingestellte Servername und `:8000` der Port, den der HTTP-Server verwendet. Beachten Sie folgendes Detail: Der Pfad hinter dem Domain-Namen im URL beginnt in dem Verzeichnis, in dem sich der HTTP-Server befindet. Die Pfadbezeichnung beginnt also immer mit `/cgi-bin/`.

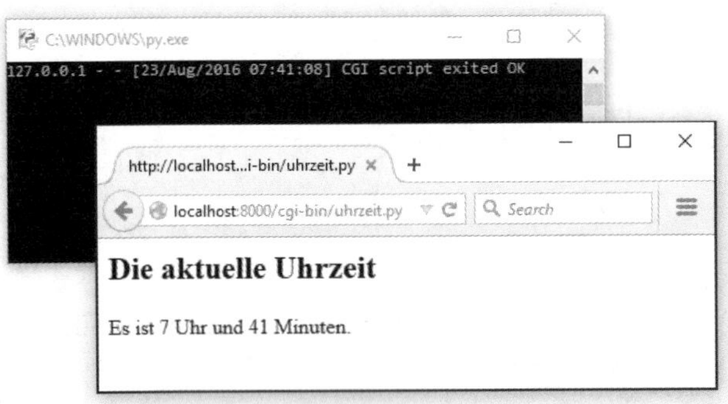

Abb. 22.3: Lokaler HTTP-Server und Browser, der die Ausgabe eines CGI-Skripts zeigt

Wenn Sie nun [Enter] drücken, müsste Ihr Browser einen Text ähnlich wie in Abbildung 22.3 (rechts) zeigen. In dem Applikationsfenster des HTTP-Servers (links) werden bei jeder Anfrage über den Browser Systemmeldungen gezeigt.

Wie ist ein CGI-Skript aufgebaut?

Jedes CGI-Skript, das in Python geschrieben worden ist, muss zumindest zwei Komponenten enthalten.

In der ersten Zeile steht eine Anweisung an das Betriebssystem, welcher Interpreter zur Ausführung des Skripts aufgerufen werden soll (Shebang-Zeile). Diese Zeile muss mit der Zeichenfolge `#!` beginnen (Shebang). Dahinter steht eine Angabe, welcher Interpreter verwendet werden soll.

Wenn Ihre Skripte auf einem Unix-Rechner laufen, sieht die erste Zeile Ihrer CGI-Skripte in der Regel so aus:

```
#!/usr/bin/env python3
```

Hier wird der Unix-Befehl `env` verwendet, der den Pfad des Python-Interpreters liefert. Mit `env` kann das Python-Skript auch ausgeführt werden, wenn der genaue Pfad des Python-Interpreters nicht bekannt ist.

Mittlerweile funktioniert diese Shebang-Zeile auch auf Windows-Systemen.

Alternativ können Sie auch den Pfad des Python-Interpreters explizit angeben. Bei MS Windows funktionieren die beiden folgenden Möglichkeiten, sofern Sie beim Installieren als Systempfad `/Python37` gesetzt haben (siehe Kapitel 2):

```
#!c:\python37\python.exe
#!/python37/python.exe
```

Wenn Sie nicht genau wissen, wo sich die Programmdatei des Python-Interpreters befindet, können Sie in der Python-Shell mit folgenden Anweisungen den Pfad finden:

```
>>> import sys
>>> print(sys.executable)
C:\Python37\pythonw.exe
```

Zweitens enthalten CGI-Skripte `print()`-Anweisungen, mit denen ein HTTP-Paket über die Standardausgabe `sys.stdout` ausgegeben wird.

Skript:

```
#!/usr/bin/env python3
# uhrzeit.py
from time import localtime
z = localtime()
```

```
print('Content-Type: text/html; char-set=utf-8')                #1
print()                                                         #2
print('<html> <body>')                                          #3
print('<h2>Die aktuelle Uhrzeit </h2>')
print('Es ist', z[3],'Uhr und',z[4],'Minuten.')
print('</body></html>')
```

Erläuterung:

#1: Der Header des HTTP-Pakets beschreibt den Typ der Nutzdaten. In diesem Fall haben wir einen HTML-Text. Als Codierung wird utf-8 verwendet. Was in dieser Kopfzeile steht, erscheint natürlich nicht im Browser.

#2: Die Leerzeile markiert das Ende des Headers. *Achtung! Die Leerzeile muss wirklich leer sein. Sie darf keine Leerzeichen enthalten.*

#3: Es folgt HTML-Quelltext, der das Aussehen der Webseite definiert.

Verwendung von Schablonen

Eleganter ist es, das HTTP-Paket mit einer Schablone und Platzhaltern aufzubauen und dann in einem einzigen `print()`-Aufruf auszugeben.

Skript:

```
#!/usr/bin/env python3

SCHABLONE = """Content-type: text/html; char-set=utf-8

<html>
  <body>
    <h2>Die aktuelle Uhrzeit </h2>
      Es ist {} Uhr und {} {}.
  </body>
</html>"""                                                      #1
from time import localtime
zeit = localtime()
h = zeit[3]
m = zeit[4]
if m == 1:
    m_text = "Minute"
else:
    m_text = "Minuten"

print(SCHABLONE.format(h, m, m_text))                           #2
```

Erläuterung:

#1: Die Schablone ist ein langer String mit einer Leerzeile nach dem Header und drei einfachen Platzhaltern `{}` in der drittletzten Zeile. Wichtiges Detail: Die Leerzeile muss völlig leer sein und darf keine Leerzeichen enthalten.

#2: Die `format()`-Methode bewirkt hier, dass die drei Platzhalter durch variable Inhalte ersetzt werden: Stunde, Minute und ein Text (`Minute` oder `Minuten`).

22.2.1 Ein einfacher HTTP-Server

Ein CGI-fähiger HTTP-Server kann mit Hilfe des Python-Moduls `http.server` in wenigen Zeilen geschrieben werden. Das Serverprogramm erhält üblicherweise den Namen `httpd.py`. Der Buchstabe `d` am Ende des Dateinamens steht für Dämon (daemon). Damit bezeichnet man alle Server-Programme, die ständig im Hintergrund laufen und Anfragen bearbeiten.

Skript:

```
# httpd.py
from http.server import HTTPServer, CGIHTTPRequestHandler
serveradresse =("", 8000)                                    #1
server = HTTPServer(serveradresse,
                    CGIHTTPRequestHandler)                   #2
server.serve_forever()                                       #3
```

Erläuterung:

#1: Die Serveradresse ist ein Tupel, bestehend aus dem Namen des Servers (hier ein leerer String) und dem Port, der eine Zahl zwischen 1 und 65535 sein muss. Portnummern dienen dazu, die Kommunikation der verschiedenen Service-Prozesse zu koordinieren. Jedem Server, der auf einem Rechner läuft, ist eine Portnummer zugeordnet. Standardmäßig erhalten HTTP-Server den Port 80. Unter Unix müssen Server-Programme mit einer Portnummer unter 1024 mit Administratorrechten laufen. Um das zu vermeiden, verwendet man häufig Port 8000 für HTTP-Server.

#2: Instanziierung eines Server-Objektes.

#3: Start des Servers.

22.3 Kommunikation über interaktive Webseiten

Unser erstes CGI-Skript produzierte zwar eine Ausgabe (Uhrzeit), konnte aber keine Eingabedaten verarbeiten. Wird ein CGI-Skript von einer interaktiven HTML-Seite aus gestartet, kann man ihm auf relativ einfache Weise Variablen übergeben. Abbildung 22.4 illustriert das Prinzip. Die interaktive HTML-Seite enthält Komponenten zur Dateneingabe (Eingabefelder, Radiobuttons etc.) und eine spezielle Schaltfläche, den Submit-Button. Wenn man ihn angeklickt, wird das CGI-Skript auf dem Server aufgerufen und ihm gleichzeitig die Variablen und ihre Werte übergeben. Das CGI-Skript verarbeitet die erhaltenen

Daten und erzeugt den Quelltext einer neuen HTML-Seite. Dieser wird in einem HTTP-Paket an den Client zurückgesendet.

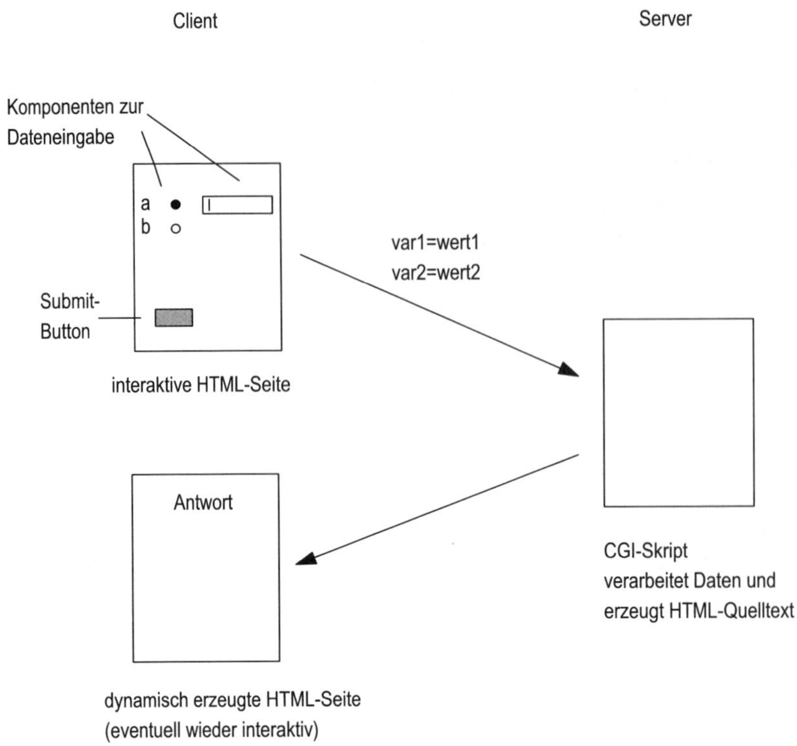

Abb. 22.4: Kommunikation zwischen interaktiven HTML-Seiten und CGI-Skripten

22.3.1 Aufbau eines HTML-Formulars

Eine HTML-Seite wird interaktiv, wenn man sie mit einem Formular (engl. *form*) versieht. Ein Formular besteht aus verschiedenen interaktiven Komponenten, in die man etwas hineinschreiben oder die man anklicken kann. Abbildung 22.5 zeigt ein kleines Beispiel.

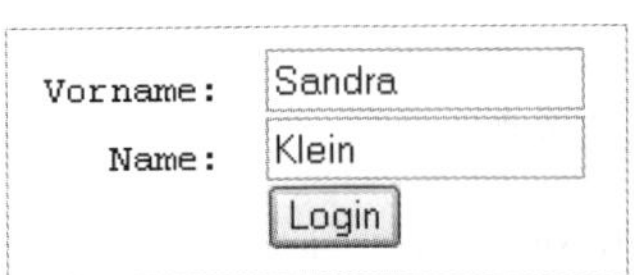

Abb. 22.5: Ansicht einer HTML-Seite mit Formular

Der Quelltext dazu sieht so aus:

```
<html>
<body>
```

```
<form method="get"
action="http://localhost:8000/cgi-bin/login.py">
<pre>
Vorname:   <input type="text" name="vorname" maxlength=20 size=15>
   Name:   <input type="text" name="name" maxlength=20 size=15>
           <input type="submit" value="Login">
</pre>
</form>
</body>
</html>
```

Geben Sie diesen Text mit einem normalen Texteditor ein (Sie können auch IDLE verwenden) und speichern Sie ihn z.B. unter dem Dateinamen `login.html` ab. Öffnen Sie anschließend die Datei mit einem Browser. Sie sehen dann eine Webseite wie in Abbildung 22.5.

Schauen wir uns nun den HTML-Quelltext genauer an:

Das Formular (fett gedruckt) beginnt mit dem Tag `<form ... >` und endet mit `</form>`. Das Attribut `action` erhält als Wert einen String mit dem URL eines CGI-Skripts.

Das Tag `<pre> ... </pre>` bewirkt, dass der enthaltene Text in einer Schriftart mit konstanter Zeichenweite erscheint (z.B. Courier) und so gesetzt wird, wie es im HTML-Text angegeben ist. Das heißt, die Leerzeichen werden nicht ignoriert.

Mit **`<input type="text" ...>`** werden zwei Eingabefelder definiert und **`<input type="submit" ...>`** definiert die Schaltfläche mit der Aufschrift LOGIN.

Das `<form>`-Tag zu Beginn des Formulars enthält das Attribut `action="http://localhost:8000/cgi-bin/login.py"`. Das `action`-Attribut legt fest, was passiert, wenn jemand auf die Schaltfläche des Formulars klickt. In diesem Fall bewirkt es, dass die Datei `login.py` aufgerufen wird, die im Verzeichnis `cgi-bin` des Servers gespeichert ist.

Im `<form>`-Tag wird außerdem noch die Methode der Datenübertragung (*get* oder *post*) festgelegt. Was ist der Unterschied? Die Get-Methode bewirkt, dass die Inhalte der Form-Variablen `name` und `vorname` als *Querystring* an den URL des Skripts angehängt werden. Falls als Vorname `"Sandra"` und als Nachname `"Klein"` eingegeben worden ist, wird nach Betätigen der Schaltfläche LOGIN folgender Aufruf gestartet, den man im Adressfenster des Browsers sehen kann:

```
http://localhost:8000/cgi-bin/login.py?vorname=Sandra&name=Klein
```

Probieren Sie es aus! Sie sehen an diesem Beispiel auch, wie der Querystring aufgebaut ist. Nach der Adresse des Skripts kommt ein Fragezeichen und dahinter – durch &-Zeichen getrennt – die Variablenbelegungen in der Form *`variable=wert`*.

Wenn man in das `<form>`-Tag das Attribut `method="post"` einträgt, werden die Variableninhalte in einem separaten HTTP-Paket übertragen. Im Adressfenster des Browsers sieht man dann keinen Querystring. Die Post-Methode verwendet man deshalb dann, wenn die übertragenen Daten nicht gesehen werden sollen. In Abschnitt 22.4 erfahren Sie, wie ein

Python-Skript die Daten aus einem Formular verarbeiten kann. Doch zunächst einmal bleiben wir noch bei den Formularen selbst.

22.3.2 Eingabekomponenten in einem HTML-Formular

Im Innern des HTML-Formulars können Sie durch `<input>`-Tags verschiedene Eingabekomponenten spezifizieren.

Eingabefeld

Mit dem `input`-Tag vom Typ `"text"` definieren Sie ein einzeiliges Eingabefeld. Das Attribut `size` beschreibt die Länge des sichtbaren Bereichs (im obigen Beispiel 15 Zeichen), in den ein Text der Länge `maxlength` geschrieben werden kann. Es ist möglich, dass `maxlength` größer als `size` ist. Dann ist unter Umständen nur ein Teil des Eingabestrings zu sehen.

Passworteingabefeld

Ein Passworteingabefeld ist ein Eingabefeld, in dem die Schrift nicht zu erkennen ist. Passwörter sollten nur mit der Post-Methode übertragen werden.

Beispiel:

```
Passwort: <input type="Password" name="pass" size="12" >
```

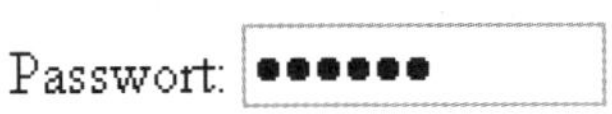

Radiobutton

Innerhalb einer Gruppe von Radiobuttons kann immer nur einer gedrückt sein. Sie definieren einen Radiobutton durch ein `<input>`-Tag mit dem Attribut `type="radio"`. Zusammengehörige Radiobuttons müssen den gleichen Namen tragen (hier: `name="entscheidung"`). Das Attribut `checked="checked"` spezifiziert den Knopf, der zu Beginn als »gedrückt« erscheint. Den Radiobuttons sind unterschiedliche Werte zugeordnet (hier: `value="pro"` und `value="contra"`). Beim »Abschicken« des Formulars durch Betätigen des Submit-Buttons LOGIN wird der Wert des angeklickten Radiobuttons übertragen.

Beispiel:

```
<h3>Wie lautet Ihre Entscheidung?</h3>
<input type="radio" name="entscheidung" value="pro">
pro <br>
<input type="radio" checked="checked"  name="entscheidung" value=
"kontra"> kontra
```

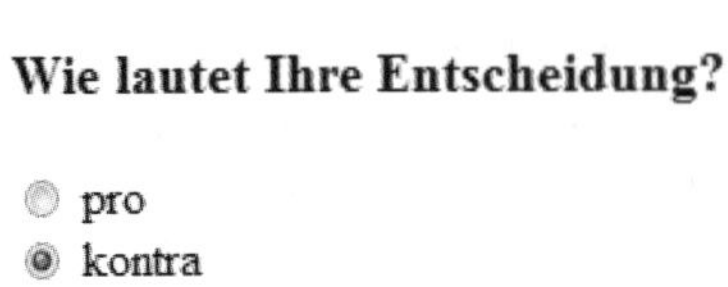

Falls der zweite Button selektiert wurde, wird (unter der Get-Methode) folgender Querystring an den Server gesendet:

```
?entscheidung=kontra
```

Checkbox

Eine Checkbox wird durch ein `<input>`-Tag mit dem Attribut `type="checkbox"` definiert. Alles Weitere läuft so wie bei Radiobuttons. Checkbox-Tags können unterschiedliche oder gleiche Namen haben. Im folgenden Beispiel wurden gleiche Namen verwendet.

Beispiel:

```
<input type="checkbox" name="hobby" value="Tennis">
Tennis<br>
<input type="checkbox" name="hobby" value="Volleyball"> Volleyball
```

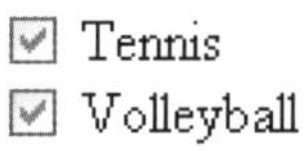

Falls beide Checkboxen angeklickt worden sind und im `<form>`-Tag die Get-Methode gewählt wurde, lautet der Querystring folgendermaßen:

```
?hobby=Tennis&hobby=Volleyball
```

Versteckte Variablen

Häufig ist es notwendig, dass an das CGI-Skript ein Wert gesendet wird, der nicht auf dem Bildschirm erscheinen soll. In solchen Fällen versteckt man den Wert in einem `<input>`-Tag vom Typ `hidden`.

Beispiel:

```
<input type="hidden" name="variable" value="wert">
```

Submit-Button

Der Submit-Button darf in keiner interaktiven Webseite fehlen. Wenn man ihn anklickt, wird die Aktion ausgeführt, die im `<form>`-Tag spezifiziert worden ist. In unseren Beispielen wird immer ein CGI-Skript aufgerufen, aber grundsätzlich sind auch andere Aktionen möglich. Das Attribut `value` enthält die Beschriftung des Buttons.

Beispiel:

```
<input type="submit" value="Login">
```

22.4 Verarbeitung von Eingabedaten mit FieldStorage

Kommen wir wieder zu der Login-Webseite aus dem letzten Abschnitt zurück. Jemand hat Name und Passwort eingegeben und klickt auf die Schaltfläche. Das Skript `login.py` wird aufgerufen. Was passiert nun?

Um in einem CGI-Skript Eingabedaten zu verarbeiten, die ihm beim Aufruf von einer HTML-Seite mit Formular übermittelt worden sind, verwendet man eine Instanz der Klasse `FieldStorage` aus dem Modul `cgi`.

```
import cgi
form = cgi.FieldStorage()
```

Das `FieldStorage-Objekt` kann man sich als Dictionary vorstellen: Darin sind den *Variablennamen* (Namen der verschiedenen `<input>`-Tags) des Formulars die *Variablenwerte* zugeordnet. Die einzelnen Werte sind übrigens immer Strings. Mit Hilfe verschiedener Methoden kann man nun in dem CGI-Skript auf die Variablen zugreifen (siehe Tabelle 22.1). Dabei sind zwei Fälle zu unterscheiden:

- Zu einem Variablennamen gibt es nur *einen einzigen* Wert. Dieser Fall tritt ein, wenn in einem Querystring, den das Formular liefert, der Variablenname nur *einmal* vorkommt. In diesem Fall ist dem Variablennamen ein String zugeordnet.
- Zu einem Variablennamen gibt es *mehrere* Werte. Dieser Fall tritt ein, wenn im Querystring der Variablenname *mehrmals* vorkommt. In diesem Fall ist dem Variablennamen eine *Liste von Strings* zugeordnet.

Die wichtigste Methode für den Zugriff auf die Formular-Variablen ist `getvalue()`. Der Aufruf `form.getvalue('`*`variablenname`*`')` liefert

- einen String mit dem Variablenwert, wenn nur ein einziger Wert existiert
- eine Liste von Strings mit Variablenwerten, wenn mehrere Werte existieren
- `None`, falls der Variablenname im Formular nicht vorkommt.

Kommen wir zu einem Beispiel. Das folgende CGI-Skript kann von der HTML-Seite aus Abschnitt 22.3.1 (Abbildung 22.5) aufgerufen werden (Dateiname `login.py`). Es erzeugt als Antwort eine HTML-Seite mit einer persönlichen Begrüßung (Abbildung 22.6).

Skript:

```
#!/usr/bin/env python3                                    #1
import cgi
form = cgi.FieldStorage()                                 #2
vorname = form.getvalue('vorname')                        #3
name = form.getvalue('name')
print('Content-type: text/html; charset=utf-8')           #4
print()                                                   #5
print('<html>')                                           #6
print('<head><title> Login-Seite </title></head>')
```

```
print('<body>')
print('<h3>Herzlich willkommen,',
      vorname, name,'!</h3>')
print('</body>')
print('</html>')
```

Erläuterung

#1: Hier wird dem Betriebssystem mitgeteilt, welcher Interpreter zur Ausführung des Skripts angewendet werden soll.

#2: Es wird das Objekt `form` als Instanz der Klasse `FieldStorage` erzeugt.

#3: Über das `FieldStorage`-Objekt `form` wird auf die Inhalte der Variablen zugegriffen. In dieser Zeile liefert die Methode `getvalue()` zum Variablennamen `vorname` einen String als Wert, da dieser Variablenname im Querystring nur einmal vorkommt.

#4: Die Kopfzeile des HTTP-Objektes wird ausgegeben.

#5: Die Leerzeile markiert das Ende des Headers.

#6: In dieser und den folgenden Zeilen wird der HTML-Quelltext erzeugt, der vom HTTP-Server an den Client zurückgeschickt wird. In unserem Beispiel entsteht als Ausgabe folgender HTML-Text:

```
<html>
<body>
<head><title> Login-Seite </title></head>
<h3>Herzlich willkommen, Sandra Klein !</h3>
</body>
</html>
```

Dieser HTML-Quelltext wird vom Browser des Clients interpretiert. Abbildung 22.6 zeigt das Ergebnis. Sie können hier Folgendes erkennen:

- Im oberen Fensterrahmen erscheint der Titel der Seite »Login-Seite«.
- Im Adressfenster erkennen Sie den URL des CGI-Skripts mit dem angehängten Querystring `?vorname=Sandra&name=Klein`.
- Unten rechts wird angezeigt, dass sich der HTTP-Server im lokalen Intranet befindet. Eigentlich ist er in diesem Fall sogar auf der gleichen Maschine wie der Webbrowser.

Abb. 22.6: Browserfenster mit einer dynamisch erzeugten HTML-Seite

Methode	Erklärung
`getfirst(variable)`	Liefert immer *einen* Variablenwert (sofern die Variable existiert). Im Falle einer Liste wird deren erstes Element zurückgegeben.
`getlist(variable)`	Liefert immer eine Liste von Variablenwerten. Falls die Variable überhaupt nicht existiert, wird eine leere Liste zurückgegeben.
`getvalue(variable)`	Liefert den Wert einer Variablen oder eine Liste von Werten, falls mehrere Werte dem gleichen Namen zugewiesen wurden.
`keys()`	Liefert eine Liste der Variablennamen.

Tabelle 22.1: Die wichtigsten Methoden von `FieldStorage`-Objekten

22.5 Sonderzeichen handhaben

Wahrscheinlich haben Sie es schon gemerkt: Das CGI-Skript zur Begrüßung aus dem letzten Abschnitt funktioniert nur dann richtig, wenn die eingegebenen Wörter keine Umlaute oder sonstige Nicht-ASCII-Zeichen enthalten. Für dieses Problem gibt es zwei Ursachen, denen Sie begegnen müssen:

- Browser und CGI-Skript verwenden unterschiedliche Codierungen.
- In HTML werden Nicht-ASCII-Zeichen durch besondere Zeichenfolgen dargestellt, z.B. `ö` für den Umlaut ö.

Standardmäßig verwendet der Python-Interpreter die Codierung utf-8 beim Lesen eines Python-Skripts. Dann muss der Browser gezwungen werden, Tastatureingaben ebenfalls mit utf-8 zu codieren.

Wenn Sie das kleine Login-Dialogsystem aus dem letzten Abschnitt zur Verarbeitung von Umlauten befähigen wollen, fügen Sie in den HTML-Quelltext der interaktiven Webseite aus Abschnitt 22.3.1 ein Metatag ein, in dem die Codierung spezifiziert wird:

```
<html>
<meta http-equiv="Content-Type" content="charset=utf-8" />
<body>
...
```

Kommen wir nun zu dem CGI-Skript, das von der Login-Webseite aus aufgerufen wird, wenn der Benutzer auf den Submit-Button des Formulars klickt. Dieses Skript sendet an den Client eine HTML-Seite zurück, in der der Benutzer mit seinem Namen begrüßt wird. Wenn nun der zuvor eingegebene Name Umlaute oder ß enthält, müssen diese in dem HTML-Dokument durch bestimmte Zeichenfolgen, die mit & beginnen, ersetzt werden. Für diese Ersetzungen kann man die String-Methode `translate()` verwenden. Das folgende Skript zeigt ein Beispiel. Veränderungen gegenüber dem Skript aus dem letzten Abschnitt sind fett gesetzt:

```
#!/usr/bin/env python3
import cgi, cgitb
cgitb.enable()
```

```
HTML = {ord("ä"): "&auml;", ord("ö"): "&ouml;",
        ord("ü"): "&uuml;", ord("Ä"): "&Auml;",
        ord("Ö"): "&Ouml;", ord("Ü"): "&Uuml;",
        ord("ß"): "&szlig;"}                                    #1

form = cgi.FieldStorage()
vorname = form.getvalue('vorname', "")
name = form.getvalue('name', "")
print('Content-type: text/html; charset=utf-8')
print()
print('<html>')
print('<head><title> Login-Seite </title></head>')
print('<body>')
print('<h3>Herzlich willkommen,',
vorname.translate(HTML),
name.translate(HTML),'!</h3>')                                  #2
print('</body>')
print('</html>')
```

Erläuterung:

#1: Hier wird ein Dictionary definiert, das den Unicode-Nummern der deutschen Umlaute und des ß einen HTML-Namen zuordnet. Ein solches Dictionary benötigt die String-Methode `translate()`.

#2: In den Strings `name` und `vorname` werden Sonderzeichen durch HTML-Namen ersetzt.

22.6 CGI-Skripte debuggen

Wenn man ein fehlerhaftes CGI-Skript über einen Webbrowser aufruft, erhält man ein leeres Fenster. Denn das Skript wird nicht ausgeführt oder bricht ab, ehe es eine Ausgabe produzieren kann. Sie erhalten keine Fehlermeldung, die Ihnen einen Hinweis über Ort und Art des Fehlers liefern könnte.

Zur Erleichterung der Fehlersuche kann man in ein CGI-Skript folgende zwei Zeilen einbauen:

```
>>> import cgitb
>>> cgitb.enable()
```

Beim Aufruf eines fehlerhaften Skripts erscheint dann im Webbrowser eine Fehlermeldung. Im folgenden Beispiel wird versucht, auf eine nicht definierte Variable zuzugreifen. Die Antwort wird in Abbildung 22.7 wiedergegeben.

```
#!/usr/bin/env python3
```

```
import cgitb
cgitb.enable()
print ("Content-Type: text/html")
print ()
print ("<html><h1>cgitb-Test</h1>")
print (unbekannter_Name)
print ("</html>")
```

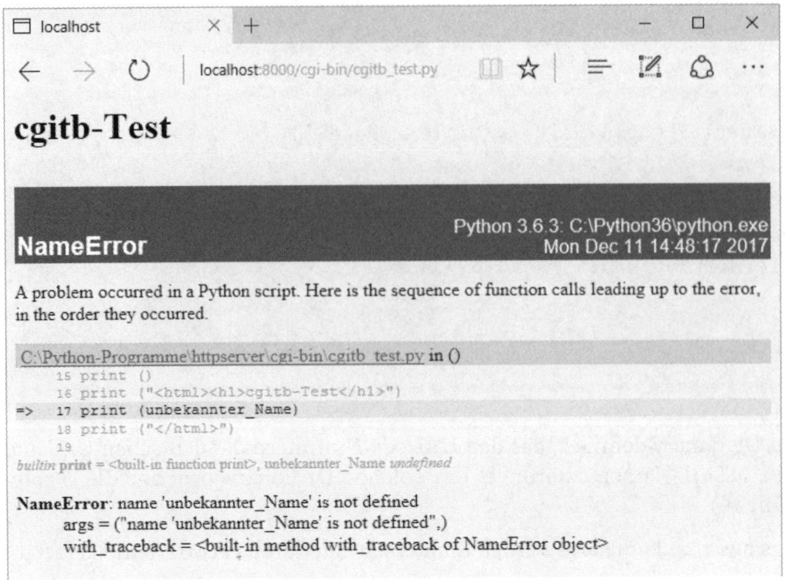

Abb. 22.7: Fehlermeldung eines CGI-Skripts im Debugging-Modus

22.7 Der Apache-Webserver

Der Apache-HTTP-Server ist einer der populärsten Webserver der Welt und wurde 1995 von der *Apache Software Foundation* veröffentlicht (`http://httpd.apache.org/`). Der Name soll an den berühmten nordamerikanischen Indianerstamm erinnern. Deshalb ist das Icon eine Feder. Der Apache-Server ist Open Source und für Windows, macOS und Linux frei verfügbar.

22.7.1 Den Apache-Server installieren

Auf einem Linux-System ist ein Apache-Server in der Regel bereits installiert. Auf einem Windows-System oder macOS müssen Sie in der Regel selbst Hand anlegen.

Windows

Im WWW finden Sie viele geschriebene Anleitungen und Videos, die erklären, wie man einen Apache-Server auf seinem System installiert. Die folgende Anleitung ist nur eine von vielen Möglichkeiten und bezieht sich auf Windows 10.

Die Apache Software Foundation stellt über ihre Website `http://www.apache.org/` allein den Quellcode zur Verfügung. Am einfachsten und schnellsten kommen Sie zu Ihrem Server, wenn Sie sich direkt die lauffähigen Binärdateien von Apache Launch besorgen.

Installieren Sie zunächst die neueste Version von *Microsoft Visual C++ Redistributable 2017*.

Besuchen Sie die *Apache Lounge* `https://www.apachelounge.com/download/` und laden Sie die Archiv-Datei mit einem ähnlichen Namen wie `httpd-2.4.38-win64-VC15.zip` herunter (64-Bit-Systeme).

Entpacken Sie die Archiv-Datei in den Ordner `c:\Apache24`.

Öffnen Sie mit dem Dateimanager den Ordner `C:\Apache24\bin` und starten Sie die Datei `httpd.exe` einfach durch einen Doppelklick. Das Icon sieht aus wie eine Feder.

Oder Sie öffnen ein Eingabeaufforderung-Fenster (unten links im Suchfeld `cmd` eingeben und [Enter] drücken) und wechseln den Ordner mit dem Kommando `cd`:

```
cd /Apache24/bin
```

Starten Sie dann den Server:

```
C:\Apache24\bin> httpd
```

Mit der Tastenkombination [Strg]+[C] können Sie den Apache-Server wieder anhalten (*Keyboard Interrupt*).

Zum Ausprobieren öffnen Sie einen Webbrowser und geben im Adressfeld den URL `http://localhost` ein. In diesem Fall brauchen Sie keine Portnummer anzugeben; denn bei der Installation ist der Standardport 80 voreingestellt.

Abb. 22.8: Startseite des Apache-Servers beim Aufruf von `http://localhost`

Linux

Falls auf Ihrem System noch kein Apache-Server verfügbar ist (z.B. auf einem Raspberry Pi), installieren Sie ihn als Administrator mit `apt-get`:

```
sudo apt-get install apache2
```

22.7.2 CGI-Skripte auf dem Apache-Server

Schauen Sie sich das Verzeichnis des Apache-Servers an (Windows: `c:\Apache24`). Es ist auf jeder Plattform gleich aufgebaut. Für Ihre Projekte sind vor allem folgende Unterverzeichnisse wichtig:

- `cgi-bin`: In diesem Verzeichnis (oder in Unterverzeichnissen) sind alle CGI-Skripte gespeichert.
- `conf`: Dieses Verzeichnis enthält Konfigurationsdateien. Das sind Textdateien, in denen Einstellungen des Apache-Servers gespeichert sind. Die Datei `httpd.conf` ist die zentrale Konfigurationsdatei, die Sie verändern werden, wenn Sie mit WSGI arbeiten. Dazu später mehr. Im Unterverzeichnis `original` sind – zur Sicherheit – die ursprünglichen Konfigurationsdateien abgelegt.
- `htdocs`: In diesem Verzeichnis (oder in Unterverzeichnissen) sind alle statischen HTML-Seiten gespeichert. Hier finden Sie die Datei `index.html`. Sie enthält die Meldung »It works!«, die Sie beim ersten Test des Apache-Servers gesehen haben.

Kopieren Sie das CGI-Skript `uhrzeit.py` in diesen Ordner. Geben Sie in das Adressfeld Ihres Browsers den URL `http://localhost/cgi-bin/uhrzeit.py` ein. Wenn alles gut geht, erscheint auf der dynamisch erzeugten Webseite die aktuelle Uhrzeit.

22.8 Dynamische Webseiten mit WSGI

WSGI (Web Server Gateway Interface) ist die Spezifikation einer Schnittstelle zwischen einem Webserver und Python-Programmen. Sie wird in PEP3333 definiert (`https://www.python.org/dev/peps/pep-3333/`).

22.8.1 Einfacher geht's nicht: Ein Stand-alone-WSGI-Webserver mit wsgiref

Mit Hilfe des Standard-Moduls `wsgiref` können Sie – auch ohne Apache-Server – einen Webserver mit WSGI konstruieren. So probieren Sie das Skript aus:

Sie finden das Python-Skript im Verzeichnis `/kap_22/wsgi_ref/`. Starten Sie das Skript (z.B. durch Anklicken). Im Konsolenfenster erscheint die folgende Meldung:

```
Serving on port 8000...
```

Öffnen Sie einen Webbrowser und geben Sie im Adressfeld folgenden URL ein:

```
http://localhost:8000/
```

Im Browserfenster sehen Sie das Wort »Hallo«.

Skript:

```
# hello.py
from wsgiref.simple_server import make_server
def app(environ, start_response):                               #1
```

```
    start_response("200 OK",
              [("Content-Type", "text/html")])          #2
    return [b"Hallo!"]                                 #3

httpd = make_server("", 8000, app)
print("Serving on port 8000...")
httpd.serve_forever()
```

Erläuterung:

Das Beispiel illustriert die wesentlichen Merkmale einer WSGI-Anwendung:

#1: Anstelle einer Skriptdatei wie bei CGI gibt es ein so genanntes *Applikationsobjekt*. Das Applikationsobjekt ist ein ausführbares Objekt (*callable object*), also eine Funktion oder eine ausführbare Instanz einer Klasse. In diesem Fall ist es eine Funktion. Der Name der Funktion kann beliebig gewählt werden, aber die beiden Argumente sind vorgegeben:

- Das erste Argument bezeichnet eine Datenstruktur, die den Aufruf (von einem Client) repräsentiert. Sie kann z.B. Daten enthalten, die in einem Webformular eingegeben worden sind.
- Das zweite Argument bezeichnet eine Funktion, die später im Skript zum Aufbau des Antwortpakets verwendet wird.

#2: Hier wird die Funktion, die im zweiten Argument übergeben worden ist, aufgerufen. Sie erzeugt den Kopf des Antwortpakets. Das erste Argument des Aufrufs ist die Statusmeldung des HTTP-Servers und das zweite Argument ist eine Liste, die die Kopfzeilen (Header) des Antwortpakets spezifiziert. In diesem Fall haben wir nur eine einzige Kopfzeile. Sie besagt, dass der Inhalt des Antwortpakets HTML-Text ist.

#3: Zurückgegeben wird der Inhalt der dynamischen Webseite als *Binärstring* (Objekt der Klasse `bytes`), der das einzige Element einer Liste ist.

22.9 mod_wscgi

Das Python-Modul `mod_wsgi` ist eine Implementierung der WSGI-Schnittstelle. Es ermöglicht die Ausführung von Python-Skripten durch einen Apache-Server.

22.9.1 Installation

Windows

Um mit `mod_wsgi` unter Windows 10 arbeiten zu können, müssen Sie zuerst Microsoft Visual C++ tools 14 installieren. Besuchen Sie die Webseite `https://visualstudio.microsoft.com/de/downloads/`.

Gehen Sie zu ALLE DOWNLOADS und wählen Sie die Rubrik TOOLS FÜR VISUAL STUDIO. Laden Sie dann BUILD TOOLS für Visual Studio herunter und installieren Sie das Paket. Starten Sie den Computer neu.

Zur Drucklegung dieses Buches gab es noch keine Version von `mod_wsgi` für Python 3.7. Es könnte sein, dass dies immer noch der Fall ist, während Sie dieses Kapitel lesen. Damit

Sie mit mod_wsgi arbeiten können, müssen Sie dann dafür sorgen, dass auch Python 3.6 auf Ihrem Rechner installiert ist.

Um ein Modul für eine ältere Python-Version zu installieren, verwenden Sie den Befehl pip im Format pip*versionsnummer*. Um mod_wsgi gezielt für Python 3.6 zu installieren, geben Sie in einem Konsolenfenster folgenden Befehl ein:

```
pip3.6 install mod_wscgi
```

Linux

Sie haben bereits erfolgreich apache2 installiert. Installieren Sie nun noch apache2-dev.

```
sudo apt-get install apache2-dev
```

Mit pip installieren Sie dann mod_wsgi:

```
sudo pip install mod_wsgi
```

22.9.2 Vorbereitung

Richten Sie ein Verzeichnis ein, in dem Sie Ihre WSGI-Skripte speichern. Es sollte unbedingt außerhalb des Verzeichnisbaums für die statischen Webseiten sein. Denn ansonsten wäre es möglich, bei einem Zugriff von außen Ihre Python-Skripte zu sehen, die vielleicht irgendwelche Geheimnisse enthalten. Ihre Python-Skripte sollen zwar ausgeführt werden, ihr Inhalt soll aber für die Außenwelt unsichtbar bleiben.

Unter Windows richten Sie ein Verzeichnis mit dem Pfad

```
C:\wsgi-scripts
```

ein. Unter Linux verwenden Sie z.B. den Pfad

```
/usr/local/wsgi-scripts
```

22.9.3 Den Apache-Server konfigurieren

Öffnen Sie mit einem beliebigen Texteditor die Hauptkonfigurationsdatei des Apache-Servers.

Windows: C:\Apache24\conf\httpd.conf

Linux: .../etc/httpd/httpd.conf oder .../etc/httpd/conf/httpd.conf

Die Datei enthält einen umfangreichen Text mit vielen so genannten Direktiven, die das Verhalten des Apache-Servers bestimmen. Die Konfigurationsdatei ist nicht leicht zu verstehen. Sie können aber alles belassen, wie es ist, und werden nur einige Direktiven hinzufügen. Wie in einem Python-Skript sind die Zeilen, die mit # beginnen, Kommentare. Im ersten Schritt sorgen Sie dafür, dass der Apache-Server ein Zusatzmodul lädt, das ihn befähigt, WSGI-Programmtext auszuführen. Sie erweitern also die Funktionalität des Apache-Servers.

Eine große Hilfe ist jetzt das Programm `mod_wsgi-express`, das bei der Installation von `mod_wsgi` automatisch mitinstalliert wurde. Es liefert Ihnen die Direktiven, die Sie in die Konfigurationsdatei eintragen müssen.

Öffnen Sie ein Konsolenfenster. (Bei Windows geben Sie in das Suchfeld unten links `cmd` ein und drücken [Enter]). Geben Sie auf der Kommandozeile folgenden Befehl ein:

```
mod_wsgi-express module-config
```

Als Antwort erhalten Sie einige Textzeilen, die (unter Windows) ungefähr so aussehen:

```
LoadFile "c:/python36/python36.dll"
LoadModule wsgi_module "c:/python36/lib/site-packages/mod_wsgi/server/
mod_wsgi.cp36-win_amd64.pyd"
WSGIPythonHome "c:/python36"
```

Kopieren Sie einfach diese Zeilen und fügen Sie sie an das Ende der Konfigurationsdatei ein.

(Alternativ suchen Sie mit der Suchfunktion des Editors die Stelle, wo die `LoadModule`-Direktiven stehen, und fügen die neuen Direktiven an das Ende dieses Bereichs ein.)

Im zweiten Schritt muss der Zugriff auf das Verzeichnis mit den WSGI-Dateien geregelt werden. Fügen Sie am Ende der Konfigurationsdatei folgende Passage ein (Windows):

```
<Directory "c:/wsgi-scripts">
AllowOverride None
Require all granted
Options None
Order deny,allow
Allow from all
</Directory>
```

Hier ist ein kleiner Überblick über einige weitere wichtige Direktiven in der Hauptkonfigurationsdatei. Eine komplette Beschreibung finden Sie auf der Apache-Webseite: `https://httpd.apache.org/docs/2.4/de/mod/directives.html`.

ServerRoot

Mit `ServerRoot` wird das Wurzelverzeichnis des Verzeichnisbaums des Apache-Servers festgelegt. Weil man den Pfad des Wurzelverzeichnisses auch in anderen Direktiven verwendet (siehe `DocumentRoot`), wird für den Pfad mit `Define` zunächst eine Variable eingerichtet.

```
Define SRVROOT "c:/Apache24"
ServerRoot "${SRVROOT}"
```

Listen

Mit der `Listen`-Direktive wird die Port-Nummer festgelegt, die der Apache-Server verwenden soll. Voreingestellt ist:

```
Listen 80
```

DocumentRoot

Mit `DocumentRoot` wird das Wurzelverzeichnis des Verzeichnisbaums für die statischen Webseiten spezifiziert.

Voreingestellt ist das Unterverzeichnis `htdocs` im Serververzeichnis:

```
DocumentRoot "${SRVROOT}/htdocs"
<Directory "${SRVROOT}/htdocs">
```

22.9.4 Ein WSGI-Skript für den Apache-Server

Ein WSGI-Skript für einen Apache-Server erstellen Sie in drei Schritten:

- Python-Skript schreiben und im Verzeichnis für WSGI-Skripte speichern.
- In der Konfigurationsdatei ein Alias einrichten, um den Zugriff zu ermöglichen.
- Apache-Server neu starten.

Eine WSGI-Datei für den Apache-Server kann allein die Definition des Applikationsobjektes enthalten und sonst nichts. Das folgende Beispiel illustriert die Besonderheiten, die Sie beachten müssen.

Skript:

```
def application(environ, start_response):                            #1
    status = "200 OK"
    content = b"Hallo!"

    response_headers = [
           ("Content-type", "text/html"),
           ("Content-Length", str(len(content)))]                    #2
    start_response(status, response_headers)
    return [content]
```

Erläuterungen:

#1: Das Applikationsobjekt ist eine Funktion namens `application()`. Andere Namen funktionieren nicht.

#2: Die Liste der Kopfzeilen enthält *zwei* Tupel. Das zweite Tupel beschreibt die zweite Kopfzeile mit der Angabe der Länge der dynamischen Webseite. Beachten Sie, dass die Länge nicht als numerischer Wert, sondern als *String* dargestellt wird.

Speichern Sie das Skript z.B. unter dem Namen `hello.py` im WSGI-Verzeichnis des Apache-Servers, also z.B. in

`C:\wsgi-scripts` bei Windows oder in

`/usr/local/wsgi-scripts` bei einem Unix-System.

Um den Zugriff von außen zu ermöglichen, richten Sie in der Konfigurationsdatei ein Alias ein. Öffnen Sie die Konfigurationsdatei mit einem Texteditor und schreiben Sie die folgende Direktive einfach an das Ende:

```
WSGIScriptAlias /hello C:/wsgi-scripts/hello.py
```

Danach starten Sie den Apache-Server neu.

Das Alias wird im URL verwendet, wenn Sie auf das Skript zugreifen wollen. In diesem Fall lautet der URL:

```
http://localhost/hello
```

22.9.5 Tipps zum Debuggen

Was tun, wenn das Skript nicht funktioniert?

Als Erstes sollten Sie im Python-Editor die Syntax des Skripts überprüfen. Bei *Idle* wählen Sie dazu den Befehl RUN|CHECK MODULE (oder [Strg]+[X]).

Als Nächstes können Sie (mit einem Text-Editor) die Log-Files prüfen.

Fehler im Betrieb des Apache-Servers werden in der Datei `c:/Apache24/logs/error.log` eingetragen.

Komfortabel ist es, wenn Sie das Standard-Modul `wsgiref` nutzen und Ihr WSGI-Skript um ein Hauptprogramm zum Erzeugen eines eigenen WSGI-Webservers erweitern

```
if __name__ == "__main__":
    from wsgiref.simple_server import make_server
    httpd = make_server("", 8000, application)
    print("Serving on port 8000...")
    httpd.serve_forever()
```

Die `if`-Klausel wird nur ausgeführt, wenn Sie das Skript direkt ausführen (und nicht, wenn der Apache-Server das Modul importiert).

Bevor Sie das WSGI-Skript in Ihr Apache-System überführen, können Sie es testen, indem Sie die Programmdatei starten.

Mit einem Browser können Sie das Skript testen, indem Sie den folgenden URL verwenden:

```
http://localhost:8000/hello.py
```

22.9.6 Zugriff von einem entfernten Rechner im WLAN

Wenn Ihr Computer mit einem lokalen Netz (z.B. WLAN) verbunden ist, können Sie auch von einem anderen Computer aus (z.B. Smartphone) auf den Apache-Server zugreifen.

Im URL verwenden Sie die IP-Nummer des Computers, auf dem der Server läuft. So können Sie die IP-Nummer ermitteln:

- Windows 10: Öffnen Sie die Eingabeaufforderung und geben Sie den Befehl `ipconfig` ein.
- Linux: Öffnen Sie ein Konsolenfenster und geben Sie den Befehl `ifconfig` ein.

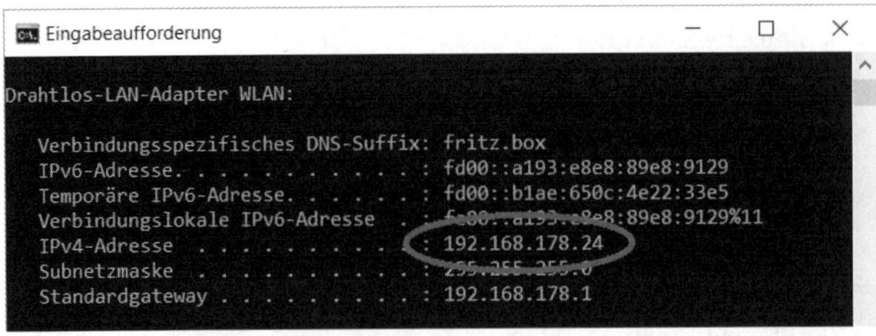

Abb. 22.9: Mit `ipconfig` die IP-Adresse ermitteln

Abbildung 22.9 zeigt die Antwort auf einem Windows-Rechner. Mit der IP-Adresse aus diesem Beispiel ergibt sich folgender URL:

```
http://192.168.178.24/hello
```

22.10 Verarbeitung von Eingabedaten aus Formularen

Am besten probieren Sie das Skript einmal aus. Starten Sie das Programm `greeting.py` und richten Sie dann Ihren Webbrowser auf den URL `http://localhost:8000/greeting.py`. Es öffnet sich eine Webseite (siehe Abbildung 22.10 oben) mit einem Label (*Dein Name:*), einem leeren Eingabefeld und einer Schaltfläche (*OK*). Schreibt man in das Eingabefeld einen Namen und klickt auf den Button, erscheint eine Begrüßung.

Alternative mit Apache: Sie speichern das Skript im WSGI-Verzeichnis Ihres Apache-Servers und richten in der Konfigurationsdatei ein Alias ein (siehe Abschnitt 22.9.4).

Beide Webseiten werden dynamisch von der Funktion `application()` erzeugt. Die Funktion liefert beim ersten Aufruf eine andere Webseite als beim zweiten Aufruf. Wie erkennt sie, dass sie zum ersten Mal aufgerufen worden ist? Die Funktion nutzt aus, dass bei einer Anfrage an den HTTP-Server die GET-Methode voreingestellt ist. Der zweite Aufruf erfolgt von der Startseite aus, die ein Formular enthält. Im `method`-Attribut des `form`-Tags wird jetzt aber die Anfrage-Methode POST eingestellt.

Abb. 22.10: Dynamische Webseite mit Eingabefeld und Antwortseite

Skript:

```
# greeting.py
import cgi
START = '''
<html>
    <head>
        <title>Frage</title>
    </head>
    <body>
        <form method="POST">
            <label>Dein Name: </label>
            <input type="text" name="name"/>
            <input type="submit" value="OK"/>
        </form>
    </body>
</html>'''                                              #1

RESPONSE = '''
<html>
    <head>
        <title>Antwort</title>
    </head>
    <body>
        <h1> Hallo {}!</h1>
    </body>
</html>
'''                                                     #2

def application(environ, start_response):               #3
    status = '200 OK'
```

```
    if environ['REQUEST_METHOD'] == 'POST':                          #4
        form = cgi.FieldStorage(
            fp=environ['wsgi.input'],                                 #5
            environ=environ,
            keep_blank_values=True)
        content_string = RESPONSE.format(form.getvalue('name'))      #6
        content = content_string.encode('utf-8')                     #7
    else:
        content = START.encode('utf-8')                              #8
    response_headers = [
        ('Content-type', 'text/html'),
        ('Content-Length', str(len(content)))]                       #9
    start_response(status, response_headers)
    return [content]                                                 #10

if __name__ == '__main__':
    from wsgiref.simple_server import make_server
    httpd = make_server('', 8000, application)
    print('Serving on port 8000... ')
    httpd.serve_forever()
```

Erläuterungen:

#1: Die Konstante `START` enthält einen HTML-Text mit `<form> ... </form>`. Das Eingabefeld wird durch das `<input/>`-Tag spezifiziert. Mit dem Attribut `name="name"` wird der Variablenname `name` festgelegt. Wenn der Benutzer in das Eingabefeld einen Text eingibt, wird er mit `name` verknüpft.

#2: Die Konstante `RESPONSE` enthält einen HTML-Text mit einem Platzhalter `{}`. Der Platzhalter wird später durch einen Namen ersetzt, so dass ein persönlicher Gruß entsteht.

#3: Die Funktion wird aufgerufen, wenn der HTTP-Server eine Anfrage auf die Datei `greeting.py` empfängt. Sie berechnet die Antwort und liefert eine dynamische Webseite,

#4: Wenn die Anfrage die POST-Methode verwendet, ist es schon die zweite Anfrage, die einen Namen enthält.

#5: In diesem Fall wird ein `FieldStorage`-Objekt erzeugt, das die übertragenen Daten (Name) enthält. Wir verwenden also das Modul `cgi`, obwohl wir gar kein CGI-Skript erstellen. Die Klasse `FieldStorage` kann man auch bei WSGI-Projekten gut gebrauchen.

#6: Hier wird zunächst der String `RESPONSE` formatiert: Der Platzhalter `{}` wird durch den Wert der Variablen `name` ersetzt. Dieser Wert wurde dem `FieldStorage`-Objekt entnommen.

#7: Aus dem String wird ein Binärstring (Objekt vom Typ `bytes`) gewonnen und der Variablen `content` zugewiesen.

#8: Die `else`-Klausel wird beim ersten Aufruf der Datei ausgeführt. In diesem Fall wird der statische HTML-Text `START` in einen Binärstring überführt und der Variablen `content` zugewiesen.

#9: Die zwei Kopfzeilen des HTTP-Antwortpakets werden gebildet.

#10: Entsprechend den Vorgaben des WSGI-Protokolls gibt die Funktion den Inhalt der dynamischen Webseite als Binärstring zurück.

Werfen Sie einen Blick auf die Ausgabe des Servers in der Shell:

```
Serving on port 8000...
127.0.0.1 - - [14/Mar/2019 13:17:51] "GET /greeting.py HTTP/1.1" 200 308
127.0.0.1 - - [14/Mar/2019 13:17:57] "POST /greeting.py HTTP/1.1" 200 123
```

Sie erkennen, dass im Log des Servers auch die Methode der Datenübergabe (zuerst GET, dann POST) angegeben wird, gefolgt von der Status-Nummer und der Länge des Pakets.

22.11 Objektorientierte WSGI-Skripte – Beispiel: ein Chatroom

Komplexere WSGI-Skripte sollte man nach den Prinzipien der Objektorientierung entwickeln. Als Beispiel programmieren wir ein kleines Chat-System. Wenn Sie das Projekt interessiert, probieren Sie es am besten zuerst einmal aus, bevor Sie es nachprogrammieren oder weiterentwickeln. Ich gehe davon aus, dass Sie die Beispielprogramme vom Server des mitp-Verlages heruntergeladen haben (siehe Anhang C).

Starten Sie im Verzeichnis `.../kap_22/wsgi` das Programm `chat.py` (unter Windows z.B. durch Anklicken des Programm-Icons). Damit startet der `wsgiref`-Miniserver und meldet sich mit

```
Serving on port 8000...
```

Öffnen Sie zweimal ein Browserfenster und geben Sie jeweils im Adressfenster den URL `http://localhost:8000` ein. Sie sehen in jedem Browserfenster die Startseite des Chatraums (Abbildung 22.11). Simulieren Sie nun einen Chat (ein Gespräch) zwischen zwei Personen.

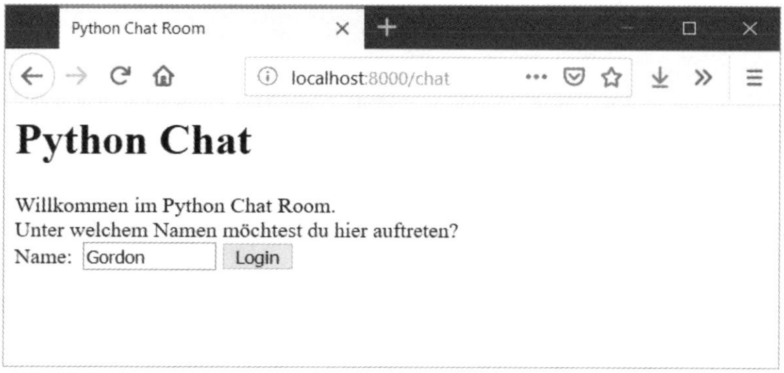

Abb. 22.11: Dynamische HTML-Seite mit Formular für das Login

Um den Chatroom betreten zu können, muss man sich einloggen. Geben Sie auf der Startseite in einem der Browserfenster einen Namen ein. Sobald Sie die Login-Schaltfläche anklicken, öffnet sich die Webseite mit dem Chatroom.

Nach Ihrem Login könnte Ihr Browserfenster so aussehen wie in Abbildung 22.12. Unter der Überschrift steht eine Meldung, dass Sie den Raum betreten haben. Sie wurde vom System automatisch erzeugt. Nach jedem Login eines neuen Chat-Teilnehmers wird eine solche Meldung dem Dialog hinzugefügt.

Abb. 22.12: Chatroom nach dem ersten Login

In das Eingabefeld hinter *Ich sage:* können Sie einen Gesprächsbeitrag schreiben. Nach dem Klicken auf den OK-Button wird Ihr Beitrag an den Server geschickt. Eine Textzeile in der Form

```
Name: Beitrag
```

wird dem Dialog angehängt. Anschließend erhält der Client eine neue Webseite mit aktualisiertem Dialog, auf dem also auch Ihre letzte Äußerung zu sehen ist. Der Dialog ist ein Text, der das Gespräch protokolliert und aus lauter Beiträgen der Chat-Teilnehmer zusammengesetzt ist. Auf der Chatroom-Seite werden aber nur höchstens die letzten zehn Zeilen dargestellt.

Abb. 22.13: Chat mit zwei Personen

Was Sie nicht sehen können: Das Formular in der Webseite enthält auch eine versteckte Variable (Typ hidden). Sie enthält den Namen des Chat-Teilnehmers. Den muss der Server kennen, wenn er Ihren Beitrag in den Dialog einfügt. Dazu später mehr.

Wenn Sie auf den OK-Button klicken, ohne etwas in das Eingabefeld geschrieben zu haben, wird nur der angezeigte Dialog aktualisiert (vielleicht haben ja inzwischen andere etwas gesagt). Abbildung 22.13 zeigt eine Momentaufnahme aus einem Chat zweier Personen.

Beachten Sie: Es entsteht ein (unendlicher) zyklischer Kommunikationsprozess, aus dem man nur durch Schließen des Browserfensters oder Eingabe eines neuen URL in das Adressfenster entkommen kann: Das WSGI-Skript erzeugt immer wieder eine interaktive Seite mit einem Button. Klickt man diesen an, wird wieder dasselbe Skript aufgerufen. Es liefert wieder eine interaktive Seite nach dem gleichen Muster usw.

22.11.1 Die HTML-Seiten

Das WSGI-Skript für den Chatroom ist ein bisschen länger und wird nun – der Übersicht halber – *in zwei Teilen* dargestellt.

Im ersten Teil werden zwei lange Stringkonstanten definiert. Sie enthalten den HTML-Quelltext der beiden Webseiten für das Login (START) und für den Dialog im Chatraum (CHAT).

Skript (Teil 1):

```
# chat.py
import cgi, wsgi
START = '''
<html>
  <head>
    <title>Python Chat Room</title>
  </head>
  <body>
    <h1>Python Chat</h1>
    Willkommen im Python Chat Room. <br/>
    Unter welchem Namen m&ouml;chtest du auftreten?
    <form method="POST" >
      Name: 
      <input type="Text" name= "name"
       size="12" maxlength="12"/>
      <input type="hidden" name="contribution"
       value="Hallo, ich bin gerade gekommen."/>
      <input type="Submit"  value="Login"/>
    </form>
  </body>
</html>'''                                              #1

CHAT = '''
<html>
```

```
  <head><title>Python-Chat</title></head>
  <body>
    <h1>Python-Chat</h1>
    {} <hr/>
    <form method="POST">
      <input type="hidden" name="name" value="{}">
      Ich sage: 
      <input type="Text" name="contribution" size="40"
      maxlength="40"/>
      <input type="Submit"  value="OK"/>
    </form>
  </body>
</html>'''                                                    #2
```

#1: Die Konstante `START` enthält den statischen HTML-Quelltext der Startseite des Chat-Systems (siehe Abbildung 22.11). Das Formular enthält zwei Variablen, die an `<input>`-Tags gekoppelt sind. In das Eingabefeld (Variablenname `name`) kann der Benutzer seinen Login-Namen eintragen. In einem `<input>`-Tag vom Typ `hidden` ist als Wert ein konstanter Begrüßungstext eingetragen. Nach dem Anklicken des Submit-Buttons wird der gleiche URL aufgerufen. Nach der Post-Methode werden in einem gesonderten Paket die beiden Variablen `beitrag` und `name` aus dem Formular (sowie ihre Inhalte) an den Server übertragen.

#2: Die Stringkonstante `CHAT` ist ein HTML-Quelltext, der die Webseite des Chatrooms darstellt (Abbildung 22.12). Der String enthält zwei Platzhalter `{}` für variable Teile. Der erste Platzhalter wird später durch den bisherigen Dialog des Chats ersetzt. Der zweite Platzhalter befindet sich in einem `hidden`-Tag und wird später durch den Namen des aktuellen Chatters ersetzt.

22.11.2 Die Klassen für den Chatroom

Das UML-Klassendiagramm aus Abbildung 22.14 zeigt die Struktur des Projekts. Verantwortlich für den gesamten Prozess ist ein Objekt der Klasse `Chatroom`. Es erzeugt eine Instanz der Klasse `cgi.Fieldstorage` und hat so Zugriff auf die Variablen, die aus dem Formular der interaktiven HTML-Seite stammen. Das `Chatroom`-Objekt erzeugt ein Objekt der Klasse `Dialog`. Das kümmert sich um die Verwaltung des von der Chatrunde produzierten Textes.

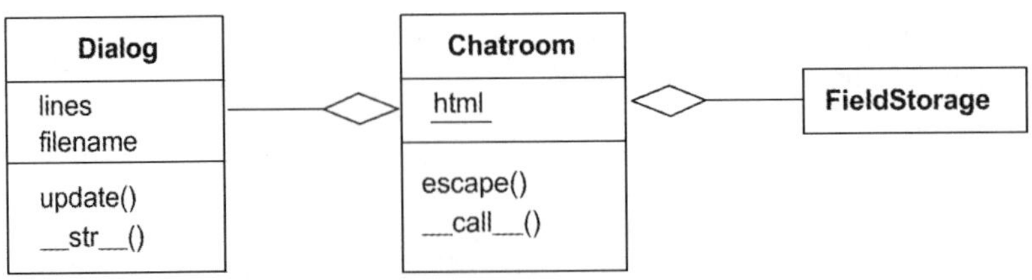

Abb. 22.14: UML-Klassendiagramm für ein Chat-System

Bei seiner Initialisierung lädt es den aktuellen Stand aus einer Datei (File). Ein neuer Chat-Beitrag wird von der Dialog-Methode `update()` an den bisherigen Dialogtext angehängt.

Eine Besonderheit der objektorientierten WSGI-Programmierung ist, dass die `__call__()`-Methode einer Klasse definiert wird.

Mit der »magischen Methode« `__call__()` wird eine Instanz der Klasse aufrufbar. Das heißt, die Instanz verhält sich wie eine normale Funktion und kann auch `return`-Anweisungen enthalten. Wenn nun eine Instanz der Klasse aufgerufen wird, wird `__call__()` ausgeführt.

Das WSGI-Protokoll gibt vor, dass das Applikationsobjekt `application` heißt. Deshalb wird in der letzten Anweisung des Skripts eine Instanz der Klasse `Chatroom` mit dem Namen `application` erzeugt.

22.11.3 Skript (Teil 2):

```
PATH = "dialog.txt"                                          #3

class Dialog:
  # Modelliert den Dialog eines Chats

  def __init__(self, path):
    self.filename = path
    try:
      f = open(self.filename,'r')                            #4
      self.lines = f.readlines()
      f.close()
    except:                                                  #5
      self.lines=[]
      f = open(self.filename, 'w')
      f.close()

  def update(self, name, contribution):
    # Neuen Beitrag in Dialog einfügen und speichern
    if len(self.lines)>10:                                   #6
        self.lines = self.lines[-10:]
    newLine = '{}: {} <br>\n'.format(name, contribution)
    self.lines.append (newLine)                              #7
    f = open(self.filename,'w')
    for line in self.lines:
        f.write(line)
    f.close()

  def __str__(self):
```

```
    # liefert Darstellung des Dialogs als HTML-Text
    dialog = ''
    for line in self.lines:
      dialog += line
    return dialog

class Chatroom:
  html = {'>':'&gt;', '<':'&lt;',
          'ä':'&auml;', 'Ä':'&Auml;',
          'ö':'&ouml;', 'Ö':'&Ouml;',
          'ü':'&uuml;', 'Ü':'&Uuml;',
          'ß':'&szlig;'}                                            #8

  def escape(self, text):
    for ch in self.html.keys():
      text = text.replace(ch, self.html[ch])
    return text                                                     #9

  def __call__(self, environ, start_response):                      #10
    if environ['REQUEST_METHOD'] == 'POST':
        form = cgi.FieldStorage(
            fp=environ['wsgi.input'],
            environ=environ,
            keep_blank_values=True)                                 #11
        contribution = self.escape(
                 form.getvalue('contribution'))
        name = self.escape(
                 form.getvalue('name'))
        dialog = Dialog(PATH)                                       #12
        if contribution:
            dialog.update(
              name, self.escape(contribution))                      #13
        content = CHAT.format(dialog, name)                         #14
    else:
        content = START                                             #15
    response_headers = [
        ('Content-type', 'text/html; charset=utf-8'),
        ('Content-Length', str(len(content)))]
    status = '200 OK'
    start_response(status, response_headers)
    return [content.encode('utf-8')]
```

```
application = Chatroom()                                        #16

if __name__ == '__main__':
    from wsgiref.simple_server import make_server
    httpd = make_server('', 8000, application)
    print('Serving on port 8000... ')
    httpd.serve_forever()
```

Erläuterung:

#3: Die Konstante PATH enthält einen Pfad zu einer Datei, in der der Dialog gespeichert werden soll. In diesem Fall soll der Dialog im gleichen Verzeichnis gespeichert werden, in dem auch das WSGI-Skript ist. Wenn das Skript später von einem Apache-Server genutzt werden soll, müssen Sie den Pfad anpassen.

#4: Falls die Datei mit dem Dialog existiert, wird sie geöffnet ...

#5: ... oder ansonsten eine neue Datei angelegt.

#6: Wenn der bisherige Dialog mehr als zehn Zeilen umfasst, wird er auf die letzten zehn Zeilen gekürzt.

#7: An die Liste mit den Dialogzeilen wird die neue Zeile (bestehend aus Name und Beitrag) angehängt und anschließend werden alle Dialogzeilen der Liste in der Datei abgespeichert.

#8: Hier wird als Klassenattribut ein Dictionary definiert, das für die Übersetzung von Sonderzeichen in HTML-Escapesequenzen verwendet werden kann. Aus Sicherheitsgründen werden auch spitze Klammern (< und >) durch HTML-Sequenzen dargestellt, um Code-Injection zu verhindern.

#9: Die Funktion erzeugt aus dem übergebenen String `text` einen »sauberen« HTML-Text, in dem Sonderzeichen durch HTML-Escapesequenzen dargestellt sind.

#10: Hier wird die »magische Methode« `__call__()` überschrieben. Sie wird ausgeführt, wenn eine Instanz der Klasse `Chatroom` aufgerufen wird (siehe letzte Anweisung des Skripts).

#11: Hier wird ein `FieldStorage`-Objekt namens `form` erzeugt. Es enthält die Variablen aus dem `<form> ... </form>`-Tag. Anschließend werden die Werte der Variablen `name` und `contribution` ausgelesen und mit der `escape()`-Methode in sauberen HTML-Text überführt.

#12: Ein Objekt der Klasse `Dialog` wird erzeugt. Es soll den Pfad `PATH` zum Abspeichern des Dialogs verwenden.

#13: Falls die Variable `contribution` einen Text enthält, wird der Dialog aktualisiert.

#14: Hier wird der Text des HTTP-Pakets berechnet, das an den Client zurückgeschickt werden soll. Die Platzhalter `{}` des Strings `CHAT` werden mit Hilfe der String-Methode `format()` durch Texte (`dialog` und `name`) ersetzt.

#15: Falls das Skript zum ersten Mal aufgerufen worden ist (die Methode ist dann nicht POST), ist der Text des HTTP-Pakets die konstante Startseite für das Login.

#16: Hier wird eine Instanz der Klasse `Chatroom` gebildet. Sie hat den Namen `application`. Weil wir die Methode `__call__()` nach den Regeln des WSGI-Protokolls definiert haben, hat `application` die Eigenschaften einer Funktion und ist ein gültiges WSGI-Applikationsobjekt.

22.12 WSGI-Skripte mit Cookies

Cookies (»Kekse«) sind kleine Texte, die bei einer Kommunikation über das HTTP-Protokoll von einem Server im Header eines HTTP-Pakets gesendet und in einem besonderen Verzeichnis des Clients abgespeichert werden. Sie enthalten meist Informationen über frühere Besuche einer Website. Cookies können ein Verfallsdatum besitzen. Ist dieses überschritten, wird das Cookie gelöscht. Fehlt das Verfallsdatum, so wird das Cookie beim Client nicht dauerhaft gespeichert, sondern ist nur während der Sitzung gültig. Das heißt, wenn Sie das Browserfenster schließen, geht auch das Cookie verloren. In diesem Kapitel beschreibe ich nur solche »flüchtigen« Cookies.

Das Python-Modul `Cookie` enthält die Definitionen mehrerer verschiedener Cookie-Klassen. Es wird empfohlen, (aus Sicherheitsgründen) nur die Klasse `SimpleCookie` zu verwenden. Machen Sie ein paar kleine Experimente in der Python-Shell. Zunächst instanziieren Sie ein Objekt der Klasse `SimpleCookie`:

```
>>> import http.cookies
>>> c = http.cookies.SimpleCookie()
```

Cookie-Objekte werden wie Dictionaries behandelt. In den folgenden Anweisungen erhält das `SimpleCookie`-Objekt `c` einige Dateneinträge:

```
>>> c['Alter'] = 21
>>> c['Name'] = 'Katja'
```

Im `SimpleCookie`-Objekt werden nur Strings gespeichert. Andere Datentypen werden bei Zuweisungen der obigen Form in Strings umgewandelt.

Die textuelle (druckbare) Repräsentation eines Cookie-Objektes, die mit der `str()`-Funktion oder einer `print()`-Funktion ausgegeben wird, ist ein String. Er enthält die Kommandos zum Setzen von Cookies, die in den Header eines HTTP-Pakets geschrieben werden.

```
>>> print(c)
Set-Cookie: Alter=21
Set-Cookie: Name=Katja
```

Die Werte der einzelnen Cookie-Variablen können über das Attribut `value` abgefragt werden:

```
>>> c['Alter'].value
'21'
>>> c['Name'].value
'Katja'
```

Sie erkennen, dass die Variablenwerte des `SimpleCookie`-Objektes immer vom Typ String sind.

Mit der `load()`-Methode kann ein Cookie-Objekt mit Inhalt gefüllt werden. In einem WSGI-Skript verwendet man die `load()`-Methode, um ein Cookie aus dem Umgebungsdictionary `environ` des Clients zu laden.

22.12.1 Besuche zählen

Das folgende WSGI-Skript gibt im Browserfenster aus, zum wievielten Mal es in der jeweiligen Sitzung aufgerufen worden ist (siehe Abbildung 22.14).

Abb. 22.15: Antwort des WSGI-Servers beim ersten und zweiten Aufruf

Skript:

```
#! /Python36/python.exe
# visits.py

from http.cookies import SimpleCookie
# Stringkonstanten
START = '''
<html>
  <head><title>Z&auml;hler</title></head>
```

```
  <body>
  <h3> Willkommen!</h3>
   Sie besuchen diese Seite zum ersten Mal
  </body>
</html>'''                                                          #1

RESPONSE = '''
<html>
  <head><title>Z&auml;hler</title></head>
  <body>
    <h3> Sch&ouml;n, dass Sie wieder hier sind!</h3>
    Sie besuchen zum {}. Mal diese Seite.
  </body>
</html>'''                                                          #2

class Counter:
   def __call__(self, environ, start_response):
     cookie = SimpleCookie()                                        #3
     try:
         cookie.load(environ['HTTP_COOKIE'])                        #4
         n = int(cookie['counter'].value) + 1                       #5
         content = RESPONSE.format(n)                               #6
     except:
         content = START                                            #7
         n = 1                                                      #8

     response_headers = [
         ('Content-type', 'text/html; charset=utf-8'),
         ('Content-Length', str(len(content))),
         ('Set-Cookie', 'counter={}'.format(n))] #9
     status = '200 OK'
     start_response(status, response_headers)
     return [content.encode('utf-8')]

application = Counter()

if __name__ == '__main__':
    from wsgiref.simple_server import make_server
    httpd = make_server('', 8000, application)
    print('Serving on port 8000... ')
    httpd.serve_forever()
```

Erläuterung:

#1: HTML-Text für die Webseite, die beim ersten Aufruf in zurückgesendet wird.

#2: Muster der HTML-Seite, die ab dem zweiten Aufruf zurückgesendet wird. Der String enthält einen Platzhalter `{}` für die Nummer des Aufrufs.

#3: Instanziierung eines `SimpleCookie`-Objektes.

#4: Versuch, das Cookie vom Client-Rechner zu laden.

#5: In der Variablen `n` wird die Anzahl der Besuche gespeichert. Aus dem Cookie wird der Wert der Variablen `counter` ausgelesen, in eine ganze Zahl überführt und um eins erhöht.

#6: Im String `RESPONSE` wird der Platzhalter `{}` durch die Anzahl der bisherigen Besuche ersetzt. Der resultierende HTML-Text wird dann der Variablen `content` zugewiesen.

#7: Wenn *kein* Cookie existiert (beim ersten Besuch der Seite), ist der konstante HTML-Text `START` der Inhalt der Variablen `content`.

#8: Die Anzahl der Besuche wird auf 1 gesetzt.

#9: Hier werden die Kopfzeilen (*Header*) des zurückgegebenen HTTP-Pakets definiert. Jeder Eintrag dieser Liste ist ein Tupel. Im dritten Header wird das Cookie festgelegt.

22.13 Aufgabe

Entwickeln Sie mit WSGI ein System für Online-Abstimmungen. Es soll folgendermaßen arbeiten:

Beim ersten Besuch der Seite wird eine Frage gestellt. Darunter werden (hinter Radiobuttons) verschiedene Antwortmöglichkeiten angeboten. Der Benutzer kann über die Radiobuttons eine Antwort auswählen. Nach dem Klick auf den Submit-Button (Aufschrift: ABSTIMMEN) wird die Seite erneut aufgerufen (siehe Abbildung 22.16).

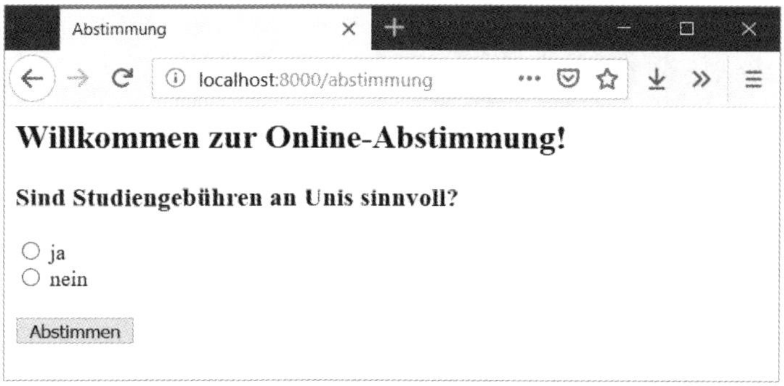

Abb. 22.16: Statische Startseite für eine Online-Abstimmung

Das Applikationsobjekt prüft mit Hilfe eines Cookies, ob schon einmal abgestimmt worden ist. Falls das der Fall ist, wird eine entsprechende Meldung ausgegeben (z.B. »Sie haben bereits abgestimmt«). Ansonsten wertet das Applikationsobjekt die übergebenen Variablen aus und aktualisiert den Stimmenzähler. In jedem Fall wird das bisherige Abstimmungsergebnis mitgeteilt (siehe Abbildung 22.17).

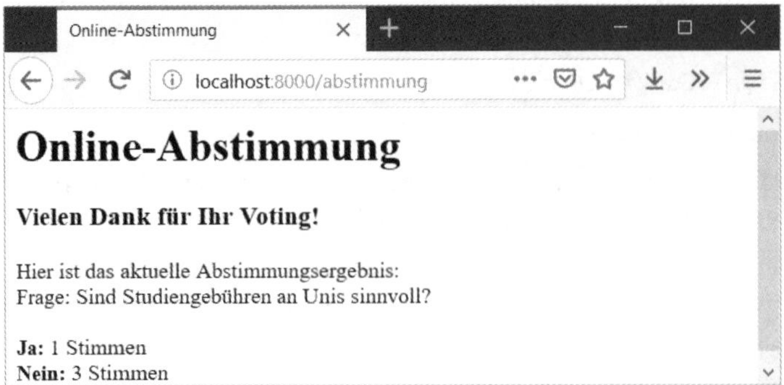

Abb. 22.17: Vom WSGI-Applikationsobjekt dynamisch erzeugte HTML-Seite

22.14 Lösung

Wenn Sie die Beispielprogramme auf Ihren Rechner kopiert haben, können Sie so die Lösung testen: Starten Sie das Programm `/kap22/wsgi/abstimmung.py`. Öffnen Sie im Webbrowser den URL `http://localhost:8000/ abstimmung.py`.

Die Verwaltung der Abstimmungsergebnisse übernimmt ein Objekt der Klasse `Counter`. Es stellt das Abstimmungsergebnis als Dictionary dar. Zu jeder Option (`key`) wird die Anzahl der Stimmen für diese Option (`value`) festgehalten. Dieses Dictionary wird nach jeder neuen Votierung in einer Datei gespeichert.

Die Bearbeitung der Anfragen übernimmt ein aufrufbares Objekt der Klasse `Voting`.

Skript:

```
# abstimmung.py
#! /Python36/python.exe

import pickle
from cgi import FieldStorage
from http.cookies import SimpleCookie

# Globale Konstanten:
START ='''
<html>
<head>
    <title>Abstimmung</title>
</head>
<body>
  <h2> Willkommen zur Online-Abstimmung!</h2>
```

```
  <h3> Sind Studiengeb&uuml;hren an Unis sinnvoll?</h3>
  <form method="POST">
    <input type="Radio" name="option" value="Ja"> ja<br>
    <input type="Radio" name="option" value="Nein"> nein<br><br>
    <input type="Submit" value="Abstimmen">
  </form>
</body>
</html>'''                                                              #1

RESULT = '''
<html>
  <head><title>Online-Abstimmung</title></head>
  <body><h1>Online-Abstimmung</h1>
    <h3> {} </h3>
    Hier ist das aktuelle Abstimmungsergebnis:<br>
    Frage: {} <br><br> {}
  </body>
</html>'''                                                              #2

PATH = 'count.dat'                                                      #3
QUESTION = 'Sind Studiengeb&uuml;hren an Unis sinnvoll?'
OPTIONS = ['Ja', 'Nein']

class Counter:
  '''Modelliert einen Zähler für Abstimmungsergebnisse'''
  def __init__(self, filename,options):
    self.filename = filename
    try:        # vorhandene Datei laden
       f = open(filename,'rb')                                          #4
       self.votes = pickle.load(f)
       f.close()
    except:     # neue Datei anlegen
       self.votes = {}                                                  #5
       for i in options:
           self.votes[i] = 0
       f = open(filename,'wb')
       pickle.dump(self.votes, f)
       f.close()

  def vote(self, option):
    # Option erhält eine Stimme
    self.votes[option] += 1                                             #6
```

```
        f = open(self.filename, 'wb')
        pickle.dump(self.votes, f)
        f.close()

    def __str__(self):
        # liefert HTML-Text mit Abstimmungsergebnis
        result = ''
        for option in self.votes.keys():
            result += '<b>{}: </b>{} Stimmen<br>\n'.format(
                                option, self.votes[option])
        return result

class Voting:
    '''Modelliert ein Abstimmungssystem'''
    def __call__(self, environ, start_response):
        self.counter = Counter(PATH, OPTIONS)                  #7
        try:
            cookie = SimpleCookie()
            cookie.load(environ['HTTP_COOKIE'])
            status = cookie['status'].value                    #8
        except:
            status = 'Start'                                   #9
        if status =='Start':
            content = START                                    #10
            new_status= 'Abstimmen'
        elif status == 'Abstimmen':
            form = FieldStorage(
                    fp=environ['wsgi.input'],
                    environ=environ,
                    keep_blank_values=True)
            option = form.getvalue('option')
            if option:                                         #11
                self.counter.vote(option)
                content = RESULT.format(
                    'Vielen Dank für Ihr Voting!',
                     QUESTION, self.counter)
                new_status = 'Abgestimmt'
            else:
                content = START                                #12
                new_status= 'Abstimmen'
        else:                                                  #13
            new_status = 'Abgestimmt'
```

```
            content = RESULT.format(
                'Sie haben bereits abgestimmt ...',
                QUESTION, self.counter)

        response_headers = [
            ('Content-type', 'text/html; charset=utf-8'),
            ('Content-Length', str(len(content))),
            ('Set-Cookie','status={}'.format(new_status))]
        status = '200 OK'
        start_response(status, response_headers)
        return [content.encode('utf-8')]

application = Voting()

if __name__ == '__main__':
    from wsgiref.simple_server import make_server
    httpd = make_server('', 8000, application)
    print('Serving on port 8000... ')
    httpd.serve_forever()
```

Erläuterung:

#1: Das ist der statische HTML-Text der Startseite, die beim ersten Aufruf vom Server zurückgegeben wird.

#2: Das ist die HTML-Schablone für die dynamisch erzeugte Webseite mit den Abstimmungsergebnissen. Sie enthält drei Platzhalter `{}` für variable Teile.

#3: Pfad zur Datei, in der das Dictionary mit den Abstimmungsergebnissen gespeichert wird.

#4: Um `pickle` verwenden zu können, müssen Dateien im binären Modus geöffnet werden.

#5: Wenn die Datei mit dem Abstimmungsergebnis noch nicht existiert, wird eine neue Datei angelegt und ein leeres Dictionary erzeugt. In dieses Dictionary wird für jede Option das Abstimmungsergebnis 0 eingetragen. In diesem Fall hat `self.votes` nach dieser Initialisierung den Wert `{'ja': 0, 'nein':0}`.

#6: Bei einem Voting wird im Dictionary `self.votes` der Wert der angegebenen Option um 1 erhöht und anschließend das Dictionary mit `pickle` gespeichert.

#7: Ein Objekt der Klasse `Counter` wird initialisiert. Es modelliert das aktuelle Abstimmungsergebnis.

#8: Wir versuchen, aus der Umgebung (environment) des Aufrufs ein Cookie zu gewinnen und den Wert der Variablen `status` auszulesen.

#9: Wenn kein Cookie mit der Variablen `status` existiert (weil der Client das Skript zum ersten Mal aufruft), wird der Status auf den Wert `Start` gesetzt.

#10: Beim ersten Aufruf wird die Startseite zurückgegeben.

#11: Beim zweiten Aufruf wird geprüft, welche Option gewählt worden ist. Falls überhaupt ein Radiobutton angeklickt worden ist (dann hat die Variable `option` einen Wert), wird das Abstimmungsergebnis aktualisiert und der Status auf `Abgestimmt` gesetzt, damit später nicht noch einmal abgestimmt werden kann.

#12: Ansonsten wird wieder die Startseite mit dem Formular zurückgegeben.

#13: Wenn bereits abgestimmt worden ist (Status ist `Abgestimmt`), wird eine Antwortseite mit entsprechender Meldung konstruiert und das Abstimmungsergebnis *nicht* geändert.

Kapitel 23

Internet-Programmierung

In diesem Kapitel geht es um die Entwicklung von Programmen, bei denen die Kommunikation über das Internet im Mittelpunkt steht.

23.1 Was ist ein Protokoll?

Die Kommunikation zwischen Rechnern, die über das Internet miteinander verbunden sind, wird durch Protokolle gesteuert. Ein Protokoll ist ein Regelwerk, das einen Kommunikationsprozess definiert. Es handelt sich um eine soziale Norm, der sich alle am Kommunikationsprozess Beteiligten unterwerfen. Der Begriff stammt aus der Diplomatie. Schon seit Jahrhunderten sorgen Protokollchefs für einen geordneten Ablauf bei Staatsbesuchen, Empfängen, zwischenstaatlichen Verhandlungen und anderen Kommunikationsereignissen mit politischer oder gesellschaftlicher Bedeutung.

Protokolle bestimmen auch unser Alltagsleben – manchmal, ohne dass wir uns dessen bewusst sind. So läuft etwa ein Restaurantbesuch normalerweise nach folgendem Schema ab: Man betritt das Restaurant, wartet darauf, dass man vom Kellner einen Platz zugewiesen bekommt. Man setzt sich, der Kellner bringt die Speisekarte und fragt nach den Getränken. Dann sucht man sich etwas aus. Wenn alle Speisekarten am Tisch zugeklappt sind, ist das für den Kellner das Signal, zu kommen, um die Bestellung aufzunehmen. Nach einigen Minuten bringt er das Essen. Immer wenn ein Glas leer ist, fragt der Kellner, ob man noch etwas wünscht. Nach dem Essen erkundigt er sich, ob es geschmeckt hat. Man antwortet mit einer positiven Bemerkung, auch wenn es nicht so toll war ... usw.

Ein Verstoß gegen die Regeln des Protokolls kann zu ernsthaften Störungen führen oder wird zumindest als unhöflich empfunden.

Protokolle für die Kommunikation zwischen Rechnern im Internet sind in technischen Dokumenten beschrieben, die man RFC (Request *for Comments*) nennt (`http://www.rfc-editor.org/`). Sie sind in keiner Weise rechtsverbindlich, aber alle Hersteller von Software und Hardware halten sich daran. Denn anderenfalls stünden sie außerhalb der Community, ihr Produkt wäre nicht für die Kommunikation über das Internet geeignet.

Protokolle gibt es für alle Aspekte der Datenkommunikation. Um die Übersicht zu behalten, orientiert man sich an so genannten Referenzmodellen. Darin werden Protokolle in einer Hierarchie verschiedenen Schichten zugeordnet. Abbildung 23.1 zeigt das TCP/IP-Modell. Jede Schicht enthält Protokolle für einen bestimmten Problembereich eines Kommunikationsprozesses. So regeln die Protokolle der Internet-Schicht das Routing der Datenpakete, die ihren Weg durch das Internet finden müssen. Protokolle der Transport-Schicht sorgen für eine sichere Ende-zu-Ende-Verbindung zwischen zwei Rechnern.

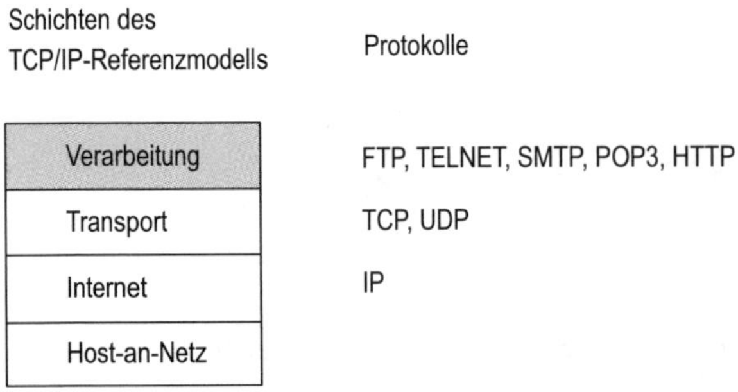

Abb. 23.1: TCP/IP-Referenzmodell in der Darstellung von Andrew S. Tanenbaum

Für die Programmierung mit Python sind aber eigentlich nur Standards aus der Verarbeitungsschicht, der obersten Schicht des TCP/IP-Modells, relevant. Dazu gehören Normen für das Senden und Empfangen von E-Mails (SMTP, POP3), Webseiten (HTTP) oder Dateien (FTP). Die Python-Modul-Bibliothek enthält zu den Kommunikationsprotokollen der Verarbeitungsschicht spezielle Module mit Funktionen und Klassen, die man für die Datenübertragung verwenden kann.

23.2 Übertragung von Dateien mit FTP

Das File Transfer Protocol (FTP) regelt die Übertragung von beliebigen Dateien über das Internet. Wie bei allen Protokollen der Verarbeitungsschicht geht man hier von einem Client-Server-Modell aus (siehe Abbildung 23.2). Der FTP-Server ist ein Prozess, der auf einem entfernten Rechner läuft, ständig Port 21 »abhört« und Anfragen von FTP-Clients im Internet bearbeitet. Der Server hat im Allgemeinen Zugriff auf einen großen Datenbestand, der vom Client über entsprechende FTP-Kommandos durchsucht und heruntergeladen werden kann.

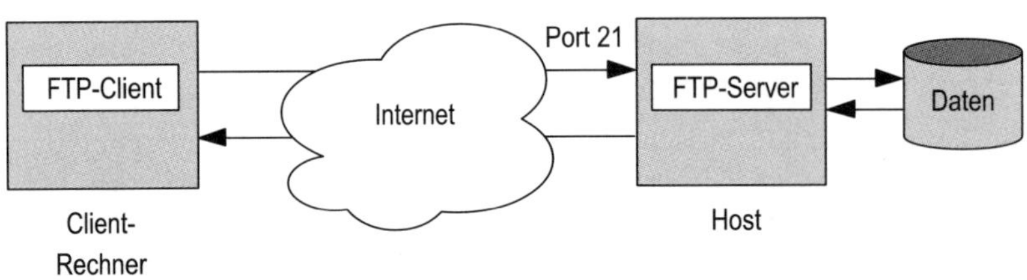

Abb. 23.2: Client-Server-System

In den Anfängen des Internets waren FTP-Server die wichtigsten Online-Datenquellen. Heute hat ihre Bedeutung nachgelassen.

23.2.1 Das Modul ftplib

Die Klasse FTP im Modul `ftplib` implementiert einen FTP-Client. Dieser kann mit einem FTP-Server im Internet Verbindung aufnehmen und Datenübertragungen abwickeln. Mit einem Aufruf der Klasse kann sofort eine Verbindung zu einem entfernten Host aufgenommen werden. Format:

```
FTP(host, user, passwd[, acct])
```

Dabei ist *host* der Domain-Name des FTP-Servers, *user* der Login-Name und *passwd* das zugehörige Passwort. Manche Systeme verlangen einen zusätzlichen Account-Namen, der im optionalen Argument *acct* übergeben werden kann. FTP-Server erlauben in der Regel ein anonymes Login. Damit ist Personen, die keinen eigenen Account auf dem FTP-Server besitzen, der Zugang möglich. Beim anonymen Login wird als Benutzername (*user*) das Wort `anonymous` und als Passwort (*passwd*) die eigene E-Mail-Adresse verwendet. Der FTP-Server prüft meist lediglich, ob der Passwort-String das Zeichen `@` enthält, so dass man irgendeinen String mit `@` verwenden kann. Es gehört aber zum guten Ton, tatsächlich die eigene E-Mail-Adresse anzugeben.

FTP-Server der Universitäten oder großer Organisationen verfügen über öffentliche Bereiche, aus denen jeder anonyme User Dateien herunterladen kann. Tabelle 23.1 beschreibt einige Methoden der Klasse `FTP`. Wir beschränken uns hier auf solche Methoden, die man für einen Download unbedingt benötigt.

Methode	Erklärung
`cwd(`*path*`)`	In neues Arbeitsverzeichnis *path* wechseln.
`quit()`	Verbindung schließen.
`retrbinary(`*command*`,` *callback*`)`	Eine Datei wird im Binärmodus heruntergeladen. Das erste Argument ist ein geeignetes FTP-Kommando, nämlich `'RETR` *dateiname*`'`, wobei *dateiname* der Pfad einer Datei auf dem FTP-Server ist. Das zweite Argument ist der Name einer Funktion mit einem einzigen String-Parameter. Sie verarbeitet die heruntergeladenen Datenblöcke, speichert sie z.B. in einem lokalen File ab.
`retrlines(`*command* *[, callback]*`)`	Eine Datei oder Verzeichnis wird im Text-Modus (ASCII-Modus) heruntergeladen. Das Argument ist ein String mit einem FTP-Kommando, normalerweise `'RETR` *dateiname*`'` zum Download einer Datei oder `'LIST'` für das aktuelle Verzeichnis. Das optionale Argument ist der Name einer Funktion mit einem einzigen String-Parameter. Sie verarbeitet die heruntergeladenen Zeilen und hängt sie z.B. an eine Liste an. Fehlt das zweite Argument, werden die Textzeilen über die Standardausgabe (auf dem Bildschirm) ausgegeben.

Tabelle 23.1: Einige Methoden von Objekten der Klasse `ftplib.FTP`

23.2.2 Navigieren und Downloaden

Führen Sie im interaktiven Modus Schritt für Schritt eine Session mit einem entfernten FTP-Server durch. Voraussetzung ist, dass Ihr Rechner online ist. Zunächst stellen Sie eine Verbindung zu einem FTP-Server her und loggen sich anonym ein.

```
>>> import ftplib
>>> ftp = ftplib.FTP('ftp.uni-koeln.de','anonymous',
    'ich@meinedomain.de')
```

Mit dem folgenden Kommando lesen Sie den Inhalt des aktuellen Verzeichnisses. Das Argument `'LIST'` ist ein FTP-Kommando, das im FTP-Protokoll (RFC 959) vorgegeben ist.

```
>>> ftp.retrlines('LIST')
drwxr-xr-x    3 ftp      ftp            2048 Jan 16  2014 adsm'226
Directory send OK.'
```

Die Antwort des FTP-Servers wird direkt in die Standardausgabe geschrieben. Sie besteht aus dem aktuellen Arbeitsverzeichnis auf dem entfernten Rechner und der Systemmeldung des FTP-Servers `'226 Directory send OK.'`.

Das Verzeichnis besteht aus vielen Textzeilen, die jeweils eine Datei oder ein Unterverzeichnis beschreiben. Wenn der erste Buchstabe ein d ist, handelt es sich um ein Verzeichnis, sonst um eine Datei. Es folgt eine Beschreibung der Zugriffsrechte für den Besitzer, die Gruppe und die anderen, am Ende der Zeile steht der Name des Unterverzeichnisses bzw. der Datei.

Unter Umständen möchte man den Inhalt des Verzeichnisses lokal speichern, um ihn in irgendeiner Weise zu verarbeiten (siehe folgendes Unterkapitel). In diesem Fall muss man die Methode `retrlines()` mit einem zweiten Argument aufrufen. Dieses enthält den Namen einer Funktion oder Methode, die auf jede einzelne Zeile angewendet werden soll, die vom FTP-Server geliefert wird. Im folgenden Dialog erzeugen wir zunächst eine leere Liste namens `liste` und hängen dann alle Zeilen des Verzeichnisses, das der FTP-Server schickt, an diese Liste. Der komplette Name der Objekt-Methode für dieses Anhängen lautet `liste.append`. Diesen Namen verwenden wir als zweites Argument im Aufruf der Methode `retrlines()`.

```
>>> liste = []
>>> ftp.retrlines('LIST', liste.append)
'226 Directory send OK.'
>>> liste
[drwxr-xr-x    3 ftp      ftp            2048 Jan 16  2014 adsm',,
...]
```

Mit der FTP-Methode `cwd()` kann man in ein Verzeichnis wechseln. Als Argument gibt man entweder den absoluten Pfad (er beginnt mit /) oder den relativen Pfad (er beginnt nicht mit /) an.

```
>>> ftp.cwd('mirrors')                  #relativer Pfad
'250 Directory successfully changed.'
```

Schließlich beenden wir die Verbindung mit der Methode `quit()`.

```
>>> ftp.quit()
'221 Goodbye.'
```

Zum Schluss besuchen wir den FTP-Server des Forschungszentrums der Bundesrepublik Deutschland für Luft- und Raumfahrt (DLR) und laden ein Satellitenfoto herunter. Stellen Sie die Verbindung her und wechseln Sie in das Verzeichnis mit den Wetterbildern:

```
>>> ftp = ftplib.FTP('taurus.caf.dlr.de', 'anonymous',
         'ich@meinedomain.de')
>>> ftp.cwd('/put/wetterbilder/Germany')
'250 CWD command successful'
>>> ftp.retrlines('LIST')
-rw-r--r--   1 wetterbilder users  158338 Jan 27 12:32 1301271048.de.jpg
-rw-r--r--   1 wetterbilder users  165300 Jan 27 14:22 1301271228.de.jpg
-rw-r--r--   1 wetterbilder users  166155 Jan 28 14:12 1301281217.de.jpg
...
'226 Transfer complete'
```

Fällt Ihnen etwas auf? Richtig, die Meldungen des FTP-Servers sind etwas anders als die von der Universität Bonn. Lediglich die Nummern sind standardisiert und deshalb immer gleich (z.B. 226 für den Abschluss eines Downloads).

Sie laden nun eine Bilddatei, z.B. Datei `1301271048.de.jpg` im Binärmodus herunter und speichern sie in einer lokalen Datei ab. Dazu öffnen Sie zunächst ein File-Objekt im binären Schreibmodus

```
>>> f = open('wetterbild.jpg','wb')
```

Mit der Methode `retrbinary()` laden Sie die Datei herunter. Als zweites Argument übergeben Sie den Namen der `write()`-Methode des File-Objektes. Damit wird die entfernte Datei in das lokale File-Objekt geschrieben.

```
>>> ftp.retrbinary('RETR 1301271048.de.jpg', f.write)
'226 Transfer complete.'
>>> f.close()
```

Hat alles geklappt? Schauen Sie sich das Bild an. Das Bildmaterial des DLR dürfen Sie zur persönlichen Information verwenden. Nur wenn Sie es veröffentlichen wollen, müssen Sie sich vorher beim DLR über die Bedingungen informieren.

23.2.3 Ein Suchroboter für FTP-Server

Wir entwickeln nun ein Programm, das den öffentlich zugänglichen Bereich eines FTP-Servers durchsucht und die Pfade aller Dateien ausgibt, in deren Namen eine bestimmte Zeichenkette (Suchwort) vorkommt. Abbildung 23.3 zeigt die Benutzungsoberfläche.

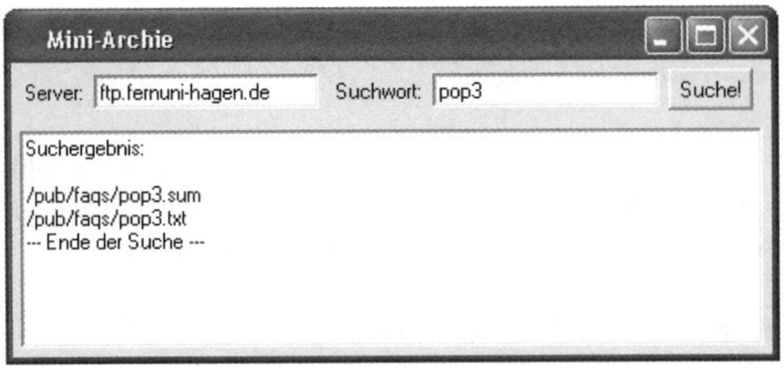

Abb. 23.3: Suche nach Dateien im öffentlichen Bereich eines FTP-Servers

Hinweis zur Netiquette

Unter der Netiquette versteht man einen Verhaltenskodex für die Arbeit mit dem Internet. Programme, die das Internet nutzen, verursachen Kosten und können sogar Schaden anrichten. Bei Experimenten mit Suchrobotern sollte man grundsätzlich vorsichtig sein und folgende Regeln beachten:

- Beschränken Sie die Suche auf einen bescheidenen Suchraum.
- Führen Sie umfangreiche Zugriffe auf Server nach Möglichkeit außerhalb der üblichen Bürozeiten (Ortszeit) durch.
- Vermeiden Sie ganz allgemein eine übertriebene Belastung des Netzes und der Server, mit denen Ihr Programm Kontakt aufnimmt.
- Starten Sie nur Internet-Programme, von denen Sie genau wissen, was sie tun.

Arbeitsweise des Suchroboters

Das Skript besteht aus zwei Klassendefinitionen und der Instanziierung eines Objektes der Klasse `Archie`. Abbildung 23.4 gibt die Klassenstruktur wieder. Das `Archie`-Objekt enthält die Benutzungsoberfläche.

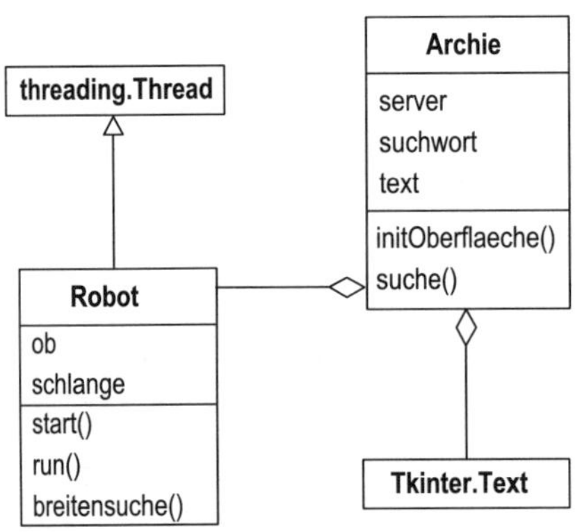

Abb. 23.4: UML-Klassendiagramm für das Suchprogramm

Beim Klick auf den SUCHE!-Button wird der Suchroboter (Objekt der Klasse `Robot`) in einem eigenen Thread gestartet. Der Roboter nimmt Kontakt mit dem angegebenen FTP-

Server auf und durchläuft nach dem Algorithmus der Breitensuche den Verzeichnisbaum. Er beginnt im Wurzelverzeichnis / und untersucht jedes Verzeichnis auf folgende Weise:

- Alle Unterverzeichnisse (d.h. ihr vollständiger Pfad) werden an die Liste `schlange` angehängt.
- Alle Dateien, in deren Namen das Suchwort vorkommt, werden im Textfeld der Benutzungsoberfläche ausgegeben (vollständige Pfade).

Skript:

```
# ftpsucher.pyw
from tkinter import*
from threading import *
import ftplib
class Archie:
  def __init__(self):
    self.initOberflaeche()

  def initOberflaeche(self):
    self.fenster = Tk()
    self.fenster.title('Mini-Archie')
    self.suchwort = StringVar()                              #1
    self.server=StringVar()
    self.oben=Frame(self.fenster)                            #2
    self.oben.pack(padx=5, pady=5)
    Label(self.oben, text='Server: ').pack(side=LEFT)
    Entry(self.oben,
          textvariable=self.server).pack(side=LEFT)
    Label(self.oben,
          text='  Suchwort: ').pack(side=LEFT)
    Entry(self.oben,
          textvariable=self.suchwort).pack(side=LEFT)
    Button(self.oben, text=' Suche! ',
           command=self.suche).pack(side=LEFT, padx=5)
    self.text = Text(self.fenster)
    self.text.pack(padx=5, pady=5)
    self.fenster.mainloop()

  def suche(self):                                           #3
      Robot(self)                                            #4

class  Robot(Thread):
  def __init__(self, oberflaeche):
      Thread.__init__(self)                                  #5
```

```
        self.ob = oberflaeche                                          #6
        self.start()                                                   #7

  def run(self):
    self.ob.text.delete('1.0', END)                                    #8
    self.ob.text.insert(END, 'Suchergebnis:\n\n')
    self.server = self.ob.server.get()
    self.suchwort = self.ob.suchwort.get()
    try:
      self.ftp = ftplib.FTP(self.server, 'anonymous',
                                  'ich@meinedomain.de')                #9
      self.schlange = ['/']                                            #10
      self.breitensuche()
      self.ftp.quit()                                                  #11
      self.ob.text.insert(END,'--- Ende der Suche ---')
    except:                                                            #12
      self.ob.text.insert(END,'Kein anonymes Login moeglich.')

  def breitensuche(self):                                              #13
    while self.schlange:
      self.pfad = self.schlange[0]
      del self.schlange[0]
      if len(self.schlange)<10:                                        #14
        try:
          self.ftp.cwd(self.pfad)
          verzei = []
          self.ftp.retrlines('LIST', verzei.append)
          unterverzeichnisse, dateien = self.untersuche(dir)
          self.schlange.extend(unterverzeichnisse)
          for d in dateien:
            self.ob.text.insert(END,d+'\n')
        except: pass

  def untersuche(self, verzeichnis):                                   #15
    liste1 = []
    liste2 = []
    for z in verzeichnis:
      name = z.split()[-1]
      if z[0] == 'd':
        if name not in ['.', '..']:
          liste1.append(self.pfad + name +'/')
      elif self.suchwort in name:
```

```
                liste2.append(self.pfad + name)
    return liste1, liste2

a = Archie()
```

Erläuterung:

#1: Kontrollvariablen für den Domain-Namen des Servers und das Suchwort. An diese Variablen werden die beiden Entry-Widgets gekoppelt.

#2: Die oberen – waagrecht angeordneten – Widgets werden in einen Frame gepackt.

#3: Die Methode wird aufgerufen, wenn der Button angeklickt wird.

#4: Ein anonymes Objekt der Klasse `Robot` wird instanziiert. Achtung: Da die Klasse `Robot` von `threading.Thread` abgeleitet ist, wird bei jedem Klick ein neuer Thread gestartet, auch wenn der alte Thread noch nicht beendet ist.

#5: Initialisierung des Threads.

#6: Der Robot braucht den Zugriff auf das Archie-Objekt mit der Benutzungsoberfläche, weil er seine Ergebnisse in das Text-Widget einträgt.

#7: Start des Threads. Von dieser geerbten Methode aus wird die (überschriebene) Methode `run()` aufgerufen.

#8: Der Inhalt des Text-Widgets wird gelöscht und die Überschrift eingefügt.

#9: Herstellen der Verbindung zum FTP-Server und anonymes Login.

#10: Die Liste `schlange` wird mit der Pfadbezeichnung des Wurzelverzeichnisses initialisiert.

#11: Nach Ausführung der Breitensuche wird die FTP-Verbindung geschlossen.

#12: Falls das Login auf dem Server erfolglos war, wird eine Fehlermeldung in das Text-Widget der Benutzungsoberfläche eingefügt.

#13: Der Verzeichnisbaum auf dem FTP-Server wird nach dem Algorithmus Breitensuche durchlaufen. Dieser Standardalgorithmus funktioniert im Prinzip so:

- Die Liste `schlange` enthält zu Beginn das Startverzeichnis.
- Solange `schlange` nicht leer ist, tue Folgendes:
  - Entnimm das erste Element (Pfad zu einem Verzeichnis) aus `schlange`. Dieses ist das aktuelle Verzeichnis.
  - Untersuche das aktuelle Verzeichnis und füge alle gefundenen Unterverzeichnisse (bzw. deren vollständige Pfade) an das Ende der Liste an. (Die Pfadbezeichnungen »`.`« und »`..`« werden ignoriert.)

#14: An dieser Stelle wird die Länge der Liste `schlange` auf höchstens zehn Elemente begrenzt. Damit soll (unter Berücksichtigung der Netiquette) eine allzu lange Login-Zeit auf dem Server verhindert werden.

#15: Die Methode nimmt eine Liste von Verzeichniseinträgen (`dir`) als Eingabe und gibt ein Tupel aus zwei Listen zurück: Die erste Liste enthält gefundene Unterverzeichnisse und die zweite Liste Dateien, in deren Namen das Suchwort vorkommt. Die Listenelemente sind jeweils vollständige Pfade.

23.3 Zugriff auf Webseiten mit HTTP und HTTPS

HTTP (*Hypertext Transfer Protocol*) ist das Protokoll für die Übertragung von Seiten aus dem World Wide Web (WWW). Mit dem moderneren HTTPS (*Hypertext Transfer Protocol Secure*) werden die Daten verschlüsselt und damit abhörsicher übertragen.

Das Python-Modul `http.client` enthält (unter anderem) die Klassen `HTTPConnection` und `HTTPSConnection`, deren Objekte eine Verbindung von einem HTTP-Client zu einem HTTP-Server (bzw. HTTPS-Client zu einem HTTPS-Server) repräsentieren. Aufruf:

`HTTPConnection(host[, port])` bzw.

`HTTPSConnection(host[, port])`

Dabei ist *host* der Domain-Name des Rechners, auf dem der HTTP-Server läuft. Das optionale zweite Argument *port* enthält die Port-Nummer, die der Server verwendet (Default ist 80). Tabelle 23.2 enthält die wichtigsten Methoden, die man benötigt, um den Inhalt einer Webseite von einem entfernten Server herunterzuladen.

Methode	Erklärung
`request(method, url)`	Sendet eine Anfrage an den Server unter Verwendung der im ersten Argument *method* angegebenen Anfragemethode (`'GET'` oder `'POST'`). Die Anfrage betrifft die Webseite mit Pfad *url*.
`getresponse()`	Die Methode wird aufgerufen, nachdem eine Anfrage an den HTTP-Server geschickt worden ist. Sie liefert ein `HTTPResponse`-Objekt mit der Antwort des Servers.
`close()`	Verbindung schließen.

Tabelle 23.2: Einige Methoden von Objekten der Klassen `httplib.HTTPConnection` und `httplib.HTTPSConnection`

Attribut/ Methode	Erklärung
`read()`	Liefert einen String mit dem Körper des HTTP-Antwortpakets.
`status`	Status-Nummer (z.B. 404), die vom Server geliefert wird.
`reason`	Kurze verbale Erläuterung des Status (reason phrase).

Tabelle 23.3: Einige Attribute und Methoden von Objekten der Klassen `http.client.HTTPResponse` und `http.client.HTTPSResponse`

Das Abrufen einer Webseite verläuft nach folgendem Schema, das Sie im interaktiven Modus Schritt für Schritt durchspielen können. In der folgenden Beispielsession wird die Startseite der Python Software Foundation (URL: `https://www.python.org/`) abgerufen.

Sie stellen die Verbindung mit einem HTTPS-Server her und erzeugen ein Verbindungsobjekt:

```
>>> from http.client import HTTPSConnection
```

```
>>> verbindung = HTTPSConnection('www.python.org')
```

Sie schicken eine Anfrage an den Server und teilen ihm die Adresse der gewünschten Seite mit (Pfad).

```
>>> verbindung.request('GET', '/index.html')
```

Dann wird die Antwort des Servers abgerufen:

```
>>> antwort = verbindung.getresponse()
```

Schließlich kann die Antwort nach Belieben ausgewertet und die Verbindung geschlossen werden.

```
>>> print(antwort.status, antwort.reason)
200 OK
>>> inhalt = antwort.read()
>>> verbindung.close()
>>> print(inhalt)
b'<!DOCTYPE html PUBLIC "   ... '
```

Es folgt ein langer XHTML-Quelltext, von dem hier nur der Anfang wiedergegeben wurde. (Wenn Sie diesen langen Text tatsächlich in IDLE ausgeben, sollten Sie anschließend IDLE neu starten.)

23.3.1 Automatische Auswertung von Webseiten

Mit `http.client` können Sie Skripte schreiben, die Webseiten gezielt nach Informationen durchsuchen. Programme können somit für eine Problemlösung auf das gesamte Wissen des WWW zurückgreifen.

Das folgende kleine Programm erfragt vom Benutzer eine Zeichenkette (Suchbegriff) und findet heraus, wie viele Web-Dokumente, in denen die Zeichenkette vorkommt, die Suchmaschine Google registriert hat. Mit derartigen Anfragen können Sie die Berühmtheit einer Person oder den Bekanntheitsgrad eines Produktes abschätzen. Wie populär ist eigentlich Python?

Abb. 23.5: Die Antwort einer Anfrage an Google enthält die Anzahl der gefundenen Webseiten mit dem Suchbegriff.

Bevor Sie mit dem Programmieren beginnen, können Sie etwas ausprobieren: Machen Sie eine Google-Recherche, ohne die Google-Startseite zu benutzen. Geben Sie einfach in das Adressfenster Ihres Browsers folgenden URL mit Querystring ein:

```
https://www.google.de/search?q=Python
```

Damit wird auf dem Google-Server ein Programm aufgerufen, das nun eine Suche nach Webseiten auslöst, die den String *Python* enthalten. Die Variable q im Querystring bezeichnet das Suchwort (query). Abbildung 23.5 zeigt eine Antwort von Google. Darin findet man (in Grau) die Textstelle *Ungefähr 415.000.000 Ergebnisse*. Aha, mehr als 400 Millionen Webseiten enthalten das Wort Python. (Diese Zahl schwankt übrigens sehr stark.) Mit einem regulären Ausdruck kann man diese Textstelle *Ungefähr ... Ergebnisse* finden und dann die Zahl in der Mitte extrahieren. Alle Details finden Sie im folgenden Skript.

Skript:

```
# sucher.py
from http.client import HTTPSConnection
from re import *

class Sucher:
  def __init__(self):
    suchwort = input('Suchwort: ')
    while suchwort:
      ergebnis = self.suche(suchwort)
      print(ergebnis)
      suchwort = input('Suchwort: ')
    print('Auf Wiedersehen ...')

  def suche (self, suchwort):
    verbindung = HTTPSConnection('www.google.de')                          #1
    verbindung.request('GET', '/search?q='+suchwort)                       #2
    antwort = verbindung.getresponse()
    if int(antwort.status)==200:                                           #3
      inhalt = str(antwort.read())
      textstelle = findall('Ungef.+? Ergebnisse', inhalt)[0]               #4
      zahl = findall(' .+ ', textstelle)[0]                                #5
      ergebnis = 'Google findet' + zahl + 'Ergebnisse.'                    #6
    else: ergebnis = 'Keine Verbindung zu Google.'                         #7
    verbindung.close()
    return  ergebnis
Sucher()
```

Erläuterung:

#1: Aufbau der Verbindung zum HTTP-Server der Suchmaschine.

#2: HTTP-Anfrage an den Server. Im Querystring (beginnend mit dem Fragezeichen) wird das Suchwort der Variablen `q` zugeordnet.

#3: Nur wenn die Übermittlung funktioniert hat (Status 200), wird die Antwort des Servers ausgewertet, ansonsten gibt es eine Fehlermeldung (#7).

#4: Der HTML-Quelltext, den die Suchmaschine als Antwort liefert, enthält eine Passage, die z.B. so lauten kann: `Ungef\xe4hr 415.000.000 Ergebnisse`. Dabei ist die Zahl die Anzahl der gefundenen Webseiten. Der Umlaut ä ist codiert. Mit Hilfe des regulären Ausdrucks im ersten Argument des `findall()`-Aufrufs wird genau die soeben beschriebene Textpassage extrahiert (siehe Abschnitt 13.5.4). Der reguläre Ausdruck bedeutet Folgendes: Die gesuchte Textstelle beginnt mit `Ungef`, gefolgt von einem oder mehreren beliebigen Zeichen und endet mit `Ergebnisse`. Das Fragezeichen hinter dem Punkt im regulären Ausdruck bewirkt, dass nach der kürzesten passenden Textstelle gesucht wird. Da `findall()` eine Liste liefert, wird das erste (und einzige) Element dieser Liste der Variablen `textstelle` zugewiesen.

#5: Aus der Textstelle wird die Zahl herausgelöst. Vor und hinter der Zahl steht ein Leerzeichen.

#6: Hier wird ein lesbarer Text konstruiert, der später zurückgegeben wird.

Programmlauf:

```
Suchwort: Python
Google findet 403.000.000 Ergebnisse.
Suchwort: Pascal
Google findet 233.000.000 Ergebnisse.
Suchwort: Auf Wiedersehen ...
```

23.4 Zugriff auf Ressourcen im Internet über deren URL

Ein URL (*Uniform Ressource Locator*) identifiziert den Speicherort (*location*) einer Datei. Mit Hilfe der Funktion `urlopen()` aus dem Standardmodul `urllib.request` können Sie auf Dateien (Texte, Bilder, Videos) auf einem beliebigen Computer im Internet zugreifen.

23.4.1 Webseite herunterladen und verarbeiten

Ein häufiger Anwendungsfall ist das Herunterladen einer Webseite, die anschließend mit Methoden der Textverarbeitung verarbeitet wird. Allgemeines Format:

```
with urlopen(url) as quelldatei:
    daten = quelldatei.read()
text = str(daten)
```

Die Funktion `urllib()` liefert ein File-artiges Objekt der Klasse `HTTPResponse`. Der Inhalt des `HTTPResponse`-Objektes (ein Bytestring) wird ausgelesen. Am Ende der `with`-Anweisung wird das `HTTPResponse`-Objekt wieder geschlossen.

Die with-Anweisung hat in etwa die gleiche Wirkung wie folgende Anweisungsfolge:

```
quelldatei = urlopen(url)
daten = quelldatei.read()
quelldatei.close()
```

23.4.2 Projekt: Wie warm wird es heute?

Das folgende Skript ermittelt aus der Webseite des WDR automatisch die prognostizierte Tageshöchsttemperatur. Beispielausgabe:

```
Wie warm wird es?
Höchsttemperatur heute: 9°C
Höchsttemperatur morgen: 16°C
```

Die Startseite der Webpräsenz des WDR ist ein langer, komplexer HTML-Text. Die Tageshöchsttemperatur wird (zum Beispiel) durch folgende Textpassage angegeben:

```
<span class="max-temperature">Max: 8°</span>
```

Eine zweite Textpassage dieser Art gibt die Höchsttemperatur für den nächsten Tag an. Mit einem geeigneten regulären Ausdruck kann die Funktion findall() aus dem Modul re diese beiden Passagen finden.

Skript:

```
# wdr_wetter.py
from urllib.request import urlopen
from re import findall
WDR = 'https://www1.wdr.de/index.html'
with urlopen(WDR)as f:
    htmltext=(str(f.read()))                                    #1

re = '<span class="max-temperature">Max: \d+'                   #2
text_list = findall(re, htmltext)                               #3
temp = [findall('\d+', t)[0] for t in text_list]                #4
print('Wie warm wird es?')
print('Höchsttemperatur heute: {}°C'.format(temp[0]))
print('Höchsttemperatur morgen: {}°C'.format(temp[1]))
```

Erläuterung:

#1: Die Startseite der WDR-Webpräsenz wird heruntergeladen, als Bytestring ausgelesen und daraus ein String gewonnen.

#2: Dieser reguläre Ausdruck passt auf Zeichenketten, die mit `<span class="max-temperature">Max:` beginnen und mit einer Ziffernfolge enden.

#3: Der Funktionsaufruf liefert eine Liste mit zwei Textstücken, die am Ende Temperaturwerte (ein oder zwei Ziffern) enthalten.

#4: In dieser List Comprehension wird eine neue Liste mit zwei Temperaturwerten erzeugt: die Höchsttemperatur des aktuellen Tages und die Höchsttemperatur des folgenden Tages.

23.4.3 Datei herunterladen und speichern

Um eine Datei herunterzuladen und zu speichern, verwenden Sie zwei `with`-Anweisungen nach folgendem Muster:

```
with urlopen(url) as quelldatei:
     daten = quelldatei.read()
with open(pfad, 'wb' ) as zieldatei:
     zieldatei.write(daten)
```

23.4.4 Projekt: Filme herunterladen

Das folgende kleine Skript zeigt, wie man auf einer Webseite die URLs von Filmdateien im Format mp4 automatisch finden, herunterladen und speichern kann. Beachten Sie die Nutzungsrechte! Im folgenden Beispiel verwenden wir die Website *Planet Schule*.

Die Filme, die man hier findet, darf man herunterladen und sogar öffentlich in Schulen zeigen, solange der Film auch online verfügbar ist.

Das interaktive Programm besteht aus drei Abschnitten:

- URLs suchen: Das Programm durchsucht die Webseite nach Filmangeboten und sammelt alle gefundenen URLs in einer Liste.
- Filme auswählen: Nach und nach werden die Dateinamen der Filme auf den Bildschirm gebracht und gefragt, ob man den jeweiligen Titel herunterladen will.
- Download und speichern: Alle ausgewählten Filme werden in einem dafür vorgesehenen Ordner gespeichert.

Beispieldialog (Ausschnitt):

```
things_you_need_to_know_about_evolution.mp4
Diesen Film herunterladen? (j/n)j
zwei_durch_deutschland_baden_wuerttemberg.mp4
Diesen Film herunterladen? (j/n)j
zwei_durch_deutschland_bayern.mp4
Diesen Film herunterladen? (j/n)n
Download von things_you_need_to_know_about_evolution.mp4...
... fertig.
Download von zwei_durch_deutschland_baden_wuerttemberg.mp4...
... fertig.
```

Skript:

```
# getmovie.py
from urllib.request import urlopen
from re import findall

PLANET = 'https://www.planet-schule.de/sf/filme-online.php?seite=2'
PATH = '/Filme/'                                                     #1
selected = []   # Liste der ausgewählten Filme

# URLs suchen
with urlopen(PLANET)as f:
    htmltext=(str(f.read()))                                         #2
movies = findall('https://dlplanet.+?\.mp4',
                 htmltext)                                           #3
# Filme auswählen
for url in movies:                                                   #4
    print(url.split('/')[-1])
    response = input('Diesen Film herunterladen? (j/n)')
    if response == 'j':                                              #5
        selected.append(url)

# Download und speichern
for url in selected:                                                 #6
    print('Download von {}...'.format(url.split('/')[-1]))
    with urlopen(url) as f:                                          #7
        data = f.read()
    print ('... fertig.')
    path = PATH + url.split('/')[-1]
    with open(path, 'wb') as movie:                                  #8
        movie.write(data)
```

Erläuterungen:

#1: Pfad zum Verzeichnis, in dem alle Filme gespeichert werden sollen. Hier wählen Sie vielleicht einen anderen Pfad.

#2: Die Webseite wird heruntergeladen und der HTML-Text als String gespeichert.

#3: Hier wird eine Liste mit allen URLs von mp4-Dateien auf der Webseite gebildet.

#4: Diese Liste wird nun durchlaufen. Jedem URL der Liste wird zunächst der Dateiname entnommen und auf dem Bildschirm ausgegeben.

#5: Wenn der Benutzer den Film haben will, wird der URL an die Liste `selected` angehängt.

#6: Die Liste der ausgewählten URLs wird durchlaufen.

#7: Die Datei mit dem aktuellen URL wird heruntergeladen, ausgelesen und temporär als Bytestring gespeichert.

#8: Eine neue Binärdatei (mit dem gleichen Dateinamen) wird zum Schreiben geöffnet. Auf dieses File-Objekt werden die zwischengespeicherten Daten geschrieben. Am Ende der `with`-Anweisung wird die Datei physisch in dem Verzeichnis mit dem Pfad `PATH` gespeichert.

23.5 E-Mails senden mit SMTP

Das *Simple Mail Transfer Protocol* (SMTP) regelt das Senden von E-Mails an einen Mailserver. Normalerweise verlangen Provider heute die Nutzung einer sicheren Verbindung über SSL (Secure Socket Layer). Das Python-Modul `smtplib` enthält die Klasse `SMTP_SSL`, mit der Sie einen E-Mail-Client programmieren können. Ein Objekt dieser Klasse kann durch einen Aufruf in folgendem Format instanziiert werden:

```
SMTP_SSL(host [,port])
```

Dabei ist *`host`* der Name des SMTP-Servers. Optional kann man noch eine Portnummer angeben, voreingestellt ist `465`. Das ist der Standardport für SMTP over SSL.

Die wichtigsten Methoden der `SMTP`-Objekte sind in Tabelle 23.4 zusammengestellt.

Methode	Erklärung
`login(user, password)`	Einloggen bei einem SMTP-Server, der eine Authentifizierung verlangt. Dies ist nicht bei allen Servern erforderlich.
`sendmail(`*`from_addr`*`,` *`to_addrs`*`,` *`msg`*`)`	Absenden einer Mail. Die ersten beiden Argumente sind Strings mit Absender und Empfänger, das dritte ist ein String mit dem Quelltext der E-Mail (siehe Beispiel).
`set_debuglevel(1)`	Mit dieser Anweisung wird der Debug-Modus eingestellt. Das heißt, der komplette Dialog mit dem Server wird in die Standardausgabe geschrieben.
`close()`	Die Verbindung wird getrennt.

Tabelle 23.4: Die wichtigsten Methoden von SMTP-Objekten

Im folgenden Skript implementieren wir einen kleinen E-Mail-Client zum Versenden von Mails. Abbildung 23.6 zeigt die Benutzungsoberfläche. Für das Programm benötigen Sie den Domain-Namen des SMTP-Servers Ihres Providers. Sie finden ihn in den Einstellungen des E-Mail-Programms, das Sie normalerweise benutzen.

Setzen Sie anstelle der Platzhalter-Adressen (fett gedruckt) Ihre Daten ein (Server-Name, E-Mail-Adresse, Passwort). Beachten Sie, dass dieser kleine SMTP-Client nur mit ASCII-Zeichen funktioniert. Sie können im Betreff und im Haupttext keine Umlaute und ß verwenden.

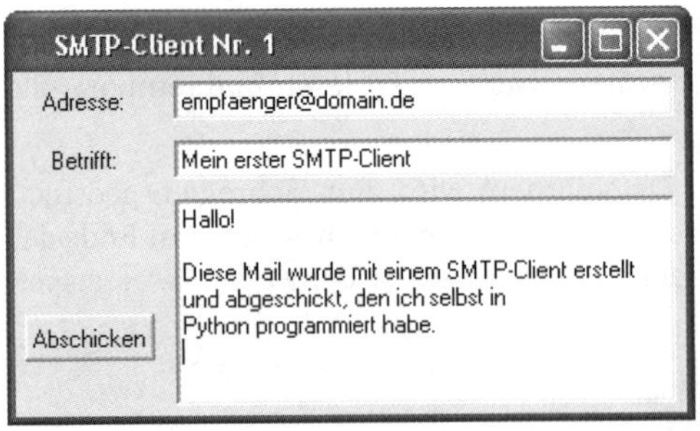

Abb. 23.6: SMTP-Client mit grafischer Benutzungsoberfläche

Skript:

```
# email1.pyw

import smtplib
from tkinter import *

SCHABLONE = """From: {}
To: {}
Subject: {}
MIME-Version: 1.0
Content-Type: text/html
Content-Transfer-Encoding: quoted-printable

{}
"""                                                              #1
FROM = 'name@domaine.de'                                         #2
PASSWORD = 'geheim'
SERVER = 'smtp.service.de'
PORT = 465

class SMTPClient:
  def __init__ (self):
    window = Tk()
    window.title('SMTP-Client Nr. 1')
    Label(window, text="Adresse: ").grid(row=0, column=0)
    self.to = Entry(window, width=40)
    self.to.grid(row=0, column=1, pady=5)
    Label(window, text='Betrifft: ').grid(row=1, column=0)
    self.subject = Entry(window, width=40)
    self.subject.grid(row=1, column=1,pady=5)
    self.text = Text(window,width= 40, height =10)
    self.text.grid(row=3, column=1, pady=5, padx=5)
```

```
    self.absenden = Button(window, text='Abschicken',
                           command=self.send)
    self.absenden.grid(row=3, column=0,padx=5)
    window.mainloop()

  def send(self):
    server = smtplib.SMTP_SSL(SERVER, PORT)                    #3
    server.login(FROM, PASSWORD)
    server.set_debuglevel(1)                                   #4
    message = SCHABLONE.format(FROM,
                  self.to.get(),
                  self.subject.get(),
                  self.text.get('1.0', END))                   #5
    server.sendmail(FROM,
                    self.to.get(), message)                    #6
    server.close()                                             #7

SMTPClient()
```

Erläuterungen:

#1: Das SMTP-Paket, das an den Server geschickt wird, ist ein langer String. Er besteht aus einem Header und dem eigentlichen Nachrichtentext. Der Header enthält (entsprechend dem MIME-Protokoll für den Aufbau von E-Mails) jeweils in getrennten Zeilen Absender, Empfänger, Betreff und Codierungsart. Achten Sie auf die Leerzeile hinter dem Header.

#2: Hier sind einige Konstanten, die Sie an Ihre Verhältnisse anpassen müssen.

#3: Eine sichere SSL-Verbindung mit dem SMTP-Server wird hergestellt. Die Parameter sind die Adresse des SMTP-Servers Ihres Providers und die Portnummer.

#4: Diese Zeile kann auch weggelassen werden. Es wird hier der Debug-Modus eingestellt. Das heißt, der Dialog mit dem Server wird in der Shell ausgegeben. Das erleichtert die Fehlersuche.

#5: In die variablen Textpassagen (Platzhalter `{}`) der globalen Stringkonstanten `SCHABLONE` werden die aktuellen Werte eingesetzt. Der Nachrichtentext (letztes Argument) wird dem Text-Widget entnommen.

#6: Die Mail wird gesendet.

#7: Die Verbindung wird beendet.

23.6 Aufgaben

Aufgabe 1

Schreiben Sie ein Programm mit grafischer Benutzungsoberfläche, das über eine Recherche im WWW die aktuelle Ozonkonzentration in der Luft an einem vorgegebenen Ort ermittelt und ausgibt (siehe Abbildung 23.7).

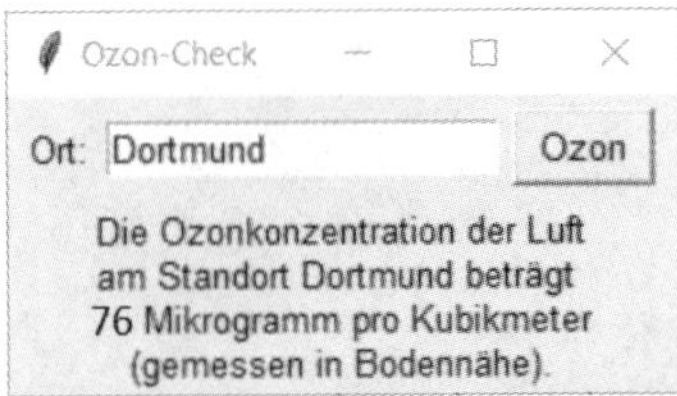

Abb. 23.7: Ermittlung der Ozon-Konzentration

Hinweis zur Vorgehensweise: Die folgende Webseite des Landesumweltamtes NRW in Essen enthält die aktuellen Ozonwerte, die von verschiedenen Messstationen geliefert werden. Sie wird stündlich aktualisiert.

```
https://www.lanuv.nrw.de/fileadmin/lanuv/luft/immissionen/aktluftqual/
eu_o3_akt.htm
```

Abbildung 23.8 zeigt einen Ausschnitt. (Beachten Sie: Diese Webseite wird als Frame in einer anderen Webseite gezeigt.) Die Zahlenwerte sind Mikrogramm pro Kubikmeter Luft. Wenn Sie in einer anderen Region wohnen oder die Seite nicht mehr existiert, finden Sie mit Hilfe einer Suchmaschine eine andere Webseite mit Ozonwerten.

Stellen Sie zunächst »von Hand« (interaktiver Modus) eine HTTP-Verbindung zum Server des Landesumweltamtes her und fordern Sie die Seite an.

Analysieren Sie den HTML-Text, der als Antwort geschickt wird, und überlegen Sie, wie man durch geeignete reguläre Ausdrücke eine relevante Textstelle lokalisieren und den gewünschten Messwert herausfiltern kann.

Ozon am 02.04.2019 in Mikrogramm pro Kubikmeter Luft

Station	Kürzel	Höchster Einstundenwert heute		Einstundenwert um 13:00 Uhr (MEZ)
		Max.	Uhrzeit (MEZ)	
Aktive-Stationen				
Aachen-Burtscheid	AABU	80	11:00	73
Bielefeld-Ost	BIEL	78	13:00	78
Borken-Gemen	BORG	56	12:00	56
Bottrop-Welheim	BOTT	64	11:00	47
Dortmund-Eving	DMD2	76	13:00	76
Duisburg-Walsum	WALS	44	13:00	44
Düsseldorf-Lörick	LOER	55	01:00	-

Abb. 23.8: Auszug aus einer Webseite mit Ozonwerten (Landesumweltamt NRW)

Aufgabe 2

Für einen Online-Shop soll eine Webseite gestaltet werden, auf der verschiedene Produkte geordert werden können. Der Kunde wählt über Checkboxen Artikel aus und trägt in ein Eingabefeld seine E-Mail-Adresse ein. Nach einem Klick auf den Button BESTELLUNG

ABSENDEN erscheint im Browser des Kunden eine Antwortseite. Außerdem wird die Bestellung (lesbarer Text mit Angabe der zu zahlenden Summe) als E-Mail an den Kunden geschickt. Entwickeln Sie ein WSGI-Skript.

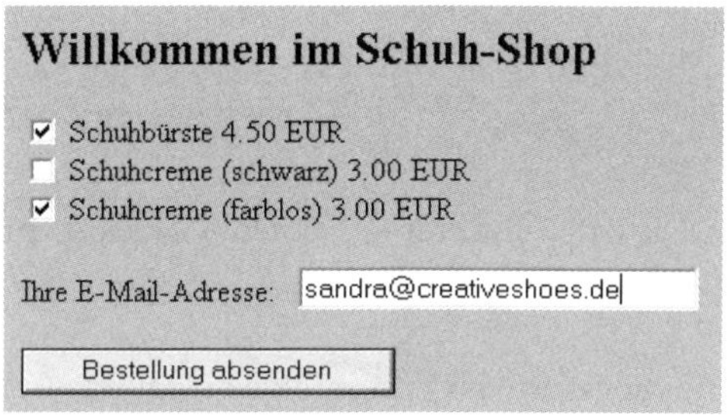

Abb. 23.9: Webseite mit Formular für Online-Shop

Abb. 23.10: Ansicht einer E-Mail mit Auftragsbestätigung

23.7 Lösungen

Lösung 1

Der HTML-Quelltext, den der Server des LUA liefert, ist lang und komplex. Die Messwerte einer Messstation befinden sich in einer Zeile einer Tabelle. Eine solche Zeile wird durch die HTML-Tags `<tr>` und `</tr>` eingerahmt. Der folgende Textauszug beschreibt eine Zeile des Tabellenausschnitts in Abbildung 23.8 (Messwerte für Dortmund).

```
<tr><td>Dortmund-Eving</td><td>DMD2</td>
<td class="drei">76</td>
<td class="zeit">13:00</td><td class="drei">76</td></tr>
```

Interessant für unseren Zweck ist die Zahl in der letzten Zelle dieser Tabellenzeile, in diesem Fall 18. Diese Zahl werden wir in mehreren Schritten ermitteln.

Diese Tabellenzeile ab dem Wort `Dortmund` wird durch folgenden regulären Ausdruck erkannt:

```
'Dortmund.*?</tr>'
```

Die Methode `findall()` findet mit diesem regulären Ausdruck die kürzeste Textpassage, die mit `Dortmund` beginnt und mit `</tr>` aufhört. Beachten Sie, dass durch das Fragezeichen der Stern-Operator »nicht-gierig« wird.

Aus dieser Textpassage soll das letzte Item der Tabellenzeile gefunden werden. Der reguläre Ausdruck

```
'<td .+?</td></tr>'
```

passt auf die kürzeste Zeichenkette, die mit `<td` anfängt und mit `</td></tr>` aufhört. In unserem Beispiel ist das `<td class="drei">76`
`</td></tr>`.

Mit dem regulären Ausdruck `'\d+'` kann daraus wiederum die Ziffernfolge extrahiert werden, in diesem Beispiel der String `'76'`.

Skript:

```
# ozon.pyw
from urllib.request import urlopen
from re import findall
from tkinter import (Tk, StringVar, Frame, Label,
                     Button, LEFT, Entry)
SCHABLONE = '''Die Ozonkonzentration der Luft
am Standort {} beträgt
{} Mikrogramm pro Kubikmeter
(gemessen in Bodennähe).'''                          #1

URL = 'https://www.lanuv.nrw.de/fileadmin/lanuv/luft/immissionen/
aktluftqual/eu_o3_akt.htm'

class Ozoncheck:                                      #2
  def __init__ (self, ort):
    try:
        self.ort = ort
        f = urlopen(URL)                              #3
        self.htmltext = str(f.read())                 #4
        f.close()
        self.ergebnis = self.auswerten()
    except:
        self.ergebnis = ''

  def auswerten(self):
      re1 = self.ort + '.*?</tr>'                     #5
      re2 = '<td .+?</td></tr>'
      re3 = '\d+'
```

```
        zeile = findall(re1, self.htmltext)[0]                        #6
        letztesStück = findall(re2, zeile)[0]
        return findall(re3, letztesStück)[0]

    def __str__(self):
        return self.ergebnis

class App:
    def __init__(self):
      meinfont = ('Arial', 10)
      self.fenster = Tk()
      self.ort = StringVar()
      self.ergebnis = StringVar()
      self.fenster.title('Ozon-Check')
      self.frame = Frame(self.fenster)
      Label(self.frame, font=meinfont,
            text='Ort: ').pack(side=LEFT)
      Entry(self.frame, font=meinfont,
            textvariable=self.ort).pack(side=LEFT)
      Button(self.frame, font=meinfont, text=' Ozon ',
             command=self.ozoncheck).pack(side=LEFT, padx=5)
      self.frame.pack(padx=5, pady=5)
      Label(self.fenster, font=meinfont,height=4,
            textvariable=self.ergebnis).pack()
      self.fenster.mainloop()

    def ozoncheck(self):                                              #7
      zahl = str(Ozoncheck(self.ort.get()))
      if zahl:
        self.ergebnis.set(SCHABLONE.format(self.ort.get(), zahl))
      else:
        self.ergebnis.set(
        'Ihre Anfrage konnte nicht \n bearbeitet werden.')

App()
```

Erläuterung:

#1: Schablone für die Ausgabe des Ergebnisses mit zwei variablen Textpassagen (Ort und Messwert).

#2: Ein Objekt der Klasse nimmt Verbindung mit dem HTTP-Server auf, holt eine Seite mit Messwerten und liefert – sofern es erfolgreich ist – zum angegebenen Ort den aktuellen Messwert.

#3: Der HTML-Text wird als Bytestring heruntergeladen und in File `f` gespeichert.

#4: Der komplette Inhalt des Files wird gelesen, aus dem Bytestring ein String gebildet und dem Attribut `self.htmltext` zugewiesen.

#5: Hier werden einige reguläre Ausdrücke definiert, mit deren Hilfe der gesuchte Messwert aus dem HTML-Quelltext extrahiert werden kann. (Eine Erklärung finden Sie im Text zu Beginn dieses Abschnitts.)

#6: Wenn die Funktion `findall()` keine passende Stelle findet, liefert sie eine leere Liste. Dann wird an dieser Stelle ein Laufzeitfehler (`IndexError`) ausgelöst. Er wird aber abgefangen, da diese Programmpassage innerhalb einer `try`-Klausel ausgeführt wird.

#7: Diese Methode wird beim Anklicken des Buttons aufgerufen. Sie belegt die Kontrollvariable `self.ergebnis` mit einem Ergebnistext.

Lösung 2

Im folgenden WSGI-Skript müssen die fett gedruckten Strings mit der Bezeichnung des Mail-Servers, Benutzernamen und Passwort durch passende Werte ersetzt werden.

Skript:

```
#shop.py
import cgi, smtplib

START = '''
<html>
<head><title>Online-Shop</title></head>
<body bgcolor=#C0C0C0>
 <h2> Willkommen im Schuh-Shop</h2>
  <form method="POST">
   <input type="Checkbox" name="item" value="buerste"/>
   Schuhb&uuml;rste 4.50 EUR<br/>
   <input type="Checkbox" name="item" value="schwarz"/>
   Schuhcreme (schwarz) 3.00 EUR<br/>
   <input type="Checkbox" name="item" value="farblos"/>
   Schuhcreme (farblos) 3.00 EUR<br/><br/>
   Ihre E-Mail-Adresse:  
   <input type="Text" name="email" size="30"/><br/><br/>
   <input type="Submit" value="Bestellung absenden"/>
  </form>
 </body>
</html>
'''                                                          #1
FROM = 'mail@meine-domain.org'                               #2
PASSWORD = 'geheim123'
SERVER = 'smtp.service.de'
```

```
PORT = 465

MESSAGE = ''''From: {}
To: {}
Subject: Bestellung Online-Shop
MIME-Version: 1.0
Content-Type: text/html
Content-Transfer-Encoding: quoted-printable

<html><body>
<h3>Vielen Dank f&uuml;r Ihre Bestellung!</h3>
{}
</body></html>'''                                        #3

RESPONSE_1 = '''
<html><body>
<h3>Vielen Dank f&uuml;r Ihre Bestellung!</h3>
Sie erhalten eine Mail mit einer
Auftragsbest&auml;tigung.</body></html>'''               #4

RESPONSE_2 = '''
<html><body>
<h3>Fehler</h3>
Ihre Bestellung konnte nicht bearbeitet werden.
</body></html>'''

class Mail:                                              #5
  def __init__(self):
    self.server=smtplib.SMTP_SSL(SERVER, PORT)

  def send (self, toaddr, order):
    self.server.login(FROM, PASSWORD)
    self.server.set_debuglevel(1)
    msg=MESSAGE.format(FROM, toaddr, order)
    self.server.sendmail(FROM,toaddr, msg)
    self.server.close()

class Shop():                                            #6
  offer = {'buerste':('Schuhb&uuml;rste', '4.50'),
           'schwarz':('Schuhcreme (schwarz)',
3.00'),
           'farblos':('Schuhcreme (farblos)',
3.00')}
```

```
    def __call__(self, environ, start_response):
        status = '200 OK'
        if environ['REQUEST_METHOD'] == 'POST':
            form = cgi.FieldStorage(
                    fp=environ['wsgi.input'],
                    environ=environ,
                    keep_blank_values=True)
            self.items = form.getlist('item')                              #7
            self.client = form.getvalue('email')
            self.mail = Mail()
            self.order = self.createOrder()
            if self.order:
                self.mail.send(self.client, self.order)
                content = RESPONSE_1.encode('utf-8')
            else:
                content = RESPONSE_2.encode('utf-8')
        else:
            content = START.encode('utf-8')
        response_headers = [
                ('Content-type', 'text/html'),
                ('Content-Length', str(len(content)))]
        start_response(status, response_headers)
        return [content]

    def createOrder(self):                                                 #8
        text = '''E-Mail-Adresse des Kunden: {}<br/><br/>
           Bestellte Artikel:<br/>'''.format(self.client)
        sum_ = 0
        for item in self.items:
            description, price = self.offer[item]
            text += '{} {} EUR<br/>'.format(description, price)
            sum_ += float(price)
        text += '''Transport und Verpackung: 5 EUR<br/>
                Summe: {} EUR'''.format(sum_ + 5)
        if self.client and self.items:
            return text
        else: return ''

application = Shop()

if __name__ == "__main__":
```

```
from wsgiref.simple_server import make_server
httpd = make_server("", 8000, application)
print("Serving on port 8000...")
httpd.serve_forever()
```

Erläuterung:

#1: Langer String mit dem Grundmuster der E-Mail, die an den Kunden geschickt wird.

#2: Konstante Strings mit den Antworten (HTML-Texte), die das CGI-Skript an den Client im Falle einer gelungenen oder misslungenen Bestellung zurückschickt.

#3: Diese Konstanten müssen Sie mit Daten Ihres E-Mail-Accounts belegen.

#4: Objekte dieser Klasse analysieren den Querystring, der dem CGI-Skript übergeben worden ist, veranlassen das Versenden von Mails mit der Auftragsbestätigung und produzieren als textuelle Repräsentation ihrer selbst (`__str__()`-Methode) eine HTML-Seite mit einer Rückmeldung.

#5: Hier werden die Bezeichnungen der in den Checkboxen ausgewählten Artikel des Shopfensters ausgelesen. Falls der Kunde keinen Artikel ausgewählt hat, wird als Default-Wert eine leere Liste zurückgegeben (zweites Argument).

#6: Die Methode `getvalue()` liefert einen String (und keine Liste), wenn nur eine Checkbox ausgewählt worden ist. Aus diesem String wird hier eine Liste mit dem String als einzigem Element erzeugt. Es ist wichtig, dass `self.artikelliste` immer eine Liste ist.

#7: Die Methode produziert ein HTML-Textfragment mit einer Auftragsbestätigung.

#8: Ein anonymes Objekt der Klasse `Shop` wird erzeugt. Seine textuelle Repräsentation ist die Antwort des CGI-Skripts an den Client (HTTP-Paket). Es wird in die Standardausgabe gedruckt und dann vom HTTP-Server an den Client gesendet.

Kapitel 24

Datenbanken

Dieses Kapitel enthält eine kurze Einführung in die Datenbanktechnik und beschreibt einige Möglichkeiten, wie man Datenbanksysteme in Python-Skripten nutzen kann. Folgende Punkte werden angesprochen:

- Wie modelliert man einen Wirklichkeitsausschnitt durch ein Entity-Relationship-Diagramm?
- Wie erstellt man eine Datenbank mit dem Python-Modul `sqlite3`?
- Wie kann man mit Verschlüsselungstechnik eine Datenbank vor unberechtigtem Zugriff schützen?
- Entwicklung eines Online-Datenbanksystems

24.1 Was ist ein Datenbanksystem?

Eine Datenbank (DB) ist eine Sammlung von Daten, die von menschlichen Benutzern oder Computerprogrammen als gemeinsame Wissensbasis verwendet wird. Der Zugriff auf die Daten wird von der Datenbanksoftware, dem Datenbank-Management-System (DBMS) geregelt. Beides zusammen – DB und DBMS – bezeichnet man als Datenbanksystem. Programme, die mit großen Datenmengen umgehen, stützen sich häufig auf Datenbanksysteme. Das DBMS übernimmt dann Standardaufgaben, die in der Anwendungssoftware nicht noch einmal implementiert werden müssen. Typische Aufgaben des DBMS sind:

- Bereitstellen von Operationen zur Datenspeicherung, -suche und -änderung
- Gewährleistung von Datenschutz, insbesondere durch Verhinderung nicht autorisierten Zugriffs
- Gewährleistung von Datensicherheit, d.h. Schutz von Vernichtung und Verfälschung

Die Architektur eines Datenbanksystems wird meist durch ein Drei-Schichten-Modell beschrieben (Abbildung 24.1).

- Im konzeptuellen Modell wird eine logische Gesamtsicht auf die Daten definiert. Das Ziel ist eine plausible modellhafte Darstellung eines Wirklichkeitsausschnitts, etwa einer Universität oder eines Unternehmens, die eine gewisse zeitliche Stabilität hat. Von technischen Aspekten (wie effiziente Speicherung oder schneller Zugriff) wird abstrahiert. Bei relationalen Datenbanken – auf die wir gleich zu sprechen kommen – verwendet man Entity-Relationship-Diagramme zur Darstellung des konzeptuellen Modells. Man beachte, dass das konzeptuelle Modell keine Daten, also tatsächliche Werte enthält, sondern nur eine Beschreibung der »logischen Struktur«.
- Das interne Modell beschreibt, wie die Daten der Datenbank physisch gespeichert sind. Bei einem guten internen Modell sind die Daten so organisiert, dass man schnell auf sie zugreifen kann.

- Datenbanken werden von mehreren Personen oder Anwendungsprogrammen gleichzeitig und mit unterschiedlichen »Erkenntnisinteressen« benutzt. In externen Modellen werden unterschiedliche *Sichten* verschiedener Benutzergruppen auf den Datenbestand definiert. So hat etwa bei der Datenbank einer Bibliothek die Bibliotheksverwaltung eine andere Sicht auf die Daten als die Leser.

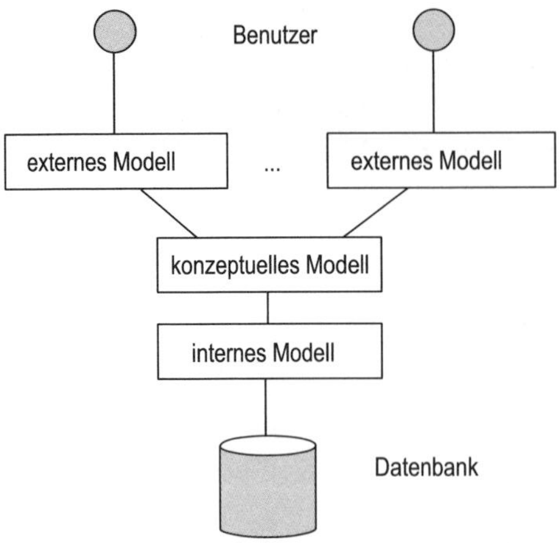

Abb. 24.1: Drei-Schichten-Architektur von Datenbanksystemen

24.2 Entity-Relationship-Diagramme (ER-Diagramme)

Das konzeptuelle Modell eines Datenbanksystems kann mit Hilfe von Entity-Relationship-Diagrammen (ER-Diagramme) grafisch dargestellt werden (Chen 1976). Bei einer objektorientierten Software-Entwicklung kann die Erstellung eines ER-Diagramms Teil der OOA-Phase sein (siehe Abschnitt 12.1). Denn hier geht es um die Analyse und Modellierung eines Realitätsausschnittes. Ein ER-Modell besteht aus Entitätstypen und Beziehungstypen. Dinge der Welt werden als Entitäten (*entities*) beschrieben und gleichartige Entitäten zu Entitätstypen zusammengefasst.

Als Beispiel entwickeln wir ein konzeptuelles Modell für ein Online-Magazin, das von mehreren Redakteuren gestaltet wird (Abbildung 24.2). Hier kann man zwischen Redakteuren (Entitätstyp `Person`) und den Textbeiträgen (Entitätstyp `Beitrag`) differenzieren. Im ER-Diagramm werden Entitätstypen durch *Kästen* dargestellt, die den Namen des Entity-Typs enthalten. Jedem Entitätstyp ist eine Menge von *Attributen* zugeordnet. Dabei handelt es sich um Merkmale, die die Entitäten eines Typs besitzen und die für die spätere Verwendung der Datenbank relevant sind. Im konzeptuellen Modell des Online-Journals hat der Entity-Typ `Person` die Attribute `Name` und `Fingerprint`. Letzteres ist das verschlüsselte Passwort, das ein Redakteur zum Einloggen in das System verwendet. Passwörter sollten in einer Datenbank niemals im Klartext gespeichert werden. Wir kommen später darauf zurück. Andere Merkmale von Personen (Geburtsdatum, Haarfarbe etc.) wurden als irrelevant erachtet und in dem Modell ignoriert. Modellierung heißt eben immer auch Vereinfachung. Der Entitätstyp `Beitrag` hat die Attribute `Titel`, `Verfallsdatum` und `Text`. Mit dem Verfallsdatum ist der Zeitpunkt gemeint, an dem der betreffende Artikel als nicht mehr aktuell betrachtet wird und aus der Datenbank gelöscht werden kann. Wir werden zur

Definition des Verfallsdatums die Anzahl der Sekunden seit Beginn der »Epoche« (1.1.1970) verwenden.

Attribute werden in ER-Diagrammen durch Ovale dargestellt, die über Linien mit den Kästen der Entitätstypen verbunden sind. Jeder Entitätstyp besitzt ein *Schlüsselattribut*, dessen Name unterstrichen wird. Schlüsselattribute sind für die Entitäten eines Typs einmalig und dienen der eindeutigen Identifikation einer Entität. In Abbildung 24.2 ist das Attribut `Name` der Schlüssel des Entitätstyps `Person`. Das heißt: In unserem Modell darf es keine zwei Entitäten vom Typ `Person` mit dem gleichen Namen geben.

Zwischen den Entitäten gibt es Beziehungen (*relationships*). So kann eine Person eines Online-Magazins Autor eines Beitrags sein. Für gleichartige Beziehungen wird ein Beziehungstyp definiert. Somit gibt es im konzeptuellen Modell des Online-Journals den Beziehungstyp »`ist Autor von`«. Beziehungstypen werden in ER-Diagrammen durch *Rauten* wiedergegeben. Wie bei den Assoziationen in einem Klassendiagramm gibt es auch bei den Beziehungstypen in ER-Diagrammen Kardinalitäten. In unserem Beispiel haben wir eine *1-zu-n*-Beziehung, das heißt, *eine* Person kann Autor *mehrerer* Beiträge sein. Aber ein Beitrag kann nur *einer* Person als Autor zugeordnet sein.

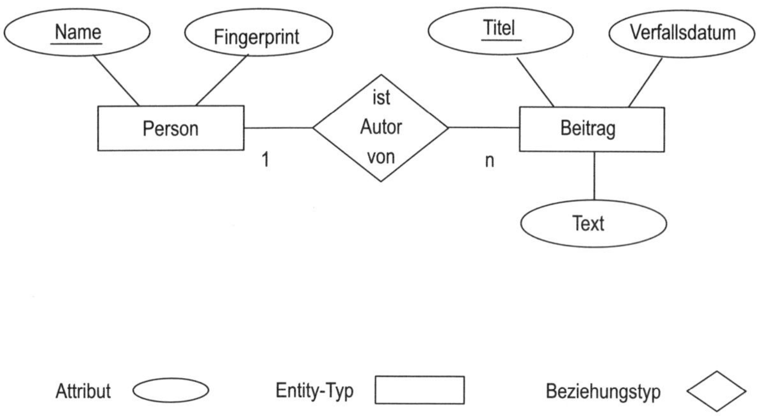

Abb. 24.2: ER-Diagramm für ein Online-Journal

24.3 Relationale Datenbanken

Moderne Datenbanksysteme verwenden meist das relationale Datenmodell. Dabei wird der Datenbestand durch eine Sammlung von Relationen beschrieben. Unter einer Relation versteht man in der Mathematik eine Menge von Tupeln. Für jeden Entitätstyp wird in einer relationalen Datenbank eine Relation eingerichtet. Anschaulich kann man sich eine Relation als Tabelle vorstellen. Die Überschriften der Spalten sind die Attribute. Jede Zeile ist ein Tupel, das eine einzelne Entität darstellt. Die beiden Tabellen 24.1 und 24.2 passen zum Modell des Online-Journals. Die Beziehung `ist Autor von` wird in diesem Beispiel mit Hilfe von Fremdschlüsseln dargestellt. Die Relation `Beitrag` hat das zusätzliche Attribut `Autor` erhalten (Fremdschlüssel). Jedes Tupel `b`, das eine Beitrag-Entität darstellt, hat als Wert für das Attribut `Autor` den Schlüsselwert (Attribut `Name`) einer `Person`-Entität `p`. Auf diese Weise wird zum Ausdruck gebracht, dass `p` der Autor von `b` ist.

Allerdings können nur *1-zu-1-* oder *1-zu-n*-Beziehungen durch Fremdschlüssel repräsentiert werden.

Person

Name	Fingerprint
Michael Klein	AUp12ertyb+8)=0$
Melanie Beck	4 :.jksgers$*=1!
Tom Specht	Vxyl5jwpoqFJ00?\

Tabelle 24.1: Beispiel einer Relation für den Entity-Typ `Person`

Beitrag

Titel	Text	Verfallsdatum	Autor
Python 3 ist langsamer	Python 3 ist zwar viel ...	1063842470.687	Melanie Beck
Endlich! Bezeichner mit Umlauten!	Das wurde aber auch Zeit!...	1063712567.231	Melanie Beck
SQLite	Eine der wesentlichen Neuerungen ...	1063976800.096	Michael Klein

Tabelle 24.2: Beispiel einer Relation für den Entity-Typ `Beitrag`

24.4 Darstellung von Relationen als Listen oder Dictionaries

Mit Python können Sie eine Relation als Liste von Tupeln implementieren. Beispiel:

```
>>> Person = [('Michael Klein', 'AUp12ertyb+8)=0$'),
          ('Melanie Beck', '4 :.jksgers$*=1!'),
          ('Tom Specht', 'Vxyl5jwpoqFJ00?\')]
```

Einen schnelleren Zugriff auf ein Tupel erreicht man, wenn man ein Dictionary verwendet. Als Schlüssel wird das Schlüsselattribut des Entity-Typs bzw. der Relation verwendet.

```
>>> Person = {'Michael Klein': 'AUp12ertyb+8)=0$',
         'Melanie Beck'  : '4 :.jksgers$*=1!',
         'Tom Specht'    : 'Vxyl5jwpoqFJ00?\'}
```

Über den Schlüssel kann man in einem Dictionary rasch auf den zugehörigen Wert zugreifen, während Listen erst durchsucht werden müssten.

```
>>> Person['Michael Klein']
'AUp12ertyb+8)=0$'
```

Mit dem Pickle-Mechanismus lassen sich Listen und Dictionaries ohne viel Aufwand in einer Datei speichern.

24.5 Das Modul sqlite3

SQLite ist ein Datei-basiertes Datenbanksystem, das ohne Serverprozess auskommt. SQL (*Structured Query Language*) ist die am meisten verbreitete Abfragesprache für relationale Datenbanken. Mit Operationen des Moduls sqlite3 (entwickelt von Gerhard Häring) können Sie SQL-Statements ausführen lassen und so eine relationale Datenbank aufbauen, verändern und befragen. Das Modul ist Teil der Standardinstallation von Python. Für wirklich große Datenbanken mit vielen Daten und vielen Zugriffen sollten Sie besser ein professionelles (serverbasiertes) Datenbanksystem verwenden, wie z.B. MySQL. Eine Anleitung zur Nutzung des Python-Moduls MySQLdb für den Zugriff auf MySQL-Datenbanken findet man z.B. in *Python Gepackt* (mitp-Verlag). Aber ein Programm, das mit SQLite funktioniert, können Sie leicht an ein serverbasiertes SQL-Datenbanksystem anpassen.

24.5.1 Eine Tabelle anlegen

Bei SQLite brauchen Sie nicht explizit eine Datenbank einzurichten. Sie instanziieren einfach ein Verbindungsobjekt, das eine Datenbank repräsentiert. Dabei geben Sie als Argument einen Pfad zu einer Datei an. In dieser Datei werden alle Daten gespeichert. Falls die Datei noch nicht existiert, wird sie neu angelegt. Sie können die grundlegenden Kommandos im interaktiven Modus ausprobieren. Sie brauchen ein Verzeichnis für die Datenbankdatei, z.B. `/tmp`. Öffnen Sie eine Python-Shell und legen Sie los:

```
>>> import sqlite3
>>> verbindung = sqlite3.connect("/tmp/beispiel.db")
```

Um die Datenbank zu bearbeiten, benötigen Sie einen Cursor. Stellen Sie sich den Cursor als einen Boten vor, der die Kommunikation mit dem Datenbanksystem bewerkstelligt. Sie können dem Cursor einen Auftrag übergeben, z.B. eine Anfrage an die Datenbank, und Sie können ihn anschließend nach dem Ergebnis befragen. Mit der Methode `cursor()` eines Verbindungsobjektes instanziieren Sie einen Cursor:

```
>>> c = verbindung.cursor()
```

Die wichtigste Methode der Cursor-Objekte ist `execute()`. Das Argument ist im einfachsten Fall ein String, der ein SQL-Kommando enthält. In der folgenden Anweisung wird eine neue Tabelle (Relation) namens `person` erzeugt. Sie besteht aus zwei Spalten, die jeweils Zeichenketten mit maximal 50 Zeichen enthalten. In dieser Tabelle sollen Namen und Telefonnummern von Personen gespeichert werden.

```
>>> c.execute("""CREATE TABLE person(name VARCHAR(50), tel
VARCHAR(20))""")
<sqlite3.Cursor object at 0x020C1E90>
```

Das SQL-Kommando zur Erzeugung einer neuen Tabelle (Relation) hat folgendes Format:

```
CREATE TABLE tabellenname (spalte_1 datentyp_1, ...)
```

In der Klammer hinter dem Namen der Tabelle werden die Namen der Spalten (Attribute) und die zugehörigen Datentypen spezifiziert. Tabelle 24.3 beschreibt eine kleine Auswahl von SQL-Datentypen.

Datentyp	Erklärung	Beispiel
`VARCHAR(n)`	Eine Zeichenkette variabler Länge mit maximal n Zeichen	`"Melanie Beck"`
`INT`	Eine ganze Zahl zwischen -2147483648 und 2147483647	`1234`
`FLOAT`	Eine Gleitkommazahl.	`12.34`
`BINARY(n)`	Binärdaten. Eine Folge aus n Byte.	`b"abcd123"`

Tabelle 24.3: Einige SQL-Datentypen

Noch ist die Tabelle leer. Als Nächstes tragen Sie einige Zeilen mit konkreten Werten (Tupel) ein. Hier sind lange Zeichenketten (mit dreifachen Anführungszeichen) praktisch, weil die SQL-Kommandos selbst auch (einfache) Anführungszeichen enthalten. Die SQL-Schlüsselworte sind in Großbuchstaben geschrieben.

```
>>> c.execute("""INSERT INTO person VALUES("Melanie Beck"  ,"02302
89912")""")
<sqlite3.Cursor object at 0x020C1E90>
>>> c.execute("""INSERT INTO person VALUES ("Moritz Blau"  ,"0201
841111")""")
<sqlite3.Cursor object at 0x020C1E90>
>>> c.execute("""INSERT INTO person VALUES ("Tim Groß", "0251
199348")""")
<sqlite3.Cursor object at 0x020C1E90>
```

Jetzt haben Sie eine Tabelle mit drei Zeilen. Speichern Sie die Änderungen:

```
>>> verbindung.commit()
```

Wenn Sie den Cursor nicht mehr brauchen, schließen Sie ihn:

```
>>> c.close()
```

Das Gleiche gilt für die Verbindung:

```
>>> verbindung.close()
```

Beachten Sie, dass beim Schließen der Verbindung die Änderungen nicht automatisch gespeichert werden. Wenn Sie nicht vorher `commit()` ausgeführt haben, können Daten verloren gehen.

24.5.2 Anfragen an eine Datenbank

Für Anfragen an eine Datenbank gibt es den SQL-Befehl `SELECT`. Eine einfache `SELECT`-Anweisung hat folgenden Aufbau:

```
SELECT *
FROM tabelle;
```

Damit werden sämtliche Daten der Tabelle erfragt. Das Ergebnis ist eine Kopie der Tabelle in der Datenbank. Wenn Sie diesen SQL-Befehl mit der `execute()`-Methode absetzen, »empfängt« der Cursor die Daten, die das Datenbanksystem zurückgibt. Es ist eine Folge von Tupeln, die alle Zeilen der Tabelle darstellen. Sie können das Cursor-Objekt als Iterator dieser Folge verwenden.

```
>>> c = verbindung.cursor()
>>> c.execute("SELECT * from person")
<sqlite3.Cursor object at 0x020C1E90>
>>> for zeile in c:
    print(zeile)
('Melanie Beck', '02302 89912')
('Moritz Blau', '0201 841111')
('Tim Groß', '0251 199348')
```

Der Cursor ist ein Iterator, das heißt, er kann auch nur ein einziges Mal »abgefragt« werden. Wenn Sie die Iteration (`for`-Anweisung) ein zweites Mal ausführen, erhalten Sie keine Daten mehr. Probieren Sie es aus:

```
>>> for zeile in c:
    print(zeile)

>>>
```

Nun wird bei einem Aufruf der `execute()`-Methode nicht nur das Cursor-Objekt verändert, das die Daten aufnimmt. Nein, es wird auch eine weitere Referenz auf das Cursor-Objekt *zurückgegeben*. Wenn Sie die `execute()`-Methode im interaktiven Modus aufrufen, sehen Sie in der Folgezeile eine Beschreibung des Cursor-Objektes, z.B. `<sqlite3.Cursor object at 0x020C1E90>`.

Deshalb können Sie die `execute()`-Methode auch in einer Zuweisung verwenden.

```
>>> ergebnis = c.execute("SELECT * from person")
```

Aus dem Cursor-Objekt können Sie auch eine Liste erzeugen und diese Liste weiterverarbeiten:

```
>>> liste = list(ergebnis)
>>> print(liste)
[('Melanie Beck', '02302 89912'), ('Moritz Blau', '0201 841111'), ('Tim
Groß', '0251 199348')]
>>> print(liste[0])
('Melanie Beck', '02302 89912')
```

Nun will man meistens nicht die ganze Tabelle, sondern nur bestimmte Zeilen erhalten. In diesem Fall spezifiziert man in einer so genannten `WHERE`-Klausel eine Bedingung, die die gesuchten Zeilen erfüllen müssen. Format:

```
SELECT *
FROM table
WHERE bedingung;
```

Es folgen einige Beispiele.

Suche die Daten von Melanie Beck:

```
>>> c.execute("""SELECT * from person WHERE name = "Melanie Beck";""")
```

Suche die Daten aller Personen aus Witten (Telefonnummer beginnt mit 02302):

```
>>> c.execute("""SELECT * from person WHERE tel like "02302%";""")
```

24.5.3 SQL-Anweisungen mit variablen Teilen

SQL-Anweisungen werden häufig dynamisch mit Hilfe von Variablen konstruiert. Wenn eine SQL-Anweisung variable Teile enthält, sollte man auf keinen Fall die String-Formatierung verwenden, sondern folgendermaßen vorgehen:

- Stellen Sie die variablen Teile der Anfrage durch Fragezeichen dar.
- Rufen Sie die Cursor-Methode `execute()` mit einem zweiten Argument auf. Dieses ist ein Tupel, das Strings für die variablen Teile enthält.

In den folgenden Anweisungen werden die Daten einer bestimmten Person gesucht. Der Name der Person ist in einer Variablen gespeichert.

```
>>> a = "Melanie Beck"
>>> c.execute("SELECT * FROM person WHERE name = ?;",(a,))
<sqlite3.Cursor object at 0x02A2FF80>
```

Beachten Sie, dass das zweite Argument auch dann ein Tupel sein muss, wenn der erste String nur einen einzigen Fragezeichen-Platzhalter enthält. Denken Sie an das Komma nach dem einzigen Element im Tupel.

```
>>> print(list(c))
[('Melanie Beck', '02302 89912')]
```

24.5.4 SQL-Injections

Das letzte Problem hätte man auch mit einer String-Formatierung lösen können:

```
>>> a = "Melanie Beck"
>>> muster = """SELECT * FROM person WHERE name = "{}";"""
>>> c.execute(muster.format(a))
<sqlite3.Cursor object at 0x02A2FF80>
>>> print(list(c))
[('Melanie Beck', '02302 89912')]
```

Hier wurde die `execute()`-Methode nur mit einem Argument (ohne Fragezeichen-Platzhalter) aufgerufen. Der variable Teil – ein String mit dem Namen einer Person – wurde direkt in den String mit der SQL-Anweisung eingepflanzt.

Das sollten Sie niemals tun! Denn das ist ein Sicherheitsrisiko. In diesem Beispiel besteht natürlich keine direkte Gefahr. Aber in realen Programmen haben Sie oft keine Kontrolle darüber, was in der Variablen, deren Inhalt in die SQL-Anweisung kommt, tatsächlich steht.

Angenommen, Ihr Datenbankprogramm soll einem Benutzer alle seine gespeicherten personenbezogenen Daten liefern (hier nur Name und Telefonnummer). Und zwar nur *seine* Daten und nicht die Daten anderer Personen. Dann könnte sich jemand über einen geschickt gewählten Namen Zugang zum Inhalt der gesamten Tabelle erschleichen. Probieren Sie es aus.

```
>>> a = "Anonym\" OR \"1\" = \"1"
>>> ergebnis =  c.execute(muster.format(a))
>>> print(list(ergebnis))
[('Melanie Beck', '02302 89912'), ('Moritz Blau', '0201 841111'),
('Tim Groß', '0251 199348')]
```

Sie sehen: Alle Daten der Tabelle wurden ausgegeben. Wie kommt das? Schauen Sie sich die SQL-Anweisung an, die durch das Formatieren entsteht:

```
>>> print(muster.format(a)
SELECT * FROM person WHERE name = "Anonym" OR "1" = "1";
```

Die WHERE-Klausel

```
name = "Anonym" OR "1" = "1"
```

ist immer wahr, weil 1 immer gleich 1 ist. Deshalb werden alle Zeilen der Tabelle ausgegeben, obwohl dieses eigentlich verhindert werden soll.

Einen solchen Angriff nennt man *SQL-Injection*, weil heimlich SQL-Code in das System geschmuggelt und zur Ausführung gebracht wird.

Wenn Sie auf die `format()`-Methode verzichten und stattdessen – wie im letzten Abschnitt beschrieben – die Fragezeichen-Platzhalter verwenden, sind Sie auf der sicheren Seite.

24.6 Online-Redaktionssystem mit Datenbankanbindung

Als Beispiel für ein Datenbank-gestütztes Python-Programm entwickeln wir nun ein Online-Redaktionssystem. Stellen Sie sich folgende Situation vor:

Ein Team von Redakteuren möchte gemeinsam ein Online-Magazin gestalten. Das Online-Magazin besteht aus einer öffentlich zugänglichen Webseite mit verschiedenen aktuellen Artikeln (Beiträge). Abbildung 24.3 zeigt ein Beispiel.

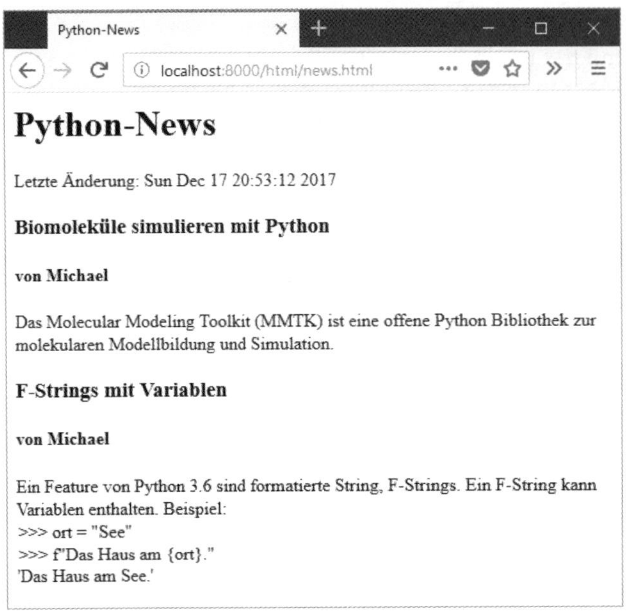

Abb. 24.3: Beispiel für ein automatisch erstelltes Online-Magazin

Jedes Mitglied der Redaktion kann sich über ein Online-Formular (Webseite im WWW) in das System einloggen und hat dann die Möglichkeit, neue Beiträge in das Journal einzufügen – sonst nichts. Er oder sie kann z.B. nicht Artikel anderer Autoren verändern oder löschen.

Beim Login werden Name und Passwort abgefragt (siehe Abbildung 24.4).

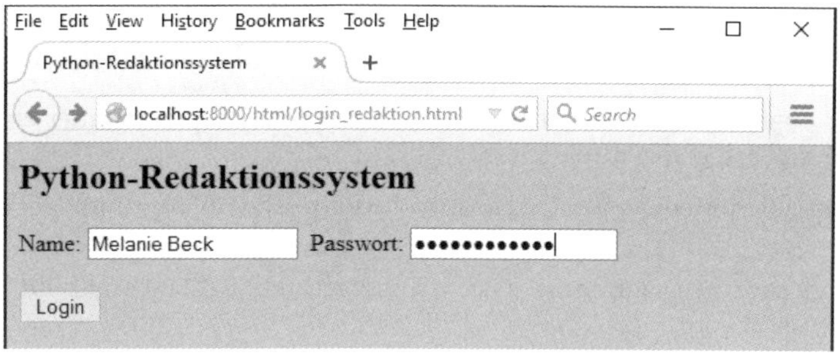

Abb. 24.4: Formular für das Login eines Redakteurs

Nach erfolgreichem Login gelangt ein Redakteur zu einer Webseite, auf der man über verschiedene Eingabefelder folgende Aktionen ausführen kann (siehe Abbildung 24.5):

- Einen neuen Artikel absetzen. Der Beitrag besteht aus einem Titel, einem Haupttext und einer Lebensdauer (z.B. zwei Wochen). Der Titel soll einen Beitrag eindeutig identifizieren. Wenn der neue Beitrag in die Datenbank eingefügt wird, werden alle veralteten Beiträge, deren Lebensdauer abgelaufen ist, gelöscht. Dann wird mit Hilfe der aktualisierten Datenbank eine neue Version des Journals generiert und die bestehende Webseite damit überschrieben.
- Wenn der Redakteur den Checkbutton PASSWORT ÄNDERN selektiert hat, kann er ein neues Passwort bestimmen.

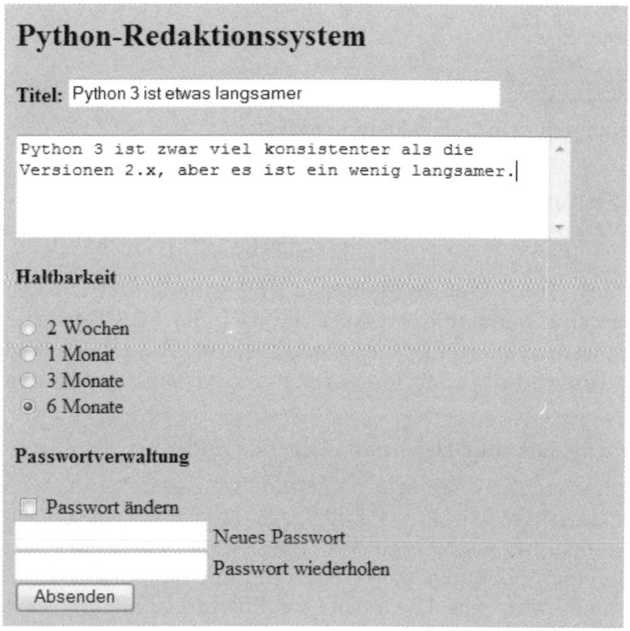

Abb. 24.5: Webseite mit Formular für einen Redakteur, der sich gerade eingeloggt hat

Neben der Redaktion gibt es auch einen Administrator, der die Mitglieder des Redaktionsteams bestimmen kann.

24.6.1 Objektorientierte Analyse (OOA)

In der ersten Phase einer objektorientierten Software-Entwicklung, der objektorientierten Analyse (OOA), wird man u.a. Folgendes tun:

- Erstellen eines konzeptuellen Modells der Datenbank, die dem System zugrunde liegt (ER-Diagramm)
- Erstellen eines Geschäftsprozess-Diagramms, das die Systemfunktionalität beschreibt
- Entwicklung von OOA-Klassendiagrammen

Für die Datenbank übernehmen wir das ER-Diagramm aus Abbildung 24.2, das wir in Abschnitt 24.2 als Beispiel verwendet hatten. Abbildung 24.6 zeigt ein geeignetes Geschäftsprozess-Diagramm für das Gesamtsystem.

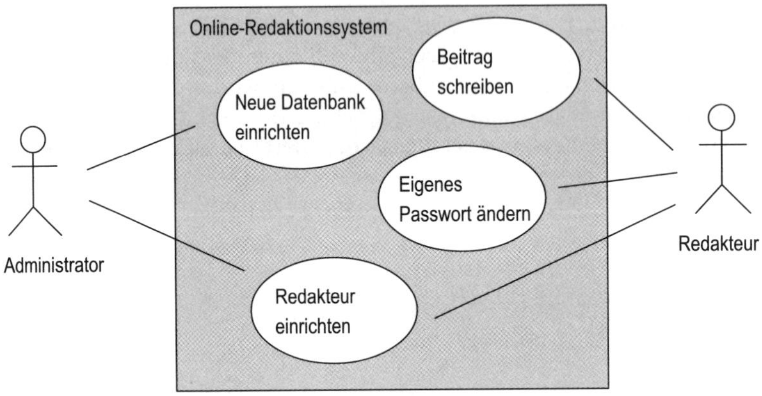

Abb. 24.6: Geschäftsprozess-Diagramm für ein Online-Redaktionssystem

24.6.2 Objektorientierter Entwurf des Systems (OOD)

Das gesamte System wird auf zwei Python-Skripte und eine statische HTML-Seite verteilt:

- Die statische HTML-Seite (`login_redaktion.html`) enthält ein Formular für das Login eines Redakteurs. Einzugeben sind Name und Passwort, die nach der POST-Methode an einen Webserver gesendet werden (siehe nächster Punkt). Die POST-Methode wird verwendet, damit Name und Passwort nicht im Adress-Fenster des Browsers zu sehen sind.
- Ein WSGI-Skript (`redaktion.py`) bewältigt gleichzeitig folgende Aufgaben:
  - Wenn das Applikationsobjekt von der Login-Seite aufgerufen worden ist, prüft es, ob der Fingerprint des Passwortes mit dem in der Datenbank-Tabelle `person` gespeicherten Fingerprint übereinstimmt (siehe auch Abschnitt 24.6.3). Ist das der Fall, wird eine Webseite im Stil von Abbildung 24.5 erzeugt und in einem HTTP-Paket zurückgesendet. Anderenfalls wird eine Login-Seite im Stil von Abbildung 24.4 gesendet, die zusätzlich mit einer Fehlermeldung versehen ist.

- Das Applikationsobjekt kann auch von einer Webseite mit Formular im Stil von Abbildung 24.5 aus aufgerufen werden. Je nachdem, in welcher Weise das Formular ausgefüllt worden ist, wird das Passwort geändert und/oder ein neuer Beitrag abgesetzt. Zu beachten ist, dass der Titel eines Beitrags einmalig sein muss, da er als Schlüssel für die Tabelle `beitrag` verwendet wird.

- Ein zweites Python-Skript realisiert die use cases »Benutzer einrichten« und »neue Datenbank einrichten«. Es ist kein WSGI-Skript, sondern ein normales Python-Skript, das über die Kommandozeile mit dem Administrator kommuniziert. Es muss beachtet werden, dass der Name eines Redaktionsmitgliedes ein Schlüsselattribut ist.

Das ganze System ist extrem simpel. Von der Login-Seite aus gelangt der Benutzer auf eine Webseite, die dynamisch von einem WSGI-Skript erzeugt worden ist. Nach Klick auf den Submit-Button kommt er scheinbar immer wieder auf die gleiche Seite, die immer wieder vom gleichen WSGI-Applikationsobjekt (Funktion `application()` im Modul `reaktion.py`) zurückgegeben wird (Abbildung 24.7).

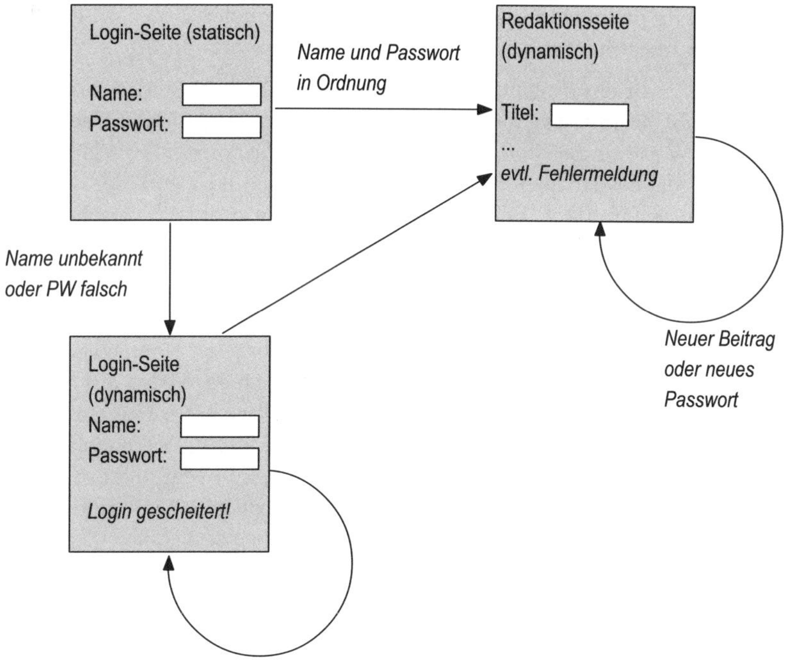

Abb. 24.7: Kommunikation mit dem Redaktionssystem aus Benutzersicht

Das Modul `redaktion.py` enthält zwei Klassen `Person` und `Beitrag`, die Redakteure und Beträge des Online-Journals modellieren. Beide Klassen sind mit Tabellen der Datenbank »verbunden«, die entsprechende Namen tragen. Zum Beispiel können Objekte der Klasse `Person` die Tabelle `person` befragen und verändern. Abbildung 24.8 zeigt ein UML-Klassendiagramm.

Die Methoden dieser Klassen haben unmittelbar mit dem Verändern oder Verarbeiten der Daten zu tun, die durch die jeweilige Klasse bzw. ihre Objekte repräsentiert werden.

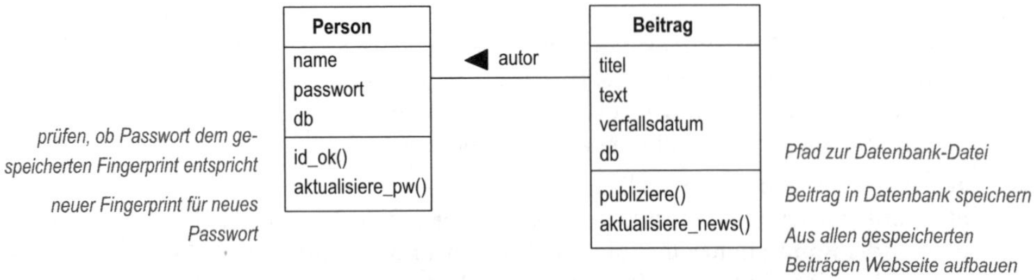

Abb. 24.8: UML-Klassendiagramm für das WSGI-Skript `redaktion.py`

24.6.3 Hintergrund: Authentifizieren mit MD5-Fingerprints

Eine wichtige Aufgabe, die ein Datenbanksystem bewältigen muss, ist die sichere Authentifizierung der Benutzer. Das zurzeit gebräuchlichste Verfahren ist die Eingabe eines (in der Regel öffentlichen) Login-Namens und eines geheimen Passwortes, das nur der jeweilige Benutzer kennt. Das System prüft dann mit Hilfe der Datenbank erstens, ob ein Benutzer mit diesem Login-Namen registriert ist, und zweitens, ob das Passwort stimmt.

An dieser Stelle stoßen wir auf ein Problem. Wie kann man gewährleisten, dass ein Passwort wirklich geheim bleibt? Damit das System das Passwort eines Benutzers prüfen kann, muss es in irgendeiner Weise gespeichert werden. Falls man Passwörter im Klartext in einer Datei speichern würde, besteht aber die Gefahr, dass irgendjemand (z.B. der Systemadministrator) diese Datei liest und sich nicht autorisierten Zugang zum DBS verschafft. Es ist nun aber möglich, nicht das Passwort selbst, sondern eine verschlüsselte Version zu verwenden, die mit dem MD5-Verfahren erstellt worden ist.

Der MD5-Algorithmus wurde von Ronald L. Rivest entwickelt und im Jahre 1992 veröffentlicht. MD5 nimmt einen String beliebiger Länge als Eingabe und erzeugt einen so genannten »Fingerabdruck« (fingerprint) oder »Message Digest«. Dieser ist ein String aus 16 Zeichen (128 Bit). Die Wahrscheinlichkeit, dass zwei Strings denselben MD5-Fingerabdruck ergeben, ist äußerst gering. Er kann also näherungsweise – wie ein richtiger Fingerabdruck – als »einmalig« betrachtet werden. Der MD5-Algorithmus ist eine Einwegfunktion; das ist eine Funktion, zu der es keine Umkehrfunktion mit vernünftiger Rechenzeit gibt. Abbildung 24.9 versucht, das Prinzip zu veranschaulichen.

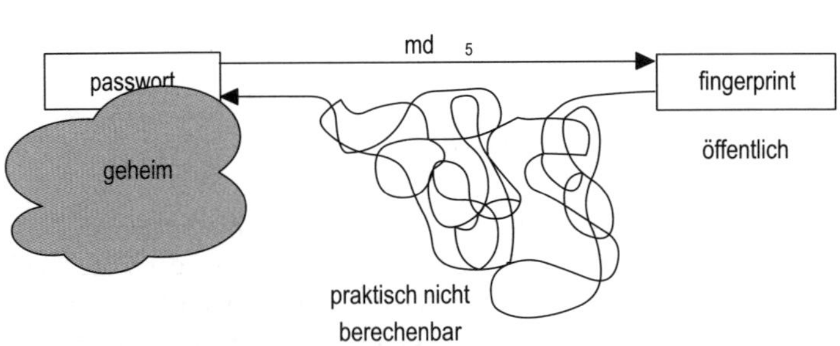

Abb. 24.9: Aus dem MD5-Fingerprint kann das Passwort (in vernünftiger Rechenzeit) nicht wiedergewonnen werden.

Das Python-Modul `hashlib` enthält eine Implementierung des MD5-Algorithmus. Durch einen Aufruf von `md5(b)` wird ein neues `md5`-Objekt zum Bytestring `b` erzeugt. Ein regulärer String muss also zuerst (mit Hilfe einer Codierung) in einen Bytestring überführt werden.

Durch einen Aufruf der Methode `digest()`wird ein Fingerprint aus 16 Zahlen berechnet. Beispiel:

```
>>> from hashlib import md5
>>> m = md5("Dies ist ein geheimer Text".encode("utf-8"))
>>> m.digest()
b'\x8c\x1c\xc4+]2\x08\xc1y\nC\xc6\x90\xff+\xa5'
```

Der Fingerprint ist ein Bytestring der Länge 16, also letztlich eine Folge von 16 Zahlen zwischen 0 und 255.

In unserem Fall heißt das: Zu dem Fingerprint eines Passwortes kann man (praktisch) nicht mehr das Original-Passwort berechnen. Der Fingerprint kann also getrost in einer Datenbank gespeichert werden. Das Passwort bleibt dennoch unbekannt. (Das einzige – nicht unerhebliche – Sicherheitsrisiko in unserem System ist die Übertragung des Passworts über das Internet.)

24.6.4 Implementierung des Redaktionssystems mit Python (OOP)

Das Redaktionssystem ausprobieren

Sie finden das Redaktionssystem in dem Ordner mit den Beispielprogrammen zu diesem Kapitel. Um es auszuprobieren, starten Sie zuerst das Python-Skript `redaktion.py`. Dann läuft der WSGI-Server und kann auf Anfragen reagieren. Öffnen Sie dann die statische Webseite `login_redaktion.html` und loggen Sie sich ein. Als Benutzernamen und Passwort können Sie jeweils `Michael` nehmen. Um neue Benutzer einzurichten, starten Sie das Skript `admin.py`.

Interaktives Skript für den Administrator

Das folgende Skript realisiert auf einfache Weise die Geschäftsprozesse »Benutzer einrichten« und »neue Datenbank einrichten«. Es muss so gespeichert werden, dass nur der Administrator des Redaktionssystems ein Zugriffsrecht hat. Das Skript initialisiert außerdem zwei Datenbank-Dateien für die Passwörter der Redakteure und die Beiträge eines Online-Journals, sofern diese Dateien noch nicht vorhanden sind. Der Administrator gibt bei der Anlage eines neuen Accounts nur einen Benutzernamen ein. Das Passwort wird automatisch erzeugt. (Es ist gleich dem Benutzernamen.)

Skript:

```
#admin.py
import sqlite3, hashlib


class Admin:
  def __init__(self, db_pfad):
```

```
    verbindung = sqlite3.connect(db_pfad)
    c = verbindung.cursor()
    try:
        c.execute("SELECT * FROM person")                        #1
        c.execute("SELECT * FROM beitrag")
    except:
        # Tabellen existieren noch nicht
        c.execute("""CREATE TABLE
                      person(name VARCHAR(50),
                             fingerprint BINARY(16))
                  """)                                           #2
        c.execute("""CREATE TABLE
                      beitrag(titel VARCHAR(100),
                              text VARCHAR(1000),
                              verfallsdatum FLOAT,
                              autor VARCHAR(50));
                        """)
        verbindung.commit()                                      #3
    print("Liste der User-Namen: ")
    c.execute("SELECT * FROM person")
    for zeile in c: print(zeile[0])
    neu = input("Neuer User (Ende mit ENTER): ")
    while neu:
      if list(c.execute("""SELECT *
                             FROM person
                             WHERE name = ?;""", (neu,))):
        print("Name existiert bereits. ")                        #4
      else:
        m = hashlib.md5(neu.encode("utf-8"))
        c.execute("""INSERT INTO person
                      VALUES(?, ?);""",
                   (neu, m.digest()))                            #5
        verbindung.commit()
      neu = input("Neuer User (ENDE mit ENTER): ")               #6
    print("Datenbank wurde aktualisiert. ")
    c.close()
    verbindung.close()

Admin("redaktion.db")
```

Erläuterung:

#1: Versuche, aus den beiden Tabellen Daten zu lesen.

#2: Falls der Versuch misslingt, werden die Tabellen angelegt ...

#3: ... und in einer Datenbank-Datei gespeichert.

#4: Der Name ist ein Schlüsselattribut und muss deshalb einmalig sein.

#5: Wenn der vom Administrator eingegebene Name noch nicht existiert, werden Name und Fingerprint des Namens in der Tabelle `person` gespeichert. Der Name wird als vorläufiges Passwort verwendet, das später vom Redakteur selbst geändert werden kann.

#6: An dieser Stelle muss die Einrückung genau stimmen, sonst riskieren Sie eine Endlosschleife.

Beispielprogrammlauf:

```
Liste der User-Namen:
Michael
Melanie
Tom
Neuer User: Kim
Neuer User:
Datenbank wurde aktualisiert.
```

Statische Webseite für das Login des Redakteurs

Der folgende HTML-Quelltext beschreibt die Webseite, die von einem Redakteur aufgerufen wird, wenn er sich einloggen will (siehe Abbildung 24.4). Nach dem Anklicken des Submit-Buttons wird das Applikationsobjekt des WSGI-Skripts `redaktion.py` aufgerufen.

```
<html>
<head>
<title>Python-Redaktionssystem</title>
<meta http-equiv="Content-Type" content="charset=utf-8" />
</head>
<body bgcolor=#C0C0C0>
<h2> Python-Redaktionssystem</h2>
<form action="http://localhost:8000/redaktion.py"
method="POST">
Name: <input type="Text" name="name" > 
Passwort: <input type="Password" name="passwort"><br><br>
<input type="Submit" value="Login">
</form>
</body>
</html>
```

WSGI-Skript

Skript:

```
#! /usr/bin/env python3

#-----------------------------------------------------
# Dateiname:  redaktion.py
#
# Das Applikationsobjekt verarbeitet folgende Variablen,
# die vom aufrufenden Client gesendet werden:
# name, passwort, neuespass, neupass1, neupass2
# titel, text, haltbar (Anzahl der Tage)
#
#-----------------------------------------------------
import sqlite3, cgi, hashlib, time, logging
logging.basicConfig(filename="logging.txt",
                    format="%(funcName)s: %(message)s",
                    level=logging.DEBUG,
                    filemode="w")                         #1

# Schablone für HTML-Seite
SEITE1 = """
<html>
<head>
<title>Python-Redaktionssystem</title>
<meta http-equiv="Content-Type" content="charset=utf-8" />
</head>
<body bgcolor=#C0C0C0>
<h2>Python-Redaktionssystem</h2>
<form method="POST" >
<input type="hidden" name="name" value="{}">
<input type="hidden" name="passwort" value="{}">
<b>Titel: </b><input type="Text" name="titel"
size="50" maxlength="80"><br><br>
<textarea name="text" cols="50" rows="8" >{}
</textarea><br>
<h4>Haltbarkeit</h4>
<input type="Radio" name="haltbar" value="14"
checked="checked">
 2 Wochen <br>
<input type="Radio" name="haltbar" value="30">
 1 Monat <br>
```

```
<input type="Radio" name="haltbar" value="90">
 3 Monate <br>
<input type="Radio" name="haltbar" value="180">
 6 Monate <br>
<h4> Passwortverwaltung</h4>
 <input type="Checkbox" name="neuespass" value="1">
Passwort &auml;ndern<br>
<input type="Password" name="neupass1" > Neues Passwort<br>
<input type="Password" name="neupass2" > Passwort wiederholen<br>
<input type="Submit" value="Absenden">
</form>
<i>{}<br>{}<br></i>
</body></html>"""

# HTTP-Paket mit Fehlermeldung bei falschem Login
SEITE2 = """
<html>
<head><title>Python-Redaktionssystem</title>
<meta http-equiv="Content-Type" content="charset=UTF-8" />
</head>
<body bgcolor=#C0C0C0>
<h2> Python-Redaktionssystem</h2>
<form method="POST">
Name: <input type="Text" name="name" > 
Passwort: <input type="Password"
name="passwort"><br><br>
<input type="Submit" value="Login">
</form>
<b> Login gescheitert! &Uuml;berpr&uuml;fen Sie Name und
Passwort.<b>
</body></html>"""

# Schablone für Webseite (Publikation)
# Platzhalter {}: Zeit und Beiträge
WEBSEITE = """<html>
<head><title>Python-News</title></head>
<body>
<h1>Python-News</h1>
Letzte &Auml;nderung: {}
{}
</body></html>"""
```

```
# Schablone für Beitrag
# Platzhalter {}: Titel, Autor und Text
BEITRAG = """<h3>{}</h3>
<h4>von {}</h4>
<p>{}</p>"""

HTML = {ord("ä"): "&auml;", ord("ö"): "&ouml;",
        ord("ü"): "&uuml;", ord("Ä"): "&Auml;",
        ord("Ö"): "&Ouml;", ord("Ü"): "&Uuml;",
        ord("ß"): "&szlig;"}                                    #2
class Person:                                                   #3
  def __init__(self, form, db):
    self.name = form.getvalue("name")
    self.pw = form.getvalue("passwort")
    self.db = db

  def id_ok(self):                                              #4
    logging.debug("Name: {}, Passwort:{}".format(
                                      self.name,self.pw))
    try:
        logging.debug(self.db)
        verbindung = sqlite3.connect(self.db)
        c = verbindung.cursor()
        c.execute("""SELECT *
                     FROM person
                     WHERE name = ?;""", (self.name,))
        logging.debug("Mit Datenbank verbunden.")
        fingerprint_db = list(c)[0][1]                          #5
        pw_bytes = self.pw.encode("utf-8")                      #6
        fingerprint_pw = hashlib.md5(pw_bytes).digest()
        c.close()
        verbindung.close()
        return fingerprint_db == fingerprint_pw                 #7

    except:
        return False

  def aktualisiere_pw(self, form):                              #8
    neupw1 = form.getvalue("neupass1", "")
    neupw2 = form.getvalue("neupass2", "")
    if neupw1 == neupw2:
```

```
        self.pw = neupw1
        verbindung = sqlite3.connect(self.db)
        c = verbindung.cursor()
        c.execute("""UPDATE person
                     SET fingerprint = ?
                     WHERE name = ?;
                  """,
                 (hashlib.md5(self.pw.encode("utf-8")).digest(),
                  self.name))
        verbindung.commit()
        c.close()
        verbindung.close()
        return "Passwort ge&auml;ndert."
    else:
        return "Fehler! Passw&ouml;rter nicht gleich!"

class Beitrag:                                                    #9
    def __init__(self, form, autor, db):
      self.text = self.titel = ""
      self.db = db
      self.autor = autor
      if "titel" in form.keys():
        self.text = form.getvalue("text")
        self.titel = form.getvalue("titel")
        sekunden = float(form.getvalue("haltbar")) *24*3600
        self.verfallsdatum = sekunden + time.time()
        logging.debug("Verfallsdatum:" + str(self.verfallsdatum))

    def publiziere(self):
        if self.titel:                                            #10
          logging.debug("Titel: " + self.titel)
          logging.debug("Text: " + self.text)
          verbindung = sqlite3.connect(self.db)
          c = verbindung.cursor()
          c.execute("""SELECT *
                       FROM beitrag
                       WHERE titel = ?;""",
                     (self.titel,))
          if not list(c):                                         #11
            c.execute("""INSERT INTO beitrag
                         VALUES(?, ?, ?, ?);""",
```

```
                    (self.titel, self.text,
                     self.verfallsdatum,
                     self.autor.name))
            logging.debug("Gespeichert: " + self.titel)
            verbindung.commit()
            self.text = ""
            self.titel = ""
            meldung = "Beitrag wurde gespeichert."
          else:
            meldung = "Titel existiert bereits."
          c.close()
          verbindung.close()
        else: meldung = ""
        return meldung

    def aktualisiere_news(self, news_pfad):
        # HTML-Datei mit Journal aktualisieren
        verbindung = sqlite3.connect(self.db)
        c = verbindung.cursor()
        beitraege = list(
          c.execute("""select * FROM beitrag;"""))
        pubtext =""
        for (titel, text,  verfallsdatum,
             autor) in beitraege:                                    #12
          if float(verfallsdatum) > time.time():
            pubtext += BEITRAG.format(
                          titel.translate(HTML),
                          autor.translate(HTML),
                          text.translate(HTML))
          else:                                                      #13
            c.execute("""DELETE FROM beitrag
                          WHERE titel = ?;""", (titel,))
        logging.debug("Veröffentlichter Text:"+pubtext)
        verbindung.commit()
        c.close()
        verbindung.close()
        # Speichern
        f = open(news_pfad, "w")
        f.write(WEBSEITE.format(time.asctime(), pubtext))
        f.close()
```

```
# Konstanten
DB = "redaktion.db"
NEWS_PFAD = "html/news.html"

# WSGI Applikationsfunktion
def application(environ, start_response):
  status = "200 OK"
  form = cgi.FieldStorage(
            fp=environ["wsgi.input"],
            environ=environ,
            keep_blank_values=True)
  redakteur = Person(form, DB)                                      #14
  beitrag = Beitrag(form, redakteur, DB)
  beitragfehler = ""                                                #15
  pwfehler = ""
  if redakteur.id_ok():                                             #16
      beitragfehler = beitrag.publiziere()
      beitrag.aktualisiere_news(NEWS_PFAD)
      if "neuespass" in form.keys():
          pwfehler = redakteur.aktualisiere_pw(form)
      content_string = SEITE1.format(redakteur.name,
                              redakteur.pw,
                              beitrag.text,
                              beitragfehler,
                              pwfehler)
      content = content_string.encode("utf-8")

  else:
      content = SEITE2.encode("utf-8")

  response_headers = [("Content-type", "text/html"),
                      ("Content-Length", str(len(content)))]
  start_response(status, response_headers)
  return [content]


if __name__ == "__main__":
    from wsgiref.simple_server import make_server
    httpd = make_server("", 8000, application)
    print("Serving on port 8000... ")
    httpd.serve_forever()
```

Erläuterung:

Zu Beginn des Skripts stehen aus Gründen der besseren Übersichtlichkeit einige globale Stringkonstanten. Sie dienen als Schablone für die dynamische Erstellung von HTML-Seiten bzw. HTTP-Paketen mit HTML-Seiten. Üblicherweise verwendet man für die Namen globaler Konstanten Großbuchstaben. Die erste Schablone stellt das Formular für die Eingabe eines Beitrages dar (Abbildung 24.5).

Name und Passwort des Redakteurs, die er beim Login eingegeben hat, werden in einem versteckten (*hidden*) Feld des Formulars zurückgesendet. Beim nächsten Absenden des Formulars werden Name und Passwort wieder geprüft.

#1: Bei einem solch umfangreichen Skript lassen sich während der Entwicklung Fehler nicht vermeiden. Deshalb sollte man Log-Einträge in den Programmtext einbauen, um die Programmausführung nachvollziehen zu können. Hier wird das Logging-System konfiguriert. Unter anderem wird das Format der Log-Einträge festgelegt.

#2: Dictionary für die Ersetzung von Umlauten durch HTML-Namen.

#3: Die Klasse modelliert die Personen, die zum Redaktionsteam gehören. Objekte der Klasse können auf die Datenbank zugreifen, um personenbezogene Daten abzufragen.

#4: Die Methode gibt den Wert `True` genau dann zurück, wenn der Name der Person in der Datenbank enthalten ist und der Fingerprint des Passworts mit dem in der Datenbank gespeicherten Fingerprint übereinstimmt.

#5: Hier wird zunächst zum Ergebnis der Anfrage mit `execute()`, das durch den Cursor `c` repräsentiert wird, eine Liste erzeugt. Der gesuchte Fingerprint ist das zweite Element der ersten Zeile des Ergebnisses der SELECT-Anweisung.

#6: Um `md5()` anwenden zu können, muss zunächst ein Bytestring erzeugt werden.

#7: Zurückgegeben wird ein Wahrheitswert, nämlich das Ergebnis der Auswertung des booleschen Terms.

#8: Das Passwort der Person wird aktualisiert (sofern die beiden Eingaben für das neue Passwort übereinstimmen), das heißt, es wird der MD5-Fingerprint des neuen Passworts in der Datenbank gespeichert.

#9: Die Klasse modelliert einen Beitrag des Online-Journals.

#10: Wenn das Passwort in Ordnung ist und das Formular einen Eintrag für den Titel enthält, wird der neue Beitrag publiziert. Das heißt, er wird in die Datenbank eingefügt und die Webseite des Online-Journals aktualisiert. Das gelingt allerdings nur, wenn der Titel noch nicht benutzt worden ist.

#11: Der Titel muss einmalig sein. Anderenfalls gibt es eine Fehlermeldung.

#12: Alle Einträge der Datenbank mit den Beiträgen (`self.db`) werden durchlaufen. Dabei werden veraltete Beiträge (Verfallsdatum überschritten) gelöscht (**#13**) und nicht veraltete Beiträge dem Text für das Online-Journal hinzugefügt. Mit der String-Methode `translate()` und dem globalen Dictionary HTML werden Umlaute und ß in HTML-Namen (z.B. `ü` für ü) umgewandelt.

#14: Das Objekt `redakteur` der Klasse `Person` modelliert den Redakteur, der die Webseite aufgerufen hat, also den Kommunikationspartner. Das Objekt erhält bei der Instanziierung Referenzen auf die Daten des Formulars und den Pfad der Datenbankdatei.

#15: Fehlermeldungen werden initialisiert. Die Meldungen (z.B. *Passwort geändert* oder *Passwort wurde gespeichert.*) erscheinen am unteren Rand der dynamisch erzeugten Redaktionsseite.

#16: Wenn das Passwort in Ordnung ist, werden die vom Client übergebenen Daten verarbeitet und eine Redaktionsseite wie in Abbildung 24.5 zurückgesendet. Ansonsten gibt es eine (statische) HTML-Seite mit einem Login-Formular und einer Fehlermeldung.

24.7 Aufgaben

Aufgabe 1

Erstellen Sie sinnvolle ER-Diagramme für folgende Systeme:

Ehepaare

Seminare, die von einem Dozenten geleitet werden, und an denen Studenten teilnehmen

Eine Firma. Sie besteht aus Angestellten, die jeweils in einer Abteilung arbeiten, und Abteilungen, die jeweils von einem Angestellten geleitet werden.

Aufgabe 2

In unserem kleinen Redaktionssystem kann der Administrator zwar eine neue Person der Redaktion hinzufügen, aber er kann niemanden aus der Redaktion entlassen. Erweitern Sie das Skript zur Administration, so dass auch Löschoperationen möglich sind.

Beispieldialog:

```
Liste der Redakteure:
Melanie
Michael
Tom
-----------------------------
(n)eu    (l)öschen    (E)nde
Wahl: l
Name: Tom
Tom wurde aus der Datenbank entfernt.
Liste der Redakteure:
Melanie
Michael
-----------------------------
(n)eu    (l)öschen    (E)nde
Wahl: e
Auf Wiedersehen ...
```

24.8 Lösungen

Lösung 1

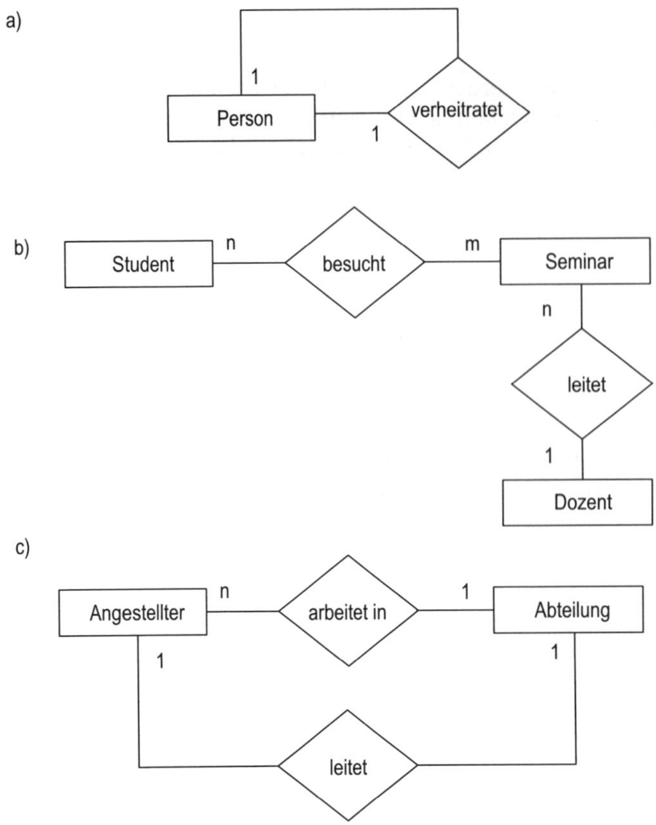

Abb. 24.10: ER-Diagramme (ohne Attribute)

Lösung 2

Skript:

```
# adminloesung2.py
import sqlite3,hashlib
class Admin:
  def __init__(self, db_pfad):
    self.verbindung = sqlite3.connect(db_pfad)
    self.c = self.verbindung.cursor()
    try:
        self.c.execute("SELECT * FROM person")
        self.c.execute("SELECT * FROM beitrag")
```

```
    except:
        # Tabellen existieren noch nicht
        self.c.execute("""CREATE TABLE
                          person(name VARCHAR(50),
                          fingerprint BINARY(16))
                       """)
        self.c.execute("""CREATE TABLE
                          beitrag(titel VARCHAR(100),
                          text VARCHAR(1000),
                          verfallsdatum FLOAT,
                          autor VARCHAR(50))
                       """)
        self.verbindung.commit()
    self.__runMenue()

  def __runMenue(self):
    wahl = " "
    while wahl not in "eE":
      self.c.execute("SELECT * FROM person")
      print("Liste der Redakteure:")
      for zeile in self.c: print(zeile[0])
      print("-----------------------------")
      print("(n)eu    (l)öschen    (E)nde")
      wahl = input ("Wahl: ")
      if wahl in "nN": self.__neuerRedakteur()
      elif wahl in "lL": self.__redakteurLoeschen()
    print("Auf Wiedersehen...")
    self.c.close()
    self.verbindung.close()

  def __neuerRedakteur(self):
    neu = input("Neuer Redakteur: ")
    if list(self.c.execute("""SELECT *
                              FROM person
                              WHERE name = ?;""",
                              (neu,))):
        print('Name existiert bereits.')
    else:
        m = hashlib.md5(neu.encode("utf-8"))
        self.c.execute("""INSERT INTO person
                          VALUES(?, ?);""",
                         (neu, m.digest()))
```

```
        self.verbindung.commit()

  def __redakteurLoeschen(self):
    name = input('Name: ')
    try:
      self.c.execute("""DELETE FROM person
                        WHERE name = ?;""", (name,))
      print(name, "wurde aus der Datenbank entfernt.")
    except:
      print(name, "existiert nicht in der Datenbank.")
    self.verbindung.commit()
Admin('redaktion.db')
```

Erläuterung:

In der letzten Zeile wird ein anonymes Objekt der zuvor definierten Klasse `Admin` instanziiert. Als Argumente wird der Pfad der Datenbank-Datei übergeben. Die Klasse enthält (private) Methoden für das Menü sowie das Einrichten und Löschen von Redakteuren.

Kapitel 25

Testen und Tuning

In diesem Kapitel werden einige Techniken beschrieben, die Sie für die Bewältigung größerer Software-Projekte benötigen. Es geht um folgende Fragen:

- Wie kann man einzelne Funktionen, Methoden oder ganze Module systematisch testen, um sicherzustellen, dass sie auch große Datenmengen bewältigen können und in Extremsituationen nicht versagen?
- Wie findet man in einem komplexen Programmsystem Schwachstellen, die die Performance (Laufzeit) verschlechtern?

25.1 Automatisiertes Testen

Testen ist ein essenzieller Bestandteil jeder größeren Software-Entwicklung, gleichgültig, welcher Entwicklungsmethodologie man folgt. Bei größeren Projekten werden die Module des Gesamtsystems getrennt von verschiedenen Personen entwickelt, einzeln getestet und erst dann, wenn sie jeweils korrekt arbeiten, zusammengefügt (integriert). Moderne agile Software-Entwicklungsverfahren wie *Extreme Programming* (XP) verwenden eine Strategie, die als *Test Driven Development* bezeichnet wird. Das Konzept lässt sich in aller Kürze folgendermaßen beschreiben:

- Bevor man eine Funktion oder Methode entwickelt, legt man Tests fest, die sie bestehen muss.
- Man entwickelt Testszenarien, die aus Eingabedaten (Argumenten) und erwarteten Berechnungsergebnissen der Funktion bestehen.
- Die Testszenarien berücksichtigen typische Anwendungsfälle der Funktion, aber auch selten vorkommende Extremsituationen (z.B. ungültige Eingabewerte).
- Testszenarien können Qualitätsmerkmale repräsentieren, die mit dem Auftraggeber vereinbart worden sind (z.B. eine bestimmte Berechnungsgenauigkeit).
- Bevor mit der Implementierung begonnen wird, muss eine geeignete Testumgebung geschaffen werden. Darunter versteht man einen Mechanismus, der es gestattet, die Funktion individuell – das heißt unabhängig vom restlichen System – zu testen.
- Das Testen sollte möglichst weitgehend automatisiert werden.

25.2 Testen mit Docstrings – das Modul doctest

Das Modul `doctest` ermöglicht automatisches Testen über Docstrings. Ein Docstring ist ein langer String, der zu Beginn eines Moduls oder unterhalb der Kopfzeile einer Funktion steht. Er wird nicht als Programmtext, sondern als Kommentar interpretiert. Betrachten wir ein Beispiel:

```
# quadratsumme.py
def quadratsumme (s):
    """ Summe der Quadrate der Elemente einer Zahlenliste

    >>> quadratsumme ([1, 2, 3])                        # 1 + 4 + 9
    14
    >>> quadratsumme ([10, 10, 10])                     # 100+100+100
    300
    >>> quadratsumme ([])
    0
    """
    summe = 0
    for n in s:
        summe = summe + n**2
    return summe

if __name__ == "__main__":                                      #1
    import doctest
    doctest.testmod(verbose=True)                               #2
```

Die Idee des Testens über Docstrings ist folgende: Der Docstring enthält Testaufrufe der Funktion. Man tut so, als würde man die Funktion im interaktiven Modus (in der Python-Shell) aufrufen. Die Zeile mit dem Funktionsaufruf beginnt also mit dem Prompt >>> der Python-Shell. In der nächsten Zeile steht der Wert, den dieser Funktionsaufruf liefern müsste, falls die Funktion korrekt arbeitet. Beispiel:

```
>>> quadratsumme ([1, 2, 3])                        # 1 + 4 + 9
14
```

Testaufrufe im Docstring erzählen Geschichten. Sie sollen die Semantik der Funktion veranschaulichen. Das obige Beispielskript enthält in seinem Docstring zunächst zwei typische Beispiele. Sie illustrieren, was die Funktion eigentlich leistet. Im dritten Testaufruf geht es um einen Sonderfall. Es wird geprüft, ob die Funktion auch dann ein Ergebnis (nämlich 0) liefert, wenn ihr eine leere Liste übergeben wird.

Ein Modul mit Funktionsdefinitionen kann von anderen Modulen importiert werden. In diesem Fall wird beim Programmlauf der Docstring vom Python-Interpreter einfach übersprungen.

Zum Testen ruft man die Moduldatei direkt auf. In diesem Fall hat das Modul-Attribut `__name__` den Wert `"__main__"`. In Zeile **#1** des obigen Skriptes wird das geprüft und gegebenenfalls die Funktion `testmod()` aus dem Modul `doctest` aufgerufen (**#2**).

Die Funktion `testmod()` wertet sämtliche in dem Modul vorkommenden Docstrings aus und führt die darin spezifizierten Anweisungen aus. Im obigen Beispiel wird `testmod()` im ausführlichen Modus aufgerufen. Das Schlüsselwort-Argument `verbose` wird auf `True` gesetzt (**#2**). Wenn Sie das obige Beispielskript ausführen, liefert `testmod()` folgenden ausführlichen Bericht:

```
Trying:
    quadratsumme ([1, 2, 3])
Expecting:
    14
ok
Trying:
    quadratsumme ([10, 10, 10])
Expecting:
    300
ok
Trying:
    quadratsumme ([])
Expecting:
    0
ok
1 items had no tests:
    __main__
1 items passed all tests:
   3 tests in __main__.quadratsumme
3 tests in 2 items.
3 passed and 0 failed.
Test passed.
```

Die Funktion `testmod()` kann auch ohne Argument aufgerufen werden. Dann liefert sie nur dann einen Bericht, wenn Fehler aufgetreten sind. Wir verändern das obige Beispiel ein wenig und verlangen nun zusätzlich, dass unsere Funktion `quadratsumme()` auch dann ein Ergebnis (nämlich 0) zurückgibt, wenn sie ohne Argument aufgerufen wird.

```
def quadratsumme (s):
     """
     >>> quadratsumme ([])
     0
     >>> quadratsumme ()
     0
     """
     summe = 0
     for n in s:
        summe = summe + n**2
     return summe
```

```
if __name__ == "__main__":
    import doctest
    doctest.testmod()
```

Nun liefert die direkte Ausführung des Skripts den folgenden Testbericht. Er ist weniger ausführlich (die Option `verbose` hat den voreingestellten Wert `False`) und geht nur noch auf Fehler ein.

```
**********************************************************
File "... __main__", line 10, in __main__.quadratsumme
Failed example:
    quadratsumme ()
Exception raised:
    Traceback (most recent call last):
      File "C:\Python37\lib\doctest.py", line 1321, in __run
        compileflags, 1) in test.globs
      File "<doctest __main__.quadratsumme[3]>", line 1, in ?
        quadratsumme ()
    TypeError: quadratsumme() takes exactly 1 argument (0 given)
**********************************************************
1 items had failures:
   1 of   4 in __main__.quadratsumme
***Test Failed*** 1 failures.
>>>
```

25.3 Praxisbeispiel: Suche nach dem Wort des Jahres

Weitere Techniken zum Testen mit `doctest` erläutere ich nun an einem etwas komplexeren objektorientierten Programm. Es handelt sich um ein Online-System, das aus zwei Python-Skripten besteht.

Abb. 25.1: Statische Webseite mit Eingabemöglichkeit

Auf einer interaktiven HTML-Seite können Besucher einen Vorschlag für das »Wort des Jahres« machen (Abbildung 25.1). In Deutschland veröffentlicht die Gesellschaft für deutsche Sprache (Wiesbaden) seit 1972 jedes Jahr eine Liste mit »Wörtern des Jahres«, die die öffentliche Diskussion des jeweiligen Jahres besonders gut charakterisieren (`http://www.gfds.de/`).

Zurück zu unserem Beispielprogramm. Sobald ein Besucher die Schaltfläche *Abschicken* anklickt, wird das Applikationsobjekt aufgerufen, das den Vorschlag verarbeitet. Zurückgeschickt wird eine Antwort wie in Abbildung 25.2. Sie enthält die fünf bisher am häufigsten vorgeschlagenen Wörter und den Rangplatz des Wortes, das der Besucher eingegeben hat.

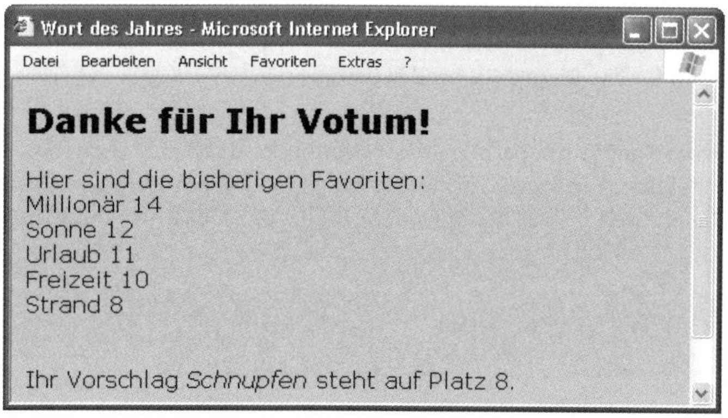

Abb. 25.2: Dynamisch generierte Antwort des WSGI-Skripts

Das System ausprobieren

Sie finden die Skriptdateien im Programmordner zu diesem Kapitel. Wenn Sie das System ausprobieren wollen, starten Sie zunächst das Skript `wdj.py` und starten damit den WSGI-Server. Dann besuchen Sie mit Ihrem Browser den URL `http://localhost:8000/`.

Klassenstruktur

Das System besteht im Wesentlichen aus zwei Klassen, die in zwei separaten Modulen definiert sind.

- Das Skript `wdj.py` ist das WSGI-Skript, das von der statischen Webseite aus aufgerufen wird. Es enthält die Klasse `Responder`, die für die Kommunikation mit dem Client zuständig ist. Ein Objekt dieser Klasse ist das Applikationsobjekt. Es gibt beim ersten Aufruf (mit der voreingestellten GET-Methode) ein HTTP-Paket mit der interaktiven Webseite zurück. Beim zweiten Aufruf (mit der POST-Methode) verarbeitet es die übergebene Variable und gibt ein anderes HTTP-Paket mit der Antwortseite an den Client zurück.
- Das Modul `ranking.py` enthält die Klasse `Ranking`. In dieser Klasse steckt im Wesentlichen die Intelligenz des Programms. Sie modelliert das bisherige Befragungsergebnis, also die vorgeschlagenen Wörter und die zugehörigen Wahlhäufigkeiten. Bei einem Programmlauf erzeugt das `Responder`-Objekt eine Instanz der Klasse `Ranking` und ordnet diese seinem Attribut `ranking` zu. Ranking enthält zwei öffentliche Attribute

und verschiedene öffentliche Methoden, mit denen das Befragungsergebnis verändert, abgefragt und gespeichert werden kann.

Das UML-Klassendiagramm in Abbildung 25.3 gibt die Struktur wieder.

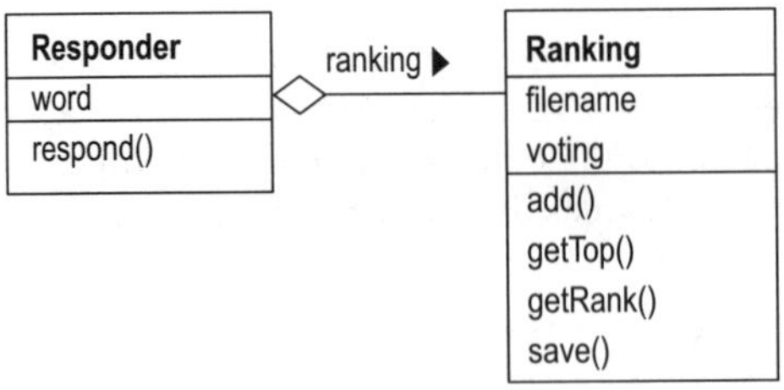

Abb. 25.3: UML-Klassendiagramm für das Projekt »Wort des Jahres«

Entscheidend ist, dass die Klasse `Ranking` separat getestet werden kann. Dazu ist der Speicherort der Moduldatei unerheblich. Sie kann auf einem beliebigen Rechner ausgeführt und getestet werden, bevor sie auf den Server hochgeladen und in das Gesamtsystem integriert wird.

WSGI-Skript

Skript:

```
#!/usr/bin/env python3
# wdj.py
import cgi                                                   #1
from ranking import *

START = """
<html>
<head>
<title>Wort des Jahres</title>
</head>
<body bgcolor =#C0C0C0>
<font face="VERDANA,ARIAL,HELVETICA">
<h2>Suche nach dem Wort des Jahres</h2>
Bitte geben Sie Ihren Vorschlag ein und klicken
Sie auf die Schaltfl&auml;che.
<form method="POST">
  Mein Wort des Jahres:
  <input type="Text" name="word"  size="25"/> <br/>
  <input type="Submit" value="Abschicken"/>
</form>
</font>
</body>
```

```
</html>"""                                                    #2

RESPONSE = """
<html>
<head><title>Wort des Jahres</title></head>
<body >
<font face="VERDANA,ARIAL,HELVETICA">
<h2> Danke f&uuml;r Ihr Votum!</h2>
Hier sind die bisherigen Favoriten: <br/>
{} <br/>
Ihr Vorschlag <i>{}</i> steht auf Platz {}.<br/>
</font>
</body>
</html>"""                                                    #3

PATH = "words.txt"                                            #4

class Responder:
  def __init__ (self, datafile):
    self.ranking = Ranking(datafile)                          #5

  def __call__(self, environ, start_response):                #6
    if environ["REQUEST_METHOD"] == "POST":                   #7
        form = cgi.FieldStorage(
            fp=environ["wsgi.input"],
            environ=environ,
            keep_blank_values=True)                           #8
        word = form.getvalue("word")                          #9
        self.ranking.add(word)                                #10
        self.ranking.save()
        topFive = self.ranking.getTop(5)                      #11
        rank = self.ranking.getRank(word)
        content = RESPONSE.format(topFive, word,
                                  rank)                       #12
    else:
        content = START                                       #13
    response_headers = [
        ("Content-type", "text/html; charset=utf-8"),
        ("Content-Length", str(len(content)))]
    status = "200 OK"
    start_response(status, response_headers)
    return [content.encode('utf-8')]
```

```
application = Responder(PATH)                                    #14

if __name__ == '__main__':
    from wsgiref.simple_server import make_server
    httpd = make_server('', 8000, application)
    print('Serving on port 8000... ')
    httpd.serve_forever()
```

Erläuterung:

#1: Das Modul `cgi` wird importiert, weil wir die Klasse `FieldStorage` aus diesem Modul verwenden.

#2: Die Konstante `START` enthält das HTML für die interaktive Webseite aus Abbildung 25.1. Diese Webseite wird beim ersten Aufruf der dynamischen Webseite angezeigt. Im `<form>`-Tag wird kein Action-Attribut angegeben. Das bedeutet, dass nach dem Submit wieder das gleiche Applikationsobjekt aufgerufen wird.

#3: Die Konstante `RESPONSE` enthält das Grundmuster der HTML-Seite, die an den Client zurückgegeben wird. Der String enthält Platzhalter `{}`. An diesen Stellen werden später variable Teile eingesetzt.

#4: Pfad, unter dem die eingegebenen Wörter gespeichert werden.

#5: Ein Objekt der Klasse `Ranking` wird instanziiert. Es erhält den Namen `self.ranking` und wird damit zu einem Attribut. Das Argument `datafile` ist der Pfad zu der Datei, in der das Abstimmungsergebnis auf dem Server gespeichert werden soll. An dieses Objekt können Botschaften geschickt werden.

#6: Durch Definition der »magischen« Methode `__call__()` werden Objekte der Klasse `Responder` aufrufbar. Das Applikationsobjekt ist ein Objekt dieser Klasse, und es muss aufrufbar sein.

#7: Wenn das `Responder`-Objekt mit der POST-Methode aufgerufen wurde, geschah der Aufruf aus dem Formular der Seite `START` heraus; denn im `<form>`-Tag steht das Attribut `method="POST"`. In diesem Fall wird eine Antwort-Seite generiert.

#8: Hier wird ein Objekt der Klasse `cgi.FieldStorage` erzeugt. Es ist ein Dictionary, das die Belegung der nach der POST-Methode übergebenen Variablen darstellt.

#9: Das Wort, das der Besucher eingegeben hat, ...

#10: ... wird dem bisherigen Abstimmungsergebnis hinzugefügt.

#11: Das `Ranking`-Objekt erhält den Auftrag, die obersten fünf Einträge der Rangliste als Text zu liefern.

#12: In das Grundmuster der Antwortseite werden variable Textteile (Rangliste, vorgeschlagenes Wort und dessen Rang) eingefügt.

#13: Beim ersten Aufruf der Webseite ist die Datenübertragungsmethode GET voreingestellt. In diesem Fall liefert das Applikationsobjekt die Startseite (`START`).

#14: Das Applikationsobjekt (auf das der WSGI-Server zugreift) ist eine Instanz der Klasse `Responder`.

Modellierung eines Befragungsergebnisses

Im folgenden Skript wird die Klasse Ranking implementiert. Sie modelliert das aktuelle Zwischenergebnis einer Befragung zur Suche des »Wortes des Jahres«. Die Daten werden im öffentlichen Attribut voting gespeichert. Es handelt sich um ein Dictionary. Jedem Wort ist eine Zahl zugeordnet, die angibt, wie häufig das Wort vorgeschlagen worden ist. Die erste Hälfte des Skriptes ist ein Docstring mit Testaufrufen. Auf ihn gehe ich erst im nächsten Abschnitt ein.

Skript:

```
"""
Modul mit der Klasse Ranking


>>> r = Ranking("not_existing.txt")                              #A
>>> r.add("Titan")
>>> r.add("Titan")
>>> r.add("Titan")
>>> r.add("Einstein")
>>> r.add("Methan")
>>> r.add("Einstein")
>>> r.getRank("Titan")                                           #B
1
>>> r.getRank("Methan")
3
>>> r.getTop(0)                                                  #C
''
>>>                                                              #D
>>> r.getTop(2) #doctest: +NORMALIZE_WHITESPACE
'Titan 3 <br>
Einstein 2 <br> '
>>>                                                              #E
>>> r.getTop(1000) #doctest:+ELLIPSIS, +NORMALIZE_WHITESPACE
'Titan 3
...'
>>> d = {'Einstein': 2, \
         'Methan': 1,   \
         'Titan': 3}                                             #F
>>> r.voting == d
True
"""

import pickle
class Ranking:                                                   #1
```

```
    def __init__ (self, filename):
      self.filename = filename
      try:
          f = open(filename, "rb")                          #2
          self.voting = pickle.load(f)
          f.close()
      except: self.voting = {}

    def add (self, word):                                   #3
        if word in self.voting.keys():
            self.voting[word] += 1
        else: self.voting[word] = 1

    def getTop(self, n):
        items = [(self.voting[word], word)                  #4
                 for word in self.voting.keys()]
        items.sort(reverse = True)                          #5
        top = items[:n]                                     #6
        response = ""                                       #7
        for (votes, word) in top:
            response += "{} {} <br> ".format(word, votes)
        return response

    def getRank (self, word):                               #8
        votes = self.voting[word]
        vote_list = self.voting.values()                    #9
        vote_list.sort(reverse = True)
        return vote_list.index(votes)+1                     #10

    def save (self):
        f = open (self.filename, "wb")
        pickle.dump(self.voting, f)
        f.close()

if __name__ == "__main__":                                  #11
    import doctest
    doctest.testmod()
```

Erläuterung:

#1: Beginn der Klassendefinition.

#2: Es wird versucht, das Dictionary mit dem bisherigen Befragungsergebnis aus einer externen Datei zu laden (binärer Lesemodus). Falls das nicht möglich ist (weil die Datei nicht existiert), wird in der except-Klausel ein leeres Dictionary generiert.

#3: Sofern das übergebene Wort `word` bereits als Schlüssel im Dictionary `self.voting` existiert, wird die assoziierte Zahl um eins erhöht. Anderenfalls wird das Wort neu ins Dictionary aufgenommen und ihm die Zahl eins zugeordnet.

#4: Hier wird mit einer *list comprehension* (siehe Abschnitt 7.4.1) eine Liste von Paaren erzeugt. Jedes Paar enthält als zweite Komponente ein Wort und als erste Komponente die Anzahl der Voten für dieses Wort.

#5: Die Liste `items` wird *absteigend* nach der Anzahl der Voten sortiert und repräsentiert dann eine Rangliste. Das heißt, das Paar `(n, wort)` mit dem größten `n` steht ganz vorne.

#6: `top` ist ein Slice der Liste `items` mit den ersten `n` Elementen (Indizes von `0` bis `n-1`). Falls die Liste weniger als `n` Elemente besitzt, enthält `top` alle Elemente der Liste. Es gibt in diesem Fall keinen Laufzeitfehler, weil die Liste zu kurz ist.

#7: In den folgenden Zeilen wird ein HTML-Text aus `n` Zeilen generiert, der die `n` am häufigsten vorgeschlagenen Wörter und jeweiligen Voting-Zahlen wiedergibt. (Falls bisher weniger als `n` verschiedene Wörter vorgeschlagen worden sind, fällt das Ergebnis entsprechend kürzer aus.)

#8: Die Methode liefert den Rang des Wortes `word` in der Rangliste aller vorgeschlagenen Worte.

#9: Hier wird eine Liste namens `vote_list` erzeugt, die die Anzahlen enthält, wie oft insgesamt jeweils ein bestimmtes Wort vorgeschlagen worden ist. Diese wird anschließend sortiert und umgekehrt.

#10: Die Variable `votes` enthält die Häufigkeit, mit der `word` als »Wort des Jahres« vorgeschlagen worden ist. Nun wird in der Liste `vote_list` gesucht, an welcher Stelle diese Häufigkeit vorkommt. Der Index des ersten Vorkommens um eins erhöht (weil die Indizierung mit `0` beginnt) ist der Rang des Wortes.

#11: Wenn das Modul direkt ausgeführt wird (und *nur* dann), wird `doctest.testmod()` aufgerufen und der Docstring zu Beginn ausgewertet.

25.4 Klassen testen mit doctest

Wir nehmen nun den Docstring des soeben beschriebenen Moduls `ranking` als Beispiel, um weitere Techniken des Testens mit `doctest.testmod()` anzusprechen.

25.4.1 Wie testet man eine Klasse?

Letztlich will man die Funktionalität von Methoden testen. Man will sicherstellen, dass sie *das* tun, was sie tun sollen. Es gibt jedoch einen Unterschied gegenüber Funktionen: Methoden greifen auf den internen Zustand des Objektes zu. Bevor Sie eine Methode testen können, müssen Sie zuerst ein Objekt generieren und mit Daten füllen. Es macht deshalb meist wenig Sinn, in die Docstrings der Methoden Testaufrufe einzutragen. Besser ist es, zu einer Klasse (unterhalb des Definitionskopfes) oder – wie im Beispiel – zum gesamten Modul einen Docstring zu schreiben. Dieser enthält dann eine Folge von Methodenaufrufen in einem *sinnvollen Zusammenhang*. Im Beispiel beginnt die Testreihe mit der Instanziierung eines Objektes der Klasse `Ranking`, in das mehrere Wörter mithilfe der Methode `add()` eingefügt werden (**#A**). Nun haben wir ein Objekt, an das wir testweise Botschaften schicken können.

Objektattribute, die getestet werden, müssen öffentlich sein. Das ist vielleicht eine kleine Schwäche der `doctest`-Philosophie. Im Beispiel der Klasse `Ranking` wäre es zur Wahrung des Geheimnisprinzips eigentlich besser, wenn die Attribute `voting` und `filename` privat wären. Wir haben sie öffentlich gemacht, um sie in Tests direkt prüfen zu können.

25.4.2 Normalisierte Whitespaces – doctest-Direktiven

Gehen wir weiter durch den Docstring des Beispielmoduls. Ab Zeile **#B** wird die Methode `rank()` getestet. Nach dem Methodenaufruf folgt der erwartete Rückgabewert, eine ganze Zahl, die den Rang eines Wortes angibt. Das ist völlig unproblematisch, weil ganze Zahlen einfach darzustellen sind. Schwieriger wird es, wenn Strings zurückgegeben werden. Der Methodenaufruf `r.getTop(`*n*`)` liefert einen formatierten HTML-Text, in dem die ersten *n* Einträge der Rangliste wiedergegeben sind (ab Zeile **#C**). Ein solcher String kann sehr lang und unübersichtlich sein. Für den Test muss die erwartete Ausgabe Zeichen für Zeichen mit dem tatsächlich zurückgegebenen Wert übereinstimmen. Es macht Sinn, einen solchen String auf mehrere Zeilen verteilen, wie im Testfall **#D**. Hier liefert der Testaufruf

```
r.getTop(2)
```

eigentlich das Ergebnis

```
'Titan 3 <br> Einstein 2 <br> '
```

Damit das erwartete Ergebnis auf mehrere Zeilen verteilt werden kann, haben wir eine `doctest`-Direktive verwendet. Sie steht hinter dem Testaufruf und beginnt mit

```
#doctest:
```

gefolgt von der eigentlichen Direktive

```
+NORMALIZE_WHITESPACE
```

Sie bewirkt, dass vor dem Vergleich der erwarteten und tatsächlichen Rückgabewerte alle vorkommenden Whitespace-Zeichen – dazu gehören Leerzeichen, Tabulatorzeichen und Zeilenwechsel – normalisiert werden. Das heißt, eine Folge von Whitespace-Zeichen wird durch ein einzelnes Leerzeichen ersetzt.

25.4.3 Ellipsen verwenden

Wie erwähnt, kann ein String, der von einer Methode berechnet wird, sehr lang sein. Manchmal möchte man einen solchen String nicht komplett, sondern nur stellenweise prüfen. Dann verwendet man bei der Formulierung der erwarteten Antwort Ellipsen. Eine Ellipse ist eine Folge von drei Punkten `...`, die für eine beliebig lange Folge beliebiger Zeichen steht. Mit Ellipsen kann man also lange Zeichenketten verkürzt darstellen. Der String

```
"Montag, ...Sonntag"
```

passt z.B. zu folgenden Strings:

```
"Montag, Dienstag, Mittwoch, Donnerstag, Freitag, Samstag, Sonntag"
"Montag, Dienstag, Sonntag"
"Montag, Sonntag"
```

Damit Ellipsen verarbeitet werden können, muss die Direktive `+ELLIPSIS` gesetzt werden. Im Beispiel **`#E`** wird geprüft, ob der zurückgegebene String mit der Zeichenfolge `Titan 3` beginnt.

25.4.4 Dictionaries testen

Am Ende des Docstrings (**`#F`**) testen wir, ob das Attribut `r.voting`, das ein Dictionary mit dem Befragungsergebnis enthält, unseren Erwartungen entspricht. Nun gibt es bei Dictionaries folgende Schwierigkeit: Es ist nicht bekannt, in welcher Reihenfolge die Items angeordnet sind. Deshalb ist z.B. folgender Test nicht geeignet:

```
>>> r.voting
{'Einstein': 2, 'Methan': 1, 'Titan': 3}
```

Denn in der internen Darstellung des Dictionaries könnten die Items auch in anderer Reihenfolge aufgeführt sein. Der Test mit `doctest.testmod()` würde dann eine Fehlermeldung liefern. Stattdessen prüft man Dictionaries durch einen Vergleich mit dem Gleichheitsoperator ==. Der Vergleich liefert immer den Wert `True`, wenn die beiden verglichenen Dictionaries – unabhängig von ihrer internen Repräsentation – gleich sind, also die gleichen Items enthalten.

25.5 Gestaltung von Testreihen mit unittest

In diesem Abschnitt werden wir noch etwas professioneller. Mithilfe des Python-Moduls `unittest` entwickeln wir eine separate Testumgebung für die Klasse `Ranking`.

Das Modul `unittest` ist eine Python-Implementierung des bekannten Test-Frameworks *JUnit*, das von Kent Beck und Erich Gamma für die Programmiersprache Java entwickelt worden ist (`http://www.junit.org/`).

Die Philosophie von `unittest` fußt auf folgenden vier Konzepten:

- Es gibt Maßnahmen zur Vor- und Nachbereitung einer Testreihe (*test fixture*). Zur Vorbereitung gehört, dass Testdaten bereitgestellt werden. Sofern durch die Testläufe irgendetwas am System verändert wurde (z.B. indem Dateien angelegt oder verändert worden sind), muss dieses nach den Tests wieder rückgängig gemacht werden.
- Ein Testfall (*test case*) ist die kleinste Einheit eines Testarrangements. In einem Testfall wird zu Beginn eine Menge von Daten erzeugt und dann geprüft, ob diese Daten korrekt verarbeitet werden.
- Eine Testreihe (*test suite*) ist eine Sammlung von Testfällen.
- Ein Testläufer (*test runner*) ist ein Objekt, das eine Testreihe durchführt und eine benutzerfreundliche Ausgabe mit den Testergebnissen produziert.

25.5.1 Einführendes Beispiel mit einem Testfall

Das folgende Skript zeigt bereits alle wichtigen Elemente eines kleinen Testarrangements. Getestet wird das Einfügen neuer Wörter in ein Objekt der Klasse `Ranking` aus dem obigen Beispiel (Abschnitt 25.3).

Skript:

```
# rankingtest.py
import unittest, ranking
class TestRanking (unittest.TestCase):                          #1
  def setUp(self):                                              #2
    """Erzeuge Liste von Wörtern und Ranking-Objekt"""
    self.words = ["Jupiter", "Titan", "Jupiter"]                #3
    self.r = ranking.Ranking("not_existing.txt")                #4

  def testAdd(self):                                            #5
    for w in self.words:                                        #6
        self.r.add(w)
    for word in self.r.voting.keys():                           #7
        n_voting = self.r.voting[word]
        n_words = self.words.count(word)
        self.failUnless(n_voting == n_words)                    #8

suite = unittest.TestSuite()                                    #9
test = TestRanking("testAdd")                                   #10
suite.addTest(test)                                             #11
testrunner = unittest.TextTestRunner(verbosity=2)               #12
testrunner.run(suite)                                           #13
```

Ausgabe:

```
testAdd (__main__.TestRanking) ... ok
-------------------------------------------------------
Ran 1 test in 0.027s

OK
```

Erläuterung:

#1: Wir definieren für unseren Testfall eine Unterklasse der Klasse `TestCase` aus dem Modul `unittest`.

#2: Die geerbte Methode `setup()` der Oberklasse `unittest.TestCase` wird überschrieben. In der `setup()`-Methode werden die Testdaten vorbereitet. Diese Methode wird später automatisch immer *vor* einer Testroutine ausgeführt.

#3: Erzeugt eine Liste von Wörtern, die später im Test in ein `Ranking`-Objekt eingefügt werden sollen.

#4: Es wird ein leeres `Ranking`-Objekt erzeugt. Die Datei mit dem angegebenen Dateinamen existiert nicht. Deshalb ist das interne Dictionary mit dem Befragungsergebnis `self.voting` leer.

#5: Die Methode `testAdd()` ist eine Testmethode, die aufgerufen wird, wenn später der Testrunner den Testfall ausführt. In einer `TestCase`-Klasse kann man mehrere Testmethoden definieren. Ihr Name muss allerdings mit dem Präfix `test` beginnen.

#6: Die Wörter aus der Wortliste werden dem `Ranking`-Objekt hinzugefügt. Das interne Dictionary `r.voting` wird mit Einträgen gefüllt.

#7: Hier werden die Schlüssel des Dictionarys durchlaufen und bei jedem Wort geprüft, ob die assoziierte Zahl mit der Anzahl der Vorkommen in der Wörterliste `self.words` übereinstimmt.

#8: An dieser Stelle wird eine von der Oberklasse `TestCase` geerbte Prüfmethode aufgerufen. Das Argument ist ein Ausdruck, dessen Wahrheitswert überprüft wird. Die Methode `failUnless()` liefert dann eine Fehlermeldung im Fehlerbericht, wenn der Ausdruck nicht wahr ist.

#9: Es wird ein Objekt der Klasse `TestSuite` erzeugt. In **#11** wird ihm ein Testfall zugewiesen. Meist sind in einem `TestSuite`-Objekt mehrere Testfälle zu einer Testserie zusammengefasst.

#10: Hier wird ein Testfall, d.h. ein Objekt der Klasse `TestRanking` erzeugt. Das Argument ist der Name einer Testmethode. In diesem Fall gibt es nur eine einzige Testmethode. Aber generell können in einer `TestCase`-Unterklasse mehrere Testmethoden definiert werden.

#12: In dieser Zeile erzeugen wir ein Objekt der Klasse `TextTestRunner`. Die Option `verbosity=2` bewirkt, dass der Testbericht ausführlich ist und alle durchgeführten Tests erwähnt werden.

#13: Der Testrunner wird beauftragt, die Testreihe `suite` auszuführen.

25.5.2 Klassen des Moduls unittest

Das Modul `unittest` ist wie ein Baukasten aufgebaut. Mit den bereitgestellten Klassen kann man ausgefeilte Test-Frameworks programmieren. In diesem Abschnitt stelle ich einige wichtige Klassen und eine Auswahl ihrer Methoden vor.

Die Klasse TestCase

Die Klasse `TestCase` ist als Basisklasse gedacht, die man für eigene Testfälle verwenden kann. Sie beginnen die Entwicklung eines Test-Frameworks mit der Definition verschiedener Unterklassen von `TestCase`.

Überschreiben Sie die Methode `setUp()` und legen Sie fest, was vor jedem Testlauf getan werden soll.

Wenn Ihre Testläufe etwas am System verändern, überschreiben Sie die Methode `tearDown()` und definieren Sie Maßnahmen, die alle Veränderungen rückgängig machen.

Definieren Sie für Ihre Testklasse *Testmethoden*, in denen geprüft wird, ob die Methoden der zu testenden Klasse das leisten, was sie leisten sollen. Die Namen der Testmethoden müssen mit dem Präfix `test` beginnen (z.B. `testAdd`). Unter die Kopfzeile der Methode schreiben Sie am besten einen Docstring, der den Test erläutert. Die erste Zeile dieses Docstrings taucht später im Testbericht auf. Innerhalb der Testmethode können Sie eine von mehreren Prüfmethoden verwenden, die von der Basisklasse `TestCase` geerbt werden. Tabelle 25.1 gibt einen Überblick.

Methode	Erläuterung
`assert_(`*`expr`*`[,`*`msg`*`])`	Stellt sicher, dass der Ausdruck im ersten Argument wahr ist. Ansonsten wird ein Fehler signalisiert. Das optionale zweite Argument ist eine Fehlermeldung (ein String), die im Testbericht erscheint, wenn beim Testen ein Fehler aufgetreten ist.
`assertEqual(`*`first, second`*` [,`*`msg`*`])`	Stellt sicher, dass *`first`* und *`second`* gleich sind. Ansonsten wird ein Fehler signalisiert und gegebenenfalls die optionale Fehlermeldung ausgegeben.
`assertAlmostEqual(`*`first, second`*` [, `*`places`*` [,`*`msg`*` ]])`	Wird für den Vergleich von Gleitkommazahlen verwendet. Stellt sicher, dass *`first`* und *`second`* ungefähr gleich sind. Ansonsten wird ein Fehler signalisiert. Das optionale Argument *`places`* gibt die Genauigkeit des Vergleichs an (Anzahl der Dezimalstellen nach dem Komma).
`failUnless(`*`expr`*`[,`*`msg`*`])`	wie `assert_()`
`failUnlessEqual(`*`first, second`*` [,`*`msg`*`])`	wie `assertEqual()`

Tabelle 25.1: Einige Prüfmethoden der Klasse `TestCase`

Nun gibt es eine Besonderheit, die bei der Instanziierung von `TestCase`-Objekten zu beachten ist. Jede Instanz einer `TestCase`-Unterklasse repräsentiert genau *einen* Testfall (mit *einer* Testmethode). Gleichwohl kann man bei der Klassendefinition mehrere Testmethoden definieren. Wenn man ein `TestCase`-Objekt instanziiert, muss man eine Testmethode auswählen und ihren Namen im Argument (als String) angeben. Beispiel:

```
test1 = TestRanking("testadd")
```

Die Klasse TestSuite

Nachdem Sie eine Sammlung von `TestCase`-Unterklassen angelegt haben, ist der nächste Schritt die Zusammenstellung einer Testreihe. Hierzu definieren Sie keine neue Klasse, sondern instanziieren einfach nur ein Objekt der vorgegebenen Klasse `TestSuite`.

```
suite = unittest.TestSuite()
```

Anschließend fügen Sie mit einer geeigneten Aggregierungsmethode (vgl. Tabelle 25.2) verschiedene Testfälle Ihrer Testreihe hinzu. Dabei können Sie den Konstruktoraufruf direkt in die Parameterliste schreiben und so der Methode ein anonymes Objekt Ihrer `TestCase`-Unterklasse übergeben. Beispiel:

```
suite.addTest(TestRanking("testAdd"))
```

Methode	Erläuterung
`addTest(`*`test`*`)`	Fügt ein `TestCase`-Objekt oder ein `TestSuite`-Objekt *`test`* ein.
`addTests(`*`tests`*`)`	Fügt eine Sequenz *`tests`* von `TestCase`-Objekten oder `TestSuite`-Objekten ein.

Tabelle 25.2: Methoden der Klasse `TestSuite` zur Aggregation von Testfällen

Die Klasse TextTestRunner

Der letzte Schritt auf dem Weg zur Testumgebung ist die Erzeugung eines Testrunners. Ein Testrunner kontrolliert die Ausführung der Tests und produziert einen Testbericht. Mit den Klassen des Moduls `unittest` kann man eigene komfortable Testrunner (z.B. mit grafischer Oberfläche) entwickeln. Das Modul `unittest` beinhaltet aber bereits eine vorgefertigte Testrunner-Klasse namens `TextTestRunner`.

Bei der Instanziierung eines `TextTestRunner`-Objektes können Sie mit einem Schlüsselwort-Argument die Ausführlichkeit des Testberichtes einstellen. Default ist `verbosity=1`. Sie können den Konstruktor ohne Argument aufrufen

```
testrunner = unittest.TextTestRunner()
```

Dann erwähnt der Testbericht nur dann einen Testfall, wenn ein Fehler aufgetreten ist. Wenn Sie für die Ausführlichkeit einen höheren Wert als 1 einstellen, wird auch bei fehlerfreien Testläufen jeder Testfall aufgeführt.

```
testrunner = unittest.TextTestRunner(verbosity=2)
```

Wenn Sie Ihr Skript über IDLE ausführen, erscheint der Testbericht in roter Schrift. Das liegt daran, dass als Ausgabekanal `sys.stderr` voreingestellt ist. Durch Setzen der Option `stream` können Sie die Ausgabe auf ein anderes Pyseudofile wie z.B. die Standardausgabe `sys.stdout` umleiten.

```
testrunner = unittest.TextTestRunner(stream=sys.stdout)
```

Ein `TextTestRunner`-Objekt wird durch Aufruf der `run()`-Methode gestartet. Als Argument wird ein `TestSuite`-Objekt übergeben.

```
testrunner.run(suite)
```

25.5.3 Weiterführendes Beispiel

Wir entwickeln nun für die Klasse `Ranking` aus Abschnitt 25.3 eine Testreihe mit vier Testfällen, die in zwei `TestCase`-Unterklassen definiert sind. Die erste `TestCase`-Unterklasse `TestRanking1` enthält Funktionstests, die mit einer kleinen überschaubaren Liste von Wörtern durchgeführt werden. Es geht darum, sicherzustellen, dass alle Methoden der Klasse `Ranking` korrekt arbeiten.

Die zweite `TestCase`-Unterklasse `TestRanking2` enthält einen Belastungstest. Hier soll geprüft werden, ob das System auch mit sehr großen Datenmengen zurechtkommt, wie sie im praktischen Einsatz anfallen. Da hier auf andere Weise Testdaten produziert werden müssen, macht es Sinn, eine neue `TestCase`-Unterklasse mit einer anderen `setUp()`-Methode zu definieren.

Die Testreihe wird mit einem Testrunner der Klasse `TextTestRunner` ausgeführt.

Skript:

```
#rankingtest_fortgeschritten.py
import unittest, os, random, ranking

class TestRanking1 (unittest.TestCase):                           #1
  """Funktionstests"""

  def setUp(self):                                                #2
    """Erzeuge Testdaten und Ranking-Objekt """
    self.words = ["Titan", "Jupiter", "Titan",
                  "Titan", "Huygens", "Jupiter"]
    self.r = ranking.Ranking("not_existing.txt")
    for w in self.words:
            self.r.add(w)
    self.r.save()

  def tearDown(self):
    """Lösche Testdatei """
    try:
        os.remove("not_existing.txt")                             #3
    except: pass

  def testRank(self):                                             #4
    """Prüfe, ob Rang richtig berechnet wird"""
    self.failUnless (self.r.getRank("Titan") == 1)
    self.failUnless (self.r.getRank("Jupiter") == 2)
    self.failUnless (self.r.getRank("Huygens") == 3)

  def testSave(self):
```

```
    """ Pruefe, ob alle Woerter uebernommen wurden"""
    r = ranking.Ranking("not_existing.txt")
    for w in set(self.words):
        self.failUnless (r.voting[w]==self.words.count(w))

  def testGetTop(self):
    """ Wird das am häufigsten gewählte Wort erkannt?"""
    expected = "Titan 3 <br> "
    text = self.r.getTop(1)
    self.assertEqual(text, expected)

class TestRanking2 (unittest.TestCase):                      #5
  """Belastungstest"""
  def setUp(self):
    """erzeuge Zufallsliste von Wörtern"""
    f = open("willkommen.txt", "r")                          #6
    text = f.read()
    f.close()
    words = text.split()                                     #7
    self. words = [random.choice(words)
                     for i in range(1000)]                   #8

  def tearDown(self):
    """Lösche Datei, die durch den Test erzeugt worden ist"""
    try: os.remove("testfile.txt")
    except: pass

  def testAdd(self):
    """Belastungstest"""
    for w in self.words:                                     #9
      r = ranking.Ranking("testfile.txt")
      r.add(w)
      r.save()
    for w in set(self.words):
      self.failUnless (r.voting[w]==self.words.count(w))

suite = unittest.TestSuite()                                 #10
suite.addTests((TestRanking1("testRank"),
                TestRanking1("testSave"),
                TestRanking1("testGetTop"),
                TestRanking2("testAdd")))
```

```
testrunner = unittest.TextTestRunner(verbosity=2)                    #11
testrunner.run(suite)
```

Ausgabe:

```
Prüfe, ob Rang richtig berechnet wird ... ok
Prüfe, ob alle Wörter übernommen wurden ... ok
Wird das am häufigsten gewählte Wort erkannt? ... ok
Belastungstest ... ok
----------------------------------------------------------
Ran 4 tests in 2.500s

OK
```

Erläuterung:

#1: Wir leiten von der Basisklasse `TestCase` eine neue Unterklasse ab, die einige Testfälle repräsentieren soll.

#2: Wir überschreiben die `setUp()`-Methode. Zunächst wird eine kleine Liste aus Wörtern für Testzwecke generiert. Dann wird ein neues, leeres `Ranking`-Objekt erzeugt und die Wörter der Liste dort eingetragen. Sofern die `add()`-Methode der Klasse `Ranking` funktioniert, haben wir nun ein `Ranking`-Objekt mit bekanntem Inhalt.

#3: Die Datei, in der das Dictionary des `Ranking`-Objektes gespeichert worden ist, muss nach jedem Test wieder gelöscht werden, damit sich das System wieder in seinem ursprünglichen Zustand befindet. Dazu wird hier die `tearDown()`-Methode der Basisklasse überschrieben.

#4: Ab hier erfolgt die Definition von drei Testmethoden. Hier werden keine geerbten Methoden der Basisklasse überschrieben, sondern neue Methoden definiert. Ihre Namen müssen nach den Konventionen von `unittest` mit dem Präfix `test` beginnen.

#5: Hier beginnt die Definition der zweiten `TestCase`-Unterklasse für einen Belastungstest.

#6: Wir laden und lesen eine Textdatei (hier: das Gedicht »Willkommen und Abschied« von Goethe, 1771).

#7: Der Test wird in eine Liste von Wörtern aufgespalten. Diese Liste stellt ein Reservoir von deutschen Wörtern dar.

#8: Es wird eine Liste aus 1000 Wörtern erzeugt. Die Wörter werden nach dem Zufallsprinzip aus der Liste `words` (Wörter aus einem Goethe-Gedicht) ausgewählt.

#9: Die 1000 Wörter werden nacheinander in das `Ranking`-Objekt eingefügt und dessen Zustand anschließend gespeichert. Damit wird sozusagen das Votieren für ein »Wort des Jahres« simuliert, wie es im praktischen Einsatz der Software abläuft.

#10: Wir erzeugen eine Testreihe mit vier Testfällen.

#11: Ein Testrunner, der ausführliche Testberichte schreiben soll, wird generiert und mit der Durchführung der Tests beauftragt.

25.6 Tuning

Wenn man eine größere Software entwickelt, steht zunächst die Korrektheit des Programmtextes im Vordergrund. Man bemüht sich um eine logisch saubere und transparente Klassenstruktur und versucht, ein System zu implementieren, das einwandfrei funktioniert und alle Korrektheitstests besteht.

In der Praxis geht es dann erst am Ende des Projekts um die Frage der Rechengeschwindigkeit. Das gilt insbesondere für agile Software-Entwicklungsmethodologien (z.B. Extreme Programming). Hier wird Software in mehreren Entwicklungsschritten (Iterationen) entwickelt. Die letzte Iteration ist dem *Tuning* gewidmet. Man versucht, durch gezielte Überarbeitungen die Performance des Programms zu verbessern. Drei Arbeitsschritte gehören zum Tuning:

- Performance messen
- Messerergebnisse analysieren und zeitkritische Funktionen ermitteln
- zeitkritische Funktionen überarbeiten und die Performance verbessern

Für die ersten beiden Arbeitsschritte bietet die Python-Standardbibliothek ein Modul an, den Profiler. Im folgenden Abschnitt wird die Verwendung des Profilers vorgestellt. Daran anschließend erläutere ich das Tuning auf der Basis von Performancemessungen an einem komplexeren Beispielprogramm.

25.6.1 Performance-Analyse mit dem Profiler

Ein klassisches Thema der Informatik ist die Geschwindigkeit von Sortierverfahren. Das folgende Skript enthält die Definition einer Funktion, die nach dem Verfahren der direkten Auswahl eine Liste sortiert.

Skript:

```
# sort.py
def sort (s):
  """Sortieren durch direkte Auswahl"""
  unsortiert = s[:]                                              #1
  sortiert = []
  while unsortiert:                                              #2
      x = min(unsortiert)
      sortiert.append(x)
      unsortiert.remove(x)
  return sortiert

if __name__ == "__main__":                                       #3
  import random, profile
  s = [random.randint(0,1000) for i in range(10000)]             #4
  profile.run("sort(s)")                                         #5
```

Erläuterung:

`#1`: Wir fertigen zunächst eine Kopie der zu sortierenden Liste an, damit das Original unverändert bleibt.

`#2`: Solange noch Elemente in der Liste `unsortiert` enthalten sind, entnimmt das kleinste Element (direkte Auswahl) und hänge es an die Liste `sortiert` an.

`#3`: Wenn die Skript-Datei direkt ausgeführt wird, werden die nachfolgenden Anweisungen zum Testen der Funktion ausgeführt.

`#4`: Erstellt eine Liste aus 10000 Zufallszahlen.

`#5`: Aufruf der Profiler-Methode `run()`.

Man verwendet aus dem Modul `profile` allein die Funktion `run()`. Als Argument kann man einen String mit einer beliebigen Python-Anweisung übergeben. In der Praxis enthält dieser String den Aufruf einer Funktion, deren Performance man studieren möchte. Über die Standardausgabe erhält man dann einen Bericht wie den folgenden, den unser Beispielskript verursacht hat.

Ausgabe:

```
         30004 function calls in 6.138 CPU seconds

   Ordered by: standard name

   ncalls  tottime  percall  cumtime  percall filename:lineno(function)
    10000    0.036    0.000    0.036    0.000 :0(append)
    10000    4.185    0.000    4.185    0.000 :0(min)
    10000    1.778    0.000    1.778    0.000 :0(remove)
        1    0.009    0.009    0.009    0.009 :0(setprofile)
        1    0.000    0.000    6.130    6.130 <string>:1(?)
        0    0.000             0.000          profile:0(profiler)
        1    0.000    0.000    6.138    6.138 profile:0(sort(s))
        1    0.130    0.130    6.129    6.129 sort.py:2(sort)
```

Der Bericht der Profilers ist folgendermaßen aufgebaut:

In der ersten Zeile steht die Anzahl der Funktionsaufrufe (hier: 30004) und die gesamte Rechenzeit (hier 6.138 Sekunden) einschließlich der Ausführung der Profiler-Routinen. Die Bemerkung `Ordered by: standard name` bringt zum Ausdruck, dass die Zeilen der nachfolgenden Tabelle nach den Funktionsnamen in der Spalte ganz rechts sortiert sind.

In der anschließenden Tabelle sind für jede Funktion verschiedene Performancedaten aufgeführt.

Die erste Spalte (`ncalls`) enthält die Anzahl der Aufrufe einer Funktion. Hier ist z.B. 10000 Mal die Standardfunktion `min()` aufgerufen worden.

Die zweite Spalte (`tottime`) gibt die Gesamtzeit zur Ausführung der `n` Funktionsaufrufe an. Dabei ist die Zeit zur Ausführung anderer Funktionen innerhalb der Funktion ausgeklammert. So beträgt die Gesamtzeit zur Ausführung der Funktion `sort()` 0,130 Sekunden. Darin ist nicht die Zeit für die 10000 Aufrufe der Methoden bzw. Funktionen `append()`, `min()` und `remove()` enthalten.

In der nächsten Spalte (`percall`) steht die Gesamtzeit (ohne interne Funktionsaufrufe) für einen einzigen Aufruf der betreffenden Funktion.

Die kumulierte Ausführungszeit (`cumtime`) in der vierten Spalte ist die gesamte Ausführungszeit aller Aufrufe der Funktion einschließlich interner Funktionsaufrufe.

In der fünften Spalte (`percall`) steht die kumulierte Ausführungszeit für einen einzigen Funktionsaufruf. Im Falle der Funktion `sort()` im obigen Beispiel ist dies die Summe der Ausführungszeiten für die 10000 internen Aufrufe der Standardfunktionen `append()`, `min()` und `remove()` und der Gesamtzeit pro Aufruf in Spalte 3.

Die letzte Spalte schließlich spezifiziert die Funktion bzw. Methode.

25.6.2 Praxisbeispiel: Auswertung astronomischer Fotografien

Automatische Bildverarbeitung ist ein relativ neues Feld der Informatik mit großem Anwendungspotenzial. Es gibt inzwischen Systeme, die Fingerabdrücke oder Gesichter erkennen können. Autonome Roboter nehmen über Kameras Objekte ihrer Umwelt wahr und verwenden diese Information zur Steuerung ihres Verhaltens.

In all diesen Fällen ist das Ausgangsmaterial eine zweidimensionale Matrix, in der die Farbwerte von vielen Tausend Bildpunkten (Pixel = Picture Element) gespeichert sind. Diese großen Datenmengen müssen möglichst schnell (bei Robotern sogar in Echtzeit) verarbeitet werden. Performancemessungen spielen hier also bei der Programmentwicklung eine große Rolle.

Als Praxisbeispiel entwickeln wir ein Programm, das die Sterne auf einer Himmelsfotografie zählt. Abbildung 25.4 zeigt einen Screenshot der Benutzungsoberfläche. Nach einem Klick auf die Schaltfläche LADEN kann über eine Dialogbox eine neue Bilddatei geladen werden. Nach Betätigung des Buttons ZÄHLEN werden die Sterne auf dem Foto gezählt und die Anzahl ausgegeben.

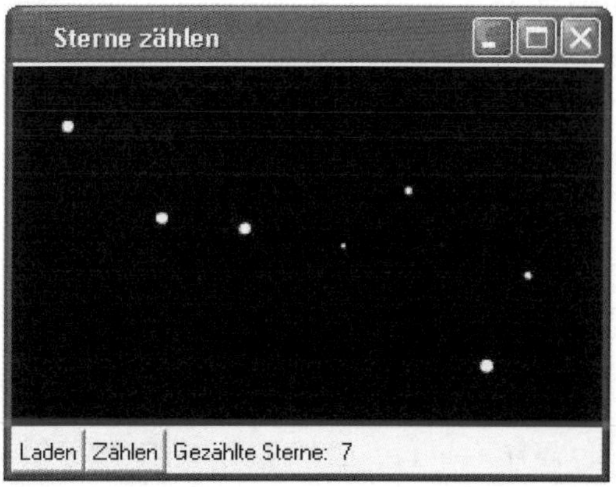

Abb. 25.4: Benutzungsoberfläche des Programms `starwatch.pyw`. Das Bild zeigt ein handgefertigtes Sternenbild mit bekannter Sternenzahl (7) zum Testen.

Wir entwickeln ein objektorientiertes Programmsystem aus zwei Modulen, die in zwei Dateien namens `starwatch.pyw` und `stars.py` abgespeichert sind. Das erste Modul enthält die grafische Benutzungsoberfläche und das zweite die Definition der Klassen zur Repräsentation des Sternenhimmels.

Die Benutzungsoberfläche

Zur Verarbeitung des Bildes verwenden wir die Klasse `PhotoImage` aus dem Modul `tkinter` (siehe Abschnitt 17.2). Das bedeutet, dass das Foto als GIF-Datei oder PNG-Datei vorliegen muss. Bilder in anderen Formaten müssen vorher mit einem Grafikprogramm in das GIF-Format überführt werden. Das folgende Skript zeigt eine Implementierung des Anwendungsfensters aus Abbildung 25.4.

Skript 1:

```
#starwatch.pyw
from tkinter import *
from stars import *                                                    #1
from tkinter import filedialog

DEFAULT_PATH = "bilder/wagen.gif"

class Starwatch:
  def __init__ (self):
    self.__createWidgets()
    self.sky = Sky(self.image)                                         #2
    self.__layout()
    self.window.mainloop()

  def __createWidgets(self):
    self.window = Tk()
    self.window.title("Sterne z\xe4hlen")
    self.image = PhotoImage(file=DEFAULT_PATH)
    self.canvas = Canvas(master=self.window,
                         width="9c", height="5c")
    self.imageID = self.canvas.create_image(0, 0,
                         image = self.image, anchor=NW)
    self.buttonLoad = Button(master=self.window,
                             text="Laden",
                             command=self.load)
    self.buttonCount = Button(master=self.window,
                             text="Z\xe4hlen",
                             command=self.count)
    self.labelCount=Label(master=self.window, width=4,
                           fg="blue")
```

```
  def __layout(self):
    self.canvas.pack()
    self.buttonLoad.pack(side=LEFT)
    self.buttonCount.pack(side=LEFT)
    Label(master = self.window,
          text="Gez\xe4hlte Sterne:").pack(side=LEFT)
    self.labelCount.pack(side=LEFT)

  def load (self):
    path = filedialog.askopenfilename()                        #3
    if path:
        self.image = PhotoImage(file=path)                     #4
        self.canvas.itemconfigure(self.imageID, image=self.image)
        self.sky = Sky(self.image)
        self.window.mainloop()                                 #5

  def count (self):
    number = str(self.sky.count())                             #6
    self.labelCount.config(text=number)                        #7

sw = Starwatch()
```

Erläuterung 1:

#1: Import der Klassendefinitionen aus dem Modul `stars` (Skript 2).

#2: Generiert mithilfe des Bildes ein neues Objekt der Klasse `Sternenhimmel`.

#3: Über eine Dialogbox wird ein Datei*name* (keine Datei) ausgewählt.

#4: Sofern vom Benutzer tatsächlich ein Dateiname ausgewählt worden ist (und der Vorgang nicht abgebrochen worden ist), wird ein neues Bild-Objekt der `tkinter`-Klasse `PhotoImage` erzeugt.

#5: Nach der Konfiguration des Labels mit dem Sternenbild in der vorigen Zeile muss `mainloop()` wieder aufgerufen werden, damit das Bild auch in dem Anwendungsfenster dargestellt wird.

#6: Die Methode `count()` liefert die Anzahl der Sterne auf dem Bild als ganze Zahl, die mit `str()` in eine Zeichenkette überführt wird.

#7: Die Anzahl der Sterne wird durch Konfiguration des zuständigen Label-Widgets auf dem Bildschirm dargestellt.

Modellierung des Sternenhimmels

Was ist ein Sternenhimmel? Einen Stern auf einer Himmelsfotografie kann man als Ansammlung von hellen Punkten auffassen. Jeder Punkt eines Fotos (Objekt der `Tkinter`-Klasse `PhotoImage`) wird durch drei ganze Zahlen zwischen `0` und `255` repräsentiert, die

Anteile an rotem, grünen und blauen Licht repräsentieren (RGB-Werte). Wir definieren einen Schwellenwert für die Helligkeit und entscheiden, dass auf einer Himmelsfotografie alle Punkte, die heller als dieser Wert sind, zu einem Stern gehören. Unter Helligkeit verstehen wir die Summe der RGB-Werte.

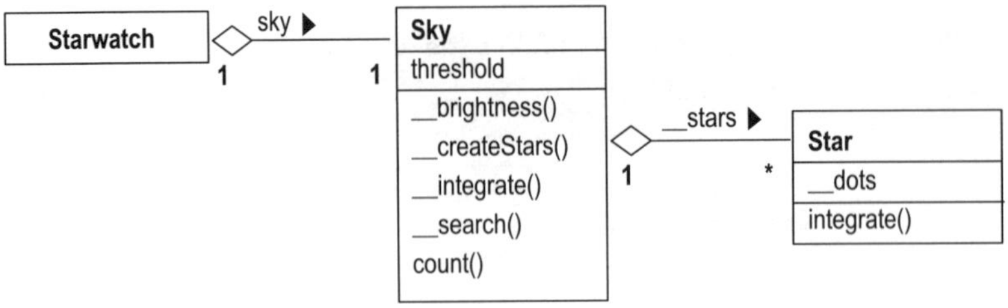

Abb. 25.5: UML-Klassendiagramm für das Modell eines Sternenhimmels

Abbildung 25.5 zeigt ein UML-Klassendiagramm (Entwurfsklassenmodell) des Sternenhimmel-Modells. Ein Objekt der Klasse `Sky` enthält eine Liste von Objekten der Klasse `Star`. Sie repräsentieren die Sterne, die auf einem Foto zu sehen sind. Jedes `Star`-Objekt hat ein (streng privates) Attribut `__dots`, das eine Liste von Lichtpunkten (Tupel aus x- und y-Koordinaten) darstellt.

Bei seiner Instanziierung durchsucht ein `Sky`-Objekt (mit der Methode `__search()`) ein Foto und erstellt eine Liste von hellen Punkten. Damit erzeugt es nun eine Liste von Objekten der Klasse `Star`. Für jeden Lichtpunkt entscheidet das `Sky`-Objekt, ob er zu einem bereits bekannten Stern gehört (dann muss der Stern um diesen Lichtpunkt erweitert werden) oder ob es sich um einen neuen, bisher unbekannten Stern handelt (dann muss ein neues `Star`-Objekt instanziiert werden). Ein `Sky`-Objekt besitzt die öffentliche Methode `count()`, die von der Benutzungsoberfläche aus aufgerufen wird. Sie liefert die Anzahl der Sterne auf dem Foto.

Das folgende Skript enthält eine Implementierung dieser Idee.

Skript 2:

```
# stars.py
class Star:
  """ modelliert einen Stern"""
  def __init__(self, dot):
        self.__dots = [dot]                                     #1

  def integrate (self, dot):                                    #2
    x,y = dot
    r = 2
    for (x0, y0)  in self.__dots:
        if (x0-r <= x <= x0+r) and (y0-r <= y <= y0+r):
          self.__dots.append(dot)                               #3
          return True
    return False                                                #4
```

```
class Sky:
  """ Modelliert einen Sternenhimmel"""
  def __init__ (self, image):
    self.threshold = 200                                          #5
    self.image = image
    lightdots = self.__search()
    self.__createStars(lightdots)

  def __brightness (self, pixel):                                 #6
    a = pixel[0]
    b = pixel[1]
    c = pixel[2]
    return a + b + c

  def __createStars(self, lightdots):
    self.__stars = []
    for p in lightdots:                                           #7
      self.__integrate(p)

  def __integrate (self, lightdot):                               #8
      for star in self.__stars:
        if star.integrate(lightdot): return
      self.__stars.append (Star(lightdot))                        #9

  def __search (self):                                            #10
    dotlist =[]
    for x in range(self.image.width()):
      for y in range(self.image.height()):
        brightness = self.__brightness(self.image.get(x, y))
        if brightness > self.threshold:
          dotlist.append((x,y))
    return dotlist

  def count(self):
    return len(self.__stars)

if __name__ == "__main__":                                        #11
    import profile, tkinter
    window = tkinter.Tk()                                         #12
    image = tkinter.PhotoImage(file="bilder/wagen.gif")
    profile.run("stars = Sky(image)")                             #13
```

Erläuterung:

#1: Zu Beginn enthält ein Stern nur einen Lichtpunkt, das ist ein Paar aus den x- und y-Koordinaten auf dem Foto. Die Liste `__dots` ist also eine Liste aus Tupeln.

#2: Die Methode prüft, ob ein Lichtpunkt (Koordinatenpaar) zum Stern gehört. Falls dem so ist, wird der Lichtpunkt dem Stern zugeordnet und `True` zurückgegeben. Sonst gibt die Methode `False` zurück und belässt den Stern, wie er ist.

#3: Wenn der Lichtpunkt sich in der Nähe eines Lichtpunktes des Sterns befindet (Abstand `<= r`), wird `True` zurückgegeben und der Lichtpunkt dem Stern hinzugefügt. Mit der `return`-Anweisung wird die Ausführung der Methode sofort abgebrochen. Nachfolgende Anweisungen werden nicht mehr ausgeführt.

#4: Die `return`-Anweisung wird nur ausgeführt, wenn es innerhalb der Schleife nicht zu einem Abbruch gekommen ist, das heißt, wenn der Lichtpunkt nicht zum Stern gehört.

#5: `self.threshold` stellt einen Helligkeitswert dar. Es ist die Summe der RGB-Werte eines Pixels (siehe **#8**). Jedes Pixel, das heller als `self.threshold` ist, wird als Lichtpunkt bezeichnet und gehört offenbar zur Darstellung eines Sterns.

#6: Ein Aufruf der `PhotoImage`-Methode `get(x,y)` liefert ein Tupel mit drei Dezimalzahlen, die die Rot-, Grün- und Blauanteile des Pixels an der Stelle `(x, y)` darstellen (RGB-Werte). Die streng private Methode `__brightness()` zerlegt das Tupel, ermittelt die Farbanteile, summiert sie und liefert so eine Zahl zwischen `0` und `765` für die Helligkeit des Pixels.

#7: Aus einer Liste von hellen Punkten auf dem Foto (`lightdots`) wird eine Liste von Stern-Objekten erzeugt. Das Hauptproblem ist folgendes: Es muss erkannt werden, welche Pixel zusammengehören und einen Stern darstellen. Dazu wird die Liste der Lichtpunkte durchlaufen und jedes Mal geprüft, ob das jeweilige Pixel zu einem schon registrierten Stern gehört.

#8: Die Methode leistet Folgendes: Wenn der Lichtpunkt zu einem registrierten Stern gehört, wird er diesem Stern hinzugefügt. Sonst wird ein neues Stern-Objekt generiert, das (zunächst) nur diesen Lichtpunkt enthält.

#9: Wenn die `for`-Schleife nicht (durch `return`) abgebrochen wurde, gehört der Lichtpunkt zu keinem bisher bekannten Stern. Dann wird ein neues Stern-Objekt erzeugt und der Liste `self.stars` hinzugefügt.

#10: In dieser streng privaten Methode werden sämtlich Pixel (Bildpunkte) des `PhotoImage`-Objektes `image` durchlaufen und ihre Helligkeit geprüft. Wenn die Helligkeit über dem Schwellenwert `self.threshold` liegt, werden die Koordinaten des Bildpunktes als Tupel der Liste `dotlist` angehängt. Zurückgegeben wird eine Liste von Lichtpunkten, die zu Sternen gehören. Allerdings wird jeder Stern in der Regel durch mehrere zusammenhängende Lichtpunkte dargestellt.

#11: Die folgenden Anweisungen werden nur ausgeführt, wenn die Skriptdatei nicht importiert, sondern (zu Testzwecken) direkt ausgeführt wird.

#12: Für den Test muss ein `PhotoImage`-Objekt mit einem Sternenbild erzeugt werden. Der Aufruf des `PhotoImage`-Konstruktors funktioniert aber nur, wenn zunächst ein `Tk`-Objekt generiert worden ist.

#13: Test mit der `Profiler`-Funktion `run()`.

25.6.3 Performance-Analyse und Tuning

Das Skript aus dem letzten Abschnitt arbeitet vollkommen korrekt, aber es enthält Implementierungsschwächen – ungeschickt programmierte Passagen –, die unnötigerweise die Laufzeit verschlechtern. Solche Schwachpunkte können durch eine Analyse des Performanceberichtes des Profilers leicht aufgespürt werden. Wenn Sie die Moduldatei direkt (z.B. von IDLE aus) starten, wird die letzte Anweisung ausgeführt und ein Objekt der Klasse `Sky` unter der Kontrolle des Profilers instanziiert. Das folgende Listing zeigt einen Ausschnitt aus der Bildschirmausgabe.

```
        198072 function calls in 5.484 seconds
    Ordered by: standard name

    ncalls  tottime  percall  cumtime  percall filename:lineno(function)
       324    0.000    0.000    0.000    0.000 :0(append)
     65665    1.469    0.000    1.469    0.000 :0(call)
         1    0.000    0.000    5.469    5.469 :0(exec)
       343    0.016    0.000    0.016    0.000 :0(getint)
         1    0.016    0.016    0.016    0.016 :0(setprofile)
         1    0.000    0.000    5.469    5.469 <string>:1(<module>)
       342    0.000    0.000    0.016    0.000 __init__.py:3375(height)
         1    0.000    0.000    0.000    0.000 __init__.py:3382(width)
     65322    0.969    0.000    2.438    0.000 __init__.py:3428(get)
         0    0.000             0.000          profile:0(profiler)
         1    0.000    0.000    5.484    5.484 profile:0(stars = Sky(image))
         7    0.000    0.000    0.000    0.000 stars.py:13(__init__)
       577    0.031    0.000    0.031    0.000 stars.py:16(integrate)
         1    0.000    0.000    5.469    5.469 stars.py:27(__init__)
     65322    1.016    0.000    1.016    0.000 stars.py:33(__brightness)
         1    0.000    0.000    0.031    0.031 stars.py:39(__createStars)
       162    0.000    0.000    0.031    0.000 stars.py:44(__integrate)
         1    1.969    1.969    5.438    5.438 stars.py:49(__search)
```

Wir entnehmen dem Bericht folgende Erkenntnisse:

Die gesamte Generierung eines `Sky`-Objektes aus einem Foto kostet `5.484` CPU-Sekunden. Bei der Bearbeitung des Fotos werden alle Pixel abgetastet und ihre Helligkeit bewertet. Dabei wird 65322 Mal die `get()`-Methode des `PhotoImage`-Objektes aufgerufen. Das allein kostet in der Summe 2.438 Sekunden. Leider können wir an dieser Stelle nichts verbessern. Denn wir sind auf die `get()`-Methode angewiesen und es muss wirklich jedes der 65322 Pixel befragt werden. **Hinweis:** Bei der Verarbeitung großer Bilder sollte man Funktionen des Moduls NumPy verwenden (siehe Kapitel 30).

Ein »dicker Brocken« ist die Berechnung der Helligkeit der Bildpunkte. `1.016` Sekunden werden dafür verwendet. Was macht die Methode `__brightness()` so langsam?

Innerhalb dieser Methode wird drei Mal einem Tupel ein Item entnommen (siehe Zeile **#6**). Das ist ein Schwachpunkt des Programms, den man leicht beseitigen kann. Wir *tunen* das Programm und ersetzen die alte Definition der Methode `__brightness()` durch folgenden Programmtext:

```
def __brightness (self, pixel):
    a, b, c = pixel
    return a + b + c
```

Nach diesem kleinen Eingriff läuft das Programm etwas schneller.

Die Ausführung der `__brightness()`-Aufrufe erfordert nun nur noch ca. 0.7 Sekunden. In diesem Beispiel konnten wir mit wenig Aufwand die Laufzeit verbessern. Das ist die Idee des Tunings: Kleine lokale Schwachstellen finden und beseitigen.

Es kann aber auch sein, dass eine Performanceverbesserung nur durch eine umfangreiche Umstrukturierung des Systems (also mit hohen Entwicklungskosten) zu erreichen ist. In unserem Beispielskript ist der Mechanismus zum Aufbau einer Liste von Sternen in der Methode `__integrate()` (ab Zeile **#2**) ausgesprochen ungeschickt. Für jeden Lichtpunkt wird die gesamte Liste der bisher erkannten Sterne durchsucht. Das muss nicht sein. Mit einem so genannten Scanline-Verfahren könnte man dieses Teilproblem erheblich schneller lösen. Dafür braucht man aber andere Klassen zur Repräsentation der Sterne. Aus Platzgründen kann ich nicht näher darauf eingehen. Auf der anderen Seite zeigt die Performance-Analyse, dass sich der Aufwand für ein teures Refactoring (Überarbeitung) in diesem Fall kaum lohnen würde. Denn für die Bearbeitung der 162 Lichtpunkte wurden gerade einmal 15 Millisekunden benötigt. Erst bei Bildern mit sehr vielen Sternen fällt der Zeitaufwand für den Aufbau der Sternenliste ins Gewicht. In Kapitel 30 lernen Sie Funktionen zur Verarbeitung von Arrays aus dem Modul NumPy kennen, die Sie auch zur effizienten Verarbeitung von Bildern verwenden können.

25.7 Aufgaben

Aufgabe 1

Schreiben Sie eine Funktion, die aus einem Text die Menge aller Wörter mit `n` Buchstaben ermittelt und zurückgibt. Im Docstring soll an einem Beispiel die Korrektheit geprüft werden.

Funktionskopf:

```
def sucheWoerter (text, n):
```

Beispiel:

```
>>> text = "Habe nun, ach! Philosophie,\
Juristerei und Medizin und leider auch Theologie\
durchaus studiert, mit heißem Bemühn."
```

```
>>> sucheWoerter (text, 4)
{"Habe", "auch"}
```

Aufgabe 2

Schreiben Sie ein Testarrangement, das die `sort()`-Methode von Listen prüft. Folgende Merkmale einer aufsteigend sortierten Liste sollen getestet werden:

- Die sortierte Liste ist genauso lang wie die ursprüngliche (unsortierte) Liste.
- Am Anfang der sortierten Liste steht das kleinste Element.
- In der aufsteigend sortierten Liste ist niemals der linke Nachbar eines Elementes größer.

Aufgabe 3

a) Erweitern Sie das Programm *Starwatch* aus Abschnitt 25.6 um das folgende Feature:

Auf dem Sternenbild kann man durch Anklicken einen Stern markieren. An der angeklickten Stelle erscheint ein kleiner gelber Kreis. Außerdem wird in einem zusätzlichen Feld die Helligkeit des ausgewählten Sterns als Anzahl der Lichtpunkte auf dem Foto angezeigt.

Abbildung 25.6 zeigt einen Screenshot des Anwendungsfensters.

Abb. 25.6: Benutzungsoberfläche des erweiterten Programms `starwatch_a.pyw`. Es wird die Helligkeit (Anzahl der Lichtpunkte) des markierten Sterns angegeben.

Hinweise zur Implementierung:

Abbildung 25.7 zeigt die erweiterte Klassenstruktur des Sternmodells. Die Klasse `Star` wird um zwei öffentliche Methoden erweitert, die Folgendes leisten:

- Ein Methodenaufruf `star.contains (dot)` liefert den Wert `True`, wenn das `Star`-Objekt `star` den als Argument übergebenen Lichtpunkt enthält.
- Der Aufruf `star.brightness()` liefert die Anzahl der Lichtpunkte des Sterns `star`.

Die Klasse `Sky` wird um die öffentliche Methode `getStar()` erweitert. Sie besitzt als Parameter ein Tupel `(x, y)`, das Koordinaten auf dem Foto repräsentiert. Der Aufruf `sky.getStar(position)` liefert einen Stern, der sich an der Position `position = (x, y)` befindet, sofern ein solcher Stern existiert. Anderenfalls wird das leere Objekt `None` zurückgegeben.

Die Klasse `Starwatch` muss um folgende Elemente erweitert werden:

- Ein neues Label mit dem Text `"Helligkeit:"`
- Ein neues Label, das den Helligkeitswert des ausgewählten Sterns zeigt. In Abbildung 25.6 ist das die Zahl `29`.
- Der Canvas mit der Fotografie muss an einen Eventhandler (eine neue Methode) gebunden werden. Der Eventhandler verarbeitet einen Mausklick-Event auf folgende Weise:
  - Er ermittelt aus dem Event-Objekt die Koordinaten `(x,y)` der angeklickten Position auf dem Canvas.
  - Dann sucht er mit der Methode `getStar()` des `Sky`-Objektes den zugehörigen Stern und ermittelt dessen Helligkeit mit der `Star`-Methode `getBrightness()`.
  - Zum Schluss konfiguriert er das Label, das den Helligkeitswert zeigt, neu.

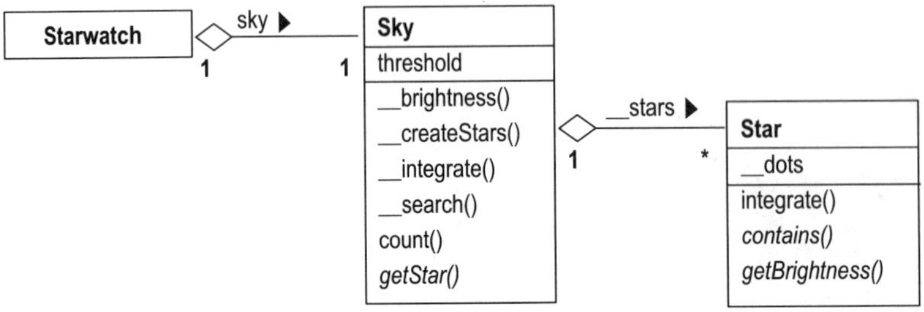

Abb. 25.7: UML-Diagramm für das erweiterte Himmelsmodell. Neue Methoden sind kursiv.

b) Schreiben Sie an das Ende des Moduls mit den Klassen `Star` und `Sky` eine Testroutine, die aufgerufen wird, wenn die Moduldatei direkt ausgeführt wird.

Mithilfe des Profilers und der Testroutine soll die mittlere Laufzeit der neuen `Sky`-Methode `getStar()` bei einer typischen Himmelsfotografie ermittelt werden. Um einigermaßen präzise Ergebnisse zu erhalten, soll die Methode `getStar()` 1000 Mal mit zufällig gewählten Koordinaten aufgerufen werden.

25.8 Lösungen

Lösung 1

Skript:

```
def sucheWoerter (text, n):
  """ Liefert Menge aller Wörter mit n Buchstaben
```

```
    >>> text = "Habe nun, ach! Philosophie,\
    Juristerei und Medizin und leider auch Theologie\
    durchaus studiert, mit heißem Bemühn."
    >>> s = sucheWoerter (text, 4)
    >>> s == {"Habe", "auch"}                                    #1
    True
    """

    textBereinigt = "".join(
              [c for c in text if c not in "!?.,;:-"])           #2
    wortmenge = set(textBereinigt.split())
    liste = [wort for wort in wortmenge
                if len(wort) == n]                               #3
    return set(liste)

if __name__ == "__main__":
    import doctest
    doctest.testmod(verbose=True)
```

Erläuterung:

#1: Da es für ein und dieselbe Menge unterschiedliche Repräsentationen gibt (die Reihenfolge der Elemente ist nicht festgelegt), kann die korrekte Arbeitsweise nur mithilfe eines Vergleichs überprüft werden.

#2: Die Satzzeichen werden entfernt.

#3: Erzeugt eine Liste mit Wörtern der Länge n.

Lösung 2

Skript:

```
#sortTest.py
import unittest, random

class TestSort (unittest.TestCase):
  def setUp(self):
    self.list = [random.randint(0, 100)
                 for i in range(20)]                            #1

  def testlength(self):
    """ Ist die sortierte Liste genauso lang
    wie die unsortierte Liste?"""
    len_unsorted = len(self.list)
```

```
        self.list.sort()
        len_sorted = len (self.list)
        self.assert_(len_sorted == len_unsorted)

    def testbegin(self):
        """Ist am Anfang der sortierten Liste
        das kleinste Element?"""
        self.list.sort()
        self.assert_(self.list[0] == min (self.list))

    def testorder (self):
        """Ist der linke Nachbar eines Listenelementes
        nicht größer?"""
        self.list.sort()
        for i in range(1,len(self.list)):
            self.failIf(self.list[i-1]> self.list[i])

suite = unittest.TestSuite()
TestSort("testlength")
suite.addTest(TestSort("testlength"))
suite.addTest(TestSort("testbegin"))
suite.addTest(TestSort("testorder"))
testrunner = unittest.TextTestRunner(verbosity=2)
testrunner.run(suite)
```

Ausgabe:

```
Ist die sortierte Liste genauso lang ... ok
Ist am Anfang der sortierten Liste ... ok
Ist der linke Nachbar eines Listenelementes ... ok
----------------------------------------------------------
Ran 3 tests in 0.078s

OK
```

Erläuterung:

#1: Hier wird eine Liste mit 20 Zufallszahlen zwischen 0 und 100 erzeugt.

Lösung 3

a) und b) Die folgenden Listings zeigen nur die Erweiterungen (fett gedruckt) der ursprünglichen Skripte.

Skript 1:

```
# starwatch_b.pyw
...
class Starwatch:
  def __init__ (self):
    self.__createWidgets()
    self.r = 5                # Radius des Markierungskreises
    self.markID = None        # ID des Kreises auf dem Canvas
    self.sky = Sky(self.image)
    ...

  def __createWidgets(self):
    ...
    self.canvas = Canvas(master=self.window,
                         width="9c", height="5c")
    self.imageID = self.canvas.create_image(0, 0,
                         image = self.image, anchor=NW)
    self.canvas.bind(sequence="<Button-1>",
                          func=self.markStar)                    #1
    ...
    Label(master = self.window,
          text="Helligkeit:").pack(side=LEFT)
    self.labelBrightness=Label(master=self.window,
                                  width=5, fg="blue")
  def __layout(self):
    ...
    self.labelBrightness.pack(side=LEFT)

  ...

  def markStar(self, event):                                     #2
   position = (event.x, event.y)                                 #3
    x0, y0 = event.x - self.r, event.y - self.r                  #4
    x1, y1 = event.x + self.r, event.y + self.r
    self.canvas.delete(self.markID)                              #5
    self.markID = self.canvas.create_oval(x0, y0, x1, y1,
                                          outline="yellow")
    star = self.sky.getStar(position)                            #6
    if star:
        brightness=str(star.getBrightness())                     #7
        self.labelBrightness.config(text=brightness)             #8
```

```
    else:
        self.labelBrightness.config(text="---")

sw = Starwatch()
```

Erläuterung 1:

#1: Der Canvas mit dem Sternenfoto wird an den Eventhandler `self.markStar` gebunden.

#2: Definition des Eventhandlers. Bei jedem Mausklick auf den Canvas wird diese Methode gestartet. Sie verarbeitet das als Argument übergebene Event-Objekt `event`.

#3: Aktuelle Mausposition auf dem Canvas.

#4: Eckpunkte der Bounding Box des gelben Markierungskreises.

#5: Der alte Markierungskreis auf dem Canvas wird gelöscht und anschließend ein neuer Kreis gezeichnet.

#6: Der angeklickte Stern wird ermittelt.

#7: Sofern beim Anklicken tatsächlich ein Stern getroffen worden ist, wird dessen Helligkeit ermittelt und der Zahlenwert in einen String umgewandelt.

#8: Das Label, das die Helligkeit anzeigt, wird neu konfiguriert.

Skript 2:

```
# stars_b.py
class Star:
  """ modelliert einen Stern"""
...

  def contains (self, dot):                                    #1
      return dot in self.__dots

  def getBrightness(self):                                     #2
      return len(self.__dots)

class Sky:
  """ Modelliert einen Sternenhimmel"""

 ...

  def getStar(self, dot):                                      #3
      for star in self.__stars:
          if star.contains(dot):
              return star
# Testen
```

```
def test(sky):                                          #4
  import random
  for i in range(1000):
    position = (random.randint(0, 100),
                random.randint(0,100))
    sky.getStar(position)

if __name__ == "__main__":
  import profile, Tkinter
  window = Tkinter.Tk()
  image = Tkinter.PhotoImage(file="bilder/gr_wagen.gif")
  sky = Sky(image)
  profile.run("test(sky)")                              #5
```

Erläuterung 2:

#1: Gibt den Wert True zurück, wenn der im Argument übergebene Punkt zum Stern gehört.

#2: Liefert die Helligkeit des Sterns als Anzahl der Lichtpunkte auf dem Foto.

#3: Das Argument dot ist ein Tupel mit den Koordinaten eines Punktes. Die Methode gibt einen Stern zurück, der diesen Punkt enthält, sofern ein solcher Stern existiert. Anderenfalls wird nichts zurückgegeben, also das leere Objekt None.

#4: Es ist praktischer, zunächst eine Funktion für das Testen zu definieren. Dem Profiler braucht dann später nur ein String mit dem Funktionsaufruf übergeben zu werden (**#5**). Der Funktion test() wird als Parameter ein Sky-Objekt übergeben. Da in der Test-Funktion kein Sky-Objekt instanziiert wird, fällt der Prüfbericht kürzer und übersichtlicher aus. Uns geht es ja hier nur um die Methode getStar().

b) Die Methode Stars.getStar() ist so schnell, dass man sie (bei kleineren Bildern) sehr oft aufrufen muss, um einen Eindruck von der Laufzeit zu bekommen. Im (hier gekürzten) Bericht des Profilers erkennt man, dass bei dem Testlauf im Mittel weniger als eine Millisekunde zur Ausführung benötigt wurde.

```
        128005 function calls in 1.069 CPU seconds
  Ordered by: standard name

ncalls  tottime  percall  cumtime  percall (function)
121000    0.471    0.000    0.471    0.000 (contains)
  1000    0.507    0.001    0.978    0.001 (getStar)
```

Kapitel 26

XML und JSON

Daten können durch Texte beschrieben werden, die nach den Regeln des XML-Standards formuliert sind. Solche XML-Dokumente sind plattformunabhängig, das heißt, sie können von allen Systemen (Internet-Browser, Datenbanksysteme, Multimedia-Viewer etc.) verarbeitet werden, die an den XML-Standard angepasst sind. In diesem Kapitel lernen Sie, Python-Objekte als XML-Dokumente zu speichern. Außerdem erfahren Sie, wie man Datenkommunikation über das Internet mithilfe von XML bewerkstelligen kann.

Ein sehr viel einfacheres Format zur Beschreibung von Daten ist JSON (JavaScript Object Notation). Am Ende dieses Kapitels lernen Sie die Python-Schnittstelle zu JSON kennen und entwickeln ein Programm zur Auswertung von Wetterdaten.

26.1 Was ist XML?

Als im 19. Jahrhundert der Kölner Dom zu seinem heutigen Erscheinungsbild ausgebaut wurde, orientierte man sich an einem vier Meter hohen Pergament mit einem gezeichneten Entwurf der Westfassade, der aus dem 13. Jahrhundert stammte. Bemerkenswert aus heutiger Sicht: Die Baumeister verwendeten Baupläne, die auch 600 Jahre nach ihrer Archivierung noch lesbar und verständlich waren.

Um digital gespeicherte Information lesen zu können, muss man das Format kennen, in dem sie dargestellt ist. Wenn eine Software Daten in einem Format speichert, das nur der Softwarehersteller kennt, besteht langfristig die Gefahr eines Datenverlustes, falls die Firma irgendwann nicht mehr existiert und das Format in Vergessenheit gerät. Damit heute und in der Zukunft jeder auf das digital gespeicherte kulturelle Erbe der Menschheit zugreifen kann, ist es wichtig, dauerhafte internationale Standards für die Repräsentation der Daten zu verwenden.

Aus Sicht der Informatik ist ein Datenformat eine formale Sprache, mit der Daten beschrieben werden. Ein bekanntes Beispiel ist HTML (Hypertext Markup Language), eine Auszeichnungssprache zur Definition von Hypertexten. Der Begriff Auszeichnung (*markup*) stammt übrigens aus der Typografie. Es handelte sich ursprünglich um Anweisungen an den Setzer, wie bestimmte Textpassagen (z.B. Überschriften) gesetzt (ausgezeichnet) werden sollen.

Nun gibt es für unterschiedliche Arten von Information unterschiedliche Datenformate. Um diese Vielfalt beherrschen zu können, ist es von Vorteil, wenn auch die Art und Weise der Formatbeschreibung einheitlichen Regeln folgt. Man braucht eine standardisierte Sprache zur Definition von formalen Sprachen. Eine solche *Metasprache* ist XML (Extensible Markup Language). Inzwischen gibt es für alle möglichen Bereiche XML-konforme Sprachen:

- Text: XML-konformes HTML (XHTM)
- Grafik: Scalable Vector Graphics (SVG), Extensible 3D (X3D)
- Geodaten: Geographic Markup Language (GML), GPS Exchange Format (GPX)

- Multimedia: Synchronized Multimedia Integration Language (SMIL), MPEG-7
- Mathematische Formeln: Mathematical Markup Language (MathML)

Mit XML werden Dokumente, die gleichermaßen für Menschen und Maschinen lesbar sind, in Form einer Baumstruktur dargestellt. XML ist eine vereinfachte Version der älteren Metasprache SVGL (*Standard Generalized Markup Language*), die sich auf Grund ihrer Komplexität und Unhandlichkeit nicht wirklich durchsetzen konnte.

26.2 XML-Dokumente

Wir beginnen mit einem einfachen XML-Dokument, das auf strukturierte Weise Namen und E-Mail-Adressen einer Arbeitsgruppe darstellt.

```
<?xml version="1.0" ?>
<gruppe>
   <bezeichnung>Projekt-Team 2010</bezeichnung>
   <person>
      <name>Sabrina Maier</name>
      <email>sabrina@maier.de</email>
      <email>sm@global-design.de</email>
   </person>
   <person>
      <name>Tom Kahlenbaum</name>
      <email>tk@global-design.de</email>
   </person>
</gruppe>
```

Hier wird eine Gruppe modelliert, die als *Projekt-Team* bezeichnet wird. Sie besteht aus zwei Personen, deren Name und E-Mail-Adressen angegeben sind. Beachten Sie die Flexibilität des Formats! Für Sabrina werden zwei E-Mail-Adressen und für Tom nur eine aufgeführt.

Geben Sie diesen Text mit einem beliebigen Texteditor ein und speichern Sie die Datei unter einem Namen mit der Erweiterung `.xml` (z.B. `gruppe.xml`) ab. Damit Umlaute korrekt wiedergegeben werden, sollten Sie bei Ihrem Editor als Codierung *utf-8* einstellen. Zum Beispiel beim Editor, der zum Zubehör von Microsoft Windows gehört, können Sie in der Dialogbox zum Abspeichern einer Datei unten die Codierung auswählen.

Das XML-Dokument kann nun z.B. mit einem Webbrowser dargestellt werden. Abbildung 26.1 zeigt die Ansicht im Firefox-Fenster. Klicken Sie versuchsweise auf einige der Tags. Sie werden feststellen, dass sich das Dokument wie ein Windows-Verzeichnisbaum verhält. Teile der Dokumentstruktur können geschlossen und wieder geöffnet werden.

Ein XML-Dokument besteht aus Elementen, die ihrerseits wieder Elemente oder Text enthalten können. Jedes Element wird (wie bei HTML) durch ein Start-Tag und ein End-Tag markiert. Ein Start-Tag beginnt mit einer öffnenden spitzen Klammer < gefolgt von dem Namen des Elementes und endet mit einer schließenden spitzen Klammer >, z.B. `<person>`. Das zugehörige End-Tag ist genauso aufgebaut, beginnt jedoch mit </, z.B. `</person>`.

Damit ein XML-Dokument wohlgeformt ist, müssen einige Bedingungen erfüllt sein:

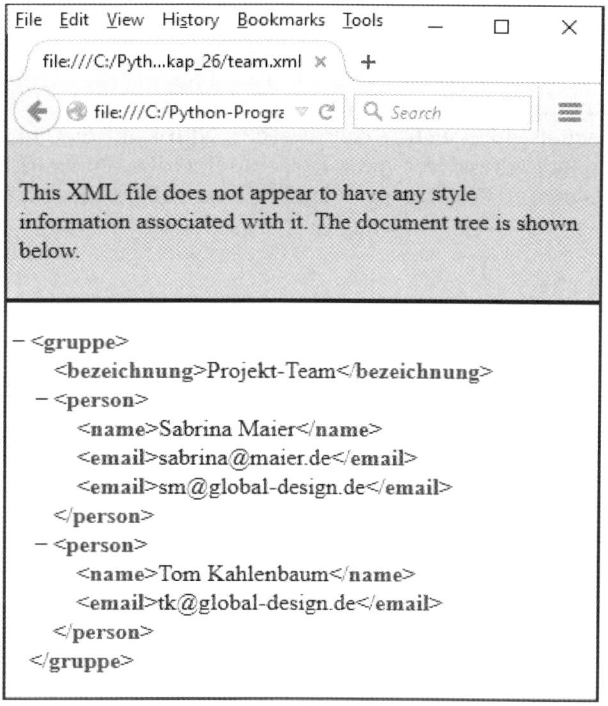

Abb. 26.1: Ansicht eines XML-Dokumentes im Browserfenster (Mozilla Firefox)

Es muss genau ein Element geben, das das gesamte Dokument repräsentiert. In diesem Fall ist das das Element `<gruppe>`. Zwischen den Tags `<gruppe>` und `</gruppe>` sind alle Daten des XML-Dokumentes zusammengefasst.

Start- und End-Tags müssen sauber verschachtelt sein. Nicht erlaubt sind überlappende Tags wie z.B.

```
<center><h1>Willkommen</center></h1>
```

Ein Webbrowser akzeptiert in der Regel diese Passage als gültigen HTML-Text. Es ist jedoch kein wohlgeformter XML-Text. Stattdessen muss es heißen:

```
<center><h1>Willkommen</h1></center>
```

Für die Namen der XML-Elemente gibt es einige Syntax-Regeln. Ein Elementname muss mit einem Buchstaben oder Unterstrich beginnen. Der Rest kann aus Buchstaben, Zahlen, Unterstrichen, Bindestrichen und Punkten bestehen. Leerzeichen innerhalb des Namens sind verboten. Im Unterschied zu HTML wird zwischen Groß- und Kleinschreibung unterschieden.

Nun ist das obige XML-Dokument nur ein Beispiel für eine konkrete E-Mail-Adressenliste. Man könnte z.B. im ersten Element `<person>` das Tag

```
<name>Sabrina Maier</name>
```

einfach weglassen und hätte dennoch ein Dokument, das den XML-Syntaxregeln entspricht. Freilich wäre das Dokument als Adressenliste dann wertlos. Nun kann man mit XML Regeln festlegen, wie ein E-Mail-Adressverzeichnis logisch aufgebaut sein muss. Dazu wird eine *Document Typ Definition* (DTD) angelegt. Man kann sie einfach unter die erste Zeile des Dokuments schreiben. Das folgende Listing zeigt ein Beispiel:

```
<?xml version="1.0" ?>
<!DOCTYPE gruppe [
<!ELEMENT gruppe (bezeichnung, person*)>
<!ELEMENT person (name, email+)>
]>
...
```

Diese DTD besagt zum Beispiel dass das Element `<gruppe>` genau ein Element `<bezeichnung>` und danach beliebig viele Elemente `<person>` enthält. Ein Element `<person>` wiederum enthält genau ein Element `<name>` und danach ein oder mehrere Elemente `<email>`.

Durch die Möglichkeit der DTDs wird XML eigentlich erst zur richtigen Metasprache. Wie das Beispiel andeutet, kann man mit XML eine regelrechte Sprache zur Definition von E-Mail-Adressverzeichnissen definieren.

26.3 Ein XML-Dokument als Baum

Ein XML-Dokument kann man sich als Wurzelbaum vorstellen. Abbildung 26.2 zeigt die Struktur unseres Beispieldokumentes. Ein Wurzelbaum ist ein spezieller gerichteter Graph ohne Zyklen und mit genau einer Wurzel. Er bildet wie ein richtiger Baum in der Natur eine verzweigte Struktur. Allerdings zeichnet man die Bäume der Graphentheorie so, dass die Wurzel oben ist anstatt unten. Allgemein besteht ein gerichteter Graph aus *Knoten* und *Pfeilen* (gerichteten Kanten), die jeweils von einem Knoten zu einem anderen führen. Die Knoten (*nodes*) repräsentieren Elemente und Texte des XML-Dokumentes und sind in Abbildung 26.2 als Kästen dargestellt. Die Wurzel (*root*) ist der einzige Knoten, in den kein Pfeil hineinführt. In unserem Beispieldokument ist das das Element `<gruppe>`. Es repräsentiert das gesamte Dokument. Von dem Wurzelelement `<gruppe>` führen drei Pfeile in Knoten mit den Namen `<bezeichnung>` und `<person>`. Man nennt sie die Kinder (*child nodes*) des Knotens `<gruppe>`. Knoten mit demselben Elternknoten nennt man Geschwister (*siblings*). So sind die beiden `<person>`-Knoten und der `<bezeichnung>`-Knoten allesamt Geschwister. Die Knoten `<name>` und `<bezeichnung>` sind dagegen keine Geschwister, da sie unterschiedliche Elternknoten haben. Auch der links stehende Knoten `<name>` (Elternknoten des Textknotens `"Sabrina Maier"`) und der rechts stehende Knoten `<name>` (Elternknoten des Textknotens `"Tom Kahlenbaum"`) sind keine Geschwister. Beide sind zwar auf derselben Hierarchieebene des Baums, haben aber unterschiedliche Elternknoten. Textknoten, die Textpassagen des Dokuments repräsentieren, haben keine Kinder. Sie sind *Blätter* des Baums.

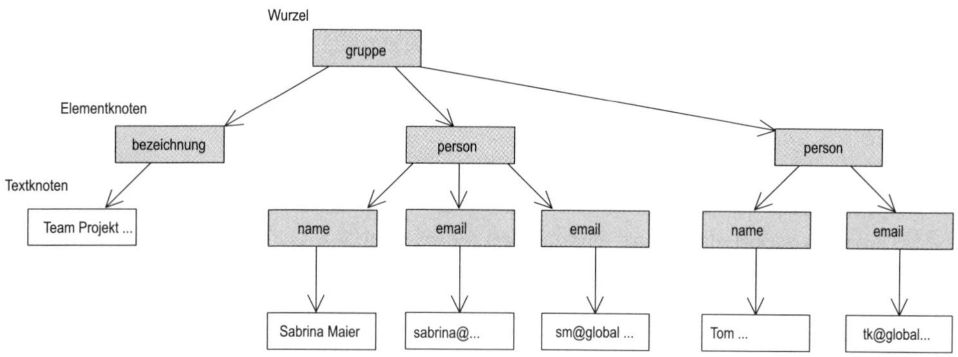

Abb. 26.2: Baumstruktur eines XML-Dokumentes

26.4 DOM

Wie kann ein Python-Programm ein XML-Dokument verarbeiten? Nehmen wir an, wir wollen aus dem Beispieldokument die Namen der Gruppenmitglieder heraussuchen. Nun ist das XML-Dokument zunächst einmal nichts weiter als ein Text, der z.B. in einer Datei auf der Festplatte gespeichert ist. Um auf einzelne Elemente (z.B. die durch Tags markierten Namen) gezielt zuzugreifen, könnte man Techniken zur Verarbeitung von Texten (z.B. reguläre Ausdrücke) verwenden. Meistens ist es aber praktischer, das textuelle XML-Dokument zunächst in seine logischen Bestandteile zu zerlegen und eine Datenstruktur aufzubauen, die die Baumstruktur wiedergibt. Diesen Vorgang nennt man *parsen* (to parse: engl. für *grammatikalisch zergliedern*, pars: lat. für *Teil*). Programmtechnisch wird das XML-Dokument durch ein komplexes Aggregat verschiedener Objekte dargestellt. Sein Aufbau ist in einem internationalen Standard festgelegt, dem *Document Object Model* (DOM), der vom WWW-Konsortium (W3C) gepflegt wird. Das DOM gibt es seit dem Jahre 1998 und ist seitdem mehrmals aktualisiert und erweitert worden. Der Vollständigkeit halber sei erwähnt, dass es neben DOM noch einen zweiten Zugriffsmechanismus für XML-Dokumente gibt, den man SAX nennt (Simple API XML). Hierauf gehen wir in diesem Buch nicht ein.

Um ein Gefühl für den Aufbau von DOM-Objekten zu bekommen, machen wir zunächst einige Experimente mit Python im interaktiven Modus. Öffnen Sie die Python-Shell (IDLE) und weisen Sie einer Variablen, die z.B. den Namen `doc` haben kann, den obigen XML-Text als lange Zeichenkette (mit drei Anführungszeichen) zu:

```
>>> doc = """<?xml version="1.0" ?>
<gruppe>
...
</gruppe>"""
```

Importieren Sie alle Namen aus dem Modul `xml.dom.minidom`. Es ist im Python-Standardpaket enthalten.

```
>>> from xml.dom.minidom import *
```

Das Modul `xml.dom.minidom` enthält zwei Standardfunktionen `parse()` und `parseString()`, mit denen aus einem XML-Text ein DOM-Objekt erzeugt werden kann. Die Funktion `parseString()` verwendet als Argument eine Zeichenkette, während `parse()` eine Datei öffnet und den enthaltenen Text verarbeitet.

```
>>> gruppeDoc = parseString(doc)
>>> gruppeDoc
<xml.dom.minidom.Document object at 0x0291A310>
```

Die Funktion `parseString()` gibt ein Objekt der Klasse `Document` zurück. Es repräsentiert das gesamte XML-Dokument. Nun bestehen DOM-Objekte aus Knoten. Man unterscheidet verschiedene Arten von Knoten:

- *Elementknoten* werden im XML-Dokument durch Start- und End-Tags dargestellt. Sie können weitere Elemente enthalten, die in der Baumstruktur Kinder (direkte Nachfolger) des betreffenden Elementknotens sind. In unserem Beispiel sind `gruppe`, `person` und `email` die Namen der Elementknoten.
- Genau *ein* Elementknoten ist die *Wurzel* des Baums. Dieser Knoten besitzt keinen Elternknoten. In unserem Beispiel hat die Wurzel den Namen `gruppe`.
- *Textknoten* repräsentieren Texte, die im XML-Dokument zwischen den Tags stehen. Sie besitzen keine Kinder und bilden Blätter der Baumstruktur. In Abbildung 26.2 werden Textknoten durch weiße Rechtecke dargestellt.

Der Wurzelknoten ist im Attribut `documentElement` des Document-Objektes gespeichert:

```
>>> gruppe = gruppeDoc.documentElement
>>> gruppe
<DOM Element: gruppe at 0x291a3b0 >
```

Sie sehen, dass die Wurzel ein Objekt der Klasse `Element` aus dem Modul `xml.dom.minidom` ist. Eine Übersicht über die Attribute und Methoden der Objekte dieser Klasse finden Sie im nächsten Abschnitt. Den Namen des Tags im XML-Dokument können Sie über das Attribut `tagName` abfragen:

```
>>> gruppe.tagName
'gruppe'
```

Als Nächstes gehen wir in der Hierarchie des XML-Dokumentes weiter hinunter und versuchen, auf die Kinder des Wurzelknotens zuzugreifen. Das Attribut `childNodes` enthält eine Liste der direkten Nachfolgeknoten:

```
>>> gruppe.childNodes
[<DOM Text node "'\n    '">,
<DOM Element: bezeichnung at 0x291a410>,
<DOM Text node "'\n    '">,
```

```
<DOM Element: person at 0x291a470>,
<DOM Text node "'\n    '">,
<DOM Element: person at 0x291a610>,
<DOM Text node "'\n'">]
```

Überraschenderweise sind in der Liste `childNodes` nicht allein die erwarteten Elementknoten mit den Tag-Namen `bezeichnung` und `person`, sondern auch noch Textknoten, die mit dem eigentlichen Inhalt unseres XML-Dokumentes nichts zu tun haben, z.B. `<DOM Text node "'\n    '">`. Sie repräsentieren Zeichenketten mit Zeilenumbrüchen und Einrückungen, die wir allein der besseren Lesbarkeit halber eingefügt haben.

Man kann sich vorstellen, dass es relativ umständlich ist, über das `childNodes`-Attribut der Element-Objekte durch den Baum des XML-Dokumentes zu navigieren, um bestimmte Stellen zu finden. Eleganter ist es, die Methode `getElementsByTagName()` zu verwenden. Sie liefert eine Liste mit allen Knoten unter den Nachfolgern des betreffenden Knotens, deren Tag-Name als Argument übergeben worden ist. Mithilfe dieser Methode kann man z.B. die Namen aller Personen in unserem Beispieldokument finden:

```
>>> namen = gruppe.getElementsByTagName("name")
>>> namen
[<DOM Element: name at 0xb90120>, <DOM Element: name at 0xb90df0>]
```

Nun markiert im XML-Dokument das Tag mit dem Namen `name` einen Text, wie z.B. `Sabrina Maier`. Dieser Text wird im DOM-Objekt durch einen Textknoten repräsentiert, der das einzige Kind des Knotens `name` ist. Auf ihn kann man über das Attribut `firstChild` zugreifen:

```
>>> name = namen[0]
>>> name.firstChild            # erstes (und einziges)Kind
<DOM Text node "Sabrina Ma...">
```

Der Inhalt des Textknotens (eine Unicode-Zeichenkette) ist im Attribut `data`:

```
>>> name.firstChild.data
'Sabrina Maier'
```

Die folgende Iteration führt uns schließlich zu dem anfangs gesetzten Ziel und gibt alle Personennamen aus, die in dem XML-Dokument vorkommen:

```
>>> for n in namen:
     print(n.firstChild.data)

Sabrina Maier
Tom Kahlenbaum
```

26.5 Das Modul xml.dom.minidom

Das DOM (*Document Object Model*) ist ein Application Interface (API), eine Schnittstelle also und somit ein Standard, der von der Implementierung in einer bestimmten Programmiersprache abstrahiert. Festgelegt werden im Prinzip lediglich die Namen von Klassen, Attributen und Methoden und natürlich deren Bedeutung. Offen gelassen ist dagegen, wie die Methoden implementiert werden. DOM ist sprachübergreifend, das heißt, z.B. auch in Java-Implementierungen werden Bezeichnungen wie `Element` und `getElementsByTagName()` verwendet. Man braucht also nicht umzulernen, wenn man die Programmiersprache wechselt.

Im Python-Modul `xml.dom.minidom` sind die wichtigsten Features des DOM-Level 1 und -Level 2 implementiert. Vieles ist weggelassen und einige Details sind zur Vereinfachung etwas abgewandelt. So werden z.B. für Fehlermeldungen Python-Standardobjekte wie `ValueError` an Stelle spezieller Fehlerobjekte aus dem DOM-Standard verwendet. Außerdem besitzen die Klassen des Moduls einige nützliche zusätzliche Methoden, die nicht im DOM-Standard enthalten sind.

Der DOM-Standard und auch das bereits reduzierte Modul `xml.dom.minidom` sind zu komplex, um im Rahmen dieses Buches vollständig behandelt zu werden. Wir beschränken uns auf einige Features der Klassen `Node`, `Document`, `Element` und `Text`.

26.5.1 XML-Dokumente und DOM-Objekte

Eine XML-Anwendung enthält meist folgenden typischen Ablauf:

- Erzeuge aus einem XML-Dokument ein DOM-Objekt (Parsing).
- Verarbeite das DOM-Objekt (Daten herauslesen, neue Elemente einfügen, Elemente verändern).
- Erzeuge aus dem (geänderten) DOM-Objekt ein textuelles XML-Dokument, das man z.B. speichern kann.

Werfen wir einen etwas genaueren Blick auf den Zusammenhang zwischen XML-Dokumenten und DOM-Objekten. Abbildung 26.3 illustriert die Beziehung zwischen XML und DOM anhand eines Ausschnitts aus dem Eingangsbeispiel.

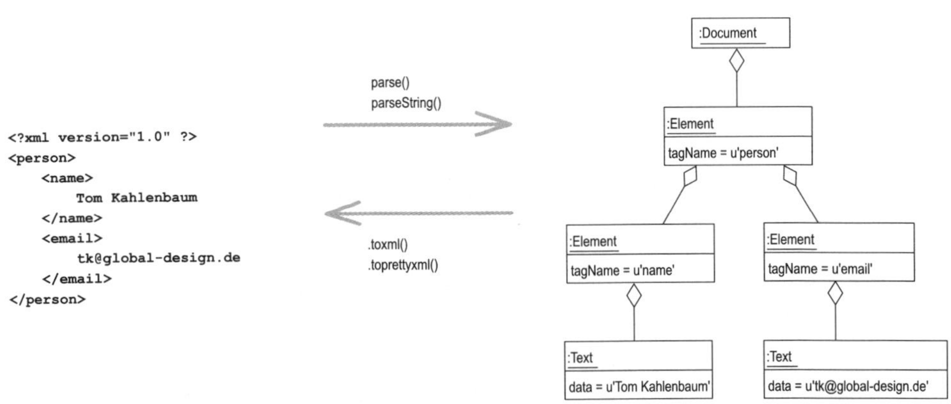

Abb. 26.3: XML-Dokument und zugehöriges DOM-Objekt

Auf der linken Seite steht ein für Menschen lesbarer Text mit dem XML-Dokument und auf der rechten Seite ein UML-Objektdiagramm, das das zugehörige DOM-Objekt beschreibt. Dieses ist ein Aggregat aus Python-Objekten der Klassen `Document`, `Element` und `Text`, die im Modul `xml.dom.minidom` definiert sind.

Das Modul `xml.dom.minidom` enthält außerdem zwei Factory-Funktionen `parse()` und `parseString()`, mit denen man aus einem XML-Text ein DOM-Objekt erzeugen kann (Tabelle 26.1). Um umgekehrt aus dem DOM-Objekt ein XML-Dokument (Unicode-Zeichenkette) zu erhalten, verwendet man die Methoden `toxml()` oder `toprettyxml()`. Letztere Methode fügt Zeilenumbrüche und Einrückungen ein, so dass das Resultat besser lesbar ist. Beide Methoden gehören nicht zum DOM-Standard.

Das Besondere ist, dass jeder Knoten der DOM-Struktur diese Methoden besitzt. Somit ist es möglich, für Teilbäume eines DOM-Objektes eine textuelle XML-Darstellung zu gewinnen. Ein Methodenaufruf der Form

```
node.toxml()
```

liefert das XML-Dokument, das durch den Teilbaum mit Wurzel *node* repräsentiert wird. Dieser Teilbaum ist der Knoten *node* selbst und alle seine Nachkommen (Kinder, Kinder der Kinder usw.). Der folgende Dialog illustriert dies:

```
>>> xmldoc = """<?xml version="1.0" ?>
<person>
     <name>Tom Kahlenbaum</name>
     <email>tk@global-design.de</email>
</person>"""
>>> doc = parseString(xmldoc)
>>> print(doc.toxml())                # komplettes XML-Dokument
<?xml version="1.0" ?>
<person>
     <name>Tom Kahlenbaum</name>
     <email>tk@global-design.de</email>
</person>

>>> person = doc.documentElement
>>> print(person.toxml())             # Teilbaum mit Wurzel person
<person>
    <name>Tom Kahlenbaum</name>
    <email>tk@global-design.de</email>
</person>

>>> name = doc.getElementsByTagName("name")[0]
>>> print(name.toxml())               # Teilbaum mit Wurzel name
<name>Tom Kahlenbaum</name>
```

```
>>> print(name.toprettyxml())        # mit Zeilenumbrüchen
<name>
Tom Kahlenbaum
</name>
```

Funktion	Erläuterung
`parse(filename_or_file)`	Das Argument ist ein zum Lesen geöffnetes File-Objekt oder ein Dateiname. Die Datei muss ein gültiges XML-Textdokument enthalten. Zurückgegeben wird ein Objekt der Klasse `xml.dom.minidom.Document`, das das XML-Dokument repräsentiert.
`parseString(string)`	Das Argument ist eine Zeichenkette (Objekt der Klassen `str` oder `unicode`), mit einem gültigen XML-Dokument. Zurückgegeben wird ein Objekt der Klasse `xml.dom.minidom.Document`, das das XML-Dokument repräsentiert.

Tabelle 26.1: Factory-Funktionen, die aus XML-Dokumenten DOM-Objekte generieren

26.5.2 Die Basisklasse Node

Abbildung 26.4 zeigt einen Ausschnitt aus der Klassenhierarchie des DOM.

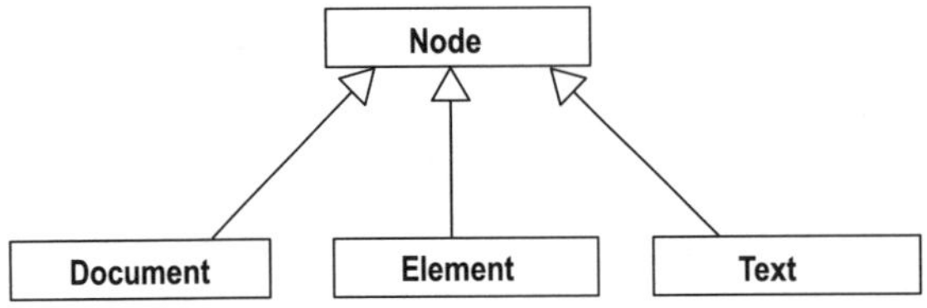

Abb. 26.4: Ausschnitt aus der Klassenhierarchie des DOM

Sie erkennen, dass die Klassen `Document`, `Element` und `Text` von der Klasse `Node` abgeleitet sind. Objekte dieser spezialisierten Klassen erben also alle Attribute und Methoden ihrer gemeinsamen Basisklasse, von denen einige in Tabelle 26.2 und Tabelle 26.3 aufgeführt sind.

Attribut	Erläuterung
`childNodes`	Liste von Kindknoten des aktuellen Knotens
`firstChild`	Erster Knoten in der Liste der Kinder des aktuellen Knotens
`lastChild`	Letzter Knoten in der Liste der Kinder des aktuellen Knotens

Tabelle 26.2: Einige Attribute von Objekten der Klasse Node

Attribut	Erläuterung
`nextSibling`	Nachfolgender Geschwisterknoten, sofern einer existiert. Anderenfalls hat das Attribut die Belegung `None`.
`nodeType`	Eine ganze Zahl, die den Knotentyp repräsentiert
`parentNode`	Elternknoten des aktuellen Knotens. Falls es sich um einen Dokumentknoten handelt (Wurzel des Baumes), hat dieses Attribut die Belegung `None`.
`previousSibling`	Vorausgehender Geschwisterknoten in der Liste der Knoten mit dem gleichen Elternknoten, sofern ein Vorgänger existiert. Anderenfalls hat das Attribut die Belegung `None`.

Tabelle 26.2: Einige Attribute von Objekten der Klasse Node (Forts.)

Methode	Erläuterung
`appendChild(`*`newChild`*`)`	Hängt einen neuen Kindknoten an das Ende der Liste existierender Kinder. Zurückgegeben wird *`newChild`*.
`hasAttributes()`	Liefert den Wert `True`, falls der Knoten Attribute besitzt, und sonst `False`.
`hasChildNodes()`	Liefert den Wert `True`, falls der Knoten Kinder besitzt, und sonst `False`.
`insertBefore(`*`newChild`*`, `*`refChild`*`)`	In die Liste der Kinder des aktuellen Knotens wird vor dem Knoten *`refChild`* der Knoten *`newChild`* eingefügt. Falls der Knoten *`refChild`* in der Liste der Kinder nicht vorkommt, gibt es einen `ValueError`.
`removeChild(`*`oldChild`*`)`	Der Kindknoten *`oldChild`* wird entfernt, sofern er existiert. Anderenfalls wird ein `ValueError` ausgelöst. Wenn der Knoten *`oldChild`* nicht mehr benötigt wird, sollte dessen `unlink()`-Methode aufgerufen werden, um die Garbage Collection zu erleichtern.
`toprettyxml([`*`encoding`*`])`	Die Methode arbeitet wie `toxml()` (s.u.). Zusätzlich werden aber Zeilenumbrüche und Einrückungen eingefügt, um die Lesbarkeit zu verbessern. Diese Methode gehört nicht zum DOM-Standard.
`toxml([`*`encoding`*`])`	Gibt einen Text mit dem entsprechenden XML-Dokument zurück. Das optionale Argument *`encoding`* enthält eine Zeichenkette, die die verwendete Codierung spezifiziert (z.B. `"ISO-8859-1"`). Fehlt dieses Argument, wird die Standardcodierung utf-8 verwendet. Diese Methode gehört nicht zum DOM-Standard.
`unlink()`	Entfernt das Objekt aus der DOM-Struktur und erleichert so dem Laufzeitsystem, die Garbage-Collection durchzuführen. Diese Methode gehört nicht zum DOM-Standard.

Tabelle 26.3: Einige Methoden der Klasse Node

Alle Knoten eines DOM-Objektes besitzen die in den Tabellen aufgeführten Attribute und Methoden. Wir werden sie in späteren Abschnitten im Rahmen von Projekten verwenden. An dieser Stelle sei nur auf einige allgemeine Aspekte hingewiesen.

Die Attribute dienen vor allem der Navigation innerhalb der Baumstruktur des DOM-Objektes. So findet man im Attribut `parentNode` eines Knotens dessen Elternknoten, und das Attribut `childNodes` enthält eine Liste aller Kinder. Beachten Sie, dass diese Attribute allein zum Lesen gedacht sind (*read-only*):

```
>>> from xml.dom.minidom import *
>>> doc = parseString("<name>Tom Kahlenbaum</name>")
>>> name = doc.documentElement
>>> name.firstChild = None
Traceback (most recent call last):
  File "<pyshell#26>", line 1, in <module>
    name.firstChild = None
  ...
    xml.dom.NoModificationAllowedErr: attempt to modify read-only
    attribute 'firstChild'
```

Generell können Sie die Struktur eines DOM-Objektes nicht durch Überschreiben der Attribute, sondern nur mithilfe geeigneter Methoden verändern. Um beispielsweise den Textknoten im obigen Beispiel zu entfernen, müssen Sie die Methode `removeChild()` aufrufen:

```
>>> doc = parseString("<name>Tom Kahlenbaum</name>")
>>> name = doc.documentElement
>>> nameText = name.firstChild
>>> name.removeChild(nameText)
<DOM Text node "Tom Kahlen...">
>>> print(name.toxml())
<name/>
```

Wenn ein mit `removeChild()` entferntes Knotenobjekt nicht mehr benötigt wird, sollte man es durch Aufruf der Methode `unlink()` explizit aus der DOM-Struktur herauslösen.

```
>>> nameText.unlink()
```

Auf diese Weise wird dem Laufzeitsystem die automatische Entfernung des Objektes aus dem Arbeitsspeicher (Garbage Collection) erleichtert.

26.5.3 Die Klassen Document, Element und Text

Die Tabellen in diesem Abschnitt geben einen Überblick über weitere, spezielle Attribute und Methoden der Klassen `Document` und `Element`, die über die geerbten Attribute und Methoden der Basisklasse `Node` hinausgehen.

Ein Objekt der Klasse `Document` repräsentiert ein gesamtes XML-Dokument einschließlich der ersten Zeile mit dem Tag <? .../>, das bestimmte Informationen spezifiziert, die für das Parsing wichtig sind (z.B die verwendete XML-Version oder die Codierung). Knoten, die in ein DOM-Objekt eingefügt werden sollen, müssen zuerst mit den Methoden `createElement()` bzw. `createTextNode()` des `Document`-Objektes generiert werden.

Ein Objekt der Klasse `Element` repräsentiert ein durch Tags markiertes Element des XML-Dokumentes. Die meisten Methoden der Klasse `Element` beziehen sich auf Attribute, die ein XML-Element besitzen kann. Darauf gehen wir im nächsten Abschnitt ein.

Objekte der Klasse `Text` besitzen keine besonderen Methoden, sondern lediglich das zusätzliche Attribut `data`, das eine Textpassage des XML-Dokumentes enthält.

Attribut/Methode	Erläuterung
`documentElement`	Das einzige Wurzelelement (Knoten ohne Eltern) des XML-Dokumentes
`createElement(tagName)`	Erzeugt einen neuen Elementknoten und gibt ihn zurück. Der neue Knoten ist aber jetzt noch nicht in das Dokument eingefügt. Dies muss explizit z.B. mit den Methoden `insertBefore()` oder `appendChild()` veranlasst werden.
`createTextNode(data)`	Erzeugt einen neuen Textknoten und gibt ihn zurück. Das Argument *`data`* ist der Text (Zeichenkette), den der Textknoten repräsentiert. Technisch wird das Attribut `data` des neuen Textknotens mit der Zeichenkette belegt.
`getElementsByTagName (tagName)`	Liefert eine Python-Liste mit allen Elementen (Knoten) des XML-Dokumentes, die den Tag-Namen *`tagName`* besitzen. Diese Knoten können beliebige Nachkommen (Kinder, Kinder der Kinder usw.) des Wurzelknotens sein.

Tabelle 26.4: Das einzige Attribut und einige Methoden der Klasse Document

Attribut/Methode	Erläuterung
`tagName`	Name des repräsentierten XML-Elementes.
`getElementsByTagName (tagName)`	Äquivalent zur gleichnamigen Methode der Klasse `Document`.
`getAttribute(name)`	Das Argument *`name`* ist eine Zeichenkette mit dem Namen eines Attributs des Elementes. Die Methode gibt den Wert des Attributs (als `unicode`-Objekt) zurück. Falls kein Attribut mit dem angegebenen Namen existiert, wird ein leerer String zurückgegeben.
`hasAttribute(name)`	Wenn das Element ein Attribut mit dem im Argument angegebenen Namen besitzt, wird `True` zurückgegeben, ansonsten `False`.
`setAttribute(name, value)`	Das Attribut *`name`* wird mit dem Wert *`value`* belegt.

Tabelle 26.5: Das einzige Attribut und einige Methoden der Klasse Element

26.6 Attribute von XML-Elementen

Tags mit Attributen kennen Sie wahrscheinlich aus HTML. In der folgenden HTML-Textzeile wird eine Überschrift mit zentrierter Ausrichtung definiert:

```
<h1 align="center">Headline</h1>
```

Der Webbrowser liefert folgende Darstellung:

Headline

Hier ist `align` ein Attribut und `"center"` ein Wert, der diesem Attribut zugeordnet ist. Das Attribut spezifiert eine Eigenschaft des `h1`-Tags, nämlich die Zentrierung. Auch XML-Elemente können in der gleichen Weise wie bei HTML mit Attributen versehen werden. Attribute können Elemente ersetzen und so ein XML-Dokument einfacher machen. Das E-Mail-Verzeichnis aus Abschnitt 26.2 lässt sich als XML-Dokument mit Attributen auf folgende Weise darstellen.

```
<?xml version="1.0" ?>
<gruppe bezeichnung="Projekt-Team">
    <person name="Sabrina Maier">
        <email>sabrina@maier.de</email>
        <email>sm@global-design.de</email>
    </person>
    <person name="Tom Kahlenbaum">
        <email>tk@global-design.de</email>
    </person>
</gruppe>
```

Die Bezeichnung der Gruppe und die Namen der Gruppenmitglieder wurden hier in Attributen und nicht in Elementknoten gespeichert. Attribute werden im Format *`attribut`*`="`*`string`*`"` in das Start-Tag eines XML-Elementes geschrieben. Es können auch mehrere derartige Attributspezifikationen – durch Leerzeichen voneinander getrennt – hintereinandergestellt werden. Generell beschreiben Attribute einfache Eigenschaften eines Elementes. Die E-Mail-Adressen der Personen kann man nicht sinnvoll durch Attribute repräsentieren, da zu jeder Person eine unbestimmte Anzahl von E-Mail-Adressen gehören.

Dies Struktur dieses XML-Dokuments verwenden wir im folgenden Abschnitt als Basis für ein praxisnahes Beispielprogramm.

26.7 Anwendungsbeispiel 1: Eine XML-basierte Klasse

In einem Python-Programm können Sie ein E-Mail-Verzeichnis der oben beschriebenen Form natürlich auch durch ein Dictionary modellieren. Mithilfe des `pickle`-Mechanismus können Sie dieses in einen Bytestring umwandeln, der in einer Datei gespeichert werden kann:

```
>>> gruppe = {"Sabrina Maier":["sabrina@maier.de",
              "sm@global-design.de"],
              "Tom Kahlenbaum":["tk@global-design.de"]}
>>> import pickle
>>> doc = pickle.dumps(gruppe)  # Darstellung als Bytestring
>>> print(doc)
b'\x80\x03}q\x00(X\r\x00\x00\x00Sabrina
Maierq\x01]q\x02(X\x10\x00\x00\x00sabrina@
maier.deq\x03X\x13\x00\x00\x00sm@global-
design.deq\x04eX\x0e\x00\x00\x00Tom
Kahlenbaumq\x05]q\x06X\x13\x00\x00\x00tk@global-design.deq\x07au.'
```

Das Python-Programm kann bei Bedarf zu einem späteren Zeitpunkt (mithilfe von `pickle.load()`) aus der Textdarstellung das Dictionary leicht wiedergewinnen (siehe Abschnitt 9.3). Für einen Menschen ist jedoch die textuelle Darstellung als Bytestring relativ unverständlich. Außerdem kann ein anderes Programm, das in einer anderen Programmiersprache geschrieben ist, die den `pickle`-Mechnismus nicht kennt, damit nichts anfangen.

Genau in diesem Punkt liegen die Vorteile von XML-Dokumenten:

- Sie sind für Menschen gut lesbar und können z.B. kontrolliert werden.
- Sie sind plattformunabhängig und können deshalb gut zum Datenaustausch zwischen verschiedenen Systemen verwendet werden.

Das folgende Skript zeigt beispielhaft, wie man auf der Basis von XML Daten verwalten und speichern kann. Sie finden es in den Downloaddateien unter `www.mitp.de/0051`. Das Skript enthält die Definition einer Klasse `Addresses`. Objekte dieser Klasse besitzen nur ein einziges Attribut, das ein DOM-Objekt mit allen Daten enthält. Bei der Instanziierung wird dieses DOM-Objekt aus einem als Textdatei gespeicherten XML-Dokument gewonnen. Das Problem bei dieser Vorgehensweise ist, dass der Programmierer genau wissen muss, wie das zu Grunde liegende XML-Dokument aufgebaut ist.

Die Methoden der Klasse `Addresses` ermöglichen das Einfügen und Löschen von E-Mail-Adressen. Am Ende des Skriptes befinden sich einige Test-Anweisungen, die nur dann ausgeführt werden, wenn das Modul direkt aufgerufen (und nicht nur importiert) wird.

Skript:

```
# email.py
from xml.dom import minidom

class Addresses:

  def __init__(self, path):
    self.doc = minidom.parse(path)                                  #1

  def insertAddress (self, name, email):
    # Fügt neue Email-Adresse email für Person name ein
    for p in self.doc.getElementsByTagName("person"):               #2
      if p.getAttribute("name") == name:
```

```
        textNode = self.doc.createTextNode(email)                       #3
        elementNode = self.doc.createElement("email")
        elementNode.appendChild(textNode)                               #4
        p.appendChild(elementNode)
        return

  def deleteAddress (self, email):
    # Löscht erstes Vorkommen der E-Mail-Adresse email
    emails = self.doc.getElementsByTagName("email")                     #5
    for e in emails:
        if e.firstChild.data == email:
            p = e.parentNode                                            #6
            p.removeChild(e)
            e.unlink()                                                  #7

  def save (self, path):
    f = open(path, 'w')                                                 #8
    f.write(self.doc.toxml())
    f.close()

  def __str__(self):                                                    #9
    return self.doc.toprettyxml()

# Test
if __name__ == "__main__":
    a = Addresses("gruppeattr.xml")                                     #10
    a.deleteAddress("sabrina@maier.de")
    a.insertAddress("Tom Kahlenbaum",
                    "tom@media-objects.de")
    a.save("gruppeattr_1.xml")
    print(a)
```

Erläuterung:

#1: Aus einem XML-Dokument wird ein DOM-Objekt gewonnen und dem Attribut `self.doc` zugewiesen.

#2: Die Liste aller `person`-Elemente wird durchsucht.

#3: Die neuen Knoten, die eingefügt werden sollen (ein Textknoten und ein Elementknoten) müssen zunächst mittels Methoden aus der Klasse `Document` (siehe Tabelle 26.4) erzeugt werden.

#4: Die neuen Knoten werden als Kinder in die DOM-Struktur eingefügt.

#5: Eine Liste sämtlicher im Dokument vorkommenden `email`-Elemente wird erstellt.

#6: Wenn das Element, das die gesuchte E-Mail-Adresse repräsentiert, gefunden worden ist, braucht man seinen Elternknoten, um es mit der `removeChild()`-Methode entfernen zu können.

#7: Das entfernte Element wird mit `unlink()` von der DOM-Struktur getrennt, um die Garbage Collection zu erleichtern.

#8: Das XML-Dokument wird als Textdatei unter dem angegebenen Dateinamen gespeichert. Die gelingt auf diese Weise nur, wenn es nur ASCII-Zeichen enthält. Die Behandlung von Nicht-ASCII-Zeichen wird im nächsten Abschnitt vorgestellt.

#9: Durch Überschreiben der magischen Methode `__str__()` wird ermöglicht, dass in einer einfachen `print`-Anweisung eine textuelle Darstellung als XML-Dokument ausgegeben wird.

#10: Die Datei `gruppeattr.xml` enthält das XML-Dokument aus Abschnitt 26.6 in utf-8-Codierung.

Ausgabe auf dem Bildschirm:

```
<?xml version="1.0" ?>
<gruppe bezeichnung="Projekt-Team">
   <person name="Sabrina Maier">
      <email>
         sm@global-design.de
      </email>
   </person>
   <person name="Tom Kahlenbaum">
      <email>
         tk@global-design.de
      </email>
      <email>
         tom@media-objects.de
      </email>
   </person>
</gruppe>
```

In den Anweisungen zum Test der Klassendefinition wird zunächst ein Objekt der Klasse `Addresses` instanziiert, dann eine E-Mail-Adresse gelöscht und eine andere hinzugefügt. Die Bildschirmausgabe zeigt, dass diese Operationen korrekt ausgeführt worden sind.

26.8 Anwendungsbeispiel 2: Datenkommunikation mit XML

In Kapitel 22 wurde diskutiert, wie man mit CGI an ein Python-Programm über das Internet Daten schicken kann. Doch CGI ist ein sehr einfacher Mechanismus, mit dem nur kleine Datenmengen – typischerweise einige wenige Werte – ausgetauscht werden können. Für komplexere und umfangreichere Daten ist XML eine Alternative. Systeme, die zur Gestaltung von Webseiten verwendet werden (z.B. Adobe Flash), unterstützen XML. So kann ein interaktiver Flash-Film Daten als XML-Dokument an ein Python-Skript senden, das diese Daten verarbeitet und eine Rückmeldung zurücksendet.

26.8.1 Überblick

Als Beispiel entwickeln wir in diesem Abschnitt ein kleines Client-Server-System mit XML-basierter Datenkommunikation. Es geht um die Verwaltung des Katalogs eines Online-Warenhauses.

Das System hat folgende Verzeichnisstruktur:

```
.../Katalog
      /cgi-bin
          catserver.py
      /katalog
          katalog.html
          katalog_1.xml
      httpd.py
      catclient.pyw
```

Zum Ausprobieren starten Sie den HTTP-Server (`httpd.py`) und starten anschließend das Python-Programm `catclient.pyw`. (Diese Datei gehört natürlich nicht zum Server-System und kann sich irgendwo anders befinden.) In den Feldern der grafischen Benutzungsoberfläche können Sie einen neuen Artikel definieren. Es gibt zwei Warengruppen: `Futter` und `Pflege`. (Beachten Sie, dass man unter macOS im Textfeld unten rechts zunächst keinen Rahmen sieht. Der Rahmen erscheint erst, wenn Sie in das Feld klicken.) Öffnen Sie anschließend mit einem Browser die Webseite `.../katalog/katalog.html`. Sie sehen den Katalog des fiktiven Onlineshops einschließlich der neuen von Ihnen eingetragenen Waren.

Der Katalog wird durch ein XML-Dokument repräsentiert (`.../katalog/katalog_1.xml`), das einen Aufbau wie das folgende Beispiel hat:

```
<?xml version="1.0"?>
<katalog titel="Alles für den Vogel">
  <warengruppe name="Futter">
    <ware id="2" preis="0.99">Kräcker 100 g</ware>
    <ware id="3" preis="4.15">Fruchtschmaus 1 kg </ware>
  </warengruppe>
    <warengruppe name="Pflege">
    <ware id="15" preis="0.69">Sepiaschale</ware>
    <ware id="11" preis="1.79">Mineral-Sitzstange</ware>
  </warengruppe>
</katalog>
```

Abbildung 26.5 zeigt den Aufbau des Systems. Das Clientprogramm (`catclient.pyw`) mit grafischer Benutzungsoberfläche ermöglicht die Eingabe eines neuen Artikels, der dem Katalog hinzugefügt werden soll. Die Daten werden als XML-Dokument an den Server gesendet. Der Server (`catserver.py`) erweitert das interne XML-Dokument, das die Daten des Katalogs enthält, und generiert eine HTML-Seite, die für die Öffentlichkeit zugänglich ist und eine Ansicht des Katalogs enthält.

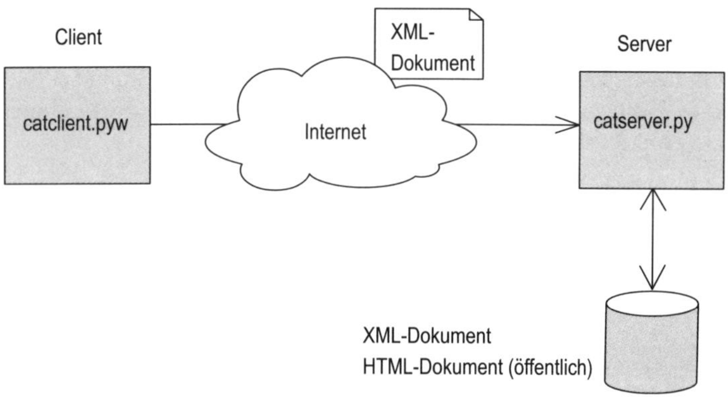

Abb. 26.5: Verwendung von XML zur Datenkommunikation zwischen Client und Server

26.8.2 Das Client-Programm

Wenden wir uns zunächst dem Client-Programm zu. Abbildung 26.6 zeigt das Anwendungsfenster.

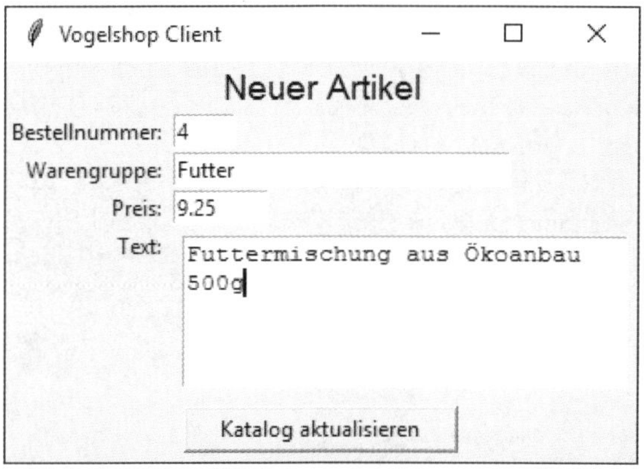

Abb. 26.6: Anwendung zur Eingabe eines neuen Artikels für einen Katalog

Nach Anklicken der Schaltfläche KATALOG AKTUALISIEREN wird eine Verbindung zum Server hergestellt und das folgende XML-Dokument verschickt.

```
<?xml version="1.0" ?>
<neu warengruppe="Futter">
  <ware id="4" preis="9.25">
      Futtermischung aus Ökoanbau 500 g
  </ware>
</neu>
```

Das Attribut im Start-Tag des Wurzelelementes `<neu warengruppe="Futter">` gibt an, welcher Warengruppe der neue Artikel zugeordnet werden soll. Das Element `<ware id="4" preis="9.25"> ... </ware>` kann vom Server so, wie es ist, in das XML-Dokument eingefügt werden, das den Katalog repräsentiert.

Das Skript enthält zwei Klassendefinitionen. Die Klasse `NewItem` modelliert das XML-Dokument, das vom Client verschickt wird. Die Klasse `GUI` definiert die `tkinter`-Benutzungsoberfläche.

Skript:

```
# catclient.pyw
from tkinter import *
from xml.dom import minidom                                          #1
import urllib.request

URL = "http://localhost:8000/cgi-bin/catserver.py"                   #2
class NewItem :
  def __init__ (self, group, ID, price, text):
    start = """<?xml version="1.0" ?>
            <neu></neu>"""                                           #3
    self.doc = minidom.parseString(start)
    neu = self.doc.documentElement
    neu.setAttribute("warengruppe", group)
    item = self.doc.createElement("ware")                            #4
    itemText = self.doc.createTextNode(text)
    item.setAttribute("id", ID)                                      #5
    item.setAttribute("preis", price)
    item.appendChild(itemText)                                       #6
    neu.appendChild(item)

  def send (self):
    f = urllib.request.urlopen(URL,
            bytes(self.doc.toxml(), encoding="utf-8"))              #7
    response = f.read()
    f.close()
    return response

class GUI:
```

```
    def __init__(self):
      # Widgets definieren
      self.window = Tk();
      self.window.title("Vogelshop Client")
      self.label1 = Label(self.window,
                          text="Neuer Artikel",
                          font=("Arial",14))
      self.buttonUpdate = Button(self.window, width=20,
                          text = "Katalog aktualisieren",
                          command = self.update)
      self.labelId = Label(self.window,
                          text="Bestellnummer: ")
      self.labelGroup = Label(self.window,
                          text="Warengruppe: ")
      self.labelPrice = Label(self.window, text="Preis: ")
      self.labelText = Label(self.window, text="Text: ")
      self.text = Text(self.window, height=5, width=30,
                       wrap=WORD)
      self.id = Entry (self.window, width=5)
      self.group = Entry (self.window, width=30)
      self.price = Entry (self.window, width=8)
      # Layout
      self.label1.grid(columnspan=2, column=0, row=0)
      self.labelId.grid(column=0, row=1, sticky=E)
      self.id.grid(column=1, row=1, sticky=W)
      self.labelGroup.grid(column=0, row=2, sticky=E)
      self.group.grid(column=1, row=2, sticky=W)
      self.labelPrice.grid(column=0, row=3, sticky=E)
      self.price.grid(column=1, row=3, sticky=W)
      self.labelText.grid(column=0, row=4,  sticky=NE)
      self.text.grid(column=1, row=4, padx=5, pady=5,
                     sticky=W)
      self.buttonUpdate.grid(columnspan=2, column=0,
                             row=5, pady=5)
      self.window.mainloop()

    def update(self):                                    #8
      doc = NewItem(self.group.get(), self.id.get(),
                    self.price.get(), self.text.get(1.0, END))
      response = doc.send()                              #9
      self.text.insert(END,"\n\n"+response.decode("utf-8"))

GUI()
```

Erläuterung:

#1: Ein wichtiges Detail: Man kann *nicht* mit `from xml.dom.minidom import *` alle Namen aus dem Modul `xml.dom.minidom` importieren, da es sonst zu Kollisionen mit Namen aus dem Modul `tkinter` kommt.

#2: Wir gehen davon aus, dass das System mit einem HTTP-Server auf dem lokalen Rechner getestet wird (siehe Abschnitt 22.3). Das Serverskript, an das das XML-Dokument mit dem Update geschickt werden soll, befindet sich im Verzeichnis `cgi-bin` des lokalen HTTP-Servers.

#3: Dieser Text enthält das Wurzelelement des XML-Dokumentes, das an den Server geschickt werden soll. In der nächsten Zeile wird es geparst und ein DOM-Objekt (Objekt der Klasse `minidom.Document` erzeugt. Die anderen Teile des XML-Dokumentes sind variabel und werden nun Schritt für Schritt erzeugt und in das DOM-Objekt eingefügt.

#4: Die neuen Knoten (Element und Textknoten) müssen zuerst mit Methoden der `xml.dom.minidom`-Klasse `Document` erzeugt werden, bevor sie später in die DOM-Struktur eingefügt werden.

#5: Attribute des Elementknotens `ware` werden erzeugt und mit Werten belegt.

#6: Der Textknoten wird an den neuen Elementknoten `ware` gehängt. Dieser wiederum wird zum Kind des Wurzelknotens `neu`.

#7: Diese Stelle bedarf einer etwas ausführlicheren Erklärung. Mit der Funktion `urllib.request.urlopen()` wird eine Datei (zum Lesen) geöffnet, die sich auf einem beliebigen Rechner im Internet befinden kann. Das erste Argument gibt den URL dieser Datei an. Das zweite Argument enthält Daten, die zusätzlich geschickt werden. Diese Daten dürfen kein String sein, sondern müssen vom Typ `bytes` sein. Nun ist in unserem Fall die geöffnete Datei ein Python-Skript (`catserver.py`), das wegen der magic line in der ersten Zeile sofort ausgeführt wird. Die Zeichenkette im zweiten Argument gelangt in die Standardeingabe und kann über eine `read()`-Anweisung vom Server-Skript gelesen werden.

#8: Die Methode `update()` wird aufgerufen, sobald die Schaltfläche KATALOG AKTUALISIEREN angeklickt worden ist. Sie entnimmt den Eingabe-Widgets die eingetragenen Werte (Strings) und instanziiert damit ein Objekt namens `doc` der Klasse `NewItem`. An dieses Objekt wird der Auftrag geschickt, ein XML-Dokument mit dem neuen Katalogeintrag an den Server zu schicken.

#9: Die Methode `send()` gibt die Antwort des Serverskriptes zurück. Wenn alles richtig funktioniert hat, erscheint im Textfenster des Clients die Meldung – `Katalog wurde aktualisiert` –. Da im Serverskript mit `cgitb.enable()` der Debugging-Modus eingeschaltet wurde (siehe folgender Abschnitt), sieht man an Stelle dieser Mitteilung im Textfeld eine Fehlermeldung, falls im Serverskript ein Laufzeitfehler auftritt.

26.8.3 Das Server-Programm

Das zweite Programm catserver.py wird im cgi-bin-Verzeichnis des HTTP-Servers gespeichert. Es hat folgende Aufgaben:

- Lesen des gesendeten XML-Dokumentes
- Ermitteln der Warengruppe, in die die Artikel-Beschreibung eingetragen werden soll
- Aktualisieren des XML-Dokumentes, das den Katalog repräsentiert
- Erzeugen einer neuen HTML-Seite, die den geänderten Katalog wiedergibt.

Wenn die öffentliche HTML-Seite erfolgreich aktualisiert worden ist, muss sie in unserem Beispiel so aussehen wie in Abbildung 26.7.Das Skript enthält zwei Klassendefinitionen. Die Klasse `Catalogue` modelliert das XML-Dokument mit der Katalogdefinition. Die Klasse `CatUpdate` definiert die Reaktion des Servers auf eine Anfrage und ist insbesondere für die Erstellung der HTML-Seite zuständig.

Skript:

```
#!/usr/bin/env python3
# catserver.py
XMLPATH = "katalog/katalog_1.xml"                                    #1
HTMLPATH = "katalog/katalog.html"

HTML_PATTERN = """
<html>
<head>
  <title>{}</title>
  <meta http-equiv="Content-Type" content="charset=utf-8" />
</head>
<body><h1> {} </h1>{}</body>
</html>"""

GROUP_PATTERN = """
<h2> {} </h2>
<table border="0" >
  <tr bgcolor="#c0c0c0">
   <th>Nr.</th><th>Artikelbezeichnung</th><th>Preis</th>
  </tr>
  {}
</table>"""

ROW_PATTERN="""
<tr bgcolor="#c0c0c0">
  <td>{}</td><td>{}</td><td>{} EUR</td>
</tr>"""

import sys
from xml.dom import minidom

class Catalogue:
  # Modelliert einen XML-basierten Online-Katalog
  def __init__(self, path):
    self.doc = minidom.parse(path)
    self.path = path
```

```
  def update(self, newItemXML):
    # XML-Dokument des Katalogs aktualisieren
    newItemDoc = minidom.parseString(newItemXML)                #2
    newItem = newItemDoc.documentElement
    groupName = newItem.getAttribute("warengruppe")
    new = newItem.getElementsByTagName("ware")[0]               #3
    self.__insert(new, groupName)                               #4
    f = open(self.path, "w", encoding="utf-8")                  #5
    f.write(self.doc.toxml())
    f.close()

  def __insert(self, new, groupName):
    # neuen Artikel in DOM-Objekt einfügen
    groups= self.doc.getElementsByTagName("warengruppe")
    for g in groups:
      if g.getAttribute("name") == groupName:
          g.appendChild(new)
          return

  def getTitle(self):
    # Liefert Titel des Katalogs
    return self.doc.documentElement.getAttribute("titel")

  def getGroupNames(self):
    # Liefert Liste mit Namen der Warengruppen
    groups= self.doc.getElementsByTagName("warengruppe")
    return [g.getAttribute("name") for g in groups]

  def getItems (self, groupName):
    # Liefert Liste mit Artikelbeschreibungen als Tupel
    # der Form (id, preis, beschreibung)
    groups= self.doc.getElementsByTagName("warengruppe")
    for g in groups:
      if g.getAttribute("name") == groupName:
        items = g.getElementsByTagName ("ware")
        return [(i.getAttribute("id"),
                 i.getAttribute("preis"),
                 i.firstChild.data) for i in items]             #6

class CatUpdate:
  # Update einer HTML-Seite
  def __init__(self):
      self.catalogue = Catalogue(XMLPATH)
```

```
      self.catalogue.update(sys.stdin.read())                   #7
      self.updatePresentation()
      print("Content-type: text/html",
            "\n\n- Katalog wurde aktualisiert -")

  def makeHtmlGroupDescription(self, groupName):
    items = self.catalogue.getItems(groupName)                  #8
    rows = ""
    for (ID, price, descr) in items:
        rows += ROW_PATTERN.format(ID, descr, price)
    return GROUP_PATTERN.format(groupName, rows)

  def updatePresentation(self):
    title = self.catalogue.getTitle()
    htmlGroups = ""
    for g in self.catalogue.getGroupNames():
      htmlGroups += self.makeHtmlGroupDescription(g)
    htmlAll = HTML_PATTERN.format(title,title,
                                  htmlGroups)                   #9
    f = open(HTMLPATH, "w", encoding="utf-8")
    f.write(htmlAll)
    f.close()
CatUpdate()
```

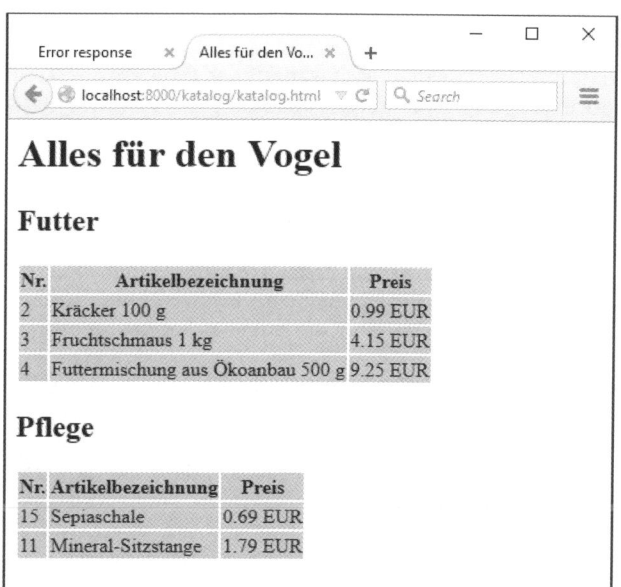

Abb. 26.7: Ansicht der aus einem XML-Dokument automatisch erzeugten HTML-Seite

Erläuterung:

#1: Die Pfade für die XML- und HTML-Dateien werden in »Konstanten« gespeichert. Eigentlich sind es globale Variablen, die nirgendwo geändert werden sollen. Ihre Namen bestehen üblicherweise aus lauter Großbuchstaben.

#2: Das empfangene XML-Dokument wird geparst und ein DOM-Objekt erzeugt.

#3: `new` ist ein Elementknoten mit dem Tag-Namen `ware`, das erste (und einzige) Element der Liste aller Knoten mit diesem Tag-Namen.

#4: Die private Methode `__insert()` sorgt dafür, dass das neue `ware`-Element im Katalog in der richtigen Warengruppe eingefügt wird.

#5: Die Methode `toxml()` liefert einen String. Er wird unter der utf-8-Codierung in einer Textdatei gespeichert.

#6: Mit dieser list comprehension (siehe Abschnitt 7.4.1) wird eine Liste von Tupeln der Form (*id*, *preis*, *beschreibung*) erzeugt.

#7: Der Name `sys.stdin` bezeichnet die Standardeingabe des Servers. Mit `sys.stdin.read()` wird das XML-Dokument gelesen, das vom Client gesendet worden ist.

#8: Die Methode liefert zum Namen einer Warengruppe einen HTML-Text mit einer tabellarischen Beschreibung aller Waren dieser Warengruppe. Im ersten Schritt werden die Zeilen einer HTML-Tabelle erzeugt und zusammengesetzt. Für jede Zeile wird das Muster der Konstanten `ROW_PATTERN` verwendet. Im zweiten Schritt werden dieser HTML-Text in das Muster der Konstanten `GROUP_PATTERN` eingesetzt.

#9: Schließlich werden sämtliche HTML-Texte zu den Warengruppen zusammengefasst und in das Muster für den Gesamttext `HTML_PATTERN` eingesetzt.

26.9 JSON

JSON (JavaScript Object Notation) ist ein Datenformat, das zwar auf der Programmiersprache JavaScript basiert, aber dennoch programmiersprachenunabhängig ist. Denn JSON folgt allgemeinen Konventionen, sodass ein JSON-Text in praktisch allen modernen Programmiersprachen in einer Datenstruktur dargestellt werden kann.

Funktion	Erläuterung
`dump(`*obj*`,` *fp* `...)`	Es wird (falls möglich) ein JSON-Text erzeugt, der das Python-Objekt *obj* repräsentiert, und als Textdatei unter dem Pfad *fp* gespeichert. Durch optionale Schlüsselwortargumente kann das Format beeinflusst werden: `indent=`*n*: Erzeugung eines Textes in gut lesbarer Form (»pretty printing«). Es werden nach öffnenden Klammern Zeilenumbrüche eingefügt und der Text wird um *n* Stellen eingerückt. `separators=(item_sep, key_sep)`: Angabe der Separator-Strings für die Trennung von Items und `Name:Wert`-Paaren. Voreingestellt ist `(", ", ": ")`. `sort_keys=True`: Die Elemente eines Objekts werden nach den Schlüsselwörtern alphabetisch sortiert.

Tabelle 26.6: Funktionen des Moduls `json`

Funktion	Erläuterung
`dumps(obj, ...)`	Es wird (falls möglich) ein JSON-Text erzeugt, der das Python-Objekt *obj* repräsentiert, und als String zurückgegeben. Optionale Schlüsselwort-Argumente wie bei `dump()`.
`load(fp, ...)`	Die Datei mit dem Pfad *fp* wird gelesen und decodiert. Falls es sich um einen gültigen JSON-Text handelt, wird eine passende Python-Datenstruktur aus Dictionaries und Listen zurückgegeben.
`loads(s, ...)`	Falls die Zeichenkette *s* einen gültigen JSON-Text enthält, wird eine passende Python-Datenstruktur aus Dictionaries und Listen zurückgegeben.

Tabelle 26.6: Funktionen des Moduls `json` (Forts.)

Im Python-Standardmodul `json` finden Sie die Funktionen, die zu Python-Objekten JSON-Texte erzeugen oder umgekehrt zu einem Text im JSON-Format die zugehörige Python-Datenstruktur liefern.

26.9.1 JSON-Texte decodieren

Ein JSON-Text besteht im Wesentlichen aus Objekten und Arrays.

- Ein Objekt ist eine Menge von Paaren der Form `Name:Wert`, die in geschweiften Klammern aufgeführt sind. Das entspricht einem Python-Dictionary.
- Ein Array ist eine geordnete Sequenz von Objekten, elementaren Werten oder anderen Arrays. Das entspricht einer Python-Liste.

Der folgende Text ist ein JSON-Objekt, das ein Telefonverzeichnis modelliert:

```
{"Tom": ["0172 567 343", "03202 67231"],
 "Anna": [],
 "Tina": ["0201 897551"]}
```

Dieser Text könnte z.B. in einer Datei oder einem Python-String gespeichert sein. Mit einem Aufruf der Funktion `loads()`aus dem Modul `json wird ein` String, der einen JSON-Text enthält, decodiert. Die Funktion berechnet zu dem JSON-Text eine passende Python-Datenstruktur und gibt sie zurück.

Beispiel:

```
import json
TEL = """{"Tom": ["0172 567 343", "03202 67231"],
         "Anna": [],
         "Tina": ["0201 897551"]}"""
tel = json.loads(TEL)
```

Der String `TEL` mit dem JSON-Objekt sieht genauso aus wie das Literal des zugehörigen Python-Dictionarys. Aber er sieht nur so aus. Beachten Sie: Der JSON-Standard bezieht sich nur auf die Syntax von Texten. JSON-Texte sind programmtechnisch einfach nur Zeichenketten, die nach bestimmten Regeln aufgebaut sind. Dagegen besitzt eine Struktur aus Dictionaries und Listen eine Semantik.

JSON	Python
`object`	`dict`
`array`	`list`
`string`	`str`
`number (integer)`	`int`
`number (floating point)`	`float`
`true`	`True`
`false`	`False`
`null`	`None`

Tabelle 26.7: Darstellung von JSON-Elementen durch Python

26.9.2 Decodierungsfehler

Der Text, der mit `load()` oder `loads()` decodiert wird, muss dem JSON-Format entsprechen. Wird ein Regelverstoß entdeckt, wird der Programmlauf abgebrochen. Die Fehlermeldung enthält einen Hinweis auf das Problem. Im folgenden Beispiel fehlt im zu decodierenden String ein Komma:

```
import json
TEL = """{"Tom": ["0172 567 343", "03202 67231"],
          "Anna": []
          "Tina": ["0201 897551"]}"""
tel = json.loads(TEL)
```

Nach dem Start erscheint in der Python-Shell eine Fehlermeldung. In der letzten Zeile ist eine Meldung des JSON-Decoders:

```
Traceback (most recent call last):
  ...
json.decoder.JSONDecodeError:
Expecting ',' delimiter: line 3 column 11 (char 72)
```

Beachten Sie, dass die Angabe der Fehlerposition sich auf den JSON-Text (und nicht auf den gesamten Programmtext) bezieht. Der Fehler wurde entdeckt, als der Decoder in der dritten Textzeile auf die Anführungszeichen stieß.

26.9.3 Ein Dictionary als JSON-Objekt speichern: Kompakt oder gut lesbar?

Mit Dictionaries und Listen kann man komplexe Strukturen modellieren. Ein solches Modell kann mit einem Aufruf von `dump()` in einer Textdatei als JSON-Objekt gespeichert werden. Den Vorgang nennt man (wie bei `pickle.dump()`) *Serialisieren*. Denn aus einer komplexen Struktur wird ein String, also eine lineare Folge (Serie) von Zeichen gebildet. Mit `dumps()` erzeugt man einen String mit dem JSON-Objekt, der später ausgegeben oder natürlich auch in einer Textdatei gespeichert werden kann.

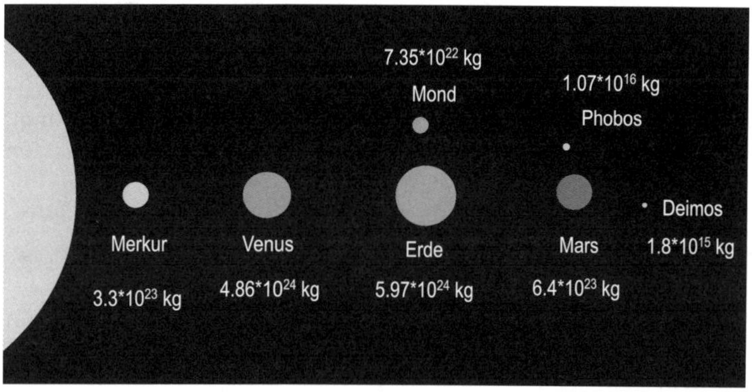

Abb. 26.8: Die ersten vier Planeten des Sonnensystems

Im folgenden Skript wird zunächst ein kleines Modell der ersten vier Planeten unseres Sonnensystems mit Dictionaries und Listen konstruiert und dann (in Zeile **#1**) in ein JSON-Objekt überführt, das auf dem Bildschirm ausgegeben wird.

Skript:

```
# planeten.py
planeten = {"Merkur":{"masse": 3.30e23, "monde": []},
     "Venus": {"masse": 4.86e24, "monde": []},
     "Erde": {"masse": 5.97e24,
        "monde": [{"name": "Mond",
                   "masse": 7.35e22}]},
     "Mars":   {"masse": 6.4e23,
        "monde": [{"Phobos": {"masse": 1.07e16}},
                  {"Deimos": {"masse": 1.8e15}}]}}

import json
p_json = json.dumps(planeten)                              #1
print(p_json)
```

Mit Schlüsselwortargumenten können Sie das Format eines JSON-Dokuments beeinflussen. Wenn – bei großen Datenmengen – die JSON-Datei möglichst wenige Zeichen enthalten soll, definieren Sie Separator-Strings ohne Leerzeichen. Ersetzen Sie Zeile **#1** des Skripts durch diese Anweisung:

```
p_json = json.dumps(p, separators=(",", ":"))
```

Der JSON-Text enthält nun kein einziges Leerzeichen.

Ausgabe:

```
{"Merkur":{"masse":3.3e+23,"monde":[]},"Venus":{"masse":4.86e+24,"monde
":[]},"Erde":{"masse":5.97e+24,"monde":[{"name":"Mond","masse":7.35e+22
}]},"Mars":{"masse":6.4e+23,"monde":[{"Phobos":{"masse":1.07e+16}},{"De
imos":{"masse":1800000000000000.0}}]}}
```

Möchten Sie das JSON-Objekt in einem gut lesbaren Format speichern (pretty printing), definieren Sie in einem Schlüsselwortargument eine Einrückung (engl. *indent*). Ersetzen Sie Zeile **#1** durch diese Anweisung:

```
p_json = json.dumps(p, indent=2)
```

Nun werden Zeilenumbrüche nach öffnenden Klammern eingefügt. Die neue Zeile ist um zwei Stellen eingerückt. Nach der zugehörigen schließenden Klammer wird die nächste Zeile wieder um zwei Stellen ausgerückt.

Ausgabe:

```
{
  "Merkur": {
    "masse": 3.3e+23,
    "monde": []
  },
  "Venus": {
    "masse": 4.86e+24,
    "monde": []
  },
  "Erde": {
    "masse": 5.97e+24,
    "monde": [
      {
        "name": "Mond",
        "masse": 7.35e+22
      }
    ]
  },
  "Mars": {
    "masse": 6.4e+23,
    "monde": [
      {
        "Phobos": {
          "masse": 1.07e+16
        }
      },
```

```
      {
        "Deimos": {
          "masse": 1800000000000000.0
        }
      }
    ]
  }
}
```

Wegen der vielen Leerzeichen benötigt diese Darstellung fast doppelt so viel Speicherplatz wie die kompakte Darstellung. (Prüfen Sie es nach!)

26.9.4 Projekt: Verarbeitung von Wetterdaten

Das Prototyp-Programm funktioniert so: Der Benutzer gibt die Postleitzahl einer deutschen Stadt ein.

- Wird ein ungültiger Wert eingegeben, gibt es eine Fehlermeldung und das Programm wartet auf eine neue Eingabe.
- Wird eine gültige Postleitzahl eingegeben (und der Ort ist in der Datenbank registriert), werden der Name des Ortes und aktuelle Wetterdaten ausgegeben. Anschließend wartet das Programm auf eine neue Eingabe.
- Wird einfach nur `Enter` gedrückt, endet der Programmlauf.

Beispieldialog:

```
Geben Sie die Postleitzahl einer Stadt in Deutschland ein.
PLZ: 584
Fehler. Vielleicht war die Postleitzahl ungültig.

PLZ: 58454
Wetterbericht für Witten:
Temperatur: 6.4 °C
Luftdruck: 999.0 bar

PLZ:
Auf Wiedersehen!
```

Vorbereitung

Das Programm verwendet einen Service von OpenWeatherMap. Die New Yorker IT-Firma bietet den Zugriff auf Wetterdaten für 200.000 Städte auf der ganzen Welt. Um den Dienst nutzen zu können, müssen Sie sich registrieren. Besuchen Sie die Webseite `https://openweathermap.org/api` und klicken Sie ganz oben auf SIGN UP. Für Bildungs- und wissenschaftliche Zwecke ist der Dienst völlig kostenlos. (Es gibt einige kleine Einschränkungen, die aber für unser Projekt keine Rolle spielen. Zum Beispiel können Sie nicht mehr als 60 Anfragen pro Minute absetzen.) Nach der Registrierung erhalten Sie einen API key. Das ist eine Folge aus 32 Hexadezimalziffern, die Sie für Anfragen benötigen. Sie können jederzeit weitere API keys erzeugen. Wenn Sie eingeloggt sind, wählen Sie dazu einfach die Registerkarte API KEYS.

JSON-Wetterdaten

Eine Anfrage nach aktuellen Wetterdaten kann z.B. folgendes Format haben:

```
http://api.openweathermap.org/data/2.5/weather?
zip={zip_code},{country_code}&APPID={API_key}
```

Dabei ist `{zip_code}` die Postleitzahl, `{country_code}` die zweistellige internationale Länderkennung (z.B. `de` für Deutschland) und `{API_key}` ein gültiger API key von *OpenWeatherMap*.

Der folgende Aufruf ruft die aktuellen Wetterdaten für einen Ort mit der Postleitzahl 58454 ab. Der Wert für `APPID` ist erfunden und muss durch einen gültigen API key ersetzt werden. Die Anfrage kann als *eine* Zeile in das Adressfeld eines Browsers eingegeben werden.

```
http://api.openweathermap.org/data/2.5/weather?
zip=58454,de&APPID=00112233445566778899aabbccddeeff
```

OpenWeatherMap liefert als Antwort einen JSON-Text, der z.B. so aussieht:

```
{"coord":{"lon":7.37,"lat":51.46},
"weather":[{"id":521,"main":"Rain",
            "description":"shower rain",
            "icon":"09d"}],
"base":"stations",
"main":{"temp":279.79,"pressure":999,"humidity":75,
        "temp_min":279.15,"temp_max":280.15},
"visibility":10000,"wind":{"speed":5.1,"deg":200},
"clouds":{"all":90},"dt":1514382600,
"sys":{"type":1,"id":4912,"message":0.005,
"country":"DE",
"sunrise":1514360148,"sunset":1514388492},
"id":0,"name":"Witten","cod":200}
```

Tabelle 26.8 erklärt die Bedeutung einiger Schlüssel:Wert-Paare eines solchen JSON-Objektes von OpenWeatherMap.

Schlüssel	Wert (Objekt)
`coord`	Längen- und Breitengrad des spezifizierten Ortes
`weather`	Beschreibung des momentanen Wetters
`wind`	Windgeschwindigkeit (in Meter pro Sekunde) und Windrichtung

Tabelle 26.8: Erklärung einiger Schlüssel:Wert-Paare eines JSON-Wetter-Objekts

Schlüssel	Wert (Objekt)
`main`	Beschreibung der wichtigsten Wetterdaten: `temp`: Temperatur (in Kelvin) `pressure`: Luftdruck (in hPa) `humidity`: Relative Luftfeuchtigkeit (in %) `temp_min`: Minimale momentane Temperatur im Stadtgebiet (in Kelvin) `temp_max`: Maximale Temperatur im Stadtgebiet
`visibility`	Sichtweite (in Meter)
`clouds`	Bedeckung des Himmels durch Wolken (in %)
`name`	Name der Stadt

Tabelle 26.8: Erklärung einiger Schlüssel:Wert-Paare eines JSON-Wetter-Objekts (Forts.)

Programmierung

Im folgenden Programmtext müssen Sie nur den angegebenen (erfundenen) API key durch Ihren (echten) API key ersetzen. Dann sollte das Programm funktionieren. Das Programm ist ein Prototyp, den Sie weiterentwickeln können. Falls Sie automatische Aufrufe des Wetter-Dienstes (in einer Schleife) programmieren wollen, sollten Sie darauf achten, dass die Anzahl der Aufrufe pro Minute nicht zu groß ist.

Skript:

```
# weather.py
import json
from urllib.request import urlopen
ID = "00112233445566778899aabbccddeeff"                             #1
URL = "http://api.openweathermap.org/data/2.5/
weather?zip={},de&APPID={}"
REPORT = """
Wetterbericht für {}:
Temperatur: {:.1f} °C
Lufdruck: {:.1f} bar
"""                                                                 #2
print("Geben Sie die Postleitzahl einer Stadt in Deutschland ein.")
city = input("PLZ: ")
while city:                                                         #3
    try:
        f = urlopen(URL.format(city, ID))                           #4
        data = json.load(f)                                         #5
        name_city = data["name"]
        temp = data["main"]["temp"]-273.15                          #6
        pressure = data["main"]["pressure"]
        print(REPORT.format(name_city, temp,
                            pressure))                              #7
    except:
```

```
        print("Fehler. Vielleicht war die Postleitzahl ungültig.")
    city = input("PLZ: ")       # end while
print("Auf Wiedersehen!")
```

Erläuterung:

#1: Diese erfundene Folge von 32 Zeichen muss durch einen gültigen API key von OpenWeatherMap ersetzt werden.

#2: Dieser lange String ist eine Schablone für einen Wetterbericht. Er enthält drei Platzhalter `{}`. Sie werden später bei der Formatierung in Zeile #7 durch Werte ersetzt. Dabei steht `{:.1f}` für eine Gleitkommazahl (`float`) mit einer Nachkommastelle.

#3: Solange der Benutzer einen nichtleeren String eingibt, wird der folgende (eingerückte) Anweisungsblock ausgeführt.

#4: Es wird zunächst ein URL konstruiert, der die eingegebene Postleitzahl und zur Identifikation den API key enthält. Dann wird mit diesem URL eine Anfrage an den Dienst OpenWeatherMap gesendet. Die Antwort (ein JSON-Text) wird im File-Objekt `f` gespeichert.

#5: Der JSON-Text wird decodiert und eine Python-Datenstruktur (ein Dictionary namens `data`) konstruiert.

#6: Im JSON-Objekt wird die Temperatur in Kelvin angegeben. Nun sind 0 K (absoluter Nullpunkt der Temperaturskala) -273,15 °C. Deshalb wird zur Temperatur in Kelvin 273,15 addiert, um die Temperatur in Grad Celsius zu erhalten.

#7: Die Schablone des Wetterberichts wird formatiert. Die Platzhalter werden durch den Namen der Stadt, die Temperatur und den Luftdruck ersetzt. Der formatierte String wird ausgegeben.

26.10 Aufgaben

Aufgabe 1

Eine kleine Fluglinie verbindet die Städte Berlin, Dortmund, Hamburg und München. Der Graph in Abbildung 26.9 zeigt den Flugverkehr zwischen diesen Städten. Modellieren Sie diesen Graphen durch ein geeignetes XML-Dokument.

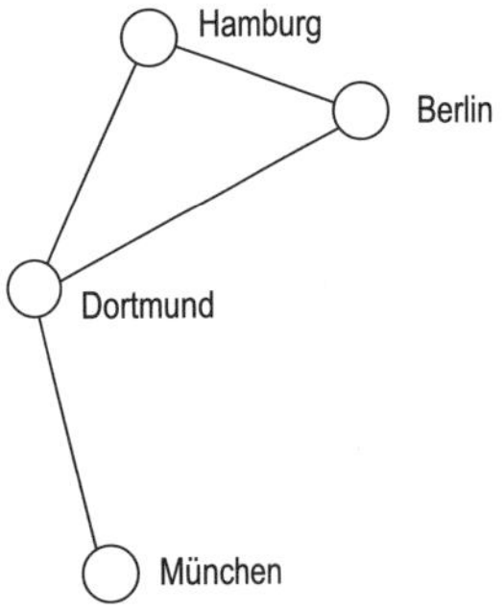

Abb. 26.9: Modellierung von Flugverbindungen durch einen ungerichteten Graphen

Aufgabe 2

Erweitern Sie die Definition der Klasse `Addresses` aus Abschnitt 26.7 um folgende Methoden:

```
def getAllAddresses (self):
```

Die Methode gibt ein Dictionary zurück, das zu jedem Namen eine Liste mit den E-Mail-Adressen der betreffenden Person enthält.

```
def getAddresses(self, name):
```

Liefert die E-Mail-Adressen der Person mit dem Namen `name`.

```
def insertPerson(self, name):
```

Eine neue Person mit Namen `name` wird in das DOM-Objekt eingefügt.

```
def removePerson (self, name):
```

Sämtliche Daten der Person mit Namen `name` werden entfernt.

26.11 Lösungen

Lösung 1

Im Prinzip wird dieser Graph durch Adjazenzlisten modelliert. Zu jedem Flughafen wird angegeben, zu welchen Zielen man von dort aus gelangen kann.

```
<?xml version="1.0" ?>
<fluglinie>
    <flughafen name="Dortmund">
        <ziel>München</ziel>
        <ziel>Hamburg</ziel>
        <ziel>Berlin</ziel>
    </flughafen>
    <flughafen name="Berlin">
        <ziel>Dortmund</ziel>
        <ziel>Hamburg</ziel>
    </flughafen>
    <flughafen name="München">
        <ziel>Dortmund</ziel>
    </flughafen>
    <flughafen name="Hamburg">
```

```
        <ziel>Dortmund</ziel>
        <ziel>Berlin</ziel>
    </flughafen>
</fluglinie>
```

Lösung 2

```
def getAllAddresses (self):
    # Liefert Dictionary, das zu jedem Namen eine Liste
    # mit den zugehörigen E-Mail-Adressen enthält
    d = {}
    for p in self.doc.getElementsByTagName("person"):
        name = p.getAttribute("name")
        emails = p.getElementsByTagName("email")
        d[name] = [e.firstChild.data for e in emails]
    return d
def getAddresses(self, name):
    # Liefert die E-Mail-Adressen der Person name
    for p in self.doc.getElementsByTagName("person"):
        if p.getAttribute("name") == name:
            emails = p.getElementsByTagName("email")
            return [e.firstChild.data for e in emails]

def insertPerson(self, name):
    # Fügt neue Person mit Namen name ein
    group = self.doc.documentElement
    person = self.doc.createElement("person")
    person.setAttribute("name", name)
    group.appendChild(person)

def removePerson (self, name):
    # Löscht Daten der Person mit Namen name
    for p in self.doc.getElementsByTagName("person"):
      if p.getAttribute("name") == name:
        self.doc.documentElement.removeChild(p)
        p.unlink()
```

Kapitel 27

Modellieren mit Kellern, Schlangen und Graphen

Es gibt eine Reihe von »nützlichen« Datenstrukturen, die für viele Problemstellungen verwendet werden können. Dazu gehören Stacks (Stapel, Keller), Queues (Schlangen) und Darstellungen von Graphen. In diesem Kapitel geht es darum, wie man diese Datenstrukturen, zusammen mit ihren typischen Operationen, als Python-Klassen implementiert und bei Problemlösungen anwendet.

27.1 Stack (Keller, Stapel)

Abstrakter Datentyp

Ein abstrakter Datentyp (ADT) ist (allein) über Operationen definiert, die man mit seinen Objekten ausführen kann. Die interne Struktur der Objekte – die Attribute – ist nach außen hin völlig unsichtbar. Es handelt sich um eine restriktive Form einer Klasse, in der das Geheimnisprinzip in besonders strenger Weise realisiert wird. Während in einer »normalen« Klasse über `setAttribut()`- und `getAttribut()`-Methoden der (kontrollierte) Zugriff auf einzelne Attribute möglich ist, ist bei einem ADT der direkte Zugriff grundsätzlich nicht gestattet. Ja, die Umwelt weiß nicht einmal, welche Attribute die Klasse besitzt.

Die Idee des Stacks

Ein Beispiel für einen abstrakten Datentyp ist ein Stack. Das Wort bedeutet im Deutschen so viel wie Stapel. Dennoch hat sich hierzulande auch die Bezeichnung Keller eingebürgert. Wie Sie gleich sehen werden, ist der Begriff Stapel eigentlich anschaulicher.

Das Prinzip eines Stacks ist aus vielen Alltagssituationen bekannt. Betrachten wir einige Beispiele (siehe Abbildung 27.1).

- Ein Stapel von Tellern in Ihrem Küchenschrank erlaubt nur zwei Zugriffsmöglichkeiten. Man kann (beim Ausräumen der Spülmaschine) einzelne Teller oben auf den Stapel legen und (beim Tischdecken) Teller oben vom Stapel nehmen. Nicht unterstützt wird der direkte Zugriff auf weiter unten liegende Teller. Es ist z.B. ziemlich schwierig, den untersten Teller herauszuziehen. Der Teller, den Sie als *letzten* aus der Spülmaschine genommen und auf den Stapel gelegt haben, nehmen Sie beim nächsten Tischdecken als *ersten* wieder heraus. Man nennt dieses Prinzip *last in first out* oder kurz *LIFO*. Ein Problem im Zusammenhang mit dem LIFO-Prinzip bei Tellerstapeln ist übrigens, dass die oberen Teller viel häufiger benutzt werden als die unteren. Vielleicht haben Sie in Ihrem Schrank sogar einen Teller, der noch niemals zum Einsatz gekommen ist.

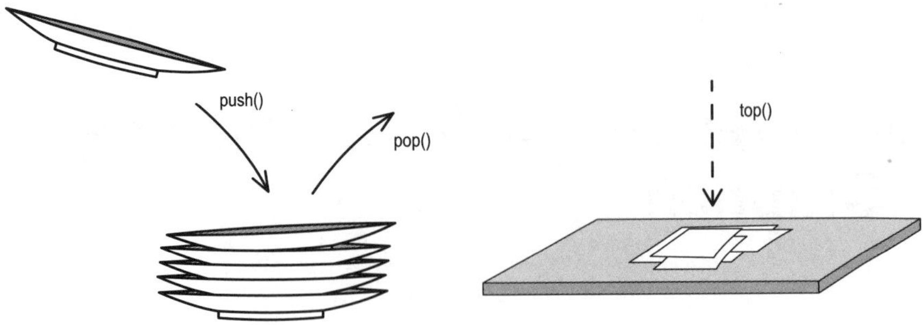

Abb. 27.1: Stacks im Alltag: Tellerstapel und Papiere auf dem Schreibtisch

- Auf jedem Schreibtisch sammelt sich im Laufe der Zeit (mindestens) ein Stapel von Papieren an: Notizzettel, Briefe, Kontoauszüge etc. Ein augenfälliges Merkmal eines solchen Zettelstapels ist, dass Sie nur den oberen lesen können. Die darunter liegenden sind verdeckt. Wenn Sie nach einer Notiz suchen, müssen Sie nacheinander von oben die Papiere lesen, wegnehmen und z.B. auf einen zweiten Stapel legen, bis Sie das benötigte Dokument gefunden haben. Sie können auch nicht feststellen, *wie viele* Papiere auf einem Stapel liegen. Denn es kann ja sein, dass unter einem großen Blatt ein kleiner Notizzettel verborgen ist. Das Einzige, was man mit einem Blick testen kann, ist, ob der Stapel *leer* ist. Übrigens: Auch ein leerer Stapel (ohne ein einziges Element) ist ein Stapel. Denn Sie haben auf Ihrem Schreibtisch vermutlich gewohnheitsmäßig eine Stelle (z.B. neben dem Monitor oder neben dem Telefon), an der Sie alle Zettel ablegen, bevor Sie sie abheften oder bearbeiten. Noch etwas: Indem Sie eine Stelle *bestimmen*, an der Sie Notizen ablegen, haben Sie bereits einen Stapel generiert – auch wenn er zunächst leer ist.

Die Beispiele haben alle Merkmale eines Stacks illustriert. Wir abstrahieren und fassen zusammen: Mit einem Stack lassen sich *genau* nachfolgende Operationen ausführen. Nach dem Doppelpunkt steht jeweils die gebräuchliche Operationsbezeichnung.

- Neuen (leeren) Stapel erzeugen: `Stack()`
- Das oberste Element des Stacks entfernen: `pop()`
- Auf den Stack ein neues Element legen: `push()`
- Das oberste Element des Stacks lesen: `top()`
- Testen, ob der Stack leer ist: `empty()`

Die Klasse Stack mit Python implementieren

Das folgende Skript enthält eine Klasse, die einen Stack implementiert, und ein kleines Hauptprogramm, das ein `Stack`-Objekt verwendet. Das Skript liest eine Zeichenkette ein und gibt die enthaltenen Zeichen in umgekehrter Reihenfolge wieder aus.

Skript:

```
# stacktext.py
class Stack:
    def __init__(self):                                          #1
        self.__content = []
```

```
    def push(self, item):                              #2
        self.__content = [item] + self.__content

    def top(self):                                     #3
        if not self.empty():
            return self.__content[0]

    def pop(self):                                     #4
        if not self.empty():
            item = self.__content[0]
            del self.__content[0]
            return item

    def empty(self):
        return self.__content == []                    #5

# Hauptprogramm zum Testen des Stacks
from stack import *
wort = input("Wort: ")
stapel = Stack()
for zeichen in wort:
    stapel.push(zeichen)
while not stapel.empty():
    print(stapel.pop(), end=" ")
```

Erläuterung:

#1: Die Elemente des Stacks werden in einer Liste gespeichert (privates Attribut `__content`), die nach außen nicht sichtbar ist. Bei der Initialisierung wird eine leere Liste erzeugt.

#2: An die interne Liste wird vorne ein neues Objekt angehängt. Achten Sie auf die eckigen Klammern. Die Liste mit dem einzigen Element `item` und die bestehende Liste `self. __content` werden konkateniert.

#3: Sofern die interne Liste nicht leer ist, wird das erste Element zurückgegeben. Der Zustand des `Stack`-Objektes bleibt unverändert.

#4: Eine Kopie des ersten Elementes der Liste wird zurückgegeben und das oberste (erste) Element vom Stack entfernt.

#5: Zurückgegeben wird `True`, falls der Stack leer ist. Dann hat die Gleichung `self. _content==[]` den Wahrheitswert WAHR. Sonst wird `False` zurückgegeben.

Programmlauf:

```
Wort: Kabeljau
u a j l e b a K
```

27.2 Queue (Schlange)

Der abstrakte Datentyp Queue stellt Warteschlangen dar. Sie sind den Menschen in modernen Industriegesellschaften bestens bekannt. Staus auf der Autobahn, Warteschlangen beim Check-in am Flughafen oder am Skilift gehören zu den eher unangenehmen Facetten unseres Alltags. Die Grundidee einer Warteschlange – sagen wir am Schalter einer Airline – ist, dass man sich hinten anstellen muss und derjenige, der zuerst gekommen ist und deshalb ganz vorne in der Schlange steht, als Erster bedient wird. Man nennt dieses Prinzip *first in first out* oder kurz *FIFO*. Die Operationen, die Queues ausführen können, sind folgende:

- Eine neue leere Queue erzeugen: `Queue()`
- Ein Objekt hinten an die Schlange anhängen: `enqueue()`
- Ein Objekt vorne von der Schlange entfernen: `dequeue()`
- Das vorderste Element lesen, ohne es aus der Schlange zu entfernen: `front()`
- Testen, ob die Schlange leer ist: `empty()`

Das folgende Skript zeigt, wie man eine Schlange mit Python auf der Basis einer Liste implementieren kann. Achtung! Speichern Sie das Skript nicht unter dem Namen `queue.py` ab. Denn es gibt bereits ein Standardmodul `queue`, in dem threadsichere Queues definiert sind (siehe nächster Abschnitt).

```
# queue_.py
class Queue:
    def __init__(self):
        self.__content=[]

    def empty(self):
        return self.__content ==[]

    def enqueue(self, item):
        self.__content += [item]

    def dequeue(self):
        if not self.empty():
            item = self.__liste[0]
            del self.__content[0]
            return item

    def front (self):
        if not self.empty():
            return self.__content[0]
```

Im folgenden Skript wird eine Schlange mit Inhalt gefüllt und anschließend der Inhalt wieder ausgegeben. Die Items werden in der gleichen Reihenfolge aus der Schlange geholt, wie sie eingegeben wurden.

```
#queue_test.py
from queue_ import Queue

q = Queue()
for i in range(5):
    q.enqueue(i)

while not q.empty():
    item = q.dequeue()
    print(item, end=" ")
```

Bildschirmausgabe:

```
0 1 2 3 4
```

Noch ein **Hinweis:** Kapitel 32 geht auf die Implementierung von Consumer-Producer-Prozessen mit dem Modul `multiprocessing` ein.

27.3 Graphen

Mit Graphen hatten wir uns schon in Kapitel 7 im Zusammenhang mit Mengen beschäftigt. Ein gerichteter Graph ist ein Modell zur Beschreibung von Objekten, die zueinander in einer Beziehung stehen. Die Objekte werden durch Knoten und die Beziehungen zwischen ihnen durch Kanten repräsentiert. Zeichnerisch stellt man die Knoten meist als Kreise oder Kästen und die Kanten als Pfeile dar.

Mathematisch definiert man einen Graphen `G` als Tupel, das aus einer Menge von Knoten `V` (*vertice*: engl. für Knoten) und einer Menge von Kanten `E` (*edge*: *engl.* für Kante) besteht:

```
G = (V,E)
```

Jede Kante in der Menge `E` wird durch ein Paar (v_i, v_j) dargestellt. Dabei sind v_i, v_j Knotennamen aus der Menge `V`.

Abbildung 27.2 zeigt ein Beispiel.

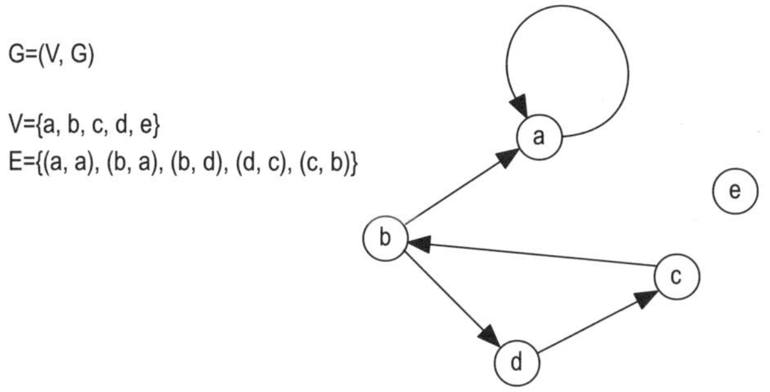

Abb. 27.2: Beispiel eines gerichteten Graphen

Knoten `e` ist mit keiner Kante verbunden, er ist isoliert. Graphen ohne isolierte Knoten heißen *zusammenhängend*. Eine Kante kann auch einen Knoten mit sich selbst verbinden, wie bei Knoten `a`. Ein *Weg* oder *Pfad* von Knoten v_1 zu Knoten v_2 in einem Graphen ist eine Folge von Knoten, die über Kanten so miteinander verbunden sind, dass v_2 von v_1 aus über die Knoten erreichbar ist. So gibt es im Beispiel von Knoten `b` zu Knoten `c` einen Weg, nämlich `[b, d, c]` mit den Kanten `(b, d)`, `(d, c)`. Manche Graphen enthalten *Zyklen*, das heißt, es gibt einen Knoten `v`, von dem aus ein Weg durch den Graphen wieder zu `v` führt. Oder anders ausgedrückt: Es gibt eine Folge von Kanten mit (v, v_{i1}), (v_{i1}, v_{i2}), ... ,(v_{in}, v). Im Beispielgraphen gibt es den Zyklus `(b, d)`, `(d, c)`, `(c, b)`.

Graphen sind ein außerordentlich vielseitiges Hilfsmittel zur Modellierung. Abbildung 27.3 zeigt einige Beispiele:

- Die Bedeutung von Begriffen kann als Hierarchie von Ober- und Unterbegriffen dargestellt werden. Die Kante `(a, b)` ist zu lesen als »a ist Oberbegriff von b«.
- In einem Stammbaum werden Verwandtschaftsbeziehungen modelliert. Die Kante `(a, b)` stellt die Beziehung »a ist Kind von b« dar.
- Viele Beispiele für Graphen kommen aus dem Bereich der Verkehrsnetze. So können Flugverbindungen durch gerichtete Graphen dargestellt werden. Hier bedeutet die Kante `(a, b)` »Es gibt eine direkte Flugverbindung von Flughafen a zu Flughafen b«.

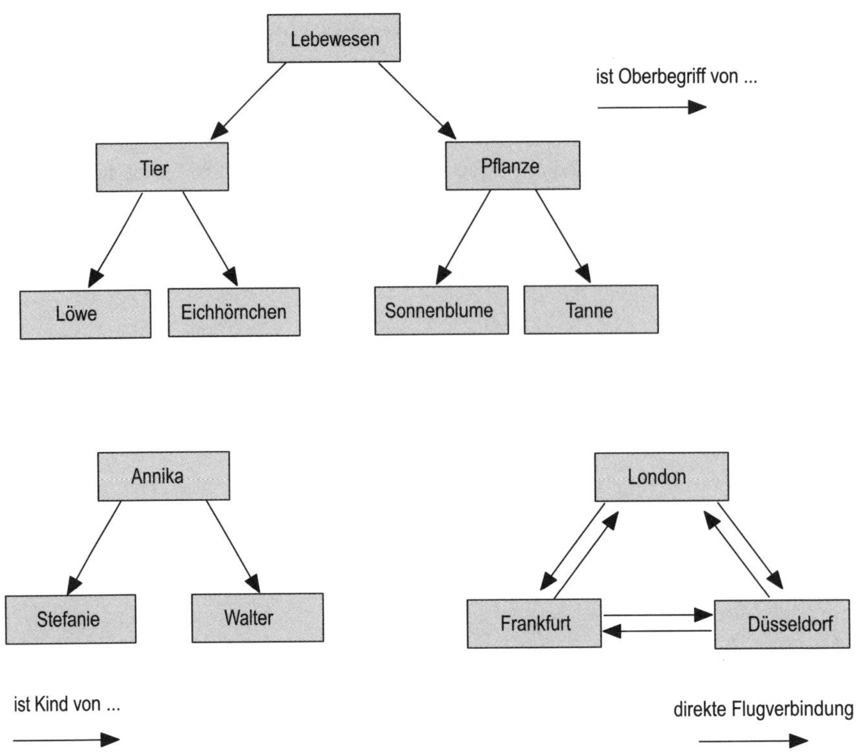

Abb. 27.3: Beispiele für gerichtete Graphen

Beim dritten Beispiel gibt es zwischen Knoten, die miteinander verbunden sind, Pfeile in *beide* Richtungen. Solche Graphen nennt man *ungerichtet*. Die Kanten werden dann vereinfachend durch Linien (ohne Pfeilspitzen) dargestellt. Ungerichtete Graphen spielen bei der Modellierung von Wegenetzen eine besondere Rolle, weil Wege meistens in beide Richtungen passierbar sind.

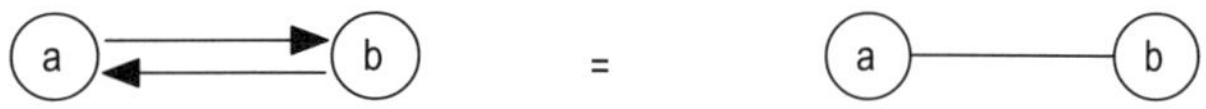

Abb. 27.4: Ungerichteter Graph

Darstellung eines Graphen mit Adjazenzlisten

Mit Graphen lassen sich Wegenetze beschreiben, wie z.B. die Wege, die man durch die Räumlichkeiten eines Hauses zurücklegen kann. Als Beispiel nehmen wir ein fiktives Institut für Verkehrstechnik, das sich z.B. in einem Gebäude einer Universität befinden kann. Am Eingang steht ein Computer, der in der Lage sein soll, einem Fremden bei der Suche nach einer Person oder einem Objekt im Institut zu helfen. Unser Ziel ist, einen »digitalen Wegweiser« zu programmieren, der den (kürzesten) Weg zu einem gewünschten Punkt (z.B. der Kaffeemaschine oder dem Institutsleiter) berechnet und ausgibt.

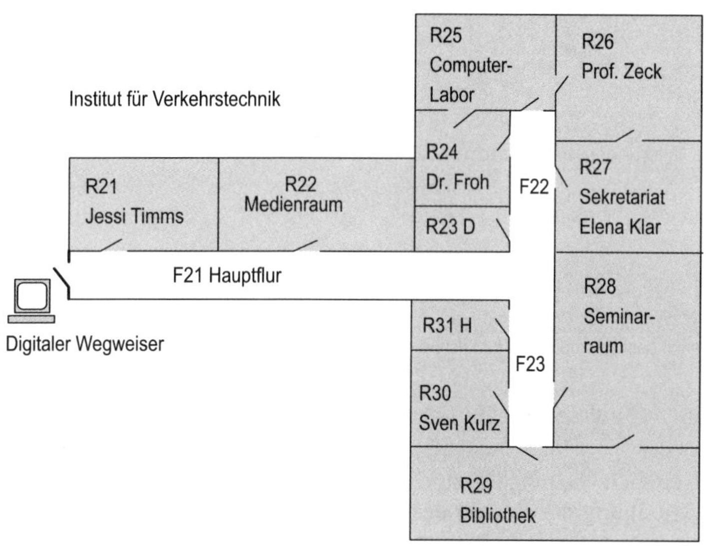

Abb. 27.5: Raumplan des Instituts für Verkehrstechnik

Der erste Schritt der Programmentwicklung ist die Modellierung durch einen Graphen. Jeder Raum (dazu zählen auch die Flure) wird durch einen Knoten repräsentiert. Übergänge zwischen Räumen – das sind fast immer Türen – sind die Kanten des Graphen. Abbildung 27.6 zeigt einen passenden ungerichteten Graphen. Das ist hier sinnvoll, weil man alle Übergänge in beide Richtungen durchschreiten kann. Beachten Sie aber, dass es in realen Gebäuden auch gerichtete Übergänge zwischen Räumen gibt. Man denke an Rolltreppen oder Türen, die sich (ohne Schlüssel) nur an einer Seite öffnen lassen (wie z.B. Haustüren).

Einen solchen Graphen kann man auf folgende Weise implementieren:

Jedem Knoten v aus V wird eine *Adjazenzliste* zugeordnet. Darunter versteht man eine Liste der Knoten, zu denen von diesem Knoten v aus eine Kante existiert (*adiacere*, lat.: anliegen, benachbart sein). Die Adjazenzliste von v ist also die Liste der »in einem Schritt« von v aus erreichbaren Knoten. Abbildung 27.7 zeigt ein UML-Klassensymbol für die Klasse `Knoten`, die wir später in unserer Implementierung verwenden werden.

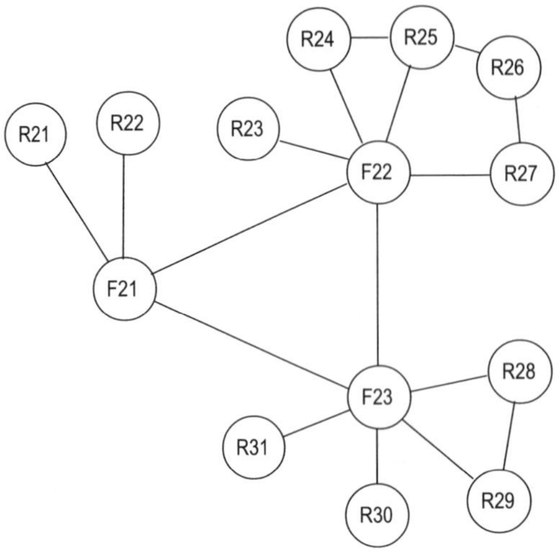

Abb. 27.6: Darstellung des Wegenetzes im Institut als Graph

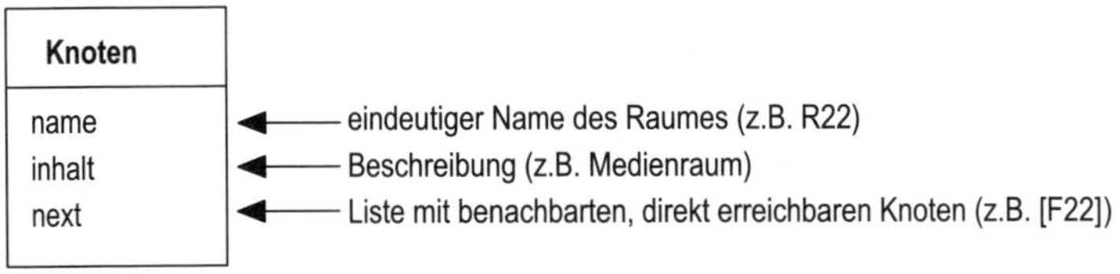

Abb. 27.7: UML-Klassensymbol für die Klasse `Knoten` mit Adjazenzliste `next`

Um das Python-Skript so einfach wie möglich zu machen, erstellen Sie mit einem Texteditor (oder IDLE) eine Beschreibung der Knoten des Graphen in einer Textdatei z.B. unter dem Dateinamen `institut.txt`. Jede Zeile enthält die Repräsentation eines Knotens. Dabei verwenden wir das `$`-Zeichen als primäres Trennsymbol. Am Beginn der Zeile bis zum ersten `$` steht das Attribut `name`, dann folgt eine Beschreibung des Raumes (Attribut `inhalt`) und schließlich nach dem zweiten `$` die Adjazenzliste (Attribut `next`) bestehend aus Knotennamen, die durch Leerzeichen getrennt sind (sekundäres Trennsymbol).

Inhalt der Textdatei:

```
F21$Hauptflur$F22 F23 R21 R22
F22$Nordflur$R23 R24 R25 R27 F23
F23$Südflur$R31 R30 R29 R28 F22
```

```
R21$Büro von Jessi Timms$F21
R22$Medienraum mit Beamer und Computer$F21
R23$WC Damen$F22
R24$Büro von Dr. Froh$F22 R25
R25$Computer-Labor$R24 F22 R26
R26$Büro Prof. Zecke$F22 R27 R25
R27$Vorzimmer Prof. Zecke, Elena Klar$R26 F22
R28$Seminarraum$F23 R29
R29$Bibliothek mit Kaffeemaschine$F23 R28
R30$Büro Sven Kurz$F23
R31$WC Herren$F23
```

Das folgende Python-Skript enthält Definitionen der Klassen `Knoten` und `Graph`. Die Klasse `Graph` repräsentiert einen Graphen in ihrem privaten Attribut `__knoten` durch ein Dictionary. Dieses ordnet einem Knotennamen (als Schlüssel) ein Objekt der Klasse `Knoten` (als Wert) zu. Bei der Initialisierung wird die oben beschriebene Textdatei gelesen und das Dictionary aufgebaut. Nach den Klassendefinitionen folgt ein zweizeiliges Hauptprogramm, das ein Objekt der Klasse `Graph` instanziiert und seine textuelle Beschreibung (sozusagen als Test) auf dem Bildschirm ausgibt.

Skript:

```
# wegesystem.py
# Repräsentation eines Wegesystems durch einen Graphen
class Knoten:
  def __init__(self,name,inhalt, next):
      self.name = name
      self.inhalt = inhalt
      self.next = next

  def __str(self):
        return "{}: {} {}". format(self.name, self.inhalt,
                                   str(self.next))

class Graph:
    def __init__(self, datei):
        self.__knoten = {}
        self.lade(datei)

    def lade (self, datei):
        f = open(datei, "r", encoding="utf-8")
        zeilenliste = f.readlines()                           #1
        f.close()
        for zeile in zeilenliste:
            name, inhalt, next = zeile.split("$")             #2
```

```
            self.__knoten[name] = Knoten(name, inhalt,
                                         next.split())          #3

    def __contains__(self, name):
        return name in self.__knoten.keys()                     #4

    def getAlleKnoten(self):                                    #5
        return self.__knoten.values()

    def getKnoten(self, name):                                  #6
        if name in self:
            return self.__knoten[name]

    def __str__(self):                                          #7
        beschreibung = ""
        for k in self.__knoten.values():
            beschreibung += str(k)+ "\n"
        return beschreibung

# Hauptprogramm
g = Graph("institut.txt")                                       #8
print(g)
```

Erläuterung:

#1: Die Textdatei wird gelesen und eine Liste aus Textzeilen (jeweils ein String) generiert.

#2: Jede Zeile wird in drei Stücke zerteilt und diese in einer einzigen Zuweisung den Variablen `name`, `inhalt` und `next` zugewiesen. Die String-Methode `split()` verwendet das `$`-Zeichen als Trennsymbol und leistet die Zerlegung. Beachten Sie, dass `next` keine Liste, sondern einen String mit lauter Knotennamen enthält, die jeweils durch ein Leerzeichen getrennt sind (z.B. `'F22 F23 R21 R22'`).

#3: Hier wird ein neues Knoten-Objekt erzeugt. Es erhält als Attributwerte die Werte der Variablen `name` und `inhalt` sowie eine Liste, die aus dem String in der Variablen `next` gebildet wird. Diese Liste wird durch einen Aufruf der String-Methode `split()` erzeugt. Sie zerlegt den String `next` und verwendet dabei das Leerzeichen als Trennsymbol. Das ist die Voreinstellung der `split()`-Methode, die zum Zuge kommt, wenn man sie – wie hier – ohne Argument aufruft.

#4: Die Methode überlädt den `in`-Operator. Sie liefert den Wahrheitswert WAHR genau dann, wenn der Graph einen Knoten mit dem Namen `name` enthält.

#5: Zurückgegeben wird eine Liste mit allen Knoten-*Objekten* (nicht Namen) des Graphen.

#6: Die Methode liefert zu einem Knotennamen ein Knoten-Objekt, falls ein Knoten mit dem übergebenen Namen existiert. Ansonsten wird das leere Objekt `None` zurückgegeben.

#7: Die Methode `__str__()` überlädt die Standardfunktion `str()` und erzeugt eine textuelle Beschreibung des Graphen.

#8: Das Hauptprogramm dient allein dem Testen der Klassendefinitionen. Ein Graph-Objekt mit dem Namen g wird instanziiert und dann seine Beschreibung ausgegeben.

Programmlauf:

Das Skript liefert folgenden Output. Beachten Sie, dass die Reihenfolge der Knotenbeschreibungen von der Reihenfolge in der Textdatei abweicht.

```
R30: Büro Sven Kurz ['F23']
R31: WC Herren ['F23']
F23: Südflur ['R31', 'R30', 'R29', 'R28']
F22: Nordflur ['R23', 'R24', 'R25', 'R27', 'F23']
F21: Hauptflur ['F22', 'F23', 'R21', 'R22']
R29: Bibliothek mit Kaffeemaschine ['F23', 'R28']
R28: Seminarraum ['F23', 'R29']
R27: Sekretariat und Vorzimmer, Elena Klar ['R26', 'F22']
R26: Büro Prof. Zeck ['R25', 'R27']
R25: Computer-Labor ['R24', 'F22', 'R26']
R24: Büro von Dr. Froh ['F22', 'R25']
R23: WC Damen ['F22']
R22: Medienraum mit Beamer und Computer ['F21']
R21: Büro von Jessi Timms ['F21']
```

Wegsuche in einem Graphen

Im nächsten Schritt erweitern wir die Klasse Graph um eine Methode, die den kürzesten Weg von einem Raum (Knoten) zu einem anderen findet. Mit »kurz« ist nicht die Entfernung in Metern gemeint, sondern der Weg soll durch möglichst wenige Räume führen. Das Problem kann man in zwei Teilprobleme aufteilen:

- Der Graph muss – von einem Startknoten ausgehend – systematisch durchsucht werden, so dass jeder Knoten nur *einmal* besucht wird. Ansonsten besteht die Gefahr, in einem Zyklus des Graphen »hängen zu bleiben«.
- Bei der Suche nach dem Ziel muss man sich den Rückweg zum Start merken. Mit dieser Information kann man den Weg konstruieren, sobald man am Ziel angelangt ist.

Für das systematische Durchsuchen verwenden wir ein Verfahren, das man *Breitensuche* nennt. Die Idee ist folgende:

Wir untersuchen die Adjazenzliste des Startknotens und merken uns die enthaltenen Knoten in einer Schlange. Dann besuchen wir der Reihe nach die Knoten der Schlange. Jedes Mal entnehmen wir der Adjazenzliste des gerade besuchten Knotens wieder neue Knoten des Graphen und fügen sie der Schlange hinzu, sofern wir sie nicht schon einmal besucht haben (Vermeidung von Zyklen). In dieser Weise fahren wir fort, bis wir entweder das Ziel erreicht oder alle Knoten besucht haben. Abbildung 27.8 illustriert diese Vorgehensweise. Man beginnt beim Startknoten und »sammelt« zuerst die Knoten, die man direkt erreichen kann, dann im zweiten Schritt die Knoten, die man über zwei Kanten erreichen kann, dann die Knoten, die man über drei Kanten erreichen kann, und so weiter. Mit jedem Schritt gelangt man zu Knoten, die vom Startpunkt weiter entfernt liegen. Man sucht in die Breite und findet so auf jeden Fall den kürzesten Weg zum Ziel.

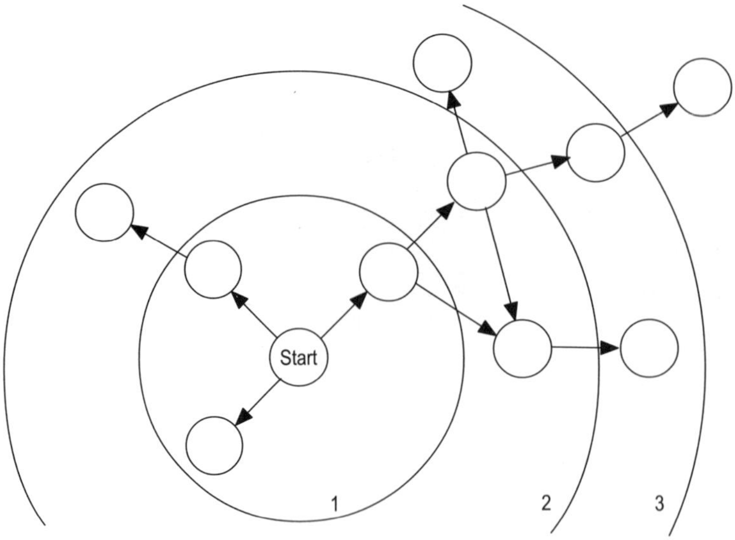

Abb. 27.8: Breitensuche

Das Struktogramm in Abbildung 27.9 beschreibt die Grundidee, wie die Breitensuche erweitert werden muss, damit man den kürzesten Weg vom Startknoten zum Zielknoten konstruieren kann. Weitere Einzelheiten entnehme man dem kommentierten Skript.

Algorithmus Wegsuche

Eingabe: Startknoten und Zielknoten
aktuell=Startknoten
Erzeuge leere Schlange s
Hänge an die Schlange s den Startknoten

Solange s nicht leer ist und aktuell nicht das Ziel ist, tue Folgendes:

- Entnimm der Schlange einen Knoten, nenne ihn aktuell und merke dir den Knoten in einer Liste bereits besuchter Knoten.
- Für jeden Knoten aus der Adjazenzliste von aktuell, der noch nicht besucht worden ist, tue Folgendes:
  - Klebe an den Knoten eine Haftnotiz, dass du ihn über Knoten aktuell erreicht hast.
    Hänge an die Schlange den Knoten samt Notizzettel an.

Ist Knoten aktuell das Ziel?

ja	nein
Rekonstruiere aus den Knoten mit Notizzetteln in der besucht-Liste den Weg vom Ziel rückwärts zum Start.	Ziel konnte nicht gefunden werden

Abb. 27.9: Struktogramm zur Wegsuche in einem Graphen

Skript:

Das Skript verwendet Objekte der Klassen `Stack` und `Queue`. Deren Definitionen werden importiert (`import Stack from stack` etc.) oder einfach in das Skript kopiert. Die Definition der Klasse `Graph` erweitern wir um die zwei Methoden `sucheZiel()` und `getWeg()`.

```
# wegsucher.py
class Queue:
...
class Stack:
...
class Knoten:
...
class Graph:
...

    def getWeg(self, start, ziel):
        """ liefert Weg von Knoten start zu Knoten ziel
            als Stack"""
        s = Queue()                                              #1
        besucht = [start]                                        #2
        aktuell = start
        s.enqueue(start)
        while aktuell != ziel and not s.empty():                 #3
            aktuell=s.dequeue()
            for name in aktuell.next:                            #4
                k = self.getKnoten(name)
                if k not in besucht:
                    k.previous = aktuell                         #5
                    s.enqueue(k)
                    besucht.append(k)                            #6
        if aktuell == ziel:        # Weg gefunden
            weg = Stack()                                        #7
            weg.push(ziel)
            k = ziel
            while k != start:
                weg.push(k.previous)
                k = k.previous
            return weg

    def sucheKnoten(self, wort):
        """ liefert Knoten, in dessen Inhalt wort vorkommt"""
        for k in self.getAlleKnoten():
```

```
            if k.inhalt.count(wort) > 0:                         #8
                return k

# Hauptprogramm
print("Hallo, ich bin der digitale Wegweiser des Instituts.")
print("Wohin wollen Sie? ")
wort = input("Ziel: ")
while wort:
    ziel = g.sucheKnoten(wort)
    if ziel:
        weg = g.getWeg(g.getKnoten("F21"), ziel)                 #9
        print("Wegbeschreibung: ")
        while not weg.empty():
            print(weg.pop().inhalt)                              #10
    else:
        print("Ziel ist nicht erreichbar.")
    wort = input("Ziel: ")
print("Auf Wiedersehen! ")
```

Erläuterung:

#1: Eine leere Schlange wird generiert.

#2: Die Liste mit den bereits besuchten Knoten enthält anfangs allein den Startknoten.

#3: Solange das Ziel nicht erreicht ist und die Schlange mit den noch zu untersuchenden Knoten nicht leer ist, wird die Suche fortgesetzt.

#4: Beachten Sie, dass die Adjazenzliste `next` nur *Namen* von Knoten enthält und nicht die Knoten-*Objekte* selbst. Die Objekte müssen mit `getKnoten()` ermittelt werden.

#5: Achtung! Hier wird ein spezielles Feature von Python genutzt. Ein Knoten-Objekt `k`, dessen Aufbau in der Definition der Klasse `Knoten` beschrieben worden ist, wird dynamisch um ein weiteres Attribut namens `previous` erweitert. Dieses enthält das Knoten-*Objekt* `aktuell` (nicht nur dessen Namen), von dem aus der Knoten `k` über eine Kante erreicht worden ist. Falls `k` auf dem Weg vom Start zum Ziel liegt (noch wissen wir das nicht), ist `previous` der Vorgänger auf dem Weg vom Start zum Ziel. Das neue Attribut ist die »Haftnotiz«, mit deren Hilfe später der Weg zum Ziel konstruiert wird.

#6: Knoten-Objekt `k` wird (samt »Notiz«) an die `besucht`-Liste angehängt.

#7: Mithilfe eines Stacks wird nun der Weg konstruiert. Wir beginnen mit dem Zielknoten. Er wird als Erstes auf den Stapel gelegt. Danach folgt der Vorgänger des Zielknotens (`previous`) und so weiter, bis wir am Startknoten angelangt sind (Abbildung 27.10).

Beachten Sie, dass diese Methode keine übliche Liste, sondern einen Stack mit den Knoten des Weges zurückgibt.

#8: In dieser Methode wird der Knoten gesucht, der in seinem Attribut `inhalt` einen String besitzt, der die Zeichenkette `wort` als Substring enthält. Der Aufruf der String-Methode `count(wort)` liefert die Anzahl der Vorkommen des Strings `wort`. Wenn diese Zahl größer als null ist, ist das Wort enthalten. Wird ein geeigneter Knoten gefunden, wird die `return`-Anweisung ausgeführt und die Ausführung der Methode sofort abgebrochen. Wird kein Knoten gefunden, so wird keine `return`-Anweisung ausgeführt und die Methode gibt das leere Objekt `None` zurück.

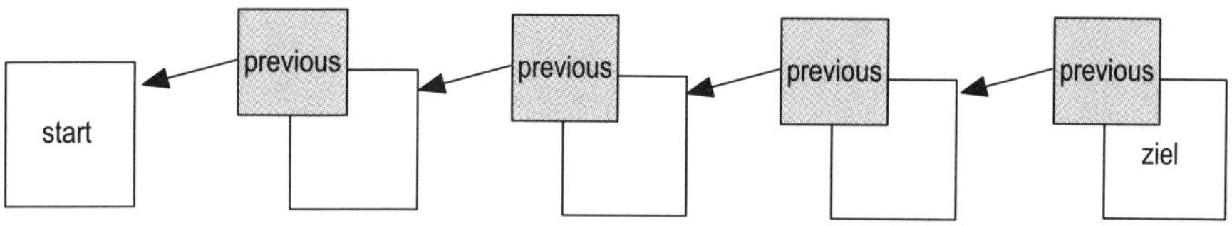

Abb. 27.10: Konstruktion des Weges über Vorgänger

#9: Hier wird die `getWeg()`-Methode des `Graph`-Objektes `g` aufgerufen. Wir gehen davon aus, dass der Startpunkt der Wegsuche immer der Hauptflur des Gebäudes, also Knoten `F21` ist.

#10: Der Stack namens `weg` enthält die Knoten des Weges in der richtigen Reihenfolge, beginnend mit dem Startknoten. Sie werden mit `pop()` nacheinander vom Stapel heruntergenommen und ihre Beschreibung (Attribut `inhalt`) ausgegeben.

Programmlauf:

```
Hallo, ich bin der digitale Wegweiser des Instituts.
Wohin wollen Sie?
Ziel: Zeck
Wegbeschreibung:
Hauptflur
Nordflur
Computer-Labor
Büro Prof. Zeck
Ziel: Kaffee
Wegbeschreibung:
Hauptflur
Südflur
Bibliothek mit Kaffeemaschine
Ziel:
Auf Wiedersehen!
```

27.4 Aufgaben

Aufgabe 1

Schreiben Sie ein Skript, das eine Warteschlange beim TÜV simuliert. Die Benutzungsoberfläche besteht aus einem kleinen Menü, das folgende Operationen ermöglicht:

- Eingabe des Autokennzeichens eines neuen Kunden und Anhängen an die Warteschlange

- Ausgabe des Autokennzeichens desjenigen Kunden, der als Nächster dran ist, und Entfernen von der Warteschlange
- Beenden des Programms (ist nur möglich, wenn die Warteschlange leer ist)

Hinweis: Verwenden Sie die Klasse `Queue` aus Abschnitt 27.2.

Beispieldialog:

```
Warten beim TÜV

(N)euerKunde
(A)bfertigen des nächsten Kunden
(E)nde

Auswahl: n
Kennzeichen: B-OX 234
(N)euerKunde
(A)bfertigen des nächsten Kunden
(E)nde

Auswahl: e
Es warten noch Kunden!
(N)euerKunde
(A)bfertigen des nächsten Kunden
(E)nde

Auswahl: a
Der nächste ist: B-OX 234
(N)euerKunde
(A)bfertigen des nächsten Kunden
(E)nde

Auswahl: e
Ich wünsche einen schönen Feierabend!
```

Aufgabe 2

Schreiben Sie a) eine rekursive und b) eine nicht rekursive Funktion, die die Anzahl der Elemente in einem Stack ermittelt. Beachten Sie:

- In der Funktion können und dürfen ausschließlich Stack-Operationen verwendet werden. Denn die interne Struktur des Stacks ist unbekannt.
- Der Stack muss nach der Ausführung der Funktion wieder im Originalzustand sein.

Aufgabe 3

Schreiben Sie eine Prozedur (Funktion ohne `return`-Anweisung), die die Reihenfolge der Objekte in einer Schlange genau umdreht. Verwenden Sie als Hilfsobjekt einen Stack.

Aufgabe 4

Zur Vorbereitung einer Party überlegt sich Jenny, welche Gäste sie einladen wird: »Nun ja ... es kommen Lukas, Birgit, Anna, Cornelia, Dennis und Max. Lukas findet mich nett, Cornelia mag Lukas, aber auch Anna ist in Lukas verknallt. Max liebt nur sich selbst und ahnt nicht, dass Birgit ein Auge auf ihn geworfen hat. Ich stehe auf Dennis. Tja, Birgit und ich sind wirklich dicke Freundinnen ... Sie hat mir auch erzählt, dass Dennis letzte Nacht von mir geträumt hat. Wird bestimmt 'ne tolle Party morgen. Ich glaube, es wird einiges passieren ...«

Entwickeln Sie ein Soziogramm von Jenny und ihren Gästen und stellen Sie es als gerichteten Graphen dar. Person 1→Person 2 bedeutet: Person 1 mag Person 2.

27.5 Lösungen

Lösung 1

```
# warteschlange.py
from queue_ import Queue                                          #1
menuetext = """(N)euerKunde
(A)bfertigen des nächsten Kunden
(E)nde
"""
print("Warten beim TÜV")
print()
warteschlange = Queue_()                                          #2
wahl="x"
while not ((wahl in "eE") and    warteschlange.empty()):
    print(menuetext)
    wahl = input('Auswahl: ')
    if wahl in "nN":
        kennzeichen = input("Kennzeichen: ")
        warteschlange.enqueue(kennzeichen)                        #3
    elif wahl in "aA":
        if not warteschlange.empty():
            print("Der Nächste ist: ",
                 warteschlange.dequeue())                         #4
        else:
            print("Warteschlange ist leer")
    elif (wahl in "eE") and not warteschlange.empty():
        print("Es warten noch Kunden!")                           #5
print("Ich wünsche einen schönen Feierabend! ")
```

Erläuterung:

#1: Die Datei `queue_.py` befindet sich im gleichen Verzeichnis wie das Skript und enthält die Definition der Klasse `Queue` wie in Abschnitt 27.2. Das Modul hat den Namen `queue_` (mit Unterstrich am Ende), weil es das Standardmodul `queue` schon gibt.

#2: Instanziierung der Warteschlange.

#3: Der String mit dem Kennzeichen wird an die Warteschlange angehängt.

#4: Sofern die Warteschlange nicht leer ist, wird das vorderste Element entnommen und auf dem Bildschirm ausgegeben.

#5: Das Programm darf erst beendet werden, wenn alle Kunden bedient worden sind.

Lösung 2

a) Rekursive Funktion

```
def laengeRek(stapel):
    if stapel.empty():                          #1
        return 0
    else:
        hilf = stapel.pop()
        laenge = 1 + laengeRek(stapel)          #2
        stapel.push(hilf)                       #3
        return laenge
```

Erläuterung:

#1: Abbruch der Rekursion, wenn der Stapel leer ist

#2: Rekursiver Aufruf der Funktion mit kleinerem Stack (oberstes Element wurde entfernt)

#3: Originalzustand des Stacks wird wieder hergestellt.

b) Nicht rekursive Funktion

```
def laenge(stapel):
    i =0                                        #1
    hilf = Stack()
    while not stapel.empty():                   #2
        i += 1
        hilf.push(stapel.pop())
    while not hilf.empty():                     #3
        stapel.push(hilf.pop())
    return i
```

Erläuterung:

#1: Zähler wird initialisiert.

#2: Solange der Stapel nicht leer ist, wird der Zähler um eins erhöht und das mit `pop()` entfernte Element auf dem Hilfsstapel zwischengelagert.

#3: Originalzustand des Stacks wird wieder hergestellt, indem die geretteten Elemente vom Hilfsstapel zurücktransportiert werden.

Lösung 3

```
def umdrehen(schlange):
    stapel = Stack()
    while not schlange.empty():
        stapel.push(schlange.dequeue())
    while not stapel.empty():
        schlange.enqueue(stapel.pop())
```

Lösung 4

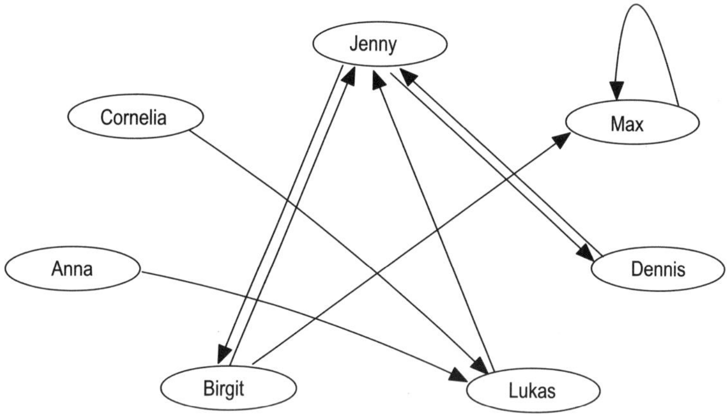

Abb. 27.11: Soziogramm von Jennys Partygästen

Kapitel 28

Benutzungsoberflächen mit Qt

In den Kapiteln 15 bis 19 wurde in die Gestaltung von grafischen Benutzungsoberflächen mit tkinter eingeführt. Das Modul PyQT bietet noch viele weitere und modernere Funktionen, wie z.B. Wiedergabe von Videos oder Funktionen eines Webbrowsers. Dieses und das nächste Kapitel konzentrieren sich vor allem auf die Grundideen von Qt und die zusätzlichen Möglichkeiten des GUI-Designs, die über tkinter hinausgehen.

28.1 Was bietet PyQT5?

PyQT5 ist eine Python-Bibliothek, mit der Sie eine grafische Benutzungsoberfläche auf der Basis von QT entwickeln können. PyQT5 enthält über 620 Klassen und 6.000 Funktionen und Methoden. Es wurde von der englischen Firma Riverbank entwickelt und läuft auf allen gängigen Plattformen. Sie finden eine freie Version (GPL-Lizenz) für Ihr System auf der Downloadseite `https://riverbankcomputing.com/software/pyqt/download`.

Am einfachsten installieren Sie PyQt5 mit dem Programm pip3. Öffnen Sie ein Terminalfenster (unter Windows EINGABEAUFFORDERUNG, unter macOS TERMINAL) und geben Sie folgendes Kommando ein:

```
pip3 install pyqt5
```

Wenn Sie PyQt5 für eine bestimmte Python-Version installieren wollen, rufen Sie pip3 als Modul von der gewünschten Python-Version aus auf, z.B.:

```
/python37/python -m pip3 install PyQt5
```

Modul	Erklärung
QtCore	Basisfunktionen, die nicht direkt mit Grafik zu tun haben, z.B. Zeitfunktionen, Datei- und Verzeichnisverwaltung
QtGui	Klassen für Fenster-Management, Event-Verarbeitung, 2D-Grafik, Bildverarbeitung, Text
QtWidgets	Klassen für die klassischen Elemente einer grafischen Benutzungsoberfläche
QtMultimedia	Klassen zur Verarbeitung von Multimedia-Inhalten, Zugriff auf die Kamera etc.
QtBluetooth	Verbindung zu externen Geräten über Bluetooth
QtNetwork	Klassen für die Netzwerk-Programmierung
QtPositioning	Klassen zur Ermittlung der geografischen Position (z.B. über Satellit)

Tabelle 28.1: Einige Module von PyQT5

Modul	Erklärung
`QtWebEngineWidgets`	Klassen zur Implementierung eines Webbrowsers
`QtSvg`	Klassen zur Darstellung von Vektorgrafiken (SVG-Dateien)
`QtSql`	Klassen für den Zugriff auf SQL-Datenbanken

Tabelle 28.1: Einige Module von PyQT5 (Forts.)

28.1.1 PyQt5 erkunden

Eine komplette Dokumentation der einzelnen Klassen finden Sie z.B. hier: `http://pyqt.sourceforge.net/Docs/PyQt5/`. Zu jeder Klasse ist ein Link angegeben. Wenn Sie den Links folgen, gelangen Sie zu der Qt-Dokumentation in C++. Doch die Namen der Attribute und Methoden sind die gleichen wie bei Python. Am praktischsten ist vielleicht die `help()`-Funktion. Mit ihr erhalten Sie eine Dokumentation direkt in Ihrem Editor. Probieren Sie aus (IDLE):

```
>>> from PyQt5 import QtCore
>>> dir(QtCore)
```

Sie erhalten eine Liste mit 244 Namen von Konstanten, Klassen und Funktionen, die in dem Modul `QtCore` definiert sind.

```
>>> help(QtCore)
```

Es dauert ein paar Sekunden, und dann erscheint im Editorfenster eine Dokumentation im Umfang von mehr als 30.000 Zeilen. Zu viel, um handhabbar zu sein. Nehmen wir an, Sie wollen etwas über die Klasse `QUrl` erfahren. Diese Klasse aus dem Modul `QtCore` modelliert URLs, also Internet-Adressen.

```
>>> help(QtCore.QUrl)
```

Nun erscheinen nur noch 300 Zeilen, in denen die Attribute und Methoden dieser Klasse aufgeführt werden.

28.2 Wie arbeitet PyQt? Applikation und Fenster

Beginnen wir mit einem kleinen Programm, das ein leeres Fenster auf dem Bildschirm darstellt (Abbildung 28.1).

Abb. 28.1: Das Fenster einerPyQt5-Anwendung

```
# hello_qt.pyw
import sys
from PyQt5.QtWidgets import QApplication, QWidget
app = QApplication(sys.argv)                            #1
w = QWidget()                                           #2
w.resize(250, 100)                                      #3
w.setWindowTitle("Hallo Qt")                            #4
w.show()                                                #5
sys.exit(app.exec_())                                   #6
```

Erläuterung:

#1: Für jede PyQt-Anwendung muss ein Objekt der Klasse `QApplication` erzeugt werden. Der Parameter `sys.argv` ist die Liste der Kommandozeilenargumente. Ein Python-Skript kann auf der Kommandozeile gestartet werden und dabei können Argumente übergeben werden, die im Programm verarbeitet werden und seinen Lauf beeinflussen.

#2: Hier wird ein Fenster erzeugt. Ein Fenster (*window*) ist ein `QWidget`-Objekt ohne Eltern-Objekt (*parent*).

#3: Das Fenster erhält die Breite 250 px und die Höhe 150 px.

#4: Das Fenster erhält den Titel *Hallo Qt*. Der Titel wird im oberen Rahmen des Fensters angezeigt.

#5: Bisher war das Fenster noch unsichtbar. Erst mit diesem Kommando wird es auf dem Bildschirm dargestellt.

#6: Mit diesem Kommando wird die Benutzungsoberfläche aktiviert und in ihre Hauptschleife gebracht. Das entspricht dem `mainloop()`-Befehl bei tkinter. Ab jetzt beginnt das Eventhandling. Das heißt, Ereignisse wie z.B. Anklicken einer Schaltfläche der Applikation werden vom Betriebssystem an die Anwendung weitergeleitet. Die Ausführung der Applikation endet, wenn das Fenster geschlossen wird. Die Funktion `sys.exit()` garantiert ein sauberes Beenden. Die Methode `exec_()` des `QApplication`-Objektes hat einen Unterstrich, weil `exec` bei Python ein reserviertes Schlüsselwort ist und deshalb nicht als Name verwendet werden kann.

28.3 Eine objektorientierte Anwendung mit PyQt5

Wie viele Python-Bibliotheken unterstützt PyQt5 verschiedene Programmierstile. Das erste Programmbeispiel im vorigen Abschnitt war prozedural und enthielt noch keine Klassendefinition. Das folgende Skript ist objektorientiert und erzeugt ein Anwendungsfenster mit einer Weltkugel als Programm-Icon in der oberen linken Ecke des Rahmens.

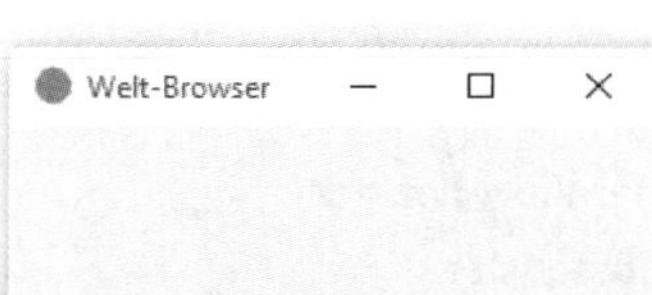

Abb. 28.2: Fenster mit stilisierter Weltkugel als Programm-Icon

Das Bild der Weltkugel ist eine kleine PNG-Bilddatei, die in diesem Fall im gleichen Ordner wie das Programm gespeichert ist.

```
# welt_browser.pyw
import sys
from PyQt5.QtWidgets import QApplication, QWidget
from PyQt5.QtGui import QIcon

class Window(QWidget):                                          #1
    def __init__(self):
        super().__init__()                                      #2
        self.resize(250, 100)
        self.setWindowTitle('Welt-Browser')
        self.setWindowIcon(QIcon("welt.png"))                   #3
        self.show()                                             #4

app = QApplication(sys.argv)
w = Window()                                                    #5
sys.exit(app.exec_())
```

Erläuterung:

#1: Die Klasse `Window` ist von der Basisklasse `QWidget` abgeleitet. Sie stellt ein Widget ohne Eltern (also ohne übergeordnetes Widget) dar und modelliert das Anwendungsfenster.

#2: Hier wird die Initialisierungsmethode der übergeordneten Klasse (Basisklasse) `QWidget` aufgerufen. Die Funktion `super()` liefert das Klassenobjekt `QWidget`. Sie hätten also auch `QWidget.__init__(self)` schreiben können.

#3: Im gleichen Verzeichnis, in dem Python-Datei gespeichert ist, befindet sich die Bilddatei `welt.png`. Durch einen Aufruf des Konstruktors `QIcon()` wird ein `QIcon`-Objekt erzeugt. Das Argument ist ein String mit dem Pfad zur Bilddatei (hier nur der Dateiname). Mit der Methode `setWindowIcon()` wird das Icon in die linke obere Ecke des Rahmens gesetzt. Es taucht dann übrigens auch in untergeordneten Fenstern (z.B. Messageboxen) auf.

#4: Das Anwendungsfenster sorgt selbst dafür, dass es sichtbar gemacht wird.

#5: Ein Objekt der neuen Klasse `Window` wird erzeugt und erscheint sofort auf dem Bildschirm.

28.4 Ein Webbrowser

In diesem Projekt entwickeln Sie einen kleinen Webbrowser und erfahren in diesem Zusammenhang, wie man mit PyQt5 die drei Schritte der Gestaltung einer Benutzungsoberfläche umsetzt:

- Definition von Widgets (hier: Eingabezeile, Schaltfläche, View-Fenster)
- Layout, d.h. die Anordnung der Widgets im Applikationsfenster
- Verknüpfung interaktiver Widgets (z.B. Schaltfläche) oder Tastatur-Events mit Methoden

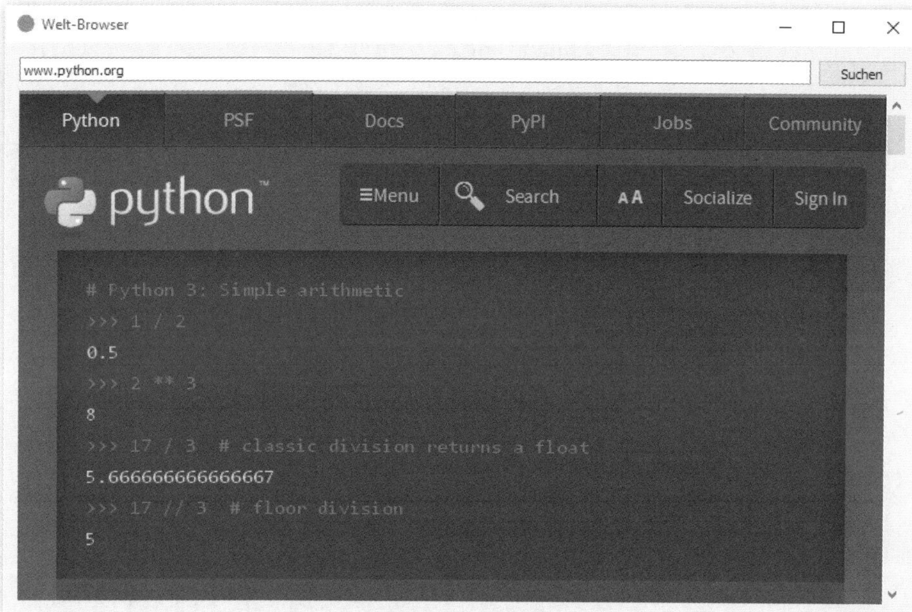

Abb. 28.3: Ein Webbrowser mit Eingabezeile für Adressen, Schaltfläche und Browserfenster

Hinweis: Wahrscheinlich müssen Sie das Modul `PyQtWebEngine` nachinstallieren:

```
pip3 install PyQtWebEngine
```

Skript:

```
# browser.pyw
import sys
from PyQt5.QtCore import *
from PyQt5.QtGui import *
from PyQt5.QtWidgets import *

from PyQt5.QtWebEngineWidgets import *

class Browser(QWidget):
    def __init__(self):
      super().__init__()
      self.setWindowTitle("Welt-Browser")                          #1

      # Widgets                                                     #2
      self.setWindowIcon(QIcon("welt.png"))
      self.webView = QWebEngineView(self)                          #3
```

```
        self.addressBar = QLineEdit(self)                              #4
        self.searchButton=QPushButton("Suchen", self)                  #5

        # Layout
        hbl = QHBoxLayout()                                            #6
        hbl.addWidget(self.addressBar)                                 #7
        hbl.addWidget(self.searchButton)
        vbl = QVBoxLayout()                                            #8
        vbl.addLayout(hbl)
        vbl.addWidget(self.webView)
        self.setLayout(vbl)                                            #9

        # Connections
        self.addressBar.returnPressed.connect(self.search)
        self.searchButton.clicked.connect(self.search)                 #10

        self.show()

    def search(self):
        # Zeige Webseite mit angegebener Adresse
        address = str(self.addressBar.text())                          #11
        if address:                                                    #12
            if "://" not in address:
                address = "http://" + address                          #13
            url = QUrl(address)                                        #14
            self.webView.load(url)                                     #15

app = QApplication(sys.argv)
browser = Browser()
sys.exit(app.exec_())
```

Erläuterung:

#1: Zuerst wird dem Anwendungsfenster der Titel `Welt-Browser` zugewiesen, der im oberen Rand des Fensters angezeigt wird.

#2: In diesem Abschnitt werden alle Widget-Objekte definiert.

#3: Hier wird ein `QWebEngineView`-Objekt erzeugt, das eine Webseite (HTML-Dokument) interpretiert und anzeigt. Das Argument `self` bewirkt, dass dieses Widget dem Anwendungsfenster (Objekt der Klasse `Browser`) untergeordnet wird. Es ist ein »Kind« (child) des »Eltern«-Widgets (parent).

#4: Eine Eingabezeile (zur Eingabe eines URL) wird erzeugt. Mit dem Argument `self` wird dieses Widget ein Kind (child) des Anwendungsfensters.

#5: Eine Schaltfläche mit Aufschrift SUCHEN wird erzeugt. Auch dieses Widget ist ein Kind des Anwendungsfensters.

#6: Die lokale Variable `hbl` ist ein horizontales Box-Layout. Ein solches Layout-Objekt kann man sich als Zeile eines Setzkastens vorstellen.

#7: Mit der Methode `addWidget()` werden in das Box-Layout (immer an der rechten Seite) Widgets eingefügt (siehe Abbildung 28.4) – zunächst die Eingabezeile und dann die Schaltfläche SUCHEN.

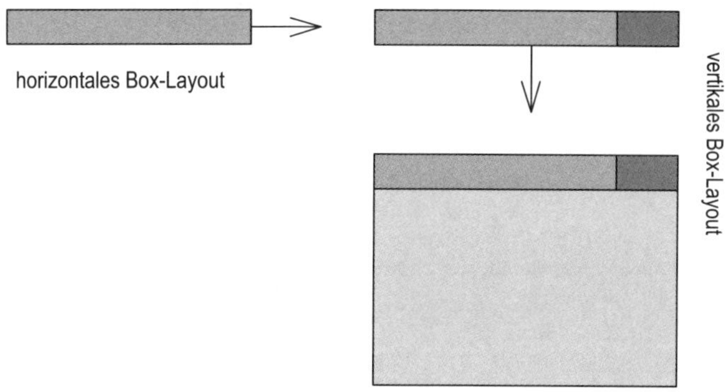

Abb. 28.4: Die Idee des Box-Layouts bei Qt

#8: Die lokale Variable `vbl` ist ein vertikales Box-Layout. Darin werden nun (immer am unteren Rand) zunächst das horizontale Layout (mit Adresszeile und Schaltfläche) und dann das Widget mit dem Browserfenster eingefügt (siehe Abbildung 28.4).

#9: Das vertikale Box-Layout enthält alle Widgets. Es wird nun dem Anwendungsfenster zugewiesen.

#10: Interaktive Widgets senden Signale, wenn sie benutzt werden. Hier werden die Verbindungen zwischen Signalen und der Methode `search()` hergestellt. Während des Programmlaufs wird die Methode `search()` immer dann aufgerufen, wenn man in der Eingabezeile etwas eingibt und dann die Taste [Enter] drückt (`returnPressed`-Signal) oder wenn man die Schaltfläche SUCHEN anklickt (`clicked`-Signal).

#11: Aus dem Inhalt der Eingabezeile für die Adresse wird ein String erzeugt und in der Variablen `address` gespeichert.

#12: Falls der String nicht leer ist (dann hat er den Wahrheitswert `True`), wird er weiterverarbeitet, ansonsten ist die Ausführung der Methode beendet und nichts passiert.

#13: Wenn nicht das Protokoll des URL angegeben ist und deswegen kein `//:` in dem String mit der Adresse vorkommt, wird `http://` vor die eingegebene Adresse gesetzt.

#14: Aus dem vollständigen URL (String) wird ein `QUrl`-Objekt erzeugt. Dieses Objekt wird benötigt, um die zugehörige Webseite im Viewer-Fenster anzuzeigen.

#15: Die Webseite wird geladen und im View-Fenster dargestellt.

28.5 Interaktive Widgets

Qt verfügt über eine riesige Auswahl an Widgets. Die einfachen Standardwidgets, die ständig gebraucht werden, findet man im Modul `QtWidgets`. Man kann sie grob in zwei Gruppen einteilen:

- Container-Widgets dienen der Strukturierung der Benutzungsoberfläche. Sie »enthalten« andere Widgets. Zu dieser Gruppe gehören die Klasse `QWidget` und die Layout-Widgets wie z.B. die Klassen `QVBoxLayout` und `QHBoxLayout`.
- Interaktive Widgets regeln in irgendeiner Form die Eingabe oder Ausgabe von Daten.

In diesem Abschnitt geht es um die zweite Gruppe. Abbildung 28.5 zeigt eine kleine Auswahl. Mit Schaltflächen, Checkboxen und Radiobuttons können Daten ausgewählt und Aktionen ausgelöst werden. Eingabefelder (Objekte der Klassen `QLineEdit` und `QTextEdit`) dienen der Eingabe von Text über die Tastatur, können aber auch zur Ausgabe verwendet werden. Label-Widgets dienen allein der Ausgabe von Daten (Text und Bild).

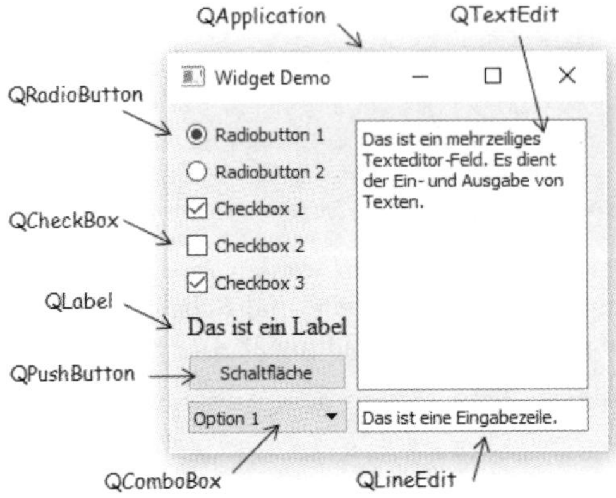

Abb. 28.5: Einige interaktive Widgets

Tabelle 28.2 gibt einen Überblick über die wichtigsten Methoden der interaktiven Widgets aus der Abbildung.

Klasse	Erklärung und wichtige Methoden
`QApplication`	Anwendungsfenster. Mit `setWindowTitle()` wird ein Text in den Rahmen gesetzt.
`QButtonGroup`	Gruppe von Schaltflächen (in der Regel Radiobuttons). Die Methode `checkedButton()` liefert die angeklickte Schaltfläche. Mit `addButton(...)` kann eine Schaltfläche hinzugefügt werden.
`QCheckBox`	Eine Checkbox besteht aus einem Label (Text) und einem Kästchen, das selektiert werden kann. Mit `isChecked()` kann der Zustand abgefragt werden (`True` bedeutet selektiert).

Tabelle 28.2: Häufig verwendete Klassen aus dem Modul `QtWidgets`

Klasse	Erklärung und wichtige Methoden
QComboBox	Wenn man die Combobox anklickt, erscheint eine Liste von Items, von denen man eines auswählen kann. Mit addItem(...) kann ein Item hinzugefügt werden.
QLabel	Ein Label ist eine Fläche, auf der ein Text oder Bild angezeigt wird. Mit setText(...) wird ein Text (String) und mit setPixmap(...) ein Bild (QtGui.QPixmap-Objekt) auf das Label gesetzt (siehe Abschnitt 28.6)
QLineEdit	Eingabezeile. Die Methoden text(), setText() und append() sind die gleichen wie bei QTextEdit.
QPushButton	Schaltfläche. Mit setText(...) kann die Beschriftung dynamisch gesetzt werden.
QRadioButton	Ein Radiobutton besteht aus einem Label (Text) und einem runden Feld, das einen Punkt enthält, wenn er gesetzt (selektiert) ist. Ein Radiobutton gehört zu einer Gruppe (QButtonGroup-Objekt).
QTextEdit	Ein mehrzeiliges Eingabefeld für Text. Mit text(...) kann der Inhalt abgefragt werden. Mit setText(...) wird der Text neu gesetzt und mit append(...) wird Text angehängt.

Tabelle 28.2: Häufig verwendete Klassen aus dem Modul QtWidgets (Forts.)

28.6 Label – Ausgabe von Text und Bild

Labels sind reine Ausgabewidgets. Sie dienen der Darstellung von Text und Bild. Texte werden als normale Python-Strings und Bilder als Objekte der Klasse QPixmap aus dem Modul PyQt5.QtGui dem Label-Widget übergeben.

Abb. 28.6: Eine Applikation mit Bild und Text

Skript:

```
# label_demo.py
import sys
```

```
from PyQt5.QtGui import QPixmap
from PyQt5.QtWidgets import *

class PhotoView(QWidget):
    def __init__(self):
        super().__init__()
        picture = QPixmap("skytree.png")                      #1
        self.label1 = QLabel()                                 #2
        self.label1.setPixmap(picture)                         #3
        self.label2 = QLabel("Der Skytree in Tokio")           #4
        vbox = QVBoxLayout()                                   #5
        vbox.addWidget(self.label1)
        vbox.addWidget(self.label2)
        self.setLayout(vbox)                                   #6
        self.show()

app = QApplication(sys.argv)
pv = PhotoView()
sys.exit(app.exec_())
```

Erläuterung:

#1: Hier wird ein Objekt der Klasse `QPixmap` erzeugt. Es repräsentiert ein Bild. Das Argument des Konstruktors ist ein String mit dem Pfad zur Bilddatei. In diesem Fall ist die Bilddatei im gleichen Verzeichnis wie die Programmdatei.

#2: Hier wird ein Label-Widget ohne jeglichen Inhalt erschaffen. Das Argument `self` wurde weggelassen, denn das Widget wird später über ein Layout-Objekt sichtbar gemacht. (Es schadet aber nichts, wenn Sie es verwenden.)

#3: Auf das Label wird ein Bild gesetzt.

#4: Ein zweites Label mit Text wird erzeugt.

#5: Die beiden Label-Widgets werden untereinander in ein vertikales Box-Layout gesetzt.

#6: Dem Applikationsfenster wird das vertikale Box-Layout-Objekt zugewiesen.

28.7 Signale

Wenn ein Benutzer zur Laufzeit des Programms ein interaktives Widget anklickt oder auf eine andere Weise manipuliert, sendet es ein Signal. Jeder Signaltyp kann mit einer Methode oder Funktion verbunden werden. Sie wird dann jedes Mal ausgeführt, wenn das Signal gesendet worden ist. Ein Signal ist einem Event sehr ähnlich. Der Unterschied: Events repräsentieren Ereignisse der externen Welt und sind mit Computer-Hardware wie Maus oder Tastatur assoziiert (Mausklick, Mausbewegung, Druck auf eine Taste etc.). Dagegen werden Signale von Qt-Widgets (also Elementen der grafischen Benutzungsoberfläche) gesendet, wenn mit ihnen bestimmte Dinge passieren. Es gibt nur wenige Typen von Events und – entsprechend der Vielfalt von Qt-Widgets – viele Typen von Signalen.

In der Redeweise von Qt heißen die Funktionen, die auf Signale reagieren, *Slots*. Sie können Methoden, die Sie mit einer `def`-Anweisung selbst programmiert haben, zu Slots machen oder aber Sie verknüpfen bereits vorhandene Methoden der Widgets mit Signalen.

Signal	Widgets	Wird gesendet, wenn ...
`activated[str]`	`QComboBox`	... eine Option der Auswahlliste ausgewählt worden ist. Das Signal liefert auch den Text der Option.
`buttonClicked`	`QButtonGroup`	... in einer Gruppe von Radiobuttons ein Radiobutton angeklickt worden ist.
`dateSelected`	`QCalendar`	... im Kalender-Widget ein Datum ausgewählt worden ist.

`clicked`	`QButtonGroup`
	`QCheckBox`
	`QPushButton`
	`QRadioButton`
		... das Widget angeklickt worden ist. Ein Objekt der Klasse `QButtonGroup` signalisiert, wenn irgendeine seiner Schaltflächen angeklickt worden ist.

`returnPressed`	`QLineEdit` `QTextEdit`	... wenn in einem Eingabefeld [Enter] gedrückt worden ist.
`textChanged`	`QLineEdit` `QTextEdit`	... wenn in einem Eingabefeld der Text geändert worden ist.
`timeout`	`QtCore.QTimer`	... wenn das eingestellte Zeitintervall abgelaufen ist. Siehe Kapitel 29.

Tabelle 28.3: Häufig verwendete Signale.

Es gibt einige Signale, die von mehreren unterschiedlichen Widgets gesendet werden können (siehe Tabelle 28.1). So senden alle interaktiven Widgets (Schaltflächen, Checkboxen, Radiobuttons) das Signal `clicked`, wenn sie angeklickt worden sind.

28.8 Checkboxen und Radiobuttons

Die folgende Anwendung ist eine digitale Kassierhilfe. Sie berechnet den Preis einer Pizza, deren Größe über Radiobuttons und deren Belag durch Checkboxen bestimmt wird.

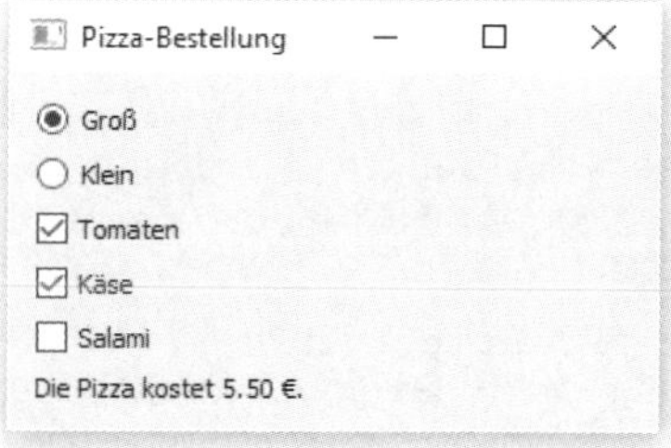

Abb. 28.7: Berechnung des Preises einer Pizza

Die beiden Radiobuttons (GROSS und KLEIN) gehören zu einer gemeinsamen Gruppe. Radiobuttons sind exklusiv, das heißt, es kann immer nur *einer* der Buttons ausgewählt (selektiert) sein. Dagegen steht jede Checkbox für sich und kann selektiert oder nicht selektiert sein. Jedes Mal, wenn der Benutzer die Einstellungen ändert (und dabei ein `clicked`-Signal auslöst), wird der Preis neu berechnet.

Skript:

```
# pizza_order.py
import sys
from PyQt5.QtWidgets import (QApplication, QVBoxLayout,
                  QLabel, QTextEdit, QWidget,
                  QRadioButton, QButtonGroup, QCheckBox)

ORDER = "Die Pizza kostet {:.2f} €."                          #1

class Order(QWidget):
    def __init__(self):
        super().__init__()

        # Widgets
        self.label = QLabel()                                 #2
        self.rbBig = QRadioButton("Groß")                     #3
        self.rbBig.setChecked(True)
        self.rbSmall = QRadioButton("Klein")
        self.sizeButtons = QButtonGroup()                     #4
        self.sizeButtons.addButton(self.rbBig)
        self.sizeButtons.addButton(self.rbSmall)
        self.cbTomatos = QCheckBox("Tomaten")                 #5
        self.cbCheese = QCheckBox("Käse")
        self.cbSalami = QCheckBox("Salami")

        # Layout
        vBox = QVBoxLayout()                                  #6
        self.setLayout(vBox)
        vBox.addWidget(self.rbBig)
        vBox.addWidget(self.rbSmall)
        vBox.addWidget(self.cbTomatos)
        vBox.addWidget(self.cbCheese)
        vBox.addWidget(self.cbSalami)
        vBox.addWidget(self.label)

        # Connections
        for element in (self.rbBig, self.rbSmall,
```

```
                self.cbTomatos, self.cbCheese, self.cbSalami):
            element.clicked.connect(self.calculate)                  #7

        self.setWindowTitle("Pizza-Bestellung")
        self.show()
        self.calculate()

    def calculate(self):
        size = self.sizeButtons.checkedButton().text()
        if size == "Groß":                                            #8
            price = 3.0
        else:
            price = 2.0
        if self.cbTomatos.isChecked():                                #9
            price += 1
        if self.cbCheese.isChecked():
            price += 1.5
        if self.cbSalami.isChecked():
            price += 1.5
        self.label.setText(ORDER.format(price))                      #10

app = QApplication(sys.argv)
order = Order()
sys.exit(app.exec_())
```

Erläuterung:

#1: Das ist eine Textschablone mit einem Platzhalter `{:.2f}` für eine Gleitpunktzahl (Typ `float`) mit zwei Stellen hinter dem Punkt. In Zeile **#10** wird mit dieser Schablone der Ausgabetext für das Label erzeugt.

#2: Hier wird das Label instanziiert, das später das Berechnungsergebnis (Preis der Pizza) tragen wird.

#3: In diesem Abschnitt werden zwei Radiobuttons erzeugt. Genau einer von beiden ist immer ausgewählt. Damit es einen definierten Anfangszustand gibt, wird mit `setChecked (True)` der Radiobutton GROSS ausgewählt.

#4: Hier wird eine Gruppe von Schaltflächen erzeugt. In diese Gruppe werden die beiden Radiobuttons `rbBig` und `rbSmall` aufgenommen. Äußerlich kann man dieses Widget nicht erkennen. Es hat nur Auswirkungen auf das Verhalten der beiden Schaltflächen `rbBig` und `rbSmall`. Denn ab jetzt kann immer nur einer der beiden Radiobuttons selektiert sein – wie es sich für Radiobuttons gehört.

#5: In diesem Abschnitt werden drei Checkboxen instanziiert. Sie brauchen nicht zu einer Gruppe zusammengefasst zu werden.

#6: In einem vertikalen Box-Layout werden alle Widgets untereinander gesetzt.

#7: Alle Schaltflächen besitzen ein `clicked`-Signal. Das wird mit der Methode `calculate()` verknüpft. Diese Methode wird nun jedes Mal aufgerufen, wenn eine Schaltfläche angeklickt worden ist.

#8: Der Methodenaufruf `sizeButtons.checkedButton()` liefert den Radiobutton, der gerade selektiert ist. Die Variable `size` enthält die Beschriftung dieses Radiobuttons, also entweder `"Groß"` oder `"Klein"`. In der Variablen `price` wird der Preis der Pizza gespeichert. Wenn die Beschriftung `"Groß"` ist, wird die Variable `price` auf den Anfangswert 3.0 gesetzt und sonst auf 2 .0.

#9: Je nachdem, welche Checkbuttons selektiert worden sind, werden nun weitere Beträge aufaddiert.

#10: Der Preis der Pizza – eine Zahl vom Typ `float` – ersetzt den Platzhalter `{:.2f}` im Formatstring `ORDER`. Die Zahl wird mit zwei Stellen nach dem Punkt dargestellt.

28.9 Auswahlliste (ComboBox)

Wenn eine Option einer Auswahlliste angeklickt worden ist, wird ein Signal gesendet, das auch den Text der gewählten Option enthält. Dieser Text kann zum Beispiel als Schlüssel zum Zugriff auf ein Dictionary genutzt werden. Die folgende Applikation ist ein Editor für Präventionsmaßnahmen im Umgang mit gefährlichen Stoffen. Zur Beschreibung der Sicherheitsvorkehrungen haben die Vereinten Nationen so genannte P-Sätze herausgegeben, die mit weltweit einheitlichen Kürzeln gekennzeichnet sind.

Aus einer Auswahlliste kann man ein Kürzel auswählen. Im Texteditorfeld wird dann ein Textbaustein eingefügt.

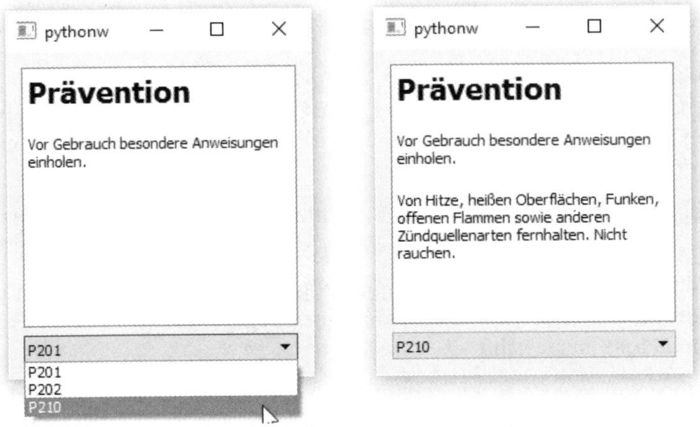

Abb. 28.8: Ein Editor mit Auswahlliste (Combobox) für Textbausteine

Skript:

```
# prevention_editor.py
import sys
from PyQt5.QtWidgets import *
```

```
P = {"P201": "Vor Gebrauch besondere ...",
     "P202": "Vor Gebrauch alle ...",
     "P210": "Von Hitze, heißen Oberflächen,..."}              #1

class Editor(QWidget):
    def __init__(self):
        super().__init__()

        # Widgets
        self.text = QTextEdit()                                 #2
        self.text.setText("<h1>Prävention</h1")                 #3
        self.combo = QComboBox()                                #4
        self.combo.addItem("P201")                              #5
        self.combo.addItem("P202")
        self.combo.addItem("P210")

        # Layout
        vBox = QVBoxLayout()
        self.setLayout(vBox)
        vBox.addWidget(self.text)
        vBox.addWidget(self.combo)
        self.show()
                                                                #6
        self.combo.activated[str].connect(self.addText)

    def addText (self, item):                                   #7
        self.text.append(P[item])

app = QApplication(sys.argv)
editor = Editor()
sys.exit(app.exec_())
```

Erläuterung:

#1: In diesem Dictionary werden die zugehörigen P-Sätze Kürzeln zugeordnet. Die Kürzel erscheinen in der Auswahlliste, und die P-Sätze werden in das Texteditorfeld eingetragen.

#2: Ein leeres Texteditorfeld wird erzeugt.

#3: Hier wird in das Texteditorfeld eine Überschrift eingefügt, die durch HTML-Tags `<h1> ... </h1>` ausgezeichnet wurde. Das `QTextEdit`-Widget kann viele HTML-Tags interpretieren. Sie können z.B. auch Tabellen darstellen.

#4: Eine leere Auswahlliste (Combobox) wird erzeugt.

#5: Der Auswahlliste werden Items hinzugefügt. Es sind Strings mit den Kürzeln von Präventionsmaßnahmen. Sie können als Schlüssel für den Zugriff auf das Dictionary `P` verwendet werden.

#6: Das Signal `activated` wird gesendet, wenn ein Item der Auswahlliste angeklickt worden ist. Dieses Signal wird mit der Methode `addText()` verknüpft. Hinter der Bezeichnung des Signals steht `[str]`. Das bewirkt, dass die Slot-Methode als Argument den Text des Items erhält.

#7: Das ist ein Slot, also eine Methode, die durch ein Signal aufgerufen wird. Weil das Signal einen Text mitliefert, besitzt die Methode neben `self` ein zweites Argument. Die Methode sorgt dafür, dass der zum erhaltenen Text (Schlüssel) der zugehörige Wert des Dictionarys `P` in einem neuen Absatz an den Inhalt des Textfelds angehängt wird.

28.10 Gemeinsame Operationen der Widgets

Alle Widgets werden durch Klassen modelliert, die von der Basisklasse `QWidget` abgeleitet sind. Sie haben deshalb einige gemeinsame Methoden, die sie von ihrer Basisklasse erben. Ein Beispiel ist die Methode `setToolTip()`, mit der einem Widget ein Tooltip zugeordnet werden kann.

Ein Tooltip ist ein kleines Popup-Fenster mit zusätzlichen Informationen zu einem Button oder Eingabefeld. Es erscheint, wenn man mit der Maus das betreffende Element berührt. Abbildung 28.9 zeigt ein Beispiel. Sobald der Mauszeiger für ein paar Sekunden über der Adresszeile des Browsers steht, erscheint der Tooltip. Beachten Sie, dass »URL« fett gesetzt ist.

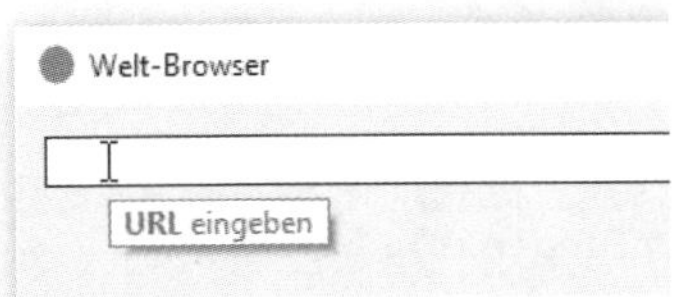

Abb. 28.9: Tooltip für die Adresszeile eines Browsers

Mit der Methode `setToolTip()` können Sie für jedes beliebige Widget einen Tooltip definieren. Beispiel:

```
self.addressBar = QLineEdit(self)
self.addressBar.setToolTip("<b>URL</b> eingeben")
```

Das Argument von `setToolTip()` ist ein String, der auch HTML-Formatierungstags enthalten kann, z.B. `<b> ... </b>` für fett oder `<i> ... </i>` für kursiv gesetzten Text.

Tabelle 28.4 gibt einen Überblick über weitere gemeinsame Methoden aller Widgets. Sie beziehen sich auf ganz grundlegende Aspekte wie Sichtbarkeit, Größe etc.

Methode	Erklärung
`adjustSize()`	Die Größe des Widgets wird an die Erfordernisse angepasst. Beispiel: Ein Label passt sich an die Länge der Beschriftung an.
`height()`	Höhe des Widgets (Anzahl der Pixel)

Tabelle 28.4: Einige gemeinsame Methoden der Widgets

Methode	Erklärung
`hide()`	Das Widget wird unsichtbar gemacht.
`resize(w, h)`	Die beiden Argumente *w* und *h* sind positive ganze Zahlen. Das Widget wird auf eine Breite von w Pixel und eine Höhe von *h* Pixel gebracht.
`setFont(font)`	Das Argument ist ein Objekt vom Typ `QFont`. Der Text auf dem Widget wird in dieser Schriftart dargestellt.
`setGeometry(x, y, w, h)`	Alle Argumente sind ganze Zahlen (Anzahl Pixel). Die ersten beiden Argumente bezeichnen die Position (*x*, *y*) der linken oberen Ecke im übergeordneten Widget. Das Widget hat die Breite *w* und die Höhe *h*.
`setStyleSheet(s)`	Das Argument ist ein String, der das Aussehen des Widgets beschreibt, sofern es vom voreingestellten Standard abweicht.
`setText(s)`	Schaltflächen und Labels werden mit dem String *s* beschriftet.
`setToolTip(s)`	Das Argument ist ein String mit einem Hinweis zum Widget. Er erscheint, wenn der Mauszeiger längere Zeit auf dem Widget verweilt.
`show()`	Das Widget wird sichtbar gemacht.
`size()`	Liefert die Größe des Widgets in Pixel als `QSize`-Objekt
`width()`	Breite des Widgets (Anzahl der Pixel)

Tabelle 28.4: Einige gemeinsame Methoden der Widgets (Forts.)

28.11 Spezielle Methoden eines Fensters

Ein `QWidget`-Objekt ohne Eltern-Widget nennt man Fenster. Ein Fenster hat einige Besonderheiten. Es repräsentiert die gesamte Anwendung und besitzt einen Rahmen mit Schaltflächen (oben rechts) zum Verkleinern und Schließen. Entsprechend verfügt ein Fenster über einige zusätzliche Methoden.

Untergeordnete `QWidget`-Objekte (die andere `QWidget`-Objekte als Eltern haben) sind einfach nur rechteckige Behälter für weitere Widgets. Sie haben keine Rahmen. Aber man kann sie erkennen, wenn sie eine andere Hintergrundfarbe als ihre Umgebung haben. Das folgende Programm zeigt ein Beispiel. Ein blaues `QWidget`-Objekt wird als Kind-Widget in das Anwendungsfenster gesetzt. Die Hintergrundfarbe eines Widgets wird mit einem Stylesheet eingestellt. Mehr zu Stylesheets erfahren Sie in Abschnitt 28.14.

Abb. 28.10: Blaues `QWidget`-Objekt in einem Fenster

Skript:

```
import sys
from PyQt5.QtWidgets import QWidget, QApplication

class Window(QWidget):
    def __init__(self):
        super().__init__()
        self.resize(250, 150)                          #1
        square = QWidget(self)                         #2
        square.setStyleSheet("background: blue")       #3
        square.resize(100,100)
        self.show()

app = QApplication(sys.argv)
ex = Window()
sys.exit(app.exec_())
```

Erläuterung:

#1: Die Größe des Fensters wird auf 250 px x 150 px gesetzt.

#2: Hier wird ein neues `QWidget`-Objekt erzeugt und dem Anwendungsfenster untergeordnet. Dieses `QWidget`-Objekt ist nun kein Fenster.

#3: Der Hintergrund des Widgets wird blau eingefärbt.

Tabelle 28.5 zeigt einige spezielle Methoden von Fenstern. Sie beziehen sich auf grundlegende Merkmale eines Anwendungsfensters wie die Größe der Darstellung und das Aussehen des Rahmens.

Methode	Erklärung
`close()`	Die Anwendung wird geschlossen.
`setWindowTitle(`*`title`*`)`	In den oberen Rahmen des Fensters kommt der String `title`.
`setWindowIcon(`*`icon`*`)`	Das Argument `icon` ist ein `QIcon`-Objekt, das man mit `QIcon()` erzeugen kann (Modul `PyQt5.QtGui`). Dabei wird der Pfad zu einer Bilddatei angegeben. Das Icon wird immer quadratisch in der oberen linken Ecke des Fensters dargestellt.
`show()`	Das Widget wird sichtbar gemacht.
`showFullScreen()`	Die Anwendung wird im Vollbildmodus dargestellt. Man sieht den Rahmen nicht mehr.
`showMaximized()`	Das Anwendungsfenster füllt den gesamten Bildschirm aus. Der Rahmen bleibt sichtbar.
`showMinimized()`	Das Anwendungsfenster wird minimiert. Man sieht nur noch das Programm-Icon.
`showNormal()`	Das Anwendungsfenster wird in normaler Größe dargestellt.

Tabelle 28.5: Methoden eines Fensters (Klasse `QWidget`)

28.12 Events

Events sind Ereignisse, die von externen Eingabegeräten ausgelöst werden (Maus, Tastatur). Für jeden Typ von Event besitzt ein `QWidget`-Objekt eine leere Methode (Eventhandler), die man überschreiben und mit Funktionalität füllen kann.

Das folgende Programm simuliert eine Farbwechselleuchte. Der Bildschirm leuchtet komplett (mit allen Pixeln) in einer bestimmten Farbe. Da die Anwendung als Vollbild gezeigt wird, sieht man keinen Button zum Beenden des Programms. Deshalb wird ein Eventhandler überschrieben, der auf Tastatur-Ereignisse reagiert. Wenn Sie die Taste [ESC] drücken, wird die Anwendung geschlossen. Wenn eine beliebige andere Taste gedrückt wird, ändert sich die Bildschirmfarbe nach dem Zufallsprinzip.

Skript:

```
# event_colors.py
import sys, random
from PyQt5.QtWidgets import QWidget, QApplication
from PyQt5.QtCore import Qt
COLOR = ["green", "blue", "black", "red", "yellow"]

class Lamp(QWidget):
    def __init__(self):
        super().__init__()
        self.showFullScreen()                                    #1

    def keyPressEvent(self, e):                                  #2
        if e.key() == Qt.Key_Escape:                             #3
            self.close()                                         #4
        else:
            style = "background:" + random.choice(COLOR)
            self.setStyleSheet(style)                            #5

app = QApplication(sys.argv)
lamp = Lamp()sys.exit(app.exec_())
```

Erläuterung:

#1: Das Anwendungsfenster wird im Vollbildmodus gezeigt.

#2: Der Eventhandler `keyPressEvent()` ist vorgegeben. Hier wird diese Methode neu definiert. Das zweite Argument ist das Event-Objekt. Immer, wenn irgendeine Taste auf der Tastatur gedrückt wird, entsteht ein Tastatur-Event (repräsentiert durch ein Event-Objekt) und der Eventhandler wird aufgerufen. An dem Event-Objekt `e` kann die Methode erkennen, welche Taste gedrückt worden ist.

#3: `keyPressEvent`-Objekte besitzen die Methode `key()`. Sie liefert eine Nummer, die die gedrückte Taste identifiziert. Wenn die [ESC]-Taste gedrückt worden ist, liefert `key()` die Nummer `16777216`, das ist der Wert der Konstanten `Qt.Key_Escape`.

#4: Wenn die [ESC]-Taste gedrückt worden ist, wird das Anwendungsfenster geschlossen.

#5: Die Hintergrundfarbe wird auf eine zufällig gewählte Farbe aus der Liste `COLOR` gesetzt.

Für die Tastennummern gibt es Konstanten, deren Name die Taste erkennen lässt. Da es viele verschiedene Tastaturen mit den unterschiedlichsten Tasten gibt, ist die Liste der Konstanten sehr lang. In Tabelle 28.6 finden Sie die Namen der gebräuchlichsten Tasten. Wenn man den Namen anstelle der Nummer verwendet, ist der Programmtext besser lesbar.

Bezeichnung(en)	Nummer(n)	Taste(n)
`Key_0 ... Key_9`	`48 ... 57`	[1] ... [9]
`Key_Plus, Key_Minus`	`43, 45`	[+], [-]
`Key_A ... Key_Z`	`65 ... 90`	[A] [...] [Z]
`Key_F1 ... Key_F35`	`16777264 - 16777298`	Funktionstasten
`Key_Space`	`32`	[Leertaste]
`Key_Enter`	`16777221`	[Enter]
`Key_Escape`	`16777216`	[ESC]
`Key_Down, Key_Up`	`16777237, 16777235`	[↓], [↑]
`Key_Left, Key_Right`	`16777234, 16777236`	[←], [→]

Tabelle 28.6: Qt-Konstanten für Tasten

Tabelle 28.7 beschreibt einige (weitere) gebräuchliche Eventhandler-Methoden. In der Klassendefinition des Applikationsfensters definieren Sie eine Methode mit dem Namen des Eventhandlers und zwei Parametern. Das sind `self` und ein zweiter Parameter beliebigen Namens für das Event-Objekt. Sie müssen immer ein zweites Argument angeben, auch wenn Sie das Event-Objekt gar nicht benötigen.

Eventhandler	Ereignis, das einen Aufruf auslöst
`keyPressEvent(...)`	Eine Taste der Tastatur wird gedrückt.
`keyReleaseEvent(...)`	Eine gedrückte Taste der Tastatur wird losgelassen.
`mouseDoubleClickEvent(...)`	Doppelklick einer (beliebigen) Maustaste.
`mouseMoveEvent(...)`	Die Maus wird bewegt.
`mousePressEvent(...)`	Eine (beliebige) Maustaste wird gedrückt.
`mouseReleaseEvent(...)`	Eine (beliebige) Maustaste wird losgelassen.

Tabelle 28.7: Eventhandler eines Anwendungsfensters (Klasse `QWidget`)

28.13 Fonts

Sie können das Aussehen des Textes in Eingabezeilen oder auf anderen Widgets einstellen, indem Sie einen Font definieren. Sie gehen meist in drei Schritten vor:

- Sie erzeugen ein Objekt der Klasse `QFont` und geben den Schrifttyp und die Größe an.
- Sie modifizieren das `QFont`-Objekt.
- Sie ordnen das `QFont`-Objekt mit `setFont()` einem Widget zu.

Die folgenden Anweisungen erzeugen eine Eingabezeile in besonderem Format: Times New Roman, kursiv, Schriftgröße 20 Punkt, gedehnt auf 120%.

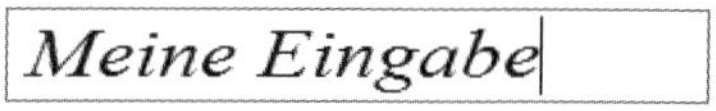

Abb. 28.11: Eingabezeile mit besonderer Schrift

Skript:

```
lineEdit = QtWidgets.QLineEdit()
font = QtGui.QFont("Times New Roman",20)          #1
font.setItalic(True)                              #2
font.setStretch(120)                              #3
lineEdit.setFont(font)                            #4
```

Erläuterung:

#1: Hier wird ein Objekt der Klasse `QTGui.QFont` erzeugt. Der erste Parameter ist ein String mit der Bezeichnung eines Schrifttyps, z.B `Arial`, `Times New Roman`, `Script`, `Comic Sans MS`. Der zweite Parameter gibt die Schriftgröße in Punkt an.

#2: Das `QFont`-Objekt wird nun modifiziert. Es wird kursiv gesetzt.

#3: Die Schrift wird auf 120% gestreckt.

#4: Der neue Font wird der Eingabezeile zugeordnet. Alles, was in dieses Widget geschrieben wird, erscheint nun in dieser Schrift.

Tabelle 28.8 gibt einen Überblick über die wichtigsten Methoden zur Gestaltung eines `QFont`-Objektes.

Methode	Erklärung
`setBold(`*`bool`*`)`	Die Schrift wird fett (*`bool`* hat den Wert `True`) oder nicht fett (`False`) gesetzt.
`setCapitalization(`*`bool`*`)`	Der Text wird nur in großen Buchstaben (`True`) oder normal (`False`) geschrieben.
`setPointSize(`*`size`*`)`	Die Schriftgröße wird auf *`size`* Punkt gesetzt.
`setItalic(`*`bool`*`)`	Die Schrift wird kursiv (`True`) oder nicht kursiv (`False`) gesetzt.
`setStretch(`*`p`*`)`	Dehne die Schrift auf *p* Prozent. Der Wert 100 heißt: normale Schrift.
`setStrikeOut(`*`bool`*`)`	Der Text wird durchgestrichen (`True`) oder nicht durchgestrichen (`False`).
`setUnderline(`*`bool`*`)`	Der Text wird unterstrichen (`True`) oder nicht unterstrichen (`False`).

Tabelle 28.8: Einige Methoden von `QFont`-Objekten

Die Schrift kann auch über Stylesheets gestaltet werden. Dazu mehr im folgenden Abschnitt.

28.14 Stylesheets

Sie können das Aussehen von Widgets (Farben, Umrandungen etc.) mithilfe so genannter Stylesheets verändern. In diesem Abschnitt konzentrieren wir uns auf Farben, aber in der Qt-Dokumentation finden Sie viele weitere Beispiele (`http://doc.qt.io/qt-5/stylesheet-examples.html`). Ein Stylesheet ist ein String, in dem Merkmale des Aussehens (Attribute), die vom vorgegebenen Standard abweichen sollen, festgelegt sind. Es gibt verschiedene Möglichkeiten, Stylesheets zu verwenden, z.B.:

- ein allgemeines Stylesheet für die gesamte Applikation
- gesonderte Stylesheets für einzelne Widgets

Ein Stylesheet für die gesamte Applikation

Mit einem einzigen Stylesheet können Sie für bestimmte Widget-Typen (z.B. `LineEdit` und `PushButton`) das Aussehen gestalten. Der Vorteil dieser Methode ist, dass Sie so für alle Widgets dieser Typen einen einheitlichen Stil festlegen. Am besten definieren Sie zu Beginn des Programmtextes eine Konstante mit einem langen String (drei Anführungszeichen), der das Stylesheet enthält. Beim folgenden Beispiel haben alle Schaltflächen einen grauen Hintergrund und eine weiße Schrift. Das `LineEdit`-Widget hat eine hellblaue Schrift (Abbildung 28.12).

```
STYLE = """
          QPushButton {
               background: gray;
               color: white;
          }
          QLineEdit {
               color: rgb(120, 120, 230);
          }
        """
```

Zur Spezifikation einer Farbe verwenden Sie entweder den Namen (`yellow`, `blue`, `white` etc.) oder einen Ausdruck der Form `rgb(`*r*`,` *g*`,` *b*`)`. Dabei sind die drei Argumente Zahlen zwischen 0 und 255, die jeweils den Rot-, Grün- und Blauanteil angeben.

Am Ende des Programmtextes weisen Sie das Stylesheet der gesamten Applikation zu:

```
app = QApplication(sys.argv)
app.setStyleSheet(STYLE)
```

Abbildung 28.12 zeigt den Browser aus dem letzten Abschnitt mit diesem Applikationsstylesheet.

Abb. 28.12: Anwendungsfenster mit besonderem Stil für Schaltflächen und Eingabezeilen

Stylesheet für ein einzelnes Widget

Es gibt viele Situationen, in denen Sie einzelnen Widgets ein und desselben Typs ein unterschiedliches Aussehen verleihen wollen. Vielleicht möchten Sie, dass man eine bestimmte Schaltfläche im Anwendungsfenster leicht erkennen kann. Mit der Methode `setStylesheet()` können Sie jedem einzelnen Widget ein besonderes Stylesheet zuweisen. Damit werden etwaige Einstellungen für die gesamte Klasse (die sich in einem globalen Stylesheet befinden, das der Applikation zugeordnet ist) überschrieben. Die folgenden Anweisungen versehen eine Schaltfläche mit einem Hintergrundbild. Die Bilddatei enthält eine kleine gepunktete quadratische Fläche, mit der die Schaltfläche wie mit Kacheln vollständig gefüllt wird (Abbildung 28.13, links).

```
self.searchButton = QPushButton("Suchen", self)
self.searchButton.setStyleSheet(
                     "background-image: url(punkte.png);")
```

Ein Stylesheet mit mehreren Merkmalen ist am besten ein langer String. Im folgenden Beispiel hat die Schaltfläche einen grünen Hintergrund und weiße Schrift. Um den Text herum ist ein Abstand von 20 Pixel zur Umrandung (Abbildung 28.13, rechts).

```
self.searchButton.setStyleSheet("""background: green;
                                      color: white;
                                    padding: 20px """)
```

Abb. 28.13: Schaltflächen mit besonderem Aussehen

Attribut	Erklärung und Beispiele für Werte
`background`	Hintergrundfarbe, z.B. `yellow` oder `rgb(255, 255, 0)` oder `transparent`
`background-image`	Hintergrundbild (z.B. PNG-Datei), z.B. `url(image.png)`
`color`	Farbe des Textes auf Widgets, z.B. `black` oder `rgb(0, 0, 0)`
`padding`	Abstand der Schrift zum Rand des Widgets in Pixel, z.B. `4px`
`selection-color`	Farbe des ausgewählten Textes, z.B. `blue`
`selection-background-color`	Hintergrundfarbe im ausgewählten Textbereich, z.B. `yellow`

Tabelle 28.9: Einige Attribute zur Beschreibung des Aussehens von Widgets in Stylesheets

Farbverläufe

Im Stylesheet können Sie auch einen Farbverlauf definieren. Das macht insbesondere große leere Flächen interessanter. Bei einem einfachen linearen Farbverlauf müssen Sie zwei Dinge festlegen:

- Die Richtung des Farbverlaufs (z.B. von oben nach unten). Bei Qt geben Sie die Richtung durch die Koordinaten des Anfangspunktes `(x1, y1)` und des Endpunktes`(x2, y2)` eines gedachten Pfeils an.
- Die Farben an den beiden Enden des Farbverlaufs. Bei Qt geben Sie zu den relativen Positionsangaben `stop: 0` und `stop: 1` jeweils eine Farbe an.

Hier sind drei Beispiele für Stylesheet-Einträge für eine Hintergrundfarbe, die Farbverläufe wie in Abbildung 28.14 erzeugen.

```
background: qlineargradient(x1: 0, y1: 0, x2: 0, y2: 1,
                            stop: 0 white, stop: 1 black);

background: qlineargradient(x1: 0, y1: 0, x2: 1, y2: 0,
                            stop: 0 white, stop: 1 black);

background: qlineargradient(x1: 0, y1: 0, x2: 1, y2: 1,
                            stop: 0 white, stop: 1 black);
```

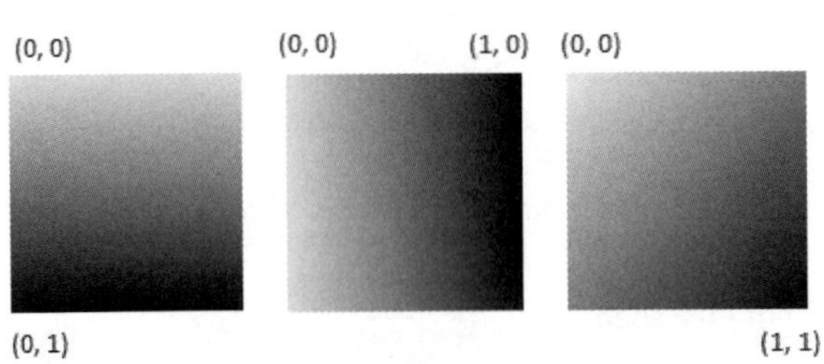

Abb. 28.14: Lineare Farbverläufe mit unterschiedlichen Richtungen

28.15 Icons

Sie können Schaltflächen mit Bildern (Icons) versehen, die die Funktion veranschaulichen. Zur Schaltfläche SUCHEN des Browsers passt vielleicht eine Lupe oder ein Fernrohr. Die Bilddatei kann z.B. vom Format png oder gif sein. Empfehlenswert ist ein Bild mit transparentem Hintergrund. Denn die Schaltfläche kann im Betrieb ihre Farbe ändern. Die folgende Anweisung illustriert die Programmierung. Mit dem Konstruktoraufruf QIcon() erzeugen Sie ein QIcon-Objekt. Das Argument ist ein Pfad zu einer Bilddatei. Mit der Methode setIcon() setzen Sie das Bild auf die Schaltfläche.

```
self.searchButton.setIcon(QIcon("fernrohr_1.png"))
```

Die Größe des Bildes wird automatisch angepasst. Das Ergebnis sehen Sie in Abbildung 28.15 (erstes Bild). Wenn Ihnen die voreingestellte Größe nicht gefällt, können Sie sie ändern, z.B.

```
self.searchButton.setIconSize(QSize(40,15))
```

Abb. 28.15: Schaltfläche mit einem Icon in unterschiedlicher Größe

28.16 Messageboxen

Um zu verhindern, dass jemand aus Versehen eine Anwendung schließt, gibt es so genannte Sicherheitsabfragen. Das heißt, es erscheint eine Messagebox wie in Abbildung 28.16 und man hat noch einmal die Gelegenheit, seine Entscheidung zu überdenken.

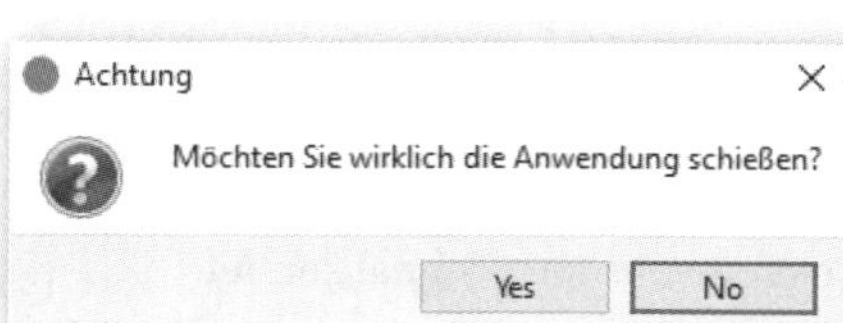

Abb. 28.16: Messagebox mit Sicherheitsabfrage

Wie programmiert man das mit PyQt5? Wenn Sie oben rechts in der Ecke des Anwendungsfensters die kleine Schaltfläche mit dem x anklicken, wird ein Event ausgelöst, der von einem Eventhandler (einer Funktion) empfangen wird, und das Beenden der Anwendung veranlasst. Für die Sicherheitsabfrage mit Messagebox müssen Sie diesen Eventhandler überschreiben. Dazu müssen Sie nur die folgende Methodendefinition in die Definition der von QWidget abgeleiteten Klasse Browser einfügen (siehe Abschnitt 28.4). Sonst ist nichts zu tun.

```
def closeEvent(self, event):
    reply = QMessageBox.question(self, "Achtung",
         "Möchten Sie wirklich die Anwendung schießen?",
            QMessageBox.Yes | QMessageBox.No,
            QMessageBox.No)                                     #1
    if reply == QMessageBox.Yes:                                #2
        event.accept()
    else:
        event.ignore()
```

Erläuterung:

#1: Hier wird der Inhalt der Messagebox definiert. Die Parameter von `QMessageBox.question()` spezifizieren den Text der Überschrift (`Achtung`), den Text der Frage, die Schaltflächen, die zur Auswahl stehen (YES und NO), und die zu Beginn selektierte Schaltfläche (NO). Wenn diese Anweisung ausgeführt wird, erscheint zunächst die Messagebox. Sobald der Benutzer etwas angeklickt hat, wird ein Antwortobjekt erzeugt und der Variablen `reply` zugewiesen.

#2: Wenn die Schaltfläche YES angeklickt worden ist, wird der Event akzeptiert und das Beenden der Anwendung veranlasst. Ansonsten wird der Event ignoriert und die Anwendung wird nicht geschlossen.

28.17 Timer

Ein `QTimer`-Objekt (Modul `PyQt5.QtCore`) ist ein Taktgeber (Timer). Es sendet in regelmäßigen Zeitabständen ein `timeout`-Signal, das den Aufruf einer Methode auslösen kann. Drei Dinge sind wichtig:

1. Mit Programmzeilen der Art

   ```
   timer = QTimer()
   timer.timeout.connect(procedure)
   ```

   wird ein `QTimer`-Objekt erzeugt und dann mit einer Funktion oder Methode verknüpft. Diese wird aufgerufen, wenn das `QTimer`-Objekt ein `timeout`-Signal sendet.

2. Mit einem Aufruf im Format

   ```
   timer.start(ms)
   ```

   wird ein `QTimer`-Objekt gestartet. Als Argument wird eine ganze Zahl *ms* übergeben. Das ist die Anzahl der Millisekunden des Zeitintervalls. Nach *ms* Millisekunden wird das `timeout`-Signal das erste Mal gesendet. Danach sendet es in Abständen von *ms* Millisekunden weitere Signale.

3. Mit

   ```
   timer.stop()
   ```

   wird das `QTimer`-Objekt angehalten. Es sendet nun keine Signale mehr.

Das folgende Beispiel illustriert das Zusammenspiel von `start()` und `stop()`. Die Anwendung zeigt ein Textfeld, in das man schreiben kann. Immer, wenn fünf Sekunden lang nichts geschrieben worden ist, erscheint unter dem Textfeld ein Hinweis (Abbildung 28.17). Dieser Hinweis verschwindet wieder, sobald der Text im Textfeld verändert worden ist.

Abb. 28.17: Textfeld mit Hinweis, der nach fünf Sekunden Untätigkeit erscheint

Skript:

```
# writer.py
import sys, time
from PyQt5.QtCore import QTimer
from PyQt5.QtWidgets import (QApplication,
        QVBoxLayout, QLabel, QTextEdit, QWidget)

class Writer(QWidget):
    def __init__(self):
        super().__init__()

        # Widgets
        self.text = QTextEdit(self)
        self.message = QLabel(self)
        self.timer = QTimer()

        # Layout
        vBox = QVBoxLayout()
        vBox.addWidget(self.text)
        vBox.addWidget(self.message)
        self.setLayout(vBox)

        # Connections
        self.text.textChanged.connect(self.clearLabel)              #1
```

```
        self.timer.timeout.connect(self.hint)                    #2
        self.timer.start(5000)                                   #3
        self.show()

    def hint(self):                                              #4
        self.message.setText("Bitte Text eingeben!")             #5

    def clearLabel(self):
        self.message.setText("")                                 #6
        self.timer.stop()                                        #7
        self.timer.start(5000)

app = QApplication(sys.argv)
w = Writer()
sys.exit(app.exec_())
```

Erläuterung:

#1: Sobald im Textfeld der Text geändert wird, sendet das Widget ein `textChanged`-Signal. Dieses wird hier mit der Methode `clearLabel()` verknüpft, die den Hinweis auf dem Label löscht.

#2: Das `timeout`-Signal wird mit der Methode `hint()` verknüpft, die einen Hinweis auf das Label schreibt.

#3: Der Timer wird gestartet. Das Zeitintervall ist 5 Sekunden.

#4: Die Methode wird bei einem `timeout`-Signal aufgerufen.

#5: Auf das Label wird ein Hinweis geschrieben.

#6: Die Methode wird bei einem `textChanged`-Signal aufgerufen. Zunächst wird der Hinweis auf dem Label gelöscht.

#7: Der Timer wird gestoppt und dann neu gestartet. Er wartet jetzt wieder fünf Sekunden, bevor er ein `timeout`-Signal sendet.

28.18 Das Qt-Layout unter der Lupe

In diesem Abschnitt geht es um Fragen rund um die Anordnung von Widgets im Anwendungsfenster. Wie kann man bei Qt Fenstergrößen, Abstände und Positionen festlegen? Die meisten Beispiele beziehen sich auf das Browser-Skript in Abschnitt 28.4.

28.18.1 Absolute Positionierung und Größe

Auch wenn Sie gar kein Layout definieren, werden die Widgets im Anwendungsfenster angezeigt. Löschen Sie alle Anweisungen, die mit dem Layout zu tun haben, und fügen Sie folgende Anweisung ein:

```
    # Layout
    self.webView.resize(400, 200)
```

Der Aufruf der Methode `resize(400, 200)` bewirkt, dass der Viewer eine Größe von 400 Pixel x 200 Pixel erhält. Sie sehen ein Fenster wie in Abbildung 28.18. Alle drei Widgets sind – in der Reihenfolge ihrer Instanziierung – übereinander gelegt.

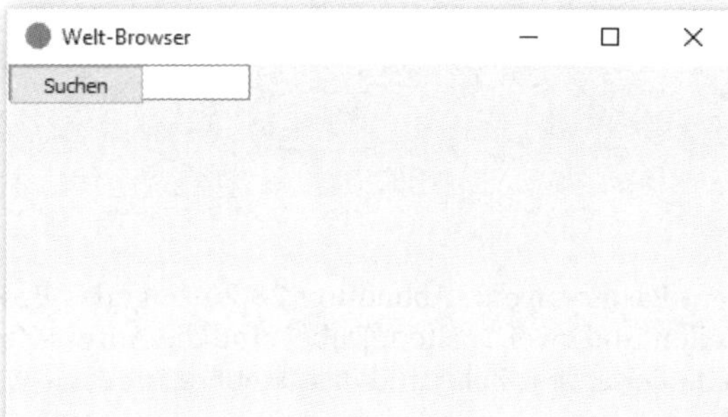

Abb. 28.18: Voreingestellte Anordnung der Widgets übereinander

Mit der Methode `move()` können Sie die Widgets an bestimmte feste Positionen im Koordinatensystem (Ursprung oben links) setzen. Die folgenden Anweisungen erzeugen ein starres Layout, bei dem die Widgets immer an festen Stellen sitzen und eine konstante Größe haben. Sie passen sich während des Programmlaufs nicht an die (änderbare) Größe des Anwendungsfensters an.

```
# Layout
self.resize(400, 240)
self.webView.resize(390, 200)
self.webView.move(10, 40)
self.addressBar.move(10,10)
self.searchButton.move(180,10)                #1
```

Bezugspunkt ist immer die obere linke Ecke des Widgets. Beispielsweise wird die Schaltfläche mit der linken oberen Ecke an Position x = 180px und y = 10px gesetzt (Zeile **#1**).

Abb. 28.19: Absolute Positionierung von Widgets mit `move()`

Die Methode `setGeometry()` fasst `move()` und `resize()`zusammen. Der Aufruf

```
widget.setGeometry(10, 50, 200, 100)
```

hat die gleiche Wirkung wie

```
widget.move(10, 50)
widget.resize(200, 100)
```

28.18.2 Raster-Layout

Wie bei tkinter gibt es bei PyQt5 auch ein Raster-Layout. Abbildung 28.20 zeigt das Browserfenster mit einem Raster aus zwei Zeilen und zwei Spalten. Dabei sind die Adress-Zeile und die Schaltfläche jeweils in einer Zelle der ersten Zeile und das `QWebEngineView`-Widget nimmt beide Zellen der zweiten Zeile ein.

Abb. 28.20: Browser mit Raster-Layout

Das Raster muss nicht explizit definiert werden. Es entsteht gewissermaßen »von allein« durch die `addWidget()`-Operation. Sie kann mit drei oder fünf Argumenten aufgerufen werden. Beim Aufruf mit fünf Argumenten kann ein Bereich definiert werden, der über mehrere Zeilen und/oder Spalten geht. Abbildung 28.21 zeigt den Programmcode für das Beispiel-Layout.

Abb. 28.21: Programmierung eines Raster-Layouts

28.18.3 Form-Layout

Beim Form-Layout wird das Anwendungsfenster zeilenweise aufgebaut. Beispiel:

- Erster Zeile: Eingabefeld und Schaltfläche
- Zweite Zeile: Viewer

```
# Layout
form = QFormLayout()
self.setLayout(form)
form.addRow(self.addressBar, self.searchButton)
form.addRow(self.webView)
form.setSpacing(10)
```

Abb. 28.22: Browser mit Form-Layout und Standard-Policy

Warum ist die Schaltfläche so lang? Das liegt an den voreingestellten Regeln zur dynamischen Anpassung von Größe und Position der Widgets, den so genannten Policies. Eine voreingestellte Regel besagt, dass Widgets sich der jeweiligen Zelle anpassen. Mit der folgenden Anweisung behält der Button seine Maße, auch wenn das Anwendungsfenster vergrößert wird.

```
form.setFieldGrowthPolicy(QFormLayout.FieldsStayAtSizeHint)
```

Die Methode `addRow()` kann in folgenden Formaten aufgerufen werden (in Klammern sind die Typen der Parameter angegeben):

```
QFormLayout.addRow(QWidget, QWidget)
QFormLayout.addRow(QWidget, QLayout)
QFormLayout.addRow(str, QWidget)
QFormLayout.addRow(str, QLayout)
QFormLayout.addRow(QWidget)
QFormLayout.addRow(QLayout)
```

Sie verwenden das Form-Layout vor allem dann, wenn das Anwendungsfenster den Charakter eines Eingabe-Formulars (engl. *form*) hat. Ein Vorteil ist, dass die Reihen des Formulars auch Text enthalten können, für den Sie nicht noch zusätzlich ein `QLabel`-Widget definieren müssen. Voreingestellt ist, dass die Labels linksbündig sind. Mit `setLabelAlignment()` können Labels rechtsbündig gesetzt werden. Abbildung 28.23 zeigt ein Beispiel. Links sieht man ein Formular in der vorgegebenen Standardeinstellung. Die Eingabefelder passen sich in der Breite der Zellengröße an. Wenn man das Fenster breiter macht, werden auch die Eingabefelder breiter. Rechts ist das Layout abgewandelt.

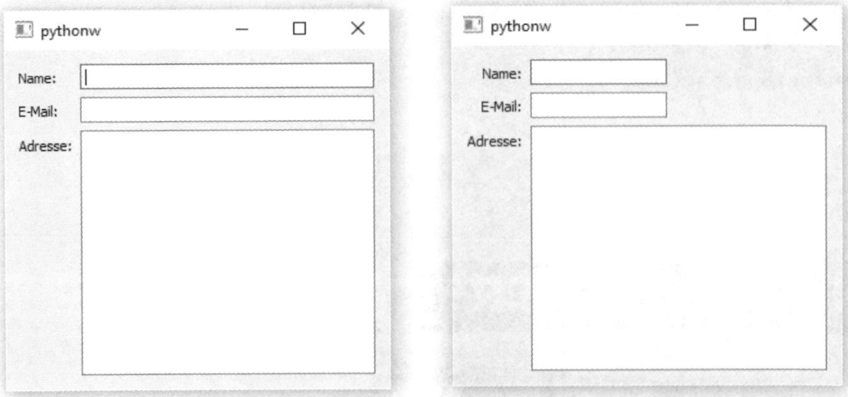

Abb. 28.23: Form-Layout in der Standardeinstellung (links) und abgewandelt (rechts)

Skript:

```
# addresses.py
import sys
from PyQt5 import QtCore
from PyQt5.QtWidgets import (QApplication, QFormLayout,
          QPushButton, QTextEdit, QLineEdit, QWidget)

class AddressBook(QWidget):
    def __init__(self):
        super().__init__()

        # Widgets
        self.editName = QLineEdit(self)
        self.editEMail =  QLineEdit(self)
        self.editAddress = QTextEdit(self)

        # Layout
        form = QFormLayout()
        form.addRow("Name:", self.editName)                       #1
```

```
        form.addRow("E-Mail:", self.editEMail)
        form.addRow("Adresse:", self.editAddress)
        self.setLayout(form)

        #Policies
        form.setFieldGrowthPolicy(
           QFormLayout.FieldsStayAtSizeHint)                  #2
        form.setLabelAlignment(QtCore.Qt.AlignRight)          #3

app = QApplication(sys.argv)
book = AddressBook()
book.show()
sys.exit(app.exec_())
```

Erläuterungen:

#1: Dem Form-Layout wird eine neue Reihe mit zwei Zellen hinzugefügt. In der ersten Zelle ist ein Label mit einem Text, in der zweiten Zelle ist eine Eingabezeile.

#2: Die Widgets im Form-Layout sollen in der eingestellten Größe bleiben.

#3: Die Label in der ersten Spalte des Formulars sollen rechtsbündig gesetzt werden.

28.19 Browser für jeden Zweck

In Abschnitt 28.4 haben Sie einen einfachen Browser entwickelt. Vielleicht möchten Sie nun das Grundmodell erweitern, eigene Ideen realisieren und dabei die PyQt5-Klassenbibliothek besser kennenlernen. In diesem Abschnitt erhalten Sie einige Anregungen.

28.19.1 Die Klasse QWebEngineView

Die meiste Intelligenz Ihres Browsers steckt in dem Objekt der Klasse `QWebEngineView` aus dem Modul `PyQt5.QtWebEngineWidgets`. Dieses Widget interpretiert den HTML-Text, der über das Internet übertragen worden ist. Aber es kann noch viel mehr. Tabelle 28.10 gibt einen Überblick über einige Methoden.

Methode/Signal	Erklärung
`back()`	Ein Schritt zurück in der History: Die Webseite, die zuvor aufgerufen worden ist, wird angezeigt.
`forward()`	Ein Schritt vorwärts in der History. Die Webseite, die schon einmal nach dieser Webseite aufgerufen worden ist, wird angezeigt.
`history()`	Liefert die History der Sitzung als `QHistory`-Objekt.
`load(url)`	Der Parameter ist ein `QUrl`-Objekt. Die Webseite mit dem zugehörigen URL wird geladen und angezeigt.

Tabelle 28.10: Einige Methoden und Signale der Klasse `QWebEngineView`

Methode/Signal	Erklärung
`loadStarted`	Signal wird gesendet, wenn das Laden einer neuen Seite begonnen hat.
`loadFinished`	Signal wird gesendet, wenn das Laden einer neuen Seite beendet ist. Manche Daten (z.B. der Titel einer Webseite) sind erst dann verfügbar.
`setHtml(text)`	Stellt eine HTML-Seite dar, deren Quelltext als String (*nicht* `QString`) im Argument übergeben worden ist.
`setZoomFactor(x)`	Setzt den Zoomfaktor auf den Wert `x` (1.0 ist normal).
`title()`	Gibt den Titel der Webseite als String zurück.
`url()`	Liefert ein `QUrl`-Objekt, das den URL der gerade gezeigten Webseite repräsentiert
`urlChanged`	Signal wird gesendet, wenn (z.B. nach dem Anklicken eines Links) eine neue Webseite aufgerufen worden ist.
`zoomFactor()`	Liefert den Zoomfaktor der Ansicht. Voreingestellt ist 1.0.

Tabelle 28.10: Einige Methoden und Signale der Klasse `QWebEngineView` (Forts.)

28.20 Ein Webbrowser mit Filter

In diesem Projekt entwickeln Sie einen Browser für Kinder, der nur bestimmte Webseiten anzeigt, z.B. Seiten der Wikipedia oder von »Planet Wissen«. Jeder URL wird geprüft. Falls er nicht akzeptabel ist, wird eine spezielle Seite mit einem Hinweis gezeigt.

Das ist die Idee der Programmierung:

- Es gibt einen HTML-Text mit dem Hinweis *Diese Seite ist nicht erlaubt*. Der HTML-Text kann vom `QWebEngineView`-Widget mit der Methode `setHtml()` dargestellt werden.
- Es gibt eine »weiße Liste«, d.h. eine Liste von Strings, die erlaubte Websites identifizieren. In jedem erlaubten URL muss ein String aus dieser Liste enthalten sein.
- Bei jedem Wechsel auf eine andere Webseite (Signal: `urlChanged`) wird eine Methode aufgerufen, die den neuen URL prüft.
- Um Endloswiederholungen zu vermeiden, gibt es eine boolesche Statusvariable namens `stopped`. Sie hat den Wert `True`, wenn der letzte Versuch, eine Webseite zu laden, gestoppt wurde, weil sie nicht erlaubt war.

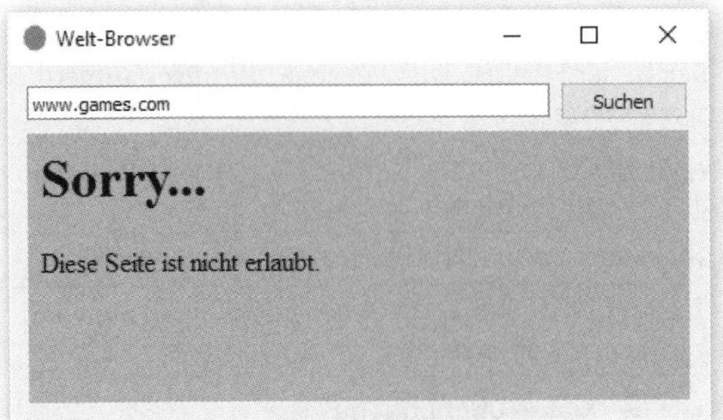

Abb. 28.24: Meldung bei nicht akzeptierter Webseite

Die Einzelheiten sind in den Kommentaren zum folgenden Listing erklärt. Sie ergänzen die fett gedruckten Passagen im Programmskript des Browsers.

```
...
HINT = """<html><body bgcolor="orange">
          <h1>Sorry...</h1>
          Diese Seite ist nicht erlaubt.
          </body> </html>"""                                    #1

class Browser(QWidget):
    def __init__(self):
        ...
        self.stopped = False                                    #2

    def search(self):
        ...
        self.whiteList = ["www.wikipedia.de",
                          "de.wikipedia.org",
                          "www.planet-wissen.de"]
        self.stopped = False                                    #3
    ...

    def checkUrl(self):                                         #4
      if not self.stopped:                                      #5
        url = str(self.webView.url().toString())                #6
        if not any(x in url for x in self.whiteList):           #7
            self.stopped = True                                 #8
            self.webView.stop()                                 #9
            self.webView.setHtml(HINT)                          #10

    ...
    def createConnections(self):
        ...
        self.webView.urlChanged.connect(self.checkUrl)
```

Erläuterung:

#1: Dieser lange String enthält einen HTML-Text, der gezeigt wird, wenn eine verbotene Seite geladen worden ist.

#2: Die Statusvariable `stopped` trägt nur dann den Wert `True`, wenn eine verbotene Seite erkannt worden ist. Der Anfangswert ist `False`.

#3: Wenn der Benutzer eine neue Seite aufruft, wird zunächst angenommen, dass sie erlaubt ist und deswegen die Statusvariable `stopped` auf `False` gesetzt.

#4: Diese (neue) Methode prüft, ob der aktuelle URL in Ordnung ist. Sie wird ausgeführt, wenn eine neue Webseite aufgerufen worden ist und das `QWebEngineView`-Objekt ein `urlChanged`-Signal gesendet hat.

#5: Nur wenn nicht bereits der Besuch der Webseite gesperrt worden ist, wird (in der `if`-Klausel) der aktuelle URL geprüft.

#6: Hier wird ein String erzeugt, der den aktuellen URL enthält.

#7: Der Aufruf der Standardfunktion `any()` liefert einen Wahrheitswert. Er ist `True`, wenn es in der Liste `self.whiteList` wenigstens ein Element `x` gibt, das Teilstring des URL ist. In diesem Fall handelt es sich um einen erlaubten URL.

#8: Wenn der aktuelle URL nicht erlaubt ist (keiner der Strings aus der weißen Liste kommt im URL vor), wird die Statusvariable `stopped` auf `True` gesetzt. Das verhindert, dass das System in eine Endloswiederholung gelangt. Denn infolge der Meldung in Zeile **#10** wird wieder ein `urlChanged`-Signal gesendet. Ohne Kontrolle mit der Statusvariablen würde wieder ein nicht-erlaubter URL erkannt und wieder eine Meldung ausgegeben, die erneut ein `urlChanged`-Signal zur Folge hätte, usw.

#9: Der Ladevorgang wird (vorzeitig) beendet.

#10: Die HTML-Seite mit der Meldung »Sorry ...« wird im `QWebEngineView`-Fenster angezeigt.

28.21 Surfen mit Geschichte – der Verlauf einer Sitzung

Das `QWebEngineView`-Objekt verwaltet auch den Verlauf der Sitzung. Es speichert die URLs und andere Informationen zu den in der Vergangenheit aufgerufenen Webseiten in der so genannten History. Wir erweitern nun den Browser um eine Schaltfläche VERLAUF. Klickt man sie an, so erscheint eine Liste mit Links zu den bisher besuchten Webseiten (Abbildung 28.25). Man sieht die Titel der Webseiten, klickt man einen Titel an, wird über den zugehörigen URL die Seite geladen.

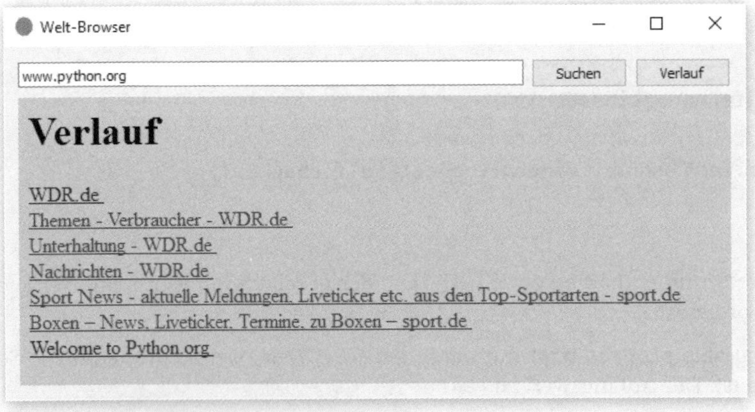

Abb. 28.25: Verlauf einer Browser-Sitzung

Definieren Sie eine Konstante mit einem langen String, der ein Muster für die HTML-Seite mit dem Verlauf enthält. Unter der Überschrift ist ein Platzhalter {}, der später durch die Liste der Links auf besuchte Seiten ersetzt wird:

```
HISTORY_PATTERN = """
<html><body bgcolor="#C0C0FF">
    <h1>Verlauf</h1>
    {}
</body></html>"""
```

In der Definition der Klasse Browser definieren Sie eine neue Methode, die die Linkliste aus der History berechnet:

```
def showHistory(self):
    history = self.webView.history().items()                    #1
    htmlHistory = ""
    for i in history:
        htmlHistory += '<a href="{}">{} </a><br/>'.format(
                i.url().toString(), i.title())                  #2
    self.webView.setHtml(HISTORY_PATTERN.format(htmlHistory))
```

Erläuterung:

#1: Hier wird eine Liste aus Items der History erzeugt. Jedes Element dieser Liste ist ein Objekt der Klasse QWebHistoryItem und repräsentiert eine besuchte Webseite.

#2: Die Liste der Items wird durchlaufen. Aus einem Item i wird ein Tupel aus zwei Strings gewonnen. Sie stellen einen URL und den Titel einer Seite dar. Diese beiden Strings werden dann durch eine Formatierung mit {} in das Muster einer Zeile eingefügt. Das heißt, die beiden Platzhalter {} werden später jeweils durch einen String ersetzt. Solch eine Zeile der Linkliste kann dann nach der Formatierung z.B. so aussehen:

```
<a href="http://www.wdr.de"> WDR.de </a><br/>
```

Mit den HTML-Tags <a> ... </a> wird ein anklickbarer Link definiert. Zwischen den Tags steht der sichtbare Text (z.B. WDR.de). Im Attribut href ist der URL gespeichert (http://www.wdr.de). Das Tag <br/> setzt einen Zeilenumbruch.

Die Zeilen mit den Links werden dann hintereinander gehängt und ergeben die Linkliste, die angezeigt werden soll. In der letzten Zeile wird in das Muster der HTML-Seite der String mit der Linkliste eingefügt. (Der Platzhalter {} wird durch den String mit der Linkliste ersetzt.)

Schließlich müssen Sie die Schaltfläche VERLAUF erzeugen, in das horizontale Layout einbauen und das clicked-Signal mit der neuen Methode verknüpfen:

```
self.historyButton = QPushButton("Verlauf", self)
hbl.addWidget(self.historyButton)
self.historyButton.clicked.connect(self.showHistory)
```

28.22 Aufgaben

Aufgabe 1

Entwickeln Sie eine Applikation, die im Vollbildmodus die aktuelle Uhrzeit anzeigt. Der Hintergrund soll einen Farbverlauf haben (siehe Abbildung 28.26). Beim Druck auf eine beliebige Taste wird die Applikation in einem normalen Fenster gezeigt, das man durch Klick auf den Button X schließen kann.

Tipps: Ordnen Sie den Farbverlauf mit einem Stylesheet dem gesamten Widget zu und setzen Sie in einem zweiten Stylesheet, das nur dem Label mit der Uhrzeit zugeordnet wird, die Hintergrundfarbe auf transparent.

Verwenden Sie die Funktion `asctime()` aus dem Modul `time`.

Abb. 28.26: Digitaluhr, die den gesamten Bildschirm ausfüllt

Aufgabe 2

Erweitern Sie die Benutzungsoberfläche des Webbrowsers aus Abschnitt 28.4 um zwei Widgets:

- Ein Label unter dem `QWebEngineView`-Widget zeigt – wenn es gewünscht wird – den URL der aktuellen Webseite an.
- Neben der Schaltfläche SUCHEN ist eine Checkbox. Wenn sie angewählt ist und in dem Kästchen ein Häkchen erscheint, ist das Label mit dem URL sichtbar, ansonsten ist es ausgeblendet.

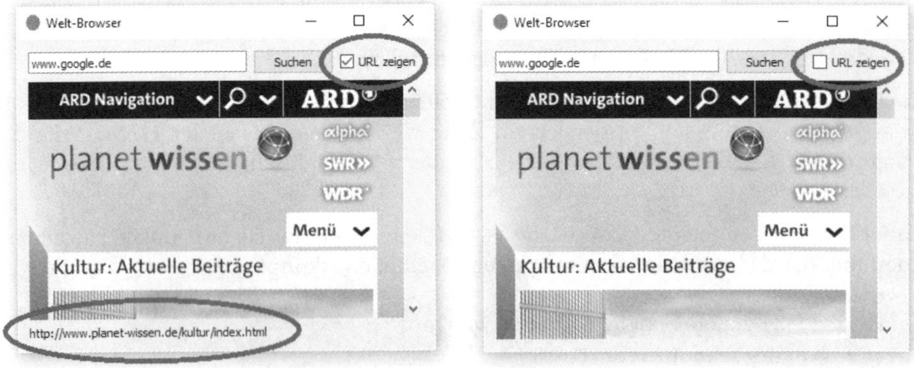

Abb. 28.27: Browser mit Checkbox (oben rechts) und Label (unten). Das Label wird nur angezeigt, wenn die Checkbox markiert ist.

28.23 Lösungen

Lösung 1

Skript:

```
import sys, time
from PyQt5.QtWidgets import QWidget, QApplication, QLabel
from PyQt5.QtCore import Qt, QTimer
from PyQt5 import QtGui

STYLE = """background: qlineargradient(x1: 0, y1: 0,
                x2: 0, y2: 1,stop: 0 blue, stop: 1 lightblue);
            """                                                    #1
STYLE_LABEL = """background:transparent;
                color: white"""                                   #2

class Clock(QWidget):
    def __init__(self):
        super().__init__()
        self.label = QLabel("", self)
        font = QtGui.QFont("Arial",160)                           #3
        self.label.setFont(font)
        self.setStyleSheet(STYLE)                                 #4
        self.label.setStyleSheet(STYLE_LABEL)
        self.label.move(250, 250)

        self.timer = QTimer()                                     #5
        self.timer.timeout.connect(self.update)
        self.timer.start(1000)                                    #6
        self.showFullScreen()                                     #7

    def update(self):
        t = time.asctime().split()                                #8
        self.label.setText(t[3])                                  #9
        self.label.adjustSize()                                   #10

    def keyPressEvent(self, e):                                   #11
        self.showNormal()

app = QApplication(sys.argv)
clock = Clock()
sys.exit(app.exec_())
```

Erläuterung:

#1: In diesem Stylesheet wird ein Farbverlauf von Blau nach Hellblau für den Hintergrund definiert.

#2: Dieses Stylesheet ist für das Label. Der Hintergrund ist transparent und die Schriftfarbe ist Weiß.

#3: Hier wird ein Schrifttyp (Font) mit riesigen Buchstaben definiert und dann dem Label zugeordnet.

#4: Dem gesamten Applikationsfenster und dann dem Label werden Stylesheets zugeordnet, in denen Farben definiert sind.

#5: Ein Timer wird definiert und anschließend mit der Methode `update()` verbunden.

#6: Der Timer wird gestartet. Er sendet nun jede Sekunde ein `timeout`-Signal, das einen Aufruf der Methode `update()` auslöst.

#7: Die Applikation wird im Vollbildmodus gezeigt. Man sieht nun keine Schaltfläche zum Beenden des Programms.

#8: Es wird die aktuelle Zeit als String gewonnen, z.B. `'Fri Feb 26 08:06:30 2016'`. Dieser String wird mit `split()` zerlegt und eine Liste von fünf Strings erzeugt, z.B. `['Fri', 'Feb', '26', '08:06:30', '2016']`. Diese Liste erhält den Namen `t`.

#9: Auf das Label wird das vierte Item der Liste gesetzt. Das ist die Uhrzeit, z.B. der String `'08:06:30'`.

#10: Die Größe des Labels wird der Länge des Textes angepasst.

#11: Wenn eine beliebige Taste der Tastatur gedrückt worden ist, wird das Applikationsfenster im normalen Modus (mit Rahmen) gezeigt und kann dann vom Benutzer geschlossen werden.

Lösung 2

Das folgende Listing zeigt die Programmierung. Die fett gedruckten Anweisungen müssen in die Definition der Klasse `Browser` (Abschnitt 28.4) eingefügt werden.

```
import sys
from PyQt5.QtCore import *
from PyQt5.QtGui import *
from PyQt5.QtWidgets import *

from PyQt5.QtWebEngineWidgets import *

class Browser(QWidget):
    def __init__(self):
        super().__init__()
        # Widgets
        self.setWindowTitle("Welt-Browser")
        self.setWindowIcon(QIcon("welt.png"))
```

```
        self.webView = QWebEngineView(self)
        self.addressBar = QLineEdit(self)
        self.searchButton = QPushButton("Suchen", self)
        self.checkBox = QCheckBox("URL zeigen", self)                #1
        self.checkBox.toggle()                                       #2
        self.urlLabel = QLabel("", self)                             #3
        self.urlLabel.setMaximumWidth(400)                           #4

        # Layout
        hbl = QHBoxLayout()
        hbl.addWidget(self.addressBar)
        hbl.addWidget(self.searchButton)
        hbl.addWidget(self.checkBox)                                 #5
        vbl = QVBoxLayout()
        vbl.addLayout(hbl)
        vbl.addWidget(self.webView)
        vbl.addWidget(self.urlLabel)                                 #6
        self.setLayout(vbl)

        # Connections
        self.addressBar.returnPressed.connect(self.search)
        self.searchButton.clicked.connect(self.search)
        self.webView.urlChanged.connect(self.showUrl)                #7
        self.checkBox.stateChanged.connect(
                                self.changeVisibility)               #8
        self.show()

    def search(self):
        # Zeige Webseite
        address = str(self.addressBar.text())
        if address:
            if "://" not in address:
                address = "http://" + address
            url = QUrl(address)
            self.webView.load(url)

    def showUrl(self):
         url = self.webView.url().toString()                         #9
         self.urlLabel.setText(url)                                  #10

    def changeVisibility(self):                                      #11
        if self.checkBox.isChecked():
```

```
            self.urlLabel.show()
        else:
            self.urlLabel.hide()
app = QApplication(sys.argv)
browser = Browser()
sys.exit(app.exec_())
```

Erläuterung:

#1: Hier wird die Checkbox definiert. Sie bekommt das Label URL ZEIGEN (erstes Argument) und wird dem Anwendungsfenster (`self`) untergeordnet (zweites Argument).

#2: Die Checkbox wechselt den Zustand. Da zu Beginn eine Checkbox nicht markiert ist (kein Häkchen), wird sie jetzt markiert und ein Häkchen gesetzt.

#3: Ein Label wird definiert. Es trägt keinen Text (leerer String im ersten Argument) und wird dem Anwendungsfenster (`self`) untergeordnet.

#4: Ein Label passt sich in der Größe dem enthaltenen Text an. URLs können aber sehr lang sein (z.B. wenn sie Querystrings enthalten). Damit das Fenster nicht zu groß wird, wird dem Label eine maximale Breite von 400 px zugewiesen.

#5: Die Checkbox wird in das horizontale Box-Layout eingefügt. Sie soll rechts neben der Schaltfläche SUCHEN erscheinen.

#6: Das Label wird in das vertikale Box-Layout eingefügt. Es soll unter dem `QWebEngineView`-Widget stehen.

#7: Das `QWebEngineView`-Objekt sendet das Signal `urlChanged`, wenn eine neue Webseite aufgerufen worden ist. Dieses Signal wird mit der Methode `showUrl()` verknüpft. Wenn diese Methode das Signal empfängt, wird sie den neuen URL auf dem Label anzeigen.

#8: Das `QCheckBox`-Objekt sendet das Signal `stateChanged`, wenn es angeklickt wird und dabei seinen Zustand ändert. Dieses Signal wird mit der Methode `changeVisibility()` verknüpft. Wenn die Methode das Signal empfängt, zeigt oder versteckt sie das Label.

#9: Diese Methode sorgt dafür, dass der URL der aktuell gezeigten Webseite auf dem Label angezeigt wird. Zunächst wird ein String erzeugt, der den aktuellen URL enthält.

#10: Auf das Label wird der Text mit dem URL gesetzt.

#11: Diese Methode wird aufgerufen, wenn sich der Zustand der Checkbox ändert. Wenn die Checkbox mit einem Haken markiert ist, wird das Label sichtbar gemacht. Wenn der Haken fehlt, wird das Label versteckt. Alle Widgets besitzen die Methoden `hide()` und `show()` und können bei Bedarf sichtbar oder unsichtbar gemacht werden.

Kapitel 29

Multimediaanwendungen mit Qt

Dieses Kapitel gibt einen Einblick in die Programmierung von Multimediaanwendungen mit Qt. Wie verwendet man die verschiedenen Arten von Dialogboxen und das Widget zur Darstellung von Kalenderdaten? Wie kann man auf Live-Bilder der Kamera zugreifen und Videos abspielen? Wie bearbeitet man Bilder mit einem `QPainter`-Objekt?

29.1 Kalender und Textfeld – ein digitales Tagebuch

So funktioniert das digitale Tagebuch: Das Anwendungsfenster zeigt einen Kalender (Objekt der Klasse `QCalendarWidget`), auf dem man über Schaltflächen und durch Anklicken einer Zelle jedes beliebige Datum einstellen kann. Darunter ist ein Textfeld (Objekt der Klasse `QTextEdit`). Normalerweise – im Lesemodus – ist es schreibgeschützt. Im Lesemodus kann man Tagebucheinträge lesen, aber nicht verändern.

Abb. 29.1: Das digitale Tagebuch im Lesemodus

Klickt man auf die Schaltfläche EDIT, erscheinen zwei zusätzliche Schaltflächen: ABBRECHEN und SPEICHERN. Nun ist der Schreibschutz des Textfeldes aufgehoben und man kann zum gerade ausgewählten Datum einen Tagebucheintrag anfertigen.

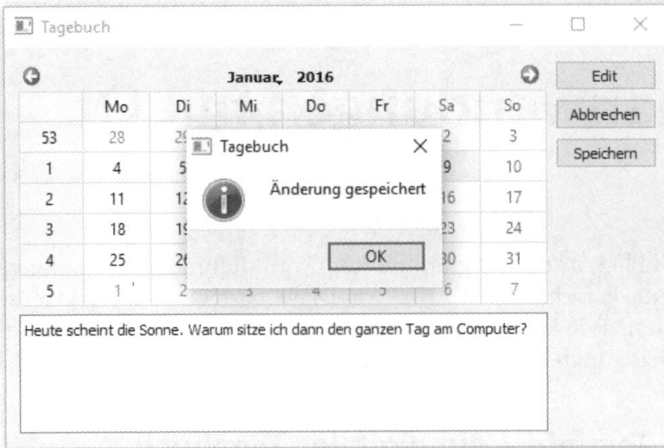

Abb. 29.2: Das digitale Tagebuch im Schreibmodus

Das ist der Schreibmodus. Klickt man auf die Schaltfläche SPEICHERN, wird das geänderte Tagebuch in einer Datei gespeichert. Es erscheint eine Messagebox wie in Abbildung 29.2. Klickt man in der Messagebox auf OK, wechselt die Anwendung wieder in den Lesemodus und die beiden zusätzlichen Schaltflächen verschwinden. Wenn man rechts auf ABBRECHEN klickt, wird nichts gespeichert und die Anwendung geht in den Lesemodus.

29.1.1 Programmierung

Die Anwendung besteht aus zwei Klassen:

- Die Klasse `Notebook` modelliert das Tagebuch. Ein `Notebook`-Objekt hat Methoden zum Lesen und Schreiben von Tagebucheinträgen und sorgt dafür, dass die Daten in einem Dictionary gespeichert werden. Bei jedem Tagebucheintrag ist das Datum der Schlüssel und der Text der Wert.
- Die Klasse `CalendarNotes` ist von `QWidget` abgeleitet und stellt die Benutzungsoberfläche dar. Das `CalenderNotes`-Objekt verwendet ein `Notebook`-Objekt, um die Tagebucheinträge zu speichern.

Abb. 29.3: UML-Klassendiagramm des digitalen Tagebuchs

Die Daten des Tagebuchs werden in einem Dictionary gespeichert.

Skript:

```
# notebook.py
import sys, pickle
from PyQt5.QtWidgets import (QApplication,
```

```
        QCalendarWidget, QHBoxLayout, QMessageBox,
        QPushButton, QTextEdit, QVBoxLayout, QWidget)
PATH = "notes.dat"                                          #1

class Notebook ():
    def __init__(self):
        try:
            f = open(PATH, "rb")                            #2
            self.notes = pickle.load(f)
            f.close()
        except:
            f = open(PATH, "wb")
            self.notes = dict()
            f.close()

    def addNote(self, note, d):                             #3
        self.notes[d] = note
        f = open(PATH, "wb")
        pickle.dump(self.notes, f)
        f.close()

    def getNote(self, d):                                   #4
        if d in self.notes.keys():
            return self.notes[d]
        else: return ""

class CalendarNotes(QWidget):
    def __init__(self):
        super().__init__()                                  #5
        self.notes = Notebook()                             #6

        # Widgets
        self.setWindowTitle("Tagebuch")
        self.cal = QCalendarWidget(self)                    #7
        self.cal.setGridVisible(True)
        self.editor = QTextEdit(self)                       #8
        self.editor.setReadOnly(True)
        self.bEdit = QPushButton("Edit")
        self.bCancel = QPushButton("Abbrechen", self)
        self.bSave = QPushButton("Speichern", self)

        # Layout
        vBox1 = QVBoxLayout()                               #9
```

```
        vBox1.addWidget(self.cal)
        vBox1.addWidget(self.editor)
        vBox2 = QVBoxLayout()
        vBox2.addWidget(self.bEdit)
        vBox2.addWidget(self.bCancel)
        vBox2.addWidget(self.bSave)
        vBox2.addStretch()                                          #10
        hBox = QHBoxLayout()
        hBox.addLayout(vBox1)
        hBox.addLayout(vBox2)
        self.setLayout(hBox)

        # Connections
        self.bEdit.clicked.connect(self.editNote)                   #11
        self.bCancel.clicked.connect(self.display)
        self.bSave.clicked.connect(self.save)
        self.cal.selectionChanged.connect(self.display)

        self.display()                                              #12
        self.show()

    def save(self):                                                 #13
        d = self.cal.selectedDate().toString()
        self.notes.addNote(self.editor.toPlainText(), d)
        QMessageBox.information(self, "Tagebuch",
                                "Änderung gespeichert")
        self.display()

    def editNote(self):                                             #14
        self.bSave.show()
        self.bCancel.show()
        self.editor.setReadOnly(False)

    def display(self):
        self.bSave.hide()
        self.bCancel.hide()
        d = self.cal.selectedDate().toString()
        self.editor.setText(self.notes.getNote(d))
        self.editor.setReadOnly(True)

app = QApplication(sys.argv)
notes = CalendarNotes()
sys.exit(app.exec_())
```

Erläuterung:

#1: Pfad zu der Datei, in der das Tagebuch gespeichert wird.

#2: Bei der Initialisierung eines Notebook-Objektes wird zuerst versucht unter dem Pfad eine Datei im binären Lesemodus (`"rb"`) zu öffnen. Anschließend wird mit `pickle` ein Dictionary geladen. Jedes Item des Dictionarys besteht aus einem Datum (Schlüssel) und dem Text des Eintrags (Wert).

Wenn unter dem Pfad keine Datei existiert und deshalb die Ausführung der `try`-Klausel abgebrochen werden muss, wird in der `except`-Klausel eine neue Datei mit diesem Namen erstellt.

#3: Die Methode sorgt dafür, dass ein neuer Eintrag in das Dictionary `self.notes` eingefügt wird. Die Parameter `d` (Datum) und `note` (Text des Eintrags) sind Strings. Anschließend wird das geänderte Dictionary mit `pickle` gespeichert.

#4: Der Parameter `d` ist ein String, der ein Datum darstellt. Solche Strings sind Schlüssel des Dictionarys `self.notes`. Wenn zu dem angegebenen Datum ein Text im Dictionary gespeichert ist, wird dieser Text zurückgegeben. Anderenfalls wird ein leerer String zurückgegeben.

#5: Da die Klasse `CalendarNotes` von `QWidgets` abgeleitet ist, wird zuerst die Initialisierungsmethode der Basisklasse aufgerufen.

#6: Hier wird ein Objekt der Klasse `Notebook` erzeugt. Es modelliert den Inhalt des Tagebuchs.

#7: Hier wird das Kalender-Widget erzeugt. Voreingestellt ist, dass das aktuelle Datum (»heute«) ausgewählt ist.

#8: Hier wird ein Texteditorfeld in der voreingestellten Größe erzeugt. Darin können mehrere Textzeilen eingegeben und editiert werden.

#9: In diesem Abschnitt wird die Anordnung der Widgets mit vertikalen und horizontalen Box-Layouts festgelegt. Abbildung 29.4 illustriert die Idee. Eine Besonderheit ist das Stretch-Element, das in Zeile **#10** unter die Schaltflächen gesetzt wird. Man kann es sich wie eine Spiralfeder vorstellen. Es »drückt« die darüber liegenden Widgets an den oberen Rand der Box.

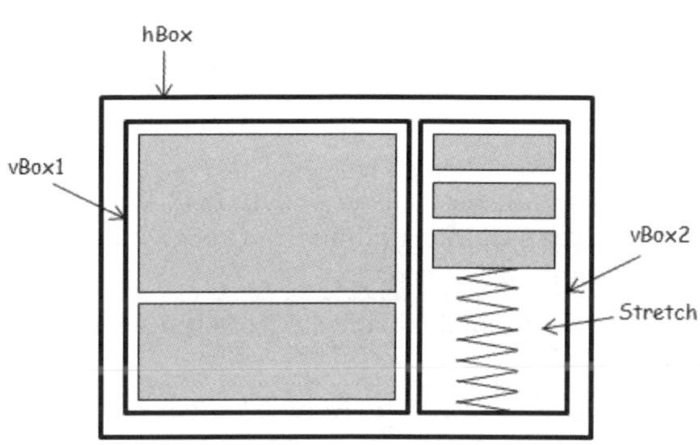

Abb. 29.4: Aufbau des Layouts aus einem horizontalen und zwei vertikalen Box-Layouts

#10: Hier wird ein »Stretch« in die vertikale Box eingefügt. Es »drückt« die Schaltflächen nach oben. Ohne das Stretch-Element sähe das Layout aus wie in Abbildung 29.5. Die (sichtbaren) Widgets würden dann gleichmäßig in der Box verteilt.

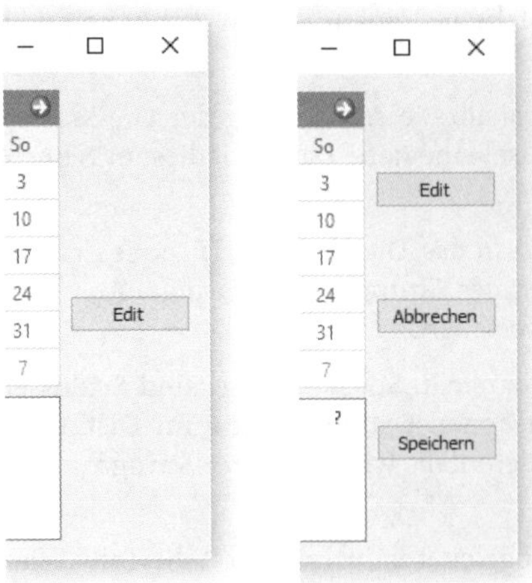

Abb. 29.5: Schaltflächen in einem vertikalen Box-Layout ohne Stretch-Element

#11: In diesem Abschnitt werden die Signale der `QPushButton`-Widgets mit Methoden verknüpft.

#12: Der Aufruf der Methode `self.display()` sorgt dafür, dass der Tagebucheintrag des gerade ausgewählten Datums angezeigt wird. Außerdem werden die Schaltflächen ABBRECHEN und SPEICHERN ausgeblendet und das Textfeld vor Änderungen geschützt. Die Anwendung ist jetzt im Lesemodus.

#13: Die Methode wird aufgerufen, wenn die Schaltfläche Speichern angeklickt worden ist. Es wird das ausgewählte Datum ermittelt und der String d erzeugt, der das Datum repräsentiert. Der Inhalt des Textfeldes wird dann als Notiz dem Kalender hinzugefügt und eine entsprechende Meldung erzeugt.

#14: Die Methode wird aufgerufen, wenn die Schaltfläche Edit angeklickt worden ist. Die Schaltflächen Speichern und Abbrechen werden sichtbar gemacht und das Kalender-Objekt wird in den Ediermodus gebracht.

Methode/Signal	Erklärung
`selectedDate()`	Liefert ein `QDate`-Objekt. Mit der Methode `toPyDate()` kann man daraus ein `datetime.date`-Objekt gewinnen. Mit `toString()` wird ein String mit der Datumsangabe erzeugt.
`selectionChanged`	Das Signal wird gesendet, wenn der Benutzer die Datumseinstellungen des Kalenders geändert hat.
`setGridVisible()`	Zwischen die Zellen des Kalenderblattes werden Linien gesetzt. Es wird dadurch besser lesbar.

Tabelle 29.1: Wichtige Signale und Methoden der `QCalendarWidget`-Objekte

29.2 Kamerabilder

Mit PyQt5 ist ein einfacher Zugriff auf Kameras möglich. Sie können das aktuelle Kamerabild in einem Anwendungsfenster sichtbar machen und Videos und Fotos speichern oder verarbeiten. Das folgende Skript bietet einen kleinen Eindruck.

Abb. 29.6: Fotografieren mit PyQt5

Das Anwendungsfenster enthält nur zwei Widgets: Ein `QViewFinder`-Widget, das das aktuelle Kamerabild anzeigt, und eine Schaltfläche.

Skript:

```
#!/usr/bin/env python3
# camera.pyw
from PyQt5.QtWidgets import *
from PyQt5.QtMultimedia import (QCamera,
                                QCameraImageCapture)
from PyQt5.QtMultimediaWidgets import QVideoWidget
import sys, time

class Window(QWidget):
    def __init__(self):
        super().__init__()
        self.createWidgets()
        self.createCamera()
        self.createLayout()
        self.show()
```

```
    def createWidgets(self):
        self.videoWidget = QVideoWidget()                                    #1
        self.button = QPushButton("Foto")                                    #2
        self.button.clicked.connect(self.takePhoto)

    def createLayout(self):
        self.box = QVBoxLayout()                                             #3
        self.box.addWidget(self.videoWidget)
        self.box.addWidget(self.button)
        self.setLayout(self.box)

    def createCamera(self):
        self.device = QCamera.availableDevices()[0]                          #4
        self.camera = QCamera(self.device)
        self.camera.setViewfinder(self.videoWidget)                          #5
        self.camera.setCaptureMode(
                    QCamera.CaptureStillImage)                               #6
        self.imageCapture = QCameraImageCapture(
                    self.camera)                                             #7
        self.camera.start()
    def takePhoto(self):
        if self.imageCapture.isReadyForCapture():                            #8
            path = 'c:\\media\\foto{}.jpg'.format(time.time())
            self.imageCapture.capture(path)


app = QApplication(sys.argv)
window = Window()
sys.exit(app.exec_())
```

Erläuterung:

#1: Das Objekt der Klasse `QVideoWidget` sorgt für die Darstellung bewegter Bilder im Anwendungsfenster.

#2: Das zweite Widget ist eine Schaltfläche, die mit der Methode `takePhoto()` verbunden wird.

#3: Wir verwenden ein vertikales Box-Layout. Die beiden Widgets werden im Anwendungsfenster übereinander angezeigt.

#4: Das erste Gerät aus der Liste verfügbarer Kameras wird ausgewählt und ein `QCamera`-Objekt erzeugt, das den Zugriff auf die Live-Bilder der Kamera ermöglicht.

#5: Der Sucher (engl.: *view finder*) der Kamera wird an das `QVideoWidget`-Objekt gekoppelt, das für die Wiedergabe bewegter Bilder zuständig ist.

#6: Der Aufnahmemodus der Kamera wird auf *Einzelbilder* gesetzt.

#7: Es wird ein Objekt erzeugt, das die Aufnahmen mit der Kamera durchführt.

#8: Wenn die Kamera für eine neue Aufnahme bereit ist, wird ein neues Bild aufgenommen und unter dem angegebenen Pfad gespeichert. Wenn kein Pfad, sondern nur ein Dateiname angegeben wird, speichert das System das neue Bild im Standardordner für Bilder.

Methode	Erklärung
`availableDevices()`	Liefert eine Liste der verfügbaren Kameras.
`setCaptureMode(`*`mode`*`)`	Einstellung des Aufnahme-Modus. Der Parameter ist entweder `QCamera.CaptureStillImage` (Einzelbilder) oder `QCamera.CaptureVideo` (Video).
`setViewfinder(`*`viewfinder`*`)`	Der Kamera wird ein Viewfinder (Sucher) zugeordnet, ein Widget, das das Kamerabild anzeigt.
`start()`	Der Viewfinder der Kamera startet und das angeschlossene Wiedergabe-Widget zeigt ständig das aktuelle Kamerabild.
`stop()`	Der Viewfinder der Kamera beendet seine Aktivität. Das angezeigte Bild auf dem Wiedergabe-Widget wird nicht mehr aktualisiert und »friert ein«.

Tabelle 29.2: Einige Methoden von QCamera-Objekten (Modul PYQT5.QTMULTIMEDIA)

29.3 Dialoge

Ein Dialog ist ein Gespräch zweier Menschen. In der Computertechnik ist eine Dialogbox (oder kurz ein Dialog) ein Fenster, das die Eingabe oder Auswahl von Daten ermöglicht: Texte, Farben, Dateinamen usw. Im Unterschied zu anderen Widgets wie etwa Schaltflächen oder Eingabefeldern ist eine Dialogbox nur während der Eingabe zu sehen. Ist die Eingabe beendet, verschwindet sie wieder. Typischerweise ist eine Dialogbox relativ komplex und bietet einigen Komfort bei der Auswahl eines Items: Einen Dateinamen kann man durch Navigieren im Verzeichnisbaum suchen und eine Farbe kann man durch Anklicken eines Farbfeldes in einer Palette auswählen.

Qt bietet eine Reihe von Klassen, die Dialogboxen repräsentieren. In der Praxis erzeugt man aber keine Instanz einer Dialog-Klasse, stattdessen ruft man eine statische Methode auf, die die Dialogbox auf den Bildschirm bringt und das ausgewählte Objekt zurückgibt. Der Aufruf einer statischen Methode beginnt mit dem Klassennamen, gefolgt von einem Punkt und dem Namen der Methode.

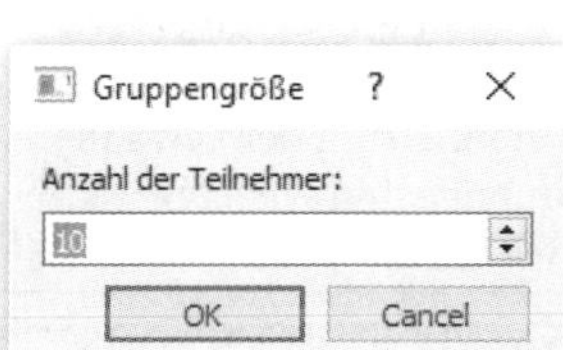

Abb. 29.7: Dialogbox zur Eingabe einer ganzen Zahl

Hier ist ein typischer Aufruf im Rahmen einer Klassendefinition. Der Aufruf bewirkt, dass eine Dialogbox wie in Abbildung 29.7 erscheint.

```
count, ok = QInputDialog.getInt(self, "Gruppengröße",
                                "Anzahl der Teilnehmer:",
                                value=10)
```

Die Methode liefert ein Tupel mit zwei Objekten. Das erste ist die eingegebene ganze Zahl Typ (`int`) und das zweite Objekt ist ein Wahrheitswert (Typ `bool`). Die Argumente sind optional und haben folgende Bedeutung:

- Das erste Argument ist ein Widget, das in der Hierarchie der Widgets Eltern-Widget der Dialogbox sein soll.
- Titel der Dialogbox,
- Hinweis zum Ausfüllen des Eingabefeldes,
- optionales Schlüsselwortargument, das eine Zahl spezifiziert, die schon vorab im Eingabefeld der Dialogbox stehen soll.
- Tabelle 29.3 gibt einen Überblick über einige gebräuchliche Methoden, mit denen Dialoge erzeugt werden können. Alle Dialogklassen werden übrigens aus dem Modul `PyQt5.QtWidgets` importiert.

Methode	Erklärung
`QColorDialog.currentColor(` *`parent ...`*`)`	Erzeugt eine Dialogbox mit Palette zur Auswahl einer Farbe. Zurückgegeben wird ein `QColor`-Objekt, das die ausgewählte Farbe darstellt. Das Argument *`parent`* ist ein Widget, das in der Widget-Hierachie das Eltern-Widget der Dialogbox sein soll.
`QFileDialog.getOpenFilename(` *`parent`*`,` *`caption`*`[,` *`filter`*`] ...)`	Erzeugt eine Dialogbox zum Laden einer Datei. Zurückgegeben wird ein Tupel aus zwei Strings. Dabei ist der erste String der gewählte Dateiname. Das erste Argument *`parent`* ist ein Widget, das in der Widget-Hierachie das Eltern-Widget der Box sein soll. Das Argument *`caption`* ist ein String mit dem Titel der Box. Mit dem optionalen Argument *`filter`* wird ein String wie z.B. `"*.jpg"` zum Filtern von Dateinamen definiert.
`QFileDialog.saveFilename(` *`parent`*`,` *`caption`*`[, filter] ...)`	Erzeugt eine Dialogbox zum Speichern einer Datei. Zurückgegeben wird ein Tupel aus zwei Strings. Dabei ist der erste String der gewählte Dateiname. Die Argumente sind wie bei `QFileDialog.getOpenFilename`.
`QFontDialog.getFont(`*`parent...`*`)`	Erzeugt eine Dialogbox zur Auswahl eines Schrifttyps. Zurückgegeben wird ein `QFont`-Objekt.

Tabelle 29.3: Einige statische Methoden zur Nutzung von Dialog-Widgets

Methode	Erklärung
`QInputDialog.getDouble(`*parent*`,`*title*`,`*label*`[,value=`*v*`][,`*decimals=d*`]...)`	Erzeugt eine Dialogbox zur Eingabe einer Gleitpunktzahl. Zurückgegeben wird ein Tupel bestehend aus einer Gleitpunktzahl (`float`) und einem Wahrheitswert (`bool`), der `True` ist, wenn die Eingabe in Ordnung ist. Das erste optionale Argument *`parent`* ist ein Widget (Eltern-Widget in der Widget-Hierarchie), *`title`* und *`label`* sind Strings mit dem Titel der Box. Mit dem Schlüsselwortargument `value` wird ein Vorabwert für das Eingabefeld und mit `decimals` wird die Anzahl der Nachkommastellen eingestellt.
`QInputDialog.getInt(`*parent*`,`*title*`,`*label*`[,value=`*v*`]...)`	Erzeugt eine Dialogbox zur Eingabe einer ganzen Zahl. Zurückgegeben wird ein Tupel bestehend aus einer ganzen Zahl (`int`) und einem Wahrheitswert (`bool`), der `True` ist, wenn die Eingabe in Ordnung ist. Die Argumente sind wie bei `QInputDialog.getDouble()`.
`QInputDialog.getMultiLineText(`*parent*`,`*title*`,`*label*`[,text=`*t*`]...)`	Erzeugt eine Dialogbox zur Eingabe eines Textes aus mehreren Zeilen. Zurückgegeben wird ein Tupel bestehend aus einem String (`str`) und einem Wahrheitswert (`bool`), der `True` ist, wenn die Eingabe in Ordnung ist. Mit dem Schlüsselwortargument `text` wird ein Text angegeben, der vorab im Eingabefeld der Box steht. Die anderen Argumente sind wie bei `QInputDialog.getDouble()`.
`QInputDialog.getText(`*parent*`,`*title*`,`*label*`...)`	Erzeugt eine Dialogbox zur Eingabe eines Textes. Zurückgegeben wird ein Tupel bestehend aus einem String (`str`) und einem Wahrheitswert (`bool`), der `True` ist, wenn die Eingabe in Ordnung ist. Die Argumente sind wie bei `QInputDialog.getDouble()`.

Tabelle 29.3: Einige statische Methoden zur Nutzung von Dialog-Widgets (Forts.)

29.3.1 Projekt Ansichtskarte

Das folgende Programm illustriert die Verwendung der Klassen `QFileDialog` und `QInputDialog`. In den Aufgaben 2 und 3 am Ende des Kapitels finden Sie Beispiele für weitere Qt-Dialoge.

Die Applikation dient der Gestaltung einer Ansichtskarte. Ein Foto wird aus einer Datei geladen und dann ein Text darauf geschrieben. Das Anwendungsfenster enthält oben ein Label, das (später) das Bild trägt. Darunter sind nebeneinander zwei Schaltflächen (siehe Abbildung 29.8).

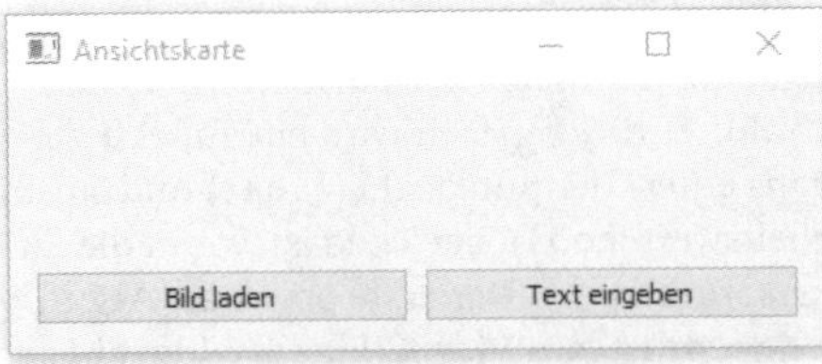

Abb. 29.8: Das Anwendungsfenster nach dem Start des Programms

Der Benutzer kann über Dialogboxen ein Bild laden (Abbildung 29.9) und dann den Text eingeben.

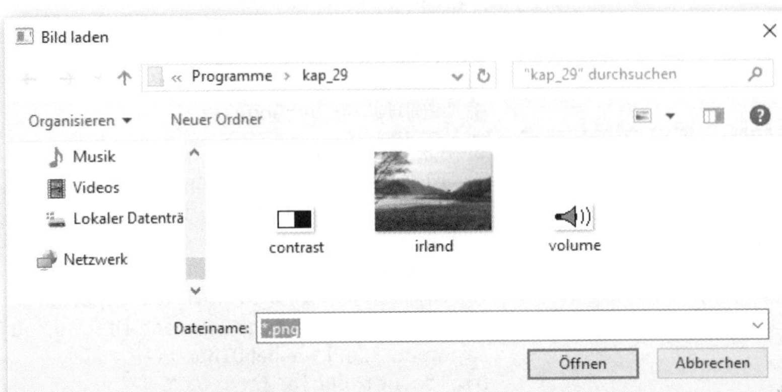

Abb. 29.9: Qt-Dialogbox zur Auswahl einer Bilddatei

Der Text erscheint oben auf dem Foto. Dieses Bild könnte in erweiterten Versionen des Programms ausgedruckt oder gespeichert werden.

Abb. 29.10: Der eingegebene Text erscheint in einem voreingestellten Schrifttyp.

Skript:

```
#!/usr/bin/env python3
# ansichtskarte.pyw
from PyQt5.QtWidgets import *
from PyQt5.QtCore import *
from PyQt5.QtGui import QPixmap, QPainter, QColor, QFont
import sys

class Window(QWidget):
    def __init__(self):
        super().__init__()
        self.color = QColor(0, 0, 200)                                  #1
        self.font = QFont('Arial', 30)                                  #2
        self.text = ""
        self.filename = ""
        self.createWidgets()
        self.createLayout()
        self.show()

    def createWidgets(self):
        self.setWindowTitle("Ansichtskarte")
        self.label = QLabel()
        self.label.setMinimumSize(320,180)
        self.loadButton = QPushButton("Bild laden")
        self.loadButton.clicked.connect(self.load)
        self.textButton = QPushButton("Text eingeben")
        self.textButton.clicked.connect(self.setText)

    def createLayout(self):
        vBox = QVBoxLayout()
        vBox.addWidget(self.label)
        hBox = QHBoxLayout()
        hBox.addWidget(self.loadButton)
        hBox.addWidget(self.textButton)
        vBox.addLayout(hBox)
        self.setLayout(vBox)

    def load(self):
        filename, _ = QFileDialog.getOpenFileName(
                         self, "Bild laden",
                         "*.png")                                       #3
        if filename:
```

```
            self.filename = filename

    def paintEvent(self, event):                                  #4
        if self.filename:
            self.pixmap = QPixmap(self.filename)                  #5
            painter = QPainter()                                  #6
            painter.begin(self.pixmap)                            #7
            painter.setPen(self.color)                            #8
            painter.setFont(self.font)
            painter.drawText(
                  QRect(0, 0, self.label.width(), 160),
                  Qt.AlignCenter, self.text)                      #9
            painter.end()                                         #10
            self.label.setPixmap(self.pixmap)                     #11
            self.label.adjustSize()                               #12
            self.adjustSize()

    def setText(self):
        text, ok  = QInputDialog.getText(self,
                "Texteingabe",
                "Bitte geben Sie einen Grußtext ein.")            #13
        if ok:
            self.text = text                                      #14

app = QApplication(sys.argv)
window = Window()
sys.exit(app.exec_())
```

Erläuterung:

#1: Das `QColor`-Objekt repräsentiert die Farbe Dunkelblau (RGB-Darstellung).

#2: Das `QFont`-Objekt repräsentiert einen Schrifttyp (Arial, Größe 30 pt).

#3: Aufruf einer statischen Methode der Klasse `QFileDialog`. Auf dem Bildschirm erscheint eine Dialogbox wie in Abbildung 29.9. Zurückgegeben wird ein Tupel. Das erste Element ist ein String mit dem Pfad zur Bilddatei. Falls die Auswahl abgebrochen wurde, ist dieser String leer.

#4: Diese Methode ist ein Eventhandler, der bereits vorgegeben ist und immer (automatisch) aufgerufen wird, wenn eine Veränderung eingetreten ist, die ein Neuzeichnen der grafischen Elemente erforderlich macht. Die Methode wird hier überschrieben.

#5: Sofern bereits ein Bild gewählt worden ist (dann ist `self.filename` kein leerer String), wird die Bilddatei geladen und ein neues `QPixelmap`-Objekt erzeugt. So wird das Bild wieder in den Originalzustand gebracht. Auf diesem Bild ist kein Text geschrieben.

#6: Ein neues `QPainter`-Objekt wird erzeugt. Mit einem `QPainter`-Objekt kann man ein Bild bearbeiten, z.B. mit einer Aufschrift versehen. Man kann es sich als ein sehr komfortables Zeichengerät vorstellen.

#7: Das `QPainter`-Objekt wird mit dem `QPixmap`-Objekt (Foto) verbunden. Ab jetzt werden alle Zeichenoperationen auf dem `QPixmap`-Objekt ausgeführt.

#8: Für das `QPainter`-Objekt werden Farbe und Schrifttyp eingestellt.

#9: Ein Text wird an eine bestimmte Stelle (in der Mitte oben) auf das Bild gesetzt. Im ersten Argument wird ein (unsichtbares) Rechteck definiert. Dabei werden die Koordinaten der linken oberen Ecke `(0, 0)` und der rechten unteren Ecke `(self.label.width(), 160)` angegeben. Das Rechteck ist also genauso breit wie das Label, auf dem das Foto dargestellt wird. Das zweite Argument `Qt.AlignCenter` legt fest, dass der Text genau in die Mitte dieses unsichtbaren Rechtecks platziert wird.

#10: Hier wird die Zeichenaktivität des `QPainter`-Objektes beendet.

#11: Das bearbeitete Bild (Foto und Text) wird auf das Label gesetzt und auf diese Weise sichtbar gemacht.

#12: Das Label passt sich an die Größe des Bildes an und anschließend passt sich auch das Anwendungsfenster an die Labelgröße an.

#13: Die Anweisung bewirkt, dass eine Dialogbox zur Eingabe eines (einzeiligen) Textes erscheint. Zurückgegeben wird ein Tupel, bestehend aus dem eingegebenen Text und einem Wahrheitswert, der signalisiert, ob der Text in Ordnung ist. Die drei Argumente sind 1) das Widget, das das Eltern-Widget der Dialogbox sein soll (hier das Applikationsfenster selbst), 2) der Titel des Dialogfensters, 3) ein Hinweis, der in der Dialogbox über dem Eingabefeld steht.

#14: Wenn der eingegebene Text in Ordnung ist, wird er im Attribut `self.text` gespeichert. Der Eventhandler `paintEvent()` sorgt automatisch dafür, dass das Bild auf dem Label aktualisiert und der Text sichtbar wird.

29.4 Videoplayer

In diesem Abschnitt lernen Sie einige Widgets und Programmiertechniken kennen, mit denen Sie die Applikationen zur Wiedergabe von Medien gestalten können:

- Widgets zur Wiedergabe von Medien und Playlists
- Widgets einblenden, ausblenden, aktivieren und deaktivieren
- GUI-Gestaltung mit Frames, in denen Widgets zusammengefasst werden
- Regeln zur Veränderung der Widget-Größe (*Size Policy*) festlegen
- Reaktionen auf Mausbewegungen oder Veränderungen der Fenstergröße definieren

29.4.1 Ein einfacher Videoplayer

Im ersten Projekt entwickeln Sie einen einfachen Videoplayer – eine Basisapplikation, an die später immer wieder angeknüpft wird. Mit diesem Videoplayer können Sie eine Videodatei laden und wiedergeben. Die Lautstärke wird mit einem Schieberegler eingestellt. Zu Beginn ist die Schaltfläche START, mit der ein Video abgespielt wird, grau und kann nicht angeklickt werden. Sie ist deaktiviert; denn es muss natürlich zuerst ein Video geladen werden, bevor man etwas abspielen kann. Dieselbe Schaltfläche wird auch zum Anhalten des Videos verwendet. Nach dem ersten Anklicken ändert sich die Aufschrift und heißt nun PAUSE.

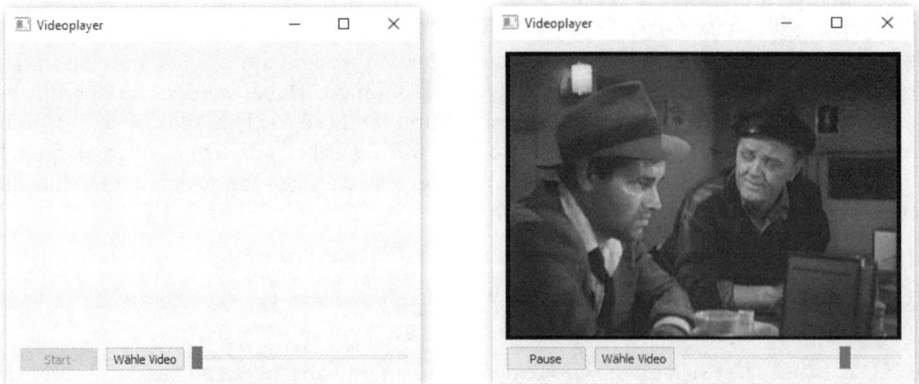

Abb. 29.11: Das Anwendungsfenster eines einfachen Videoplayers. Die linke Schaltfläche hat zwei Funktionen.

Klickt man auf die zweite Schaltfläche WÄHLE VIDEO, öffnet sich eine Dialogbox, in der eine Datei ausgewählt werden kann. Sobald der Film geladen ist, kann er gestartet werden.

Skript:

```
#!/usr/bin/env python3
# videoplayer.pyw
from PyQt5.QtWidgets import *
from PyQt5.QtMultimedia import (QMediaPlayer,
                                QMediaContent)
from PyQt5.QtMultimediaWidgets import QVideoWidget
from PyQt5.QtCore import *
import sys

class Window(QWidget):                                          #1
    def __init__(self):
        super().__init__()
        self.createWidgets()
        self.createLayout()
        self.show()
    def createWidgets(self):
        self.setWindowTitle("Videoplayer")                      #2
        self.videoWidget = QVideoWidget(self)                   #3
```

```
        self.videoWidget.setMinimumSize(320,180)                  #4
        self.player = QMediaPlayer(self)                          #5
        self.player.setVideoOutput(self.videoWidget)              #6
        self.player.setVolume(0)                                  #7
        self.playButton = QPushButton("Start")                    #8
        self.playButton.clicked.connect(self.play)
        self.playButton.setEnabled(False)                         #9
        self.selectButton = QPushButton("Wähle Video")
        self.selectButton.clicked.connect(self.selectFile)
        self.volumeSlider = QSlider(Qt.Horizontal)                #10
        self.volumeSlider.sliderMoved.connect(
                                    self.player.setVolume)
        self.volumeSlider.setRange(0, 100)                        #11

    def createLayout(self):                                       #12
        vBox = QVBoxLayout()
        vBox.addWidget(self.videoWidget)
        hBox = QHBoxLayout()
        hBox.addWidget(self.playButton)
        hBox.addWidget(self.selectButton)
        hBox.addWidget(self.volumeSlider)
        vBox.addLayout(hBox)
        self.setLayout(vBox)

    def play (self):                                              #13
        if self.playButton.text() == "Start":                     #14
            self.player.play()
            self.playButton.setText("Pause")
        else:
            self.player.pause()                                   #15
            self.playButton.setText("Start")

    def selectFile(self):                                         #16
        fileName, _ = QFileDialog.getOpenFileName(self,
                                           "Video öffnen")
        self.media = QMediaContent(QUrl(filename))                #17
        self.player.setMedia(self.media)                          #18
        self.playButton.setEnabled(True)                          #19

app = QApplication(sys.argv)
window = Window()
sys.exit(app.exec_())
```

Erläuterung:

#1: Die Klasse `Window` wird von der Klasse `QWidget` abgeleitet. Eine Instanz dieser Klasse stellt ein Anwendungsfenster dar. Bei der Initialisierung werden zunächst zwei Methoden aufgerufen, die die enthaltenen Widgets erzeugen und im Fenster anordnen (Layout). Dann wird das Fenster auf dem Bildschirm gezeigt.

#2: In den Rahmen des Fensters wird ein Titel geschrieben.

#3: Hier wird ein neues `QVideoWidget`-Objekt erzeugt. Es erhält den Namen `self.videoWidget`. Man kann sich dieses Objekt als Monitor vorstellen, der an den DVD-Player angeschlossen wird. Es ist verantwortlich für die Wiedergabe der visuellen Information, nicht aber für das Starten und Anhalten des Videos.

#4: Die minimale Größe des Videobildes wird eingestellt.

#5: Ein Objekt der Klasse `QMediaPlayer` wird erzeugt. Sie können es sich als Abspielgerät für Medien, eine Art DVD-Player vorstellen. Das Objekt besitzt Methoden zur Auswahl eines Videos, zum Starten, Stoppen etc.

#6: Das `QMediaPlayer`-Objekt wird mit dem `QVideoWidget`-Objekt verbunden. Es ist so, als ob Sie an den DVD-Player einen Monitor oder Projektor anschließen.

#7: Setze die Lautstärke auf 0.

#8: Erzeuge eine Schaltfläche mit Aufschrift `Start`.

#9: Hier wird die Schaltfläche deaktiviert. Sie erscheint grau und kann nicht angeklickt werden.

#10: Ein waagrechter Rollbalken wird eingerichtet. In der nächsten Zeile wird er mit der Methode `setVolume()` des `QMediaPlayer`-Objektes verbunden. Erst jetzt dient er der Regulierung der Lautstärke.

#11: Der Wertebereich des Rollbalkens wird auf 0 bis 100 gesetzt. Steht der Gleiter ganz links, hat er den Wert 0 gesetzt. Steht er ganz rechts, hat er den Wert 100.

#12: Die Widgets werden im Fenster angeordnet (eine vertikale und eine horizontale Box).

#13: Die Methode `play()` wird aufgerufen, wenn der START-Button angeklickt worden ist.

#14: Wenn auf dem linken Button der Text `Start` zu sehen ist, wird das Video gestartet und anschließend der Text auf dem Button auf `Pause` gesetzt.

#15: Anderenfalls steht auf dem Button `Pause`. Dann wird der Film angehalten und anschließend der Text wieder auf `Start` gesetzt.

#16: Diese Methode wird aufgerufen, wenn die rechte Schaltfläche WÄHLE VIDEO angeklickt worden ist. Zunächst wird ein anonymes `QFileDialog` erzeugt und sofort die Methode `getOpenFileName()` aufgerufen. Sie sorgt dafür, dass eine Dialogbox erscheint, in der man die Videodatei suchen und auswählen kann. Zurückgegeben wird ein Tupel mit zwei Items. Das erste Item ist der Dateiname (Pfad), das zweite interessiert uns nicht. Deshalb wählen wir hier als Namen für das zweite Item einfach einen Unterstrich. Nach dieser etwas trickreich formulierten Operation enthält `filename` einen String mit dem Pfad zu einer Datei.

#17: Aus dem String wird ein `QUrl`-Objekt erzeugt und daraus ein Objekt der Klasse `QMediaContent`. Das ist das Format, mit dem das `QMediaPlayer`-Objekt etwas anfangen kann.

#18: Dem Player wird das `QMediaContent`-Objekt mit dem Video zugeordnet.

#19: Der START-Button wird aktiviert. Er ist nicht mehr grau und kann angeklickt werden.

Tipp

Über zwei Millionen Filme, darunter viele gemeinfreie Werke (Public Domain) finden Sie im *Internet Archive* `https://archive.org/`.

29.4.2 Videoplayer mit Playlist

Die Klasse `QMediaPLayer` ermöglicht das Zeigen von Videos und Audio-Dateien. Tabelle 29.4 zeigt die wichtigsten Methoden. Man verwendet sie zum Steuern der Wiedergabe und zur Auswahl einer Video- oder Audiodatei. Anstelle eines einzelnen Mediums können Sie auch eine Playlist, also eine Folge von Medien, dem Player zuordnen (Objekt der Klasse `QPlayList`). Die Playlist wird zyklisch durchlaufen. Bei jedem Aufruf von `next()` wird das nächste Element der Playlist gewählt. Am Ende der Liste liefert `next()` wieder das erste Medium.

Das folgende Programm illustriert die Verwendung einer Playlist. Man kann Videos für die Playlist auswählen und die Filme (einen nach dem anderen) abspielen. Der Text unten links zeigt an, welches Video in der Reihenfolge der Playlist gerade läuft (erste Zahl) und wie viele Videos die Playlist insgesamt umfasst (zweite Zahl).

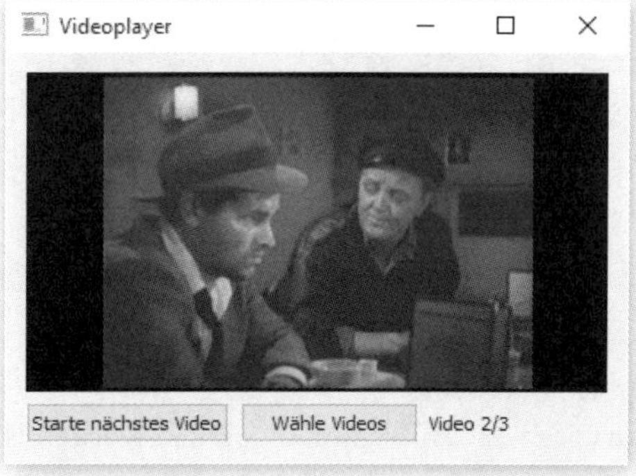

Abb. 29.12: Videoplayer mit Playlist. Gezeigt wird hier das zweite Video aus einer Playlist mit drei Elementen.

Skript:

```
#!/usr/bin/env python3
# videoplayer_playlist.pyw
from PyQt5.QtWidgets import *
from PyQt5.QtMultimedia import (QMediaPlayer,
                        QMediaContent, MediaPlaylist)
from PyQt5.QtMultimediaWidgets import QVideoWidget
from PyQt5.QtCore import *
import sys
```

```
class Window(QWidget):
    def __init__(self):
        super().__init__()
        self.createWidgets()
        self.createLayout()
        self.show()

    def createWidgets(self):
        self.setWindowTitle("Videoplayer")
        self.videoWidget = QVideoWidget(self)
        self.videoWidget.setMinimumSize(320,180)
        self.playlist = QMediaPlaylist()                          #1
        self.player = QMediaPlayer(self)
        self.player.setVideoOutput(self.videoWidget)
        self.player.setPlaylist(self.playlist)                    #2
        self.playButton = QPushButton("Starte nächstes Video")
        self.playButton.clicked.connect(self.play)
        self.playButton.setEnabled(False)
        self.getButton = QPushButton("Wähle Videos")
        self.getButton.clicked.connect(self.getMovie)
        self.label = QLabel(self, text="Video -/-")               #3

    def createLayout(self):
        vBox = QVBoxLayout()
        vBox.addWidget(self.videoWidget)
        hBox = QHBoxLayout()
        hBox.addWidget(self.playButton)
        hBox.addWidget(self.getButton)
        hBox.addWidget(self.label)
        vBox.addLayout(hBox)
        self.setLayout(vBox)

    def getMovie(self):
        fileName, _ = QFileDialog.getOpenFileName(self,
                                  "Neues Video auswählen")
        self.media = QMediaContent(QUrl(fileName))
        self.playlist.addMedia(self.media)                        #4
        self.playButton.setEnabled(True)

    def play (self):
        self.playlist.next()                                      #5
        self.player.play()                                        #6
        self.label.setText(
```

```
            "Video {}/{} ".format(
                 self.playlist.currentIndex() + 1,
                 self.playlist.mediaCount()))

app = QApplication(sys.argv)
window = Window()
sys.exit(app.exec_())
```

Erläuterung:

#1: Eine Playlist wird erzeugt.

#2: Die Playlist wird dem Player zugeordnet.

#3: Ein Label für die Angaben zum Zustand der Playlist wird erzeugt.

#4: Der Playlist wird ein neues Medium zugefügt. Das Argument ist ein `QMediaContent`-Objekt, das in der Zeile zuvor erzeugt worden ist.

#5: Wähle das nächste Element der Playlist.

#6: Der Player startet das aktuelle (soeben gewählte) Video der Playlist. In der folgenden Zeile wird der Anzeigetext des Labels berechnet. Dabei wird die Technik der Stringformatierung angewendet. Der Formatierungsstring `"Video {}/{}"` enthält zwei Platzhalter. Der erste Platzhalter wird durch die Nummer des aktuell gewählten Videos ersetzt (Index des Videos plus eins). Der zweite Platzhalter wird durch die Anzahl der Medien der Playlist ersetzt.

Tabelle 29.5 zeigt weitere Methoden von `QPlayList`-Objekten.

Methode	Erklärung
`pause()`	Der Player wird angehalten. Die aktuelle Position des Videos ändert sich nicht.
`play()`	Der Player startet an der aktuellen Position.
`playList()`	Zurückgegeben wird ein `QPlayList`-Objekt mit der aktuellen Playlist.
`position()`	Zurückgegeben wird die aktuelle Position, d.h. die Zeit (in Millisekunden), die der Film schon gelaufen ist.
`setMedia(m)`	Dem `QVideoPlayer`-Objekt wird das Video *m* (ein Objekt der Klasse `QMediaContent`) zugeordnet.
`setPlayList(p)`	Dem `QVideoPlayer`-Objekt wird die Playlist *p* (ein Objekt der Klasse `QPlayList`) zugeordnet.
`setVideoOutput(v)`	Dem `QVideoPlayer`-Objekt wird das `QVideoWidget`-Objekt *v* zugeordnet.
`setVolume(n)`	Die Lautstärke wird auf den Wert *n* (eine Zahl zwischen 0 und 100) gesetzt.
`stop()`	Die Wiedergabe des Videos wird beendet und die Position auf 0 gesetzt.

Tabelle 29.4: Einige Methoden von `QVideoPlayer`-Objekten (Modul `QtMultimediaWidgets`)

Methode	Erklärung
`addMedia(m)`	Der Playlist wird ein Medium (Video oder Audio) hinzugefügt. Das Argument ist ein `QMediaContent`-Objekt, das mit `QUrl(url)` gebildet wird.
`clear()`	Der Inhalt der Playlist wird gelöscht.
`currentIndex()`	Zurückgegeben wird der Index des Mediums, das gerade wiedergegeben wird. Der kleinste Index ist 0.
`mediaCount()`	Zurückgegeben wird die Anzahl der Medien in der Playlist als ganze Zahl (`int`).
`next()`	Wähle das nächste Medium der Playlist. Wenn das Ende der Liste erreicht ist, wird wieder vorne begonnen.
`shuffle()`	Die Elemente der Playlist werden in eine neue zufällige Reihenfolge gebracht (mischen).

Tabelle 29.5: Einige Methoden von `QPlayList`-Objekten (Modul `QtMultimediaWidgets`)

29.4.3 Regeln zur Änderung der Größe (Size Policy)

Das Programm aus dem letzten Abschnitt hat einen Schwachpunkt. Wenn Sie (zur Laufzeit) mit der Maus die Fenstergröße ändern, wird die untere Layout-Box auf unnatürliche Weise in vertikaler Richtung gestreckt. Man erwartet eigentlich, dass die beiden Buttons und das Label auf einem schmalen Streifen am unteren Bildschirmrand sitzen.

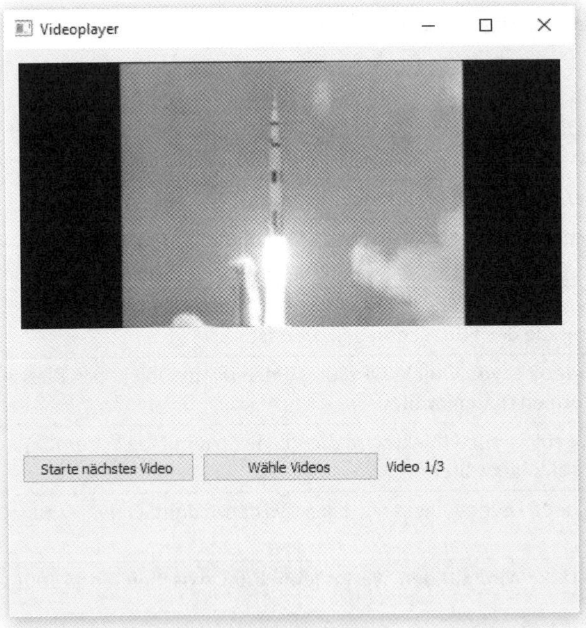

Abb. 29.13: Unnatürliches Layout nach einer Veränderung der Fenstergröße

Schuld an der Misere ist das `QLabel`-Widget. Seine voreingestellten Regeln zur Größenänderung (*Size Policy*) besagen, dass es sich bei einer Veränderung der Fenstergröße in alle Richtungen möglichst weit ausdehnen soll.

Zur Lösung fügen Sie in der Definition der Methode `createWidgets()` folgende Anweisung ein:

```
self.label.setSizePolicy(QSizePolicy.Expanding,
                         QSizePolicy.Fixed)
```

Sie bewirkt, dass sich das `QLabel`-Widget bei einer Größenänderung in horizontaler Richtung ausdehnt (erster Parameter) und in vertikaler Richtung fixiert bleibt (zweiter Parameter).

29.4.4 Das Dashboard bei Mausbewegungen einblenden

In diesem Abschnitt entwickeln Sie einen Videoplayer, in dem das Dashboard mit Schaltflächen und Reglern unsichtbar bleibt und nur dann für kurze Zeit eingeblendet wird, wenn die Maus bewegt wird.

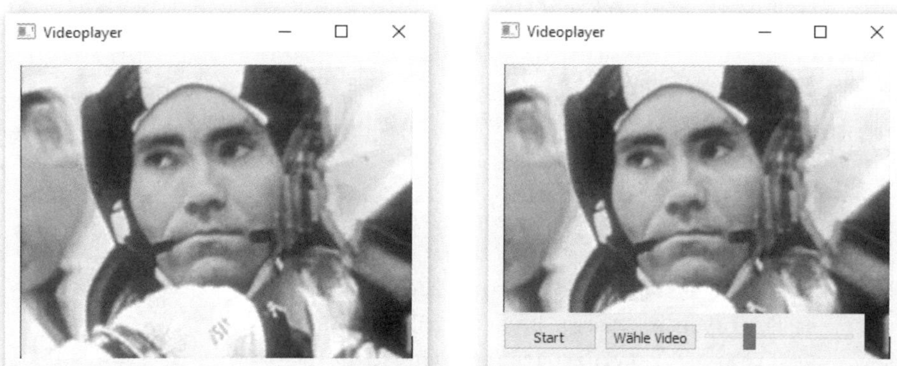

Abb. 29.14: Das Dashboard mit Schaltflächen und Schieberegler wird ein- und ausgeblendet.

In diesem Projekt verwenden Sie folgende Techniken:

- Die Schaltflächen werden einem Frame-Widget (Objekt der Klasse `QFrame`) zugeordnet. Einen Frame kann man mit `hide()` ausblenden und mit `show()` einblenden.
- Das Dashboard mit den Schaltflächen soll *auf* dem Video-Widget platziert werden und dabei einen Teil des Videobildes verdecken. Sie setzen es mit `move()` an die richtige Stelle.
- Das Dashboard soll immer am unteren Rand zu sehen sein, auch wenn das Fenster geändert wird. Deshalb muss bei einer Veränderung der Fenstergröße (`resize`-Event) das Dashboard neu platziert werden.

- Das Programm muss die Maus beobachten. Bei einer Mausbewegung wird das Dashboard eingeblendet (`show()`) und ein Timer gestartet (Objekt der Klasse `QTimer`).
- Der Timer sendet nach der eingestellten Zeit (z.B. 2 Sekunden) ein `timeout`-Signal. Dieses soll veranlassen, dass das Dashboard wieder ausgeblendet wird.

Skript:

```
#!/usr/bin/env python3
# videoplayer_dashboard_hide.pyw
from PyQt5.QtWidgets import *
from PyQt5.QtMultimedia import (QMediaPlayer,
                                QMediaContent)
from PyQt5.QtMultimediaWidgets import QVideoWidget
from PyQt5.QtCore import *
import sys

class Window(QWidget):
    def __init__(self):
        super().__init__()
        self.setMouseTracking(True)                              #1
        self.createWidgets()
        self.createLayout()
        self.show()

    def createWidgets(self):
        self.setWindowTitle("Videoplayer")
        self.videoWidget = QVideoWidget(self)
        self.videoWidget.setMinimumSize(320,180)
        self.player = QMediaPlayer(self)
        self.player.setVideoOutput(self.videoWidget)
        self.player.setVolume(0)
        self.playButton = QPushButton("Start")
        self.playButton.clicked.connect(self.play)
        self.playButton.setEnabled(False)
        self.selectButton = QPushButton("Wähle Video")
        self.selectButton.clicked.connect(self.selectFile)
        self.volumeSlider = QSlider(Qt.Horizontal)
        self.volumeSlider.sliderMoved.connect(
                                 self.player.setVolume)
        self.volumeSlider.setRange(0, 100)
        self.dashboard = QFrame(self)                            #2
        self.dashboard.resize(300,40)                            #3
```

```
        self.dashboard.move(0,
            self.height()-self.dashboard.height()- 2)                  #4
        self.timer = QTimer(self)                                      #5
        self.timer.timeout.connect(self.dashboard.hide)

    def createLayout(self):
        hBox = QHBoxLayout()
        hBox.addWidget(self.playButton)
        hBox.addWidget(self.selectButton)
        hBox.addWidget(self.volumeSlider)
        self.dashboard.setLayout(hBox)                                 #6
        vBox = QVBoxLayout()
        vBox.addWidget(self.videoWidget)
        self.setLayout(vBox)

    def play (self):
        if self.playButton.text() == "Start":
            self.playButton.setText("Pause")
            self.player.play()
        else:
            self.playButton.setText("Start")
            self.player.pause()

    def selectFile(self):
        fileName, _ = QFileDialog.getOpenFileName(self,
                                                  "Video öffnen")
        self.media = QMediaContent(QUrl(fileName))
        self.player.setMedia(self.media)
        self.playButton.setEnabled(True)

    def mouseMoveEvent(self, event):                                   #7
        self.dashboard.show()                                          #8
        self.timer.start(2000)                                         #9

    def resizeEvent(self, event):                                      #10
        self.dashboard.move(0,
                self.height()-self.dashboard.height()- 2)

app = QApplication(sys.argv)
window = Window()
sys.exit(app.exec_())
```

Erläuterung:

#1: Normalerweise verfolgt eine Qt-Applikation die Mausbewegungen nicht. Sie muss mit dieser Anweisung erst dazu beauftragt werden.

#2: Hier wird ein `QFrame`-Objekt erzeugt. Das ist einfach ein rechteckiger Behälter für Widgets. Der Frame stellt ein Dashboard (Armaturenbrett) dar, auf dem später die Schaltflächen und Regler angeordnet werden.

#3: Der Frame wird auf eine geeignete Größe gebracht. Die Widgets werden sich später an diese Größe anpassen.

#4: Der Frame wird linksbündig (x = 0) an den unteren Bildschirmrand gebracht. Die y-Koordinate wird aus der Fenstergröße berechnet.

#5: Hier wird ein Timer (Objekt der Klasse `QTimer`) instanziiert, der nach zwei Sekunden ein `timeout`-Signal liefert. In der nachfolgenden Anweisung wird das `timeout`-Signal mit einem Aufruf der Methode `hide()` des Dashboard-Objektes verbunden. Das heißt: Das Dashboard wird ausgeblendet, wenn die beim Start eingestellte Zeit abgelaufen ist.

#6: Auf den Frame wird die horizontale Layout-Box mit den drei Steuerungswidgets gesetzt. Die Widgets passen sich in der Größe dem Frame an.

#7: Diese Methode ist ein Eventhandler, der aufgerufen wird, wenn die Maus auf dem Anwendungsfenster bewegt wird. Der Name der Methode ist vorgegeben. Die Methode gibt es schon. Sie wird in dieser `def`-Anweisung (neu) implementiert.

#8: Das Dashboard (`QFrame`-Objekt) wird eingeblendet.

#9: Der Timer wird mit einer Timeout-Zeit von 2000 Millisekunden (2 Sekunden) gestartet.

#10: Diese Methode ist ein Eventhandler, der aufgerufen wird, wenn die Fenstergröße geändert wird. Der Name ist vorgegeben. Die einzige Anweisung sorgt dafür, dass das Dashboard wieder an den unteren Rand des Anwendungsfensters (das jetzt eine andere Größe hat) gesetzt wird.

29.5 Aufgaben

Aufgabe 1

Die Klasse `QMediaPLayer` ermöglicht das Zeigen von Videos. Objekte dieser Klasse besitzen Methoden, mit denen die Bildqualität eingestellt werden kann.

Methode	Erklärung
`isFullScreen()`	Liefert `True`, wenn der Vollbildmodus eingestellt ist, und sonst `False`.
`setBrightness(`*n*`)`	Helligkeit einstellen. Der Parameter *n* ist eine ganze Zahl zwischen `-100` (dunkel) und `100` (hell). Voreingestellt ist 0.
`setContrast(`*n*`)`	Kontrast einstellen. Der Parameter *n* ist eine ganze Zahl zwischen `-100` (kontrastarm) und `100` (kontrastreich). Voreingestellt ist 0.

Tabelle 29.6: Einige Methoden von `QVideoWidget`-Objekten (Modul `QtMultimediaWidgets`)

Methode	Erklärung
`setFullScreen(`*b*`)`	Vollbildmodus einstellen. Der Parameter *b* ist `True` (Vollbildmodus) oder `False` (kein Vollbildmodus).
`setSaturation(`*n*`)`	Farbsättigung einstellen. Der Parameter *n* ist eine ganze Zahl zwischen `-100` (keine Farbe) und `100` (gesättigte Farbe). Voreingestellt ist 0.

Tabelle 29.6: Einige Methoden von `QVideoWidget`-Objekten (Modul `QtMultimediaWidgets`) (Forts.)

Entwickeln Sie den einfachen Videoplayer aus Abschnitt 29.4.1 weiter und fügen Sie zusätzliche Features hinzu (siehe Abbildung 29.15):

- Ein zusätzlicher Regler für den Kontrast.
- Icons für die beiden Regler (Lautstärke und Kontrast).
- Eine Schaltfläche für den Wechsel in den Vollbildmodus. Wenn der Player im Vollbildmodus ist, soll er durch Drücken einer beliebigen Taste wieder in den normalen Modus zurückgebracht werden.
- Wenn die Schaltfläche PAUSE gedrückt worden ist, wird eine Positionsangabe eingeblendet. Sie verschwindet, sobald der Film wieder gestartet worden ist.

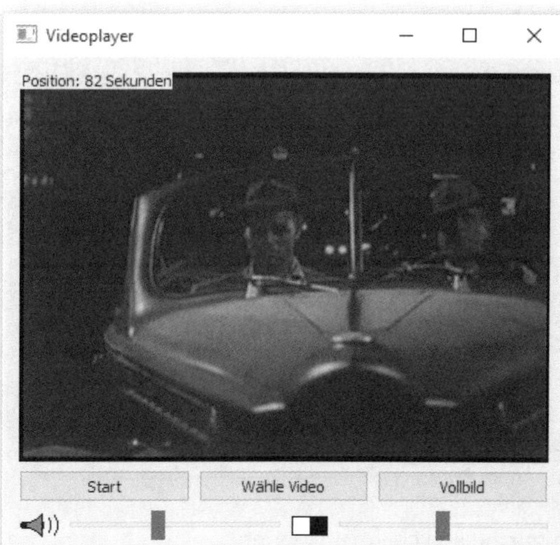

Abb. 29.15: Videoplayer mit erweiterter Benutzungsoberfläche

Hinweise: Verwenden Sie Tabelle 29.4 und Tabelle 29.6. Es gibt ein Problem. Im Vollbildmodus reagieren die Eventhandler des Applikationsfensters nicht. Es macht also keinen Sinn, in Ihrer Klasse `Window`, die das Applikationsfenster darstellt, einen Eventhandler zu definieren, der bei einem `KeyPress`-Event aufgerufen wird und dafür sorgt, dass wieder der normale Bildmodus eingestellt wird. Lösung des Problems: Sie definieren eine eigene

Klasse, die von `QVideoWidget` abgeleitet ist. In dieser Klasse wird der Eventhandler `keyPressEvent()` definiert:

```
class Video(QVideoWidget):
    def __init__(self, master):
        super().__init__(master)

    def keyPressEvent(self, event):
        ...
```

In der Klassendefinition von `Window` erzeugen Sie nun ein Objekt dieser neuen Klasse:

```
self.videoWidget = Video(self)
```

Aufgabe 2

Erweitern Sie die Ansichtskarten-Applikation um folgende Funktionen:

- Die Farbe und der Schrifttyp können ausgewählt werden.
- Die Ansichtskarte kann gespeichert werden.

Abb. 29.16: Eine Ansichtskartenapplikation mit zusätzlichen Funktionen

Aufgabe 3

Entwickeln Sie eine Applikation, die die Lage von Städten auf einer Weltkarte anzeigt. Der Name der gesuchten Stadt wird über eine Dialogbox eingegeben.

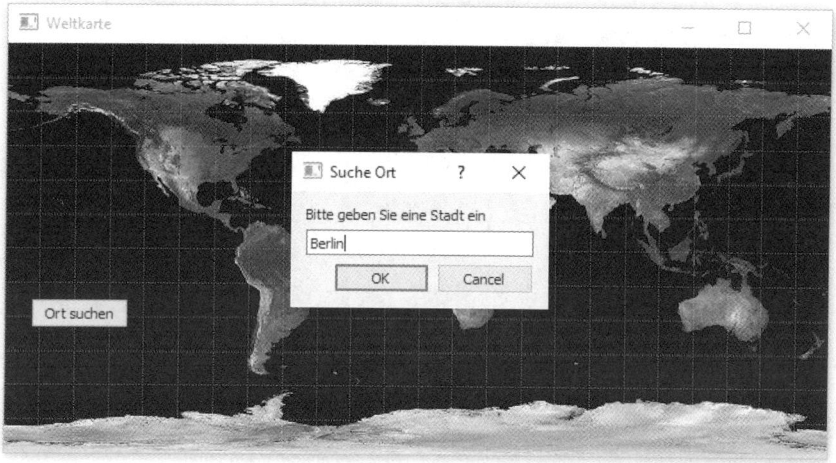

Abb. 29.17: Nach einem Klick auf die Schaltfläche ORT SUCHEN öffnet sich eine Dialogbox.

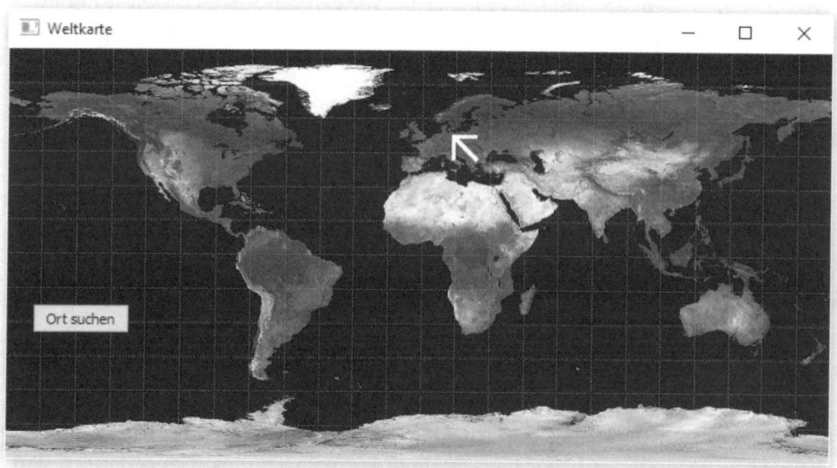

Abb. 29.18: Der Pfeil zeigt auf die Position des gesuchten Ortes (Weltkarte der NASA, gemeinfrei).

Hinweise: Benutzen Sie eine Karte, die die Erdoberfläche in einer abstandstreuen zylindrischen Projektion zeigt (quadratische Plattkarte), z.B. `https://commons.wikimedia.org/wiki/File:Equirectangular-projection.jpg`.

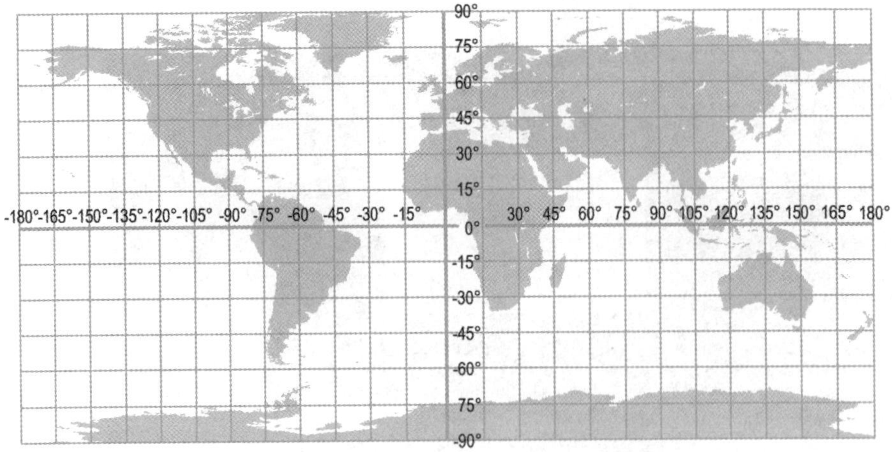

Abb. 29.19: Quadratische Plattkarte der Erde. Jedes Quadrat stellt eine Zelle von 15 Längengraden und 15 Breitengraden dar.

Für die Suche nach den Geokoordinaten eines Ortes verwenden Sie das Modul `geopy`. Sie installieren es in einem Shell-Fenster (Window: Eingabeaufforderung) mit dem Kommando

```
pip3 install geopy
```

Das folgende Beispiel zeigt, wie man zu einer Ortsangabe die Geokoordinaten (Längengrad und Breitengrad) findet. Sie können es im interaktiven Modus ausprobieren:

```
>>> from geopy.geocoders import Nominatim
>>> geolocator = Nominatim()
>>> location = geolocator.geocode("Berlin", timeout=10)
```

Diese Anweisung bewirkt, dass über das Internet eine Verbindung mit einem Geoserver (OpenStreetView) hergestellt wird. Weil das manchmal ein paar Sekunden dauert, wurde ein Timeout von zehn Sekunden eingestellt.

```
>>> print(location.latitude, location.longitude)
52.5170365 13.3888599
```

Hier wurden die Koordinaten von Berlin (Breitengrad, Längengrad) ausgegeben.

29.6 Lösungen

Lösung 1

Zur Vorbereitung fertigen Sie mit einem Grafik-Editor zwei kleine Bilder an. Sie stellen Icons für die Lautstärkeeinstellung und für den Kontrast dar. Dateinamen: `volume.png` und contrast.png. Die Bilddateien werden im gleichen Ordner wie die Programmdatei gespeichert.

Die gegenüber dem Basisskript ergänzten und geänderten Passagen des Listings sind fett gedruckt.

Skript:

```
#!/usr/bin/env python3
# videoplayer_extended.pyw

from PyQt5.QtWidgets import *
from PyQt5.QtMultimedia import (QMediaPlayer,
                                 QMediaContent)
from PyQt5.QtMultimediaWidgets import QVideoWidget
from PyQt5.QtCore import *
from PyQt5.QtGui import QPixmap
import sys

class Video(QVideoWidget):                                  #1
    def __init__(self, master):
        super().__init__(master)

    def keyPressEvent(self, event):
        self.setFullScreen(False)                           #2

class Window(QWidget):
    def __init__(self):
        super().__init__()
        self.createWidgets()
        self.createLayout()
        self.show()

    def createWidgets(self):
        self.setWindowTitle("Videoplayer")
        self.videoWidget = Video(self)                      #3
        self.videoWidget.setMinimumSize(320,180)
        self.player = QMediaPlayer(self)
        self.player.setVideoOutput(self.videoWidget)
        self.player.setVolume(0)
        self.playButton = QPushButton("Start")
        self.playButton.clicked.connect(self.play)
        self.playButton.setEnabled(False)
        self.selectButton = QPushButton("Wähle Video")
        self.selectButton.clicked.connect(self.selectFile)
```

```
        self.fullButton = QPushButton("Vollbild")                 #4
        self.fullButton.clicked.connect(self.fullScreen)
        self.volumeSlider = QSlider(Qt.Horizontal)
        self.volumeSlider.sliderMoved.connect(
                                  self.player.setVolume)
        self.volumeSlider.setRange(0, 100)
        self.contrastSlider = QSlider(Qt.Horizontal)              #5
        self.contrastSlider.sliderMoved.connect(
                    self.videoWidget.setContrast)                 #6
        self.contrastSlider.setRange(-100, 100)
        self.volumeLabel =  QLabel()                              #7
        self.volumeLabel.setPixmap(QPixmap("volume.png"))
        self.contrastLabel =  QLabel()                            #8
        self.contrastLabel.setPixmap(QPixmap("contrast.png"))
        self.messageLabel = QLabel(self)                          #9
        self.messageLabel.move(30, 30)
        self.messageLabel.hide()

    def createLayout(self):
        vBox = QVBoxLayout()
        vBox.addWidget(self.videoWidget)
        hBox1 = QHBoxLayout()                                     #10
        hBox1.addWidget(self.playButton)
        hBox1.addWidget(self.selectButton)
        hBox1.addWidget(self.fullButton)
        hBox2 = QHBoxLayout()
        hBox2.addWidget(self.volumeLabel)
        hBox2.addWidget(self.volumeSlider)
        hBox2.addWidget(self.contrastLabel)
        hBox2.addWidget(self.contrastSlider)
        vBox.addLayout(hBox1)                                     #11
        vBox.addLayout(hBox2)
        self.setLayout(vBox)

    def play (self):
        if self.playButton.text() == "Start":
            self.playButton.setText("Pause")
            self.messageLabel.hide()                              #12
            self.player.play()
        else:
            self.playButton.setText("Start")                      #13
            self.messageLabel.setText(
```

```
                "Position: {} Sekunden".format(
                 round(self.player.position()/1000)))
            self.messageLabel.adjustSize()
            self.messageLabel.show()
            self.player.pause()

    def selectFile(self):
        fileName, _ = QFileDialog.getOpenFileName(self,
                                            "Video öffnen")
        self.media = QMediaContent(QUrl(fileName))
        self.player.setMedia(self.media)
        self.playButton.setEnabled(True)

    def fullScreen(self):
        self.videoWidget.setFullScreen(True)                    #14

app = QApplication(sys.argv)
window = Window()
sys.exit(app.exec_())
```

Erläuterung:

#1: Eine neue Klasse zur Darstellung von Filmen wird definiert. Sie wird von `QVideoWidget` abgeleitet.

#2: Der Vollbildmodus wird ausgeschaltet.

#3: An Stelle eines `QVideoWidget`-Objektes wird nun ein Objekt der neuen Klasse `Video` instanziiert.

#4: Eine neue Schaltfläche wird erzeugt und ihr `clicked`-Signal mit der Methode `self.fullScreen()` verbunden.

#5: Ein waagrechter Schieberegler wird definiert.

#6: Das `sliderMoved`-Signal – es wird gesendet, wenn der Schieber bewegt wird – wird mit der (bereits definierten) Methode `setContrast()` des `QVideoWidgets`-Objektes verbunden. So wird dafür gesorgt, dass mit dem Schieberegler der Kontrast eingestellt werden kann.

#7: Ein neues Label für den Lautstärkeregler wird erzeugt. Auf dieses Label wird in der nächsten Zeile ein Icon (Lautsprecher) gesetzt.

#8: Ein neues Label für den Kontrastregler wird erzeugt. Auf dieses Label wird in der nächsten Zeile ein Icon (schwarzes und weißes Rechteck) gesetzt.

#9: Für die Anzeige der aktuellen Position des Videos wird ein neues Label erzeugt. Es wird im Applikationsfenster an die Position `(30, 30)` gesetzt und dann ausgeblendet. Denn dieses Label soll nur zu sehen sein, wenn der Film mit PAUSE angehalten worden ist.

#10: Es gibt im Layout zwei horizontale Boxen. In die obere horizontale Box kommen die drei Schaltflächen. In die untere horizontale Box kommen die Schieberegler mit ihren Labels.

#11: Die beiden horizontalen Boxen werden der vertikalen Box zugefügt, so dass sie untereinander erscheinen.

#12: Wenn das Video (wieder) gestartet worden ist, wird das Label mit der aktuellen Position (wieder) ausgeblendet.

#13: Wenn der Film durch Anklicken von PAUSE angehalten worden ist, passiert Folgendes: Der Text auf dem Button wird wieder auf `Start` gesetzt. Dann wird auf das Label für die Positionsangabe ein neuer Text gesetzt. Für diesen Text gibt es ein Muster `"Position: {} Sekunden"`. Der Platzhalter `{}` wird durch eine ganze Zahl ersetzt. Diese Zahl ist die (gerundete) Anzahl von Sekunden, die das Video gelaufen ist. Beachten Sie, dass der Aufruf `self.player.position()` die Anzahl der *Millisekunden* seit Beginn des Videos liefert. Das Label wird an die Größe des neuen Textes angepasst und dann eingeblendet.

#14: Hier wird der Vollbildmodus eingestellt. Man sieht auf dem Bildschirm nur noch den Film.

Lösung 2

Das Skript aus Abschnitt 29.3.1 wird erweitert. Die zusätzlichen Programmzeilen sind im folgenden Skript fett gedruckt.

```
#!/usr/bin/env python3
# ansichtskarte_aufgabe.pyw

...
class Window(QWidget):
    def __init__(self):
        super().__init__()
        ...
    def createWidgets(self):
        self.setWindowTitle("Ansichtskarte")
        self.label = QLabel()
        ...
        self.saveButton = QPushButton("Bild Speichern")
        self.saveButton.clicked.connect(self.save)                  #1
        self.colorButton = QPushButton("Farbe")
       self.colorButton.clicked.connect(self.selectColor)
        self.fontButton = QPushButton("Schriftart")
        self.fontButton.clicked.connect(self.selectFont)

     def createLayout(self):
        vBox = QVBoxLayout()
```

```
        vBox.addWidget(self.label)
        hBox = QHBoxLayout()
        hBox.addWidget(self.loadButton)
        hBox.addWidget(self.saveButton)                      #2
        hBox.addWidget(self.textButton)
        hBox.addWidget(self.colorButton)
        hBox.addWidget(self.fontButton)
        vBox.addLayout(hBox)
        self.setLayout(vBox)

    ...

    def save(self):
        filename, _ = QFileDialog.getSaveFileName(
                        parent=self,
                        caption="Bild speichern",
                        filter="*.png")                      #3
        self.pixmap.save(filename)                           #4

    def selectColor(self):
        color = QColorDialog.getColor()                      #5
        if color.isValid():
            self.color = color

    def selectFont(self):
        font, ok = QFontDialog.getFont()                     #6
        if ok:
            self.font = font
...
```

Erläuterung:

#1: Hier werden drei neue Buttons (zum Speichern und zum Einstellen von Schriftfarbe und Schriftart) eingeführt und mit Methoden verbunden, die beim Anklicken ausgeführt werden.

#2: Die neuen Buttons werden im Layout in die waagrechte Box (unter dem Label mit dem Bild) eingefügt.

#3: Der Methodenaufruf bewirkt, dass eine Dialogbox zur Auswahl eines Dateinamens erscheint. Die Parameter haben folgende Bedeutung: Die Dialogbox wird in der Widget-Hierarchie ein Kind des Applikationsfensters (`self`), der Titel der Box ist *Bild speichern*, im Feld hinter *Dateiname:* werden nur Dateinamen angezeigt, die auf `.png` enden. Zurückgegeben wird ein Tupel mit zwei Items. Wir brauchen aber nur das erste Item, ein String mit dem gewählten Dateinamen.

#4: Das Bild wird gespeichert.

#5: Eine Dialogbox mit Palette zum Auswählen einer Farbe wird auf den Bildschirm gebracht. Zurückgegeben wird ein `QColor`-Objekt. Wenn es eine gültige Farbe ist, wird sie im Attribut `self.color` gespeichert. Die Methode `paintEvent()` wird im Hintergrund automatisch aufgerufen und sorgt dafür, dass der Schrifttext in der neuen Farbe gezeichnet wird.

#6: Eine Dialogbox zum Auswählen einer Schriftart wird auf den Bildschirm gebracht. Zurückgegeben wird ein Tupel, dessen erstes Item ein `QFont`-Objekt ist. Wenn das zweite Item den Wahrheitswert `True` hat, wird das `QFont`-Objekt im Attribut `self.font` gespeichert. Die Methode `paintEvent()` wird im Hintergrund automatisch aufgerufen und sorgt dafür, dass der Schrifttext mit dem neuen Schrifttyp gezeichnet wird.

Lösung 3

Im Programmordner befindet sich eine kleine GIF-Datei namens `target.gif`, die einen Pfeil auf durchsichtigem Hintergrund darstellt, sowie eine Weltkarte (quadratische Plattkarte) unter dem Dateinamen `world_map.png` (Urheber: NASA, gemeinfrei).

```
#!/usr/bin/env python3
# world_map.pyw
from PyQt5.QtWidgets import *
from PyQt5.QtCore import *
from PyQt5.QtGui import QPixmap
from urllib.request import urlopen
import sys
from geopy.geocoders import Nominatim                              #1

MAPFILE = "world_map.png"

class Window(QWidget):
    def __init__(self):
        super().__init__()
        self.createWidgets()
        self.show()

    def createWidgets(self):
        self.setWindowTitle("Weltkarte")
        self.label = QLabel(self)                                  #2
        self.pixmap = QPixmap(MAPFILE)
        self.label.setPixmap(self.pixmap)
        self.label.adjustSize()                                    #3
        self.adjustSize()
        self.target = QLabel(self)                                 #4
        self.target.setPixmap(QPixmap("target.gif"))
```

```
        self.target.hide()
        self.button = QPushButton("Ort suchen", self)                    #5
        self.button.clicked.connect(self.search)
        self.button.move(20, 200)

    def search(self):
        town, ok  = QInputDialog.getText(self,
                        "Suche Ort",
                        "Bitte geben Sie eine Stadt ein")                #6
        if ok:
            geolocator = Nominatim()                                    #7
            location = geolocator.geocode(town,
                                          timeout=10)                   #8
            k = self.pixmap.width()/360                                 #9
            x = (location.longitude + 180)* k                          #10
            y = (-location.latitude + 90) * k                          #11
            self.target.move(x, y)                                     #12
            self.target.show()

app = QApplication(sys.argv)
window = Window()
sys.exit(app.exec_())
```

Erläuterung:

#1: Import der Klasse `Nominatim`. Diese Klasse ermöglicht den Zugriff auf OpenStreetMap-Geodaten eines Objektes (z.B. Stadt), die mithilfe des Namens von einem Server abgerufen werden können (nominatim: lat. *namentlich*).

#2: Hier wird ein Label erzeugt, das ein Bild einer Weltkarte (quadratische Plattkarte) trägt.

#3: Das Label passt sich in der Größe der Weltkarte an. In der folgenden Zeile wird die Größe des gesamten Applikationsfensters an die Größe des enthaltenen Labels angepasst.

#4: Das Label `self.target` trägt den Pfeil, der auf der Weltkarte die gesuchte Stadt anzeigt. Es wird zunächst ausgeblendet.

#5: Eine Schaltfläche wird eingerichtet. Nach dem Anklicken (Signal `clicked`) soll die Methode `search()` aufgerufen werden.

#6: Es wird eine Dialogbox für eine einzeilige Texteingabe auf den Bildschirm gebracht. Sie trägt den Titel `Suche Ort` und darunter den Hinweis `Bitte geben Sie eine Stadt ein`. Zurückgegeben wird ein Tupel, dessen erstes Item die eingegebene Stadt ist. Das zweite Item ist ein boolescher Wert.

#7: Ein Objekt der Klasse `Nominatim` wird erstellt. Da kein Parameter übergeben worden ist, wird der voreingestellte Geoserver `nominatim.openstreetmap.org` verwendet. Wenn

Sie auf einen anderen Server zugreifen wollen, verwenden Sie das Schlüsselwort-Argument `domain= "anderer.server.org"`.

#8: Das `Nominatim`-Objekt namens `geolocator` wird beauftragt, den Ort der Stadt zu ermitteln, deren Name gerade eingegeben worden ist (Variable `town`). Es stellt eine Verbindung zu einem Geoserver her. Das voreingestellte Timeout ist 1 Sekunde. Weil die Antwort des Servers oft länger auf sich warten lässt, wird hier ein Timeout von 10 Sekunden eingestellt.

#9: Hier wird der Skalierungsfaktor *k* ermittelt. Er gibt an, wie viele Pixel der Weltkarte einen Längen- bzw. Breitengrad darstellen. Wir verwenden eine quadratische Plattkarte (zylindrische Projektion), bei der die Längen- und Breitengrade jeweils durch parallele Linien mit gleichem Abstand dargestellt werden. Das gesamte Bild erstreckt sich von links nach rechts über 360 Grad (Längengrade) und von oben nach unten über 180 Grad (Breitengrade).

#10: Hier wird die x-Koordinate des gesuchten Ortes auf dem Bild der Weltkarte berechnet. Um die Rechnung nachzuvollziehen, schauen Sie sich Abbildung 29.19 an. Da der Nullpunkt der Längengrade in der Mitte ist, muss zum Längengrad 180 addiert werden.

#11: Hier wird die y-Koordinate des Ortes auf dem Bild berechnet. Beachten Sie: Die Breitengrade werden von unten (90°) nach oben (-90°) kleiner, während die y-Koordinaten auf dem Bild von oben (0px) nach unten (k*180px) kleiner werden. Deshalb wird in der Rechnung der negative Wert des Breitengrades verwendet.

#12: Der Pfeil wird an die berechnete Position gesetzt und anschließend sichtbar gemacht. Beachten Sie, dass die Pfeilspitze in der linken oberen Ecke ist. Hier ist auch der Bezugspunkt für die Position des Labels.

## Kapitel 30

Rechnen mit NumPy

Python ist in Wissenschaft und Forschung weit verbreitet. Das liegt nicht zuletzt an den hervorragenden Möglichkeiten, mit Python große Datenmengen elegant und effizient zu verarbeiten. Dieses Kapitel gibt einen Einblick in die Programmierung mit dem viel genutzten Modul `NumPy`. Hier geht es vor allem um das Rechnen mit Arrays. Nebenbei erfahren Sie einige Möglichkeiten, mit `Matplotlib` ohne viel Programmieraufwand Daten zu visualisieren. Am Ende des Kapitels finden Sie zwei Beispiele aus der Schulmathematik, wie man das mächtige Modul `SciPy`, das auf `NumPy` aufsetzt, zum Lösen linearer Gleichungssysteme und zur Integralrechnung nutzt.

30.1 NumPy installieren

Im Jahre 2005 veröffentlichte der amerikanische Mathematiker und Informatiker Travis Oliphant das Python-Modul `NumPy` für wissenschaftliches Rechnen mit großen Datenmengen.

`NumPy` gehört nicht zur Standarddistribution von Python. Sie müssen es z.B. mit `pip3` installieren. Öffnen Sie ein Konsolenfenster (bei Windows die Eingabeaufforderung) und geben Sie das folgende Kommando ein:

```
pip3 install numpy
```

Wenn die Installation mit der aktuellen Python-Version, die Sie installiert haben, nicht funktioniert, verwenden Sie eine ältere Python-Version. Unter Linux und Mac Os X verwenden Sie das versionierte Python-Kommando:

```
python3.7 -m pip install numpy
```

Unter Windows verwenden Sie den Python-Launcher `py` und geben die Versionsnummer als Kommandozeilenargument an:

```
py -3.7 -m pip install numpy
```

30.2 Arrays erzeugen

`NumPy` unterstützt das Rechnen mit Arrays. Arrays sind Anordnungen von Zahlen, die verschiedene Arten von Daten repräsentieren können:

- Pixel eines Bildes
- Messwerte, die von einem Sensor automatisch aufgenommen werden
- Ergebnisse einer Serie von Experimenten.

Mit Arrays kann man *Vektoren* und *Matrizen* darstellen. Man verwendet Vektoren z.B. in der Geometrie, um Parallelverschiebungen in der Ebene oder im Raum zu beschreiben, und Matrizen in der linearen Algebra zur Lösung von linearen Gleichungssystemen.

Der Vorteil der Arrays ist, dass große Datenmengen sehr speichereffizient und schnell verarbeitet werden können.

30.2.1 Arrays

Mit der Funktion `array()` können Sie ein Array-Objekt aus einer beliebigen Zahlenfolge (z.B. Liste oder Tupel) erzeugen:

```
>>> from numpy import array
>>> a = array ([1, 2, 3])
>>> a
array([1, 2, 3])
```

Die letzte Zeile zeigt die Repräsentation eines `numpy`-Arrays. Die Typbezeichnung lautet übrigens `numpy.ndarray`:

```
>>> type(a)
<class 'numpy.ndarray'>
```

Die `print()`-Funktion liefert eine Darstellung, die der mathematischen Schreibweise für Matrizen ähnelt. Beachten Sie: Zwischen den Zahlen sind keine Kommas.

```
>>> print(a)
[1 2 3]
```

Mehrdimensionale Arrays können z.B. mithilfe einer Liste aus Listen erzeugt werden:

```
>>> a = array([[1, 0], [2, 1]])
>>> a
array([[1, 0],
       [2, 1]])
>>> print(a)
[[1 0]
 [2 1]]
```

Die Ausgabe der `print()`-Funktion ähnelt der mathematischen Darstellung einer Matrix enthält aber eckige Klammern, die die verschachtelte Struktur eines Arrays erkennen lassen.

Im zweiten Argument können Sie einen Python Datentyp angeben (`bool`, `int`, `float`, `complex`). Dann sind alle Elemente des Arrays einheitlich von diesem Typ.

```
>>> a = array([1, 0], [2, 1], bool)
>>> print(a)
```

```
[[True False]
 [True True]]

>>> a = array([[1, 0], [2, 1]], float)
>>> print (a)
[[ 1.  0.]
 [ 2.  1.]]
```

NumPy bietet noch weitere Funktionen zur Erzeugung von Arrays. Tabelle 30.1 gibt einen Überblick.

Funktion	Erklärung
`arange([start, ] stop[,step] [,dtype])`	Die Funktion arbeitet ähnlich wie die Standardfunktion `range()`. Sie erzeugt ein Array, das eine Zahlenfolge darstellt. Optional kann im letzten Argument ein Datentyp spezifiziert werden.
`array(`*`object`*` [,`*`dtype`*`]))`	Erzeugen eines `array`-Objektes. Das erste Argument `object` ist eine Python-Sequenz (z.B. Liste oder Tupel). Optional kann im zweiten Argument ein Datentyp (`bool`, `int`, `float`, `complex`) spezifiziert werden.
`eye(`*`n`*`[, `*`m`*`[, `*`k`*`[, `*`dtype`*`]]])`	Liefert eine Matrix mit *n* Einsen in einer Diagonalen. Der Aufruf mit einem Argument `eye(`*`n`*`)` liefert eine *nxn*-Einheitsmatrix (quadratische Matrix aus Nullen mit Einsen in der Diagonalen). Das optionale Argument *m* ist die Anzahl der Spalten, falls die Matrix nicht quadratisch sein soll. Ist *m* größer als *n*, wird die Matrix breiter und mit Nullen aufgefüllt. Das optionale Argument *k* ist die Anzahl von Spalten aus Nullen *vor* der Diagonalen aus Einsen.
`identity(`*`n`*`[, `*`dtype`*`])`	Liefert ein Array, das eine *nxn*-Einheitsmatrix (quadratische Matrix aus Nullen mit Einsen in der Diagonalen) darstellt. Das optionale zweite Argument ist der Datentyp (voreingestellt `float`).
`linspace(`*`start`*`, `*`stop`*`, [,`*`num`*`])`	Die Funktion liefert ein Array mit gleichmäßig verteilten Zahlenwerten von *`start`* bis *`stop`*. Dabei ist *num* (voreingestellt 50) die Anzahl der Zahlen.
`loadtxt(`*`fname`*`)`	Das Argument ist der Pfad zu einer Textdatei. Sie muss in jeder Zeile die gleiche Anzahl von Zahlen enthalten, die jeweils durch ein Leerzeichen getrennt sind. Aus diesen Daten wird ein zweidimensionales Array gebildet.
`ones(`*`shape[, dtype]`*`)`	Liefert ein Array aus Einsen. Das erste Argument ist eine natürliche Zahl oder ein Tupel aus natürlichen Zahlen, das die Form des Arrays angibt. Optional kann im zweiten Argument ein Datentyp (`bool`, `int`, `float`, `complex`) spezifiziert werden.
`zeros(`*`shape[, dtype]`*`)`	Liefert ein Array aus Nullen. Die Argumente haben die gleiche Bedeutung wie bei `ones()`.

Tabelle 30.1: Funktionen zur Erzeugung von Arrays (vereinfacht)

30.2.2 Matrizen und Vektoren

Matrizen und Vektoren stellt man durch zweidimensionale Arrays dar. Ein Zeilenvektor ist ein Array mit einer Zeile und mehreren Spalten. Zu seiner Erzeugung verwenden Sie eine Liste, die eine Liste enthält (zwei eckige Klammernpaare):

```
>>> v1 = np.array([[1, 2, 3]])
```

Ein Spaltenvektor ist ein Array mit mehreren Zeilen, die jeweils ein Element enthalten. Zu seiner Erzeugung verwenden Sie eine Liste, die mehrere Listen enthält.

```
>>> v2 = np.array([[1], [2], [3]])
>>> print(v2)
[[1]
 [2]
 [3]]
```

Tipp

NumPy importieren

Das Modul `NumPy` enthält über 600 Namen. Prüfen Sie es nach.

```
>>> import numpy
>>> len(dir(numpy))
611
```

Deshalb ist es in einem realen Projekt riskant, alle Namen mit der Anweisung

```
from numpy import *
```

zu importieren. Es könnte zu Namenskollisionen kommen. Zählen Sie deshalb bei der `from ... import`-Anweisung alle Namen auf, die Sie benötigen. Oder aber Sie importieren das Modul mit der Anweisung

```
import numpy as np
```

Dann müssen Sie z.B. beim Aufruf eine Funktion `np.` voranstellen, z.B.

```
a = np.array([1, 2])
```

30.2.3 Zahlenfolgen

Arrays, die Zahlenfolgen darstellen, erzeugen Sie mit der Funktion `arange()`. Der Aufrufe `arange(n)` erzeugt ein Array, das eine Zahlenfolge von `0` bis `n-1` darstellt.

```
>>> import numpy as np
>>> a = np.arange(4)
>>> print(a)
[0 1 2 3]
```

Wie bei der Standardfunktion `range()` können optional Startpunkt (`start`) und Schrittweite (`step`) spezifiziert werden. Zusätzlich kann man wie bei `array()` noch einen einheitlichen Datentyp angeben:

```
>>> np.arange(10, 18, 2, complex)
array([ 10.+0.j,  12.+0.j,  14.+0.j,  16.+0.j])
```

Mit `arange()` erhalten Sie ein eindimensionales Array aus Zahlen. Mit der Methode `reshape()` können Sie die Daten eines Arrays in eine andere Form bringen.

```
>>> b = np.arange(6).reshape(2, 3)
>>> print(b)
[[0 1 2]
 [3 4 5]]
```

Mit der Funktion `linspace()` unterteilen Sie ein geschlossenes Intervall gleichmäßig in eine gegebene Anzahl von Werten. Der Aufruf

```
linspace(start, stop, num)
```

liefert ein Array mit einer sortierten Folge von *num* Zahlen, die den gleichen Abstand haben. Dabei ist *start* die erste und *stop* die letzte Zahl dieser Folge. Beispiele:

```
>>> a = np.linspace(0, 1, 11)
>>> print(a)
[ 0.   0.1  0.2  0.3  0.4  0.5  0.6  0.7  0.8  0.9  1. ]
>>> b = np.linspace(100, 0, 5)
>>> print(b)
[ 100.   75.   50.   25.    0.]
```

30.2.4 Zufallsarrays

Im Untermodul `numpy.random` gibt es Funktionen, mit denen Sie Arrays mit Zufallszahlen erzeugen können.

Die Funktion `rand()` liefert eine Matrix mit Zufallszahlen zwischen 0 und 1 in Gleichverteilung. Als Argumente übergibt man natürliche Zahlen, die die Form des Arrays beschreiben:

```
>>> print(np.random.rand(2, 4))
[[ 0.01828828  0.75014431  0.98886109  0.74816565]
 [ 0.28044399  0.78927933  0.10322601  0.44789353]]
```

Die Funktion `randn()` liefert eine Matrix mit Zufallszahlen in gaußscher Normalverteilung. Der Mittelwert ist 0 und die Varianz ist 1.

```
>>> a = np.random.randn(4)
>>> print(a)
[-0.26788808  0.53035547 -0.69166075 -0.39675353]
```

Um den Mittelwert zu verschieben, addieren Sie eine Zahl, und um die Varianz zu verändern, multiplizieren Sie das Array mit der gewünschten Standardabweichung. Hier ist eine Verteilung mit Mittelwert 3 und Standardabweichung 0,1:

```
>>> b = 0.1 * np.random.randn(4) + 3
>>> print(b)
[ 2.88826897  3.02344157  3.16598022  3.07420442]
```

Mit `seed()` setzen Sie den Ausgangswert (*Seed*) für die Berechnung der Pseudozufallszahlen zurück. Sie verwenden diese Funktion, wenn Sie (z.B. für Testzwecke) immer die gleiche Folge von Zufallszahlen haben wollen.

```
>>> np.random.seed(1)
>>> print(np.random.rand(2))
[ 0.417022    0.72032449]
>>> np.random.seed(1)
>>> print(np.random.rand(2))
[ 0.417022    0.72032449]
```

Funktion	Erklärung
`rand(...)`	Liefert ein Array mit gleichverteilten Zufallszahlen zwischen 0 und 1. Argumente sind Zahlen, die die Form des Arrays beschrieben.
`randint(`*`low`*`,` *`high`*`,` *`size`*`)`	Liefert ein Array mit ganzen Zufallszahlen zwischen *`low`* (einschließlich) und *`high`* (ausschließlich). Das dritte Argument ist eine natürliche Zahl oder ein Tupel, das die Form des Arrays (Anzahl, Zeilen, Spalten ...) beschreibt.
`randn(...)`	Liefert eine Matrix mit Zufallszahlen in gaußscher Normalverteilung mit Mittelwert 0 und Varianz 1.
`seed(`*`n`*`)`	Seed der Pseudozufallsroutine wird auf *n* gesetzt.

Tabelle 30.2: Einige Funktionen aus dem Modul `numpy.random`

30.2.5 Spezielle Arrays

Mit `zeros()` erzeugen Sie ein Array mit lauter Nullen, mit `ones()` ein Array mit lauter Einsen. Das erste Argument gibt die Form an und ist entweder eine natürliche Zahl oder ein Tupel aus natürlichen Zahlen. Im zweiten (optionalen) Argument kann der Datentyp angegeben werden.

```
>>> print(np.ones((3, 4), int))
[[1 1 1 1]
```

```
 [1 1 1 1]
 [1 1 1 1]]
```

Die Funktion eye() liefert ein Array mit Einsen auf einer Diagonalen. So erhält man z.B. eine quadratische Einheitsmatrix:

```
>>> np.eye(3, dtype=int)
array([[1, 0, 0],
       [0, 1, 0],
       [0, 0, 1]])
```

30.3 Indizieren

Auf einzelne Elemente eines Arrays greift man über Indizes zu, die in eckige Klammern hinter den Namen des Arrays geschrieben werden. Das geht so wie bei Python-Sequenzen (z.B. Listen):

```
>>> import numpy as np
>>> a = np.array([2, 3, 5, 7])
>>> a[0]    # erstes Element
2
>>> a[1]    # zweites Element
3
>>> a[-1]   # letztes Element
7
```

Bei mehrdimensionalen Arrays können Sie – im Unterschied zu verschachtelten Listen – mehrere Indizes in ein Klammernpaar schreiben:

```
>>> a = np.array([[5, 2, 3], [7, 9, 1]])
>>> print(a)
[[5 2 3]
 [7 9 1]]
>>> a[0, 0]      # erste Zeile, erste Spalte
5
>>> a[1, 0]      # zweite Zeile, erste Spalte
7
>>> a[1, -1]     # zweite Zeile, letzte Spalte
1
```

Bei zweidimensionalen Arrays ist der erste Index die Zeilennummer und der zweite Index die Spaltennummer. Wenn Sie nur eine Zahl in eckigen Klammern angeben, erhalten Sie einen Array niedriger Dimension. Bei einem zweidimensionalen Array ist das eine Zeile:

```
>>> a[0]
array([5, 2, 3])
```

Arrays sind änderbar. Sie können einzelne Elemente überschreiben:

```
>>> a[0, 0] = 100    # einzelnes Element ändern
>>> print(a)
[[100   2   3]
 [  7   9   1]]

>>> a[1] = 0         # ganze Zeile ändern
>>> print(a)
array([[100,   2,   3],
       [  0,   0,   0]])
```

30.4 Slicing

Mit Slicing können Sie aus einem Array Bereiche herauslesen. Sie verwenden den Slicing-Operator `:` ähnlich wie bei normalen Python-Sequenzen. Beispiele:

```
>>> a = np.arange(9)
>>> a
array([0, 1, 2, 3, 4, 5, 6, 7, 8])
>>> a[1:4]                    # Elemente von a[0] bis a[3]
array([1, 2, 3])
>>> a[:4]                     # Elemente vor a[4]
array([0, 1, 2, 3])
>>> a[4:]
array([4, 5, 6, 7, 8])
>>> a[:]
array([0, 1, 2, 3, 4, 5, 6, 7, 8])
```

Sicht und Kopie

Das Objekt, das beim Slicing gebildet worden ist, ist kein eigenes Array – auch wenn es so aussieht –, sondern nur eine Sicht (*view*) auf das Original-Array. Das heißt, wenn in einem Slice etwas geändert wird, wird die Änderung eigentlich im Original-Array, auf das die Sicht verweist, vorgenommen. Beispiel:

```
>>> a = array([0, 1, 2, 3, 4, 5, 6, 7, 8])
>>> b = a[:4]
>>> b
array([0, 1, 2, 3])
>>> b[0] = 100       # eigentich wird a[0] geändert
```

```
>>> a
array([100,    1,    2,    3,    4,    5,    6,    7,    8])
```

Wenn Sie ein Array benötigen, das vom Original unabhängig ist, benutzen Sie die Methode `copy()`. Beispiel:

```
>>> b = a.copy()[:4]
```

Bei mehrdimensionalen Arrays gibt es noch weitere Möglichkeiten, Bereiche zu bilden. Die Spalten eines zweidimensionalen Arrays erhalten Sie auf folgende Weise:

```
>>> a = np.array([[1, 5, 7], [2, 0, 9]])
>>> a
array([[1, 5, 7],
       [2, 0, 9]])
>>> a[:,0]                    # erste Spalte
array([1, 2])
```

Das Ergebnis dieser Operation ist nicht etwa ein Spaltenvektor. (Ein Spaltenvektor ist ein zweidimensionales Array, dessen Zeilen jeweils nur ein Element enthalten.) Das Ergebnis ist vielmehr ein eindimensionales Array, das aus jeder Zeile das erste Element enthält. Die Elemente der zweiten Spalte erhalten Sie so:

```
>>> a[:,1]                    # zweite Spalte
array([5, 0])
```

30.5 Arrays verändern

Arrays besitzen Methoden, die eine Sicht mit neuer Form konstruieren: `reshape()` und `ravel()`.

Bei einem Aufruf der Methode `reshape()` übergeben Sie als Argumente natürliche Zahlen, die die Form der gewünschten Sicht beschreiben. Beispiel:

```
>>> a = np.arange(12)
>>> print(a)
[0 1 2 3 4 5 6 7 8 9 10 11 12]
>>> b = a.reshape(3, 4)  # 3 Zeilen und 4 Spalten
>>> print(b)
[[ 0  1  2  3]
 [ 4  5  6  7]
 [ 8  9 10 11]]
```

Beachten Sie, dass `b` kein unabhängiges Objekt ist, sondern eine *Sicht* (*view*) auf `a`. Diese Sicht bleibt immer mit dem Original-Array verbunden. Wenn `a` geändert wird, ändert sich auch die Sicht.

Die Methode `ravel()` liefert eine »verflachte« Sicht, ein eindimensionales Array, in dem alle Elemente des Original-Arrays hintereinander geschrieben sind. Beispiel:

```
>>> a = np.array([[10, 20],
                  [30, 40]])
>>> a.ravel()
array([10, 20, 30, 40])
```

Die Methode `resize()` gibt nichts zurück, aber sie verändert das Array. Die Argumente sind Zahlen, die die gewünschte Form beschreiben. Wenn die neue Form größer ist, werden Nullen ergänzt:

```
>>> a = np.array([1, 3, 5])
>>> a.resize(5, 5)                    # Methodenaufruf
>>> a
array([[1, 3, 5, 0, 0],
       [0, 0, 0, 0, 0],
       [0, 0, 0, 0, 0],
       [0, 0, 0, 0, 0],
       [0, 0, 0, 0, 0]])
```

Zweidimensionale Arrays werden zur Darstellung von Matrizen und Vektoren verwendet. Die Methode `transpose()` liefert die transponierte Matrix als Sicht. Die transponierte (oder gespiegelte) Matrix entsteht durch Vertauschen von Zeilen und Spalten. Arrays besitzen auch das Attribut `T`, das ebenfalls eine Sicht auf die transponierte Matrix enthält. Beispiel:

```
>>> a = np.arange(9).reshape(3, 3)
>>> print(a)
[[0 1 2]
 [3 4 5]
 [6 7 8]]
>>> print(a.T)   # transponierte Matrix
[[0 3 6]
 [1 4 7]
 [2 5 8]]
```

Ein transponierter Zeilenvektor ist ein Spaltenvektor mit den gleichen Elementen.

```
>>> v = np.array([[1, 2, 3]])
 >>> v.T
array([[1],
       [2],
       [3]])
```

Um an Stelle von Sichten eigenständige Arrays zu erhalten, verwenden Sie die `copy()`-Methode:

```
>>> b = a.T.copy()
```

Attribut oder Methode	Erklärung
`clip(...)`	Man übergibt in Form von Schlüsselwortargumenten ein Minimum (`min=`*x*) und/oder ein Maximum (`max=`*y*). Zurückgegeben wird eine Kopie des Arrays, die folgendermaßen verändert worden ist: Alle Werte des Arrays, die kleiner als das angegebene Minimum sind, werden auf das Minimum gesetzt. Alle Werte, die größer als das Maximum sind, werden auf das Maximum gesetzt.
`copy()`	Liefert eine Kopie des Arrays
`dtype`	Datentyp der Elemente des Arrays
`fill(`*x*`)`	Das gesamte Array wird mit dem Skalar *x* gefüllt.
`ravel()`	Liefert eine Sicht (*view*) in Form eines eindimensionalen (»verflachten«) Arrays aus den Elementen des Arrays
`reshape(...)`	Liefert eine Sicht (*view*) auf das Array mit den alten Daten aber in neuer Form. Die Argumente sind natürliche Zahlen, die die Form beschreiben (Anzahl der Zeilen, Anzahl der Spalten, ...).
`resize(...)`	Das Array wird in eine neue Form und Größe gebracht. Wenn das Array vergrößert wird, werden Nullen ergänzt. Die Argumente sind natürliche Zahlen, die die Form der Matrix beschreiben, z.B. führt `resize(2,3)` zu einer Matrix mit zwei Zeilen und drei Spalten.
`round([decimals])`	Alle Zahlen im Array werden gerundet. Das optionale Argument gibt die Anzahl der Nachkommastellen an.
`shape`	Ein Tupel aus natürlichen Zahlen, das die Form des Arrays beschreibt (Anzahl der Zeilen, Anzahl der Spalten, ...)
`size`	Gesamtzahl der skalaren Elemente des Arrays
`sort()`	In-Place-Sortierung der Elemente des Arrays
`tolist()`	Liefert eine (eventuell verschachtelte) Liste, die das Array repräsentiert
`transpose()`	Zurückgegeben wird die transponierte Matrix (als Sicht).
`T`	Die transponierte Matrix als Attribut (Sicht)

Tabelle 30.3: Einige Attribute und Methoden von Arrays (Klasse `numpy.ndarray`)

30.6 Arithmetische Operationen

Auf ein Array können Sie die üblichen binären arithmetischen Operationen anwenden: +, -, *, **, /, %. Die Operation wird mit allen Elementen des Arrays ausgeführt. Das Ergebnis ist dann ein neues Array mit den Rechenergebnissen.

```
>>> import numpy as np
>>> a = np.array([[0, 1], [2, 3]])
>>> a + 1          # zu jedem Element wird eine 1 addiert
array([[1, 2],
       [3, 4]])
>>> a * 2          # jedes Element wird mit 2 multipliziert
array([[0, 2],
       [4, 6]])
```

Operanden können auch zwei Arrays gleicher Form sein. Die Operationen werden elementweise ausgeführt (siehe Abbildung 30.1).

$$\begin{pmatrix}0 & 1\\2 & 3\end{pmatrix}+\begin{pmatrix}1 & 0\\0 & 1\end{pmatrix}=\begin{pmatrix}0+1 & 1+0\\2+0 & 3+1\end{pmatrix}=\begin{pmatrix}1 & 1\\4 & 3\end{pmatrix}$$

Abb. 30.1: Elementweise Addition

```
>>> a = np.array([[0, 1], [2, 3]])
>>> a * a
array([[0, 1],
       [4, 9]])
>>> a + np.eye(2, 2, dtype=int)
array([[1, 1],
       [2, 4]])
```

Beachten Sie: Der Operator * bewirkt keine Matrizenmultiplikation. Dafür verwenden Sie die Funktion `dot()`. Dazu gleich mehr.

30.7 Funktionen, die elementweise ausgeführt werden

`NumPy` bietet für Arrays auch die üblichen unären mathematischen Funktionen: `sin()`, `cos()`, `tan()`, `sqrt()` (Quadratwurzel), `round()`, `ceil()` (Rundung nach oben), `floor()` (Rundung nach unten), `log()`, `log10()`. Diese Funktionen werden elementweise ausgeführt. Das heißt, bei einem Aufruf wird die Funktion auf jedes Element des Arrays angewandt und ein Array mit den Ergebnissen zurückgegeben:

```
>>> x = np.array([1, 10, 100])
>>> np.log10(x)
array([ 0.,  1.,  2.])
```

Wie mit einfachen Zahlen kann man auch mit Arrays komplexe Terme und verschachtelte Funktionsaufrufe bilden. Sie werden immer für jedes Element ausgewertet.

```
a = np.arange(5)
>>> np.round(np.sqrt(a), 2)
array([ 0.  , 1.  , 1.41, 1.73, 2.  ])
```

Über Arrays können Sie sich sehr leicht Wertetabellen für Funktionen erstellen:

```
>>> a = np.linspace(0, np.pi, 11)
>>> np.sin(a)
array([ 0.00000000e+00, 3.09016994e-01, 5.87785252e-01,
        8.09016994e-01, 9.51056516e-01, 1.00000000e+00,
        9.51056516e-01, 8.09016994e-01, 5.87785252e-01,
        3.09016994e-01, 1.22464680e-16])
```

30.8 Einfache Visualisierung

Mit Funktionen des Moduls `matplotlib` können Sie die Graphen mathematischer Funktionen darstellen. Zuvor müssen Sie allerdings das Modul `matplotlib` installieren. Geben Sie dazu in einer Konsole (z.B. Windows-Eingabeaufforderung) das folgende Kommando ein:

```
pip3 install matplotlib
```

So können Sie (im interaktiven Modus) den Graphen der Sinusfunktion plotten. Importieren Sie `numpy` und `matplotlib.pyplot`:

```
>>> import numpy as np
>>> import matplotlib.pyplot as plt
```

Erstellen Sie ein Array mit 201 gleichmäßig verteilten Zahlen von 0 bis 20:

```
>>> x = np.linspace(0,20, 201)
```

Erstellen Sie ein zweites Array mit den Funktionswerten:

```
>>> y = np.sin(x)
```

Mit den beiden folgenden Anweisungen erzeugen Sie eine Visualisierung wie in Abbildung 30.2.

```
>>> plt.plot(x, y)
[<matplotlib.lines.Line2D object at 0x06236C90>]
>>> plt.show()
```

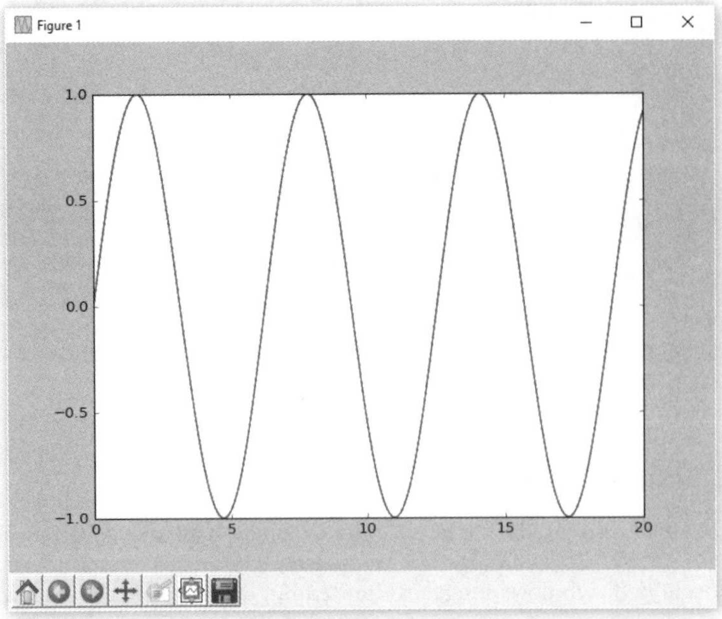

Abb. 30.2: Der Graph der Sinusfunktion

30.9 Matrizenmultiplikation mit dot()

Es gibt eine Reihe von Funktionen für Arrays, die *nicht* elementweise ausgeführt werden. Tabelle 30.4 gibt einen Überblick. In der linearen Algebra ist die Matrizenmultiplikation mittels der Funktion `dot()` besonders wichtig. Die Matrizenmultiplikation zweier zweidimensionaler Arrays A und B erfolgt nicht elementweise, sondern durch komponentenweise Multiplikation und Summation der Einträge der entsprechenden Zeile der ersten Matrix mit der entsprechenden Spalte der zweiten Matrix (»Zeile mal Spalte«). Die folgende Gleichung erklärt, was gemeint ist:

$$\begin{pmatrix} a_{11} & \cdots & a_{1m} \\ \vdots & \ddots & \vdots \\ a_{l1} & \cdots & a_{lm} \end{pmatrix} \cdot \begin{pmatrix} b_{11} & \cdots & b_{1n} \\ \vdots & \ddots & \vdots \\ b_{m1} & \cdots & a_{mn} \end{pmatrix} = \begin{pmatrix} \sum_{j=1}^{m} a_{1j} b_{j1} & \cdots & \sum_{j=1}^{m} a_{1j} b_{jn} \\ \vdots & \ddots & \vdots \\ \sum_{j=1}^{m} a_{lj} b_{j1} & \cdots & \sum_{j=1}^{m} a_{lj} b_{jn} \end{pmatrix}$$

Die Gleichung lässt erkennen, dass die Spaltenzahl der ersten Matrix gleich der Zeilenzahl der zweiten Matrix sein muss. Die Produktmatrix (das Ergebnis der Multiplikation von A und B) hat dann so viele Zeilen wie A und so viele Spalten wie B. Ein einfaches Beispiel:

```
>>> import numpy as np
>>> A = np.array([[1, 2], [3, 4]])
>>> print(A)
[[1 2]
 [3 4]]
```

```
>>> B = np.array([[1, 1], [2, 0]])
>>> print(B)
[[1 1]
 [2 0]]
>>> C = np.dot(A, B)
>>> print(C)
[[ 5  1]
 [11  3]]
```

Das neutrale Element der Matrizenmultiplikation ist die Einheitsmatrix I. Die Matrizenmultiplikation einer quadratischen Matrix A mit der Einheitsmatrix I gleicher Form liefert wieder die Matrix A.

$$A \cdot I = A$$

$$\begin{pmatrix} 1 & 2 \\ 3 & 4 \end{pmatrix} \cdot \begin{pmatrix} 1 & 0 \\ 0 & 1 \end{pmatrix} = \begin{pmatrix} 1 & 2 \\ 3 & 4 \end{pmatrix}$$

Die Einheitsmatrix ist ein quadratisches Array, das in der Diagonalen Einsen und ansonsten nur Nullen besitzt. Man erhält es mit der Funktion `eye()`. Beispiel:

```
>>> A = np.array([[1, 2], [3, 4]])
>>> I = np.eye(2, dtype=int)      # Einheitsmatrix
>>> I
array([[1, 0],
       [0, 1]])

>>> np.dot(A, I)                  # Matrizenmultiplikation
array([[1, 2],
       [3, 4]])
```

30.10 Array-Funktionen und Achsen

Viele Array-Funktionen können auf das gesamte Array bezogen werden oder alternativ nur in einer Dimension (»entlang einer Achse«) ausgeführt werden. Die Nummer der Achse wird im (optionalen) zweiten Argument angegeben.

Die Funktion `sum(`*a*`)` berechnet die Summe aller Elemente eines Arrays.

```
>>> a = np.array([[0, 1], [2, 3]])
>>> np.sum(a)
6
```

Es ist auch möglich die Teilsummen der Zeilen (`axis=0`) oder Spalten (`axis=1`) eines Arrays zu berechnen. Die Achse wird als zweites Argument übergeben.

```
>>> np.sum(a, axis=0)        # Zeilensummen
array([2, 4])
>>> np.sum(a, axis=1)        # Spaltensummen
array([1, 5])
```

Die Funktion all() prüft die Wahrheitswerte der Elemente eines Arrays. Der Aufruf all(a) liefert genau dann den Wert True, wenn alle Elemente des Arrays a den Wahrheitswert True haben.

```
>>> a = np.array([[0, 1], [2, 3]])
>>> np.all(a)          # 0 hat den Wahrheitswert False
False
```

Auch bei der Funktion all() kann eine Achse angegeben werden. Mit axis=0 wird für jede *Zeile* geprüft, ob alle Elemente dieser Zeile den Wahrheitswert True haben.

```
>>> a = np.array([[0, 1], [2, 3]])
>>> np.all(a, 0)     # Die erste Zeile enthält eine 0
array([False,  True], dtype=bool)
```

Tabelle 30.4 gibt einen Überblick über einige arithmetische und logische Operationen, die Sie auf Arrays ausführen können.

Funktion	Erklärung
all(*a*[,*axis*])	Wenn die Funktion mit einem Argument aufgerufen wird, liefert sie den Wert True, wenn alle Elemente des Arrays *a* den Wahrheitswert True haben, und sonst False. Optional kann eine Achse angegeben werden, über die Wahrheitswerte geprüft werden (siehe Beispiel im Text).
any(*a*[,*axis*])	Liefert den Wert True, wenn wenigstens ein Element des Arrays den Wahrheitswert True besitzt, und sonst False (siehe all())
argmin((*a* [,*axis*])	Index des kleinsten Elements des Arrays a (siehe auch sum())
argmax(*a* [,*axis*])	Index des größten Elements des Arrays a (siehe auch sum())
cumsum(*a* [,*axis*])	Liefert ein Array mit kumulierten Summen. Wenn die Funktion nur mit einem Argument, einer zweidimensionalen Matrix *a*, aufgerufen worden ist, ist jedes Element e_{ij} der Ergebnismatrix die Summe aller Elemente aus a, deren Index <= *i* und <= *j* ist.
dot(*a*, *b*)	Matrizenmultiplikation der Arrays a und b.
logical_and(*a*, *b*)	Die Arrays *a* und *b* werden elementweise UND-verknüpft. Zurückgegeben wird ein Array mit dem Ergebnis.
logical_or(*a*, *b*)	Die Arrays *a* und *b* werden elementweise ODER-verknüpft. Zurückgegeben wird ein Array mit dem Ergebnis.

Tabelle 30.4: Arithmetische und logische Funktionen für Arrays im Modul NumPy

Funktion	Erklärung
`max(a [,axis])`	Größtes Element des Arrays a (siehe auch `sum()`)
`mean(a [,axis])`	Mittelwert der Elemente des Arrays a (siehe auch `sum()`)
`median(a [,axis])`	Median der Elemente des Arrays a (siehe auch `sum()`)
`min(a [,axis])`	Kleinstes Element des Arrays a (siehe auch `sum()`)
`prod(a [,axis])`	Produkt der Elemente des Arrays a (siehe auch `sum()`)
`std(a [,axis])`	Standardabweichung der Elemente des Arrays a (siehe auch `sum()`)
`sum (a [,axis])`	Wenn die Funktion mit nur einem Argument aufgerufen wird, liefert sie die Summe aller Elemente des Arrays *a*. Das optionale Argument *axis* gibt eine Achse an, über die aufsummiert wird. In diesem Fall wird ein Array mit Teilsummen zurückgegeben.
`where(condition [x, y])`	Das erste Argument ist ein boolescher Ausdruck mit einem Array *a*. Wenn die optionalen Argumente x und y angegeben sind, wird ein Array zurückgegeben, das die gleiche Form hat wie *a*. Darin hat ein Element entweder den Wert *x* oder *y*, je nachdem, ob die Bedingung für das korrespondierende Element in *a* erfüllt ist oder nicht. Fehlen die optionalen Argumente, liefert die Funktion mehrere Arrays, die die Indizes der Elemente von *a* darstellen, für die die Bedingung erfüllt ist.

Tabelle 30.4: Arithmetische und logische Funktionen für Arrays im Modul NumPy (Forts.)

30.11 Projekt: Diffusion

In diesem Projekt wird die zufällige Bewegung von Gasteilchen simuliert (Diffusion). Das Modell geht von ganz einfachen Annahmen aus:

- Ein Teilchen kann sich nur nach rechts oder links bewegen (eindimensionale Bewegung).
- In einem Zeitschritt bewegt es sich zufällig entweder einen Schritt nach rechts oder einen Schritt nach links.

In der Simulation betrachten wir viele Gasteilchen und beobachten, wie sehr sie sich von ihrer Anfangsposition entfernt haben. Dabei spielen zwei Arrays eine besondere Rolle (siehe Abbildung 30.3).

- Das Array `steps` besteht aus 200 Zeilen und 100 Spalten. Jede Zeile beschreibt die Zufallsbewegungen eines Teilchens innerhalb von 100 Zeiteinheiten durch `-1` (»Schritt« nach links) und `1` (»Schritt« nach rechts).
- Das Array `positions` hat ebenfalls 200 Zeilen und 100 Spalten und stellt die Position jedes Teilchens zu einem bestimmten Zeitpunkt dar. Die Position wird durch (zeilenweises) Aufsummieren der Bewegungen berechnet. Zum Beispiel bewegt sich das erste Teilchen im ersten Schritt nach rechts (1), dann nach links (-1) und danach wieder nach rechts (1). Somit befindet es sich nach drei Zeitschritten an Position 1.

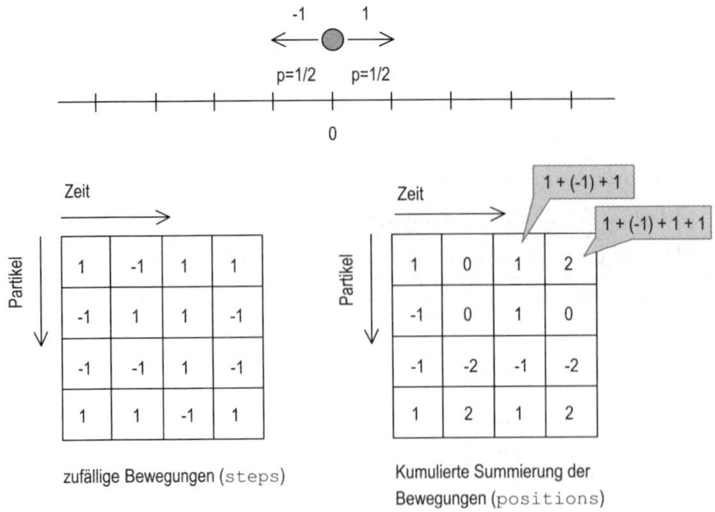

Abb. 30.3: Simulation der zufälligen Bewegung von Teilchen in einer Dimension

Aus dem Array `positions` wird in mehreren Schritten die mittlere Verschiebung eines Teilchens von seiner Anfangsposition nach `t` Zeiteinheiten berechnet und im Diagramm dargestellt (gepunktete Linie). Das Diagramm (Abbildung 30.4) zeigt außerdem (als durchgezogene Linie) den Graphen der Funktion `f(t)=sqrt(t)` (Quadratwurzel aus der Zeit). Man erkennt, dass die mittlere Verschiebung gemäß der Simulation ganz gut durch die Funktion `f(t)=sqrt(t)` wiedergegeben wird.

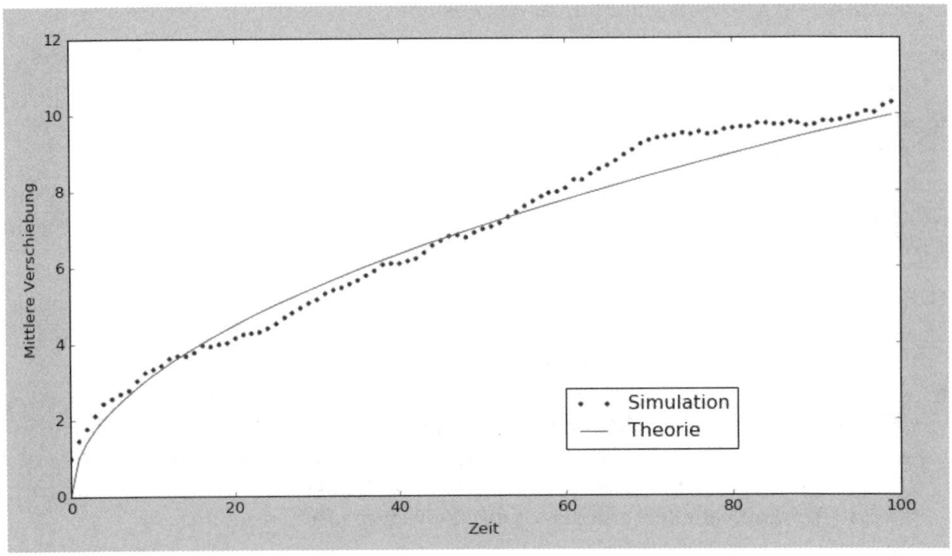

Abb. 30.4: Das Diagramm zeigt das Ergebnis der Simulation mit Zufallsbewegungen (Punkte) im Vergleich zum Verlauf der Wurzelfunktion (Linie).

Skript:

```
# diffusion.py
import numpy as np
import matplotlib.pyplot as plt
n_particles = 200          # Anzahl der Partikel
t_max = 100                # Gesamter Beobachtungszeitraum
t = np.arange(t_max)                                          #1
steps = 2*np.random.randint(0, 2,
                           (n_particles, t_max)) - 1          #2
positions = np.cumsum(steps,  axis=1)                         #3
sq_d = positions**2                                           #4
mean_sq_d = np.mean(sq_d, axis=0)                             #5
plt.figure()
plt.plot(t, np.sqrt(mean_sq_d), "b.",
         np.sqrt(t), "r-")                                    #6
plt.xlabel("Zeit")                                            #7
plt.ylabel("Mittlere Verschiebung")
plt.legend(("Simulation", "Theorie"), loc=(0.6, 0.1))         #8
plt.show()
```

Erläuterung:

#1: Das Array `array([0, 1, ..., 99])` wird erzeugt. Es stellt den Zeitverlauf dar.

#2: Die Funktion `random.randint()` erzeugt zunächst ein Zufallsarray mit 200 Zeilen und 100 Spalten. Es enthält nur 0 und 1. Nach der Multiplikation mit 2 erhalten wir ein Zufallsarray mit 0 und 2 und nach Subtraktion von 1 wird daraus das gewünschte Array mit Zufallsbewegungen 1 und -1.

#3: Hier wird aus `steps` ein Array gleicher Form namens `positions` konstruiert. Jedes Element in Zeile `i` und Spalte `j` ist die Summe der Elemente aus `steps` in Zeile `i` von Spalte 0 bis Spalte `j` (kumulierte Summe). Dieses Array stellt die Positionen der Teilchen dar.

#4: Alle Elemente aus `positions` werden quadriert. Man erhält nun ausschließlich positive Zahlen, die die »quadratische Verschiebung« der Teilchen zu den verschiedenen Zeitpunkten angeben.

#5: Hier entsteht ein eindimensionales Array, das die mittlere quadratische Verschiebung der Teilchen zu den Zeitpunkten 0, 1, ... 99 darstellt.

#6: In dem Diagramm werden zwei Zahlensequenzen (senkrechte Achse) gegen die Zeit (waagrechte Achse) aufgetragen: die mittlere Verschiebung als Ergebnis der Simulation mit Zufallsbewegungen (Wurzel aus der mittleren quadratischen Verschiebung) und die Funktion `sqrt(t)`. Die erste Zahlensequenz wird durch blaue Punkte (`"b."`) und die zweite wird durch eine durchgezogene rote Linie (`"r-"`) visualisiert.

#7: Beschriftung von x- und y-Achse

#8: Für das Diagramm wird eine Legende angelegt. Die Bezeichnungen werden einfach in der gleichen Reihenfolge wie die zugehörigen Linien aufgezählt. Der Ort wird durch Koordinaten bestimmt, die auf das Koordinatensystem des Diagramms bezogen sind. Dabei ist `(0, 0)` der Ursprung und `(1, 1)` die Ecke oben rechts.

Linienformate in Diagrammen

Wenn mehrere Zahlenreihen in ein und demselben Diagramm dargestellt werden sollen, muss man die Linien optisch unterscheiden können. Dazu geben Sie in der `plot()`-Anweisung hinter jedem Array für das Linienformat einen Formatstring an. Das ist ein String, der aus zwei Teilen zusammengesetzt ist: Farbe plus Form. Die Farbe wird durch einen Buchstaben aus der englischen Bezeichnung spezifiziert: (y)ellow, (g)reen, (b)lue, (c)yan, (r)ed, (m)agenta, (w)hite, blac(k). Für die Form verwendet man die Zeichen aus der folgenden Abbildung:

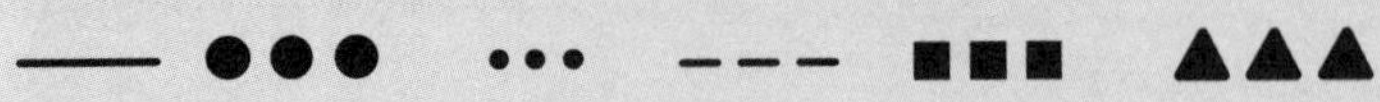

"-" "o" "." "--" "s" "^"

Beispiele: `"r-"` (rote durchgezogene Linie), `"gs"` (grüne Quadrate)

30.12 Vergleiche

Zwei Arrays können mit den üblichen Vergleichsoperatoren (<, <=, >, >=, ==, !=) elementweise verglichen werden. Das Ergebnis ist ein Array mit Wahrheitswerten:

```
>>> a = np.array([[1, 2], [2, 0]])
>>> b = np.array([[1, 2], [2, 3]])
>>> print (a == b)
[[ True  True]
 [ True False]]
```

Mit den Funktionen `logical_or()` und `logical_and()` können Sie zusammengesetzte Bedingungen konstruieren. Sie können nicht die normalen logischen Operatoren wie & oder | verwenden:

```
>>> a = np.array([0, 1, 2, 3, 4, 5, 6, 7])
>>> b = np.logical_and (a >= 3, a <= 5)
>>> print(b)
[False False False  True  True  True False False]
```

30.13 Projekt: Wolken am Himmel

Das folgende Programm wertet ein Foto eines Himmelsauschnitts aus und ermittelt den Bewölkungsgrad. Zur Kontrolle werden zwei Bilder ausgegeben. Im ersten Bild wird für jedes Pixel der relative Blauanteil dargestellt. Das ist der Quotient aus dem Blauanteil dividiert durch den Grauwert des Pixels. Der Grauwert wiederum ist der Durchschnitt der drei

RGB-Farbanteile (0 = Schwarz, 255 = Weiß). Die hellen Bereiche auf dem Bild stellen blauen Himmel dar (hoher relativer Blauanteil).

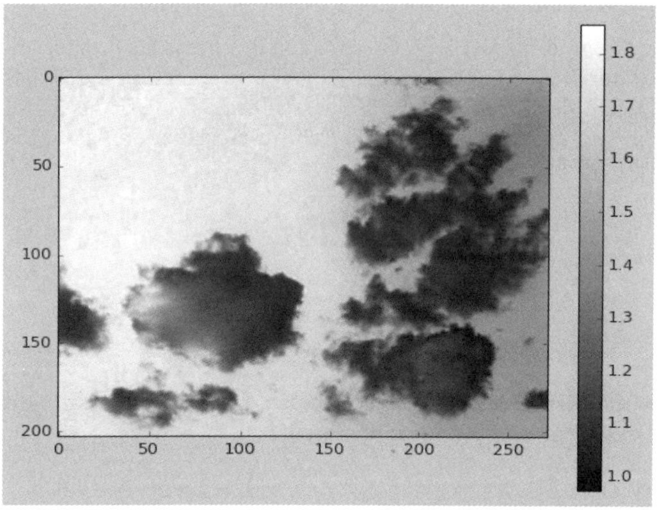

Abb. 30.5: Darstellung des relativen Blauanteils der Pixel des Wolkenbildes mit Farbskala. Je heller, desto höher der relative Blauanteil.

Das zweite Bild verwendet einen Schwellenwert. Wenn der Blauanteil eines Pixels größer als 1,3 ist, wird das Pixel als »blauer Himmel« gewertet und erhält den Wert `1` (`True`). Ansonsten gehört es zu einer Wolke und erhält den Wert `0` (`False`). Diese Darstellung ist die Grundlage für die Berechnung des Bewölkungsgrades, also des Anteils des Himmels, der mit Wolken bedeckt ist. Dieser Wert wird am Ende ausgegeben. In diesem Beispiel ist es `0.32`.

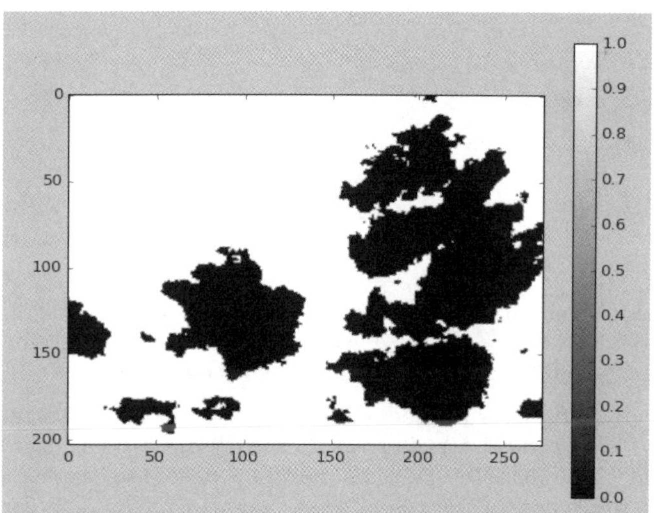

Abb. 30.6: Darstellung der Wolken als schwarze Flecken auf weißem Hintergrund

Das folgende Skript implementiert diese Idee. Es verwendet die Visualisierungsroutine `imshow()` aus dem Modul `matplotlib.pyplot`. Die beiden Bilder werden nacheinander (nicht gleichzeitig) in einem separaten Fenster gezeigt. Erst, wenn das Fenster mit dem ersten Bild geschlossen worden ist, erscheint das zweite Bild.

Die zentrale Datenstruktur des Programms ist die Repräsentation des Fotos als dreidimensionales Array. Jedes Pixel wird durch eine Folge von drei Zahlen zwischen 0 und 255 dargestellt, den drei RGB-Farbanteilen des Pixels. Diese Pixeldarstellung ist die dritte Achse des Arrays. Wenn Sie das Array mit `print()` auf dem Bildschirm ausgeben, erhalten Sie eine Darstellung, die bei unserem Wolkenfoto so beginnt:

```
[[[ 15  42  85]
  [ 16  43  86]
  [ 17  44  87]
  ...
```

Das sind die ersten drei Pixel am oberen Rand des Bildes. An den drei eckigen Klammern zu Beginn erkennen Sie, dass das Array drei Dimensionen besitzt.

Skript:

```
# clouds.py
import PIL
import numpy as np
import matplotlib.pyplot as plt
img = np.array(PIL.Image.open("Wolken.png"))                    #1
img_blue = img[:, :, 2] / np.mean(img, axis=2)                  #2
plt.imshow(img_blue, cmap=plt.cm.gray)                          #3
plt.colorbar()                                                  #4
plt.show()                                                      #5

img_bw = img_blue > 1.3                                         #6
plt.imshow(img_bw, cmap=plt.cm.gray)
plt.colorbar()
plt.show()
print(1 - np.mean(img_bw))                                      #7
```

Erläuterung:

#1: Aus der Bilddatei wird zunächst ein `PIL.Image`-Objekt erzeugt und daraus ein dreidimensionales Array (Objekt der Klasse `numpy.ndarray`) gebildet. Dabei ist jedes Pixel eine Folge von drei Zahlen zwischen 0 und 255, den drei RGB-Farbanteilen des Pixels.

#2: Hier wird ein Array erzeugt, das für jedes Pixel des Originalfotos den relativen Blauanteil darstellt. Das Array `img[:., :, 2]` ist ein zweidimensionales Array, das allein die Blauwerte (Zahlen zwischen 0 und 255) enthält. Der Funktionsaufruf `np.mean(img, axis=2)` liefert ein zweidimensionales Array, das für jedes Pixel den Grauwert (Durchschnitt der drei RGB-Werte) darstellt. Der Quotient dieser beiden Arrays ist ein Array, bei dem jedes Element als Quotient aus RGB-Anteil und Grauwert eines Pixels berechnet worden ist.

#3: Das Array `blau` soll als Bild dargestellt werden. An dieser Stelle wird die Darstellung erst vorbereitet. Der Parameter `cmap=plt.cm.gray` bewirkt, dass die Zahlen des Arrays als Grauwerte interpretiert werden.

#4: Neben das Bild wird eine Skala gesetzt, die den Grauwerten in der Bildansicht Zahlen des Arrays zuordnet.

#5: Jetzt wird die soeben definierte Darstellung in einem Fenster dargestellt. Der Interpreter wartet, bis dieses Fenster wieder geschlossen worden ist.

#6: Hier wird ein boolesches Array erzeugt. Jedes Element `img_bw[i, j]` hat den Wert `True`, wenn das korrespondierende Element `img_blue[i, j]` einen Wert größer als `1,3` hat. Anschließend wird das Array als Schwarz-Weiß-Bild dargestellt..

#7: Der Anteil der Wolkenfläche an der Gesamtfläche des Himmelsausschnitts wird berechnet und ausgegeben.

30.14 Projekt: Wie versteckt man ein Buch in einem Bild?

Steganografie ist die Kunst des Versteckens. In Bilddateien kann man leicht große Mengen an Text verstecken. Dazu werden die Pixel eines Bildes – z.B. eines Fotos – systematisch ganz leicht abgewandelt. Die Veränderung ist so gering, dass ein Betrachter nichts bemerkt. Nur, wenn man das Bild Pixel für Pixel mit dem Original vergleicht, kann man die Veränderung feststellen. Ein seriöser Verwendungszweck für diese Technik ist das Verstecken eines Wasserzeichens. Ein Bild mit Wasserzeichen kann man ruhig im Internet veröffentlichen. Der Urheber, der allein das Original besitzt, kann jederzeit nachweisen, dass es von ihm stammt.

Abbildung 30.7 zeigt das Anwendungsfenster unseres Projekts. Die Bilddatei, in der Text versteckt werden kann, ist hier der Einfachheit halber fest vorgegeben. Der Benutzer kann in einem Editorfeld Text eingeben, auf Knopfdruck diesen Text verstecken und dann das veränderte Bild unter neuem Namen abspeichern.

Abb. 30.7: Anwendungsfenster zum Verstecken von Text in einem Foto

Die Grundidee des Versteckens ist hier folgende:

Beim Originalbild wird der grüne Farbkanal etwas gestutzt. Das heißt, es wird dafür gesorgt, dass in keinem Pixel des Fotos der Zahlenwert des grünen Farbanteils größer als 215 ist. Die Buchstaben des Geheimtextes werden in Zahlen umgewandelt und dann diese Zahlen den Grünanteilen der Pixel hinzuaddiert. Abbildung 30.8 zeigt stark vergrößerte Ausschnitte des Originalfotos (oben) und des veränderten Fotos (unten). Wenn man sich die oberste Pixelzeile des veränderten Fotos genau ansieht, kann man erkennen, dass sich Pixel ein wenig unterscheiden, während sie im Original an dieser Stelle einfarbig sind. Hier wurde Text versteckt.

Abb. 30.8: Die obere linke Ecke des Bildes in starker Vergrößerung. Oben das Original, unten das veränderte Bild. Ein Text wurde in den grünen Farbanteilen der Pixel versteckt.

Skript:

```
# stegano.py
from tkinter import (filedialog, Tk, Label, Text,
                     Button, WORD, LEFT, W, END)
from PIL import Image, ImageTk
import numpy as np
LETTERS = " abcdefghijklmnopqrstuvwxyzßäöü"                          #1

class App:
    def __init__(self):
        self.window = Tk()
        self.label = Label(self.window)
        self.label.pack()
        self.text = Text(self.window,
                 width=50, height=5,wrap=WORD)
        self.text.pack(anchor=W)
        self.saveButton=Button(master=self.window,
                               text="Datei speichern",
                               command=self.save)
        self.saveButton.pack(side=LEFT)
        self.hideButton=Button(master=self.window,
                               text="Text verstecken",
                               command=self.hide)
```

```
        self.hideButton.pack(side=LEFT)
        self.img = Image.open("Thailand_2.png")                #2
        w, h = self.img.size
        self.imgTk = ImageTk.PhotoImage(self.img)              #3
        self.label.config(image=self.imgTk,
                          width=w, height=h)                   #4
        self.window.mainloop()

    def save(self):
        filename = filedialog.asksaveasfilename()
        if filename:
            self.img.save(filename)

    def encode(self, text):
        numbers = []
        for ch in text:
            try:
                numbers.append(LETTERS.index(ch))              #5
            except:
                numbers.append(0)
        return numbers

    def hide(self):                                            #6
        a = np.array(self.img)                                 #7
        b = a[:,:,1]                                           #8
        b= b.clip(max=215)                                     #9
        text = self.text.get(1.0, END).lower()                 #10
        numbers = np.array(self.encode(text))                  #11
        w, h = self.img.size
        numbers.resize(h, w)                                   #12
        a[:,:,1] = b + numbers                                 #13
        self.img = Image.fromarray(a)                          #14
        self.imgTk = ImageTk.PhotoImage(self.img)
        self.label.config(image=self.imgTk)

App()
```

Erläuterung:

#1: Der String enthält alle Zeichen, die codiert werden können. Die Codenummer ist der Index des Zeichens.

#2: Eine Bilddatei wird geladen und daraus ein `PIL.Image`-Objekt gewonnen.

#3: Ein `tkinter.PhotoImage`-Objekt wird erzeugt. Denn `PIL.Image`-Objekte können in `tkinter` nicht angezeigt werden.

#4: Das Bild wird auf das Label gesetzt. Das Label erhält außerdem die gleiche Größe wie das Bild.

#5: Diese Methode codiert den übergebenen Text durch eine Liste von Nummern und gibt diese Liste zurück. Für jeden Buchstaben wird in der Stringkonstanten `LETTERS` nach seinem Index gesucht. Wird ein Index gefunden, so wird diese Zahl an die Nummernliste angehängt. Scheitert die Suche (weil das Zeichen nicht vorkommt), wird eine Null angehängt. Damit wird ein Leerzeichen codiert.

#6: Die Methode `hide()` versteckt den Text des Textfeldes im Bild.

#7: Aus dem Bild wird ein dreidimensionales Array gebildet. Für jedes Pixel gibt es (in der dritten Dimension) eine Folge von drei Zahlen zwischen 0 und 255, die die RGB-Farbanteile darstellen.

#8: Hier wird ein zweidimensionales Array erzeugt, das die Grünanteile der Pixel des Bildes enthält.

#9: Es wird dafür gesorgt, dass keine Zahl in `b` größer als `215` ist.

#10: Der Inhalt des Texteditorfeldes wird als String aus lauter Kleinbuchstaben in der lokalen Variablen `text` gespeichert.

#11: Dieser Text aus Kleinbuchstaben wird durch Nummern codiert und ein eindimensionales Array aus diesen Nummern gebildet.

#12: Dieses Array wird nun durch Nullen erweitert und in ein zweidimensionales Array überführt, das exakt die Form des Bildes hat.

#13: Zu den grünen Farbanteilen des Bildes (repräsentiert durch ein Array) werden die Codenummern des Geheimtextes addiert. Das Ergebnis dieser Addition ist in keinem Fall größer als `255`, da ja durch die `clip()`-Operation sichergestellt wurde, dass der Maximalwert für den Grünanteil `215` ist.

#14: Aus dem Array, das das Bild darstellt, wird in mehreren Schritten wieder ein `tkinter.PhotoImage`-Objekt erzeugt, das auf dem Label angezeigt wird.

Mit dieser Applikation kann man in einem Bild Text verstecken. Aber wie kann man aus dem veränderten Bild den Text wieder zurückgewinnen? Darum geht es in Aufgabe 4.

30.15 Datenanalyse mit Histogrammen

Der norwegische Krebsforscher Jon Sudbø gab im Januar 2006 zu, mehrere Hundert Patientendaten von Mundkrebskranken frei erfunden und zu einer Studie verarbeitet zu haben. Es gibt zahlreiche Beispiele für derartige Betrügereien in der Forschung (Wikipedia, Stichwort »Betrug und Fälschung in der Wissenschaft«). Die Folgen können verheerend sein, vor allem dann, wenn andere Forscher sich auf die Arbeit ihrer Kollegen verlassen und ihre eigene Forschung darauf aufbauen. Inzwischen gibt es Spezialisten, die mit statistischen Methoden prüfen, ob die Ergebnisse von Untersuchungen gefälscht sind. Die Grundidee ist folgende: Die Antworten, die auf Fragebögen angeben wurden, werden mit statistischen Daten verglichen, die man über die Gesamtpopulation bereits besitzt. Wenn z.B. Patientendaten einer repräsentativen Stichprobe Angaben zur Körpergröße enthalten, müsste die Verteilung der Körpergröße in etwa der Verteilung in der Gesamtbevölkerung entsprechen.

Die Körpergröße von Menschen ist ungefähr normalverteilt. Eine Normalverteilung (gaußsche Glockenkurve) ist durch den Mittelwert (μ) und die Standardabweichung (σ) bestimmt. So hat die Körpergröße von erwachsenen Frauen in Deutschland einen Mittelwert von 165,4 cm und eine Standardabweichung von 4,5 cm (SOEP 2006). Die meisten Frauen haben eine Körpergröße in der Nähe des Mittelwertes. Die Standardabweichung gibt an, wie sehr die Messwerte streuen.

Zu diesem Fallbeispiel entwickeln wir mit `NumPy` ein Programm. Das ist die Aufgabe:

- Die Daten einer Befragung werden aus einer Textdatei eingelesen. In der Datei sind in jeder Zeile gleich viele Zahlen und zwischen zwei Zahlen in einer Zeile ist ein Leerzeichen.
- Mithilfe eines Zufallsgenerators wird eine Folge von Zahlen erzeugt, die normalverteilt sind (Mittelwert 165,4 cm, Standardabweichung 4,5 cm).
- Für die beide Zahlensequenzen werden Histogramme mit gleicher Klassenaufteilung übereinander angezeigt (siehe Abbildung 30.9).

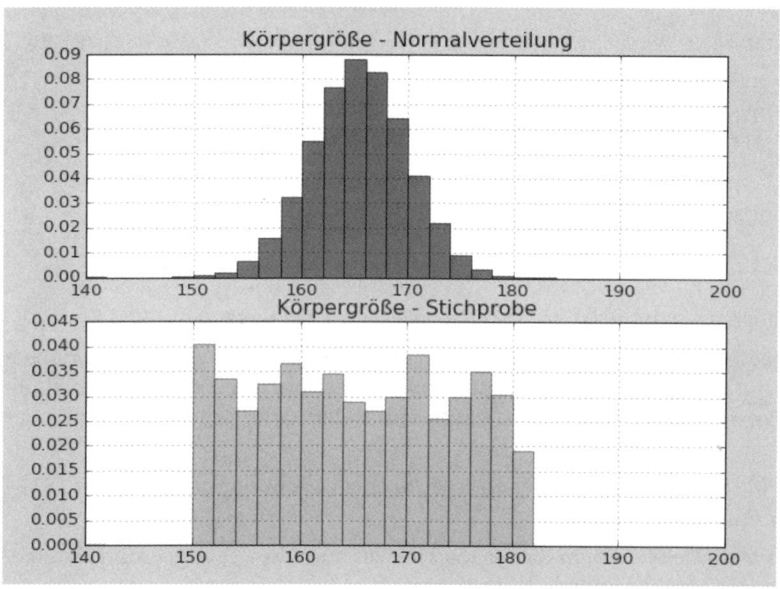

Abb. 30.9: Die Histogramme zeigen eine Normalverteilung mit Mittelwert 165.4 und Standardabweichung 4.5 (oben) und die Verteilung der angegebenen Körpergröße bei einer gefälschten Befragung (unten).

Ein Histogramm ist die grafische Darstellung der Häufigkeitsverteilung eines Merkmals. Zur Vorbereitung wird der Wertebereich in angrenzende Intervalle aufgeteilt, die man Klassen nennt (englisch: *bins*). Wir nehmen den Wertebereich 140 bis 200, den wir in Klassen der Breite 2 einteilen. Die Rechtecke im Histogramm zeigen durch ihre Höhe die Häufigkeitsdichte der Klassen an. Die Häufigkeitsdichte einer Klasse ist der Quotient `n/d` der Klassenhäufigkeit `n` (Anzahl der Werte in der Klasse) durch die Klassenbreite `d` (hier 2).

Skript:

```
# fraud_detection.py
import numpy as np
import matplotlib.pyplot as plt
mean = 165.4
sd = 4.5
bins = np.arange(140, 201, 2)                                   #1
data = np.loadtxt("groesse.dat").ravel()                         #2
normal = mean + sd * np.random.randn(1000000)                    #3
plt.figure(1)
plt.subplot(2,1,1)                                               #4
plt.hist(normal, bins, density=1, facecolor="b",
        alpha=0.75)                                              #5
plt.title("Körpergröße - Normalverteilung")                      #6
plt.grid(True)                                                   #7
plt.subplot(2,1,2)                                               #8
plt.hist(data, bins, density=1, facecolor="r",
         alpha=0.50)
plt.title("Körpergröße - Stichprobe")
plt.grid(True)
plt.show()
```

Erläuterung:

#1: Für die Intervallgrenzen der Klassen wird eine Folge von Zahlen erzeugt: 140, 142, ..., 200.

#2: Die Datei `"groesse.dat"` wird geladen und ein zweidimensionales Array erzeugt. Jede Zeile des Textes wird eine Zeile des Arrays. Aus diesem Array wird mit `ravel()` ein eindimensionales Array, also eine Zahlenfolge gewonnen, indem alle Zeilen hintereinander gehängt werden.

#3: Hier werden eine Million Zufallszahlen in einer Normalverteilung mit Mittelwert `165.4` und Standardabweichung `4.5` erzeugt.

#4: Die Histogramme sollen in einem Raster aus 2 Zeilen und 1 Spalte angeordnet werden. Das erste Histogramm hat die laufende Nummer 1.

#5: Das Histogramm zeigt die Häufigkeitsverteilung der eine Million Zufallszahlen (gespeichert im Array `normal`), verteilt auf die Klassen `[140, 142]`, `[142, 144]`, ... `[198, 200]`. Das Array `bins` enthält die Intervallgrenzen 140, 142, 144, ..., 200. Das Histogramm ist normiert (`density=1`), das heißt, es werden relative Klassenhäufigkeiten verwendet (Klassenhäufigkeit dividiert durch Gesamtzahl der Daten). Die Farbe der Balken ist Blau bei einer Deckkraft von `alpha=0.75`. Je kleiner der `alpha`-Wert, desto transparenter und heller erscheinen die Balken.

#6: Hier wird der Titel des Histogramms festgelegt.

#7: Es wird ein Linienraster angezeigt.

#8: Das zweite Histogramm erscheint unter dem ersten. Bedeutung der Parameter: 2 Zeilen, 1 Spalte, laufende Nummer ist 2.

30.16 Wie funktioniert ein Medianfilter?

Das linke Foto in Abbildung 30.10 ist so stark »verschneit«, dass es schwerfällt, etwas zu erkennen. Kaum zu glauben, dass man durch ein relativ einfaches Computerprogramm fast alle fehlerhaften Stellen reparieren kann. Das rechte Bild zeigt das Ergebnis einer so genannten Medianfilterung. Obwohl es genauso viel Bildinformation wie das Original enthält, ist es doch viel besser wahrnehmbar. Alte analoge Filme und Fotos, die durch viele Kratzer unansehnlich geworden sind, werden mit ähnlichen Techniken »digital nachbearbeitet«.

Abb. 30.10: Medianfilterung eines Bildes mit vielen Störpixeln

Wie funktioniert ein Medianfilter? Abbildung 30.11 zeigt die Grundidee des Verfahrens. Für jedes Pixel erstellt man eine Liste, in der das Pixel und seine acht Nachbarpixel aufgeführt sind. Die Pixel werden durch Zahlenwerte repräsentiert, im einfachen Fall eines Schwarz-Weiß-Bildes sind das Grauwerte, d.h. Zahlen zwischen 0 (Schwarz) und 255 (Weiß). Von dieser Liste benötigt man den Median. Wenn die Liste aus neun Pixeln sortiert ist, ist der Median der mittlere Wert, das fünfte Pixel. Das zentrale Pixel wird schließlich durch das Median-Pixel ersetzt. Auf diese Weise wurde das Pixel an seine Umgebung angepasst.

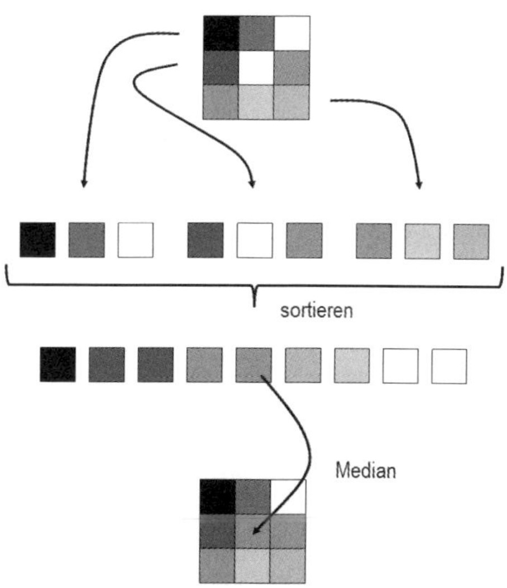

Abb. 30.11: Die Arbeitsweise eines Medianfilters: Das zentrale Pixel wird durch den Median seiner Umgebung ersetzt.

Das folgende Python-Programm implementiert diese Idee. Die Besonderheit ist, dass nicht in einer komplexen Wiederholungsanweisung jedes Pixel einzeln berechnet wird, sondern dass Array-Operationen verwendet werden. Das ist viel effizienter.

Aus dem gestörten Bild wird ein zweidimensionales Array a gebildet. Die Randpixel lassen sich nicht filtern, deshalb ignorieren wir sie und betrachten nur das Innere des Bildes ohne den Rand, also `a[1:-1, 1:-1]`. Zu diesem Inneren wird ein dreidimensionales Array b berechnet. Dieses Array enthält zu jedem Pixel von `a[1:-1, 1:-1]` (in der dritten Dimension) eine Sequenz mit neun Elementen, die die quadratische Umgebung des korrespondierenden Pixels darstellen. Jetzt kommt der Clou: Die neun Elemente dieser Sequenz werden nun nicht für jedes Pixel des Bildes einzeln ermittelt, sondern auf einen Schlag für das gesamte Array. Dazu werden aus dem Originalbild rechteckige Bereiche herauskopiert und den nullten, ersten, zweiten ... Elementen der dritten Dimension des neuen Arrays jeweils durch eine einzige mächtige Operation zugewiesen. Beispiel: Jedes Pixel im Bereich `a[:-2, :-2]` ist der obere linke Nachbar des korrespondierenden Pixels im Bereich `a[1:-1, 1:-1]` (siehe Abbildung 30.12).

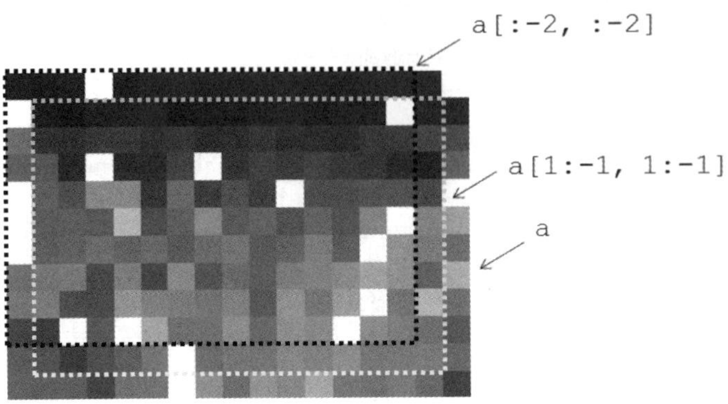

Abb. 30.12: Beispiele für Bereiche im Array a

Man kann sich das Array b auch als dreidimensionale Version des Bildes mit neun Schichten vorstellen. Die ursprünglichen Pixel des Bildes sind in der Mitte, in der fünften Schicht. Die erste Schicht besteht aus den oberen linken Nachbarn, die zweite Schicht besteht aus den oberen Nachbarn, die dritte Schicht besteht aus den oberen rechten Nachbarn, die vierte Schicht besteht aus den linken Nachbarn usw.

Skript:

```
# medianfilter.py
import PIL
import numpy as np
import matplotlib.pyplot as plt

FNAME = "elephant_damaged.png"

def medianfilter(a):
```

```
    h, w = a.shape
    b = np.zeros((h-2, w-2, 9))                                  #1
    b[:, :, 0] = a[:-2, :-2]                                     #2
    b[:, :, 1] = a[:-2,1:-1]                                     #3
    b[:, :, 2] = a[:-2, 2:]                                      #4
    b[:, :, 3] = a[1:-1, :-2]
    b[:, :, 4] = a[1:-1,1:-1]
    b[:, :, 5] = a[1:-1, 2:]
    b[:, :, 6] = a[2:, :-2]
    b[:, :, 7] = a[2:,1:-1]
    b[:, :, 8] = a[2:, 2:]
    return np.median(b, axis=2)                                  #5

img = np.array(PIL.Image.open(FNAME))                            #6
plt.subplot(1, 2, 1)                                             #7
plt.imshow(img,cmap=plt.cm.gray)                                 #8
plt.axis("off")                                                  #9
plt.subplot(1, 2, 2)
plt.imshow(medianfilter(img), cmap=plt.cm.gray)                  #10
plt.axis("off")
plt.show()
```

Erläuterung:

#1: Zum Inneren des gestörten Bildes wird ein dreidimensionales Array aus Nullen gebildet. Damit ist schon einmal eine Struktur vorgegeben. Nun werden in neun Schritten die Nullen »schichtweise« durch Grauwerte ersetzt.

#2: Die erste Schicht (Index 0) in der dritten Dimension des Arrays `b` sind die oberen linken Nachbarn der korrespondierenden Pixel. Die ersten Nullen im Array `b` werden durch die Grauwerte der oberen linken Nachbarn ersetzt.

#3: Die zweite Schicht (Index 1) sind die oberen Nachbarn der korrespondierenden Pixel.

#4: Die dritte Schicht (Index 2) sind die oberen rechten Nachbarn. Und so weiter. Das dreidimensionale Array `b` wird aus neun Schichten in Richtung Achse 2 aufgebaut.

#5: Zurückgegeben wird ein zweidimensionales Array, das aus den Medianen in Richtung Achse 2 besteht. Das bedeutet: Das zurückgegebene Array zeigt das Originalbild (allerdings ohne Rand), bei dem jedes Pixel durch den Median seiner Nachbarpixel ersetzt worden ist. Das ist das mediangefilterte Bild.

#6: Hier wird eine Bilddatei geöffnet, ein `PIL.Image`-Objekt erzeugt und mit dessen Hilfe ein zweidimensionales Array mit Grauwerten `(0, ..., 255)` erschaffen.

#7: Das Raster für die beiden Bilddarstellungen besteht aus einer Zeile und zwei Spalten. Die nun kommende Darstellung hat die laufende Nummer 1.

#8: Das gestörte Originalbild wird gezeigt. Mit `cmap=plt.cm.gray` wird festgelegt, dass die Zahlen des Arrays als Graustufen zu interpretieren sind.

#9: Es werden keine Achsen mit Skalierung gezeigt.

#10: Das mediangefilterte Bild wird als Graustufenbild dargestellt.

Dieses Programm verwendet für die Filterung quadratische Bereiche mit 9 Pixeln. Um auch größere Fehler zu verstecken, kann man eine größere Nachbarschaft, z.B. 25 Pixel einbeziehen. Übrigens finden Sie im Modul `scipy.signal` einen vorgefertigten Medianfilter (`medfilt()`).

30.17 Rechnen mit SciPy

Für aufwändige mathematische Berechnungen gibt es das Modul `SciPy`. Es setzt voraus, dass bereits `NumPy` und einige andere numerische Module installiert sind. Am einfachsten installieren Sie `SciPy` mit Anaconda (`https://www.continuum.io/downloads`).

Wenn Sie WinPython installiert haben, sind `NumPy` und `SciPy` bereits verfügbar. Das wissenschaftliche Rechnen mit `SciPy` ist ein großes Thema, das wir hier nur kurz anschneiden können. In diesem Abschnitt erhalten Sie einen Einblick, wie man `SciPy` zur Lösung linearer Gleichungssysteme und zur numerischen Integration verwenden kann.

30.17.1 Lineare Gleichungssysteme lösen

Ein lineares Gleichungssystem ist eine Menge linearer Gleichungen mit mehreren Unbekannten, die alle gleichzeitig gelten sollen. Beispiel:

$$\begin{aligned} x_0 + x_1 &= 62 \\ x_0 - 6 &= 4 \cdot (x_1 - 6) \end{aligned}$$

Hier trifft Informatik auf Mathematik. Während man in der Mathematik die Indizierung mit `1` beginnt, startet man in der Informatik mit dem Index `0`.

Um das Gleichungssystem zu lösen, bringt man es zuerst in die Standardform.

$$\begin{aligned} x_0 + x_1 &= 62 \\ x_0 - 4x_1 &= -18 \end{aligned}$$

Die Standardform lässt sich auch durch Vektoren und Matrizen darstellen:

$$\begin{pmatrix} x_0 \\ x_1 \end{pmatrix} \cdot \begin{pmatrix} 1 & 1 \\ 1 & -4 \end{pmatrix} = \begin{pmatrix} 62 \\ -18 \end{pmatrix}$$

oder allgemein:

$$x \cdot A = b$$

Die Elemente von Vektor x sind die Unbekannten x_0, x_1. Die Koeffizienten bilden die Matrix A. Die Zahlen auf den rechten Seiten der Gleichungen sind der Vektor b. Der Punkt-Operator ist eine Matrizenmultiplikation.

Für die Lösung des Gleichungssystems – falls eine Lösung existiert – benötigt man die zu A inverse Matrix A^{-1}. Für die inverse Matrix gilt die Gleichung:

$$A \cdot A^{-1} = I$$

Dabei ist I die Einheitsmatrix mit der gleichen Form wie A, eine Matrix, die auf der Hauptdiagonalen Einsen und an den anderen Stellen Nullen besitzt. Eine inverse Matrix ist meist nicht leicht zu berechnen. Aber im Modul `SciPy` finden Sie die Funktion `inv()`, die die inverse Matrix liefert – sofern sie existiert.

Multipliziert man die allgemeine Matrizengleichung zum linearen Gleichungssystem auf beiden Seiten mit der Matrix A^{-1}, so erhält man folgende Gleichung, die die Lösung des linearen Gleichungssystems liefert:

$$x = A^{-1} \cdot b$$

Sie können in der Python-Shell die Rechnung durchführen. Im ersten Schritt werden die Daten für A und b eingegeben:

```
>>> import numpy as np
>>> from scipy import linalg
>>> A = np.array([[1,1],[1, -4]])
>>> b = np.array([[62],[-18]])
```

Dann berechnen Sie die inverse Matrix und lösen das Gleichungssystem:

```
>>> A_inv = linalg.inv(A)
>>> x = np.dot(A_inv, b)
>>> x
array([[ 46.],
       [ 16.]])
```

Probe:

```
>>> np.dot(A, x)
array([[ 62.],
       [-18.]])
```

Das ist also der klassische Lösungsweg über die inverse Koeffizientenmatrix. Es gibt noch eine effizientere Methode. Die Funktion `solve()` liefert direkt die Lösung und arbeitet obendrein noch besonders schnell:

```
>>> np.linalg.solve(A, b)
array([[ 46.],
       [ 16.]])
```

30.17.2 Integration

Das Integral einer Funktion `f` in den Grenzen von `a` und `b` kann man sich als die Fläche unterhalb des Graphen der Funktion im Intervall `[a, b]` vorstellen.

$$\int_a^b f(x)\,dx$$

Die Funktion `quad()` im Modul `scipy.integrate` berechnet das Integral. Der Aufruf hat das Format

```
quad(f, a, b, ...)
```

Dabei ist `f` der Name einer Funktion, `a` und `b` Zahlen, die die untere und obere Integrationsgrenze angeben. Darüber hinaus können noch weitere Argumente übergeben werden, auf die wir hier nicht eingehen. Die Funktion gibt ein Tupel aus zwei Werten zurück, das berechnete Ergebnis der Integration und einen Schätzwert für den absoluten Berechnungsfehler. Als Beispiel berechnen wir das Integral

$$\int_0^1 x^2\,dx$$

```
>>> import numpy as np
>>> from scipy import integrate
>>> def f(x):
     return(x**2)

>>> integrate.quad(f, 0, 1)
(0.33333333333333337, 3.700743415417189e-15)
```

Hier wurde zunächst eine Funktion namens `f` definiert und dann der Name der Funktion der Funktion `quad()` als Argument übergeben. Alternativ können Sie auch die zu integrierende Funktion als Lambda-Ausdruck definieren:

```
>>> integrate.quad(lambda x: x**2, 0, 1)
(0.33333333333333337, 3.700743415417189e-15)
```

Es gibt auch einige bekannte Integrale mit unendlichen Grenzen, z.B. das gaußsche Fehlerintegral:

$$\int_0^\infty e^{-x^2}\,dx = \frac{1}{2}\sqrt{\pi}$$

Wird die numerische Berechnung des Integrals diese Gleichung bestätigen? Probieren Sie es aus!

```
>>> integrate.quad(lambda x: np.e**(-x**2), 0, np.inf)
(0.886226925452758, 7.101318391229092e-09)
>>> 1/2 * np.sqrt(np.pi)
0.88622692545275794
```

Bei diesen Rechnungen wurden einige mathematische Konstanten verwendet, die in `NumPy` enthalten sind.

Konstante	Erklärung
`e`	Eulersche Zahl e = `2.71...`
`inf`	Unendlich ∞
`pi`	Kreiszahl $\pi = 3.14...$

Tabelle 30.5: Mathematische Konstanten im Modul `NumPy`

30.18 Aufgaben

Aufgabe 1

Mit welchen Operationen erhält man aus dem Array links oben die anderen Arrays?

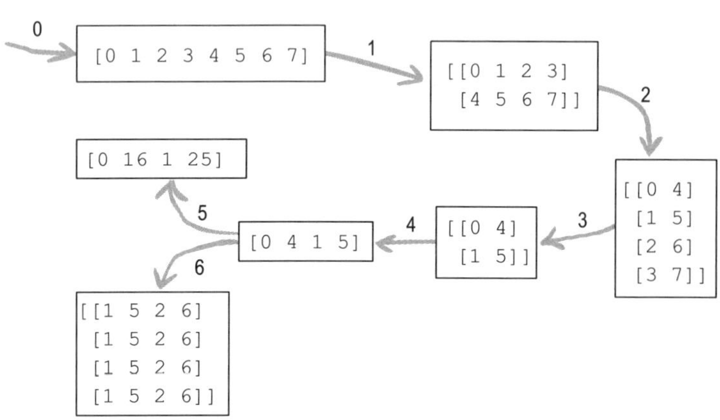

Aufgabe 2

Schreiben Sie ein Programm mit Arrays, das 100 Würfe mit zwei Würfeln simuliert. Die Verteilung der gewürfelten Zahlen soll als Histogramm dargestellt werden.

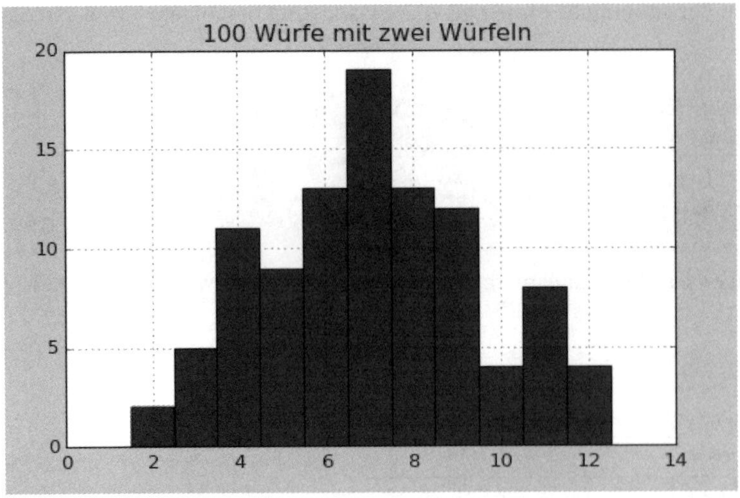

Abb. 30.13: Ein Histogramm, das die Verteilung von Würfen mit zwei Würfeln anzeigt

Aufgabe 3

Die CSV-Datei `dmd2_17_07_2016.csv` (im Online-Verzeichnis zu diesem Kapitel) enthält Messwerte der Messstation des Landesumweltamtes in Dortmund-Eving (DMD2). Aktuelle Messwerte von Messstationen der Landesumweltämter können Sie übrigens auch direkt im Internet beziehen. In jeder Zeile sind die Messwerte aufgeführt, die zu einer vollen Stunde am 17. Juli 2016 aufgenommen worden sind (1 Uhr, 2 Uhr, ..., 24 Uhr).

```
0;48;19;14;1.3;231
0;41;26;14;1.2;225
...
```

Die Bedeutung der Zahlen:

- Stickstoffmonoxid (NO) in Mikrogramm pro Kubikmeter
- Stickstoffdioxid (NO_2) in Mikrogramm pro Kubikmeter
- Ozon (O_3) in Mikrogramm pro Kubikmeter
- Feinstaub in Mikrogramm pro Kubikmeter
- Windgeschwindigkeit in Meter pro Sekunde
- Windrichtung in Grad

Das Python-Programm soll in zwei Diagrammen die Konzentrationen der Stickstoffoxide (Summe der Konzentrationen von Stickstoffmonoxid und Stickstoffdioxid) und Ozon im Tagesverlauf darstellen.

Hinweise: Wie bei CSV-Dateien üblich sind die Zahlen in einer Zeile des Textdokumentes durch Semikolons getrennt. Das muss die Funktion `loadtxt()` wissen, um den Text interpretieren zu können. Verwenden Sie beim Aufruf von `loadtxt()` das Schlüsselwortargument `delimiter=";"`.

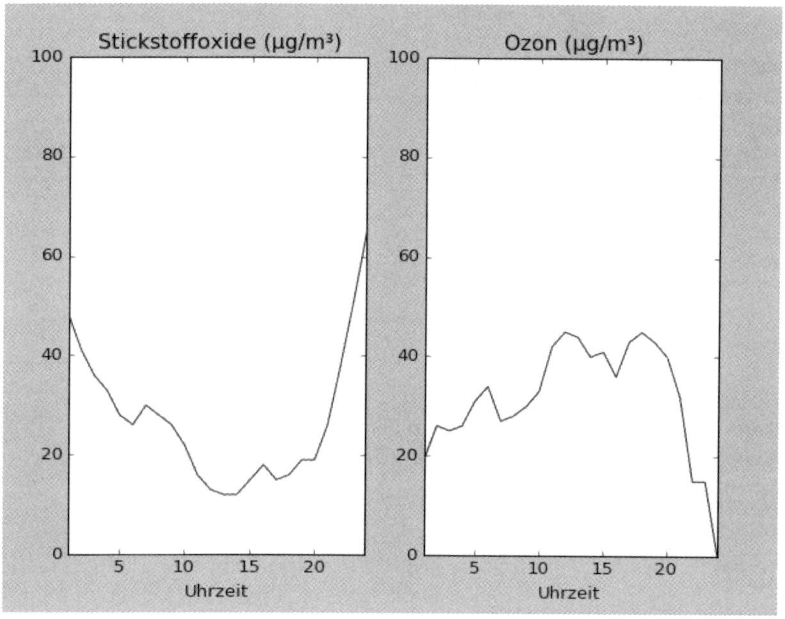

Abb. 30.14: Luftverschmutzung im Verlauf eines Tages (Dortmund, 17. Juli 2016)

Mit der Funktion `transpose()` oder dem Array-Attribut `T` können Sie aus einem zweidimensionalen Array die Spalten gewinnen, denn die Transposition überführt Spalten in Zeilen und Zeilen in Spalten. Beispiel:

```
>>> import numpy as np
>>> a = np.array([[1, 2], [3, 4]])
>>> col_1, col_2 = a.T
>>> col_1
array([1, 3])
>>> col_2
array([2, 4])
```

Aufgabe 4

Schreiben Sie eine App, die es ermöglicht, den in einem Bild versteckten Text (siehe Abschnitt 30.14) wiederzufinden.

Abb. 30.15: Nach Druck auf die rechte Schaltfläche wird der versteckte Text aus dem Bild herausgeholt und im Textfenster dargestellt. (Der Text besteht nur aus kleinen Buchstaben.)

30.19 Lösungen

Lösung 1

Nr.	Operation
0	`a = np.arange(8)`
1	`b = np.reshape(a, (2,4))`
2	`c = b.T`
3	`d = c[:2]`
4	`e = d.ravel()`
5	`f = e + np.ones((4,4), dtype=int)`
6	`g = e**2`

Lösung 2

Skript:

```
# aufgabe_2.py
import numpy as np
import matplotlib.pyplot as plt
bins = np.arange(1,13)+0.5                                    #1
d1, d2 = np.random.randint(1, 7, (2, 100))                    #2
plt.figure()
```

```
plt.hist(d1 + d2, bins,  facecolor="b")                         #3
plt.title("100 Würfe mit zwei Würfeln")
plt.grid(True)
plt.show()
```

Erläuterung:

#1: Folge von Zahlen, die später im Histogramm Intervallgrenzen darstellen: `1.5, 2.5, ... 12.5`.

#2: Hier werden zwei Folgen von ganzen Zufallszahlen zwischen 1 und 6 gebildet.

#3: Zunächst werden für die 100 Würfe die Summen der beiden gewürfelten Zahlen gebildet und dann für jede dieser Zahlen festgestellt, in welchem der 12 Intervalle `[1.5, 2.5]`, `[2.5, 3.5]`, ..., `[11.5, 12.5]` sie vorkommt. Für jedes der 12 Intervalle zeigt ein senkrechter Balken an, wie viele Würfelsummen in diesem Intervall liegen.

Lösung 3

Skript:

```
# aufgabe_3.py
import numpy as np
import matplotlib.pyplot as plt

hours = np.arange(1, 25)                                        #1
data = np.loadtxt("dmd2_17_07_2016.csv", delimiter=";")         #2
no, no2, o3, fs, wg, wr = data.T                                #3
plt.figure()
plt.subplot(1, 2, 1)                                            #4
plt.plot(hours, no + no2)                                       #5
plt.title ("Stickstoffoxide (µg/m³)")
plt.xlabel("Uhrzeit")
plt.axis([1, 24, 0, 100])                                       #6
plt.subplot(1, 2, 2)                                            #7
plt.plot(hours, o3)
plt.title ("Ozon (µg/m³)")
plt.xlabel("Uhrzeit")
plt.axis([1, 24, 0, 100])
plt.show()
```

Erläuterung:

#1: Hier wird eine Folge ganzer Zahlen von 1 bis 24 erzeugt.

#2: Die angegebene Textdatei wird geöffnet und aus den Daten ein zweidimensionales Array mit 6 Spalten und 24 Zeilen erzeugt. In jeder Zeile der Textdatei stehen sechs Zahlen, die durch ein Semikolon getrennt sind.

#3: Bei der Transposition werden aus Spalten Zeilen. Das transponierte Array `data.T` hat sechs Zeilen mit 24 Elementen. Das sind die Messwerte einer Kategorie, die zu jeder vollen Stunde aufgenommen worden sind. Hier werden sechs eindimensionale Arrays erzeugt, die aus diesen sechs Zeilen gebildet werden. Wir benötigen aber später nur die ersten drei Arrays no, no2 und no3.

#4: Mit den ersten beiden Argumenten von `subplot()` wird das Layout auf dem Bildschirm festgelegt. Wir haben eine Zeile mit zwei Spalten, also zwei Plots nebeneinander. Das dritte Argument ist die laufende Nummer des Diagramms, das in den folgenden Anweisungen definiert wird.

#5: Auf der x-Achse sind die Uhrzeiten (1 bis 24), auf der y-Achse werden die Messwerte (Summe der beiden Stickstoffoxid-Konzentrationen) dargestellt. Für alle anderen Aspekte des Diagramms werden die Voreinstellungen übernommen.

#6: Hier wird die Skalierung der beiden Achsen festgelegt (kleinster und größter Wert auf der x-Achse und kleinster und größter Wert auf der y-Achse). Das überlassen wir nicht der Automatik. Dann kann man die beiden Diagramme besser vergleichen.

#7: Hier beginnt die Definition des zweiten Plots.

Lösung 4

Diese einfache Lösung geht davon aus, dass es eine feste Bilddatei mit dem Originalbild gibt. Das veränderte Bild kann über einen Dialog frei gewählt werden und wird dann mit dem Original verglichen.

Skript:

```
# stegano_find.py
from tkinter import *
from PIL import Image, ImageTk
import numpy as np
LETTERS = " abcdefghijklmnopqrstuvwxyzßäöü"

class App:
    def __init__(self):
        self.window = Tk()
        self.label = Label(self.window)
        self.label.pack()
        self.text = Text(self.window,
                         width=50, height=5, wrap=WORD)
        self.text.pack(anchor=W)
        self.loadButton.pack(side=LEFT)
        self.loadButton=Button(master=self.window,
                    text="Bild laden und Text finden",
                    command=self.load)
        self.original = Image.open("Thailand_2.png")          #1
        w, h = self.original.size
```

```
        self.imgTk = ImageTk.PhotoImage(self.original)
        self.label.config(image=self.imgTk,
                          width=w, height=h)
        self.window.mainloop()

    def load(self):
        filename = filedialog.askopenfilename()                   #2
        if not filename:
            return
        img = Image.open(filename)
        a =  np.array(img)                                        #3
        self.imgTk = ImageTk.PhotoImage(img)
        self.label.config(image=self.imgTk)                       #4
        a_o = np.array(self.original)                             #5
        if a.shape != a_o.shape:                                  #6
            self.text.insert(END, "Bild passt nicht!")
            return
        green_o = a_o[:,:,1].clip(max=215)                        #7
        green = a[:,:,1]                                          #8
        numbers = (green - green_o).ravel()                       #9
        self.text.delete(1.0, END)                                #10
        secret = ""
        for i in numbers:                                         #11
            secret += LETTERS[i]
            if len(secret) > 3:
                if secret[-3:] == "   ":
                    self.text.insert(END, secret)
                    return
App()
```

Erläuterung:

#1: Zum Originalbild (`PIL.Image`-Objekt) wird ein dreidimensionales Array gebildet.

#2: Über ein Dialogfenster wählt der Benutzer den Dateinamen eines Bildes. Falls der Benutzer den Dialog abbricht, ist `filename` leer und die Ausführung der Methode wird abgebrochen

#3: Die Bilddatei wird geöffnet, ein `PIL.Image`-Objekt erzeugt und daraus schließlich ein Array gebildet.

#4: Das geladene Bild wird (als `tkinter.PhotoImage`-Objekt) auf das Label gesetzt und sichtbar gemacht.

#5: Auch zu dem Originalbild wird ein Array gebildet; denn wir wollen ja die effizienten Array-Operationen verwenden.

#6: Falls die Bilder unterschiedliche Größen haben, wird im Textfeld eine Fehlermeldung ausgegeben und die Ausführung der Methode abgebrochen.

#7: Zum Originalbild wird ein zweidimensionales Array gebildet, das nur die grünen Farbanteile anzeigt. Diese werden (wie beim Verstecken) auf den Maximalwert 215 beschnitten.

#8: Auch zum veränderten Bild mit dem versteckten Text wird ein zweidimensionales Array gebildet, das nur die grünen Farbwerte enthält.

#9: Die beiden Arrays mit Grünwerten werden subtrahiert. Die Differenz sind die Codenummern der versteckten Buchstaben. Das 2D-Array wird zu einer eindimensionalen Zahlenfolge verflacht.

#10: Der Inhalt des Texteditorfeldes wird gelöscht.

#11: Aus den Nummern wird mithilfe der Stringkonstanten `LETTERS` Buchstabe für Buchstabe der versteckte Text gebildet. Die Iteration läuft so lange, bis man auf eine Folge von drei Leerzeichen trifft. Dann wird der Text im Texteditorfeld ausgegeben und die Ausführung der Methode abgebrochen.

## Kapitel 31

Messdaten verarbeiten

Dieses Kapitel ist vor allem für diejenigen interessant, die Python für wissenschaftliche Experimente einsetzen wollen. Im ersten Projekt geht es um die grafische Darstellung von Messwerten. Dabei erfahren Sie, wie Sie ein Matplotlib-Diagramm in eine grafische Benutzungsoberfläche einbinden können, die mit tkinter erstellt worden ist.

Alle Computer haben heute eine USB-Schnittstelle. Im zweiten Teil des Kapitels wird an einem Beispiel gezeigt, wie man Messdaten von einem externen Gerät einlesen und verarbeiten kann. USB ermöglicht eine komplexe Datenkommunikation in beiden Richtungen. Wenn Sie ein Programm entwickeln wollen, das mit einem Gerät über USB kommunizieren soll, brauchen Sie detaillierte Kenntnisse über das Kommunikationsprotokoll. In einigen Fällen ist die Sache zum Glück erheblich einfacher. Digitale Multimeter (DMM) senden einfach in ständiger Wiederholung den Inhalt des Displays. Hier kann die Codierung der Daten – falls man keine Dokumentation findet – durch Experimentieren herausgefunden werden. Da man an ein Messgerät praktisch beliebige Sensoren anschließen kann, wird die Entwicklung spannender Anwendungen zur Messtechnik möglich.

31.1 Messwerte in einem Diagramm darstellen – Matplotlib und tkinter

Manchmal möchte man Messwerte, die man vom Display eines Messgerätes abliest, in einem Diagramm darstellen. Eine Software, die man dafür verwenden kann, nennt man Plotter (von engl. *to plot* = aufzeichnen).

31.1.1 Basisprojekt

In diesem Projekt soll der zeitliche Verlauf des Kohlendioxidgehalts der Luft dargestellt werden. Wenn Sie zu Hause ein Kohlendioxid-Messgerät haben, können Sie das Programm so, wie es ist, sofort ausprobieren. Abbildung 31.1 zeigt einen einfachen Prototyp eines Plotters. Sobald das Programm gestartet wird, läuft die Uhr. Gelegentlich gibt man in ein kleines Eingabefeld den momentanen Wert der CO_2-Konzentration in ppm (parts per million) ein. Klickt man auf die Schaltfläche OK, wird ein neuer Punkt im Diagramm eingetragen und eine gerade Verbindungslinie zum vorigen Punkt gezogen. Die Skalierung des Diagramms ist fest eingestellt und ändert sich nicht.

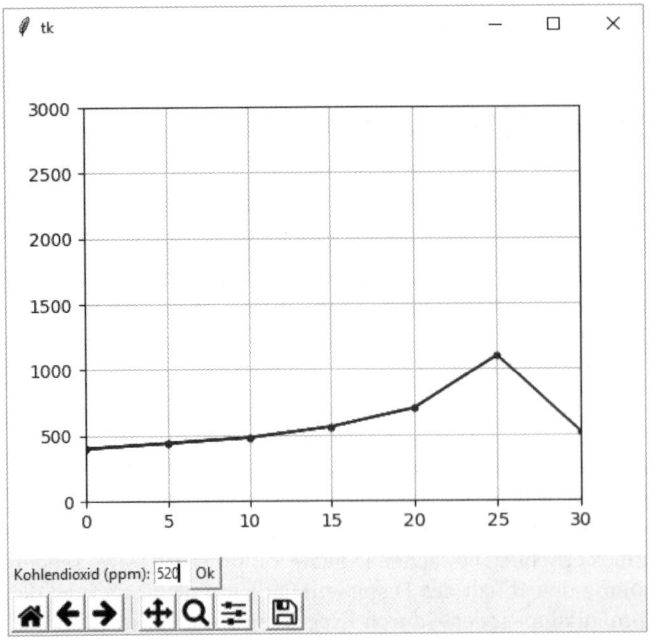

Abb. 31.1: Zeitliche Entwicklung der Kohlendioxid-Konzentration in einem Zimmer

Das Diagramm wird in einem Canvas-Widget angezeigt. Darunter sind ein Label, ein Eingabefeld und eine Schaltfläche, die mit tkinter programmiert worden sind.

Die untere Menüleiste wird von Matplotlib geliefert. Sie enthält Schaltflächen, mit denen man die Ansicht des Diagramms ändern kann (z.B. Lupe: Ausschnitt vergrößern). Besonders interessant ist die Schaltfläche zum Speichern (unten rechts). Das Icon soll eine Diskette darstellen. Nach dem Anklicken können Sie das Diagramm in einer Datei abspeichern. Dabei können Sie sogar zwischen verschiedenen Grafik-Formaten (darunter PNG und SVG) auswählen.

Das Projekt verbindet Elemente aus den Welten von Matplotlib und tkinter. Das Bindeglied ist ein Objekt vom Typ `FigureCanvasTkAgg`. Es sorgt dafür, dass ein Figure-Objekt aus Matplotlib (in dem das Diagramm dargestellt wird) als Canvas-Objekt einem Tk-Objekt aus tkinter zugeordnet wird.

Skript:

```
# tk_plot_co2.pyw
import matplotlib
matplotlib.use('TkAgg')                                                    #1
from matplotlib.backends.backend_tkagg import (FigureCanvasTkAgg,
                                               NavigationToolbar2Tk)
from matplotlib.figure import Figure
from tkinter import Tk, Label, Button, Entry, LEFT, BOTH
```

```
from time import time

class Plotter:                                                    #2
    def __init__(self):
        self.f = Figure(figsize=(5,4), dpi=100)                   #3
        self.a = self.f.add_subplot(111)                          #4
        self.a.set_ylim(0, 3000)                                  #5
        self.a.set_xlim(0, 30)
        self.a.grid(b=True)                                       #6
        self.t_vector = []                                        #7
        self.c_vector = []                                        #8
        self.start = time()                                       #9
        # Widgets
        self.window = Tk()
        self.canvas = FigureCanvasTkAgg(self.f,
                                        master=self.window)       #10
        self.canvas.draw()
        self.canvas.get_tk_widget().pack(fill=BOTH,
                                         expand=True)             #11
        self.toolbar = NavigationToolbar2Tk(
                          self.canvas, self.window)               #12
        self.label_c = Label(master=self.window,
                          text=" Kohlendioxid (ppm):")
        self.label_c.pack(side=LEFT)
        self.entry_c = Entry(master=self.window, width=4)
        self.entry_c.pack(side=LEFT)
        self.button = Button(master=self.window, text='Ok',
                             command=self.new_value)
        self.button.pack(side=LEFT)
        self.window.mainloop()

    def new_value(self):                                          #13
        c = float(self.entry_c.get())
        t = (time()-self.start)/60                                #14
        self.t_vector.append(t)                                   #15
        self.c_vector.append(c)                                   #16
        self.a.plot(self.t_vector,self.c_vector,"-b.")
        self.canvas.draw()
Plotter()                                                         #17
```

Erläuterung:

#1: Mit diesem Befehl wird die Backend-Software ausgewählt, mit der die Grafik berechnet wird. Diese Anweisung muss unbedingt vor den Import-Anweisungen ausgeführt werden, die auf das Modul Matplotlib zugreifen.

#2: Die gesamte Funktionalität wird in der Klasse `Plotter` implementiert.

#3: Es wird ein Objekt der Klasse `Figure` erzeugt. Es hat die Größe 5x4 Zoll (inch) und wird in einer Auflösung von 100 Pixeln pro Zoll dargestellt.

#4: In das Figur-Objekt wird ein Koordinatensystem an die erste (und einzige) Position eingefügt (erste Position in einem Raster aus 1x1-Diagrammen). Das Koordinatensystem hat den Namen `self.a`.

#5: Für jede Koordinatenachse wird ein Wertebereich festgelegt. Die Skalierung ist also konstant. Anderenfalls würden sich die Koordinatenachsen dynamisch an die dargestellten Daten anpassen.

#6: Das Diagramm erhält Kästchen.

#7: In der zunächst leeren Liste werden später Zeitabgaben (Minuten) gespeichert.

#8: In dieser Liste werden Konzentrationsangaben (ppm) gespeichert.

#9: Das Attribut `self.start` speichert die momentane Zeit als Startzeit (Anzahl der Sekunden seit Beginn der Epoche am 1.1.1970).

#10: Das `Figure`-Objekt mit dem Koordinatensystem wird einem Canvas-artigen Objekt namens `self.canvas` zugeordnet, das wiederum dem Anwendungsfenster (Tk-Objekt `self.window`) untergeordnet wird.

#11: Das Canvas-artige Objekt `self.canvas` besitzt ein Objekt der tkinter-Klasse `Canvas`. Dieses Objekt wird zunächst ermittelt und dann mit der `pack()`-Methode in das Layout eingefügt. Die Parameter bewirken, dass sich der Canvas der Größe des Anwendungsfensters anpasst.

#12: Hier wird eine Menüleiste aus dem Angebot von Matplotlib erzeugt. Die Menüleiste hat Schaltflächen zum Ändern der Sicht auf das Koordinatensystem und zum Speichern. Das Widget wird direkt an den unteren Rand des Anwendungsfensters platziert.

#13: Die Methode ist mit der tkinter-Schaltfläche `self.button` gekoppelt. Sie wird aufgerufen, wenn diese Schaltfläche angeklickt wird, und sorgt dafür, dass ein neuer Punkt in das Diagramm gezeichnet wird.

#14: Hier wird die momentane Laufzeit des Programms in Minuten berechnet und der lokalen Variablen `t` zugewiesen.

#15: Die berechnete Minutenzahl wird als neues Item der Liste der Zeitpunkte angehängt.

#16: Der Zahlenwert, der im Eingabefeld steht (Konzentration von Kohlendioxid in ppm), wird der Liste der Konzentrationswerte als neues Item angehängt. In der nächsten Zeile wird die durch die beiden Werte-Listen definierte Kurve als blaue durchgezogene Linie (Formatierungsstring `"-b"`) in das Koordinatensystem gezeichnet.

#17: Zuvor hatten wir eine Klassendefinition. Jetzt wird ein Objekt dieser Klasse erzeugt und damit die Anwendung gestartet.

31.1.2 Erweiterung: Den letzten Wert löschen

Wenn man sich vertippt hat, möchte man gerne die letzte Eingabe löschen. In einem Diagramm ist das gar nicht so einfach, weil ja ein Stück der gezeichneten Linie entfernt werden muss. Wir werden das Basisprojekt um eine Löschfunktion erweitern (siehe Abbildung 31.2).

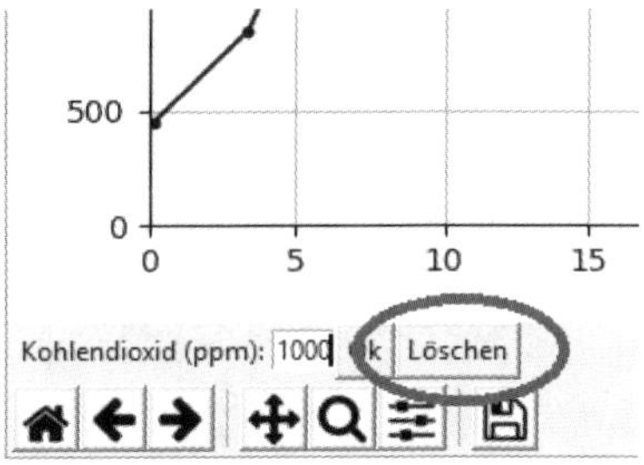

Abb. 31.2: Plotter mit Schaltfläche zum Löschen der letzten Eingabe

Das ist die allgemeine Vorgehensweise:

- Es wird eine neue Schaltfläche mit der Aufschrift LÖSCHEN eingerichtet und mit einer neuen Methode `clear()` verknüpft.
- Die neue Methode löscht jeweils das letzte Element der beiden Datenlisten, entfernt die alte Kurve und zeichnet eine neue Kurve mithilfe der (nun kürzeren) Datenlisten.

Nun gibt es noch etwas zu beachten. Das Basisprogramm hat niemals eine Kurve gelöscht, sondern nach jeder Dateneingabe über die alte Kurve eine neue – erweiterte – Kurve gezeichnet. Wenn wir jetzt aber Eingaben löschen wollen, müssen wir dafür sorgen, dass die bisherige Kurve entfernt wird, bevor eine neue gezeichnet wird. Einzelheiten werden im folgenden Skript erklärt. Die fett gedruckten Passagen müssen in das Basisskript eingefügt werden.

Skript:

```
#tk_plot_co2_clear.pyw
...

class Plotter:
    def __init__(self):
        ...
        self.start = time()
        self.line = None                                      #1
        # Widgets
        ...
        self.button = Button(master=self.window,
                             text='Ok',
                             command=self.new_value)
        self.button.pack(side=LEFT)
```

```
        self.clear = Button(master=self.window,
                            text='Löschen',
                            command=self.clear)             #2
        self.clear.pack(side=LEFT)
        self.window.mainloop()

    def new_value(self):
        c = float(self.entry_c.get())
        t = (time()-self.start)/60
        self.t_vector.append(t)
        self.c_vector.append(c)
        if self.line:                                        #3
            self.line.remove()
            self.line = self.a.plot(
              elf.t_vector,self.c_vector,"-b.")[0]           #4
        self.canvas.draw()

    def clear(self):                                         #5
        if self.t_vector:                                    #6
            self.t_vector.pop()
            self.c_vector.pop()
            self.line.remove()
            self.line = self.a.plot(self.t_vector,self.c_vector, "-b.")[0]
            self.canvas.draw()

Plotter()
```

Erläuterung:

#1: Es wird ein neues Attribut eingeführt, ein Name für die Kurve (Linie) des Diagramms. Da es zu Beginn noch keine Kurve gibt, ist das Attribut zunächst leer.

#2: Hier wird eine neue Schaltfläche eingeführt und mit der (später definierten) neuen Methode `clear()` verknüpft.

#3: Wenn es eine Kurve gibt, wird diese nun gelöscht. Zu Beginn des Programmlaufs ist das Diagramm noch leer. Dann kann auch nichts gelöscht werden.

#4: Mit den (neuen) Daten wird eine neue Kurve gezeichnet. Die Methode `plot()` liefert eine Liste aller von diesem Aufruf erzeugten Kurven. Das können im Prinzip auch mehrere sein. In diesem Fall wird jedoch nur eine einzige Kurve gezeichnet und die zurückgegebene Liste enthält nur ein Element. Mit dem Selektor `[0]` wird dieses eine Kurvenobjekt ausgewählt und dem Attribut `self.line` zugewiesen.

#5: Die Methode `clear()` ist mit der Schaltfläche LÖSCHEN verbunden und löscht die letzte Eingabe, wenn diese Schaltfläche angeklickt worden ist.

#6: Sofern die Datenlisten (noch) nicht leer sind, wird bei jeder der beiden Listen das letzte Element entfernt. Dann wird die aktuelle Kurve aus dem Diagramm entfernt und eine neue

Kurve gezeichnet. Dieses neue Kurvenobjekt wird wieder dem Attribut `self.line` zugewiesen, sodass man später wieder Zugriff auf die Kurve hat und sie bei Bedarf löschen kann.

31.1.3 Das Aussehen eines Diagramms gestalten

Das Aussehen des Diagramms wird im Wesentlichen durch zwei Objekte bestimmt:

- Ein Objekt der Klasse `Figure` definiert eine komplette Abbildung (engl. *figure* = Abbildung), auf der ein oder mehrere Koordinatensysteme mit Diagrammen dargestellt werden. Man kann für diese Abbildung z.B. eine Hintergrundfarbe und einen Titel festlegen. Tabelle 31.1 zeigt eine kleine Auswahl von Methoden.
- Ein Objekt der Klasse `axes._subplots.AxesSubplot` repräsentiert ein Koordinatensystem innerhalb der Abbildung. Mit den Methoden dieses Objekts können Rasterlinien erzeugt und die Länge, Skalierung und Beschriftung der Achsen definiert werden. Mit der Methode `plot()` werden Messkurven oder Graphen mathematischer Funktionen eingezeichnet. Dabei kann das Aussehen der Linien (Farbe, Stil) bestimmt werden. Tabelle 31.2 gibt einen Überblick über einige häufig verwendete Methoden.

Methode	Erklärung
`add_subplot(`*ijk*`)`	Der Figur wird ein Koordinatensystem (Achsenkreuz) hinzugefügt. Das Argument ist eine Zahl aus drei Ziffern, die die Position des neuen Koordinatensystems angeben. Haben die Ziffern die Werte i, j und k, dann ist das neue Koordinatensystem an i-ter Stelle in einem Raster aus j Zeilen und k Spalten. Zurückgegeben wird ein Objekt, das das Koórdinatensystem repräsentiert (Typ: `matplotlib.axes._subplots.AxesSubplot`).
`set_edgecolor(`*color*`)`	Das Argument *color* ist z.B. ein String der Form `"#rrggbb"`, der die rgb-Werte einer Farbe durch drei Hexadezimalzahlen beschreibt. Der Rand der Figur wird in dieser Farbe gezeichnet.
`set_facecolor(`*color*`)`	Die Hintergrundfläche der Figur wird mit der Farbe `"#rrggbb"` gefüllt (siehe `set_edgeclolor()`).
`suptitle(`*t*`)`	Über dem Diagramm wird der Text *t* zentriert eingefügt.

Tabelle 31.1: Einige Methoden von Objekten der Klasse `Figure` (vereinfacht)

Methode	Erklärung
`axhline(`*y*`,`*xmin*`, `*xmax*` ...)`	Eine waagerechte Linie wird gezeichnet. Das Argument y beschreibt die Höhe im Koordinatensystem. Die Argumente *xmin* und *xmax* beschreiben Beginn und Ende der Linie. Weitere optionale Schlüsselwortargumente (Auswahl): `color=`*c*: Farbe der Linie, *c* ist z.B. ein String im Format *"#rrggbb"*: (voreingestellt ist Schwarz). `linestyle=`*s*: Linienstil, Werte für *s* sind z.B. `"solid"`, `"dashed"` oder `"dotted"` (durchgezogen, gestrichelt oder gepunktet).

Tabelle 31.2: Einige Methoden von Objekten der Klasse `AxesSubplot` im Modul `matplotlib.axes._subplots`

Methode	Erklärung
`axvline(y,xmin, xmax)`	Eine senkrechte Linie wird gezeichnet (siehe `axhline()`).
`grid(b=bool...)`	In das Diagramm werden Rasterlinien gezeichnet. Damit das Raster zu sehen ist, wird das Schlüsselwortargument `b=True` gesetzt. Weitere (optionale) Schlüsselwortargumente: `which=w`: Damit wird festgelegt, ob nur höherrangige Achseneinteilungen (`which="major"`), niederrangige Achseneinteilungen (`which="minor"`) oder beide Rangstufen möglich sind. `axis=a`: Durch den Wert von *a* (`"x"`, `"y"` oder `"both"`) wird festgelegt, welche Achseneinteilungen im Raster berücksichtigt werden. Weitere Optionen sind `color`, `linestyle` und `linewidth` (siehe `axhline()`).
`plot(x, y, fmt ...)`	In das Koordinatensystem werden ein oder mehrere Kurven (Graphen) eingezeichnet. Jede Kurve ist durch zwei oder drei Parameter bestimmt: Zwei gleich lange Folgen von Zahlen, *x* und *y*. Der i-te Punkt des Diagramms hat die Koordinaten x[i], y[i]. Optional ein Formatierungsstring *fmt*, der maximal drei Zeichen enthalten kann: Je ein Zeichen für den Stil der Marker (z.B. `"."`, `"o"`, `"+"` oder `"^"`) und der Linie (z.B. `"-"`, `":"`) und ein Buchstabe für die Farbe (z.B. `"b"` für Blau und `"r"` für Rot). Zurückgegeben wird eine Liste aller Kurven.
`set_xlabel(xlabel)`	Beschriftung der x-Achse mit dem Text *xlabel*
`set_xlim(min, max)`	Wertebereich der x-Achse (von *min* bis *max*)
`set_xticks( ticks [,minor=b])`	Einteilung der x-Achse. Das Argument *ticks* ist eine Sequenz von Zahlen, die z.B. mit `range()` erzeugt werden kann. Mit `minor=True` kann festgelegt werden, dass es sich um eine untergeordnete Einteilung handelt, die z.B. durch dünnere Rasterlinien dargestellt wird.
`set_ylabel(ylabel)`	Beschriftung der y-Achse
`set_ylim(min, max)`	Wertebereich der y-Achse (von *min* bis *max*)
`set_yticks( ticks [,minor=b])`	Einteilung der y-Achse (siehe `set_xticks()`)

Tabelle 31.2: Einige Methoden von Objekten der Klasse `AxesSubplot` im Modul `matplotlib.axes._subplots` (Forts.)

Das Raster eines Diagramms besteht aus senkrechten und waagerechten Linien, deren Abstände durch die Skalierung der Achsen festgelegt sind. Eine Achsenskalierung kann als höherrangig (`major`) und niederrangig (`minor`) definiert sein. Für die beiden Rangstufen kann man unterschiedliche Rasterlinien definieren, z.B. dicke blaue Linien für die höherrangige Skala und dünne rote für die niederrangigen. Das folgende Skript (Auszug aus dem Programm `tk_grid_demo.py`) und die zugehörige Abbildung 31.3 geben ein Beispiel.

Skript:

```
...
f = Figure(figsize=(5, 5), dpi=100)
f.suptitle("Mein Diagramm")                                        #1
f.set_facecolor("#b0b0f0")                                         #2
a = f.add_subplot(111)                                             #3
a.set_ylim(0, 40)
a.set_xlim(0, 40)
a.set_xticks(range(41), minor=True)                                #4
a.set_xticks([0, 10, 20, 30, 40], minor=False)                     #5
a.set_yticks(range(41), minor=True)
a.set_yticks([0, 10, 20, 30, 40], minor=False)
a.set_xlabel("x-Werte")                                            #6
a.set_ylabel("y-Werte")
a.grid(b=True, which="minor", color= "r", linewidth=0.1)
a.grid(b=True, which="major", color= "b", linewidth=1)             #7
...
```

Erläuterung:

#1: Titel der Abbildung

#2: Die Hintergrundfarbe der Abbildung ist Hellblau.

#3: Ein Koordinatensystem namens a wird eingefügt.

#4: Die x-Achse wird mit einer niederrangigen Skala von 0 bis 40 versehen.

#5: Die x-Achse wird mit einer höherrangigen Skala mit Zahlen in Zehnerabständen versehen.

#6: Die x-Achse wird beschriftet.

#7: Entsprechend den höherrangigen Skalen (`which="major"`) beider Achsen (voreingestellt ist `axis="both"`) werden Rasterlinien in der Farbe Blau und mit der Dicke 1 gezeichnet.

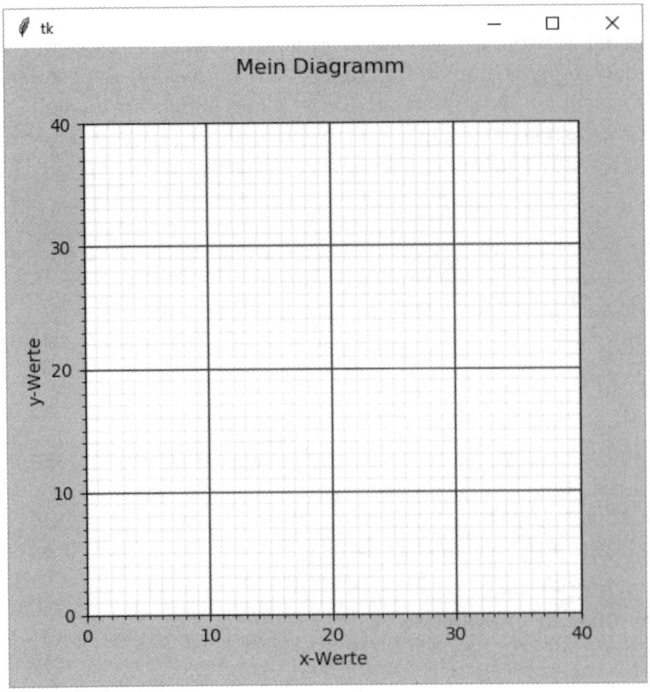

Abb. 31.3: Raster mit zwei Linienarten

31.2 Messwerte aus einem Multimeter lesen und darstellen

Sie entwickeln ein Programm, das aus einem handelsüblichen digitalen Multimeter (DMM), das über ein USB-Kabel an Ihren Computer angeschlossen ist, Messwerte empfängt und darstellt. An das Multimeter kann man Sensoren anschließen und dann aus elektrischen Messwerten (z.B. Spannung oder Widerstand) andere physikalische Daten (z.B. Temperatur, pH-Wert oder Helligkeit) ermitteln.

Der Computer empfängt vom Messgerät Daten in Form von Bytestrings. Diese müssen Byte für Byte und Bit für Bit interpretiert und in lesbaren Text überführt werden.

In diesem Projekt verwenden wir das Gerät HP-90EPC der Firma HoldPeak, das man für unter 40 Euro im Fachhandel beziehen kann. Die Modelle VC820 und VC840 von Conrad benutzen das gleiche Datenprotokoll. Mit ihnen funktionieren die hier vorgestellten Programme auch. Darüber hinaus gibt es weitere Geräte, die grundsätzlich nach dem gleichen Prinzip arbeiten.

31.2.1 Vorbereitung

Installieren Sie (in einem Konsolenfenster) das Modul `PySerial` von Chris Liechti. Es ermöglicht den Zugriff auf eine serielle Schnittstelle Ihres Computers (COM-Port).

```
pip3 install pyserial
```

Schließen Sie das Messgerät an und prüfen Sie, ob ein Treiber USB-to-Serial installiert ist. Unter Windows öffnen Sie dazu den Geräte-Manager (EINSTELLUNGEN|SYSTEMSTEUERUNG).

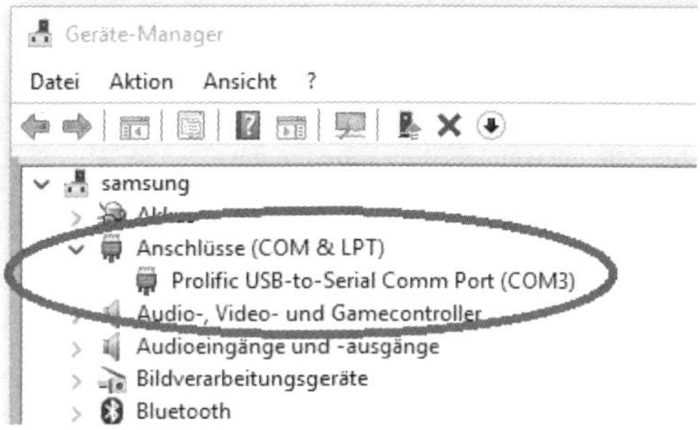

Abb. 31.4: Im Geräte-Manager wird der Treiber für die Verbindung zum Messgerät angezeigt (Windows).

Falls kein Treiber vorhanden ist, wird unter Windows ein Treiber automatisch installiert, sobald Sie das Messgerät über USB anschließen. Sie erkennen die Nummer des COM-Ports (hier COM3). Sie brauchen diese Nummer in Ihrem Python-Programm. Sie können sich auch Einzelheiten der Verbindung ansehen. Unter Windows doppelklicken Sie auf den Eintrag im Geräte-Manager. Es öffnet sich dann eine Dialogbox mit mehreren Karteikarten. Auf der Karteikarte ANSCHLUSSEINSTELLUNGEN können Sie einige Eigenschaften der seriellen Datenübertragung vom Messgerät ablesen. Was mit diesen Angaben gemeint ist, wird im nächsten Abschnitt erklärt.

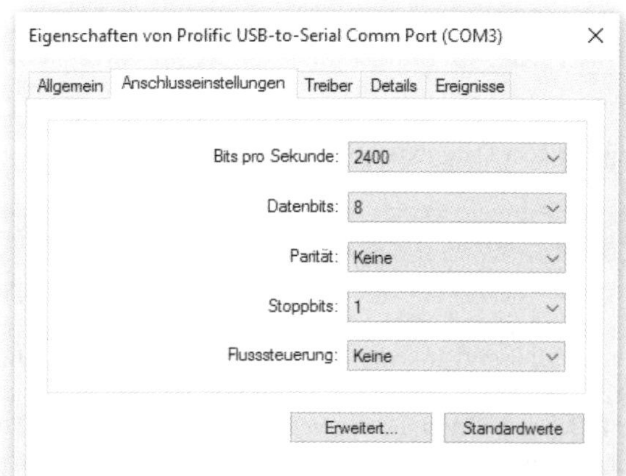

Abb. 31.5: Eigenschaften der Verbindung zum Messgerät

31.2.2 Werte auslesen

Die ersten Experimente können Sie in der Python-Shell machen. Importieren Sie das Modul `serial` und öffnen Sie eine serielle Verbindung. Bei einer seriellen Verbindung werden Bits hintereinander (in Serie) übertragen. Ein Bit (von engl. *binary digit* = Binärziffer) kann zwei Werte besitzen, die durch unterschiedliche Spannungspegel dargestellt werden: 0 (niedriger Spannungspegel) und 1 (hoher Spannungspegel). Die Datenübertragung vom Messgerät zum Computer erfolgt asynchron. Das heißt, es gibt kein Taktsignal, das Sender und Empfänger jeweils mitteilt, wann das nächste Bit gesendet wird.

```
>>> import serial
>>> ser = serial.Serial('COM3', 2400, 8, 'N', 1, timeout=1)
```

Was bedeuten die Parameter?

- Wir verwenden den Port COM3.
- Die Übertragungsgeschwindigkeit ist 2400 Baud, das sind 2400 Zustandsänderungen pro Sekunde. Bei einer binären Datenübertragung ist die Baudrate gleich der Bitrate. In diesem Fall werden also 2400 Bits pro Sekunde übertragen.
- Die Daten werden in Blöcken (Frames) mit 8 Datenbits übertragen. Ein Frame besteht aus einem Startbit, gefolgt von den Datenbits und einem oder zwei Stoppbits am Ende (siehe Abbildung 31.6). Start- und Stoppbits dienen der Synchronisation.
- Das letzte Datenbit kann ein Paritätsbit sein. Es dient dazu, Übertragungsfehler zu erkennen. Der Parameter `'N'` (No) bedeutet, dass *kein* Paritätsbit verwendet wird. Alle acht Datenbits enthalten also »Nutzdaten«.
- Nach den Datenbits folgt ein Stoppbit – und nicht etwa zwei, was auch möglich wäre.
- Der Timeout ist eine Sekunde.

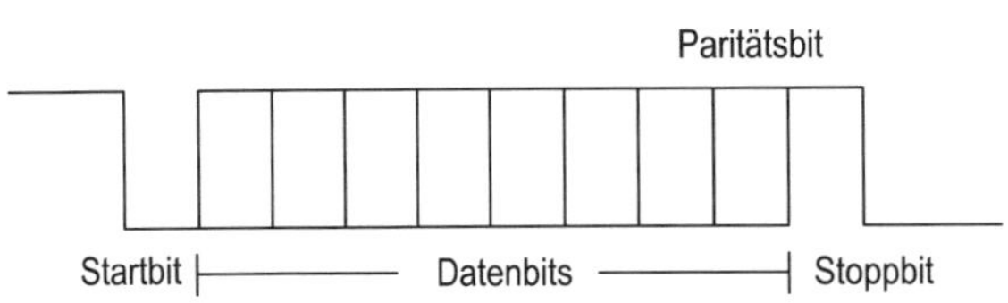

Abb. 31.6: Asynchrone Datenübertragung mit acht Datenbits und einem Stoppbit

> **Tipp**
>
> Wenn es an dieser Stelle eine Fehlermeldung gibt, kann es sein, dass nicht der richtige Treiber installiert ist. Dann öffnen Sie wieder den Geräte-Manager, suchen den installierten Treiber und deinstallieren ihn. Anschließend installieren Sie den Treiber neu. Bei Windows klicken Sie mit der rechten Maustaste auf den Eintrag im Geräte-Manager und klicken den Befehl DEINSTALLIEREN an. Dann trennen Sie die Verbindung zum Messgerät und schließen es wieder neu an. Der Treiber wird dann neu installiert. Wenn Sie unter Windows 10 die Fehlermeldung »Das Gerät kann nicht gestartet werden« (Code 10) erhalten, müssen Sie eventuell einen älteren Treiber von der Website des Herstellers laden. Hinweise dazu finden Sie im Internet.

Sie haben ein Objekt mit dem Namen `ser` (als Instanz der Klasse `Serial`) erzeugt, das die Verbindung zum Messgerät bewerkstelligt. Sie können sich eine Kurzbeschreibung der Eigenschaften anzeigen lassen, indem Sie einfach den Namen des Objektes eingeben:

```
>>> ser
Serial<id=0x3915570, open=True>(port='COM3', baudrate=2400, bytesize=8,
parity='N', stopbits=1, timeout=1, xonxoff=False, rtscts=False,
dsrdtr=False)
```

Das Messgerät sendet ständig Daten an den Computer. Die Kommunikation läuft also nur in einer Richtung. Mit der Methode `read()` können Sie die Daten abfragen. Als Argument geben Sie die Anzahl der Bytes an, die gelesen werden sollen.

```
>>> ser.read(30)
b"\x17'=G]g}\x8f\x9d\xa0\xb8\xc0\xd4\xe1\x17'=G]g}\x8f\x9d\xa0\xb8\xc0\
xd4\xe1\x17'"
```

Sie erhalten einen Bytestring – zu erkennen an dem `b` vor den Anführungszeichen. Die Zeichen, die Sie zwischen den Anführungszeichen sehen, sind keine Zeichen im üblichen Sinne, sondern repräsentieren »rohe« Bytes, also Folgen von acht Bits, die jeweils eine Zahl zwischen 0 (00000000) und 255 (11111111) darstellen.

Das Messgerät überträgt immer wieder 14 Bytes, die den Inhalt des Displays wiedergeben. Da sich die Messwerte nicht so schnell ändern, sehen Sie, dass sich die Bytes im Bytestring regelmäßig wiederholen. (Achten Sie auf die fett gedruckten Zeichen.)

Um zu verstehen, was diese 14 Bytes im Einzelnen bedeuten, müssen wir auf die Ebene einzelner Bits hinabsteigen. Das folgende kleine Programm stellt jedes Byte des Bytestrings, der vom Messgerät gesendet wird, als Binärzahl dar. Die Binärzahldarstellung beginnt mit `0b`. Diese beiden Zeichen gehören nicht zur eigentlichen Zahl. Die Binärzahl im mathematischen Sinne beginnt erst dahinter und besteht aus einer Folge von Nullen und Einsen.

Skript:

```
import serial
ser = serial.Serial('COM3', 2400, 8, 'N', 1, timeout=1)
data = ser.read(14)
for i in data:
    print(format(i, '#010b'))                                     #1
```

Erläuterung:

#1: Die Funktion `format()` liefert zu der Zahl `i` im ersten Argument eine Zeichenkette. Das zweite Argument gibt das Format an.

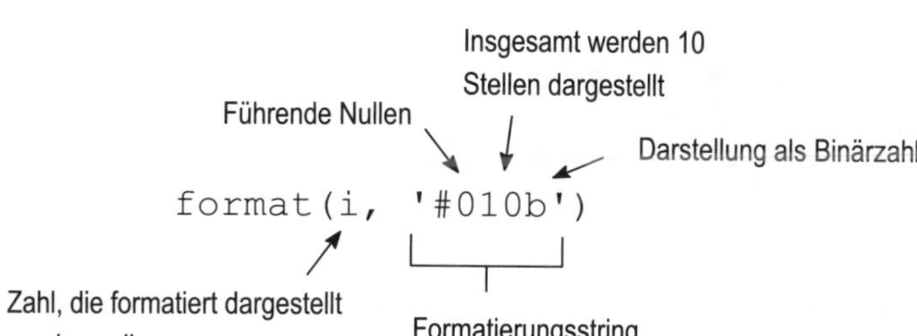

Bildschirmausgabe (Beispiel):

```
0b00010011
0b00100000
0b00110101
0b01000111
0b01011101
0b01100111
0b01111111
0b10001001
0b10010101
0b10100000
0b10110000
0b11000100
0b11010000
0b11100001
```

Jedes Byte besteht aus zwei Teilen. Die ersten vier Bits jedes Bytes stellen fortlaufende Nummern dar: 0001, 0010 usw. bis 1110. Das sind die Zahlen von 1 bis 14. Jedes Byte hat also eine Nummer.

Die letzten vier Bits sind die eigentliche Nutzinformation. Sie geben an, welche Elemente des LCD-Displays schwarz sind (1) und welche nicht (0).

31.2.3 Welche Ziffern zeigt das Display des Multimeters?

In diesem Abschnitt entwickeln wir ein Programm, das aus den 14 Bytes, die das Multimeter über das USB-Kabel liefert, die vier Ziffern herausliest und als Zahlen auf dem Bildschirm ausgibt.

Abbildung 31.7 zeigt rechts die wichtigsten Elemente auf dem LCD-Display eines digitalen Multimeters. Bei einer konkreten Anzeige, sagen wir 108.3 Ω, sind nur einige davon eingeschaltet und erscheinen schwarz. Die anderen sind unsichtbar. Am wichtigsten für unsere Zwecke sind die Ziffern. Eine Ziffernanzeige ist aus sieben Segmenten aufgebaut, die man so durchnummeriert wie in Abbildung 31.7 links. Auf dem Display sind vier Ziffern, die mit A, B, C und D bezeichnet werden. A1 ist das erste Segment der ersten Ziffer, A2 das zweite Segment der ersten Ziffer usw.

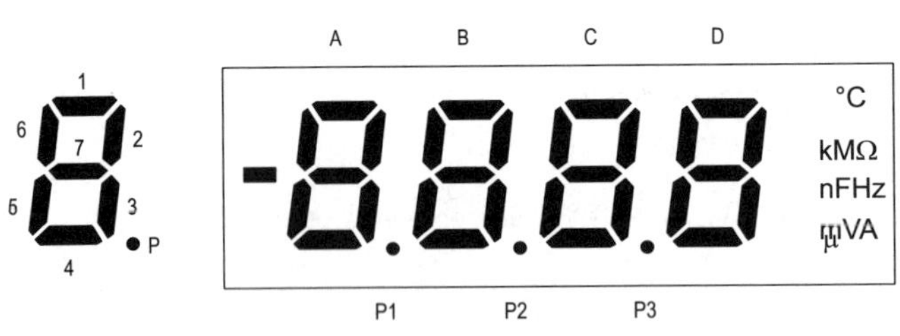

Abb. 31.7: Display des Messgerätes (vereinfacht) und Nummerierung der Ziffernsegmente

Tabelle 31.3 ordnet die Elemente des LCD-Displays den Bits der 14 Datenbytes zu. Jede Zeile der Tabelle ist ein Byte.

Byte/Bit	0	1	2	3	4	5	6	7
0	0	0	0	1				
1	0	0	1	0	minus	A5	A6	A1
2	0	0	1	1	A4	A3	A7	A2
3	0	1	0	0	P1	B5	B6	B1
4	0	1	0	1	B4	B3	B7	B2
5	0	1	1	0	P2	C5	C6	C1
6	0	1	1	1	C4	C3	C7	C2
7	1	0	0	0	P3	D5	D6	D1
8	1	0	0	1	D4	D3	D7	D2
9	1	0	1	0	µ	n	k	
10	1	0	1	1	m		M	
11	1	1	0	0	F	Ω		
12	1	1	0	1	A	V	Hz	
13	1	1	1	0				°C

Tabelle 31.3: Bedeutung der übertragenen Bits des Multimeters

Tipp

Übrigens, wenn Sie die Bitmatrix in Tabelle 31.3 um 90° nach links drehen, sind die Bits für die Segmente der Ziffern ungefähr so wie auf dem Display angeordnet.

Skript:

```
#dmm.py
import serial
DIGIT = {'1111110':'0',
         '0110000':'1',
         '1101101':'2',
         '1111001':'3',
         '0110011':'4',
         '1011011':'5',
         '1011111':'6',
         '1110000':'7',
         '1111111':'8',
         '1111011':'9'}                                  #1
```

```
def get_digits():
    """Liefert die Ziffern auf dem Display als Zahl"""
    ser = serial.Serial('COM3', 2400, 8, 'N', 1, timeout=1)
    data = ser.read(28)                                          #2
    d1 = [format(i, '#010b')[2:] for i in data]                  #3
    ser.close()                                                  #4
    i = 0
    while not d1[i].startswith("0001"): i +=1                    #5
    d = d1[i:i+14]                                               #6
    A = d[1][7] + d[2][7] + d[2][5] + d[2][4] + \
        d[1][5] + d[1][6] + d[2][6]                              #7
    B = d[3][7] + d[4][7] + d[4][5] + d[4][4] + \
        d[3][5] + d[3][6] + d[4][6]
    C = d[5][7] + d[6][7] + d[6][5] + d[6][4] + \
        d[5][5] + d[5][6] + d[6][6]
    D = d[7][7] + d[8][7] + d[8][5] + d[8][4] + \
        d[7][5] + d[7][6] + d[8][6]                              #8
    return int(DIGIT[A] + DIGIT[B] + DIGIT[C] + DIGIT[D])

if __name__ == '__main__':                                       #9
    while True:
        try:
            n = get_digits()                                     #10
            print(n)
        except:
            print ("error")
```

Bildschirmausgabe (Beispiel):

```
1096
1097
1097
...
```

Erläuterung:

#1: Dieses Dictionary ordnet Bitstrings aus Nullen und Einsen Dezimalziffern zu. Die Bitstrings geben an, welche Segmente der 7-Segment-Anzeige schwarz sind (1) und welche unsichtbar sind (0). Die Abbildung zeigt einige Beispiele. Am einfachsten zu verstehen ist die Ziffer 8, bei der alle Segmente schwarz sind. Bei der Ziffer 0 ist nur das siebte Segment unsichtbar (0). Alle anderen sind schwarz (1).

#2: Hier werden (zur Sicherheit) 28 Bytes vom digitalen Multimeter empfangen und als Bytestring namens `data` gespeichert. Von diesen 28 Bytes werden nur 14 Bytes benötigt. Aber wir wollen diese 14 Bytes als Folge, die mit dem Byte Nummer 1 beginnt. Dieses Byte kann aber irgendwo in der Mitte stehen. Deswegen lesen wir sicherheitshalber die doppelte Anzahl von Bytes und suchen später die 14 Datenbytes in der richtigen Reihenfolge heraus.

#3: Aus den empfangenen Bytes (Bytestring) wird eine *Liste* aus Bitfolgen gebildet. Aus jedem Byte des Bytestrings `data` wird ein String mit acht Bits geformt. Das geht so:

Nehmen wir z.B. an, das Byte `i` ist die Zahl 35. Das entspricht der Binärzahl `0b100011`. Dann wird mit `format(i, '#010b')` daraus der String `0b00100011`. (Hier wurden führende Nullen eingefügt.) Mit dem Slice-Operator `[2:]` entsteht der String `00100011`. Das ist eine Folge aus acht Bits. Die beiden ersten Zeichen `0b` wurden also entfernt.

#4: Verbindung zum Messgerät schließen.

#5: Gesucht wird der Index `i` des ersten Datenbytes, das mit `0001` beginnt.

#6: Aus der Liste der 28 vom Messgerät empfangenen Bytes wird eine Liste von 14 Bytes herauskopiert. Das sind die 14 Bytes mit den Nummern 1, 2, ..., 14. Genau in dieser Reihenfolge stehen die Datenbytes als Zeilen in Tabelle 31.3.

#7: Hier werden 8-Bit-Folgen für die vier 7-Segment-Anzeigen A, B, C und D gebildet. In Tabelle 31.3 kann man nachlesen, welche Bits aus der Liste `d` den Segmenten der Ziffern entsprechen. Zum Beispiel gibt das Bit `d[1][7]` an, ob das Segment A1 schwarz (1) oder unsichtbar (0) ist.

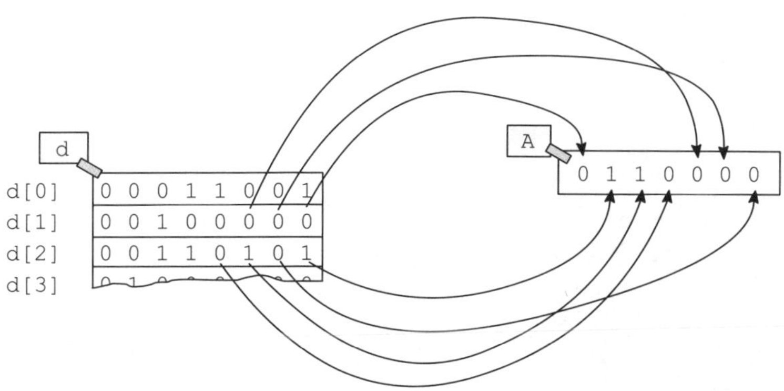

Abb. 31.8: So wird die Bitfolge A (Segmente der ersten Ziffer) gebildet.

#8: In der nächsten Zeile passiert Folgendes: Aus den Bitfolgen A, B, C, D werden mit Hilfe des Dictionarys zunächst Ziffern gebildet. Diese werden mit + hintereinander gehängt. Schließlich wird mit der Funktion `int()` daraus eine Zahl gemacht. Diese Zahl wird zurückgegeben.

#9: Wenn die Datei direkt ausgeführt wird, hat die Variable `__name__` den Wert `'__main__'`. Nur in diesem Fall werden die eingerückten Anweisungen ausgeführt. Damit ist es möglich, diese Datei als Modul zu importieren. Beim Import werden die Anweisungen ausgeführt, aber nicht die Druckanweisungen in der `if`-Klausel am Ende, denn dann hat `__name__` einen anderen Wert als `'__main__'`.

#10: In einer Endlosschleife werden die Ziffern aus dem Messgerät ausgelesen und als vierstellige ganze Zahl auf dem Bildschirm ausgegeben. Der Aufruf der Funktion `get_digits()` ist in einer `try`-Klausel. Denn manchmal bricht die Funktion mit einer Fehlermeldung ab. Das passiert zum Beispiel dann, wenn auf dem Display keine Zahl zu sehen ist, sondern `0.L` bei einer Überschreitung des Messbereichs.

Die folgenden Abschnitte beschreiben einige Beispiele, wie Sie dieses Modul verwenden können.

31.3 Anzeige der Temperatur

Moderne Thermometer benutzen elektrische Sensoren zur Temperaturmessung. Besonders verbreitete Sensoren sind so genannte Widerstandsthermometer mit Heißleitern. Ein Heißleiter ist ein Metall, das schlechter den Strom leitet, wenn es heiß wird. Je höher die Temperatur, desto höher ist der elektrische Widerstand. Sehr populär ist ein Thermosensor mit einem dünnen Platindraht, der bei 0°C einen Widerstand von genau 100 Ω hat. Diesen Typ nennt man Pt-100. Einen solchen Sensor gibt es für wenige Euro in unterschiedlichsten Ausführungen. Im Prinzip können Sie mit einem Pt-100 Temperaturen bis etwa 850°C messen.

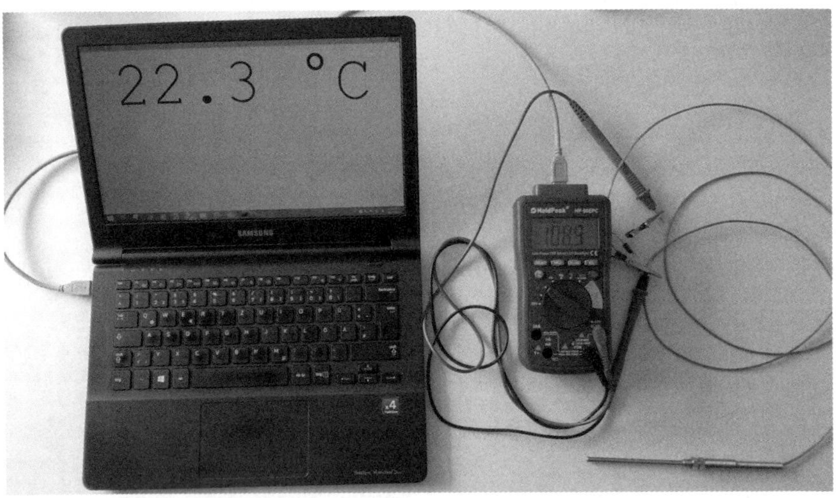

Abb. 31.9: Anzeige der aktuellen Temperatur auf dem Bildschirm

In diesem Projekt entwickeln Sie ein Programm, das in einer grafischen Oberfläche die aktuell gemessene Temperatur anzeigt. Abbildung 31.9 zeigt den Hardware-Aufbau. Das DMM ist über ein USB-Kabel an den Computer angeschlossen. Unten rechts im Bild sehen Sie einen Pt-100-Temperatursensor in einem Edelstahl-Gehäuse. An seine Kabelenden sind Krokodilklemmen geschraubt. Sie werden an die beiden Messelektroden des DMM geklemmt. Das Messgerät wird auf Widerstandmessungen (Ω) eingestellt.

Aufgabe des Programms ist, aus den vier Ziffern der DMM-Anzeige die Temperatur zu berechnen. Nun ist auf der Anzeige des Messgerätes vor der letzten Ziffer ein Punkt. Das heißt, Sie müssen die vierstellige Zahl durch 10 teilen, um den tatsächlich angezeigten Widerstand `R` zu erhalten. Daraus berechnen Sie nach folgender Gleichung die Temperatur in Grad Celsius:

Temperatur = (R -100)/0,39 °C

Skript:

```
# thermometer.pyw
from tkinter import Tk, Label
from dmm import get_digits
from _thread import start_new_thread

def show():
    global label                                           #1
    n = get_digits()                                       #2
    temp = (n/10 - 100)/0.39                               #3
    label.config(text='{:.1f}°C'.format(temp))             #4
    label.after(1000, show)                                #5

window = Tk()
label = Label(master=window, width = 8,
              font=('Courier', 150))                       #6
label.pack()
start_new_thread(show, ())                                 #7
window.mainloop()
```

Erläuterung:

#1: Das Widget `label` wird in dieser Funktion verändert, also muss es als global deklariert werden.

#2: Die Variable `n` erhält die vier Ziffern des Displays als ganze Zahl.

#3: Aus dem Rohwert `n` für den Widerstand wird die Temperatur berechnet.

#4: Hier wird der Text des Labels neu konfiguriert. Der String enthält einen Platzhalter `{:.1f}`, der dafür sorgt, dass an dieser Stelle die Temperatur (Inhalt der Variablen `temp`) als Dezimalbruch mit einer Stelle hinter dem Punkt eingefügt wird.

#5: Nach 1000 Millisekunden (also einer Sekunde) wird die Funktion `show()` wieder aufgerufen.

#6: Hier wird ein Label-Objekt mit riesiger Schriftgröße erzeugt und anschließend in das Applikationsfenster gepackt.

#7: Die Funktion `show()` wird in einem eigenen Thread aufgerufen. Denn ihre Ausführung wird wegen der Endlosrekursion nie beendet und würde sonst den Hauptprozess blockieren.

Sensoren für digitale Multimeter

Mit einem digitalen Multimeter können Sie Spannung, Stromstärke und Widerstand messen. Sie können deshalb *beliebige Sensoren*, die ein analoges elektrisches Signal liefern, mit dem DMM auslesen.

Zum Beispiel liefert ein Thermoelement eine *Spannung*, die von der Temperatur abhängt. Ein Thermoelement besteht aus zwei unterschiedlichen Metallen, die an einer Stelle zusammengelötet sind. Ein Typ-K-Thermoelement (erhältlich ab etwa fünf Euro) hat an der einen Seite eine Legierung aus Nickel und Chrom und an der anderen Seite reines Nickel. Der Vorteil dieses Sensors ist, dass er zur Messung höherer Temperaturen verwendet werden kann (etwa bis 1300 °C). Das Typ-K-Thermoelement liefert Spannungen zwischen –6,458 mV bei –270 °C und 52,410 mV bei 1300 °C mit einer Empfindlichkeit von etwa 40 µV/°C. Damit können Sie z.B. die Temperatur in einer Kerzenflamme messen.

Mit einem Fotowiderstand (LDR = Light Dependent Resistor) können Sie über den elektrischen Widerstand die Helligkeit messen.

31.4 Messreihen aufzeichnen

Automatisiertes Messen mit dem Computer ist vor allem dann sinnvoll, wenn viele Messwerte über einen längeren Zeitraum aufgenommen werden sollen. In diesem Projekt entwickeln Sie ein Programm, das in regelmäßigen Abständen die Temperatur misst, die Daten in einer CSV-Datei speichert und zusätzlich noch auf dem Bildschirm ausgibt. Die Abkürzung CSV steht für *comma separated values*. In einer CSV-Datei werden Daten gespeichert, die man mit einem Tabellenkalkulationsprogramm darstellen und verarbeiten möchte. Zwei Werte, die in benachbarten Zellen der Kalkulationstabelle stehen sollen, werden durch ein bestimmtes Symbol getrennt. In Deutschland verwendet man als Trennsymbol nicht das Komma, sondern das Semikolon, weil das Komma schon in Dezimalbrüchen verwendet wird.

Zu Beginn des Programmlaufs kann der Benutzer die Rahmenbedingungen der Messung bestimmen. Hier ein Beispieldialog.

```
Wie lange soll gemessen werden?
Sekunden: 600
In welchen Zeitabständen?
```

```
Sekunden: 30
     0 Sekunden  72.3 °C
    30 Sekunden  71.0 °C
    60 Sekunden  68.2 °C
    90 Sekunden  66.2 °C
...
```

Die Messwerte werden schön formatiert auf den Bildschirm geschrieben. Gleichzeitig werden sie auch in einer CSV-Datei gespeichert. Die kann später in eine Kalkulationstabelle importiert werden.

	A	B
1	Zeit (s)	Temperatur (°C)
2	0	72,3
3	30	71,0
4	60	68,2
5	90	66,2
6	120	64,4
7	150	62,6
8	180	61,0
9	210	59,7
10	240	58,2
11	270	56,9
12	300	55,6
13	330	54,6
14	360	53,8
15	390	52,8
16	420	51,5
17	450	50,8
18	480	49,5
19	510	49,0
20	540	48,2
21	570	47,2

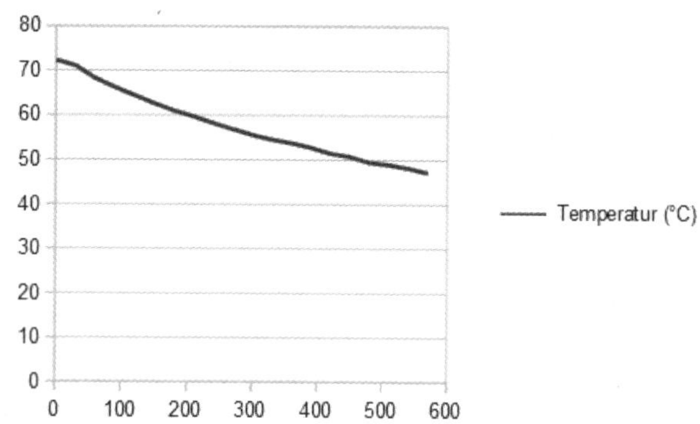

Abb. 31.10: Die importierte CSV-Datei wird als Tabelle dargestellt, die mit dem Tabellenkalkulationstool als Diagramm visualisiert werden kann.

Hinweis: Bei Open Office geht der Import der CSV-Datei so:

- Wählen Sie den Befehl DATEI|ÖFFNEN.
- Suchen Sie die CSV-Datei, wählen Sie sie aus und klicken Sie unten auf die Schaltfläche ÖFFNEN.
- Es öffnet sich eine Dialogbox zum Textimport. Stellen Sie als Sprache *Englisch* ein, damit die Punkte in Dezimalbrüchen als Komma interpretiert werden. (Wenn als Sprache *Deutsch* eingestellt wäre, würde das Programm gar nicht verstehen, dass es sich z.B. bei `23.3` um eine Zahl handelt.)
- Achten Sie darauf, dass als Trennoption *Semikolon* eingestellt ist und in der Checkbox vor *Erweiterte Zahlenerkennung* ein Haken ist.
- Klicken Sie oben rechts auf die Schaltfläche OK.

Skript:

```
# record_temp.py
from dmm import get_digits
from time import sleep
f = open('daten.csv', mode='w')                                    #1
t = 0
print('Wie lange soll gemessen werden?')
max_time = int(input('Sekunden: '))
print('In welchen Zeitabständen?')
dt = int(input('Sekunden: '))
f.write('Zeit (s); Temperatur (°C)\n')                             #2
while t < max_time:
    n = get_digits()
    temp = (n/10 - 100)/0.39
    f.write(' {};{:.1f};\n'.format(t, temp))                       #3
    print(' {:4d} Sekunden {:5.1f} °C '.format(t, temp))))        #4
    sleep(dt)
    t += dt
f.close()                                                          #5
```

Erläuterung:

#1: Eine Text-Datei mit dem Namen `daten.csv` wird zum Schreiben geöffnet. Sie ist im gleichen Verzeichnis wie das Programm. Wenn eine Datei mit diesem Namen existiert, wird ihr Inhalt komplett gelöscht. Gibt es die Datei noch nicht, wird sie neu angelegt.

#2: In die Datei wird ein Text geschrieben, der die obersten zwei Zellen der Tabelle beschreibt. Das sind die Überschriften der Tabellenspalten. Die beiden Zelleninhalte sind durch ein Semikolon (`;`) getrennt. Die Escape-Sequenz `\n` bewirkt den Zeilenumbruch.

#3: An das Ende der Datei wird eine Zeile mit Daten (Zeit und Temperatur) geschrieben. Diese Textzeile beschreibt zwei Zellen der Tabelle. Die Abbildung erklärt die Formatierung an einem Beispiel.

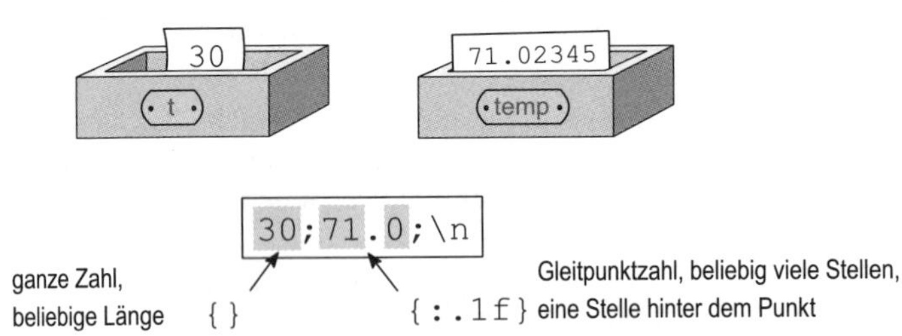

#4: Hier werden die gleichen Daten als Textzeile auf dem Bildschirm ausgegeben. Dafür wird eine ganz andere Formatierung benötigt.

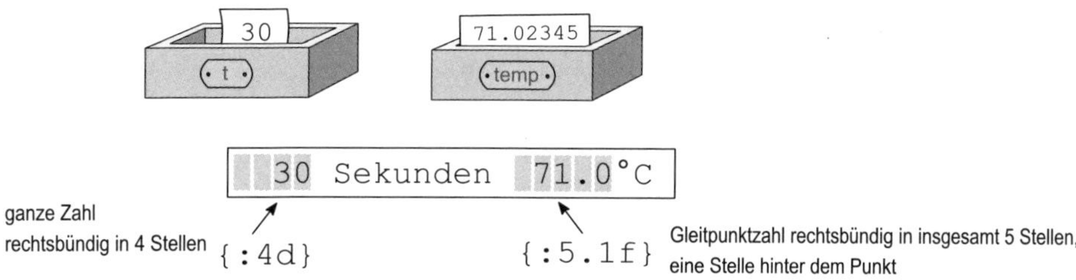

#5: Die Datei wird geschlossen. Erst jetzt werden die Daten auf dem Datenträger dauerhaft gespeichert.

31.5 Aufgabe

Entwickeln Sie auf der Basis der Funktion `get_digits()` eine Funktion `read_dmm()`, die die Zahl auf dem Display des Multimeters ermittelt und als Gleitkommazahl (float) zurückgibt. Berücksichtigen Sie folgende Dinge:

- Die Position des Punktes auf dem Display.
- Das Minus-Zeichen, das z.B. bei einer Spannungsmessung auftreten kann
- Die Präfixe für Einheiten: M (Mega = 1000000), k (Kilo = 1000, m (Milli = 0.001), µ (Mikro = 10^{-6}), n (Nano = 10^{-9})

Steht z.B. auf dem Display `-123.4 mV`, so soll die Zahl `-0.1234` geliefert werden. Bei einer Anzeige von `106.5` Ω liefert die Funktion den Wert `106.5`.

31.6 Lösung

Das folgende Skript ist ein komplettes Modul. Neben der Funktion `read_dmm()` enthält es auch zwei Hilfsfunktionen, um die Strukturierung zu verbessern.

Skript:

```
import serial
DIGIT = {'1111110':'0',
         '0110000':'1',
         '1101101':'2',
         '1111001':'3',
         '0110011':'4',
         '1011011':'5',
         '1011111':'6',
         '1110000':'7',
         '1111111':'8',
         '1111011':'9'}


def read_dmm(port='COM3', baudrate=2400, databits=8,
```

```
            stopbits=1, timeout=3):                              #1
    """ Liefert eine Gleitkommzahl, die den Zahlenwert
        angibt, der auf dem Display angezeigt wird"""
    ser = serial.Serial(port, baudrate, databits,
                        'N', stopbits, timeout)
    data = ser.read(28)
    ser.close()
    d1 = [format(i, '#010b')[2:] for i in data]
    i = 0

    while not d1[i].startswith("0001"): i +=1
    d = d1[i:i+14]
    return get_number(d)                                         #2

def get_digits(d):
    """ Liefert eine ganze Zahl (int), die die
        Ziffern des Displays repräsentiert."""
    A = d[1][7] + d[2][7] + d[2][5] + d[2][4] + \
        d[1][5] + d[1][6] + d[2][6]
    B = d[3][7] + d[4][7] + d[4][5] + d[4][4] + \
        d[3][5] + d[3][6] + d[4][6]
    C = d[5][7] + d[6][7] + d[6][5] + d[6][4] + \
        d[5][5] + d[5][6] + d[6][6]
    D = d[7][7] + d[8][7] + d[8][5] + d[8][4] + \
        d[7][5] + d[7][6] + d[8][6]
    return int(DIGIT[A] + DIGIT[B] + DIGIT[C]+ DIGIT[D])

def get_number(d):
    """ Zurückgegeben wird eine Gleitkommazahl(float),
      die den dargestellten Zahlenwert repräsentiert."""
    n = get_digits(d)                                            #3
    # Position des Punktes                                       #4
    if d[7][4] == "1": n/=10
    elif d[5][4] == "1": n/=100
    elif d[3][4] == "1": n/= 1000
    # Präfix
    if d[9][4] == "1": n /= 10**6             #Mikro
    elif d[9][5] == "1": n /= 10**9           #Nano
    elif d[9][6] == "1": n *= 1000            #Kilo
    elif d[10][4] == "1": n /= 1000           #Milli
    elif d[10][6] == "1": n *= 10**6          #Mega
    # Minuszeichen
```

```
    if d[1][4] == "1": n *= -1
    return n
```

Erläuterung:

#1: Die Parameterliste der Funktion enthält einige voreingestellte Werte. Dabei ist die Nummer des COM-Ports völlig willkürlich gesetzt. Aber so kann die Funktion auch ohne Argument aufgerufen werden.

#2: Zurückgegeben wird eine Gleitkommazahl, die von der Funktion `get_number()` berechnet wird.

#3: Zunächst wird aus den Ziffern auf dem Display eine ganze Zahl gewonnen. Die wird dann im Folgenden nachbearbeitet.

#4: Die Position des Punktes wird ermittelt. Der Tabelle kann man entnehmen, welche Bits der 14 Datenbytes vom Messgerät die Punkte nach den ersten drei Ziffern darstellen. Da es nur einen Punkt gibt, kann nur eines dieser drei Bits gesetzt sein. Sobald der Punkt gefunden ist, wird die Zahl `n` durch 10, 100 oder 1000 dividiert.

In ähnlicher Weise werden die Präfixe der Einheiten (µ, n, k, m, M) und das Minuszeichen berücksichtigt.

## Kapitel 32

Parallele Datenverarbeitung

In den Computern dieser Welt befinden sich gigantische Datenmengen aus den unterschiedlichsten Lebensbereichen, die über das Internet frei verfügbar sind und von jedermann ausgewertet werden können. Die NASA bietet jede Menge Bildmaterial von Weltraumprojekten an, darunter einen kompletten Infrarot-Atlas unserer Galaxis (45 TB). Twitter ermöglicht es Ihnen, den Stream von Tweets – die so genannte Firehose – »abzuhören« und Kommunikationsdaten zu sammeln. Von Wikipedia bekommen Sie Traffic-Statistiken für drei Monate (150 GB).

Große Datenmengen (Big Data) zu verarbeiten, ist ein zeitaufwändiger Job. Manche Leute sagen, Big Data fängt da an, wo man sich ernsthaft Gedanken über die Effizienz der Auswertungsprogramme machen muss. Ein Ansatz, das Tempo zu steigern, ist die parallele Programmierung, bei der zeitaufwändige Aufgaben von mehreren Prozessen gleichzeitig bearbeitet werden. Heute haben auch einfache PCs mehrkernige Prozessoren, die man für diese Technik nutzen kann. In diesem Kapitel erfahren Sie etwas über die Grundlagen der parallelen Programmierung mit dem Python-Modul `multiprocessing`. Wie startet und beendet man parallele Prozesse? Wie kann man den Zugriff mehrerer Prozesse auf gemeinsame Ressourcen mit Locks koordinieren? Wie werden zwischen Prozessen Daten über Queues und Pipes ausgetauscht? Wie lässt man einen großen Datensatz von einem Pool von Arbeitsprozessen effizient bearbeiten?

32.1 Was sind parallele Programme?

Die Anweisungen eines Python-Programms werden meist nacheinander (seriell, sequenziell) ausgeführt. Das ist der Regelfall. Es ist aber möglich, Abschnitte eines Programms so zu definieren, dass sie gleichzeitig ausgeführt werden. Man spricht dann von nebenläufigen oder parallelen Prozessen. Ein Prozess – im allgemeinen Sinn – ist ein Programm in Ausführung. Ein Programm ist nichts weiter als ein statisches Textdokument, das eine Folge von Anweisungen enthält. Ein Prozess dagegen »lebt«. Er wird gestartet, ändert im Laufe seines Lebens immer wieder seinen Zustand und wird irgendwann schließlich beendet. Wenn ein Python-Skript gestartet wird, entsteht ein Prozess. Insbesondere bei interaktiven grafischen Benutzungsoberflächen hat man – innerhalb des Hauptprozesses – mehrere nebeneinander laufende Unterprozesse, die man Threads nennt (siehe Kapitel 20). Denn im Mensch-Maschine-Dialog passieren in der Regel mehrere Abläufe gleichzeitig: Auf einem Canvas wird z.B. eine Animation gezeigt und gleichzeitig reagiert das System auch auf das Anklicken von Schaltflächen und Drücken von Tasten. Solche »asynchronen Events« lösen die Ausführung von Funktionen (Eventhandlern) aus. Wenn die Eventhandler-Funktionen nicht nebeneinander in eigenen Threads laufen würden, wäre das System nach einem Event so lange blockiert, bis der zugehörige Eventhandler seine Arbeit beendet hat.

Neben der Realisierung von Nebenläufigkeit bei grafischen Benutzungsoberflächen gibt es noch einen ganz anderen Grund für Parallelität. Und das ist der Wunsch nach mehr Effizienz. Auch einfache Computer (z.B. auch der Raspberry Pi) haben heute mehrkernige Prozessoren, die parallel Daten verarbeiten können. Wenn mehrere Prozessoren gleichzeitig an einem Problem arbeiten, ist die Aufgabe schneller gelöst, als wenn ein einzelner die ganze Arbeit tun muss. Um diese Art paralleler Datenverarbeitung geht es in diesem Kapitel. Wenn man mit parallelen Prozessen die Verarbeitungsgeschwindigkeit verbessern will, nutzen die Threads aus dem Modul `_threads` gar nichts. Die Threads eines Prozesses teilen sich einen gemeinsamen Speicherbereich und werden nur *scheinbar* gleichzeitig ausgeführt. Tatsächlich sorgt ein Mechanismus namens *Global Interpreter Lock* (GIL) dafür, dass zu jedem Zeitpunkt immer nur ein Thread ausgeführt wird. Multithreading führt niemals zu einer schnelleren, sondern im Gegenteil sogar zu einer langsameren Ausführung eines Python-Programms, da ja die Verwaltung der Threads zusätzliche Zeit kostet.

Mit dem Modul `multiprocessing` können Sie »vollwertige« unabhängige Prozesse erzeugen, die auf separaten Prozessoren eines Computers, ja sogar auf unterschiedlichen Maschinen in einem Netzwerk laufen können.

Falls Sie nicht wissen, wie viele Prozessoren auf Ihrem Rechner verfügbar sind, können Sie es in der Python-Shell erfragen:

```
>>> import os
>>> os.cpu_count()
4
```

In den folgenden Abschnitten lernen Sie Techniken kennen, schnelle parallele Programme zur Verarbeitung großer Datenmengen zu entwickeln.

32.2 Prozesse starten und abbrechen

Immer, wenn ein Python-Skript gestartet wird, entsteht ein Prozess, der vom Betriebssystem eine Prozess-Identifikationsnummer (PID) bekommt. Mithilfe dieser Nummer kann der Prozess von außen gestoppt werden (bevor er von alleine terminiert).

Das folgende Python-Skript gibt die Prozess-ID aus und wartet dann eine Minute.

```
import os, time
print(os.getpid())
time.sleep(60)
```

Speichern Sie das Programm z.B. unter dem Namen `process_id.py`. Starten Sie das Programm in einem Konsolenfenster (bei Windows EINGABEAUFFORDERUNG), bei macOS TERMINAL).

```
> python process_id.py
7460
```

Die Ausgabe in der Folgezeile ist die PID, eine natürliche Zahl wie z.B. `7460`. Mithilfe der PID können Sie in einem zweiten Konsolenfenster den Prozess abbrechen. Unter Unix (und macOS):

```
$ sudo kill 7460
```

Unter Windows:

```
> taskkill /pid 7460 /f
ERFOLGREICH: Der Prozess mit PID 7460 wurde beendet.
```

32.3 Funktionen in eigenen Prozessen starten

Das Modul `multiprocessing` enthält Klassen zur Entwicklung effizienter paralleler Applikationen. Ein Prozess mit eigener PID des Betriebssystems wird durch ein Objekt der Klasse `Process` repräsentiert. Um eine Funktion in einem eigenen Prozess laufen zu lassen, müssen Sie drei Dinge tun:

- Eine Funktion definieren.
- Ein Objekt der Klasse `Process` erzeugen, das den Prozess repräsentiert, in dem die Funktion ausgeführt wird.
- Den Prozess starten.

Das folgende Skript ist ein einfaches Beispiel. Hier wird eine Funktion definiert, die nichts weiter tut, als die PID und den Namen des Prozesses auszugeben. Dann werden zwei Prozesse erzeugt und gestartet, in denen diese Funktion ausgeführt wird.

Skript:

```
#process_1.py
from multiprocessing import Process
import os
def hello():
    print("Prozess-ID: {}, Name: {}".format(
                   os.getpid(), __name__))                    #1

if __name__ == "__main__":                                    #2
   p1 = Process(target=hello)                                 #3
   p1.start()                                                 #4
   p2 = Process(target=hello)
   p2.start()
   hello()                                                    #5
```

Erläuterung:

#1: Die Platzhalter `{}` im Formatstring werden durch die PID und den Namen des Prozesses ersetzt und der resultierende Text ausgegeben.

#2: Hier wird geprüft, ob der Name des Prozesses `__main__` lautet. Die Anweisungen dahinter werden nur ausgeführt, wenn das Skript als Hauptprozess ausgeführt wird.

#3: Ein Objekt der Klasse `Process` wird instanziiert. In diesem Prozess soll die Funktion `hello()` ausgeführt werden.

#4: Der Prozess wird gestartet und damit die Funktion `hello()` in einem separaten Prozess ausgeführt.

#5: Der Hauptprozess ruft selbst die Funktion `hello()` auf.

Starten Sie das Programm nicht mit der Entwicklungsumgebung IDLE. Sonst funktionieren die `print()`-Anweisungen nicht. Öffnen Sie stattdessen ein Konsolenfenster, wechseln Sie mit `cd` in Ihren Projektordner und starten Sie das Programm mit dem Kommando

```
python process_1.py
```

Die Ausgabe sieht (bei Windows) ungefähr so aus:

```
Prozess-ID: 12708, Name: __main__
Prozess-ID: 4512, Name: __mp_main__
Prozess-ID: 13828, Name: __mp_main__
```

Sie können drei Dinge erkennen:

- Es werden parallel drei Prozesse mit unterschiedlichen PIDs ausgeführt.
- Die im Hauptprogramm als `Process`-Objekte erzeugten Prozesse tragen beide den Namen `__mp_main__`, während der Hauptprozess den Namen `__main__` hat.
- Der Hauptprozess liefert *als Erster* eine Bildschirmausgabe, obwohl er die Funktion `hello()` erst ganz am Ende aufruft. Das wirkt etwas seltsam. Aber die beiden Kindprozesse laufen parallel und sind nicht so schnell wie der Hauptprozess. Wenn der Hauptprozess erst dann weitermachen soll, wenn die beiden Kindprozesse terminiert haben, muss man `join()`-Anweisungen einfügen. Dazu gleich mehr im nächsten Abschnitt.

Hinweis: `print()`-Anweisungen in parallel ausgeführten Funktionen funktionieren nicht, wenn Sie das Skript über IDLE starten. Öffnen Sie ein Konsolenfenster, wechseln Sie mit `cd` in den Ordner mit Ihrem Programm und starten Sie es mit

```
python skript.py
```

Bei macOS ist es wichtig, dass Sie den Python-3-Interpreter aufrufen und nicht die auf macOS voreingestellte Python-2-Version:

```
python3 skript.py
```

Die Anweisungen zur Erzeugung von Kindprozessen mit `Process()` stehen in einer `if`-Klausel

```
if __name__ == "__main__":
    ...
```

Das bewirkt, dass die eingerückten Anweisungen nur dann ausgeführt werden, wenn das Skript als Hauptprozess läuft. Wenn Sie die if-Anweisung weglassen, funktioniert das Programm nicht und führt zu einer Fehlermeldung. Warum ist das so? Beim Erzeugen eines neuen Prozesses wird das Skript vom Python-Interpreter importiert. Dabei wird (wie bei jedem Import) der komplette Programmtext ausgeführt. Ohne den Schutz durch die if-Klausel würden dann auch wieder die Process()-Anweisungen laufen und neue Prozesse ins Leben rufen. Das führt zu einer Endloswiederholung.

32.4 Prozesse zusammenführen – join()

Wenn mehrere Prozesse nebeneinander laufen, kann man nie so genau sagen, wann sie fertig sind und ihre Aufgabe erledigt haben. Eine Anweisung der Form p.join() bewirkt, dass der aufrufende Elternprozess so lange wartet, bis der von ihm ins Leben gerufene Kindprozess p beendet wird (terminiert). Anstelle von zwei parallelen Prozessen hat man anschließend wieder nur einen. Daher die Bezeichnung »join« (engl.: beitreten, sich verbinden).

Skript:

```
# process_2.py
from multiprocessing import Process

def hello():
    print("Hello")

if __name__ == "__main__":
   p = Process(target=hello)
   p.start()
   p.join()
   print("Prozess beendet")
```

Ausgabe:

```
Hello
Prozess beendet
```

Prozesse mit join() zu beenden, gilt als guter Programmierstil. Denn auf Unix-artigen Betriebssystemen ist ein terminierter Prozess nicht wirklich verschwunden, sondern führt noch ein Schattendasein als »Zombie-Prozess«. Erst mit der join()-Operation wird er aus der Prozesstabelle des Betriebssystems gelöscht und ist dann endgültig verschwunden.

Als optionales Argument kann eine positive Zahl *timeout* angegeben werden. Der aufrufende Prozess wartet dann höchstens *timeout* Sekunden.

32.5 Wie können Prozesse Objekte austauschen?

32.5.1 Objekte als Argumente übergeben

Wenn Sie mit `Process()` einen neuen Prozess erzeugen, können Sie ihm direkt Objekte übergeben, die von der `target`-Funktion als Argumente übernommen und dann verarbeitet werden. Diese Objekte müssen in Form eines Tupels angegeben werden (**#1**). Beispiel:

```
from multiprocessing import Process

def square(i):
    print(i**2)

if __name__ == '__main__':
    p = Process(target=square, args=(3,))                        #1
    p.start()
    p.join()
```

Beachten Sie: Hinter die Zahl 3 (das Argument für die Funktion `square()`) muss ein Komma geschrieben werden, damit der Python-Interpreter den Klammerausdruck als Tupel erkennt.

Prozessen kann man also bei ihrer Erzeugung Daten zur Bearbeitung übergeben. Das geht genau einmal. Aber was ist mit der anderen Richtung? Wie kann eine Funktion, die in einem eigenen Prozess ausgeführt wird, ihr Rechenergebnis an den Hauptprozess zurückgeben? Die `return`-Anweisung hilft nicht weiter. In den folgenden Abschnitten werden zwei Techniken zum Datenaustausch zwischen laufenden Prozessen vorgestellt: Pipes und Queues.

32.5.2 Objekte über eine Pipe senden und empfangen

Eine Pipe (engl.: Rohr) ist für den Datenaustausch (in beide Richtungen) zwischen zwei Prozessen gedacht. Der Aufruf `Pipe()` liefert zwei zusammengehörige Verbindungsobjekte (Objekte der Klasse `PipeConnection`), die man sich als die beiden Enden eines Rohrpost-Doppelrohres vorstellen kann (Abbildung 32.1).

Die Verbindungsobjekte besitzen die Methoden `send()` und `recv()` zum Senden und Empfangen von Objekten. Im folgenden Beispiel sendet die Funktion ihr Rechenergebnis über die Pipe an den Hauptprozess, anstatt ihn mit `print()` auszugeben.

Skript:

```
# square_pipe.py
from multiprocessing import Process, Pipe

def square(i, b):
    b.send(i**2)                                                 #1
```

```
if __name__ == '__main__':
    a, b = Pipe()                                        #2
    p = Process(target=square,
                args=(3, b))                             #3
    p.start()
    result = a.recv()                                    #4
    p.join()                                             #5
    print("Ergebnis:", result)
```

Erläuterung:

#1: Die Funktion sendet das Rechenergebnis an die Pipe.

#2: Hier werden zwei Verbindungsobjekte erzeugt, eines für den Elternprozess (Hauptprozess) und eines für den Kindprozess.

#3: Eines der beiden Verbindungsobjekte (b) wird an den neuen Prozess übergeben.

#4: Der Hauptprozess wartet, bis ein Objekt an die Pipe gesendet worden ist, und übernimmt es dann.

#5: Der Hauptprozess wartet, bis der Prozess p terminiert.

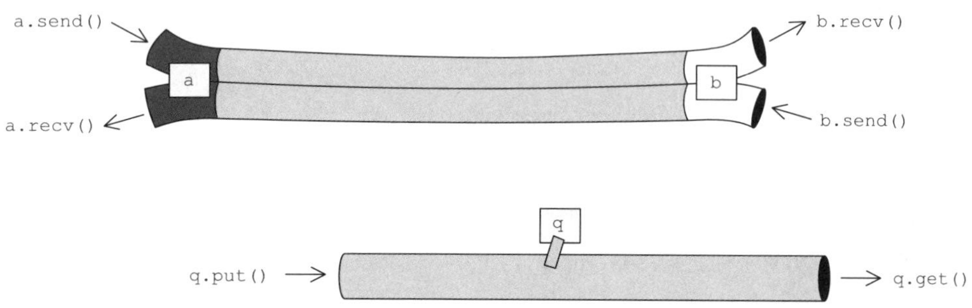

Abb. 32.1: Pipe (oben) und Queue (unten)

32.5.3 Objekte über eine Queue austauschen

Eine Queue (engl. *queue* = Schlange) ist eine Datenstruktur, die sich wie eine Warteschlange vor dem Sicherheitscheck am Flughafen verhält. An der einen Seite stellen sich die Fluggäste an, an der anderen Seite verteilen sie sich auf die Fließbänder der Sicherheitschecks. Mit einer Anweisung der Form

```
q = Queue()
```

erzeugen Sie ein neues Queue-Objekt. Mit `put()` kann ein Prozess ein neues Item an das Ende der Schlange hängen. Mit `get()` kann er ein Item vorn aus der Schlange entfernen (siehe Abbildung 32.1).

Queue-Objekte sind prozesssicher, das heißt, sie regeln alle Koordinationsprobleme, die auftreten können, wenn Prozesse auf sie zugreifen. Welche Probleme sind das? Was kann schieflaufen?

1. Problem: Die Queue ist leer und ein Prozess fordert mit `get()` ein neues Item an. In diesem Fall blockiert die Queue den Prozess so lange, bis sie ein Element enthält und die `get()`-Operation ausgeführt werden kann.
2. Problem: Die Schlange ist vollständig gefüllt und kann keine weiteren Elemente mehr aufnehmen. Dennoch versucht ein Prozess mit `put()` ein weiteres Item in die Schlange zu bringen. Die einzige Möglichkeit für die Schlange ist nun, den Produzenten schlafen zu legen, bis wieder Platz ist, und später dann wieder aufzuwecken, damit er die `put()`-Operation zu Ende ausführen kann.

Das folgende Beispiel illustriert die Verwendung einer Queue zur Datenkommunikation. Die Grundidee ist, dass bei der Erzeugung eines Kindprozesses diesem eine Queue als zusätzliches Argument übergeben wird (**#2**). Der Kindprozess setzt sein Ergebnis an das Ende diese Queue (**#1**). Der Hauptprozess holt sich dann das Ergebnis aus der Queue (**#3**).

Skript:

```
from multiprocessing import Process, Queue

def square(i, q):
    q.put(i * i)                                          #1

if __name__ == '__main__':
   q = Queue()
   p = Process(target=square, args=(3, q))               #2
   p.start()
   result = q.get()                                      #3
   p.join()
   print("Ergebnis:", result)
```

In diesem Beispiel wurde die Queue genutzt, um ein einzelnes Objekt an den Hauptprozess zu senden. Eine typische Verwendung von Queues ist aber die Koordination der Datenkommunikation zwischen vielen Prozessen, zum Beispiel bei einer Implementierung des »Produzenten-Konsumenten«-Entwurfsmusters. Mehr dazu in Abschnitt 32.8.

32.6 Daten im Pool bearbeiten

Vielleicht die wichtigste Form der parallelen Datenverarbeitung nennt sich Datenparallelität. Die Idee: Es gibt eine umfangreiche Sequenz von Objekten und eine Funktion zur Bearbeitung eines dieser Objekte. Die Elemente der Sequenz werden unter einem Pool von nebenläufigen Prozessen aufgeteilt. Jeder Prozess wendet ein und dieselbe Funktion auf die ihm zugeordneten Objekte an. Im Alltag findet man diese Arbeitsweise z.B. in folgender Situation: Ein Team von vier Malern soll alle Türen eines Hauses neu lackieren. Die Leute arbeiten gleichzeitig (parallel). Jeder macht die gleiche Tätigkeit, aber jeder wendet sie auf eine andere Tür an. Wenn ein Maler mit seiner Tür fertig ist, übernimmt er die nächste, die noch lackiert werden muss. Es ist klar, dass das Team schneller mit seiner Arbeit fertig ist als ein einzelner Maler.

Wenn Sie mit dem Modul `multiprocessing` ein datenparalleles Programm entwickeln, können Sie so vorgehen:

- Sie erzeugen eine Kollektion von Objekten eines bestimmten Typs *T*, z.B. eine Liste von Zahlen. Das sind die Daten, die parallel verarbeitet werden sollen.
- Sie definieren eine Funktion, die *ein* Objekt vom Typ *T* als Argument übernimmt und ein Objekt vom Typ *R* zurückgibt, z.B. eine Funktion, die eine Zahl verarbeitet und eine Zahl als Rechenergebnis zurückgibt.
- Mit einem Aufruf der Form `Pool([`*`processes`*`])` erschaffen Sie einen Pool von Arbeitsprozessen. Das optionale Argument *`processes`* ist eine natürliche Zahl, die die Anzahl der gewünschten Prozesse angibt (z.B. 4). Wenn das Argument fehlt, wird für *`processes`* automatisch die Anzahl der Prozessoren genommen, die dem Betriebssystem zur Verfügung stehen (der Wert, den `os.cpu_count()` liefert).
- Sie rufen die Methode `map()` des Pool-Objektes auf. Das Format ist `map(`*`func`*`, `*`iterable`*`, [`*`chunksize`*`])`. Dabei ist *`func`* der Name der Funktion, die die Arbeitsprozesse ausführen sollen. Das zweite Argument *`iterable`* ist die Daten-Kollektion, die verarbeitet werden soll. Die Methode zerteilt die Kollektion in Stücke, die sie den Prozessen zuordnet. Das optionale dritte Argument gibt die ungefähre Größe dieser Stücke an (Anzahl der Elemente der Kollektion). Die Methode `map()` liefert eine Liste mit den gesammelten Ergebnissen der parallelen Berechnungen.

32.6.1 Mit dem Pool geht's schneller – ein Zeitexperiment

Das folgende Experiment vergleicht den Zeitbedarf von paralleler und serieller Verarbeitung. Wir haben eine Liste von acht Zahlen, deren Quadrate berechnet werden sollen. Die Funktion, die das Quadrat berechnet, enthält eine `sleep()`-Anweisung, die den Prozess für eine Sekunde schlafen legt. Damit simulieren wir eine komplexere Funktion, deren Ausführung mehr Zeit benötigt.

Skript:

```
# zeit_experiment.py
from multiprocessing import Pool
from time import time, sleep

def square(x):
    sleep(1)                                        #1
    return x**2

if __name__ == '__main__':
    p = Pool()                                      #2
    start = time()                                  #3
    numbers = range(8)                              #4
    result = p.map(square, numbers)                 #5
```

```
    p.close()                                          #6
    p.join()
    print(result, "Zeit parallel: ", time() - start)   #7
    start = time()                                     #8
    result = list(map(square, numbers))                #9
    print(result, "Zeit seriell: ", time() - start)
```

Erläuterung:

#1: Der Prozess, in dem die Funktion ausgeführt wird, wartet eine Sekunde lang.

#2: Ein Pool von Arbeitsprozessen wird erzeugt. Da keine Prozesszahl explizit angegeben wird, ist die Anzahl der Prozesse gleich der Anzahl der Prozessoren. Das ist die maximal mögliche Parallelität auf dieser Hardware.

#3: Startzeit (Anzahl Sekunden seit Beginn der »Epoche«).

#4: Eine Folge von Zahlen von 0 bis 7.

#5: Die Arbeitsprozesse führen die Funktion `square()` aus und bearbeiten parallel alle Elemente von `numbers`. Die Rechenergebnisse werden in der Liste `result` gespeichert.

#6: Der Pool wird geschlossen.

#7: Ausgabe von Rechenergebnis und Zeitbedarf für die parallele Rechnung.

#8: Neue Startzeit für die serielle Rechnung.

#9: Die Standardfunktion `map()` arbeitet im Hauptprozess und wendet die Funktion `square()` nacheinander (seriell) auf alle Elemente von `numbers` an.

Auf einem Computer mit einem vierkernigen Prozessor liefert das Programm folgende Ausgabe:

```
[0, 1, 4, 9, 16, 25, 36, 49] Zeit parallel:  2.937546968460083
[0, 1, 4, 9, 16, 25, 36, 49] Zeit seriell:  8.00010085105896
```

Die Verarbeitung mit vier parallelen Prozessen ist deutlich schneller als die serielle Variante.

32.6.2 Forschen mit Big Data aus dem Internet

In diesem Abschnitt wird ein kleines Beispiel für die Verarbeitung von realen wissenschaftlichen Daten mit der Pool-Technik vorgestellt. Obwohl es um mehr als 25.000 Datensätze geht, ist es dennoch ein »Spielzeug-Projekt«, bei dem die Vorteile der Parallelisierung noch gar nicht richtig durchschlagen. Es illustriert aber einige Probleme der Verarbeitung von Big Data mit der Pool-Technik.

Freie Datensätze im Internet

Im Internet finden Sie eine Fülle frei zugänglicher Datensätze, mit denen Sie Ihre Ideen zur parallelen Programmierung ausprobieren können. Hier einige Startpunkte für die Suche:

- AWS Public Data Sets: `https://aws.amazon.com/de/datasets`
- Registry of Research Data Repositories: `http://www.re3data.org/`
- Freie Datensätze von Crowdflower: `https://www.crowdflower.com/data-for-everyone/`

Das Programm verwendet eine frei verfügbare CSV-Datei mit Datensätzen, die der Dienstanbieter *Crowdflower* zum Training eines intelligenten »Gender Predictor« verwendet. Das ist ein System, das mit Methoden der künstlichen Intelligenz arbeitet und herausfinden kann, ob ein Text von einer weiblichen oder einer männlichen Person geschrieben worden ist. Die Vorhersage beruht darauf, dass bestimmte Wörter eher von Frauen und andere eher von Männern verwendet werden (Prädiktoren). Es gibt auch Antiprädiktoren, das sind Begriffe, die von einer Gender-Gruppe vermieden werden.

Die Adresse zum Download ist: `https://www.crowdflower.com/wp-content/uploads/2016/03/gender-classifier-DFE-791531.csv`. Weitere Informationen zu diesem Projekt finden Sie in einem Artikel von Justin Tenuto (2015): `https://www.crowdflower.com/using-machine-learning-to-predict-gender/`.

Die CSV-Datei ist ein Textdokument mit über 25.000 sehr langen Zeilen. Jede Zeile enthält einen kompletten Datensatz, dessen Werte durch Kommas getrennt sind. Der folgende Text ist ein Beispiel für eine einzige Zeile, die hier im Buchtext auf mehrere Zeilen verteilt wurde:

```
815719226,FALSE,finalized,3,10/26/15 23:24,male,1,yes,1,12/5/13 1:48,
i sing my own rhythm.,0,,08C2C2,sheezy0,,https://pbs.twimg.com/profile_
images/414342229096808449/fYvzqXN7_normal.png,0,FFFFFF,
Robbie E Responds To Critics After Win Against Eddie Edwards In The
#WorldTitleSeries https://t.co/NSybBmVjKZ,,110964,10/26/15
12:40,6.5873E+17,main; @Kan1shk3,Chennai;;;;;;;;;
```

Das fünfte Element jeder Zeile zeigt mit `male` oder `female` an, ob der Tweet von einer männlichen oder weiblichen Person stammt. Es gibt auch Tweets, die nicht von einer Person, sondern von einer Organisation stammen oder die keiner Autorenkategorie zugeordnet werden können. Das folgende Programm löst eine ganz simple Aufgabe: Es durchsucht die CSV-Datei und berechnet, in wie vielen Tweets von weiblichen Autoren der Begriff `car` vorkommt.

Skript:

```
# tweets_gender.py
from multiprocessing import Pool
from time import time

WORD, GENDER = "car", ",female,"                                #1
ANSWER = """Es wurden insgesamt {} Tweets
dieser Gender-Gruppe untersucht.
```

```
Das Wort {} wurde in {:.1f} Prozent aller Tweets dieser
Gender-Gruppe gefunden. Bearbeitungszeit: {} Sekunden."""          #2

def search(line):
    gender_found, word_found = 0, 0
    if GENDER in line:
        gender_found += 1
        if WORD in line:
            word_found += 1
    return gender_found, word_found                                #3

if __name__ == '__main__':
    f = open("gender-classifier.csv",
             encoding="utf-8")                                     #4
    data = f.readlines()                                           #5
    f.close()
    start = time()
    p = Pool()
    results = p.map(search, data)                                  #6
    g, w = zip(*results)                                           #7
    p.close()
    p.join()
    gender_count = sum(g)                                          #8
    word_count = sum(w)
    print(ANSWER.format(gender_count,
                        WORD,
                        word_count/gender_count * 100,
                        time() - start))                           #9
```

Erläuterung:

#1: Hier werden zwei globale Konstanten definiert, die die parallel ausgeführte Funktion verwendet: die Zeichenkette, nach der in den Tweets gesucht werden soll und das Geschlecht des Autors. Die Kommas im String `",female,"` sorgen dafür sorgen, dass ein etwaiges Vorkommen des Strings `female` im Text des Tweets ignoriert wird. Vorteil der Konstanten: Das Programm braucht nur an dieser einen Stelle geändert zu werden, wenn die Suche geändert werden soll.

#2: Dies ist eine Schablone mit Platzhaltern für die Ausgabe des Programms. Sie wird in Zeile **#9** verwendet.

#3: Die Funktion untersucht eine einzelne Textzeile der CSV-Datei und gibt ein Tupel aus zwei Zahlen zurück: Die erste Zahl ist 1, wenn dieser Tweet von einer Person der spezifizierten Gender-Gruppe (männlich oder weiblich) geschrieben worden ist, und sonst 0. Die zweite Zahl ist 1, wenn die erste Zahl 1 ist und der Suchbegriff im Tweet vorkommt, und sonst 0.

#4: Die CSV-Datei wird als Textdatei mit UTF-8-Codierung geöffnet. Wenn es Probleme mit der Codierung der CSV-Datei gibt oder Sie die Codierung nicht kennen, öffnen Sie am besten die Datei mit einem normalen Editor und speichern Sie dann mit explizit eingestellter Codierung ab.

#5: Die Textdatei wird zeilenweise gelesen und eine Liste erzeugt, bei der jedes Element eine Textzeile (also einen Datensatz) enthält.

#6: Hier werden nun die Prozesse des Pools gestartet und den Datensätzen zugeordnet. Die `map()`-Methode kümmert sich um die gesamte Prozesskoordination und liefert am Ende eine Liste mit Tupeln, die jeweils aus den zwei Zahlen bestehen, die die Funktion `search()` zurückgibt. Sie besteht aus Tupeln mit Nullen und Einsen und sieht z.B. so aus:

```
[(1, 1), (1, 0), ..., (0, 0)]
```

#7: Die Liste wird in zwei lange Tupel von Zahlen aufgespalten. Das erste Tupel enthält alle ersten Zahlen der Zweiertupel. Das zweite Tupel enthält alle zweiten Zahlen, z.B.

```
(1, 1, ..., 0), (1, 0, ... , 0)
```

#8: Die Anzahl der Tweets der gesuchten Gender-Gruppe.

#9: Die Anzahl der Tweets der gesuchten Gender-Gruppe, in denen der Suchbegriff vorkommt.

Das Programm liefert folgende Ausgabe:

```
Es wurden insgesamt 6700 Tweets
dieser Gender-Gruppe untersucht.
Das Wort car wurde in 5.1 Prozent aller Tweets dieser
Gender-Gruppe gefunden.
Bearbeitungszeit: 1.848788 Sekunden.
```

Die Bearbeitungszeit können Sie verringern, indem Sie die Datenmenge, die einem Prozess zur Verarbeitung zugeteilt wird (`chunksize`), vergrößern. Ersetzen Sie Zeile **#6** der Skripts durch folgende Zeile:

```
results = p.map(search, data, chunksize=1000)
```

Sie werden feststellen, dass das Programm jetzt schneller läuft.

32.7 Synchronisation

Manchmal nutzen mehrere nebenläufige Prozesse eine *gemeinsame Ressource*, z.B. die Standardausgabe bei einem `print()`-Befehl. Das kann zu Konflikten führen. Sie kennen das Problem aus dem Alltag. In einem Büro teilen sich mehrere Personen eine Espressomaschine. Stellen Sie sich das Chaos vor, wenn mehrere Personen versuchen würden, sich *gleichzeitig* einen Espresso zu machen. Stattdessen läuft es so ab: Wenn Tom zur Espressomaschine geht, reserviert er sie damit. Die anderen sehen das. Falls Tina jetzt auch einen Espresso braucht, wartet sie, bis Tom fertig ist und weggeht. Dann ist die Espressomaschine wieder frei und Tina kann sie benutzen. Nach diesem Prinzip funktioniert die Synchronisation von Prozessen mit einem Lock-Objekt (engl. *lock* = Schloss). Starten wir mit einem Experiment: Mehrere Prozesse geben etwas auf dem Bildschirm aus, ohne die `print()`-Anweisungen zu synchronisieren.

Skript:

```
# print_no_lock.py
from multiprocessing import Process
def f(i):                                                    #1
    print("Hallo! ")
    print("Das ist Prozess", i)

if __name__ == '__main__':
    for i in range(10):                                      #2
         Process(target=f, args=(i,)).start()                #3
```

Erläuterung:

#1: Diese Funktion soll in nebenläufigen Prozessen ausgeführt werden. Sie gibt zwei Zeilen auf dem Bildschirm (Standardausgabe) aus.

#2: Eine Schleife, die 10 Mal durchlaufen wird. Die Variable `i` nimmt die Werte 0, 1, 2, ..., 9 ein.

#3: Hier werden nacheinander zehn Prozesse erzeugt. Sie sollen die Funktion `f()` ausführen und der Funktionsaufruf bekommt als Argument die Nummer `i`.

Starten Sie das Programm nicht mit der Entwicklungsumgebung IDLE. Sonst haben die Prozesse keinen Zugriff auf die Standardausgabe und ihre `print()`-Anweisungen funktionieren nicht. Öffnen Sie stattdessen ein Konsolenfenster (bei Windows: das Programm Eingabeaufforderung im Ordner `Zubehör`). Wechseln Sie mit `cd` in den Ordner mit Ihrem Programm und starten Sie es mit dem Kommando

```
> python print_no_lock.py
```

Die Idee ist, dass jeder Prozess zwei Zeilen ausgeben soll. Wenn man Glück hat, klappt das auch. Manchmal sieht die Ausgabe jedoch ungefähr so aus wie in Abbildung 32.2.

Hier läuft es an einer Stelle chaotisch (eingekreist). Was ist passiert? Nachdem ein Prozess die erste Zeile ausgegeben hat, mogelt sich ein anderer Prozess dazwischen und druckt auch die erste Zeile aus. Um solche Kollisionen zu vermeiden, kann man die Prozesse mit dem Lock-Mechanismus synchronisieren.

Das ist die Grundidee:

- Es gibt einen kritischen Bereich von Anweisungen, in denen auf eine gemeinsame Ressource zugegriffen wird. Nur *ein einziger* Prozess darf zu einem bestimmten Zeitpunkt diese Anweisungen ausführen (im Beispiel ist der kritische Bereich die Benutzung der Espressomaschine).

- Es wird ein Lock-Objekt erzeugt, das den kritischen Bereich schützen soll. Jeder Prozess bekommt Zugriff auf dieses Lock-Objekt. Beachten Sie: Es gibt nur ein Lock-Objekt, das alle Prozesse gemeinsam benutzen. (Im Beispiel ist das Lock-Objekt der Ort, von dem aus man die Espressomaschine benutzen kann. Jeder kennt die Stelle, aber nur einer darf hier stehen.)
- Bevor ein Prozess den kritischen Bereich ausführt, benutzt er das Lock-Objekt und ruft die Methode `acquire()` auf (engl. *to acquire* = anfordern). Nun müssen alle Prozesse warten, die auch `acquire()` aufrufen. Kein anderer kann jetzt in den kritischen Bereich. Er ist für alle anderen gesperrt. (Im Beispiel findet eine Anforderung statt, wenn sich jemand vor die Espressomaschine stellt.)
- Nachdem ein Prozess den kritischen Bereich ausgeführt hat, benutzt er wieder das Lock-Objekt und ruft die Methode `release()` auf (engl. *to release* = freigeben). Damit ist die Sperre aufgehoben und der kritische Bereich freigegeben. (Im Beispiel findet eine Freigabe statt, wenn jemand den Bereich vor der Espressomaschine verlässt und damit Platz für die anderen Mitbenutzer macht.)

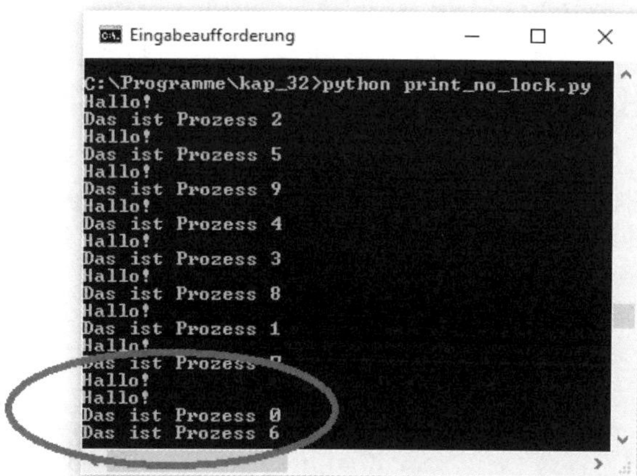

Abb. 32.2: Ausgabe ohne Synchronisation

Skript:

```
# print_lock.py
from multiprocessing import Process, Lock

def f(l, i):
    l.acquire()                                   #1
    print('Hallo!')                               #2
    print('Das ist Prozess', i)
    l.release()                                   #3
```

```
if __name__ == '__main__':
    lock = Lock()                                                #4
    for i in range(10):
        Process(target=f, args=(lock, i)).start()                #5
```

Erläuterung:

#1: Hier wird das Lock-Objekt `l` benutzt und der Zugang zum kritischen Bereich angefordert. Falls gerade ein anderer Prozess im kritischen Bereich ist, wartet dieser Prozess.

#2: Hier beginnt der kritische Bereich. Nur ein Prozess kann diese (und die nächste) Anweisung ausführen.

#3: Hier wird das Lock-Objekt wieder freigegeben. Nun kann ein anderer Prozess den kritischen Bereich »betreten«.

#4: Ein Lock-Objekt wird erzeugt. Alle Prozesse benutzen dieses Objekt zur Synchronisation.

#5: Hier werden zehn Prozesse erzeugt. Sie führen die Funktion `f()` aus und übergeben als Argumente das Lock-Objekt `lock` und die Zahl `i`.

32.8 Produzenten und Konsumenten

Manchmal braucht man Prozesse mit unterschiedlichen Rollen. Ein bekanntes Muster ist ein System aus Produzenten und Konsumenten. Die Produzenten produzieren Daten, die von den Konsumenten übernommen und verarbeitet werden. Die Weitergabe der Daten läuft über eine Queue.

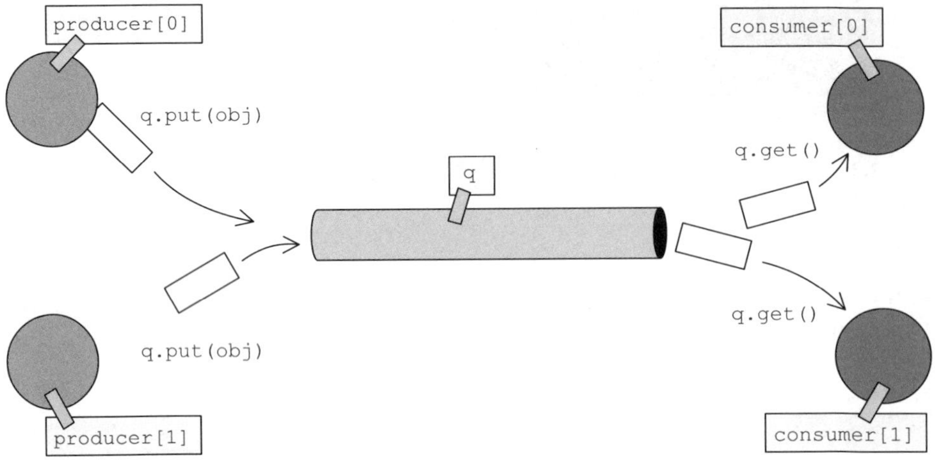

Abb. 32.3: Produzenten kommunizieren mit Konsumenten über eine Queue.

Die Kommunikation zwischen Prozessen über eine Queue ist aufwändig und kostet Zeit. Deshalb sollten Prozesse eigentlich möglichst selten miteinander kommunizieren. Die Prozesse müssen möglichst lange unabhängig voneinander arbeiten und schwierige und zeitaufwändige Aufgaben lösen und nur ab und zu Daten austauschen. Sonst lohnt der zusätzliche Verwaltungsaufwand nicht und man hat durch das parallele Arbeiten keine Zeitersparnis.

32.8.1 Sprücheklopfer

Das folgende Spielzeugprogramm stellt eine kleine Produktionskette für Sprüche dar, die durch »Mischen« von Sprichwörtern gebildet werden. Zwei Prozesse spielen die Rolle von Produzenten und erzeugen Satzanfänge (z.B. »Morgenstund«), die sie an die Schlange anhängen. Zwei andere Prozesse sind die Konsumenten. Jeder Prozess entnimmt der Schlange einen Satzanfang und vervollständigt ihn zu einem Satz (z.B. »Morgenstund hat Gold im Mund«. Beachten Sie: Da die Konsumentenprozesse `print()`-Anweisungen enthalten, können Sie das Programm nicht von IDLE aus starten, sondern müssen es in einem Konsolenfenster starten. Abbildung 32.4 zeigt eine mögliche Bildschirmausgabe.

Ein Problem bei einem Produzenten-Konsumenten-System ist, dass der Konsument wissen muss, wann der Produzent fertig ist und keine weiteren Aufgaben schickt. Hier wurde das Problem mit einem Timeout gelöst. Wenn zwei Sekunden lang kein Objekt in der Queue ist, brechen die Konsumentenprozesse ihre Aktivität ab und terminieren.

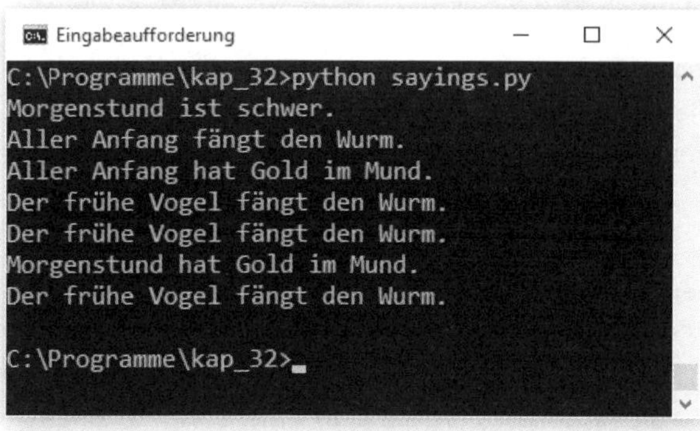

Abb. 32.4: Gemischte Sprichwörter

Skript:

```
# sayings.py
from multiprocessing import Process, Queue
from random import choice

BEGINNINGS = ["Aller Anfang", "Morgenstund",
              "Der frühe Vogel"]
ENDINGS = ["ist schwer.", "hat Gold im Mund.",
```

```
            "fängt den Wurm."]

def produce(q, beginnings:                                          #1
    for i in range(3):
        q.put(choice(beginnings))                                   #2

def consume(q, endings):                                            #3
     while True:
        try:
           beginning = q.get(timeout=2)                             #4
           print(beginning, choice(endings))                        #5
        except:
            break                                                   #6

if __name__ == "__main__":
    q = Queue(maxsize=3)                                            #7
    producers = [Process(target=produce,
                         args = (q, BEGINNINGS))
                for i in range(2)]                                  #8
    consumers = [Process(target=consume,
                         args = (q, ENDINGS))
                for i in range(2)]                                  #9
    for p in producers + consumers: p.start()                      #10
    for p in producers + consumers: p.join()                       #11
```

Erläuterung:

#1: Die Funktion wird später in einem eigenen Prozess ausgeführt. Der Parameter `q` ist ein Queue-Objekt, das für den Datenaustausch verwendet wird, und `beginnings` ist eine Liste von Strings (Satzanfänge).

#2: Der Prozess wählt aus der Liste von Satzanfängen nach dem Zufallsprinzip einen Text aus. Dieser wird an die Warteschlange `q` angehängt. Somit ist dieser Prozess ein Produzent.

#3: Die Funktion wird später in einem eigenen Prozess ausgeführt. Der Parameter `q` ist ein Queue-Objekt, und `endings` ist eine Liste von Strings (Satzenden).

#4: Der Prozess versucht, vom Ende der Queue ein Objekt (String mit Satzanfang) zu nehmen. Falls die Queue gerade leer ist, wartet der Prozess. Falls nach dem Timeout von zwei Sekunden die Queue immer noch leer ist, gibt es einen `queue.Empty`-Fehler. Dann wird die Ausführung der `try`-Klausel abgebrochen und die `except`-Klausel ausgeführt.

#5: Der Prozess wählt ein zufälliges Satzende und gibt einen Spruch aus, der aus Satzanfang und Satzende zusammengesetzt ist.

#6: Die Ausführung der `while`-Anweisung wird abgebrochen und der Prozess terminiert.

#7: Ein `Queue`-Objekt für maximal drei Objekte wird erzeugt.

#8: Hier wird eine Liste von zwei Produzenten-Prozessen erzeugt. Jeder Prozess erhält die Liste von Satzanfängen als Argument.

#9: Hier wird eine Liste von zwei Konsumenten-Prozessen erzeugt. Jeder Prozess erhält eine Liste von Satzenden.

#10: Alle Prozesse werden gestartet.

#11: Alle Prozesse werden beendet.

32.9 Aufgaben

Aufgabe 1

Entwickeln Sie ein Programm, das mit parallelen Prozessen und einer Queue die folgende Aufgabe effizient löst:

- Der Benutzer wird nach einem Wort *w* gefragt.
- In einem sehr langen Text (z.B. sämtliche Werke von Mark Twain mit 5568 Seiten, verfügbar im Projekt Gutenberg `http://www.gutenberg.org`) ermitteln parallele Prozesse, wie häufig das Wort *w* vorkommt.
- Auf dem Bildschirm wird in einer gut lesbaren Antwort die Gesamtzahl der Vorkommen ausgegeben.

Beispieldialog:

```
Suchbegriff: house
Das Wort 'house' kommt 2620 Mal in Mark Twains Werk vor.
```

Hinweis: Die String-Methode `count()` liefert die Anzahl der Vorkommen eines Strings.

Beispiel:

```
>>> "Banane".count("a")
2
```

Aufgabe 2

Eine Primzahl ist eine Zahl, die nur durch 1 und durch sich selbst teilbar ist. Für die Verschlüsselungstechnik werden große Primzahlen gesucht. Entwickeln Sie ein Programm, das mit einem Pool von Arbeitsprozessen einige 14-stellige Primzahlen findet und den Zeitaufwand dokumentiert. Beispielausgabe:

```
Gefundene Primzahlen:
22579830207709
37510543904287
32605445007229
78943865027147
83975368514483
Bearbeitungszeit: 19.552688 Sekunden
```

Gehen Sie folgendermaßen vor:

- Definieren Sie eine Funktion, die über Probedivisionen prüft, ob eine natürliche Zahl Primzahl ist. Dabei wird die Modulo-Operation `%` verwendet. Eine Zahl `n` ist genau dann durch `m` teilbar, wenn `n % m == 0` gilt. Diese Funktion liefert `True`, wenn die übergebene Zahl Primzahl ist, und sonst `False`.
- Im Hauptprogramm wird eine Liste mit 200 14-stelligen Zufallszahlen erzeugt.
- Ein Pool von nebenläufigen Arbeitsprozessen bearbeitet mithilfe der Methode `map()` diese Liste und prüft für jede Zahl, ob sie eine Primzahl ist oder nicht. Es entsteht eine boolesche Liste mit 200 Wahrheitswerten.
- Mithilfe dieser beiden Listen werden die gefundenen Primzahlen ermittelt und ausgegeben.

32.10 Lösungen

Lösung 1

Der lange Text wird in vier gleich große Teile zerlegt. Dann werden vier Prozesse erzeugt, die jeweils einen Teil des Textes bearbeiten und die Vorkommen des Suchwortes ermitteln. Die ermittelte Anzahl hängen sie an die Queue an. Der Hauptprozess liest die Zahlen aus der Queue und bildet die Summe.

Skript:

```
from multiprocessing import Process, Queue

def search(q, text, word):
    n = text.lower().count(word.lower())                          #1
    q.put(n)                                                      #2

if __name__ == '__main__':
    word = input("Suchbegriff: ")                                 #3
    f = open("marktwain.txt")                                     #4
    text = f.read()
    f.close()
    q = Queue()
    n = len(text)
    chunks = [text[:n//4], text[n//4:n//2],
              text[n//2:3*n//4], text[3*n//4:]]                   #5

    processes = [Process(target=search, args=(q, chunk, word))
                 for chunk in chunks]                             #6
    for p in processes: p.start()
    n = 0
    for i in range(4):
        n += q.get()                                              #7
```

```
    for p in processes:
        p.join()
    text = "Das Wort '{}' kommt {} Mal in Mark Twains Werk vor."
    print(text.format(word, n))                                    #8
```

Erläuterung:

#1: Hier wird gezählt, wie häufig das kleingeschriebene Suchwort im kleingeschriebenen Textfragment vorkommt.

#2: Die ermittelte Anzahl wird dann an die Queue gehängt.

#3: Der Benutzer gibt einen Suchbegriff ein.

#4: Die Textdatei mit sämtlichen Werken Mark Twains wird geöffnet. Eine Kopie des Textes befindet sich im Projektordner.

#5: Der Text wird in vier gleiche Stücke zerlegt. Genauer: Es wird eine Liste aus vier Strings erzeugt, die zusammen den Text ergeben.

#6: Hier wird eine Liste von vier Prozessen erzeugt. Jeder Prozess soll die Funktion `search()` auf ein Stück des Gesamttextes anwenden.

#7: Die Werte, die sich in der Queue angesammelt haben (Vorkommenshäufigkeiten des Wortes *w* in den vier Teilstücken des Textes), werden zusammengezählt.

#8: Ausgabe des Ergebnisses als lesbarer Text. Hier wird ein Formatstring mit zwei Platzhaltern verwendet. Die Platzhalter werden durch `word` und `n` ersetzt.

Lösung 2

Skript:

```
from multiprocessing import Pool
from random import randint
from time import time
from math import ceil, sqrt

def prime(n):
    """ Prüft, ob die Zahl n eine Primzahl ist """
    for i in range(2, ceil(sqrt(n))):                             #1
        if n%i == 0:
            return False                                          #2
    return True                                                   #3

if __name__ == '__main__':
    N = 200      # Anzahl der Zufallszahlen
    big_numbers = [randint(10**13, 10**14)
                   for i in range(N)]                             #4
    start = time()                                                #5
```

```
p = Pool()                                                          #6
result = p.map(prime, big_numbers)                                  #7
p.close()                                                           #8
p.join()                                                            #9
seconds = time() - start                                            #10
primes = [big_numbers[i]
          for i in range(N) if result[i]]                           #11
print("Gefundene Primzahlen:")
for pr in primes:
    print(pr)
print("Bearbeitungszeit: {} Sekunden".format(seconds))              #12
```

Erläuterung:

#1: Mit allen natürlichen Zahlen `i` zwischen 2 und der nach oben gerundeten Wurzel aus `n` werden Probedivisionen durchgeführt.

#2: Die Modulo-Operation `%` liefert den Rest einer ganzzahligen Division. Falls die Division durch `i` ohne Rest aufgeht, ist die Zahl `n` keine Primzahl. Die Ausführung der Funktion wird abgebrochen und es wird `False` zurückgegeben.

#3: Falls die Schleife vollständig durchlaufen wurde, ging keine Division auf und die Zahl `n` muss eine Primzahl sein. Dann wird `True` zurückgegeben.

#4: Hier wird eine Liste von 200 ganzen Zufallszahlen zwischen 10^{13} und 10^{14} erzeugt.

#5: Ab jetzt wird die Bearbeitungszeit gemessen.

#6: Ein Pool von Arbeitsprozessen wird erzeugt. Für jeden verfügbaren Prozessor gibt es einen Prozess.

#7: Die Arbeitsprozesse wenden die Funktion `prime()` auf die Liste der Zufallszahlen an. Das heißt, hier wird parallel jede der 200 Zufallszahlen auf Primalität geprüft. Das Ergebnis ist eine Liste mit 200 Wahrheitswerten (`True` oder `False`).

#8: Der Pool hat seine Aufgabe erledigt und wird geschlossen.

#9: Der Aufruf der Methode `join()` zur endgültigen Beendigung der Prozesse darf erst nach dem Aufruf von `close()` kommen.

#10: Berechnung der Bearbeitungszeit.

#11: Hier wird eine Liste der gefundenen Primzahlen erzeugt. Nur die Zahlen, bei denen der Aufruf von `prime()` den Wert `True` ergab, sind Primzahlen.

#12: Die Primzahlen und die Bearbeitungszeit werden ausgegeben.

Hinweis: Wenn Sie den Zeitbedarf für eine serielle Bearbeitung messen wollen, müssen Sie das Programm nur an *einer* Stelle abwandeln. Ersetzen Sie die Anweisung in Zeile **#7** durch folgende Anweisung:

```
result = list(map(prime, big_numbers))
```

Sie werden feststellen, dass die serielle Variante erheblich langsamer ist.

Kapitel 33

Django

Django (`https://www.djangoproject.com/`) ist ein Webframework, das in Python geschrieben ist. Es wurde 2005 veröffentlicht und wird seit 2008 von der *Django Software Foundation* gepflegt. Der Name soll an den Jazz-Gitarristen Django Reinhardt erinnern. Eine Reihe von webbasierten Diensten sind mit Django erstellt worden. Zu den bekanntesten gehören das soziale Netzwerk *Instagram* und die Bilddatenbank *Pixabay*. Typische Django-Projekte sind Plattformen, bei denen eine Community von Nutzern im WWW einen gemeinsamen Wissensbestand (Texte, Bilder, Videos, numerische Daten etc.) verwalten.

Dieses Kapitel bietet eine kleine Hands-on-Einführung in die Grundideen von Django. Eine Art Schnupperkurs, der beim Einstieg in diese Technik ein wenig helfen soll.

33.1 Django aus der Vogelperspektive

Sie haben in diesem Buch einige Grundtechniken kennengelernt, wie man mit Python dynamische, interaktive Webseiten erstellt. Die Beispiele waren natürlich »Spielzeugprojekte«, d.h. einfache Systeme zum Lernen und Ausprobieren. Ein realistischer Webservice ist um Größenordnungen komplexer. Um ein solches System beherrschen zu können, braucht man eine ausgereifte Architektur. Die gesamte Software muss in Teile zerlegt werden, die möglichst unabhängig voneinander von mehreren Personen entwickelt und gepflegt werden können. Django folgt einem Model-View-Template-Entwurfsmuster. Damit wird versucht, drei Aspekte dynamischer Webseiten voneinander zu trennen (siehe Abbildung 33.1):

Model: Das Wissen einer Django-Applikation wird durch so genannte Modelle (models) repräsentiert. Technisch ist ein Modell eine Python-Klasse, die einen Entitätstyp der Realwelt modelliert. Wenn z.B. eine Django-Website Bilder verwaltet, gibt es für die Bilder (Entitätstyp) ein Modell. Für die Personen (Entitätstyp), von denen die Bilder stammen, gibt es ein anderes Modell. Alle Modelle sind in einer Datei namens `models.py` definiert. Die Daten, die zu einem Modell gehören, werden in einer Datenbank gespeichert.

View: Ein View ist im Prinzip eine dynamische Webseite, so wie sie ein Besucher der Website sieht. Jemand gibt auf einem Client-Computer im Adressfeld des Browsers einen URL ein, der Browser (Client) sendet an den entfernten Webserver eine Anfrage und erhält dann ein HTTP-Paket zurück, das im Browser als Webseite mit Texten und Bildern dargestellt wird. Diese Ansicht einer Webseite ist ein View. Die Funktion, die das HTTP-Antwortpaket berechnet, nennt man View-Funktion. Eine Anfrage an den Webserver mündet immer in den Aufruf einer View-Funktion. Im Falle einer interaktiven Webseite verarbeitet die View-Funktion auch Eingabedaten und sorgt dafür, dass Daten (in Modellen) gespeichert werden. Eine View-Funktion berechnet eine dynamische Webseite, indem sie Daten (aus Modellen) mit einem Template zusammenbringt. Diesen Vorgang nennt man *rendern*. Alle View-Funktionen findet man in der Datei `views.py`.

Template: Das Aussehen der Webseiten (Layout, Farben, statische Texte) wird durch Templates festgelegt. Das sind formale Texte mit HTML-Tags, Python-Kontrollstrukturen und Namen für variable Daten. Templates sind Dateien mit der Extension `.html` im Unterverzeichnis `templates`. In Entwicklungsteams werden Templates häufig von Kommunikationsdesignern entwickelt. Denn hier spielen Fragen der Gestaltung eine wichtigere Rolle als die Programmiertechnik.

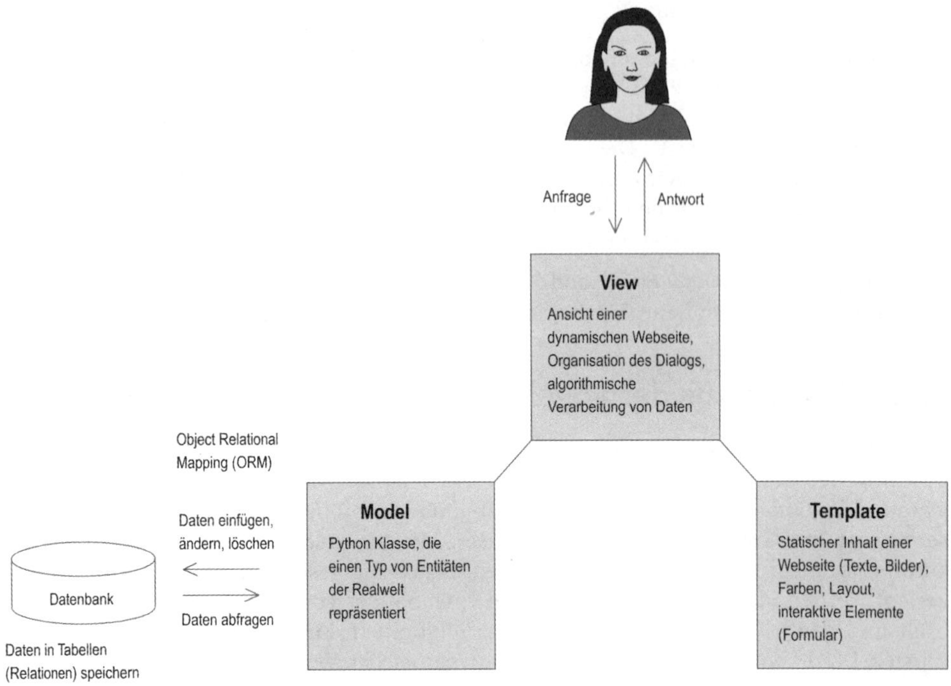

Abb. 33.1: Das »Model-View-Template«-Konzept von Django

33.2 Start eines Projekts

Am einfachsten installieren Sie Django mit dem Installationsprogramm `pip`. Geben Sie auf der Kommandozeile eines Konsolenfensters (z.B. Windows-EINGABEAUFFORDERUNG) folgenden Befehl ein:

```
pip3 install Django
```

Dieses Kapitel erklärt die Grundzüge von Django am Beispiel einer einfachen Django-Applikation, die »Ideenspeicher« genannt wird.

Im Ideenspeicher kann man eine Frage stellen oder eine Überschrift formulieren und andere Leute können dann Ideen zur Beantwortung beisteuern. Bei allen Webapplikationen, die für jedermann erreichbar sind, spielt Sicherheit eine große Rolle. Man möchte nicht, dass aus Versehen oder in böser Absicht Inhalte zerstört werden, und man versucht, ungeeignete Inhalte und unnötige Datenspuren zu vermeiden. Im Ideenspeicher werden zwei Sicherheitsmechanismen eingebaut:

- Nur wer ein Schlüsselwort kennt, das er vom Administrator erhalten hat, kann eine neue Frage stellen. Auch die Frage hat eine begrenzte Lebensdauer.
- Jede Idee wird nach einer bestimmten Zeit (Lebensdauer) wieder gelöscht.

Das, was Sie entwickeln, heißt in der Redeweise von Django eine *Applikation* oder kurz *App*. Die App lebt in einem Django-Projekt. Der allererste Schritt ist also, ein Projekt zu begründen.

Gehen Sie in einem Konsolenfenster mit `cd` in das Verzeichnis, in dem Ihr Projekt leben soll, und geben Sie (auf der Kommandozeile) folgenden Befehl ein:

```
django-admin startproject mysite
```

Dabei ist *`mysite`* der Name Ihres Projekts. Damit es im Folgenden nicht zu abstrakt wird, nehmen wir an, Sie haben sich für den Projektnamen `lightning` entschieden. Dann starten Sie das Projekt mit folgendem Befehl:

```
django-admin startproject lightning
```

Django legt nun für Ihr Projekt einige Dateien und Verzeichnisse an. Das ist die Struktur:

```
lightning/
    manage.py
    lightning/
        __init__.py
        settings.py
        urls.py
        wsgi.py
```

Erläuterungen:

- Das Verzeichnis *`lightning`* enthält das gesamte Projekt. Es ist das Wurzelverzeichnis Ihres Projekts. Nur in diesem Verzeichnis befindet sich das Python-Skript `manage.py`. Das werden Sie später häufiger aufrufen, um Ihr Projekt zu verwalten.
- Das Unterverzeichnis *`lightning/lightning`* ist das Python-Paket, das Ihr Projekt repräsentiert.
- Wie jedes Python-Paket enthält Ihr Projekt ein Initialisierungsskript `__init__.py`. Es ist (zunächst) zwar völlig leer, muss aber dennoch vorhanden sein, damit das Laufzeitsystem dieses Verzeichnis als Python-Paket erkennt.
- Die Skriptdatei `settings.py` enthält die voreingestellte Konfiguration Ihres Projekts.
- In der Datei `urls.py` finden Sie die Liste `urlpatterns`, eine Art Inhaltsverzeichnis mit den URLs Ihrer Website.

33.2.1 Den Server starten

Um den Server zu starten, gehen Sie in der Konsole in das Wurzelverzeichnis Ihres Projekts (das Verzeichnis mit manage.py) und geben folgendes Kommando ein:

```
python manage.py runserver
```

Das System meldet sich mit einem Text, der den augenblicklichen Zustand erklärt:

```
Performing system checks...
System check identified no issues (0 silenced).

...

Django version 2.1.7, using settings 'lightning.settings'
Starting development server at http://127.0.0.1:8000/
Quit the server with CTRL-BREAK.
```

Die vorletzte Zeile verrät, dass der Server Port 8000 benutzt. Das ist die Voreinstellung. Wenn er einen anderen Port verwenden soll, geben Sie beim Start die Portnummer an. Beispiel:

```
python manage.py runserver 8080
```

Sie können den Server einfach laufen lassen, während Sie Ihre Applikation entwickeln. Wenn Sie eine Skriptdatei ändern oder neu einfügen, bemerkt das der Server und verwendet immer die neuesten Versionen der Module.

Ein Django-Projekt kann ein oder mehrere Applikationen (Apps) enthalten. In ihnen ist die eigentliche Funktionalität des Systems definiert. Sie entwickeln nun eine Applikation, die das Sammeln von Ideen ermöglicht. Die Applikation erhält den Namen `ideas`.

Wechseln Sie in das Wurzelverzeichnis Ihres Projekts. In diesem Verzeichnis ist auch das Programm `manage.py` gespeichert. Geben Sie folgenden Befehl ein:

```
python manage.py startapp ideas
```

Django erzeugt nun ein neues Verzeichnis, das die Applikation `ideas` beherbergt. Es hat folgende Struktur:

```
ideas/
      __init__.py
      admin.py
      apps.py
      migrations/
```

```
        __init__.py
    models.py
    tests.py
    views.py
```

Bis auf den von Ihnen gewählten Namen der Applikation (`ideas`) sind alle Datei- und Verzeichnisnamen von Django vorgegeben.

33.2.2 Startseite und View einrichten

Ein *View* ist die Ansicht einer dynamischen Webseite. In diesem Abschnitt erfahren Sie, wie Sie einen ganz simplen View für die Startseite Ihrer Applikation einrichten. Zunächst ist es nur ein einfacher Text. Später werden Sie die erste Version in mehreren Schritten erweitern und verbessern.

Abb. 33.2: Die Startseite der Applikation `ideas` – erste Version

Öffnen Sie die Skript-Datei `.../ideas/views.py` und geben Sie folgenden Text ein:

```
#ideas/views.py
from django.http import HttpResponse

def index(request):
    return HttpResponse('Ideenspeicher')
```

Dieses Skript zeigt die einfachste Möglichkeit, mit Django einen View zu definieren. Die Funktion `index()` gibt ein Objekt der Klasse `django.http HttpResponse` zurück, das den Text einer Webseite repräsentiert.

Dem View eine Route zuordnen

Damit die Django-Mechanik funktioniert, muss dem Namen der View-Funktion ein URL zugeordnet werden. Bei jedem Aufruf einer Webseite Ihres Django-Projekts prüft der Server den URL und ordnet dem Aufruf eine View-Funktion zu. Genauer ausgedrückt geht es bei der Zuordnung gar nicht um den gesamten URL, sondern nur um den hinteren Teil nach der Domain-Bezeichnung (einschließlich Portnummer). Ich nenne – entsprechend der Django-Redeweise – diesen Teil des URLs die *Route*.

Abb. 33.3: URL und Route

Die Zuordnung geschieht mit Hilfe von zwei Konfigurationsdateien, nämlich

- `.../lightning/lightning/urls.py` und
- `.../lightning/ideas/urls.py`

Bei jedem Aufruf einer Webseite Ihres Django-Projekts prüft der Server den URL und ordnet – entsprechend der Route – dem Aufruf eine View-Funktion zu. Bedenken Sie, dass in einem Django-Projekt mehrere Applikationen laufen, die man möglichst voreinander getrennt halten möchte. Die erste Konfigurationsdatei ist gewissermaßen für das gesamte Django-Projekt »zuständig«. Die zweite Konfigurationsdatei wird nur für die Routen verwendet, die mit `/ideas/` beginnen.

Sie beginnen mit der *zweiten* Konfigurationsdatei. Erstellen Sie (z.B. mit IDLE) ein neues Python-Skript und speichern Sie es im Verzeichnis `.../lightning/ideas` unter dem Namen `urls.py` ab. Die Dateistruktur Ihrer Django-Applikation sieht nun so aus:

```
.../ideas/
      __init__.py
      admin.py
      apps.py
      migrations/
          __init__.py
      models.py
      tests.py
      urls.py
      views.py
```

Das Skript enthält eine Liste namens `urlpatterns` (Zeile **#1**), in der die Verbindung vom URL zur View-Funktion `index()` im Python-Modul `.../ideas/views.py` hergestellt wird.

Skript:

```
#.../ideas/urls.py
from django.urls import path
from . import views

urlpatterns = [
    path(route='',view=views.index, name='index')] #1
```

Erläuterung:

#1: Die `path()`-Funktion liefert ein URL-Pattern. Es gibt verschiedene Möglichkeiten, die Funktion aufzurufen, aber es empfiehlt sich, drei Argumente zu übergeben:

- `route` beschreibt ein so genanntes URL-Pattern für die `Route`. In diesem Fall ist `route` ein leerer String.
- `view` ist der Name der View-Funktion in der Punkt-Schreibweise, die man verwendet, wenn man die Skriptdatei `views.py` als Modul importiert.
- `name` ist ein Name für den View, der innerhalb der Applikation eindeutig sein muss. Die Verwendung dieses Namens beim Referenzieren erleichtert späteres Ändern der Projektstruktur.

Als Nächstes bearbeiten Sie die Konfigurationsdatei `urls.py` im Stammverzeichnis Ihres Projekts `lightning/lightning/`. Die Datei existiert bereits und muss nur noch ergänzt werden. Fügen Sie in die Liste `urlpatterns` die fett gedruckte Zeile **#1** ein. Damit sorgen Sie dafür, dass der Server alle Routen findet, die zu Ihrer neuen Applikation `ideas` gehören.

Skript:

```
#lightning/urls.py
from django.contrib import admin
from django.urls import include, path

urlpatterns = [
    path('ideas/', include('ideas.urls')),       #1
    path('admin/', admin.site.urls),
]
```

Alle Einträge in der Liste `urlpatterns` der Applikation `ideas` werden in die übergeordnete Liste `urlpatterns`, die zum gesamten Projekt gehört, eingebunden. Diese Projekt-bezogene Liste brauchen Sie ab jetzt nicht mehr anzurühren, wenn Sie in Ihrer Applikation `ideas` neue Views hinzunehmen.

Jetzt ist der View `views.index` über den URL `http://localhost:8000/ideas` erreichbar. Probieren Sie es mit einem Browser aus! Wenn alles richtig funktioniert hat, sehen Sie eine Webseite wie in Abbildung 33.2.

33.3 Datenbankanbindung

Öffnen Sie (z.B. mit IDLE) das Python-Modul `lightning/settings.py`.

Es enthält die Grundeinstellungen Ihres Projekts, unter anderem die Spezifikation der verwendeten Datenbanken in einem Dictionary.

```
DATABASES = {
    'default': {
        'ENGINE': 'django.db.backends.sqlite3',
```

```
        'NAME': os.path.join(BASE_DIR, 'db.sqlite3'),
    }
}
```

Die Django-Settings

Die Datei `settings.py` im Wurzelverzeichnis Ihres Django-Projekts enthält die Grundeinstellungen. Zu Beginn einer Entwicklung können Sie eigentlich alles so lassen, wie es ist. Bevor Ihr System veröffentlicht wird, müssen Sie jedoch unbedingt einige Einstellungen ändern.

Wechseln Sie in das Wurzelverzeichnis Ihres Projekts und geben Sie das folgende Kommando ein:

```
python manage.py migrate
```

Damit werden die Einstellungen in den Settings umgesetzt.

33.4 Modelle erstellen

Jedes Django-Projekt modelliert einen Wirklichkeitsausschnitt durch ein System von Klassen. Das Django-Projekt ist zwar an eine Datenbank gekoppelt, Sie brauchen aber nicht »von Hand« Relationen in der Datenbank zu erzeugen. Stattdessen definieren Sie – im Stil der objektorientierten Programmierung – einige Klassen, die allesamt Unterklassen der Klasse `django.db.models.Model` sind. Jede dieser Klassen repräsentiert einen Entitätstyp der Wirklichkeit und wird in der Django-Redeweise als Modell (*model*) bezeichnet.

Im Beispiel des Ideenspeichers gibt es zwei Entitätstypen:

- **Frage.** Im Ideenspeicher beinhaltet eine Frage zunächst einmal einen Text, der Menschen herausfordern soll, Ideen zu formulieren. Beispiel: »Gibt es spannende Abenteuer, die keine großen Kosten verursachen?« oder »Wie kann man die Lebensqualität an Autobahnen verbessern?« Zu einer Frage gehören auch der Name ihres Autors (Pseudonym) und ein Zeitpunkt, zu dem die Frage wieder gelöscht werden soll. Für die Ideen, die als Antwort auf eine Frage geliefert werden, ist eine Lebensdauer festgelegt. Wenn jemand etwa zu einem Seminar eine Frage für den Ideenspeicher formuliert, möchte er vielleicht, dass am Ende des Seminars die geäußerten Ideen wieder gelöscht werden.
- **Idee.** Eine Idee ist ein Text, der als Antwort auf eine Frage geäußert worden ist. Die zugehörige Frage ist also Teil der Idee. Außerdem gehört zu einer Idee ein Zeitpunkt, an dem sie wieder aus dem Ideenspeicher entfernt werden soll.

Sie modellieren Fragen (Realität) durch eine Klasse namens `Question` (Modell) und Ideen zu einer Frage (Realität) durch eine Klasse namens `Idea` (Modell). Außerdem erstellen Sie eine Klasse namens `Keyword` für Schlüsselwörter, die der Administrator vergeben kann, um den Personenkreis der Fragensteller einzugrenzen.

Bei der Aktivierung der Modelle wird dann Django automatisch die SQL-Datenbank anlegen. Der Datenbestand wird später während des Betriebs durch ein Datenbanksystem verwaltet. Die Definitionen der Modell-Klassen befinden sich in dem Modul `models`. In dem von Django automatisch angelegten Verzeichnis `.../lightning/ideas/` befindet sich bereits eine Skript-Datei namens `models.py`. Öffnen Sie die Datei mit IDLE und sorgen Sie dafür, dass sie das folgende Skript enthält.

Skript:

```
#.../ideas/models.py
from django.db import models
class Question(models.Model):                                        #1
    text = models.CharField(max_length=100)                          #2
    author = models.CharField(max_length=20)                         #3
    end =  models.DateTimeField()                                    #4
    lifespan_ideas = models.DurationField()

    def __str__(self):
        return '{} fragt: {}'.format(self.author,
                                     self.text)                      #5

class Idea(models.Model):
    text = models.CharField(max_length=200)
    end =  models.DateTimeField()
    question = models.ForeignKey(Question,
                                 on_delete=models.CASCADE)
    def __str__(self):
        return self.text

class Keyword(models.Model):
    text = models.CharField(max_length=20)
```

Erläuterung:

#1: Die Klasse `Question` wird als Unterklasse der Klasse `models.Model` definiert. Ihre Instanzen repräsentieren Fragen.

#2: Die Datentypen der Attribute von `Question`-Objekten werden als *Klassenattribute* definiert. Jedes Klassenattribut ist eine Instanz einer speziellen Django-Klasse. Dieses Attribut ist der Datentyp für den Text einer Frage, Strings der maximalen Länge 200.

#3: Für den Namen des Autors einer Frage sind Strings aus maximal 20 Zeichen vorgesehen.

33.5 Modelle aktivieren

Django-Applikationen sind Plugin-fähig. Das heißt, die App, die Sie entwickelt haben, kann in verschiedenen Projekten verwendet werden. Um die Applikation `ideas` in Ihr Projekt einzubinden und die Modelle zu aktivieren, müssen Sie die Datei `settings.py` mit den Projekteinstellungen bearbeiten.

Werfen Sie vorher noch einen Blick in die Datei `apps.py` im Verzeichnis `.../ideas/`. Sie finden dort eine Klassendefinition, die Django automatisch vorbereitet hat:

```
#.../ideas.apps.py
from django.apps import AppConfig
class IdeasConfig(AppConfig):
    name = 'ideas'
```

Den Namen dieser Klasse benötigen Sie im nächsten Schritt, wenn Sie die Settings verändern.

Gehen Sie in das Stammverzeichnis Ihres Projekts und öffnen Sie mit einem Python-Editor (z.B. IDLE) die Datei `settings.py`.

Erweitern Sie die Liste `INSTALLED_APPS` und fügen Sie ein neues Element ein (fett gedruckt).

```
#.../lightning/lightning/settings.py

INSTALLED_APPS = [
  'ideas.apps.IdeasConfig',
  'django.contrib.admin',
  'django.contrib.auth',
  'django.contrib.sessions',
  'django.contrib.messages',
  'django.contrib.staticfiles',
]
```

Ihre neue Applikation `ideas` ist damit in Ihr Django-Projekt eingebunden. Allerdings sind Ihre Modell-Klassen (Modul `models`) noch nicht in der Datenbank gespeichert. Dazu müssen Sie zunächst *Migrationen* erstellen. Eine Migration ist eine formale Beschreibung von Änderungen der Datenbank.

Gehen Sie (in einem Konsolenfenster) in das Wurzelverzeichnis Ihres Projekts (Verzeichnis mit dem Programm `manage.py`) und geben Sie folgendes Kommando ein:

```
python manage.py makemigrations ideas
```

Wenn das Skript `models.py` fehlerfrei ist, liefert das System folgende Antwort (Windows):

```
Migrations for 'ideas':
  ideas\migrations\0001_initial.py
    - Create model Idea
    - Create model Keyword
    - Create model Question
    - Add field question to idea
```

Was ist passiert? Django hat die Klassenstruktur in `.../ideas/models.py` ausgewertet und im Verzeichnis `.../ideas/migrations` eine Datei mit dem Namen `0001_initial.py` angelegt. In dieser Datei befindet sich die Definition einer ziemlich komplexen Klasse namens `Migration`, die so beginnt:

```
class Migration(migrations.Migration):
    initial = True
    dependencies = [
    ]
    operations = [
        migrations.CreateModel(
          name='Idea',
          fields=[
            ('id', models.AutoField(auto_created=True,
                   primary_key=True, serialize=False,
                   verbose_name='ID')),
            ('text', models.CharField(max_length=200)),
            ('end', models.DateTimeField()),
            ],
        ),
...
```

Diese initiale Migrationsklasse beschreibt den Aufbau der Datenbank in einer Sprache, die unabhängig von dem verwendeten Datenbanksystem (DBS) ist. Das bedeutet, dass Ihre Applikation mit MySQL genauso gut funktioniert wie mit SQLite oder einem anderen DBS.

Das Kommando `migrate` liest die Definition der Klasse `Migration` und ändert die Datenbank entsprechend. Sie brauchen niemals direkt in die Struktur der Datenbank einzugreifen und SQL-Kommandos abzusetzen. Das erledigt alles Django.

Mit `sqlmigrate` können Sie sich den SQL-Code ansehen, den Django erzeugt, um die Datenbank zu ändern. Geben Sie im Wurzelverzeichnis Ihres Projekts folgendes Kommando ein:

```
python manage.py sqlmigrate ideas 0001
```

Der genaue Wortlaut der Antwort hängt davon ab, welches Datenbanksystem in Ihr Projekt eingebunden ist. Hier ein Ausschnitt (SQLight):

```
BEGIN;
--
-- Create model Idea
--
CREATE TABLE "ideas_idea" (
       "id" integer NOT NULL PRIMARY KEY AUTOINCREMENT,
```

```
        "text" varchar(200) NOT NULL,
        "end" datetime NOT NULL);
--
...
```

Die Abbildung der Klassenstruktur eines objektorientierten Programms auf das Relationenschema einer relationalen Datenbank nennt man *Object Relational Mapping* (ORM). Das obige Beispiel vermittelt einen Eindruck, wie das ORM bei Django arbeitet:

- Für jede Klasse (hier: `Idea`, `Question` und `Keyword`) wird eine Tabelle (Relation) angelegt. Ihr Name hat das Format *`app_klasse`*, wobei nur kleine Buchstaben verwendet werden (z.B. `ideas_idea`).
- Jede Tabelle bekommt einen Primärschlüssel namens `id`.

Beachten Sie, dass das Kommando `sqlmigrate` nur den SQL-Code zurückgibt, aber noch nicht das System ändert.

Die »tatsächliche« Migration – also die Einrichtung oder Änderung der Datenbank starten Sie mit dem Kommando `migrate`:

```
python manage.py migrate
```

Kommando	Wirkung
`createsuperuser`	Einen Superuser für die Administration der Website einrichten.
`makemigration`	Eine neue Migration erstellen und in einer neuen Datei im Verzeichnis `.../migration/` speichern. Die Migration dokumentiert alle Änderungen (seit der letzten Migration).
`migrate`	Die aktuelle Migration wird umgesetzt und die Datenbank entsprechend verändert.
`runserver`	Der HTTP-Server wird gestartet. Er kann mit `Strg`+`Untbr` wieder gestoppt werden.
`shell`	Im Konsolenfenster wird eine interaktive Python-Shell ausgeführt.
`sqlmigrate` *`app migr`*	Als Argumente werden der Name der App (z.B. `ideas`) und die Bezeichnung der Migration (z.B. `0001`) übergeben.

Tabelle 33.1: Management-Kommandos. Aufruf: `python manage.py`-Kommando

Ein Projekt wachsen lassen: Die drei Schritte einer Modelländerung

Migration ist ein wichtiges Konzept in der Philosophie von Django. Stellen Sie sich ein Django-Projekt als Organismus vor, der allmählich heranwächst. Jede Änderung wird vom System dokumentiert.

Während der Entwicklung eines Projekts ändern Sie ein Modell in drei Schritten:

- Sie ändern die Klassenstruktur in der Datei `models.py`.

- Sie starten das Kommando `python manage.py makemigrations`. Damit werden alle Änderungen Ihrer Modelle in einer Klassenstruktur dargestellt, die in einer neuen (automatisch erstellten) Datei im Verzeichnis `.../migrations/` gespeichert wird.
- Sie starten das Kommando `python manage.py migrate`. Das System liest die neueste Datei im Verzeichnis `.../migrations/`, wertet die Klasse `Migration` aus und ändert entsprechend die Datenbank.

Kompletter Neuanfang

Wenn Sie noch am Anfang eines Entwicklungsprozesses sind und Ihre Modelle komplett neu erstellen wollen, löschen Sie die Datenbank `sqlite.db` und löschen im Verzeichnis `.../migrations/` alle Migrationsdateien (`0001_initial.py` etc.).

33.6 In der Python-Shell die Datenbank bearbeiten

Bisher haben Sie Klassen und eine Datenbank, aber Sie haben noch keine Objekte. Die Datenbank ist noch leer. In diesem Abschnitt geht es darum, wie man Objekte der Modell-Klassen erzeugen, lesen und verändern kann.

Starten Sie mit dem Programm `manage.py` eine Python-Shell:

```
python manage.py shell
```

Erkunden Sie im interaktiven Modus des Python-Interpreters die Datenbank-API und füllen Sie Ihre Modelle mit einigen Daten.

33.6.1 Objekte durch Aufruf der Klasse erzeugen

Importieren Sie die Modellklassen aus dem Modul `ideas.models`:

```
>>> from ideas.models import Question, Idea
>>> Question.objects.all()
<QuerySet []>
```

Noch gibt es keine `Question`-Objekte. Sie werden nun ein Objekt der Klasse `Question` instanziieren. Dieses Objekt soll folgende Attributbelegungen haben:

- `text`: Der Wortlaut der Frage ist `'Gibt es spannende Abenteuer ohne große Kosten?'`.
- `author`: Der Autor der Frage (Pseudonym) lautet `'Rubin'`.
- `end`: Die Frage soll am 31.12.2021 um 12:00 wieder gelöscht werden.
- `lifespan_ideas`: Ideen zu der Frage sollen nach zwei Wochen wieder gelöscht werden.

Zunächst erzeugen Sie ein `datetime`-Objekt, das den Zeitpunkt repräsentiert, an dem die Frage wieder gelöscht werden soll. Da das `datetime`-Objekt *aware* sein muss, das heißt, die Information zur Zeitzone enthalten muss (`tzinfo`), gehen Sie in zwei Schritten vor:

- Zuerst erzeugen Sie mit der Django-Utility `timezone.now()` ein `datetime`-Objekt, das den gegenwärtigen Augenblick repräsentiert. Beachten Sie: Dieses Objekt hat als Zeitzone immer UTC.
- Dann ersetzen Sie die Datums- und Zeitangaben und erzeugen ein `datetime`-Objekt, das den Zeitpunkt für das Löschen der Frage repräsentiert.

```
>>> from django.utils import timezone
>>> now = timezone.now()
>>> end = now.replace(year=2021, month=12, day=31, hour=10, minute=0,
second=0, microsecond=0)
```

Hinweis: Da die Ideensammlung in Deutschland stattfindet (Zeitzone: UTC+2), geben Sie für `hour` die Zahl 10 statt 12 an.

Die Zeitspanne von zwei Wochen wird durch ein `timedelta`-Objekt aus dem Modul `datetime` dargestellt.

```
>>>  from datetime import timedelta
>>> two_weeks = timedelta(weeks=2)
```

Nun erzeugen Sie ein `Question`-Objekt:

```
>>> q = Question(text='Gibt es spannende Abenteuer ohne große Kosten?',
author='Rubin', end=end, lifespan_ideas=two_weeks)
```

Beachten Sie: Noch ist `q` nicht in der Datenbank. Erst mit `save()` sorgen Sie dafür, dass es der Datenbank hinzugefügt wird.

```
>>> q.save()
```

Prüfen Sie, ob das neue Objekt erfolgreich gespeichert wurde:

```
>>> Question.objects.all()
<QuerySet [<Question: Rubin fragt: Gibt es spannende Abenteuer ohne
große Kosten?>]>
```

In der Auflistung sehen Sie als Repräsentation des Objekts den String, den Sie in der Methode `__str__()` definiert haben.

33.6.2 Auf Attribute eines Objektes zugreifen

Wie bei jedem Python-Objekt können Sie mit einem Namen der Form *`objekt.attribut`* auf ein einzelnes Attribut eines Objektes zugreifen. Das `Question`-Objekt hat einen Primärschlüssel (*primary key*) namens `id`, eine ganze Zahl, die vom System automatisch vergeben wurde.

```
>>> q.id
1
```

Der Löschzeitpunkt der Frage:

```
>>> q.end
datetime.datetime(2021, 12, 31, 12, 0, tzinfo=<UTC>)
>>> q.end.year
2021
```

Sie können auch Attributwerte ändern. Anschließend muss wieder `save()` aufgerufen werden, um die Änderungen in der Datenbank zu speichern.

```
>>> q.text = 'Kennen Sie spannende Abenteuer ohne große Kosten?'
>>> s.save()
```

33.6.3 Objekte finden

Jede Modell-Klasse besitzt einen so genannten *Manager*, ein Klassenattribut namens `objects`, mit dem Sie Instanzen der Modell-Klasse, die bestimmten Kriterien genügen, finden können.

Der Aufruf `K.objects.all()` liefert eine (eventuell leere) Kollektion, die alle Objekte der Klasse *K* enthält.

Der Aufruf `K.objects.get()` liefert genau ein Objekt der Klasse *K*, das ein bestimmtes Merkmal aufweist, falls es genau ein solches Objekt gibt. Dieses Merkmal wird immer als Schlüsselwortargument formuliert. Häufig sucht man nach Objekten mit einer bestimmen ID:

```
>>> Question.objects.get(id=1)
<Question: Rubin fragt: Kennen Sie spannende Abenteuer ohne große
Kosten?>
```

Wenn *kein* Objekt das Merkmal besitzt oder *mehr als ein* Objekt das Merkmal besitzen, gibt es einen Laufzeitfehler.

```
>>> Question.objects.get(id=7)
...  Question matching query does not exist.
```

Sie sind vor Laufzeitfehlern sicher, wenn Sie die Methode `filter()` verwenden. Sie liefert eine Kollektion von Objekten, die dem Suchkriterium entsprechen. Diese Kollektion ist halt leer, wenn es kein Objekt gibt, das dem Suchkriterium entspricht.

```
>>> Question.objects.filter(id=7)
<QuerySet []>
```

33.6.4 Objekte erzeugen und Beziehungen herstellen

Zwischen der Klasse `Question` und der Klasse `Idea` besteht eine 1:n-Beziehung. Das heißt, ein `Question`-Objekt kann mit mehreren `Idea`-Objekten verbunden sein. Und jedes `Idea`-Objekt muss mit genau einem `Question`-Objekt verbunden sein.

1:n-Beziehungen (one-to-many) kommen häufig vor. Denken Sie etwa an die Organisation von Vortragssessions: Zu jeder Session gehören mehrere Vorträge und jeder Vortrag muss in einer Session verankert sein. In einer Online-Zeitschrift gibt es eine 1:n-Beziehung zwischen der Ausgabe der Zeitschrift und den Artikeln. In jeder Ausgabe sind mehrere Artikel und jeder Artikel ist in genau einer Ausgabe enthalten.

Zurück zum Ideenspeicher. Die Klasse `Idea` wurde so definiert, dass jedes `Idea`-Objekt im Attribut `question` mit einem `Question`-Objekt verbunden ist. Sie können in drei Schritten die Beziehung herstellen:

1. Finden Sie das `Question`-Objekt, zu dem die Beziehung hergestellt werden soll:

   ```
   >>> q = Question.objects.get(id=1)
   ```

2. Erzeugen Sie ein neues `Idea`-Objekt und übergeben Sie das `Question`-Objekt als Parameter (fett):

   ```
   >>> i1 = Idea(text='Fahrradtour in einer Tiefgarage', end=time-
   zone.now()+timedelta(weeks=2), question=q)
   ```

3. Speichern Sie das neue `Idea`-Objekt in der Datenbank.

   ```
   >>> i1.save()
   ```

33.6.5 Den Beziehungsmanager nutzen

Eine andere Methode kommt mit einem einzigen Schritt aus, muss aber etwas ausführlicher erklärt werden: Als Sie die Modell-Klasse `Idea` mit dem `ForeignKey`-Attribut definiert hatten, hat Django dafür gesorgt, dass jedes `Question`-Objekt ein korrespondierendes Attribut namens `idea_set` besitzt, das die 1:n-Beziehung zur Klasse `Idea` unterstützt. Der Name wurde automatisch aus dem Namen der verbundenen Klasse gebildet. Prüfen Sie das nach:

```
>>> dir(Question)
```

Das Attribut `idea_set` ist ein Manager, der den Zugriff auf verbundene `Idea`-Objekte ermöglicht. Mit der Methode `create()` erzeugen Sie ein neues `Idea`-Objekt und stellen dabei gleichzeitig die Beziehung zum `Question`-Objekt her:

```
>>> q.idea_set.create(text='Mit der Straßenbahn durch Gelsenkirchen',
end=timezone.now()+timedelta(weeks=2))
```

Beachten Sie, dass Sie bei diesem Aufruf kein Argument für `question` angeben müssen. Das ist ja auch plausibel, weil Sie ja das neue `Idea`-Objekt über das `Question`-Objekt erzeugt haben, mit dem es verbunden sein soll.

Ein explizites Speichern in der Datenbank ist bei dieser Vorgehensweise nicht notwendig. Prüfen Sie durch Befragen der Klasse `Idea` nach, ob neue `Idea`-Objekte entstanden sind:

```
>>> Idea.objects.all()
<QuerySet [<Idea: Fahrradtour in einer Tiefgarage>,
<Idea: Mit der Straßenbahn durch Gelsenkirchen>]>
```

Mit dem folgenden Aufruf können Sie nachprüfen, ob diese `Idea`-Objekte auch tatsächlich mit dem `Question`-Objekt s verbunden sind:

```
>>> q.idea_set.all()
```

33.6.6 Objekte löschen

Mit der Methode `delete()` löschen Sie Modell-Objekte. Zum Ausprobieren erzeugen Sie ein neues `Question`-Objekt, speichern es und löschen es gleich wieder:

```
>>> q = Question(text='Dumme Frage', author='niemand',
        end=timezone.now()+timedelta(weeks=2),
        lifespan_ideas=timedelta(hours=1))
>>> q.save()
>>> Question.objects.all()
<QuerySet [<Question: Rubin fragt: Kennen Sie spannende Abenteuer ohne
große Kosten?>,
<Question: niemand fragt: Dumme Frage>]>
>>> q.delete()
(1, {'ideas.Idea': 0, 'ideas.Question: 1})
>>> Question.objects.all()
<QuerySet [<Question: Rubin fragt: Kennen Sie spannende Abenteuer ohne
große Kosten?>]>
```

33.7 Django-Modelle unter der Lupe

In der Django-Redeweise ist ein Modell (*model*) eine *einzelne* Klasse, die einen *einzelnen Typ von Entitäten* der Realität abbildet. Jedes Modell enthält Felder (*fields*). Bei der Definition eines Modells geben Sie für jedes Feld einen Feldtyp an (*field type*). Programmtechnisch ist ein Feld ein Klassenattribut und jeder Feldtyp eine Klasse aus dem Modul `django.db.models`.

Feldtyp	Erklärung
`AutoField(...)`	Einmalige ganze Zahl, die automatisch erzeugt wird
`BinaryField([`*`max_length`*`]...))`	Binäre Daten (`bytes`) für Bilder, Audio etc.

Tabelle 33.2: Einige Klassen für Feldtypen aus dem Modul `django.db.models`

Feldtyp	Erklärung
`BooleanField(...)`	Boolescher Wert (`True`, `False`)
`CharField([max_length]...)`	Zeichenkette (`str`) mit maximaler Länge *`max_length`*
`DateTimeField(...)`	Zeitpunkt als Objekt vom Typ `datetime` mit `tzinfo`
`DurationField(...)`	Zeitabschnitt als Objekt vom Typ `timedelta`
`EmailField(...)`	String (`str`) mit E-Mail-Adresse
`FloatField(...)`	Gleitpunktzahl (`float`)
`ForeignKey(to, on_delete=CASCADE)`	Das erste Argument *`to`* ist der Name einer anderen Modell-Klasse. Das zweite Argument bewirkt, dass beim Löschen des Objekts auch die Beziehung gelöscht wird.
`IntegerField(...)`	Ganze Zahl (`int`) zwischen `-2147483648` und `2147483647`

Tabelle 33.2: Einige Klassen für Feldtypen aus dem Modul `django.db.models` (Forts.)

Bei Zeichenketten (Feldtyp `CharField`) gibt man in der Regel die maximale Länge eines Wertes an, um Speicherplatz zu sparen. Darüber hinaus gibt es noch weitere Optionen (z.B. zum Aussehen auf einer Administrationsseite), die Sie als Schlüsselwortargumente spezifizieren.

Grenzwerte

Bei numerischen Feldtypen können Sie untere und obere Grenzen für akzeptierte Werte angeben, z.B. `IntegerField(min_value=0, max_value=1000)`.

Leere Felder

Voreingestellt ist, dass jedes Feld eines neuen Objektes einen Wert bekommen *muss*. Wenn Sie wollen, dass ein Feld auch frei bleiben kann, setzen Sie die Option `null` auf `True`. Beispiel: `IntegerField(null=True)`.

Voreingestellte Werte

Um leere Felder zu vermeiden, können Sie auch voreingestellte Werte definieren. Dazu verwenden Sie die Option `default`. Als Wert können Sie ein passendes konstantes Literal (Zahl oder String) oder den Namen einer Funktion (ohne Klammern!) angeben, die einen geeigneten Wert zurückgibt.

```
from django.utils import timezone
from django.db import models

def default_color():
    return 'weiß'
```

```
class TShirt(models.Model):
    name = models.CharField(max_length=30)
    color = models.CharField(max_length=20, default=default_color)
    size = models.CharField(max_length=1, default='L')
datetime = models.DateTimeField(default=timezone.now)
```

Einmaligkeit

Mit der Option `unique=True` können Sie erzwingen, dass ein Feldwert einmalig ist. Das heißt: Kein anderes Objekt dieses Modells hat in diesem Feld den gleichen Wert. Beispiel:

```
keyword = models.CharField(max_length=20, unique=True)
```

Auswahlmöglichkeiten

Mit der Option `choices` können Sie Auswahlmöglichkeiten für Feldwerte festlegen. Am besten definieren Sie zunächst eine Konstante mit den Auswahlmöglichkeiten als Tupel von Paaren. Beispiel:

```
SIZES = (
         ('S','klein'),
         ('M','mittel'),
         ('L','groß')
        )
```

Die erste Komponente eines Paares ist der tatsächliche Wert des Feldes. Die zweite Komponente ist ein lesbarer Text, der im Verwaltungsformular erscheint.

Diese Konstante verwenden Sie dann als Wert für ein Schlüsselwortargument:

```
size = models.CharField(choices=SIZES, max_length=1)
```

33.8 Der Manager unter der Lupe – Objekte erzeugen und suchen

Jedes Django-Modell besitzt einen *Manager*, mit dem Sie nach Daten in der Datenbank suchen können. Dieser Manager hat den Namen `objects`. Mit dem Manager können Sie neue Objekte eines Modells erzeugen und nach Objekten suchen.

```
>>> type(Question.objects)
<class 'django.db.models.manager.Manager'>
```

Beachten Sie, dass der Manager kein Objektattribut, sondern ein Klassenattribut und nur über den *Klassennamen* erreichbar ist.

Objekte erzeugen

Mit einem Aufruf der Manager-Methode `create()` erzeugen Sie (in einem Schritt) ein neues Objekt einer Modell-Klasse und speichern es in der Datenbank ab. Ein Aufruf von `save()` ist nicht erforderlich. Beispiel:

```
>>> q=Question.objects.get(id=1)
>>> Idea.objects.create(text='Müll sammeln auf dem Rathausplatz',
end=timezone.now()+q.lifespan_ideas, question=q)
```

Objekte finden

Mit der Manager-Methode `filter()` finden Sie im Modell Objekte, die bestimmte Merkmale besitzen. Zurückgegeben wird eine (eventuell leere) Kollektion von passenden Objekten des Modells (Typ `Django.db.models.query.QuerySet`).

Die Kunst ist nun, Suchkriterien durch Schlüsselwortargumente der Form *`Schlüssel=Wert`* zu formulieren. Dabei kann *`Schlüssel`* auf verschiedene Weise gebildet werden:

Das Schlüsselwort kann der Name eines Attributs (Feld) sein. Beispiel:
`Question.objects.filter(author='Rubin')`

liefert eine Kollektion mit höchstens einem `Question`-Objekt, dessen Attribut `author` den Wert `'Rubin'` hat.

Bei zusammengesetzten Attributen (wie z.B. Datumsangaben) können Sie auf ein Attribut eines Attributs zugreifen. Dabei wird anstelle eines Punktes ein doppelter(!) Unterstrich verwendet. Beispiel:

```
Question.objects.filter(end__year=2021)
```

liefert alle `Question`-Objekte, bei denen das Attribut `end.year` den Wert `2021` hat.

Schließlich können Sie auch boolesche Operationen wie >, < durch Schlüsselwortargumente ausdrücken. Format:

```
Attribut__Operation=Vergleichswert
```

Tabelle 33.3 beschreibt einige Operationen. Das Filterargument beginnt mit einem Attributnamen, danach kommen zwei Unterstriche und die Bezeichnung einer Vergleichsoperation. Hinter dem Gleichheitszeichen steht ein Vergleichswert. Beispiele:

```
Question.objects.filter(id__gt=1)
```

liefert eine Kollektion mit allen `Question`-Objekten, deren Primärschlüsselwerte größer als 1 sind.

```
Idea.objects.filter(text__contains= 'Fahrrad')
```

liefert alle `Idea`-Objekte, bei denen das Attribut `text` den String `'Fahrrad'` enthält.

Argument	Suchkriterium
`a__contains=s`	Attribut *a* enthält den String *s*.
`a__gt=n`	Attribut *a* enthält einen Wert größer als *n*.
`a__gte=n`	Attribut *a* enthält einen Wert größer oder gleich *n*.
`a__endswith=s`	Attribut *a* enthält einen String, der mit *s* endet.
`a__icontains=s`	Attribut *a* enthält den String *s*. Groß- und Kleinschreibung wird nicht unterschieden.
`a__iendswith=s`	Attribut *a* enthält einen String, der mit *s* endet. Groß- und Kleinschreibung wird nicht unterschieden.
`a__iexact=s`	Attribut *a* ist String *s*, wobei Groß- und Kleinschreibung nicht unterschieden wird.
`a__istartswith=s`	Attribut *a* enthält einen String, der mit *s* beginnt. Groß- und Kleinschreibung wird nicht unterschieden.
`a__lt=n`	Attribut *a* enthält einen Wert kleiner als *n*.
`a__lte=n`	Attribut *a* enthält einen Wert kleiner oder gleich *n*.

Tabelle 33.3: Suchkriterien für `get()`, `exclude()` und `filter()`

Mehrere Bedingungen

Ein Schlüsselwortargument der `filter()`-Methode wirkt wie eine Bedingung, die sich auf Objekteigenschaften bezieht. Zurückgegeben werden alle Objekte, für die die Bedingung erfüllt ist. Sie können *mehrere* Bedingungen (durch Komma getrennt) angeben. Es wird eine Kollektion der Objekte zurückgegeben, die *alle* Bedingungen erfüllen (UND-Verknüpfung). Beispiel:

```
>>> Question.objects.filter(end__year=2021, end__month__lt=10)
```

liefert alle `Question`-Objekte, deren Löschzeit im Jahr 2021 in den Monaten Januar bis September liegt.

Suchen über Beziehungen

Django ermöglicht die Formulierung komplexer Suchkriterien, die sich über Beziehungen zwischen Modellen erstrecken können. Verwenden Sie Namen von Feldern getrennt durch doppelte Unterstriche. Der folgende Aufruf liefert eine Kollektion mit allen Ideen zu einer Frage, die »Abenteuer« enthält.

```
>>> Idea.objects.filter(question__text__contains='Abenteuer')
```

Sie können auch die »umgekehrte« Beziehung vom `Question`-Objekt zu verbundenen `Idea`-Objekten nutzen. Verwenden Sie den Namen der Modell-Klasse mit kleinen Buchstaben. Das folgende Beispiel erzeugt eine Kollektion mit allen Fragen, zu denen Ideen geäußert wurden, in deren Text »Gelsenkirchen« vorkommt.

```
>>> Question.objects.filter(idea__text__contains='Gelsenkirchen')
```

Beachten Sie, dass `Question`-Objekte laut der Modell-Definition eigentlich gar kein Attribut namens `idea` haben.

Weitere Suchmethoden

Die beschriebenen Such-Argumente können Sie in gleicher Weise wie bei `filter()` auch für weitere Manager-Methoden verwenden.

Mit der Methode `get()` erhalten Sie ein einzelnes Objekt mit den gewünschten Merkmalen, sofern ein solches Objekt in der Datenbank existiert. Ansonsten gibt es einen Laufzeitfehler.

Die Methode `exclude()` liefert eine (eventuell leere) Kollektion mit den Objekten, die die angegebenen Merkmale *nicht* besitzen.

Ein Aufruf `order_by('a')` liefert eine Kollektion mit allen Objekten des Modells, die nach den Werten des Attributs *a* sortiert sind. Denken Sie daran, den Namen des Attributs in Anführungsstriche zu setzen. Beispiel:

```
>>> Idea.objects.order_by('end')
```

Liefert eine Kollektion mit allen `Idea`-Objekten, die nach dem Löschzeitpunkt (und damit auch nach dem Entstehungszeitpunkt) sortiert sind.

`QuerySet`-Objekte beherrschen einige gängige Methoden von Python-Kollektionen. Sie können Slices bilden, einen Index verwenden oder mit `reverse()` eine Kopie mit umgekehrter Reihenfolge erzeugen:

```
>>> Idea.objects.order_by('end').reverse()
```

liefert eine Kollektion von `Idea`-Objekten, die absteigend nach dem Löschzeitpunkt sortiert ist.

```
>>> Idea.objects.order_by('end').reverse()[0]
```

liefert das neueste `Idea`-Objekt, das als letztes gelöscht wird (und das deshalb als letztes angelegt worden ist).

33.9 Administration

Django unterstützt die Einrichtung eines Administrators für Ihre Applikation. Ein Administrator kann neue Benutzer einrichten und den Inhalt der Website ändern. (Insbesondere die Löschfunktion ist wichtig, weil auf einer öffentlichen Website rechtswidrige Inhalte entfernt werden müssen.) Der Administrator besitzt alle Zugriffsrechte. Starten Sie die Einrichtung eines Administrators mit dem folgenden Befehl, den Sie in einer Konsole im Wurzelverzeichnis Ihres Projekts absetzen. (Dort befindet sich auch das Skript `manage.py`.)

```
python manage.py createsuperuser
```

Dann gibt es einen kleinen Dialog, bei dem Sie Username, E-Mail-Adresse und ein Passwort mit mindestens acht Zeichen eingeben:

```
Username: admin
Email address: tony@my-domain.de
Password:
Password (again):
Superuser created successfully.
```

Starten Sie den Server:

```
python manage.py runserver
```

Mit einem Webbrowser öffnen Sie die Webseite `http://localhost:8000/admin/`.

Es öffnet sich die Login-Seite für den Administrator. Wenn alles gut geht, sehen Sie die Seite auf Deutsch.

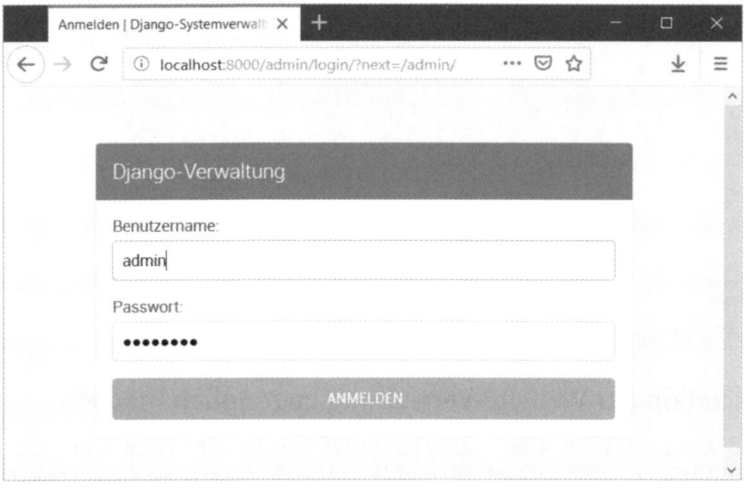

Abb. 33.4: Login-Seite für den Administrator (deutsch)

Falls Sie englische Texte sehen und das ändern möchten, stellen Sie einfach in der Datei `setting.py` eine andere Sprache (z.B. Deutsch) ein:

Suchen Sie nach dem Eintrag

```
LANGUAGE_CODE = 'us-en'
```

Und ändern Sie ihn zu

```
LANGUAGE_CODE = 'de'
```

Auf der Login-Seite (`.../admin/`) loggen Sie sich mit Ihren Zugangsdaten ein und gelangen so zu einer Verwaltungsseite, auf der Sie weitere Benutzer Ihrer Webseite einrichten können.

Aber Ihre Applikation *ideas* ist auf der Verwaltungswebseite noch nicht aufgeführt. Das ändern Sie jetzt.

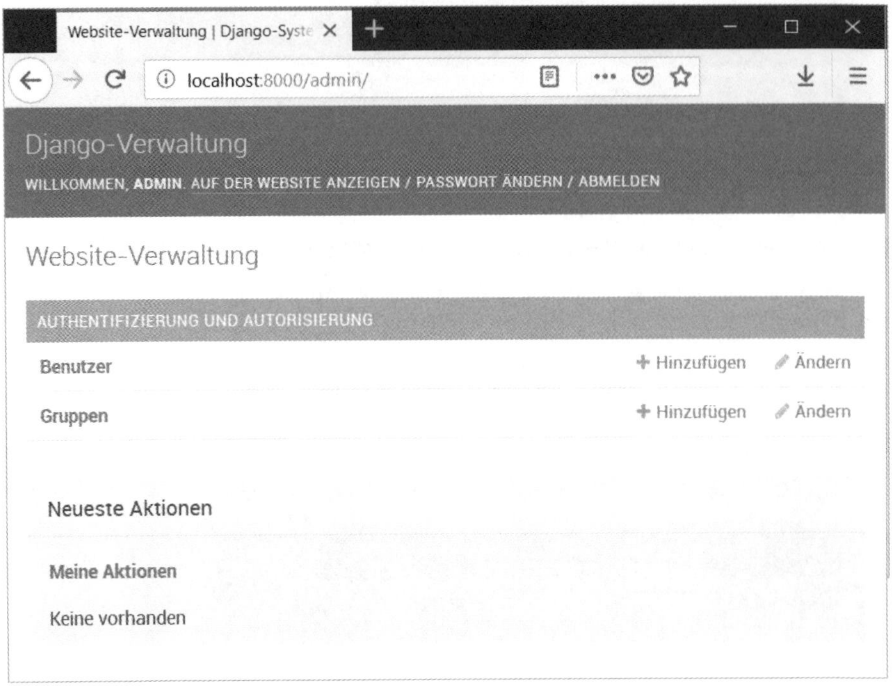

Abb. 33.5: Website-Verwaltung

33.9.1 Eine Applikation der Website-Verwaltung zugänglich machen

Das Python-Modul `django.contrib.admin` implementiert die Website-Verwaltung. Um eine Klasse Ihrer Applikation diesem Service zugänglich zu machen, müssen Sie sie registrieren. Öffnen Sie die Datei `.../ideas/admin.py`, und sorgen Sie dafür, dass dort folgender Programmtext steht:

```
from django.contrib import admin
from .models import Question, Keyword
admin.site.register(Question)
admin.site.register(Keyword)
```

Damit haben Sie die Modelle `Question` und `Keyword` registriert.

Nach dem Neuladen der Verwaltungswebseite im Browser sieht sie aus wie in Abbildung 33.6.

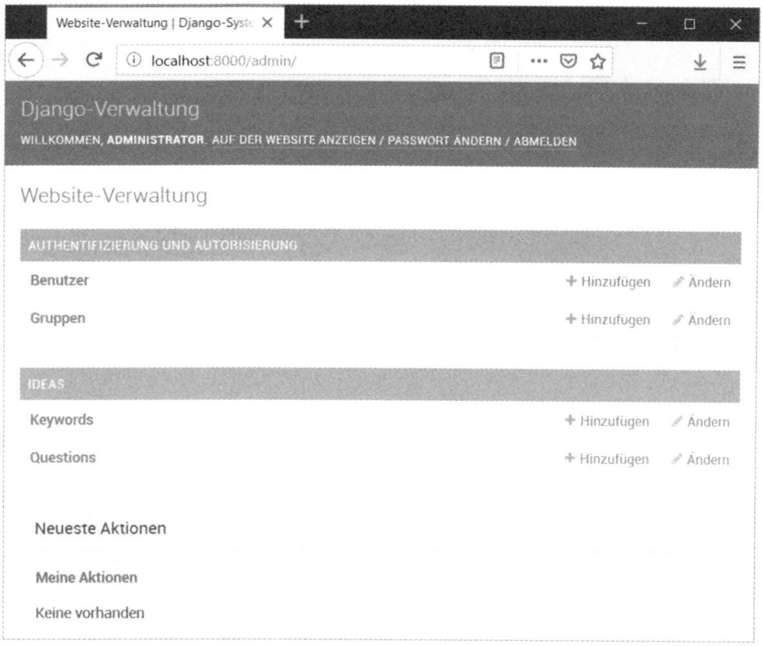

Abb. 33.6: Website-Verwaltung mit Zugriff auf die Modelle `Question` und `Keyword`

Die Seite zeigt nun zusätzlich die registrierten Modelle der Applikation `ideas`. Sie haben nun die Möglichkeit, die bestehende Frage zu ändern oder weitere Fragen hinzuzufügen. Klicken Sie dazu in der unteren Zeile QUESTIONS an. Sie kommen zu einer Webseite, auf der die Frage aufgeführt ist, die Sie zuvor mit Python-Anweisungen im interaktiven Modus angelegt haben (Abbildung 33.7).

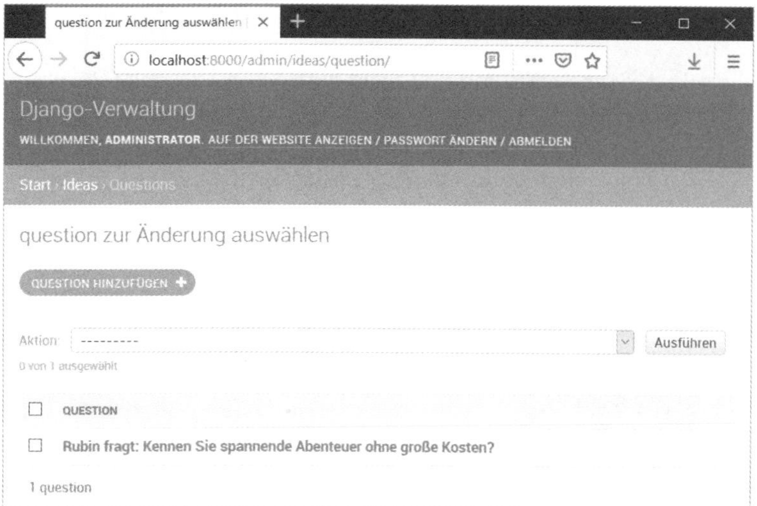

Abb. 33.7: `Question`-Objekt zur Bearbeitung auswählen

Klicken Sie auf RUBIN FRAGT: ..., um diese Frage zu bearbeiten.

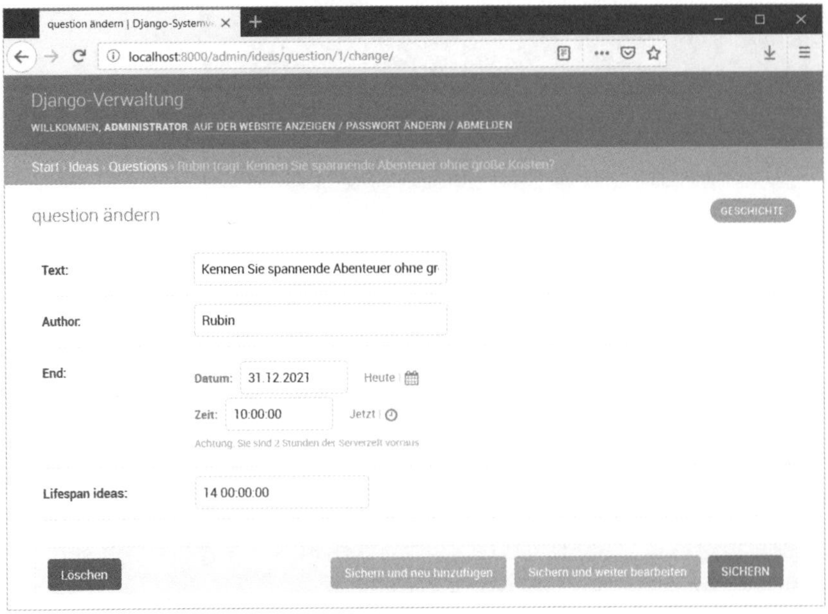

Abb. 33.8: Ein Objekt bearbeiten

Beachten Sie folgende Punkte:

- Das Formular zum Bearbeiten der Daten wurde von Django automatisch aus dem Modell `Question` erzeugt.
- Zu den Feldtypen werden passende HTML-Eingabe-Widgets erzeugt. Zu dem Feld vom Typ `DateTimeField` sieht man sogar mehrere Eingabefelder, getrennt für Datum und Zeit.
- Als Uhrzeitangabe sehen Sie die UTC-Zeit und nicht die deutsche Ortszeit. Darunter steht ein grauer Text, der auf die Abweichung hinweist.
- Als Namen für die Felder werden die englischen Namen aus der Klassendefinition des Modells verwendet, allerdings mit großen Anfangsbuchstaben.

Vielleicht möchten Sie das Projekt überarbeiten, damit das Formular zur Verwaltung benutzerfreundlicher aussieht:

Damit als Uhrzeit die deutsche Ortszeit verwendet wird, müssen Sie die Datei `settings.py` bearbeiten. Suchen Sie nach der Konstanten `TIME_ZONE` und ändern Sie die Zuweisung in:

```
TIME_ZONE = 'Europe/Berlin'
```

Damit in dem Formular besser lesbare Feldbezeichnungen und zusätzliche Hilfetexte erscheinen, müssen Sie die Klasse `Question` bearbeiten und zusätzliche Optionen einfügen. Im folgenden Skript sind die geänderten Passagen fett gedruckt.

Skript:

```
#.../ideas/models.py
from django.db import models
HELP_KEYWORD=''' Das Schlüsselwort sollte ein sinnloses,
aber gut aussprechbares Wort sein
(z.B. "magoba" oder "baluto").'''
HELP_END='''Zeitpunkt, zu dem die Frage gelöscht werden soll'''        '1
class Question(models.Model):
    text = models.CharField(max_length=100,
          verbose_name='Frage')                                        '2
    author = models.CharField(max_length=20,
                        verbose_name='Name')
    end =  models.DateTimeField(
           verbose_name='Löschzeit',
           help_text=HELP_END)                                         '3
    lifespan_ideas = models.DurationField(
        verbose_name='Lebensdauer einer Idee')
    def __str__(self):
        return '{} fragt: {}'.format(self.author,
                                     self.text)

class Idea(models.Model):
    text = models.CharField(max_length=200,
            verbose_name='Idee')
    end =  models.DateTimeField()
    question = models.ForeignKey(Question,
                          on_delete=models.CASCADE)
    def __str__(self):
        return self.text

class Keyword(models.Model):
    text = models.CharField(max_length=20,
                           verbose_name='Schlüsselwort',
                            help_text=HELP_KEYWORD)
```

Erläuterungen:

- **#1:** Zwei lange Strings für Hilfetexte. Zeilenumbrüche werden in der Darstellung auf der Webseite ignoriert.
- **#2:** Mit der zusätzlichen Option `verbose_mode` wird die Bezeichnung des Feldes im Formular festgelegt.
- **#3:** Im Formular auf der Verwaltungsseite wird unter dem Feld ein grauer Text mit dem Hilfetext erscheinen.

Mit diesen Änderungen des Modells sieht die Verwaltungswebseite nun aus wie in Abbildung 33.9.

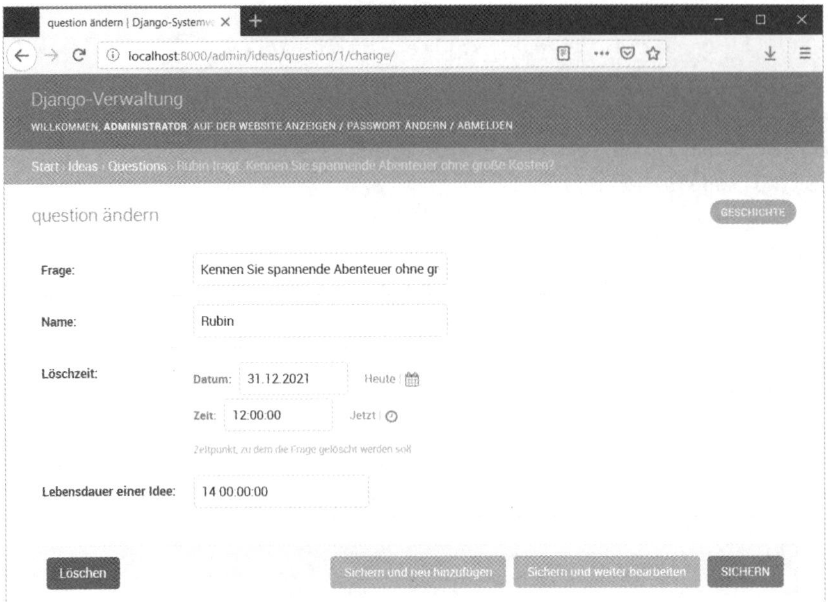

Abb. 33.9: Verbesserte Webseite zur Bearbeitung einer Frage.

33.10 Views einrichten – die Grundstruktur

33.10.1 Was sind Views?

Ein View ist die Ansicht einer dynamischen Webseite, also das, was ein Mensch im Browser zu sehen bekommt, wenn er in das Adressfenster seines Browsers einen URL eingibt und `Enter` drückt. Beachten Sie, dass dynamische Webseiten, wie ja der Name schon sagt – keine statischen Objekte sind, die irgendwo gespeichert sind, sondern erst bei einer Anfrage erzeugt werden und jedes Mal anders aussehen können. Das, was bei einer dynamischen Webseite unveränderlich ist (bestimmte Textelemente, das Layout, der Schrifttyp, Hintergründe etc.), wird durch ein Template festgelegt. Unter Umständen kann ein Template für mehrere Views verwendet werden.

Im Ideenspeicher gibt es folgende Views:

- Startseite *`index`* der Applikation *`ideas`* mit einem Überblick über alle Fragen. (Dafür haben Sie bereits einen View eingerichtet, der aber noch ergänzt werden muss.)
- Seite *`question_index`* mit einem Überblick aller Ideen zu einer bestimmten Frage. Auf dieser Seite kann man auch eine neue Idee eingeben.
- Seite *`new_question`* zur Eingabe einer neuen Frage. Um die Frage speichern zu können, muss man ein Schlüsselwort kennen.

Bei Django wird jeder View durch eine Python-Funktion in der Datei `views.py` implementiert. Bei einem HTTP-Request wertet Django den URL aus und ruft dann die »zuständige«

Funktion auf. Dabei verwendet Django jeweils nur den hinteren Teil eines URL, der nach dem Domänennamen beginnt, die so genannte *Route.*

Die Route wird in Django durch ein Muster beschrieben, das auch variable Teile enthalten kann, ein so genanntes *URL-Pattern.*

In der Datei `urls.py` werden in einer Liste den URL-Patterns Funktionsnamen zugeordnet. Dazu komme ich später.

33.10.2 Funktionen für Views

Beginnen wir mit den View-Funktionen. Erst später kommen Templates hinzu. Zu jeder dynamischen Webseite, die im vorigen Abschnitt beschrieben worden sind, richten Sie im Python-Modul `.../ideas/views.py` eine Funktion ein. Außerdem brauchen Sie zwei weitere View-Funktionen, die aufgerufen werden, wenn in einem Formular etwas eingegeben worden ist und der Submit-Button angeklickt worden ist.

Öffnen Sie mit Ihrem Python-Editor die Datei `.../ideas/views.py` und definieren Sie die folgenden View-Funktionen. Diese Funktionen leisten noch nicht viel. Sie werden erst später mit sinnvoller Funktionalität gefüllt werden.

```
#.../ideas/views.py
from django.http import HttpResponse

def index(request):
    return HttpResponse('Ideenspeicher')

def question_index(request, question_id):                          #1
    output = 'Question ID: {}'.format(question_id)
    return HttpResponse(output)

def new_question(request):
    output = 'Neue Frage'
    return HttpResponse(output)

def save_new_question_ (request):
    output = 'Neue Frage speichern'
    return HttpResponse(output)

def save_new_idea(request, question_id):
    output = 'Neue Idee speichern'
  return HttpResponse(output)
```

Erläuterung:

#1: Erste Version der View-Funktion zur Seite `question_index`. Das zweite Argument ist eine natürliche Zahl, die ID einer Frage. Diese Zahl steht am Ende des URL, der zu dieser Seite führt.

33.10.3 URL-Patterns

Im nächsten Schritt verbinden Sie die View-Funktionen mit URL-Patterns. Im Unterschied zur Funktion `index()` besitzen einige der neuen Funktionen neben `request` noch einen zweiten Parameter. Ein passendes URL-Pattern macht es möglich, über einen URL Daten an diesen Parameter zu übergeben.

Sie bearbeiten die Liste `urlpatterns` in der Datei `.../ideas/urls.py`.

```
#.../ideas/urls.py
from django.urls import path
urlpatterns = [
    path(route='',view=views.index, name='index'),
    path(route='question/<int:question_id>/',
          view=views.question_index,
          name='question_index'),
    path(route='save_new_idea/<int:question_id>/',
          view=views.save_new_idea,
          name='save_new_idea'),
    path(route='new/',
          view=views.new_question, name='new_question'),
    path(route='new_question_response',
          view=views.save_new_question,
          name='save_new_question'),
]
```

Probieren Sie im Browser den Zugriff auf die neuen Funktionen aus. Beispiel: Der URL

```
http://localhost:8000/ideas/question/1/
```

enthält die Route

```
/ideas/question/1/
```

Django durchsucht die Liste `urlpatterns` im Modul `.../ideas/urls.py` und findet den Eintrag

```
path(route='question/<int:question_id>/',
        view=views.question_index, name='question_index'),
```

Der hintere Teil des aufgerufenen URL `/question/1/` passt zum URL-Pattern `question/<int:question_id>/`. Deshalb wird die View-Funktion `question_index()` aufgerufen und als zweites Argument die Zahl 1 übergeben. Im Browser erscheint ein Text wie in Abbildung 33.10.

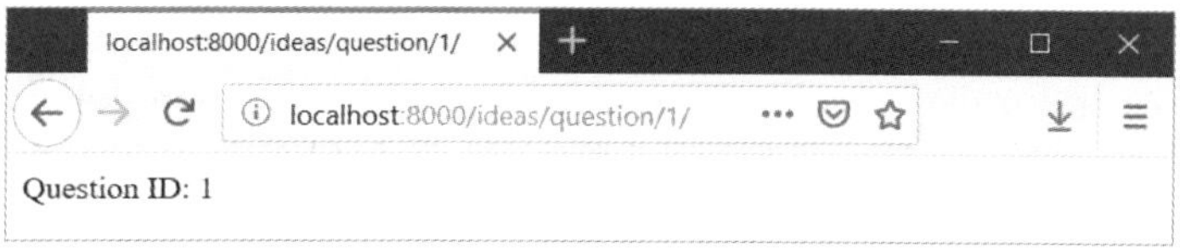

Abb. 33.10: Über den URL werden Daten übergeben (hier: die Zahl 1), die von der View-Funktion verarbeitet werden können.

33.11 View-Funktionen erweitern

Im nächsten Schritt erweitern Sie die Funktionsdefinitionen im Modul `views.py`. Sie sollen auf die Modelle zugreifen und etwas Sinnvolles bewirken. Beachten Sie, dass die View-Funktionen nur den »nackten Inhalt« von Webseiten produzieren, also im Prinzip nur Zahlen und Texte. Alle Aspekte des Aussehens (Farbe, Schriftgröße, Schrifttyp) und des Layouts (Anordnung der Widgets, Hintergründe) werden später im Template festgelegt. Kümmern wir uns zunächst um die Startseite.

33.11.1 Startseite

Die Startseite soll einen Überblick über alle Fragen bieten. Ändern Sie in der Datei `.../ideas/views.py` die Definition der Funktion `index()`, die für die Startseite zuständig ist:

```
def index(request):
    question_list=[q.text for q in    Question.objects.all()]        #1
    output = ', '.join(question_list)
    return HttpResponse(output)
```

In Zeile **#1** wird auf das Modell `Question` zugegriffen und eine Liste aller Fragen erzeugt. Die Strings werden dann in der folgenden Anweisung zu einem langen String verbunden. Das ist der Inhalt des HTTP-Pakets, das an den aufrufenden Client zurückgegeben wird. Geben Sie in das Adressfeld Ihres Browsers den folgenden URL ein:

```
http://localhost:8000/ideas/
```

Django durchsucht die Liste `urlpatterns` im Modul `.../ideas/urls.py`, findet über den Eintrag

```
path(route='',view=ideas.index, name='index')
```

die zugehörige View-Funktion `index()`. Sie sehen eine Webseite wie in Abbildung 33.11.

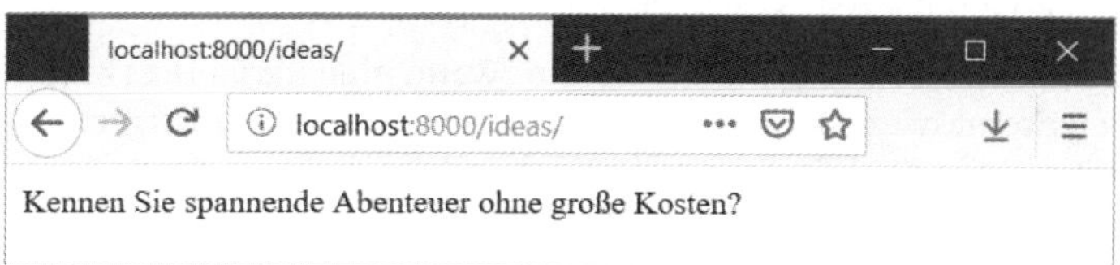

Abb. 33.11: Startseite des Ideenspeichers mit Fragen

Ein Template für die Startseite

Die View-Funktion `index()` ist für die variablen Teile der Webseite zuständig, in diesem Beispiel die Fragen des Ideenspeichers. Die statischen (unveränderlichen) Teile werden im *Template* festgelegt.

Richten Sie im Verzeichnis `.../ideas` ein Unterverzeichnis `templates` ein. Richten Sie in diesem Verzeichnis ein Unterverzeichnis namens `ideas` ein. In diesem Verzeichnis schließlich legen Sie mit einem beliebigen Texteditor eine Textdatei namens `index.html` an.

Die Template-Datei für die Index-Seite hat also insgesamt den Pfad `.../ideas/templates/ideas/index.html`.

Schreiben Sie in diese Datei folgenden Text:

```
<h1> Ideenspeicher</h1>
{% if question_list %}
  <ul>
  {% for question in question_list %}
    <li><a href="/ideas/{{ question.id }}/">
      {{ question.text }}</a> <br/>
      <i> bis {{ question.end }}</i>
    </li>
  {% endfor %}
  </ul>
{% else %}
  <p>Noch keine Fragen.</p>
{% endif %}
<p><a href="/ideas/new/">Neue Frage</a></p>
```

In dem Template wird das Aussehen der Webseite definiert. Sie erkennen einige HTML-Tags:

- Mit `<h1> ...</h1>` wird eine Überschrift erster Ordnung definiert (engl.: *header*). Der Text zwischen dem öffnenden Tag `<h1>` und dem schließenden Tag `</h1>` wird groß dargestellt.
- Die Tags `<p> ...</p>` markieren einen Absatz (engl.: *paragraph*).
- Mit `<ul> ...</ul>` wird eine nicht-nummerierte Liste (mit Punkten) definiert. Jeder Listeneintrag wird durch `<li>...</li>` eingerahmt (engl.: *list item*).
- Die Tags `<a> ... </a>` markieren einen Hyperlink. Die Adresse wird im öffnenden Tag durch das Attribut `href` festgelegt.
- Das Tag `<br/>` markiert einen Zeilenumbruch.
- Die Tags `<i> ... </i>` markieren kursiv gesetzten Text.

Templates können Variablen (Namen für Objekte) enthalten. Wenn eine Variable in einem konstanten Textabschnitt erscheint, wird sie durch doppelte geschweifte Klammern eingerahmt `{{ ... }}`. Variablen werden im Prinzip genauso behandelt wie bei Python. Wenn ein Name einen Punkt enthält, steht vor dem Punkt der Name eines Objektes und hinter dem Punkt der Name eines Attributs des Objektes (z.B. `question.id`).

Das Template enthält auch Elemente von Python-artigem Code, die durch `{% ...%}` eingerahmt sind. Innerhalb eines solchen Elements werden Variablennamen ohne doppelte geschweifte Klammern geschrieben. Sie erkennen zwei Kontrollstrukturen: eine `for`-Anweisung und eine `if-else`-Anweisung. Im Unterschied zu Python spielen Einrückungen keine Rolle. Stattdessen wird das Ende einer `for`- bzw. `if-else`-Anweisung durch Endmarkierungen `{% endfor %}` bzw. `{% endif %}`definiert.

Abb. 33.12: Startseite der Applikation – zweite Version mit Template

Rendern

Das Template ist noch keine fertige HTML-Seite. Denn die Werte der Variablen müssen noch eingefügt werden. Das Kombinieren eines Templates mit Werten aus der Datenbank nennt man *rendern*. Für das Rendern bietet Django im Modul `django.shortcuts` die Funktion `render()`. Sie übernimmt drei Argumente:

- Das erste Argument ist ein Objekt, das den HTTP-Request repräsentiert. In einer View-Funktion ist das einfach das Objekt `request`, das die View-Funktion selbst als Argument übernommen hat.
- Das zweite Argument ist der Pfad der Template-Datei, ausgehend vom Standardverzeichnis für Templates. Das ist (entsprechend der Django-Voreinstellung) das Verzeichnis `.../templates`.
- Das dritte Argument ist ein Dictionary, das den so genannten Kontext (engl.: *context*) darstellt. Im Kontext werden Variablennamen, die im Template verwendet werden, Werte zugewiesen. Über den Kontext erhält ein Template die Daten aus der Datenbank.

Die Funktion `render()` liefert ein HTTP-Paket, das die Views-Funktion dann zurückgeben kann.

Überarbeiten Sie die Funktion `question_index()` in der Skriptdatei `.../ideas/views.py`.

Skript:

```
# .../ideas/views.py
from .models import Question, Idea
```

```
from django.shortcuts import render

def index(request):
    question_list = Question.objects.all()                          #1
    context ={ 'question_list':question_list }                      #2
    return render(request, 'ideas/index.html', context)
```

Erläuterung:

#1: Liste aller `Question`-Objekte

#2: Im einzigen Eintrag des Dictionarys wird dem Namen `question_list`, der im Template verwendet wird, die Liste aller `Question`-Objekte zugeordnet.

33.11.2 Auflistung der Ideen zu einer Frage – question_index

Für jede Frage gibt es eine Seite `question_index`, die von der Startseite aus über einen Hyperlink erreicht werden kann. Sie soll ungefähr aussehen wie in Abbildung 33.13.

Template

Das Template bestimmt das Aussehen der Seite: Man sieht unter der Überschrift die Frage und eine Auflistung der bisher eingetragenen Ideen. Sie speichern das Template unter dem Pfad `.../ideas/templates/ideas/question_index.html`.

Template:

```
<h1> Ideen gesucht!</h1>
{{ question.author }} fragt:
<h3>{{ question.text }}</h3>
  <ul>
  {% for idea in idea_list %}
    <li>{{ idea.text }}</a> </i>
    </li>
  {% endfor %}
  </ul>
<p><a href="/ideas/">Zurück</a></p>
```

Erläuterung:

Mit `<ul> ... </ul>` wird eine unnummerierte Liste aufgebaut. In einer `{% for % }`-Schleife werden alle `Idea`-Objekte, die zu dem Objekt `question` in Beziehung stehen, durchlaufen. (Das Objekt `question` wird dem Kontext entnommen.) Für jedes dieser `Idea`-Objekte wird mit den Tags `<li> ... </li>` ein neuer Eintrag der Liste erzeugt. In diesem Eintrag steht der Text der Idee.

Am Ende der Seite ist ein Hyperlink zur Startseite. (Später werden Sie diese Seite noch um ein interaktives Element erweitern.)

Abb. 33.13: Seite zu einer Frage mit Auflistung aller (bisherigen) Ideen

View-Funktion

Eine Besonderheit der View-Funktion für die Seite einer Frage ist, dass beim Aufruf im zweiten Parameter die ID eines `Question`-Objektes übergeben wird. Die View-Funktion sucht mit Hilfe dieser ID das zugehörige `Question`-Objekt aus der Datenbank. Was aber, wenn die ID aus irgendeinem Grund falsch ist und das Objekt nicht existiert? Dann existiert auch die zugehörige dynamische Webseite nicht und dem Client muss eine entsprechende Fehlermeldung geliefert werden. Für diesen Zweck bietet Django die Shortcut-Routine `get_object_or_404()`. Das folgende Skript illustriert die Verwendung:

```
# .../ideas/views.py
from django.shortcuts import render, get_object_or_404
...

def question_index(request, question_id):
    question = get_object_or_404(Question,
                                 pk=question_id)              #1
    idea_list = question.idea_set.all()                       #2
    context = { 'question': question,
                'idea_list': idea_list}                       #3
    return render(request,
                  'ideas/question_index.html', context)
```

Erläuterung:

#1: Das Programm versucht, aus der Datenbank ein Objekt der Klasse `Question` mit Primärschlüssel `question_id` zu laden. Falls es kein Objekt mit diesem Primärschlüssel (Attribut `id`) gibt, wird an dieser Stelle die Ausführung abgebrochen und ein HTTP-Paket mit einer Fehlermeldung 404 (*Page not found*) zurückgegeben.

#2: Es werden alle `Idea`-Objekte, die zu diesem `Question`-Objekt gehören, herausgesucht und in der Liste `idea_list` gespeichert.

#3: Hier wird ein Kontext für das Rendern definiert, ein Dictionary mit zwei Einträgen: Dem *String* `'question'` (der im Template als Name verwendet wird) wird das *Objekt* `question` zugeordnet und dem *String* `'idea_list'` wird das *Objekt* `idea_list` zugeordnet.

33.11.3 Die Templates verbessern: Namen statt expliziter URLs

Die Templates funktionieren. Aber sie könnten Problem verursachen, wenn Ihre Django-Website sich entwickelt und komplexer wird:

- Momentan haben Sie nur *eine* App. Was ist, wenn in Zukunft weitere Apps dazukommen? Dann könnte es zu Namenskollisionen kommen, weil eventuell mehrere Apps übliche Dateinamen wie `index.html` verwenden. Besser ist es, wenn man für jede App einen eigenen Namensraum einrichtet (*Namespacing*).
- Ihre Templates enthalten Hyperlinks mit expliziten URLs. Falls in der Zukunft die URL-Struktur geändert würde, wären an vielen Stellen Änderungen notwendig. Besser ist es, man verwendet die *Namen* der Views und nutzt in den Templates die zentrale Liste der URL-Patterns in der Datei `.../ideas/urls.py`.

Fügen Sie in der Datei `.../ideas/urls.py` eine Zuweisung ein (fett) und eröffnen damit einen Namensraum für die App `ideas`.

```
from django.urls import path
from . import views

app_name = 'ideas'

urlpatterns = [
...
```

In den Templates ersetzen Sie in den Hyperlink-Tags <a href= ...> die expliziten Pfadangaben jeweils durch einen Ausdruck der Form: {% url ... %}.

Bis jetzt haben Sie zwei Template-Dateien. Die bearbeiten Sie jetzt und ersetzen die expliziten Pfadangaben durch symbolische URLs. Dabei verwenden Sie die *View-Namen*, die Sie in den Einträgen der Liste `url_patterns` in der Datei `.../ideas/urls.py` definiert haben.

Template index.html

In der Datei `.../ideas/templates/ideas/index.html` finden Sie folgendes Tag:

```
<a href="/ideas/{{ question.id }}/">
```

Hier ist die explizite Pfadbezeichnung `/ideas/` enthalten. Ersetzen Sie dieses Tag durch:

```
<a href="{% url 'ideas:question_index' question.id %}">
```

Dann kann Django in der Datei `.../ideas/urls.py` in der Liste `url_patterns` mit Hilfe des View-Namens `question_index` den Pfad heraussuchen. Wenn sich später einmal der Pfad ändert, braucht nur an einer einzigen Stelle, nämlich in der Liste `url_patterns`, eine Änderung vorgenommen zu werden.

In der letzten Zeile ist das Tag <a href="/ideas/new/">.

Ersetzen Sie es durch: <a href="{% url 'ideas:new_question' %}">.

Template question_index.html

In der Datei .../ideas/templates/ideas/question_index.html finden Sie die folgenden zwei Tags für Hyperlinks:

<a href="/ideas/"> und <a href="/ideas/new_idea/">

Ersetzen Sie diese Tags durch:

<a href="{% url 'ideas:index' %}"> und

<a href="{% url 'ideas:new_idea' question.id %}">

33.12 Interaktive Webseiten – Views mit Formularen

Eine interaktive Webseite besitzt ein Formular, das durch die Tags <form> ... </form> ausgezeichnet ist. Das Formular enthält folgende Elemente:

- Eingabe-Elemente. Das können z.B. Radiobuttons sein, die eine Auswahl einer Option aus einem Angebot mehrerer Optionen erlauben, oder ein Eingabefeld, in das man Text oder Zahlen eingeben kann.
- Einen Submit-Button. Wenn man ihn anklickt, werden die eingegebenen Daten an den Server gesendet und eine neue Webseite aufgerufen.

33.12.1 Eingabe einer neuen Frage

Der dritte View ist eine dynamische Webseite, auf der man eine neue Frage definieren kann. Die Seite soll ungefähr so aussehen wie in Abbildung 33.14.

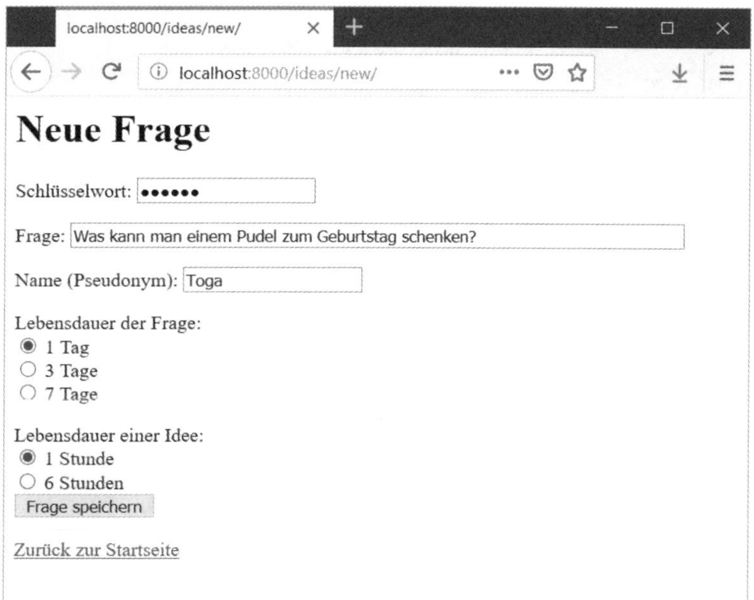

Abb. 33.14: Eingabe der Daten für eine neue Frage.

Sie erkennen auf dem Bild, dass die Webseite vier unterschiedliche Typen von Eingabe-Elementen besitzt:

- Einzeiliges Textfeld zur verdeckten Eingabe des Schlüsselworts
- Einzeilige Textfelder mit sichtbarer Eingabe
- Auswahlfelder (Radiobuttons)
- Schaltfläche zum Absenden der eingegebenen Daten

Template:

```
<h1>Neue Frage</h1>
{% if message %}
  <p><strong>{{ message }}</strong></p>
{% endif %}

<form action="{% url 'ideas:save_new_question' %}" method="post">
  {% csrf_token %}
  <p>Schlüsselwort:
    <input type ="password" size=20 name="keyword" />
  </p>
  <p>Frage: <input type ="text" size=80 name="text"
    value="{{ question_text }}" /> </p>
  <p>Name (Pseudonym):
  <input type="text" size= 20 name="author" /> </p>
  <p>Lebensdauer der Frage:<br/>
  {% for days in lifespan_choices %}
   <input type="radio" name="lifespan" value="{{ days }}">
   {{ days }} {% if days == 1 %}Tag {% else %}Tage{% endif %}
  <br/>
  {% endfor %} </p>
  <p>Lebensdauer einer Idee:<br/>
   <input type="radio" name="lifespan_ideas" value="1" checked="checked" />
   1 Stunde </br>
    <input type="radio" name="lifespan_ideas" value="6"/>
   6 Stunden </br>
  <input type="submit" value="Frage speichern">
  </p>
</form>
<p><a href="{% url 'ideas:index' %}">
Zurück zur Startseite</a></p>
```

Erläuterung:

Das Template bestimmt das Aussehen der Webseite. Gehen wir die wesentlichen Teile durch:

`{% if message %}...`

Wenn beim Aufruf der Seite eine Fehlermeldung übergeben worden ist (wenn also der String `message` nicht leer ist), wird die Meldung an dieser Stelle (fett) ausgegeben.

`<form action= ...>`

Alle Eingabe-Elemente sind in einem HTML-Formular `<form ...> ... </form>` festgelegt. Im Attribut `action` ist festgelegt, welche Seite aufgerufen wird, wenn der `Submit`-Button gedrückt wird. In diesem Fall wird die Seite mit dem Namen `save_new_question` der Applikation `ideas` aufgerufen. Der genaue URL ist in der Liste `urlpatterns` in der Datei `.../ideas/urls.py` festgelegt. Die Daten des Formulars werden mit der POST-Methode (in einem eigenen Datenpaket) übertragen. Beachten Sie, dass eigentlich eine Funktion und keine Webseite im üblichen Sinn aufgerufen wird. Diese Funktion sorgt dafür, dass die eingegebenen Daten in der Datenbank gespeichert werden.

`{% csrf_token %}`

Das CSRF-Token verhindert einen Angriff durch gefälschte HTTP-Pakete (Cross Site Request Forgery). Der Geschädigte eines CSRF-Angriffs ist nicht Ihre Website, sondern ein *Besucher* Ihrer Website, dem ein falsches HTTP-Paket untergeschoben wird. Alle `<form>`-Elemente in Templates, die die POST-Methode verwenden, sollten `{% csrf_token %}`enthalten, um die Besucher zu schützen.

```
<input type ="password" .../>
```

Hier wird ein einzeiliges Textfeld zur verdeckten Eingabe des Schlüsselworts definiert. Statt Buchstaben sieht man dicke Punkte. Der Text, den der Benutzer in diesem Feld eingibt, wird unter dem Namen `keyword` gespeichert.

```
<p>Frage: <input type ="text" size=80 name="text"
   value="{{ question_text }}" /> </p>
```

Hier wird ein einzeiliges Textfeld (Länge 80 Zeichen) zur Eingabe der Frage definiert. Der eingegebene Text wird unter dem Namen `text` gespeichert. In das Eingabefeld wird der Wert von `question_text` eingetragen. Dieser Wert ist im Kontext bestimmt, ein Dictionary, das von der View-Funktion beim Rendern verwendet wird. Es könnte ja sein, dass der Benutzer beim Ausfüllen des Formulars einen Fehler gemacht hat und die Seite `new_question` ein zweites Mal aufgerufen wird. Dann scheint es so, als bliebe der eingegebene Text erhalten.

```
{% for days in lifespan_choices %}...
```

Mit diesem Tag und den folgenden Zeilen wird in einer Iteration über die Liste `lifespan_choices` ein zusammenhängender Block von Radiobuttons erstellt. Die Laufvariable heißt `days` und enthält eine ganze Zahl (Anzahl Tage). Wenn `days` den Wert `1` trägt, folgt hinter der Zahl das Wort `Tag`, ansonsten das Wort `Tage`. Die Information, welche und wie viele Werte für die einzustellende Lebensdauer der Frage vorgegeben werden, stammt also aus der View-Funktion.

```
<p>Lebensdauer einer Idee:<br/>
   <input type="radio" name="lifespan_ideas" value="1" checked="checked" />
...
```

Im letzten Abschnitt des Formulars werden zwei weitere Radiobuttons definiert, über die man die Lebensdauer der Ideen zu dieser Frage wählen kann. In diesem Fall werden die Anzahl der Radiobuttons und Werte im Template festgelegt. Das ist zwar einfacher, aber nicht so »puristisch«, weil hier Information, die über das bloße Aussehen hinausgeht, im Template (und nicht im View) codiert ist. Der erste Radiobutton hat den Wert 1 (Anzahl der Stunden) und der zweite den Wert 6. Das `input`-Tag des ersten Radiobuttons trägt außerdem das Attribut `checked=="checked"`. Das bewirkt, dass beim Erscheinen dieser Seite dieser Radiobutton ausgewählt ist.

View-Funktion für die Eingabe der Frage

Die View-Funktion (in der Datei `.../ideas/views.py`) stellt erforderliche Daten zusammen und kombiniert die Daten mit dem Template. In diesem Fall ist die einzige Information, die benötigt wird, eine Liste möglicher Optionen für die Bestimmung der Lebensdauer der Frage.

Skript:

```
def new_question(request):
    context = { 'lifespan_choices': [1, 3, 7]}                    #1
    return render(request, 'ideas/new_question.html', context)
```

Erläuterung:

#1: Hier werden drei Auswahlmöglichkeiten definiert, die im Template zur Konstruktion von Radiobuttons verwendet werden. Jede Zahl ist eine Anzahl von Tagen, die die Frage in der Website sichtbar bleiben soll, bevor sie vom System gelöscht wird.

View-Funktion für das Speichern der eingegebenen Daten

Wenn ein Benutzer nach der Eingabe einer neuen Frage auf den SUBMIT-Button klickt, wird die View-Funktion `save_new_question()` aufgerufen. So ist es im `<form>`-Tag des Templates definiert.

Falls die eingegebenen Daten akzeptabel sind, werden sie in der Datenbank gespeichert und es erscheint wieder die Indexseite – jetzt mit einer zusätzlichen neuen Frage. Wenn mit der Eingabe etwas nicht stimmt, wird wieder die Seite zur Eingabe einer neuen Frage aufgerufen, allerdings mit einer Fehlermeldung.

Skript:

```
def save_new_question(request):
    text = request.POST['text']                                   #1
    keyword = request.POST['keyword']
    author = request.POST['author']
    lifespan_ideas = int(request.POST['lifespan_ideas'])
    try:                                                          #2
        lifespan = int(request.POST['choice'])
    except:
        lifespan = 1
```

```
    valid_keywords = [k.text for k in Keyword.objects.all()]
    if keyword not in valid_keywords:                                    #3
        message='Das Schlüsselwort ist ungültig.'
    elif len(text) < 5:
        message='Bitte eine längere Frage eingeben.'
    elif len(author) < 3:
        message='Bitte einen längeren Namen eingeben.'
    else:
        message = ''
    if message:                                                          #4
        context = {'message': message,
                   'lifespan_choices': [1, 3, 7],
                   'question_text':text}
        return render(request,
                      'ideas/new_question.html',
                      context)                                           #5
    else:                                                                #6
        end = timezone.now() + timedelta(days=lifespan)
        q = Question(text=text, author=author, end=end,
              lifespan_ideas=timedelta(hours=lifespan_ideas))
        q.save()
        return HttpResponseRedirect(reverse('ideas:index'))              #7
```

Erläuterung:

#1: Zunächst werden aus dem Paket, das mit der POST-Methode übermittelt worden ist, Daten ausgelesen und lokalen Variablen zugewiesen.

#2: Hier wird versucht, den Wert mit Namen `choice` auszulesen. Es könnte sein, dass der Benutzer vergessen hat, einen Radiobutton zur Lebensdauer der Frage anzuklicken. Dann wäre `choice` nicht definiert und es gäbe eine Exception, die in der `except`-Klausel abgefangen wird. In diesem Fall erhält `choice` den Wert `1`.

#3: Hier wird geprüft, ob ein gültiges Schlüsselwort eingegeben worden ist. Ist das nicht der Fall, wird eine Fehlermeldung formuliert. Anschließend wird geprüft, ob die Frage und der Name des Autors lang genug sind. Ist alles in Ordnung, gibt es keine Fehlermeldung und `message` ist ein leerer String.

#4: Wenn `message` kein leerer String ist, wird ein Kontext mit der Fehlermeldung (und anderen Daten) konstruiert.

#5: Anschließend wird mit dem Template die Seite `new_question` gerendert, das auf diese Weise erzeugte HTTP-Paket zurückgegeben und die Ausführung der Funktion beendet. Der Betrachter hat das Gefühl, auf der Webseite für die Eingabe einer neuen Frage zu bleiben, und sieht zusätzlich oben eine Meldung wie z.B. *Bitte eine längere Frage eingeben.*

#6: Wenn `message` leer ist, ist alles in Ordnung und mit den eingegebenen Daten kann ein neues `Question`-Objekt erzeugt und in der Datenbank gespeichert werden.

#7: Nun soll wieder die Startseite `index` gezeigt werden. Dazu muss ein HTTP-Paket zurückgegeben werden, das bewirkt, dass diese Seite aufgerufen wird.

Die Funktion reverse()

In den letzten interaktiven Templates haben Sie im `action`-Attribut eines `<form>`-Tags die Funktion `url()` verwendet.

```
<form action="{% url 'ideas:save_new_question' %}" method="post">
```

Die Funktion `url()` liefert (mit Hilfe der Liste `urlpatterns` in der Datei `urls.py`) zu einem gegebenen Namen die zugehörige View-Funktion.

Die Funktion `reverse()` macht in etwa das Umgekehrte. Sie liefert zu einem Namen den zugehörigen URL. Beispiel:

```
reverse('ideas:index')
```

liefert einen URL, der z.B. für `HTTPResponseRedirect()` als Argument benötigt wird.

Dabei greift die Funktion ebenfalls auf die Liste `urlpatterns` zu. Diese Liste ist ja der einzige Ort, an dem URLs verwaltet werden. Damit wird das DRY-Prinzip umgesetzt (*do not repeat yourself*) und es ist leichter, Änderungen im Projekt durchzuführen.

33.12.2 Eingabe einer neuen Idee

Für die Eingabe einer Idee zu einer Frage definieren Sie kein eigenes Template, sondern Sie erweitern das Template `question_index.html` um einen Eingabebereich. Die Webseite sieht ungefähr so aus wie in Abbildung 33.15.

Template (Erweiterung)

```
{% if message %}<p><strong>{{ message }}</strong></p>{% endif %}
<form action="{% url 'ideas:save_new_idea' question.id %}"
method="post">
  {% csrf_token %}
  <p>Neue Idee:   <input type ="text" size= 60 name="text"
    {% if idea_text %}value="{{ idea_text }}"{% endif %}/>
  </p>
  <input type="submit" value="Idee senden">
</form>
...
```

Erläuterung:

Mit `<form ...> ... </form>` wird ein Formular definiert. Das `action`-Attribut bewirkt, dass beim Klick auf den Submit-Button die View-Funktion `save_new_idea()` der Applikation `ideas` aufgerufen wird. Dabei wird `question.id` als Argument übergeben.

Zum Schutz des Users vor Angriffen durch gefälschte HTTP-Pakete wird wieder ein CSRF-Token gesetzt.

Mit dem Tag <input type ="text" ... /> wird ein einzeiliges Eingabefeld der Länge 60 Zeichen definiert. Falls die Variable idea_text einen (nichtleeren) String enthält, wird dieser Text im Eingabefeld dargestellt. Was hat es damit auf sich? Die View-Funktion save_new_idea(), die nach einem Klick auf den Submit-Button aufgerufen wird, sorgt dafür, dass die übergebenen Daten geprüft und in der Datenbank gespeichert werden. Falls ein Fehler auftritt (z.B. weil der Ideentext zu kurz ist), wird wieder diese Seite aufgerufen. Dann erscheint im Eingabefeld wieder der Text, der zuvor eingegeben worden ist. Bei einer schlecht programmierten Webseite ist er verschwunden.

Abb. 33.15: Erweiterung der Webseite question_index um einen Eingabebereich

33.12.3 View-Funktion für das Speichern einer neuen Idee

Wenn der Benutzer den Submit-Button anklickt, soll die eingegebene Idee mit einem Verfallszeitpunkt und der Beziehung zu der zugehörigen Frage in der Datenbank gespeichert werden. Das erledigt die View-Funktion save_new_idea(). Zu ihr gehört kein eigenes Template. Stattdessen verwendet sie das bereits vorhandene Template question_index.html. Der Benutzer sieht also eine ähnliche Webseite wie in Abbildung 33.15.

Skript:

```
from django.shortcuts import render, get_object_or_404
...

def save_new_idea(request, question_id):
    question = get_object_or_404(Question,
                                 pk=question_id)            #1
    text = request.POST['text']                             #2
    if len(text) < 10:                                      #3
        message = 'Der Text ist zu kurz! (Min. 10 Zeichen)'
```

```
    else:
        message = ''
        end = timezone.now() + question.lifespan_ideas
        idea = Idea(text=text,
                    question=question,
                    end=end)                                    #4
        idea.save()
    context = {'question': question,
               'message': message,'idea_text':text,
               'idea_list': question.idea_set.all()}            #5
    return render(request,
                  'ideas/question_index.html',
                  context)                                      #6
```

Erläuterung:

#1: Aus der Datenbank wird das `Question`-Objekt mit Primärschlüssel-Wert `question_id` herausgesucht. Wenn ein solches Objekt nicht existiert, wird eine Seite mit einer Fehlermeldung zurückgegeben.

#2: Das Objekt `request.POST` ist ein Dictionary, das die übergebenen Daten aus dem Formular enthält. Die Variable `text` erhält hier als Wert den Text einer Idee, die der Benutzer eingegeben hat.

#3: Wenn der Text der Idee aus weniger als 10 Zeichen besteht, wird der Variablen `message` eine Fehlermeldung zugewiesen.

#4: Hier wird ein neues `Idea`-Objekt mit dem Text der Idee erzeugt. Der Löschzeitpunkt `end` wurde zuvor aus der aktuellen Zeit und der für Ideen zu dieser Frage vorgesehenen Lebensdauer berechnet. Anschließend wird mit `save()` das neue Objekt in der Datenbank gespeichert.

#5: Der Kontext (Variable `context`) ist ein Dictionary, das den Namen für variable Elemente, die im Template `question_index.html` verwendet werden, Objekte zuordnet.

#6: Hier wird veranlasst, dass aus dem Template und den Daten des Kontextes eine dynamische Webseite erzeugt wird.

33.12.4 Fertig!

Damit ist die Applikation *Ideenspeicher* fertiggestellt. Sie läuft auf dem lokalen Computer und kann ausprobiert und getestet werden. Allerdings sollte sie in dieser Form auf keinen Fall veröffentlicht werden. Sie ist bestenfalls ein Startpunkt für eine Entwicklung. Für die Produktionsreife müssen noch ein paar Dinge ergänzt und geändert werden.

33.13 Die nächsten Schritte

An dieser Stelle endet die kleine Einführung in Django. Für die nächsten Schritte empfehle ich die umfangreiche Django-Dokumentation und einschlägige Fachliteratur.

Bisher ist Ihr Projekt im Entwicklungsmodus. Die Applikation läuft nur in der privaten Umgebung Ihres Computers. Sie haben vom Server-Prozess Fehlermeldungen bekommen, wenn ein Skript nicht stimmte. Alles ist offen und transparent, so dass der Programmcode leicht geändert werden kann. Außerdem verwenden Sie SQLite, das zwar relativ langsam ist, aber für Tests auf dem lokalen Computer völlig ausreicht.

Auf dem entfernten Server ist das natürlich alles anders. Ihr Projekt ist dort im Produktionsmodus. Sie setzen die Settings so, dass niemand Fehlermeldungen sieht, die Geheimnisse Ihres Programmcodes verraten. Und Sie verwenden im Produktionsmodus ein professionelles Datenbanksystem wie z.B. MySQL. Es kann sehr viel schneller Anfragen bearbeiten als das dateibasierte SQLite.

Bevor Sie Ihr Projekt veröffentlichen, müssen Sie auch einige juristische Punkte beachten. Falls Sie personenbezogene Daten verarbeiten, müssen Sie die Datenschutz-Grundverordnung beachten und Einwilligungen der betroffenen Personen einholen (`https://dsgvo-gesetz.de/`).

Selbst bei einer so einfachen Applikation wie dem »Ideenspeicher« sind einige Rechtsfragen zu beachten. Denn es kann ja sein, dass jemand rechtswidrige Inhalte (z.B. Urheberrechtsverletzungen oder Beleidigungen) als »Idee« einstellt. Die Begrenzung der Lebensdauer hilft etwas und verhindert, dass problematische Texte dauerhaft zu sehen sind. Als Dienstanbieter sind Sie nach §10 des Telemediengesetzes zwar grundsätzlich *nicht* für fremde Inhalte verantwortlich. Sie sind aber verpflichtet, rechtswidrige Inhalte zu löschen, sobald Sie davon Kenntnis bekommen haben. Deshalb sollte Ihre Website eine E-Mail-Adresse enthalten, an die Besucher, die einen problematischen Inhalt gefunden habe, eine Meldung schicken können.

Wie läuft nun ein Deployment grundsätzlich ab? Es wird meist empfohlen, das Versionsverwaltungsprogramm *Git* auf dem lokalen Computer zu installieren, auf dem die Entwicklung stattfindet. Sie benötigen einen Account auf *GitHub* und können dann leicht neue Versionen Ihres Projekts in die Cloud auf *GitHub* schieben. Schließlich müssen Sie bei einem Provider einen (virtuellen) Server buchen. Auf diesem Server installieren Sie Python, Django und ein Datenbanksystem (z.B. MySQL). Sie richten eine Datenbank ein, die *völlig getrennt* von der Datenbank auf Ihrem Entwicklungsrechner ist. Wenn Sie Ihr Projekt auf Ihrem (lokalen) Computer weiterentwickeln, arbeiten Sie mit Ihren lokalen Testdaten und rühren die Datenbank auf dem Produktionsserver nicht an.

Besonders komfortabel für Python-basierte Projekte ist der Hosting-Service *Python Anywhere* (`www.pythonanywhere.com`). Zum Ausprobieren reicht ein kostenloser *Beginner Account*.

Sie haben jetzt einige Features kennengelernt, aber Django bietet noch viel mehr. Bisher haben Sie selbst Ihre Templates entworfen. Professioneller ist es, auf Djangos konfektionierte Templates (*generic templates*) zurückzugreifen. Sie können natürlich auch noch abgewandelt werden. Weiterhin unterstützt Django das Einrichten von Login- und Registrierungsprozeduren. Damit machen Sie Ihre Applikation zu einer echten Web-2.0-Website, auf der mehrere Personen gemeinsam Inhalte verwalten können. Mit Features zur Internationalisierung machen Sie Ihre Website mehrsprachig.

33.14 Aufgabe Suche nach Ideen

Erweitern Sie die Applikation um eine Suchfunktion. Ergänzen Sie die Startseite um ein interaktives Element (Abbildung 33.16). Die Antwortseite soll ungefähr so aussehen wie Abbildung 33.17.

Abb. 33.16: Interaktives Element zur Suche nach Ideen

Abb. 33.17: Antwortseite mit den Suchergebnissen

Die sind die einzelnen Entwicklungsschritte:

- Das Template der Startseite (`index.html`) um ein Formular mit Eingabefeld und Submit-Button für die Suche erweitern.
- Neues Template für die Seite mit den Suchergebnissen erstellen.
- View-Funktion für die Bearbeitung der Suche erstellen.
- Die Liste `urlpatterns` in der Datei `.../ideas/urls.py` erweitern.

33.15 Lösung

1. Schritt: Erweiterung des Templates der Startseite:

```
<form action="{% url 'ideas:search' %}" method="post">  {% csrf_token
%}
  <p>Suchbegriff:  <input type="text" size=20 name="text" />
     <input type="submit" value="Suchen"/>
  </p>
</form>
```

Erläuterung:

Es wird ein neues Formular mit einer Eingabezeile eingerichtet. Der String mit dem eingegebenen Text erhält den Namen `text`. Da diese Variable nach der POST-Methode in einem eigenen Paket zurückgegeben wird, verwenden Sie ein CSRF-Token.

2. Neues Template für die Seite mit den Suchergebnissen

Das folgende Template speichern Sie im Ordner `.../ideas/templates/ideas/` unter dem Namen `search_results.html`.

Template:

```
<h1>Suchergebnisse</h1>
{% if message %}<p><strong>{{ message }}</strong></p>
{% else %}
  {% for idea, question in results %}
  <p>
    Idee: <i>{{ idea.text }}</i>
   (zur Frage <i>{{ question.text }}</i>)
  </p>
  {% endfor %}
{% endif %}

<p><a href="{% url 'ideas:index' %}">
Zurück zur Startseite</a></p>
```

Erläuterung:

Falls es eine Fehlermeldung (`message`) gibt, wird diese fett ausgegeben. Ansonsten wird die Liste `results` mit den Suchergebnissen durchlaufen. Jedes Element der Liste `results` ist ein Tupel aus einem `Idea`-Objekt und einem `Question`-Objekt. Für jedes Tupel wird mit `<p> ... </p>` ein eigener Abschnitt eingerichtet. In jedem dieser Abschnitte werden der Text einer Idee und der Text der zugehörigen Frage – schön formatiert wie in Abbildung 33.17 – dargestellt.

3. Schritt: View-Funktion für die Bearbeitung der Suche

Skript:

```
# .../ideas/views.py
...

def search(request):
    text = request.POST['text']
    if len(text) < 3:                                             #1
        message = 'Der Suchbegriff ist zu kurz!'
        context = {'message': message}                            #2
    else:
        results = [(idea, idea.question)
                   for idea in Idea.objects.all()
                   if text in idea.text]                          #3
        context = {'results': results}                            #4
```

```
    return render(request,
                  'ideas/search_results.html',
                  context)                                  #5
```

Erläuterung:

#1: Wenn der Suchbegriff zu kurz ist, wird eine Fehlermeldung geschrieben.

#2: Es wird ein Kontext mit allein dieser Fehlermeldung aufgebaut.

#3: Wenn die Suche in Ordnung ist, wird eine Liste mit den Suchergebnissen aufgebaut. Es ist eine Liste aus Tupeln. Jedes Tupel besteht aus einem `Idea`-Objekt, in dessen Text der Suchbegriff vorkommt, und dem `Question`-Objekt, das zu dieser Idee gehört.

#4: Der Kontext erhält die Suchergebnisse.

#5: Der Kontext wird mit dem Template für die Suchergebnisse gerendert und das resultierende HTTP-Paket mit der Webseite zurückgegeben.

4. Schritt: URL-Patterns erweitern

Fügen Sie in der Liste `urlpatterns` in der Datei `.../ideas/urls.py` folgenden neuen Eintrag ein:

```
urlpatterns = [
...
    path(route='search/',
         view=views.search, name='search')
]
```

Anhang A

Anhang

A.1 Zeichencodierung

A.1.1 Codierung von Sonderzeichen in HTML

Zeichen	HTML	Zeichen	HTML
"	`"`	Ö	`Ö`
&	`&`	ö	`ö`
<	`<`	ü	`ü`
>	`>`	Ü	`Ü`
`Leerzeichen`	` `	§	`§`
Ä	`Ä`	©	`©`
ä	`ä`	ß	`ß`

A.2 Quellen im WWW

- Die offizielle Python-Homepage: `http://www.python.org`
- Der Python Package Index, eine ständig aktualisierte Sammlung von Python-Modulen: `http://pypi.python.org/pypi`
- Informationen über *special interest groups* in Python: `http://www.python.org/community/sigs/`
- Anaconda, Python für wissenschaftliches Arbeiten mit großen Datenmengen: `https://anaconda.org/`
- Allen B. Downey, Jeffrey Elkner and Chris Meyers: How to Think Like a Computer Scientist, Learning with Python: `http://www.openbookproject.net/thinkcs/python/english2e/`
- Das deutsche Python-Forum: `http://www.python-forum.de/`
- Django-Website: `https://www.djangoproject.com/`
- Tipps und Rezepte zur fortgeschrittenen Programmierung mit Python im Active State Programmer Network: `http://aspn.activestate.com/ASPN/Python`
- Python Academy Leipzig. Ein Schulungszentrum speziell zur Python-Programmierung mit zahlreichen aktuellen Hinweisen auf der Homepage: `http://www.python-academy.de/`
- Peter Gerlach: Der Weg zur Programmierung mit Python: `http://www.way2python.de/`

A.3 Standardfunktionen und Standardklassen

Funktionsaufruf	Erklärung
`abs(x)`	Liefert den absoluten Wert einer Zahl *x* (ganze Zahl, Gleitkommazahl oder komplexe Zahl).
`bool(x)`	Gibt den Wahrheitswert (`True` oder `False`) des Objektes zurück.
`bytes(s, encoding)`	Das erste Argument ist ein String, das zweite Argument eine Zeichenkette mit der Bezeichnung einer Codierung (z.B. `"utf-8"`). Die Funktion liefert einen Bytestring, der den String `s` in codierter Form darstellt.
`apply (function, args)`	Der erste Parameter ist der Name einer Funktion oder Methode. Es folgt eine Liste oder ein Tupel mit Argumenten. Die Funktion *function* wird mit den Argumenten aus *args* aufgerufen.
`callable (object)`	Gibt den Wert `True` zurück, falls das Argument *objekt* der Name eines aufrufbaren Objektes ist, und sonst `False`.
`chr(i)`	Liefert eine Zeichenkette mit dem einen Zeichen, das die Unicode-Nummer *i* besitzt.
`complex(real [,imag])`	Erzeugt eine komplexe Zahl mit dem Wert *real* + `i*` *imag*.
`dict([init])`	Der optionale Parameter ist eine Liste von Paaren. Daraus erzeugt die Funktion ein Dictionary. Ohne ein Argument wird ein leeres Dictionary geliefert.
`dir([object])`	Liefert eine Liste aller Attribute und Methoden des Objektes *object*. Ohne Argument liefert ein Aufruf der `dir()`-Funktion eine Liste der aktuellen Namen des lokalen Namensraumes.
`eval(ausdruck)`	Das Argument ist ein String mit einem Ausdruck (z.B. `'1+1'`). Die Funktion wertet den Ausdruck aus und gibt das Ergebnis zurück.
`filter(function, list)`	Der erste Parameter ist der Name einer Testfunktion, die `True` oder `False` zurückgibt. `filter()` ruft diese Funktion mehrfach auf und übergibt nacheinander die Elemente der Sequenz *list*. Es wird aus `list` eine Sequenz generiert, die alle die Argumente enthält, für die die Funktion *function* den Wert `True` liefert.
`float(x)`	Liefert zu einem String oder einer Zahl eine Gleitkommazahl.
`globals()`	Liefert ein Dictionary, das den aktuellen globalen Namensraum beschreibt.
`hasattr(object, name)`	Liefert den Wert `True`, falls *object* ein Attribut mit der Bezeichnung *name* besitzt, und sonst `False`.

Funktionsaufruf	Erklärung
`hex(x)`	Konvertiert eine ganze Zahl beliebiger Länge in ein vorzeichenloses hexadezimales Literal, z.B. ergibt `hex(100)` das Literal `'0x64'`.
`id(object)`	Liefert die Identität des Objektes *`object`*.
`input ([prompt])`	Liefert einen String, der über die Tastatur eingegeben wird. Das optionale Argument ist ein String mit einem Prompt, das in die Standardausgabe geschrieben wird, bevor das System auf eine Eingabe wartet.
`int(x[, basis])`	Konvertiert einen String oder eine Zahl in eine ganze Zahl. Falls *x* ein String ist, kann als optionales Argument eine Zahlenbasis angegeben werden (voreingestellt ist 10).
`isinstance(object, class)`	Liefert `True`, falls *`object`* eine Instanz der Klasse *`class`* ist, und sonst `False`.
`issubclass(class1, class2)`	Liefert `True`, wenn *`class1`* eine Unterklasse von *`class2`* ist, und sonst `False`.
`len(s)`	Gibt die Länge einer Sequenz oder eines Dictionarys zurück.
`list([sequence])`	Liefert zu einer beliebigen Sequenz eine Liste.
`locals()`	Gibt ein Dictionary mit der lokalen Symboltabelle zurück.
`map(function, list ...)`	Wendet die Funktion mit dem Namen *`function`* auf jedes Element der Sequenz *`list`* an und liefert eine Liste mit den Ergebnissen.
`max(s [,args ...])`	Liefert das größte der übergebenen Argumente, sofern es mehrere sind. Falls die Funktion mit nur *`einem`* Argument `s` aufgerufen wird, so muss es sich um eine Sequenz handeln. Zurückgegeben wird dann das größte Element von *`s`*.
`min(s [,args ...])`	Wird wie `max()` aufgerufen, liefert aber das Minimum.
`oct(x)`	Liefert zu einer nichtnegativen ganzen Zahl die zugehörige Oktalzahl als Zeichenkette.
`open (filename[, mode])`	Öffnet eine externe Datei und liefert ein neues File-Objekt, das mit dieser Datei verknüpft ist. Der Parameter *`filename`* enthält den Pfad zur Datei. Der optionale Parameter *`mode`* beschreibt, wie die Datei geöffnet werden soll, z.B. `'r'` (im Textmodus lesen),`'w'` (im Textmodus schreiben), `'rb'` (im Binärmodus lesen), `'wb'` (im Binärmodus schreiben).
`ord(c)`	Liefert zu einem Zeichen dessen Unicode-Nummer.
`pow(x, y [,z])`	Berechnet die Potenz *x* hoch *y*. Falls ein drittes Argument *z* aufgeführt ist, wird *x* hoch *y* modulo *z* zurückgegeben.

Funktionsaufruf	Erklärung
`print([`*`objekt1`*`, ...], sep=' ', end='\n')`	Beliebig viele Objekte (bzw. Strings, die diese Objekte repräsentieren), die als Positionsargumente übergeben worden sind, werden hintereinander über die Standardausgabe ausgegeben. Zwischen diesen Objekten ist die Zeichenkette *`sep`*. Sie ist mit `' '` voreingestellt, kann aber durch ein Schlüsselwortargument geändert werden. Am Ende der Ausgabe ist ein Zeilenwechsel, sofern nicht mit dem Schlüsselwortargument `end` etwas anderes festgelegt wird.
`range([`*`start`*`,]` *`stop`* `[,`*`step`*`])`	Liefert eine Liste mit ganzen Zahlen von *`start`* bis *`stop-1`* mit Abstand `step`. Default für *`start`* ist 0 und für *`step`* 1.
`repr(`*`object`*`)`	Liefert eine Zeichenkette mit einer »druckbaren Repräsentation« des übergebenen Objektes.
`round(`*`x`*`, [`*`n`*`])`	Berechnet eine Zahl, die den auf *n* Stellen hinter dem Komma (bzw. Punkt) gerundeten Wert des Argumentes *x* darstellt. Für *n* ist 0 voreingestellt.
`str(`*`object`*`)`	Liefert Zeichenkette mit textueller Repräsentation des Objektes *`object`*.
`tuple([`*`sequence`*`])`	Erzeugt aus *`sequence`* ein Tupel. Falls das Argument fehlt, wird ein leeres Tupel generiert.
`type (`*`object`*`)`	Liefert den Typ des im Argument übergebenen Objektes.
`zip(sequence1, ...)`	Berechnet eine Liste von Tupeln, die jeweils aus Elementen der Eingabesequenzen zusammengesetzt sind. Das `i`-te Tupel besteht aus den i-ten Elementen der Eingabesequenzen. Beispiel: `zip ([1, 2], ['a', 'b'])` ergibt `[(1, 'a'), (2, 'b')]`

A.4 Mathematische Funktionen

A.4.1 Das Modul math

Das Modul `math` enthält mathematische Funktionen sowie die beiden Konstanten `e` und `pi`. Die Funktionen akzeptieren ganze Zahlen und Gleitkommazahlen. Für komplexe Zahlen gibt es das Modul `cmath`.

Funktion/Konstante	Erklärung
`acos(`*`x`*`)`	Arcuscosinus von *x*
`acosh(`*`x`*`)`	Hyperbolischer Arcuscosinus von *x*
`asin(`*`x`*`)`	Arcussinus von *x*
`asinh(`*`x`*`)`	Hyperbolischer Arcussinus von *x*
`atan(`*`x`*`)`	Arcustangens von *x*

Tabelle A.1: Mathematische Funktionen und Konstanten des Moduls `math`

Funktion/Konstante	Erklärung
`atan2(y,x)`	`atan(y/ x)`
`cos(x)`	Cosinus von *x*
`cosh(x)`	Hyperbolischer Cosinus von *x*
`e`	Die eulersche Zahl `e` == `2.7182...`
`exp (x)`	e^x
`fabs(x)`	Absolutwert der Gleitkommazahl *x*
`floor(x)`	Der nach unten gerundete Wert von `x` als Gleitkommazahl
`fmod(x, y)`	Der Wert von *x* modulo *y* als Gleitkommazahl
`frexp(x)`	Liefert Mantisse und Exponenten von *x* als Paar (*m*, *e*); dabei ist *m* eine Gleitkommazahl und *e* eine ganze Zahl, so dass $x = m*2^e$ ist.
`hypot(x, y)`	Euklidischer Abstand $\sqrt{x^2+y2^2}$
`ldexp(x,i)`	$x*2^i$
`log (x)`	Natürlicher Logarithmus von *x* (Basis e)
`log10(x)`	Logarithmus von *x* zur Basis 10
`modf(x)`	Liefert ein Paar bestehend aus dem Nachkommateil und dem ganzzahligen Teil der Gleitkommazahl *x*. Beispiel: `modf(4.2)` ergibt `(0.2, 4.0)`.
`pow(x,y)`	x^y
`sin(x)`	Sinus von *x*
`sinh(x)`	Hyperbolischer Sinus von *x*
`pi`	Die Kreiszahl `pi` == `3.1415...`
`sqrt (x)`	Quadratwurzel von *x*
`tan(x)`	Tangens von *x*
`tanh(x)`	Hyperbolischer Tangens von *x*

Tabelle A.1: Mathematische Funktionen und Konstanten des Moduls `math` (Forts.)

A.4.2 Das Modul random

Das Modul `random` enthält Funktionen zur Generierung von Zufallszahlen oder zur zufälligen Auswahl von Elementen einer Sequenz.

Funktion	Erklärung
`choice(seq)`	Wählt ein zufälliges Element aus der Sequenz *seq*.
`expovariate(lambd)`	Liefert Gleitkommazahl gemäß einer Exponentialverteilung.

Tabelle A.2: Die wichtigsten Funktionen des Moduls `random`

Funktion	Erklärung
`gauss(`*`mu`*`, `*`sigma`*`)`	Liefert Gleitkommazahl gemäß einer Normalverteilung zum Mittelwert *mu* mit der Standardabweichung *sigma*.
`randint(a,b)`	Liefert zufällige ganze Zahl aus dem Intervall `[`*`a`*`, `*`b`*`]`.
`random()`	Liefert zufällige Gleitkommazahl aus dem Intervall `[0.0,1.0)`.
`shuffle(`*`x`*`)`	»Mischt« die Liste *x*, das heißt, die Elemente bekommen eine zufällige Reihenfolge.
`seed([`*`x`*`])`	Initialisierung des Zufallsgenerators. Fehlt das Argument (eine Zahl), so wird die aktuelle Uhrzeit zur Initialisierung herangezogen.
`setstate(`*`state`*`)`	Zufallsgenerator wird in neuen Zustand versetzt.
`uniform(a,b)`	Liefert zufällige Gleitkommazahl aus dem Intervall `[a,b)`.

Tabelle A.2: Die wichtigsten Funktionen des Moduls `random` (Forts.)

Neben den Funktionen gibt es im Modul `random` die Klasse `Random`. Durch Aufruf des Konstruktors `Random()` wird ein Zufallsgenerator-Objekt instanziiert. Zufallsgenerator-Objekte verfügen über genau die Methoden, die auch als Funktionen im Modul enthalten sind.

A.5 EBNF-Grammatik

Die Syntax einer Programmiersprache kann durch eine formale Grammatik definiert werden. Sie enthält Regeln, nach denen syntaktisch korrekter Programmtext gebildet wird. Gegenüber umgangssprachlichen Formulierungen haben Grammatiken den Vorteil, dass sie sehr kompakt und vor allem völlig eindeutig sind. Die komplette Grammatik für Python passt auf wenige DIN-A4-Seiten. Sie finden sie auf Ihrem Rechner in der Dokumentation Ihres Python-Pakets oder im Internet unter

`https://docs.python.org/3/reference/grammar.html`

Es gibt verschiedene Schreibweisen für Grammatiken. Die bekannteste ist die *Extended Backus Naur Form* (EBNF). Sie basiert auf der BNF, die von Jim Backus in den Fünfzigerjahren entwickelt und von Pete Naur zur Definition der Syntax der Programmiersprache Algol 60 verwendet worden ist. Die BNF ist eine derartig wichtige Erfindung, dass Backus im Jahre 1977 für seine Arbeit mit dem Turing Award ausgezeichnet wurde, der auch als »Nobelpreis der Informatik« bekannt ist.

Seit 1996 gibt es mit der ISO/ICE-Norm 14977 einen internationalen Standard für EBNF-Grammatiken. Dieser ist jedoch bis heute sehr wenig verbreitet. Deshalb verwenden wir in diesem Buch die ursprüngliche Darstellungsform, die bei Algol 60 eingeführt wurde und die auch Guido van Rossum in der Originalgrammatik für Python verwendet hat.

Eine EBNF-Grammatik enthält

- eine Menge von Terminalsymbolen
- eine Menge von Nichtterminalsymbolen

- ein Startsymbol, das ein Nichtterminalsymbol ist
- eine Menge von Regeln

Terminalsymbole sind Teile der Sprache, die durch die Grammatik definiert wird. Ein Terminalsymbol besteht aus einer Folge von ASCII-Zeichen, die in Anführungszeichen stehen. Man spricht auch von einem Terminalstring.

Beispiele für Terminalsymbole aus der Sprache Python sind:

`"a", "b", "c", "print", "in", "def"`

Nichtterminalsymbole sind »Hilfswörter«, die zur Konstruktion von Zeichenketten mit Hilfe der Regeln verwendet werden. Sie werden durch Zeichenketten ohne Anführungszeichen dargestellt. Nichtterminalsymbole gehören nicht zur Sprache, die durch die Grammatik definiert wird.

Eine EBNF-Regel besteht aus einem Nichtterminalsymbol, gefolgt von zwei Doppelpunkten und einem Gleichheitszeichen `::=` und einem Ausdruck aus Terminal- und Nichtterminalsymbolen, Operatoren und Klammern.

Betrachten wir als Beispiel folgende drei Regeln aus der Python-Grammatik, die wir R1, R2 und R3 nennen (diese Bezeichnungen gehören nicht zur Grammatik). Sie definieren insgesamt, wie in einem Python-Programmtext eine ganze Dezimalzahl (ohne Vorzeichen) aufgeschrieben werden muss. Wir reden hier nicht von natürlichen Zahlen, weil es nicht um mathematische Objekte geht, sondern um die Schreibweise von Zeichenfolgen, die natürliche Zahlen repräsentieren. Natürliche Zahlen können z.B. auch als Binärzahlen (mit zwei verschiedenen Ziffern) oder Hexadezimalzahlen (mit 16 verschiedenen Ziffern) dargestellt werden.

```
(R1) digit ::= "0"|"1"|"2"|"3"|"4"|"5"|"6"|"7"|"8"|"9"
(R2) nonzerodigit ::= "1"|"2"|"3"|"4"|"5"|"6"|"7"|"8"|"9"
(R3) decimalinteger ::= nonzerodigit digit* | "0"
```

Die erste Regel beschreibt den syntaktischen Aufbau einer einzelnen Ziffer einer Dezimalzahl. Auf der linken Seite steht das Nichtterminalsymbol `digit`. Auf der rechten Seite sind zehn Terminalstrings, zwischen denen jeweils ein Separatorsymbol | steht, das man als »oder« lesen kann.

Mit Hilfe der Regeln einer Grammatik können Zeichenketten generiert werden. Dies geschieht durch wiederholtes Ersetzen von Nichtterminalsymbolen durch andere Zeichenketten, die aus Terminal- oder Nichtterminalsymbolen bestehen können. Die Regeln beschreiben, wie diese Ersetzungen erfolgen können. Es handelt sich also um Ersetzungsregeln.

Die Regel `R1` besagt, dass das Nichtterminalsymbol `digit` durch einen der Terminalstrings `"0"` oder `"1"` oder `"2"` usw. ersetzt werden darf.

Die zweite Regel definiert Dezimalziffern ungleich null. Die dritte Regel beschreibt den Aufbau von ganzen Dezimalzahlen. Danach ist eine ganze Dezimalzahl (ohne Vorzeichen) entweder die Zeichenkette `"0"`, oder sie beginnt mit einer Ziffer ungleich null gefolgt von einer beliebigen Anzahl von Ziffern.

Um zu prüfen, ob eine gegebene Zeichenkette zu dieser Menge der ganzen Dezimalzahlen gehört, versucht man durch wiederholtes Anwenden der (Ersetzungs-)Regeln diese Zeichenkette aus der Nichtterminalsymbol `decimalinteger` zu generieren.

Die Zeichenkette `"0"` kann man in einem Schritt durch Anwenden von `R3` erzeugen. Denn `R3` erlaubt, dass `decimalinteger` (linke Seite) durch `"0"` ersetzt werden kann.

Für die Generierung der Zeichenkette `"102"` benötigt man schon mehrere Schritte, die in der folgenden Tabelle angegeben sind.

Symbolfolge	Angewendete Regel
`decimalinteger`	
`nonzerodigit digit digit`	R3
`"1" digit digit`	R2
`"1" "0" digit`	R1
`"1" "0" "2"`	R1
`"102"`	Vereinfachte Schreibweise

Tabelle A.3: Ableitung einer ganzen Dezimalzahl aus dem Nichtterminalsymbol `decimalinteger`

Die rechte Seite einer Regel spezifiziert mit Hilfe von Operatoren und Klammerungen eine Menge von Zeichenketten. Die Operatoren werden im Folgenden mit abnehmender Priorität aufgeführt und kurz anhand von Beispielen erklärt:

Auswahl |

Ein senkrechter Strich | bezeichnet eine Auswahlmöglichkeit. Die EBNF-Regel zur Definition einer Ziffer lautet beispielsweise:

```
digit ::= "0" | "1" | "2" | "3" | "4" |"5" | "6" | "7" | "8" | "9"
```

In dieser Regel liest man den Strich als »oder«: Eine Ziffer (`digit`) kann das Zeichen 0 oder das Zeichen 1 oder das Zeichen 2 oder ... sein. Üblicherweise verwendet man für derartige Regeln die folgende noch weiter abkürzende Schreibweise:

```
digit ::= "0" ... "9"
```

Wiederholung +

Das Pluszeichen + bezeichnet das ein- oder mehrfache Vorkommen des Symbols, das davor steht. Zum Beispiel steht a+ für a, aa, aaa ...

Die folgende Regel ist ein Teil der Definition einer Gleitkommazahl bei Python:

```
fraction ::=  "." digit+
```

Eine Gleitkommazahl in dieser Darstellungsvariante beginnt mit einem Punkt, gefolgt von mindestens einer Ziffer, also beispielsweise `.14`, `.123` oder `.00`. Ein allein stehender Punkt `.` dagegen ist nicht erlaubt. Diese Zeichenketten können in mehreren Schritten aus dem Nichtterminalsymbol `fraction` abgeleitet werden. Beispiel:

Symbolfolge	Angewendete Regel
`fraction`	
`"." digit digit`	`fraction ::=  "." digit+`
`"." "1" digit`	`digit ::= "0" ... "9"`
`"." "1" "4"`	`digit ::= "0" ... "9"`
`".14"`	Vereinfachte Schreibweise

Tabelle A.4: Ableitung einer Gleitkommazahl aus dem Nichtterminalsymbol `fraction`

Sternoperator *

Der Stern* bedeutet, dass das davor stehende Symbol überhaupt nicht oder beliebig oft hintereinander vorkommt. Der Sternoperator kommt zum Beispiel in der Python-Regel vor, die das Format einer ganzen Dezimalzahl definiert:

```
decimalinteger ::=  nonzerodigit digit* | "0"
```

Diese Regel ist folgendermaßen zu lesen: Eine ganze Dezimalzahl ist entweder allein die Ziffer 0 oder sie beginnt mit einer Ziffer ungleich null (`nonzerodigit`), gefolgt von einer beliebigen Anzahl von Dezimalziffern (`digit`).

Danach sind folgende Zeichenketten Dezimalziffern: `0`, `2`, `123445`, nicht aber `0123`.

Option [ ]

Mit eckigen Klammern werden optionale Symbole gekennzeichnet. Sie können vorkommen oder weggelassen werden. Folgende Regeln beschreiben eine Möglichkeit, wie bei Python Gleitkommazahlen aufgebaut sein können.

```
pointfloat ::=  [intpart] fraction
intpart ::=  digit+
fraction ::=  "." digit+
```

Die erste Regel enthält eine Option. Sie besagt (in Kombination mit der zweiten Regel) letztlich, dass vor dem Punkt einer Gleitkommazahl eine Folge von Dezimalziffern stehen kann oder auch nicht.

Gruppierung ( )

Mit runden Klammern werden mehrere Symbole zu einer Gruppe zusammengefasst. Die folgenden Regeln definieren, wie eine Hexadezimalzahl gebildet wird:

```
hexinteger ::= "0" ("x" | "X") hexdigit+
hexdigit ::= digit | "a"..."f" | "A"..."F"
```

Die erste Regel enthält Gruppierungsklammern. Hier wird festgelegt, dass nach einer Null entweder ein kleines `x` oder ein großes `X` folgen muss. Beispiele für Hexadezimalzahlen sind: `0x1`, `0X12AB`, `0x1a5`, nicht aber `0x` (nach dem `x` muss mindestens eine Hexadezimalziffer folgen).

Anhang B

Glossar

Aggregation

Die Beziehung zwischen einem Teil und einem Ganzen (Aggregat). Sie wird in einem UML-Klassendiagramm durch eine Linie mit einer ungefüllten Raute an der Seite des Aggregats dargestellt.

Algorithmus

Eine Folge von Anweisungen, die so präzise formuliert ist, dass sie von einer Maschine ausgeführt werden kann.

Analyse

Die Analyse ist der erste Schritt einer Softwareentwicklung. Ziel ist eine vollständige, eindeutige und widerspruchsfreie Beschreibung der Funktionalität der Software aus Benutzersicht. Es geht darum, *was* die Software leisten soll, und nicht, wie man das System später realisieren könnte. Ergebnisse einer orientierten Analyse sind z.B. Geschäftsprozessdiagramme und UML-Klassendiagramme (Analysemodelle).

Anweisung

Anweisungen (*statements*) sind die Grundbausteine eines Python-Programms. Gültige Python-Anweisungen sind z.B. Methoden- oder Funktionsaufrufe, Klassen- oder Funktionsdefinitionen, Zuweisungen oder einfach nur arithmetische Ausdrücke.

Argument

Ein Wert, der einer Funktion oder Methode bei ihrem Aufruf übergeben wird. Argumente werden auch *aktuelle Parameter* genannt.

Attribut

Merkmal eines Objektes. Attribute beschreiben die Daten, die von einem Objekt angenommen werden können.

Ausdruck

Ein Ausdruck ist nach bestimmten Regeln aus Klammern, Namen, Operatoren und Aufrufen (von Methoden und Funktionen) zusammengesetzt. Ein Ausdruck ist für sich schon eine gültige Anweisung, er kann aber auch auf der rechten Seite einer Zuweisung oder in der Parameterliste eines Funktionsaufrufs stehen.

Botschaft

Eine Botschaft ist die Aufforderung eines Objektes `ob1` an ein anderes Objekt `ob2`, eine Operation durchzuführen. Eine Botschaft wird durch einen Methodenaufruf der Form `ob2.methode()` bewerkstelligt.

CGI

Abkürzung für Common Gateway Interface. CGI ist ein Protokoll, das die Kommunikation zwischen einem HTML-Formular und einem Programm (CGI-Skript) regelt.

Compiler

Ein Programm, das einen Programmtext übersetzt, so dass er vom Betriebssystem ausgeführt werden kann.

Container-Klasse

Die Objekte einer Container-Klasse setzen sich aus Objekten anderer Klassen zusammen. Beispiele für Container-Objekte bei Python sind Listen und Dictionaries. Mit dem Operator `in` kann ermittelt werden, ob ein Objekt in einem Container-Objekt enthalten ist.

Context Manager

Ein Objekt, das in einer `with`-Anweisung ausgeführt wird, nennt man Context Manager. Es besitzt Methoden, die eine geordnete Handhabung von Ressourcen (insbesondere Dateien) garantieren, wenn zur Laufzeit Störungen auftreten.

Cursor

Ein Objekt, das in einer Datenbank die aktuelle Position anzeigt.

Datentyp

Ein Datentyp – oder einfach Typ – repräsentiert eine bestimmte Menge von Objekten mit gemeinsamen Merkmalen. Einen Typ kann man sich als Schnittstelle zu einer Klasse vorstellen. Zu einem Typ gehören Operationen, die man mit Objekten dieses Typs ausführen kann. Beispiel für Datentypen bei Python sind String (`str`) und Integer (`int`). Mit der Funktion `type()` kann man den Typ eines Objektes abfragen.

Debuggen

Finden und Beseitigen von Fehlern in einem Programm.

Dictionary

Zusammengesetzter Datentyp; wird auch assoziatives Array genannt. Ein Dictionary besteht aus Schlüssel-Wert-Paaren. Der Schlüssel dient zum Finden des zugeordneten Wertes.

Django

Django ist ein Open-Source-Framework zur Entwicklung von Web-Applikationen, das in Python geschrieben ist.

DOM

Document Object Model, Standard des WWW-Konsortiums zur programmtechnischen Darstellung von XML-Dokumenten als Aggregate von Objekten.

Einfachvererbung

Bei einer Einfachvererbung besitzt jede Klasse genau eine direkte Oberklasse. Sie wird bei der Klassendeklaration in Klammern hinter den Klassennamen geschrieben.

Entwurf (Design)

Der Entwurf ist die zweite Phase einer Softwareentwicklung. Hier wird die Arbeitsweise des Programms auf einem höheren Abstraktionsniveau beschrieben. Ein Hauptaspekt ist die Modularisierung, d.h. die Aufteilung eines komplexen Systems in kleinere Module. Ergebnisse eines objektorientierten Entwurfs (OOD) sind u.a. UML-Klassendiagramme, in denen bereits endgültige Namen für Klassen und zugehörige Attribute und Methoden festgelegt sind. Außerdem werden darin Beziehungen zwischen Klassen und Vererbungsstrukturen wiedergegeben.

Event

Ein asynchron eintretendes Ereignis (z.B. Anklicken einer Maustaste), das die Reaktion eines Eventhandlers auslösen kann. Bei der Implementierung von GUIs spielen Events eine besondere Rolle.

Exception

Ein Objekt, das eine Ausnahmesituation beschreibt. Eine Exception wird z.B. erzeugt, wenn ein Fehler (z.B. Versuch einer Division durch null) zum Abbruch des normalen Programmlaufs zwingt. In `try...except`-Anweisungen können Exceptions abgefangen werden.

File-Objekt

Ein File-Objekt repräsentiert eine Datensequenz, die in einer vom Betriebssystem kontrollierten (externen) Datei auf einem Peripheriespeicher (Festplatte etc.) dauerhaft gespeichert ist. Bestimmte File-Objekte, die man Pseudofiles nennt, stellen die Verbindung zu einem Ein- oder Ausgabegerät (`sys.stdin`, `sys.stdout`) her. File-Objekte besitzen Methoden zum sequenziellen Lesen und Schreiben. Ein File-Objekt wird durch Öffnen einer Datei generiert. Dabei wird der Inhalt vom Peripheriespeicher gelesen. Beim Schließen wird der aktualisierte Inhalt wieder gespeichert (persistent gemacht).

Fraktal

Ein Fraktal ist ein künstliches oder natürliches Gebilde, das Selbstähnlichkeit aufweist. Das heißt, bei zunehmender Vergrößerung wiederholen sich die Strukturen immer wieder. Ein Beispiel ist das Sierpinski-Dreieck.

F-String

Ein f-String ist eine Zeichenkette, die Platzhalter enthalten kann.

Funktion

Bei Python sind Funktionen aufrufbare (*callable*) Objekte. Eine Funktion übernimmt Argumente (Parameter) als Werte, verarbeitet sie nach einem Algorithmus und gibt einen Wert zurück. Im Unterschied zu Methoden sind Funktionen eigenständig und keinem anderen Objekt zugeordnet.

Geheimnisprinzip (information hiding)

Das Geheimnisprinzip besagt, dass die Attribute und die Implementierung der Operationen eines Objektes außerhalb der Klasse nicht sichtbar sind.

Generator

Ein Objekt, das eine Folge von Objekten erzeugt. Ein Generator kann mit einer Generatorfunktion oder einem Generatorausdruck definiert werden. Er verfügt über die Methode `next()`, die das nächste Objekt der Folge zurückgibt.

Geschäftsprozess (use case)

Ein Geschäftsprozess besteht aus mehreren zusammenhängenden Aufgaben, die von einem Akteur mithilfe des Programms ausgeführt werden. Komplexe Programme werden von mehreren Akteuren für unterschiedliche Aufgaben benutzt. Die Beziehungen zwischen Geschäftsprozessen und Akteuren werden während der Analyse-Phase in einem Geschäftsprozess-Diagramm dargestellt.

Globaler Name

Ein überall im Programm sichtbarer Name.

GUI

Graphical User Interface, eine grafische Benutzungsoberfläche.

HTML

Hypertext Markup Language, eine formale Sprache (Auszeichnungssprache) zur Definition von Webseiten.

HTTP

Hypertext Transfer Protocol. Ein Kommunikationsprotokoll für die Übertragung von Webseiten im World Wide Web (WWW). Wenn man im Internet eine Webseite besucht, sendet der http-Server ein HTTP-Paket an den Client, der im Browserfenster die Webseite darstellt.

Identität

Jedes Objekt besitzt eine einmalige und unverwechselbare Identität. Zwei Objekte können völlig gleiche Attribute besitzen, ohne identisch zu sein.

Index

Nummer eines Elementes (*Items*) einer Sequenz (Liste, String, Tupel). Über den Index kann man auf ein Element zugreifen, z.B. ist `s[i]` das Element der Sequenz `s` mit Index `i`.

Instanz (instance)

Eine Instanz ist ein konkretes Objekt einer Klasse. Manchmal spricht man auch von Inkarnation oder Exemplar. Es wird meist durch Aufruf des Konstruktors der Klasse gebildet.

Interpreter

Programm, das einen Programmtext lesen und ausführen kann. Python ist eine interpretative Programmiersprache. Wenn man ein Python-Skript ausführen will, benötigt man neben dem Programmtext auch einen Python-Interpreter.

Iteration

Wiederholung einer Anweisungsfolge. Bei jedem Durchlauf wird ein Element einer Sequenz verarbeitet.

Iterator

Ein spezieller Generator, der die Elemente einer Kollektion in einer bestimmten Reihenfolge liefert. Mit der Standardfunktion `iter()` kann man zu einem iterierbaren Objekt (z.B. Sequenz oder Menge) einen Iterator erzeugen.

Kardinalität

Die Kardinalität oder Multiplizität spezifiziert die Anzahl der Objekte, die an einer Beziehung beteiligt sind. Die Beziehung zwischen Eheleuten ist z.B. eine 1-zu-1-Beziehung.

Keller (Stack, Stapel)

Ein abstrakter Datentyp, der den Zugriff auf Daten nach dem Prinzip »last in – first out« regelt.

Klasse

Eine Klasse ist eine Art »Bauplan« für einen »Typ« von Objekten. In der Klassendefinition werden alle Attribute und Methoden der Objekte der Klasse definiert. Im Unterschied zu einem Typ definiert die Klasse auch die Implementierung der Objektmethoden. Durch Aufruf des Konstruktors wird nach dem Bauplan der Klassendefinition ein Objekt instanziiert. In einem UML-Klassendiagramm wird eine Klasse durch einen Kasten mit dem Namen der Klasse dargestellt.

Klassenattribut

Bei einem Klassenattribut gibt es nur einen Wert für alle Objekte der Klasse.

Klassendiagramm

Ein UML-Klassendiagramm besteht aus Symbolen für die Klassen des Systems (Kästen), in die Namen der Attribute und Methoden Objekte der jeweiligen Klasse eingetragen sind.

Kollektion

Eine Sammlung von Objekten. Zu Kollektionen gehören Sequenzen, Dictionaries und Mengen. Kollektionen können änderbar oder unveränderbar sein.

Kommentar

Eine Erklärung zum Programmtext. Bei Python sind Kommentare z.B. durch Doppelkreuz # gekennzeichnet.

Konstruktor

Die Methode, die zur Erstellung eines Objektes einer Klasse aufgerufen wird. Bei Python haben Konstruktoren in der Klassendefinition den Namen `__init__()`. Aufgerufen wird der Konstruktor jedoch unter dem Namen der Klasse.

Layout-Manager

Verwaltet bei einer grafischen Benutzungsoberfläche die Darstellung der Komponenten (Widgets) auf dem Bildschirm.

Leere Anweisung pass

Python besitzt aus syntaktischen Gründen eine leere Anweisung `pass`, die nichts bewirkt. Sie ist notwendig, weil ein zusammenhängender Anweisungsblock durch Einrückungen definiert wird. Enthält ein Block aber – von der Logik her – keine Anweisungen, so muss dennoch die leere Anweisung eingefügt werden, damit der Interpreter eine Einrückung erkennen kann.

Leeres Objekt None

Für ein leeres Objekt, das nichts repräsentiert, gibt es den Datentyp `None`. Das `None`-Objekt hat den Wahrheitswert `False`. Es besitzt eine ID-Nummer und gehört zu einem Typ, die mit den Standardfunktionen `id()` und `type()` abgefragt werden können. Eine Prozedur, d.h. eine Funktion oder Methode ohne `return`-Anweisung, gibt das leere Objekt `None` zurück.

Liste

Eine Folge von Elementen, die man (im Unterschied zu einem Tupel) ändern kann.

Medianfilter

Eine Technik zum Ausgleichen von Pixelfehlern in einem Bild. Ein Pixel wird durch den Median (d.h. den mittleren Wert) der Nachbarpixel ersetzt.

Mehrfachvererbung

Bei der Mehrfachvererbung hat eine Klasse mehrere direkte Oberklassen. Sie werden bei der Definition der Klasse in Klammern hinter den Klassennamen geschrieben.

Menü

Ein Menü besteht meist aus einer überschaubaren Liste von Schaltflächen, von denen der Benutzer durch Anklicken eines auswählen kann. Menüs sind häufig hierarchisch organisiert, beim Anklicken eines Feldes erscheint ein neues Untermenü. Letztlich dienen Menüs im Allgemeinen dazu, aus einer Fülle von möglichen Aktionen eine auszuwählen und auszulösen.

Methode

Eine Funktion, die zu einem Objekt gehört. Die Methode `tu_was()` des Objektes `o` wird durch `o.tu_was()` aufgerufen. Man sagt dann, dem Objekt wird eine Botschaft geschickt.

Modul

Eine Sammlung von Definitionen von Klassen, Funktionen und Konstanten zu einem Problemkreis. Module müssen importiert werden, bevor man ihre Objekte in einem Skript nutzen kann.

Name

Alle Objekte besitzen Namen, über die sie angesprochen werden können. Es kann auch sein, dass ein und dasselbe Objekt mehrere Namen hat.

Namensraum

Ein Dictionary mit Namen und zugehörigen Objekten.

Objekt

Zentralbegriff der objektorientierten Programmierung. Ein Objekt ist ein Programmelement, das sich immer in einem Zustand befindet und ein Verhalten zeigen kann. Außerdem besitzt ein Objekt eine Identität, die es von allen anderen Objekten unterscheidbar macht. Der Zustand eines Objektes wird durch *Attribute*, die mit Werten belegt sind, beschrieben. Seine Verhaltensmöglichkeiten sind in den *Methoden* definiert. Über Botschaften (Methodenaufrufe) kann ein Objekt von seiner Umwelt aufgefordert werden, zu agieren.

Objektidentität:

→ Identität

OOA

→ Analyse

OOD

→ Entwurf

OOP

Objektorientierte Programmierung. Ein Paradigma zur Entwicklung von Software. Ein Entwicklungsprozess beginnt mit der *Objektorientierten Analyse* (OOA) eines Wirklichkeitsausschnitts, gefolgt von einem *Objektorientierten Entwurf* (OOD). Dieser ist die Basis für die OOP im engeren Sinne: die Implementierung der Software mithilfe einer objektorientierten Programmiersprache (Python, Java, C++). Die Grundidee ist, Dinge der Realwelt und die Interaktionen zwischen ihnen durch *Objekte* zu modellieren, die Attribute und bestimmte Verhaltensmöglichkeiten (Methoden) besitzen.

Parameter

Platzhalter für Werte, die einer Funktion übergeben und von ihr verarbeitet werden. Parameter, die in der Definition einer Funktion in Klammern hinter dem Funktionsnamen aufgeführt werden, nennt man *formale Parameter*. Die Argumente, die beim Aufruf einer Funktion übergeben werden, bezeichnet man auch als *aktuelle Parameter*.

Polymorphie, Polymorphismus

Die Verwendung gleicher Namen für Operationen, die auf Objekte unterschiedlicher Klassen angewendet werden. Man spricht auch vom *Überladen* (overloading) einer Operation. So kann der Operator + auf Zahlen und auf Strings angewendet werden. Sind die Operanden Zahlen, bewirkt + eine Addition. Handelt es sich dagegen um Strings, werden die Operanden konkateniert.

Programmierparadigmen

Programmierparadigmen sind grundlegende Denkweisen, die hinter der Softwareerstellung mit einer Programmiersprache stehen. Nach dem imperativen Paradigma stellt man sich ein Programm als Folge von Anweisungen vor, die vom Computer ausgeführt werden, um ein Problem zu lösen. Nach dem deklarativen Paradigma beschreibt ein Programm die Lösung des Problems so präzise, dass dieser Zielzustand automatisch gefunden werden kann (es wird das *Was* beschrieben und nicht das *Wie*). Das objektorientierte Paradigma zielt auf die Beherrschung komplexer Systeme ab. Ein Programm wird als System von interagierenden Objekten gesehen. Bei der Definition einer einzelnen Methode (»Programmierung im Kleinen«) wird hier meist wieder das imperative Paradigma verwendet.

Prozedur

Eine Funktion, die nichts zurückgibt.

Prozess

Ein Programm in Ausführung. Wenn z.B. ein Python-Skript läuft, hat das Betriebssystem einen Prozess gestartet.

Protokoll

Eine Norm für Kommunikationsprozesse. Der Begriff kommt aus der Diplomatie. Diplomatische Protokolle schreiben z.B. vor, wie ein Staatsbesuch abzulaufen hat. In der Technik geht es vor allem um Datenkommunikation. Beispiele für Protokolle, die im Internet eine Rolle spielen, sind FTP, HTTP, SMTP, POP3 oder IRC.

Pseudozufallszahl

Eine Pseudozufallszahl erscheint zwar zufällig, ist aber tatsächlich durch einen Algorithmus berechnet worden und damit vorhersehbar, wenn man den Algorithmus und alle Rahmenbedingungen kennt.

Python Packaging Index (PyPI)

Öffentlich zugängliche Web-Plattform, auf der Python-Module unterschiedlicher Anbieter (»Third-Party-Modules«) gespeichert sind. Diese Module können mit dem Programm pip leicht installiert werden.

Regulärer Ausdruck

Ein Muster, das eine Menge von Zeichenketten definiert.

Rekursion

Eine rekursive Funktion ist eine Funktion, die sich selbst aufruft, allerdings mit anderen Argumenten. Manche Probleme lassen sich mit rekursiven Funktionen sehr elegant und knapp lösen. Die Definition einer rekursiven Funktion enthält eine bedingte Anweisung mit einer Abbruchbedingung. Wenn die Abbruchbedingung erfüllt ist, wird die Lösung direkt berechnet. Anderenfalls wird das Problem vereinfacht und die gleiche Funktion auf ein einfacheres Teilproblem angesetzt.

ReStructured Text (ReST)

ReStructured Text ist eine vereinfachte Auszeichnungssprache, mit der man formatierten Text (mit Überschriften etc.) so definieren kann, dass auch der Quelltext gut lesbar ist.

Schlange (Queue)

Eine Datenstruktur, die den Zugriff nach dem Prinzip »first in – first out« regelt. Sie funktioniert wie eine Warteschlange im Alltag (»Wer zuerst kommt, mahlt zuerst«). Schlangen werden auch zur Koordination von Mehrprozess-Systemen genutzt (Producer-Consumer-Systeme).

Schleife

Wiederholungen – d.h. die wiederholte Ausführung eines Anweisungsblocks – werden im Fachjargon auch Schleifen genannt. Man kann bei Python zwei Typen unterscheiden: Eine Wiederholung, die auf alle Elemente einer Sequenz (Iterationssequenz) angewendet wird (`for`-Schleife), und eine bedingte Wiederholung, die so lange ausgeführt wird, wie eine bestimmte Bedingung erfüllt ist (`while`-Schleife).

self

Bei Python der erste formale Parameter einer Methoden-Definition, sofern die Methode Attributwerte des eigenen Objektes verändert. Gemeint ist das konkrete Objekt (Instanz), zu dem die Methode gehört.

Skript

Programm, das von einem Interpreter ausgeführt wird.

Slice

Ein Ausschnitt aus einer Sequenz.

SQL

Structured Query Language. Eine formale Sprache, die in erster Linie zur Formulierung von Anfragen (Queries) an relationale Datenbanken verwendet wird.

SQLite

Relationales Datenbanksystem, das Tabellen in Dateien abspeichert und ohne Serverprozess auskommt.

Stapel (Stack)

→ Keller

Steganografie

Die Kunst oder Wissenschaft, geheime Information in Bildern oder Textdokumenten zu verstecken.

String

Eine Zeichenkette, bei Python eine unveränderbare Sequenz aus Zeichen.

Thread

Leichtgewichtprozess. Im Unterschied zu Prozessen, die komplette eigenständige Programme repräsentieren, sind Threads nicht völlig voneinander abgeschirmt, sondern teilen sich gewisse Teile der Prozessumgebung, u.a. Programmcode und einen globalen Datenraum.

tkinter

Python-Modul zur Implementierung grafischer Benutzungsoberflächen.

Tupel (tuple)

Bei Python eine unveränderbare Sequenz von Objekten beliebigen Typs. In einem Tupel werden häufig unterschiedliche Aspekte, die zu einer Sache gehören, zusammengefasst. Beispielsweise kann man ein Datum durch ein Tupel aus Tag, Monat und Jahr beschreiben.

Turtle-Grafik

Bei der Turtle-Grafik (Schildkröte, engl. »turtle«) stellt man sich vor, dass ein Roboter mit einem Stift über eine Bildfläche fährt und Linien zeichnet. Er kann durch einfache Befehle wie forward, backward, right, left gesteuert werden. Die Idee stammt von Wally Feurzeig und Seymour Papert. Die Turtle-Grafik wurde erstmals in der Programmiersprache Logo verwendet.

Überladen

Operatoren und Standardfunktionen können bei der Definition einer Klasse überladen werden, indem man Methoden mit speziellen Namen, die allesamt mit zwei Unterstrichen beginnen, definiert. So kann der Plus-Operator + durch Definition der Methode `__add()` überladen werden. Damit wird erreicht, dass in Ausdrücken der Plusoperator auf Objekte der neuen Klasse angewendet werden kann (→ Polymorphismus).

Umgebungsvariable

Eine vom Betriebssystem definierte Variable, die systemweit zur Verfügung steht.

UML

Unified Modeling Language. Programmiersprachen-unabhängicher Standard zur grafischen Beschreibung der Struktur und des Verhaltens objektorientierter Programme. Die erste Version wurde 1996 veröffentlicht. Wichtige UML-Diagramme sind Objekt-, Klassen- und Interaktionsdiagramme.

Unicode

Internationaler Standard zur Definition von Zeichen, der vom Unicode- Consortium gepflegt wird (`http://www.unicode.org/`). Inzwischen sind mehr als 90000 verschiedene Zeichen erfasst. Jedem Zeichen ist eine Nummer als vier- oder achtstellige Hexadezimalzahl (16 Bit bzw. 32 Bit) und ein Name eindeutig zugeordnet.

UTF-8

Unicode Transformation Format ist die verbreitetste Codierung für Unicode-Zeichen. Sie verwendet 8 Bit (ein Oktett bzw. 1 Byte) für ASCII-Zeichen und zwei bis vier Oktette für die übrigen Unicode-Zeichen.

Variable

Eine Variable im Sinne der Informatik kann man sich als Speicher für Werte (Zahlen, Zeichenketten) vorstellen. In dieser Denkweise – die dem imperativen Programmierparadigma entstammt – versteht man eine Zuweisung der Form `x=2` so: Die Variable x wird mit dem Wert 2 »gefüllt«. In der objektorientierten Programmierung dagegen sieht man eine Variable eher als Name für ein Objekt. Eine Zuweisung wird dann als Namensgebung (neuer Name für ein bereits vorhandenes Objekt) interpretiert.

Vererbung

Bei der Ableitung einer neuen (spezialisierteren) Klasse aus einer Basisklasse werden die Attribute und Methoden der Basisklasse »vererbt«, d.h. von der abgeleiteten Klasse übernommen.

Veränderbares Objekt (mutual object)

Ein veränderbares Objekt (z.B. eine Liste) kann während seiner Lebenszeit »an einzelnen Stellen« verändert werden. So kann z.B. einem einzelnen Element einer Liste ein neuer Wert zugewiesen werden. Ein unveränderbares Objekt (z.B. ein Tupel) bleibt während seiner gesamten Lebenszeit so, wie es ist.

Wert

Objekte, wie Zahlen oder Zeichenketten, besitzen neben einem Typ und einer Identität auch einen Wert. Der Wert wird durch Literale (Zeichenfolgen) dargestellt. So kann mit dem Literal `123` der Wert eines Zahlen-Objektes beschrieben werden. In der Denkweise des imperativen Programmierparadigmas sind Werte die Inhalte von Variablen.

Whitespace

Ein Zeichen, das auf dem Bildschirm leeren Raum darstellt wie z.B. ein Leerzeichen oder Tabulatorzeichen.

Widget

Ein grafisches Element einer Benutzungsoberfläche wie z.B. ein Button, Frame oder Eingabefeld (Entry). Eine Benutzungsoberfläche kann man sich als Aggregat von Widgets vorstellen.

WSGI

Das Python Webserver Gateway Interface (WSGI) ist eine Schnittstelle zwischen Webservern und Web Application Frameworks bzw. Application Servern.

XML

Extendable Markup Languange, ein Standard zur Formulierung von Sprachen, mit denen Dokumente, die gleichermaßen für Menschen und Maschinen lesbar sind, in Form einer Baumstruktur dargestellt werden.

Zusicherung

Eine Zusicherung ist eine logische Bedingung, die erfüllt sein muss, wenn das Programm korrekt arbeitet. Man definiert eine Zusicherung in einer Anweisung der Form `assert` *`bedingung`*. Dabei ist *`bedingung`* ein boolescher Ausdruck wie z.B. `a > 0`. Wenn die Bedingung nicht erfüllt ist, wird das Programm mit einer Fehlermeldung abgebrochen.

Zuweisung

Eine Anweisung der Form *`name=objekt`*, in der einem Namen ein Objekt zugeordnet wird. Stellt man sich den Bezeichner *`name`* als Variablenname vor, so kann man auch sagen: Die Variable *`name`* erhält einen neuen Wert.

Anhang C

Download der Programmbeispiele

Sie können alle Skripte und einige zusätzliche Dateien als ZIP-Archiv von der Website des mitp-Verlages herunterladen. Der URL ist

`http://www.mitp.de/0051`

Wählen Sie die Registerkarte DOWNLOADS und klicken Sie auf den Link PROGRAMMBEISPIELE.

Nach dem Entpacken haben Sie einen Ordner `Python-Programme`. Er enthält zu den einzelnen Kapiteln des Buches jeweils ein Unterverzeichnis (`kap_1`, `kap_2` usw.) mit den Beispielskripten, die im Text erklärt werden. Bei den Listings im Buch ist zu Beginn der Name der Skriptdatei in einer Kommentarzeile aufgeführt.

Es empfiehlt sich, den kompletten Ordner `Python-Programme` auf die Festplatte zu kopieren. Für komplexere Beispiele, die aus mehreren Dateien bestehen, gibt es innerhalb der Kapitel-bezogenen Verzeichnisse jeweils einen eigenen Unterordner, an dessen Namen Sie das Beispiel wiedererkennen.

Bei Skripten, die Dateien benutzen, können die im Programmtext verwendeten Pfadbezeichnungen von den Pfadbezeichnungen im Buch abweichen. Ohnehin müssen Sie in der Regel Dateipfade an die Verhältnisse auf Ihrem System anpassen. Es wurde darauf geachtet, dass möglichst viele Beispielskripte – so wie sie sind – lauffähig sind und z.B. durch einfaches Anklicken des Icons gestartet werden können. Bei Skripten, die auf Dateien zugreifen, wurden deshalb – so weit möglich – relative Adressen verwendet.

Bei CGI-Skripten geht das nicht so ohne Weiteres. Deshalb wurde ein zusätzlicher Ordner mit dem Namen `httpserver` eingerichtet. Darin befinden sich das Python-Skript eines CGI-fähigen HTTP-Servers (`httpd.py`) und ein Unterverzeichnis `cgi-bin` mit Kopien aller CGI-Skripte des Buches.

Weitere Einzelheiten finden Sie an den betreffenden Stellen im Buch und in README-Dateien.

Ein Python-Modul veröffentlichen: PyPI

Viele Programmbeispiele in diesem Buch verwenden Module, die nicht zur Standarddistribution von Python gehören, sondern zuerst z.B. mit `pip install` aus dem Internet heruntergeladen und installiert werden müssen. Vielleicht möchten Sie selbst ein Modul der Öffentlichkeit verfügbar machen und damit Ihren Beitrag zur Open-Source-Szene beisteuern. In diesem Anhang finden Sie eine Anleitung, wie Sie vorgehen können.

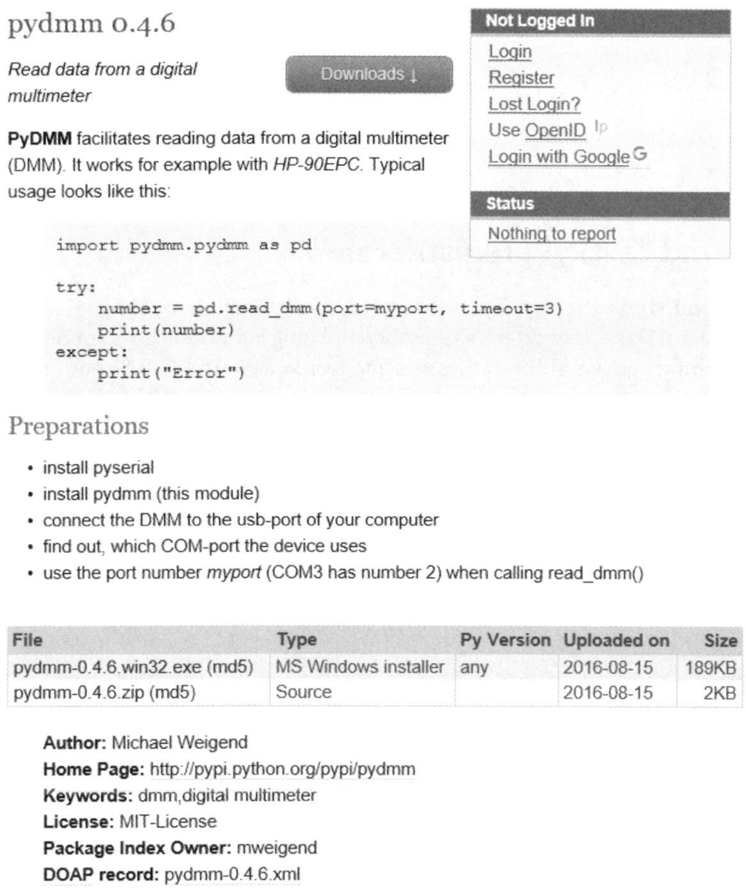

pydmm 0.4.6

Read data from a digital multimeter

Downloads ↓

Not Logged In

Login
Register
Lost Login?
Use OpenID
Login with Google

Status

Nothing to report

PyDMM facilitates reading data from a digital multimeter (DMM). It works for example with *HP-90EPC*. Typical usage looks like this:

```
import pydmm.pydmm as pd

try:
    number = pd.read_dmm(port=myport, timeout=3)
    print(number)
except:
    print("Error")
```

Preparations

- install pyserial
- install pydmm (this module)
- connect the DMM to the usb-port of your computer
- find out, which COM-port the device uses
- use the port number *myport* (COM3 has number 2) when calling read_dmm()

File	Type	Py Version	Uploaded on	Size
pydmm-0.4.6.win32.exe (md5)	MS Windows installer	any	2016-08-15	189KB
pydmm-0.4.6.zip (md5)	Source		2016-08-15	2KB

Author: Michael Weigend
Home Page: http://pypi.python.org/pypi/pydmm
Keywords: dmm,digital multimeter
License: MIT-License
Package Index Owner: mweigend
DOAP record: pydmm-0.4.6.xml

Abb. D.1: E-MailAuszug aus der Projektseite von pydmm auf PyPI

Als Beispiel nehmen wir das Modul `pydmm`, das den Zugriff auf ein digitales Multimeter (DMM) ermöglicht (siehe Kapitel 31). Das Beispiel ist authentisch. Sie finden das Modul im Python Package Index (PyPI), einer Sammlung von zurzeit etwa 90.000 frei verfügbaren Paketen.

Besuchen Sie mit einem Webbrowser `https://pypi.python.org/pypi` und geben Sie in das Suchfeld rechts oben `pydmm` ein. Sie gelangen zu einer Webseite, auf der das Modul beschrieben ist. Die wichtigste Information ist eine Kurzanleitung (Inhalt der Datei `README.txt`), die einen Einblick gibt, was das Modul leistet und wie man es einsetzt.

Im Folgenden erfahren Sie, wie man einen solchen Eintrag auf PyPI einrichtet. Mehrere Schritte sind erforderlich:

1. Sie legen ein Benutzerkonto bei PyPI und TestPyPI an.
2. Sie bereiten ein Paket vor, d.h. ein Verzeichnis mit Ihren Python-Programmdateien und zusätzlichen Dateien.
3. Sie registrieren Ihr Paket bei PyPI, erzeugen ein Archiv mit den Programmdateien und laden es hoch.

Wenn Ihr Modul bei PyPi gespeichert ist, kann es mit dem einfachen Kommando

```
> pip  install module
```

auf jedem Computer der Welt installiert werden – sofern er mit dem Internet verbunden ist.

D.1 Bei PyPI und TestPyPI registrieren

Besuchen Sie PyPi – den Python Package Index (`https://pypi.python.org/pypi`) – und legen Sie einen Account an. Das Passwort muss ausreichend lang sein und kann Sonderzeichen enthalten. Es ist einfacher, wenn Ihr Passwort *keine Leerzeichen* und *kein* % enthält.

Registrieren Sie sich ebenfalls bei TestPyPI (`https://testpypi.python.org`). Das ist eine Version des offiziellen PyPi zum Ausprobieren. Sie machen sich das Leben leichter, wenn Sie für den Account denselben Login-Namen und dasselbe Passwort verwenden wie bei PyPI.

Ihre Zugangsdaten speichern Sie in einer Konfigurationsdatei ab, die Sie unter dem Namen `.pypirc` in Ihrem Heimatverzeichnis ablegen. Unter Unix lautet der Pfad `~/.pypirc`, unter Windows 10 z.B. `c:\Users\Standard\.pypirc`.

```
[distutils]
index-servers =
  pypi
  pypitest

[pypi]
repository: https://pypi.python.org/pypi
username: <Benutzername>
```

```
password: <Passwort>

[pypitest]
repository: https://testpypi.python.org/pypi
username: <Benutzername>
password: <Passwort>
```

Wenn Sie später Ihr Modul auf den PyPI-Server hochladen, liest das System Ihre Zugangsdaten aus dieser Datei und erspart Ihnen einen Dialog.

D.2 Ein Paket für die Veröffentlichung vorbereiten

Richten Sie auf Ihrem Computer ein Projektverzeichnis ein und als Unterverzeichnis das Verzeichnis mit dem Python-Paket. Als Beispiel nehmen wir das Modul `pydmm`. Ersetzen Sie bei Ihrem eigenen Projekt einfach `pydmm` durch den Modulnamen, den Sie verwenden, und passen Sie auch die anderen Namen, E-Mail-Adressen, URLs etc. an Ihr Projekt an. Das hier beschriebene Modul ist übrigens authentisch. So finden Sie es auf PyPI (`https://pypi.python.org/pypi`): Geben Sie auf der Startseite im Eingabefeld rechts oben `pydmm` ein und klicken Sie auf die Schaltfläche `search`.

Zurück zu Ihrem Projekt, das veröffentlicht werden soll. Ihr Projektverzeichnis kann einen beliebigen Namen haben (in unserem Beispiel ist es `pydmm`) und hat z.B. folgenden Aufbau:

```
pydmm/
    setup.py
    LICENSE.txt
    README.txt
    pydmm/
        __init__.py
        pydmm.py
```

Das eigentliche Paket ist das Unterverzeichnis `pydmm`. Es enthält die Datei `__init__.py` und weitere Programmdateien (hier nur `pydmm.py`) mit den eigentlichen Programmtexten.

D.2.1 Die Programmdatei setup.py

Die Programmdatei `setup.py` enthält einen Aufruf der Funktion `setup()`, in dem über Schlüsselwortargumente Metadaten des Pakets definiert werden. Hier ist das Skript, das für `pydmm` verwendet wurde. Sie können einige Elemente auf der Webseite im PyPI wiedererkennen (Abbildung D.1).

Skript:

```
# setup.py
from distutils.core import setup
setup(
```

```
    name='pydmm',                                               #1
    packages=['pydmm'],                                         #2
    version='0.0.1',                                            #3
    description='Read data from a dmm',                         #4
    long_description=open('README-txt').read(),                 #5
    author='Michael Weigend',                                   #6
    author_email='mw@creative-informatics.de',
    license='MIT-license',
    url='http://pypi.python.org/pypi/pydmm'
    keywords=['dmm', 'digital multimeter']
)
```

Erläuterung:

#1: Name des Gesamtpakets.

#2: Liste der Namen der Unterpakete (Namen der Unterverzeichnisse des lokalen Projektordners).

#3: Versionsbezeichnung in dreistelliger Notation. Sie können auch eine zweistellige Bezeichnung (z.B. `version='0.1'`) verwenden. Da bei jedem Update jedoch eine neue Versionsnummer angegeben wird, führt die dreistellige Schreibweise nicht so rasch zu großen Zahlen. Hinter die Versionsnummer können Sie auch `dev` schreiben, um dem PyPI-Publikum mitzuteilen, dass Ihr Modul noch in der Entwicklung ist (z.B. `version='0.0.1dev'`).

#4: Kurzbeschreibung des Moduls. Sie erscheint auf der PyPI-Webseite oben in kursiver Schrift.

#5: Die lange Beschreibung ist der Inhalt der Datei `README.txt`. Der Text wird (ohne Titel) auf der Webseite des Projekts dargestellt.

#6: Es folgen weitere Angaben, die später auf der Webseite erscheinen.

D.2.2 Die Lizenz

Die Datei `LICENSE.txt` enthält einen Text zur Lizenz. Schließlich ist Ihr Projekt öffentlich zugänglich. Da sollte klar sein, was andere Menschen mit Ihrem geistigen Eigentum machen dürfen und was nicht. Häufig empfohlen wird die MIT-License Sie erlaubt die Wiederverwendung der unter ihr stehenden Software. Der Originaltext lautet:

```
Copyright (c) <year> <copyright holders>
Permission is hereby granted, free of charge, to any person obtaining
a copy of this software and associated documentation files (the
"Software"), to deal in the Software without restriction, including
without limitation the rights to use, copy, modify, merge, publish,
distribute, sublicense, and/or sell copies of the Software, and to
permit persons to whom the Software is furnished to do so, subject to
the following conditions:
```

```
The above copyright notice and this permission notice shall be included
in all copies or substantial portions of the Software.
THE SOFTWARE IS PROVIDED "AS IS", WITHOUT WARRANTY OF ANY KIND,
EXPRESS OR IMPLIED, INCLUDING BUT NOT LIMITED TO THE WARRANTIES OF
MERCHANTABILITY, FITNESS FOR A PARTICULAR PURPOSE AND NONINFRINGEMENT.
IN NO EVENT SHALL THE AUTHORS OR COPYRIGHT HOLDERS BE LIABLE FOR ANY
CLAIM, DAMAGES OR OTHER LIABILITY, WHETHER IN AN ACTION OF CONTRACT,
TORT OR OTHERWISE, ARISING FROM, OUT OF OR IN CONNECTION WITH THE
SOFTWARE OR THE USE OR OTHER DEALINGS IN THE SOFTWARE.
```

D.2.3 Die Datei README.txt

Die Datei `README.txt` enthält eine Beschreibung des Moduls. Üblicherweise verwendet man eine der vereinfachten Auszeichnungssprachen wie Markdown (`md`) oder reStructuredText (`reST`). Dann ist der Quelltext – so wie er ist – lesbar, aber zusätzlich kann die Webplattform des Repositorys den Text interpretieren und in einer Webseite schön formatiert (mit großen Überschriften etc.) präsentieren.

Der folgende Beispieltext ist in `reST` geschrieben und liefert die Beschreibung des Moduls in Abbildung D.1

```
=================================
Python Digital Multimeter (PyDMM)
=================================
**PyDMM** facilitates reading data from a digital
multimeter (DMM).
It works for example with *HP-90EPC*.
Typical usage looks like this::
    import pydmm.pydmm as pd
    try:
        number = pd.read_dmm(port=myport, timeout=3)
        print(number)
    except:
        print("Error")

Preparations
------------
- install pyserial
- install pydmm (this module)
- connect the DMM to the usb-port of your computer
- find out, which COM-port the device uses
- use the port number *myport* (COM3 has number 2) when calling read_
dmm()
```

Vergleichen Sie diesen Quelltext mit der Darstellung im PyPI (siehe Abbildung D.1). Tabelle D.1 enthält einige Hinweise zur Formatierung mit reST. Eine umfassende Darstellung finden Sie im WWW (z.B. `http://docutils.sourceforge.net/rst.html`).

Formatierungszeichen	Erklärung

`=====`
`Titel`
`=====`
	Die Titelzeile wird oben und unten mit einer Folge von Gleichheitszeichen bedeckt. Diese Folge muss mindestens so lang sein wie die Titelzeile. Auf der Projektseite von PyPI wird der Titel nicht dargestellt.

`Absatzüberschrift` `-----------------`	Eine Absatzüberschrift wird mit Minuszeichen unterstrichen. Sie erscheint dann im PyPI blau und groß gesetzt.
`*kursiv*`	Mit einfachen Sternen * eingerahmte Bereiche werden kursiv gesetzt und damit schwach hervorgehoben.
`**fett**`	Mit doppelten Sternen ** eingerahmte Bereiche werden fett gesetzt und damit stark hervorgehoben.

`::`
`    Zeile 1`
`    Zeile 2`
	Hinter einem doppelten Doppelpunkt erscheint ein Absatz mit einem Listing. Die Zeilen des Listings sind um vier Stellen eingerückt.

`-` `-`	Zeilen, die mit einem Strich – beginnen, werden als Gliederungspunkte gesetzt.

Tabelle D.1: Die wichtigsten Formatierungstechniken von `reStructuredText` (reST)

D.2.4 Die Datei __init__.py

Jedes Paketverzeichnis muss eine Datei namens `__init__.py` enthalten. Darin können Initialisierungsroutinen definiert sein. Sie kann aber auch einfach leer bleiben.

D.3 Das Paket auf PyPI veröffentlichen

Bevor Sie Ihr Projekt hochladen können, müssen Sie es bei PyPI registrieren. Öffnen Sie ein Konsolenfenster (z.B. bei der Windows-Eingabeaufforderung). Wechseln Sie mit `cd` in das Projekt-Verzeichnis. In Ihrem Home-Verzeichnis sollte eine `.pypirc`-Datei mit den Anmeldedaten gespeichert sein (siehe Abschnitt D.1).

Geben Sie das folgende Kommando ein (> ist der Prompt):

```
> python setup.py register
```

Wenn alles gut geht, wird Ihr Projekt auf PyPI registriert und Metadaten werden hochgeladen. Der Server meldet dann ein OK.

Falls Sie keine `.pypirc`-Datei verwenden, gibt es einen Dialog mit dem Server, in dem Sie Benutzername und Passwort »von Hand« eingeben.

Wenn Ihr Projekt auf einem anderen Repository registriert werden soll, verwenden Sie die Option `--repository` oder `-r`. Vielleicht möchten Sie ja zuerst Dinge ausprobieren und

Ihr Projekt deshalb auf `PyPItest` speichern. Achten Sie darauf, für das Repository den Namen zu nehmen, den Sie auch in der `.pypirc`-Datei verwendet haben.

```
> python setup.py register -r pypitest
```

Schließlich können Sie Ihr Modul hochladen.

```
> python setup.py sdist bdist_wininst upload
```

Dieser kurze Befehl bewirkt mehrere Aktionen:

- Es werden in Ihrem Projektverzeichnis auf dem lokalen Computer zwei Ordner `build` und `dist` angelegt, falls sie noch nicht da waren.
- Ihr Projekt wird in einer Archivdatei gespeichert (das bewirkt `sdist`) und zusätzlich eine ausführbare Windows-Installationsdatei erstellt (das bewirkt `bdist_wininst`). Beide Dateien werden auf PyPI hochgeladen. Beide Dateien werden außerdem im lokalen Verzeichnis `dist` gespeichert.
- Es wird im lokalen Projektordner eine System-Datei namens `MANIFEST` angelegt oder aktualisiert. Bitte nicht verändern!

Wenn Sie Ihr Modul in einem anderen Repository speichern wollen, geben Sie die mit der zusätzlichen Option `-r` an, z.B.

```
> python setup.py sdist bdist_wininst upload -r pypitest
```

D.3.1 Das Paket aktualisieren

Bevor Sie eine neue Version auf PyPI hochladen können, müssen Sie zuerst die Datei `setup.py` bearbeiten. Setzen Sie eine neue Versionsnummer, z.B. `version='0.0.2'`. Dann setzen Sie wieder die beiden folgenden Kommandos ab:

```
> python setup.py register -r
```

und

```
> python setup.py sdist bdist_wininst upload
```

Stichwortverzeichnis

E

F

G

N

O

P

Michael Weigend

Raspberry Pi programmieren mit Python

4. Auflage

Alle Python-Grundlagen für die Programmierung des Raspberry Pi 3

Projekte mit Sensoren, Relais und AD-Wandlern

Einsatz von Peripheriegeräten wie Kameramodul und Lautsprecher

Der Raspberry Pi ist ein preiswerter und äußerst energiesparsamer Computer in der Größe einer Kreditkarte. In Kombination mit der Programmiersprache Python bietet er eine hervorragende Umgebung für die schnelle Realisierung technischer Ideen und Projekte. Außerdem ist Python – auch für Programmiereinsteiger – einfach zu lernen und deshalb Teil des Gesamtkonzepts des Raspberry Pi.

Dieses Buch vermittelt Ihnen anhand vieler anschaulicher Beispiele sowohl die Grundlagen von Python als auch fortgeschrittene Techniken wie Objektorientierung, Internetprogrammierung und grafische Benutzungsoberflächen.

Nach dem Erlernen der Programmierkonzepte finden Sie besonders in der zweiten Hälfte des Buches eine Fülle von kleinen Projekten, die auf die besondere Hardware des Raspberry Pi und das Linux-Betriebssystem Raspbian zugeschnitten sind. Zur Vorbereitung jedes Projekts werden zunächst neue Elemente der Python-Programmierung eingeführt. Zahlreiche Illustrationen und einfache Beispiele zum Ausprobieren erleichtern das Verständnis.

Zu den vielfältigen Projekten im Buch gehören Schaltungen mit Sensoren (Temperatur, Licht, Kohlendioxid, Alkohol), Relais, AD-Wandlern und LEDs. Sie erfahren, wie man Peripheriegeräte wie das Kameramodul anschließt und den 1-Wire- sowie den SPI-Bus zur Datenkommunikation nutzt.

Am Ende jedes Kapitels finden Sie Aufgaben und Lösungen, mit denen Sie Ihr Wissen festigen, erweitern und vertiefen können.

ISBN 978-3-95845-912-0

Probekapitel und Infos erhalten Sie unter:
www.mitp.de/912